DOSTOIÉVSKI

JOSEPH FRANK

Dostoiévski
Um escritor em seu tempo

Edição
Mary Petrusewicz

Tradução
Pedro Maia Soares

2ª reimpressão

Copyright © 2010 by Princeton University Press

Grafia atualizada segundo o Acordo Ortográfico da Língua Portuguesa de 1990, que entrou em vigor no Brasil em 2009.

Título original
Dostoevsky: A Writer in His Time

Capa
Guilherme Xavier

Foto de capa
adoc-photos/ Getty Images

Preparação
Leny Cordeiro

Índice remissivo
Luciano Marchiori

Revisão
Ana Maria Barbosa
Clara Diament

Dados Internacionais de Catalogação na Publicação (CIP)
(Câmara Brasileira do Livro, SP, Brasil)

Frank, Joseph, 1918-2013
   Dostoiévski : um escritor em seu tempo / Joseph Frank ; edição
Mary Petrusewicz ; tradução Pedro Maia Soares — 1ª ed. — São
Paulo : Companhia das Letras, 2018.

Título original : Dostoevsky : A Writer in His Time.

Bibliografia
ISBN 978-85-359-3130-3

1. Dostoiévski, Fiódor, 1821-1881 2. Romancistas russos – Século 19
– Biografia 3. Rússia – Vida intelectual – 1801-1917 I. Petrusewicz,
Mary II. Título.

18-16164	CDD-891.733

Índice para catálogo sistemático:
1. Romancistas : Século 19 : Biografia : Literatura russa   891.733

Maria Paula C. Riyuzo – Bibliotecária - CRB-8/7639

Todos os direitos desta edição reservados à
EDITORA SCHWARCZ S.A.
Rua Bandeira Paulista, 702, cj. 32
04532-002 — São Paulo — SP
Telefone: (11) 3707-3500
www.companhiadasletras.com.br
www.blogdacompanhia.com.br
facebook.com/ companhiadasletras
instagram.com/ companhiadasletras
twitter.com/ cialetras

Num ermo, eu de âmago sedento,
Já me arrastava e, frente a mim,
Surgiu com seis asas ao vento,
Na encruzilhada, um serafim;
Ele me abriu, com dedos vagos
Qual sono, os olhos que, pressagos,
Tudo abarcaram com presteza
Que nem olhar de águia surpresa;
Ele tocou-me cada ouvido
E ambos se encheram de alarido:
Ouvi mover-se o firmamento,
Anjos cruzando o céu, rasteiras
Criaturas sob o mar e o lento
Crescer, no vale, das videiras.
Junto a meus lábios rasgou minha
Língua arrogante, que não tinha,
Salvo enganar, qualquer intuito
Da boca fria onde, depois,
Com mão sangrenta ele me pôs
Um aguilhão de ofídio arguto.
Vibrando o gládio com porfia,
Tirou-me o coração do peito
E colocou carvão que ardia
Dentro do meu tórax desfeito.
Jazendo eu hirto no deserto,
O Senhor disse-me: "Olho aberto,
De pé, profeta, e com teu verbo,
Cruzando as terras, os oceanos,
Cheio do meu afã soberbo,
Inflama os corações humanos!".

Aleksandr S. Púchkin, "O profeta".
Tradução para o português de Boris
Schnaiderman e Nelson Ascher. In:
A dama de espadas: Prosa e poemas. São
Paulo: Editora 34, 1999. (N. T.)

Sumário

Lista de imagens 11
Prefácio — Dostoiévski: um escritor em seu tempo 13
Agradecimentos 20
Fontes e transliteração 22
Nota da edição brasileira 23
Abreviações 24

PRIMEIRA PARTE: AS SEMENTES DA REVOLTA, 1821-1849 27

    1. Prelúdio 29
    2. A família 32
    3. A formação religiosa e cultural 52
    4. A Academia de Engenharia Militar 68
    5. Os dois romantismos 82
    6. O período Gógol 94
    7. Gente pobre 110
    8. Dostoiévski e a Plêiade 122
    9. Bielínski e Dostoiévski: I 131
    10. Folhetins e experimentos 143
    11. Bielínski e Dostoiévski: II 160

12. Os círculos de Biéketov e Petrachévski 172

13. Dostoiévski e Spiéchniev 191

SEGUNDA PARTE: OS ANOS DE PROVAÇÃO, 1850-1859 209

14. A Fortaleza Pedro e Paulo 211

15. *Kátorga* 236

16. "Monstros em sua desgraça" 249

17. O soldado Dostoiévski 281

18. Um coração russo 304

19. As novelas siberianas 317

20. A volta ao lar 338

TERCEIRA PARTE: O IMPULSO DA LIBERTAÇÃO, 1860-1865 345

21. Entrando na briga 347

22. Uma estética da transcendência 365

23. *Humilhados e ofendidos* 387

24. A era das proclamações 402

25. Retrato de um niilista 415

26. Os últimos meses de *O Tempo* 435

27. *Notas de inverno sobre impressões de verão* 451

28. Uma mulher emancipada, um amante atormentado 465

29. A prisão da utopia 481

30. *Memórias do subsolo* 497

31. O fim de *A Época* 532

QUARTA PARTE: OS ANOS MILAGROSOS, 1865-1871 545

32. Khlestakov em Wiesbaden 547

33. De novela a romance 565

34. *Crime e castigo* 577

35. "Um pequeno diamante" 609

36. *O jogador* 623

37. Fuga e exílio 635

38. Em busca de um romance 655

39. Um pai inconsolável 672

40. *O idiota* 687

41. O panfleto e o poema 702

42. Pais, filhos e Stavróguin 715

43. Retorno do exílio 732

44. História e mito em *Os demônios* 744

45. O livro dos impostores 772

QUINTA PARTE: O MANTO DO PROFETA, 1871-1881 791

46. *O Cidadão* 793

47. *Naródnitchestvo*: o populismo russo 808

48. Bad Ems 822

49. *O adolescente* 834

50. Uma figura pública 854

51. *Diário de um Escritor*, 1876-1877 870

52. Um novo romance 897

53. O grande debate 919

54. A rebelião e o Grande Inquisidor 930

55. Terror e lei marcial 947

56. O Festival Púchkin 957

57. Controvérsias e conclusões 982

58. *Os irmãos Karamázov*, Livros 1-4 997

59. *Os irmãos Karamázov*, Livros 5-6 1019

60. *Os irmãos Karamázov*, Livros 7-12 1042

61. Morte e transfiguração 1073

Nota da editora 1097

Notas 1099

Índice remissivo 1155

Sobre o autor 1181

Lista de imagens

Exceto indicação em contrário, todas as imagens foram extraídas de *Fiódor Mikhái-lovitch Dostoiévski v Portretakh, illíustratsyakh dokumentakh*, org. V. S. Nietcháieva, Moscou, 1972.

Página 6: Busto de Dostoiévski em seu túmulo
1. Dr. M. A. Dostoiévski
2. Sra. M. F. Dostoiévskaia
3. Um mensageiro do governo em missão
4. A Academia de Engenharia Militar
5. F. M. Dostoiévski em 1847
6. O irmão mais velho de Fiódor, M. M. Dostoiévski, em 1847
7. V. G. Bielínski em 1843
8. M. V. Butachevitch-Petrachévski em 1840
9. N. A. Spiéchniev
10. A Fortaleza Pedro e Paulo
11. A execução simulada dos petrachevistas
12. Maria Dmítrievna Issáieva
13. Dostoiévski de uniforme em 1858
14. Nikolai Strákhov na década de 1850

15. Apollon Grigóriev na década de 1850
16. A casa de Mikhail Dostoiévski e redação de *O Tempo*
17. F. M. Dostoiévski em 1861
18. I. S. Turguêniev, por volta de 1865. Extraída de Turguêniev, *Pólnoie Sobránie Sotchiniéni*. Moscou-Leningrado, 1965. v. 9.
19. Salão principal do Palácio de Cristal. Extraído de *Scientific American*, 19 mar. 1851.
20. Apollinária Súslova. Extraída de Dominique Arban et al., *Dostoïevski*. Paris, 1971
21. Anna Grigórievna Dostoiévskaia, por volta de 1863
22. Hans Holbein, o Moço, *Cristo morto* (1521-2)
23. Apollon Máikov, por volta de 1861
24. Dostoiévski em 1872, por V. G. Perov
25. Uma página do caderno de anotações para *Os demônios*
26. Vladímir Soloviov
27. Tolstói em 1877, por I. N. Kramskói
28. Dostoiévski em 1876
29. Uma página do manuscrito de *Os irmãos Karamázov*
30. Dostoiévski em seu ataúde, por I. N. Kramskói

Prefácio

Dostoiévski: um escritor em seu tempo

Uma vez que este volume é uma condensação dos cinco que já publiquei sobre a vida e a obra de Dostoiévski, gostaria de familiarizar meus novos leitores com o ponto de vista a partir do qual eles foram escritos. Minha abordagem surgiu principalmente de uma preocupante impressão de que aspectos cruciais da obra de Dostoiévski foram negligenciados ou, pelo menos, não lhes foi atribuída importância suficiente na considerável literatura secundária dedicada à sua carreira. A principal perspectiva desses estudos deriva da história pessoal do autor, a qual foi tão espetacular que os biógrafos julgavam irresistível recontar suas peripécias em detalhes. Nenhum outro escritor russo de sua estatura foi capaz de igualar a amplitude de sua familiaridade com as profundidades e alturas da sociedade russa — uma amplitude que incluía quatro anos de vida de presidiário, ao lado de criminosos camponeses e, depois, no fim de sua vida, convites para jantar com os membros mais jovens da família do tsar Alexandre II que, conforme se acreditava, poderiam tirar proveito de sua conversação. É perfeitamente compreensível que essa vida, em todas as suas fascinantes particularidades, deveria fornecer o pano de fundo para as primeiras leituras e interpretações das obras de Dostoiévski.

Quanto mais eu lia seus romances e contos, no entanto — para não mencionar seu jornalismo, tanto literário quanto político (seu *Diário de um Escritor* foi a publicação mensal de maior circulação de todos os tempos na Rússia) —, mais me parecia que um ponto de vista biográfico convencional não poderia fazer justiça às complexidades de suas criações. Sem dúvida, as personagens de Dostoiévski lutam com os problemas psicológicos e sentimentais que proporcionam a substância de todos os romances, porém, mais importante que isso, seus livros também são inspirados pelas doutrinas ideológicas de seu tempo. Essas doutrinas, particularmente em suas obras maiores, fornecem as principais motivações para o comportamento muitas vezes bizarro, excêntrico e às vezes homicida de personagens como Raskólnikov, em *Crime e castigo*, ou Stavróguin e Kiríllov em *Os demônios*. Os envolvimentos pessoais dos personagens dos romances, embora representados com intensidade muitas vezes melodramática, não podem ser realmente compreendidos a menos que entendamos como suas ações estão interligadas com motivações ideológicas.

Assim, quando me propus a escrever sobre Dostoiévski, pareceu-me que a perspectiva deveria mudar e que a biografia puramente pessoal não mais deveria dominar o contexto explicativo no qual ele criou suas obras. Desse modo, em meus livros, muito menos espaço é dado aos detalhes da vida privada de Dostoiévski e muito mais ao confronto das várias ideias dominantes durante o período em que ele viveu. O leitor mais perspicaz de meus primeiros quatro volumes, o saudoso e talentoso romancista e crítico David Foster Wallace, observou que "o *James Joyce* de Ellman, praticamente o padrão pelo qual a maioria das biografias literárias é julgada, de forma alguma entra como Frank nos detalhes a respeito da ideologia política ou teoria social". Isso não quer dizer que eu ignore a vida privada de Dostoiévski, mas ela permanece ligada a outros aspectos de sua época que lhe conferem um significado muito maior. Na verdade, uma forma de definir a originalidade de Dostoiévski é ver nela essa capacidade de integrar o pessoal com as grandes questões sociais, políticas e culturais de sua época.

As observações acima a respeito das deficiências da literatura crítica sobre Dostoiévski aplicam-se principalmente às obras escritas nos diversos idiomas distintos do russo (sobretudo inglês, francês e alemão). Com certeza, não se pode dizer que o pano de fundo ideológico e filosófico de suas criações não foi explorado nos estudos e críticas russos. Com efeito, minha análise tem uma grande dívida com várias gerações de estudiosos e críticos russos como Dmítri Merejkóvski, Viatcheslav Ivánov e Leonid Grossman, bem como filósofos como Liev Chestov e Nikolai Berdiáiev. Mas, em consequência da Revolução Bolchevique, tornou-se difícil para os estudiosos russos, até muito recentemente, basear-se nesses pioneiros e continuar a estudar Dostoiévski de forma imparcial e objetiva. Afinal, suas maiores obras foram esforços para minar os fundamentos ideológicos dos quais a revolução brotou, e, assim, foi necessário destacar suas deficiências, e não suas realizações. Quanto aos estudiosos exilados, com muito poucas exceções, suas obras exploraram as implicações morais e filosóficas das ideias de Dostoiévski, em vez de se deter nos próprios textos. Embora utilizando todo esse esforço interpretativo com gratidão, tentei corrigir o que me pareceram suas limitações, sejam elas causadas por restrições ideológicas ou por preocupações não literárias.

Situar os escritos de Dostoiévski em seu contexto sociopolítico e ideológico, no entanto, é apenas o primeiro passo rumo a uma compreensão adequada de suas obras, pois o importante nelas não é o fato de seus personagens se envolverem em disputas teóricas. É antes o fato de que suas ideias se tornam parte de suas personalidades, a tal ponto que umas não existem sem as outras. Sua genialidade incomparável de romancista ideológico estava nessa capacidade de inventar ações e situações em que as ideias dominam o comportamento sem que este se torne alegórico. Ele possuía o que chamo de "imaginação escatológica", capaz de pôr ideias em ação e depois segui-las até as últimas consequências. Ao mesmo tempo, seus personagens reagem a essas consequências de acordo com os padrões morais e sociais comuns predominantes em seu meio, e é a fusão desses dois níveis que proporciona aos romances de Dostoiévski tanto sua amplitude imaginativa como sua fundamentação realista na vida social.

A propensão natural de Dostoiévski a dramatizar ideias dessa forma foi notada em um comentário extremamente sagaz de um de seus colaboradores mais próximos, o filósofo Nikolai Strákhov:

> O pensamento abstrato mais rotineiro muitas vezes o atingia com uma força incomum e o atiçava consideravelmente. Ele era, de qualquer modo, uma pessoa excitável e impressionável no mais alto grau. Uma ideia simples, às vezes muito familiar e lugar-comum, de repente o inflamava e se revelava a ele em toda a sua importância. Ele, por assim dizer, sentia o pensamento com uma vivacidade incomum. Então, afirmava-o de várias formas, às vezes lhe dando uma expressão muito afiada e explícita, embora sem explicá-la logicamente ou desenvolver seu conteúdo. (v. 3, p. 42)

É essa tendência inata de Dostoiévski de "sentir o pensamento" que dá às suas melhores obras uma marca especial, motivo pelo qual é tão importante situar seus escritos quanto à evolução das ideias de sua época.

Ele alcançou a fama na década de 1840, quando seu primeiro romance, *Gente pobre*, foi saudado por Aleksandr Herzen como o principal exemplo de uma criação genuinamente socialista na literatura russa. Na verdade, tudo o que Dostoiévski publicou durante a década de 1840 trazia a marca de sua aceitação das ideias socialistas utópicas então em voga entre uma parcela considerável da intelligentsia — ideias que podem ser vistas como inspiradas pelo cristianismo, embora com seu éthos reformulado em termos de problemas sociais modernos. Não obstante, embora o socialismo utópico não pregasse a violência para atingir seus objetivos e as obras de Dostoiévski estejam permeadas da necessidade de solidariedade e compaixão, ele pertenceu a um grupo secreto cujo objetivo era provocar uma revolução contra a servidão (a existência dessa organização só foi conhecida muito tempo depois de sua morte). Mas antes que essa sociedade clandestina perpetrasse qualquer ação, seus membros foram presos e condenados por pertencer ao grupo inócuo de discussões conhecido como Círculo Petrachévski.

Os membros desse grupo foram submetidos à provação de uma execução simulada antes de tomarem conhecimento de suas verdadeiras sentenças — no caso de Dostoiévski, prisão com trabalhos forçados na Sibéria. Em consequência, seu cristianismo "secular" de antes sofreu uma metamorfose crucial. Até então, fora dedicado à melhoria da vida na Terra; agora esse objetivo, sem ser abandonado, foi ofuscado por uma consciência da importância da esperança da vida eterna como um esteio da existência moral. Seu período na prisão também o convenceu de que a necessidade de liberdade e, em particular, o sentimento de ser capaz de exercer seu livre-arbítrio eram uma necessidade inextirpável da personalidade humana e poderiam expressar-se até mesmo de formas aparentemente autodestrutivas caso nenhuma outra saída fosse possível. Além disso, como o próprio Dostoiévski escreveu, os quatro anos que passou no campo de prisioneiros foram responsáveis pela "regeneração de [suas] convicções" em um nível mais mundano. Isso foi resultado de sua crescente consciência das raízes profundas do cristianismo tradicional plantadas mesmo nos piores criminosos camponeses, que se inclinavam durante o culto de Páscoa, com um tilintar de correntes, quando o padre lia as palavras "aceitai-me, ó Senhor, mesmo como o ladrão". A base da fé tardia de Dostoiévski no que ele considerava a essência cristã inextirpável do povo russo surgiu de tais experiências.

Quando voltou para a Rússia, depois de um exílio de dez anos na Sibéria, descobriu que era impossível aceitar as ideias reinantes da nova geração da década de 1860 que surgira durante sua ausência. Disseminadas por Nikolai Tchernichévski e N. A. Dobroliúbov, essas ideias eram uma peculiar mistura russa do ateísmo de Ludwig Feuerbach, do materialismo e do racionalismo do pensamento francês do século XVIII e do utilitarismo inglês de Jeremy Bentham. O radicalismo russo adquirira um novo fundamento, chamado por Tchernichévski de "egoísmo racional", que o Dostoiévski pós-siberiano julgou impossível aceitar. A primeira obra importante que lançou contra esse novo credo foi *Memórias do subsolo*, em que a crença do homem do subterrâneo no determinismo de todo o comportamento humano — um determinismo que Tchernichévski afirmava ser a palavra final e definitiva da ciência — se choca irresistivelmente com as sensibilidades morais que, apesar de assim desejar, o atormentado homem do subterrâneo não consegue suprimir.

Crime e castigo foi uma resposta às ideias de outro pensador radical, Dmítri Píssariev, que estabeleceu uma distinção nítida entre as massas adormecidas e os indivíduos superiores, como Raskólnikov, que acreditavam ter o direito moral de cometer crimes no interesse da humanidade. No final, porém, Raskólnikov descobre que seu verdadeiro motivo era testar (sem sucesso) se seria capaz de superar sua consciência cristã para alcançar tal objetivo. O magistral romance *Os demônios*, que ainda é o melhor já escrito sobre uma conspiração revolucionária, se baseia no caso Nietcháiev, o assassinato de um jovem estudante pertencente a um grupo clandestino liderado por Serguei Nietcháiev. Esse agitador totalmente sem escrúpulos, com uma vontade de ferro, redigiu o *Catecismo de um revolucionário*, cuja adesão utilitarista ao uso de quaisquer meios para obter fins sociais supostamente benéficos faz Maquiavel parecer um coroinha.

Além de contestar as ideias a que se opunha, Dostoiévski também aspirava a criar uma imagem moral cristã que serviria de exemplo positivo para a nova geração. *O idiota* é uma tentativa de retratar esse ideal cristão para se contrapor ao "egoísmo racional" que Dostoiévski estava atacando; mas, no fim, foi-lhe impossível fazer com que o príncipe Míchkin não acabasse em desastre. Esse fracasso terreno é obviamente inerente ao paradigma do sacrifício pessoal de Cristo, mas Dostoiévski, àquela altura, já acreditava também que "amar o próximo como a si mesmo, de acordo com o mandamento de Cristo, é impossível. A lei da personalidade na Terra nos obstringe. O ego se atravessa no caminho". Somente na vida após a morte é que a "lei da personalidade" poderia ser superada em definitivo.

A década de 1870 marcou uma nova fase na obra de Dostoiévski, porque nesse período houve uma mutação na própria ideologia radical. Publicistas como N. K. Mikháilovski e Piotr Lavrov já haviam rejeitado a noção ocidental de "progresso" como único caminho para a evolução social. Sem abandonar a oposição implacável ao regime tsarista, esses pensadores, numa crítica do capitalismo influenciada pela denúncia de Marx da "acumulação primitiva", que transformou os camponeses em proletários, começaram a procurar em sua terra natal alternativas para a implacável pauperização da classe baixa que viam ocorrer na Europa. Com a libertação dos servos em 1861, temia-se que o mesmo processo acontecesse na Rússia. Dostoiévski observara os resultados dessa transformação social durante sua primeira viagem à Europa, em 1862, e a denunciou como o triunfo do "deus da carne", Baal.

Os radicais começaram assim a reavaliar os méritos da vida camponesa russa, e isso os levou para muito mais perto de Dostoiévski do que no passado. Essa mudança de perspectiva é com certeza uma razão pela qual o seu romance seguinte, *O adolescente*, foi inesperadamente publicado na revista radical *Anais da Pátria* [*Otiétchestvennie Zapíski*]. Ele contém um retrato brilhante do personagem principal, um intelectual indeciso entre a necessidade não satisfeita de fé religiosa e sua atração pela estabilidade dessa fé entre os camponeses. A obra também inclui o primeiro (e único) personagem camponês importante dos romances de Dostoiévski, uma figura que dá ao livro uma âncora moral em meio a suas intrigas românticas demasiado complicadas.

Os radicais russos já haviam aceitado os valores morais e sociais da vida camponesa russa, fundados na fé cristã ortodoxa, mas ainda se recusavam a aceitar a própria fé, a fonte desses valores, e continuavam aferrados ao seu ateísmo. Essa contradição interna está no cerne do último e maior romance de Dostoiévski, *Os irmãos Karamázov*, que tenta enfrentar corajosamente esse problema empregando o tema da teodiceia. Como poderia um Deus supostamente amoroso ter criado um mundo em que o mal existe? Os radicais da década de 1860 simplesmente negavam a existência de Deus, mas os radicais dos anos 1870, como Dostoiévski escreveu em uma carta, não rejeitavam Deus, "mas o significado de Sua criação".

Nenhum escritor moderno se compara a Dostoiévski na grandeza de sua apresentação desse eterno dilema cristão: de um lado, a ferocidade de seu ataque à suposta bondade de Deus, por intermédio de Ivan Karamázov, e de outro, sua tentativa de se contrapor com a Lenda do Grande Inquisidor e a pregação do padre Zossima. Essas páginas trazem Dostoiévski para a companhia da tragédia grega e elisabetana, e de Dante, Milton e Shakespeare, em vez de aproximá-lo de seus colegas romancistas, que raras vezes se aventuraram em território tão elevado. Cada uma de suas figuras centrais é elaborada numa escala ricamente simbólica, influenciada por algumas das maiores obras da literatura ocidental, entre as quais seu romance ocupa agora um lugar indiscutível.

A força e o páthos dos romances e das obras jornalísticas de Dostoiévski, seu envolvimento apaixonado com as questões mais profundas que a sociedade russa enfrentava, elevaram-no acima das discussões encarniçadas que então aconteciam e que, apenas um mês depois de sua morte, em 1881, levaram ao assassinato do tsar Alexandre II. Não por acaso, quando lia em público o poema de Púchkin "O profeta", o que fazia com frequência nos últimos dez anos de vida, o próprio Dostoiévski era saudado como um profeta por ouvintes extasiados que encontravam consolo em suas palavras que pregavam a conciliação universal em nome de Cristo. É também um testemunho de sua estatura que seu cortejo fúnebre, de quase um quilômetro de extensão, tenha incluído uma ampla gama de organizações e grupos de diferentes orientações político-sociais. Todos estavam unidos na admiração pelo escritor cujas obras haviam iluminado, de formas tão emocionantes e fascinantes, os problemas que assolavam todos os russos alfabetizados de sua época e cujo gênio havia elevado seus conflitos nacionais a níveis universais.

Um dos sonhos de Dostoiévski era que sua obra promovesse a unidade da cultura russa; se nisso não teve sucesso durante sua vida, pode-se dizer que alcançou esse objetivo com sua morte. Além disso, a unanimidade da estima sentida pelos russos naquele momento teve continuidade na reverência mundial conferida aos seus principais romances até nossos dias.

Agradecimentos

Alguns anos após a publicação do quinto e último volume de meus livros sobre Dostoiévski (2002), surgiu a ideia de tentar seguir o modelo de Leon·Edel e sua obra de cinco volumes sobre Henry James. Esse texto em vários volumes, encurtados para um, foi muito elogiado e muito lido; a Princeton University Press sugeriu que uma condensação dos meus cinco volumes, se feita devidamente, também seria bem-vinda. De início, encarei essa perspectiva com alguma relutância. A extensão de meu tratamento de Dostoiévski resultou do fato de eu situar sua vida e seus escritos no contexto de um pano de fundo social, histórico e ideológico muito maior do que havia sido tentado até então, e eu não queria perder os novos insights que, como tive o prazer de ver amplamente reconhecido, esse contexto proporcionava. Além disso, meus livros tinham análises independentes de seus escritos literários e jornalísticos que eu desejava que permanecessem intactas, tanto quanto possível. Nelas eu tentara mostrar a fusão única que Dostoiévski faz das questões de sua vida e de seu tempo com aquelas advindas tanto da cultura russa como um todo como das "questões malditas" religiosas e metafísicas a respeito do sentido da vida que sempre atormentaram o homem ocidental. Daí minha hesitação em relação à edição em um único volume; mas isso foi superado quando me garantiram que os volumes originais permaneceriam em catálogo, facilmente disponíveis aos novos leitores que desejassem um horizonte mais amplo.

Tomou-se então a decisão de procurar um editor para empreender a árdua e desgastante tarefa de compor o manuscrito de um volume. A escolha acabou recaindo sobre Mary Petrusewicz, uma experiente escritora e editora, com doutorado em literatura russa, que ministrava cursos de graduação e de educação continuada na área de humanas (inclusive sobre Dostoiévski) na Universidade Stanford. Sua atividade editorial, executada de forma exemplar após consulta preliminar para salvaguardar o que eu considerava essencial, levou dois anos para ser concluída. Revisei então o manuscrito resultante e fiz importantes acréscimos e ajustes autorais, bem como revisões textuais para garantir que este livro condensado representasse a melhor e mais fluida adaptação dos cinco volumes anteriores. Ela mesma descreveu os princípios que nortearam seu excelente trabalho na "Nota da editora" incluída neste volume, a qual, como o leitor verá, se concentra no que me pareceu ser da maior importância: suscitar, como ela diz, "toda a força dos textos de Dostoiévski".

Hanne Winarsky, a editora literária da Princeton University Press, manteve um olhar atento sobre o andamento da tarefa e eu gostaria de lhe agradecer muito por seus comentários e sugestões. Robin Feuer Miller, cujo livro sobre *O idiota* é uma contribuição importante para a compreensão do mais autobiográfico dos romances de Dostoiévski, também merece os mais calorosos agradecimentos. Sua comparação detalhada da nova versão em um livro com os cinco volumes originais foi inestimável ao examinar o trabalho de transformação, e só posso engrossar o coro dos elogios que a editora tece em sua nota.

Minha esposa, Marguerite Frank, matemática profissional com livros publicados e também leitora refinada — e ávida — de literatura, foi uma crítica diligente e perspicaz de todos os meus volumes. Ao longo de todos esses anos, ela me ajudou a mantê-los o mais próximo possível dos mais altos padrões intelectuais e literários. Neste caso, ela estava insatisfeita com meu tratamento daquela que é talvez a mais complexa de todas as personagens femininas dos romances de Dostoiévski, a bela e malfadada Nastácia Filíppovna, de *O idiota*. No passado, sempre usei seus comentários para orientar minhas próprias revisões. Mas desta vez ela alterou e enriqueceu tanto a minha visão inicial que lhe pedi que ela mesma as expressasse, e, desse modo, as páginas dedicadas a Nastácia Filíppovna neste livro vêm de sua pena. Permitam-me concluir citando o que escrevi no prefácio de meu quinto volume:

"Nada que eu possa dizer expressará adequadamente o que cada um dos meus livros deve à participação dela."

Fontes e transliteração

As citações dos textos e da correspondência de Dostoiévski são dos volumes da grande edição da Academia de Ciências: F. M. Dostoiévski, *Pólnoie sobránie sotchiniénii*, 30 v. (Leningrado, 1972-90). Para os outros textos aqui citados, utilizei a tradução de *Diary of a Writer*, de Kenneth Lantz. Para minhas citações dos primeiros contos e romances de Dostoiévski, até e inclusive *Memórias do subsolo*, utilizei as traduções de Constance Garnett (alterando sua versão quando isso parecia indicado). Para os romances posteriores, consultei várias traduções: as de Constance Garnett, Jessie Coulson e Richard Pevear e Larissa Volokhonsky de *Crime e castigo*; para *O idiota*, Constance Garnett; para *O jogador*, Victor Terras e Constance Garnett; para *O eterno marido*, Constance Garnett; para *Os demônios*, David Magarshack e Constance Garnett; para *O adolescente*, as traduções de Constance Garnett e Andrew McAndrew. Para *Os irmãos Karamázov*, usei principalmente a tradução de Constance Garnett revisada por Ralph Matlaw, mas suplementada com as versões de Richard Pevear e Larissa Volokhonsky, bem como a de Ignat Avsey. Todas as citações foram conferidas com o texto russo e feitas alterações quando julguei necessário.

Nota da edição brasileira

A transliteração dos nomes russos usada nas citações dos diversos romances e contos de Dostoiévski segue o critério dos respectivos tradutores das obras no Brasil, devidamente creditados na primeira ocorrência de cada texto, em notas de rodapé. As demais traduções foram feitas a partir da versão em inglês fornecida pelo próprio autor.

Abreviações

Biográfia Orest Miller e Nikolay Strákhov. *Biográfia, pisma i zamiétki iz zapísnoi knijki F. M. Dostoiévskovo.* São Petersburgo, 1863.

DMI   *F. M. Dostoiévski, materiáli i issliedovánia.* Org. de A. S. Dolínin. Leningrado, 1935.

DRK   *F. M. Dostoiévski v Rússkoi krítike.* Moscou, 1956.

DSiM   *F. M. Dostoiévski, Statii i materiáli.* Org. de A. S. Dolínin. Moscou-Leningrado, 1922-4. 2 v.

DVS   *F. M. Dostoiévski, v vospominániakh sovremiénnikov.* Org. K. Tyunkina. Moscou, 1990. 2 v.

DW   *A Writers Diary, Feodor Dostoevsky.* Trad. e notas de Kenneth Lantz, estudo introdutório de Gary Saul Morson. Evanston, Ill., 1993) Cito *Dniévnik pisátelia*, de Dostoiévski, nessa versão em inglês, embora com numerosas revisões da tradução.

DJP   Leonid Grossman. *Dostoiévski na jíznennom puti.* Moscou, 1928.

LN   *Literatúrnoie Nasliédstvo.* Moscou, 1934-73.

Pisma   F. M. Dostoiévski. *Pisma.* Org. e notas de A. S. Dolínin. Moscou, 1928--59. 4 v.

PSS   *F. M. Dostoiévski; Pólnoie sobránie sotchiniénii v tridtsati tomakh.* Org. e notas de G. M. Fridlender et al. Leningrado, 1972-90. 30 v. Essa edição definitiva dos escritos de Dostoiévski contém sua correspondência e fornece um amplo aparato erudito.

PSSiP   *I. S. Turguêniev, Pólnoie sobránie sotchiniénii i pissem.* Org. de P. Alekséiev, Moscou-Leningrado, 1960-8. 28 v.

ZT   Leonid Grossman. *Jizn i trudy Dostoiévskovo.* Moscou-Leningrado, 1935.

PRIMEIRA PARTE

AS SEMENTES DA REVOLTA, 1821-1849

1. Prelúdio

Os últimos anos do reinado de Alexandre I foram um período conturbado, incerto e sombrio na história da Rússia. Alexandre chegara ao trono após uma revolução palaciana contra seu pai, Paulo I, cujo governo cada vez mais errático e insensato levara a corte a suspeitar de loucura. O golpe foi executado com, pelo menos, o consentimento implícito de Alexandre, cuja ascensão ao poder, depois do assassinato do pai, despertou, de início, grandes esperanças de reforma liberal no pequeno segmento esclarecido da sociedade russa. O preceptor de Alexandre, selecionado por sua avó Catarina, a Grande, tinha sido um suíço de concepções liberais avançadas chamado La Harpe. Esse partidário do Iluminismo impregnou seu pupilo real de ideias republicanas e até mesmo democráticas; e durante os primeiros anos de seu reinado Alexandre cercou-se de um grupo de jovens aristocratas que compartilhavam suas convicções progressistas. Muito trabalho foi feito na preparação de planos para grandes reformas sociais, como a abolição da servidão e a concessão de direitos civis pessoais a todos os cidadãos. Mas a atenção de Alexandre logo foi desviada dos assuntos internos para o grande drama que ocupou o palco europeu: a ascensão de Napoleão como conquistador do mundo. Aliado de Napoleão no início e depois seu inimigo implacável, Alexandre I comandou seu povo no grande levante nacional que resultou na derrota do Grande Exército e de seu até então invencível líder.

O triunfo sobre Napoleão levou os exércitos russos às costas do Atlântico e expôs oficiais e soldados (a maioria dos soldados era composta por servos camponeses) ao contato prolongado com a relativa liberdade e as comodidades da vida na Europa Ocidental. Esperava-se que, em recompensa pela lealdade de seu povo, Alexandre faria algum gesto espetacular em consonância com suas intenções anteriores e instituiria as reformas sociais que haviam sido postas de lado para enfrentar a ameaça napoleônica. Mas a passagem do tempo e os acontecimentos memoráveis que havia vivenciado não deixaram Alexandre inalterado. Ele caiu cada vez mais sob a influência do misticismo religioso e do irracionalismo tão predominantes na imediata era pós-napoleônica. Em vez de reformas, o período entre 1820 e 1825 testemunhou uma intensificação da reação e da repressão de qualquer manifestação ostensiva das ideias e tendências liberais na Rússia.

Enquanto isso, começaram a se formar sociedades secretas — algumas moderadas em seus objetivos, outras mais radicais — entre os quadros mais brilhantes e cultos do corpo de oficiais russos. Essas sociedades, que agrupavam os descendentes de algumas das mais importantes famílias aristocráticas, brotaram da impaciência com a lentidão de Alexandre e de um desejo de transformar a Rússia conforme o modelo das ideias liberais e democráticas ocidentais. Alexandre morreu inesperadamente, em novembro de 1825, e as sociedades aproveitaram a oportunidade, um mês depois, quando da coroação de Nicolau I, para iniciar uma revolta lamentável e malograda que durou oito horas e ficou conhecida na história como a insurreição decabrista. Segundo uma anedota apócrifa a respeito desse evento, as tropas amotinadas receberam instrução para gritar por "Constantino e *konstitútsia*" (Constantino, o irmão mais velho de Nicolau, havia renunciado ao trono e tinha reputação de liberal) e acreditaram que o segundo substantivo se referia à esposa de Constantino. Verdade ou apenas chiste, o fato é que essa história põe em relevo o isolamento dos rebeldes aristocráticos; sua revolução foi esmagada com algumas rajadas de bala do novo tsar, que condenou cinco dos líderes à forca e 31 ao exílio perpétuo na Sibéria. Desse modo, Nicolau proporcionou à nascente intelectualidade russa os primeiros candidatos ao novo martirológio que em breve substituiria os santos da Igreja ortodoxa.

Fiódor Mikháilovitch Dostoiévski nasceu em Moscou, em 30 de outubro de 1821, poucos anos antes desse evento crucial da história russa, e esses acontecimentos estavam destinados a se entrelaçar com sua vida da maneira mais íntima. O mundo em que Dostoiévski cresceu vivia à sombra da insurreição decabrista e sofria com a dura atmosfera do estado policial instituído por Nicolau I para garantir que nada semelhante voltasse a ocorrer. A insurreição decabrista marcou o confronto inicial do longo e mortal duelo entre a intelligentsia russa e o poder aristocrático supremo que moldou o curso da história e da cultura russas durante a vida de Dostoiévski. E foi a partir das crises morais e espirituais internas dessa intelectualidade — de sua alienação e sua busca desesperada por novos valores nos quais fundamentar sua vida — que a criança nascida em Moscou no final do reinado de Alexandre I um dia produziria seus grandes romances.

2. A família

De todos os grandes escritores russos da primeira parte do século xix — Púchkin, Liérmontov, Gógol, Herzen, Turguêniev, Tolstói, Nekrássov —, Dostoiévski era o único que não vinha de uma família pertencente à aristocracia rural. Trata-se de um fato de grande importância que influenciou a visão que ele tinha como escritor. Ao comparar-se com seu grande rival Tolstói, como fez frequentemente no final de sua vida, Dostoiévski definiu o trabalho do autor de *Guerra e paz* como de "historiador", não de romancista, pois, na sua opinião, Tolstói retratava a vida "que existia na família de estrato médio alto de donos de terras moscovitas, tranquila e estável, estabelecida havia muito tempo". No século xix, esse tipo de vida, com suas tradições culturais antigas e normas morais e sociais fixas, caracterizava somente uma pequena "minoria" dos russos; era "a vida das exceções". A vida da maioria, por outro lado, era de confusão e caos moral. Dostoiévski achava que sua obra era uma tentativa de lidar com o caos do presente, ao passo que *Infância, adolescência, juventude* e *Guerra e paz* de Tolstói (referia-se especificamente a esses livros) eram esforços piedosos de preservar para a posteridade a beleza de uma vida aristocrática já em processo de desaparecimento e fadada à extinção.[1]

Essa autodefinição, feita numa fase tardia da carreira de Dostoiévski, representa obviamente a destilação de muitos anos de reflexão sobre a sua posição literária. Mas também lança uma luz penetrante sobre seu passado e nos ajuda a ver que seus primeiros anos se passaram numa atmosfera que o preparou para se tornar o cronista das consequências morais da transição e da mudança, bem como da dissolução das formas tradicionais de vida na Rússia. Nesses primeiros anos, a falta de uma tradição social unificada em que ele pudesse se sentir em casa moldou inquestionavelmente sua visão imaginativa, e também podemos discernir uma incerteza exasperante em relação à posição social que ajuda a explicar sua compreensão aguda das cicatrizes psicológicas infligidas pela desigualdade social.

Do lado do pai, a família Dostoiévski pertencera à nobreza lituana. Seu nome vinha de uma pequena aldeia (Dostoievo, no distrito de Pinsk) concedida a um antepassado no século XVI. Em tempos difíceis, a família ortodoxa caiu para a classe humilde do clero não monástico. O bisavô paterno de Dostoiévski era um arcipreste uniata na cidade ucraniana de Bratslava; seu avô era um sacerdote da mesma convicção, e foi ali que seu pai nasceu. A denominação uniata foi um acordo efetuado pelos jesuítas como um meio de fazer proselitismo entre os camponeses predominantemente ortodoxos da região: os uniatas continuavam a celebrar os ritos ortodoxos, mas aceitavam a autoridade suprema do papa.

Uma vez que o clero não monástico da Rússia formava uma casta, em lugar de uma profissão ou vocação, o pai de Dostoiévski estava naturalmente destinado a seguir a mesma carreira do pai. Mas, depois de se formar em um seminário aos quinze anos de idade, ele fugiu de casa, foi para Moscou e lá conseguiu entrar na Academia Imperial de Medicina e Cirurgia em 1809. Designado para trabalhar em um hospital de Moscou durante a campanha de 1812, continuou como médico militar em vários postos até 1821, quando, aos 32 anos, aceitou um cargo no Hospital Maríinski para os Pobres, localizado nos arredores de Moscou. Sua ascensão oficial no serviço estatal foi constante, e em abril de 1828, tendo sido premiado com a Ordem de Santa Ana de terceira classe "pelo serviço especialmente zeloso",[2] foi promovido ao posto de assessor colegiado. Isso lhe dava direito ao estatuto legal de nobre no sistema oficial de classes da Rússia, e ele apressou-se a reivindicar seus privilégios. Em 28 de junho de 1828, inscreveu seu nome e os dos dois filhos, Mikhail e Fiódor (de oito e sete anos, respectivamente), nos anais da nobreza hereditária de Moscou.

O dr. Dostoiévski conseguiu assim, com uma boa dose de determinação e tenacidade, ascender, por seus próprios esforços, da desprezada classe sacerdotal para a de servidor público, pertencente a uma categoria profissional culta e nobre.

As memórias de Andrei, o irmão mais moço de Dostoiévski — nossa única fonte confiável para esses primeiros anos —, deixam claro que as crianças foram informadas sobre a antiga patente de nobreza da família e viam a elevação recente do pai apenas como uma restauração do legítimo lugar delas.[3] A família de Dostoiévski acreditava pertencer à pequena nobreza rural de outrora, e não à nova nobreza de serviço criada por Pedro, o Grande — classe à qual, na verdade, seu pai acabara de aderir. O lugar real deles na sociedade estava em flagrante contradição com essa autoimagem lisonjeira.

Na Rússia, a medicina era uma profissão honrosa, mas de baixo rendimento, e o salário do dr. Dostoiévski, que ele se via forçado a complementar com um consultório particular, mal supria suas necessidades. O casal morava em um pequeno e atulhado apartamento no terreno do hospital, e o espaço sempre foi um problema. Mikhail e Fiódor dormiam em um cômodo sem janelas, separado da antessala por uma divisória; Varvara, a filha mais velha, dormia em um sofá na sala de estar; as crianças mais novas passavam as noites no quarto dos pais. É verdade, como observa Andrei, que sua família tinha seis serviçais (um cocheiro, uma espécie de lacaio, uma cozinheira, uma criada doméstica, uma lavadeira e uma *niánia*, ou ama, para as crianças), mas isso não deve ser tomado como indicação de riqueza. A partir do comentário de Andrei sobre o "lacaio", que era, na verdade, um *dvórnik*, ou zelador, vemos como a família queria ansiosamente manter as aparências e adaptar-se ao estilo de vida da nobreza. O trabalho dele era suprir os fogões de madeira no inverno e trazer água para o chá de uma fonte a duas verstas do hospital, mas quando Maria Fiódorovna ia à cidade a pé, ele vestia libré e um tricórnio e caminhava orgulhosamente atrás de sua patroa. Quando ela usava a carruagem, a libré aparecia novamente e o "lacaio" causava impressão de pé no estribo de trás. "Essa era a regra inviolável da etiqueta de Moscou naquela época",[4] ironiza Andrei. Dostoiévski certamente se lembrou dessa regra e da adesão dos pais a seus preceitos quando fez o sr. Golyádkin, em *O duplo*, contratar uma carruagem e uma libré para seu servo descalço Petruchka, com o objetivo de elevar sua posição social aos olhos do mundo.

As pretensões da família Dostoiévski ao status de nobreza eram melancolicamente incongruentes com sua verdadeira posição na sociedade. Um dia, Dostoiévski compararia Aleksandr Herzen, nascido (mesmo que fora do casamento) no mais alto estrato da classe dominante, com o crítico Vissarion Bielínski, que "não era de forma alguma um *gentilhomme*! Oh não! (Deus sabe de quem ele descendia! Seu pai, ao que parece, era um cirurgião militar)".[5] Mesma profissão, é claro, do pai de Dostoiévski, e o comentário indica o que ele aprendeu a perceber como a realidade da situação de sua família. O dr. Dostoiévski e seus filhos jamais gozariam da consideração que julgavam merecer por direito de descendência de antepassados nobres.

Em 1819, quando estava com trinta anos e lotado em um hospital de Moscou, o dr. Dostoiévski deve ter mencionado a um colega que estava em busca de uma noiva adequada, pois foi então apresentado à família de Fiódor Nietcháiev, um comerciante abastado de Moscou com uma filha atraente de dezenove anos, Maria Fiódorovna. Naquela época, os casamentos, especialmente na classe mercantil, não eram deixados ao sabor do acaso ou da afeição. O dr. Dostoiévski, depois de ser aprovado pelos pais, foi provavelmente autorizado a ter um vislumbre de sua futura esposa na igreja e, depois, convidado a conhecê-la após concordar com um noivado: a apresentação à moça era o sinal de consentimento, e a futura noiva não tinha nada a dizer sobre a matéria. Tanto o dr. Dostoiévski como seus sogros tinham histórias semelhantes, tendo passado de origens humildes para uma posição mais alta na escala social russa.

A irmã mais velha da mãe de Dostoiévski, Aleksandra Fiódorovna, era casada com A. M. Kumánin, membro de uma família de comerciantes muito parecida com a sua. Ele subira na vida e ocupara várias funções oficiais, e a família Kumánin estava entre aquelas ligadas ao comércio cuja riqueza lhes permitia competir com a pequena nobreza na opulência do seu estilo de vida. O orgulhoso e sensível dr. Dostoiévski, que provavelmente se sentia superior ao cunhado, tanto por nascimento como por educação, teve que engolir seu orgulho e recorrer à sua ajuda financeira em várias ocasiões. A atitude do próprio Dostoiévski em relação a seus parentes Kumánin, que ele sempre considerou vulgares, preocupados somente com dinheiro, refletia, sem dúvida, uma opinião que havia herdado do pai. Em uma carta a Mikhail, logo após saber da morte do pai, Dostoiévski lhe diz para "cuspir naquelas almas pequenas e insignificantes"[6] (referindo-se a seus parentes de Moscou), que eram incapazes de compreender as coisas mais elevadas. Andrei fala da família Kumánin calorosamente; eles cuidaram dos órfãos Dostoiévski mais moços como se fossem seus filhos. Embora mais tarde ele lhes tenha

1. *Dr. M. A. Dostoiévski.*

2. *Sra. M. F. Dostoiévskaia.*

pedido ajuda em momentos críticos de sua vida, Dostoiévski nunca se referiu a eles em particular sem um tom de desprezo.

Ele sempre falou de sua mãe com grande carinho e afeto; e o quadro que transparece de suas memórias mostra que ela foi uma pessoa interessante e atraente. Tal como seu marido, Maria Fiódorovna assimilara bastante a cultura da pequena nobreza. Em carta, ela descreve seu caráter como "naturalmente alegre",[7] e essa animação inata, embora posta duramente à prova pelas tensões da vida doméstica, se reflete em tudo o que sabemos sobre ela. Não era apenas uma mãe amorosa e alegre, mas também uma administradora eficiente dos negócios da família. Três anos após se tornar nobre, o dr. Dostoiévski usou seu direito recém-adquirido de possuir terras para comprar uma pequena propriedade a cerca de 150 verstas de Moscou, chamada Darovóie. Um ano depois, apressou-se a adquirir uma propriedade adjacente — a aldeia de Tcheremóchnia —, afundando a família em dívidas. Sem dúvida, a aquisição de uma propriedade com servos camponeses parecia ser um bom negócio para o médico, e era um lugar onde sua família poderia passar o verão ao ar livre. Mas, no íntimo, haveria também o desejo de dar alguma materialização social concreta ao seu sonho de se tornar membro da aristocracia rural. Porém era Maria Fiódorovna que ia para campo na primavera para supervisionar o trabalho: o marido só podia ficar longe de suas tarefas profissionais em visitas fugidias.

Localizada em terra agrícola pobre, que nem sequer fornecia forragem suficiente para o gado, a propriedade dos Dostoiévski garantia uma existência apenas miserável à sua população camponesa, mas enquanto Maria Fiódorovna esteve à sua frente, as coisas não foram muito mal. No primeiro verão ela conseguiu, através de um sistema de irrigação, levar água de uma fonte próxima para a aldeia e suprir um grande lago, que então se encheu de peixes enviados de Moscou pelo marido. Os camponeses puderam dar de beber ao gado com mais facilidade, as crianças se divertiam com a pesca e o abastecimento de alimentos aumentou. Era também uma proprietária generosa e de bom coração, que no início da primavera distribuía grãos para semeadura aos camponeses mais pobres, quando lhes faltava, ainda que isso fosse considerado má administração da propriedade. O dr. Dostoiévski repreendeu-a várias vezes em suas cartas por não ser mais severa. Quase cem anos depois, a lenda de sua clemência e compaixão ainda persistia entre os descendentes dos camponeses de Daravóie.[8] Foi, sem dúvida, com Maria

Fiódorovna que Dostoiévski aprendeu a sentir a compaixão pelos desafortunados e pobres que se tornou tão importante em sua obra.

Em termos de caráter, o pai de Dostoiévski, Mikhail Andréievitch, contrasta fortemente com sua esposa. Seu retrato mostra que tinha traços grosseiros e rudes. Seu uniforme de gala, com colarinho dourado alto e duro, dá ao conjunto de sua cabeça um ar de rigidez que mal é compensado pelo mais débil dos sorrisos; e a rigidez era muito mais típica dele do que o traço de afabilidade. Era um médico trabalhador cuja capacidade profissional era tão apreciada por seus superiores que, quando decidiu se aposentar, lhe ofereceram uma promoção substancial para mudar de ideia. Ele também era um marido fiel, pai responsável e cristão devoto. Essas qualidades não faziam dele um ser humano amável ou atraente, mas suas virtudes foram tão importantes quanto seus defeitos na determinação do ambiente em que Dostoiévski foi criado.

O dr. Dostoiévski sofria de algum tipo de problema nervoso que afetava fortemente seu caráter e sua disposição de ânimo. O mau tempo sempre lhe dava fortes dores de cabeça e resultava em tristeza e melancolia; o retorno do bom tempo o aliviava. Mais tarde, Dostoiévski remontaria a incidência de seus ataques epilépticos a essas mudanças climáticas. Se o dr. Dostoiévski era, como até Andrei é forçado a admitir, "muito exigente e impaciente, e, sobretudo, muito irritável",[9] isso poderia ser atribuído ao estado extremo e incessante de tensão nervosa provocado por sua doença. Dostoiévski, que herdou esse aspecto do caráter do pai, queixava-se constantemente, em seus últimos anos de vida, de sua incapacidade de dominar os nervos, e também era dado a incontroláveis explosões de cólera.

O dr. Dostoiévski era, portanto, um homem rabugento e infeliz, cujas tendências depressivas afetavam sua vida por completo. Isso fazia dele uma pessoa temerosa e desconfiada, incapaz de encontrar satisfação tanto na carreira como na família. Suspeitava que os criados o enganavam e os mantinha sob uma vigilância mal-humorada característica de sua atitude para com o mundo em geral. Acreditava que era tratado injustamente no serviço e que seus superiores estavam colhendo os benefícios de seu trabalho sem recompensa no hospital. Ainda que ambas as conjecturas pudessem ter algum fundamento na realidade, ele as ruminava de um modo bastante desproporcional à sua real importância. Suas relações com a família Kumánin também eram uma fonte contínua de aborrecimento, porque seu orgulho o enchia de uma amargura impotente diante de seus sentimentos de inferioridade. Essa sensibilidade social aguda é outro traço transmitido de pai para filho; muitos personagens de Dostoiévski serão atormentados pela imagem pouco lisonjeira de si que veem refletida em olhos alheios.

O que sustentava Mikhail Andréievitch em meio aos seus desgostos era, antes de tudo, a devoção incansável e ilimitada da esposa. Mas em seus momentos mais sombrios, quando nenhum socorro terrestre parecia disponível, ele se refugiava na convicção da própria virtude e retidão, bem como na crença de que Deus estava do seu lado contra um mundo hostil ou indiferente. "Em Moscou", escreve à esposa ao retornar do campo, "encontrei à minha espera somente aborrecimento e incômodo, e eu me sento ruminando com a cabeça entre as mãos e me aflijo, não há lugar para repousar minha cabeça, para não mencionar alguém com quem eu possa compartilhar minha tristeza; mas Deus vai julgá-los por causa do meu sofrimento."[10] Essa convicção surpreendente de que era um dos eleitos de Deus, essa autoconfiança inabalável de que estava entre os escolhidos, constituía o próprio âmago da pessoa do dr. Dostoiévski. Era isso que o tornava tão moralista e farisaico, tão intolerante com a menor falha, tão persuadido de que somente a perfeita obediência de sua família a todos os seus desejos poderia compensar toda a labuta em favor deles.

Embora o dr. Dostoiévski possa ter feito sua família pagar um alto preço psíquico por suas virtudes, estas de fato existiam na vida cotidiana deles. Ele era um pai consciencioso que dedicava uma quantidade incomum de tempo à educação dos filhos. No início do século XIX, a punição corporal era aceita como um meio indispensável de incutir disciplina, e, na Rússia, o flagelo e o espancamento de crianças e das classes mais baixas eram aceitos como algo natural. O dr. Dostoiévski, porém, jamais bateu em qualquer de seus filhos, apesar de sua irritabilidade e seu temperamento difícil; a única punição que tinham a temer era a repreensão verbal. Foi para evitar que seus filhos apanhassem que, embora mal tivesse condições de fazê-lo, mandou todos eles para escolas privadas, em vez de instituições públicas. E mesmo depois que seus dois filhos mais velhos foram embora para estudar em escolas militares, continuou a se preocupar com eles e a crivá-los — assim como a outras pessoas, quando seus filhos se esqueciam de escrever — de perguntas sobre seu bem-estar. Se desconsiderarmos a personalidade do dr. Dostoiévski e olharmos apenas para o modo como ele cumpria suas responsabilidades paternas, podemos entender a observação que Dostoiévski fez no final da década de 1870 para seu irmão Andrei de que seus pais tinham sido "pessoas extraordinárias", acrescentando que "pais de família como esses, pais como esses [...] nós somos totalmente incapazes de ser, meu irmão!".[11]

Apesar da diversidade de temperamentos, o dr. Dostoiévski e sua esposa formavam um casal devotado e amoroso. Seus vinte anos de casamento produziram uma família de oito filhos, e quem quer que leia sem ideias preconcebidas as cartas que trocaram jamais duvidaria de que eram profundamente ligados um ao outro: "Adeus, minha alma, minha pombinha, minha felicidade, alegria de minha vida, beijo-te até ficar sem ar. Beije as crianças por mim".[12] Assim escreve o doutor a Maria Fiódorovna após catorze anos de casados, e embora se deva dar algum desconto à retórica floreada da época, essas palavras parecem exceder em muito o que a convenção poderia exigir. Maria Fiódorovna é igualmente pródiga em seus carinhos. "Faça a viagem para cá em breve, meu querido", ela escreve de Darovóie, "vem, meu anjo, meu único desejo é que você me visite, você sabe que a maior festa para mim, o maior prazer da minha vida, é quando você está comigo."[13]

A correspondência de seus pais reflete a imagem de uma família coesa e unida, em que o cuidado das crianças ocupava o primeiro plano das preocupações dos pais. Não obstante, a insegurança emocional do dr. Dostoiévski era tão grande, sua suspeita e desconfiança do mundo atingia às vezes um grau tão patológico, que ele era capaz de suspeitar de infidelidade da esposa. Um incidente desse tipo ocorreu em 1835, quando ele soube que ela estava grávida. Andrei se lembra de ver sua mãe irromper em choro histérico, após ter comunicado alguma notícia a seu pai que o surpreendeu e o aborreceu. Ele explica que a cena foi provavelmente causada pelo anúncio da gravidez da mãe. As cartas indicam, no entanto, que o dr. Dostoiévski era atormentado por dúvidas a respeito da fidelidade da esposa, embora não fizesse acusações diretas. Escolada por uma longa experiência, Maria Fiódorovna era capaz de ler o estado de espírito do marido através do tom perturbado das cartas e de seu profundo sentimento de depressão. "Meu amigo", escreve ela, "pensando em tudo isso, pergunto-me se você não está torturado por essa suspeita injusta, tão mortal para nós dois, de que fui infiel a você."[14]

Sua negação de qualquer delito é escrita com uma eloquência e expressividade que até mesmo seu segundo filho poderia invejar: "Eu juro que minha gravidez atual é o sétimo e mais forte vínculo de nosso amor mútuo, do meu lado, um amor que é puro, sagrado, casto e apaixonado, inalterado desde o dia de nosso casamento". Há também um fino sentimento de dignidade em sua explicação de que nunca antes se dignou a reafirmar seu juramento do matrimônio "porque eu tinha vergonha de me rebaixar jurando minha fidelidade durante nossos dezesseis anos de casamento".[15] O dr. Dostoiévski, no entanto, persistiu, em seu imaginário sombrio, acusando-a de atrasar sua partida do campo para evitar o retorno a Moscou até que fosse tarde demais para fazer a viagem sem o risco de um aborto espontâneo. Em resposta, ela escreve com tristeza que "o tempo e os anos passam, vincos e amargura espalham-se pela face; a alegria natural de caráter transforma-se em triste melancolia, e esse é o meu destino, essa é a recompensa pelo meu casto e apaixonado amor, e se eu não fosse fortalecida pela pureza da minha consciência e minha esperança na Providência, o fim dos meus dias seria de fato lamentável".[16]

Pode-se facilmente imaginar a vida da família Dostoiévski sendo dilacerada e sujeita a constante agitação emocional, mas nada dramático parece ter ocorrido. Nessa mesma carta, a vida comum flui tão plácida quanto antes. Trocam-se informações sobre os assuntos da propriedade, e os meninos mais velhos em Moscou anexam o costumeiro pós-escrito amoroso para a mãe: não há ruptura na rotina familiar, e o casal, em meio a recriminações, continua a assegurar o amor eterno e a devoção de um pelo outro. O dr. Dostoiévski partiu para o campo em julho, a fim de assistir o parto de Aleksandra, e depois, ao retornar em agosto, escreve carinhosamente à esposa: "Creia-me, ao ler sua carta, em primeiro lugar agradeço a Deus em lágrimas, e a você em segundo lugar, minha querida [...]. Beijo sua mão um milhão de milhões de vezes e peço a Deus que você permaneça em boa saúde para a nossa felicidade".[17] Nem uma palavra lembra as tensões do mês anterior: a presença tranquilizadora e amorosa de Maria Fiódorovna parece ter feito prodígios.

Exibições de emoção extrema entre os pais eram provavelmente raras. Para o casal, nada era mais importante que apresentar ao mundo uma imagem de decoro bem-educado e refinamento aristocrático; é impossível imaginá-los em seu apartamento apertado, com criados na cozinha e as famílias vizinhas do hospital ao redor, entregando-se às brigas violentas e explosões escandalosas que mais tarde Dostoiévski retratou tantas vezes em seus romances. O dr. Dostoiévski provavelmente alternava um silêncio sombrio e ameaçador com a interminável disposição de condenar e criticar as miudezas da vida cotidiana. Sua relutância em falar abertamente no caso de Aleksandra pode ser considerada típica, e quando Maria Fiódorovna levantou a questão sem rodeios, ele a repreendeu por escrever-lhe de forma tão direta e, possivelmente, revelando suas suspeitas secretas a olhos curiosos. O impulso de cobrir e esconder é manifesto, e foi por certo influente também em seu comportamento pessoal. Assim, é provável que o lar no qual Dostoiévski cresceu se caracterizasse muito mais por ordem, regularidade e rotina, bem como por uma superfície enganadoramente calma de tranquilidade doméstica, do que pelo caos familiar que tanto o preocupou meio século depois.

Mas dificilmente se pode duvidar de que o garoto talentoso e perspicaz percebesse as tensões subjacentes à rotina de seus primeiros anos de vida e entendesse que ela era atormentada por antagonismos ocultos — sujeita a flutuações extremas entre intimidade e retraimento. Para Dostoiévski, a vida em família seria sempre um campo de batalha e uma guerra de vontades, tal como aprendera a pressentir na vida secreta de seus pais. E para um menino e adolescente destinado a se tornar famoso por sua compreensão dos meandros da psicologia humana, foi uma excelente escola ter sido criado numa casa onde o significado do comportamento era mantido fora de vista e onde sua curiosidade era estimulada a intuir e desvendar significados ocultos. Talvez se possa ver nisso a origem da profunda percepção que Dostoiévski tinha do *mistério* da personalidade e sua tendência a explorá-lo, por assim dizer, de fora para dentro, sempre avançando do exterior para níveis subterrâneos cada vez mais profundos, que só pouco a pouco são trazidos à tona.

A vida da família Dostoiévski era organizada em torno da rotina diária do pai. Despertavam pontualmente às seis da manhã. Às oito, o dr. Dostoiévski ia para o hospital e as crianças eram postas a estudar. Ele retornava por volta do meio-dia, indagava sobre o trabalho escolar que havia sido realizado, e o almoço era servido à uma. Depois do almoço, instalava-se um silêncio mortal por duas horas, enquanto o páter-famílias fazia a sesta no sofá da sala de estar, antes de voltar ao hospital. Passavam as noites na sala de estar, e antes do jantar, se não estivesse muito ocupado com suas listas de pacientes, o dr. Dostoiévski lia em voz alta para os filhos. Às nove da noite, a família jantava, e as crianças, depois de fazer suas orações diante do ícone, iam para a cama. "Passávamos o dia em família", comenta Andrei, "de acordo com uma rotina estabelecida de uma vez por todas e repetida, dia após dia, muito monótona."[18] Fiódor também foi submetido a esse regime desde cedo — uma rotina que combinava o desconforto físico da casa populosa e escura ("teto baixo e quartos apertados esmagam a mente e o espírito", diz Raskólnikov a Sônia) com o desconforto psíquico de uma pressão constante para trabalhar sob a vigilância de um severo olhar paterno. As crianças raramente tinham permissão para sair ao ar livre durante os invernos rigorosos de Moscou.

Nos períodos de clima ameno, a família Dostoiévski saía para caminhadas à tardinha. O dr. Dostoiévski comandava essas excursões e as crianças eram mantidas sob rédea curta; qualquer exibição de exuberância infantil ou vivacidade estava fora de questão. Andrei conta que o pai aproveitava a ocasião para dar-lhes lições de geometria, usando o padrão irregular das ruas de Moscou para ilustrar os diversos tipos de ângulo. A importância do esforço e da autodisciplina era martelada repetidas vezes em suas mentes, e, embora o pai não os aterrorizasse fisicamente, sua vigilância impaciente pairava sobre suas cabeças como uma ameaça. É provável que quando contou ao seu amigo dr. Ianóvski, no final da década de 1840, sobre "as circunstâncias difíceis e sem alegria de sua infância",[19] Dostoiévski estivesse pensando em circunstâncias como essas.

Uma grande mudança ocorreu na vida das crianças quando seus pais compraram a pequena propriedade de Darovóie, em 1831. Durante quatro anos, Fiódor e Mikhail lá passaram quatro meses do ano com a mãe; depois, por causa dos estudos, só puderam ir por períodos mais curtos de mais ou menos um mês. Foram os momentos mais alegres da infância de Dostoiévski. Se ele disse mais tarde, para sua segunda esposa, que tivera uma "infância feliz e plácida",[20] foi, sem dúvida, pensando em um desses meses no campo, sem a ameaça de desaprovação paterna e do confinamento opressivo da vida na cidade. Evocações de uma infância feliz são extremamente raras nos romances de Dostoiévski, e as pouquíssimas que existem se situam numa aldeia ou numa propriedade rural; em sua sensibilidade, nenhuma memória agradável estava ligada à vida na cidade. "Não só aquela primeira viagem para a aldeia, mas todas as viagens seguintes para lá me encheram de algum tipo de excitação extática",[21] escreve Andrei. Sem dúvida, Fiódor, sempre animado e impressionável, experimentava igual sensação de forma ainda mais intensa desde o momento em que a carruagem para Darovóie partia a cada primavera, com sinos tilintando nos arreios dos cavalos, e as paisagens rurais, de início estranhas (depois adoradas), começavam a se desenrolar diante de seus olhos, até o momento em que chegavam ao chalé de campo de três cômodos e telhado de colmo, protegido por um bosque de tílias antigas.

As estadas no campo também ofereceram a Dostoiévski sua primeira oportunidade de conhecer o campesinato russo de perto (os servos da casa tinham adquirido os costumes e hábitos de criados). As crianças podiam vagar livremente e contar com a ajuda dos filhos dos servos em suas brincadeiras. Também tinham permissão para confraternizar com os camponeses mais velhos nos campos. Certa vez, Fiódor correu duas verstas até a aldeia, de acordo com Andrei, a fim de buscar água para uma mãe camponesa que trabalhava no campo e queria dar de beber ao seu filhinho.[22] Essa relação infantil despreocupada com os camponeses certamente contribuiu para moldar as ideias sociais posteriores de Dostoiévski; pode-se dizer que ele visava promover, em escala nacional, a mesma unidade harmoniosa entre as classes educadas e o campesinato que se lembrava de ter conhecido quando criança. Esses verões da infância, na opinião de seu amigo conde Piotr Semiónov, fizeram com que ele "se aproximasse mais dos camponeses, do modo de vida deles e de toda a fisionomia moral do povo russo" do que a maioria dos descendentes da aristocracia rural, "cujos pais os mantinham propositadamente longe de qualquer aproximação com os camponeses".[23]

O campo ao redor de Darovóie era atravessado por inúmeras ravinas frequentadas por cobras e lobos errantes. As crianças foram advertidas pela mãe a evitá-las, mas isso não impediu Fiódor de mergulhar no bosque de bétulas das proximidades (chamado "bosque do Fiédia" pela família) com um delicioso arrepio de medo. Ele confidenciou suas sensações em um trecho da versão original de *Gente pobre*, posteriormente eliminada.

> Lembro-me que nos fundos de nosso jardim havia um bosque espesso, verdejante, sombrio. [...] Esse bosque era meu lugar preferido para caminhar, mas eu tinha medo de penetrar muito nele [...] era como se alguém estivesse chamando de lá, como se alguém estivesse acenando de lá [...] onde os cepos lisos de árvores se espalham mais escuros e densos, onde começa a ravina. [...]. Torna-se doloroso e assustador, nada ao redor, exceto um silêncio mortal; o coração estremece com algum tipo de sentimento obscuro, e você continua, continua em frente, com cuidado. [...]. Como está gravado nitidamente na minha memória aquele bosque, aquelas caminhadas furtivas, e aquelas sensações — uma estranha mistura de prazer, curiosidade infantil e terror. (v. 1, p. 443)

Dostoiévski nunca esqueceu seus verões em Darovóie e, em 1877, pouco depois de voltar à aldeia para visitá-la pela primeira vez desde a infância, escreveu a respeito "daquele pequeno lugar sem importância [que] deixou em mim uma impressão muito profunda e forte para o resto de minha vida".[24] Nomes de lugares e de pessoas que lá conheceu aparecem constantemente em sua obra, com mais abundância em *Os irmãos Karamázov*, obra em que estava começando a pensar no momento de seu retorno tardio às cenas de sua juventude. Na aldeia morava uma *dúrotchka*, uma mulher com deficiência mental chamada Agrafiena, que vivia ao ar livre a maior parte do ano e, no auge do inverno, era abrigada à força por alguma das famílias camponesas. Ela é o protótipo de Lizavieta Smerdiakova, e teve o mesmo destino infeliz: apesar de sua enfermidade, engravidou e deu à luz uma criança que morreu logo após o nascimento. Andrei a descreve sempre resmungando alguma coisa incompreensível sobre seu filho morto no cemitério, exatamente como outra *dúrotchka* dostoievskiana, Mária Lebiádkina, em *Os demônios*. Outros ecos desses anos aparecem na sequência do sonho de Dmítri Karamázov em que uma aldeia é dizimada pelo fogo, como o que irrompeu em Darovóie na primavera de 1833. "Toda a propriedade parecia um deserto, com paus carbonizados aparecendo aqui e ali."[25] Cada família recebeu cinquenta rublos de empréstimo (uma quantia considerável na época) para ajudar no trabalho de reconstrução, e duvida-se que esse dinheiro tenha sido reembolsado.

Em 1833, Mikhail e Fiódor passaram a frequentar o externato de Souchard; um ano depois, foram enviados para o Tchermak, o melhor internato de Moscou. A preparação para o colégio interno esteve atrelada a uma experiência particularmente penosa para os dois meninos mais velhos. O domínio do latim era necessário no Tchermak, mas o Souchard não ministrava essa disciplina, e o dr. Dostoiévski decidiu que ele mesmo preencheria a lacuna. As aulas deram a Andrei a ilustração mais vívida do pavio curto do pai. "Ao menor erro de [meus] irmãos, papai perdia a paciência, ficava com raiva e os chamava de preguiçosos e tolos; nos casos mais extremos, embora mais raros, interrompia a lição sem terminá-la, o que era considerado pior do que qualquer punição."[26] O dr. Dostoiévski exigia que seus filhos ficassem em posição de sentido, rigidamente atentos durante todos os exercícios em latim. Disso podemos concluir que já decidira inscrevê-los num estabelecimento militar e estava tentando acostumá-los aos rigores da disciplina marcial. Sem dúvida, como observa Andrei, seus "irmãos tinham muito medo dessas aulas".[27]

A transição da casa para a escola e, em particular, para o internato foi um duro golpe para Fiódor. Apesar dos acessos de raiva do pai, o lar ainda era um lugar confortável e familiar, e sua mãe, uma fonte permanente de consolo. As palavras da heroína de *Gente pobre* evocam o que foi provavelmente a reação de Dostoiévski ao novo mundo da escola: "Eu me sento sozinha com minhas conversações e os vocabulários em francês, sem ousar me mexer, mas não paro de pensar no nosso canto familiar, no paizinho, na mãezinha, na minha velha ama, nas suas histórias" (v. 1, p. 28 [35]).* Outra reminiscência dessa iniciação pode estar contida na imagem de Alióvcha Karamázov cercado por seus colegas de escola, que "o impediam à força de cobrir os ouvidos com as mãos e gritavam obscenidades dentro deles" (v. 9, p. 23). As crianças da família haviam morado em uma aldeia camponesa e com certeza estavam acostumadas com os fatos da vida, mas tinham sido protegidas do conhecimento do vício e da perversidade. Andrei lembra com desgosto de sua apresentação a esses assuntos por seus colegas de escola. "Não havia nenhuma maldade, nenhum vício abominável que não fosse ensinado aos jovens inocentes que tinham acabado de sair da casa paterna."[28]

Existe somente um relato independente que nos permite ter um vislumbre de Dostoiévski em seus anos de escola. "No dia em que cheguei", escreve um estudante pouco mais jovem, "entreguei-me a um surto de desespero infantil por encontrar-me [...] exposto às troças dos outros. Durante o período de recreação, [...] Dostoiévski [...] afugentou os pestinhas zombeteiros e começou a me consolar. [...] Depois disso, ele me visitava com frequência, orientava-me em meu trabalho e aliviava minha tristeza com suas histórias emocionantes durante o período de recreação."[29] Esse padrão de comportamento ilustra aspectos do caráter de Dostoiévski que permanecem constantes: sua forte independência e sua disposição para intervir pessoalmente contra uma situação que ofendesse seus instintos morais. Ele não tinha medo de sair em defesa dos desamparados e perseguidos. A independência e a autoafirmação de Dostoiévski também eram exibidas em casa. Andrei nos conta que Fiódor às vezes era tão desenfreado na sustentação do próprio ponto de vista que o dr. Dostoiévski dizia, com a voz da experiência: "Fédia,

---

* A tradução de todas as citações de *Gente pobre* é de Fátima Bianchi. São Paulo: Editora 34, 2009. O número da página entre colchetes é o da edição brasileira, logo após a referência à edição russa. (N. T.)

trate de se controlar, ou você vai arranjar confusão [...] e acaba embaixo do gorro vermelho",[30] isto é, usando o gorro dos regimentos de condenados do Exército russo. Com efeito, Dostoiévski serviu num regimento desse tipo após ser libertado da prisão, em 1854.

A rotina desses anos de escola foi tão invariável quanto a da primeira infância. Todos os finais de semana, os meninos mais velhos voltavam para casa, e, depois que acabava a emoção inicial do reencontro, havia pouca coisa a fazer, exceto ler e supervisionar as tarefas atribuídas na semana anterior aos irmãos e irmãs mais novos. As visitas ainda estavam restritas a familiares próximos, e os meninos mais velhos tampouco tinham permissão para sair desacompanhados ou recebiam trocados para gastar. Essas restrições, no entanto, eram apenas o costume da época e da sociedade.

Os últimos quatro anos de vida de Dostoiévski em Moscou foram obscurecidos pela doença de sua mãe, que se agravou acentuadamente no outono de 1836. Consultas médicas eram feitas todos os dias pelo doutor e seus colegas, e as visitas de parentes se sucediam de forma interminável e desgastante. "Esse foi o momento mais amargo da infância de nossas vidas", escreve Andrei. "Estávamos prestes a perder nossa mãe a qualquer minuto. [...] Papai estava totalmente destruído." Pouco antes do fim, Maria Fiódorovna recuperou a consciência, pediu o ícone do Salvador e depois abençoou os filhos e o marido. "Foi uma cena comovente, e todos nós choramos", relembra Andrei.[31]

Mas não foi apenas a crise iminente em sua vida familiar que perturbou Fiódor em seus últimos dois anos em casa; ele também sabia que estava destinado a uma carreira incompatível com suas inclinações mais profundas. O dr. Dostoiévski decidira que seus dois filhos mais velhos seriam engenheiros militares, e no outono de 1836 ele apresentou, por intermédio de seu superior no hospital, um pedido para a admissão deles na Academia de Engenharia Militar, em São Petersburgo, às expensas do governo. Mikhail e Fiódor sonhavam com fama e fortuna literárias, mas depois que o pedido do pai foi aceito, a sorte estava lançada. Sem dúvida, essa decisão suscitou uma boa dose de ressentimento e hostilidade, em especial no impetuoso Fiódor; mas isso foi anulado pela lição tão frequentemente martelada aos filhos pelo pai. "Ele costumava repetir que era um homem pobre", observa Andrei, "que seus filhos, sobretudo os mais jovens, tinham de estar prontos para fazer seu próprio caminho, que continuariam empobrecidos com sua morte etc."[32] O posto de engenheiro militar oferecia vantagens financeiras sólidas, e o dr. Dostoiévski acreditava estar fazendo o melhor que podia para sua prole.

Pouco sabemos de Dostoiévski nesses anos, mas é provável que tenha começado a se exasperar muito cedo sob a atmosfera restritiva de sua vida doméstica e a necessidade de submeter-se a um pai rigidamente inflexível e emocionalmente instável que tendia a identificar seus próprios desejos com ditames sagrados de Deus. Esses sentimentos de descontentamento, no entanto, eram por certo contrabalançados tanto pela inclinação natural para aceitar e reverenciar a autoridade paterna quanto por sua crescente consciência da genuína dedicação do dr. Dostoiévski ao bem-estar de sua família. Embora o fardo que impunha aos filhos fosse pesado, o futuro deles, como eles bem sabiam, estava no centro de suas preocupações; tampouco permitia que esquecessem que sua vida laboriosa era dedicada aos interesses deles. Além disso, o adolescente Dostoiévski podia provavelmente sentir as ansiedades de seu pai por trás da rígida e oficial fachada autoritária.

A única manifestação direta de Dostoiévski a respeito do pai quando este ainda estava vivo foi feita em uma carta a Mikhail, e sua mistura de piedade com alguma impaciência revela a ambivalência do filho.

> Eu sinto muito por nosso pobre pai. Uma personalidade estranha! Oh, quanta infelicidade teve de suportar! Eu poderia chorar de amargura por não haver nada que o console. Mas, você sabe, papai não conhece mesmo o mundo. Viveu nele por cinquenta anos e mantém as mesmas ideias de há trinta anos a respeito das pessoas. Bendita ignorância! Mas ele está muito desiludido com o mundo. Essa parece ser nossa sina comum.[33]

Essa carta foi escrita depois que a morte de Maria Fiódorovna privara o dr. Dostoiévski do único suporte em meio aos seus infortúnios; mas certamente representa uma opinião que seu filho começara a formar muito antes.

Se quisermos procurar alguma imagem do pai de Dostoiévski em suas obras, é inútil buscá-la nas criações de sua maturidade: as figuras paternas que lá encontramos estão demasiado entrelaçadas com experiências posteriores e motivos ideológicos para ter qualquer valor biográfico. Mas a imagem do pai de Varvara em *Gente pobre* provém diretamente de memórias ainda frescas de sua juventude e está impregnada de detalhes de sua vida cotidiana.

> Fazia todo o esforço possível para estudar e contentar o paizinho. Via que sacrificava seus últimos recursos comigo, quando sabe Deus o que ele próprio fazia para se virar. A cada dia se tornava mais e mais soturno, insatisfeito e zangado. [...] O paizinho se poria a dizer que não lhe proporciono nenhuma alegria, nenhum consolo; que por minha causa eles se privam dos últimos recursos e eu até agora não falo francês; em suma, descarregava todos os seus fracassos, todas as suas desditas, tudo, sempre em cima de mim e da mãezinha. [...] [eu] levava a culpa de tudo, era responsável por tudo! E, isso, não porque o paizinho não gostasse de mim, absolutamente: por mim e pela mãezinha ele daria a vida. Mas, o que fazer?, era o seu temperamento". (v. 1, p. 29 [36-7])

É provável que Dostoiévski tivesse ouvido essas acusações em muitas ocasiões e tentado desculpá-las em seu coração da mesma maneira. Ele descreve seu pai não como um déspota brutal e cruel, mas como uma figura acossada e, no fim das contas, digna de piedade, conduzido ao desespero pelas dificuldades de sua situação.

Algumas das características do dr. Dostoiévski, delineadas dessa vez com pena mais satírica que patética, podem também ser encontradas na primeira versão de outra obra inicial, *Niétotchka Niezvânova*. Um personagem chamado Fiódor Ferapóntovitch, funcionário público subalterno, repreende constantemente seus filhos por ingratidão.

> Dirigindo-se aos filhos pequenos, perguntava-lhes com voz ameaçadora e reprovadora: "O que fizeram de toda a bondade com que os tratava? Eles o recompensaram com estudo assíduo e pronúncia impecável do francês por todas as suas noites insones, por toda a sua labuta, por todo o seu sangue, por tudo? Por tudo?". Em outras palavras, Fiódor Ferapóntovitch [...] transformava todas as noites sua casa em um pequeno inferno.

As qualidades de seu caráter levadas ao ridículo são atribuídas a algum tipo de sofrimento oculto: "Seja decorrente do fato de que tinha sido ferido ou derrubado por alguém, algum tipo de inimigo secreto que insultava constantemente sua autoestima", e assim por diante (v. 2, p. 444). Pode-se imaginar o jovem Dostoiévski especulando de modo muito parecido a respeito das fontes das peculiaridades mais irritantes de seu pai.

Certos traços de caráter de Dostoiévski podem ser atribuídos aos efeitos do seu relacionamento com o pai. Todas as pessoas que tiveram algum contato pessoal prolongado com Dostoiévski notaram o caráter reservado e evasivo de sua personalidade; ele não era alguém que se abrisse com facilidade ou de bom grado aos outros. É difícil encontrar um ensaio sobre ele que não comente essa falta de expansividade, e suspeita-se que esse caráter esquivo pode ter se desenvolvido a partir da necessidade de dissimular como um meio de lidar com a combinação de capricho e severidade do pai. A timidez patológica de que Dostoiévski padeceu durante toda a sua vida também pode ser atribuída a uma falta de vontade de se expor, um medo de ser rejeitado e emocionalmente agredido que se tornara uma segunda natureza.

O mais importante, como Freud observou, é que Dostoiévski internalizou, quando criança, um sentimento de culpa muito forte. Mas em vez da rivalidade sexual edipiana, é mais útil, nessa fase da vida de Dostoiévski, ver seus sentimentos de culpa à luz da insistência paternal no desempenho escolar como obrigação moral e como única defesa contra a pobreza opressiva e a perda de posição social. A importância dada a esse aspecto da vida na família é bem ilustrada por uma cerimônia que acontecia todos os anos no dia do santo patronímico do dr. Dostoiévski (e que mais tarde aparece em *A aldeia de Stepántchikovo*, em homenagem ao coronel Rostánov, um pai de bondade absoluta). Os dois meninos mais velhos e, finalmente, a filha mais velha preparavam uma saudação matinal para o pai naquela alegre ocasião. Isso significava memorizar um poema em francês, copiá-lo em papel fino, presenteá-lo ao pai e, depois, recitá-lo de cor — com a melhor pronúncia que conseguissem —, enquanto ele acompanhava com o texto escrito: "Papai ficava muito emocionado", conta Andrei, "e beijava calorosamente o portador do cumprimento";[34] era óbvio que o presente mais bem-vindo que ele poderia receber era essa prova do progresso deles no aprendizado do francês.

A genialidade de Dostoiévski se revela de início pela criação de personagens ansiosíssimos por satisfazer seus superiores burocráticos em alguma tarefa administrativa de rotina (afinal, não tão distante do trabalho escolar), consumidos pela culpa em suas veleidades de rebelião e oprimidos pelo sentimento de inferioridade social. Não é de admirar! Durante toda a infância, Dostoiévski foi posto psiquicamente na mesma posição por seu pai e pela situação social evidente de sua família.

A ambivalência dos sentimentos de Dostoiévski em relação ao pai também foi, inquestionavelmente, da maior importância para o seu futuro. Sem dúvida, foi nas oscilações de sua própria psique entre ressentimento e devoção filial que ele vislumbrou pela primeira vez os paradoxos psicológicos cuja exploração se tornou a marca de seu gênio. E podemos situar as raízes emotivas de seu ideal cristão no desejo evidente do jovem Dostoiévski de resolver essa ambivalência por um ato de transcendência de si, um sacrifício do ego através da identificação com o outro (nesse caso, seu pai). Chame-se esse sacrifício de masoquismo moral, como Freud fez, ou, mais tradicionalmente, de conquista moral de si mesmo, a verdade é que Dostoiévski, na infância e na juventude, não só era hostil e adverso ao pai, como também se esforçava para compreendê-lo e perdoá-lo. Essa luta se fundiu depois com as imagens e os ideais cristãos que lhe foram ensinados desde o primeiro momento em que ele acordou conscientemente para a vida. Todos os valores posteriores de Dostoiévski podem, assim, ser vistos como decorrentes da síntese dessa necessidade psíquica inicial com a superestrutura religiosa que deu a ela um alcance universal e cósmico e a elevou à estatura do cumprimento do destino do homem na terra.

3. A formação religiosa e cultural

Aleksandr Herzen, contemporâneo de Dostoiévski, observa em suas memórias que "em nenhum lugar a religião desempenha um papel tão modesto na educação como na Rússia".[1] Herzen estava obviamente falando da educação dos filhos do sexo masculino da aristocracia rural ou do serviço público, cujos pais haviam sido criados durante várias gerações na cultura do Iluminismo francês e para quem Voltaire tinha sido uma espécie de santo padroeiro. No início do século XIX, havia tempo que esses pais tinham deixado de se preocupar com o cristianismo ortodoxo, embora continuassem a batizar os filhos na religião estatal e a estruturar a vida conforme seus rituais. Os anos da guerra e o período pós-napoleônico, na Rússia como em outros lugares, foram marcados por uma onda de sentimentalismo e por um renascimento da religião. Mas, na Rússia, isso estimulou o crescimento da maçonaria e de várias seitas evangélicas, em vez de um retorno em massa à religião oficial. A maioria dos russos de classe alta teria compartilhado a atitude exemplificada pela historieta de Herzen a respeito de seu anfitrião em um jantar que, quando indagado se estava servindo pratos quaresmais por convicção pessoal, respondeu que era "única e exclusivamente por consideração aos criados".[2]

Pais com ideias desse tipo dificilmente considerariam indispensável providenciar para sua prole qualquer tipo de educação religiosa formal. Foi apenas aos quinze anos (depois de ter lido Voltaire, como Herzen observa) que o pai de Herzen "trouxe um padre para dar instrução religiosa, na medida em que isso era necessário para entrar na universidade".[3] Tolstói, embora criado em grande medida por mulheres devotas, também nunca recebeu instrução religiosa quando criança. A terrível mãe de Turguêniev tinha tanto desprezo pela religião das pessoas comuns que substituía as orações habituais à mesa pela leitura diária de uma tradução francesa de Tomás de Kempis.

É somente contra esse pano de fundo que podemos apreciar toda a força das palavras serenas de Dostoiévski: "Venho de uma família russa devota. [...] Em nossa família, sabíamos o Evangelho quase desde o berço".[4] Como sabemos por intermédio de Andrei, isso é a mais pura verdade: as crianças foram ensinadas a ler pela mãe numa cartilha religiosa bem conhecida do século XVIII, traduzida do alemão e intitulada *Cento e quatro histórias sagradas do Velho e do Novo Testamento*. As litografias grosseiras que acompanhavam o texto representavam vários episódios das Escrituras: a criação do mundo, Adão e Eva no Paraíso, o Dilúvio, a ressurreição de Lázaro, a rebelião de Jó, o homem justo, contra Deus. As primeiras impressões que despertaram a consciência da criança foram aquelas que personificavam os ensinamentos da fé cristã, e, para Dostoiévski, o mundo a partir de então permaneceria sempre transfigurado pelo brilho dessa iluminação sobrenatural. Dostoiévski diria mais tarde que o problema da existência de Deus o atormentara durante toda a vida, mas isso só confirma que sempre lhe foi emocionalmente impossível aceitar um mundo que não tivesse nenhuma relação com algum tipo de Deus.

Uma de suas primeiras lembranças de infância era a de fazer suas orações diante dos ícones na presença de convidados admirados. "Deposito toda a minha confiança em Vós, ó Senhor!", recitava a criança. "Mãe de Deus, guardai-me e preservai-me sob Vossa asa!"[5] Na família de Dostoiévski, essa representação infantil de um ritual religioso era evidentemente fonte de orgulho e satisfação social. Para reforçar o efeito dessa precoce iniciação religiosa, um diácono ia à casa de tempos em tempos para dar instrução formal. Esse clérigo também dava aulas no vizinho Instituto Catarina para Moças, uma escola elegante para as filhas da aristocracia, e isso significa que, ao contrário da maioria do clero não monástico russo, ele era altamente letrado. "Ele possuía um dom verbal incomum", escreve Andrei, "e ocupava toda a aula [...] contando histórias, ou, como nós a chamávamos, com a interpretação das Escrituras."[6] As crianças também eram obrigadas a estudar a introdução à religião escrita pelo metropolita Filaret, de cuja primeira frase Andrei ainda se lembra depois de mais de meio século: "O Deus Único, adorado na Santíssima Trindade, é eterno, isto é, não tem começo nem fim, mas sempre foi, é e será".[7] A tentativa dos teólogos de racionalizar os mistérios da fé, ao que parece, nunca exerceu a menor atração para Dostoiévski. O que despertava seus sentimentos mais profundos era a história da Anunciação como uma narrativa divino-humana cheia de personagens e ação — como um relato de pessoas reais vivendo e reagindo com paixão e fervor à palavra de Deus.

A religião ocupava um lugar preponderante não só por causa de sua importância evidente aos olhos de seus pais e parentes, mas também porque estava envolvida muito naturalmente com as experiências mais emocionantes de seus primeiros anos de vida, os eventos que se destacaram como intervalos alegres de sua rotina monótona e cansativa. O nome de Dostoiévski tornou-se tão associado ao de São Petersburgo que tendemos a esquecer que ele nasceu em Moscou, "a cidade de inúmeras igrejas, de sinos eternos, de procissões intermináveis, da mistura de palácios e igrejas", a cidade que os camponeses chamavam de "Nossa Santa Mãe".[8] O centro pulsante de toda essa intensa vida religiosa era o Krêmlin, e sempre que a família Dostoiévski saía para um passeio pela cidade, dirigia invariavelmente seus passos para esse lugar sagrado. "Cada visita ao Krêmlin e às catedrais de Moscou", Dostoiévski lembrou mais tarde, "era para mim algo muito solene."[9] Repetidas vezes ele vagou em meio à floresta de cúpulas bulbosas, ouviu a harmonia das muitas línguas dos sinos de suas torres, contemplou suas preciosas relíquias e catedrais ricamente decoradas, de cujas paredes os santos ortodoxos, como disse Théophile Gautier, olhavam para baixo com olhos que pareciam "ameaçar, embora seus braços se estendessem para abençoar".[10]

As paredes robustas e providas de ameias do Krêmlin eram um testemunho mudo de sua função de fortaleza, bem como um santuário religioso, e lembravam ao observador que não se tratava apenas de um lugar de culto sagrado, mas também de um monumento à grandeza histórica da Rússia. Os tsares ungidos eram coroados na Catedral da Assunção; outra igreja abrigava os sepulcros de todos os governantes do passado da Rússia, os quais, vestidos com túnicas brancas esvoaçantes e com um halo em torno da cabeça, estavam representados na parede acima de cada túmulo. Na Rússia, como um estudante de sua história eclesiástica nos lembra, "os elementos nacionais e religiosos se identificaram muito mais de perto que no Ocidente",[11] e um dos grandes marcos dessa simbiose é o Krêmlin.

A luta dos russos contra invasores estrangeiros — fossem tártaros pagãos, turcos muçulmanos, alemães ou poloneses católicos ou suecos luteranos — sempre foi uma luta em nome da fé ortodoxa. No início do século XIX, os dois poderosos sentimentos-ideias, a religião e o nacionalismo, eram inseparáveis para os russos havia mil anos. Podemos compreender muito bem como eles deviam se combinar na consciência de Dostoiévski, durante essas excursões de infância, numa mistura de fervor e devoção que ele descobriu mais tarde ser impossível de desenredar.

Até a idade de dez anos, quando seus pais adquiriram a pequena propriedade no campo, Dostoiévski e seus irmãos e irmãs saíam da cidade somente uma vez por ano. A sra. Dostoiévski sempre levava as crianças mais velhas, acompanhada por alguns parentes ou amigos, para uma excursão anual de primavera ao mosteiro da Santíssima Trindade e São Sérgio, a cerca de cem quilômetros de Moscou. Essa viagem requeria vários dias de carruagem e terminava em uma vasta colmeia de igrejas, mosteiros e hospedarias que, ao longo dos séculos, se haviam agrupado em torno do local, nas florestas setentrionais onde, no século XIV, são Sérgio construíra uma cabana.

Eremita e asceta famoso, são Sérgio tornou-se o santo padroeiro de Moscou, quando, depois de ter abençoado os exércitos do príncipe Dmítri e enviado dois de seus seguidores para acompanhar as tropas, as forças do príncipe infligiram uma derrota esmagadora às hordas tártaras até então invencíveis. Desde então, o nome de são Sérgio se tornou "pelo menos tão caro ao coração dos russos quanto Guilherme Tell aos suíços ou Joana d'Arc aos franceses".[12] A humilde moradia de são Sérgio na floresta se transformou em um dos principais focos — mais importante até do que o Krêmlin — para o amálgama russo nativo de sentimento religioso e patriótico. Sua importância como símbolo foi reforçada no século XVII, quando se tornou o centro de resistência nacional contra os invasores poloneses no Tempo de Dificuldades.

Todos os anos, os irmãos Dostoiévski visitavam esse vasto caravançará religioso que fervilhava de peregrinos camponeses com sapatos de casca de árvore e visitantes em uniformes cintilantes e vestidos na mais recente moda francesa. Cada uma dessas visitas constituía, como Andrei recorda, um "acontecimento" na vida de todas as crianças;[13] para seu irmão Fiódor, eram inesquecíveis. Uma das histórias mais famosas da vida canônica de são Sérgio é a do urso que saiu do bosque e ficou cara a cara com o santo. Subjugado pela santidade do homem, o animal aceitou pacificamente um pouco do pão e da água que eram o único alimento de Sérgio e retornou nos dias seguintes para compartilhar essa refeição frugal. A amizade entre o animal e o santo está representada entre os afrescos da torre de entrada do mosteiro, e Dostoiévski deve tê-la visto muitas vezes. Em *Os irmãos Karamázov*, quando padre Zossima prega para um jovem camponês sobre a inocência dos animais e de toda a natureza, é à história de são Sérgio e o urso que recorre para ilustrar a moral.

Podemos avaliar a partir desses detalhes como a infância de Dostoiévski o imergiu na atmosfera espiritual e cultural de devoção da velha Rússia e o aproximou emotivamente das crenças e sentimentos dos camponeses analfabetos ainda intocados pela cultura ocidental secular. Para a classe superior russa, naturalmente, religião e povo eram inseparáveis, e era ao frequentar os alojamentos dos criados que os descendentes da aristocracia travavam um primeiro contato com as fontes de sua cultura nativa e as profundas raízes religiosas dos sentimentos do povo russo. O papel de transmissora da tradição popular que Púchkin atribuiu à sua velha ama imortalizou esse encontro crucial nas vidas de muitos russos cultos. Dostoiévski também passou por uma iniciação arquetípica semelhante, mas para ele o contraste entre o ambiente doméstico e o dos servos e camponeses foi bem menos acentuado. É difícil imaginá-lo escondido em um armário, como o jovem Tolstói, para assistir ao espetáculo emocionante e estranho do louco sagrado (*iuródivi*) que morava na casa do escritor fazendo suas orações noturnas em meio a soluços e exclamações. Para o menino Dostoiévski, não havia nada de exótico no povo e em sua fé, e ambos entraram em seu mundo de uma forma mais natural.

Um dos eventos recorrentes que as crianças Dostoiévski aguardavam ansiosamente era a visita das amas de leite que os amamentaram quando bebês. Essas mulheres camponesas moravam em aldeias próximas de Moscou e uma vez por ano, durante o período de calmaria do inverno na vida camponesa, vinham fazer uma visita cerimonial à família e passar dois ou três dias como hóspedes. Essas visitas sempre davam origem a uma orgia de contação de histórias no final da tarde, depois que as crianças haviam feito suas lições e estava demasiado frio para sair de casa. Andrei se lembra dessas histórias como uma mistura de contos de fadas e lendas folclóricas russas; mas seu irmão de quatro anos, Fiódor, recorda outro tipo de história.

"Quem leu o *Acta Martyrum?*", pergunta Dostoiévski aos leitores de seu *Diário de um Escritor* (1877). "Em toda a Rússia, o conhecimento do *Acta Martyrum* é extremamente difundido — é claro, não do livro in totum, mas do seu espírito, ao menos. [...] Na infância eu mesmo ouvi essas narrativas, antes mesmo de aprender a ler."[14] Essas histórias da vida dos santos estavam impregnadas do espírito especial de "cenoticismo" — a glorificação do sofrimento passivo, completamente não heroico e não resistente, o sofrimento do Cristo desprezado e humilhado — que é uma característica tão notável da tradição religiosa russa.[15] Até mesmo um observador estrangeiro cético como o liberal francês Anatole Leroy-Beaulieu, que tinha um grande conhecimento pessoal da vida e da cultura russas, se espantava, ainda no final do século XIX, com a admiração do russo comum pelo "espírito de ascetismo e renúncia, o amor à pobreza, o desejo de sacrifício e mortificação de si mesmo".[16] Foram impressões como essas, colhidas na mais tenra infância dos lábios de humildes camponesas contadoras de histórias, que alimentaram a convicção inabalável de Dostoiévski de que a alma do camponês russo estava imbuída do éthos cristão do amor e do autossacrifício.

Alguns incidentes gravaram vividamente na imaginação infantil de Dostoiévski o que ele veio a entender como esse éthos na prática. Um deles envolveu a criada e *niánia* Aliona Frolovna, cuja figura alta e corpulenta dominava a vida de todas as crianças. Aliona era uma moscovita livre, mas trazia consigo as superstições pagãs e o formalismo ritual que as classes russas mais baixas misturavam com naturalidade ao seu cristianismo. Ela estava encarregada de ensinar bons modos às crianças e lhes disse solenemente que seria um pecado mortal comer qualquer alimento sem antes ter mordido um pedaço de pão, "pois assim Deus ordenou!". Sofrendo de pesadelos frequentes, sempre atribuía seus gritos, que acordavam toda a família, a visitas noturnas do *domovói*, o demônio ou duende caseiro que vinha estrangulá-la com suas garras. Aliona nunca se casara e se dizia "noiva de Cristo" (a expressão causou grande impacto nas crianças): sua irmã — uma freira que vivia em um claustro perto de Petersburgo — vinha visitá-la uma vez por ano, e sempre passava o dia com a família Dostoiévski.[17]

Para as crianças, a figura de Aliona estava cercada por uma sublime nuvem de sacralidade, e isso deve ter tornado ainda mais simbolicamente marcante um incidente que Dostoiévski relata. Ocorreu logo depois que os Dostoiévski compraram a propriedade rural, e para a família foi apenas o primeiro dos infortúnios destinados a ficar ligados àquele lugar infeliz. A maioria das cabanas dos camponeses fora destruída no incêndio de 1833, e a perda, bem como o custo da reconstrução, foi um golpe financeiro extraordinário para a família. Enquanto ainda estavam cambaleando sob o choque da notícia, a reação de Aliona foi oferecer as economias que estava acumulando para sua velhice: "De repente, ela sussurrou para mamãe: 'Se você precisar de dinheiro, pegue o meu, não tenho nenhum uso para ele, não preciso dele'".[18] Esse gesto impulsivo ficou na memória do menino de doze anos como típico da capacidade do povo russo, em momentos de crise moral, de estar à altura dos ideais cristãos que nominalmente reverenciava, mas que, no curso normal da vida diária, violava ou traía com tanta frequência.

A família de Dostoiévski, enraizada em suas origens clericais e mercantis, permanecera relativamente intocada pelo ceticismo e pela incredulidade religiosa tão predominantes entre a pequena nobreza russa. Quando criança, ele nunca sentiu nenhuma separação entre o sagrado e o profano, entre o ordinário e o milagroso; para ele, a religião nunca foi uma questão de eventos rituais. A trama de sua vida cotidiana era controlada pelas mesmas forças sobrenaturais que, de uma forma mais ingênua e supersticiosa, também dominavam a mentalidade da gente comum.

"Todos os domingos e em cada feriado religioso", escreve Andrei, "íamos sem falta à missa na igreja e, na noite anterior, às vésperas."[19] Mais importante ainda era que todo o universo mental dos pais se guiava pela religião e que Deus permeava todos os aspectos da vida cotidiana do jovem Dostoiévski — tanto quanto teria acontecido séculos antes em um lar inglês puritano ou alemão pietista. Andrei nos conta que, após a conclusão da compra da propriedade no campo, seus pais foram imediatamente fazer uma oração de agradecimento na capela da Virgem de Iviérski, o ícone mais venerado de Moscou, que, em 1812, o povo quis levar para a batalha contra os franceses. O mesmo ato se repetiu quando a família soube da notícia do incêndio em sua propriedade. "Lembro-me de que meus pais se ajoelharam diante dos ícones na sala de estar", escreve Andrei, "e depois saíram para orar à Virgem de Iviérski."[20]

Basta olhar de relance as cartas dos pais de Dostoiévski para se surpreender com esse aspecto reverentemente devoto de sua mentalidade e vê-los falar de Deus com a mesma combinação de unção sentimental e espírito prático que é tão impressionante — e agora parece tão estranha — nos romances de Defoe, ou nos sermões de clérigos puritanos ingleses. Apesar de seu diploma de medicina e sua formação científica, o dr. Dostoiévski nunca perdeu a marca clerical de sua formação primeira, e suas cartas estão cheias de expressões do eslavo eclesiástico que revelam uma profunda familiaridade com a literatura sacra. "Como é grande a misericórdia divina!", ele escreve a seu filho mais velho, Mikhail. "Como somos indignos de dar graças ao grande e generoso Deus por Sua inefável misericórdia conosco! Como nos queixamos injustamente; sim, que isso sirva de exemplo de advertência para o resto de nossas vidas, uma vez que o Altíssimo nos enviou essa provação transitória para o nosso próprio bem e nosso próprio bem-estar!"[21] A ocasião para essa explosão edificante foi a aceitação de Mikhail (cuja admissão à Academia de Engenharia Militar fora recusada em 1837) em outra escola do mesmo tipo.

As cartas da mãe de Dostoiévski têm um tom de maior expressão pessoal e são mais influenciadas pelo romance sentimental do final do século XVIII do que pela vida dos santos. Mas também nelas se evidencia o entrelaçamento entre o sublime e o trivial, o religioso e o prático. Ela escreve do campo ao seu marido:

> Eu [...] dei graças a Deus cem vezes em que Ele foi misericordioso o suficiente para ouvir minhas orações e o levou com segurança para Moscou. Não resmungue contra Deus, meu amigo, não se aflija por mim. Você sabe que fomos punidos por Ele, mas Ele também nos concedeu Sua graça. Com total firmeza e fé, confiemos em Sua providência sagrada e Ele não nos negará Sua misericórdia.[22]

Não sabemos a que infortúnio ela se refere nessa carta; de qualquer modo, o restante da carta é ocupado por uma ação judicial relativa a Darovóie e por outros assuntos puramente comerciais relacionados às colheitas e aos camponeses.

Podemos pressupor que as crianças eram continuamente admoestadas e instruídas nesse mesmo estilo. E para o mais talentoso de todos eles, o jovem Fiódor, esse hábito mental começou a provocar muito cedo reflexões sobre o mais profundo e insolúvel dos enigmas religiosos: o da relação de Deus com o homem, bem como o da existência do mal, da dor e do sofrimento em um mundo onde a vontade de um Deus benevolente deveria prevalecer. Essas reflexões seriam certamente estimuladas pelo contínuo desconforto com a vida que seu pai nunca hesitou em expressar e que, de vez em quando, assumem um tom de Jó. "É verdade", ele escreve à esposa, "não vou esconder de você que, às vezes, há minutos em que irrito meu Criador por me queixar da brevidade dos dias dados a mim pelo meu quinhão na vida, mas não pense nada a respeito disso: vai passar."[23] É improvável que o dr. Dostoiévski, tal como o pai de Kierkegaard, tenha se revoltado contra Deus e o amaldiçoado por causa da dureza de seu destino, mas a tentação de fazê-lo estava sempre presente e, tendo em vista sua irritabilidade explosiva, dificilmente seria escondida.

Anos mais tarde, quando estava lendo mais uma vez o Livro de Jó, Dostoiévski escreveu à esposa que ele o punha em tal estado de "êxtase insalubre" que quase chorava. "É uma coisa estranha, Ánia, este Livro é um dos primeiros que me impressionaram, quando eu ainda era quase uma criança."[24] Há uma alusão a essa experiência reveladora do jovem rapaz em *Os irmãos Karamázov*, quando Zossima relembra ter ficado impressionado com uma leitura do Livro de Jó com a idade de oito anos e sentir que "pela primeira vez na minha vida recebi conscientemente a semente da palavra de Deus em meu coração" (v. 9, p. 287). Essa semente floresceria um dia e se transformaria no protesto apaixonado de Ivan Karamázov contra a injustiça de Deus e na Lenda do Grande Inquisidor, mas também se transformaria na submissão de Aliócha à grandiosidade do infinito diante do qual Jó havia baixado a cabeça, e na descoberta de Zossima da necessidade de uma fé definitiva na bondade da misteriosa sabedoria de Deus. Faz parte da genialidade de Dostoiévski como escritor ter sido capaz de sentir (e expressar) ambos os extremos de rejeição e aceitação. Embora a tensão dessa polaridade possa ter se desenvolvido a partir da ambivalência da relação psicodinâmica de Dostoiévski com o pai, o mais importante é ver como ela foi transposta e projetada muito cedo no simbolismo religioso do eterno problema da teodiceia.

Não menos importante que a instrução religiosa das crianças era a sua educação secular. O dr. Dostoiévski sabia que a fluência em francês era um salvo-conduto para qualquer tipo de avanço na sociedade russa , e um preceptor chamado Souchard (cujo externato seus filhos frequentavam) foi contratado a par do diácono que lhes dava instrução religiosa. O único texto que sabemos que Monsieur Souchard fez as crianças lerem foi a *Henríada*, de Voltaire, uma epopeia heroica cheia da ortodoxia religiosa apropriada ao tema. Ademais, Souchard era um patriota russo tão fervoroso que solicitou (e recebeu) uma autorização especial de Nicolau I para russificar seu nome. Não era provável que tal personagem fosse

infundir aos seus alunos, como faziam muitos dos preceptores de famílias aristocráticas, noções perigosamente subversivas, fosse em religião ou política. O professor de francês de Herzen, por exemplo, ensinou-lhe que a execução de Luís XVI
havia sido justa porque ele traíra a França.

A educação secular das crianças da família Dostoiévski foi também levada a
cabo pelos próprios pais em sessões noturnas de leitura, e é notável perceber por
quantos fios esse estímulo ideológico e artístico precoce está ligado ao Dostoiévski mais maduro. Em 1863, ele relembrou que "costumava passar as longas noites
de inverno, antes de ir para a cama, ouvindo (pois ainda não sabia ler), boquiaber-
to de êxtase e terror, meus pais lerem em voz alta para mim os romances de Ann
Radcliffe. Depois eu delirava sobre eles em meu sono" (v. 5, p. 46). Esse foi seu
primeiro contato inesquecível com o estilo romanesco que transformou a arte da
narrativa no final do século XVIII. As principais características estruturais desse estilo são um enredo baseado em mistério e suspense, personagens que sempre se
veem em situações de extrema tensão psicológica e erótica, casos de assassinato e
violência e uma atmosfera calculada para provocar um arrepio demoníaco ou
sobrenatural. Dostoiévski se apropriaria dessas características da técnica gótica e
as levaria a um nível de perfeição jamais superado.

O dr. Dostoiévski também lia para eles a *História do Estado russo*, de Karamzin, a primeira obra a exumar o passado russo das empoeiradas crônicas monásti-
cas e lendas poéticas e apresentá-lo como uma epopeia nacional que atraía um
amplo círculo de leitores cultos. Karamzin, como observou Púchkin, descobriu o
passado russo como Colombo descobriu a América. Escrevendo na grande tradição do século XVIII de admiração pelo despotismo esclarecido, ele enfatizava a
importância do poder autocrático para a manutenção da unidade da Rússia e a
preservação da independência nacional depois que se livrara do jugo tártaro. Andrei nos conta que Karamzin era o livro de cabeceira de seu irmão Fiódor, uma
obra que ele lia e relia sem parar.

O segundo livro mais importante de Karamzin era o famoso *Cartas de um
viajante russo*, relato brilhante de seus *Wanderjahre* [anos de peregrinação] pela
Suíça, Alemanha, França e Inglaterra; esse livro também era lido em voz alta e
discutido no círculo familiar de Dostoiévski. Essa obra proporcionou a várias gerações de leitores russos um panorama esplêndido do mítico mundo europeu que
tentavam desesperadamente imitar de longe. A impressão que extraíam do livro,
no entanto, devia ser bastante heterogênea. Os estágios iniciais da Revolução

Francesa coincidiram com sua primeira visita à França, e o maçom liberal Karamzin, como tantos outros, saudou a revolução com alegria, mas as fases posteriores o encheram de consternação e desilusão. Quando publicou as *Cartas*, alertou seus compatriotas sobre os perigos de seguir o caminho europeu, pois havia levado à subversão e ao caos social. Desse modo, as *Cartas* ajudaram a propagar a ideia, tão importante para o pensamento russo no século XIX, de que a Europa era uma civilização condenada e moribunda.

A influência das *Cartas* de Karamzin sobre Dostoiévski foi profunda. Logo no início do livro, Karamzin faz uma visita a Kant, o sábio de Königsberg, que expõe ao jovem visitante russo as duas ideias principais da *Crítica da razão prática* (publicada apenas um ano antes). Kant explica que a consciência do bem e do mal é inata à humanidade, escrita de forma indelével no coração humano. A vida terrena, no entanto, revela uma flagrante contradição: os virtuosos deste mundo, aqueles que optam por viver de acordo com o bem e obedecer à lei moral, nem sempre são os que prosperam e recebem sua justa recompensa. Mas se, como devemos supor, a Mente Criativa Eterna é racional e benéfica, então devemos também supor que essa contradição não ficará sem solução. Daí postularmos a existência de uma vida imortal depois da morte física, na qual os bons recebem sua recompensa, ainda que esse postulado jamais possa ser *provado* pela razão humana. "Nesse ponto", Kant teria dito a Karamzin, "a razão extingue sua lâmpada e somos deixados na escuridão. Somente a fantasia pode vaguear nessa escuridão e criar ficções." Desse modo, o menino Dostoiévski se deparou pela primeira vez com essas duas ideias que desafiavam uma explicação estritamente racional: a de que a percepção moral (consciência) é uma parte impossível de erradicar da natureza humana e que a imortalidade é uma condição necessária de qualquer ordem mundial que alegue fazer sentido moral. As ideias que adquiriu posteriormente se ergueram sobre esse alicerce.[25]

Muitas outras obras russas também foram lidas no seio da família. Andrei menciona toda uma série de romances históricos recentes de imitadores russos de Walter Scott, os mais novos produtos literários do nacionalismo romântico. As crianças se familiarizaram com a poesia de Jukóvski, as baladas poéticas dos românticos alemães e as obras de Dierjávin, cuja famosa ode a Deus, escrita na tradição filosófica do deísmo, evoca poderosamente a imensidão do universo e a majestade incomensurável do poder criador de Deus.

Os anos de infância e adolescência de Dostoiévski foram, portanto, um período de intensa assimilação literária e intelectual. Ele se familiarizou totalmente com todos os estilos e formas da prosa russa, desde Karamzin e o romance histórico até obras como a crônica familiar de Biéguitchev, *A família Khólmski* (precursora de *Guerra e paz*), e os esquetes coloquiais de Dahl da vida camponesa, que prenunciam Turguêniev. Entre os romances russos, tinha dois preferidos: *Bursak*, de Nariéjni (um conto picaresco na tradição de *Gil Blas*), e *Coração e pensamento* [*Siérdtse i dumka*], de um dos romancistas mais originais da década de 1830, Aleksandr Veltman, que emprega o tema do duplo para fins cômicos e satíricos.

Desse modo, foi a cultura russa que dominou o horizonte do menino Dostoiévski e ofuscou todas as outras. Também nesse aspecto, como no caso de sua educação religiosa, o contraste com a maioria de seus contemporâneos é marcante. Os pais russos da classe alta tinham pouco interesse pessoal na educação de seus filhos; entregavam-nos a preceptores e governantas estrangeiros assim que largavam os cueiros para adquirir os requisitados costumes refinados europeus. Em consequência, o jovem nobre russo estava mais frequentemente "em casa na literatura e na história da Europa Ocidental" e propenso a ser "muito ignorante das letras russas e do passado de sua terra natal".[26] As primeiras experiências de leitura de Herzen, por exemplo, foram proporcionadas pela extensa biblioteca de literatura francesa do século XVIII do pai, e ele não menciona um único livro russo em *Meu passado e pensamentos* entre aqueles que amava quando criança. Tolstói imortalizou seu bondoso preceptor alemão em *Infância*, mas embora fosse capaz de recitar alguns poemas de Púchkin aos oito anos de idade, ele mesmo os havia descoberto, pois nunca recebeu nenhuma orientação em literatura ou história russa antes de ir para a escola, um ano mais tarde. Turguêniev também teve preceptores franceses e alemães, mas só aprendeu a ler e escrever em russo com o servo-criado pessoal de seu pai: foi com a idade de oito anos, após invadir uma sala que continha uma biblioteca abandonada ao mofo, que o primeiro livro russo que leu (a vetusta epopeia de Kheráskov, a *Russíada*) chegou às suas mãos. Ao contrário, Dostoiévski foi ensinado desde pequeno a identificar-se emocionalmente com a Rússia e seu passado.

O dr. Dostoiévski não previu que o tipo de educação que deu a Mikhail e Fiódor lhes inspiraria em um amor absoluto pela literatura que, à medida que amadureciam, se transformou no sonho de perseguir uma carreira literária. Esse sonho foi, sem dúvida, estimulado por dois encontros literários decisivos cujos ecos ressoaram mais tarde na obra de Dostoiévski. Em 1831, o doutor levou a esposa e os filhos mais velhos para assistir a uma apresentação de *Os bandoleiros* [*Die Räuber*], de Schiller. Fiódor, então com dez anos de idade, lembrou-se dessa noite pelo resto de sua vida e se referiu a ela numa carta escrita pouco antes de sua morte: "Posso dizer com justiça que a tremenda impressão com que saí do espetáculo atuou depois de forma muito rica em meu lado espiritual".[27]

Esse foi, presumivelmente, o primeiro encontro de Dostoiévski com a obra do poeta alemão, cujo papel na cultura russa do início do século XIX foi, talvez, mais importante que o de qualquer outro autor estrangeiro.[28] Em *Diário de um Escritor*, de 1876, ele comenta que "[Schiller] se infiltrou na alma russa, deixou uma impressão nela, e quase marcou uma época na história do nosso desenvolvimento".[29] Certos temas da violenta teatralidade *Sturm-und-Drang* de Schiller presentes em *Os bandoleiros* permaneceram com Dostoiévski para o resto da vida. Perto de sua morte, quando chegou a escrever sua própria versão da peça em *Os irmãos Karamázov*, a abundância de referências a Schiller indica até que ponto Dostoiévski ainda podia expressar seus próprios valores mais profundos em termos schillerianos. Temos a revolta tempestuosa de Karl Moor contra a paternidade divina e humana, compensada por seu reconhecimento de um poder moral mais forte do que sua própria vontade e ao qual está reservada a tarefa de repartir a justiça divina. Há também o uso que Franz Moor faz das doutrinas céticas do materialismo do século XVIII para justificar sua vilania parricida, ainda que, apesar de seu ateísmo professado, ele não possa superar seu pavor do inferno e da danação eterna. Por fim, revela-se impossível para ele extirpar aquela centelha de consciência sobre a qual Kant havia falado.

Dois anos depois desse primeiro encontro literário decisivo, durante um dos verões em Darovóie, Dostoiévski devorou todos os romances de Walter Scott; Andrei conta que ele andava sempre carregando um exemplar de *Quentin Durward* ou *Waverley*. "Como resultado dessas leituras", Dostoiévski escreveu certa vez, "levei para minha vida tantas impressões belas e grandiosas que, certamente, elas proporcionaram para minha alma uma grande força na luta contra impressões sedutoras, apaixonadas e corruptoras."[30] Algumas indicações do que eram essas impressões são dadas em *Niétotchka Niezvánova*, em que a jovem órfã Niétotchka encontra consolo em sua descoberta dos romances de Scott.

O sentimento de família retratada tão poeticamente nos romances de Scott [...] invadiu minha alma deliciosa e poderosamente como uma resposta às minhas lembranças e aos meus sofrimentos. Esse sentimento de família era o ideal em cujo nome Scott criou seus romances, um sentimento ao qual eles deram um significado histórico exaltado, e que retratavam como condição para a preservação da humanidade. (v. 2, pp. 450-1)

Esse aspecto de Scott talvez o tenha atingido com tanta força que o ajudou a aceitar a sua própria situação familiar com mais equanimidade. A consciência nascente do jovem Dostoiévski pode ter vibrado com a glorificação que Scott fazia das relações patriarcais entre governantes e governados como a âncora mais segura da estabilidade social. Se assim for, essa é exatamente a relação entre o Tsar-Pai e seus "filhos" — seus súditos — que Dostoiévski se convencerá mais tarde de que existia na Rússia e que, em sua opinião, servia de baluarte contra o individualismo desintegrador da sociedade europeia. Ele passou a acreditar que a proteção desse "sentimento" era uma "condição necessária para a preservação da humanidade". E se *Os irmãos Karamázov*, depois de *Rei Lear*, é a maior obra já escrita para ilustrar os horrores morais decorrentes da desintegração dos laços familiares, é em parte porque Dostoiévski refletiu sobre esse tema durante toda a sua vida.

O dr. Dostoiévski era assinante do novo periódico *A Biblioteca de Leitura* [*Biblioteka dlia Tcheténia*], e foi provavelmente em suas páginas que Dostoiévski tomou conhecimento de escritores como Victor Hugo, Balzac e George Sand, que em breve desempenhariam um papel crucial em sua evolução espiritual e literária. Ao mesmo tempo, na escola, teve o primeiro contato importante com as ideias idealistas e românticas alemãs. Seu professor de literatura do último ano foi I. I. Davídov, pertencente ao pequeno grupo de acadêmicos responsáveis por propagar as ideias de Schelling na Rússia. Ele doutrinou inteiramente Dostoiévski na tradição da arte e estética idealista romântica alemã que dominou a cultura russa na década de 1830.

O que afetou Dostoiévski com mais intensidade foi a concepção de Schelling da arte como um órgão de cognição metafísica — com efeito, como *o* veículo através do qual os mistérios das mais elevadas verdades transcendentes se revelam à humanidade. Toda a geração da década de 1840 se imbuiu dessa crença na missão metafísica da arte, e ninguém a defenderia com mais paixão e brilhantismo que Dostoiévski. Como veremos, ele também foi influenciado pela ideia de Schelling de que as maiores verdades estavam fechadas à razão discursiva, mas acessíveis por uma faculdade superior de "intuição intelectual", bem como por sua concepção idealista de uma natureza dinâmica, em vez de estática e mecânica, ou, em outras palavras, que exibia um significado e um propósito espirituais. Essas ideias devem ter parecido ao jovem Dostoiévski uma confirmação bem-vinda, dada pela ciência e a filosofia mais recentes, das convicções religiosas que aprendera quando criança e sempre aceitara.

Para Dostoiévski, uma influência de importância maior ainda do que todas as que já mencionamos foi, no entanto, a de Aleksandr Púchkin. Um pouco da prosa de Púchkin foi lido no círculo familiar, mas sua reputação ainda não estava de modo algum estabelecida, e o entusiasmo juvenil de Mikhail e Fiódor por sua obra dá provas de suas sérias propensões literárias. Algumas das maiores obras de Púchkin foram publicadas durante a adolescência de Dostoiévski ("A dama de espadas", "Canções dos eslavos ocidentais", "O cavaleiro cobiçoso", "O cavaleiro de bronze", "Noites egípcias"), e, apesar da morna acolhida dos críticos, foram avidamente lidas pelo jovem Fiódor.

Ao saber da morte de Púchkin, em fevereiro de 1837, Dostoiévski disse à família que, se já não estivesse vestindo luto por sua mãe, desejaria fazê-lo por Púchkin. Há algo de impulsivamente correto nesse desejo juvenil: se foi sua mãe que o deu à luz em carne e osso, foi Púchkin que o deu à luz no mundo do espírito. Ele domina a vida literária de Dostoiévski do início ao fim, e o grande escritor de sua juventude é também aquele a quem dedicou seu último pronunciamento público. No famoso discurso que proferiu na dedicação de um monumento ao escritor em 1880 — um discurso que causou sensação nacional —, ele interpretou a obra de Púchkin como a primeira (e ainda insuperável) manifestação dos mais profundos valores morais e nacionais da Rússia. Essa obra proporciona as bases e define o horizonte do universo criativo do próprio Dostoiévski.

Dostoiévski leu e releu Púchkin, meditou sem cessar sobre suas obras e legou para a posteridade uma série de interpretações inspiradas que influenciaram para sempre a crítica russa. Mais do que isso, os próprios escritos de Dostoiévski são impossíveis de se imaginar sem levar Púchkin em conta como predecessor. Leonid Grossman disse com acerto que "suas maiores figuras estão ligadas aos heróis de Púchkin e, muitas vezes, são claramente aprofundamentos dos esboços originais de Púchkin que os elevam ao nível da intensidade trágica".[31] Os funcionários aterrorizados das primeiras histórias não poderiam ter existido sem "O cavaleiro de bronze" e "O chefe da estação"; Raskólnikov recria a loucura assassina do Hermann de Púchkin em "A dama de espadas", que é igualmente obcecado por uma *idée fixe* e igualmente disposto a assassinar para obter riqueza e poder; Stavróguin transforma o charmoso inútil Evguiêni Oniéguin em uma força demoníaca aterrorizante. O tema da impostura, tão brilhantemente dramatizado em *Boris Godunov*, e tão fatídico e onipresente na história da Rússia, também assombra as páginas de Dostoiévski da primeira à última, a partir de *O duplo*, reaparecendo em *Os demônios* e culminando majestosamente na Lenda do Grande Inquisidor.

D. V. Grigórovitch, que mais tarde se tornou romancista, foi colega de Dostoiévski na Academia de Engenharia Militar. Ele se recorda de ter ficado impressionado não só com o conhecimento profundo que Dostoiévski tinha das obras de Púchkin, mas também pelo fato de só ele, entre todos os outros alunos, ter ficado abalado com a morte de Púchkin. Fica evidente que Dostoiévski estava vivendo emocionalmente num mundo bem diverso daquele habitado pela maioria de seus colegas, que tinham a cabeça cheia de preocupações mais objetivas e contemporâneas. Aos dezesseis anos, é o destino desastroso de seu ídolo literário, bem como tudo o que a morte prematura de Púchkin implicava para a cultura russa, que atinge os mais profundos sentimentos de Dostoiévski. E se quisermos entendê-lo corretamente, devemos lembrar essa capacidade precoce de extravasar toda a intensidade de suas emoções pessoais naquilo que era, em essência, uma questão de interesse cultural e nacional.

4. A Academia de Engenharia Militar

A morte de Maria Fiódorovna rompeu o vínculo emocional mais forte que prendia o jovem Dostoiévski a Moscou, mas o conflito interior entre seu desejo de partir e a perspectiva desoladora do que estava por vir pode explicar a misteriosa doença que o acometeu pouco antes de sua partida para a Academia de Engenharia Militar. Sem causa aparente, ele perdeu a voz; parecia ter contraído alguma doença na garganta ou no peito, cujo diagnóstico era incerto. A viagem iminente para São Petersburgo teve de ser adiada, até que o dr. Dostoiévski foi aconselhado a começar a viagem e confiar nos efeitos reanimadores da mudança de ambiente. Andrei observa que, desde então, a voz de seu irmão conservou um tom gutural curioso, que nunca soou muito normal.

O conselho era sensato e a doença de Fiódor sumiu assim que as portas de Moscou foram deixadas para trás. E não admira! Que jovem russo não teria sentido uma onda de energia e entusiasmo com a perspectiva de ir a São Petersburgo pela primeira vez? Para todos os jovens russos, a jornada significava ir do passado ao presente, da cidade de mosteiros e procissões religiosas à dos severos edifícios do governo e desfiles militares monstruosos, a viagem para o lugar onde Pedro, o Grande, havia aberto "uma janela para a Europa". Para Mikhail e Fiódor, significava também uma viagem da infância para a idade adulta, o fim do mundo protegido da família que conheciam e o início das inseguranças da independência.

Anos mais tarde, Dostoiévski escreveu sobre essa viagem em *Diário de um Escritor*, lembrando o estado de espírito em que os dois rapazes encararam essa nova era na vida deles. Os irmãos estavam com a cabeça cheia da matemática que era necessária para o exame de admissão na Academia, mas ambos alimentavam secretamente ambições literárias. "Sonhávamos somente com poesia e poetas. Meu irmão escrevia versos, pelo menos três poemas por dia, mesmo na estrada, e eu passava todo o meu tempo escrevendo na minha cabeça um romance sobre a vida em Veneza."[1] Os dois jovens planejavam visitar imediatamente o local do duelo em que Púchkin fora morto quatro meses antes e depois "ver o quarto em que sua alma expirou".[2] Ambos estavam possuídos por um vago sentimento de anseio e expectativa ao qual o Dostoiévski maduro dá um significado moral e cultural. "Meu irmão e eu almejávamos então uma vida nova, sonhávamos com alguma coisa enorme, com tudo 'belo e sublime'; essas palavras tocantes eram então ainda frescas e pronunciadas sem ironia."[3]

É no contexto desse elevado idealismo moral, tão característico da cultura russa da década de 1830, que devemos avaliar o choque ocorrido na ocasião. Em uma estação de muda de cavalos ao longo da estrada, Dostoiévski viu a chegada

3. *Um mensageiro do governo em missão.*

turbilhonante de um mensageiro do governo vestindo o imponente uniforme completo da época, coroado por um chapéu tricórnio com plumas brancas, amarelas e verdes que ondulavam ao vento. O mensageiro, homem forte de rosto vermelho, entrou correndo na estação para beber um copo de vodca, saiu desabalado e saltou numa nova troica. Tão logo se instalou, levantou-se e começou a bater com o punho na nuca do condutor, um jovem camponês. Os cavalos pularam para a frente quando o cocheiro os açoitou com furor, e a troica desapareceu de vista, com o punho do mensageiro se movendo mecanicamente para cima e para baixo num ritmo implacável, enquanto o chicote subia e descia em ritmo condizente.[4] No final desse relato, Dostoiévski imagina o jovem camponês, ao regressar à sua aldeia, batendo em sua esposa para vingar sua própria humilhação. "Essa imagem revoltante", diz ele, "permaneceu em minha memória por toda a vida."[5]

Essas palavras foram escritas em 1876, e nos cadernos de anotações para *Crime e castigo* ele escreve — "Meu primeiro insulto pessoal, o cavalo, o mensageiro"[6] —, confirmando assim a primazia dessa experiência para Dostoiévski e o papel formador que atribui a ela em seu desenvolvimento, pois o mensageiro tornou-se nada menos do que um símbolo do governo brutal e opressivo ao qual ele servia — um governo cuja dominação sobre o campesinato escravizado pela força bruta incitava toda violência e severidade da vida camponesa. "Jamais consegui esquecer o mensageiro, e durante muito tempo estive inclinado a explicar, como se fosse involuntariamente, o que era vergonhoso e cruel no povo russo de uma forma sem dúvida unilateral demais."[7] Com essas frases cautelosas, Dostoiévski revela a motivação de seu radicalismo dos anos 1840, quando nada o obcecava com mais paixão do que o problema da servidão.

> Essa pequena cena pareceu-me, por assim dizer, um emblema, algo que evidenciava muito claramente a relação entre causa e efeito. Cada golpe dado no animal advinha de cada golpe dado no homem. No final da década de 1840, na época dos meus sonhos mais desenfreados e fervorosos, ocorreu-me de repente que, se fundasse uma sociedade filantrópica [isto é, radical ou socialista], eu gravaria essa troica do mensageiro no selo da sociedade como seu emblema e signo.[8]

Dostoiévski está dizendo a seus leitores que, em sua juventude, ele havia explicado os vícios dos camponeses somente em termos sociopolíticos, apenas como resultado do punho cerrado caindo sobre sua nuca. Estava convencido de que esses vícios desapareceriam assim que o punho fosse detido.

Parece certo que o jovem de dezesseis anos nunca observara uma brutalidade tão desapaixonada, sistemática e metódica exercida sobre uma vítima perfeitamente inocente. A natureza "oficial" da desumanidade nesse caso talvez tenha iluminado num lampejo a fonte social presumida do mal. E uma vez mais notamos a capacidade de sua sensibilidade de ser agitada em seus níveis mais profundos por uma questão pública e social na qual ele não estava de forma alguma envolvido pessoalmente.

Clichês críticos persistem em ver o romantismo do início do século XIX como um movimento solipsista e introspectivo que dava as costas aos problemas sociopolíticos turbulentos da "vida real". Os governos da época tinham uma opinião bem diferente, como apontou Benedetto Croce.

> O sofrimento do mundo, o mistério do universo, o impulso em direção ao sublime no amor e no heroísmo, a angústia e o desespero em face de uma beatitude sonhada, mas inatingível, as visitas hamletianas aos cemitérios, a palidez romântica, as barbas românticas e os cortes de cabelo românticos — todas essas e outras coisas davam provas de espíritos inquietos. Esperava-se e temia-se que eles entrassem para seitas conspiratórias e se erguessem de armas na mão no momento em que tivessem a chance.[9]

O jovem Dostoiévski era, sem dúvida, um romântico, mas as impressões que ele colhia na literatura reforçavam e fortaleciam aquelas oferecidas pela vida. Ele não teria ficado tão impressionado com o espancamento do cocheiro camponês se não tivesse lido Karamzin e Púchkin e já não tivesse aderido ao ideal moral do "belo e sublime" de Schiller.

O episódio chocante do cocheiro foi a introdução de Dostoiévski a São Petersburgo e a todo o lado sórdido da fachada resplandecente do governo ao qual estava prestes a servir. Com efeito, seu primeiro contato com a burocracia o deixou cara a cara com a corrupção oculta que permeava todas as instituições da sociedade russa. Ao chegar à cidade, o dr. Dostoiévski deixou seus filhos numa escola preparatória, onde os meninos estudaram para o exame de admissão à

Academia. Mas mesmo esse importante apoio não garantia o sucesso. Recusaram-se a admitir Mikhail por motivos de "saúde precária"; Fiódor, apesar de passar com louvores no exame, não recebeu uma das vagas para entrada isentas da taxa de admissão. Isso havia sido prometido quando o dr. Dostoiévski fizera a inscrição de seus filhos, mas descobriu-se que essas vagas estavam reservadas para aqueles alunos capazes de dar "presentes" aos examinadores. "Que podridão!", Dostoiévski escreve indignado ao seu pai. "Nós que lutamos para ganhar cada rublo temos de pagar, enquanto outros — os filhos de pais ricos — são aceitos sem pagar taxa."[10] Felizmente, a família Kumánin ajudou, fornecendo a quantia necessária. Mikhail foi afinal admitido em outra escola de engenheiros do Exército e transferido para as províncias do Báltico.

Do ponto de vista puramente material, o dr. Dostoiévski fizera uma boa escolha para seus filhos. Na década de 1830, a Academia de Engenharia Militar — instalada no imponente Palácio Mikháilovski — era considerada o melhor estabelecimento de seu tipo na Rússia e suas vagas eram objeto de particular interesse porque ela gozava do patrocínio de Nicolau I. Mas a vida de Dostoiévski na Academia foi uma longa tortura, e ele sempre considerou a decisão de mandá-lo para lá um erro lamentável. O erro consistiu não somente em ignorar a verdadeira inclinação de seus interesses, mas também em colocá-lo em um ambiente dominado pela violência física, rigidez militar e disciplina férrea, em vez da descontraída camaradagem democrática que, segundo Herzen, reinava na mesma época entre os seus colegas da Universidade de Moscou. "Que exemplos vi diante de mim!", relembra Dostoiévski vinte anos depois. "Vi crianças de treze anos que já calculavam sua vida inteira: onde poderiam alcançar qual posto, o que era mais rentável, como acumular dinheiro (eu estava nos Engenheiros) e qual o caminho mais rápido para obter um posto conveniente e autônomo!"[11]

Para o jovem de Moscou, cuja cabeça estava cheia de ideias de "belo e sublime", a mediocridade moral dos companheiros foi uma desilusão avassaladora. E se ele se indignara com o incidente do mensageiro do governo, pode-se bem imaginar seu horror ao ver a selvageria das classes superiores em relação a todos aqueles diante dos quais estavam em posição de autoridade. As memórias de D. V. Grigórovitch passam uma imagem cáustica desse aspecto da vida na Academia, e mesmo a uma distância de sessenta anos essas memórias provocavam-lhe "uma sensação dolorosa".[12] O tormento impiedoso dos calouros era um dos privilégios desfrutados pelos alunos mais velhos. As autoridades fechavam os olhos para esse

4. A Academia de Engenharia Militar.

esporte cruel desde que a disciplina externa fosse mantida, e qualquer sinal de protesto ou resistência poderia provocar uma surra coletiva que não raro levava o infrator ao hospital.

Ao se ver jogado nesse ambiente, a primeira reação de Dostoiévski foi sentir-se um completo estranho e um pária. Usando a linguagem da literatura romântica que estava então absorvendo, ele escreve a Mikhail apenas seis meses após sua admissão: "A atmosfera da alma [do homem] é composta da união do céu e da terra; que filho desnaturado é o homem; a lei da natureza espiritual é violada. [...] Parece-me que o mundo assumiu um significado negativo, e que de uma espiritualidade elevada e refinada surgiu uma sátira".[13] Dostoiévski já estava começando a pensar na vida humana como uma luta eterna entre o material e o espiritual na natureza do homem; e continuaria a considerar o mundo um "purgatório", cujas provações e atribulações servem ao propósito supremo da purificação moral.

Um colega mais jovem com quem Dostoiévski fez amizade, e que mais tarde se tornou um artista notável, nos dá esta imagem de Fiódor: "Seu uniforme pendia desajeitado, e a mochila, a barretina, o rifle, tudo isso parecia grilhões que ele era obrigado a usar temporariamente e que o acabrunhava".[14] Grigórovitch nos diz que Dostoiévski "já então exibia traços de insociabilidade, ficava de lado, não participava das diversões, sentava-se e enterrava-se em livros, e procurava um lugar para ficar sozinho".[15] A. I. Savéliov, um jovem oficial então de plantão na Academia, comenta que "ele era muito religioso e cumpria zelosamente todas as obrigações da fé cristã ortodoxa. Podia ser visto com a Bíblia, com *Die Stunden der Andacht*, de Zschokke [uma famosa coleção de ensaios devotos com uma forte ênfase na necessidade de dar ao amor cristão uma aplicação social] etc. Após as palestras sobre religião do padre Poluéktov, Fiódor conversava com ele por longo tempo. Tudo isso impressionava tanto seus companheiros que o apelidaram de monge Fócio".[16] Tampouco se contentava em apenas alimentar ideias sociais-cristãs na solidão: tentou corajosamente pô-las em prática, opondo-se a alguns dos abusos da vida na Academia.

Savéliov recorda que Dostoiévski e seu amigo Ivan Berejétski se destacavam da maioria dos estudantes pela "compaixão pelos pobres, fracos e desprotegidos". Eles "empregavam todos os meios para deter essa violência habitual, assim como tentavam proteger os vigias e todos aqueles que cuidavam dos serviços da escola".[17] Os maus-tratos físicos aos professores de línguas estrangeiras, especialmente os alemães, eram também um esporte de salão favorito na Academia, e contra isso lutou Dostoiévski, embora nem sempre com sucesso.

Ele era o editor do jornal estudantil litografado — o que indicaria certa autoridade e aceitação pública. E, embora conhecido como solitário, tinha um pequeno círculo de amigos com ideias afins, alguns dos quais estavam destinados a desempenhar papel importante em sua vida. Com Grigórovitch, compartilhava o interesse apaixonado por literatura e artes; com A. N. Biéketov, que viria a ser o centro de um círculo "progressista" na década de 1840, uma profunda preocupação social e paixão moral; Berejétski, que desaparece de vista, exceto por esse breve momento de amizade com Dostoiévski, pode tê-lo atraído por sua mistura de humanitarismo, pretensão intelectual e elegância arrogante. Ele é mencionado em todas as memórias como o amigo mais próximo de Dostoiévski na Academia. Savéliov conta que passeavam pelas amplas salas do palácio conversando sobre poesia contemporânea (Jukóvski, Púchkin, Viázemski), enquanto o resto dos estudantes estava nas aulas de dança das noites de terça-feira ou praticando esportes ao ar livre. Outro memorialista os descreve discutindo em voz alta sobre Schiller, com Dostoiévski correndo atrás de Berejétski pelos corredores para ter a palavra final.

Em carta a Mikhail do início de 1840, Fiódor diz que, no ano anterior, tivera um amigo por quem sentira "o amor de um irmão". "Eu tinha um companheiro ao meu lado, a única criatura que amei dessa maneira." Trata-se certamente de Berejétski, com quem conversava sobre as obras de Schiller. "Aprendi Schiller de cor, falava com ele, sonhava com ele. [...] Ao ler Schiller *com ele*, constatei *nele* o nobre e impetuoso Don Carlos, e o marquês Posa, e Mortimer. Aquela amizade me trouxe tanta tristeza e alegria! [...] o nome de Schiller tornou-se próximo e querido para mim, uma espécie de som mágico que evocava tantos devaneios; eles são amargos, meu irmão."[18] Na Rússia do início do século XIX, a temperatura da amizade masculina era extremamente elevada e uma ligação masculina calorosa sob a égide mágica de Schiller era uma ocorrência bastante comum na década de 1830.[19] O que ela representava, nesse caso, pode ser deduzido a partir dos nomes dos personagens schillerianos que seu amigo parecia encarnar: todos são homens jovens inspirados por um alto idealismo, por amor ou por amizade a servir às grandes causas sociais de liberdade e justiça.

Não sabemos por que a lembrança de sua amizade com Berejétski seria "amarga" para Dostoiévski; alguma desavença deve ter ocorrido. Aqui, as elucubrações do homem do subsolo podem ajudar a preencher o vazio.

> Certa vez, com efeito, tive um amigo. Mas eu já era um tirano no coração: queria exercer poder ilimitado sobre ele. [...] Eu exigia dele uma desdenhosa e completa ruptura com [seus] arredores. [...] Mas quando ele se dedicou por completo a mim, comecei a odiá-lo imediatamente e repeli-lo como se tudo o que eu precisasse dele fosse vencê-lo, subjugá-lo e nada mais. (v. 5, p. 140)

Esse trecho pode representar o autojulgamento maduro de Dostoiévski a respeito da perversidade de seu caráter — perversidades que em breve teremos ampla ocasião para vê-lo exibir. Sem dúvida, as dificuldades da posição de Dostoiévski na Academia o levaram a impor aos amigos exigências tão grandes de compaixão e paciência que por fim se tornaram intoleráveis. Talvez se possa datar de uma experiência desse tipo o início da atitude crítica de Dostoiévski em relação ao "schillerismo" como modo de comportamento.

O evento mais importante da vida de Dostoiévski durante os anos que passou na Academia foi a morte (ou o assassinato) de seu pai. Na época do suposto homicídio, havia dois anos que ele não o encontrava. Depois de deixar os filhos em São Petersburgo, o dr. Dostoiévski regressou a Moscou e nunca mais esteve com eles. Por motivos de saúde (em seu pedido de aposentadoria, queixa-se de ataques de reumatismo e problemas de visão), ele renunciou ao seu posto e foi morar em Darovóie. Privado do apoio de Maria Fiódorovna e de um ou dois amigos da equipe do hospital, destruiu-se moralmente na solidão das províncias. Aliona Frolovna, que continuava em seu cargo de governanta, escutava-o em longas conversas com a esposa morta, como se ela estivesse presente, e foi nessa época que passou a beber muito. Uma das duas jovens da aldeia que tinham sido criadas da família em Moscou tornou-se sua amante e lhe deu um filho ilegítimo em 1838. É muito improvável que Fiódor tivesse qualquer conhecimento do que estava acontecendo com seu pai naquele momento — não podemos imaginar de onde ele poderia obter essa informação.

Freud, em seu famoso artigo "Dostoiévski e o parricídio", fez uma complexa construção a partir da suposta reação de Dostoiévski à notícia do assassinato, o qual, de acordo com a teoria psicanalítica, realizou os impulsos parricidas que alimentava por causa da rivalidade edipiana, mas reprimia o tempo todo. Tomado pela culpa ao saber da notícia, que concretizou seus desejos mais secretos e insuportáveis, puniu-se com sua primeira crise epiléptica verdadeira. Com efeito, não temos à nossa disposição nenhuma fonte que mostre indício anterior da epilepsia de que Dostoiévski sofreu mais tarde na vida. É possível mostrar que os "fatos" que Freud apresenta são extremamente duvidosos na melhor das hipóteses, e na pior, simplesmente errados; a história de caso que Freud construiu no esforço de "explicar" o escritor em termos psicanalíticos é pura ficção.[20] Há, como veremos, boas razões para aceitar o *aperçu* de Freud de que Dostoiévski se sentiu implicado no assassinato e assumiu emocionalmente uma grande parte da culpa, mas essas razões são bastante distintas daquelas que Freud alega.

Os problemas envolvidos em iniciar seus dois filhos corretamente em suas futuras carreiras eram uma constante fonte de ansiedade para o dr. Dostoiévski. Nada parecia sair como planejado e as despesas imprevistas continuavam crescendo. Há muita discussão na correspondência sobre os trezentos rublos que ele havia pagado, além da taxa regular da escola preparatória, para que seus filhos pudessem receber formação complementar em artilharia e fortificações, e que ficou sabendo finalmente por intermédio deles que "os trezentos rublos não eram necessários para [Kostomárov]".[21] A notícia da rejeição de Mikhail pela Academia foi um grande golpe, assim como o fato de Fiódor não obter admissão gratuita. As cartas do dr. Dostoiévski estão cheias de preocupação e receio, mas ainda que seus recursos financeiros estivessem no limite, ele tentou atender às demandas dos filhos. Em carta conjunta de dezembro de 1837, eles lhe agradecem pelo recebimento de setenta rublos, que dizem ser mais do que suficiente para satisfazer suas necessidades. "Recebemos sua carta, e junto com ela setenta rublos, dinheiro embebido no suor da labuta e de sua própria privação. Oh, como isso faz com que esse dinheiro seja precioso para nós agora! Agradecemos-lhe, agradecemos do fundo de nosso coração, que tem plena ciência de tudo que o senhor está fazendo por nós."[22] Este é o estilo um pouco exaltado — uma imitação do tom das cartas de seus pais — com que Mikhail e Fiódor escrevem ao pai, mas ambos sabiam que seus sentimentos eram plenamente justificados pela situação objetiva.

Os desgostos do dr. Dostoiévski não acabaram de modo algum mesmo depois que seus filhos se assentaram nos respectivos estabelecimentos. Fiódor, por razões que ainda permanecem obscuras, não conseguiu ser promovido no seu primeiro ano de estudos, e ao receber a carta anunciando a infeliz notícia, o dr. Dostoiévski sofreu um derrame parcial. Dostoiévski explicou o revés, em cartas a seu pai e a Mikhail, como consequência da inimizade de alguns professores e enumerou suas notas de curso, que eram excelentes, como prova da injustiça. No entanto, esqueceu de listar sua nota em exercícios militares, que foi muitíssimo baixa e talvez fosse a causa real de seu fracasso. Uma vez que sabia que o favoritismo era abundante na Academia, ele pode muito bem ter acreditado que suas deficiências nos exercícios por si sós não seriam suficientes para anular todo o seu esforço nas outras matérias. Qualquer que seja a explicação para o revés, não há dúvida de que o caso todo deixou Dostoiévski com uma má consciência no que se referia a seu pai. E quando ele diz a Mikhail que "não lamentaria nada se as lágrimas de nosso pobre pai não consumissem minha alma",[23] pelo menos a última parte da frase pode ser tomada ao pé da letra.

É bastante provável que Dostoiévski também tenha se sentido incomodado com os reiterados pedidos de mais dinheiro que fez ao pai. Essas solicitações eram todas expressas em termos de necessidade; mas sua verdadeira fonte era o desejo de não parecer uma figura demasiado miserável entre seus camaradas mais ricos. Ele podia desprezar a maioria dos colegas, mas não podia suportar a ideia de ser considerado por eles ao mesmo tempo pessoalmente estranho e socialmente inferior, e a luta para manter seu status social e a autoestima é óbvia e ingênua em suas cartas. Na primavera de 1839, escreve ao pai pedindo dinheiro para comprar um par de botas sobressalente além daquele que recebera, pedir o próprio chá, além da ração habitual, e comprar um armário para seus livros. Para justificar o pedido, explica ao pai que está apenas se adaptando às "regras" de sua sociedade atual. "Por que ser uma exceção?", ele pergunta, revelando o seu dilema. "As exceções são, às vezes, expostas a aborrecimentos os mais terríveis."[24]

As "regras" de que ele fala, no entanto, eram impostas pela necessidade de manter uma posição social adequada aos olhos dos companheiros. Isso é confirmado pelas memórias do conde Piotr Semiónov (que se tornou um notável explorador e cientista natural). Aconteceu de Semiónov compartilhar com Dostoiévski o mesmo bivaque em Peterhof.

> Eu morei no mesmo acampamento com ele, nas mesmas barracas de linho [...] e me dei bem sem o meu próprio chá (recebíamos algum de manhã e à noite), sem mais botas do que me foi distribuído e sem um baú para meus livros, embora eu lesse tanto quanto F. M. Dostoiévski. Em consequência, tudo isso não era necessidade real, mas simplesmente um desejo de não ser diferente de outros camaradas que tinham chá, botas e baú próprios.[25]

Do que podemos deduzir, Dostoiévski nunca deixou de receber a quantia solicitada após escrever para casa pedindo fundos. Em março de 1839, informou que devia cinquenta rublos (sem explicar por quê ou para quê), e pediu mais dez para pagar as despesas no acampamento. Em resposta, recebeu títulos que poderiam ser trocados por 94 rublos. Dois meses mais tarde, fez um pedido adicional, e isso provocou uma resposta em que o dr. Dostoiévski pinta um quadro sombrio da situação em Darovóie — um quadro em conformidade com os fatos conhecidos. Ele lembra ao filho que nos últimos anos houve más safras e prevê que aquele ano trará a ruína total. No ano anterior, diz ele, as coisas tinham sido tão ruins que os tetos de palha das cabanas dos camponeses haviam sido utilizados para forragem; "mas isso não é nada comparado com a aflição atual. Desde o início da primavera, não caiu uma gota de água, nem mesmo orvalho. Calor e ventos terríveis arruinaram tudo. O que nos ameaça não é somente a ruína, mas a carestia total. Depois disso, você pode continuar a se queixar de seu pai por não lhe enviar dinheiro?".[26] Mesmo assim, a quantia que Dostoiévski havia pedido foi despachada, com a advertência de usá-la com moderação. Essa carta foi escrita em 27 de maio de 1839. O dr. Dostoiévski morreu em algum momento do início de junho, talvez uma ou duas semanas depois. Sua desesperada comunicação para o filho foi, literalmente, seu último testamento, e Dostoiévski deve tê-la recebido quase ao mesmo tempo que a notícia da morte do pai.

Não é necessário investigar aqui as versões conflitantes fornecidas para o suposto assassinato. Se foi uma explosão espontânea de raiva ou se foi cuidadosamente planejado com antecedência, se a causa foram as exigências e a severidade insuportável do dr. Dostoiévski — que fazia os infelizes camponeses pagarem caro por sua própria tristeza e desolação, ou se seu destino foi selado pela notável rebeldia dos camponeses da região durante 1839 por causa da seca abrasadora —, nenhuma dessas perguntas pode ser respondida de forma conclusiva. A morte aconteceu aparentemente por asfixia, e não havia marcas de crime visíveis no corpo. Constou que o dr. Dostoiévski morreu de um derrame apoplético, e apesar dos rumores de homicídio em todo o distrito, a família decidiu deixar o assunto por isso mesmo. Os Kumánin não tinham grande apreço pelo médico irascível; seria quase impossível provar o assassinato e, mesmo que o fosse, isso significaria o exílio de quase todos os servos do sexo masculino e a destruição efetiva do patrimônio das crianças. Andrei Dostoiévski presume que seus dois irmãos mais velhos foram informados quase desde o início de que seu pai tinha sido assassinado.[27]

Diante de tudo isso, podemos supor que Dostoiévski talvez tenha sido esmagado por um choque de culpa e remorso ao tomar conhecimento da morte do pai e de sua causa. O mal-estar que sentiu durante todo esse período — um mal-estar causado tanto por sua incapacidade de obter promoção como pela consciência de que estava explorando os parcos recursos de seu pai para apaziguar seu desejo de status social — pode ter explodido de repente em um frenesi de autoacusação. Se o pai havia sido abominável no trato com os camponeses, a culpa não seria dele? Não fora para satisfazer suas fantasiosas "necessidades" que o pai tinha chegado ao seu horrível fim?

Se partirmos do princípio de que a turbulência da psique de Dostoiévski pode ser descrita em alguns desses termos, então podemos chegar perto de fornecer uma explicação *específica* para o comportamento do escritor na década de 1840 e para o caráter de sua obra. Nada teria sido mais natural para ele do que tentar aliviar sua culpa projetando-a externamente em termos sociais, assumindo assim a forma humanitária de adesão a uma conspiração para disseminar propaganda contra a servidão. O humanitário sensível já ficara chocado com o espancamento de um cocheiro camponês. Até que ponto as cenas em Darovóie que sua imaginação atormentada criava — cenas pelas quais não podia deixar de assumir certa responsabilidade — teriam acentuado ainda mais sua aflição? E assim seu sentimento de culpa se transformou no ódio ardente contra a servidão. Apenas a destruição desse sistema monstruoso poderia amenizar o trauma de sua culpa, e foi em nome desse objetivo que acabou por tomar o caminho que o levou à Sibéria.

Nessa medida, e por essas razões muito mais flagrantes, pode-se aceitar a opinião de Freud de que Dostoiévski assumiu emocionalmente o peso de uma culpa parricida. Mas a aceitação por Freud da tradição familiar segundo a qual o choque da notícia provocou o primeiro ataque epiléptico de Dostoiévski é refutada pelas cartas do próprio Dostoiévski de 1854, quando ele menciona pela primeira vez a doença, e também parece improvável em face de todas as outras circunstâncias. Nenhuma das pessoas que conheceram Dostoiévski na Academia e que deixaram memórias se refere a um ataque desse tipo. Todos escreveram após a morte de Dostoiévski, quando sua epilepsia era de conhecimento público havia muito tempo. Na Academia, ele vivia em quartos comuns com uma centena de outros colegas e estava constantemente sob vigilância: teria sido muito difícil esconder um ataque epiléptico.

A única reação registrada de Dostoiévski à morte do pai — uma carta para Mikhail de meados de agosto de 1839 — não menciona nenhuma perturbação incomum ao receber a notícia. "Meu querido irmão, derramei muitas lágrimas pela morte do pai!" — isso é tudo o que é dito. O que parece perturbá-lo mais é o destino de seus irmãos e irmãs mais novos, não tanto do ponto de vista prático, mas moralmente: ele acha repugnante a ideia de que eles serão educados pela família Kumánin. Por isso, aprova com fervor o plano de Mikhail — nunca posto em prática — de retirar-se para Darovóie, depois se tornar oficial e dedicar-se à educação deles. "A organização harmoniosa da alma no seio da própria família, o desenvolvimento de todas as tendências baseadas em princípios cristãos, o orgulho das virtudes familiares, o medo do pecado e da desonra — eis o resultado de tal educação. Os ossos de nossos pais repousarão com serenidade na terra úmida."[28] Esse é obviamente o tipo de criação e educação que ele achava que recebera e que agora tende a idealizar sob o choque de sua perda. Há um sentimento de total identificação com o pai nessas palavras, o que leva ao desejo de perpetuar os valores da tradição familiar tal como os vê agora.

Ao mesmo tempo, a carta expressa também uma sensação de alívio, como se um peso tivesse sido tirado dos ombros de Dostoiévski. Ele diz a Mikhail que agora, mais do que no passado, é capaz de olhar para tudo o que o rodeia na Academia com mais calma. Pela primeira vez, fala abertamente sobre sua intenção de abandonar o Exército. "Meu único objetivo é ser livre. Estou sacrificando tudo por isso. Mas muitas, muitas vezes penso, o que a liberdade trará para mim? [...] o que serei sozinho na multidão dos desconhecidos?"[29] Apesar desses medos perturbadores, Dostoiévski expressa confiança em si mesmo e no futuro, e a firme convicção de que suas "sagradas esperanças" um dia se realizarão. Antes, jamais ousara admitir um desafio à vontade de seu pai — um desafio que só poderia levar a um conflito de vontades devastador. A morte do pai retirou esse grande obstáculo emocional do seu caminho, e seu sentimento de culpa foi, portanto, acompanhado também por um sentimento de libertação.

Foi, talvez, uma consciência obscura desse sentimento que impeliu Dostoiévski a observar que sua alma "não é mais acessível aos seus antigos surtos tempestuosos", e que é "como o coração de um homem que esconde um enigma profundo". Além disso, diz que o objetivo de sua vida de agora em diante será "estudar o 'sentido da vida e do homem'". Ao professar uma satisfação limitada com o progresso que já fez nessa empreitada, acrescenta a informação reveladora de que ele a procura mediante o aprofundamento nas "personagens dos escritores com quem passo a melhor parte de minha vida com liberdade e alegria". "O homem é um enigma", continua ele, algumas frases adiante. "Esse enigma precisa ser resolvido, e se você passa toda a sua vida nisso, não diga que desperdiçou seu tempo; eu me ocupo com esse enigma porque desejo ser um homem."[30] Não por acaso, essas palavras impressionantes aparecem na única carta em que comenta o assassinato do pai, pois nenhum evento poderia tê-lo feito entender tão íntima e cruamente o enigma da vida humana — o enigma da súbita irrupção de forças irracionais, incontroláveis e destrutivas, tanto no mundo como na psique humana, o enigma das consequências morais incalculáveis até mesmo de uma autossatisfação venial como as demandas que fazia ao pai. Com efeito, trata-se do enigma que ele passaria o resto de sua vida tentando resolver, e ninguém pode acusá-lo de ter desperdiçado seu tempo nessa tarefa.

5. Os dois romantismos

Além dos requisitos de matemática e engenharia, a Academia de Engenharia Militar também proporcionava uma educação humanista para os futuros oficiais do Exército russo. Pelo menos durante os dois primeiros anos de estudos, Dostoiévski recebeu aulas de religião, história, arquitetura civil, língua e literatura russa e francesa, e também aulas de alemão. O professor de literatura russa era V. T. Pláksin, que aceitava o romantismo como a arte do mundo moderno; ele dava aulas sobre Púchkin e Liérmontov, bem como sobre o poeta popular russo Koltsov. Com Pláksin, Dostoiévski não poderia ter adquirido muito mais em termos de ideias sobre literatura do que doutrinas românticas alemãs. Mas seu professor de literatura francesa, Joseph Cournant, era totalmente diferente, e as cartas de Dostoiévski logo se encheram de referências não somente a Racine, Corneille e Pascal, mas também a escritores do Renascimento francês como Ronsard e Malherbe. Cournant incluía literatura contemporânea em seu curso e apresentou a seus alunos Balzac, Hugo, George Sand e Eugène Sue. Ao escrever a seu pai em maio de 1839, Dostoiévski explica por que é "absolutamente necessário" que ele se inscreva numa biblioteca itinerante francesa: "Quantas grandes obras de gênio — gênio matemático e militar — existem na língua francesa".[1]

Os estudos de Dostoiévski na Academia, no entanto, proporcionaram apenas a menor parte de sua educação humanística. A maior foi obtida na companhia do jovem Ivan Nikoláievitch Chidlóvski, pessoa que ele conheceu por acaso quando chegou a São Petersburgo. Em 1873, Dostoiévski disse a um escritor que estava reunindo material sobre ele para um artigo biográfico: "Mencione Chidlóvski [...] ele foi uma pessoa muito importante para mim na época e não merece que seu nome afunde no esquecimento".[2] Ivan Chidlóvski chegara a Petersburgo para assumir um posto no Ministério da Fazenda, mas, tal como os irmãos Dostoiévski, seu coração estava na literatura, e não na burocracia. Homem alto de aparência marcante, eloquente e loquaz, aos 21 anos de idade Chidlóvski impressionava a todos com a amplitude de sua cultura e com o ardor de suas perorações sobre temas elevados. Naturalmente, escrevia poesia e logo conseguiu não só ser publicado, como também alcançar os confins da vida literária da capital. Pouco depois de chegar, visitou N. A. Polevói, o defensor do romantismo francês, cuja revista fora fechada em 1839 em razão do que Púchkin chamou de tendências "jacobinas" e que ingressara na equipe de outra publicação. Pode-se imaginar o tremendo impacto que Chidlóvski deve ter tido sobre o incipiente autor, e a auréola que dentro em breve os olhos deslumbrados do jovem viam à cabeça do mestre. Chidlóvski foi a primeira pessoa a levar a sério as aspirações literárias de Dostoiévski e a encorajá-lo com exemplos, preceitos e conselhos.

Sempre que conseguia um tempo livre na Academia, Dostoiévski o passava com Chidlóvski; e quando seu amigo foi embora de Petersburgo para sempre, provavelmente em algum momento do final de 1839, ficou desconsolado. "Muitas vezes sentei-me com ele noites inteiras falando de Deus sabe o quê!", escreve a Mikhail. "Oh, que alma pura e sincera!"[3] Eles falavam sobre os grandes escritores que Dostoiévski estava lendo sob a tutela de Chidlóvski ("falávamos de Homero, Shakespeare, Schiller, Hoffmann")[4] e foi em grande parte através dos olhos dele que Dostoiévski passou a ver os grandes heróis da cultura romântica cujos simples nomes o enchiam de admiração.

Romântico russo típico da década de 1830, Chidlóvski consumia-se, como todos eles, com desejos insaciáveis que não podiam ser satisfeitos nos limites da vida terrena. Seus poucos poemas subsistentes são todos expressões desse mal-estar romântico, que o leva a questionamentos melancólicos sobre o sentido da existência humana. Nenhuma resposta é jamais dada a essas perguntas, mas Chidlóvski é consolado pela crença de que existe um Deus que às vezes concede sua presença na natureza e mantém a esperança de consolo para os seres humanos infelizes. Dostoiévski era um grande admirador desses poemas. "Ah, logo, logo vou ler os novos poemas de Ivan Nikoláievitch", escreve ele a Mikhail no outono de 1838. "Que poesia! Que ideias inspiradas!"[5]

Em uma longa carta que enviou a Mikhail em fevereiro de 1839, Chidlóvski escreve da mesma forma livre e informal sobre seu desejo de fazer uma farra com Mikhail e seus flertes com as esposas dos amigos que aspiravam a ser imortalizadas em seus versos. Chidlóvski era evidentemente uma daquelas naturezas russas "amplas" que oscilavam entre os impulsos morais mais contraditórios e que Dostoiévski retratou com tanta frequência mais tarde. Sem dúvida, sua completa isenção de qualquer tipo de conservadorismo constituía uma fonte do magnetismo que exercia sobre seus amigos mais jovens. Mas o entusiasmo de Chidlóvski não o impedia de mergulhar em uma grave crise espiritual após a outra, provocadas pela sua personalidade dividida e despedaçada.

Apenas um exemplo: ele tentou lutar contra a tentação de suicídio aumentando o fervor na oração; e no dia de Natal, conta a Mikhail, o milagre aconteceu: "Algum tipo de iluminação maravilhosa brilhou diante dos meus olhos, lágrimas jorraram apaixonadamente — e eu acreditei".[6] Ele escreve em outro trecho:

> Temos de acreditar que Deus é bom, pois de outra forma ele não é Deus; que a beleza do Universo é essa bondade visível e tangível. [...] Esse é o único verdadeiro sinal do grande poeta, que é o homem em seu ápice mais alto, manche-o com sujeira, difame-o, oprima-o, torture-o, e sua alma, no entanto, se manterá firme, fiel a si mesma, e o Anjo da inspiração o guiará em segurança do calabouço da vida para o mundo da imortalidade. [...] o corpo, um recipiente de barro, mais cedo ou mais tarde é quebrado, e todos os nossos vícios e virtudes ocasionais passados desaparecem sem deixar vestígios.[7]

Essas ideias que Dostoiévski absorvia ansiosamente dos lábios de seu mestre eram um belo exemplo tanto do egoísmo romântico como do desejo de obliteração panteísta de si mesmo que tinham sido estimulados pela influência de Schelling e eram tão difundidos na década de 1830. Em seus famosos *Devaneios literários*, o jovem crítico V. G. Bielínski, que logo se tornaria a força cultural mais importante do seu tempo, havia escrito que "a felicidade suprema e infinita do homem consiste na dissolução do Eu no sentimento de amor" por toda a criação de Deus.[8]

O grau supremo em que Dostoiévski assimilou os valores dessa fase romântica da cultura russa pode ser julgado a partir de uma carta que escreve a Mikhail um ano depois.

> Bastava olhar [Chidlóvski] para ver o que ele era: um mártir! Ele ficara magro, as bochechas afundadas, seus olhos cintilantes secos e ardentes, a beleza moral de seu rosto elevada à medida que a física diminuía. Ele estava sofrendo, cruelmente sofrendo. Meu Deus, como ele amava a moça. [...] Ela se casara com outro homem. Sem esse amor, ele não teria sido esse sacerdote da poesia, puro, nobre, desinteressado. [...] Ele era um ser exaltado, maravilhoso, o verdadeiro esboço do homem que Shakespeare e Schiller lhe mostraram, mas estava, então, justamente a ponto de cair na loucura negra de personagens byronianos.[9]

Essa última frase alude provavelmente à batalha que Chidlóvski empreende contra a tentação do suicídio.

A veneração estupefata que Dostoiévski dedica a seu herói é expressa com uma ingenuidade comovente, mas o que ele via em Chidlóvski era a encarnação viva do grande conflito romântico entre o homem e seu destino, pelo qual sua imaginação se inflamara. Chidlóvski o pôs cara a cara com o homem como "um ser exaltado, maravilhoso", tal como Dostoiévski aprendera a perceber em Shakespeare e Schiller; nenhuma ruminação sobre textos poderia ter transmitido com tanta imediação vital os altos e baixos da experiência romântica. A suprema nobreza de uma paixão desesperada (e desinteressada *porque* sem esperança), o valor espiritual de sofrer por um ideal inatingível, o papel do poeta como "sacerdote" abnegado dessa dispensação romântica, proclamando sua fé e seu amor de Deus em meio a suas provações — tudo isso Dostoiévski aceita agora como o próprio apogeu da sublimidade.

M. H. Abrams aguçou nossa consciência de que os "conceitos e padrões característicos da filosofia e da literatura românticas são uma teologia deslocada e reconstituída" e representam um retorno a formas cristãs de sentimento.[10] Ele escreve:

> Uma clara tendência romântica, após o racionalismo e o decoro do Iluminismo, foi uma reversão ao drama rematado e aos mistérios supranacionais das histórias e doutrinas cristãs e aos conflitos violentos e reversões abruptas da vida interior cristã, girando

em torno de extremos de destruição e criação, céu e inferno, exílio e reunião, morte e renascimento, desânimo e alegria, paraíso perdido e paraíso recuperado.[11]

Assim, os valores românticos que Dostoiévski assimilou de Chidlóvski eram uma reformulação, em termos do início do século XIX, das mesmas agitações religiosas e questionamentos que, quando menino, o haviam tocado profundamente no Livro de Jó. E aqui podemos encontrar uma razão ainda mais profunda, além das já mencionadas, para a importância que Dostoiévski atribuía a Chidlóvski em sua vida: o principal papel de Chidlóvski foi tê-lo ajudado a fazer a transição entre a sua fé de infância e seus equivalentes modernos mais complexos. Não admira que fosse eternamente grato ao homem que realizara essa tarefa crucial!

Dostoiévski não teve de passar por nenhuma reavaliação agonizante de suas velhas crenças para conseguir adaptar-se ao novo mundo da cultura romântica que tanto ansiava por assimilar. Também não se deve subestimar a influência futura da demonstração viva de Chidlóvski de que o compromisso religioso intenso podia ser combinado com uma confissão franca dos tormentos da dúvida; a partir de então, para Dostoiévski, a fé genuína nunca mais seria confundida com uma resignada aceitação de dogmas. É verdade que ele logo abandonou essa fase romântica e, mais tarde, parodiou e satirizou com frequência vários tipos de egoísmo romântico. Mas a insatisfação romântica com os limites da vida terrena e, em particular, a avaliação positiva do sofrimento moral sempre se mantiveram como uma característica de sua visão de mundo.

A cultura russa de meados da década de 1830 — durante o período da adolescência mais receptiva de Dostoiévski — estava num período de transição entre a influência predominante da literatura romântica e filosofia idealista alemãs e o início de uma guinada em direção ao romantismo social francês (que incluía uma boa parte do que veio a ser chamado de realismo social ou, na Rússia, de naturalismo). A geração da década de 1820 crescera em um momento de grande turbulência política e tivera um forte interesse pela vida social e por temas políticos. Como todo leitor de *Evguiêni Oniéguin* deve lembrar, o dândi de São Petersburgo da época considerava a familiaridade com as doutrinas de Adam Smith uma parte indispensável de seu guarda-roupa mental.[12] Porém o choque administrado à sociedade russa pelo levante decabrista e suas consequências severamente repressivas levou o pensamento da geração seguinte para outros canais. As sementes da influência do romantismo alemão já haviam sido bem plantadas antes de 1825 e desabrocharam com exuberância no clima de estufa severamente apolítico promovido por Nicolau I.

Em consequência, a preocupação com as questões práticas do homem e da sociedade passou a ser rejeitada com desdém, indigna da verdadeira nobreza do espírito humano. Somente através do esforço para desvendar os segredos do Absoluto é que o homem poderia permanecer fiel à vocação revelada a ele pela consciência de si mesmo. A arte e a metafísica idealistas substituíram todas as outras áreas da vida como foco de interesse cultural. Somente uma publicação — o *Telégrafo de Moscou*, de Polevói — se manifestou contra essa corrente e se esforçou, sobretudo depois da Revolução Francesa de 1830, para defender a forte orientação social e socialista de grande parte da nova literatura francesa. Mas a obra romanesca do próprio Polevói revela o amálgama híbrido de influências tão típico de meados da década de 1830: sua ênfase principal está na disparidade eterna entre os sonhos de imaginação e os limites do real. Dostoiévski chegou à maturidade intelectual em meados dos anos 1830 e foi profundamente afetado pela mistura díspar de tendências culturais predominante nesse período.

O retrato que ele faz de Chidlóvski é apenas um dos inúmeros trechos de suas cartas em que podemos observá-lo assimilando diligentemente os princípios do que se pode chamar romantismo metafísico, com sua forte ênfase na relação do homem com um mundo de forças sobrenaturais ou transcendentais. Durante o verão de 1838, como orgulhosamente conta para Mikhail, leu "tudo de Hoffmann em russo e em alemão (*Kater Murr* não foi traduzido)", bem como "o *Fausto* de Goethe e seus poemas mais curtos".[13] Era o momento exato em que o jovem crítico Bielínski estava dizendo a seus amigos que Hoffmann era tão grande quanto Shakespeare. Outro crítico jovem, P. V. Ánnenkov, cujas reminiscências oferecem um retrato penetrante e perspicaz desse período, lembrou que "o mundo fantástico dos contos de Hoffmann parecia [...] uma partícula de revelação ou exposição da Ideia Absoluta onicriadora".[14] É também sugestivo desse período de flutuação cultural que até mesmo Herzen, destinado a ser uma das vozes sociopolíticas mais influentes da Rússia, e que já estava sob a influência das ideias de Saint-Simon, tenha feito sua estreia como escritor em 1837 com uma celebração do romantismo metafísico de Hoffmann. As leituras de Dostoiévski estavam, portanto, em sintonia com seu tempo e ele se punha em dia rapidamente com o gosto mais recente.

É provável que tenha aprendido com o gênio de Hoffmann a descrever estados emocionais patológicos e impulsos criminais subconscientes, bem como a criar uma atmosfera poética original — uma mistura do realismo trivial com um mundo de sonho ricamente imaginativo e fantástico. Muitos anos depois, ao comparar Hoffmann e Poe, Dostoiévski expressou preferência pelo escritor alemão em relação ao americano, que considerava demasiado prático e terra a terra. Poe, disse ele, confinava sua fantasia somente ao âmbito de suas histórias; uma vez dada a situação, todo o resto é apresentado com incrível exatidão e verossimilhança. Hoffmann, por outro lado, "personifica as forças da natureza em imagens", permite que o sobrenatural se intrometa abertamente e "às vezes busca seu ideal fora dos limites do terrestre". Isso, na opinião de Dostoiévski, faz de Hoffmann "um poeta incomensuravelmente superior a Poe" (v. 13, p. 524). Apesar dessa preferência, sua obra está mais próxima de Poe que de Hoffmann: ele também tem uma incrível capacidade de visualizar e dramatizar o extraordinário dentro das convenções do realismo, e sem nenhuma intrusão (visível) do sobrenatural.

Nesse período, a tendência de Dostoiévski, sempre que deseja descrever sua vida interior, é empregar as categorias da metafísica romântica; observa em carta a Mikhail, por exemplo, que na Academia é uma "presença estrangeira" e que o mundo é um "purgatório de espíritos celestiais" (uma frase que lembra muito Schiller). À medida que a carta avança, seu estado de ânimo depressivo é substituído por uma rebelião tempestuosa: "Mas apenas ver a cobertura dura sob a qual o universo definha, saber que uma explosão da vontade é o suficiente para quebrá-lo e fundir-se com o eterno, saber e permanecer como o mais humilde dos mortais [...] isso é terrível! Como o homem é covarde! Hamlet! Hamlet!".[15] O fracasso de Hamlet torna-se um sinal da degradação do homem: a humanidade não é forte o suficiente para viver à altura de sua elevada autoconsciência.

Muitas e muitas vezes, ao folhear as cartas de Dostoiévski, vemos como ele se tornara bem treinado nessa propensão romântica de vazar seus problemas pessoais em termos cósmicos. Um trecho de outra carta é importante por ser a primeira indicação de sua aceitação de um irracionalismo filosófico, cujas raízes se encontram na voga disseminada de Schelling na Rússia. Mikhail escrevera ao irmão que "para *conhecer* mais, é preciso *sentir* menos". A resposta de Fiódor é uma veemente oposição. "O que você quer dizer com a palavra *conhecer*?", pergunta em tom beligerante. "Para conhecer a natureza, a alma, deus, o amor. [...] Estes são conhecidos pelo coração, não pela mente." Dostoiévski argumenta que o pensamento não pode desvendar o mistério da criação, porque "a mente é uma faculdade material" e, como tal, não está em contato com a verdade transcendental. "A mente é um instrumento, uma máquina, movida pelo fogo da alma." A alma (Dostoiévski também usa a palavra "coração") é o verdadeiro meio para atingir o mais alto conhecimento, pois "se o objetivo do conhecimento é o amor e a natureza, abre-se um campo livre para o *coração*". Assim, a poesia é um meio de conhecimento tanto quanto a filosofia, porque "o poeta, no transe da inspiração, desvenda a Deus".[16]

Se, ao lado dessas citações, lembrarmos a absorção por Dostoiévski das obras de Schiller em comunhão com Berejétski, podemos ver como foi forte a influência que sofreu do romantismo metafísico. E diante de temas importantes do Dostoiévski mais tardio, fica claro como essa influência permaneceria profunda e duradoura. Serão necessários seus longos anos de dificuldades e sofrimentos e as experiências extraordinárias a que foi forçado a se submeter para que ele consiga transformar essas influências na autenticidade temperada pela vida de sua arte trágica. A acusação de covardia levantada contra Hamlet será um dia criticamente reformulada nas frenéticas autoacusações de Raskólnikov a respeito de sua incapacidade de ser um "Napoleão" e continuar a ser interiormente um dos "mais humildes dos mortais". Dostoiévski tampouco esqueceria a ideia do suicídio — de uma "explosão da vontade" — como um gesto supremo de desafio metafísico quando ele cria o personagem de Kiríllov em *Os demônios*. Apesar de sua crescente afinidade com o novo romantismo social francês, o romantismo metafísico manteve sua importância para Dostoiévski, porque nunca foi espiritualmente rejeitado ou superado como um todo. Ele abriu sua sensibilidade para as formas do início do século XIX, nas quais o homem se esforçava para exprimir seus questionamentos religiosos seculares, e proporcionou alguns dos paradigmas através dos quais acabaria por afirmar seu próprio gênio.

Influência igualmente importante sobre Dostoiévski teve a corrente literária concorrente do romantismo social francês. Devemos admitir que há certo artificialismo na separação desses dois romantismos. Como se pode, por exemplo, dissociar, em um escritor como Schiller, a metafisica do social? Auerbach afirmou que uma das peças de Schiller, *Louise Millerin*, é "um punhal cravado no coração do absolutismo",[17] e a mesma definição pode também ser aplicada às demais. Outro crítico alemão escreveu que "o que Schiller expressou em suas criações, de *Os bandoleiros* a *Don Carlos*, foi [...] o que a Revolução Francesa traduziu em realidade".[18] O efeito incendiário de Schiller sobre o nascimento de mais de uma vocação revolucionária na Rússia é bem conhecido, e se Dostoiévski e Berejétski assumiram a tarefa cavaleiresca de proteger os fracos e indefesos na Academia, podemos ter certeza de que a leitura que fizeram de Schiller despertou-lhes a consciência social. Porém, embora tudo isso seja verdade, ainda pode ser útil estabelecer uma distinção entre essas influências que ensinaram Dostoiévski a ver a vida humana principalmente sob uma perspectiva absoluta ou transcendental e aquelas que aguçaram sua percepção das questões sociais concretas de seu mundo contemporâneo.

Essas questões vinham sendo apresentadas de forma mais vívida na nova literatura francesa que Dostoiévski fora incentivado a ler pelo curso de Cournant. E a amizade de Chidlóvski com Polevói trouxe Dostoiévski, mesmo que à distância, para a órbita do principal defensor crítico do liberalismo político e do humanitarismo moral da escola romântica francesa. Na mesma carta, em que conta ter lido Hoffmann e Goethe, Dostoiévski também se gaba para Mikhail de ter lido "quase tudo de Balzac" e "tudo de Hugo, exceto *Cromwell* e *Hernani*".[19] "Balzac é ótimo", escreve com entusiasmo. "Seus personagens são criações da mente universal! Não o espírito de uma época, mas a luta de milhares de anos preparou esse resultado na alma do homem."[20] Essa é a primeira reação entusiástica de Dostoiévski a um escritor que, como Leonid Grossman disse, representou para ele o que Virgílio foi para Dante. Nenhum predecessor no romance europeu foi mais importante para Dostoiévski do que Balzac, e obras como *Eugénie Grandet* e *O pai Goriot* abriram o caminho para suas próprias produções.

Foi Balzac que tomou o romance histórico de Scott e o utilizou para tratar da vida social contemporânea. Foi Balzac quem primeiro disse que Scott lhe ensinou que o romance moderno era *"un drame dialogué"* — e ninguém desenvolveria a forma nessa direção de modo mais brilhante do que Dostoiévski. De todos os seus contemporâneos, Balzac é o único que se compara a ele na união de uma observação social visionária de espantosa exatidão com um drama interior da alma que abrange toda a gama da experiência moral, do satânico ao divino.

Para Balzac, a sociedade francesa moderna não passava do campo de batalha de uma luta implacável pelo poder entre a antiga aristocracia de berço e os novos flibusteiros das altas finanças. Nesse conflito mortal, todos os fundamentos morais consagrados pelo tempo da comunidade humana estavam sendo destruídos. "O Bezerro de Ouro", como Harry Levin escreve, "[havia] de fato usurpado o altar e o trono",[21] e a Europa estava condenada porque já não conseguia juntar valores mais elevados para se opor ao reinado irrestrito dos interesses materiais. Essa visão da sociedade europeia, esboçada nas proporções monumentais de Balzac, faz parte do pano de fundo para a visão posterior de Dostoiévski a respeito do Ocidente. Karamzin lhe passara uma percepção de que a Europa estava moribunda, mas ao que parece foi Balzac o primeiro a persuadi-lo de que ela estava totalmente escrava de Baal, o deus encarnado do materialismo, e que ele não poderia escapar da catástrofe de uma luta de classes sangrenta — convicção compartilhada, afinal de contas, por seus colegas balzaquianos Marx e Engels. Mas a obra de Balzac também deu ao jovem Dostoiévski o que pode ter sido seu primeiro vislumbre das doutrinas da escola de Saint-Simon (em *O ilustre Gaudissart*), que se opunha à desumanidade do capitalismo inicial e pregava um "novo cristianismo" que interpretava Jesus como o profeta de uma "religião da igualdade".

A grande admiração de Dostoiévski por Balzac era rivalizada, se não superada, por sua adoração de Victor Hugo. Para julgar adequadamente o significado dessa admiração, devemos lembrar que, àquela altura, Hugo e sua obra haviam se tornado uma bandeira vermelha — um símbolo da grande onda de humanitarismo social liberada pela revolução de 1830. "*La charité, c'est le socialisme*", escreveu Lamartine em 1834,[22] apontando as fontes cristãs do novo movimento social, e foi como uma expressão desses sentimentos cristãos que Hugo falou de sua própria obra:

> J'ai, dans le livre, avec le drame, en prose, en vers,
> Plaidé pour les petits et pour les misearables;
> Supplicant les heureux et les inexorables;
> J'ai réhabilité le bouffon, l'histrion,
> Tous les damnés humains, Triboulet, Marion,
> Le laquais, le forçat, et la prostituée.[23]

Mais de trinta anos depois, Dostoiévski ainda considerava os textos de Hugo inspirados por uma ideia "cristã e extremamente moral". "Ela pode ser formulada como a regeneração da humanidade decaída, esmagada pelo peso injusto das circunstâncias, pela inércia de séculos e por preconceitos sociais [...] [e como] a justificação dos humilhados e de todos os párias rejeitados da sociedade" (v. 13, p. 526).

A importância primordial de Hugo para Dostoiévski aparece em trecho de uma carta a Mikhail do início de 1840, na qual ele compara Homero e Hugo:

> Homero (uma figura lendária, talvez como Cristo, encarnado por Deus e enviado para nós) pode ser comparado apenas com Cristo. [...] Veja, na *Ilíada*, Homero deu a todo o mundo antigo a organização da sua vida espiritual e terrena, exatamente no mesmo sentido que Cristo deu ao novo. [...] Victor Hugo como um poeta lírico, com um puro caráter angelical, com uma tendência cristã inocente em sua poesia, e ninguém pode se comparar a ele nisso. [...] Só Homero, com a mesma confiança inabalável em sua missão, com sua fé inocente no deus da poesia a quem serve, é semelhante, na tendência da fonte de sua poesia, a Victor Hugo.[24]

Muito além de sua relação com Hugo, esse trecho mostra a familiaridade precoce de Dostoiévski com ideias então consideradas bastante "avançadas". Se ele está disposto a acalentar o pensamento de que Homero e Cristo foram ambos enviados por Deus, e que a posição deles em relação à humanidade é quase a mesma, então o jovem Dostoiévski dificilmente pode ser acusado de qualquer aceitação simplória de noções religiosas convencionais; suas palavras lembram muito mais a doutrina socialista utópica da religião como "revelação progressiva"[25] do que a ortodoxia cristã. Além disso, é muito significativo que Victor Hugo desempenhe no mundo moderno o mesmo papel de porta-voz profético de Deus que ele atribui a Homero no mundo antigo. A ideia de Dostoiévski parece ser a de que Cristo havia proclamado para a modernidade "a organização da sua vida espiritual e terrena", e que Hugo, inspirado por essa fonte divina, estava expressando em sua poesia o verdadeiro significado do alcance de Cristo. Isso indicaria que o cristianismo de Dostoiévski já se tornara fortemente social e humanitário, e era praticamente idêntico ao que estava sendo chamado de "socialismo" na França. Durante o verão de 1838, sem dúvida por recomendação de Chidlóvski, Dostoiévski avançou a custo através dos seis volumes da *História do povo russo*, de Polevói. Tratava-se da primeira obra russa que utilizava as doutrinas da escola romântica francesa liberal de historiadores como Thierry e Michelet, e destacava a importância do espírito do povo, em vez de, como fazia Karamzin, a do Estado e de déspotas moralmente iluminados.

Um dos segredos da genialidade de Dostoiévski pode muito bem ter sido sua recusa de nunca decidir emotivamente entre as tensões pessoais e literárias criadas por sua devoção igual aos dois romantismos. Temos seu compromisso com a visão sobrenatural, mística e mais tradicionalmente cristã do romantismo metafísico — cristã pelo menos em espírito, ainda que o artista seja substituído pelo padre e o santo. Mas também temos o forte pendor de seus sentimentos para a aplicação prática dos valores cristãos de piedade e amor — na direção da corrente "filantrópica" do romantismo social francês, cada vez mais irresistível depois de 1830. Um mantém os olhos fixos e devotados no eterno; o outro reage às necessidades do momento. O primeiro concentra-se na luta interior da alma em busca da purificação; o segundo combate a influência degradante de um ambiente desumanizador. O valor supremo atribuído ao sofrimento conflita com a compaixão pelos fracos e oprimidos; a necessidade de justificar os desígnios de Deus para o homem conflita com o desejo de refazer o mundo. Dostoiévski sentia a atração irresistível desses imperativos morais e religiosos, e o equilíbrio de pressões opostas ajuda a explicar o impacto incessantemente trágico de suas melhores obras.

6. O período Gógol

No início de 1840, Dostoiévski ainda era um obscuro estudante de engenharia militar com vagas ambições à carreira literária, mas sem nada escrito que mostrasse que essas ambições um dia se realizariam. Cinco anos depois, seria saudado por Bielínski — o crítico mais influente da literatura russa — como a mais nova revelação no horizonte literário russo. Durante esses anos, ele passou por uma metamorfose que o pôs firmemente no caminho que seguiria pelo resto de sua vida. "Irmão", escreve ele a Mikhail na primavera de 1845, "no que diz respeito à literatura *não sou como era* há dois anos. Então, era infantilidade, absurdo. Dois anos de estudo trouxeram muito e levaram muito."[1] O que aconteceu nesses dois anos para provocar essa percepção?

Se buscarmos uma resposta nos acontecimentos da vida de Dostoiévski, encontraremos pouca coisa que pareça esclarecedora. Seus estudos na Academia continuaram sem mais incidentes e ele foi promovido ao posto de alferes em agosto de 1841. Continuou nas séries superiores para oficiais, mas tinha agora o direito de morar fora da escola. No começo, dividiu um apartamento com um colega engenheiro chamado E. I. Totleben, e esse conhecimento por acaso desempenhou mais tarde um papel importante na vida de Dostoiévski, após sua libertação da prisão. Em 1843, compartilhou também um apartamento com um jovem estudante de medicina de Revel que era amigo de Mikhail, chamado Ígor Riesenkampf.

As reminiscências de Riesenkampf são a principal fonte de informação sobre a vida de Dostoiévski naquele período e nos dão o primeiro vislumbre das características que tornariam o trato com ele sempre tão difícil e volúvel. "Fiódor Mikháilovitch não era menos afável e menos cortês do que seu irmão, mas quando não estava de bom humor, muitas vezes olhava para tudo através de óculos escuros, ficava irritado, esquecia as boas maneiras e, às vezes, chegava ao ponto da agressividade e da perda da consciência de si mesmo."[2] A incapacidade de refrear seu temperamento — traço de caráter que compartilhava com o pai — assolaria Dostoiévski por toda a sua vida e exigiria um pesado fardo de tolerância dos amigos. Certa vez, ele ficou exasperado em uma reunião social composta, em grande parte, de membros da colônia estrangeira de Petersburgo e, conta Riesenkampf, "soltou uma tal diatribe contra os estrangeiros que o suíço assustado o tomou por algum tipo de *enragé* e achou melhor bater em retirada".[3] A xenofobia de Dostoiévski, tão veemente mais tarde, vinha de muito longe e podia ser facilmente despertada.

Riesenkampf atribui essa irascibilidade extraordinária ao mau estado de saúde do amigo. A tez pálida de Dostoiévski, no seu olhar de médico, indicava alguma deficiência do sangue, e ele observou também uma tendência à infecção crônica dos órgãos respiratórios. E isso não era tudo, pois Dostoiévski era com frequência vítima de distúrbios nervosos de vários tipos. "Queixava-se constantemente para mim que, durante a noite, parecia que alguém perto dele estava roncando; em consequência, [...] não conseguia sossegar. Nessas ocasiões, levantava-se e passava o resto da noite lendo ou, na maioria das vezes, trabalhando em vários contos."[4] Essas crises de insônia eram sempre seguidas por períodos de irritabilidade extrema, quando brigava com todo mundo com pouca ou nenhuma razão. Para piorar, Dostoiévski era assombrado pelo medo de cair em um sono letárgico e ser enterrado vivo; para evitar esse contratempo, deixava bilhetes em que pedia para não ser sepultado antes de decorrido determinado número de dias. No entanto, fazia grandes esforços para esconder seus vários transtornos e os suportava estoicamente: foi apenas porque moraram juntos que Riesenkampf tomou conhecimento deles. "No círculo de seus amigos, parecia sempre animado, imperturbável, contente consigo mesmo."[5]

Nos primeiros anos de liberdade da Academia, Dostoiévski começou a levar a vida de um jovem do mundo e a saborear algumas das delícias de um morador de São Petersburgo. Frequentava assiduamente as peças e balés no Teatro Aleksandrínski. Estava presente quando Franz Liszt e Ole Bull vieram à cidade e quando o famoso tenor italiano Rubini se apresentou para o público russo. Andrei, que no outono de 1841 foi morar com o irmão por um ano, menciona jogos de cartas ocasionais no apartamento com seus colegas oficiais.[6] A partir de uma observação feita a Mikhail sobre os inconvenientes de morar com Andrei ("Impossível trabalhar ou divertir-se — você entende"),[7] supomos que, quando a ocasião se apresentava, Dostoiévski não se privava dos outros prazeres prontamente disponíveis aos jovens da capital.

Todos esses divertimentos exigiam, é claro, um suprimento liberal de fundos, e Dostoiévski sofria de uma crônica falta de dinheiro. Não era tanto por pobreza, mas por uma prodigalidade descuidada, combinada, talvez, com uma má consciência social, pois recebia o salário de oficial, bem como uma grande parte da renda da propriedade da família, agora administrada por seu cunhado Piotr Kariépin, que, com a idade de quarenta anos, se casara com Varvara, sua irmã de dezessete. Não obstante, estava sempre endividado, e caiu no hábito autodestrutivo de sacar seu salário com antecedência, bem como de tomar empréstimos a taxas de juros mortais. O parcimonioso alemão báltico Riesenkampf, a quem Mikhail pedira que mantivesse um olho nas despesas de Dostoiévski, estava chocado com a total falta de virtudes burguesas dele. Não só gastava de forma imprudente em divertimentos, como se permitia ser depenado impiedosamente por seu criado-soldado, que sustentava uma amante e a família dela com os furtos que praticava no dinheiro para as despesas de seu amo.

Dostoiévski formou-se na Academia em agosto de 1843 e foi designado para o departamento de recrutamento do Comando de Engenharia de São Petersburgo. Aliviado do fardo dos estudos, envolveu-se em vários projetos de tradução com os quais esperava obter um lucro rápido. Um ano depois, anunciando seu plano havia muito acalentado de se aposentar do serviço, pediu a Kariépin a quantia de mil rublos de prata em troca de sua parte na propriedade da família quando ela viesse a ser dividida entre os herdeiros. De início, Kariépin recusou a proposta, considerando-a prejudicial aos interesses do resto da família e, sentindo-se no dever de dar ao jovem alguns conselhos paternais, pediu-lhe que não se perdesse em "sonhos shakespearianos".[8] Essa depreciação tacanha de Shakespeare provocou a raiva de Dostoiévski, que respondeu com uma série de cartas amargas e ofensivas, cheias de ressentimento contra a figura paterna que agora bloqueava seu caminho para a liberdade. As demandas de Dostoiévski eram, sem dúvida, excessivas nas circunstâncias, e ele não causa impressão favorável quando exagera de propósito suas necessidades ou ameaça entregar sua parte da herança aos credores. Mas estava desesperado para juntar tudo o que podia, de forma a pagar suas dívidas antes de mergulhar na independência.[9]

São esses os principais acontecimentos da vida de Dostoiévski durante esse período de cinco anos, e o que eles mostram é que, a partir de 1843, ele começou a tentar cavar seriamente um lugar para si na Grub Street* de São Petersburgo. Essa data, como sabemos, marcou o início da grande mutação de suas ideias literárias que se estendeu ao longo dos dois anos seguintes. Uma vez que esse período coincide exatamente com a mudança da literatura russa do romantismo para o realismo social "filantrópico" da escola natural, o desenvolvimento pessoal de Dostoiévski pode ser mais bem compreendido no contexto dessa evolução mais geral.

Mikhail chegou a São Petersburgo para fazer exames no inverno de 1840-1, e em sua festa de despedida, em janeiro, Dostoiévski regalou seus amigos reunidos com leituras de suas obras em andamento. Eram, de acordo com Riesenkampf, duas peças de teatro, intituladas *Maria Stuart* e *Boris Godunov* — e isso, infelizmente, é tudo o que a posteridade sabe sobre elas. Como Stendhal e Balzac, Dostoiévski começou provavelmente com a ambição de escrever para o palco pelos mesmos motivos apresentados no caso deles por Victor Brombert: "O romance simplesmente não era um caminho para o sucesso rápido ou sensacional. O fascínio do teatro, com sua promessa de glória imediata, sonoros aplausos, dinheiro e mulheres, era muito maior".[10] A tragédia era a forma que desfrutava do maior prestígio crítico no auge do período romântico, e foi também cultivada por Chidlóvski e Mikhail.

No início da década de 1840, a mente e a imaginação de Dostoiévski estavam tomadas não somente pelas personagens de Shakespeare e Schiller, mas também pelas de Racine e Corneille. Reagindo indignado às críticas da forma classicista de Racine e Corneille feitas por Mikhail, Fiódor sai em defesa deles gabando "o ar-

---

* Antigo nome de uma rua de Londres onde moravam, no século XVIII, aspirantes a escritores e poetas, ou escrevinhadores que punham suas penas a serviço de quem lhes pagasse. (N. T.)

dente e apaixonado Racine, extasiado por seu ideal", e faz um elogio especial a *Fedra*, cuja luta com a consciência assombrada pela culpa prenuncia muitos dos personagens de Dostoiévski. Com efeito, com sua análise sutil dos recônditos secretos de uma consciência moral dividida, nenhum escritor anterior está mais próximo da psicologia de Dostoiévski do que o jansenista e cristão devoto Racine.[11] Corneille também desperta o seu entusiasmo e ele observa que "com suas personagens gigantescas e sua alma romântica, ele é quase Shakespeare".[12] Esses comentários denotam uma independência de juízo admirável, uma capacidade de apreciar a força criativa onde quer que ela se encontrasse, a despeito da moda literária.

Dostoiévski, aparentemente, desistiu do esforço de concluir suas duas peças em algum momento de 1842, mas se julgarmos por uma referência, dois anos depois, a uma obra chamada *O judeu Yankel*, ele não parou de escrever para o palco. Em janeiro de 1844, pede um empréstimo a Mikhail e jura "pelo Olimpo e por meu judeu Yankel (meu drama concluído, e por que mais? Talvez pelos meus bigodes, que espero que cresçam um dia) que metade do que eu ganhar [...] será sua".[13] É impossível julgar a partir dessa promessa jocosa se a peça foi de fato concluída ou se Dostoiévski simplesmente esperava que, como os bigodes, ela também crescesse. O judeu Yankel é um personagem menor no romance histórico de Gógol *Tarás Bulba*, e, tenha terminado ou não a peça, seu nome indica que Dostoiévski trocara de modelo literário — de Púchkin e Schiller para Gógol. O fato de ter simplesmente *pensado* em fazer de um personagem desse tipo a figura central de uma peça, em vez de Maria Stuart ou Boris Godunov, revela claramente a tendência dos tempos. A tragédia no grandioso estilo romântico estava morta, e o período Gógol da literatura russa — o período do realismo tragicômico e da sátira social — já começara a varrer tudo à sua frente.

Em 1843, vários fatores confluíram para transformar o mundo literário russo. Um deles foi a publicação, em 1842, de *Almas mortas*, de Gógol, e de seu conto "O capote". Outra foi a evolução interna do crítico Bielínski, que na época estava no comando da seção de crítica da revista *Anais da Pátria* [*Otiétchestvenie Zapíski*]. Uma terceira foi que o jornalismo russo, justamente naquele momento, começou a pôr-se em dia com a nova moda francesa do que veio a ser chamado, em russo, de "esquete fisiológico" (da *physiologie* francesa), ou seja, esquetes da vida urbana e de tipos sociais com cor local, uma forma que se tornou popular após a revolução de 1830. O efeito combinado de todos esses eventos deu origem à Escola Natural de escritores russos na década de 1840, um grupo no qual, com o sucesso de *Gente pobre*, Dostoiévski assumiu imediatamente um lugar de destaque.

Sem dúvida, Gógol não era desconsiderado antes de 1842, e Bielínski o havia saudado em 1835 como a jovem estrela ascendente da literatura russa. Todos se impressionaram com o vigor, o frescor e a originalidade da obra de Gógol, que lhe valeram a aceitação pessoal imediata de luminares como Púchkin e Jukóvski, mas o establishment crítico russo estava longe de lhe conceder a posição que Bielínski lhe atribuiu de "líder da nossa literatura".[14] Desse modo, a visão de Gógol que Dostoiévski absorveu dificilmente incentivaria uma atitude de deferência ou um desejo de emulação: as grandes figuras do panteão romântico eram muito mais fascinantes e não havia discordância a respeito da estatura *delas*. Dostoiévski lera Gógol em 1840, mas não há nenhuma indicação de qualquer influência literária séria naquela ocasião.

A situação mudaria drasticamente dois anos depois, em grande medida graças a uma guinada memorável nas ideias de Bielínski. Não sabemos exatamente quando Dostoiévski começou a ler Bielínski e a aceitá-lo como autoridade, mas de tudo o que já sabemos, é provável que ele tenha sido indiferente ao que possa ter visto da obra do crítico entre 1838 e 1840, pois foram os anos em que Bielínski passou por sua célebre "conciliação com a realidade". Ele estava, então, sob a influência de M. A. Bakúnin, o futuro anarquista revolucionário, que àquela altura de sua surpreendente carreira pregava uma interpretação de Hegel como autor de uma doutrina de total quietismo político e aceitação incondicional da "realidade". Bielínski, com seu costumeiro extremismo ardoroso, aceitou essas ideias com entusiasmo e as levou a extremos que fizeram até Bakúnin protestar. O resultado foi uma série de artigos cuja tese é bem descrita nas memórias de I. I. Panáiev.

> Levado pela interpretação de Bakúnin da filosofia de Hegel [...] Bielínski [...] falou com desprezo de escritores que mostravam a necessidade de uma reforma social. [...] Falou com especial indignação de George Sand. A arte representava para ele uma espécie de mundo maior, isolado, fechado em si mesmo, ocupado somente com verdades eternas e sem ter nenhuma ligação com as querelas e ninharias de nossa vida.[15]

Uma das primeiras manifestações de desagrado de Bielínski com a literatura francesa da época — incluindo Victor Hugo, Lamartine, De Vigny e Balzac — foi um ataque, na primavera de 1839, a Polevói, seu principal defensor na Rússia. Chidlóvski e seu jovem amigo Fiódor Dostoiévski certamente repercutiram essa lamúria. Mais ou menos na mesma época, Chidlóvski participou de um espetáculo em benefício de Polevói que incluía um esquete de vaudeville sobre um jovem estudante, Vissarion Glupínski (*glupi* significa estúpido ou idiota), que "explica a filosofia hegeliana e a individualidade objetiva para todo mundo etc".[16] O autor dessa obra permaneceu anônimo (mas foi, provavelmente, Polevói) e ela aponta para a opinião sobre Bielínski que Dostoiévski teria ouvido de seu próprio círculo literário.

Bielínski se mudou de Moscou para Petersburgo no inverno de 1839 e, em parte, sob o estímulo de um novo meio e de um novo grupo de amigos, logo começou a renovar suas ideias. Além disso, estava profundamente perturbado com a oposição de luminares de Moscou como A. I. Herzen e T. N. Granóvski, cujas opiniões não podia deixar de respeitar, à sua adulação acrítica da "realidade" russa. Durante o inverno de 1841, seu novo círculo se reunia na casa de Panáiev uma vez por semana, e ali Bielínski teve o primeiro contato com o mais novo pensamento francês. Panáiev traduziu as obras de Pierre Leroux da *Revue Indépendante*, que começava a sair; a conclusão de *Spiridion*, de George Sand, foi traduzida para o russo especialmente para proveito de Bielínski; a *História da revolução de 1789* de Thiers foi lida, bem como a veementemente socialista *História de dez anos*, de Louis Blanc. "Sua indignação [de Bielínski] anterior contra George Sand", escreve Panáiev, "foi substituída pelo entusiasmo mais apaixonado por ela. Todas as suas autoridades e ídolos literários anteriores — Goethe, Walter Scott, Schiller, Hoffmann — apagaram-se diante dela. [...] Ele só falava de George Sand e [Pierre] Leroux."[17]

O resultado de tudo isso, em pouco mais de um ano, foi transformar Bielínski, de seu desprezo anterior por preocupações político-sociais, em um violento defensor das novas doutrinas sociais francesas. No outono de 1841, ele escreve a seu amigo V. P. Bótkin que "a ideia de socialismo" se tornou para ele "a ideia das ideias, o ser dos seres, a questão das questões, o alfa e o ômega da crença e do conhecimento. [...] Ela (para mim) engolfou história, religião e filosofia".[18] Está claro que, a despeito do que "socialismo" possa significar para Bielínski, é infinitamente mais do que a adoção de um novo conjunto de ideias sociopolíticas. E quando ele tenta falar sobre isso com mais detalhes, vemos que aquilo que mais o impressionou é o aspecto apocalíptico e messiânico de todos os princípios socialistas utópicos — a ideia, particularmente forte nas pregações de Sand-Leroux, de que o socialismo é a realização final na terra dos verdadeiros ensinamentos de Cristo, pois os últimos capítulos do romance *Spiridion*, de George Sand, revelam que a doutrina imaculada de Cristo, vergonhosamente travestida pela despótica Igreja católica romana, é a mesma apregoada pela Revolução Francesa. Os grandes hereges cristãos do passado sempre sustentaram o evangelho eterno da liberdade, igualdade e fraternidade, que não é senão a tradução sociopolítica moderna do significado original da doutrina cristã do amor.

A influência dessas ideias, entremeadas com outras noções de Sand que dizem respeito às relações entre os sexos, é perceptível na exposição de Bielínski de seu novo credo.

E chegará um tempo — acredito fervorosamente nisso — em que ninguém será queimado, ninguém será decapitado, em que o criminoso implorará pela morte [...] e a morte lhe será negada [...] em que não haverá fórmulas e ritos sem sentido, não haverá contratos e estipulações sobre sentimentos, nenhum dever e obrigação, e não cederemos à vontade, mas somente ao amor, quando não haverá maridos e esposas, mas amantes e amantes, e quando a amante disser ao amante "eu amo outro", o amante responderá "não posso ser feliz sem você, sofrerei toda a minha vida, mas vai ter com aquele que amas", e não aceitará o sacrifício dela, [...] mas como Deus dirá a ela: eu quero bênçãos, não sacrifícios [...] não haverá pobres nem ricos, tampouco reis nem súditos, haverá irmãos, haverá homens, e, ao ouvir a palavra do apóstolo Paulo, Cristo passará seu poder ao Pai, e o Pai-Razão dominará de novo, mas dessa vez em um novo céu e acima de um mundo novo.[19]

Essa será a realização, como Bielínski mesmo diz, do sonho da "Idade do Ouro", e esse sonho é o que Bielínski chama de "socialismo".

A conversão de Bielínski a esse tipo de socialismo iniciou uma nova fase na cultura russa da década de 1840. Ánnenkov, que deixara a Rússia no meio do período hegeliano de Bielínski, voltou a Petersburgo em 1843 e descobriu, para sua surpresa, que os literatos da cidade estavam encantados com as mesmas obras de que ele ouvira falar em Paris.

O livro de Proudhon, *Da propriedade*, então quase fora de moda, *Icária*, de Cabet, pouco lido na própria França, exceto por um pequeno círculo de trabalhadores sonhadores pobres, o sistema muito mais difundido e popular de Charles Fourier — tudo isso servia de objeto de estudo, de discussões apaixonadas, de perguntas e expectativas de toda espécie, e de forma compreensível. [...] Falanges inteiras de russos [...] estavam encantadas com a oportunidade de mudar do pensamento abstrato e especulativo, sem conteúdo real, para o mesmo tipo do pensamento abstrato, mas agora com um conteúdo aparentemente concreto. [...] Os livros dos autores já citados estavam nas mãos de todo mundo naqueles dias; eram submetidos a estudos e debates aprofundados; eles produziam, como Schelling e Hegel haviam feito antes, seus porta-vozes, comentadores, intérpretes e até mesmo, um pouco mais tarde — algo que não ocorrera com relação a teorias anteriores —, também seus mártires.[20]

De início, toda essa agitação intelectual continuou restrita ao pequeno círculo fechado de amigos de Bielínski, o núcleo do que mais tarde veio a ser chamado sua Plêiade.[21] Mas esse círculo era composto, ao mesmo tempo, do núcleo de sua equipe de *Anais da Pátria*, e as ideias que os agitavam logo começaram a aparecer em suas páginas. Havia, por exemplo, uma onda renovada de interesse por George Sand, cujos romances começaram a ser traduzidos quase ao mesmo tempo que eram publicados em Paris. Muito mais atenção foi dada também à nova literatura francesa, apontando-se discretamente para sua mensagem social subversiva. O mais importante de tudo, porém, foi a publicação providencial de *Almas mortas* — uma verdadeira dádiva de Deus para Bielínski, pois o romance de Gógol lhe deu uma nova obra russa de grande estatura artística através da qual ele poderia traduzir suas preocupações sociais ardentes em termos russos de relevância imediata.

A trama de *Almas mortas* trata diretamente da servidão, pois seu principal protagonista, Tchítchikov, viaja pelas províncias russas comprando "almas mortas", servos que morreram mas cujos nomes ainda estão na lista de impostos e retêm algum valor econômico. Seus proprietários de terras provincianos compõem uma notável galeria de figuras grotescas e estúpidas, descritas pela pena de um mestre e totalmente chocantes na complacente preguiça, trivialidade e sordidez da vida deles. Bielínski tomou avidamente o livro como uma exposição dos horrores sombrios da realidade russa, que, depois de sua orgia hegeliana, ele julgava ainda mais insuportável. Naturalmente, não se podia falar de modo muito franco sobre esses assuntos em letra de fôrma, mas Bielínski era um mestre em transmitir suas ideias na linguagem de Esopo. Não havia dúvida sobre o que Bielínski quis dizer quando chamou *Almas mortas* de "uma criação puramente russa e nacional [...] que arranca impiedosamente a tampa da realidade e está cheia de um amor apaixonado, impaciente e urgente pelo âmago fecundo da vida russa" (leia-se: o escravizado camponês russo).[22]

Entre 1843 e 1845, no jornalismo literário russo pouco se falou de outra coisa que não fosse *Almas mortas*. Como diz Ánnenkov:

> Era como se [Bielínski] considerasse a missão de sua vida tornar o conteúdo de *Almas mortas* imune a qualquer suposição de que contivesse outra coisa senão um retrato verdadeiro, artística, espiritual e etnograficamente falando, da situação da sociedade russa contemporânea. [...] Ele apontava incansavelmente, pela palavra tanto falada como impressa, quais eram as atitudes corretas em relação a isso, incitando seus ouvintes e leitores em todas as oportunidades a pensar, com seriedade e sinceridade, sobre a questão de saber por que tipos tão repulsivos como os apresentados no romance [...] existem na Rússia sem horrorizar ninguém.[23]

A campanha crítica de Bielínski foi acompanhada de exortações gerais aos escritores russos para que seguissem o exemplo de Gógol. A literatura, sustentava ele agora, deveria voltar-se para a sociedade contemporânea em busca de material, e declarava George Sand o maior de todos os escritores modernos porque encontrava nela as "convicções vitais"[24] ausentes em Hugo e Balzac. Em 1844, numa pesquisa da literatura russa do ano anterior, Bielínski já saudava o aparecimento de uma nova escola que

> lida com os problemas mais vitais da vida, destrói os velhos preconceitos inveterados e eleva sua voz de indignação contra os aspectos deploráveis da moral e dos costumes contemporâneos, pondo a nu em toda a sua dura e desagradável realidade "tudo o que, a todo momento, existe diante dos olhos, aquilo que os olhos indiferentes não enxergam, todo o terrível e chocante lodo de miudezas que atravanca nossa

vida, todo o abismo de personagens frios, fragmentados, banais, que enxameiam em nosso caminho terreno".[25] *

Bielínski fala aqui sobre os jovens escritores da Escola Natural que começavam a aparecer no horizonte e cujas obras estavam sendo publicadas em *Anais da Pátria*. Esse grupo (ainda não batizado) surgira em resposta ao apelo de Bielínski por uma nova literatura de realismo social, mas em vez de tomar o mundo provinciano de *Almas mortas* como seu modelo, seus membros eram muito mais influenciados pelo cenário citadino de Petersburgo de "O capote", que coincidia oportunamente com a última moda literária estrangeira do esquete fisiológico. D. V. Grigórovitch, o antigo colega de Dostoiévski na Academia, recorda que "imitadores logo começaram a aparecer na Rússia. [...] Nekrássov, cujo espírito prático estava sempre à espreita, [...] imaginou uma publicação em vários volumes pequenos: *A fisiologia de Petersburgo*".[26] Convidado a escrever um desses esquetes e decidido a concentrar-se na vida dos tocadores de realejo italianos da cidade, Grigórovitch começou a segui-los e a tomar notas. "Eu havia [...] então começado a sentir [...] o desejo de retratar a realidade como ela realmente é, como Gógol faz em 'O capote'."[27] No início do outono de 1844, ao topar com Dostoiévski na rua, Grigórovitch arrastou-o para casa a fim de obter sua opinião sobre esse novo trabalho.

Quando encontrou Grigórovitch por acaso, Dostoiévski já começara a passar por uma evolução literária semelhante. Até 1842, e apesar de sua afinidade com o humanitarismo compassivo dos românticos sociais franceses, Dostoiévski ainda estava trabalhando conforme o gosto literário dominante na década de 1830. Afinal, não havia nenhuma corrente de opinião crítica na Rússia indicando outra direção a seguir para um jovem aspirante à fama literária. Porém a campanha de Bielínski em favor de Gógol e a transformação de *Anais da Pátria* em um posto avançado russo da tendência "socialista" francesa mudaram o quadro inteiro de um só golpe. E uma vez que Dostoiévski se comprometera emocionalmen-

---

* O trecho entre aspas é de Nikolai Gógol, *Almas mortas*. Trad. de Rubens Figueiredo. São Paulo: Editora 34, 2018. (N. E.)

te com os ideais morais desse movimento bem antes de Bielínski, não é difícil entender o entusiasmo com que ele aderiu ao novo movimento cultural.

A partir de 1843, encontramos as primeiras referências ao seu intenso e entusiasmado interesse por Gógol. De todos os escritores russos, conta-nos Riesenkampf, Dostoiévski "gostava especialmente de ler Gógol e adorava declamar páginas de *Almas mortas* de cor".[28] Se ele terminou *O judeu Yankel* no final de janeiro de 1844, então deve tê-lo escrito em algum momento do outono-inverno de 1843, e essa obra representaria a primeira resposta de Dostoiévski à mudança de clima literário provocada pelos esforços conjuntos de Gógol e Bielínski.

A maioria das outras informações sobre as atividades literárias de Dostoiévski o retrata totalmente absorvido pela nova tendência. Era, por exemplo, leitor assíduo do romance-folhetim francês que, no início da década de 1840, se tornou um elemento essencial do jornalismo francês e foi um dos meios mais eficazes de propagação das ideias humanitárias e socialistas. No final de 1843, propôs a Mikhail que traduzissem em conjunto e publicassem *Mathilde*, o primeiro romance em que Eugène Sue tratou de problemas sociais. (O projeto foi abandonado por falta de fundos.) Dostoiévski também leu *Os mistérios de Paris* (em que Sue popularizou certas ideias fourieristas), romance que, quando publicado na Rússia em 1844, foi entusiasticamente promovido por Bielínski: "O autor quis apresentar a uma sociedade depravada e egoísta que adora o Bezerro de Ouro o espetáculo dos sofrimentos das pessoas miseráveis [...] condenadas pela ignorância e a pobreza ao vício e ao crime".[29]

Ao mesmo tempo que lia Sue, Dostoiévski também ficava impressionado, de acordo com Riesenkampf e Grigórovitch, com *As memórias do diabo*, de Frédéric Soulié. Explorando a tradição do satanismo romântico, Soulié o combinava com uma sátira social amarga e uma intriga desenfreadamente melodramática. O objetivo do livro era mostrar que, na Restauração e na Monarquia de Julho, "a virtude era de hábito perseguida e explorada, e o vício, astutamente mascarado como virtude, saía vitorioso".[30] Dostoiévski também estava interessado em Émile Souvestre, que se especializou em romances com enredos paralelos que contrastavam a sorte de personagens nobres e abnegados, dedicados ao bem-estar da humanidade, com a de arrivistas frios e ambiciosos que alcançam os mais altos degraus da escada numa sociedade depravada e injusta. Não é nenhuma surpresa ver Dostoiévski trabalhando durante a segunda metade de 1844 numa tradução de *A derradeira Aldini*, de George Sand: qualquer obra dela era uma mercadoria eminentemente comercializável. Nesse romance, ela apresenta a superioridade moral de um verdadeiro filho do povo — descendente de pescadores — em relação à aristocracia decadente e covarde de seu país natal. O livro está repleto de alusões ao cristianismo revolucionário social que então fazia sua aparição na caudalosa produção de Sand. "O liberalismo", declara o herói, "é uma religião que deveria enobrecer seus seguidores e, como o cristianismo em seus primeiros dias, fazer do escravo um homem livre, do homem livre um santo ou mártir."[31] Dostoiévski, sem dúvida, labutou em cima dessas páginas com reverência, mas, pouco antes de concluir a tradução, descobriu consternado que o livro já fora vertido para o russo.

Ele leu os inúmeros romances de George Sand, e, como aconteceu com toda a geração dos anos 1840, essas obras enriqueceram muito seu conhecimento das ideias progressistas e revolucionárias. No comovente obituário de George Sand que escreveu quarenta anos depois, ele diz que, na Rússia, ela era mais importante do que Dickens ou Balzac porque seus leitores "conseguiam extrair até mesmo de romances tudo o que eram impedidos de saber".[32] O grande satírico Saltikov-Schedrin é ainda mais explícito. "Da França de Saint-Simon, Cabet, Fourier e Louis Blanc e, em particular, George Sand [...] fluía para nós [na década de 1840] uma fé na humanidade; de lá brilhava para nós a certeza de que a Idade de Ouro não seria encontrada no passado, mas no futuro."[33] George Sand ajudara a inspirar essa fé em Bielínski, e a romancista que Renan chamou certa vez de harpa eólica que reverberava todas as correntes ideológicas que sopravam na tempestuosa década de 1840 também desempenhou o mesmo papel de farol para Dostoiévski.

Há semelhanças intrigantes entre o *Spiridion* de Sand (uma combinação de mistério gótico e autobiografia espiritual) e certas características de *Os irmãos Karamázov*.[34] Ambas as histórias se situam num mosteiro; ambas envolvem a transmissão de uma tradição religiosa antiga e semi-herética; ambas enfatizam que a verdadeira religião deve depender somente da livre escolha moral, e não da tirania de dogmas ou instituições; ambas têm como personagens centrais um monge velho e moribundo — o herdeiro dessa tradição, que é odiado por seus colegas monges — e um jovem discípulo fervoroso inspirado por sua doutrina e seu exemplo; ambas dramatizam a luta entre a razão cética e a fé verdadeira. Nos dois romances, a luta é resolvida por meio de uma visão mística que restaura um amor desinteressado por toda a criação de Deus e reaviva a crença na existência da consciência e da imortalidade da alma; em ambos, o guardião moribundo da tradição envia seu jovem seguidor para o mundo a fim de aplicar a doutrina do amor cristão aos males da vida social.[35] Em 1876, Dostoiévski estava certo de que George Sand, ao morrer, "era uma deísta com uma firme crença em Deus e na vida imortal", e ressaltava que o socialismo dela, baseado como era "na sede espiritual da humanidade por perfeição e pureza", coincidia com o cristianismo em sua visão da pessoa humana como moralmente responsável.[36] Fossem ou não diretamente inspirados por lembranças de *Spiridion*, esses comentários ilustram bem o tipo de socialismo cristão moral-religioso que George Sand ajudou a incutir no próprio Dostoiévski no início da década de 1840.

Com o colapso de suas esperanças em relação a *A derradeira Aldini*, todos os planos de Dostoiévski de ganhar dinheiro com traduções esmaeceram. Tampouco teve êxito em outro projeto que parecia promissor — uma versão russa completa das peças de Schiller, tendo Mikhail como tradutor e ele mesmo como editor. Mikhail de fato traduziu *Os bandoleiros* e *Don Carlos*, e ambos foram publicados em periódicos, mas a expectativa de uma edição completa, com lucros substanciais, mais uma vez não passou de quimera. O único empreendimento bem-sucedido de Dostoiévski foi uma tradução de *Eugénie Grandet*, instigada pela presença triunfal de Balzac em Petersburgo no inverno de 1843. Traduzido durante o Natal e o Ano-Novo, foi publicado em *Repertório e Panteão* em 1844, e foi assim que o nome de Dostoiévski, profeticamente ligado ao de Balzac, apareceu pela primeira vez impresso. Àquela altura, ele já dividia um apartamento com Grigórovitch, que, por intermédio de seu conhecimento de Nekrássov, tinha começado a gravitar em torno do Círculo de Bielínski.

A ideia para *Gente pobre* foi concebida em meio a essa abundância de atividade literária, instigada por sua consciência aguda do novo clima literário da época. "Estou terminando um romance mais ou menos do tamanho de *Eugénie Grandet*", escreve a Mikhail no início do outono de 1844. "Um romance bastante original. [...] Vou apresentá-lo a *Anais da Pátria*."[37] Dostoiévski estava obviamente escrevendo para satisfazer as novas exigências para a literatura russa estabelecidas por Bielínski, porém nada mais se sabe de fato sobre a gestação do romance, exceto por uma observação que fez enquanto trabalhava no livro. "Eu li como um demônio", diz a Mikhail, na primavera de 1845, no momento em que estava dando os toques finais ao manuscrito, "e ler me provoca um efeito estranho. Reli alguns livros, e é como se uma nova força começasse a se agitar em mim. Penetro em tudo, entendo com precisão e tiro disso a capacidade de criar."[38]

Desse modo, é principalmente na literatura que devemos procurar as "fontes" de *Gente pobre*. O título, assim como o estilo do diário da personagem feminina principal, Varvara, o liga a *Pobre Liza*, o idílio sentimental de Karamzin que lamenta lacrimosamente o triste destino de uma donzela camponesa bela e virtuosa, seduzida e traída por um jovem aristocrata fraco de caráter.[39] "O capote", de Gógol, e "O chefe da estação", de Púchkin, também desempenharam um papel na concepção da obra e são aludidos no texto. Menos visível, mas talvez não menos crucial, foi *Eugénie Grandet*, que celebra o heroísmo desinibido de uma moça simples do campo que se mostra capaz de verdadeira grandeza moral. De acordo com Balzac, esse obscuro drama familiar não era menos cruel e fatal que o da "principesca Casa de Atreu".[40] O exemplo de Balzac pode muito bem ter mostrado a Dostoiévski o caminho para efetuar uma elevação semelhante na estatura humana de seus próprios protagonistas humildes.

É precisamente a estatura moral elevada dos personagens humildes e humilhados de Dostoiévski que os distingue das caricaturas brilhantes de Gógol. Com efeito, em um *feuilleton* jornalístico escrito vinte anos mais tarde, quando olha para sua evolução literária desde os dias de seu romantismo inicial até a descoberta do tema de seu primeiro romance, Dostoiévski faz essa mesma distinção entre ele e Gógol. O folhetim, intitulado "Visões de Petersburgo em verso e prosa", é escrito por seu alter ego ficcional, um "sonhador romântico", e relata uma "visão" que ele tem, enquanto corre para casa numa noite de janeiro e faz uma pausa às margens do rio Nievá. Ali, seus olhos se abrem para "algo novo, para um mundo completamente novo" (v. 13, p. 158). Ele começa a ver "algumas figuras estranhas, inteiramente prosaicas, [...] apenas conselheiros titulares e, contudo, ao mesmo tempo, fantásticos conselheiros titulares". Atrás deles havia alguém "que fazia caretas para mim, escondido atrás de toda aquela multidão fantástica, e puxava algum tipo de corda ou mola, e todos aqueles bonecos se moviam e riam e todo mundo ria!". Então o narrador tem o vislumbre de uma outra história que não era motivo de riso — "um coração titular, honroso e puro, moral e devotado às autoridades, e junto com ele uma jovem, humilhada e aflita, e toda a história deles comoveu profundamente meu coração" (v. 13, pp. 158-9). Essa história, obviamente, é a que Dostoiévski conta em *Gente pobre*.

O próprio texto da visão deixa claro que Dostoiévski está falando de literatura: o novo mundo que ele vislumbra é o do mestre titereiro Gógol — trata-se de uma descoberta de Gógol. Mas Gógol é o primeiro passo; o segundo é a descoberta da situação de *Gente pobre* e da abordagem de seus personagens por Dostoiévski ("honroso e puro", "humilhada e aflita"). Após a "visão", os personagens de Gógol, que de hábito provocam o riso, são vistos de tal modo que a história deles "comove profundamente o coração".

Em outra variante da "visão", usada trinta anos depois em *O adolescente* (1875), o narrador imagina Petersburgo desaparecendo no céu como fumaça. Ele exclama: "E se esse nevoeiro [Petersburgo] se separasse e flutuasse para longe? Não iria toda essa cidade podre e viscosa junto com ele [...] e o velho pântano finlandês seria deixado como antes, e no meio dele [...] um cavaleiro de bronze num corcel resfolegante, exausto?" (v. 8, p. 116). A imagem de Petersburgo é associada aqui ao poema de Púchkin "O cavaleiro de bronze", e o cavaleiro de bronze é Pedro, o Grande, tal como representado na famosa estátua de Falconet. O protagonista de Púchkin, Evguiêni, cuja noiva acaba de ser levada pelo dilúvio de 1824 evocado no poema, sacode o punho para a estátua porque Pedro é o responsável pela ruína de sua vida. Mas depois que comete seu ato impetuoso de lesa-majestade, o enlutado Evguiêni fica tão aterrorizado e tomado pela culpa que enlouquece e imagina ouvir os cascos do cavaleiro de bronze a persegui-lo; seu corpo é finalmente jogado na terra, numa cabana de uma ilha deserta, devastada pela tempestade.

Púchkin dramatiza assim o imenso poder de Petersburgo de esmagar a vida de todas as pessoas humildes e indefesas que vivem na sombra de seus esplendores, mas, ainda mais importante, trata o destino do pobre Evguiêni com solidariedade e compaixão, e não com o ridículo que Gógol utiliza para tipos semelhantes. Depois da visão, essa é exatamente a atitude que o próprio Dostoiévski adotará em relação a esses personagens. Em outras palavras, Púchkin apontou o caminho a Dostoiévski para superar seu romantismo sem se transformar em um mero imitador de Gógol; a visão simboliza o momento em que ele se deu conta de que, seguindo o exemplo de Púchkin, poderia aderir à nova tendência gogoliana e, ao mesmo tempo, afirmar sua originalidade artística. Se, depois da visão, os personagens de Gógol são vistos com frescor — e de tal modo que sua história "comove profundamente o coração" —, é porque são vistos agora através do prisma de Púchkin. Em suma, o "mundo completamente novo" que a visão revelou a Dostoiévski era o de seu próprio estilo de naturalismo sentimental, uma síntese de Gógol, Púchkin — e Dostoiévski.

7. Gente pobre

Nenhuma estreia na literatura russa foi descrita de maneira mais vívida que a de Dostoiévski, e poucas, na verdade, causaram um rebuliço tão generalizado e surpreendente. O relato de Dostoiévski é bem conhecido, embora tenha exagerado e sentimentalizado consideravelmente sua própria inocência e ingenuidade. "No início do inverno [de 1845], de repente, comecei a escrever *Gente pobre* [*Biédnie liúdi*], meu primeiro romance; antes disso, eu não havia escrito nada. Tendo-o terminado, não sabia o que fazer com ele e a quem deveria ser submetido."[1] Dostoiévski sabia muito bem o que desejava fazer com seu romance, e há também provas de que Grigórovitch o estava pressionando a apresentar sua obra para *Anais da Pátria*.[2]

Não pode haver dúvida, no entanto, sobre o que ocorreu quando o romance ficou pronto. Grigórovitch ficou profundamente comovido com a obra e levou-a a Nekrássov; os dois jovens literatos derramaram lágrimas pela triste situação dos personagens de Dostoiévski. Agindo por impulso, correram ao apartamento de Dostoiévski às quatro horas da manhã — era uma "noite branca" em São Petersburgo, clara e luminosa como o dia — para expressar sua emoção. No dia seguinte, Nekrássov levou-a para Bielínski, que a saudou com igual fervor e apreço. Ánnenkov visitou Bielínski quando o crítico estava mergulhado no manuscrito de Dostoiévski e deixou um relato vívido do entusiasmo de Bielínski por sua descoberta.

Está vendo este manuscrito? [...] Há quase dois dias que não consigo me afastar dele. É um romance de um iniciante, um novo talento [...] seu romance revela segredos da vida e de personagens na Rússia como ninguém antes dele sequer sonhou. Basta pensar nisso — é a primeira tentativa de romance social que temos. [...] O tema é simples: diz respeito a uns simplórios de bom coração que supõem que amar o mundo inteiro é um extraordinário prazer e um dever para todos. Eles não conseguem compreender nada quando a roda da vida, com todas as suas regras e regulamentos, passa sobre eles e fratura seus membros e ossos sem dizer uma palavra. Isso é tudo — mas que drama, que tipos! Esqueci-me de lhe dizer, o nome do artista é Dostoiévski.[3]

A reação de Bielínski, além da tendência de seu temperamento excitável a reações extremas, só é explicável em termos de sua luta contra os epígonos russos do romantismo e sua tentativa resoluta de criar um novo movimento do realismo social na literatura russa. Embora a vida urbana da classe baixa russa já tivesse começado a ser representada em todas as suas formas e diversidades no esquete fisiológico, a ênfase estava na descrição externa, e não na narração, estava na precisão fotográfica (os esquetes eram chamados "daguerreótipos" e eram acompanhados por ilustrações), e não na penetração imaginativa e na identificação interior. Dostoiévski foi o primeiro escritor que, tendo escolhido esse material dentro da gama temática da Escola Natural, conseguiu produzir mais do que uma série de esquetes fisiológicos. "Vou com frequência à casa de Bielínski", escreve ele a Mikhail no outono de 1845. "Ele está tão bem-disposto em relação a mim quanto alguém poderia estar e vê sinceramente em mim uma *prova pública* e uma justificação de suas opiniões."[4] Dostoiévski *havia conseguido* produzir a obra que Bielínski estava esperando, e a imensa celeuma criada por *Gente pobre* entre seus contemporâneos se deve, em grande parte, à controvérsia em torno da nova orientação que Bielínski tinha dado à literatura russa.

Gente pobre é construído em forma de romance epistolar entre dois correspondentes — o humilde conselheiro titular Makar Diévuchkin, um copista de meia-idade empregado em um dos imensos escritórios da burocracia de São Petersburgo, e uma moça que mal saiu da adolescência, Varvara Dobrossiélova.[5] Ambos são almas delicadas, solitárias e frágeis cuja mútua solicitude traz um raio de calor para suas vidas de ordinário sombrias. Mas o idílio inocente logo acaba pela pressão das forças sórdidas contra as quais eles lutam. A desesperança da posição de Varvara e a oportunidade de restabelecer a sua situação social obrigam-na a aceitar uma oferta de casamento, e o livro termina no gemido de angústia de Diévuchkin enquanto Varvara desaparece para sempre nas estepes com seu insensível noivo Bíkov (cujo nome evoca a palavra "touro", em russo).

Nada é mais impressionante em *Gente pobre* do que a destreza com que Dostoiévski usa a forma epistolar para revelar os pensamentos ocultos, inarticulados de seus personagens; o que se lê nas entrelinhas de suas cartas é mais importante do que o que aparece na superfície — ou melhor, é a tensão entre o dito e o não dito que nos dá o verdadeiro acesso à consciência deles. Diévuchkin, tão simples e descomplicado à primeira vista, é um personagem em luta constante consigo mesmo. Ele se reduz à pobreza abjeta por causa de Varvara, mimando-a com doces e frutas que mal pode pagar, e sofre as dores da humilhação, que tenta esconder, devido às dificuldades causadas por sua pobreza. Acima de tudo, está sua luta "ideológica" — a batalha com os pensamentos rebeldes que surgem nele inesperadamente, sob a pressão de seu envolvimento emocional com Varvara, e que estão em desacordo com o credo de obediência inquestionável que sempre aceitou até então.

Dostoiévski cerca essa simples história do breve encontro de seus personagens com uma série de acessórios que a ampliam para as dimensões de um verdadeiro romance social. A inserção do diário de Varvara nos descortina sua inocente e rústica infância, e também contém o retrato do estudante tuberculoso Pokróvski — primeira breve descrição de Dostoiévski do novo intelectual *raznotchíniets* que mais tarde evoluiria para Raskólnikov. Seu pai nominal — um bêbado contumaz, casado com uma menina engravidada por Bíkov — é retratado por Dostoiévski com um páthos tragicômico digno de Dickens, especialmente nas cenas em que o velho alquebrado segue o carro fúnebre de seu filho instruído e adorado ao lugar do descanso final.

> O velho parecia não se dar conta do mau tempo e corria em pranto de um lado para o outro da carroça. As abas de seu decrépito sobretudo esvoaçavam como asas ao vento. De todos os seus bolsos assomavam livros; em sua mão havia um livro enorme, que estreitava fortemente contra o peito. [...] A todo instante lhe caíam livros dos bolsos na lama. As pessoas o pararam, para apontar-lhe os livros perdidos; ele os apanhava e se punha de novo a correr no encalço do caixão. (v. 1, p. 45 [64])

Outra história intercalada é a do funcionário faminto Gorchkov e sua família, vindo das províncias para limpar seu nome de uma acusação de peculato quando estava a serviço do governo. Trata-se da família arquetípica das camadas mais profundas da pobreza que aparecerá muitas outras vezes em Dostoiévski — e aqui caracterizada por um terrível e antinatural silêncio, como se seu sofrimento fosse profundo demais para lamentação. Não se ouve som, nem mesmo das crianças, Diévuchkin conta a Varvara:

> Aconteceu-me uma vez de passar diante da porta deles à noite; nessa hora, a casa estava toda em silêncio, o que não é habitual; ouço soluços, depois sussurros, depois soluços de novo, como se alguém estivesse chorando, e tão baixinho, de modo tão lastimável, que me partiu o coração, e depois passei a noite toda sem conseguir parar de pensar nessas pobres criaturas, de modo que me foi difícil pegar no sono. (v. 1, p. 24 [28])

Todas essas linhas narrativas se entrelaçam para criar uma imagem da mesma luta inútil para se manter humanamente à tona em face de circunstâncias esmagadoras, das mesmas preciosidades de sensatez, sensibilidade e refinamento moral que aparecem nos lugares mais improváveis — improváveis, pelo menos, do ponto de vista da literatura russa anterior. Por toda parte, pobreza e humilhação, a exploração dos mais fracos e indefesos pelos ricos, poderosos e inescrupulosos — tudo isso em meio à vida nos cortiços abarrotados de gente de São Petersburgo, com seus odores nauseabundos e cobertos de detritos. *Gente pobre* combinava esses méritos pitorescos dos melhores esquetes fisiológicos com uma nova e infalível visão penetrante das torturas da sensatez humilhada. O mundo visto de baixo, e não de cima, constitui a grande inovação de Dostoiévski em relação a Gógol, cuja compaixão pelos protagonistas humildes nunca é forte o suficiente para superar o olhar de condescendência implícito em sua postura narrativa. As situações e a psicologia de *Gente pobre* falam por si mesmas contra o orgulho e o preconceito de classe, e contra a suposta superioridade do superior sobre o inferior. Mas o livro também contém um protesto muito mais franco que, embora não seja mencionado por Bielínski, por certo não poderia deixá-lo indiferente.

Diévuchkin sofre uma evolução diferente no decurso do livro. As primeiras cartas revelam que ele aceita seu lugar humilde na vida sem um murmúrio de protesto e até se orgulha de desempenhar conscienciosamente suas modestas tarefas. Porém, no momento mais extremo do infortúnio, ele perde o ânimo e passa a beber. Nunca se sentira tão degradado e inútil, e esse é o momento em que uma débil centelha de rebelião se acende até mesmo em seu peito dócil e submisso. Ao entrar em uma das ruas elegantes de Petersburgo, cheia de lojas luxuosas e pessoas muito bem-vestidas, ele fica impressionado com a diferença para a gente taciturna e infeliz de seu bairro pobre e, de repente, começa a se perguntar por que ele e Varvara estão condenados à pobreza, enquanto outros nascem no seio do luxo.

"Eu sei, eu sei, minha filha que não se deve pensar assim, que isso é livre-pensamento; mas sinceramente, para dizer a verdade verdadeira, por que para um a gralha do destino grasna a felicidade ainda no ventre materno, enquanto outro sai do internato direto para esse mundo de Deus?" (v. 1, p. 86 [134]). A sorte não parece ter nenhuma relação com o mérito pessoal; tampouco essa ideia revolucionária contém toda a dimensão do "livre-pensamento" de Diévuchkin. Conforme prossegue, vamos encontrá-lo emitindo a ideia claramente saint-simoniana de que o trabalhador mais humilde tem mais direito ao respeito, porque é mais útil à sociedade, do que o mais rico e mais aristocrático parasita social. Tudo isso leva Diévuchkin a uma visão penetrante do contraste entre a vida dos ricos e a dos pobres, uma visão que, como em um dos romances de folhetim de Sue ou Soulié, desnuda a fachada por trás da qual ambas as classes vivem escondidas, de tal modo que as vemos simultaneamente:

Lá, em algum canto enfumaçado, num cubículo úmido qualquer que por necessidade se chama de apartamento, um artesão qualquer acaba de acordar; passou a noite toda sonhando, para dar um exemplo, com as botas que ontem, por descuido, cortou demais, como se a pessoa tivesse de sonhar justamente com uma porcaria dessas! [...] Tem lá em casa os filhos que choram e a mulher faminta; e não são apenas os sapateiros que às vezes se levantam assim [...] no entanto olhe a circunstância que resulta disso, minha filha: ali mesmo, naquele mesmo prédio, um andar acima ou abaixo, em salões dourados, um senhor riquíssimo talvez tenha passado a noite sonhando com as mesmas botas, isto é, botas de um outro tipo, de um outro modelo, mas apesar de tudo botas; já que nesse sentido aqui por mim pressuposto, minha filha, todos nós, minha querida, somos um pouco sapateiros. E isso não tem nada de mais, o mal está em não haver ninguém junto desse senhor riquíssimo, não haver uma única pessoa que lhe sussurre ao ouvido, que lhe diga: pare de pensar nisso, de pensar só em si mesmo, de viver só para si mesmo, [...] seus filhos estão com saúde, sua mulher não precisa mendigar para comer. Olha à sua volta, será que não encontrará um objeto mais nobre do que suas botas para as suas preocupações? (v. 1, pp. 88-9 [139-40])

A indiferença dos ricos e poderosos à miséria ao redor deles enche Diévuchkin de indignação, a tal ponto que ele até sente por um instante que seu sentimento de inferioridade é equivocado. "Aprofunde-se bem nisso", diz ele, "e então julgue por si mesma se fui justo ao me colocar sem razão abaixo de um caco, entrando numa confusão indigna" (v. 1, p. 89 [139]).

Este trecho contém o tema social central do livro, que é a variante de Dostoiévski do mesmo pleito que se encontra no romance social francês da década de 1830 e em Dickens: o apelo dirigido ao rico e poderoso para que assuma alguma responsabilidade moral por seus irmãos menos afortunados. Esse tema chega ao clímax na famosa cena com o superior de Diévuchkin no serviço público, quando o pobre funcionário, que foi descuidado ao copiar um documento urgente, é convocado para receber uma reprimenda. Seus sentimentos são descritos da seguinte forma: "Meu coração pôs-se a tremer no peito, e nem eu mesmo sei por que me assustei; só sei que me assustei como nunca antes havia me assustado em minha vida. Fiquei cravado à cadeira — como se nada estivesse acontecendo, como se não fosse comigo" (v. 1, p. 92 [145]). A essa altura, sua aparência é um pouco melhor que a de um espantalho, e seu último botão remanescente cai e salta ruidosamente pelo chão, enquanto ele tenta balbuciar alguma desculpa. Comovido por sua óbvia miséria, o bondoso general lhe dá em segredo uma nota de cem rublos. Quando Diévuchkin tenta beijar sua mão em sinal de gratidão, ele enrubesce, evita o gesto degradante e, em vez disso, lhe oferece um aperto de mão igualitário. Diévuchkin escreve a Varvara:

[...] juro que por mais perdido que estivesse, por causa de minha mágoa espiritual dos dias cruéis da nossa desdita, ao olhar para você, para a sua desgraça, e para mim mesmo, para a minha humilhação e a minha inépcia, apesar disso tudo, juro-lhe que os cem rublos não me são tão caros quanto o fato de Sua Excelência em pessoa ter se dignado a apertar-me a mão indigna, a mim, um pulha, um bêbado! (v. 1, p. 93 [147])

O general foi capaz não somente de se compadecer das dificuldades econômicas lastimáveis de Diévuchkin, como também de compreender seu desejo de preservar a autoestima: isso é o que salva o impulso caridoso de se tornar mais uma humilhação.

Bielínski ficou profundamente impressionado com essa cena, e Dostoiévski relata que ele comentou no primeiro encontro: "E aquele botão que cai! Aquele momento de beijar a mão do general! — ora, isso não é mais compaixão por aquele homem infeliz, mas horror, horror! Na própria gratidão, é horror!".[6] A delicadeza de sentimentos exibida no aperto de mão, o reconhecimento implícito de uma igualdade humana com o humilde Diévuchkin são um argumento simbólico apresentado duas vezes. Diévuchkin se ressente de que, antes de receber a caridade, a vida de seu miserável companheiro de copo Emielian Ilitch é investigada, o que ele toma como uma afronta à dignidade da pessoa ("hoje em dia, minha filha, até mesmo a caridade é feita de um modo esquisito"). Da mesma forma, quando Gorchkov sai resmungando que sua "honra" foi restaurada após vencer a ação judicial, o cínico escritor Rataziáiev diz que, sem nada para comer, o dinheiro é mais importante que a honra. "Pareceu-me que Gorchkov se ofendeu", observa Diévuchkin (v. 1, pp. 69, 98 [105, 155]).

Dostoiévski tinha plena consciência de que o espiritual tem a mesma importância que o material no alívio da sorte dos infelizes — talvez até importância maior, pois a pobreza leva a necessidade de autoestima e respeito por si mesmo ao ponto da morbidez. Com efeito, a proeminência desse motivo em *Gente pobre* já revela uma tensão na obra de Dostoiévski que terá consequências cruciais mais tarde. Em *Gente pobre*, essa tensão entre o espiritual e o material ainda é latente e em estado de equilíbrio; a ênfase atribuída à dimensão espiritual (ou, se preferirmos, psicológica moral) da experiência humana só intensifica o páthos das injustiças materiais que os personagens de Dostoiévski têm de sofrer. Mas quando, a partir do início da década de 1860, um materialismo agressivo e cego tornou-se a ideologia do radicalismo russo, Dostoiévski rompeu com os radicais em defesa do "espiritual" em um sentido amplo. Essa oposição entre a satisfação das necessidades materiais do homem e suas necessidades psíquicas morais inatas culminará um dia na Lenda do Grande Inquisidor.

Acontece que a ajuda do general, embora possibilite a Diévuchkin lidar com suas necessidades mais prementes, não resolve o seu problema humano. O começo do fim para Diévuchkin ocorre quando o livro muda do tema da pobreza para o da impossibilidade de reter Varvara. O fato de o gesto de caridade do general não resolver para sempre todos os problemas de Diévuchkin indica que Dostoiévski estava projetando seu tema em um contexto mais amplo em que o aspecto social é apenas um componente de um imbróglio humano ainda mais complexo. E o destino de Gorchkov, que morre no mesmo dia em que é plenamente inocentado e tem a honra e a segurança restauradas, ilustra mais uma vez a consciência de Dostoiévski de problemas humanos para os quais, a rigor, não existe nenhuma solução social.

Um outro motivo também sugere que Dostoiévski pretendia uma ampliação do horizonte temático naquele momento, pois se no início Diévuchkin se revolta explicitamente apenas contra as injustiças da hierarquia social, no final do livro há o principiar tímido de uma revolta contra a sabedoria do próprio Deus. Quando Varvara anuncia sua aceitação da proposta de casamento e põe seu destino nas mãos do "santo e insondável poder" de Deus, Diévuchkin responde:

> "É claro que em tudo está a vontade divina; é verdade que isso deve ser necessariamente assim, isto é, a vontade divina deve necessariamente estar nisso; assim como é claro que a Providência do Criador Celeste é bendita e insondável e os destinos também, eles também são a mesma coisa. [...] mas veja bem, Várienka, por que isso tem de ser assim tão depressa? [...] E eu, como é que eu vou ficar assim sozinho? (v. 1, pp. 101-2 [160-2])

Tem-se aqui um vislumbre do futuro metafísico Dostoiévski extrapolando os limites da questão de justiça social — ou melhor, tomando-a apenas como ponto de partida.

Gente pobre, além de ser, em seu cerne, um apelo comovente pela comiseração social, é também uma pequena criação bastante complexa e consciente. Durante todo o século XVIII, o romance epistolar sentimental foi a forma em que modelos de virtude e sensatez, como Clarissa Harlowe de Richardson e Julie de Rousseau, ou almas poéticas e exaltadas, como o Werther de Goethe, expressaram seus sentimentos sublimes e pensamentos nobres. Desse modo, o romance epistolar tornou-se um veículo para o sentimento romântico grandiloquente, e seus personagens centrais eram sempre figuras exemplares do ponto de vista da educação e da formação. Com efeito, o impulso social subjacente dessa forma literária era demonstrar a superioridade moral e espiritual de seus protagonistas, em grande parte burgueses, em face do mundo corrupto de privilégios da classe aristocrática em que viviam. Dostoiévski a utiliza, em grande medida, para a mesma finalidade, mas em relação a uma classe social muito mais baixa. Uma vez que o romance epistolar sentimental se identificava tradicionalmente com personagens muito cultos e emocionalmente exaltados, ele assumiu um risco artístico considerável ao fazer isso.

Retratar o romance malogrado de um copista idoso com uma donzela desonrada dentro desse padrão sentimental era violar as convenções da narrativa até então aceitas, mas podemos ver que Dostoiévski fez isso de modo muito consciente. Na pensão-cortiço onde Diévuchkin alugou um canto da cozinha, os dois criados se chamam Teresa e Faldoni (nomes falsos, é claro, presumivelmente inventados pelo cáustico *littérateur* Rataziáiev). As *Cartas* de Karamzin haviam tornado famosos os nomes desses dois amantes heroicos na Rússia e, ademais, a história deles havia fornecido o tema para um romance epistolar francês traduzido para o russo no início do século. O próprio Diévuchkin é apelidado de "Lovelace" por Rataziáiev, ou seja, identificado com o aristocrata libertino que viola Clarissa Harlowe. A incongruência de todas essas denominações ilustra o efeito que Dostoiévski deseja obter. Ao elevar Diévuchkin e Varvara à estatura de protagonistas epistolares, ao mesmo tempo que rebaixa Teresa e Faldoni ao nível de caricaturas cômicas (Teresa é "magra como um frango depenado", Faldoni, "ruivo, um tipo finlandês, zarolho, de nariz arrebitado, um grosseirão") (v. 1, p. 23 [27]), Dostoiévski reivindica implicitamente para seus personagens humildes o respeito e a atenção até então concedidos a heróis e heroínas sentimentais de situação social muito mais elevada. E ao convidar o leitor a comparar mentalmente Diévuchkin e Lovelace, ele expõe a superioridade moral do funcionário humilde sobre o aristocrata brilhante, mas egoísta e destrutivo.

A originalidade do uso que Dostoiévski faz da forma epistolar sentimental, como V. V. Vinográdov observou, destaca-se contra o fundo da considerável tradição literária já existente de representação do escrevente burocrático de São Petersburgo (ou *tchinóvnik*, como é conhecido em russo). Essa tradição, que remonta à década de 1830, tratava desse personagem apenas como material para a anedota burlesca e o esquete satírico, e encontram-se protestos já em 1842 contra as caricaturas injustas dos *tchinóvniki* que tinham se tornado uma moda literária muito popular.[7] "O capote" de Gógol deriva dessa tradição e mantém muito de seu tom jocoso, de zombaria e anedota de clube. Ainda que Gógol introduza um apelo sentimental à piedade no meio da anedota burlesca, esse apelo ainda é feito a partir de um ponto de vista de fora e superior ao personagem. Esse trecho inesperado colide, portanto, com o tom e o tratamento de desprezo concedidos a Akáki Akákievitch[8] no resto da história e produz antes o efeito de uma moral acrescentada artificialmente. Por sua vez, Dostoiévski, ao apresentar o tema do *tchinóvnik* pobre e ridículo — até então apenas um alvo cômico — sob a forma do romance epistolar sentimental, rompe o padrão satírico e integra o tema "filantrópico" a essa forma.

Os contemporâneos de Dostoiévski viram-no sobretudo como um seguidor de Gógol; críticos recentes centraram-se na transformação "paródica" que ele faz de personagens e motivos gogolianos, que converte o tom de comédia grotesca e fantástica num tom de tragicomédia sentimental. Esses pontos de vista, no entanto, não são mutuamente excludentes. Dostoiévski inverte de fato as características *estilísticas* de "O capote" que tendem a ridicularizar Akáki Akákievitch. Porém o efeito dessa inversão não é *questionar* a importância de Gógol, mas *fortalecer* seu ostensivo tema "humanitário". A técnica narrativa de Gógol trabalha para criar uma distância cômica entre personagem e leitor que impede a identificação emocional; Dostoiévski neutraliza as características puramente satíricas do modelo, assumindo seus elementos e, através do uso da forma epistolar sentimental, os remodela para acentuar a humanidade e a sensatez de Diévuchkin. Não conheço um termo que defina esse processo de paródia formal, posto a serviço do reforço temático. Longe de ser a relação antagônica de um parodista com seu modelo, ela se assemelha mais ao de um crítico simpático dotado da capacidade criativa de remodelar uma obra, de modo a pôr sua forma em harmonia com o seu conteúdo. *Gente pobre* e "O capote" contêm ambos a mesma mistura gogoliana de "riso através das lágrimas", mas em diferentes proporções; o riso é mais importante para Gógol, ao passo que em Dostoiévski são as lágrimas que predominam.[9]

O romance de Dostoiévski também incorpora sugestões quanto à ascendência literária mais imediata do novo tratamento que ele concede ao *tchinóvnik*. Com efeito, uma das características mais marcantes de *Gente pobre*, como A. Belétski observou há muito tempo, é precisamente a sua "literariedade", as numerosas referências e reflexões sobre a cena literária da época que Dostoiévski consegue incluir em suas páginas.[10] Diévuchkin e Varvara trocam livros por correspondência e comentam suas impressões; Diévuchkin até sonha em publicar um volume de sua própria poesia e preocupa-se com seu "estilo". Suas observações equivalem a nada menos que um autocomentário sobre a obra feito pelo autor — um comentário que culmina na reação de Diévuchkin a duas histórias, "O chefe da estação", de Púchkin, e "O capote", de Gógol.

Varvara empresta a Diévuchkin um exemplar de *Contos de Biélkin*, de Púchkin, e a história "O chefe da estação" mexe particularmente com ele: "Pois sinto a mesma coisa, exatamente como está no livro e, mais ainda, tem vez que eu mesmo me encontro em situações parecidas, por exemplo, com a desse coitado do Samson Vírin", ele conta a ela (v. 1, p. 59 [88]). Vírin é o chefe da estação que, por sua boa índole e docilidade respeitosa com seus superiores, permite que um jovem nobre fuja com sua linda filha. O velho afoga seu desespero na bebida e morre do coração, e a história é delineada por Púchkin com compaixão genuína por seu sofrimento. Diévuchkin chora copiosamente por causa desse conto sentimental, que representa o que ele antevê para Varvara e ele mesmo, e diz, à guisa de profecia: "Pois leia então; isso é natural! Isso é real! Eu mesmo vi isso — eu mesmo convivo com isso tudo; [...]".

"O capote", no entanto, provoca em Diévuchkin uma explosão antagônica violenta. O que o inflama é, sobretudo, a representação arrogante que Gógol faz da vida e de traços de caráter de Akáki Akákievitch de uma maneira que Diévuchkin acha pessoalmente insultante e profundamente falsa. Com que direito, pergunta indignado, "vem alguém e bem debaixo do seu nariz, sem qualquer motivo aparente, sem mais nem menos, lhe arma uma pasquinada" (v. 1, p. 62 [94])? Tampouco se impressiona com o trecho que contém o apelo para tratar Akáki como um irmão. O que o autor *deveria* ter acrescentado, afirma, é que ele era "um bom cidadão, virtuoso, que não merecia semelhante tratamento por parte dos companheiros, era obediente aos superiores [...] que acreditava em Deus e que sua morte (se ele queria necessariamente que ele morresse) fora lamentada" (v. 1, pp. 62-3 [95]). Diévuchkin também acha que a história seria melhor se tivesse um final feliz.

Embora não concorde com essa exigência do gosto inculto de Diévuchkin de uma história sentimental com uma moral edificante no final, Dostoiévski avança nessa direção, pois descreve a triste história da vida de Diévuchkin à maneira compassiva do sentimentalismo de Púchkin em "O chefe da estação". Ao mesmo tempo que mantém o "naturalismo" de detalhes e de cenários associado à tradição cômica do retrato do *tchinóvnik*, Dostoiévski o une com a linhagem lacrimosa do sentimentalismo russo que remonta a Karamzin; e essa fusão criou uma corrente artística original dentro da Escola Natural — a corrente do naturalismo sentimental — que logo encontrou imitadores e se tornou um movimento literário independente, ainda que menor.[11]

Dostoiévski também levava adiante uma polêmica com os inimigos românticos da Escola Natural e com os tratantes literários que exploravam as últimas modas unicamente por motivos pecuniários. Rataziáiev é o primeiro de muitos retratos pouco lisonjeiros que Dostoiévski traça da tribo literária, e é interessante ver como essa profunda aversão por seus colegas escritores se manifesta cedo. Rataziáiev é um escritor comercial versátil que produz obras em vários gêneros, e Diévuchkin, impressionadíssimo, transcreve amostras para a instrução de Varvara de obras-primas como *Paixões italianas* ou *Iermak e Ziuliéika*. Isso dá a Dostoiévski a oportunidade de parodiar romances românticos no estilo da alta sociedade de Marlínski e de zombar dos imitadores baratos de Scott: "O que uma pobre moça [Ziuliéika], que cresceu em meio às neves nativas da Sibéria, na iurta de seu pai, há de fazer em seu mundo frio, gelado, desalmado, cheio de amor-próprio?" (v. 1, pp. 52-3 [77]). Rataziáiev, naturalmente, não tem boa opinião sobre "O chefe da estação" porque agora, diz ele a Diévuchkin, tudo aquilo está "ultrapassado", e o que está na moda são os esquetes fisiológicos (v. 1, p. 60 [89]).

Essas paródias servem, por contraste, para aprofundar a caracterização de Diévuchkin e também como pano de fundo para realçar a elevação moral de sua própria vida, pois Diévuchkin está *de fato* vivendo uma vida de amor e está *realmente* engajado na luta contra "um mundo frio, gelado, desalmado, cheio de amor-próprio" que esses exageros bombásticos simplesmente falsificam. Desse modo, Dostoiévski usa a relação implícita entre sua forma e a tradição literária, o comentário direto de seus personagens e a paródia satírica para dotar sua história patético-sentimental de uma dimensão "ideológica" que define sua posição de notável independência entre as correntes socioliterárias da década de 1840.

8. Dostoiévski e a Plêiade

O entusiasmo de Bielínski pelo manuscrito de *Gente pobre* logo fez o nome do jovem Dostoiévski se transformar em bandeira em seu círculo, e a fama do novo autor espalhou-se por toda a comunidade literária, antes mesmo da publicação do romance, em janeiro de 1846. Panáiev, que prestou a Dostoiévski o elogio de imediatamente começar a imitá-lo, escreveu muitos anos depois:

> Nós o carregamos em nossos braços pelas ruas da cidade e, exibindo-o ao público, gritamos: "Eis um pequeno gênio que acabou de nascer e cujas obras, com o tempo, vão matar todo o resto de literatura do passado e do presente. Curvem-se! Curvem-se!". Alardeamos seu nome por toda parte, nas ruas e nos salões.[1]

O tom irônico desse trecho reflete a atitude posterior da Plêiade de Bielínski em relação a Dostoiévski, mas também confirma a enorme aclamação que ele recebeu antes mesmo de seu primeiro romance sair no *Almanaque de Petersburgo*, uma antologia de textos da Escola Natural organizada por Nekrássov.

Com a impetuosidade e o entusiasmo habituais, Bielínski logo adotou o jovem autor como amigo íntimo e falou dele para os outros com afeto irrestrito. Turguêniev relembra:

"Sim", [Bielínski] costumava dizer com orgulho, como se tivesse sido ele próprio responsável por alguma realização formidável, "sim, meu caro amigo, deixe-me dizer-lhe que pode ser um pássaro minúsculo", e punha a mão a uns trinta centímetros do chão para mostrar como era minúsculo, "mas tem garras afiadas" [...] em seu acesso de ternura paterna por um talento recém-descoberto, Bielínski o tratava como filho, como se ele fosse seu "menininho".[2]

Dostoiévski tornou-se assim — por uma breve temporada — o leão literário da sociedade culta de Petersburgo, e a glória recém-descoberta de sua posição, a adulação lisonjeira que recebeu de todos os lados, teriam virado a cabeça até mesmo de uma pessoa mais equilibrada. No caso de Dostoiévski, abriram as comportas de uma vaidade sem limites que, até então, ele mantivera bem fechadas. Suas cartas se enchem de exuberância e maníaca autoglorificação — bastante compreensível, dadas as circunstâncias. Ele conta a Mikhail:

> Em todos os lugares, uma inacreditável estima, uma curiosidade apaixonada a meu respeito. [...] Todo mundo me considera uma espécie de prodígio. Não posso sequer abrir a boca sem que seja repetido em todos os lugares que Dostoiévski disse isso ou Dostoiévski pensa em fazer aquilo. [...] Realmente, irmão, se eu começar a contar todos os meus sucessos, não haverá papel suficiente para eles. [...] Digo-te com toda a franqueza que estou agora quase embriagado com minha própria glória.[3]

Ele relata a Mikhail que dois *littérateurs* aristocráticos, os condes Odoiévski e Sollogub, andaram perguntando sobre ele, e que A. A. Kraiévski, o poderoso proprietário de *Anais da Pátria*, havia dito sem rodeios a Sollogub que "Dostoiévski não vai honrá-lo com o prazer de sua companhia". "Isto de fato é verdade; e agora este pequeno aristocrata insignificante montou em seu cavalo alto e pensa que vai me esmagar com a magnificência de sua condescendência."[4] Porém, face a face com Sollogub, que um dia o visitou sem aviso, Dostoiévski ficou nervoso, confuso e assustado

Mais importante para Dostoiévski do que esse conhecimento ocasional de caçadores de celebridades foi sua aceitação pelo círculo íntimo encantado da Plêiade de Bielínski. No início, tudo correu perfeitamente com a Plêiade — ou assim pareceu ao jovem iniciado ansioso, que levara uma vida solitária sem nenhuma intimidade verdadeira, exceto com Chidlóvski e com seu irmão Mikhail. Ele conta a Mikhail:

> O poeta Turguêniev voltou recentemente de Paris e ligou-se a mim à primeira vista com tanta devoção que Bielínski explica isso dizendo que ele se apaixonou por mim! E que homem, irmão! Só faltou eu me apaixonar por ele também. Um poeta, um aristocrata, talentoso, bonito, rico, inteligente, bem-educado e com 25 anos de idade. E, para concluir, um caráter nobre, infinitamente direto e aberto, formado numa boa escola. Leia seu conto "Andrei Kolóssov" em *Anais da Pátria*. É o próprio homem, embora ele não estivesse pensando em escrever um autorretrato.[5]

Há uma boa dose de vaidade nesse texto, mas também uma inocência comovente e uma óbvia necessidade de amizade genuína, necessidade esta que o levou a tomar por uma inclinação sincera a afabilidade bem conhecida — mas displicente — de Turguêniev.

Essa carta foi escrita um dia após a primeira visita de Dostoiévski ao salão do casal Panáiev, que se tornara o ponto de encontro preferido de Bielínski e seu grupo. Indolente, de boa índole, dissoluto, com um talento especial para escrever esquetes satíricos divertidos da vida elegante de Petersburgo, o amável Panáiev era amigo de todo mundo. Sua esposa Avdótia não era apenas uma beldade famosa, mas também a intelectual mais notável de seu tempo, que alcançara alguma notoriedade como romancista. Ela já era — ou se tornaria em breve — amante de Nekrássov (que viveu com os Panáiev num pacífico *ménage à trois* por dez anos), e o centro da vida literária russa de meados do século XIX, e suas *Memórias* dão um dos melhores retratos dos bastidores do período. Ela escreve:

> Dostoiévski nos visitou pela primeira vez à noite, com Nekrássov e Grigórovitch, que tinham acabado de iniciar suas carreiras literárias. Bastava olhar para Dostoiévski para ver que era uma pessoa nervosíssima e impressionável. Era magro, baixo, loiro, com uma tez doentia; seus pequenos olhos cinzentos e inquietos saltavam de objeto em objeto, e seus lábios incolores estavam nervosamente contorcidos. Ele já conhecia quase todos os nossos convidados, mas estava claramente desconcertado e não tomou parte na conversa geral. Todos tentaram envolvê-lo, para que superasse sua timidez e para fazê-lo sentir que era membro do círculo.[6]

Depois que a desconfiança inicial de Dostoiévski passou, sua atitude mudou completamente e ele começou a exibir em público a mesma vaidade incontrolável tão perceptível em suas cartas. Mme. Panáieva observa:

Devido à sua juventude e nervosismo, ele não sabia se comportar e expressava com muita clareza sua presunção de autor e a alta opinião que tinha de seu próprio talento literário. Atordoado pelo brilho inesperado de seu primeiro passo na carreira literária, impregnado de elogios de juízes literários competentes, ele não conseguia, como uma pessoa impressionável, esconder seu orgulho em relação a outros jovens escritores cujas primeiras obras os haviam iniciado modestamente na mesma carreira. Com o aparecimento de novos escritores jovens no círculo, podiam surgir problemas se eles se aborrecessem com sua irritabilidade e seu tom arrogante, que sugeriam que ele era incomensuravelmente superior a eles em talento.[7]

Tudo indica que o comportamento de Dostoiévski na Plêiade teria suscitado um estorvo até em um séquito de santos — que dirá num círculo de jovens e não tão jovens escritores competindo pela atenção do público, cada um com sua própria vaidade para mimar. O resultado, como esperado, foi que eles se voltaram contra Dostoiévski depois de certo ponto e fizeram dele o alvo de uma verdadeira campanha de perseguição. Para piorar a situação, o líder do bloco, infelizmente, foi o mesmo Turguêniev que Dostoiévski acreditava ser seu amigo devoto. Mme. Panáieva conta:

Eles começaram a espicaçá-lo, para provocar o seu orgulho com alfinetadas durante as conversas; Turguêniev era um mestre nisso — ele o atraía propositadamente para uma discussão e o levava aos limites extremos da irritabilidade. Dostoiévski, empurrado contra a parede, às vezes defendia com paixão as opiniões mais ridículas, que deixara escapar no calor da discussão e que Turguêniev aproveitava para ridicularizá-lo.[8]

Para uma pessoa observadora como Mme. Panáieva, que sentia uma pena genuína de Dostoiévski, ficou claro que ele era uma pessoa anormalmente tensa e que seu temperamento irritadiço e sua sensibilidade deviam ser relevados como sintomas de alguma aflição. Essa parecia ser também a opinião de Bielínski. Quando Turguêniev relatou alegremente ao crítico alguma das mais recentes barbaridades cometidas por Dostoiévski, sua reação foi: "Veja só quem fala! Você agarra um homem doente, o provoca, como se não soubesse que quando ele fica nervoso não sabe o que diz".[9] A situação só piorava com Grigórovitch, um notório fomentador de fofocas, que contava a Dostoiévski tudo o que era dito sobre ele em sua ausência, e assim ele geralmente chegava às reuniões já destilando raiva.

As coisas chegaram a um ponto crítico em algum momento do outono de 1846, quando Turguêniev foi longe demais em sua zombaria. Mme. Panáieva descreve a cena:

> Certa vez, quando Dostoiévski estava presente, Turguêniev narrou seu encontro nas províncias com uma pessoa que se imaginava um gênio, e pintou o lado ridículo desse indivíduo de forma magistral. Dostoiévski, branco como uma folha de papel e tremendo da cabeça aos pés, foi embora, sem esperar o resto da história de Turguêniev. Comentei com todos eles: por que enlouquecer Dostoiévski dessa maneira? Mas Turguêniev estava de muito bom humor e arrebatou os outros, de modo que ninguém prestou atenção à súbita saída de Dostoiévski. [...] A partir daquela noite, Dostoiévski não nos visitou mais e até mesmo evitava encontrar qualquer membro do círculo na rua. [...] Só esteve com [Grigórovitch], que nos contou que Dostoiévski falava mal de nós com veemência [...] que se desencantara com todos nós, que todos [nós] éramos invejosos, sem coração e pessoas sem valor.[10]

Em novembro de 1846, Dostoiévski escreve a Mikhail: "Eles [a Plêiade] são todos uns canalhas consumidos pela inveja".[11]

A perseguição da Plêiade transformou a vida de Dostoiévski em pura tortura. Seu equilíbrio físico e nervoso já dera sinais de fragilidade e desmoronou por completo com a nova tensão. Na primavera de 1846, sofreu o que descreve como "um severo choque para todo o sistema nervoso".[12] Esse choque, de acordo com o diagnóstico da época, causou um influxo excessivo de sangue para o coração e resultou numa inflamação , que se combateu com a aplicação de sanguessugas e duas sangrias. Declararam-no fora de perigo depois desse tratamento, mas o aconselharam a seguir uma dieta severa, evitar emoções fortes e levar uma vida ordenada e regular — em seu caso, conselhos mais facilmente dados do que seguidos. No final da primavera, seu amigo Valerian Máikov sugeriu que ele consultasse o dr. Stiepan Ianóvski, um jovem médico que começava a exercer a profissão. Muito interessado em literatura, Ianóvski iniciou uma amizade com o escritor que durou o resto da vida deles. Suas reminiscências de Dostoiévski em meados da década de 1840 contêm detalhes sobre sua saúde, embora, infelizmente, Ianóvski só se refira a uma "doença localizada" que demorou vários meses para ser curada.[13] (Essa discrição nos leva a suspeitar que a doença fosse venérea.)

Depois de algumas semanas, os dois jovens se tornaram amigos íntimos, e Dostoiévski também consultou Ianóvski sobre os distúrbios nervosos que continuavam a atormentar sua vida. Eles haviam piorado desde a época em que ele acreditava que alguém estava roncando ao seu lado durante a noite; agora assumiam a forma de verdadeiras "alucinações", que ele temia fossem o prenúncio do que chamou *"kondrachka"* (apoplexia), isto é, um de seus ataques de desmaios. Ao mesmo tempo que tranquiliza Dostoiévski dizendo que suas "alucinações" eram

5. *F. M. Dostoiévski em 1847.*

resultado dos nervos, Ianóvski menciona um ataque severo de "apoplexia" durante o verão de 1847.

No que diz respeito às alucinações de Dostoiévski, não temos senão o relato de sua existência nas páginas de Ianóvski. É provável, porém, que Dostoiévski as tenha descrito em *Humilhados e ofendidos* (1861), romance que contém muitos detalhes autobiográficos de sua vida em meados da década de 1840. O narrador, um jovem autor empobrecido, escreve:

> Ao anoitecer, comecei gradualmente a afundar naquela condição que é tão comum para mim agora à noite, em minha doença, e que chamo de *terror místico*. É o mais opressivo e agonizante estado de terror de algo que não consigo definir, algo incompreensível e fora da ordem natural das coisas, mas que pode assumir uma forma neste mesmo instante, como se zombasse de todas as conclusões da razão, e vem a mim e diante de mim como um fato inegável, medonho, hediondo e implacável. [...] Apesar de todos os protestos da razão, [...] a mente [...] perde todo o poder de resistência. É despercebida, torna-se inútil, e essa divisão interna intensifica a agonia da incerteza. Parece-me algo como a angústia das pessoas que têm medo dos mortos. (v. 3, p. 208)

Dostoiévski descreveu mais tarde os mesmos sintomas em conversa com Vsiévolod Soloviov, o famoso romancista histórico:

> Dois anos antes da Sibéria, na época das minhas várias dificuldades e brigas literárias, fui vítima de uma estranha e insuportavelmente torturante doença nervosa. Não posso lhe dizer o que eram essas sensações hediondas, mas me lembro delas vividamente; com frequência, parecia-me que estava morrendo, e a verdade é que a morte real veio e, em seguida, foi embora de novo.[14]

As alucinações contribuíram para minar seu equilíbrio psíquico e para tornar-lhe impossível o controle das emoções diante de oposição ou hostilidade.

Todo tipo de rumor e história ridicularizando Dostoiévski começou a se espalhar nos círculos literários de Petersburgo. No final de 1846, um poema satírico sobre Dostoiévski, escrito em conjunto por Turguêniev e Nekrássov, circulou em manuscrito. Chamado de "O cavaleiro da triste figura", rotula Dostoiévski de uma "espinha" no rosto da literatura russa, debocha da opinião inflada que ele tinha de seu talento literário e o ridiculariza por ter desmaiado ao ser apresentado a uma beldade da sociedade aristocrática que queria conhecer o autor de *Gente pobre*.[15] Esse incidente humilhante realmente ocorreu em um baile oferecido pelo conde Vielgórski, no início de 1846.

Se Dostoiévski exibe uma capacidade tão notável para retratar sentimentos e estados de desconfiança, perseguição e exasperação que atingem o nível da histeria, e se ele tem uma tendência para ver as relações humanas em termos de uma luta pela dominação psíquica, é porque estava certamente muito familiarizado com esses fenômenos em sua própria psique. A combinação de vaidade e egoísmo excessivos com um equivalente desejo de aceitação e amor é muitas vezes descrita por ele, e essa mesma incompatibilidade está clara em suas relações desastrosas com a Plêiade.

Essas ocorrências infelizes levaram a algum tipo de autoanálise crítica. Uma de suas cartas mais comoventes tem um pedido de desculpas por seu comportamento durante umas férias em Revel com o irmão e revela sua incapacidade — que mais tarde viria a incorporar em tantos personagens — de harmonizar seus verdadeiros sentimentos interiores com o comportamento exterior.

> Lembro-me de que você me disse uma vez que meu comportamento com você excluía a igualdade mútua. Meu caro amigo, isso era totalmente injusto. Mas eu tenho um caráter tão horrível, repulsivo. [...] Estou pronto a dar a minha vida por você e os seus, mas às vezes, quando meu coração está cheio de amor, você não consegue ouvir uma palavra amável de mim. Meus nervos não me obedecem nesses momentos. Eu sou ridículo e nojento, e sempre sofro com as conclusões injustas tiradas a meu respeito. As pessoas dizem que sou insensível e sem coração. [...] Posso mostrar que sou um homem com coração e com amor somente quando *as próprias circunstâncias externas, acidentais*, me tiram à força de minha maldade habitual. Caso contrário, sou nojento. Atribuo essa falta de equilíbrio à doença.[16]

Essa autoanálise explica bastante a genialidade de Dostoiévski para retratar as flutuações contraditórias das emoções de amor e ódio em seus personagens e sua tolerância ilimitada pela lacuna entre intenção profundamente sentida e comportamento concreto nos assuntos humanos.

Dostoiévski teve um encontro tempestuoso com Nekrássov provocado por relatos de que este último andava lendo o poema satírico sobre ele em voz alta em várias reuniões; com efeito, esses ataques maliciosos continuaram a ser uma constante nas relações tempestuosas entre os membros da Plêiade e Dostoiévski. Toda atitude de Dostoiévski em relação à geração da década de 1840, tal como ele mais tarde retratou em suas obras, foi profundamente afetada por suas desventuras com a Plêiade de Bielínski, pois não se cansou de satirizar a discrepância entre as posturas morais de pessoas dessa geração e a sordidez mesquinha da vida e das condutas delas. E se ele se sentiu particularmente qualificado para empreender a tarefa de desmascarar as evasões e hipocrisias delas foi porque sempre podia recorrer às suas memórias infelizes para confirmar suas denúncias devastadoras.

6. *O irmão mais velho de Fiódor, M. M. Dostoiévski, em 1847.*

9. Bielínski e Dostoiévski: I

A idade de Bielínski e a sua posição de autoridade excluíam a rivalidade íntima que opôs Dostoiévski aos seus contemporâneos; e Dostoiévski, naturalmente, também sentia uma imensa gratidão para com o homem que o havia tornado famoso. Bielínski jamais participou da perseguição contra ele e expressou abertamente sua desaprovação, mas apesar de toda a boa vontade de ambos os lados, o relacionamento que começou de forma tão promissora no final da primavera de 1845 terminou em briga no primeiro semestre de 1847. Esse curto espaço de tempo foi um dos mais importantes e marcantes na vida de Dostoiévski.

Bielínski era uma pessoa poderosa e apaixonada que estava bem no centro da cultura russa do seu tempo, e a quantidade de livros de memórias a respeito dele é enorme. Mas a homenagem mais sincera e comovente que recebeu foi aquela escrita por Dostoiévski, lembrando-se, quase trinta anos depois, do êxtase em que ficou depois de seu primeiro encontro com o grande crítico.

Eu saí em estado de êxtase. Parei na esquina da casa dele, olhei para o céu, para o dia luminoso, para os transeuntes, e com todo o meu ser senti que um momento solene acontecera em minha vida, uma ruptura decisiva; algo inteiramente novo havia começado, mas algo que eu não havia previsto até mesmo em meus sonhos mais apaixonados. […] "Oh, serei digno daquele louvor, e que pessoas, que pessoas! […]

homens assim se encontram somente na Rússia; eles estão sozinhos, mas só eles têm a verdade, e [...] o bom e o verdadeiro sempre conquistam e triunfam sobre o vício e o mal. Nós venceremos; oh, ser um deles, com eles!" [...] Aquele foi o momento mais maravilhoso de toda a minha vida.[1]

O período de euforia de Dostoiévski, no entanto, terminou com a publicação de *Gente pobre*. O livro foi atacado com veemência por todos os lados; as principais críticas tacharam-no de terrivelmente prolixo, tedioso; sua linguagem soava como uma flagrante imitação dos maneirismos estilísticos de Gógol. Ele se animou com a perspectiva de uma iminente campanha crítica a seu favor liderada por Bielínski, que incluiria longos artigos de Odoiévski e Sollogub (a quem chamava então de "meu amigo"). Pouco antes de o romance ser publicado, havia dito a Mikhail: "Em mim, (Bielínski e os outros) encontram uma nova tendência original. [...] Eu vou fundo e procuro o todo através do exame dos átomos, enquanto Gógol capta o todo diretamente e, portanto, não é tão profundo quanto eu".[2]

7. *V. G. Bielínski em 1843.*

Mas a campanha crítica a seu favor nunca se materializou; e o ensaio que Bielínski publicou algumas semanas mais tarde, em *Anais da Pátria*, deve ter provocado um amargo desapontamento. Antes mesmo da publicação desse artigo, Bielínski começara a nutrir reservas a respeito de Dostoiévski, as quais tentara (com tato, mas sem sucesso) comunicar ao jovem autor. Durante o verão e o outono de 1845, Dostoiévski trabalhou duro em seu próximo romance importante, *O duplo [Dvoinik]*, e partes dele foram lidas na casa de Bielínski. Ánnenkov lembra que Bielínski "chamava constantemente a atenção de Dostoiévski para a necessidade de [...] adquirir facilidade em expressar seus pensamentos, livrando-se das complexidades da exposição".[3] Bielínski, ao que parece, não conseguia acostumar-se com a forma então ainda difusa da narração do autor, com seus incessantes retornos ao que já fora dito. De acordo com Ánnenkov, Dostoiévski "ouviu as recomendações do crítico com uma atitude de afável indiferença".[4] Mas, ao passo que podia ser indiferente a essas sugestões preliminares feitas na atmosfera ainda amigável e privada da Plêiade, os mesmos conselhos ganhavam outra dimensão quando na frieza do jornal impresso. Cada palavra de restrição lançava em Dostoiévski um golpe mortal na sua vaidade sem limites e no presunçoso sentimento da sua própria importância.

O duplo foi publicado em *Anais da Pátria* no início de fevereiro de 1846, e o artigo de Bielínski sobre Dostoiévski discute ambas as obras. De modo geral, sua opinião a respeito de *O duplo*, como aquela sobre *Gente pobre*, é extremamente favorável. "Para todos os iniciados nos segredos da arte, fica claro à primeira vista que, em *O duplo*, há ainda mais talento criativo e profundidade de pensamento do que em *Gente pobre*."[5] Mas a crítica negativa é igualmente inequívoca. "É óbvio que o autor de *O duplo* ainda não adquiriu o senso da medida e da harmonia e, em consequência, muitos criticam até mesmo *Gente pobre*, não sem razão, por sua prolixidade, embora essa crítica seja mais aplicável a *O duplo*."[6] A Plêiade apropriou-se de imediato dessas observações e alegremente as repetiu. Esse foi o momento em que Dostoiévski padeceu da grave doença nervosa a que já nos referimos, e o choque de sua decepção por certo contribuiu para sua doença. "Tudo isso foi um inferno para mim durante um tempo, e eu caí doente de desgosto", conta ele a Mikhail.[7] Mas ele conseguiu sobreviver a esse golpe, e sua amizade com Bielínski, segundo consta, permaneceu intacta.

Então, no início do outono de 1846, Dostoiévski envolveu-se inadvertidamente numa rivalidade que abalou toda a vida literária de Petersburgo e acrescentou uma pressão adicional sobre suas relações com Bielínski. O crítico havia rompido com Kraiévski, o poderoso proprietário de *Anais da Pátria*, e se juntou a seus amigos Panáiev e Nekrássov, que tinham conseguido o controle editorial de *O Contemporâneo* [*Sovremiénik*], o famoso periódico fundado por Púchkin. Todos os colaboradores de Kraiévski foram então convocados a escolher entre sua antiga filiação e a lealdade aos ideais literários e morais de Bielínski.

Dostoiévski já havia começado seu sistema habitual de tomar adiantamentos por trabalho ainda não escrito e estava muito endividado com Kraiévski. Além disso, apesar de sua reverência por Bielínski, sua rivalidade pessoal com a Plêiade piorara e ele fizera amizade com outro círculo de intelectuais, do qual fazia parte o talentoso jovem Valerian Máikov, que substituíra Bielínski no posto de principal crítico em *Anais da Pátria*. Dostoiévski recusou-se a alinhar-se inteiramente com *O Contemporâneo*, e as consequências de seu esforço para se manter acima da batalha logo se fizeram sentir. "Eu tive o desprazer de brigar definitivamente com *O Contemporâneo* na pessoa de Nekrássov", escreve ele a Mikhail em novembro de 1846. "Ele ficou contrariado porque continuo a oferecer histórias para Kraiévski, com quem estou em dívida, e porque eu não quis declarar publicamente que não faço parte de *Anais da Pátria*."[8]

No mês seguinte, Bielínski voltou a falar de Dostoiévski em uma pesquisa sobre a literatura russa em 1846, e os termos em que o critica foram então muito mais agudos e muito menos elogiosos. Lendo-se nas entrelinhas, pode-se vislumbrar a suspeita de Bielínski de que a obra de Dostoiévski estava avançando numa direção oposta àquela que desejava que seguisse. Embora não renunciasse ao seu protegido, o efeito de seus altos elogios é consideravelmente modificado por uma objeção mais séria. *O duplo*, diz ele, também "sofre de outro defeito importante: sua ambientação fantástica. Em nossos dias, o fantástico pode ter lugar somente em manicômios, mas não na literatura, sendo assunto de médicos, não de poetas".[9] Essas observações, vindas do antigo admirador caloroso de Hoffmann, são suficientes para justificar a acusação de Dostoiévski de que Bielínski "é uma pessoa tão fraca que mesmo em assuntos literários continua mudando constantemente de ideia".[10]

Em relação ao conto seguinte de Dostoiévski, "O senhor Prokhártchin", publicado no número de outubro de 1846 de *Anais da Pátria*, Bielínski não mostra misericórdia. Ele o julga "afetado, *maniéré* e incompreensível". Como se aceitasse as acusações pessoais da Plêiade contra Dostoiévski, escreve que "essa estranha história" parece ter sido "gerada" por "alguma coisa da natureza da — como diremos? — ostentação e pretensão".[11] Nada poderia ferir mais a Dostoiévski, dadas as circunstâncias, do que essa estocada do homem cuja autoridade moral ainda permanecia intacta a seus olhos.

A ruptura definitiva entre os dois ocorreu em algum momento dos meses imediatamente posteriores à publicação desse artigo. As cartas de Bielínski contêm alusões a Dostoiévski que repetem os mexericos que circulavam e expressam insatisfação com sua obra. O capital literário de Dostoiévski, não há dúvida, estava despencando, e as informações que pode ter dado a Bielínski sobre suas obras em andamento dificilmente poderiam restaurar a estima do crítico. Dostoiévski abandonou as duas histórias que tinha a intenção de escrever para o almanaque de Bielínski, que teriam permanecido dentro da faixa costumeira da Escola Natural, e se rendeu a uma nova fonte de inspiração. "Tudo aquilo não passa de uma repetição cediça do que eu disse há muito tempo", escreve a Mikhail no final de outubro de 1846. "Agora, ideias mais originais, vivas e luminosas estão implorando para ser colocadas no papel. [...] Estou escrevendo outra história, e o trabalho continua, como aconteceu em *Gente pobre*, com frescor, fácil e bem-sucedido."[12] Essa obra era *A senhoria* [*Khoziáaika*], na qual volta a falar com entusiasmo três meses depois.

Bielínski só podia ver no novo rumo que a obra de Dostoiévski estava tomando uma confirmação de que as esperanças que havia depositado no jovem e promissor romancista tinham sido ilusórias, pois *A senhoria* era, evidentemente, um retorno ao estilo do hoffmannismo russo que Bielínski agora odiava com a mesma fúria de sua adoração anterior. Ao escrever sobre *A senhoria* no início de 1848, não poderia ter sido mais esmagador: "Ao longo de toda essa história, não há uma única palavra ou expressão simples ou viva: tudo é inverossímil, exagerado, empolado, espúrio e falso".[13] Toda a atitude em relação à arte dos dois antigos amigos era agora diametralmente oposta.

Sem dúvida, para Bielínski, Dostoiévski parecia estar traindo tudo o que o crítico lutara tanto para atingir e os ideais literários que compartilhariam. Mas Dostoiévski jamais se comprometera tão exclusivamente com a poética da Escola Natural quanto Bielínski devia acreditar, com base em sua impressão de *Gente pobre*. No exato momento em que terminava essa obra, em 1845, Dostoiévski também escrevia a Mikhail: "Você já leu *Iemeliá* de Veltman no último *Biblioteca de Leitura*? — que coisa encantadora!".[14] Nessa nova obra do velho preferido de

Dostoiévski, Viéltman vai e vem entre o real e o imaginário, num estilo romântico rejeitado na década de 1840 por estar completamente ultrapassado. Dostoiévski também havia escolhido a epígrafe para *Gente pobre* no volume de Odoiévski *Noites russas* (1844), cujas histórias e diálogos são a quintessência do espírito romântico à moda de Schelling da década russa de 1830.

Está claro para nós agora que Dostoiévski estava experimentando com estilos e tipos de personagens que mais tarde fundiria soberbamente. Mas era difícil na época não concluir que, em comparação com os outros escritores jovens em ascensão, ele havia simplesmente se perdido no caminho. Entre 1846 e 1848, Turguêniev publicou boa parte das histórias incluídas em *Relatos de um caçador*; Herzen produziu seu romance *De quem é a culpa?* e uma série de contos excelentes; Gontcharóv fez sua estreia impressionante com *Uma história comum*, seguida por um capítulo de seu romance em andamento, "O sonho de Oblómov" — para não mencionar os dois romances de Grigórovitch sobre a vida camponesa, *Anton Goriémika* e *A aldeia*, e *Polinka Sachs*, de A. V. Drujínin, que levantou a bandeira da emancipação feminina. Em comparação com a variedade dessas obras, as publicações de Dostoiévski pareciam, de fato, relativamente insignificantes.

O duplo foi atacado em duas frentes, uma estilística e outra temática. Décadas mais tarde, até mesmo o simbolista russo Andrei Biéli, conhecedor de Gógol e admirador de Dostoiévski, escreveu que "*O duplo* lembra uma colcha de retalhos costurados a partir dos temas, gestos e processos verbais de Gógol".[15] A observação de Bielínski sobre seu personagem principal pertencer a um hospício, retomada por outros, considerava Dostoiévski um retratista imitativo e espetaculoso de estados mentais patológicos. Há indícios externos de que o próprio Dostoiévski (assim como outros) pensava *O duplo* principalmente em relação a *Almas mortas*. "Eles [Bielínski e a Plêiade] dizem que depois de *Almas mortas* não se viu nada na Rússia como esse romance. [...] Você vai gostar ainda mais dele que de *Almas mortas*", escreve a Mikhail no dia em que sua nova obra foi publicada.[16] Ao revisar o romance dezenove anos depois, Dostoiévski eliminou a maioria dos traços que apontavam para essa relação, mas a melhor maneira de entender *O duplo* é vê-lo como um esforço de retrabalhar *Almas mortas* em seus próprios termos artísticos, assim como já havia feito com "O capote", de Gógol, em *Gente pobre*.

Os dois romances fazem parte do mesmo empenho artístico de penetrar na psicologia dos personagens de Gógol e descrevê-los de dentro. Golyádkin, o protagonista de *O duplo*, pode ser descrito como um composto da timidez e pusilanimidade de Popríchchin, do "Diário de um louco" de Gógol, com a "ambição" de Tchítchikov de *Almas mortas*, mas a proximidade da visão, a entrada na vida interior, dificilmente cria qualquer sentimento de afinidade. A tonalidade falso-heroica retomada de *Almas mortas*, que Gógol empregou com o intento de fazer uma ampla sátira social, é agora aplicada a um mundo encolhido em termos de uma farsa de vaudeville levemente fora de tom; a aventura picaresca não envolve a busca de uma grande fortuna, mas de um cargo levemente superior no escritório e a aceitação no círculo encantado de uma hierarquia burocrática corrupta. Desse modo, Dostoiévski parte de novo de um modelo gogoliano e intensifica seu efeito, mas dessa vez seu objetivo não é mostrar de modo mais inequívoco o componente "humanitário" do original. Ao contrário, ele busca reforçar a percepção aguda de Gógol dos efeitos grotescos da estagnação moral e imobilidade social sobre o personagem. O resultado é uma nova síntese dos elementos gogolianos, transformados e reformulados não pelo sentimentalismo, mas pelo aprofundamento da fantasia hoffmanniana, numa verdadeira exploração da loucura invasora. Dessa forma, Dostoiévski acentua o aspecto humanamente trágico do retrato ainda em certa medida afável que Gógol pinta das frustrações sociopsíquicas.

Rompendo a conexão mantida em *Gente pobre* entre a pobreza de Diévuchkin e sua luta pelo amor-próprio, Dostoiévski enfatiza agora o último motivo. Seu foco, tornando-se interno e psicológico, concentra-se no esforço de Golyádkin de afirmar-se, mas isso o põe inevitavelmente em oposição à rigidez existente da ordem social. E o tema de Dostoiévski se torna agora os efeitos internos devastadores desse sistema sobre o indivíduo — o fato de que Golyádkin "enlouquece por ambição e, ao mesmo tempo, despreza totalmente a ambição e até sofre com o fato de que possa sofrer de um absurdo como a ambição"(v. 13, p. 31).

Os primeiros capítulos de *O duplo* fazem um retrato brilhante da dupla personalidade de Golyádkin antes que se desintegre em duas entidades independentes. Há o desejo evidente de aparentar uma situação social mais elevada e uma imagem mais lisonjeira de si mesmo — daí a carruagem, a libré, a simulação de compra de mobiliário elegante, como se fosse um noivo, até mesmo o detalhe maravilhoso de trocar suas cédulas para valores menores a fim de ficar com uma carteira mais gorda. Suas pretensões aos favores da amada imaginária Clara Olsú-fievna é apenas uma expressão dessa necessidade de mobilidade ascendente e gratificação do ego, não sua causa. Durante a primeira parte, a "ambição" de Golyádkin domina seus sentimentos de inferioridade e culpa e consegue mantê--los sob controle. O movimento da ação o mostra, embora sem sucesso, ainda tentando impor-se no mundo, apesar de ser rechaçado. Mas, depois que o duplo aparece, o processo se inverte, e vemos Golyádkin lutando por todos os meios possíveis para mostrar-se um subordinado dócil e obediente que aceita os ditames das autoridades do governo sobre sua vida como, literalmente, a palavra de Deus.

É nessa segunda parte da obra que as estocadas sociais e psicológicas de Dostoiévski ficam mais afiadas. Golyádkin luta contra ser confundido com o seu duplo, que se comporta de uma maneira que o Golyádkin inicial gostaria muito de imitar, mas que foi ensinado a crer moralmente inadmissível. O duplo é, natu-ralmente, "um patife", mas o *verdadeiro* Golyádkin é "honesto, virtuoso, dócil, muito confiável no trabalho e merece ser promovido [...] mas como é que aquilo [...] e como eles se confundem!" (v. 1, p. 172 [131]).* A possibilidade de substitui-ção leva Golyádkin a acusar seu duplo de ser "Gricha Otrépiev" — o famoso falso pretendente ao trono dos verdadeiros tsares no século XVII — e introduz o tema da impostura, tão importante para Dostoiévski mais tarde e (com sua evocação de *Boris Godunov*) tão incongruente nesse contexto.

Quanto mais ameaçado Golyádkin se sente por causa das maquinações de seu duplo, mais está disposto a se render, desistir, sair do caminho, atirar-se aos pés das autoridades e pedir-lhes auxílio e proteção. Ele está pronto para admitir que talvez pudesse ser mesmo "um trapo sujo, mas esse trapo não seria um trapo simples, esse trapo seria dotado de amor-próprio, esse trapo teria ânimo e senti-mentos" (v. 1, pp. 168-9 [123]). As frases rudimentares que escorrem de sua boca estão cheias dos lemas da moralidade oficial de obediência cega e absoluta enco-rajada pela autocracia paternal. Em seus esforços desesperados para desmascarar o "impostor e patife" que está tomando seu lugar, ele diz ao seu chefe: "[...] o se-nhor mesmo, Andrei Filíppovitch... provavelmente percebe que se trata de um gesto nobre, que testemunha de todas as maneiras as minhas boas intenções — de tomar meu chefe por pai e lhe confiar cegamente o meu destino. É isso aí, pois...

---

* A tradução de todas as citações de *O duplo* é de Paulo Bezerra. São Paulo: Editora 34, 2013. O nú-mero da página entre colchetes é o da edição brasileira, logo após a referência à edição russa. (N. T.)

então é isso...". "Neste ponto", diz o narrador, "a voz do sr. Golyádkin começou a tremer, seu rosto corou por inteiro e duas lágrimas lhe rolaram dos cílios" (v. 1, p. 196 [174-5]). Como o duplo, "com um sorriso indecoroso", dissera a Golyádkin na importante sequência do sonho do capítulo 10: "Qual firmeza de caráter, qual nada, neste caso! Como é que nós dois, Yákov Pietróvitch, vamos ter firmeza de caráter?" (v. 1, p. 185 [154]).

Alguns dos momentos mais divertidos do romance se dão quando Golyádkin acredita que recebeu uma carta de sua amada Clara marcando um encontro para uma fuga, fica esperando por ela no pátio da casa dela (abrigado da chuva atrás de uma pilha de lenha) e, ao mesmo tempo, protesta interiormente contra uma violação imperdoável do decoro: "Boa educação, senhora, significa ficar em casa, respeitar o pai e não pensar em namorados antes do tempo. Namorados, senhora, vão aparecer oportunamente — assim que é a coisa! [...] Ora, em primeiro lugar, permita-me dizer como um amigo que não é assim que se fazem as coisas e, em segundo, que a senhora e também seus pais mereciam uma boa coça por lhe terem dado livros franceses para ler; porque boa coisa livros franceses não ensinam", e assim por diante (v. 1, p. 221 [219]). A versão original de *O duplo* termina logo em seguida, quando Golyádkin é levado em uma carruagem por seu médico, que se torna de repente uma figura demoníaca e... somos deixados pendurados no ar! A obra é abruptamente interrompida nesse ponto com uma nota de irreverência e indecisão gogolianas: "Mas aqui, senhores, acaba a história das aventuras do sr. Golyádkin" (v. 1, p. 431).

O brilho perturbador da descrição de uma consciência perseguida por obsessões de culpa e, por fim, afundando na loucura nunca foi contestado, mas é realmente difícil localizar o foco moral de Dostoiévski. Uma maneira de fazer isso é ver que, apesar de toda a sua zombaria de Golyádkin, ele é ainda mais sarcástico em relação às eminências exaltadas do reino burocrático que tremeluzem diante de Golyádkin como seu ideal inatingível. *Elas* são claramente corruptas até a medula e carecem até daquele mínimo de consciência moral responsável pela situação de Golyádkin.[17] Este, pelo menos, *acredita* na moralidade oficial devota à qual todo mundo finge obedecer, e sua luta com o duplo é um esforço para defender a moralidade da traição. Ao combater o duplo, Golyádkin está na verdade lutando contra seus próprios desejos de subverter os valores supostamente compartilhados por seus superiores. Ao que parece, é o que Valerian Máikov quis dizer quando do afirmou que Golyádkin morre "da consciência da disparidade dos interesses particulares em uma sociedade bem-ordenada", isto é, de sua percepção da impossibilidade de afirmar-se como indivíduo sem violar a moralidade que foi instilada em seus ossos e que o mantém submisso.

Contudo, a genuína indignação de Dostoiévski diante das condições devastadoras da vida russa, que não oferecia nenhuma saída ao ego para afirmar-se normalmente, não o transforma em um determinista moral disposto a absolver as vítimas de toda a responsabilidade pela conduta delas. O próprio retrato de uma figura como Dievúchkin implicava que as aviltantes condições sociais estavam longe de ser capazes de moldar o caráter por inteiro. Em consequência, a obra de Dostoiévski desse período tem muitas vezes uma ambiguidade intrigante de tom, porque um personagem é mostrado *ao mesmo tempo* como oprimido pela sociedade e ainda assim repreensível e repugnante do ponto de vista moral — precisamente porque se rendeu de forma demasiado abjeta à pressão de seu ambiente.

O duplo era culpado de imitar demais Gógol, mas também era original demais para ser apreciado em sua plenitude, pois as complexidades da técnica narrativa de Dostoiévski representavam um problema especial para seus leitores. O romance é narrado por um observador externo que aos poucos se identifica com a consciência de Golyádkin e leva adiante a narrativa no estilo da fala do personagem. Desse modo, sua textura verbal contém uma grande mistura de frases feitas, clichês, lemas, fórmulas sociais polidas e exclamações sem sentido, que são repetidos obsessivamente como um meio de retratar as agitações e inseguranças da psique desnorteada de Golyádkin. Trata-se de uma antevisão notável, sem precedentes em seu tempo, dos experimentos de Joyce com clichês no capítulo de Gerty McDowell em *Ulysses*, e daquilo que Sartre tanto admirava em John Dos Passos — a representação de uma consciência totalmente saturada com as fórmulas e os slogans de sua sociedade. Em *O duplo*, no entanto, o efeito foi um tédio e uma monotonia que os críticos — e os leitores — de Dostoiévski ainda não estavam preparados para suportar, fosse em nome da verossimilhança sociopsicológica, fosse em nome da experimentação artística.

E embora a técnica narrativa de Dostoiévski não crie por si só nenhuma barreira para o leitor moderno, a complexidade da atitude de Dostoiévski ainda cria problemas de compreensão. Ao isolar o imbróglio de Golyádkin de qualquer pressão social evidente e ao tratar tanto Golyádkin como *o mundo* em que ele vive com ironia devastadora, Dostoiévski tende a dar a impressão de que

Golyádkin é simplesmente uma personalidade patológica que tem apenas a si mesmo para culpar por seus problemas. Até mesmo Bielínski, de quem se poderia esperar que captaria as implicações sociais da psicologia de Golyádkin, comentou que a vida dele não teria sido de fato insuportável, exceto "para a suscetibilidade insalubre e desconfiança de seu caráter" que era "o demônio negro" de sua vida.[18] Em outras palavras, Dostoiévski estava simplesmente retratando um caso de paranoia e colapso mental sem significado maior que o de um caso clínico. E a partir da observação de Bielínski a Ánnenkov de que, como Rousseau, Dostoiévski estava "firmemente convencido de que toda a humanidade o inveja e o persegue",[19] podemos supor o quanto Bielínski associa o protagonista de O duplo ao antigo protegido.

Esse juízo estabeleceu o padrão para a visão da obra de Dostoiévski que dominou a crítica russa até o final do século XIX. Em 1849, Ánnenkov, em concordância com Bielínski, acusou-o de ser o líder de uma nova escola literária (que incluía seu irmão Mikhail e Iákov Bútkov, concorrente de Dostoiévski como retratista da vida nos cortiços de Petersburgo), especializada na representação da "loucura pela simples loucura".[20] Ánnenkov criticava severamente esse gosto pouco saudável pela tragicomédia um tanto sensacional e grotesca, no qual não conseguia discernir nenhum objetivo artístico mais sério ou elevado. Essa acusação era obviamente injusta com Dostoiévski, cujas personagens "anormais" e "patológicas", mediante uma análise mais aprofundada, podem ser vistas como elementos de uma preocupação sociocultural. Mas talvez Dostoiévski confiasse demasiado que o leitor captaria as implicações ideológicas de sua psicologia e entenderia que as "anomalias" de seus personagens decorriam da pressão exercida pela situação social da Rússia sobre a pessoa. O resultado foi uma falta de equilíbrio artístico que levou a uma boa dose de incompreensão e provocou uma discordância crítica incessante.

A "ideia" encarnada em O duplo — a divisão interna entre a imagem de si mesmo e a verdade, entre o que uma pessoa quer acreditar a seu respeito e o que ela realmente é — constitui a primeira assimilação de um tipo de personagem que se tornou sua marca registrada de escritor. Golyádkin é o ancestral de todas as grandes personalidades divididas de Dostoiévski, que sempre enfrentam seus quase duplos ou duplos (quer sob a forma de outros personagens "reais", quer como alucinações) nas cenas memoráveis dos grandes romances — como o homem do subsolo, Raskólnikov, Stavróguin e Ivan Karamázov —, embora o quadro de referência em *O duplo* ainda seja puramente social e psicológico. Nessa fase inicial da obra de Dostoiévski, os sentimentos de culpa intoleráveis de Golyádkin em face de suas modestas aspirações revelam principalmente a asfixia e a mutilação da pessoa sob uma tirania despótica.

Vários contos que Dostoiévski produziu nesse período foram escritos da mesma perspectiva de *O duplo* e levantam as mesmas questões críticas. Em cada um deles, ele continuou a explorar os efeitos patológicos sobre a personalidade do mundo petersburguense de chancelarias gigantescas e *tchinóvniki* aterrorizados, mas sem retratar esse ambiente como *especificamente* responsável de alguma forma pelas anomalias que descreve. O resultado foi a continuação da confusão causada por *O duplo* e uma crescente insatisfação dos críticos e, tudo indica, também da maioria do público leitor com as obras de Dostoiévski.

10. Folhetins e experimentos

Apesar das críticas ferinas de Bielínski e outros, Dostoiévski continuou lutando para manter seu próprio caminho. Cansado da amplitude estilística estreita da Escola Natural, sentiu a mudança para um novo estilo e uma nova temática como uma libertação interior. "Estou escrevendo minha *Senhoria*", ele conta a Mikhail no final de janeiro de 1847. "Minha pena é guiada por uma fonte de inspiração que vem direto da alma. Não como *Prokhártchin*, sobre o qual agonizei durante todo o verão."[1] Mas mesmo quando a inspiração corria solta, e mesmo quando já havia começado a esboçar outro romance importante (*Niétotchka Niezvánova*), o endividamento crônico de Dostoiévski o forçava a ficar de olho no mercado literário e agarrar qualquer encomenda que pudesse lhe trazer um pouco mais de dinheiro. Enquanto se apressava para concluir *A senhoria*, conseguiu um trabalho para a *Gazeta de São Petersburgo*. O escritor que fornecia os folhetins para esse jornal morreu inesperadamente e o editor logo preencheu a lacuna apelando para alguns dos jovens literatos da cidade. Quatro folhetins, assinados por F. D., foram escritos por Dostoiévski.

Todos os jovens talentos promissores da Escola Natural — Grigórovitch, Panáiev, Turguêniev, Gontcharóv, Sollogub, Pleschéiev — escreviam folhetins, e Dostoiévski estava apenas aderindo a uma tendência literária geral que surgira na França. Tendo começado como um meio de publicidade, esse tipo de coluna de jornal ramificou-se para descrever os tipos urbanos e a vida social, dando origem ao esquete fisiológico. Uma vez que o gosto por esses esboços pegou, ocorreu a Frédéric Soulié uni-los semana após semana por uma linha narrativa solta, e essa foi a origem do romance-folhetim. Esse tipo de literatura permite que o escritor vagueie por onde quer que sua fantasia se compraza e mostre sua personalidade. Com efeito, como aprendemos com Bielínski, ele é sobretudo "um tagarela, à primeira vista de boa índole e sincero, mas, na verdade, muitas vezes mal-intencionado e linguarudo, alguém que sabe tudo, vê tudo, fica em silêncio sobre muita coisa, mas definitivamente consegue expressar tudo, alfineta com epigramas e insinuações e diverte com uma palavra viva e inteligente, bem como com uma piada infantil".[2] Essas palavras são adequadas à personalidade assumida pelo jovem Dostoiévski para o resto da vida.[3] Com todos os seus subterfúgios manhosos, os folhetins expressam uma boa parte do que preocupava Dostoiévski — e muitos outros como ele — na primavera de 1847.

Os três primeiros desses folhetins exibem a habilidade de Dostoiévski de enganar a censura e descrever a irritação da sociedade culta com as rédeas apertadas e que era mantida por Nicolau I. Seu quarto folhetim oferece informações sobre um novo veio de sua produção, que começa em 1847 com *A senhoria* — um veio que já não se concentra num *tchinóvnik* de capacidades mentais limitadas, mas sim em um tipo de personagem da intelectualidade, "o sonhador". O sonhador de Dostoiévski surge exatamente no momento em que se realizava uma campanha geral contra os perigos do *metchtátelnost* (sonho, devaneio) como uma doença congênita da intelligentsia russa. Para onde quer que se volte na cultura russa de meados da década de 1840, encontram-se indícios dessa campanha. Os ideais e atitudes altissonantes do romantismo são acusados de levar a uma retirada debilitante do mundo e ao cultivo de uma atitude presunçosa de contemplação exaltada. Bielínski investiu contra aqueles que, tomando por modelo o ideal de Schiller da "bela alma", acreditavam que poderiam transcender os conflitos da vida comum.[4]

Bielínski estava, na verdade, denunciando a ficção russa da década de 1830, que, influenciada por Hoffmann e pelo romantismo alemão, está repleta da dissonância entre o ideal e o real. Naquela época, essa falta de ajuste foi considerada uma acusação esmagadora da estreiteza e das limitações do cotidiano. E uma vez que somente os artistas (e filósofos), de acordo com a metafísica do idealismo romântico, estavam em contato inspirado com o reino da verdade transcendental, eles surgiam invariavelmente como os heróis dessas criações. A expressão clássica dessa temática na literatura russa é "Avenida Niévski", de Gógol (1835).

No entanto, o conto de Gógol fica na fronteira entre as delineações puramente românticas desse choque entre o ideal e o real e seu desenvolvimento posterior, na década de 1840, pois Gógol não inclina os valores da história fortemente a favor do jovem artista Piskariov; há algo de patético, em vez de sublime e trágico, nessa ignorância dos caminhos do mundo. Apenas um pequeno passo separa o retrato que Gógol faz do artista sonhador daquele que Dostoiévski traça desse tipo em seus folhetins do período. No intervalo entre os dois retratos, porém, aconteceu o ataque de Bielínski ao romantismo, o que levou a uma inversão completa da relação romântica original entre o ideal e o real. Agora o sonhador (um artista malogrado ou inautêntico) torna-se um símbolo do fracasso em lidar com as exigências da vida e dominá-las. Esse é o contexto em que, juntamente com Gontcharóv, Herzen, o primeiro Turguêniev e muitos outros, Dostoiévski oferece sua própria versão original do tipo de personagem sonhador e seus conflitos.

No folhetim de Dostoiévski, tudo serve para nutrir a capacidade do sonhador de viver em um universo artificial de sua própria criação. "Às vezes, noites inteiras passam imperceptivelmente em prazeres indescritíveis; com frequência, em poucas horas ele experimenta os gozos celestiais do amor ou de uma vida inteira, gigantescos, inéditos, maravilhosos como um sonho de grandiosa beleza" (v. 13, p. 30). O cronista de Petersburgo, ao longo de sua *causerie* aparentemente casual, transmite com habilidade toda a frustração latente sentida pela intelectualidade progressista. Mas em nenhum outro lugar o canto da sereia tentadora do *metchtáelnost* é rejeitado com mais consciência interior de seus prazeres e perigos! Embora o cultivo dessas delícias traga consigo uma incapacidade crescente de tolerar a realidade, e o cronista termine por classificar uma vida assim de tragédia, pecado, caricatura, ele, não obstante, pergunta: "Não somos todos mais ou menos sonhadores?" (v. 13, p. 31).

A evidente empatia e até mesmo identificação de Dostoiévski com a figura do sonhador é o que distingue suas criações do personagem típico da década de 1840. O novo rumo tomado pela obra de Dostoiévski em *A senhoria* está, portanto, na tradição um tanto datada de "Avenida Niévski", de Gógol. Além disso, o estilo e os motivos da trama remetem a um trabalho ainda mais antigo de Gógol, "Uma vingança terrível". Esse conto faz parte de *Noites em uma fazenda perto de Dikanka* (1831-2), em que Gógol ainda se inspirava no folclore ucraniano e imitava o estilo de balada épica de contos folclóricos cossacos. "Uma vingança terrível" tem uma heroína com o mesmo nome da protagonista de *A senhoria* (Katierina); ela também é amada incestuosamente pelo pai, um feiticeiro e mágico que mata sua mãe; ele exerce um poder misterioso e irresistível que a leva à loucura; e a história é escrita na linguagem muito estilizada da poesia popular.

Não pode haver dúvida de que *A senhoria* tenta revitalizar essa tradição romântica do conto folclórico. O personagem sonhador da história, Vassíli Ordínov, é caracterizado com todos os traços essenciais desse tipo. Último sobrevivente de uma família aristocrática, ele herdou uma pequena quantia de dinheiro, o que lhe permite levar uma vida solitária e isolada, dedicada ao estudo. Trata-se de um antiquado sonhador idealista romântico, para quem a arte e a filosofia proporcionam caminhos iguais e, em última análise, convergentes para a descoberta das mais altas verdades. Dostoiévski salienta o seu isolamento e a sensação de distanciamento de outras pessoas e da vida que leva na pulsante Petersburgo, alimentando na solidão orgulhosa a crença lisonjeira de que foi escolhido para uma grande realização criativa. Como aconteceu com o infeliz Piskariov de "Avenida Niévski", um encontro casual tem as consequências mais funestas para Ordínov. Ele se vê enfeitiçado pela bela e jovem Katierina, a quem vê pela primeira vez orando fervorosamente em uma igreja e em cujo rosto ele discerne "sinais de um medo infantil e de um terror misterioso". Quem a acompanha é seu pai, Múrin, a figura central de misterioso fascínio, com "um olhar ardente, febrilmente inflamado, arrogante e insistente" (v. 1, pp. 267-8 [16, 18]).*

Movido por um impulso irresistível, Ordínov aluga um quarto no apartamento dele, e desse ponto em diante a história se torna uma série de incidentes, cada um mais incrível e sensacional do que o outro. Ordínov adoece e jaz em um constante estado de delírio: quando não alucina de febre, desfalece de êxtase sensual com as carícias de Katierina. Ela alterna abraços apaixonados em Ordínov com uma atenção extasiada a Múrin quando ele lê os livros heréticos dos

---

* A tradução de todas as citações de *A senhoria* é de Fátima Bianchi. São Paulo: Editora 34, 2003. O número da página entre colchetes é o da edição brasileira, logo após a referência à edição russa. (N. T.)

*raskólniki** ou conta histórias selvagens de façanhas de bandidos no Volga. Múrin tenta balear Ordínov e sofre um ataque epiléptico. Ordínov, estimulado por Katierina, está a ponto de matar Múrin, que jaz inconsciente, mas fracassa quando "teve a impressão de que o rosto todo do velho se pusera a rir e que uma gargalhada diabólica, assassina, glacial ressoou enfim pelo quarto" (v. 1, p. 310 [100]). Sua incapacidade de levar a cabo essa ação e livrar Katierina do feitiço de Múrin marca a derrota do sonhador pelo poder maligno que também mantém cativa sua bela senhoria. Muito do que ocorre é tão extravagante que o próprio Ordínov se pergunta repetidamente se não está vivendo algum tipo de alucinação.

Dostoiévski definitivamente exagera no uso do gótico e de acessórios românticos em *A senhoria*, e podemos compreender a violenta aversão de Bielínski pela novela. "Os olhos de Múrin", ele zomba, "detêm tanta eletricidade, galvanismo e magnetismo que poderia ter obtido um bom preço de fisiologista para supri-lo [...] de seus olhares crepitantes e carregados de faíscas para experimentos [...] científicos."[5] De fato, *A senhoria* não é bem-sucedido porque Dostoiévski não conseguiu dotar o quadro romântico antiquado com o mesmo significado novo que havia conseguido dar ao sentimentalismo em *Gente pobre* e ao igualmente romântico motivo do *Doppelgänger* em *O duplo*. Não obstante, a novela é muito mais do que a fantasmagoria romântica requentada que Bielínski e todos os outros viram na obra. A passagem do tempo revelou que essa história está entre as mais ricas das primeiras obras de Dostoiévski em antevisão do futuro, pois ele estava lutando para dar ao tema básico de suas histórias sobre *tchinóvniki* — o esmagamento da pessoa humana no mundo do despotismo e subordinação incondicional da Rússia — uma ressonância simbólica muito mais ampla em termos da história e do folclore russos.

A psique de Katierina ficou paralisada e distorcida por sua crença nos poderes ocultos de Múrin, e estes são apresentados não só como mágicos e pagãos, mas interligados com os símbolos cristãos da ortodoxia russa. O que amarra Katierina a Múrin é o medo e o horror que ele conseguiu incutir nela através desses

---

* O termo *raskólniki*, cismáticos ou velhos crentes, se refere aos fiéis que romperam com a Igreja ortodoxa em razão das reformas do patriarca Níkon (1605-81). (N. T.)

poderes misteriosos, e que já se transformaram num estranho tipo de "prazer". O próprio Múrin tem perfeita consciência do que fez a Katierina, e generaliza isso em lei universal, para justificar-se perante Ordínov. "Saiba, senhor", ele explica ao estupefato Ordínov, "um homem fraco sozinho não consegue se controlar! Dê-lhe tudo e ele mesmo virá devolver tudo. [...] Dê a ele, ao homem fraco, um liberdadezinha — ele mesmo a atará e a trará de volta. Para um coração tolo, nem a liberdade de nada serve!" (v. 1, p. 317 [112]).

É, portanto, o tema da "liberdade" que surge no centro de *A senhoria*, e isso estabelece uma conexão da novela, nesse nível, com outras obras de Dostoiévski do mesmo período. Assim como dramatizou a maneira como Diévuchkin e Golyádkin foram psiquicamente prejudicados pelas condições vigentes na sociedade russa, ele agora explora o mesmo tema em estilo e forma diferentes. E para enfatizar isso de modo ainda mais decisivo, provê Ordínov, na conclusão da história, com as seguintes reflexões:

> Quem eram eles? Isso não sabia. Mas sonhava incessantemente com uma tirania profunda e implacável sobre uma pobre criatura indefesa; e seu coração se revoltava, palpitando em seu peito com uma indignação impotente. Tinha a impressão de que, diante dos olhos assustados de uma alma que de repente havia recuperado a visão, representavam perfidamente sua queda, torturavam perfidamente seu pobre coração *fraco*, distorciam a verdade para ela a torto e a direito [...] e pouco a pouco iam cortando as asas de sua alma livre e audaciosa, incapacitada, por fim, tanto de se rebelar como de se arrojar livremente para a verdadeira vida... (v. 1, p. 319 [117])

Visto por esse prisma, o aspecto folclórico da história e sua evocação do passado da Velha Rússia são significativos, pois foram as superstições obscuras do passado — sua religião do medo e da eterna danação — que inculcaram em Katierina um sentimento esmagador de culpa e forneceram armas com as quais Múrin subjugou e arruinou seu espírito. O que Dostoiévski parece sugerir aqui é a oposição entre uma religião de luz, esperança e fé no homem e outra mais tradicional, de misticismo e fatalismo — o mesmo contraste, como veremos, que estava sendo feito por Bielínski naquele momento. Desse ponto de vista, parece provável que Dostoiévski pretendia que *A senhoria* fosse uma crítica simbólica não só da eslavofilia, mas também da ortodoxia, na medida em que ele, tal como Bielínski, via então esta última como uma religião de medo ou terror.

A senhoria é, portanto, de considerável interesse na louvável (ainda que artisticamente fracassada) tentativa de Dostoiévski de transpor para outra chave e tonalidade o tema principal de suas obras escritas de acordo com a poética da Escola Natural. E é de interesse ainda maior quando percebemos que essa novela marca um momento decisivo de transição no amadurecimento artístico de Dostoiévski. A personagem de Katierina é a primeira em que Dostoiévski enfoca a psicologia do masoquismo e começa a explorar o "prazer" mórbido que pode ser obtido da autodilaceração. Katierina ainda é vítima de Múrin e de todas as forças obscuras que ele representa, mas também é vítima da sua incapacidade de vencer o "prazer" que extrai de sua escravidão e degradação. Uma nova dimensão é assim adicionada à representação por Dostoiévski da personalidade, que agora se move no sentido de transferir para o indivíduo uma parte da responsabilidade moral por sua própria situação.

De importância crucial no cânone de Dostoiévski como primeiro indício dessa evolução de uma compreensão psicossocial para uma psicomoral da personagem, *A senhoria* também contém antevisões mais limitadas do que está por vir. Dostoiévski nunca mais tentou escrever de forma tão extensa em um estilo de balada épica, mas um tom similar de poesia popular aparece de vez em quando, sobretudo nas manifestações líricas da coxa Mária Lebiádkina, em *Os demônios*. E há, de fato, certa semelhança na situação de Katierina e Mária que explica a ressonância estilística. Katierina espera que Ordínov venha resgatá-la, assim como Mária aguarda Stavróguin e imagina que ele seja seu "libertador", mas em nenhum dos casos a donzela folclórica russa é libertada do encantamento do mal por seu "falso" pretendente da intelligentsia. Além disso, a opinião desdenhosa de Múrin a respeito da incapacidade do ser humano de suportar a "liberdade" e seu papel simbólico como representante de uma religião da tirania prefiguram claramente a terrível majestade do Grande Inquisidor.

A senhoria é a primeira obra de ficção de Dostoiévski em que a figura do sonhador aparece. Espera-se que Ordínov entre em contato ou conflito com o "real", mas em vez disso sua primeira saída vacilante do isolamento leva-o a um mundo muito mais fantástico do que qualquer coisa que tivesse imaginado. Sem dúvida, o mundo que Ordínov encontra pretende representar a "realidade" *psíquica* do passado russo em choque com o presente. Mas Dostoiévski ainda não dominava os meios artísticos que poderiam ter feito essa "realidade" parecer algo mais do que aquilo que Bielínski chamou de uma tentativa de "conciliar Marlínski e Hoffmann", em que tudo era "inverossímil, exagerado, empolado, espúrio e falso". Sua tentativa seguinte na mesma direção, no entanto, felizmente corrige esses dois defeitos de *A senhoria*. O folclore romântico é descartado por completo e a psicologia do sonhador é colocada diretamente no centro da perspectiva artística.

O resultado é a encantadora novela *Noites brancas* [*Biélyie nótchi*], uma das duas obras-primas menores (a outra é *O duplo*) que Dostoiévski escreveu depois de *Gente pobre*. Encanto não é um atributo literário que se associe normalmente a Dostoiévski, mas ele era versátil o suficiente para captar essa qualidade esquiva nas poucas ocasiões em que tentou fazê-lo. *Noites brancas* se destaca do universo tragicômico e satírico de suas primeiras criações pela leveza e delicadeza de seu tom, sua atmosfera de emotividade adolescente primaveril e pela graça e inteligência de suas joviais paródias.

Tanto Ordínov como esse novo sonhador se assemelham em seu sentimento de isolamento e solidão, mas o sonhador de *Noites brancas* olha com amistosa curiosidade e benevolente interesse para o resto da humanidade. Tal como em *A senhoria*, o sonhador em *Noites brancas* faz seu contato com a realidade ao conhecer uma jovem; não se trata, contudo, de uma beldade tomada pela dor como Katierina, mas de uma senhorita atrevida de dezessete anos chamada Nástienka, noiva de um jovem que partira para Moscou a fim de se estabelecer. Por um momento deslumbrante, incentivado por Nástienka, o sonhador obtém um vislumbre da felicidade "verdadeira", mas a moça voa para os braços de seu prometido quando ele retorna de Moscou, e o sonhador fica ruminando esse seu último sonho. As extrapolações líricas melancolicamente humorísticas do sonhador são, em parte, extraídas palavra por palavra do retrato desse tipo feito no quarto folhetim de Petersburgo, e Dostoiévski evoca mais uma vez, com mais detalhes ainda, todos os encantos e fascínios do extraordinário mundo em que ele vive.

O trecho mais famoso de sua longa diatribe é aquele que Dostoiévski acrescentou em 1860, quando revisou a pequena novela e decidiu dar ao sonhador uma genealogia cultural específica.

> A senhorita talvez pergunte: com que ele sonha? [...] com a amizade de Hoffmann; a noite de São Bartolomeu; Diana Vernon; com o papel de herói na tomada de Kazan por Ivan Vassílievitch; Clara Mowbray; Effie Deans; Huss diante do Concílio dos

Prelados; a insurreição dos mortos em *Roberto* (lembra-se da música? cheira a cemitério!); com Minna e Brenda; a batalha de Berezina; a leitura de um poema na casa da condessa V...a D...a; Danton; Cleópatra *e i suoi amanti*; a casinha de Kolomna [...]. (v. 1, pp. 115-6 [38])*

O trecho contém alusões a Hoffmann, Mérimée, Scott, Karamzin, George Sand (talvez!), Meyerbeer, Jukóvski e Púchkin, pelo menos até onde conseguimos identificar.

Dostoiévski inseriu esse caleidoscópio de influências românticas em *Noites brancas*, e seu brilho tende agora a esconder o que provavelmente se destacava mais no texto original — a paródia de romances românticos que retratavam o amor desesperado e eterno na alta sociedade e em climas exóticos. Até então, a imaginação inflamada do narrador se agarrou a esse recurso sedutor, e embora sua declamação para a boquiaberta Nástienka seja longa demais para ser citada na íntegra, um extrato é indispensável para sentirmos o sabor do esvaziamento espirituoso de Dostoiévski:

> Será que de fato eles não passaram de mãos dadas tantos anos de suas vidas, a sós, separados do mundo todo e unindo cada um o seu mundo, a sua vida com a vida do outro? Não terá sido ela quem, numa hora tardia, quando chegou o momento da separação, não terá sido ela que estava deitada no peito dele, soluçando e sofrendo, sem perceber a tempestade que se desencadeava sob o céu áspero, sem perceber o vento que arrancava e arrastava lágrimas de seus cílios negros? [...] E, será meu Deus, que ela não encontrou depois, longe das fronteiras de sua pátria, sob um céu estrangeiro, meridional, caloroso, na maravilhosa cidade eterna, no esplendor de um baile, ao som da música, num *palazzo* (sem dúvida num *palazzo*), afogado num mar de chamas, nesse balcão coberto de mirto e rosas, onde ela, ao reconhecê-lo, tirou depressa sua máscara e, depois de sussurrar "Estou livre", começou a tremer e lançou-se aos braços dele gritando de entusiasmo; e, apertados um contra o outro, num instante esqueceram a dor, a separação, todos os tormentos, a casa sombria, o velho, o jardim lúgubre na pátria distante, e o banco no qual

---

* A tradução de todas as citações de *Noites brancas* é de Nivaldo dos Santos. São Paulo: Editora 34, 2009 (3. ed.). O número da página entre colchetes é o da edição brasileira, logo após a referência à edição russa. (N. T.)

ela, com um último beijo apaixonado, escapara de seus braços dormentes numa angústia cruel [...]. (v. 1, p. 117 [40])

No momento em que ele conhece Nástienka, fazia muito tempo que o viço desses romances imaginários começara a desbotar, e o sonhador se dava conta da irrealidade de suas enganosas delícias. Os encontros com Nástienka acabam por propiciar-lhe aquele dia (ou melhor, várias "noites brancas") de vida real, e ele sabe que, em consequência, sua existência mudará para sempre. O amor do sonhador por Nástienka não é manchado pelo egoísmo, e ele até tenta ajudá-la a fazer contato com seu noivo esquivo. Quando este por fim aparece, não há traço de ciúme ou ressentimento em sua reação, embora saiba que está mais uma vez condenado à penumbra de seu quarto solitário. "Que seja claro o seu céu, que seja luminoso e sereno o seu lindo sorriso; abençoada seja você pelo momento de júbilo e felicidade que concedeu a um coração solitário e agradecido! Meu Deus, um momento inteiro de júbilo! Não será isto o bastante para uma vida inteira?" (v. 1, p. 141 [82]).

Noites brancas termina, assim, com uma espécie de reverência àquele momento único de felicidade "verdadeira" concedido ao sonhador. Os esplendores do ideal e do imaginário se tornam insignificantes diante da realidade do amor por aquela jovial e insolente garota de carne e osso. Essa é a contribuição vibrantemente poética de Dostoiévski para o ataque ao *metchtátelnost* romântico tão comum na literatura russa do final dos anos 1840; e apesar de sua historieta não poder competir com os romances de Herzen e Gontcharóv sobre o mesmo tema, em nenhum lugar na literatura russa ele é expresso com mais sensibilidade e graça lírica. *Noites brancas* foi a única das obras menores de Dostoiévski recebida favoravelmente pelos críticos, mas também proporcionou a ocasião para uma polêmica amigável com Aleksei Pleschéiev, que em resposta escreveu um "Conselho amigo", dedicado a Dostoiévski.

O personagem principal de Pleschéiev, também um sonhador, se parece muito com o de Dostoiévski e até reproduz algumas de suas expressões. Mas ele alcança o objeto do desejo de seu coração, casa-se com uma jovem rica e comum — e depois se acomoda para levar a existência mais convencional que se possa imaginar! Para Pleschéiev, a paixão do sonhador por Nástienka é apenas uma forma menos grandiosa e mais batida da ilusão romântica. O crítico soviético que diz isso também observa que as tentações do *metchtátelnost*, embora tematicamente condenadas, não deixam de ser pintadas por Dostoiévski com as cores mais brilhantes.[6] O poder da imaginação é glorificado no próprio ato de aparentemente censurar seus efeitos, e uma boa dose da atração exercida pela história deriva dessa ambiguidade. Com efeito, Dostoiévski pronuncia seu julgamento negativo com tamanha ternura elegíaca que não se pode deixar de suspeitar da existência de uma ligação sentimental maior com a riqueza da cultura romântica do que ele talvez estivesse disposto a reconhecer.

De fato, Dostoiévski estava atado ao romantismo por muitas fibras emocionais de seu ser para separar-se dele por completo. Embora estivesse sempre pronto a satirizar e parodiar a fatuidade das atitudes românticas, ou sua utilização como fachada para impulsos egoístas ("no primeiro plano está, é claro, ele mesmo, o nosso sonhador, em sua preciosa pessoa"), continuaria, não obstante, a acreditar na importância de manter a capacidade de ser estimulado pela imaginação e pelos ideais. Durante a década de 1860, o tema dessa novela de Dostoiévski se tornaria uma das principais questões em jogo na batalha entre as gerações. E, por mais que tenha depois ridicularizado as pretensões e a vacuidade moral da geração romântica dos "pais", ele sempre iria preferir esta à de seus descendentes, que insistiam fanaticamente na redução da "vida real" aos elementos prosaicos e até mesmo grosseiros.

Desanimado por ter de trabalhar para Kraiévski e desejoso de escrever em paz e com calma, Dostoiévski se queixa para Mikhail em 1846 de que seu maior desejo é "finalmente trabalhar para a Santa Arte, uma obra sagrada feita com pureza e simplicidade de coração — um coração que nunca tremeu e foi estimulado tanto como agora por todas as novas imagens que estão sendo criadas em minha alma".[7] Portanto, de modo algum abandonara a concepção idealista romântica da arte como distinguível somente pela forma, mas não pela substância, da religião, e tampouco faria isso no futuro.

Porém, mais ou menos na mesma época, Bielínski manifestava sua preferência por uma arte socialmente didática, o único tipo que podia agora suportar. Em dezembro de 1847, ele escreve a Bótkin que

> já não preciso de mais poesia e arte do que o necessário para manter a história verdadeira; [...] a principal coisa é que ela deve [...] ter um efeito moral sobre a sociedade.

Se atinge esse objetivo, ainda que totalmente sem poesia e arte, para mim é, *não obstante*, interessante, e não a leio, a devoro. [...] Sei que assumo uma posição unilateral, mas não quero mudá-la e sinto pena e piedade daqueles que não com partilham da minha opinião.[8]

Dostoiévski e Bielínski haviam rompido relações em algum momento entre janeiro e abril de 1847, e o julgamento final de Bielínski sobre seu antigo discípulo era totalmente negativo. "Não sei se informei", escreveu o crítico a Ánnenkov no início de 1848, "que Dostoiévski escreveu uma história, *A senhoria* — que lixo terrível! [...] cada obra dele é um novo declínio. [...] Eu de fato o inflei, meu amigo, ao considerar Dostoiévski... um gênio! Eu, o principal crítico, comportei-me como um asno à enésima potência."[9] O quase sempre generoso e caloroso Bielínski tampouco encontrava palavras mais favoráveis a dizer sobre Dostoiévski como pessoa. "De Rousseau, li apenas *As confissões* e, a julgar por elas [...] senti uma aversão poderosa àquele cavalheiro. Ele é tão parecido com Dostoiévski, que está profundamente convencido de que toda a humanidade o inveja e o persegue."[10]

Mesmo nos seus dias mais sombrios de desespero por causa da fraca recepção de suas obras, Dostoiévski ainda se apegava à esperança de que poderia reverter o processo de sua queda. Ele começara a esboçar um novo romance, provavelmente já em outubro de 1846, e em dezembro escreve a Mikhail que concordou em dar a Kraiévski "a primeira parte do meu romance *Niétotchka Niezvánova*".[11] Como sabemos, em 1847 ele foi forçado a interromper várias vezes o trabalho, tanto nesse romance como em *A senhoria*, para cumprir tarefas jornalísticas que lhe renderam um dinheiro extra muito necessário, embora o tenha feito com grande relutância. Sabia que somente um sucesso literário substancial poderia interromper sua queda vertiginosa na preferência do público e estava bem ciente de que um novo grupo de concorrentes literários surgia no horizonte. "Uma série de novos escritores começou a aparecer", comentou inquieto com Mikhail, em abril de 1846. "Alguns são meus rivais. Herzen (Iskander) e Gontcharóv são os que mais se destacam entre eles."[12] Na carta de dezembro, confessa a Mikhail: "Não posso deixar de sentir que comecei uma campanha contra toda a nossa literatura, revistas e críticos, e que com as três partes de meu romance em *Anais da Pátria* este ano vou reafirmar minha superioridade na cara de todos os que me desejam má sorte".[13] Seria preciso mais de um ano, no entanto, para que os primeiros fascículos de *Niétotchka Niezvânova* começassem a aparecer, no início de 1849.

Devido ao estado inacabado do romance, é difícil ter uma ideia geral do que Dostoiévski pretendia fazer, mas parece claro que a obra foi concebida como um *Bildungsroman* [romance de formação], que narra a história da vida de Niétotchka tal como escrita por ela na maturidade, refletindo sobre as experiências que moldaram sua vida. Sente-se a influência direta de George Sand nesse fragmento de romance mais do que em qualquer outro texto de Dostoiévski, e sua jovem heroína foi provavelmente concebida como a equivalente russa de Lucrezia Floriani, ou da ainda mais famosa *cantatrice* veneziana Consuelo (do romance homônimo de Sand). O livro seria a autobiografia romântica de uma artista, tema tão querido pelos romancistas da década de 1830, e, ao escolher esse gênero antiquado como modelo, Dostoiévski estava seguindo o mesmo impulso estilístico que o levou ao romance epistolar sentimental em *Gente pobre*, à técnica do *Doppelgänger* em *O duplo* e ao conto popular romântico em *A senhoria*. Em cada caso, ele tomou uma forma que se tornara obsoleta e tentou revitalizá-la com um significado novo e contemporâneo.

A julgar pelos três episódios que Dostoiévski concluiu, esse significado se centraria numa questão cultural imediata. Em consequência do ataque combinado aos valores românticos, começaram a aparecer dúvidas sobre a função e o status da arte em toda a literatura russa do final da década de 1840. Dostoiévski quis retratar uma personagem que une a dedicação à arte a um compromisso igualmente firme com os mais elevados ideais morais e sociais. A vida de Niétotchka começa na sombra de uma obsessão artística que desorienta sua sensibilidade moral. Mas, ao superar essa desvantagem inicial, seu amor pela arte andaria de mãos dadas com uma consciência moral e social sensível e destemida. Assim, com essa obra, Dostoiévski tentava trilhar um meio-termo entre a desacreditada glorificação romântica da arte e a tentação, à qual Bielínski sucumbiu com facilidade, de descartar os valores da arte em favor do utilitário e do prático.

A questão do significado moral e espiritual supremo da arte preocupava profundamente Dostoiévski. Ele acreditava que, ao seguir seu próprio caminho literário, não estava traindo a perspectiva humana que compartilhava plenamente com a Escola Natural. O subtítulo do romance — *História de uma mulher* — deixa claro que, como George Sand, ele pretendia enfatizar os motivos que envolvem a situação do sexo feminino. Além disso, o sucesso de Niétotchka ao se tornar uma grande artista, em contraste com suas origens miseráveis, revelaria toda a riqueza de talento negligenciado numa mulher rejeitada e desprezada, bem como em seu status biológico supostamente inferior.

De todas essas maneiras, Dostoiévski buscava explorar o interesse pela "questão da mulher", então proeminente na cena literária russa e que já havia sido utilizada em romances como *Polinka Sachs* e no conto de Herzen "A pega ladra". Herzen também precede Dostoiévski ao fazer de uma artista feminina (uma talentosa serva atriz) a heroína de seu conto, mas ele mostra sua destruição quando rejeita os avanços sexuais de seu dono e patrono. O objetivo de Dostoiévski, inédito no romance russo de sua época, era retratar uma mulher de talento e força de vontade que se recusa a deixar-se esmagar e se torna a principal heroína *positiva* de um grande romance. Ao fazer isso, ele esperava restabelecer sua posição independente no cenário sociocultural da Rússia, conquistada com *Gente pobre*, e oferecer uma alternativa para a desolação e o desespero de Herzen e a submissão ao *meschántsvo* (pragmatismo burguês) de *Uma história comum*, de Gontcharóv.

As primeiras noções de arte de Niétotchka são deturpadas pela crueldade egoísta do padrasto, o músico Iefimov; e ela lembra que "em minha imaginação, logo se formou a noção de que um artista era alguém diferente que se parecia aos demais" (v. 2, p. 62 [41]).* Essa primeira parte do romance de Dostoiévski contém uma das mais amargas acusações de egoísmo romântico em sua variedade "artística" que podemos encontrar na literatura da época. Somente Harold Skimpole, de Dickens, em *A casa soturna* (publicado quatro anos depois), pode ser comparado a Iefimov como condenação moral da crueldade do esteticismo romântico. A segunda sequência de *Niétotchka Niezvânova* leva a heroína, por um milagre do destino, exatamente para aquele mundo com que ela sonhara sob a influência da obsessão de Iefimov. Niétotchka aprende então a compreender o significado de sua própria história psíquica. Ela absorve a moral de que aqueles que sofreram em consequência do egoísmo dos outros não devem, por sua vez, se tornar opressores, e vários personagens de sua nova família lutam, com sucesso, para vencer a tentação do ressentimento egoísta.

As relações entre a princesa Kátia e Niétotchka são de particular interesse,

---

* A tradução de todas as citações de *Niétotchka Niezvânova* é de Boris Schnaiderman. São Paulo: Editora 34, 2009, 5. ed. O número da página entre colchetes é o da edição brasileira, logo após a referência à edição russa. (N. T.)

uma vez que evoluem para o tipo de duelo psicológico que Dostoiévski usaria mais tarde, em muitas variações. A impressionável Niétotchka, carente de afeto, se apaixona pela bela Kátia de uma forma cujas insinuações eróticas são perfeitamente explícitas. Kátia está ciente da paixão de Niétotchka, mas se recusa a corresponder, porque seu orgulho feroz se ressente da intrusão de Niétotchka em um mundo no qual ela reinava suprema. Kátia é, portanto, a primeira das "mulheres infernais" de Dostoiévski, cujo orgulho ferido se interpõe no caminho da aceitação do amor e gera, ao contrário, o ódio e a perseguição do amante; mas nessa fase inicial, em que o drama se desenrola entre crianças, a ferida ainda não é tão profunda que não possa ser curada.

O retrato que Dostoiévski traça de Kátia mostra que ele já era um mestre da dialética do amor e ódio que viria a ser uma característica tão importante de suas principais obras. Kátia é a personagem em que, pela primeira vez, isso se torna completamente consciente. Quando Niétotchka lhe pergunta sobre seu comportamento passado, ela responde: "Sempre te amei! O tempo todo! Depois, não te suportava mais; pensava: vou beijá-la um dia tanto, ou beliscá-la toda até que morra" (v. 2, p. 220 [136]). Essa é a maneira ingênua como Kátia explica seus sentimentos ambíguos, que decorrem da falta de vontade do ego orgulhoso de submeter sua autonomia à infração representada pela tentação do amor. Em *Niétotchka Niezvânova*, esse conflito é apresentado ainda em termos puramente morais e psicológicos, mas o sacrifício de Niétotchka (que assume a culpa pelo mau comportamento de Kátia) e a reação amorosa de Kátia em troca já contêm a base emotivo-experiencial do cristianismo de Dostoiévski. Para ele, a salvação dependerá sempre da capacidade do ego orgulhoso (que mais tarde se identifica com o intelecto arrogante) de render-se ao livre sacrifício amoroso de si mesmo que Cristo fez por ele.

O principal interesse do inacabado *Niétotchka Niezvânova* está no fato de lançar tanta luz sobre a evolução interna de Dostoiévski como escritor. Nesse romance, ele avança decisivamente para além dos limites da Escola Natural e já está no limiar do mundo de seus maiores romances. O cenário da ação não está mais confinado aos cortiços de Petersburgo ou ao mundo das repartições burocráticas e seus habitantes, e tampouco seus personagens se classificam nas categorias sociais e ideológicas bem definidas e, àquela altura, bastante convencionais de suas histórias anteriores (as pessoas oprimidas, o sonhador). Pela primeira vez, o horizonte de Dostoiévski abrange a esfera social mais elevada da aristocracia culta, esclarecida, e seus personagens são agora indivíduos complexos compreendidos sobretudo em termos de seus atributos de personalidade e à luz da psicologia do sadomasoquismo completamente elaborada e original de Dostoiévski. A importância de *Niétotchka Niezvânova* está em nos permitir identificar esse momento crucial na carreira literária de Dostoiévski.

Tendo começado como integrante da Escola Natural e como discípulo de Gógol, Dostoiévski logo se distinguiu por seu tratamento psicológico de temas sociais em *Gente pobre*. Porém, ficou cada vez mais preocupado com as distorções psíquicas sofridas na luta da personalidade para se afirmar e satisfazer a necessidade humana natural de dignidade e respeito próprio em um mundo de rígidas barreiras de classe e despotismo político. Mas, desde que as histórias de Dostoiévski continuaram a utilizar a iconografia familiar da Escola Natural, uma causa social da malformação psíquica de seus personagens sempre esteve pelo menos implícita — mesmo que não fosse enfatizada o suficiente para satisfazer Bielínski. Em *A senhoria*, no entanto, Dostoiévski sugeriu fortemente, pela primeira vez, que essas malformações podem levar ao "prazer" masoquista da autodegradação que reforça os laços que escravizam a pessoa e faz com que seu cativeiro seja parcialmente autoimposto. Não obstante, o simbolismo da história ainda atribui a "causa" da prisão emocional de Katierina a uma malévola força externa.

É somente com *Niétotchka Niezvânova* que podemos ver como as explorações da personalidade aos poucos levaram Dostoiévski não só a inverter a hierarquia entre o psicológico e o social pressuposta pela Escola Natural, como a livrar totalmente sua psicologia de sua anterior dependência direta do condicionamento social. Nesse romance, Dostoiévski traz o tema da "sensualidade" sadomasoquista para o primeiro plano como fonte principal da crueldade e opressão nas relações humanas, e a conquista dessa "sensualidade" torna-se agora *o* imperativo moral e social predominante. Ainda que a posição social e as relações dos personagens sirvam para enquadrar e motivar a ação, o foco de Dostoiévski já não se encontra nas condições sociais externas e seu reflexo na consciência e no comportamento (como em Diévuchkin ou Golyádkin). Ao contrário, está nos atributos pessoais que os personagens exibem na batalha contra a tendência instintiva do ego ferido de devolver o golpe dos traumas sociopsíquicos que fora obrigado a suportar. O mundo de *Niétotchka Niezvânova* não é mais exclusivamente social-psicológico, mas já se tornou o universo moral e psicológico de sua ficção posterior, pois a capacidade de superar a dialética sadomasoquista de um egoísmo ferido — a capacidade de vencer o ódio e substituí-lo pelo amor — surge agora como o centro ideal do cosmos artístico e moral de Dostoiévski.

Mas tudo isso ainda existe apenas em germe, contido nos limites de um mundo onde os conflitos não foram levados ao extremo e onde nada (exceto a morte) é irreparável. Ainda não temos a verdadeira dimensão trágica do Dostoiévski posterior, o sentido do não mitigável e do não conciliável, o choque de valores antagônicos, cada um com sua pretensão de hegemonia absoluta — o amor e a justiça, a fé e a razão, o Deus-homem e o Homem-deus —, que, entre todos os grandes romancistas, somente Dostoiévski soube transmitir com força incomparável.

O último fascículo de *Niétotchka Niezvânova* foi publicado na edição de maio de 1849 de *Anais da Pátria* sem a assinatura de Dostoiévski. Ele havia sido preso em 23 de abril, e Kraiévski foi forçado a obter permissão especial para usar o manuscrito que já havia recebido do suspeito político agora sob sete chaves. O romance foi interrompido, e Dostoiévski não o retomou quando começou a pensar em recomeçar sua carreira literária, seis ou sete anos mais tarde. Seu nome desapareceu de vista após sua detenção, e o que predominou até sua volta foi o veredicto negativo de Bielínski sobre tudo o que ele havia escrito depois de *Gente pobre*. Bielínski morrera um ano antes, em 28 de maio de 1848, e a reação de Dostoiévski revela como continuava profundamente ligado, apesar de todas as discordâncias, à figura combativa, volátil e adorável do "furioso Vissarion". Ao visitar o dr. Ianóvski no mesmo dia, ele entrou dizendo: "Meu velho, algo realmente terrível aconteceu — Bielínski está morto!".[14] Dostoiévski lá pernoitou e, às três da manhã, sofreu um ataque convulsivo semelhante ao de sua *"kondrachka"*.

11. Bielínski e Dostoiévski: II

Aos aspectos públicos e literários da relação entre eles devemos acrescentar a influência direta do renomado crítico na formação das convicções e crenças do jovem escritor. Trinta anos depois, Dostoiévski publicou, em *Diário de um Escritor*, dois artigos sobre Bielínski nos quais culpa o crítico de ter sido o mentor ideológico responsável por tê-lo colocado na trilha que o levou à Sibéria.

O relato de Dostoiévski fornece uma versão irresistivelmente hagiográfica do grande drama de sua consciência. Antes de conhecer Bielínski, era um jovem idealista, de coração puro, um ingênio do Deus e do Cristo que formaram sua fé quando criança. Foi Bielínski, o ídolo venerado da juventude radical russa, que conseguiu sua conversão ao socialismo e ao ateísmo. Isso resultou em sua participação em atividades subversivas, e depois em sua prisão, condenação e exílio na Sibéria. Lá, ele redescobriu Deus e Cristo através do povo russo, e veio a perceber que o ateísmo só poderia levar à destruição pessoal e social. Porém os artigos de Dostoiévski de 1873 não correspondem ao que sabemos de sua vida.

O nome de Bielínski se tornara um slogan e um estandarte para sucessivas gerações de radicais russos, e, na realidade, é sobre esse Bielínski mítico ou simbólico que Dostoiévski escreveu na década de 1870. Em carta de 1871 para Nikolai Strákhov, que se opusera à violência da linguagem que Dostoiévski emprega a respeito de Bielínski, o romancista responde: "Insultei Bielínski mais como fenômeno da vida russa do que como pessoa".[1] O retrato que Dostoiévski traça dele dois anos mais tarde é dominado por essa perspectiva impessoal, e o resultado, como veremos, é que ele integra sua própria história pessoal, mesmo quando os fatos não se ajustam muito bem, à imagem geral que deseja criar do efeito pernicioso de Bielínski sobre a cultura russa como um todo.

Quando o crítico e o jovem escritor se conheceram em 1845, o ponto de vista de Bielínski já havia evoluído de uma maneira que surpreendeu Dostoiévski. Quando se converteu ao socialismo utópico francês, em 1841-2, Bielínski aceitou uma doutrina fortemente infundida em valores morais e religiosos cristãos. Saint--Simon intitulara de *O novo cristianismo* a última obra que escrevera, e todo o socialismo utópico francês pode ser resumido sob esse mesmo título. Os socialistas utópicos dirigiam sua atenção à moralidade dos Evangelhos e viam Cristo (assim como Dostoiévski havia feito em 1838) como uma figura divina que viera prescrever as leis que regem a vida terrena no mundo moderno e cujos ensinamentos, livres de séculos de perversão, iriam finalmente ser postos em prática.

O "novo cristianismo" do socialismo utópico baseava-se numa oposição entre a verdadeira religião de Jesus Cristo — uma religião de esperança e luz, de fé nos poderes do homem, bem como na beneficência de Deus — e uma falsa religião do medo e da danação eterna que distorcia os ensinamentos de Cristo. Victor Considérant explicita esse contraste em *O destino social*, um dos tratados socialistas mais lidos na Rússia durante a década de 1840. Ele adverte aos adeptos da antiga religião do medo: "Tomai cuidado, vós que acusais Deus de desejar a humilhação e a miséria do homem aqui na terra, [...] o homem em sua força e inteligência [...] saberá que não tem nada a temer, mas tudo a esperar [de Deus]".[2] A adesão devota ao novo cristianismo ia de mãos dadas com uma feroz oposição à Igreja estabelecida, acusada de fonte de ignorância e obscurantismo e aliada da reação política. Assim, na mesma carta a V. P. Bótkin em que anunciava sua conversão a um socialismo em que "Cristo passará seu poder ao Pai, e o Pai-Razão mandará outra vez, mas agora [...] sobre um mundo novo", Bielínski zomba de um amigo que mantém "a sua fé calorosa no mujique de barbicha que, sentado arrotando em uma nuvem macia, cercado por uma multidão de serafins e querubins, considera que seu poder está certo e que seus trovões e relâmpagos são demonstrações racionais".[3]

Enquanto isso, as ideias dos hegelianos de esquerda da Alemanha começavam a penetrar na Rússia quase ao mesmo tempo que as ideias dos socialistas utópicos. O hegelianismo de esquerda era sobretudo uma crítica da religião, e o efeito de sua influência foi pôr em xeque o fundamento religioso das convicções socialistas utópicas. *A vida de Jesus*, de David Friedrich Strauss, afirmava que o Novo Testamento não era uma revelação divina, mas uma expressão mitopoética das aspirações históricas da comunidade judaica da época. Tratava-se tão somente de um acidente histórico, sustentava Strauss, que esses mitos tivessem se cristalizado em torno da figura de Cristo, que era apenas um dos muitos autoproclamados profetas do período. *A essência do cristianismo*, de Feuerbach, era ainda mais radical em sua secularização do divino e argumentava que, em vez de Deus ter criado o homem à sua imagem, a verdade era exatamente o oposto. A espécie humana havia divinizado seus maiores atributos, projetando-os em seres sobrenaturais, e, ao fazê-lo, havia alienado sua própria essência. A tarefa da humanidade era agora reivindicar do transcendente todas as qualidades que por direito pertenciam à humanidade, e realizá-las na terra, mediante sua incorporação à vida social.

Essas ideias estouraram feito uma bomba entre os ocidentalistas russos, já bem escolados para apreciá-las com seu conhecimento anterior do pensamento de Hegel. Um exemplar da obra de Feuerbach chegou à Rússia em janeiro de 1842, e Ánnenkov lembra que estava "nas mãos de todo mundo", em meados da década de 1840. "O livro de Feuerbach", escreve ele, "em nenhum lugar causou uma impressão tão poderosa quanto em nosso círculo 'ocidental', e em nenhum lugar aniquilou tão rapidamente os restos de todas as concepções anteriores. Herzen, desnecessário dizer, foi um expositor fervoroso de suas proposições e conclusões."[4] Bielínski, no entanto, não foi conquistado tão rapidamente quanto Ánnenkov sugere. Como ele próprio confessou, tinha uma necessidade congênita de religião e ainda discutia a respeito de Deus com Turguêniev, que acabara de retornar da meca filosófica de Berlim na primavera de 1843.

Ao relatar uma dessas conversas intermináveis, o romancista recorda de Bielínski dizendo-lhe em tom de censura: "Nós ainda nem decidimos a questão da existência de Deus... e você quer comer!".[5] Mas em 1845, poucos meses antes de conhecer Dostoiévski, Bielínski já chegara à conclusão, como escreve a Herzen, de que "nas palavras *Deus* e *religião* vejo escuridão, desalento, grilhões e o cnute, e agora eu gosto dessas duas palavras tanto quanto das quatro que as seguem".[6] Essas frases assinalam o momento em que o ateísmo e o socialismo se fundiram na Rússia numa aliança que nunca mais se dissolveria completamente. Mas nem todos os ocidentalistas russos estavam dispostos a aceitar o ateísmo como um novo credo obrigatório. T. N. Granóvski, um historiador liberal famoso da Universidade de Moscou, que um dia posaria para o retrato de Stiepan Trofimovitch Vierkhoviénski em *Os demônios*, se recusou a desistir da crença na imortalidade da alma e, no verão de 1846, rompeu com Herzen acerca dessa questão — uma ruptura que ocorreu quase simultaneamente ao primeiro encontro de Dostoiévski com Bielínski.

Embora o hegelianismo de esquerda fosse militantemente antirreligioso, num primeiro momento atacou somente a historicidade e a divindade de Deus e de Cristo; os valores morais e religiosos que Cristo proclamara ao mundo foram deixados intactos. Feuerbach, em especial, declarou que os valores morais-religiosos cristãos eram a verdadeira essência da natureza humana; seu objetivo não era substituir esses valores por outros, mas vê-los realizados no amor do homem pelo homem, em vez de pelo Deus-homem. Em breve, porém, a rejeição da divindade de Cristo levou a um questionamento dos ideais morais e religiosos que Cristo anunciara, e isso foi muito favorecido pela publicação do último e mais sensacional dos tratados da esquerda hegeliana, *O único e sua propriedade*, de Max Stirner. O filósofo alemão argumentava que a aceitação de qualquer valor moral abstrato ou geral era um impedimento à liberdade do homem e alienava a pessoa humana tanto quanto a crença em seres sobrenaturais. De nenhum grupo ele desdenhava mais e a nenhum antagonista atacava mais impiedosamente do que os socialistas e os liberais ainda aferrados ao ideal geral de "humanidade". O fundamental para o indivíduo, de acordo com Stirner, é simplesmente a satisfação de suas *próprias* necessidades, quaisquer que sejam; sua filosofia é a de uma exaltação de si mesmo totalmente subjetiva e amoral.

Por intermédio de Ánnenkov, sabemos que Bielínski estava bastante preocupado com o livro de Stirner durante o verão de 1847 e teria dito: "Está provado que um homem sente, pensa e age sempre de acordo com a lei dos impulsos egoístas e, de fato, ele não pode ter nenhum outro". Sem dúvida, Bielínski não tomava a palavra "egoísmo" no sentido restrito de Stirner e acreditava que seria possível fazer os indivíduos perceberem que seus "interesses egoístas são idênticos aos da humanidade como um todo".[7] Importante, no entanto, é a disposição evidente de Bielínski de aceitar a concepção não idealista de Stirner das raízes do comportamento humano, o desejo do crítico de buscar um fundamento novo, mais "prático" e mais "racional" de seus valores. Encontramos o mesmo impulso em ação em seu fascínio pelo materialismo fisiológico de Emile Littré, e ele passa a referir-se com obscenidade desdenhosa principalmente aos socialistas utópicos ingênuos, "aqueles insetos nascidos do esterco amontoado pelo traseiro de Rousseau".[8]

A importante declaração de Bielínski na primeira edição de *O Contemporâneo*, em que define a linha ideológica do periódico rejuvenescido, é uma prova inequívoca da mudança de suas ideias. "Uma psicologia que não se baseia na fisiologia", anuncia, sob a influência de Littré, "é tão insubstancial como a fisiologia que desconhece a existência da anatomia." Ele prevê o dia em que a "análise química penetrará no misterioso laboratório da natureza" e "por observações do embrião [...] rastreará o processo *físico* da evolução *moral*".[9] Evguiêniev-Maksímov, historiador soviético da revista, observa que "as receitas propostas pelo socialismo utópico já haviam perdido (1847) crédito aos olhos da maioria dos colaboradores de *O Contemporâneo*. Declarações céticas e mesmo de desprezo a respeito dessa tendência do pensamento social da Europa Ocidental não são de forma alguma raras".[10] Esses artigos influentes ridicularizavam pilares do utopismo como Pierre Leroux, Cabet e Victor Considérant e elogiavam o recém-publicado *Sistema das contradições econômicas*, de Proudhon, por ter abandonado a fantasia e se dedicado ao estudo das leis econômicas que regem a sociedade existente. Nos últimos três anos de sua vida, observa Ánnenkov, Bielínski "se preocupava [...] com as novas verdades apregoadas por doutrinas econômicas que estavam liquidando com todas as noções da antiga e deslocada verdade sobre a moral, os bons e os nobres na face da terra, e estava pondo em seu lugar fórmulas e teses de caráter puramente racional".[11]

Uma característica da "religião" socialista utópica havia sido, como Maxime Leroy escreve, "uma divinização do povo",[12] que era considerado moralmente superior aos seus opressores da classe alta; também Bielínski logo abandonou essa idealização das massas oprimidas. No início de 1848, ele defende Voltaire em carta a Ánnenkov, embora o grande francês tivesse, "às vezes, chamado o povo de 'populacho vil'". Bielínski justifica essa expressão insultante, "porque o povo é inculto, supersticioso, fanático, sanguinário, e adora tortura e execução". Ele acrescenta que Bakúnin (agora um ardente revolucionário) e os eslavófilos, por sua idealização excessiva do povo, "muito me ajudaram a jogar fora uma fé mística no povo".[13] Essa é a atmosfera do último período do pensamento de Bielínski, que começou pouco depois de Dostoiévski o conhecer em 1845 e, com certeza, estava visível em 1846. Há todos os motivos para acreditar que Dostoiévski estava familiarizado com suas manifestações.

Durante o período da amizade de Dostoiévski com Bielínski, o crítico estava, portanto, oscilando entre um "humanismo" feuerbachiano com conotações morais-religiosas e a aceitação de um ponto de vista mais "racional" do materialismo mecanicista e do determinismo moral. Devemos lembrar, entretanto, que Bielínski não era um primor de coerência intelectual, e o retrato rápido que dele esboçou Dostoiévski em seus dois artigos de 1873 coincide com a imagem que deriva de um estudo de todas as outras fontes. No segundo artigo, ele escreve: "Valorizando a ciência e o realismo acima de tudo, ele [Bielínski] compreendeu, ao mesmo tempo, mais profundamente do que qualquer outra pessoa, que razão, ciência e realismo sozinhos poderiam construir apenas um formigueiro, e não uma 'harmonia' social dentro da qual a humanidade poderia viver. Ele sabia que, na base de tudo, estavam os princípios morais",[14] e sabia que ao atacar o cristianismo, que se baseava na responsabilidade moral do indivíduo, não estava apenas minando os alicerces da sociedade que desejava destruir, mas também negando a liberdade humana. Entretanto, na opinião de Dostoiévski, Bielínski também acreditava que o socialismo restauraria a liberdade da pessoa e a elevaria a alturas até então inimagináveis.

É esse Bielínski socialista utópico (talvez ainda intermitentemente um "novo cristão"), preocupadíssimo com a liberdade do indivíduo, que domina o segundo artigo, que inclui o único testemunho público direto que Dostoiévski deu sobre sua participação no caso Petrachévski, que o levou à prisão e ao exílio na Sibéria, e os motivos que o inspiraram. Seu objetivo era convencer seus leitores da década de 1870 de que os radicais não foram levados à ação por motivos desonrosos:

O socialismo [...] era então considerado apenas um corretivo e um aprimoramento [do cristianismo]. [...] Todas essas novas ideias pareciam santas e morais no mais alto grau e, o que é mais importante, universais, a futura lei para toda a humanidade, sem exceção. [...] Em 1846, eu já havia sido iniciado por Bielínski em toda a *verdade* dessa "futura regeneração do mundo" e em toda a *santidade* da futura sociedade comunista.[15]

O que está distorcido nesse testemunho é simplesmente a afirmação de que foi Bielínski quem o doutrinou nessas ideias. Sabemos muito bem que Dostoiévski se convertera a esse tipo de socialismo moral-religioso pelo menos vários anos antes de conhecer Bielínski. Porém, como romancista, Dostoiévski instintivamente buscou a concentração dramática e representou sua própria vida da forma mais eficaz. Bielínski, afinal, havia *de fato* desempenhado o papel que Dostoiévski lhe atribui na *cultura russa* da década de 1840. Por que confundir o leitor com os detalhes insignificantes de sua história pessoal?

A estratégia de Dostoiévski fica mais clara se examinarmos o primeiro artigo — escrito um ou dois meses antes, em que ele busca convencer seus leitores de que socialismo e cristianismo são fundamentalmente incompatíveis, não obstante as motivações honrosas e idealistas de seus jovens adeptos. Ele apela para sua própria experiência da última fase de Bielínski para provar seu argumento, e mais uma vez fantasia suas lembranças para transmitir uma impressão que não é autobiograficamente correta, pois insinua que Bielínski o convertera ao ateísmo e àquela *rejeição* dos valores morais cristãos religiosos que em geral acompanhava essa conversão no final dos anos 1840. A intenção polêmica é clara: o socialismo na Rússia tinha sido ateu e anticristão desde o início, e era impossível manter qualquer conexão entre ele e a moral cristã. "Como socialista", escreve Dostoiévski, "[Bielínski] estava obrigado a destruir os ensinamentos de Cristo, a chamá-los de filantropia enganosa e ignorante [*tchelovekoliúbie*], condenada pela ciência e pelas doutrinas econômicas modernas."[16]

O cerne do retrato que Dostoiévski faz de Bielínski concentra-se numa discussão entre o jovem escritor e o crítico a respeito do problema da responsabilidade moral do indivíduo (um valor moral cristão fundamental) e, portanto, da questão do livre-arbítrio. Esse problema era de tamanha importância para o Dostoiévski maduro que se pode pensar que ele o contrabandeou de volta anacronicamente para a década de 1840. Porém Valerian Máikov atacou Bielínski em relação a esse mesmo tema no inverno de 1846-7, e seu ataque foi lançado a partir de uma posição socialista utópica que apelava para a figura de Jesus Cristo como o grande símbolo da libertação moral do homem da determinação material.

Do modo como Dostoiévski o apresenta, o diálogo começa com a negação de Bielínski de que as classes mais baixas sofredoras e oprimidas tivessem qualquer responsabilidade moral pessoal por suas ações.

> "Mas, você sabe", ele [Bielínski] gritou uma noite (às vezes, em estado de grande excitação, ele costumava gritar), "você sabe que é impossível acusar um homem de pecados, sobrecarregá-lo com dívidas e dar a outra face, quando a sociedade está organizada de maneira tão vil que o homem não pode deixar de cometer crimes, quando ele é economicamente empurrado para a criminalidade, e que é estúpido e cruel exigir dos homens aquilo que, pelas mesmas leis da natureza, não podem realizar mesmo que queiram."[17]

O Bielínski que aqui fala não é o velho "humanista" que respondia ao apelo emotivo dos valores morais e religiosos cristãos; essa é a voz do admirador de Littré e, talvez, também do leitor de Max Stirner, que veria a vontade moral como impotente ou inexistente e os atos criminosos dos oprimidos apenas como uma expressão natural e legítima de suas necessidades "egoístas".

A conversa se volta para a pessoa de Cristo, e é revelador da época que nenhuma discussão de problemas sociais pudesse deixar de tomar uma posição em relação ao cristianismo. Dostoiévski continua:

> "Fico realmente comovido ao olhar para ele", disse Bielínski, interrompendo suas exclamações furiosas, voltando-se para o amigo [também presente] e apontando para mim [Dostoiévski]. "Toda vez que menciono Cristo, seu rosto muda de expressão como se estivesse prestes a chorar. Sim, acredite em mim, pessoa ingênua "— e voltou-se de novo para mim abruptamente —," acredite que o seu Cristo, se nascesse em nosso tempo, simplesmente desapareceria em face da ciência contemporânea e dos motores contemporâneos da humanidade."[18]

O rosto de Dostoiévski registrava extrema emoção porque as palavras de Bielínski sobre Cristo eram de uma grosseria da qual ele era bem capaz. "Aquele homem [Bielínski]", escreve Dostoiévski a Strákhov em 1871, "insultou Cristo para mim da maneira mais obscena e agressiva."[19] Além disso, os comentários de Bielínski traem a óbvia influência hegeliana de esquerda de Strauss, que atribuíra os poderes carismáticos de Cristo ao fato de ele viver em um mundo pré-racional. A resposta a esse ataque do hegelianismo de esquerda é proferida pelo amigo não identificado de Bielínski e é apropriadamente socialista utópica: "'Que nada: se Cristo aparecesse agora, Ele entraria para o movimento e o lideraria. [...].' 'Tudo bem, tudo bem', Bielínski concordou com surpreendente rapidez. 'Como você diz, ele se juntaria aos socialistas e os seguiria.'"[20] A incerteza de Bielínski em relação a esse ponto crucial revela que seu pensamento estava em transição, embora, no final de 1846, não demorasse a chamar os socialistas utópicos de "asnos sociais e virtuosos".[21]

O comentário de Dostoiévski sobre a conversa não deixa dúvidas sobre as contracorrentes ideológicas envolvidas nessa discussão.

> Esses motores da humanidade aos quais Cristo estava destinado a aderir eram os franceses: George Sand, acima de tudo, o agora totalmente esquecido Cabet, Pierre Leroux e Proudhon, que apenas começava sua carreira. [...] Havia também um alemão diante de quem [Bielínski] se inclinava então com deferência: Feuerbach. E falava de Strauss com reverência.[22]

Desse modo, com bastante propriedade, Cristo teria entrado para o movimento preponderantemente socialista utópico e moral-religioso dos franceses; os alemães hegelianos de esquerda que são mencionados haviam rejeitado todos os apelos ao sobrenatural, mas não os valores morais cristãos. O fraseado criterioso de Dostoiévski deixa aqueles que, como Stirner, *haviam* rejeitado esses valores de fora do grupo no qual Bielínski acreditava que "Cristo estava destinado a entrar". Na verdade, a discussão que ele relata — não só a de Bielínski com Dostoiévski, mas também a de Bielínski consigo mesmo — estava sendo travada entre as duas doutrinas concorrentes que disputavam então a supremacia ideológica da esquerda em todo o mundo.[23]

"No último ano de vida [de Bielínski]", conclui Dostoiévski, "eu já não o visitava. Ele fora tomado de antipatia por mim, mas eu seguia apaixonadamente todos os seus ensinamentos."[24] O que Dostoiévski quer dizer com "todos os seus ensinamentos" é muito vago. É o ensino do socialismo utópico moral-religioso? É o discurso insultante da esquerda hegeliana contra Cristo, e sua negação do livre-arbítrio e da responsabilidade devido ao peso esmagador das "leis da natureza"? Dostoiévski quer que o leitor (que agora estava inclinado, após uma década de paixão pelo materialismo científico, a reverenciar os valores morais cristãos) entenda que ele foi *convertido* ao ateísmo e ao materialismo de Bielínski; mas há boas razões para duvidar disso, e não apenas a partir das obras de Dostoiévski desse período. Nos anos seguintes, os amigos mais próximos de Dostoiévski se recusaram a desistir da inspiração moral-religiosa do socialismo utópico e criticaram Bielínski e seus herdeiros intelectuais que logo apareceram na cena literária.

A enorme importância do encontro entre o poderoso crítico e o jovem romancista é mais simbólica que histórica, mais literária que literal. As escaramuças verbais de Dostoiévski com Bielínski foram de importância crucial para o futuro romancista das crises espirituais da intelligentsia russa, mas não levaram a nenhuma mudança decisiva em suas ideias e valores. Porém a força do impacto de Bielínski explica, sem dúvida, por que Dostoiévski estava tão determinado a pôr em ordem sua biografia e dar à vida a simetria artística que, de acordo com seu ponto de vista final sobre a cultura russa, ela deveria ter tido. Pois se Bielínski não havia, de fato, apresentado Dostoiévski ao socialismo, ele o apresentara ao socialismo *ateu*, o único tipo que o Dostoiévski da década de 1870 acreditava ser intelectualmente honesto e coerente.

O materialismo "científico" mecânico que Bielínski admirava em Littré conseguiu tornar-se o dogma filosófico da esquerda russa durante grande parte da vida de Dostoiévski. E os valores morais decorriam de um egoísmo utilitarista que, embora derivasse mais de Bentham que de Max Stirner, compartilhava totalmente o supremo desprezo deste último por todo humanitarismo sentimental. Dostoiévski tinha, portanto, bons motivos para ver em suas disputas com Bielínski o prenúncio do desenvolvimento posterior da vida sociopolítica e cultural da Rússia, e seu encontro com Bielínski sem dúvida influenciou sua reação a essas mudanças, pois seu cristianismo sempre manteve o tom fortemente altruísta e social-humanitário da década de 1840, e sempre se opôs a um "racionalismo" que servia para justificar um egoísmo de todo amoral.

Também não há dúvida de que a temática religiosa dos grandes romances de Dostoiévski foi profundamente influenciada pelo desafio de Bielínski. Não que o ateísmo ou dúvidas sobre a bondade de Deus tenham assomado pela primeira vez em seu horizonte mental e emocional em 1845. Seria ingênuo imaginar que o menino cuja consciência fora despertada pelo Livro de Jó ou o jovem que havia participado das buscas da alma atormentada de Chidlóvski precisaria de Bielínski para apresentá-lo a essas questões; mas foi Bielínski que o familiarizou com os argumentos novos e muito mais intelectualmente sofisticados de Strauss, Feuerbach e, provavelmente, Stirner. E embora sua fé religiosa tenha, em última análise, saído incólume e até mesmo reforçada desse encontro, essas doutrinas representaram para ele um dilema espiritual agudo. Traços dessa crise interior podem ser encontrados nas lutas de seus personagens com os problemas da fé e de Cristo.

Feuerbach afirmara que Deus e Cristo não passavam de ficções que representam a essência alienada dos valores mais elevados da humanidade. A tarefa da humanidade era, portanto, reapropriar-se de sua essência reassumindo os poderes e prerrogativas alienados ao divino. Os hegelianos de esquerda, sem dúvida, não recomendavam que isso fosse uma tarefa a ser empreendida por qualquer indivíduo em particular: só a humanidade como um todo poderia recuperar esse grande tesouro humano, mas Stirner chega muito perto de instar todos a iniciar de pronto a deificação pessoal. O efeito de tudo isso sobre o jovem Dostoiévski não é difícil de prever. Ninguém retratou de forma mais brilhante a trágica dialética interior desse movimento do humanismo *ateu*, e se não tinha uma resposta eficaz para Bielínski em 1845, Dostoiévski compensou isso amplamente mais tarde com a criação dos seus heróis negativos, pois quando esses personagens rejeitam Deus e Cristo, eles invariavelmente se envolvem na tentativa impossível e autodestrutiva de transcender a condição humana e encarnar o sonho da esquerda hegeliana de substituir o Deus-homem pelo Homem-deus.[25]

É provável que o efeito de longo alcance dessa crise tenha sido o de aguçar a consciência de Dostoiévski da incompatibilidade absoluta entre razão e fé. Isso abriu caminho para sua dedicação posterior a um irracionalismo para o qual fora preparado tanto por sua educação religiosa e filosófica como pela experiência psíquica que chamou de "terror místico". Tal como Kierkegaard, com quem tantas vezes foi comparado no último meio século, Dostoiévski também indicou mais tarde que um "salto de fé" paradoxal era a única fonte de certeza religiosa. E a semelhança da solução deriva da identidade do ponto de partida: Kierkegaard admirava muito Feuerbach por ele ressaltar que era impossível combinar a religião com o caráter científico e racional da vida moderna. "Feuerbach", escreve Karl Löwith, "percebia esse contraste exatamente da mesma maneira que Kierkegaard; mas este último tirou a também lógica mas oposta conclusão: que a ciência, e ciência natural em particular, é simplesmente irrelevante para a situação religiosa."[26] Dostoiévski também escolheu, por fim, ficar do lado do "salto de fé" irracional existencial contra a exigência de Feuerbach de que a religião fosse trazida para a terra e submetida ao critério da razão humana.

Seriam necessários muitos anos, no entanto, para que Dostoiévski começasse a tirar conclusões como essas. Por enquanto, ele buscava uma atmosfera mais amigável do que aquela que havia encontrado na Plêiade ou com Bielínski pessoalmente. Um novo grupo de amigos, o pouco conhecido Círculo de Biéketov, proporcionou o apoio emocional que ele estava procurando no momento em que sua reputação literária declinava e as relações com Bielínski se tornavam tensas.

12. Os círculos de Biéketov e Petrachévski

A primeira menção aos novos conhecidos de Dostoiévski ocorre em meados de setembro de 1846, após a crise provocada pelo fracasso de *O duplo*. "Eu janto com um grupo", escreve ele a Mikhail. "Seis pessoas [...], entre elas Grigórovitch e eu, têm se reunido na casa de Biéketov."[1] Foram meses em que Dostoiévski esteve "quase em pânico, temeroso pela minha saúde",[2] mas a ajuda psicológica proporcionada por seus amigos parece tê-lo recuperado completamente. Ele escreve ao irmão dois meses depois:

> Irmão, renasci, não só moral, mas também fisicamente. Nunca senti em mim tanta plenitude e clareza, tanta retidão de caráter, tanta saúde física. Devo boa parte disso aos meus bons amigos [...] com quem convivo; são pessoas sensatas e inteligentes, com corações de ouro, de nobreza e caráter. A companhia deles me curou.[3]

A segurança proporcionada por seu novo ambiente foi de grande importância para ajudá-lo a enfrentar as perturbações provocadas pela rejeição de Bielínski.

O centro do grupo era Aleksei N. Biéketov, que havia sido um dos colegas mais próximos de Dostoiévski na Academia de Engenharia Militar, e o grupo incluía seus dois irmãos, então ainda estudantes, Nikolai e Andrei. Grigórovitch disse que Biéketov era "a personificação da bondade e da retidão", em torno de quem as pessoas se aglutinavam graças a suas notáveis qualidades morais. Era o tipo de pessoa que "se indignava com todo tipo de injustiça e era sensível a todos os esforços nobres e honrados", e era ele que dava o tom dominante, que era fortemente político e social. "Mas quem quer que falasse, e do que quer que falasse [...], de toda parte se ouviam explosões nobres e indignadas contra a opressão e a injustiça."[4]

Nada mais se sabe sobre o Círculo de Biéketov, que chegou ao fim quando os dois irmãos mais moços partiram para a Universidade de Kazan, no início de 1847. N. Fleróvski, que estudava em Kazan nessa época, lembrou que "eles propagavam as lições de Fourier, e aqui os resultados foram idênticos aos de Petersburgo"; presume-se que quis dizer que atraíram outras pessoas e formaram um círculo.[5] Os irmãos Biéketov eram evidentemente fourieristas, e a referência de Dostoiévski aos "benefícios da associação" aponta para a orientação socialista utópica do grupo. Dostoiévski preferiu não chamar a atenção para essa nova filiação em seus escritos posteriores, pois sua ligação com eles põe em questão o retrato que pintou de si mesmo na década de 1840. Longe de ser um inocente político, abruptamente convertido de uma só vez ao socialismo, ateísmo e materialismo pelo grande agitador intelectual Bielínski, Dostoiévski era um progressista moral-religioso convicto que manteve tenazmente suas crenças em face dos ataques de Bielínski e, depois, se aliou a outros de convicção similar.

Foi na casa dos irmãos Biéketov que ele encontrou o conhecido poeta, então ainda estudante, Aleksei Pleschéiev, que já mencionamos e cujo nome aparece sempre nos anais da intelectualidade progressista da década de 1840. Atraente e bem-educado herdeiro de uma família aristocrática — gentil, compassivo, vagamente rapsódico —, Pleschéiev tornou-se amigo próximo de Dostoiévski. Durante os anos 1840, os dois jovens foram inseparáveis e, como prova pública dessa amizade, dedicaram contos um ao outro. O éthos da obra de Pleschéiev, que não raro evoca a imagem do Cristo socialista utópico, falava ao coração de Dostoiévski. Até mesmo em um poema que se tornou "o hino de várias gerações de revolucionários",[6] o poeta instrui seus companheiros, condenados como ele à tortura e à execução, a perdoar "nossos carrascos insensatos".[7]

Foi também por intermédio dos Biéketov que Dostoiévski iniciou uma amizade igualmente próxima com Valerian Máikov. Dois anos mais jovem que ele, Máikov teve uma breve mas meteórica carreira nas letras russas de 1845 ao verão de 1847, quando um derrame provocou sua morte prematura. Porém, durante esse curto período causou um furor considerável ao tomar de Bielínski o posto de principal crítico de *Anais da Pátria*, transformar a revista em um órgão da tendência socialista utópica de Biéketov e se estabelecer como rival do poderoso árbitro reinante do gosto e das ideias. Máikov não só frequentava os Biéketov, como estava entre os primeiros membros do círculo reunido em torno de Mikhail Butachévitch-Petrachévski, cujas noites de sexta-feira também atraíram Pleschéiev e logo se tornaram o local de encontro da intelectualidade progressista de Petersburgo.

Máikov elogiou Dostoiévski fervorosamente e foi a única voz que se levantou para defendê-lo contra as críticas de Bielínski. A morte de seu amigo alguns meses mais tarde foi um terrível golpe para Dostoiévski, privando-o da única pessoa no mundo literário de Petersburgo em total sintonia com a obra que havia produzido depois de *Gente pobre*, mas a memória de Valerian Máikov perdurou nos laços estreitos que Dostoiévski estabelecera com a família Máikov. A casa deles era o centro de um salão literário e artístico onde Dostoiévski, apesar de seu notório temperamento explosivo, era um convidado frequente e bem-vindo. Sua afeição por Valerian transferiu-se para Apollon, irmão um pouco mais velho que já adquirira alguma reputação como poeta e que seria o mais leal dos poucos amigos íntimos de Dostoiévski em anos posteriores.

A vigorosa defesa feita por Valerian Máikov do talento literário de seu amigo também representou um esforço para ir além da crítica cultural de Bielínski. Hostil aos resquícios do pensamento alemão romântico e idealista que subsistiam no fundo da crítica de Bielínski, Máikov propôs substituí-los por um fundamento empírico extraído da psicologia. A arte, dizia ele, baseava-se no que chamou "a lei da solidariedade", segundo a qual o homem entende tudo por comparação consigo mesmo; ele absorve o mundo e o subordina ao seu sentimento (na arte) e ao seu entendimento (na ciência e na filosofia).[8] Desse modo, a psicologia — o estudo da vida interior do homem — se torna a chave que dá acesso aos segredos do universo. Máikov compartilhava da preocupação de Fourier com a psique humana, uma dimensão muito importante que nunca fora adequadamente explorada.

É provável que a amizade de Máikov com o famoso e um pouco mais velho Dostoiévski tivesse algo a ver com a formulação desse programa crítico, e não por acaso os ensaios de Máikov contêm os comentários mais perspicazes sobre Dostoiévski feitos por seus contemporâneos. "Tanto Gógol como Dostoiévski retratam a sociedade existente", escreve ele.

Mas Gógol é preeminentemente um poeta social, enquanto Dostoiévski é preeminentemente psicológico. Para o primeiro, o indivíduo é importante enquanto representativo de uma determinada sociedade ou de um determinado grupo; para o segundo, a própria sociedade é interessante devido à sua influência sobre a personalidade do indivíduo. [...] Dostoiévski nos dá um retrato artístico impressionante da sociedade russa, mas nele isso proporciona apenas o pano de fundo da tela e é [...] completamente engolido pela importância do interesse psicológico.[9]

Depois de *Gente pobre*, a sociedade aparece, em grande medida, tal como é refratada através da consciência dos personagens de Dostoiévski; e ao passo que Bielínski desaprovava essa internalização, Máikov a saudava, não apenas como o florescimento natural dos dons de Dostoiévski, mas como uma percepção epistemológica da natureza da realidade: "Em *O duplo*, ele penetra tão fundo na alma humana, olha tão sem medo e com paixão para as maquinações secretas dos sentimentos, pensamentos e ações dos seres humanos, que a impressão criada pelo romance só pode ser comparada com a de uma pessoa curiosa que penetra na composição química da matéria". Essa "visão química da sociedade", continua Máikov, tem tanta penetração que parece estar "banhada por uma espécie de luz mística", mas não há nada de "místico" aqui, e a representação da realidade é tão "positiva" quanto pode ser.[10] Rejeitando categoricamente qualquer função prescritiva da crítica, Máikov declara que a "fidelidade à realidade constitui uma condição tão essencial para todas as obras de arte que uma pessoa dotada de talento artístico nunca produz algo contrário a essa condição". Por isso, é supérfluo impor restrições e exigências à criação artística em nome da "realidade".[11]

Na verdade, a discussão com Bielínski que Máikov iniciou ia ao cerne da divisão ideológica entre aqueles que ainda se agarravam à inspiração moral-religiosa do socialismo utópico e aqueles que, como Bielínski, estavam à procura de um fundamento mais "positivo" para suas convicções sociopolíticas. A posição de Máikov aparece explicitamente no importante artigo publicado em *Anais da Pátria* que anunciava seu programa literário e lançava o ataque contra Bielínski. Uma citação da argumentação de Máikov a respeito de livre-arbítrio e responsabilidade moral — a mesma questão que Dostoiévski lembrou ter discutido com

Bielínski naquele exato momento — ilustrará o significado sociocultural do debate. Para encerrar seu argumento de que o homem não pode ser visto como mero produto de seu meio, Máikov apela para o exemplo de Jesus Cristo:

> Cristo se revela como a mais perfeita imagem daquilo que chamamos uma grande personalidade. Sua verdadeira doutrina está em oposição tão radical às ideias do mundo antigo, e contém uma independência tão imensurável dos fenômenos fatídicos para milhões de seres chamados de livres e razoáveis — numa palavra, eleva-se a um grau tão acima das leis dos fenômenos históricos, que a humanidade até hoje [...] não alcançou nem a metade daquela independência de pensamento sem a qual é impossível compreendê-la e realizá-la. Essa independência, em um grau incomparavelmente menor, aparece nas ideias de todas aquelas pessoas verdadeiramente grandes que são responsáveis por revoluções morais de menor alcance.[12]

Considerar Cristo o maior revolucionário moral de todos os tempos — um paradigma sublime para todos os inferiores que seguem em sua esteira — era obviamente desfraldar a bandeira do socialismo moral-religioso diante dos que se reuniam sob outro estandarte. A ideia de Cristo como revolucionário era comum na década de 1840, mas ver Cristo como o prenúncio divino da libertação (moral e psicológica) do homem dos grilhões do determinismo histórico era muito menos convencional. Não pode haver dúvida de que a ideia de Cristo de Dostoiévski foi profundamente influenciada pelo ícone socialista utópico de Máikov, e que Cristo para ele seria para sempre não apenas o Salvador tradicional dos grilhões do pecado e da morte, mas também a promessa sagrada da possibilidade da liberdade moral.

O artigo de Máikov também revela como a questão do livre-arbítrio e da responsabilidade moral já começara a inquietar aqueles que, como Dostoiévski, se recusavam a desistir da base moral-religiosa de seu progressismo, pois não era uma coisa simples acreditar no poder moral da pessoa enquanto se acumulavam as evidências terríveis da destruição causada aos seres humanos pelo capitalismo. Até mesmo Máikov não podia deixar de admitir que era "estúpido e vil" pregar moralidade às classes mais baixas exploradas. Mas isso não o levava a negar a *possibilidade* do livre-arbítrio e da responsabilidade moral, embora concordasse que "só o heroísmo pode unir valor moral com pobreza".[13] Esse "heroísmo", no entanto, existe; a personalidade humana jamais se deixará ser completamente subjugada por condições materiais. O mesmo debate interno já esboçado em ensaios de Máikov será mais tarde defendido com paixão em páginas de Dostoiévski. Vinte anos depois, quando ele começou a romper com o radicalismo, as tendências evidentes no último Bielínski haviam se transformado em dogma, e não era mais possível ser um radical e continuar a afirmar a existência do livre-arbítrio.

Um outro lado do pensamento de Máikov ajuda a lançar luz sobre Dostoiévski. O homem, escreve ele usando a terminologia de Fourier, "é dotado de virtudes, ou seja, necessidades e capacidades que compõem sua vitalidade [...] e a fonte de tudo que é vicioso [...] [é] [...] o choque entre os [...] poderes e circunstâncias externas, que criam uma desarmonia entre eles".[14] A natureza humana é, portanto, boa em sua essência, e o mal é o resultado dos arranjos da sociedade que não permitem que a humanidade satisfaça adequadamente suas necessidades e capacidades. Máikov, no entanto, usa essa visão fourierista da natureza humana para enfraquecer a suposição de que a "nacionalidade" é um valor positivo. Traços nacionais de caráter, diz ele, são produto dos impulsos embutidos na psique humana na medida em que se objetivam em uma ou outra direção, sob a influência de condições materiais (clima, geografia, raça, história). Mas o ideal humano universal é "o desenvolvimento harmonioso de todas as necessidades humanas e suas capacidades correspondentes".[15] Julgados por esse ideal, todos os atributos nacionais — mesmo aqueles de hábito considerados virtudes — são na verdade defeitos ou vícios: são unilaterais e desequilibrados e distorcem a natureza humana em sua plenitude. Essa rejeição direta da nacionalidade não era de forma alguma incomum, sendo um subproduto da influência socialista utópica ocidental progressista.

Bielínski crescia diante de polêmicas e estava no seu auge quando provocavam sua fúria. No inverno de 1846, respondeu à investida de Máikov com o famoso *Uma visão da literatura russa de 1846*, que continha o fatídico artigo que certificava o naufrágio total da reputação literária de Dostoiévski e seu repúdio público ao crítico que o alçara à fama. Suspeita-se que a bem conhecida amizade de Dostoiévski com Máikov pode ter tido algo a ver com a nova severidade do julgamento de Bielínski, pois não foi só Dostoiévski que recebeu o desdém de Bielínski: todos os conhecidos por serem aliados de Máikov, ou cujo trabalho ele havia elogiado, também foram tratados com severidade. O inofensivo Pleschéiev foi apanhado no fogo cruzado e julgado com desdém por fingir um talento literário inexistente: embora não fosse um grande poeta, seus temas humanitários teriam suscitado uma palavra de simpatia em outras circunstâncias.

A resposta de Bielínski a Máikov é uma mistura curiosa e contraditória de Littré e Hegel, que nunca enfrenta de fato a base moral-religiosa do ocidentalismo progressista de Máikov. O que é novo, no entanto, é a afirmação veemente e a defesa de Bielínski da nacionalidade contra a depreciação de Máikov. Até então era Bielínski que liderava o ataque contra a idealização eslavófila das virtudes nacionais russas *tal como encarnadas no campesinato atrasado e analfabeto*. Mas agora, como que em oposição deliberada a Máikov, Bielínski declara que "sobre essa questão [nacionalidade], estou bastante inclinado para o lado dos eslavófilos, em vez de permanecer no lado dos cosmopolitas humanistas".[16] A sensacional reviravolta de Bielínski funcionou como um catalisador para estimular a fusão ideológica entre os dois campos — o dos eslavófilos "retrógrados" e o dos ocidentalistas progressistas — iniciada alguns anos antes e que produziria em breve as múltiplas variedades de populismo russo que dominaram a cultura russa até a última década do século XIX.

Com efeito, muito do que Bielínski diz sobre nacionalidade nesse artigo aparece quase palavra por palavra nos textos jornalísticos posteriores de Dostoiévski. Como o crítico — e em oposição aos eslavófilos —, Dostoiévski sempre se recusaria a exaltar o passado russo ou a sonhar com a restauração de algum tipo de mundo arcádico, anterior a Pedro, o Grande. Mas também como Bielínski, ele compartilhava com entusiasmo da crítica eslavófila ao "europeísmo russo". Bielínski notava que essa imitação automática e humilhante da civilização europeia havia criado "uma espécie de dualidade na vida russa e, em consequência, uma falta de unidade moral". Mais tarde, Dostoiévski não se consideraria precisamente o cronista dessa "falta de unidade moral" na vida russa? Além disso, também para o romancista o remédio não seria rejeitar a Europa e voltar ao passado (de qualquer modo, uma tarefa impossível), mas perceber que "a Rússia havia sobrevivido à época da reforma, que as reformas haviam cumprido sua missão [...] e que chegara o momento de a Rússia se desenvolver de forma independente a partir de si mesma".[17] Bielínski fala aqui das reformas de Pedro, o Grande, e Dostoiévski repetiria o mesmíssimo argumento a respeito daquelas que Alexandre II instituiu no início da década de 1860.

A nacionalidade russa não deveria mais ser menosprezada; ao contrário, como os eslavófilos defendiam, deveria tornar-se o princípio sobre o qual a Rússia do futuro seria fundada. Mas isso tornava ainda mais premente a tarefa de definir esse princípio. Os eslavófilos acreditavam que a Rússia diferia da Europa porque sua história fora marcada pela concórdia cristã pacífica, em vez de por lutas egoístas pelo poder entre classes e nações, tão típicas das rivalidades ocidentais. Mas Bielínski deixa de lado a ideia de que a nacionalidade russa possa ser identificada com o princípio do amor e da humildade. Em vez disso, a "versatilidade" do caráter russo, seu aparente amorfismo e sua capacidade sem precedentes para assimilar e absorver culturas estrangeiras desempenham um papel predominante. À primeira vista, essa capacidade pode parecer fraqueza, mas para uma mente adestrada em Schelling e Hegel e alimentada pelas especulações messiânicas do nacionalismo romântico, é brincadeira de criança extrair o positivo do negativo. Assim, a maleabilidade extrema da psique do povo russo pode ser "atribuída ao talento natural" e pode ser fonte de força no futuro. Isso pode significar que "a nacionalidade russa está preordenada para expressar a essência mais rica e multifacetada em sua nacionalidade".[18]

Essas ideias seriam familiares a Dostoiévski devido ao nacionalismo violento dos ensaios de Bielínski durante sua fase hegeliana; e a visão de que a Rússia estava incumbida da missão histórica mundial de sintetizar as culturas nacionais conflitantes da Europa estava no ar desde a década de 1820. Mas essas ideias ganharam uma nova vitalidade quando Bielínski as utilizou para refutar o "cosmopolitismo" de Máikov na década de 1840, pois ao libertar a ideia de "nacionalidade" das conotações negativas e limitadoras dadas por Máikov, ele habilmente a direcionou para um universalismo que resgatava a emoção patriótica dos eslavófilos e os ajustava ao ocidentalismo progressista. Trata-se da mesma concepção da Rússia como futura criadora de uma cultura mundial pan-humana que veremos evocada de forma tão eloquente por Dostoiévski e que será sustentada exatamente pelos mesmos argumentos — a facilidade com que os russos aprendem línguas estrangeiras, sua capacidade de se identificar com culturas estrangeiras, o papel da literatura russa como precursora da nova síntese mundial. A isso, naturalmente, Dostoiévski acrescentará o Cristo russo como a garantia divina da liberdade moral e do triunfo da liberdade humana sobre as leis da natureza. Nessa perspectiva, sua ideologia "eslavófila" pós-siberiana pode ser vista como um amálgama de ideias cujas raízes remontam tanto a Bielínski como a Valerian Máikov.

Essas linhas de continuidade ajudam a restaurar a verdadeira imagem histórica que o próprio Dostoiévski tanto fez para confundir. Por enquanto, porém, observemos apenas o teor geral do artigo de Bielínski. "A Europa está hoje absorta em grandes problemas novos [...], mas [...] seria bastante inútil tratar estes problemas como nossos. [...] Nós mesmos, em nós mesmos e em torno de nós mesmos — é onde devemos buscar tanto os problemas como suas soluções."[19] Essas palavras traduzem a desilusão de Bielínski com o socialismo utópico, mas mesmo aqueles que ainda se agarravam a algum resquício de esperança socialista utópica começavam a reinterpretá-las e readaptá-las em termos de problemas sociais russos.

A primavera de 1847 foi um período extremamente difícil na vida de Dostoiévski. A separação definitiva entre ele e Bielínski ocorreu em algum momento entre o início do ano e o começo da primavera. O que ele mesmo chamou de "a dissolução da minha fama nas revistas" avançava a passos largos, e ele informa a Mikhail que seus recursos estão tão baixos que "se não fosse por algumas pessoas bondosas, eu teria afundado".[20] Restava apenas Valerian Máikov para lhe conceder algum conforto, mas o jovem Máikov carecia da autoridade de Bielínski, e o seu louvor não podia compensar a condenação do crítico mais velho.

Dostoiévski mudou-se para nova residência no início da primavera de 1847 e passou a levar uma vida solitária de solteiro. Deve ter sido nessa época que organizou jantares em base cooperativa para as pessoas que conhecia melhor — Pleschéiev, os irmãos Máikov, o dr. Ianóvski, o escritor menor Iákov Bútkov; pouco mais tarde, o professor e crítico Aleksandr Miliukov, cujas memórias de Dostoiévski são muito valiosas. Esses jantares eram realizados no Hôtel de France, reputado por sua cozinha e localizado na avenida onde Dostoiévski morava agora, e ele tinha grande prazer, de acordo com Ianóvski, em organizar essas ocasiões de confraternização. Sabia a importância de manter um equilíbrio psíquico entre o externo e o interno, e temia que "nervos e fantasia" dominassem sua vida. Sem dúvida, foi em parte para contrabalançar seu novo isolamento que começou a frequentar então as reuniões do Círculo de Petrachévski.

Foi o primeiro encontro de Dostoiévski com o personagem cujas excentricidades já o haviam transformado em figura proverbial de Petersburgo. Em 1847, Mikhail Butachévitch-Petrachévski era um jovem de 26 anos, a mesma idade de Dostoiévski. Educado no Liceu Aleksandr, em Tsárskoie Seló — a escola mais exclusiva da Rússia para os filhos da nobreza —, ele adquirira fama de insubmisso e de opositor da autoridade. Formando-se por um triz, obteve um posto de tradutor no Ministério das Relações Exteriores e continuou seus estudos, formando-se em direito na Universidade de São Petersburgo. Petrachévski também frequentou os cursos de economia política de V. S. Poróchin, que dava aulas sobre os diversos sistemas socialistas novos. Essa iniciação nas ideias socialistas o influenciou muito, tal como havia influenciado outros jovens — entre eles, Valerian Máikov — que assistiram às aulas de Poróchin. O fourierismo, em particular, causou grande impressão em Petrachévski, e ele se dedicou a propagar sua nova fé.

Em algum momento do início da década de 1840, Petrachévski começou a convidar seus amigos mais próximos para aparecer em sua casa e conversar, e esse foi o núcleo do que se tornou seu "círculo". Leitor e colecionador incansável, tinha uma biblioteca considerável de livros "proibidos" que tratavam das mais importantes questões históricas, econômicas e sociopolíticas da época. Com efeito, uma das maiores atrações da casa de Petrachévski era sua extensa biblioteca, que ele punha de bom grado à disposição de outras pessoas. Em 1845, o círculo já se estendera para muito além de seus antigos colegas de escola e ele se tornara uma

8. *M. V. Butachévitch--Petrachévski em 1840.*

figura bem conhecida na vida social de Petersburgo. Petrachévski já abandonara a cosmologia fantástica e a história natural de Fourier e tampouco compartilhava a religiosidade de Fourier ou de seu sucessor como chefe do movimento, Victor Considérant. O que o impressionava no fourierismo era "a organização do falanstério".[21] Estava convencido de que a instalação de uma moradia utópica desse tipo e a aplicação da teoria da natureza humana de Fourier à sua organização transformariam o trabalho humano, passando de um fardo a uma atividade prazerosa e gratificante. Com efeito, estava tão convencido da viabilidade da utopia de Fourier que, em 1847, tentou concretizá-la em sua pequena propriedade. Pediu o apoio de seus camponeses, que prestativamente concordaram com todas as suas propostas (ou assim ele acreditou), e começou a construir um falanstério todo equipado para eles. O grande dia chegou, as quarenta e poucas famílias camponesas se mudaram de suas isbás miseráveis para a nova residência, mas na manhã seguinte a moradia ideal, com todos os seus confortos e comodidades, tinha sido completamente incendiada.

Longe de desiludir Petrachévski, esse episódio só o convenceu de que era essencial um período preparatório de esclarecimento intelectual para o progresso social; e assim, dedicou-se ainda com mais fervor a disseminar as luzes em todos os lugares possíveis, não só nas "sextas-feiras" abertas de sua casa, mas também em vários clubes e organizações em que entrou (como um curso de dança para comerciantes e lojistas) com o objetivo específico de conhecer o máximo possível de pessoas e semear o fermento da insatisfação.

Apesar de sua ampla gama de conhecidos, Petrachévski não tinha amigos íntimos. Sempre cortês com membros de seu círculo, havia ainda alguma coisa de irritante em sua personalidade que talvez adviesse do papel que se atribuíra de *agent provocateur* intelectual. Dostoiévski, ao ser questionado pela comissão de investigação após a prisão em massa do círculo de Petrachévski, negou qualquer intimidade com ele, mas acrescentou: "Sem dúvida, sempre o respeitei como um ser humano digno e nobre".[22] Ademais, a maioria de seus visitantes não podia deixar de nutrir sentimentos contraditórios a respeito dele devido à sua reputação de excêntrico e caprichoso. Havia uma infinidade de histórias sobre seus problemas com os burocratas, a quem constantemente provocava, insistindo que obedecessem à risca as prescrições do código legal russo. Algumas das lendas a seu respeito decorrem simplesmente da individualidade marcante de sua aparência pessoal. Foi acusado de ter ido à igreja vestido de mulher; em outra ocasião, depois de receber ordem para cortar os cabelos, chegou ao escritório com as madeixas luxuriantes de uma peruca! É impossível saber quantos desses relatos são apócrifos. Mas todos derivam, é evidente, de sua zombaria dos inumeráveis regulamentos mesquinhos que regiam todos os aspectos da vida cotidiana na Rússia e de sua recusa obstinada e corajosa a se submeter docilmente a eles. Não obstante, ganhou a reputação de ser um bobo da corte, em vez de uma pessoa de bom senso e responsabilidade, e era difícil, até mesmo para a maioria dos membros de seu círculo, aceitá-lo sem reservas interiores.

Essa foi a já famigerada personalidade que Dostoiévski começou a frequentar na primavera de 1847. Ia à casa de Petrachévski como teria ido a qualquer outra reunião social. Não havia nada mais secreto ou conspiratório em relação às sextas-feiras de Petrachévski do que havia em relação às reuniões da Plêiade de Bielínski ou ao Círculo de Biéketov. Afinal, as pessoas se reuniam para falar um pouco mais livremente sobre os mesmos assuntos que estavam sendo abordados nas revistas literárias. Acreditava-se em geral que, desde que a conversa se realizasse a portas fechadas, nada havia a temer da parte do governo. Um animado jovem petersburguês, em carta datada do início de 1848, arrola, entre as atrações da cidade, "os sermões de Nilson, a propaganda de Petrachévski e as palestras públicas e os folhetins de Pleschéiev";[23] tudo lhe parecia existir no mesmo nível da diversão pública e da expressão de opinião toleradas. Como veremos em breve, essa crença estava errada.

No final da primavera de 1848, com o aumento do número de participantes, que oscilava de semana para semana, as reuniões se transformaram numa espécie de clube de debates, e um pequeno sino, com cabo esculpido na forma suspeita de uma estátua da liberdade, era usado para regular o fluxo da conversa. D. D. Akhchárumov, que mais tarde se tornou médico e pioneiro da higiene social na Rússia, escreve que os encontros eram

> um caleidoscópio interessante das opiniões mais diversificadas sobre eventos contemporâneos, as decisões do governo, [...] literatura contemporânea [...] acontecimentos da cidade eram trazidos à baila, falava-se de tudo a plenos pulmões, sem a menor restrição. [...] Uma vez que as conversas [...] tocavam sobretudo em questões político-sociais, essas noitadas de Petrachévski nos interessavam

enormemente; elas eram as únicas de seu gênero em Petersburgo. Os encontros costumavam entrar pela noite adentro, até as duas ou três da manhã, e terminavam com uma ceia modesta.[24]

Dostoiévski não frequentou as reuniões de Petrachévski com assiduidade no primeiro ano e meio, e Ianóvski diz que ele falava dos encontros com desprezo, atribuindo sua popularidade às bebidas grátis e a um desejo de "brincar de liberalismo, porque, veja você, quem de nós, mortais, não gosta de brincar disso".[25] O grupo de Petrachévski dificilmente poderia substituir a Plêiade ou o Círculo de Biéketov em suas afeições. Esses dois haviam sido pequenos grupos unidos por laços de amizade pessoal e objetivos comuns, enquanto Dostoiévski e Petrachévski nem sequer se davam bem. O romancista por certo não gostaria do desenfreado ateísmo hegeliano de esquerda de Petrachévski tanto quanto não gostava do ateísmo de Bielínski, e podemos imaginar que gostava ainda menos. As explosões tempestuosas de Bielínski indicavam, ao menos, uma preocupação emocional genuína com os dilemas da fé religiosa, e a cordialidade e a bondade de seu caráter, assim como sua genialidade como crítico, sem dúvida, compensavam bastante. Petrachévski era de um temperamento completamente diferente e sempre falava de religião com um sarcasmo frio e hostil ou com zombeteira irreverência. Após a morte de Dostoiévski, Nikolai Spiéchniev — pessoa sobre a qual muito ouviremos em breve — disse à sra. Dostoiévskaia que "Petrachévski havia produzido uma impressão repugnante em [Dostoiévski] porque era ateu e zombava da fé".[26]

Como todos os intelectuais, Dostoiévski sentia-se oprimido pela falta geral de liberdade na vida social da Rússia; mas a injustiça mais insuportável — a questão que provocava suas mais profundas reações emocionais — era a da escravização dos camponeses. Em 18 de maio de 1847, no entanto, Nicolau I ressaltou, em discurso para uma delegação de nobres, que os camponeses não podiam ser considerados "propriedade privada, muito menos mercadorias",[27] e pediu auxílio da nobreza para ajudá-lo a mudar o status dos camponeses de servos para arrendatários. A notícia desse pronunciamento se espalhou como incêndio pela capital e despertou as esperanças mais elevadas; até Bielínski se convenceu de que Nicolau estava enfim decidido a extirpar o cancro mortal que ameaçava a vida da sociedade russa. Em consequência, havia muito pouco senso de urgência política nas conversas na casa de Petrachévski antes do outono de 1848. Liam-se artigos e trocavam-se opiniões sobre todos os assuntos concebíveis; as vantagens de um ou outro sistema socialista eram ponderadas e comparadas; os rigores da censura eram condenados; as malfeitorias de várias autoridades burocráticas eram expostas. Mas o efeito final devia ser aquela sensação de impotência exasperada que, podemos supor, Dostoiévski só podia tolerar em doses pequenas e intermitentes.

Essa atmosfera de estagnação foi varrida pela irrupção das revoluções de 1848 na Europa, que causou pânico nos círculos dirigentes russos e uma excitação entusiástica entre os intelectuais. Dizia-se que o próprio tsar, quando a notícia chegou, irrompeu no meio de um baile com o despacho telegráfico na mão e ordenou a seus oficiais que dançavam que selassem os cavalos. Herzen deixou uma imagem de petersburgueses frenéticos arrebatando jornais das mãos uns dos outros em cafés, até que, finalmente, alguém subiu em uma mesa e leu para todos os outros em voz alta. Aleksandr Miliukov transmite o estado de espírito rebelde que varreu a intelligentsia enquanto as espantosas notícias continuavam a chover do exterior.

> Desde o primeiro dia da Revolução de Fevereiro, os eventos mais incríveis se sucederam na Europa. As reformas inéditas de Pio IX provocaram revoltas em Milão, Veneza, Nápoles; a onda de ideias liberais na Alemanha provocou revoluções em Berlim e Viena. [...] Os alicerces podres da velha reação estavam caindo e uma nova vida tinha início para toda a Europa. Mas, ao mesmo tempo, a estagnação mais opressiva reinava na Rússia; o pensamento e a imprensa estavam cada vez mais confinados, e nenhuma atividade aparecia em qualquer lugar desde que a vida social fora esmagada. [...] Praticamente a cada entrega de correio vinda do estrangeiro, ouvíamos falar sobre novos direitos concedidos ao povo, de bom grado ou não, enquanto na sociedade russa só ouvíamos rumores de mais limitações e restrições. Quem se lembra daquele período sabe como tudo isso funcionava nas mentes da intelectualidade jovem.[28]

O primeiro efeito dessa inquietação amotinada foi engrossar as fileiras de Petrachévski com o afluxo de novos membros. Os encontros jamais tiveram tantos participantes e foram tão dinâmicos, e, a partir do outono de 1848, Dostoiévski começou a aparecer nas sextas-feiras de Petrachévski com alguma regularidade. No fundo da cabeça de todos estava, é claro, a questão de saber se o regime russo poderia escapar para sempre ao destino que havia surpreendido os monarcas absolutos da Europa, e a conversa na casa de Petrachévski começou a se concentrar mais diretamente nos problemas sociopolíticos russos. Tanto mais porque, como Herzen observou, "todos os rumores sobre a intenção do tsar de declarar a libertação dos camponeses, que se difundiram muito [...] cessaram imediatamente".[29] Foi nesse momento que os encontros de Petrachévski se organizaram em base mais formal e passou-se a escolher um "presidente" a cada sexta-feira para assumir o comando das animadas discussões.

Com a atmosfera de crise no país provocada pelas revoluções na Europa, era inevitável que as reuniões de Petrachévski despertassem suspeitas. Suas aventuras já haviam chamado a atenção da polícia secreta e ele fora posto sob observação discreta em 1844. No início de 1848, ele incautamente circulou uma petição entre a nobreza de São Petersburgo pedindo revisão da lei que regia a venda de propriedades. O objetivo dessa proposta era aumentar o valor desses bens, tornando-os disponíveis a compradores que não fossem nobres, mas esses compradores estariam obrigados a alterar o status dos camponeses, após a compra, de servo para arrendatário. Petrachévski achava que se tratava de manobra muito inteligente para pôr a ganância dos proprietários de terras do lado da emancipação dos camponeses. O único resultado, porém, foi alertar as autoridades, mais uma vez, para a sua irritante e provocadora existência.

Decididos a investigá-lo com mais cuidado, tanto a polícia secreta como o Ministério do Interior puseram Petrachévski sob vigilância secreta. Após dez meses, os agentes do ministério informaram que as reuniões estavam ocorrendo na casa dele todas as sextas-feiras e duravam até três ou quatro da manhã. "Eles [os convidados] [...] leem, falam e discutem: mas sobre o que falavam exatamente era impossível determinar, devido à cautela e ao sigilo com que Petrachévski se cercava."[30] Assim, um agente secreto chamado Antonelli se fez passar por colega de trabalho de Petrachévski no ministério a partir de janeiro de 1849. Antonelli fornecia a seus superiores relatórios regulares de suas conversas com o suspeito; e apesar de Petrachévski desconfiar dos esforços dele para se insinuar, Antonelli esteve presente nas últimas sete reuniões do círculo, entre 11 de março e 22 de abril.

As informações sobre a participação de Dostoiévski nos debates do Círculo de Petrachévski são escassas. Ao negar à comissão de investigação que houvesse falado na casa de Petrachévski sobre assuntos sociais ou políticos, Dostoiévski admitiu que tomou a palavra duas vezes sobre outros assuntos. *"Uma vez sobre li-*

teratura, [...] e outra vez *sobre personalidade e egoísmo.*"[31] Há, com efeito, poucos indícios da presença ativa de Dostoiévski no amplo material sobre o círculo que se tornou disponível desde a década de 1920. Somente nas últimas semanas da existência do grupo seu nome figura entre aqueles que tiveram participação importante na discussão.

A relutância de Dostoiévski em participar de forma mais vigorosa nos debates não poderia ser motivada por ignorância. O conde Semiónov o conheceu na intimidade (o jovem escritor solitário costumava ir a seu apartamento) e se lembra dele como uma das pessoas mais eruditas que conheceu; de acordo com o conde, ele havia lido muito sobre a história da Revolução Francesa (Thiers, Mignet, Louis Blanc), bem como sobre teoria socialista (Saint-Simon, Fourier).[32] A lista das obras que Dostoiévski retirou da coleção de Petrachévski mostra que o material que consultou abrange toda a gama de problemas que estavam sendo discutidos nas reuniões. Para um contato direto com o pensamento da esquerda hegeliana, Dostoiévski retirou *A vida de Jesus*, de Strauss. Três volumes da *História de dez anos*, de Blanc, cobriam a história francesa recente e o atualizaram sobre as condições político-sociais que levaram à criação do socialismo utópico. Retirou também várias obras de Proudhon (títulos desconhecidos), e a *Introdução ao estudo da ciência social*, de Paget, uma das melhores popularizações do fourierismo então disponíveis. Em *O verdadeiro cristianismo segundo J. Cristo*, de Étienne Cabet, Dostoiévski deparou-se com o argumento de que o igualitarismo comunista total era o único cristianismo verdadeiro.

Se Dostoiévski não se jogou com mais entusiasmo na refrega na casa de Petrachévski foi porque não estava interessado nos debates intermináveis sobre os méritos de um ou outro sistema socialista. Estava de acordo com o impulso moral que os inspirava, mas não estava convencido de que alguma de suas panaceias pudesse ser posta em prática. Ele comentou em seu depoimento:

> O socialismo oferece mil métodos de organização social, e uma vez que todos esses livros são escritos de forma inteligente, com fervor e, muitas vezes, com amor genuíno pela humanidade, eu os leio com curiosidade. Mas [...] não sou adepto de nenhum desses sistemas sociais, [...] e [...] estou convencido de que a aplicação de qualquer um deles traria consigo a ruína inevitável, e não estou falando sobre nós, mas mesmo da França.[33]

Embora tenha sido feita sob coação, essa declaração expressa uma atitude que Dostoiévski partilhava com muitos dos seus contemporâneos. Valerian Máikov também tinha sido simpático aos ideais socialistas, mas cético a respeito da viabilidade de qualquer dos programas específicos apresentados pelas diferentes escolas, e a mesma posição inspirou uma importante série de artigos publicados em *O Contemporâneo*, em 1847, por Vladímir Miliútin, um jovem e brilhante economista que era íntimo de Máikov e também aparecia na casa de Petrachévski.

Para Miliútin, as teorias socialistas eram inspiradas por um objetivo humanitário admirável; preocupado como Máikov — e Dostoiévski — com a liberdade do indivíduo, no entanto, ele criticava as "novas escolas" por limitar drasticamente essa liberdade. As utopias dos socialistas ainda estavam no que chamava de sua fase mitológico-metafísica. A mesmíssima ideia é expressa no depoimento de Dostoiévski. "O socialismo é uma ciência em grande agitação", explicou aos seus juízes. "Parece-me, contudo, que a partir do caos atual alguma coisa coerente, lógica e benéfica será elaborada para o bem comum."[34] Em contraste com esses ditos piedosos, Dostoiévski já estava pensando em termos mais práticos e concretos, ligando ideias socialistas com as condições russas existentes. Aleksandr Miliukov, que pertencia a um dos vários grupos-satélites que haviam se formado na órbita do círculo de Petrachévski, escreve em suas memórias que Dostoiévski enfatizava especialmente

> que todas essas teorias não tinham importância para nós, que devíamos [olhar para] a vida e as organizações históricas seculares do nosso povo, onde na *óbchtchina* [propriedade comunal da terra], na *artiel* [cooperativa operária de compartilhamento de salário] e nos princípios de responsabilidade mútua da aldeia [para o pagamento de impostos] existiam havia muito tempo bases bem mais sólidas e normais que em todos os sonhos de Saint-Simon e sua escola. Ele dizia que a vida em uma comuna icariana ou num falanstério lhe parecia mais terrível e repugnante do que qualquer prisão.[35]

O mais importante, porém, é que vemos o surgimento de outra ideia no relato de Miliukov. Uma vez que o socialismo "verdadeiro" ou "natural" já está contido nas instituições sociais do campesinato russo, elas fornecem uma base para a construção de uma nova ordem social superior às utopias artificiais dos socialistas ocidentais. Tendo em vista que essa ideia é o cerne do populismo russo posterior e seria de enorme importância para Dostoiévski, Miliukov foi acusado de contrabandear as opiniões do Dostoiévski pós-siberiano para a década de 1840.[36] Os indícios, no entanto, tendem a confirmar as palavras de Miliukov. Franco Venturi, em sua magistral história do populismo russo, nota a existência de uma ala "populista" embrionária entre os petrachevistas.[37] É dentro desse grupo — que estava seguindo ordem recente de Bielínski de encontrar a solução para os problemas sociais russos em termos russos — que Dostoiévski deve ser situado.

Como podemos ver, os pensamentos de Dostoiévski estavam fixados na Rússia e nos problemas da Rússia. Esses temas eram raramente discutidos na casa de Petrachévski em termos que ele julgasse sensatos, e por isso só tomava a palavra para expor alguma ideia importante para seu trabalho literário. Mas se Dostoiévski era conhecido por sua indiferença sempre que a conversa girava em torno dos pontos delicados da doutrina socialista, era igualmente notório por sua intensidade apaixonada sempre que se falava sobre o problema da servidão, pois há uma impressão dominante que transparece de todos os relatos sobre Dostoiévski feitos em memórias: ele era, literalmente, alguém que achava impossível se controlar sempre que falava sobre os maus-tratos dos camponeses escravizados.

O conde Semiónov, presente em uma dessas ocasiões, diagnostica a fonte emotiva do radicalismo de Dostoiévski na década de 1840.

> Dostoiévski nunca foi, e jamais poderia ser, um *revolucionário*, mas, como homem de sentimentos, poderia ser levado por uma onda de indignação e até mesmo ódio diante da visão da violência sendo perpetrada contra os insultados e feridos. Isso aconteceu, por exemplo, quando viu ou ouviu falar sobre o sargento do regimento finlandês obrigado a passar pelo corredor polonês. Apenas nesses momentos de indignação ele era capaz de correr para a rua com uma bandeira vermelha.[38]

Dostoiévski falava com fervor incontrolável nesses momentos. "Lembro-me muito bem", escreve Miliukov, "que ele ficava particularmente indignado com os maus-tratos que sofriam tanto a classe mais baixa como os jovens na escola."[39] Esses horrores inspiravam em Dostoiévski explosões repentinas de eloquência flamejante. Alguns membros do círculo até achavam que ele tinha os ingredientes de um agitador nato. Foi talvez a erupção vulcânica de Dostoiévski, sempre que falava sobre servidão, que chamou a atenção do enigmático e fascinante Nikolai Spiéchniev, pois dentro da aglomeração amorfa do círculo de Petrachévski Spiéchniev era um dos poucos dotados de vontade férrea e impiedosamente decidido a transformar as palavras em atos, e estava de olho nas pessoas que poderia recrutar para essa finalidade. Ele formou um pequeno círculo que foi a única sociedade secreta verdadeira a surgir das sextas-feiras de Petrachévski, e Dostoiévski estava entre seus membros. Não foi Bielínski nem Petrachévski, mas Spiéchniev o mentor de Dostoiévski no radicalismo revolucionário; foi Spiéchniev que moldou a concepção do romancista do que significava na prática uma conspiração clandestina.

13. Dostoiévski e Spiéchniev

Nikolai Spiéchniev — que sem dúvida, vinte anos depois, serviu de inspiração para o personagem de Nikolai Stavróguin em *Os demônios* — destacava-se entre os personagens um tanto opacos que se reuniam em torno de Petrachévski como um pássaro de plumagem mais brilhante. Era, em primeiro lugar, um fazendeiro muito rico. Tal como Petrachévski, frequentara o Liceu Aleksandr, e os dois se conheceram quando estudantes, mas, com a arrogante displicência típica de seu caráter, Spiéchniev não se preocupou em concluir o curso. Era o único membro do círculo que não precisava ganhar a vida e o único que tinha viajado pela Europa e desfrutado das vantagens culturais da vida cosmopolita da pequena nobreza russa.

Bakúnin — produto do mesmo meio e que sabia reconhecer um colega aristocrata — ficou muito impressionado com Spiéchniev quando o conheceu na Sibéria, em 1860, e escreveu a Herzen: "Spiéchniev é um homem notável sob muitos aspectos: inteligente, culto, bonito, aristocrático na postura, nem um pouco distante, embora serenamente frio, inspirador de confiança — como todos que possuem uma força tranquila —, um cavalheiro da cabeça aos pés".[1] A esposa de Nikolai Ogariov, que o conheceu pouco antes de sua prisão, em 1849, o descreve como um homem alto, com traços afilados e cabelos castanho-escuros que caíam em ondas até os ombros; seus grandes olhos azul-acinzentados eram, achava ela, sombreados por um olhar de suave melancolia.[2]

Spiéchniev vivera na Europa entre 1842 e 1847 e, quando retornou a Petersburgo, em dezembro desse último ano, foi cercado com a auréola de romântico e revolucionário lendário. As mulheres, como Bakúnin observa com uma ponta de inveja, o achavam irresistível. "As mulheres não se opõem a um pouco de charlatanismo", informa sabiamente a Herzen, "e Spiéchniev causa um belo efeito: ele é muito bom em se envolver no manto de uma impenetrabilidade profundamente reflexiva e discreta."[3] A acreditar em Bakúnin, em 1846, Spiéchniev causou sensação na sociedade russo-polonesa de Dresden. Jovens ou velhas, mães ou filhas, todas as mulheres eram loucas por ele. Ainda mais deslumbrante que essa reputação byroniana de dom-juan era a notícia de que havia participado da Guerra de Sonderbund, que irrompera em 1843 entre os cantões católicos e liberais da Suíça, causada pela expulsão dos jesuítas. Constava que Spiéchniev havia lutado como voluntário no exército dos cantões liberais.

Verdadeiro ou não, esse rumor é suficiente para indicar a natureza das posições políticas de Spiéchniev. Começou como um liberal, sob a influência da leitura dos historiadores românticos franceses. Mergulhando em textos tanto da economia ortodoxa como de seus críticos socialistas, ele logo passou do socialismo

9. N. A. Spiéchniev.

utópico ao comunismo igualitário. Sua relação com círculos de exilados poloneses na Alemanha e na França o pôs em contato com os métodos de conspiração clandestina, e, fascinado pela história das sociedades secretas, leu tudo o que podia encontrar sobre o assunto. Estava familiarizado com *A conspiração de Babeuf*, de Buonarotti (que serviu de manual de táticas conspiratórias para todas as sociedades secretas francesas até 1848), bem como com o conciso tomo do abade Barruel, *Memórias para servir à história do jacobinismo, da impiedade e da anarquia*, que descrevia o suposto sucesso dos maçons e jacobinos no planejamento secreto da Revolução Francesa. Por toda parte Spiéchniev frequentava círculos de esquerda ou (como no caso dos poloneses) de oposição política. Em Paris, conheceu o grupo em torno da *Revue Indépendante* e foi convidado a escrever artigos sobre a Rússia.

Mas, ao contrário de Bielínski, parece que Spiéchniev nunca foi muito influenciado pelo humanitarismo sentimental e pelo messianismo religioso-filosófico da escola de Sand-Leroux. Em vez disso, foi atraído pelas doutrinas disseminadas entre as sociedades secretas francesas extremistas que pregavam a necessidade de violência e cujo comunismo se combinava com uma filosofia de materialismo, ateísmo e egoísmo utilitarista. Um dos porta-vozes mais articulados dessa posição, que recebeu um gesto de aprovação de Karl Marx em *A sagrada família*, era Theodore Dézamy.[4] Ele estava tão comprometido quanto Cabet com um comunismo totalmente igualitário e nivelador do tipo mais rude, mas acreditava que só poderia ser alcançado pela aplicação implacável do terror para esmagar todos os inimigos da nova ordem ideal. Um dos livros de Dézamy, *O jesuitismo vencido pelos socialistas*, foi encontrado nas buscas realizadas nos aposentos de Spiéchniev depois de sua prisão.

Há também razões para crer que Spiéchniev, durante sua estada em Paris, foi influenciado pelos próprios pais do marxismo (ainda não marxistas, é claro). No outono de 1844, Engels escreveu uma carta para a *Novo Mundo Moral*, uma revista owenista-comunista, em que afirmava orgulhosamente que "estamos tendo muito sucesso entre os russos que vivem em Paris. Há três ou quatro nobres e proprietários de terras russos que se declaram comunistas e ateus radicais". V. I. Semióvski, um historiador com conhecimento incomparável do radicalismo russo, acha que "dificilmente podemos duvidar que um desses russos fosse Spiéchniev".[5]

O que sabemos sobre Spiéchniev provém, em grande parte, do testemunho de outras pessoas e do resumo do seu caso feito para Nicolau I, bem como dos rascunhos de duas cartas escritas por ele em algum momento de 1847. Presume-

-se que foram endereçadas a seu amigo polonês Edmond Chojecki e oferecem uma confirmação notável das características de Spiéchniev que tanto impressionaram seus contemporâneos. Não se pode deixar de admirar sua acessível erudição em questões filosóficas e socioeconômicas e sua lucidez de espírito irônica e arguta. As observações mais importantes são aquelas que mostram o quanto ele estava sob a influência de Max Stirner. Rejeitando todas as tentativas de estabelecer qualquer tipo de sistema metafísico, Spiéchniev escreve: "O antropoteísmo [a posição de Feuerbach] diviniza um objeto novo e diferente, mas não há nada de novo no fato da divinização. [...] A diferença entre um Deus-homem e um Homem-deus é tão grande assim?". Ambos são abstrações, diz ele, que não dizem respeito ao indivíduo de carne e osso existente. "Eu sou, escrevendo para você agora, realmente idêntico à humanidade ou ao 'humano'?... Se não sou, então a 'humanidade' e o 'humano' são [...] autoridades alheias." Spiéchniev conclui que "categorias como beleza e feiura, bom e mau, nobre e ignóbil, sempre foram e continuarão a ser uma questão de gosto".[6]

As afinidades entre as concepções de Spiéchniev e as ideias que motivam o personagem de Stavróguin em *Os demônios* são impressionantes. Spiéchniev falou sobre religião de um ponto de vista "filosófico" numa das reuniões noturnas na casa de Petrachévski, quando Dostoiévski pode muito bem ter estado presente. Mas, mesmo que se suponha que Dostoiévski inventou a motivação ideológica de Stavróguin, isso apenas confirma a capacidade surpreendente de sua imaginação, naquilo que pode parecer seus voos mais desvairados, de interligar-se com um pouco da realidade histórica da cultura russa. Pois a "Confissão" de Stavróguin contém o seguinte trecho, que apresenta a justificativa para seu comportamento: "Eu não tenho o sentimento nem o conhecimento do bem e do mal, e não só perdi o sentido do bem e do mal, mas o bem e o mal na verdade não existem (e isso me agradou) e são apenas um preconceito; eu posso ser livre de todos os preconceitos..." (v. 12, p. 113).

O comparecimento de Spiéchniev nas sextas-feiras de Petrachévski, no início de 1848, provocou naturalmente interesse e entusiasmo, quando menos porque o visitante muito viajado poderia fornecer informações em primeira mão sobre os círculos socialistas da Europa. Mas sua personalidade marcante também produziu efeito, muito auxiliada por seu ar reticente e pela aura de mistério que assumia — a de um homem perfeitamente equilibrado, que sabia muito mais do que estava disposto a revelar aos não iniciados. Raramente entrava na conversa em andamento, passava a maior parte do tempo no estúdio do anfitrião consultando sua biblioteca e só se dignava de vez em quando a soltar uma palavra lacônica. Pelo que Spiéchniev disse sobre si mesmo durante o inquérito, vemos que cultivava deliberadamente essa postura para aumentar sua autoridade e prestígio. Ele "era às vezes muito cortante na fala, para impedir que os outros se escondessem dele, e conseguia reconhecer todos os pensamentos ocultos, de modo a saber com quem estava lidando".[7] A maneira como era tratado por Petrachévski sugere que era suspeito de ser o emissário de alguma organização revolucionária europeia. Spiéchniev era de uma índole moral inteiramente diversa da de Petrachévski, e os dois estavam, em termos ideológicos, em polos opostos. Petrachévski depositava suas esperanças numa evolução gradual, condenava as ações políticas precipitadas e rejeitava o comunismo igualitário, que considerava uma barbárie econômica. Spiéchniev dizia-se abertamente comunista, acreditava na estatização de todos os meios de produção nas mãos de um poder central forte e achava que o passo inicial e mais importante devia ser a tomada desse poder pelos revolucionários na primeira oportunidade.

Sempre que *falava*, Spiéchniev injetava um novo tom de férrea determinação na atmosfera volúvel das reuniões; nelas, ninguém se expressava com tamanha brutalidade e franqueza. Na conversa sobre religião, observou que, na Rússia, só era possível propagandear ideias de boca a boca. "E, portanto, senhores, uma vez que resta apenas a palavra falada para nós, tenho a intenção de usá-la sem a menor vergonha ou consciência, sem senso de desonra, a fim de fazer propaganda do socialismo, ateísmo, terrorismo, de tudo, tudo o que é bom no mundo. E aconselho vocês a fazer o mesmo."[8]

Durante o inverno de 1848-9, ocorreram vários incidentes no Círculo de Petrachévski que denunciavam um radicalismo crescente entre alguns participantes. Spiéchniev teve envolvimento direto em todos esses incidentes ou era suspeito de estar trabalhando por trás dos panos, e aproveitava todas as possibilidades que identificava para avançar além da cautela de Petrachévski.

O episódio mais curioso desse tipo envolveu a figura extravagante de Rafael Tchernosvítov, um garimpeiro de ouro siberiano que entrou na órbita de Petrachévski em um dia de novembro de 1848. Ex-oficial do Exército, perambulara bastante, fora condecorado por bravura e era o orgulhoso dono de uma perna de pau que substituía aquela perdida em batalha. Pessoa tagarela, gostava evidentemente de deslumbrar seu público jovem e crédulo com insinuações portentosas a respeito de sua enorme influência sobre a população selvagem e desregrada de seu distrito siberiano e seus contatos com o governador-geral. Dostoiévski, que gostava da concisão da linguagem de Tchernosvítov, comparava seu russo picante ao de Gógol, mas também comentou com Spiéchniev que o exuberante recém-chegado decerto era um espião da polícia. Spiéchniev achava que ele era agente de uma organização revolucionária da Sibéria enviado para sondar o terreno no coração do império; o mesmo talvez pensasse Petrachévski. Ao mesmo tempo, Tchernosvítov suspeitava que *eles* eram os líderes de um movimento que preparava uma revolta na Rússia europeia.

É uma indicação do status de Spiéchniev que Petrachévski o tenha convidado para participar de uma série de conversas privadas com Tchernosvítov. Cada um dos três tentou sondar os outros quando a conversa se voltou para a possibilidade de uma revolução. Tchernosvítov assegurou aos seus interlocutores que, para além dos Urais, todos os camponeses siberianos livres possuíam armas e estavam prontos para massacrar qualquer exército invasor. Spiéchniev assinalou que se o grosso do Exército russo pudesse ser atraído para a Sibéria, e se isso pudesse ser coordenado com revoltas nas duas principais cidades, o destino do tsarismo estaria selado. Declarando sua disposição de participar num empreendimento desse tipo, Tchernosvítov tentou extrair dos outros dois a admissão de que estavam, de fato, se organizando para a revolta. Spiéchniev estava disposto a continuar o jogo, na esperança de extrair mais informações de Tchernosvítov, mas Petrachévski se recusou a participar do embuste. As conversas cessaram em consequência dessa recusa.

Não obstante, o discurso de Tchernosvítov serviu como catalisador para trazer à tona as ideias incipientes que estavam agitando o grupo. Outra pessoa que provocou discussões foi um jovem tenente do Exército chamado Nikolai Mombelli, que falou em particular com Petrachévski sobre a criação de uma sociedade secreta de assistência mútua, com o objetivo de se infiltrar na burocracia para promover reformas e combater a opressão das autoridades. Isso levou a outra série de conversas privadas, em que novamente Spiéchniev e Petrachévski foram os principais participantes.

Mombelli, como sabemos agora, integrava a organização secreta de Spiéchniev e este aproveitou imediatamente a oportunidade para esboçar sua ideia de como devia ser uma sociedade secreta. Explicou que há três métodos ilegais de ação — jesuítico [isto é, infiltração], propaganda e revolta; que nenhum destes é seguro e, portanto, as chances são melhores se todos os três caminhos forem tomados; para isso [é] necessário um comitê central, cuja função seria a de formar comitês auxiliares: um de fraternidade para montar uma escola de propaganda fourierista, comunista e liberal, e por fim, um comitê para formar, por trás de tudo isso, uma sociedade secreta para a revolta.[9]

Mombelli sugeriu que todos os membros da organização proposta começassem por escrever suas biografias (talvez para fins de pressão e chantagem) e que os traidores deveriam ser executados. Mas Petrachévski iniciou manobras dilatórias, pedia prudência e disse que, embora não aprovasse uma revolução violenta, ainda acreditava que viria a morar em um falanstério. Por fim, Spiéchniev perdeu a paciência, disse que não compareceria mais a essas reuniões infrutíferas e rompeu temporariamente relações com Petrachévski em algum momento de dezembro de 1848.

É no contexto dessas várias tentativas de Spiéchniev de criar uma sociedade secreta, todas frustradas e impedidas por Petrachévski, que devemos situar o que sabemos de Dostoiévski naquele momento, pois foi logo após esses esforços abortados que, em uma noite de janeiro de 1849, ele visitou o apartamento de Apollon Máikov e disse ao amigo que recebera a missão de fazer-lhe uma proposta para entrar em um novo grupo secreto. "Petrachévski", disse Dostoiévski, "bem, ele é um tolo, um ator e tagarela, nada sensato jamais sairá dele." Pessoas mais práticas pensaram em "um plano de ação" sem contar a Petrachévski. A ideia era "montar uma gráfica secreta": sete pessoas haviam aderido, e Máikov estava sendo convidado a ser o oitavo. "Lembro-me de Dostoiévski", escreve Máikov, "como Sócrates agonizante diante de seus amigos, sentado de camisola, com o colarinho desabotoado e esbanjando toda a sua eloquência sobre o caráter sagrado dessa ação, sobre nossa obrigação de salvar a pátria etc. — de tal modo que comecei a rir e a fazer piadas."[10] Máikov advertiu Dostoiévski de que ele estava indo para a ruína certa, mas prometeu não mencionar uma palavra da proposta a ninguém — e permaneceu fiel à sua promessa enquanto o romancista esteve vivo.

Essa tentativa de arregimentá-lo foi revelada pela primeira vez em carta escrita por Máikov após a morte de Dostoiévski (mas nunca enviada) e publicada somente em 1922; ela menciona os nomes de Spiéchniev e Pável Filíppov como dois membros desse grupo secreto (Dostoiévski incluía Filíppov, ao lado de Golovínski, entre seus amigos mais próximos naquele momento). Máikov contou a mesma história a um amigo, que a transcreveu em um diário que veio à luz em 1956. Os outros membros da sociedade secreta eram Nikolai Mordvínov, Mombelli, Nikolai Grigóriev e o economista Vladímir Miliútin, e o objetivo da organização era fazer "uma revolução na Rússia".[11] Em sua carta, Máikov também menciona ter sabido depois que as peças para uma prensa manual haviam sido reunidas e montadas pouco antes da prisão de todos os petrachevistas.

Nada mais foi descoberto com precisão sobre essa facção de Spiéchniev, embora sua existência não fosse segredo para os observadores mais perspicazes que frequentavam a casa de Petrachévski. Anos mais tarde, Dostoiévski deu algumas informações adicionais ao seu amigo e biógrafo oficial, Orest Miller, que escreveu:

> Para [Dostoiévski], permaneceu a lembrança de que uma *intenção* de conspiração havia existido [...] para o futuro. O objetivo [da "sociedade de propaganda"] era espalhar o descontentamento com a ordem existente em todos os lugares, a começar pelas escolas: estabelecer conexões com todos que já estivessem descontentes — com os dissidentes religiosos (*raskólniki*) e os servos camponeses.[12]

Um juramento de fidelidade encontrado entre os papéis de Spiéchniev após sua prisão joga mais luz sobre a organização. O signatário comprometia-se a obedecer às ordens do comitê central quando esse órgão executivo decidisse que o momento para uma revolução havia chegado. Prometia participar da batalha na hora e no local marcados; ir equipado com arma de fogo ou arma branca, ou ambas; e lutar "sem descanso" pelo sucesso da causa.[13] O dossiê sobre Spiéchniev compilado em 1849 para a comissão investigadora infelizmente se perdeu, e o que sabemos sobre ele provém, em grande parte, de segunda mão, através do testemunho de outras pessoas e do resumo do seu caso feito para Nicolau I. De todos os petrachevistas presos, somente Spiéchniev foi ameaçado com a utilização de métodos mais severos de extração de informações. Sob a ameaça, ele revelou a existência do pequeno grupo que surgira a partir das sextas-feiras de Petrachévski, e também as conversas secretas com Tchernosvítov e Mombelli. Essas novas pistas conseguiram tirar a comissão do rastro da sociedade secreta, mas o juramento nos dá um vislumbre sinistro do tipo de sociedade que Spiéchniev teria criado e nos permite imaginar um pouco da atmosfera de suas deliberações.

★ ★ ★

O dr. Ianóvski, o qual Dostoiévski se recusara a levar à casa de Petrachévski, percebeu uma notável mudança no caráter do amigo entre o final de 1848 e o momento de sua prisão, três meses depois. "Ele se tornou um tanto melancólico, mais irritável, mais sensível, pronto para brigar por qualquer insignificância, e com frequência se queixava de tontura."[14] Ianóvski tranquilizou seu paciente de que não havia nenhuma causa orgânica para esses sintomas e previu que seu estado de espírito sombrio provavelmente passaria em breve. Ao que Dostoiévski retrucou: "'Não, não vai, e vai me torturar por um longo tempo, pois tomei emprestado dinheiro de Spiéchniev' (ele mencionou uma quantia de cerca de quinhentos rublos), 'e agora *estou com ele* e *sou dele*. Nunca serei capaz de pagar essa quantia, sim, e ele não aceitaria o dinheiro de volta; ele é esse tipo de homem'". E Dostoiévski repetiu várias vezes, de modo que a frase ficou gravada na memória de Ianóvski: "Você entende; a partir de agora, tenho meu próprio Mefistófeles!".[15]

Muito antes de sua conversa noturna com Máikov, Dostoiévski vivia ansioso em relação aos perigos de seu envolvimento com Petrachévski e ficava cada vez mais perturbado com os desconhecidos que lotavam o apartamento de Petrachévski semana após semana. Assombrado pela possibilidade de traição e prisão até mesmo por comparecer a essas reuniões relativamente inocentes e toleradas pelas autoridades, podemos imaginar como deve ter se afligido, como deve ter sido vítima de flutuações extremas de emoção por causa de suas relações com o grupo de Spiéchniev! Mais tarde, ele contou a sua segunda esposa que, se não fosse o providencial acidente de sua prisão, certamente teria enlouquecido.[16]

A súbita expansão do círculo de Petrachévski levou à formação de vários grupos-satélites organizados para dar conta de diferentes interesses. A partir de março de 1848, alguns membros decidiram realizar reuniões periódicas, normalmente aos sábados, no espaçoso apartamento compartilhado por Aleksandr Palm e Serguei Dúrov. O primeiro era um tenente do Corpo de Salvamento, que também colaborava em revistas literárias; o segundo era um escritor e tradutor autônomo. Após sua prisão, Dostoiévski disse às autoridades, com aparente ingenuidade, que o Círculo Palm-Dúrov surgiu do plano de publicar um almanaque literário, que exigia que todos os literatos se encontrassem com frequência para discutir.[17]

Boa parte do que se passava no Círculo Palm-Dúrov ainda é obscura. Alguns fatos, no entanto, são incontestáveis. O círculo incluía todos os membros da sociedade secreta de Spiéchniev (há certa dúvida sobre Miliútin). Os spiechnievitas, ao que aparece, tentaram mobilizar o círculo para efeitos de reprodução e distribuição de propaganda revolucionária (o plano revelado por Dostoiévski durante sua visita noturna a Máikov), mas nunca conseguiram. Em algum momento do final de março, Pável Filíppov sugeriu que era hora de os membros do círculo compartilharem suas ideias sociopolíticas com os outros. Ele propôs que "empreendessem, como um esforço conjunto, a redação de artigos num espírito liberal [isto é, 'revolucionário']". Segundo Filíppov, era necessário desnudar "toda a injustiça das leis [...] [e] toda a corrupção e as deficiências da organização de nossa administração".[18] Os artigos sobre questões jurídicas e administrativas poderiam ser reproduzidos em uma litografia caseira e distribuídos.

Essa proposta, apoiada com entusiasmo por Grigóriev, Mombelli e Spiéchniev, parece ter sido aceita. Cada participante do círculo escolheu um tópico. Nenhum dos artigos prometidos chegou, mas surgiram vários manuscritos que pareciam adequados para fins de propaganda, e a questão da litografia foi debatida em relação à reprodução e à distribuição. O primeiro manuscrito desse tipo a ser publicado foi escrito por Grigóriev, um tenente dos granadeiros montados e membro da sociedade secreta de Spiéchniev. Intitulado "Conversa de um soldado", esse texto trata de um camponês enviado para o Exército como punição por ter atacado um proprietário de terras que havia estuprado sua irmã. Soldado em 1812, ele fala com admiração sobre o que havia visto na França, onde as pessoas tinham expulsado um rei e "agora não querem tsares e dirigem as coisas eles mesmos, assim como fazemos nas aldeias".[19] Um dos primeiros exemplos de literatura *agitprop*, o esquete está cheio de protesto social falsamente ingênuo, redigido em termos que os camponeses compreenderiam e calculado para agradar a mentalidade e os valores deles. Mikhail Dostoiévski aconselhou Grigóriev a destruí-lo, mas outros insistiram com ele para que o tornasse ainda mais forte. A única cópia do texto descoberta pela comissão investigadora foi encontrada entre os papéis de Spiéchniev, e, pelo relato de Grigóriev, Spiéchniev havia pedido sua permissão para ler "Conversa de um soldado" "praticamente nas ruas".[20]

Um manuscrito de Filíppov tem o mesmo caráter: uma nova versão revolucionária dos Dez Mandamentos, escrito numa combinação de eslavo eclesiástico e russo moderno. Cada mandamento é interpretado de forma a convencer o leitor de que uma revolta contra a opressão e a injustiça social está em conformidade com a vontade de Deus. As autoridades ficaram especialmente perturbadas com os comentários de Filíppov sobre o sexto mandamento, que "dizia que, se os camponeses matam seu senhor, estão obedecendo à vontade de Deus; que quem vai para a guerra é pecador, e o tsar, em especial, peca quando leva seu povo a cometer assassinato".[21] Esse material só podia ter como objetivo circular entre os camponeses e, em particular, talvez, entre os *raskólniki*. Dostoiévski estava com certeza ciente de sua existência e pode muito bem ter ajudado em sua composição.

Há ainda outro texto que os membros do Círculo de Palm-Dúrov falaram em reproduzir e distribuir. Pleschéiev disse a um grupo de estudantes da Universidade de Moscou que

> é necessário suscitar a consciência do povo, e que a melhor forma de fazer isso seria traduzir obras estrangeiras para o russo, adaptando-as ao estilo de fala das pessoas simples, e distribuí-las em manuscrito. E quem sabe, talvez se encontre alguma forma de imprimi-las. Criou-se uma sociedade em Petersburgo para esse fim, e [...] se nós [os estudantes] quiséssemos cooperar com isso, poderíamos começar com *Paroles d'un croyant* [Palavras de um crente], de Lamennais.[22]

A obra de Lamennais é um vigoroso ataque "novo cristão" à injustiça social, e Miliúkov havia prometido enviar uma cópia de sua tradução para Moscou. Miliukov usou um imponente eslavo eclesiástico em sua versão e deu-lhe um título russo simples — *As novas revelações do metropolita Antônio*. Achava-se que essa obra, que Harold Laski chamou de "uma versão lírica do *Manifesto do Partido Comunista*",[23] era bastante propícia para suscitar as insatisfações latentes do camponês russo, por seu apelo às raízes igualitárias do cristianismo primitivo. A tradução de Miliukov foi lida em uma reunião do Círculo Palm-Dúrov no início de abril.

Ao longo de várias semanas de discussões, no entanto, a excitação inicial em relação aos artigos deu lugar a dúvidas. A oposição veio à tona e teve sua voz mais vigorosa em Mikhail Dostoiévski. É notável que, detido durante os longos meses de investigação, Dostoiévski jamais tenha declarado em nenhum lugar que ele, *pessoalmente, desaprovava a ideia de Filíppov* de imprimir e distribuir propaganda revolucionária. Em vez disso, fala a respeito da desaprovação dos outros — em especial de seu irmão — e, depois, associa-se a essa desaprovação *para que todo o Círculo Palm-Dúrov não se desagregasse completamente*:

meu irmão me disse que deixaria de ir à casa de Dúrov se Filíppov não retirasse sua proposta. [...] Notei que muitos [...] agiriam da mesma forma como meu irmão. [...] Por fim, na vez seguinte em que nos encontramos, pedi a palavra e convenci todos a desistir daquilo, assumindo um tom levemente brincalhão e poupando, tanto quanto possível, as suscetibilidades de todos.[24]

Se supusermos que o plano da litografia surgiu da tentativa da sociedade secreta de Spiéchniev de manipular o Círculo de Palm-Dúrov, cujo caráter literário--musical estava usando como fachada para suas atividades, então o testemunho e o comportamento de Dostoiévski assumem um significado diferente. Quando perceberam que o círculo poderia se dissolver, os spiechnievistas atribuíram a Dostoiévski (ou ele tomou para si) a tarefa de atenuar as coisas para que o círculo pudesse continuar a ser utilizado como fachada. A comissão de investigação distinguiu claramente entre os dois irmãos. Mikhail foi libertado dois meses após o início da investigação e foi indenizado por sua perda de renda (embora outros radicais tenham ficado indignados com a avareza da quantia concedida).[25]

Apesar do esforço de Dostoiévski para acalmar a agitação, a proposta de Filíppov marcou um ponto de inflexão na história do Círculo de Palm-Dúrov. Os dois anfitriões ficaram cada vez mais intranquilos a respeito da continuidade dos encontros, e quando Dúrov perguntou, impaciente, se não poderiam ser realizados em outro lugar, Mombelli, movido provavelmente pelo impulso de manter o círculo a todo custo, sugeriu a casa de Spiéchniev. Mas se o círculo se reunisse na casa dele, perderia a utilidade para a sua sociedade secreta, e Spiéchniev recusou a mudança. Mais duas ou três reuniões ainda foram realizadas no apartamento de Palm-Dúrov, mas os dois anfitriões estavam ansiosos para acabar com elas. Pouco antes da detenção dos petrachevistas, em 22 de abril de 1849, Palm escreveu a todos os membros cancelando o encontro seguinte, e Dúrov deu um jeito de não estar em casa naquela noite.

Podemos inferir que foi depois de o plano de uma litografia ser derrotado que os spiéchnievistas decidiram agir sozinhos. Filíppov, com recursos fornecidos por Spiéchniev, começou a encomendar as peças para uma prensa tipográfica manual em vários estabelecimentos de Petersburgo. As autoridades souberam da prensa tanto por Filíppov como por Spiéchniev: ambos tentaram proteger um ao outro, assumindo a culpa da ideia. Dostoiévski evitou habilmente a questão. "A pergunta refere-se a uma *impressora caseira*. Nunca ouvi ninguém falar na casa de

Dúrov em *imprimir*; sim, ou em qualquer outro lugar. [...] Filíppov sugeriu uma *litografia.*"[26] Não encontrando nenhum vestígio da prensa manual e incapaz de estabelecer que outros estivessem envolvidos na tentativa de montá-la, a Comissão não fez mais nenhum esforço para prosseguir nessa linha de investigação. A existência da sociedade secreta de Spiéchniev nunca foi descoberta; e mais tarde, Dostoiévski disse a Orest Miller que "muitas circunstâncias [do caso] sumiram completamente de vista; *uma conspiração inteira desapareceu*".[27]

Petrachévski talvez tenha ficado sabendo do plano de propaganda que estava sendo discutido no Círculo de Palm-Dúrov. Isso pode explicar por que, na reunião de 1º de abril de seu círculo, desferiu um ataque em grande escala contra os exaltados que sonhavam com um golpe. Ao apresentar três problemas de importância político-social fundamental — a abolição da censura, a reforma do sistema judicial e a libertação dos servos —, ele argumentou que a reforma devia ser considerada o primeiro e mais urgente objetivo. A reforma dos tribunais, de modo a garantir audiências públicas e julgamento por um júri, teria um efeito feliz sobre os destinos de 60 milhões de pessoas e tinha a melhor chance de ser posta em prática.

Golovínski, o fogoso jovem de vinte anos que Dostoiévski levara naquela noite para uma primeira visita à casa de Petrachévski, levantou-se e encetou uma ardorosa refutação. Até mesmo o espião da polícia Antonelli ficou impressionado: "Golovínski falou com ardor, com convicção, com eloquência genuína, e era evidente que suas palavras vinham direto do coração". Ele disse que "era um pecado e uma vergonha contra a humanidade olhar com indiferença para o sofrimento de 12 milhões de almas infelizes. [...] eles [...] estavam batalhando pela liberdade de todos os modos possíveis".[28] E sustentou que era impossível para o governo libertar os servos sem provocar oposição em uma ou outra classe e, portanto, sem pôr em risco sua estabilidade política. A libertação dos servos só poderia vir "de baixo".

Aproveitando a diatribe de Golovínski, Petrachévski tomou a palavra para afirmar que era provável que a libertação dos servos levasse a um conflito de classes que poderia resultar em um despotismo militar ou clerical. "Provocar a melhoria do sistema judicial era muito menos perigoso e mais factível", concluiu Petrachévski.[29] Em resposta ao comentário de Petrachévski sobre luta de classes,

Golovínski observou que uma ditadura seria provavelmente necessária durante o período de transição. Indignado com a menção à ditadura e admirador declarado das instituições republicanas dos Estados Unidos, Petrachévski retrucou que ele seria o primeiro a levantar a mão contra qualquer ditador.

Essa discussão acalorada trouxe à tona o conflito entre os ativistas reunidos em torno de Spiéchniev e os fourieristas ou moderados pelos quais Petrachévski falava. Em geral, as atividades de Dostoiévski e seus amigos (conhecidos ou não por serem membros da sociedade de Spiéchniev) estavam voltadas à radicalização das lentas reuniões de Petrachévski e a fazer com que seus membros abordassem a questão revolucionária imediata: a libertação dos servos. A discussão também revela um pouco da atmosfera agitada e das conclusões políticas extremistas que estavam sendo tiradas no círculo imediato de Dostoiévski. A democracia política era uma consideração secundária na ideologia deles, e era sem repulsa que pensavam na ideia de uma ditadura revolucionária — sem dúvida exercida por um órgão semelhante ao comitê central secreto de Spiéchniev. A posição de Dostoiévski era perfeitamente clara: Antonelli registra que ele interveio em apoio a Golovínski.

Duas semanas mais tarde, a mesma discussão foi retomada durante a famosa sessão do Círculo de Petrachévski em que Dostoiévski leu a *Carta a Gógol*, de Bielínski, que já havia lido duas vezes no apartamento de Palm-Dúrov. Não poderia ter encontrado momento mais propício para introduzir o peso da *Carta* de Bielínski na controvérsia que já grassava sobre táticas. A epístola de Bielínski, escrita no verão de 1847 como resposta a *Trechos selecionados* de Gógol (mais precisamente como resposta a uma carta de Gógol sobre a reação desfavorável de Bielínski ao livro), é a acusação mais enérgica contra a servidão jamais escrita em russo, e Dostoiévski e seus amigos a utilizaram de forma eficaz para reforçar o argumento de que a servidão era moralmente intolerável para ser suportada por mais um momento sequer.

Dostoiévski leu duas das cartas de Gógol bem como o texto de Bielínski, e o efeito de sua interpretação, tal como descrito por Antonelli, foi sensacional. "Essa carta [de Bielínski] produziu uma comoção geral de aprovação. Iastrjémbski gritava a cada trecho que o entusiasmava: 'É isso aí! É isso aí!'. Balosoglo ficou histérico, e, em uma palavra, todo o grupo ficou eletrizado."[30] Dostoiévski então pegou as cópias de volta e pediu a Filíppov "que mantivesse [o assunto] em segredo".[31] Ele também passou o texto para Mombelli, que, com incrível precipitação, o entregou ao escrevente de seu regimento e pediu-lhe mais algumas cópias. Essa prova de que Dostoiévski estava ativamente circulando e divulgando a *Carta* de Bielínski pesou muito contra ele.

Trechos selecionados, de Gógol, é um livro curioso que continua a confundir e irritar os admiradores de sua obra. Nele, o velho satirista impiedoso da vida russa exibe sua conversão a uma devoção religiosa que, embora continue ciente da injustiça social, vê como único remédio a luta interior de cada alma cristã pelo autoaperfeiçoamento moral. A obra foi uma súbita bofetada em todos que acreditavam (como muitos eslavófilos, para não mencionar os ocidentalistas progressistas) que a servidão era incompatível com o verdadeiro cristianismo. Bielínski ficou indignado com o livro, não só por causa de suas possíveis repercussões sociais, mas também por considerá-lo um insulto pessoal — uma traição de tudo pelo que havia lutado sob a bandeira do nome de Gógol. Ele não podia, é claro, atacar o livro violentamente também pela imprensa, mas quando recebeu uma carta particular de Gógol manifestando surpresa com sua reação desfavorável, sua raiva explodiu numa torrente furiosa de invectivas. Herzen chamou esse incandescente caudal de palavras de último "testamento" de Bielínski, e até Lênin, no final do século XIX, admirava o ardor flamejante de sua indignação.[32]

Apesar de sua reputação de manifesto revolucionário, a *Carta a Gógol* de Bielínski é relativamente moderada em suas exigências concretas. Além disso, o crítico responde a Gógol nos termos de um novo cristão socialista utópico, embora já tivesse então presumivelmente abandonado os valores "sentimentais" desse credo e adotado uma ideologia mais "racional".

> Que você [Gógol] baseie sua doutrina na Igreja ortodoxa eu posso entender: ela sempre serviu de suporte do chicote e servente do despotismo, mas por que você misturou Cristo nisso? O que você encontrou em comum entre Ele e qualquer Igreja, muito menos a Igreja ortodoxa? Ele foi o primeiro a levar às pessoas o ensinamento da liberdade, igualdade e fraternidade e pôs o selo da verdade nesse ensinamento com o Martírio.[33]

Bielínski contradiz categoricamente a afirmação de Gógol de que "o povo russo é o mais religioso do mundo" e o chama, ao contrário, de "profundamente ateu", mas quer dizer apenas que sua religião é antes uma religião de superstições e rituais que de verdadeira fé interior. A "superstição" (o desempenho puramente externo e mecânico do ritual religioso) é bárbara e atrasada, mas Bielínski deixa claro que a "religiosidade" genuína pode muito bem andar de mãos dadas com o progresso e a ilustração.[34]

A *Carta* de Bielínski tampouco é revolucionária em qualquer sentido socialista; não contém nada que exija uma transformação fundamental da sociedade sob novos princípios. É um protesto democrático fervoroso contra o despotismo e a servidão que não vai além do liberalismo político em suas exigências. O que a Rússia precisa, ele diz a Gógol,

> não é de sermões (ela teve uma quantidade suficiente deles!), ou orações (ela as repetiu com demasiada frequência!), mas do despertar no povo de um sentimento de sua dignidade humana perdida por tantos séculos em meio à sujeira e ao lixo; ela precisa de direitos e leis em conformidade não com a pregação da Igreja, mas com o bom senso e a justiça. Em vez disso, ela apresenta o espetáculo terrível de um país em que homens traficam homens, sem nem mesmo ter a desculpa tão insidiosamente explorada pelos fazendeiros americanos que alegam que o negro não é um ser humano.

Daí que, para Bielínski, "os problemas nacionais mais importantes na Rússia de hoje são a abolição da servidão e dos castigos corporais e, ao menos, a mais estrita observância possível das leis existentes".[35] Este é o "programa mínimo" que Bielínski defendeu no último ano de sua vida.

Embora posto em desvantagem pela onda de emoção causada pela leitura de Dostoiévski, Petrachévski valentemente tomou a palavra e tentou se contrapor a seus efeitos inebriantes. Ele argumentou mais uma vez que uma mudança no sistema judicial devia ter primazia sobre todas as outras questões. Antonelli resumiu seu raciocínio: "Uma reforma do sistema judicial poderia ser alcançada do modo mais legal, exigindo do governo aquelas coisas que ele não poderia recusar, estando ciente de que eram justas".[36] Golovínski assumiu uma linha conciliatória e assinalou que a libertação dos servos talvez pudesse ser obtida através dos tribunais, em especial nas províncias ocidentais, e pediu permissão para falar sobre esse tema nas duas reuniões seguintes. "Em geral", escreve Antonelli com um floreio, "a reunião do dia 15, como os jornais estrangeiros dizem, foi *très orageuse* [muito tempestuosa]."[37]

Tronos tombavam por toda a Europa em 1848; conquistavam-se novos direitos, clamava-se por novas liberdades. A prisão de Dostoiévski e de todo o Círculo de Petrachévski fazia parte do esforço do tsar para reprimir a menor manifestação de pensamento independente que, solidário às revoluções em erupção em outros lugares, talvez levasse a convulsões semelhantes mais perto de casa. Os últimos anos do reinado de Nicolau congelaram a sociedade russa numa imobilidade apavorada, e quaisquer vestígios de vida intelectual e cultural independente que outrora tiveram permissão para existir foram simplesmente apagados. Para citar apenas um exemplo, o novo ministro da Educação, príncipe Chirínski-Chikhmátov, eliminou o ensino da filosofia e da metafísica das universidades. "Isso nos enlouquece", escreveu Granóvski a um amigo em 1850. "Bom para Bielínski, que morreu na hora certa."[38]

Em 22 de abril, data da última reunião na casa de Petrachévski, Dostoiévski passou a noite na casa de Grigóriev, talvez discutindo com ele e outros os planos de funcionamento da prensa tipográfica manual. Às quatro da manhã, voltou para casa e foi para a cama, para logo em seguida ser despertado por um débil som metálico. Ao abrir os olhos, sonolento, viu diante de si o chefe da polícia local e um tenente-coronel vestido com o uniforme azul-claro de um oficial da Terceira Seção — a temida polícia secreta. O policial mandou educadamente que se levantasse e se vestisse; ele fez isso, enquanto o quarto era revistado e seus papéis lacrados. Por fim, Dostoiévski foi conduzido a uma carruagem que o aguardava, acompanhado pelo chefe de polícia, o oficial militar, sua senhoria assustada e o criado dela, Ivan, que "olhou em volta com um ar de solenidade estúpida apropriado para a ocasião".[39] Quando deixou o quarto e entrou na carruagem, Dostoiévski abandonou a vida relativamente normal que levara até aquele momento — com exceção de seu breve aprendizado de conspirador clandestino — e entrou em um extraordinário mundo novo.

Esse novo mundo iria pôr à prova ao máximo sua capacidade emocional e espiritual e ampliaria infinitamente o horizonte de sua experiência moral e psicológica. Aquilo sobre o que apenas havia lido antes nas criações mais extravagantes dos românticos se tornaria a própria essência e matéria de sua existência. Conheceria o desespero aterrador da solidão na prisão; sentiria a angústia insuportável do perseguido; passaria pela agonia terrível do condenado que se agarra desesperado aos últimos momentos preciosos da vida; desceria às últimas profundezas da sociedade, viveria com marginais e criminosos e ouviria a conversa de sádicos e assassinos para os quais a própria noção de moral era uma farsa; e teria instantes de sublime harmonia interior, momentos de fusão com o princípio divino que rege o universo, na "aura" extática que precede o ataque epiléptico. Quando retornar à sociedade e começar a se redescobrir como escritor, o horizonte de suas criações será então definido por esse novo mundo e suas revelações esmagadoras. E isso lhe permitirá criar obras de alcance imaginativo incomparavelmente mais profundo do que fora possível na década de 1840, quando seu único contato com esse mundo fora travado mediante seus estereótipos românticos.

SEGUNDA PARTE
OS ANOS DE PROVAÇÃO, 1850-1859

14. A Fortaleza Pedro e Paulo

"A cidade inteira", escreveu o senador K. N. Liébedev em seu diário, "está preocupada com a detenção de alguns jovens (Petrachévski, Golovínski, Dostoiévski, Palm, Lamánski, Grigóriev, Mikháilov e muitos outros); dizem que chegam a sessenta, e esse número deverá aumentar com a descoberta de laços com Moscou e outras cidades."[1] O senador Liébedev, que era bem relacionado e conhecia pessoalmente alguns dos jovens sob detenção, falou com L. P. Liprándi, um experiente funcionário do Ministério do Interior, "sobre os nossos jovens conspiradores", e recebeu uma única resposta: "O caso, na opinião dele, é de extrema gravidade e deve terminar em pena capital".[2]

Na sede da famigerada Terceira Seção, perto dos Jardins de Verão, Dostoiévski encontrou uma boa dose de azáfama e agitação: "Senhores de azul-claro não paravam de chegar com várias vítimas".[3] Os presos se aglomeravam ao redor do funcionário que verificava a identidade dos que chegavam e puderam ver, marcado nos documentos que ele consultava, o nome do agente secreto: P. D. Antonelli. Alguém sussurrou no ouvido de Dostoiévski, usando uma expressão camponesa: "Aqui, vovó, é o seu dia de são Jorge".[4] Vinte e três de abril era o dia de são Jorge da primavera no calendário russo de santos, mas essa expressão popular era peculiarmente apropriada num sentido mais profundo. Ela remontava ao decreto de Boris Godunov, de 1597, que aboliu o direito dos camponeses de mudar de senhor no dia de são Jorge do outono.[5] Essa data marcou o início efetivo da escravização total do campesinato na história da Rússia; e a expressão consagra, no discurso popular, a reação desolada do povo russo diante da perda total de liberdade. Os petrachevistas presos estavam agora de fato "numa bela enrascada" por terem querido tornar permanente a emancipação, outrora desfrutada pelo camponês russo somente no dia de são Jorge do outono.

A consternação de Dostoiévski só fez aumentar quando viu seu irmão mais moço, Andrei, entre outros prisioneiros que chegavam.[6] Todos passaram o primeiro dia, 23 de abril, espalhados por várias salas do quartel-general da Terceira Seção. Ao meio-dia, o conde A. I. Orlov, chefe da polícia secreta, fez a ronda de seus "convidados" e lhes ofereceu um pequeno discurso. Infelizmente, aqueles ali reunidos não haviam feito bom uso dos direitos e liberdades que lhes eram concedidos como cidadãos russos, e o comportamento deles forçara o governo a privá-los das referidas liberdades. Após a investigação de seus crimes, eles seriam julgados, e a decisão final quanto à sua sorte dependeria da misericórdia do tsar. Nenhuma acusação foi feita ou outras informações oferecidas; tampouco os prisioneiros foram autorizados a conversar.

Por volta das onze da noite, foi feita uma chamada e, um por um, os prisioneiros foram levados de carruagem para a mal-afamada Fortaleza Pedro e Paulo. Construída sobre uma ilha do Nievá, essa tremenda fortaleza havia sido uma das primeiras construções da nova cidade de Sankt Pieter Burkh. Ali, Pedro, o Grande, instalou seu quartel-general, enquanto um enorme exército de trabalhadores escravos labutava e morria para realizar seu sonho ambicioso de uma grande metrópole moderna construída no meio dos pântanos finlandeses, e por alguns anos esse minúsculo tufo de terra foi a capital efetiva do Império Russo. Ao decidir que a ilha continuaria a servir de bastião da casa real dos Románov e de lugar de descanso final de seus membros, Pedro ordenou que seu arquiteto suíço-italiano Trezzini erguesse uma catedral dentro do recinto da fortaleza. Em breve, uma igreja barroca começou a assomar no local — uma igreja cujo campanário alto e elegante, encimado por uma cúpula dourada e uma agulha, podia ser visto de todo canto da cidade.

Menos visível — mas não menos essencial — era a pequena prisão de segurança máxima dentro do complexo da fortaleza, que Pedro usou para o isolamento, a tortura e, por fim, a execução de seu filho, o tsaréviche Ivan. Imperadores posteriores também a julgaram conveniente para a detenção de altos personagens

10. *A Fortaleza Pedro e Paulo.*

que incorriam no desagrado real. Foi ali que Catarina, a Grande, antes de despachá-lo para a Sibéria, aprisionou Aleksandr Radíschev, que ousara expor os horrores da servidão em *Viagem de São Petersburgo a Moscou*. Foi ali que os decabristas definharam depois de sua revolta fracassada, enquanto cada um aguardava sua vez de ser levado ao Palácio de Inverno e pessoalmente interrogado pelo tsar. Muito cedo, essa prisão adquiriu má reputação, que só aumentou com o tempo. Ninguém jamais fugira pulando seus muros, e ela estava reservada para reclusos cujos delitos fossem considerados um perigo para o Estado.

Embora Dostoiévski não tenha deixado nenhuma descrição das condições físicas de seu encarceramento, as memórias de Andrei, assim como as de outros prisioneiros, nos permitem reconstituí-las. As celas eram grandes para uma pessoa; a maioria tinha teto abobadado, e todas contavam com janelas (atrás de uma grade de ferro) cujos vidros estavam besuntados, exceto no topo, com uma pasta que só permitia a entrada de uma luz difusa. À noite, cada cela era iluminada por uma pequena lamparina a óleo, colocada em um vão da janela no alto da parede, cujo pavio de algodão muitas vezes crepitava e fumegava em vez de iluminar. A lamparina da cela de Andrei soltava tanta fumaça que fazia arder os olhos, mas quando, em sua primeira noite, ele fez um movimento para apagá-la, uma voz imediatamente lhe disse para desistir.

Todas as celas tinham um pequeno orifício na porta, e os prisioneiros eram constantemente vigiados por guardas que caminhavam em silêncio pelos corredores. O mobiliário consistia em um catre, um fogão de azulejos holandeses, uma mesa, um banco e, num canto, o que Andrei chama de "uma peça necessária de mobiliário",[7] provavelmente uma bacia e uma cadeira de retrete. No catre iam um colchão de palha e um travesseiro de pano de saco, sem lençóis ou fronha; a única coberta era uma manta feita de lã grosseira e pesada utilizada para a confecção de sobretudos do Exército. As paredes da cela de Andrei tinham sido recentemente raspadas para remover as inscrições de ocupantes anteriores; outras celas ainda conservavam vestígios das marcas feitas por aqueles que lutavam contra a apatia e o desânimo.

A maioria dos relatos sobre a fortaleza se queixa de sua umidade, e Andrei escreve que "sentia o frio penetrando até os ossos. Eu nunca tirava o sobretudo quente com que dormia".[8] Outros prisioneiros não apreciavam tanto o uniforme da prisão que eram forçados a usar. "Calafrios me atravessam o corpo inteiro", escreve P. A. Kuzmin, um bem-nascido oficial do Estado-Maior, "quando me lembro da sensação que experimentei ao vestir minhas roupas de condenado" — feitas do tecido mais grosseiro e manchadas pelo uso anterior —, cujo contato com seu corpo o encheu de incontrolável repulsa.[9] Além do frio, Andrei também se incomodava com o aparecimento de ratos de tamanho considerável quando baixava a escuridão, e ele dormia somente durante o dia, por medo de ser atacado.

A cela de Andrei ficava no bastião Zótov, mais dilapidado do que outras partes da prisão. Ele lembra que o comandante da fortaleza, o general I. A. Nabókov (tio-bisavô do autor de *Lolita*), olhou em volta enojado em sua primeira visita e murmurou: "É, está ruim aqui, muito ruim, temos de nos apressar", numa referência à necessidade de construir novos alojamentos para os detentos.[10] Dostoiévski foi para o Revelim Alekséievski, reservado aos prisioneiros mais importantes. Podemos supor que suas condições de vida eram muito parecidas às que Iastrjémbski elogia ("todas as condições de higiene eram satisfatórias; ar fresco, limpeza, boa comida etc., tudo era bom")[11] e superiores às oferecidas ao irmão. Os prisioneiros que tinham um pouco de dinheiro podiam comprar chá duas vezes ao dia, bem como charutos, cigarros e tabaco. Mas, como escreve Andrei, "nenhum livro, nem mesmo uma folha de papel, era permitido. Só se podia sonhar e meditar sobre o que nos aguardava".[12]

Mas os presos penavam mesmo com o silêncio, o isolamento e a sensação de constante vigilância secreta. "A simples ideia de que eu estava sendo mantido *au secret*", escreve Iastrjémbski, "provocava ataques nervosos, desmaios e palpitações do coração."[13] Akhchárumov, que ouvia suspiros profundos e, às vezes, o choro em celas vizinhas e no corredor, observou que esses sons, juntamente com "o silêncio, o ar abafado, a total inatividade [...] exerciam um efeito desanimador, que tirava a coragem".[14] Petrachévski reclamou que estava sendo torturado e privado de sono por batidas misteriosas na parede e pelo sussurro de vozes que também vinham de fora e ocupavam o lugar de seus próprios pensamentos.

A Comissão de Inquérito era presidida pelo general Nabókov e dela faziam parte o general P. P. Gagárin, o conde V. A. Dolgorúkov, o general Iákov I. Rostóvtsev e o general Dubelt. Quando ficou claro para a Comissão que o jovem estudante Andrei Dostoiévski fora preso por engano, os outros membros se dispuseram a deixá-lo definhar na cela até que as formalidades para a sua libertação fossem concluídas, mas Nabókov protestou e instalou Andrei em seus próprios aposentos. Tanto Fiódor Dostoiévski quanto Dúrov falaram com Miliukov "com especial cordialidade [...] a respeito do comandante [Nabókov], que se preocupava constantemente com eles e, tanto quanto podia, lhes mitigava a situação".[15]

Dubelt, que representava a Terceira Seção, estava muito atento aos processos e intervinha com frequência em tom mordaz e sarcástico. Ele ficara muito contrariado ao saber que a vigilância do Círculo de Petrachévski vinha sendo realizada havia mais de um ano sem seu conhecimento e considerava essa ocultação um insulto pessoal. Foi para satisfazer uma vingança pessoal, bem como para proteger seus interesses burocráticos, que tratou de diminuir em todas as oportunidades a importância dada ao caso pelo Ministério do Interior e por seu ex-companheiro de Exército Liprándi. Iastrjémbski, tão severo com todos os outros, observa: "Eu sei de vários casos em que ele fez o máximo que pôde para ajudar os acusados de crimes políticos, e não sei de nenhum caso em que ele tenha destruído alguém".[16]

A comissão interrogou os prisioneiros um a um e questionou-os com base nas informações fornecidas por Antonelli; pediu-lhes também que respondessem a perguntas por escrito a respeito de suas ligações com Petrachévski e outros membros do círculo. Informações adicionais eram continuamente fornecidas pelo grupo montado para estudar os papéis e documentos apreendidos no momento da detenção, os quais forneceram, como se esperava, algumas provas cruciais. Dostoiévski foi interrogado várias vezes entre 26 de abril e 16 de maio e, mais tarde, contou a Orest Miller apenas uma história bastante duvidosa sobre como foi tratado: Rostóvtsev lhe oferecera perdão em troca de contar "a coisa toda".[17] Verdade ou não, a história indica que Dostoiévski lembrava o interrogatório como algo muito mais irritante do que assustador.

Em 1873, ele disse a Vsiévolod Soloviov: "Quando me vi na fortaleza, pensei que o fim havia chegado, que eu não duraria três dias, mas, de repente, me acalmei. Veja, o que fiz lá? Escrevi 'Um pequeno herói'. Leia-o: há algum sinal de amargura ou tormento nele? Tive belos sonhos pacíficos, e, depois, quanto mais tempo durava, melhor era".[18] O estado de espírito de Dostoiévski, para não mencionar seu estado de saúde, estava muito mais precário do que recordou depois. Mas encontrou de fato reservas inesperadas de força interior que lhe permitiram suportar as provações do cativeiro sem perder o ânimo, e essa sensação de controle prevaleceu em suas lembranças do evento.

Em sua primeira carta da fortaleza, redigida em 20 de junho, Dostoiévski diz a Andrei para escrever aos Kumánin, em Moscou, e pedir ajuda para ele e para a família de Mikhail. Porém o mais importante é que ele queria ver a última edição de *Anais da Pátria*. "A terceira parte do meu romance está saindo, mas [...] eu nem sequer vi as provas [...] eles não desfiguraram meu romance?"[19] Parece mais preocupado com esse problema do que com sua situação pessoal, e não há ainda nenhum sinal de perturbação emocional. Alguns dos outros petrachevistas começaram a desmoronar em cativeiro com o passar dos meses e o prosseguimento dos interrogatórios.

No início de julho, os presos tiveram permissão para receber livros e se corresponder com o mundo exterior. Àquela altura, Mikhail já fora solto, e as cartas que Dostoiévski enviou a ele nos informam sobre suas condições físicas e seu estado de espírito. "Minha saúde é boa", escreve ele em 18 de julho, "a não ser pelas hemorroidas e meus problemas nervosos, que estão aumentando. Comecei a ter espasmos nervosos como antes, meu apetite está fraco e durmo muito pouco, com sonhos dolorosos, quando os tenho. Durmo cerca de cinco das 24 horas, e acordo umas quatro vezes por noite."[20] Um mês depois, ele escreve:

> Há um mês que vivo de óleo de rícino e é tudo o que me mantém vivo. Minhas
> hemorroidas estão terrivelmente inflamadas e tenho uma dor no peito que jamais

tive. Além disso, minha impressionabilidade aumenta, sobretudo à noite; tenho sonhos longos e feios e, para completar, recentemente tive a sensação de que o chão estava o tempo todo ondulando embaixo de mim, e me sento em meu quarto como se estivesse numa cabine de navio. De tudo isso, concluo que meus nervos estão me traindo.[21]

Em meados de setembro, escreve a Mikhail que sua saúde não melhorou e que está esperando a chegada do outono com receio, mas que se recusa a perder o ânimo: "Eu só desejo me manter saudável e, de qualquer modo, *uma boa disposição depende somente de mim mesmo*. O homem tem uma reserva infinita de resistência e vitalidade; na verdade, não achava que houvesse tanta, mas agora sei disso por experiência".[22]

No momento em que teve acesso a material de leitura, Dostoiévski atirou-se com ânsia indiscriminada sobre o que estava disponível, mas o que comenta, em suas cartas a Mikhail, são as novas obras publicadas em *Anais da Pátria* — em sua maioria, traduções. Nesse período (conhecido como "a era do terror da censura"), a literatura russa estava amordaçada pela pior censura dos últimos tempos, e poucos escritores russos estavam dispostos a dizer qualquer coisa que de algum modo pudesse ser considerada provocadora. O notoriamente obscurantista conde Buturlin, que chefiava uma comissão especial para pressionar a censura, ficou conhecido por ter dito que "se o Evangelho não estivesse tão difundido como estava, seria necessário bani-lo por conta do espírito democrático que disseminava".[23] Não obstante, Dostoiévski tentou escrever. Em sua primeira carta para Mikhail, diz: "Planejei três contos e dois romances; um deles estou escrevendo agora, mas tenho medo de trabalhar demais".[24] Na carta seguinte, explica o motivo: "Quando fui acometido por estados nervosos semelhantes no passado, fiz uso deles para escrever — sempre sou capaz de escrever mais e melhor nessa condição —, mas agora preciso me segurar, para não acabar comigo para sempre".[25]

Na prisão, o único projeto que concluiu foi o encantador conto agora chamado de "Um pequeno herói", entregue a Mikhail depois que Dostoiévski foi mandado para a Sibéria e publicado oito anos mais tarde anonimamente em *Anais da Pátria*. A história se passa em um universo em que Dostoiévski raramente toca: o dos ricos latifundiários que vivem de suas propriedades rurais — o mundo de Turguêniev e Tolstói — e é puramente pessoal, um hábil esforço psicológico, notável na obra de Dostoiévski apenas devido à "normalidade" das paixões juvenis que retrata. No entanto, a intriga principal — a adoração reverente do rapaz por sua amada — é digna de nota porque o seu amor consiste em um ato de abnegação para ajudar uma alma sofredora e para manter um segredo. Acaso não estaria vendo a si próprio exatamente nesses termos naquele momento?

Quando examinamos o que Dostoiévski escreveu e disse — em resposta a acusações vagas e tentando desviar as suspeitas de seus interrogadores —, fica claro que ele tentou se proteger o melhor que pôde, e que fez o mesmo esforço em defesa de terceiros. Ele escreveu mais tarde:

> Quando parti para a Sibéria, levei comigo pelo menos o consolo de ter me comportado com honra na investigação, sem atribuir minha culpa a outros, e até mesmo sacrificando meus próprios interesses se visse a possibilidade de proteger os outros de apuros em meu depoimento. Mas me mantive sob controle. Não confessei tudo, e por isso fui punido com mais severidade.[26]

O tribunal misto militar-civil que condenou Dostoiévski calibrava a severidade da punição de acordo com o comportamento do acusado — se havia mostrado algum arrependimento ou revelado de espontânea vontade fatos que de outro modo permaneceriam desconhecidos. Dostoiévski não fez nem uma coisa nem outra.

O documento mais importante que Dostoiévski escreveu para a Comissão de Inquérito foi uma "Justificativa" que pediram que apresentasse imediatamente após o interrogatório preliminar de 6 de maio. Embora jamais tenham sido feitas acusações formais, as perguntas que lhe foram formuladas indicavam os motivos de sua detenção. Assim, ele tentou esclarecer suas ações, de modo a justificar o que quer que nelas houvesse de suspeito ou subversivo. Retrata Petrachévski como um personagem estranho e excêntrico, sempre às voltas com futilidades, um tipo difícil de ser levado a sério de qualquer ponto de vista prático e que não representava nenhum perigo possível para o Estado. Por inferência, a participação de Dostoiévski nessas atividades era igualmente inócua.

Não disse nada sobre o grupo de Palm-Dúrov porque sua existência ainda não fora descoberta. Alegando que havia falado apenas três vezes na casa de Petrachévski e somente sobre temas não políticos, tenta justificar o que poderia ser considerado seu "livre-pensamento" e seu "liberalismo". Na justificação mais esquisita registrada em todos os anais do processo Petrachévski, ele sustenta que, longe de provar a existência de qualquer hostilidade ao regime, as palavras exaltadas que porventura tivesse pronunciado deviam ser tomadas como uma exibição de sua confiança no governo como guardião dos direitos de que gozam os cidadãos de um Estado civilizado! "Eu sempre me irritei com esse medo do discurso, muito mais propenso a ser ofensivo do que agradável para o governo. [...] Isso significa que se parte do princípio de que a lei não protege adequadamente o indivíduo, e que é possível ser destruído devido a uma palavra vazia, uma frase imprudente."[27] É impossível imaginar Dostoiévski defendendo esse argumento, exceto com amarga ironia; ninguém poderia acreditar que o governo de Nicolau I fosse *insultado* pelo silêncio aterrorizado dos seus cidadãos e desejasse que eles proferissem suas opiniões sobre temas sociopolíticos com mais veemência!

Dostoiévski também tenta responder às acusações mais concretas que lhe pudessem ser feitas e, ao fazê-lo, discute seus pontos de vista de uma forma que revela certos padrões de pensamento cuja constância nos credencia a aceitá-las como suas convicções genuínas. "No Ocidente", escreve ele, "está acontecendo um espetáculo terrível. [...] A ordem antiga das coisas está desmoronando e caindo aos pedaços."[28] Em sua opinião, "a revolução ocidental" é *"uma necessidade histórica da crise contemporânea naquela parte do mundo"*.[29] Portanto, já desenvolvera sua visão apocalíptica da Europa à beira da crise e do colapso, e também traçava a mesma linha bem demarcada entre a Europa e a Rússia que seria uma característica permanente de seu pensamento. Negando vigorosamente que considerasse essa revolução "uma necessidade histórica" para a sua pátria, ele escreve: "Aos meus olhos, nada poderia ser mais absurdo do que a ideia de um governo republicano na Rússia".[30] Ele não fazia objeções teóricas ao regime autocrático; tampouco as fazia a maioria dos primeiros socialistas utópicos, como Fourier, que apelou sem sucesso a vários monarcas para que financiassem a criação de falanstérios em seus países. Se Dostoiévski estava disposto a participar de uma conspiração contra a autocracia, era apenas porque seu ódio da servidão havia atingido um nível de intensidade que deixava de lado todas as considerações secundárias.

Baseando-se numa imagem popularizada por Walter Scott em *Ivanhoé* e autorizada pelo historiador romântico Augustin Thierry, Dostoiévski descreve a história europeia como uma "luta tenaz de mais de mil anos entre a sociedade e a autoridade decorrente de uma civilização estrangeira baseada em conquista, força e repressão".[31] Esse problema não existia na Rússia, onde fora a autocracia nativa que salvara o país várias vezes da escravidão e do caos. Por duas vezes a Rússia fora resgatada, escreve Dostoiévski, "exclusivamente graças aos esforços da autocracia: primeiro dos tártaros e, depois, nas reformas de Pedro, o Grande, quando somente uma calorosa fé infantil em seu grande piloto tornou possível para a Rússia suportar uma guinada tão acentuada em direção a uma vida nova".[32] A mesma visão do papel providencial dos tsares reinantes aflorará com frequência em suas declarações posteriores.

Com efeito, Dostoiévski via com bons olhos um tsar disposto a salvar o país novamente e a eliminar o flagelo intolerável da servidão.

> Se há reformas pendentes, elas devem provir de uma autoridade ainda muito mais reforçada durante este período; caso contrário, a questão terá de ser resolvida de uma forma revolucionária. Não acho que se possa encontrar na Rússia admiradores de uma revolta russa. Exemplos bem conhecidos são recordados até hoje, embora tenham ocorrido há muito tempo.[33]

Essa referência ameaçadora aos levantes sangrentos de Pugatchov e Stienka Rázin, prenunciadores do tipo de revolta que poderia ocorrer de novo, a menos que mudanças libertadoras fossem feitas, dificilmente foi calculada para tranquilizar os juízes. Mas quando toda a esperança de reformas vindas "de cima" fora esmagada depois de 1848, havia sido esse raciocínio que persuadira Dostoiévski a participar da aventura desesperada organizada por Spiéchniev. Ele escreve na conclusão: "Lembro minhas palavras, repetidas por mim em várias ocasiões, de que tudo que tenha algum valor na Rússia, a começar por Pedro, o Grande, invariavelmente veio de cima, do trono: ao passo que de baixo, até agora, nada se manifestou, exceto obstinação e ignorância. Essa minha opinião é bem familiar a todos que me conhecem".[34]

Dostoiévski sabia que a acusação mais grave feita contra ele era de que tinha lido em voz alta a *Carta a Gógol*, de Bielínski, texto que é igualmente violento contra todas as instituições do trono, do Estado e da Igreja, defendidas pelo satirista de outrora. Dostoiévski alegou que lera a troca de cartas de maneira perfeitamente neutra e traçou um quadro de suas relações pessoais com o mais notório radical de seu tempo como uma forma de justificar seu interesse pela missiva explosiva.

Eu o critiquei por se esforçar para dar à literatura um significado parcial indigno dela, por rebaixá-la à descrição [...] *exclusivamente de fatos jornalísticos* ou ocorrências escandalosas. [...] [Você] só consegue causar um tédio mortal quando agarra todos que passam na rua [...] e começa a lhes fazer pregações à força e ensiná-los a raciocinar. Bielínski ficou bravo comigo e, por fim, da frieza passamos a uma briga formal, de modo que não nos vimos durante todo o último ano de sua vida.[35]

Em relação à *Carta* em si, Dostoiévski explica que "tinha plena convicção de que ela não poderia fazer ninguém cair em tentação, embora não esteja desprovida de algum valor literário. [...] Não concordo exatamente com nenhum dos exageros que contém".[36] Esse repúdio um tanto débil era o máximo que Dostoiévski poderia fazer para esconder sua concordância fundamental com o vigoroso ataque de Bielínski. Nesse momento, ele faz sua primeira e única concessão aos perigos da situação e lamenta sua falta de cautela: "Somente agora compreendi que cometi um erro e que não deveria ter lido aquela obra em voz alta".[37]

Para concluir sua "Explicação", Dostoiévski retorna à questão de suas relações com Petrachévski ("não sei absolutamente nada sobre os segredos de Petrachévski")[38] e passa a explicar o fourierismo em geral para a comissão.

O fourierismo, e junto com ele todos os sistemas ocidentais, é tão inadequado ao nosso solo, tão sem relação com nossas condições, tão estranho ao caráter de nossa nação — e, ao mesmo tempo, é um produto típico da situação das coisas lá no Ocidente, onde a questão proletária está sendo resolvida a qualquer custo — que o fourierismo, com a sua necessidade inexorável, no momento presente, entre nós que não temos proletariado, seria de morrer de rir.[39]

O que ele escreve corresponde, como vimos, às declarações que fizera espontaneamente no Círculo de Palm-Dúrov. E Dostoiévski já havia encontrado o *tom* com que descreveria os socialistas utópicos: sempre os retrataria de uma forma satírica e paródica.

Em junho, a comissão já se inteirara do que acontecera no Círculo de Petrachévski, descobrira a existência do grupo de Palm-Dúrov e tomara conhecimento do plano lá discutido de litografar textos proibidos para circulação ilegal. Chamado mais quatro vezes para interrogatório e submetido a uma nova lista de perguntas, Dostoiévski teve de escolher com cautela seu caminho entre armadilhas perigosas, e podemos vê-lo tentando não ser apanhado em alguma mentira deslavada, ou dando a impressão de sonegar informações, ao mesmo tempo que procurava evitar qualquer declaração que pudesse prejudicar a si próprio ou aos demais. Negou que seu jovem amigo Golovínski houvesse defendido uma revolução cujo objetivo seria obter a libertação dos servos ou tivesse previsto "uma ditadura revolucionária" durante o período de turbulência e transição para um novo governo. Suas respostas a todas as perguntas do tipo foram evasivas ou consistiram em complexos circunlóquios destinados a confundir a questão. Não admira que o general Rostóvtsev tenha comentado que, como testemunha, Dostoiévski havia sido "inteligente, independente, astucioso, obstinado".[40]

O interrogatório final de todos os réus ocorreu perante o tribunal civil-militar nomeado para sentenciar os acusados. Convocados um a um em meados de outubro, ficaram sabendo que seriam julgados de acordo com a lei militar (muito mais severa do que o código civil) e foram convidados a apresentar, por escrito, qualquer coisa que desejassem acrescentar aos seus testemunhos. Alguns dos petrachevistas aproveitaram a oportunidade para implorar a misericórdia das autoridades de uma forma humilhante. Para citar um exemplo, Akhchárumov escreveu:

> Arrependo-me de tudo e peço perdão, e escrevo isso não porque queira ser poupado da punição que mereço, mas por remorso, com um coração puro; sentindo-me gravemente culpado perante vós, como meu Soberano, considero meu dever de cristão e súdito suplicar por perdão. Perdoe-me, Senhor, se isso é possível, por causa de meu remorso e em memória do serviço de meu pai.[41]

Dostoiévski, no entanto, manteve sua reserva e dignidade até o fim, e respondeu em estilo completamente diferente: "Não posso acrescentar nada de novo à minha defesa, exceto talvez isto: que nunca agi com a intenção premeditada e maldosa contra o governo — o que fiz foi feito sem pensar e quase que por acidente, como, por exemplo, minha leitura da carta de Bielínski".[42] Ele não abominava o governo de Nicolau I, mas sim a instituição horripilante da servidão, que detestava com um ódio implacável.

A Comissão de Inquérito concluiu seus trabalhos em 17 de setembro de 1849. A decisão do tribunal civil-militar, proferida em 16 de novembro, condenava quinze dos acusados, inclusive Dostoiévski, à execução por um pelotão de fuzilamento; outros foram condenados a penas menores de trabalhos forçados e exílio. Essa decisão foi, em seguida, enviada para a análise do mais alto tribunal militar, a Auditoria-Geral, que declarou que fora cometido um erro judicial e decidiu endurecer as sentenças do tribunal civil-militar. A Auditoria ressaltou que, nos termos da lei usada pelas cortes marciais de campo, todos os prisioneiros deveriam ter sido igualmente condenados à morte por execução. O dossiê de Dostoiévski também foi revisto pelo tribunal superior. Originalmente, ele fora condenado por ter lido em voz alta e feito circular a *Carta* de Bielínski, e também por não ter denunciado "Conversa de um soldado", de Grigóriev, às autoridades. Uma terceira acusação foi então acrescentada: ele havia "participado de deliberações sobre impressão e distribuição de obras contra o governo por meio de uma litografia caseira".[43]

Depois de ter afirmado o pleno rigor da lei, a Auditoria-Geral pedia clemência ao tsar. Em vez da morte, uma lista de sentenças menores foi anexada e enviada para exame do soberano, que aceitou o pedido . Sabia-se que Nicolau gostava de desempenhar o papel de governante todo-poderoso mas clemente, e o senador Liébedev confidenciou a seu diário que a Auditoria-Geral havia provavelmente aumentado a severidade das sentenças recomendadas a fim de permitir que Nicolau exibisse de forma mais ampla sua indulgência.[44] Nenhuma piedade, no entanto, foi concedida a Petrachévski, cuja sentença — exílio e trabalhos forçados nas minas pelo resto da vida — foi simplesmente confirmada. Para a maioria dos outros, Nicolau encurtou a duração das sentenças.

Dostoiévski, a princípio condenado a oito anos de trabalhos forçados, em vez da pura e simples execução, desfrutou de uma redução de seu período de servidão penal para quatro anos, após o qual deveria servir no Exército russo por tempo indeterminado. Dostoiévski considerou essa última disposição uma dispensa especial concedida pessoalmente em seu favor pelo tsar (a mesma sentença foi dada a Dúrov). Um presidiário condenado a trabalhos forçados perdia todos os seus direitos civis e não os recuperava mesmo depois de ter cumprido sua sentença, mas os direitos civis de Dostoiévski seriam automaticamente restabelecidos pelo serviço militar. Ele acreditava que essa teria sido a primeira vez que um presidiário fora autorizado a recuperar seus direitos civis, e que isso "ocorreu de acordo com a vontade do imperador Nicolau I, que se apiedou de sua juventude e de seu talento".[45] Justificada ou não, essa convicção, no entanto, ajuda a explicar algumas de suas declarações posteriores favoráveis a Nicolau.

A decisão final do caso foi tomada em 21 de dezembro. A lei pedia que uma execução simulada fosse encenada quando uma sentença de morte fosse comutada por um ato de graça imperial, mas essa cerimônia era, em geral, apenas uma formalidade ritual. Nesse caso, no entanto, o tsar mandou instruções explícitas para que só depois de concluídos todos os preparativos da execução os prisioneiros fossem informados de que sua vida havia sido poupada. Nicolau orquestrou cuidadosamente os eventos para que sua clemência real produzisse o maior impacto possível sobre as vítimas inocentes. E assim Dostoiévski passou pela extraordinária aventura emocional de acreditar que estava por um triz de uma morte certa, e depois ser milagrosamente ressuscitado do túmulo.

Terminados os interrogatórios, em outubro, os prisioneiros nada mais souberam sobre as deliberações relativas aos seus processos. Os dias sombrios se passaram com enfadonha monotonia. "Meu encarceramento já durava oito meses", escreve Akhchárumov em suas memórias, "eu deixara de conversar comigo mesmo, andava pela cela de um jeito meio mecânico, ou ficava deitado no catre, apático."[46] Na manhã de 22 de dezembro, no entanto, os prisioneiros perceberam uma movimentação incomum nos corredores da fortaleza, cuja quietude mortal só era interrompida pelo repique dos sinos da igreja. Olhando pela janela de sua cela, Akhchárumov notou que havia várias carruagens enfileiradas no pátio — tantas, com efeito, que a fila parecia interminável. De repente, ele as viu sendo cercadas por esquadrões da polícia montada. Só então lhe ocorreu que a agitação e o burburinho poderiam ter algo a ver com o caso Petrachévski e que ele sobrevivera para ver o dia em que ficaria finalmente livre do tédio da prisão.

Enquanto isso, ouviu também, dentro da prisão, o som de guardas a abrir as celas ruidosamente. Por fim, chegou sua vez e lhe entregaram a roupa que usava quando fora detido — roupas leves de primavera —, bem como algumas meias quentes e grossas. Ordenaram-lhe que se vestisse, mas recebeu apenas uma resposta evasiva às suas perguntas nervosas e mandaram que se apressasse. Escoltado para fora da cela e ao longo do corredor até o exterior, foi enfiado numa carruagem fechada de dois lugares que se aproximou rapidamente, e um soldado sentou ao seu lado. Sem poder enxergar através da janela coberta de neve, raspou a vidraça com a unha para tentar ver alguma coisa, quando então o veículo começou a se mover, mas só conseguiu ter vagos vislumbres da cidade que despertava enquanto a carruagem rolava de manhã cedo pelas ruas.

Não existe nenhum relato sobre os sentimentos de Dostoiévski durante essa jornada aparentemente interminável, mas devem ter sido semelhantes aos registrados pelos outros. A excitação da partida e tudo o que ela poderia pressagiar tiveram um efeito revigorante e animador. Pelo que sabemos, nenhum dos petrachevistas imaginava que poderia ser condenado à morte; até mesmo o cético Spiéchniev, que havia recomendado o uso do terror como arma revolucionária, contou a Orest Miller que a ideia de ser conduzido para um pelotão de fuzilamento jamais lhe passou pela cabeça.[47]

Akhchárumov calculou que a viagem durou cerca de trinta minutos até a carruagem parar e lhe darem ordem para descer.

> Ao olhar ao redor, vi [...] a praça Semiónovski. Estava coberta de neve recente e cercada por tropas que formavam um quadrado. Nas bordas da praça, distante, havia uma multidão que olhava para nós; tudo estava em silêncio; era uma manhã clara de inverno, e o sol, que acabara de nascer, reluzia como um belo globo brilhante no horizonte através de uma densa névoa.[48]

A contemplação do sol, que durante oito meses não viu, fez Akhchárumov ser tomado por uma sensação de bem-estar e, por um instante, se esqueceu de onde estava. Mas voltou a si quando, agarrado rispidamente pelo cotovelo, foi empurrado para a frente e lhe apontaram a direção em que deveria andar. Só então se deu conta de que estava sobre quase meio metro de neve e que, vestido com suas roupas leves, sentia muito frio.

Foi só então, também, que percebeu uma construção, um pouco para a sua esquerda, que fora erguida no meio da praça — um tablado quadrangular, de cerca de seis a nove metros de altura, envolvido em crepe preto, com uma escada que se projetava do solo. No entanto, estava mais interessado na visão de um grupo de seus antigos companheiros que se aglomeravam na neve e trocavam cumprimentos animados após a longa separação. O que o impressionou, ao se aproximar, foi a terrível mudança ocorrida nas feições das pessoas que conhecia melhor:

> Seus rostos estavam emaciados, exaustos, pálidos, contraídos, vários tinham barbas não aparadas e cabelos desgrenhados. Fiquei especialmente impressionado com o

semblante de Spiéchniev; ele sempre se destacara dos outros por sua notável beleza, vigor e saúde. Seu rosto, outrora redondo, ficara mais comprido; estava doentio, amarelado, com maçãs encovadas, olhos fundos, cercados por grandes círculos azulados, emoldurado por cabelos compridos e uma imensa barba selvagem.[49]

O alegre momento da reunião foi rapidamente interrompido pela voz alta de um general, que chegou a cavalo e ordenou que permanecessem em silêncio. Então, um funcionário civil fez os prisioneiros se enfileirarem de acordo com a ordem em que ele chamava seus nomes, com Petrachévski e Spiéchniev no topo da lista. Um padre carregando uma cruz sucedeu ao funcionário e declarou aos prisioneiros reunidos: "Hoje vocês sofrerão a decisão justa de seu caso — sigam-me".[50] E ele conduziu o cortejo até o tablado, mas só depois de passar diante de toda a tropa formada. Vários petrachevistas tinham sido oficiais nos regimentos de Petersburgo perfilados na praça, e o propósito da manobra era mostrar aos soldados a degradação de seus superiores desleais. A conversa foi retomada enquanto os prisioneiros andavam aos tropeços pela neve, e a atenção deles foi atraída por algumas estacas cinzentas fincadas no chão, em um dos lados do tablado. Para que serviriam? Eles seriam amarrados a elas e fuzilados? Certamente não, embora fosse impossível dizer o que poderia acontecer; o mais provável era que todos fossem enviados para os trabalhos forçados. Assim corriam os fragmentos de conversa que Akhcháru-mov ouviu conforme o grupo era conduzido para a escada.[51]

Depois de subir para a plataforma, os prisioneiros foram novamente separados e distribuídos em duas filas de cada lado. Ao lado de Mombelli, Dostoiévski, num estado de febril agitação, contou-lhe às pressas e de modo desconexo o projeto de uma história que havia escrito na prisão. De repente, ressoou na praça o ruído agudo e metálico de soldados tomando posição, e os acusados receberam ordem de descobrir a cabeça enquanto suas sentenças eram lidas. No frio cortante, a maioria hesitou em obedecer, e os soldados que estavam atrás deles receberam ordem para arrancar-lhes os chapéus. Outro funcionário civil, em uniforme de gala, andou ao longo da fila, de modo a encarar cada homem ao ler a lista dos crimes que lhes eram imputados e sua punição. Era impossível, segundo Akhchá-rumov, compreender o que ele dizia porque falava rápido e baixo demais. Mas, durante mais ou menos a meia hora em que executou sua função, uma frase ecoou e voltou a ecoar como o badalar de um sino fúnebre: "A Corte Criminal de Campo condenou todos à morte por um pelotão de fuzilamento".[52]

Enquanto cømeçavam a captar o significado dessas palavras, o sol reapareceu de súbito através das nuvens, e Dostoiévski, voltando-se para Dúrov, disse: "Não é possível que seremos executados".[53] Em resposta, Dúrov apontou para uma carreta ao lado do tablado, na qual estavam empilhados, como ele erroneamente imaginou, caixões cobertos por esteiras de palha. A partir daquele momento, como relembrou Dostoiévski, ele se convenceu de que estava condenado, e nunca mais pôde esquecer as palavras pronunciadas com tanta naturalidade: "Condenado à morte por um pelotão de fuzilamento". Depois que o funcionário terminou, entregaram aos prisioneiros longas vestes brancas e gorros — suas mortalhas fúnebres —, que a escolta militar os ajudou a vestir. O mesmo padre, agora carregando uma Bíblia, além da cruz, apareceu de novo no tablado e proferiu a seguinte súplica: "Irmãos! Antes de morrer, é preciso se arrepender. [...] o Salvador perdoa os pecados daqueles que se arrependem. [...] Eu vos conclamo à confissão".[54]

Em 1873, Dostoiévski escreveu que muitos petrachevistas que ouviram essa súplica talvez estivessem preocupados com deslizes que desejavam confessar ("aqueles que todo homem, ao longo de sua vida, esconde em sua consciência"). "Mas aquelas ações pelas quais estávamos sendo condenados, os pensamentos, as ideias que dominavam nossas almas, eles não só não nos pareciam exigir arrependimento, como eram purificadores, um martírio pelo qual muita coisa poderia ser perdoada!"[55] Akhchárumov relata que nenhum petrachevista respondeu ao repetido apelo do padre para que se arrependessem. Mas se eles se recusaram a fazer um ato público de contrição, nem por isso mostraram alguma hostilidade ao símbolo sagrado da fé cristã em que todos haviam sido criados. Quando o padre percorreu a fila e segurou a cruz diante de seus lábios, todos a beijaram, inclusive ateus empedernidos como Petrachévski e Spiéchniev. Muito mais tarde, em *O idiota*, Dostoiévski descreveu uma cena semelhante e sugeriu que o beijo, sem conter nada especificamente "religioso", ajudava o homem condenado a suportar o calvário.

O que aconteceu a seguir foi o mais terrível de tudo: os primeiros três homens de uma das filas — Petrachévski, Mombelli, e Grigóriev — foram agarrados pelo braço, levados para fora da plataforma e amarrados às estacas. Em um relato — o de F. N. Lvov, que tende a glorificar Petrachévski —, o agitador impenitente teria brincado ao ir da plataforma para as estacas: "Mombelli, levante mais alto as pernas, senão você chegará resfriado ao reino dos céus".[56] Deram ordem para

11. *A execução simulada dos petrachevistas.*

puxar os gorros dos homens amarrados sobre suas cabeças, mas Petrachévski desafiadoramente jogou o seu para trás e fixou o olhar no pelotão de fuzilamento que apontava as armas para eles. Dostoiévski estava entre os três seguintes na fila da qual haviam escolhido o primeiro grupo e tinha certeza de que sua vez chegaria em poucos minutos.

O que sentiu ele naquele momento? Muito tempo depois, disse a Orest Miller que "sentiu somente um terror místico, e foi completamente dominado pelo pensamento de que talvez em cinco minutos estaria indo para outra vida, desconhecida".[57] Ele descreve suas emoções no famoso trecho de *O idiota* em que o príncipe Míchkin conta às senhoras Iepántchina o que ouviu de um homem que acreditava ter apenas cinco minutos de vida antes de ser executado: "Sua incerteza e sua repulsa diante do desconhecido, que ia surpreendê-lo imediatamente, eram terríveis" (v. 8, p. 52). *O idiota*, é claro, foi escrito vinte anos depois da farsa macabra na praça Semiónovski. Porém Lvov, que estava com ele no patíbulo, escreveu entre 1859 e 1861 que "Dostoiévski estava bastante agitado, lembrou-se de *O últi-*

mo dia de um condenado, de Victor Hugo e, aproximando-se de Spiéchniev, disse: *'Nous serons avec le Christ'* [Estaremos com Cristo]. *'Un peu de poussière'* [um punhado de pó], respondeu-lhe Spiéchniev com um sorriso torto".[58] Nada poderia ilustrar melhor a diferença entre a fé atormentada e vacilante de Dostoiévski e o estoicismo de um ateu convicto como Spiéchniev. Era exatamente porque Dostoiévski não podia deixar de acreditar em algum tipo de vida após a morte que estava tão atormentado por seu impenetrável mistério.

O suspense da espera de que o pelotão de fuzilamento começasse a atirar — Akhchárumov se lembra de ter sido "terrível, repugnante, pavoroso"[59] — durou cerca de um minuto, e, em seguida, ouviu-se o rufar dos tambores anunciando a retirada. Não tendo servido no Exército, Akhchárumov não entendeu o significado do sinal e pensou que iria coincidir com uma descarga dos rifles: o ex-oficial Dostoiévski soube imediatamente que sua vida tinha sido poupada. Em seguida, o pelotão de fuzilamento baixou os rifles e abandonou a pontaria; os três homens nas estacas foram desamarrados e retornaram a seus lugares. Um deles, Grigóriev, estava pálido feito papel; ele já tinha dado sinais de perturbação mental na prisão, e a execução simulada acabou por aniquilá-lo. Sem jamais recuperar a razão, tornou-se um inválido mental para o resto da vida. Nesse meio-tempo, entrou em cena um ajudante de campo a galope trazendo o perdão do tsar e as sentenças verdadeiras. Elas foram lidas para os prisioneiros atônitos, alguns dos quais receberam a notícia com alívio e alegria, outros com confusão e ressentimento. As túnicas camponesas e os gorros foram retirados, e dois homens que pareciam carrascos, vestindo cafetãs coloridos e puídos, subiram no tablado. Sua tarefa era quebrar espadas por cima das cabeças dos prisioneiros, os quais foram obrigados a se ajoelhar para essa parte da cerimônia; o estalido das espadas assinalava a exclusão da vida civil, e eles receberam, então, gorros de presidiário, casacos de pele de carneiro manchados e botas.

Equipados com o traje apropriado à sua condição inferior, faltava ainda aos condenados um item essencial: os grilhões. Foram jogados no meio da plataforma com uma pancada estridente que fez vibrar o tablado, mas só Petrachévski foi isolado por dois ferreiros, que prenderam as correntes em suas pernas e começaram a fechá-las com um grande martelo. No começo, Petrachévski esperou pacientemente enquanto o trabalho estava em andamento, mas depois pegou um dos martelos pesados e, sentando-se no chão, começou a rebitar as correntes com as próprias mãos. "O que o impeliu a cometer essa violência contra si mesmo, o que ele queria expressar dessa forma, é difícil saber", escreve Akhchárumov, "mas estávamos todos com o espírito doente ou em estado de exaltação."[60] Essa cena teria sido muito mais compreensível para Dostoiévski, com sua percepção intuitiva do masoquismo como a autoafirmação de uma personalidade levada ao desespero pela impotência e pela humilhação. Chegou então uma carroça puxada por uma troica de cavalos e um policial empoleirado ao lado do cocheiro, pronto para transportar Petrachévski na primeira etapa de sua viagem para o exílio, mas ele protestou dizendo que queria despedir-se dos amigos antes de partir. Abraçou-os então um a um e fez uma profunda reverência a todos eles. O peso dos grilhões, aos quais não estava acostumado, o impediu de subir na carroça, e ele teve de ser ajudado antes de tombar pesadamente em seu assento e ser levado embora. Sua sentença determinava que fosse despachado de imediato para a Sibéria; os outros seguiriam nos dias posteriores.

Os demais prisioneiros foram levados de volta para a fortaleza nas carruagens que os haviam trazido. Ao voltar para sua cela, Dostoiévski tomou pena e papel para escrever a Mikhail — uma carta comovente que nos permite compreender as consequências morais e espirituais da provação pela qual acabara de passar. É a partir desse instante que a perspectiva predominantemente secular da qual Dostoiévski via a vida humana recua para o fundo, e o que vem para o primeiro plano para absorvê-la são as agonizantes "questões malditas" que sempre assolaram a humanidade — perguntas cujas respostas só podem ser dadas, se é que podem, pela fé religiosa. Os romances que Dostoiévski criaria mais tarde fazem uma fusão notável entre essas duas dimensões da consciência humana. Com efeito, é essa união de uma sensibilidade social incomum com sondagens religiosas angustiantes que confere à sua obra um caráter trágico e seu lugar ímpar na história do romance.

Escrita às pressas, no calor do momento, a carta de Dostoiévski mistura vislumbres penetrantes dos recessos de sua alma com pedidos de ajuda, instruções de última hora e um relato factual equilibrado do que acabara de acontecer. Notável é o profundo amor que dedica ao irmão mais velho e sua família; eles estavam em seus pensamentos durante seus (pretensos) últimos momentos, assegura ele a Mikhail, "e só então soube o quanto o amo, meu querido irmão!".[61] A questão angustiante do futuro o preocupa, e ele oscila entre o medo e a esperança, enquanto questiona se será capaz de retomar sua carreira literária.

Será possível que eu nunca mais volte a pegar numa pena? Acho que será possível dentro de quatro anos. [...] Meu Deus! Quantas formas que criei e que ainda estão vivas vão perecer, extintas em minha cabeça ou diluídas como veneno em minha corrente sanguínea. Sim, se for impossível escrever, vou morrer. Melhor quinze anos de prisão com a pena na mão!

Mas Dostoiévski agarra-se desesperadamente à salvação proporcionada pelo serviço no Exército e diz a Mikhail: "Não se aflija comigo. Saiba que não estou desanimado, lembre-se de que não perdi a esperança. Dentro de quatro anos, minha sina será mais fácil. Serei um soldado — e isso é diferente de ser um presidiário".[62]

O que Dostoiévski mais teme é que sua saúde não resista ao esforço físico das provações que está prestes a enfrentar: "Será que meu corpo vai aguentar? Não sei. Estou partindo em más condições de saúde. Tenho furúnculos. Mas talvez aguente!". Apesar dessas preocupações, Dostoiévski garante a Mikhail que nunca esteve em melhor estado emocional: "Nunca senti brotando em mim reservas tão abundantes e saudáveis de vida espiritual como agora".[63] "Minha vida na prisão", acrescenta, "já destruiu em mim aquelas exigências carnais que não são inteiramente puras; antes, eu não me poupava. Agora, as privações não significam nada e, por isso, não tenho medo de que nenhum tipo de carência material me destrua. [...] Oh, deixem-me apenas ter saúde!"[64]

"Não consigo me lembrar de ter me sentido tão feliz como naquele dia", contou Dostoiévski à sua segunda esposa, muitos anos depois. "Eu caminhava de um lado para outro na minha cela do Revelim Alekséievski e cantava o tempo todo, a plenos pulmões, tão feliz estava por ter recuperado minha vida."[65] Essa felicidade provocou em Dostoiévski o impacto de uma revelação. "Mas ainda tenho meu coração e a mesma carne e o mesmo sangue", ele assegura a Mikhail, "que também podem viver, sofrer, desejar e lembrar, e isso, afinal, também é vida. *On voit le soleil!*"[66] Esta última frase ("Vê-se o sol!") é um fragmento ligeiramente alterado de *O último dia de um condenado*, de Victor Hugo, cujos detalhes haviam voltado à memória de Dostoiévski quando se viu diante da morte. A citação faz parte das reflexões frenéticas do "homem condenado" de Hugo enquanto aguarda a execução na guilhotina e deseperado diz para si mesmo que a vida, sob quaisquer condições, é preferível à extinção. Ao menos, *on voit le soleil!*

Tudo o que fazia parte de sua vida anterior é julgado quando ele se volta para contemplá-la, por assim dizer, do limiar da eternidade:

> Quando olho para o meu passado e penso em quanto tempo perdi com nada, quanto tempo perdi em futilidades, erros, ociosidade, incapacidade de viver; como lhe dei pouco valor, quantas vezes pequei contra meu coração e minha alma — então meu coração sangra. A vida é uma dádiva, a vida é felicidade, cada minuto pode ser uma eternidade de felicidade! *Si jeunesse savait* [se os jovens soubessem]! Agora, ao mudar minha vida, renasço numa nova forma, Irmão! Juro que não vou perder a esperança e manterei minha alma e meu coração puros. Renascerei para melhor. Essa é toda a minha esperança, todo o meu consolo![67]

"Vida é vida em qualquer lugar", Dostoiévski tranquiliza Mikhail, "a vida está em nós mesmos, não no exterior. Terei seres humanos ao meu redor [na Sibéria], e ser um *homem* entre homens e continuar a sê-lo sempre, não perder o ânimo e não desistir, a despeito do infortúnio que possa ocorrer — isso é a vida, essa é a tarefa dela, cheguei à consciência disso. Essa ideia entrou em minha carne e em meu sangue."[68] Essas palavras tentam transmitir um pouco da verdade ofuscante que Dostoiévski compreende agora pela primeira vez — a verdade de que a própria vida é a maior de todas as dádivas e bênçãos, e que o homem tem o poder de transformar cada momento em uma "eternidade de felicidade". Dostoiévski sempre se recusara a aceitar o repúdio cada vez mais predominante da obrigação moral individual, mas o que havia sido apenas uma preferência teórica agora penetrava em "sua carne e seu sangue": tornara-se uma "ideia-sentimento", tão profundamente entrelaçada com suas emoções que argumento algum jamais seria capaz de abalá-la no futuro.

Nenhum trecho na carta de Dostoiévski a Mikhail é mais pungente do que sua descrição dos efeitos moralmente purificadores do que ele acreditava ser seus últimos momentos na terra.

> Se alguma pessoa tem uma lembrança ruim de mim, ou se briguei com alguém, se lhe causei uma impressão desagradável, peça-lhe para esquecer, se por acaso a en-

contrar. Não há fel nem rancor em minha alma; eu gostaria muito, neste momento, de amar e abraçar algumas das pessoas que conheci. Isso é um consolo, experimentei-o hoje ao dizer adeus àqueles que me são caros perante a morte.[69]

Se os valores da expiação, do perdão e do amor estavam destinados a ter precedência sobre todos os outros no universo artístico de Dostoiévski, foi certamente porque encontrara neles uma verdade que respondia à situação mais angustiante de sua vida.

Com efeito, é a percepção penetrante da terrível fragilidade e transitoriedade da existência humana que em breve lhe permitirá representar, com uma força inigualada por qualquer outro escritor moderno, o mandamento cristão incondicional e absoluto do amor mútuo, magnânimo e universal. Pois a moralidade de Dostoiévski é semelhante ao que alguns teólogos, referindo-se aos primeiros cristãos, chamaram de uma "ética provisória", isto é, uma ética cujo radicalismo intransigente nasce da iminência do Dia do Juízo Final: não há tempo para nada a não ser o último beijo de reconciliação porque, literalmente, não *há* "tempo". A força (bem como um pouco da fraqueza) da obra de Dostoiévski pode ser rastreada até a penetrante argúcia com que ele, acima de tudo, desejava comunicar o poder salvador desse núcleo escatológico da fé cristã.[70]

Em 24 de dezembro de 1849, dois dias depois do espetáculo macabro representado na praça Semiónovski, Mikhail foi informado de que seu irmão começaria sua longa e perigosa viagem para a Sibéria naquela mesma noite. Mikhail apressou-se a transmitir a informação para Aleksandr Miliukov, e ambos foram à fortaleza para despedir-se. Quando Dostoiévski, acompanhado por Dúrov, foi levado para a sala onde Mikhail e Miliukov os aguardavam, este último se surpreendeu com a confiança inabalável de Dostoiévski em sua capacidade de sobreviver. "Olhando para a despedida dos irmãos Dostoiévski", observa ele, "qualquer um notaria que o sofrimento maior era daquele que permaneceria em liberdade em Petersburgo, e não do que estava prestes a viajar para a *kátorga* siberiana. Lágrimas surgiram nos olhos do irmão mais velho, seus lábios tremeram, mas Fiódor Mikháilovitch permaneceu calmo e o consolou."[71]

"Pare, irmão", disse ele a certa altura, "você me conhece, não estou indo para o túmulo, você não está acompanhando meu enterro — e não há animais selvagens na *kátorga*, mas pessoas, talvez melhores que eu, talvez mais valorosas que eu."[72] Essas palavras são as únicas documentadas que conhecemos no que diz respeito a Dostoiévski, mas outros documentos lançam luz sobre a questão do que ele, assim como os outros petrachevistas, esperava encontrar entre as pessoas com as quais compartilharia o cativeiro. Nos documentos que Petrachévski escreveu para a Comissão de Inquérito, encontramos este notável e comovente devaneio:

> Talvez o destino [...] me coloque ao lado de um malfeitor empedernido, que tem dez assassinatos em sua alma. [...] Descansando em uma estação do caminho e jantando um pedaço de pão velho [...] começamos a conversar: eu lhe conto como e por que razão caí em desgraça. [...] Falo-lhe de Fourier [...] do falanstério: o que é e por que as coisas lá são daquele modo, e assim por diante. [...] Explico por que as pessoas se tornam malfeitores [...] e ele, com um suspiro profundo, me conta sua vida. [...] A partir de sua história, vejo que as circunstâncias esmagaram grande parte do que havia de bom nesse homem, uma alma forte tombada sob o peso do infortúnio. [...] Talvez ele diga, no final da história: "Sim, se as coisas fossem do modo como você diz, se as pessoas vivessem dessa maneira, eu não seria um malfeitor" [...] e eu, se o peso de minhas correntes permitir, estenderei minha mão para ele, — e direi "sejamos irmãos" — e, partindo meu pedaço de pão, dou-lhe a metade, dizendo: "Não estou acostumado a comer muito, você precisa mais, pega e come". Nisso, uma lágrima aparece em sua face rude e [...] diante de mim aparece [...] não um malfeitor, mas meu igual no infortúnio, talvez uma pessoa também mal compreendida no começo. [...] O ato de humanização se conclui, e o malfeitor não existe mais.[73]

Esses "sonhos utópicos e filantrópicos de Petrachévski", como observou um crítico russo soviético, "expressam o estado de espírito geral e as convicções do círculo. E Dostoiévski [...] também, apesar das dúvidas e pressentimentos instintivos, deve ter imaginado algo semelhante".[74] Ainda mais que os primeiros escritos de Dostoiévski haviam levado à ascensão do "naturalismo sentimental", cujas criações ressaltavam o valor humano oculto na vida dos elementos mais oprimidos da sociedade.

A despedida de Dostoiévski pode, assim, ser tomada como uma expressão mais lacônica das mesmas fantasias esperançosas articuladas por Petrachévski, uma reafirmação do aspecto filantrópico de suas convicções morais e sociais da época. Não obstante, ao sugerir que os condenados podiam até talvez ser "mais valorosos" que ele, Dostoiévski estava inconscientemente falando mais do que sabia, pois o que foi proferido apenas como uma possibilidade de consolo em 1849, e que com certeza não era aceito literalmente, quer por Dostoiévski, quer por aqueles que ele estava tentando tranquilizar, um dia se tornaria a base de uma visão do povo russo que ele não hesitaria em proclamar para o mundo inteiro.

15. *Kátorga*

Nos quatro anos que passou na prisão, Dostoiévski não recebeu uma única linha de sua família, e a perda total de contato o inspirou a escrever uma longa carta para Mikhail em 22 de fevereiro de 1854, apenas uma semana depois de ser solto. Retomando o fio de sua vida desde o momento da partida para a Sibéria, a missiva começa por relatar as impressões recolhidas na viagem de dezoito dias e os principais incidentes que marcaram sua chegada à primeira parada do caminho, em Tobolsk. "Foi um momento triste quando cruzamos os Urais", relembra Dostoiévski.

> Os cavalos e trenós afundaram na nevasca. Uma tempestade de neve estava no auge. Descemos dos trenós — era noite — e ficamos esperando enquanto eles eram desatolados. Em torno de nós só havia neve e tempestade; era a fronteira da Europa. Adiante estava a Sibéria e nosso destino desconhecido, enquanto todo o passado ficava para trás — era tão deprimente que me comovi até às lágrimas.[1]

Em 9 de janeiro, o grupo chegou a Tobolsk, antiga capital da Sibéria ocidental e que, naquela época, era o principal centro de distribuição, onde os prisioneiros que chegavam da Rússia europeia eram separados e enviados para seus destinos finais. A prisão situava-se dentro de um complexo de fortalezas, e ao subir a estrada que levava até lá, uma das primeiras coisas que o grupo de Dostoiévski viu foi o mais antigo e notório exilado da cidade, o famoso sino de Úglitch, situado à margem da estrada por onde avançavam. Sua história era conhecida de todos: quando se soube da morte do príncipe herdeiro Dmítri, suspeito de ter sido assassinado por seu tutor, Boris Godunov, o sino tocou para conclamar os habitantes de Úglitch a vingar a morte do menino. O novo tsar, Boris, mais tarde mandou que o sino ofensor fosse açoitado publicamente e mutilado, e depois exilado para sempre na Sibéria, com a ordem de nunca mais tocar. Mas havia muito tempo que a população de Tobolsk havia abrigado o sino de Úglitch em um pequeno campanário, e o som grave de seu toque chamava à oração. Lá estava ele, à margem da estrada, como um lembrete constante aos exilados posteriores da autoridade despótica, caprichosa e ilimitada dos tsares russos, bem como da inutilidade final de muitos de seus mais severos decretos.

A recepção de Dostoiévski em Tobolsk ilustra um pouco da moral incorporada à sobrevivência subversiva do sino de Úglitch. Dostoiévski escreve a Mikhail:

> Direi somente que a solidariedade e a viva preocupação que encontramos nos abençoaram com uma felicidade quase completa. Os exilados dos velhos tempos (quer dizer, não propriamente eles, mas suas esposas) cuidaram de nós como se fôssemos sua própria carne e sangue. Que pessoas maravilhosas, submetidas a 25 anos de dor e sacrifício! Tivemos apenas um vislumbre delas, pois estávamos estritamente confinados. Mas elas nos enviaram alimentos e roupas, nos consolaram e nos transmitiram coragem.[2]

Iastrjémbski também deixou uma descrição da chegada deles em Tobolsk e de seu primeiro vislumbre de presos funcionários, marcados a ferro nas bochechas e na testa.

> Fomos levados para um quarto. Um quarto estreito, escuro, frio e sujo. [...] Ali havia camas de tábuas, e sobre elas, três sacos cheios de palha, em lugar de colchões, e três travesseiros do mesmo tipo. Estava escuro como breu. Do lado de fora, na soleira da porta, ouviam-se os passos pesados da sentinela, indo e vindo sob um frio de quarenta graus abaixo de zero.

Apenas uma divisória os separava de outro quarto, que abrigava outros prisioneiros à espera de julgamento, e eles podiam ouvir "as exclamações de pessoas jogando cartas e jogos diversos, e quantos insultos, quantas blasfêmias!".[3]

Depois de semanas na estrada, os três viajantes estavam num estado lamentável. "Os dedos das mãos e dos pés de Dúrov congelaram", lembra Iastrjémbski, "e seus pés estavam seriamente machucados pelas correntes. Além disso, Dostoiévski tinha furúnculos no rosto e na boca, que estouraram quando ele ainda estava no Revelim Alekséievski."[4] Totalmente deprimido diante da perspectiva de sofrimentos ainda maiores à frente, Iastrjémbski decidiu suicidar-se — uma decisão para a qual, diz ele, seu encarceramento solitário no revelim havia sido uma excelente preparação. Aconteceu que um dos oficiais da guarda de Tobolsk era um velho conhecido e providenciou para ele e seus amigos uma vela, fósforos e chá quente,

> que nos pareceu mais doce que o néctar. De repente, descobrimos que Dostoiévski tinha alguns charutos excelentes. [...] Passamos boa parte do resto da noite numa conversa amigável. A voz compassiva e gentil de Dostoiévski, sua ternura e delicadeza de sentimentos, até mesmo alguns de seus gracejos extravagantes, quase femininos, tiveram sobre mim um efeito calmante. Desisti de qualquer decisão extremada. No presídio de Tobolsk, Dostoiévski, Dúrov e eu fomos separados; choramos, nos abraçamos e nunca mais nos vimos.[5]

Se Dostoiévski foi fundamental para confortar Iastrjémbski, a mesma função foi desempenhada para ele pelas esposas "dos exilados dos velhos tempos", que em muito concorreram para amenizar a sorte dos presos políticos, fossem russos ou poloneses, nos últimos anos do regime de Nicolau I. Cento e vinte decabristas, todos de boa família (e alguns das melhores famílias), foram exilados em 1825. Todos já haviam cumprido suas penas de trabalhos forçados. Sem permissão para residir na Rússia europeia, permaneceram na Sibéria e faziam parte da pequena sociedade letrada e erudita composta por oficiais graduados do Exército e altos funcionários da burocracia. Muitos tinham relações na corte, alguns eram pessoalmente ricos e todos eram tratados com grande consideração pelos funcionários vindos de Petersburgo. Os recém-chegados estavam muito felizes de conviver com pessoas da mesma classe e educação naquele território de fronteira ainda selvagem, povoado, com exceção deles, por saqueadores toscos e agressivos que lá estavam para fazer fortuna e por uma mistura de nômades asiáticos, que ainda levavam sua secular vida tribal. Os decabristas, por intermédio de seus contatos, conseguiam exercer uma influência considerável, apesar da condição suspeita de ex-rebeldes, e suas esposas e filhos eram incansáveis no trabalho de caridade junto aos presidiários.

No último dia que Dostoiévski e Dúrov passaram em Tobolsk, três esposas de decabristas conseguiram visitá-los no alojamento de um dos oficiais, momento que ele lembraria pelo resto da vida e ao qual se referiria de novo, no mesmo tom agradecido e reverente, anos mais tarde, em seu *Diário de um Escritor* (1873):

> Vimos essas sofredoras sublimes, que haviam voluntariamente seguido seus maridos para a Sibéria. Elas desistiram de tudo, posição social, riqueza, laços de família, sacrificaram tudo pelo mais elevado dever moral, um dever que ninguém podia impor-lhes, exceto elas mesmas. Completamente inocentes, durante 25 anos suportaram tudo a que seus maridos foram condenados. O encontro durou uma hora. Elas nos abençoaram ao entrarmos numa nova vida, fizeram o sinal da cruz e nos deram um Novo Testamento — o único livro permitido na prisão. Ele esteve sob meu travesseiro durante os quatro anos de servidão penal. De vez em quando, eu o lia para os outros. Com ele, ensinei um presidiário a ler.[6]

Cada exemplar do livro sagrado continha, em sua encadernação, dez rublos em notas.

As três mulheres que foram falar com Dostoiévski eram a sra. Muraviova, a sra. Ánnenkova e a sra. Fonvízina. Das três, a única nascida na Rússia, e a mais importante de todas para Dostoiévski, era Natália Fonvízina, uma mulher admirável, de considerável cultura intelectual e profunda fé religiosa. Era parente do conde Gortchakov, governador-geral da Sibéria, e prometeu falar com ele em prol de Dostoiévski. Cartas foram enviadas às três filhas do conde Gortchakov, então em visita ao pai, pedindo-lhes que intercedessem em favor dos petrachevistas. Foi também nesse encontro de uma hora que Dostoiévski ouviu falar pela primeira vez do terrível major Krivtsov, comandante do campo de prisioneiros de Omsk, e foi advertido a se prevenir contra ele.

Na manhã em que Dostoiévski e Dúrov partiram para Omsk, Natália Fonvízina e outra esposa decabrista, Marie Frantsiéieva, saíram com antecedência para encontrá-los no caminho. Em suas memórias, Marie conta:

> Tendo saído muito cedo em um trenó, descemos do nosso veículo e caminhamos pela estrada por cerca de uma versta porque não queríamos que o cocheiro testemu-

nhasse nossas despedidas; particularmente porque eu tinha de entregar ao guarda, em segredo, uma carta para meu amigo íntimo, o tenente-coronel Jdan-Púchkin, na qual lhe pedia que olhasse por Dostoiévski e Dúrov. [...] Por fim, ouvimos o tilintar distante dos sinos. Em seguida, surgiu uma troica da beira da floresta [e...] Dostoiévski e Dúrov saltaram de seu trenó siberiano. O primeiro era um jovem magro, não muito alto nem muito bonito [...] vestiam casacos curtos de presidiário e gorros de pele com protetores de orelha; correntes pesadas faziam um barulho estrondoso em seus pés. [...] só tivemos tempo de lhes dizer que não se abatessem e que pessoas bondosas cuidariam deles até mesmo no lugar para onde estavam indo. Dei a carta que escrevera para Púchkin ao guarda, que a entregou diligentemente a ele em Omsk.[7]

Infelizmente, o guarda também levava outra carta, que entregou de modo igualmente consciencioso — uma carta secreta do comandante de Tobolsk ao seu colega de Omsk. Ela continha instruções do próprio tsar para que os dois deportados fossem tratados como "prisioneiros no sentido pleno da palavra; de acordo com a sentença, a melhoria das condições de vida no futuro dependeria da conduta deles, da clemência do monarca, e de modo algum da indulgência daqueles que tinham autoridade imediata sobre eles; um funcionário de confiança deveria ser nomeado para mantê-los sob vigilância rigorosa e incessante".[8] Nesses postos avançados distantes do Império Russo, tais instruções estavam mais propensas a ser desrespeitadas do que cumpridas, e não há nenhuma prova de que esse burocrata menor tenha sido alguma vez nomeado. Seja como for, essas ordens tornaram mais difícil ajudar os presos políticos; havia sempre a possibilidade de que um subalterno zeloso, ávido por promoção, denunciasse qualquer favoritismo ao governador-geral.

A carta de Dostoiévski a Mikhail contém uma descrição sem retoques de seus anos de prisão:

Eu já conhecera alguns condenados em Tobolsk, e aqui em Omsk instalei-me para conviver com eles durante quatro anos. Eram pessoas grosseiras, de má índole, perversas. Seu ódio pela aristocracia não tinha limites e, portanto, eles nos receberam a nós, os cavalheiros, com hostilidade e tripudiando sobre nossos infortúnios.

Se tivessem a chance, nos comeriam vivos. Além disso, avalie que proteção tínhamos ao ter de viver, comer, beber e dormir junto com esses homens por vários anos, sem a menor chance de prestar queixa das inúmeras e diversas afrontas que recebíamos. "Vocês são nobres, bicos de ferro que costumavam nos espicaçar até a morte. Antes, o amo costumava atormentar o povo, mas agora é mais baixo do que o mais baixo, tornou-se um de nós" — esse era o tema sobre o qual fizeram variações por quatro anos. Eram 150 inimigos que não se cansavam de nos perseguir; para eles era um prazer, uma diversão, uma ocupação, e se alguma coisa nos salvou, foi a indiferença, a superioridade moral (que eles não podiam deixar de reconhecer e respeitar) e a resistência inflexível à vontade deles. Sempre reconheceram que éramos superiores. Não tinham nenhuma compreensão do nosso crime. Nós mesmos silenciamos a esse respeito e, portanto, não poderíamos nos entender, e tivemos de suportar todas as perseguições e o desejo de vingança contra a aristocracia, que para eles era a razão de existir e respirar.

Para nós as coisas iam muito mal. Uma prisão militar é muito pior do que uma civil. Passei todos os quatro anos de prisão encerrado entre paredes e nunca saía, exceto para trabalhar. O trabalho que nos arranjaram era pesado (nem sempre, é claro), e às vezes eu me sentia completamente esgotado com o mau tempo, a umidade, a chuva e o granizo, e com o frio insuportável do inverno. Certa vez, passei quatro horas em um trabalho urgente, quando o mercúrio congelou e a temperatura chegou a quase de quarenta graus negativos. Meu pé congelou.

Vivíamos uns em cima dos outros, todos juntos no mesmo barracão. Imagine uma velha e dilapidada construção de madeira, que deveria ter sido derrubada há muito tempo, e que não era mais adequada ao uso. No verão, um abafamento intolerável; no inverno, um frio insuportável. O piso estava podre. A sujeira no chão tinha uma polegada de espessura; podia-se escorregar e cair. As janelinhas estavam tão cobertas de neve que era quase impossível ler a qualquer hora do dia. Uma polegada de gelo nas vidraças. Goteiras no teto, correntes de ar por todos os lados. Estávamos amontoados como arenques em um barril. Punham seis toras de lenha na estufa de uma vez, mas não havia calor (o gelo dentro do barracão mal derretia), apenas fumaça insuportável — e isso durante todo o inverno. Nos barracões, os presos lavavam suas roupas e todo o espaço ficava salpicado de água, não havia lugar para se mexer. Do crepúsculo ao amanhecer, era impossível não se comportar como porcos, pois afinal de contas "somos seres humanos vivos". Dormíamos sobre tábuas e nos permitiam somente um travesseiro. Estendíamos nossos casacos de pele de carneiro sobre o corpo, e os pés ficavam descobertos a noite toda. Tremíamos a noite inteira. Havia pulgas, piolhos e besouros pretos a granel. No inverno, usávamos casacos curtos de pele de carneiro, muitas vezes da pior qualidade, que pouco esquentavam, e nos pés, botas de cano curto — tente caminhar com elas no frio glacial.

A comida que nos davam era pão e sopa de repolho com uns cem gramas de carne, mas a carne era picada e eu nunca vi um só pedaço dela. Nos feriados, um mingau ralo quase sem gordura. Nos dias de jejum, repolho cozido e só. Eu sofria terrivelmente de indigestão e fiquei doente várias vezes. Imagine se poderíamos viver sem dinheiro, e se eu não tivesse um pouco, certamente teria morrido; e ninguém, nenhum prisioneiro, quem quer que fosse, teria suportado essa vida sem algum dinheiro. Mas todos trabalhavam em alguma coisa, vendiam o que faziam e, assim, conseguiam um ou dois copeques. Eu bebia chá e, às vezes, comprava um pedaço de carne para comer, e essa foi minha salvação. Também era impossível não fumar tabaco, pois a pessoa poderia sufocar naquela atmosfera. Tudo isso era feito às escondidas.

Muitas vezes fiquei doente e fui parar no hospital. Nervos transtornados me causaram epilepsia, mas os ataques eram raros. Além disso, tenho reumatismo nas pernas. Fora isso, sinto-me razoavelmente bem. Acrescente-se a todas essas comodidades a impossibilidade quase total de ter um livro (e se conseguia um, tinha de lê-lo às escondidas), as eternas hostilidades e brigas ao seu redor, as disputas, os gritos, o tumulto, a algazarra, sempre sob escolta, jamais sozinho, e tudo isso por quatro anos sem parar — realmente, podemos ser perdoados por dizer que as coisas eram ruins. Além de tudo isso, a eterna ameaça de punição pairando no ar, as correntes, a asfixia total da alma, aí você tem um retrato da minha existência.[9]

Dostoiévski dá, em seguida, uma versão muito modificada dos prisioneiros que lhe pareceram inicialmente criaturas odiosas, quase de outra espécie.

Os homens, porém, são homens em qualquer lugar. Em quatro anos de prisão, acabei por distinguir seres humanos entre criminosos. Acredite, há entre eles personagens profundos, fortes, belos, e que alegria era descobrir ouro sob a superfície grosseira e dura. E não um ou dois, mas vários. É impossível não respeitar alguns deles, e alguns são particularmente esplêndidos. Ensinei um jovem circassiano (um salteador condenado a trabalhos forçados) a ler e escrever em russo. Como me agradeceu!

Outro condenado chorou ao despedir-se de mim. Costumava dar-lhe dinheiro — mas seria muito? Sua gratidão, por outro lado, foi ilimitada. E enquanto isso, meu caráter degenerava, era inconstante e impaciente com eles. Mas eles respeitavam meu estado de espírito e suportavam tudo sem dizer um ai. E a propósito: que tesouro de tipos e personagens do povo eu trouxe da prisão! [...] O suficiente para volumes inteiros! Que gente maravilhosa![10]

A carta de Dostoiévski relembra as condições físicas de sua prisão com mais honestidade do que mais tarde lhe permitiria a censura em *Recordações da casa dos mortos*, o livro que surgiu diretamente de seus dias de cárcere. E a aparente contradição entre as duas visões de seus companheiros de presídio ilustra o processo de descoberta que ocorreu entre o início e o fim de sua prisão — quando então ele já conseguira ultrapassar a superfície chocante e abominável e alcançar uma compreensão das profundezas psíquicas e morais. Com efeito, a transição de um ponto de vista para outro já proporciona o plano básico que ele usará mais tarde para estruturar suas memórias da prisão.

Ao chegar a Omsk, Dostoiévski teve seu primeiro vislumbre do temível major Krivtsov. "Sem rodeios, ele começou a nos agredir", diz em sua carta, "Dúrov e eu, que éramos idiotas por causa de nossos crimes, e prometeu [...] castigos corporais ao primeiro deslize."[11] Esse incidente é relatado mais tarde em *Recordações da casa dos mortos*: "Seu rosto rancoroso, roxo, cheio de espinhas, causava uma impressão muito deprimente: era como se uma aranha malvada tivesse corrido para atacar uma pobre mosca que houvesse caído em sua teia". Depois de mandar raspar a cabeça dos recém-chegados e de confiscar todos os seus pertences e roupas pessoais (exceto, por algum motivo, a roupa de baixo), concluiu com a ameaça: "Tratem de se comportar! Não me deixem ouvir falar de vocês! Ou [...] o castigo corporal. Ao menor delito — o chicote!" (v. 4, p. 214).

Se Dostoiévski foi alguma vez açoitado, isso tem sido objeto de especulação infindável. O próprio escritor diz de Krivtsov: "Deus me salvou dele".[12] De acordo com um incidente narrado nas memórias de P. K. Martiánov, uma das poucas fontes de informação confiáveis sobre anos de cativeiro de Dostoiévski, Krivtsov deu de fato uma ordem para que Dostoiévski fosse punido pelo chicote. Ao fazer uma de suas inspeções de surpresa da prisão (foi apelidado de "Oito-olhos" pelos prisioneiros porque parecia ver e saber tudo o que acontecia), Krivtsov descobriu Dostoiévski deitado em um catre dentro do barracão num momento em que deveria estar trabalhando. Dostoiévski havia sido dispensado por motivo de saúde e obtivera permissão para um dia de descanso. Isso foi explicado a Krivtsov pelo suboficial de guarda, que pertencia a um grupo de ex-cadetes navais, todos de boa família, que foram rebaixados devido a pequenos atos de insubordinação e punidos com o exílio na Sibéria. Mas o furioso Krivtsov, lívido de raiva, gritou que Dostoiévski estava sendo protegido e ordenou que fosse açoitado naquele mesmo instante.[13] Enquanto se faziam os preparativos para cumprir a ordem, o comandante da fortaleza, o general De Grave, chegou às pressas. Fora chamado por um mensageiro do ex-cadete naval, que, como seus colegas, era leniente com os condenados em geral e os presos políticos em particular. O general não só revogou de imediato a ordem de Krivtsov, como o repreendeu com severidade em público pela tentativa de castigar ilegalmente um prisioneiro doente.

Toda a sequência de eventos, a começar com a execução simulada, passando pela exposição às condições do presídio e pelo terror constante de estar à mercê dos ataques de raiva do beberrão Krivtsov, certamente contribuiu para a eclosão da epilepsia de Dostoiévski. O primeiro ataque verdadeiro que se pode determinar ocorreu em algum momento de 1850, e, conforme um relatório médico feito sete anos depois, caracterizou-se por gritos agudos, perda de consciência, movimentos convulsivos do rosto e dos membros, espuma na boca, respiração rouca e pulso fraco, rápido e irregular. O mesmo relatório afirma que um ataque semelhante ocorreu em 1853; desde então, os ataques se repetiram numa média de um por mês. A carta de Dostoiévski a Mikhail é o único documento primário disponível, e ele fala de sua epilepsia como uma fase inteiramente *nova* de sua antiga enfermidade ("nervos transtornados") — como o agravamento de um estado cujos sintomas iniciais podem ter aparecido em Petersburgo, mas que só se tornaram epilépticos na Sibéria. Dostoiévski sempre alude aos seus acessos na Sibéria como um sofrimento do qual não tinha nenhuma experiência anterior.

Sem dúvida, Krivtsov gostava de torturar os prisioneiros simplesmente para demonstrar sua autoridade. Como relata Dostoiévski e confirma o polonês Szymon Tokarzewski, seu companheiro de prisão, o major invadia com frequência os barracões à noite e acordava os prisioneiros, exaustos depois de um dia de trabalho duro, porque estavam deitados do lado direito ou de costas, quando ele havia decretado que a única posição de dormir permitida era do lado esquerdo.

"Quem [...] dormia do lado direito era açoitado", escreve Tokarzewski. "[Krivtsov] justificava essa punição dizendo que Cristo sempre dormia do lado esquerdo e, em consequência, todo mundo era obrigado a seguir o seu exemplo."[14] Sua ira selvagem por achar que Dostoiévski fingia estar doente foi fortalecida por saber que Dostoiévski estava sendo "protegido". Konstantin Ivánov, genro da sra. Ánnenkova e ajudante do general do Corpo de Engenharia, manobrava para que a Dostoiévski, na medida do possível, só fosse atribuído o tipo mais leve de trabalho: pintura, girar a roda de um torno, martelar alabastro, limpar a neve.

Dostoiévski, no entanto, achava que o trabalho árduo ao ar livre era necessário para combater os efeitos nocivos da atmosfera pestilenta do barracão e o procurou depois de um tempo. "Estar constantemente ao ar livre, trabalhar todos os dias até ficar cansado, aprender a carregar peso — de qualquer forma, vou me salvar", escreve ele em *Recordações da casa dos mortos*. "Eu pensei: ficarei forte, sairei da prisão saudável, vigoroso, robusto, e não uma pessoa envelhecida. E não estava enganado; o trabalho e o exercício foram muito bons para mim" (v. 4, p. 80). Serguei Dúrov, ao contrário, evitava o trabalho manual e, embora pouco mais velho que Dostoiévski, saiu da prisão, quatro anos depois, um velho doente e alquebrado que mal conseguia parar em pé.

Ainda assim, a saúde de Dostoiévski teria piorado mais não fosse a bondade do diretor do hospital da fortaleza, dr. Tróitski, com os prisioneiros políticos. A primeira estada de Dostoiévski no hospital pode ter sido causada por um ataque epiléptico, ou por um desmaio devido à exaustão por limpar neve, mas ele retornou várias vezes, mesmo quando não tinha uma queixa específica. O dr. Tróitski mandava-lhe um recado por intermédio dos ex-cadetes navais de que havia vaga no hospital. Dostoiévski, então, aparecia e era registrado como "convalescente", ganhando um descanso do barulho incessante e o tumulto dos barracões. O hospital lhe proporcionava uma relativa tranquilidade, o luxo de uma cama, uma alimentação nutritiva, chá e vinho, provenientes das rações hospitalares ou da cozinha do próprio médico. Krivtsov certamente sabia dos favores de Tróitski aos "presos políticos", mas uma vez que o hospital era uma instalação do Exército e não fazia parte do presídio, havia pouco que pudesse fazer. E embora o general dos engenheiros e o general De Grave soubessem que o médico estava sendo irresponsável em relação à aplicação da pena dos petrachevistas, preferiram fechar os olhos a essas infrações, com uma advertência ao médico para que fosse cuidadoso.

Essa advertência não era de modo algum supérflua; um dos médicos do hospital acabou denunciando o favoritismo de seu superior hierárquico em relação aos presos políticos em uma carta que enviou para Petersburgo. Ordenou-se uma investigação e despachou-se de Tobolsk um funcionário para realizar o inquérito. Mas, uma vez que não contou com a cooperação das autoridades locais, o informante não conseguiu testemunhas para fundamentar as acusações. Em desespero, o investigador decidiu revistar os alojamentos dos prisioneiros. Como isso exigia a permissão do comandante, o general De Grave teve tempo de dar um alerta secreto aos prisioneiros, que se apressaram a remover tudo que fosse ilegal e proibido, mas fizeram a gentileza de deixar alguns itens para recompensar o investigador. Ele encontrou então um pote de pomada, uma garrafa de água-de-colônia, meias de mulher e alguns brinquedos de criança. O prêmio maior, no entanto, consistiu em algumas folhas de papel, de que ele se apoderou na esperança de ter afinal descoberto alguma prova incriminadora de escritos literários proibidos. Com efeito, as folhas continham uma obra literária, mas não do tipo que ele esperava. Tratava-se de uma oração, dirigida ao Todo-Poderoso, pedindo intercessão divina para exorcizar a presença de Satanás que, ao que parecia, retornara à terra vindo do mundo infernal na figura do major Krivtsov. Os talentos literários de Dostoiévski dificilmente deixaram de ser utilizados nessa peça de humor negro.

Na verdade, Dostoiévski manteve, no hospital, um caderno em que anotava frases e expressões típicas da linguagem camponesa, picante e pitoresca dos prisioneiros. Essas páginas preciosas foram confiadas aos cuidados do médico assistente, A. I. Ivánov, e o escritor guardou as folhas rabiscadas às pressas, costuradas à mão em um pequeno caderno, até o dia de sua morte. Além de anotar frases e provérbios, também preservou letras de canções. Dostoiévski fez amplo uso de todo esse material no livro que resultou diretamente de seus anos de prisão, bem como em muitos de seus romances, em que locuções que anotou na Sibéria foram incorporadas para dar vida ao texto.

A existência dos *Cadernos da Sibéria* revela a firme determinação de Dostoiévski de um dia retomar sua carreira literária. "Não encontro palavras para contar-lhe a tortura que sofri porque não podia escrever", diz ele em carta ao amigo Apollon Máikov após sair da prisão.[15] No único encontro que teve durante todos esses anos com alguém da metrópole e em que pôde falar sem reservas, suas perguntas recaíram principalmente sobre as novidades da cena literária da qual havia sido apartado com tanta violência. Essa conversa ocorreu no inverno de 1853 com Evguiêni Iakúchkin, filho de uma família decabrista exilada que, após concluir seus estudos na Rússia, retornara à Sibéria na função de agrimensor.

De passagem por Omsk, Iakúchkin pediu a um oficial seu amigo que lhe arranjasse um encontro com Dostoiévski. "Lembro-me", escreve Iakúchkin muitos anos depois, "que a aparência de Dostoiévski me causou uma impressão dolorosíssima quando ele entrou na sala com suas roupas de presidiário, preso por correntes e com o rosto doentio que trazia sinais de uma enfermidade grave." Após o primeiro momento, travaram relações rapidamente e falaram "sobre o que estava acontecendo na Rússia, sobre literatura russa da atualidade. Ele me perguntou sobre alguns dos novos escritores que acabavam de aparecer e falou sobre sua difícil situação em um batalhão de condenados".[16] Insistindo que Dostoiévski aceitasse uma pequena quantia de dinheiro, Iakúchkin também concordou de bom grado em levar uma carta para Mikhail, que foi escrita na hora, e ficou encantado quando Dostoiévski lhe disse que o encontro o trouxera de volta à vida. Essa manifestação de interesse e solidariedade assegurou ao antigo escritor que ainda era lembrado e que não havia, como a heroína de seu romance *Gente pobre*, desaparecido na estepe sem deixar rastro.

Os dois últimos anos de Dostoiévski no campo de prisioneiros foram penosos, mas menos difíceis que os anteriores. O major Krivtsov foi preso, julgado por mau comportamento e forçado a exonerar-se do serviço público; com ele se foi o reinado de terror que havia instalado. Dostoiévski teve a satisfação de ver o ex-major na cidade, "um civil vestindo um casaco gasto e um boné com um penacho" (v. 4, p. 218). Depois que Krivtsov foi embora, "todos pareciam respirar mais livremente e sentir-se mais confiantes" (v. 4, p. 219). O governador-geral Gortchakov, cuja amante (esposa de um general muito galardoado) não se envergonhava de recolher suborno a mancheias, também se desgraçou e foi substituído. "Gozei de mais privilégios no último ano de prisão que nos anteriores", observa Dostoiévski em *Recordações da casa dos mortos*. "Descobri entre os oficiais que serviam na cidade alguns conhecidos e até antigos colegas de escola [...], por intermédio de seus bons ofícios consegui obter ainda mais dinheiro e até mesmo livros" (v. 4, p. 229). Com exceção de duas traduções para o russo de *As aventuras do sr. Pickwick* e *David Copperfield*, de Dickens, não sabemos a que livros Dostoiévski finalmente teve acesso. Anos mais tarde, ele veria em Pickwick um dos precursores do seu príncipe Míchkin, "um homem perfeitamente bom", a encarnação de um ideal moral cristão ridicularizado no mundo. No entanto, o mais importante foi que estabeleceu finalmente relações amistosas com alguns dos camponeses presos, e isso proporcionou um muito ansiado alívio da sensação opressiva de viver em um mundo cercado de inimizade e ódio.

Dostoiévski foi libertado da prisão em fevereiro de 1854 — para servir como humilde soldado raso no Exército russo por período indeterminado. Ainda assim, o prenúncio das dificuldades que o aguardavam não conseguiu suprimir a imensa alegria de sua tão esperada libertação. Durante anos ele se acostumara a fazer passeios solitários todas as noites ao redor da paliçada do presídio, contando a cada dia uma estaca a menos para marcar a gradual expiração de sua sentença; finalmente o grande momento chegou! "As correntes caíram", escreve ele em *Recordações da casa dos mortos*.

> Apanhei-as do chão. Queria segurá-las em minhas mãos, olhá-las pela última vez. Já parecia admirar-me que pudessem ter estado em meus pés um minuto antes. "Bem, com a bênção de Deus, com a bênção de Deus!" — diziam os prisioneiros com vozes roucas, abruptas, nas quais, no entanto, havia uma ponta de prazer. Sim, com a bênção de Deus! Liberdade, vida nova, ressurreição dos mortos. [...] Que momento glorioso! (v. 4, p. 232)

16. "Monstros em sua desgraça"

A opinião de Dostoiévski sobre seus companheiros de campo de trabalhos forçados mudou de maneira drástica ao longo de sua permanência na prisão. Embora grande psicólogo, ele jamais analisa seu estado de espírito, não discute a modalidade específica de sua evolução ideológica, sua transformação de um extremista filantrópico com tendências socialistas cristãs em um crente resoluto no povo russo como personificação nacional única dos ideais morais que julgara tão atraentes no socialismo utópico. Ao relembrar, em seu *Diário de um Escritor* (1873), "a regeneração de minhas convicções", Dostoiévski simplesmente observa que isso "não ocorreu tão rápido, mas aos poucos e depois de muito, muito tempo".[1] Portanto, ele não saiu da prisão com um conjunto bem definido de novas convicções em lugar daquelas que havia abandonado. Em vez disso, tentou encontrar um sentido em toda uma nova gama de impressões que colidiam com suas noções preconcebidas, e só mais tarde veio a compreender de modo mais consciente como essa experiência modificara suas ideias. Essas "ideias" começaram a configurar-se quando Dostoiévski, ao retomar o contato com a vida russa, em meados da década de 1850 e início dos anos 1860, considerou necessário definir uma posição ideológica em meio às transformações abruptas daqueles anos agitados.

Recordações da casa dos mortos foi publicado pela primeira vez nas páginas da revista de Dostoiévski *Tempo*, em 1861-2, e uma das anomalias do texto é o fato de não conter um relato de sua experiência de conversão. Uma vez que o foco é impessoal e coletivo, em lugar de confessional e pessoal, o processo de reeducação nunca é descrito diretamente e precisa ser inferido a partir de sugestões e comentários colaterais, tais como reações de surpresa por parte do narrador e suas chamadas ocasionais ao leitor para que preste atenção especial a uma ou outra observação. Foi somente 26 anos mais tarde, em um artigo publicado no número de fevereiro de 1876 de seu *Diário de um Escritor*, intitulado "Mujique Marei", que Dostoiévski forneceu as páginas que faltavam em suas memórias do cárcere e que ajudam a penetrar no enigma da "regeneração de [suas] convicções".

A importância desse artigo foi reconhecida há muito tempo, porém ninguém o analisou à luz de nossos conhecimentos da psicologia da conversão para explorar todas as pressões físicas, mentais e emotivas que convergiram em Dostoiévski naquele período crítico. Mas é só fazendo isso que poderemos complementar sua reticência e dar mais um passo adiante na compreensão desse episódio misterioso e decisivo. Aqui tomarei *Recordações da casa dos mortos* e "Mujique Marei" como documentos que registram as experiências de seus anos de prisão. Referências a esse texto serão feitas de novo mais tarde, correspondendo ao momento de escrita e publicação.

Para começar, Dostoiévski reorganizou suas experiências em *Recordações da casa dos mortos* a fim de comunicar os correlatos objetivos do que ele sabia ser a "verdade" interior de sua mutação moral e espiritual. Não importa o quanto possa ter enfeitado suas memórias do passado, essas "melhorias" foram todas feitas com o propósito de conferir o máximo possível de expressividade artística e simbólica a essa profunda mudança de sensibilidade. E ele fornece pistas que nos ajudam a captar os motivos subjacentes à sua regeneração.

Conforme Dostoiévski afirmou anos depois, não foram as dificuldades do exílio e o trabalho forçado que alteraram suas ideias: "Não, algo diferente [...] mudou a nossa perspectiva, nossas convicções e nossos corações [...] o contato direto com o povo, a fusão fraterna com ele num infortúnio comum, a percepção de que nos tornamos iguais a ele, de nos terem igualado a ele, inclusive ao seu estrato mais baixo".[2] Essas palavras idealizam uma "fusão", que estava longe de ser tão "fraterna" quanto Dostoiévski desejava que seus leitores acreditassem. Mas, de qualquer modo, ele aponta para algo crucial no processo de sua transformação, pois destaca o *produto final* desse processo, ressaltando que somente quando foi forçado a viver lado a lado com os camponeses presos foi que veio a perceber até que ponto havia acreditado nas ilusões a respeito do camponês russo e da natureza da realidade sociopolítica do país. Foi esse encontro com o povo russo que levou ao colapso de todo o seu equilíbrio psíquico e emocional e demandou um esforço tremendo para se adaptar às verdades perturbadoras que o assediavam por todos os lados. A resposta admirável de Dostoiévski a esse desafio constitui o eixo em torno do qual girou sua regeneração, e, uma vez dada essa resposta, suas convicções foram mudando gradualmente para se conformar à nova maneira de ver seus companheiros de infortúnio.

O primeiro período da vida de Dostoiévski na *kátorga*, que se estende, talvez, por pouco mais de um ano, mergulhou-o em um estado de espírito que pode ser considerado choque traumático. E, apesar de negação de Dostoiévski, os rigores físicos do regime prisional dificilmente poderiam ter deixado de afetar seu estado psíquico geral. Tampouco se deve esquecer o terror permanente do major Krivtsov em que Dostoiévski vivia. Essa ansiedade constante explica a curiosidade mórbida com que interrogava os outros sobre a sensação de ser açoitado. "Em certos casos, eu queria saber exatamente", escreve ele, "o tamanho [da dor], com o que ela poderia ser comparada. Não sei por que queria tanto saber isso. Lembro-me apenas de uma coisa: não era uma curiosidade vã. Repito: eu estava terrivelmente perturbado e abalado." E ele não conseguia ouvir as informações solicitadas sem que "meu coração quase saísse pela boca, batendo forte e violentamente" (v. 4, pp. 153-4). O espectro de ser submetido a tamanha indignidade e a dúvida torturante de não saber se seria capaz de se comportar com coragem são suficientes para explicar os sintomas de excitação nervosa que essas conversas invariavelmente provocavam. Agora, Dostoiévski vivia sob a sombra assustadora do que sempre julgara intolerável para os outros e daquilo que, no passado, nem sequer podia ouvir falar sem que explodisse de raiva.

Um dos primeiros incidentes que Dostoiévski registra em *Recordações da casa dos mortos* mostrou-lhe que não era só Krivtsov que poderia cometer violência contra a sua pessoa. Tendo chegado no dia anterior, ele e Dúrov foram à cozinha da prisão para tomar um copo de chá. Enquanto bebiam, cercados por outros detentos ocupados em comer o que tinham comprado, os dois fingiram não perceber os olhares sinistros que lhes dirigiam os presos de origem camponesa. De repente, eles foram abordados pelo beberrão tártaro Gazin. Homem gigantesco, ele perguntou em tom de deboche aos dois "cavalheiros" se haviam sido enviados à Sibéria para se divertir tomando chá. Como ambos permaneceram em silêncio, Gazin pegou uma enorme bandeja de pão e ergueu-a ameaçadoramente sobre a cabeça dos dois. Ela poderia ter desabado no momento seguinte, mas, por acaso ou de propósito, alguém entrou correndo para contar a Gazin, grande contrabandista de vodca, que seu estoque havia sido roubado, e o tártaro saiu às pressas sem causar nenhum dano.

A ameaça à vida e à integridade física era sempre palpável, e Dostoiévski teve provas suficientes, na forma como os prisioneiros tratavam uns aos outros, de que a ameaça poderia se transformar em caos a qualquer momento. Ele escreve que os espancamentos eram habituais quando os detentos ficavam bêbados e desenfreados a tal ponto que poderiam dar motivos ao "Oito-olhos" para punir o barracão inteiro. Gazin era um criminoso desse tipo e, às vezes, inflamado pela vodca, atacava as pessoas com uma faca. O que sucedia depois, Dostoiévski testemunhou muitas vezes: "Uma dúzia de homens de seu barracão o atacam todos juntos e começam a espancá-lo. Não se pode imaginar nada mais terrível do que essa torrente de golpes: batem incansável e brutalmente, e só param quando ele estiver inconsciente e lembrar um cadáver" (v. 4, p. 41). Parecia-lhe, diante das imprecações, insultos, intimidações e ameaças que trocavam, que alguma rixa sangrenta estava sempre prestes a eclodir, embora, na maioria dos casos, para sua surpresa inicial, a questão se encerrasse após uma saraivada de insultos obscenos. Ainda assim, não havia como escapar, como escreveu em sua carta, da "eterna hostilidade e das brigas, da gritaria, do tumulto, da barulheira". Uma fuga para o hospital trazia o risco de infecção e significava confinamento em uma enfermaria fétida, mas já vimos que esse era um dos lugares em que Dostoiévski buscava refúgio. "Eu estava fugindo da prisão. A vida ali era insuportável: mais insuportável do que no hospital, moralmente insuportável" (v. 4, pp. 164-5).

Essa repulsa moral aumentou assim que Dostoiévski percebeu a estarrecedora depravação que reinava entre os condenados. "Fiquei estupefato e transtornado, como se até então não tivesse suspeitado ou ouvido falar coisa alguma sobre tudo aquilo, e, contudo, eu tinha conhecimento daquilo. Mas a realidade causa uma impressão muito diferente daquela que se aprende nos livros e se fica sabendo por ouvir dizer" (v. 4, p. 65). A censura obviamente não lhe permitia falar com clareza sobre os costumes dos condenados, mas poucas são as coisas que não tenha conseguido transmitir. As bebedeiras de vodca ilegal são descritas em pormenores. Há claras alusões à prostituição, tanto feminina como masculina: explícitas, no caso da primeira (em Omsk, as mulheres ficavam à disposição e era possível subornar guardas para que ignorassem as ausências de grupos que trabalhavam na cidade), e mais indiretas, embora ainda inequívocas, no caso da segunda. Porém, nada espantou Dostoiévski mais do que a predominância universal do roubo. Não admira que tenha se espantado, tendo escrito um pequeno conto comovente, "O ladrão honesto", no qual um bêbado incurável, para conseguir um pouco de vodca, rouba uma calça de um amigo quase tão destituído quanto ele e morre de remorso por ter feito isso. Remorso era o que não havia no campo de prisioneiros. "Eles começaram por me lamber as botas", escreve ele, "arranjaram-me — por dinheiro, é claro — uma caixa com cadeado para eu guardar meus pertences preciosos [...] bem como algumas roupas de baixo que eu trouxera comigo para a prisão. No dia seguinte, roubaram a caixa e trocaram-na por bebida" (v. 4, p. 25). "Ao longo de vários anos", observa Dostoiévski, "nunca vi um sinal de arrependimento naqueles homens, nenhum indício de desânimo ou de que remoessem seus crimes, e a maioria considerava que estava coberta de razão. Isso é um fato" (v. 4, p. 15).

Em um trecho que descreve as longas noites de inverno, quando os presos eram trancados cedo e tinham várias horas para passar juntos antes de ser vencidos pelo sono, ele dá vazão à amarga misantropia que o assaltou nos primeiros dias de prisão: "Ruídos, gritaria, risos, insultos, barulho de correntes, fumaça e fuligem, cabeças raspadas, rostos cheios de marcas, roupas esfarrapadas, tudo manchado e degradado. [...] O homem é uma criatura capaz de se acostumar com qualquer coisa, acho que essa é a sua melhor definição" (v. 4, p. 10). E, além de tudo isso, as coisas ficaram muito piores devido à arraigada hostilidade que os presos de origem camponesa dedicavam aos "cavalheiros", como Dostoiévski.

Uma das primeiras coisas que Dostoiévski ouviu de um prisioneiro, ex-oficial do Exército, foi que os prisioneiros camponeses "não gostam dos aristocratas, especialmente dos presos políticos, se pudessem os comeriam vivos, e isso é compreensível. Em primeiro lugar, vocês são de outra raça, são diferentes deles, e, depois, todos eles foram servos ou soldados. Julgue por você mesmo se eles podem gostar de você" (v. 4, p. 28). Em outro lugar, Dostoiévski observa que "se eu tivesse tentado conquistar a boa vontade deles, congraçando-me com eles, familiarizando-me com eles [...] iriam imediatamente supor que eu fazia isso por medo e covardia e me tratariam com desprezo" (v. 4, p. 77). Dostoiévski não procurou nenhum contato mais próximo com os presos camponeses e decidiu permanecer distante; mas nada parece tê-lo surpreendido mais do que a descoberta daquela hostilidade inata e instintiva.

Como outras pessoas de sua classe, é provável que Dostoiévski pensasse que, embora por certo revidasse a ataques pessoais, o camponês era demasiado primitivo e intelectualmente limitado para fazer qualquer objeção consciente à sua condição social. Em um artigo famoso sobre Pedro, o Grande, que pode ser considerado um manifesto da ideologia dos ocidentalistas russos, Bielínski escrevera em 1841 que "o mujique russo ainda é semiasiático. [...] Pois os homens em seu estado natural, a não ser para satisfazer a fome e desejos semelhantes, são incapazes de pensar".[3] Se Dostoiévski tinha opinião semelhante sobre o mujique, podemos entender por que a existência de certa consciência sociopolítica entre eles lhe causou tamanho impacto. O que mais o impressionou foi o reflexo dessa consciência na hostilidade implacável dos presos camponeses aos nobres em geral, e a ele mesmo em particular.

"Nem uma só palavra em nossa defesa!", observa Dostoiévski sobre o incidente com Gazin na cozinha da prisão. "Ninguém gritou com Gazin, tão intenso era o ódio que tinham de nós!" Essa é apenas a primeira de muitas ocasiões em que Dostoiévski entendeu a verdade das palavras proferidas por um dos presos políticos poloneses, a quem ele havia ingenuamente perguntado por que os presos camponeses pareciam ressentidos com o chá, embora muitos deles estivessem comendo o que haviam comprado. O nobre polaco, calejado pela prisão, respondeu: "Não é por causa de seu chá. Eles estão indispostos com você porque você foi um nobre e não é igual a eles. Muitos deles gostariam claramente de insultá-lo, humilhá-lo. Você vai encontrar muitas coisas desagradáveis aqui" (v. 4, p. 32).

Essas previsões se confirmaram poucos dias depois, quando Dostoiévski saiu com um grupo de trabalhadores para sua primeira tarefa. Ele descobriu que

em todos os lugares, eu sempre era posto de lado quase com agressão. O mais maltrapilho, um péssimo trabalhador, [...] se achou no direito de gritar comigo, sob o pretexto de que eu o atrapalhava se ficasse ao lado dele. Por fim, um dos mais espertos me disse franca e grosseiramente:"Onde você está cavando? Cai fora! Por que você se mete onde não é chamado?".

Em consequência, continua Dostoiévski, "tive de ficar à parte, e ficar de longe enquanto todos estão trabalhando nos envergonha. Mas quando eu de fato me afastei a pé e fui para a ponta da barcaça, eles gritaram ao mesmo tempo: 'Que belos trabalhadores nos mandaram, o que se pode fazer com eles?'" (v. 4, p. 76). O Dostoiévski suscetível e terrivelmente vulnerável, pronto para explodir diante da mais leve alfinetada em sua autoestima, estava agora preso em um pesadelo de humilhação do qual não havia como escapar e que tinha de aprender a suportar.

Em *Recordações da casa dos mortos*, ele reafirma várias vezes o desgosto que lhe causava esse. implacável ódio de classe. Com efeito, chegou a considerar o mais angustiante de todos os tormentos da vida na prisão essa consciência de estar eternamente cercado por inimigos, eternamente separado da grande maioria por um muro de animosidade, o qual nada do que pudesse fazer poria abaixo. Um camponês condenado comum, ele explica, "duas horas depois de sua chegada [...] está em pé de igualdade com todos os outros está *em casa*, os mesmos direitos dos outros na comunidade, é compreendido por todos e é visto por todos como um camarada. É muito diferente com o *cavalheiro*, o homem de uma classe diferente. Por mais honesto, afável e inteligente que seja, será odiado e desprezado durante anos" (v. 4, p. 198).

Um condenado camponês chamado Petrov, ex-soldado com a fama de ser o homem mais perigoso no presídio, foi um dos poucos de sua classe que buscaram uma aproximação de Dostoiévski. Ele extraiu do escritor Dostoiévski todo tipo de informação, ora a respeito da política francesa, ora sobre se as pessoas do outro lado do globo andavam de fato de cabeça para baixo. "Mas eu tinha a impressão", escreve Dostoiévski, "de que, em geral, ele me considerava [...] quase como um recém-nascido, incapaz de compreender as coisas mais simples. [Ele] concluíra [...] que, fora dos livros, eu não entendia nada e era até incapaz de compreender qualquer coisa" (v. 4, p. 86). Dostoiévski tinha certeza de que, mesmo quando o roubava, Petrov tinha pena dele, porque não era capaz de defender seus pertences. "Ele mesmo me disse um dia", recorda Dostoiévski, "que eu era 'um homem de bom coração' e 'tão ingênuo, tão ingênuo, que faz a gente sentir pena de você'" (v. 4, p. 87).

Um observador de fora descreve Dostoiévski, durante o primeiro ano de prisão, como "um lobo preso numa armadilha". "Trazia o gorro enterrado na cabeça até as sobrancelhas; parecia feroz, retraído, hostil; a cabeça baixa e os olhos grudados no chão."[4] Esse período de retraimento marcou o início de uma revisão de todas as suas ideias e convicções anteriores. "Em minha solidão espiritual", escreve ele, "revi toda a minha vida passada, repassei tudo nos mínimos detalhes, [...] julguei-me de modo severo e implacável e, por vezes, até abençoava o destino por ter me colocado naquela solidão, sem a qual eu não teria me julgado dessa maneira, nem examinado meu passado com tanta severidade" (v. 4, p. 220). Dostoiévski não nos diz nada sobre o conteúdo dessas reflexões, mas algumas páginas de suas memórias da prisão podem ser lidas como uma exposição esopiana de seu desatino como aprendiz de conspirador revolucionário.

Um dia, Dostoiévski notou que os outros presos estavam reunidos no pátio da prisão em uma hora incomum. Apresentou-se imediatamente, como se fosse uma chamada, mas foi recebido com zombaria e mandaram que se retirasse do grupo. Hesitando em obedecer aos gritos que vinham de todas as direções, foi por fim agarrado pelo braço e levado para a cozinha do presídio. Lá, olhando de longe para a confusão, estavam um punhado de presos camponeses e todos os outros nobres, que lhe informaram que se tratava de uma "reclamação" organizada contra o major Krivtsov por causa da qualidade da comida. Ele então se deu conta do que havia acontecido: os presos camponeses haviam se recusado, espontânea e unanimemente, a deixar que um cavalheiro se juntasse ao protesto.

A reclamação foi esmagada sem dificuldade pelo enfurecido major, que mandou açoitar alguns dos manifestantes escolhidos ao acaso, mas o tratamento que Dostoiévski recebera permaneceu na sua memória como uma admoestação dolorosa. "Eu nunca tinha sido tão insultado na prisão", escreve ele, apesar de todas as humilhações que sofrera, "e dessa vez, me senti muito amargurado" (v. 4, p. 203). Naquela mesma tarde, conversou sobre isso com Petrov:

"Diga-me, Petrov, eles estão com raiva de nós?"

"Raiva, por quê?", ele perguntou como se despertasse. [...]

"Porque não participamos da reclamação."

"Mas por que vocês deveriam reclamar?", perguntou ele, como se estivesse tentando me entender. "Vocês compram sua própria comida."

"Meu Deus! Mas alguns de vocês que participaram também compram sua própria comida. Nós deveríamos ter feito a mesma coisa, como camaradas."

"Mas [...] mas como vocês podem ser nossos camaradas?", ele perguntou perplexo. (v. 4, p. 207)

As implicações sociopolíticas desse diálogo finalmente penetraram na consciência do conspirador revolucionário de outrora, que havia acalentado a esperança de promover uma revolução camponesa. A noção de que os camponeses aceitariam a liderança de aristocratas na luta para obter a liberdade, percebia agora, tinha sido pura ilusão.

Em outra parte do livro, Petrov é retratado como um revolucionário nato, justamente o tipo de camponês ao qual o grupo de Spiéchniev pretendia incitar — aqueles que, como escreve Dostoiévski, "são os primeiros a superar os piores obstáculos, a enfrentar todos os perigos sem reflexão, sem medo" (v. 4, p. 87). Esse tipo de homem, percebia agora, achava impossível entender como um nobre poderia aliar-se aos camponeses em um protesto social. Nunca mais Dostoiévski acreditaria que os esforços da intelectualidade radical pudessem ter algum efeito na agitação das grandes massas do povo russo, e, ao longo de sua vida, a história mostraria que ele estava certo — senão, com certeza, meio século depois de sua morte.

O povo jamais seguiria a intelligentsia, e seus próprios líderes só podiam conduzi-lo no caminho para a autodestruição, pois tais "agitadores e líderes [...] são impetuosos demais para serem astutos e calculistas; [e...] quase sempre fracassam e, em consequência, são enviados para a prisão e trabalhos forçados" (v. 4, p. 201). Essas são, com certeza, algumas das conclusões melancólicas que Dostoiévski começou a tirar quando julgou seu passado "de modo severo e implacável". Tudo o que seus leitores acreditam saber sobre os camponeses, diz-lhes Dostoiévski, está lamentavelmente errado. "Você pode lidar com os camponeses durante toda a sua vida, pode ter relações com eles todos os dias durante quarenta anos [...] nunca vai conhecê-los de fato. Será tudo uma ilusão de óptica e nada mais. [...] Cheguei a essa convicção [...] a partir da realidade, e tive bastante tempo para verificar isso" (v. 4, pp. 198-9). Ele talvez se lembrasse, nesses momentos de autojulgamento, das famosas linhas finais de *A filha do capitão*, romance de Púchkin ambientado no século XVIII, durante a sangrenta revolta de Pugatchov. As palavras de Púchkin expressam o ponto de vista que Dostoiévski acabara de assumir: "Deus nos livre de ver uma revolta russa, tão implacável e sem sentido! Aqueles que planejam revoluções impossíveis, entre nós, são jovens e não conhecem o nosso povo; ou então têm um coração de pedra, e, para eles, a cabeça do próximo não vale nada e o seu próprio pescoço vale menos ainda".[5]*

A atitude compadecida que outrora dedicava aos camponeses, como se fosse um benfeitor, fora substituída por um ódio de tudo que havia ao seu redor, mas sobretudo de seus companheiros de prisão. Numa carta à sra. Fonvízina, ele confessa: "Havia momentos em que eu odiava todos com que me deparava, inocentes ou culpados, e via neles ladrões que estavam roubando minha vida impunemente. A desgraça mais insuportável é quando você mesmo se torna injusto, maligno, vil; você se dá conta disso, até mesmo se reprova, mas simplesmente não pode evitá-lo".[6] É quase impossível exagerar a importância dessa destruição da fé na humanidade de Dostoiévski ocorrida no campo de prisioneiros, mas ele conseguiu encontrar uma maneira de sair dessa torturante armadilha psíquica e, como veremos adiante, passou por uma experiência que exibe todas as características que se observam nos casos de conversão, seja ela religiosa ou de lealdade política.

Havia doze outros prisioneiros da classe nobre no presídio de Omsk durante o período em que Dostoiévski cumpriu sua sentença. Além de Dúrov, três eram russos, e o que Dostoiévski nos conta a respeito deles indica com certeza, embora indiretamente, por que a presença deles não significava conforto algum. Um deles era um ex-oficial do Exército russo que Dostoiévski chama de Akim Akimitch, uma pessoa tão condicionada à subordinação que a obediência se tornara nele uma inclinação e uma segunda natureza. Entregava-se à rotina da vida no Exército com devoção amorosa, "e tudo com a mesma voz decorosa como o gotejar da água". Às vezes, Dostoiévski admite, "eu [...] amaldiçoava o destino que me havia colocado ao lado dele, cabeça com cabeça, na cama comum" (v. 4, pp. 208-9).

O segundo presidiário é mencionado apenas como um "parricida". Seu verdadeiro nome era D. I. Ilínski, e é uma figura de certa importância na carreira de Dostoiévski: mais tarde, sua história forneceu ao romancista a trama principal de *Os irmãos Karamázov*, e sua personalidade provavelmente foi o modelo para alguns traços de caráter de Dmítri Karamázov. Ilínski era um ex-oficial condenado (apenas com base em provas circunstanciais) por ter matado o pai

---

* O trecho entre aspas é de Aleksandr Púchkin, *A filha do capitão*. Trad. de Helena S. Nazario. São Paulo: Perspectiva, 1980. (N. E.)

para apossar-se de sua herança. Sempre "alegre e animadíssimo", negava categoricamente o crime, e Dostoiévski não acreditava em sua culpa, observando que "uma insensibilidade tão selvagem parece impossível" (v. 4, p. 16). Anos mais tarde, ao escrever a versão final do seu livro sobre a prisão, Dostoiévski soube que Ilínski fora libertado: um criminoso havia confessado o assassinato. Assim, a intuição psicológica de Dostoiévski, baseada unicamente em sua observação do caráter de Ilínski, se confirmara.

O terceiro nobre russo, mencionado apenas pela inicial A., era Pável Áristov, "o exemplo mais revoltante da baixeza até onde um homem pode afundar e degenerar-se, e até que ponto pode destruir em si mesmo todo o sentimento moral, sem dificuldade ou arrependimento" (v. 4, p. 62). Setenta pessoas totalmente inocentes foram presas graças às denúncias de Áristov, enquanto ele se entregava a orgias desenfreadas com o dinheiro fornecido pela Terceira Seção, e continuou a entregar "conspiradores políticos subversivos" desde que lhe pagassem por isso. Porém, após determinado período, até mesmo a Terceira Seção passou a suspeitar dele, e Áristov foi finalmente mandado para a prisão por fraude e denúncias falsas. Lá, insinuou-se junto ao major Krivtsov e serviu de espião e informante sobre os presos camponeses. Dostoiévski ficou horrorizado ao encontrar alguém da laia de Áristov, que superava suas fantasias mais furiosas a respeito do mal que um ser humano poderia tolerar e perpetrar deliberadamente. "Durante todo o tempo em que estive na prisão", ele declara, "A. me parecia um pedaço de carne com dentes e estômago e uma sede insaciável pelos prazeres mais sensuais e bestiais" (v. 4, p. 63).

Para piorar as coisas, era "esperto e inteligente, de boa aparência, até mesmo bem-educado". O que tornava a presença de Áristov literalmente intolerável para Dostoiévski era a sua maneira de exaltar a própria infâmia: "E como me repugnava olhar para o seu eterno sorriso debochado! Ele era um monstro, um Quasímodo moral!" (v. 4, p. 63). E assim como Dostoiévski não se esqueceu de Ilínski, Áristov também permaneceu gravado em sua memória. As primeiras referências nos cadernos de Dostoiévski ao caráter de Svidrigáilov, o aristocrata libertino, cínico e debochado de Crime e castigo, estão registradas com o nome de Áristov.[7] Mais imediatamente, Dostoiévski responsabiliza Áristov pelo aprofundamento da crise de valores causada pela vida no presídio. "Ele envenenou meus primeiros dias na prisão", explica Dostoiévski, "e os tornou ainda mais lastimáveis. Eu estava horrorizado com a terrível baixeza e degradação em que me haviam jogado.

[...] Imaginava que tudo ali era vil e degradado. Mas estava enganado, julguei todos por A" (v. 4, p. 64).

Com efeito, Dostoiévski via nos presos camponeses apenas réplicas mais cruas de Áristov: sem perceber a distinção entre o bem e o mal, eles pareciam pertencer a outra espécie. Outro indivíduo terrível era um chefe de bando chamado Orlov, a respeito de quem Dostoiévski ouvira "histórias maravilhosas" antes de ele aparecer no hospital do Exército durante uma das internações de Dostoiévski. Orlov "era um criminoso como poucos, que havia assassinado idosos e crianças a sangue-frio — um homem de tremenda força de vontade e orgulhosa consciência de sua força". Longe de ter perdido sua humanidade por se deixar subjugar pelos desejos da carne, como Áristov, Orlov, na visão de Dostoiévski, era "sem dúvida um exemplo de triunfo completo sobre a carne. Era evidente que esse homem tinha um poder de controle ilimitado, que desprezava todo tipo de punição e tortura, e não tinha medo de nada neste mundo". Tratava-se de uma pessoa com extraordinário autodomínio, e Dostoiévski observa que ficou "assombrado com sua estranha altivez. Olhava para tudo com incrível desdém, embora não fizesse nenhum esforço para manter essa atitude altiva — de algum modo, ela era natural nele" (v. 4, p. 47).

Nietzsche, que ficou extremamente entusiasmado com *Recordações da casa dos mortos* quando o leu pela primeira vez, pode muito bem ter visto em Orlov uma das encarnações de seu super-homem, e o que Dostoiévski nos conta sobre suas conversas com o famoso bandido prenuncia a distinção nietzschiana entre a moral do senhor e a moral do escravo.[8] Quando Dostoiévski começou a questionar Orlov sobre suas "aventuras", o bandido percebeu que seu interlocutor "estava tentando penetrar em sua consciência e descobrir algum sinal de arrependimento". A única resposta de Orlov foi olhar para Dostoiévski

com grande desprezo e arrogância, como se de repente, aos seus olhos, eu houvesse me transformado num menino tolo, com quem era impossível discutir as coisas como se faria com uma pessoa adulta. Em seu rosto havia até mesmo uma espécie de pena. Um instante depois, começou a rir de mim, um riso perfeitamente franco, desprovido de qualquer sinal de ironia.

Dostoiévski conclui que "ele não podia deixar de me desprezar, e devia me olhar como um ser fraco, patético, submisso, inferior a ele em todos os aspectos"

(v. 4, p. 48). É impossível ler essas palavras sem pensar na dialética apaixonada de Raskólnikov em *Crime e castigo*, que, embora alimentada por ideologias que ainda não tinham aparecido no cenário sociocultural russo, certamente deve muito de sua vitalidade a essa recordação. E pode-se muito bem ver Raskólnikov como um membro da intelligentsia cheio de remorsos — tal como Dostoiévski se sentia naquele momento — que se esforçara para estimular em si mesmo um comportamento como o de Orlov, mas que, no fim, descobre ser moralmente impossível suportar as terríveis consequências de seus atos.

A paliçada de Omsk também abrigava oito nobres poloneses, todos mandados para a Sibéria por terem participado de conspirações para conquistar a independência de seu país do domínio russo. Poucos detentos presentes em *Recordações da casa dos mortos* são descritos nos termos laudatórios que Dostoiévski emprega para falar dos prisioneiros poloneses que se tornaram seus amigos. "Nunca deixei de estimá-lo", ele diz de B. (Józef Bogusławski), e essas palavras se destacam como uma súbita mancha de cor radiosa na escuridão circundante. Foram, em grande medida, as divergências políticas que levaram à ruptura deles com Dostoiévski, pois se recusaram a tolerar o virulento nacionalismo russo que o escritor exibia quando a conversa se voltava para a causa sagrada pela qual os prisioneiros poloneses estavam sofrendo seu castigo cruel. Tokarzewski registra:

> Como foi doloroso ouvir esse conspirador, esse homem condenado à prisão pela causa da liberdade e do progresso, quando confessou que ficaria feliz somente quando todas as nações caíssem sob o domínio russo. [...] Ele afirmava que [Ucrânia, Volínia, Podólia, Lituânia e Polônia] sempre foram propriedade da Rússia; que a mão divina de justiça pusera essas províncias e países sob o cetro do tsar russo, porque [de outro modo] teriam permanecido em um estado de negro analfabetismo, barbárie e pobreza abjeta. [...] Ao ouvir esses argumentos, adquirimos a convicção de que Fiódor Mikháilovitch Dostoiévski sofria de insanidade mental.[9]

Em *Recordações da casa dos mortos*, Dostoiévski guarda silêncio sobre essas discussões políticas por causa da censura, mas diz que estava muito contrariado com o asco dos poloneses aos detentos camponeses russos, para os quais olhavam com supremo desprezo. "Eles os tratavam [...] de forma cuidadosa e ofensivamente polida, muito pouco comunicativa. Nunca conseguiam esconder sua aversão pelos condenados, que percebiam isso com clareza e lhes retribuíam na mesma moeda" (v. 4, p. 26). Tokarzewski relata como entrou pela primeira vez no barracão onde Dostoiévski o encontraria mais tarde: "E aquelas figuras de homens, ou de réprobos, se aproximaram de nós e estenderam as mãos, mãos tantas vezes cobertas de sangue, tantas vezes maculadas por ofensas e crimes. [...] Eu retirei minha mão e, empurrando todos para o lado, entrei no barracão com a cabeça orgulhosamente erguida".[10]

Essa era a atitude dos poloneses, e Dostoiévski teria de ser muito mais obtuso do que o normal para não perceber que aquela atitude se assemelhava à sua. No entanto, o veemente patriota Dostoiévski logo se viu defendendo seu país e, ao que parece, a maioria de seus habitantes, contra as únicas pessoas educadas do campo de prisioneiros de quem ele pessoalmente gostava e que o haviam ajudado a amenizar sua entorpecente solidão. Mas como poderia defender a Rússia sem superar sua violenta repugnância por aquela porção do povo russo que o cercava, em carne e osso? As disputas com os exilados poloneses só fizeram intensificar sua crise interior — a crise causada inicialmente pela destruição de sua fé humanitária no povo — até um ponto insuportável de mal-estar psíquico. Do ponto de vista emocional, nada era mais necessário para Dostoiévski do que encontrar alguma maneira de conciliar seu amor inextirpável pela terra natal com as reações violentamente negativas aos repulsivos habitantes da penitenciária.

No artigo intitulado "Mujique Marei", Dostoiévski fornece as páginas que faltam a suas memórias da prisão e que nos ajudam a penetrar no enigma da "regeneração de [suas] convicções". Para compensar a desilusão criada por um artigo anterior do *Diário de um Escritor* em que descrevera o povo como "grosseiro e ignorante, viciado na embriaguez e na devassidão" e como "bárbaros à espera de luz", ele desenterra da memória um incidente ocorrido no campo de prisioneiros que o salvara certa vez do desespero causado pelo peso das mesmas impressões decepcionantes.

O incidente que Dostoiévski descreve ocorreu durante "o segundo dia da Semana Santa"[11] e foi motivado por sua lembrança do mujique Marei, um dos servos de seu pai, que havia conhecido quando menino. Durante a Quaresma, os prisioneiros, dispensados do trabalho por uma semana, iam à igreja duas ou três vezes por dia. "Eu gostava muito da semana de preparação para a comunhão", Dostoiévski confirma em *Recordações da casa dos mortos*. "Os ofícios da Quaresma, tão familiares para mim desde os dias distantes da minha infância na casa de meu pai, as orações solenes, as prostrações — tudo isso despertava em meu coração o passado distante, longínquo, trazendo de volta os dias de minha infância." Os condenados ficavam na parte de trás da igreja, como faziam os camponeses de sua juventude, e ele lembrou como, de sua posição privilegiada, os observou "afastarem-se servilmente a fim de abrir caminho para um oficial de grossas dragonas, para um cavalheiro corpulento, ou para uma dama vestida com exagero, mas piedosa. [...] Eu costumava fantasiar, então, que junto à porta da igreja eles não rezavam como nós, mas oravam humilde e devotamente, com plena consciência de sua condição simples" (v. 4, p. 176).

Desse modo, os preparativos da Páscoa evocavam naturalmente lembranças dos dias em que sua fé era imperturbável — e de sua impressão, já naquela época, de que os camponeses eram cristãos mais verdadeiros em suas devoções do que a arrogante classe dominante.

> Os condenados oravam com muito fervor e todos traziam seus pobres tostões para a igreja a fim de comprar uma vela, ou para deixá-los na caixa de coleta. "Eu também sou um homem", pensavam, e talvez sentissem, ao depositar a moeda, que "aos olhos de Deus, somos todos iguais". Recebíamos a comunhão na primeira missa. Quando, com o cálice nas mãos, o padre leu as palavras "aceitai-me, ó Senhor, até mesmo como o ladrão", quase todos se prostraram ao chão fazendo tilintar as correntes e parecendo aplicar as palavras literalmente a si mesmos. (v. 4, p. 177)

Essas impressões decerto começaram a enfraquecer a noção de Dostoiévski de que os condenados eram réplicas mais grosseiras de Áristov; tampouco devemos esquecer os possíveis efeitos da missa da Páscoa ortodoxa, que, ao celebrar o mistério central da ressurreição de Cristo, enfatiza o amor fraterno e o perdão mútuo que deve unir todos os fiéis na alegria do evento milagroso.

Desse modo, no segundo dia da semana da Páscoa Dostoiévski já havia passado por um longo período em que seus sentimentos mais exaltados foram repetidamente despertados e, portanto, era ainda mais irritante testemunhar o espetáculo horrível que via ao seu redor.

> Era o segundo dia do "feriado" no presídio; os prisioneiros não foram levados ao trabalho, muitos estavam bêbados, xingamentos e brigas estouravam de um mo-

mento para o outro em todos os cantos. Canções feias, obscenas, grupos que jogavam acocorados debaixo da cama, prisioneiros espancados quase até a morte, de comum acordo, por serem desordeiros demais, e deitados na cama de tábuas cobertas com peles de carneiro até que recuperassem a consciência e acordassem; facas já sacadas várias vezes — tudo isso no segundo dia do feriado me atormentou a ponto de eu ficar doente.[12]

Por fim, o que o impeliu "a sair correndo [do barracão] como um louco" foi que "seis camponeses fortes, todos juntos, se jogaram sobre o tártaro Gazin bêbado, a fim de dominá-lo; espancaram-no com fúria — um camelo poderia morrer com aqueles golpes, mas eles sabiam que era difícil matar aquele Hércules, então batiam sem medo".[13]

Incapaz de suportar essa visão horrenda por nem mais um segundo, Dostoiévski saiu desabalado, ao encontro do sol de um dia de radiante céu azul. Começou a andar, como sempre fazia, no espaço entre a paliçada e os prédios; mas a beleza do dia não conseguiu acalmar a indignação que fervia em seu peito. "Finalmente", lembra ele, "meu coração ardia de rancor"; e bem nesse momento encontrou um dos prisioneiros poloneses, Mirecki, que passeava no mesmo caminho isolado e, evidentemente, pelas mesmas razões. "Ele me olhou com tristeza, seus olhos brilharam e os lábios começaram a tremer: *Je hais ces brigands*' [Odeio esses bandidos]! — murmurou entre os dentes, com uma voz meio embargada, e continuou seu caminho."[14]

O efeito dessas palavras foi levar Dostoiévski a dar uma brusca meia-volta e voltar ao barracão. Mirecki havia expressado os pensamentos mais venenosos, exibira a mesma raiva que fervia no âmago do próprio Dostoiévski, e isso lhe causara um choque terrível. Aquilo o fez perceber até que ponto chegavam o seu apoio aos poloneses e o seu repúdio aos compatriotas, após o que voltou para o alojamento como um gesto de solidariedade com seus companheiros russos. Mesmo assim, ainda julgando impossível suportar a visão do pandemônio dentro do barracão, Dostoiévski deitou-se na cama estreita e fingiu dormir. "Mas agora eu não podia sonhar: meu coração batia agitado e as palavras de Mirecki soavam em meus ouvidos: *Je hais ces brigands!*'."[15]

A severidade de seu conflito interior estava atingindo o ápice; por isso ele achava tão difícil apagar o tempo presente, como tantas vezes havia feito, e permitir que seu subconsciente andasse à solta pelo passado, mediante associações involuntárias. "Eu costumava analisar essas impressões, acrescentando novos toques às coisas vividas há muito tempo e — o que é mais importante — costumava corrigi-las, sempre corrigi-las."[16] Dessa vez, o que veio à tona foi a lembrança de um incidente de infância, um período de sua vida que acabava de reviver em seu subconsciente graças aos preparativos e cerimônias da Páscoa. E a experiência envolvera as mesmas emoções de choque, susto e medo que foram suscitadas pela orgia do campo de prisioneiros. Certo dia, quando tinha nove anos de idade, Dostoiévski passeava pela floresta da pequena e malcuidada "propriedade" de seu pai e, de repente, pensou ter ouvido gritos que diziam que um lobo estava vagando nas proximidades. O bosque era atravessado por ravinas, nas quais de vez em quando apareciam lobos, e sua mãe recomendara cuidado. O menino assustado correu bosque afora em direção a um camponês que arava em um campo das proximidades, um dos servos de seu pai, que ele conhecia apenas como "Marei". Surpreso, Marei interrompeu o trabalho para acalmar a criança pálida que tremia e garantiu-lhe que ninguém havia gritado e que não havia nenhum lobo por perto. Dostoiévski lembrou que Marei lhe sorriu com ternura, "como uma mãe", abençoou-o com o sinal da cruz, repetiu em si a persignação e depois o mandou de volta para casa, com a garantia de que ficaria de olho nele. "Tudo isso voltou subitamente, não sei por quê", escreve Dostoiévski, "com clareza surpreendente e com todos os detalhes. De repente, abri os olhos, endireitei-me na cama e lembro-me de que meu rosto ainda conservava o sorriso suave da recordação."[17]

Dostoiévski nunca mais falou com Marei após esse único contato e insiste em dizer que esquecera o incidente por completo. "E agora, de repente — vinte anos depois, na Sibéria —, eu me lembrava daquele encontro com tanta nitidez, em todos os detalhes." Ele tem certeza de que

> [Marei] não teria olhado para mim com uma expressão tão reluzente do amor mais genuíno se eu fosse seu único filho. E quem o obrigava a fazê-lo? Ele era nosso servo camponês e eu, afinal de contas, era o filho de seu senhor; ninguém ficaria sabendo como ele fora bondoso e o recompensaria por isso. […] O encontro foi isolado, num campo vazio, e somente Deus, talvez, viu lá de cima quanto sentimento humano profundo e iluminado, quanta ternura delicada e quase feminina poderiam encher o coração de um servo camponês russo grosseiro, bestialmente ignorante que não supunha, nem sequer suspeitava, que poderia ser livre.[18]

E de repente, em consequência dessa lembrança reconfortante, Dostoiévski descobre que toda a sua atitude para com seus companheiros de prisão passou por uma transformação.

> Lembro-me de que, quando saí da cama e olhei ao redor, senti de repente que poderia ver aqueles infelizes com olhos muito diferentes e, de repente, como que por milagre, todo o ódio e rancor desapareceram do meu coração. Caminhei pelo barracão, olhando com atenção para os rostos que encontrava. Aquele camponês desprezado, com cabeça raspada e marcas de ferro no rosto, cambaleando bêbado, gritando sua rouca canção de ébrio — ora, pode ser o próprio Marei; afinal, não sou capaz de olhar dentro do seu coração.

Na mesma noite, Dostoiévski voltou a encontrar Mirecki e, dessa vez, sentiu-se seguro, capaz de encarar a acusação anterior com uma ponta da comiseração condescendente pelos pobres e infelizes poloneses. "Ele não poderia ter lembrança de nenhum Marei, nem outra opinião a respeito daquela gente que não fosse: '*Je hais ces brigands*'. Não, aqueles poloneses tinham muito mais a padecer do que nós!"[19]

Em sua obra ainda incomparável *As variedades da experiência religiosa*,[20] William James fala da paz interior, harmonia e tranquilidade que resultam de uma experiência de conversão. Ainda que nada sofra alteração externa, o sujeito tem a impressão clara de perceber uma verdade que, embora possa ter sido vagamente vislumbrada antes, jamais havia sido tão lúcida e transcendental. A lembrança do mujique Marei teve esse efeito sobre Dostoiévski, que acreditou que podia finalmente ver através da superfície abominável do mundo uma beleza até então escondida dos olhos de sua sensibilidade moral. "Devido às circunstâncias", escreve ele, "praticamente em toda a história da Rússia, o povo foi [...] submetido a tanta depravação e sedução, a tanta tortura, que é de fato surpreendente que tenha conseguido preservar a imagem humana, para não falar de sua beleza. No entanto, ele preservou também a beleza de sua imagem." Era essa "bela imagem" que Dostoiévski conseguia agora discernir; ele havia afinal aprendido a separar "[sua] beleza da barbárie aluvial" e "a descobrir diamantes nesse lodo".[21]

O que aconteceu com Dostoiévski tem, portanto, todas as características de uma experiência genuína de conversão; ela também implica, como vemos, uma recuperação da fé no povo russo como, em certo sentido, a imagem humana de Cristo. E esse aspecto da regeneração de Dostoiévski — que se baseia sobretudo em suas relações com o povo — deve ser enfatizado. Foi somente do povo que Dostoiévski buscou absolvição, tanto devido ao sentimento imediato de culpa gerado pelas complexidades de seus sentimentos no presídio como, muito antes, devido a sua aceitação de uma parcela da culpa no suposto assassinato do pai. Uma vez que era contra o povo que Dostoiévski havia duplamente pecado, é por ele que desejava ser perdoado, e a lembrança do mujique Marei cumpriu exatamente essa função.

Desse modo, em condições de tensão nervosa, divisão psíquica e esgotamento físico similares àquelas que com frequência acompanham alterações repentinas de crença, Dostoiévski sofreu uma mudança marcante de atitude. A restauração da fé no povo também foi uma redescoberta da Igreja ortodoxa, ou pelo menos um distanciamento de seu anterior cristianismo "progressista", cujas doutrinas poderia muito bem acusar de fonte fatal de todas as suas antigas ilusões. Uma característica essencial dessas doutrinas era a glorificação ingenuamente otimista do povo como uma fonte inesgotável de virtude moral, mas essa imagem, na sua velha forma sentimental, idílica, quase rousseauniana, não poderia ser válida para Dostoiévski. Contudo, ele continuou a acreditar na essência moral autêntica precisamente *desse* camponês, contrariando as provas fornecidas por seus sentidos e faculdades racionais. E, para sustentar essa crença, era necessário o apoio de uma fé que não recuasse diante do paradoxal, do irracional, do impossível; de uma fé que estivesse disposta a aceitar sem piscar tanto a feiura quanto a selvageria e, ao mesmo tempo, buscasse — e encontrasse — uma marca salvadora da humanidade escondida sob o hediondo exterior. Pode-se dizer que, assim como sua fé no milagre da ressurreição fora estimulada e revitalizada pelas cerimônias da Páscoa, sua fé no povo russo fora renovada pelo "milagre" da ressurreição de Marei em sua consciência. Sem dúvida, o salto necessário para aceitar o triunfo de Cristo sobre a morte desempenhou o seu papel no estímulo ao salto similar que transformou sua visão dos presos camponeses. De qualquer modo, as características dos dois saltos ficaram fundidas para sempre na sensibilidade de Dostoiévski e acabaram por levar à "divinização" literal do povo russo que um dia ele haveria de anunciar.

Em *Recordações da casa dos mortos*, Dostoiévski oferece muitos exemplos de como a fé cristã, que permeava a vida no campo, ajudava a atenuar um pouco de sua desumanidade. Sobre o Natal, Dostoiévski escreve: "As grandes festas da Igreja causam uma impressão vívida nas mentes dos camponeses desde a infância. [...] O respeito pelo dia solene era um costume rigorosamente observado pelos presos; pouquíssimos se embriagavam, todos [...] tentavam manter uma certa dignidade" (v. 4, p. 105). As festas religiosas em geral provocavam uma onda de solidariedade moral com os presos, sob a forma de caridade. "Chegava uma quantidade imensa de mantimentos, como pães, tortas de queijo, bolos, bolinhos e outras gostosuras. Creio que não havia uma dona de casa da classe média ou baixa da cidade que não mandasse alguma coisa de seu forno como presente de Natal para os 'infelizes' e os cativos" (v. 4, p. 108). Dostoiévski exclui a classe alta e culta dessa participação no espírito natalino e observa em outra parte do livro que "as classes mais altas da Rússia não têm a menor ideia de como nossos comerciantes, artesãos e camponeses se preocupam com 'os infelizes'" (v. 4, p. 18).

Dostoiévski enfatiza o efeito apaziguador sobre o comportamento dos presos camponeses de sua aceitação do código moral cristão. "Todos [os presentes] eram aceitos com igual gratidão. [...] Os presos tiravam os gorros ao recebê-los, curvavam-se, faziam suas saudações natalinas e levavam os donativos para a cozinha. Depois de empilhá-los, chamavam os presos mais antigos e dividiam tudo igualmente entre os dormitórios. Não havia disputas nem brigas; a divisão era honesta e equitativa" (v. 4, p. 108). Que contraste com as brigas habituais e os perpétuos furtos de pertences alheios!

A doação de esmolas pela população atingia o auge por ocasião das festas religiosas, mas era contínua durante o ano todo e, às vezes, assumia a forma de dinheiro dado aos presidiários quando eles passavam pelas ruas de Omsk, num grupo de trabalho. A primeira vez que Dostoiévski recebeu uma esmola desse modo foi "logo depois de minha chegada à prisão". Uma menina de dez anos de idade passou por ele, que estava sob escolta, e voltou correndo para dar-lhe uma moeda. "'Tome, pobre infeliz, pegue este copeque, pelo amor de Jesus', ela gritou, passando por mim e enfiando a moeda na minha mão. [...] Guardei aquele copeque por muito tempo" (v. 4, p. 19). O que esse incidente veio a significar para o escritor pode ser constatado em *Crime e castigo*, quando Raskólnikov corta seus laços com a humanidade e indica sua rejeição de todos os impulsos de compaixão e piedade com o gesto simbólico de jogar no Nievá uma moeda de vinte copeques que uma menininha lhe dera por caridade.

Esses aspectos cristãos da vida da ralé indicavam que os ideais humanitários e filantrópicos de suas obras anteriores, que ele havia atribuído à ideologia progressista dos ocidentalistas russos, estavam, na verdade, incorporados aos reflexos morais instintivos do tão desprezado e denegrido camponês russo. Não admira que Dostoiévski tenha se tornado mais tarde um adversário virulento de todos aqueles que aspiravam substituir os valores cristãos por outras noções de moral. Estava apaixonadamente convencido de que isso destruiria os fundamentos morais da vida russa conforme teve oportunidade de conhecê-los, em circunstâncias em que a sobrevivência de *qualquer* tipo de moralidade só poderia ser considerada um milagre! O homem mais perverso do campo de trabalhos forçados era o bem-educado Áristov, indivíduo desprovido de qualquer resquício das restrições morais tradicionais.

Um episódio em particular assumiu um significado simbólico crucial para Dostoiévski quando ele se apoiou em sua fé para penetrar na essência moral do prisioneiro camponês. Durante as representações teatrais do Natal, ao entrar no pavilhão militar que servia de teatro, surpreendeu-se com o respeito e até deferência que recebeu; providenciaram-lhe logo um lugar na primeira fila, embora a lotação do pequeno espaço fosse "inacreditável". Interpretando o comportamento subconsciente dos presos, Dostoiévski atribui essa deferência ao fato de que ele havia ajudado na encenação. "Em certa medida, eles me viam como um frequentador de teatro, um conhecedor [...] assim, naquela ocasião, tive a honra de ganhar um lugar na frente" (v. 4, pp. 121-2).

Esse incidente revela a capacidade dos presos camponeses de superar a vingança instintiva contra seus antigos senhores em prol de um valor mais elevado. E a lição moral tirada por Dostoiévski foi que

> a característica mais elevada e mais marcante do nosso povo é o seu sentido de justiça e sua ânsia por ela. Não há nenhum vestígio nas pessoas comuns do desejo de estar sempre à frente em todas as ocasiões e a todo preço, quer mereçam ou não. Basta tirar a casca sobreposta exterior e olhar para o miolo mais de perto, com mais atenção e sem preconceito. [...] Não há muita coisa que nossos sábios possam lhes ensinar. Ao contrário, acho que os sábios é que deveriam aprender com o povo. (v. 4, p. 122)

Mais uma vez, estamos na fonte do que viria a ser uma das convicções mais arraigadas de Dostoiévski após a Sibéria. Afinal, não foi ele que declarou mais tarde, com toques de paixão profética, que o campesinato russo estava imbuído de um sentimento de retidão moral que poderia servir como exemplo brilhante para seus "superiores"? E embora tenha sido muitas vezes ridicularizada por seus adversários, essa ideia estava tão firmemente enraizada nas emoções redentoras desses anos de prisão que Dostoiévski nunca questionou sua validade.

Tudo isso se acrescentou à consciência crescente de que, quanto mais conhecia alguns de seus companheiros de prisão, mais entendia que alguns crimes haviam sido cometidos por razões que ele não podia condenar totalmente. Um trecho ousado de *Recordações da casa dos mortos* contém inclusive uma absolvição geral de prisioneiros cujas histórias pessoais ele não descreve em detalhes: "Há homens que cometem crimes de propósito para serem mandados à servidão penal, a fim de escapar da servidão muito pior do trabalho do lado de fora, onde vivem na degradação mais profunda, nunca têm o suficiente para comer e trabalham da manhã à noite para seu explorador" (v. 4, p. 43). Dostoiévski não diz nada que indique uma desaprovação dessa escolha.

A consciência cada vez mais aguda de Dostoiévski da diferença moral entre um crime e outro também se tornou causa de um "pensamento que me perseguiu o tempo todo em que estive na prisão, um problema que não pode ser totalmente resolvido". Nos termos da lei, crimes idênticos recebiam praticamente a mesma punição, mas os motivos pelos quais haviam sido cometidos, do ponto de vista moral, eram de uma diversidade infinita. "Alguém pode ter cometido um assassinato por nada, por uma cebola; matou um camponês na estrada e descobriu que, no fim das contas, ele não tinha mais do que uma cebola." (Como dizia o provérbio da prisão, "uma centena de assassinatos e uma centena de cebolas [cada uma valia um copeque] e você conseguiu um rublo".)

Outro mata um tirano lascivo em defesa da honra da noiva, irmã ou filha. Outro é um fugitivo [um servo fugitivo], cercado por um regimento de rastreadores, que comete um assassinato em defesa de sua liberdade, sua vida, muitas vezes morrendo de fome; e outros assassinam crianças pelo puro prazer de matar, de sentir o sangue quente em suas mãos, de regozijar-se com seu terror e seus últimos estertores de pomba sob a faca. No entanto, todos estes são mandados para os trabalhos forçados.

As variações na duração das penas não resolvem o problema, porque "há tantas nuances nas diferenças quanto há caracteres". Admitindo a derrota, Dostoiévski finalmente se resigna à impossibilidade de uma resposta: "É um problema insolúvel, como transformar um quadrado em círculo" (v. 4, pp. 42-3).

Essas palavras prenunciam sua resoluta aversão às formalidades legais de qualquer espécie, que se atêm à letra da lei e raramente deixam margem para qualquer sondagem do coração e da mente do criminoso. Ele acabaria por derramar toda a sua angústia em relação a essa questão na descrição da investigação do suposto crime de Dmítri Karamázov, com seu olhar apenas para os "fatos" e seu desprezo total pelas respostas do próprio Dmítri. Essa apreensão crescente da diversidade humana entre os seus companheiros de prisão aumentou em grande medida o leque das convicções filantrópicas de Dostoiévski dos anos 1840, mas sem levá-lo a apagar a distinção entre o bem e o mal. O que havia sido um sentimento de piedade pelos personagens fracos e vacilantes passou a assumir uma complexidade trágica, uma vez que a solidariedade de Dostoiévski aos presos camponeses não subjugados levou os limites da moral oficial ao ponto de ruptura. Mais importantes do que o crime em si eram os motivos, a situação humana da qual decorriam. É no contexto dessas considerações que devemos analisar uma das passagens mais famosas do livro. "Afinal de contas", declara Dostoiévski, "é preciso dizer toda a verdade: esses homens eram excepcionais. Talvez fossem os mais dotados, os mais fortes de nosso povo" (v. 4, p. 231). Seus crimes nasciam de uma força de caráter e, com frequência, da defesa de princípios morais instintivos, exibidos em circunstâncias nas quais outros teriam sido completamente esmagados.

Durante os anos que passou na casa dos mortos, Dostoiévski conviveu com uma extraordinária variedade de indivíduos, entre os quais a verdadeira sacralidade vivia lado a lado com a depravação mais vil. Quase todos, em algum momento crucial, haviam transgredido os limites da vida social normal para cometer um ato violento que determinara seu destino de uma vez por todas. O efeito dessa convivência em sua compreensão imaginativa da experiência humana foi considerável, e sua forma de retratar personagens daria mais tarde um salto qualitativo em profundidade e escala que pode ser atribuído diretamente a esse motivo.

Houve um aspecto particular da vida na prisão que se tornou a marca mais distintiva de seu gênio. *Recordações da casa dos mortos* contém uma notável série de análises que, centradas nos impulsos inconscientes da psique humana, descrevem sua necessidade irresistível de afirmar-se e confirmar sua dignidade natural. Essa necessidade era tão imperiosa que, incapacitada de encontrar canais normais nas condições repressivas do campo de prisioneiros, irrompia nas formas mais irracionais, absurdas e até mesmo autodestrutivas. Sempre preocupado com as deformações de caráter causadas pela falta de liberdade, Dostoiévski havia explorado esse tema em suas primeiras obras, mas mal havia arranhado sua superfície. A vida na prisão proporcionou-lhe um ponto de vista ímpar para estudar os seres humanos que viviam sob pressão psíquica extrema e reagiam a essa pressão com os mais desvairados comportamentos. Depois que se controlou o bastante para poder observar seu ambiente com lucidez, Dostoiévski começou a compreender até mesmo as condutas que desafiavam a razão como produtos de uma necessidade humana genuína — não mais como perversidades monstruosas de uma coleção de Quasímodos morais que extrapolavam os limites humanos.

Não podemos compreender verdadeiramente a visão de mundo posterior de Dostoiévski se isolarmos suas percepções e seus valores do contexto de constrangimento psíquico em que foram reformulados, pois ele estava convencido de que nenhuma ordem humana poderia ser viável se não reconhecesse essas exigências irreprimíveis do espírito humano e oferecesse algum alívio para elas. *Recordações da casa dos mortos* é tão rico em ilustrações desse poder do irracional, e eles são tão variados em sua natureza e importância, que mal sabemos por onde começar. Mas iniciemos com as observações de Dostoiévski sobre os efeitos psiquicamente perturbadores da vida comunitária imposta aos condenados. Ele estava convencido de que essa proximidade contribuía para a excessiva inquietação e irritabilidade deles. "Tenho certeza", afirma, "de que todos os presidiários sentiam essa tortura, embora, na maioria dos casos, é claro, inconscientemente." Quanto a ele, talvez a pior "tortura da vida na prisão, quase mais terrível do que qualquer outra [... era] *a obrigatoriedade da vida em comum*" (v. 4, pp. 20-2). Em outra parte, ele repete: "Eu jamais poderia imaginar, por exemplo, como seria terrível e angustiante não poder ficar sozinho nem por um único minuto durante os [quatro] anos de meu encarceramento" (v. 4, p. 11).

A verdade dessas palavras é comprovada por uma carta que escreveu, quase imediatamente após sua libertação, à sra. Fonvízina:

Há quase cinco anos estou sob guarda em meio a uma multidão de pessoas, e nunca tive uma hora sequer sozinho. Ficar sozinho é uma necessidade normal, como comer e beber; caso contrário, nesse comunismo forçado, a pessoa se transforma em inimigo da humanidade. A companhia de outras pessoas se torna uma tortura insuportável, e foi essa a causa do meu maior sofrimento durante esses quatro anos.[22]

É notável ver como Dostoiévski já então identifica sua existência no presídio com a vida em uma daquelas utopias socialistas (Fourier, Cabet) que muitos de seus amigos do círculo de Petrachévski haviam admirado. É verdade que nunca as aceitara sem alguma ressalva, mas sua rejeição estava agora visceralmente enraizada nessa sensação esmagadora de que a personalidade precisava defender-se contra a invasão psíquica.

Uma ilustração muito mais dramática do poder do impulso irracional sobre o comportamento humano se encontra nos comentários de Dostoiévski sobre os prisioneiros que aguardavam o açoitamento ou o espancamento.

Para adiar o momento da punição [...] os condenados às vezes recorriam a expedientes terríveis: esfaqueando um dos funcionários ou um companheiro de prisão, iriam a um novo julgamento e a punição seria adiada por cerca de dois meses, e assim alcançariam seu objetivo. Não lhes importava que a punição, quando viesse, dois meses depois, fosse duas ou três vezes mais severa. (v. 4, p. 144)

Um dos pacientes no hospital havia bebido uma garrafa de vodca misturada com rapé para adiar seu castigo, o que acabou por matá-lo. A prudência mais comum, como se vê, era apagada por um medo demasiado elementar para que pudesse ser dominado.

O componente irracional desses exemplos ainda é motivado por causas compreensíveis. Não é o caso de outros tipos de comportamento, em que a causa é inteiramente desproporcional ao efeito, ou não há causa imediata perceptível. O verdadeiro gênio de Dostoiévski se revela quando ele explora esses extremos aberrantes e intui o significado humano profundo do que parece ser loucura. Uma característica peculiar da vida carcerária do camponês, por exemplo, era a atitude geral em relação ao dinheiro. Tratava-se, conforme Dostoiévski, de algo "de enorme e avassaladora importância" na prisão, permitindo que o condenado obtivesse todos os tipos de luxos proibidos — comida adicional, tabaco, vodca, sexo — que ajudavam a tornar a vida mais suportável. Assim, é de se supor que os presos se agarrassem ao seu dinheiro como à própria vida e o usassem com moderação, mas acontecia exatamente o oposto. Todo presidiário que conseguia juntar uma quantia suficiente esbanjava-a gloriosamente em bebedeiras. E assim, depois de acumular o dinheiro "a duras penas, ou fazendo uso de artimanhas extraordinárias, muitas vezes combinadas com roubo e trapaça", o condenado jogava tudo fora com o que Dostoiévski chama de "insensatez infantil" (v. 4, pp. 65-6).

Mas se apressa a explicar que "se ele o joga fora como lixo, ele o joga naquilo que considera de mais valor ainda". E o que é mais precioso para o preso do que todos os benefícios materiais que ele pode obter com o dinheiro? "Liberdade, ou o sonho de liberdade", responde Dostoiévski, pois é preciso entender que "a palavra prisioneiro não significa outra coisa senão um homem sem vontade própria, e ao gastar dinheiro, ele está mostrando uma vontade própria". Ao beber e farrear, infringindo as regras de disciplina da prisão e intimidando os companheiros de infortúnio, o detento está "fingindo para seus companheiros e até mesmo convencendo a si mesmo, *ainda que apenas por um momento*, que possui infinitamente mais poder e liberdade do que parece" (v. 4, p. 66). Nada é mais importante para o preso do que *achar* que pode impor sua vontade e, assim, exercer sua liberdade; não há risco que ele se recuse a correr, nenhuma punição que não vá aguentar, em nome dessa satisfação temporária (e ilusória), mas infinitamente preciosa.

Aqui Dostoiévski não está mais apenas enfatizando o papel dominante dos elementos irracionais do comportamento humano; agora, a necessidade da personalidade humana de exercer sua vontade e, ao fazê-lo, experimentar uma sensação de autonomia é vista como o impulso mais forte da psique. A incapacidade de satisfazer esse impulso pode ser desastrosa. Dostoiévski observa que

essa explosão repentina no homem de quem menos se poderia esperar, isso é simplesmente o desejo pungente e histérico de autoexpressão, o anseio inconsciente de si mesmo, o desejo de afirmar-se, de afirmar sua personalidade esmagada, um desejo que de repente se apodera dele e alcança o tom da fúria, ou rancor, de aberração mental, de ataques e convulsões nervosas. Do mesmo modo, um homem enterrado vivo e que acorda no caixão talvez bata na tampa e lute para arrancá-la, embora, evidentemente, a razão possa convencê-lo de que todos os seus esforços serão inúteis; mas o problema é que não se trata de uma questão de razão, é uma questão de convulsões nervosas. (v. 4, pp. 66-7)

Condições semelhantes existem fora da prisão, e muitos presos foram parar no presídio precisamente por terem se revoltado contra elas. Tinham sido camponeses, servos domésticos, soldados, ou trabalhadores que levaram por muito tempo uma vida tranquila e sossegada, suportando os fardos de seu destino com paciência e resignação. "De repente, alguma coisa dentro dele parece romper-se; a paciência se esgota e ele enfia uma faca em seu inimigo e opressor" (v. 4, pp. 87--8). Essas descrições de personalidades oprimidas além da resistência, que irrompem em delírios histéricos e se revoltam contra sua submissão, estão entre as passagens mais impressionantes do livro. Aqui estamos na origem do que viria a ser a revolta do homem do subsolo, mas essa obra só poderia ser escrita depois que Dostoiévski se convencesse de que, no mundo imaginado pela ideologia radical da década de 1860, a situação da personalidade humana se tornaria idêntica ao que ele havia visto e sentido no campo de prisioneiros.

Muitos detalhes de *Recordações da casa dos mortos* nos ajudam a entender como os presidiários camponeses mantinham seu equilíbrio psíquico, e, de novo, a ênfase recai na prevalência de componentes irracionais sobre outros aspectos do comportamento do prisioneiro. Os detentos preferiam receber uma "tarefa" a ter de simplesmente labutar pelo número de horas determinado pelo regulamento; a tarefa os estimulava a trabalhar mais para ganhar um pouco de tempo livre adicional e, assim, ganhar um pequeno grau de controle sobre suas vidas. Por isso mesmo, todos odiavam o trabalho *forçado* e o consideravam particularmente pesado, embora Dostoiévski tenha se surpreendido ao achá-lo um tanto leve. Muitos presos camponeses haviam executado trabalhos mais penosos na vida civil, e Dostoiévski admite ter percebido "somente muito tempo depois [...] que o caráter pesado e penal do trabalho não estava em ser difícil e ininterrupto, mas no fato de ser *compulsório*, obrigatório, imposto" (v. 4, p. 20).

A maioria dos presos era composta por artesãos qualificados que ganhavam algum dinheiro com a venda de seus produtos para a população local. Todos tinham ferramentas proibidas, e Dostoiévski pressupôs que "as autoridades faziam vista grossa" para essa infração das regras porque entendiam intuitivamente que esse trabalho era uma válvula de escape para os presos. "Se não fosse por esse trabalho particular ao qual se dedicava com toda a sua alma, todo o seu empenho", escreve Dostoiévski, "um homem não poderia viver na prisão." Mais importantes do que o dinheiro extra eram os benefícios psíquicos dessa tarefa que impunham a si mesmos, livremente realizada, e que garantia ao indivíduo um sentimento de autocontrole e autonomia moral. "Sem trabalho, sem bens normais e legalizados, o homem não pode viver; ele se torna depravado e se transforma num animal. [...] O trabalho os salvava do crime, sem trabalho [particular] os presos teriam devorado uns aos outros como aranhas em um frasco de vidro" (v. 4, pp. 16-7). As implicações sociopolíticas dessa afirmação constituem uma rejeição categórica da base moral do socialismo utópico (ou de qualquer outro socialismo), que considera a propriedade privada a raiz de todo o mal.

Mas, assim como a personalidade humana podia ser conduzida ao crime e à autodestruição irracional, também tinha uma autodefesa interna irracional que a impedia de chegar a esse estado. E essa autodefesa era a capacidade humana de ter esperança. "Desde o primeiro dia de vida na prisão", diz Dostoiévski, "comecei a sonhar com a liberdade." No caso de muitos outros presos, "a incrível audácia de suas esperanças me impressionou desde o início". Era como se a vida na prisão não fizesse parte da existência do presidiário, e ele era emocionalmente incapaz de aceitá-la como tal. "Todo presidiário [...] olha para vinte anos como se fossem dois, e está totalmente convencido de que quando sair da prisão, aos 55, estará tão cheio de vida e energia como agora, aos 35" (v. 4, p. 79). Até mesmo os condenados à prisão perpétua continuavam a esperar por uma mudança de sorte, e, de acordo com Dostoiévski, "essa *estranha esperança impaciente e intensa*, que algumas vezes encontrava expressão involuntária, às vezes tão selvagem que quase parecia um delírio, e o que era mais impressionante, muitas vezes persistia em homens que pareciam ter enorme bom senso — dava um aspecto e um caráter especial àquele lugar" (v. 4, p. 196).

Uma das evocações mais alucinantes de Dostoiévski é sua lembrança de ter visto prisioneiros acorrentados à parede na prisão de Tobolsk e assim mantidos, impossibilitados de se mover por mais de dois metros, durante cinco e, às vezes, dez anos. E, no entanto, todos estavam bem-comportados e calmos, e ansiavam muito pelo fim da sentença. Por quê?, alguém pode perguntar, e eu respondo: porque ele sairá daquela cela sufocante e escura, com seu teto baixo abobadado de tijolos, e caminhará pelo pátio do presídio [...] e isso é tudo. Nunca terá permissão para sair da prisão. [...] Ele sabe disso e, ainda assim, anseia desesperadamente pelo fim de seu tempo na cadeia. Se não fosse essa aspiração, como poderia permanecer cinco ou seis anos acorrentado sem morrer ou enlouquecer? Alguns deles não suportariam. (v. 4, pp. 79-80)

É a capacidade de ter esperança, portanto, que mantém os homens vivos e sãos, mesmo nas condições mais horripilantes. "Quando perde toda a esperança, todo o objetivo na vida", escreve Dostoiévski numa frase pungente, "o homem muitas vezes se torna um monstro em sua desgraça" (v. 4, p. 197). A grande maioria dos presos, envolvidos em seu sonho incessante de liberdade, felizmente nunca atingia esse estado de desespero total. Ainda assim, a imaginação de Dostoiévski não conseguiu resistir a dar o salto escatológico que se tornaria tão característico para ele — o salto para a condição final de qualquer situação empírica que esteja considerando — e, assim, para dramatizar a importância suprema da esperança para a vida humana, *inventa* uma situação em que ela é sistematicamente destruída. Esse trecho, o mais assombroso do livro, aparece no meio de sua análise das diferentes reações ao trabalho forçado e ao trabalho livre.

Ocorreu-me a ideia de que, se alguém quisesse esmagar, aniquilar totalmente um homem, [...] bastaria dar-lhe um trabalho de absoluta e total inutilidade e irracionalidade. [...] Se ele tivesse de derramar água de uma vasilha em outra e de volta, sem parar, socar areia, passar um monte de terra de um lugar para outro e vice-versa, acredito que o preso se enforcaria em poucos dias ou cometeria mil crimes, e preferiria morrer a aguentar tanta humilhação, vergonha e tortura. (v. 4, p. 20)

Basta transpor de leve os termos desse trecho para ver suas implicações metafísicas. Para o Dostoiévski posterior, não acreditar em Deus e na imortalidade é estar condenado a viver em um universo, em última análise, sem sentido, e os personagens de seus grandes romances que atingem esse nível de consciência de si mesmos inevitavelmente se destroem porque, recusando-se a suportar o tormento de viver sem esperança, se tornaram monstros em sua desgraça.

★ ★ ★

A matriz do Dostoiévski posterior já está contida nas páginas enganosamente objetivas e imparciais de *Recordações da casa dos mortos*, e essa obra proporciona o contexto adequado para interpretar uma das passagens mais controvertidas que Dostoiévski escreveu. Incluído na carta franca e comovente que enviou para a sra. Fonvízina pouco depois de ser libertado, esse texto oferece um vislumbre revelador da luta de Dostoiévski com o problema de fé. A essa altura, sua antiga benfeitora havia retornado à Rússia e ele percebeu, por uma carta recebida, que o regresso à pátria lhe havia causado muito mais tristeza que alegria. Dostoiévski escreve:

> Compreendo isso, e pensei às vezes que, se voltasse para o meu país um dia, minhas impressões teriam mais sofrimento que alegria. Acho que, ao voltar para o seu país, o exilado tem de reviver em sua consciência e memória toda a sua infelicidade passada. Assemelha-se a uma balança em que pesamos e avaliamos o verdadeiro peso de tudo o que sofremos, suportamos, perdemos e o que as pessoas virtuosas tiraram de nós.

Desse modo, após associar a tristeza do retorno à animosidade rancorosa do exilado com "as pessoas virtuosas", Dostoiévski oferece à sra. Fonvízina o consolo contra essa amargura que encontrara em sua fé religiosa. O que ele está prestes a dizer, sugerem suas palavras, o ajudou a dominar seus surtos de melancolia e raiva.

> Ouvi muitas pessoas dizerem que a senhora é religiosa, N. D. [...] Não porque a senhora é crente, mas porque eu mesmo vivi e senti isso [seu estado de desânimo] que lhe direi que, nesses momentos, sentimos uma sede de fé como "a grama ressecada", e a encontramos por fim porque a verdade se torna evidente na infelicidade. Eu lhe direi que sou um filho do século, um filho da descrença e da dúvida, sou isso hoje e (estou certo) assim continuarei até o túmulo. Quanta tortura terrível essa sede de fé me custou e custa-me ainda agora, que quanto mais forte na minha alma, mais argumentos posso encontrar contra ela. E, no entanto, Deus às vezes me envia instantes em que estou completamente calmo; nesses instantes, amo e me sinto amado por outros, e é nesses momentos que criei para mim um *Credo*, em que tudo é claro e

sagrado. Esse *Credo* é muito simples. Ei-lo: acreditar que nada é mais belo, profundo, compreensivo, razoável, viril e perfeito do que Cristo, e digo a mim mesmo com um amor ciumento, que não somente não há nada, como não pode haver nada. Ainda mais, se alguém me provasse que Cristo está fora da verdade e que, *na realidade*, a verdade está fora de Cristo, então eu preferiria permanecer com Cristo e não com a verdade.[23]

As respostas de Dostoiévski, reveladas pela primeira vez nessa carta fundamental, têm sua origem nas duas experiências mais importantes de seus anos na prisão. Uma delas é a visão do mujique Marei, cuja inspiração o ajudou a alcançar aqueles momentos de tranquilidade interior e identificação amorosa com os outros durante os quais pôde formular seu credo. A outra, contida em sua nova compreensão da centralidade e do poder do irracional como uma força na vida humana, resultou em sua escolha inequívoca de Cristo de preferência à "verdade". Agora, o ideal e a mensagem de Cristo passavam a significar algo muito mais íntimo e pessoal do que uma doutrina da transformação social; algo muito mais entrelaçado com as necessidades mais angustiantes de sua sensibilidade. A fé em Cristo o amparara no momento em que havia enfrentado a morte, mostrara ser um elo crucial entre ele e seus compatriotas russos, e o resgatara da horrível perspectiva de viver em um universo sem esperança. Todas as dúvidas de Dostoiévski como "um filho do século" — e ele se familiarizara com elas muito antes de conhecer Bielínski — haviam sido simplesmente superadas por sua nova compreensão das exigências psíquicas e emocionais do espírito humano. Essas dúvidas não podiam mais abalar sua fé, pois na casa dos mortos tudo falara contra elas e proclamara a fragilidade e a insignificância da razão quando confrontada com as situações de crise da existência humana.

Questionou-se muitas vezes se o credo de Dostoiévski deveria ser tomado em sentido literal. Alguém com um ceticismo tão inabalável poderia ser considerado um cristão convicto? Mas o choque entre razão e fé tem sido uma constante da tradição cristã desde são Paulo (que sabia que sua fé era "insensatez para os gregos"), e uma linha de pensadores cristãos que vai de Tertuliano e Santo Agostinho a Lutero, Pascal e Kierkegaard insistiu na oposição entre razão e revelação. Dostoiévski está mais próximo do grande defensor dinamarquês da fé que, enfrentando o impacto total da crítica hegeliana de esquerda da religião como alienação do espírito humano, escolheu *aceitar* essa crítica e separar por completo a fé da razão humana.

Kierkegaard, tal como Dostoiévski, e com mais rigor ainda, decidiu ficar do lado da irracionalidade da fé contra a razão e levar a oposição entre as duas ao nível do paradoxo. A fé, disse ele, é "certeza subjetiva", que definiu como "incerteza objetiva [...] compreendida com a apreensão da mais apaixonada interioridade".[24] Algumas palavras dos cadernos de anotações de Kierkegaard ajudam a esclarecer o aspecto subjetivo e existencial daquela "mais apaixonada interioridade" em que Dostoiévski também se refugia para compensar a "incerteza objetiva" de sua crença em Cristo. Kierkegaard escreveu:

> Se tenho fé ou não, nunca posso afirmar com certeza imediata, pois a fé é precisamente essa hesitação dialética, que não cessa de temer e tremer, mas nunca se desespera; a fé é exatamente essa preocupação interminável conosco, que nos mantém alertas e prontos a arriscar tudo, essa preocupação de saber se temos ou não fé — e veja, é precisamente essa preocupação conosco que é a fé![25]

Não se poderia fazer uma descrição melhor do ponto de equilíbrio sempre instável da fé em Dostoiévski que, tal como a vemos espontaneamente expressa em seu credo, permanecerá sempre em posição perigosa, numa "hesitação dialética" acima do abismo da dúvida.

17. O soldado Dostoiévski

Dostoiévski foi solto do presídio de Omsk em 15 de fevereiro de 1854, mas a liberdade pela qual tanto ansiara ainda era mínima. Como observou em carta à sra. Fonvízina, "no sobretudo do soldado sou tão prisioneiro quanto antes".[1] Por razões de saúde, foi autorizado a permanecer em Omsk por um mês, período em que ele e Dúrov moraram na casa do hospitaleiro Konstantin Ivánov e sua esposa.

Suas cartas nos dão um retrato vivo da experiência de soldado raso. Dependente da boa vontade e até mesmo da caridade alheia, Dostoiévski foi forçado a recorrer a ajuda constante. O que agravou ainda mais sua situação foi a convicção de que saíra da prisão com novas potencialidades de escritor e que, se conseguisse utilizar seus talentos, todos os seus problemas poderiam ser resolvidos de uma vez por todas. Em carta a Mikhail escrita durante sua recuperação em Omsk, não faz nenhum esforço para esconder seu objetivo quando pede um relatório completo sobre todos os seus parentes e sobre a situação exata das finanças do irmão. (Mikhail abrira uma pequena fábrica de cigarros com sua parte da venda da propriedade da família.) Dostoiévski está decidido a batalhar para voltar à literatura russa e sabe que isso implicará uma longa campanha, durante a qual sua sobrevivência dependerá da ajuda que puder obter da família e de amigos. "Preciso de dinheiro", diz a Mikhail sem rodeios. *"Preciso viver, meu irmão. Esses anos não terão passado sem produzir frutos.* [...] *O que você gastar comigo não será perdido. Se eu* conseguir viver, devolverei com juros [...] e agora não escreverei mais ninharias. Você vai ouvir falar de mim."[2]

Outro pedido, feito em termos ainda mais prementes, era para que Mikhail lhe enviasse livros. Mesmo depois da saída do major Krivtsov, a relação de Dostoiévski com a literatura tinha sido emocionalmente pesada demais para que ele pudesse pegar um livro de ânimo leve. Ele recorda "a impressão estranha e inquietante do primeiro livro que li na prisão" — um dos "grossos" periódicos russos contendo obras literárias, críticas e comentários sociais.

> Minha vida anterior surgiu diante de mim cheia de luz e cor e tentei conjecturar, a partir do que havia lido, o quanto estava longe dela. [...] Que emoções agitavam as pessoas agora? Que questões as preocupavam? Debrucei-me sobre cada palavra, tentei ler nas entrelinhas e encontrar significados secretos e alusões ao passado; procurei vestígios do que nos entusiasmava no meu tempo. E como foi triste perceber como eu estava distante dessa nova vida, como estava afastado de tudo aquilo. Deveria acostumar-me com tudo de novo, fazer amizade com uma nova geração de novo. (v. 4, p. 229)

Ele então implora a Mikhail que lhe envie o que constituiria o conteúdo de uma pequena biblioteca de pesquisa. Como se poderia esperar, pede as "revistas do ano, pelo menos *Anais da Pátria*", mas parece ainda mais ansioso em mergulhar no passado: "Preciso (muito) de historiadores antigos (em tradução para o francês) e dos modernos — ou seja, Vico, Guizot, Thierry, Thiers, Ranke etc., os economistas e os Padres da Igreja".[3] "Mande-me o Carus", continua ele, "a *Crítica da razão pura*, de Kant, e se puder enviar coisas de forma clandestina, não deixe de incluir Hegel, em especial a *História da filosofia*. Todo o meu futuro depende disso."[4] Dostoiévski adverte a Mikhail que queime a carta, mas seu desejo de livros é tão grande que está disposto a correr o risco de violar os regulamentos. Mais de um ano depois, nenhum livro de Mikhail havia chegado, embora o irmão tivesse feito uma remessa para um amigo comum despachar. Alguns podem ter chegado ao seu destino no final da primavera de 1855, quando ele agradece a Mikhail a chegada de um pacote. Mas Dostoiévski dificilmente poderia ter obtido tudo o que pediu: naquela época, compartilhava uma casa de campo com o barão Wrangel, que se refere ao "nosso lamentável estoque de livros" e descreve-o relendo cada um deles incontáveis vezes.[5]

Dostoiévski estava cogitando vários projetos que esperava acelerassem sua reabilitação. Um dizia respeito "à missão do cristianismo na arte". Pretendia dar a essa obra o título de *Cartas sobre a arte* e dedicá-la à Sua Alteza Maria Nikoláievna, filha de Nicolau I, que era então presidente da Academia de Belas-Artes. "Eu gostaria de pedir autorização para dedicar-lhe meu artigo", ele explica, "e publicá-lo sem assinatura."[6] As obras dos Padres da Igreja lhe forneceriam informações tanto sobre teologia como sobre a atitude da Igreja primitiva em relação à arte, enquanto Kant e Hegel diziam respeito a um outro plano para voltar discretamente ao mundo da impressão com traduções. Em carta escrita em novembro de 1854, o jovem Wrangel diz ao pai que ele e seu novo amigo têm a intenção de "traduzir a *Filosofia* [?] de Hegel e a *Psique* de Carus".[7] Dostoiévski havia pedido o famoso tratado de Carus sobre psicologia, às vezes considerado um precursor da psicanálise, [*Psique: Para uma história do desenvolvimento da alma*] (1846). Em carta ao pai, Wrangel diz que Dostoiévski "não sabia alemão".[8] Sem dúvida foi por isso que pediu a ajuda de uma pessoa para a qual o alemão era uma língua tão familiar quanto o russo.

O que Dostoiévski deve ter admirado em Carus, cujas credenciais científicas eram impecáveis, foi o fato de estar informado sobre as mais recentes teorias da biologia e da fisiologia, mas que as interpretava conforme os antiquados termos da *Naturphilosophie* de Schelling. Carus considerava que tanto a natureza quanto a vida humana tinham origem numa "ideia divina" e acreditava que a alma do indivíduo era imortal porque compartilhava a eternidade desse princípio criador. Em meados da década de 1840, em oposição aos argumentos "científicos" de Bielínski a favor do ateísmo, do materialismo e do determinismo, Dostoiévski teria tomado o livro de Carus como prova de que era possível ser atualizado e "científico" sem abandonar a crença em algum tipo de princípio sobrenatural ou nos preceitos da moral cristã. Em Carus, podia encontrar um vibrante tributo ao princípio fundamental dessa moral — a lei do amor — apoiado numa citação do Novo Testamento. É a lei do amor, que perpassa toda a natureza e começa com a diferenciação sexual, que para Carus desperta na humanidade o impulso de devoção e abnegação, levando assim à derrota final do egoísmo ("a rendição incondicional ao divino que paira acima de toda consciência, em uma palavra, ao *amor de Deus*").[9]

O aprofundamento da consciência de Dostoiévski do poder do irracional na existência humana só teria confirmado o que ele estava aprendendo agora com

Carus sobre a força do irracional e do inconsciente: "A chave para a compreensão da essência da vida consciente da alma reside na região do inconsciente".[10] Por "inconsciente", no entanto, Carus não entende apenas a vida psíquica, mas toda a natureza, que considera ser dotada de vida anímica e distinta da psique somente em graus de consciência e autoconsciência. Carus enfatiza que as formas mais elevadas de consciência devem ser mantidas em equilíbrio com as forças inconscientes da existência para que não se desarranjem. Podemos ver nesse esquema protojunguiano alguma analogia, e certamente um incentivo, à ideologia do *pótchviennitchestvo* de Dostoiévski, elaborada alguns anos mais tarde, e que requeria a fusão de uma intelectualidade inspirada por ideias ocidentais de racionalismo e iluminismo com as forças morais inconscientes adormecidas no âmago ainda imaculado do povo russo.

Carus compara o mal moral a um estado de enfermidade física: ambos são desvios do estado normal das forças inconscientes que controlam a saúde de um organismo. Mas, assim como a natureza tem meios de restabelecer seu equilíbrio no caso da doença física, a consciência moral tem seu próprio meio "inconsciente" — a "consciência" humana — que funciona para restaurar a saúde moral da personalidade.[11] Essa imagem de consciência como um regulador natural e instintivo da psique humana, cuja distorção ou perversão leva a uma "doença" literal do eu, se tornaria um dos principais temas das grandes obras futuras do romancista.

Contudo, quaisquer que fossem seus planos de atividade literária, Dostoiévski teve de abandoná-los em face das necessidades deprimentes de sua existência. Seu lazer terminou quando ele deixou a casa dos Ivánov, cuja bondade elogia para seu irmão com palavras sinceras. "Eu teria morrido de vez se não tivesse encontrado gente aqui", confessa. "K. I. I[vanov] foi um verdadeiro irmão para mim. [...] E não foi só ele. Irmão, existe muita gente nobre no mundo."[12] Em meados de março, ele viajou para Semipalátinsk e incorporou-se às fileiras do 7º Batalhão do Corpo de Exército Siberiano.

Na descrição do barão Wrangel, Semipalátinsk era uma "meio cidade, meio aldeia"[13] que se espraiava entre as ruínas de uma antiga cidade mongol localizada na encosta íngreme da margem direita do rio Irtich. As casas eram construções térreas de madeira sem pintura; somente a única igreja ortodoxa, obrigada a competir com sete mesquitas, era feita de pedra, e um enorme mercado coberto abrigava as caravanas de camelos e cavalos de carga que realizavam o próspero comércio entre a Rússia e a Ásia Central. Na margem oposta do rio avistavam-se as grandes tendas que serviam de moradia para os quirguizes seminômades. Uma areia solta enchia as ruas, e os oficiais russos chamavam o lugar de "Caixa de Areia do Diabo".[14] Semipalátinsk ainda fazia parte de uma região fronteiriça da estepe, e não eram incomuns as incursões de bandos de mongóis e quirguizes hostis, embora isso não ameaçasse diretamente uma cidade que abrigava uma guarnição militar.

Por meio de alguns amigos dos incansavelmente caridosos Ivánov, Dostoiévski recebeu permissão para morar sozinho na cidade. Enfim teria algumas horas daquela solidão pela qual tanto ansiara no campo de prisioneiros! Encontrou um bangalô de um cômodo perto do quartel, de propriedade de uma viúva idosa. Os móveis eram dos mais simples, e hordas de baratas, de acordo com o exigente Wrangel, passeavam em cima da mesa, da cama e pelas paredes. A arrumação da casa era feita pela filha mais velha da família, de 22 anos de idade e viúva de um soldado, que cuidava dele com carinho e parecia estar constantemente em seus aposentos. Wrangel recorda de um dia em que estava tomando chá com Dostoiévski do lado de fora da casa quando ganharam a companhia da governanta, como ele define com discrição, vestida *en grand négligé* (apenas uma bata amarrada na cintura com uma faixa vermelha). Depois de quatro anos de prisão, Dostoiévski poderia resistir a esses encantos femininos tão disponíveis? Nada seria mais natural, e sabemos que ele manifestava um interesse pessoal pelos assuntos da família, pois tentou convencer, sem sucesso, a mãe a não permitir que a filha mais moça, uma atraente jovem de dezesseis anos, complementasse a renda familiar prostituindo-se de vez em quando com a guarnição do Exército.

Aos poucos, a presença de um ex-presidiário chamado Dostoiévski, que desfrutara no passado de certa notoriedade literária, começou a ser conhecida pelas pessoas mais alfabetizadas da comunidade russa de Semipalátinsk. Homens instruídos eram uma raridade naquela parte do mundo, e exilados de todos os tipos (poloneses, na maioria) eram empregados como preceptores para complementar ou até mesmo substituir o escasso ensino público disponível para as crianças russas. Dostoiévski foi logo procurado para ser preceptor dos filhos de diversas famílias, e dessa forma começou a travar relações mais estreitas com vários moradores. Ficou amigo do comandante de seu batalhão, o bonachão e inculto tenente-coronel Bélikhov, que começara de baixo na carreira militar. Esse digno

oficial achava aborrecido ler, então convidou Dostoiévski a ir à sua casa para ler-
-lhe jornais e revistas. Foi na casa de Bélikhov que Dostoiévski conheceu Aleksandr
Ivánovitch Issáiev e sua esposa, Maria Dmítrievna.

Issáiev era mais um daqueles beberrões russos incorrigíveis e simpáticos que
Dostoiévski já havia retratado e que imortalizaria no velho Marmeládov, em *Crime e castigo*. Chegara a Semipalátinsk como funcionário da alfândega, mas por alguma razão — talvez o orgulho exacerbado de um alcoólatra — pedira demissão
do cargo. A família Issáiev, que incluía um filho de sete anos, Pacha, vivia, portanto, na penúria, enquanto o provedor da casa teoricamente procurava outro emprego. Enquanto isso, o parco dinheiro que ele e sua esposa conseguiam arranjar
era dissipado por Issáiev em bebedeiras com seus camaradas da ralé da cidade.
Wrangel nos conta que Dostoiévski era infinitamente caridoso em relação às fraquezas e falhas humanas. Em carta a Mikhail, Dostoiévski observa que Issáiev,
"apesar de toda a sujeira, era excepcionalmente nobre".[15] Porém não foi o marido
que logo o levou a passar todo o seu tempo com os Issáiev, mas a esposa, destinada
a ser o primeiro grande amor de sua vida.

Na época, o pai de Maria Dmítrievna era chefe da área de quarentena para
viajantes que chegavam a Ástrakhan, cidade portuária junto ao mar Cáspio. Todas
as suas filhas tinham sido educadas num pensionato particular, e as capacidades
intelectuais e espirituais da sra. Issáieva eram sem dúvida superiores às da média
das esposas dos militares e burocratas de Semipalátinsk. "Maria Dmítrievna tinha
cerca de trinta anos", escreve Wrangel.

> Era uma loira muito bonita de estatura mediana, muito magra, com uma natureza
> apaixonada e dada a sentimentos elevados. Já então havia um rubor de mau agouro
> em seu rosto pálido, e anos depois a tuberculose a levou para o túmulo. Lia muito,
> era culta, ávida por conhecimentos, bondosa e extraordinariamente vivaz e impressionável. Interessou-se muito por Dostoiévski e o tratava com amabilidade, não
> porque o estimasse profundamente, acho eu, mas porque sentia pena de um ser
> humano infeliz sendo derrotado pelo destino. É até possível que se tivesse afeiçoado
> a ele, mas não estava de forma alguma apaixonada.[16]

Ela com certeza sabia, como todos na cidade, que ele sofria de uma "doença", mas o próprio Dostoiévski ainda não recebera um diagnóstico. "Já lhe falei de
minha doença", escreve ele a Mikhail. "Ataques esquisitos, parecidos com epilep-

sia, mas que não são epilepsia."[17] Ela o considerava "muito carente de recursos e [...] disse que ele era um homem 'sem futuro'", escreve Wrangel. "Fiódor Mikháilovitch tomou o sentimento de piedade e compaixão por amor mútuo e lançou-se a essa paixão com todo o ardor da juventude."[18] Tornou-se um íntimo "amigo da família", assumiu a função de preceptor do filho deles, e, como diz Wrangel, "passava dias inteiros na casa dos Issáiev".[19] Essa era a situação quando Wrangel entrou em cena em novembro de 1854 para proporcionar a Dostoiévski uma amizade mais estreita e um patrocínio mais poderoso do que qualquer outro que conseguira até então.

Durante os minutos agonizantes que Dostoiévski passou no patíbulo da praça Semiónovski, é bem possível que seus olhos tenham se voltado para a multidão reunida em torno do espetáculo. E, caso tivesse conseguido distinguir uma pessoa da outra, certamente teria voltado os olhos para um jovem que mal completara dezessete anos, usando o chapéu de três bicos e o sobretudo do uniforme do liceu de elite Aleksandr, de Tsárskoie Seló, que observava a cena com um triste ar de consternação. Esse jovem era o barão Aleksandr Iegórovitch Wrangel, membro de uma das famílias aristocráticas germano-russas de origem báltica que, durante o reinado de Nicolau I, compunha os altos escalões da burocracia e do Exército.

O jovem Wrangel ouvira em sua casa comentários sobre o caso — e apurou os ouvidos, porque tinha acabado de ler *Gente pobre* e estava lendo *Niétotchka Niezvânova* com grande admiração. Qualquer informação relativa ao destino do talentoso e infeliz Dostoiévski despertava sua curiosidade, embora tivesse o cuidado de não revelar em público um gosto literário que seria considerado politicamente suspeito em seu meio social. No dia da execução simulada, apesar das reprimendas de um parente para que deixasse a praça, Wrangel ficou até o fim da farsa macabra e só saiu quando a multidão se dispersou, "fazendo o sinal da cruz e abençoando a misericórdia do tsar".[20]

Depois de se formar no liceu e morrer de tédio no Ministério da Justiça, Wrangel decidiu unir-se a um grupo de colegas de classe e candidatar-se a um cargo na Sibéria. Com apenas 21 anos de idade, foi nomeado promotor público da região que incluía Semipalátinsk. Conhecera Mikhail Dostoiévski em alguma ocasião em Petersburgo e ficou feliz de visitá-lo antes de iniciar sua jornada e receber dele cartas para Dostoiévski, além de roupas, livros e cinquenta rublos. Ao chegar a Semipalátinsk, em 20 de novembro de 1854, enviou imediatamente uma mensagem convidando o soldado Dostoiévski para tomar chá com ele no dia seguinte. Wrangel recorda:

> Dostoiévski não sabia quem o havia convocado, nem por qual motivo, e quando entrou, foi extremamente reservado. Usava o sobretudo cinza de seu uniforme, com o colarinho duro vermelho e dragonas vermelhas, taciturno, com o rosto pálido e doentio. [...] Olhando fixamente para mim com seus olhos penetrantes, azul-acinzentados, parecia estar tentando perscrutar minha alma — então, que tipo de homem ele é?[21]

Dostoiévski concentrou-se nas cartas que Wrangel trouxera e começou a soluçar baixinho ao ler aquelas escritas por seu irmão e sua irmã. Wrangel também tinha um maço de correspondências à sua espera, e da mesma forma prorrompeu em lágrimas à medida que lembranças de sua família e amigos surgiam-lhe diante dos olhos. "Ficamos os dois ali, cara a cara, esquecidos pelo destino, solitários. [...] Eu me senti tão angustiado que, apesar de meu cargo elevado [...] como que involuntariamente, sem pensar, me joguei no pescoço de Fiódor Mikháilovitch, que estava diante de mim e me fitava com uma expressão triste e pensativa."[22] O homem mais velho consolou o mais jovem, e os dois prometeram se ver com frequência.

Dostoiévski e Wrangel se tornaram amigos leais. Em carta a Mikhail, Dostoiévski o descreve: "Ele é muito cortês, embora com um *point d'honneur* bastante desenvolvido, incrivelmente bondoso [...] o que irrita e enfurece os outros, deixa-o angustiado — sinal de um excelente coração. *Très comme il faut*".[23] Os dois começaram a passar tanto tempo juntos que surgiram maledicências entre os que Wrangel chama de "burocratas subornáveis".[24] E ele notou que sua correspondência passou a chegar quatro dias depois de sua distribuição para outras pessoas. O governador militar, considerando a tenra idade de Wrangel, sentiu-se na obrigação de adverti-lo sobre o perigo de cair sob a influência de um revolucionário tão notório. Decidido a resolver a questão, Wrangel pediu ao oficial que convidasse Dostoiévski a visitá-lo e julgasse por si mesmo. A visita foi um grande sucesso; o convite se repetiu, e a partir de então Dostoiévski foi recebido, graças à gentileza de Wrangel, nas casas da boa sociedade de Semipalátinsk.

Três meses depois de Wrangel pôr os pés em Semipalátinsk, um súbito acon-

288

tecimento abriu uma perspectiva mais promissora para o futuro de Dostoiévski. Nicolau I morreu de repente, em 18 de fevereiro de 1855, enquanto o Exército russo no Cáucaso ainda estava envolvido na guerra contra a Turquia, e a notícia chegou quase um mês depois ao distante posto avançado siberiano. O pensamento dos muitos exilados políticos se voltou para as expectativas de anistia que de hábito acompanhavam a instalação de um novo regime. Além disso, "os rumores a respeito da afabilidade de caráter, humanidade e bondade do novo tsar haviam chegado à Sibéria muito tempo antes".[25] Dostoiévski compartilhava dessas esperanças; e agora, com o influente Wrangel ao seu lado, cuja família mantinha relações com os mais altos círculos da corte, ele tinha todos os motivos para acreditar que seus anseios se concretizariam.

Menos de um mês depois, Wrangel escreveu uma carta ao seu pai em que falava de Dostoiévski pela primeira vez. "O destino me aproximou de uma pessoa rara no que diz respeito às qualidades de coração e espírito", dizia ele; "trata-se de nosso jovem e infeliz escritor Dostoiévski. Sou muito grato a ele, e suas palavras, conselhos e ideias me fortalecerão por toda a minha vida." E então ele chegava à verdadeira questão: "O senhor sabe, querido pai, se haverá uma anistia? Tantos infelizes estão aguardando e esperando, como náufragos agarrados a uma palha". Duas semanas depois, enviou uma carta à irmã, pedindo-lhe que perguntasse ao pai sobre as perspectivas de uma anistia para os presos políticos e sugerindo que falasse com o general Dubelt ou o príncipe Orlov em favor de Dostoiévski. "Será possível que esse homem notável venha a perecer aqui como soldado? [...] Estou triste e aflito por ele — amo-o como a um irmão e respeito-o como a um pai."[26]

No momento em que essas cartas foram escritas, Dostoiévski e Wrangel tinham fixado residência em uma datcha, carinhosamente chamada de "Jardim do Cossaco", nos arredores da cidade. O clima de Semipalátinsk durante os meses de verão era insuportável, e Wrangel decidiu fugir no início da primavera, quando a estepe começava a florescer e verdejar. Encontrou uma casa vazia à margem do rio, no meio de vegetação exuberante, e uma vez que o acampamento de verão do regimento de Dostoiévski ficava nas proximidades, foi fácil providenciar para que ele compartilhasse a moradia. O retrato que Wrangel faz da vida em comum dos dois tem um caráter idílico que Dostoiévski não voltaria a conhecer por muitos anos. Wrangel era um jardineiro entusiasmado e versátil e estava decidido a mostrar aos nativos que era possível cultivar ali todo tipo de flores e frutas desconhecidas na região, e o trabalho ligado a esse projeto "muito satisfez e ocupou Dostoiévski, [que] mais de uma vez se lembrou de sua infância e da casa de campo de sua família".[27]

O romance ilícito de Dostoiévski com Maria Dmítrievna se tornou cada vez mais envolvente, e a necessidade de possuí-la por completo afastou todos os outros pensamentos que o acometiam. Para espanto geral, Aleksandr Issáiev conseguiu arranjar outro emprego, na pequena cidade de Kuznetsk, um lugar atrasado e miserável, perdido na vastidão da Sibéria. A notícia foi um golpe para Dostoiévski: de repente, rompia-se o frágil mundo de relativo contentamento que ele conseguira construir com tanto trabalho. "E veja, ela concorda", diz a Wrangel com amargura, "ela não se opõe, isso é que é tão chocante."[28]

Como os Issáiev não tinham recursos, o empobrecido Dostoiévski pediu dinheiro emprestado a Wrangel para ajudá-los com as despesas da viagem. A partida ocorreu numa amena noite de maio, banhada pelo luar, e Wrangel e Dostoiévski, de acordo com o costume russo, acompanharam o grupo na primeira etapa da viagem, depois de uma pausa para uma última visita ao Jardim do Cossaco. Wrangel encharcou Issáiev de champanhe até ele cair de bêbado, então o depositou em uma carruagem separada para que os dois amantes pudessem ter alguns momentos de privacidade na despedida. Quando chegou a hora de dizer adeus, Dostoiévski e Maria Dmítrievna se abraçaram, enxugaram suas lágrimas, e o atordoado marido foi posto de volta na *tarantás* aberta em que os Issáiev foram forçados a viajar. Relembra Wrangel:

> Os cavalos começaram a andar, nuvens de poeira se levantaram da estrada, a carruagem e seus passageiros já mal podiam ser vistos, o som do sino ficava cada vez mais fraco [...] e Dostoiévski ainda estava parado, como que pregado no lugar, em silêncio, a cabeça baixa, lágrimas escorrendo pelo rosto. Aproximei-me dele, peguei sua mão — e ele pareceu despertar de um longo sono. Sem dizer uma palavra, entrou na carruagem. Voltamos para casa ao amanhecer.[29]

As cartas logo começaram a voar entre Semipalátinsk e Kuznetsk em ritmo semanal, e graças à sobrevivência de uma delas podemos ter uma impressão em primeira mão dos sentimentos de Dostoiévski por seu primeiro grande amor. Ele escreve:

Nunca considerei que nosso encontro tenha sido comum, e agora, sem você, compreendi muitas coisas. Vivi durante cinco anos sem a companhia de seres humanos, sozinho, sem ter ninguém, no sentido pleno da palavra, com quem pudesse abrir meu coração. [...] O simples fato de uma mulher estender a mão para mim constituiu uma nova época na minha vida. Em certos momentos, até o melhor dos homens, se assim posso dizer, não passa de um cabeça-dura. O coração de uma mulher, sua compaixão, seu interesse, a bondade infinita de que não temos ideia, e que, muitas vezes, por estupidez, nem sequer notamos, é insubstituível. Encontrei tudo isso em você.[30]

O relacionamento já havia passado por momentos tempestuosos, e esse passado difícil não era um bom augúrio para o futuro. Mas Dostoiévski assumia a maior parte da culpa ("em primeiro lugar, fui um canalha ingrato"), e atribuía as explosões de Maria Dmítrievna a uma natureza nobre "magoada pelo fato de que

12. *Maria Dmítrievna Issáieva*.

uma sociedade imunda não a valorizou ou compreendeu, e para uma pessoa com sua força de caráter, é impossível não se rebelar contra a injustiça; isso é um traço de honestidade e nobreza. É o alicerce de seu caráter. Evidentemente, a vida e os problemas exageraram e provocaram muita coisa em você; mas, por Deus!, tudo isso é redimido com juros, cem vezes mais".[31] Dostoiévski sempre veria Maria Dmítrievna sob uma luz lisonjeira, como uma pessoa cuja violenta indignação e cujas explosões de temperamento expressavam uma raiva nobre contra as injustiças da vida. Um dia, ele imortalizaria esse aspecto da personalidade dela na trágica e colérica Katierina Ivánovna Marmeládova, de *Crime e castigo*.

A separação de Dostoiévski e Maria Dmítrievna marcou o início de uma relação agitada e torturada. A chegada de cada carta semanal, cheia de relatos sobre a doença de sua amada, o tédio e a solidão de sua existência, o fardo de cuidar do marido alcoólatra (cuja saúde se deteriorava) e de tentar criar Pacha com decência — tudo isso afligia Dostoiévski. Sua ansiedade tampouco diminuía com as referências cada vez mais frequentes que ela fazia a um jovem e simpático professor que começara a desempenhar na vida dela o papel anteriormente assumido por Dostoiévski. "A cada carta", escreve Wrangel, "as referências a ele se tornavam mais e mais entusiasmadas, com elogios a sua bondade, dedicação e nobreza de alma. Dostoiévski estava dilacerado pelo ciúme; era lamentável observar o estado mental depressivo que afetava sua saúde."[32] Seu ânimo ficou tão abatido que Wrangel, alarmado, providenciou um encontro entre os amantes num povoado situado a meio caminho entre as duas localidades. Mas quando os dois amigos chegaram, depois de uma viagem muito dura, encontraram, em vez de Maria Dmítrievna, uma carta explicando que ela não podia comparecer ao encontro porque o estado de saúde do marido havia piorado.

Em agosto de 1855, Issáiev deu seu último suspiro, deixando Maria Dmítrievna sozinha, doente e sem dinheiro, lutando a duras penas para sobreviver no fim do mundo de Kuznetsk. Desesperado após receber a notícia, Dostoiévski escreveu a Wrangel, então em viagem de negócios, pedindo que mandasse algum dinheiro à mulher necessitada, e o fizesse com especial tato e cuidado; a dívida de gratidão a tornaria mais sensível a qualquer descuido indevido de tom. Ninguém compreendia melhor do que o criador do Diévuchkin, em *Gente pobre*, as angústias de uma sensibilidade culta humilhada pela pobreza e por uma posição social inferior.

O falecimento de Issáiev permitiu que Dostoiévski sonhasse finalmente em possuir, de forma legal e pública, a senhora de seu coração, mas era impensável pedir a mão dela enquanto continuasse na humilde condição de soldado. Todo esse tempo, com certeza, ele usou da influência que pôde para obter uma promoção. Ao entrar no Corpo de Exército Siberiano, pediu a Mikhail que procurasse as autoridades em São Petersburgo e as persuadisse a transferi-lo para um corpo em serviço ativo no Cáucaso. Ele acreditava que poderia aumentar suas chances de obter um perdão completo no futuro se demonstrasse sua lealdade servindo em uma zona de combate. Além disso, Wrangel pediu ao governador-geral Gasfort que enviasse o poema de Dostoiévski "Sobre o Primeiro de Julho de 1855" para a recém-enviuvada imperatriz. Nessa obra, ele pede a ela que encontre conforto nos grandes feitos de seu falecido esposo, ao mesmo tempo que suplica perdão:

> Perdoai-me, perdoai-me, perdoai meu desejo;
> Perdoai-me por ousar falar convosco.
> Perdoai-me por ousar nutrir o insensato sonho
> De consolar vossa tristeza, de aliviar vosso sofrimento.
> Perdoai que eu, um pesaroso proscrito, ouse
> Levantar sua voz diante desse túmulo sagrado. (v. 2, p. 407)

O poema chegou finalmente às mãos da imperatriz. Dostoiévski foi promovido ao posto de *unter-ofitser* (suboficial) em novembro de 1855, e podia esperar por sinais mais importantes de favor no futuro. Um mês depois, Wrangel deixou Semipalátinsk e foi para São Petersburgo, onde pretendia dedicar-se à defesa da causa de Dostoiévski. Passou-se, então, um longo tempo entre a data em que Wrangel pôs os pés na capital e a primeira carta em que pôde dar alguma esperança a Dostoiévski, que esperava aflito, em seu triste exílio, pelas notícias que determinariam seu futuro. Enquanto isso chegaram aos seus ouvidos rumores de que Maria Dmítrievna aceitara a corte de outro pretendente. Transtornado, Dostoiévski sentou-se para despejar sua angústia numa carta, mas foi interrompido pela chegada de uma missiva dela que carecia, como ele conta a Wrangel, "de qualquer traço de nossas esperanças futuras, como se esse pensamento tivesse sido completamente posto de lado". E então, por fim, vinha a pergunta que ele tanto temia: o que ela faria se recebesse a proposta de casamento de um homem "de certa idade, com boas qualidades, no serviço, e com um futuro garantido?".[33]

A reação de Dostoiévski a essa carta, com o seu pedido de conselho fraterno, revela a intensidade melodramática que tantas vezes marca os envolvimentos amorosos de seus personagens literários. "Foi como se eu tivesse sido atingido por um raio; cambaleei, desmaiei, chorei a noite toda. [...] Em toda a minha vida, nunca sofri tanto. [...] Meu coração está consumido por desespero mortal, à noite há sonhos, gritos, espasmos em minha garganta me sufocam, lágrimas às vezes se recusam a sair, outras vezes vêm aos borbotões." Podemos entender por que Dostoiévski exclama: "Oh! Que Deus preserve a todos dessa terrível, pavorosa emoção! Grande é a alegria do amor, mas os sofrimentos são tão assustadores que seria melhor nunca se apaixonar".[34]

O pior de tudo, porém, era o conflito moral em que estava mergulhado. Tinha ele o direito de interpor-se no caminho de um casamento razoável para ela quando suas próprias perspectivas eram tão incertas? Mas quando imaginava Maria Dmítrievna, "doente, nervosa, de coração tão refinado, culta, inteligente", enterrando-se em Kuznetsk para sempre, e com um marido que talvez "considerasse que bater era perfeitamente legal no casamento" — isso simplesmente o deixava maluco! Tinha a estranha sensação de estar vivendo o final patético de seu primeiro romance, com Maria Dmítrievna "na situação da minha heroína de *Gente pobre*, que se casa com [o brutal] Bíkov (como fui profético!)". E ele tinha certeza de que ela o amava e só estava pensando em outro por absoluta necessidade. *"Mais elle m'aime, elle m'aime*, eu sei disso, eu vejo isso — por sua tristeza, sua angústia, sua melancolia, pelas explosões contínuas em suas cartas, e por muito mais coisas sobre as quais não vou escrever."[35]

Dostoiévski apelou a Wrangel, com uma urgência beirando a histeria, para que redobrasse seus esforços em Petersburgo, a fim de obter-lhe uma transferência para o funcionalismo civil ou uma promoção a oficial. E, mais importante ainda, precisava de permissão para publicar (afirmava que teria um "romance" e um artigo concluídos em setembro). Enviou também a Wrangel, violando os regulamentos do Exército, uma carta pessoal dirigida ao general E. L. Totleben, um velho conhecido de seus dias na Academia de Engenharia Militar e agora herói nacional graças às fortificações brilhantes que havia projetado para a defesa de Sebastopol durante a Guerra da Crimeia. Wrangel já havia feito uma visita ao general em favor de Dostoiévski, mas foi ideia do escritor, como último recurso, apelar diretamente ao homem do momento e granjear seu enorme prestígio para acelerar uma decisão favorável.

"Eu era culpado", ele admite a Totleben depois de sintetizar os fatos de sua prisão, julgamento e condenação. "Fui condenado legal e justamente, um longo tormento, torturante e cruel, que me curou e mudou minhas ideias em vários sentidos. Mas então — então eu estava cego, acreditava em teorias e utopias." Aqui, pela primeira vez, Dostoiévski atribui sua crença anterior em "teorias e utopias" à doença nervosa de que sofrera desde o começo da primavera de 1846 até sua prisão, dois anos mais tarde:

> Estive doente por dois anos seguidos, com uma estranha enfermidade moral. Eu era hipocondríaco. Houve momentos em que perdi a razão. Estava excessivamente irritável, impressionável ao ponto de doença, e com a capacidade de deformar os fatos mais comuns e dar-lhes outro aspecto e dimensão. Mas achei que, embora essa enfermidade exercesse uma influência poderosa e maligna sobre meu destino, teria sido desprezível e até mesmo humilhante usá-la como justificativa.[36]

Para Dostoiévski, a doença mental associava-se agora, como causa e como sintoma, a delírios ideológicos que exercem "uma influência poderosa e maligna" sobre o destino dos que são suscetíveis ao seu apelo pernicioso.

Enquanto o dossiê de Dostoiévski seguia seu caminho tortuoso pelo complicado labirinto da burocracia russa, as coisas iam de mal a pior para os dois amantes separados. Para Mikhail, Dostoiévski tenta justificar sua decisão de se casar — uma decisão que, como ele bem sabia, parecia loucura aos olhos de sua família, dada a precariedade de sua situação — e solicita ajuda para assegurar a Maria Dmítrievna que, se ela se tornasse sua esposa, a família lhe daria uma recepção cordial. Com Wrangel, Dostoiévski é mais franco sobre as dificuldades de seu imbróglio sentimental. O espectro de "um homem de certa idade" desaparecera porque esse digno senhor fora inventado apenas para testar o afeto de Dostoiévski. "Se eu tivesse respondido com indiferença", explica Dostoiévski, "ela teria a prova de que eu a havia esquecido. Quando recebi aquela carta, escrevi uma resposta desesperada, terrível, que a deixou arrasada; depois mandei outra carta. Ela andara doente nos últimos dias, e minha carta realmente acabou com ela. Mas parece que meu desespero era doce para ela, embora sofresse por mim." "Eu a compreendo: seu coração é nobre e orgulhoso", garante a Wrangel.[37]

A visita de Wrangel ao magnânimo general Totleben e a habilidosa carta de Dostoiévski ao antigo companheiro de Academia conseguiram finalmente superar o primeiro obstáculo para sua união. O poderoso e influente herói concordou em intervir em favor de Dostoiévski e pedir ao Ministério da Guerra que o promovesse a alferes ou o liberasse para o funcionalismo civil no posto mais baixo. Em ambos os casos, ele também ganharia autorização para publicar sua obra literária nas condições normais da lei. Foi essa informação que provocou sua resposta extasiada de 23 de maio de 1856 à primeira carta positiva que recebera até então de Petersburgo e a crença de que "o caso, se entendi corretamente, está no caminho certo".[38]

Notável também é a resposta entusiasmada de Dostoiévski ao que fica sabendo por intermédio de Wrangel sobre o novo monarca. "Deus conceda felicidade ao magnânimo soberano! Então é verdade o que todo mundo disse sobre o amor ardente que todos sentem por ele! Como isso me deixa feliz! Mais fé, mais unidade, e se também há amor, então tudo pode ser feito!"[39] Essa última frase quase pode ser tomada como uma declaração do ideal político ao qual Dostoiévski dedicaria sua vida — o ideal de reunir a Rússia por meio da fé, da unidade e do amor em prol do governo de Alexandre II, pois em março de 1856, falando perante a nobreza de Moscou, o tsar havia feito sua famosa declaração: "É melhor começar a abolição da servidão de cima do que esperar que ela comece a ser abolida de baixo".[40] Dostoiévski tornara-se um revolucionário *somente* para abolir a servidão e *somente* depois que perdera toda a esperança de que ela terminaria, para citar Púchkin, "pela mão do tsar". Mas agora raiava o glorioso dia com o qual Púchkin só podia sonhar, e o tsar a quem Dostoiévski apoiará com tanto fervor pelo resto de sua vida era o tsar libertador que havia finalmente decidido erradicar da consciência russa aquele flagelo moral intolerável.

Apesar das boas notícias que recebera, seu estado de espírito logo voltou à sua tristeza inalterável. O plano era que Maria Dmítrievna se mudasse para Barnaul, centro do distrito de mineração da região de Altai, onde Dostoiévski esperava obter um emprego, mas ela agora se recusava a ir. Pior ainda, suas cartas também sugeriam, como ele conta a Wrangel, "que ela não poderia me fazer feliz, que somos ambos infelizes demais, e que seria melhor para nós [...]" (neste ponto, duas páginas foram arrancadas do manuscrito da carta pela mão vingativa da segunda mulher de Dostoiévski). Quando a carta é retomada, ficamos sabendo que Dostoiévski decidira ir a Kuznetsk investigar os fatos por conta própria. "Estou disposto a ir para a cadeia só para *vê-la*. Minha situação é crítica. Temos de falar sobre isso e decidir tudo de uma vez por todas!"[41]

Uma vez em Kuznetsk, as suspeitas de Dostoiévski de ter sido substituído foram amplamente confirmadas. "Que alma nobre e angelical!", ele escreve a Wrangel. "Ela chorou, beijou minhas mãos, mas ama outro."[42] O outro era o jovem mestre-escola Nikolai Vergunov, que fizera amizade com os Issáiev quando da chegada deles e cujas relações com Maria Dmítrievna acabaram se estreitando. Sem dúvida Maria começara a perder a paciência com a lenta melhoria das perspectivas de Dostoiévski; talvez tivesse mesmo perdido toda a fé. Um jovem professor primário disponível, mesmo com uma renda miserável, era preferível a um escritor ainda mais pobre cujos prognósticos brilhantes de fama e fortuna talvez nunca se concretizassem. Dostoiévski recusa-se a pronunciar uma única palavra de censura ao que poderia muito bem ter considerado uma traição.

O que ocorreu entre os três durante a estada de dois dias de Dostoiévski em Kuznetsk rivaliza com as cenas mais tempestuosas de um romance de três volumes e foi transposto anos mais tarde para as páginas de *Humilhados e ofendidos*. Ele descreve a si mesmo (ou seu herói ficcional, um jovem escritor que é o autor de *Gente pobre*) recuando, impotente, diante da paixão de sua amada por outro, mas na vida real ele desempenhou um papel diferente. Dostoiévski estava longe de querer abandonar o campo de batalha sem luta, e sua melhor arma acabou por ser sua imaginação de romancista. Esboçou, com todos os recursos de sua arte, os problemas terríveis que poderiam surgir no futuro devido a incompatibilidades de idade e caráter entre Maria Dmítrievna e seu jovem amante de 24 anos. Ficou tão agitado que, mesmo ao narrar esses eventos para Wrangel, sua letra é quase ilegível.

"E [lacuna no texto] não será que ele mais tarde", disse a Maria Dmítrievna e agora repete para Wrangel, "em vários anos, quando ela ainda estiver [lacuna no texto], ele não vai desejar a sua morte? [...] E não poderia ele mais tarde censurá-la por ter feito cálculos sobre sua juventude e se apropriado da vida dele unicamente para satisfazer suas voluptuosas exigências?" Naturalmente, todas essas premonições perturbadoras não foram ditas de forma tão brusca numa conversa cara a cara; Dostoiévski tinha sido mais sutil, esboçando suas visões ameaçadoras como conjecturas, ao mesmo tempo que sustentava que Vergunov não poderia comportar-se dessa maneira. "Não a convenci de nada", ele avalia, "mas semeei algumas dúvidas; ela chorou e ficou atormentada."[43]

A essa altura, ocorreu uma peripécia que nos lembra aqueles súbitos momentos de clímax na obra de Dostoiévski, quando a hostilidade mútua se transforma em amor.

> Senti pena dela, e então ela voltou completamente para mim — ela sentiu pena de mim! Se você soubesse que anjo ela é, meu amigo! Você nunca a conheceu; a cada instante ela mostra algo original, sensível, inteligente, mas também paradoxal, infinitamente bom, verdadeiramente nobre (um cavaleiro em roupas femininas), ela tem o coração de um cavaleiro, ela será sua própria ruína. Ela não conhece a si mesma, mas eu a conheço!

Dostoiévski também se encontrou com Vergunov, que fraquejou e chorou em sua presença. "Encontrei-me com ele; ele chorou, mas só sabe chorar", comenta com um toque de desdém.[44] Por sugestão de Maria Dmítrievna, Dostoiévski escreveu uma carta a Vergunov resumindo todas as razões que havia apresentado contra a união iminente do casal. Ela continuou oscilando como um cata-vento e disse a Dostoiévski antes de ele partir: "'Não chore, não se aflija, nada está decidido, você e eu e mais ninguém!' Estas são suas palavras exatas", garante a Wrangel. "Não sei como passei esses dois dias. Foi ao mesmo tempo felicidade e tortura insuportável! No final do segundo dia, parti *cheio de esperanças*."[45]

Enquanto isso, Dostoiévski continuava tentando obter a admissão para Pacha Issáiev no Corpo de Cadetes da Sibéria e pede a Wrangel para ver se o general Gasfort não pode ser persuadido a usar sua influência para ajudar o jovem a encontrar uma vaga. Ele também implora ao amigo outro favor relacionado aos Issáiev. "Pelo amor de Deus, pelo esplendor do céu, não recuse esse pedido. *Ela não deve sofrer*. Se ela se casar com ele, que pelo menos possam ter algum dinheiro." E assim Dostoiévski insta Wrangel a falar sobre Vergunov a Gasfort "como um rapaz digno com habilidades de primeira classe; ponha-o nas nuvens, diga que você o conhece; que não seria má coisa dar-lhe um cargo mais elevado. [...] Tudo isso por *ela*, *somente* por ela. Assim ela não acabará na miséria, só por isso!".[46] Dostoiévski, que tinha uma aguda sensibilidade pessoal e literária para os sofrimentos dolorosos da pobreza de gente nobre, estava sinceramente comovido com a possível penúria da mulher que amava com ardor e pela qual sentia uma imensa dívida de gratidão. "Ela chegou no momento mais triste da minha vida", disse ele a Wrangel alguns meses depois, "e ressuscitou minha alma."[47]

* * *

No início do outono de 1856, a promoção de Dostoiévski foi enfim confirmada e ele passou ao cargo de oficial, com um status social respeitável e uma renda fixa. Ao receber a notícia, seu primeiro e único pensamento foi que isso lhe permitiria visitar Maria Dmítrievna. Ele não faz nenhuma tentativa de esconder os estragos causados pelo que sabia ser uma fixação patológica. "Não balance a cabeça, não me condene", implora a Wrangel. "Eu sei que sob muitos aspectos estou me comportando de modo irracional com ela, que quase não me restam esperanças — mas pouco importa se existem ou não esperanças. Não consigo pensar em outra coisa! Só em vê-la, ouvi-la! Sou um pobre louco. Um amor desse tipo é uma doença. Sei disso."[48] Ele esperava, sem motivo, que outra visita teria o mesmo efeito reanimador da primeira. Consumido pela culpa por desperdiçar o dinheiro que havia implorado com tanta urgência ao irmão, pede a Wrangel que não conte a Mikhail sobre seu projeto de uma nova viagem para conquistar sua relutante namorada.

Ao mesmo tempo, Dostoiévski insta Wrangel a perguntar se seria possível para ele, agora que é oficial, pedir reforma do Exército por motivo de saúde. Essa é a primeira referência na correspondência de Dostoiévski ao que se tornara uma preocupação crescente com sua condição física e mental. "Se quero voltar para a Rússia", diz ele, "é apenas para abraçar aqueles que amo e consultar médicos qualificados, a fim de saber qual é a minha doença (epilepsia), o que são esses ataques recorrentes que toda vez enfraquecem minha memória e todas as minhas faculdades e que temo possam me levar um dia à loucura. Que espécie de oficial eu sou?"[49]

Em dezembro de 1856, empreendendo de novo a longa viagem a Kuznetsk, ele finalmente consegue o consentimento de Maria Dmítrievna. Todas as suas energias se voltam então para a tarefa de obter dinheiro para o casamento, que exigia uma quantia assombrosa para alguém que, já mergulhado até o pescoço em dívidas, poderia contar apenas com seu magro ordenado de oficial. Ele teria de financiar não somente outra viagem a Kuznetsk, como também o retorno da nova esposa e do enteado em carruagem fechada (era pleno inverno), o transporte de seus pertences domésticos e a compra do que fosse necessário para montar uma casa. E, ainda por cima, havia as despesas decorrentes de sua promoção, que exigia que se vestisse da cabeça aos pés com equipamentos vendidos a preço de ouro na remota Sibéria. Por sorte, um amistoso capitão de engenheiros ligado a um dos estabelecimentos de mineração se oferecera para emprestar-lhe seiscentos rublos a longo prazo, e uma de suas irmãs lhe havia recentemente mandado duzentos rublos de presente. Uma vez que tinha manuscritos inéditos que valiam, na sua estimativa, cerca de mil rublos, tinha certeza de que, assim que recebesse permissão para publicar, seus problemas estariam resolvidos. "Mas se me proibirem de publicar por mais um ano, estou perdido." Dostoiévski renova então seu apelo a Wrangel para que lhe comunique imediatamente "a menor *notícia relativa a permissão para publicar*".[50] Estava tão desesperado que afirmou estar disposto a publicar sem assinatura ou sob pseudônimo, se necessário, para sempre.

13. *Dostoiévski de uniforme em 1858.*

Dostoiévski levou dois meses para completar os preparativos do casamento, durante os quais escreveu com esmero uma carta para seu tio rico em Moscou em que pedia de presente o montante que lhe devia por empréstimo. Partiu então para uma estada de duas semanas em Kuznetsk, e em 7 de fevereiro de 1857 o casamento foi realizado na presença de vários dignitários locais, inclusive Vergunov, que faz sua última aparição como testemunha do casamento da mulher que amara e do homem que frustrara seu plano de casar com ela. O casal em lua de mel iniciou então uma viagem desgastante de volta a Semipalátinsk, com uma parada em Barnaul para aceitar a hospitalidade do velho amigo de Dostoiévski, o conde Piotr Semiónov. O que ocorreu durante essa parada lançou uma sombra sobre o malfadado casamento de Dostoiévski desde o início. "A caminho de casa", escreve Dostoiévski a Mikhail, "o infortúnio se atravessou no meu caminho: de modo totalmente inesperado, tive um ataque epiléptico, que apavorou minha mulher e me encheu de tristeza e desânimo."[51]

Maria Dmítrievna jamais presenciara o grito fantasmagórico, o desmaio, os movimentos convulsivos do rosto e dos membros, a espuma na boca, a incontinência urinária que marcavam os ataques agudos de Dostoiévski; e ela ficou apavorada ao descobrir que unira seu destino a um marido devastado por essa doença. Pior ainda, Dostoiévski tomou conhecimento, pela primeira vez, da verdadeira natureza de sua moléstia.

O doutor me disse [...], ao contrário de tudo o que me foi dito anteriormente por médicos, que eu sofria de *epilepsia genuína* e que, em um desses ataques, poderia sufocar por causa dos espasmos na garganta e poderia morrer por causa disso. Eu mesmo supliquei e adverti o médico, por sua reputação de homem honesto, que fosse franco e minucioso. Em geral, ele me aconselhou a ter cuidado na época da lua nova.[52]

Se há razão para suspeitar que Maria Dmítrievna tenha se arrependido de seus recentes votos matrimoniais, não há nenhuma ambiguidade a respeito dos sentimentos de Dostoiévski. Ele admite a Mikhail:

Ao me casar, confiava plenamente nos médicos que me disseram tratar-se apenas de crises nervosas, que passariam com uma mudança nas circunstâncias de minha vida. Se eu soubesse que sofria de epilepsia verdadeira, não teria me casado. Para minha paz de espírito e para consultar médicos *de verdade* e *tomar providências, é necessário* obter minha reforma o mais rápido possível e voltar para a Rússia, mas como fazê-lo?[53]

Maria Dmítrievna chegara a Semipalátinsk bastante doente, e Dostoiévski começou a entender melhor a precariedade de seu equilíbrio físico e emocional. "Ela é uma criatura bondosa e afetuosa, um pouco impulsiva, excitável, extremamente impressionável; sua vida passada deixou marcas dolorosas em sua alma. Suas impressões mudam com rapidez incrível, mas ela nunca deixa de ser nobre e boa. Eu a amo muito, ela me ama, e por enquanto tudo vai bem."[54]

Uma vez instalado em Semipalátinsk, onde os recém-casados alugaram um confortável apartamento de quatro cômodos, Dostoiévski pôde afinal dedicar-se, no tempo que sobrava de suas obrigações militares, à sua carreira literária (embora persistisse a incerteza sobre seu direito de publicar). Desincumbiu-se corajosamente de suas novas responsabilidades, assentou Pacha no Corpo de Cadetes Siberianos e escreveu cartas respeitosas ao seu novo sogro e às irmãs de sua esposa (que não conhecia). Em uma dessas cartas para uma cunhada invisível, quase um ano depois do casamento, ele manifesta um cansaço decorrente de um profundo sentimento de decepção com sua vida. "Sabe", observa ele estranhamente, "tenho uma espécie de pressentimento, acho que vou morrer muito em breve [...] e é com muita calma que admito estar certo de uma morte iminente. Parece-me que já vivi tudo o que uma pessoa deve viver neste mundo e que não há nada a que eu possa aspirar."[55] Essas palavras, sem dúvida, têm algo a ver com os temores provocados por sua epilepsia — em meados de janeiro de 1858, Dostoiévski pediu oficialmente permissão para aposentar-se do Exército por invalidez e no intuito de consultar médicos competentes em São Petersburgo —, mas expressam também uma lassidão interior cuja explicação mais provável é um desejo de escapar dos fardos da vida em comum com Maria Dmítrievna.

Com o passar do tempo, as referências a ela desaparecem quase que por completo da correspondência, com exceção de breves comentários que nos permitem inferir um ambiente de brigas e recriminações. A referência mais explícita pode ser encontrada em uma carta a Wrangel, com quem Dostoiévski não tinha segredos a respeito da esposa, e que, como ele sabia, sempre considerou a paixão do homem mais velho um acidente infeliz. Escrevendo-lhe dois anos depois de casado, Dostoiévski diz: "Se você quer saber o que se passa comigo, o que posso dizer? Onerei-me com o fardo de cuidar de uma família e continuo a carregá-lo.

Mas acredito que minha vida ainda não está terminada e não quero morrer".[56]
Com efeito, foi Maria Dmítrievna que, cinco anos depois, morreu de tuberculose,
e a devastação crescente de sua doença só aumentou a irritabilidade e a irascibilidade de um temperamento que tanto seduzira Dostoiévski por sua capacidade de
justa indignação. E, com toda a justiça, devemos reconhecer que ela mesma tinha
boas razões para nutrir ressentimentos contra seu segundo marido e sentir-se
traída por ele — ele cuja promessa de reconquista da fama continuava problemática e cujos ataques epilépticos se repetiam com frequência alarmante.

18. Um coração russo

Graças à gentileza de novos amigos como Wrangel e Iakúchkin, que levavam e traziam cartas entre Dostoiévski, sua família e o velho círculo de amigos em Petersburgo e Moscou, o romancista, embora longe dos centros da vida social e cultural russa, conseguia manter-se a par das ideias e tendências que agitavam a intelectualidade. A eclosão da Guerra da Crimeia em 1853 (notícia que mal conseguira chegar ao campo de prisioneiros) trouxera à tona todo o ardor patriótico latente do velho amigo de Dostoiévski, Apollon Máikov, um ocidentalista progressista. Sua carta aberta, publicada na *Gazeta de São Petersburgo* em 1854 como manifesto político-cultural, registra o surto de nacionalismo chauvinista que tomou conta de grande parte da sociedade russa culta no início das hostilidades. Nessa carta aberta, o crítico insta os escritores russos a honrar o "sentimento sagrado de amor à pátria" e "iluminar [no seu trabalho] aquele ideal da Rússia, que é perceptível a todos".[1]

"Li sua carta", Dostoiévski responde com aprovação em janeiro de 1856, "e não compreendi o essencial. Refiro-me ao patriotismo, à ideia da Rússia, ao sentimento de dever, honra nacional [...] meu amigo! [...] Sempre compartilhei exatamente desses mesmos sentimentos e convicções. [...] O que é realmente novo nesse movimento que você viu nascer e do qual fala como uma nova tendência?" E continua: "Compartilho inteiramente de seus sentimentos patrióticos em relação à *libertação moral* dos eslavos. [...] Concordo com você que a Europa e a sua missão serão realizadas pela Rússia. Isso está claro para mim há muito tempo".[2] Dostoiévski repete várias vezes que tanto ele como Máikov continuavam os mesmos homens no que dizia respeito ao "coração", ainda que pudessem ter ocorrido alterações nas "ideias" que defendiam. Essas afirmações servem de prelúdio para uma importante profissão de fé que Dostoiévski faz e para sua revelação de como interpreta agora seu passado.

"Até pouco tempo, você talvez ainda se preocupasse com o influxo das ideias francesas naquela parte da sociedade que pensa, sente e estuda. [...] Mas você mesmo há de concordar que todas as pessoas que pensam corretamente, isto é, aquelas que dão o tom a tudo, consideravam as ideias francesas de um ponto de vista científico — não mais que isso, e continuavam sendo russas, mesmo quando se dedicavam ao excepcional. Em que você vê alguma coisa de novo?"[3] Por "ideias francesas", é claro, Dostoiévski se referia às correntes radicais e socialistas utópicas da década de 1840, que ele nega que tivessem o poder de mudar o caráter russo. A autointerpretação de Dostoiévski alimenta e prenuncia suas criações posteriores: com frequência ele vai mostrar em seus personagens principais a persistência de algo que considera "russo", mesmo naqueles que são mais intensa e corrosivamente afetados pelas ideias da Europa Ocidental. Com efeito, Dostoiévski estava convencido (e via em sua própria experiência uma prova irrefutável dessa verdade) de que os sentimentos instintivos e as lealdades dos russos sempre irromperiam de alguma forma, por mais impenetrável que pudesse parecer a camada de cultura europeia ocidental na constituição de suas personalidades. Referindo-se a seus anos na *kátorga*, acrescenta: "Aprendi [...] que, no meu coração, sempre fui russo. Pode-se errar nas ideias, mas é impossível errar no coração".[4]

Ser russo, portanto, significa estar unido a outros russos por um vínculo que evoca um sentimento de responsabilidade moral mútua; e esse vínculo, proveniente do coração, é mais profundo e mais fundamental do que todas as ideias falsas que possam distorcer a visão russa ou embotar a sensibilidade moral russa. Dentro de poucos anos, muitos personagens de Dostoiévski estarão presos precisamente nessa luta interior entre seu coração russo e o poder maligno, corruptor e amoral das ideias não russas. À medida que Dostoiévski examina e contempla seu passado nessa carta a Máikov, o que transparece são os primeiros esboços da dicotomia racional/irracional tão característica de suas criações pós-siberianas. E essa dicotomia já começava a assumir muitas das conotações morais, psicológicas e ideológicas às quais ele dará mais tarde expressão tão brilhante.

A carta de Dostoiévski a Máikov constitui uma fonte preciosa para a análise de sua evolução pessoal e artística. Mas quanto de verdade existe em sua crença de que a intelligentsia russa como um todo fora influenciada apenas superficialmente por "ideias francesas"? No que diz respeito ao próprio Dostoiévski, ele sempre viveu em tensão desconfortável com os impulsos subversivos (inspirado sobretudo pelo ódio à servidão), que o levaram para as fileiras de uma conspiração revolucionária. No que diz respeito aos ocidentalistas russos, a quem Dostoiévski naturalmente tendia a interpretar por analogia a si mesmo, a situação é muito mais complexa. Tem-se a impressão de que Dostoiévski acreditava que todos, ou pelo menos uma parte considerável deles, também apoiaram o regime tsarista durante a guerra. E se foi isso o que ele *quis dizer*, então estava redondamente enganado, pois eles ficaram estarrecidos com a corrupção, a desordem e a incompetência reveladas pelo regime de Nicolau I na Guerra da Crimeia. A maior parte da intelectualidade, de qualquer matiz político, compartilhava dos sentimentos expressos no diário de A. I. Kócheliev, um eslavófilo relativamente liberal, que escreveu que as derrotas russas na Guerra da Crimeia "não nos angustiaram demais porque estávamos convencidos de que até mesmo a derrota da Rússia seria mais suportável e mais útil do que a situação em que nos encontrávamos em anos recentes. O estado de espírito da sociedade e até mesmo do povo, embora em parte inconsciente, era da mesma natureza".[5] Distante como estava dos centros da vida social e cultural russa, e vivendo em um ambiente predominantemente militar, hostil a qualquer pensamento livre, é evidente que Dostoiévski desconhecia essas agitações subversivas.

Contudo, se olharmos para a cultura russa como um todo, podemos observar nos ocidentalistas russos uma evolução semelhante à de Dostoiévski entre os anos de sua prisão e exílio. Essa contundente mudança de atitudes socioculturais russas pode ser datada de um famoso artigo de Bielínski, publicado em 1847, no qual elogiava o papel histórico do povo russo, e Dostoiévski com certeza o tinha em mente quando garantiu a Máikov que a influência das ideias francesas sobre russos cultos tinha sido apenas um desvio momentâneo do verdadeiro caminho da Rússia. Durante a década de 1850, os acontecimentos mais significativos do pensamento russo foram a assimilação gradual das ideias eslavófilas pela opinião culta como um todo e a fusão dessas ideias numa nova síntese com as do antigo grupo ocidentalista. Uma vez que as publicações mais importantes em que essa síntese havia sido desenvolvida eram editadas no exterior, Dostoiévski não poderia ter tomado conhecimento delas em seu desterro siberiano.

Em grande medida, essa nova síntese de ideias foi concebida e propagada por Aleksandr Herzen, que passara a ocupar o lugar dominante na cultura russa que havia sido de Bielínski na década de 1840. Herzen, que fora viver na Europa em 1847, entusiasmara-se com as esperanças inebriantes provocadas pela Revolução Francesa de 1848, e também se horrorizara com a repressão impiedosa da revolta da classe operária francesa durante os famigerados dias de junho de 1848, quando foi esmagada pela Guarda Nacional por ordem do governo burguês da nova República francesa. Herzen despejou toda a sua angústia e sua desilusão enojada com os ideais políticos ocidentais em seu comovente livro *Da outra margem* — obra que até hoje conserva a sua força como uma arguta meditação sobre o destino histórico da civilização ocidental moderna. Sua conclusão era que a Europa Ocidental jamais faria a transição inevitável para o novo milênio socialista porque os princípios da propriedade privada, do centralismo monárquico (decorrente, em última análise, do catolicismo romano) e da obediência à autoridade civil estavam enraizados demais no caráter europeu para permitir uma ruptura decisiva com sua tradição secular.

Da outra margem é o grito lancinante de desespero de Herzen quando viu seus antigos ideais de ocidentalista russo destruídos pelos fuzilamentos que marcaram o fim dos levantes de 1848 em todo o continente. Mas numa série de manifestações importantes feitas nos anos seguintes (em *O povo russo e o socialismo, Sobre o desenvolvimento das ideias revolucionárias na Rússia* e muitas outras publicações menos conhecidas), Herzen passou da negação à afirmação, e o que afirmava agora estava em forte contraste com suas crenças anteriores, pois previa que a atrasada Rússia, exatamente porque permanecera fora da corrente principal do desenvolvimento histórico e social europeu, era o instrumento escolhido pela história para conduzir o mundo a uma nova era socialista. Retomando algumas das ideias dos eslavófilos e combinando-as com as dos ocidentalistas, Herzen produziu um amálgama grandioso que inflamou a imaginação russa e influenciou decisivamente o curso do pensamento sociocultural do país durante todo o restante do século.

Andrzej Walicki escreve:

> Dos eslavófilos, Herzen tirou a concepção da comuna aldeã como a fase embrioná-
> ria de uma nova e mais elevada forma de sociedade e a convicção de que o coletivis-
> mo (que chamou de "elemento socialista" ou até de "comunismo") era uma carac-
> terística nacional do povo russo. [...] Como os eslavófilos, Herzen valorizava o
> princípio da autonomia das comunas e a espontaneidade natural das relações entre
> seus membros, que não eram regidas por contratos ou leis codificadas. Por fim, tal
> como os eslavófilos, Herzen acreditava que a fé ortodoxa na Rússia era "mais fiel aos
> ensinamentos dos Evangelhos do que o catolicismo", que o isolamento religioso
> havia felizmente possibilitado que o povo russo [...] permanecesse distante da civili-
> zação "doente" da Europa.[6]

Em 1849, quando surgiram rumores sobre o iminente conflito entre Rússia
e Turquia, Herzen escreveu ao revolucionário italiano Giuseppe Mazzini para dizer que a Rússia conseguiria provavelmente tomar Constantinopla (não previu a
intervenção das potências ocidentais) e que essa conquista seria o sinal para a futura revolução mundial. Ele imaginou que os soldados camponeses do exército
de Nicolau, após a vitória, se recusariam a retornar para a servidão. Em vez disso,
apelando à adesão dos outros eslavos libertos dos turcos, liderariam um levante
geral eslavo, com a Rússia à frente de uma nova federação eslava democrática e
social. "Pois a Rússia é o mundo eslavo organizado, o Estado eslavo. A ela pertence a hegemonia."[7] Essas palavras ilustram a convergência entre as novas convicções de Dostoiévski e a tendência dominante da cultura russa da época.

Em 1852, Herzen mudou-se para Londres e lá criou a primeira Editora Russa
Livre no exílio. Nos anos seguintes, começou a editar seus próprios textos, além
de fundar várias novas publicações. Entre elas estavam um almanaque, publicado
a intervalos irregulares, intitulado *A Estrela Polar* (mesmo título de um almanaque
semelhante outrora editado pelo poeta decabrista Riléiev), e, mais importante,
sua famosa revista semanal, *O Sino* [*Kólokol*]. As ideias de Herzen, depois de alguns
anos, passaram a receber a mais ampla difusão dentro da Rússia, e *O Sino* estava
em todos os lugares (inclusive, dizia-se, no próprio palácio imperial), apesar de ser
proibida no país e disponível somente em exemplares contrabandeados através da
fronteira. No final dos anos 1850 e início da década de 1860, os princípios básicos
do "socialismo russo" de Herzen — com suas fortes conotações de nacionalismo

messiânico e sua reavaliação positiva da vida e das instituições camponesas — se transformaram na ideologia geral da esquerda russa, apesar das discussões cada vez mais veementes sobre como deveriam ser aplicados à situação sociopolítica da Rússia.

A carta de Dostoiévski a Apollon Máikov nos oferece uma visão gratificante da matriz psicológico-ideológica, ainda em fase de formação, da qual nasceriam as futuras obras de Dostoiévski, e também revela seus planos literários. Ele confidencia a Máikov que havia imaginado durante seus anos de prisão o que chama de "minha grande e definitiva história". Mas não tinha começado a escrevê-la ao ser libertado devido ao seu romance com Maria Dmítrievna, "que me distraiu e me absorveu completamente"; em vez disso, começara a escrever "um romance cômico, mas até agora só escrevi aventuras isoladas, das quais tenho o suficiente; agora *estou costurando o todo*".[8] Não está claro se essas palavras se referem a *O sonho do titio* ou *A aldeia de Stepántchikovo e seus habitantes*. De qualquer modo, Dostoiévski estava convencido, como escreveu alguns meses depois a Wrangel, que somente um romance "me dará renome e atrairá a atenção sobre mim",[9] mas também estava convencido de que não lhe dariam permissão para publicar uma obra de ficção.

Na época, ele depositava suas esperanças, sobretudo, nas *Cartas sobre a arte*, a obra que pretendia escrever (ou havia escrito parcialmente) sobre a "missão do cristianismo na arte"[10] e dedicada à filha de Nicolau I. Infelizmente, não se encontrou nenhum vestígio desse texto entre os papéis de Dostoiévski, embora seu jornalismo literário do início dos anos 1860 reflita, sem dúvida, suas ideias sobre o tema naquele momento — a relação da arte com um ideal transcendental ou sobrenatural. Continuando seus esforços para provar sua lealdade ao trono, escreveu também outro poema, "Sobre a coroação e a celebração da paz" — uma invocação das bênçãos de Deus ao novo tsar e salvador da Rússia —, que enviou a Wrangel por intermédio do general Gasfort.

No exato momento em que ruminava a melhor maneira de trazer seu nome de volta aos círculos literários, sua existência foi lembrada no mundo cultural sem que precisasse fazer nenhum esforço especial. No número de *O Contemporâneo* datado de dezembro de 1855, um texto de Panáiev contém uma seção que alude obviamente ao entusiasmo da crítica provocado por *Gente pobre*, em consequência dos elogios de Bielínski, e depois, ao colapso que se seguiu à fama momentânea do autor e seu abandono por todos aqueles que haviam alardeado sua glória. "Pobre rapaz!", escreve Pnáiev. "Nós o matamos, nós o ridicularizamos. Não foi por culpa dele. Ele não podia manter-se nas alturas em que o colocamos."[11] Embora nenhum nome fosse mencionado, todas as pessoas da consideração de Dostoiévski — todos os antigos membros da Plêiade de Bielínski, de quem fora amigo, e todos os seus colegas e rivais literários — sabiam perfeitamente de quem Panáiev estava zombando.

O ataque de Panáiev contra um homem que passara quatro longos anos num campo de trabalhos forçados por um crime político e ainda cumpria sentença no Exército russo foi um golpe nitidamente mesquinho. Mas no pequeno e estreito mundo do jornalismo de São Petersburgo, em que editores e escritores esbarravam todos os dias com altos funcionários da burocracia, corriam rumores sobre dois poemas de Dostoiévski que levaram a um renascimento de toda a antipatia contra ele outrora tão difundida. Dostoiévski leu esse pasquim ofensivo, e podemos deduzir sua indignação de uma carta que Aleksei Pleschéiev lhe escreveu em abril de 1859. "Disse-lhe [a Nekrássov] francamente que você tinha decidido não recorrer à [revista dele], exceto em caso de extrema necessidade, porque o trataram muito mal; Nekrássov, depois de me ouvir, disse que se [...] *O Contemporâneo* falou de forma indigna de você enquanto você estava no exílio, era algo a se repugnar."[12]

O embaraço de Nekrássov poderia muito bem ter sido causado por uma obra de sua autoria que Dostoiévski nunca viu. Esse misterioso texto, publicado somente em 1917, é um relato satírico de como Nekrássov levou o manuscrito de *Gente pobre* a Bielínski. A descrição arrasadora que ele faz de Dostoiévski foi outra resposta aos esforços do romancista para alcançar a reabilitação. A melhor parte do fragmento é a imagem da verdadeira tortura causada em Dostoiévski por sua mistura de timidez dolorosa e vaidade desmedida. A mesma comédia, que faz lembrar *O duplo*, se repete aqui: Dostoiévski não tem forças para tocar a campainha de Bielínski, recua e desce de volta a escada, mas quando Nekrássov observa que Bielínski poderia ficar aborrecido, ele volta correndo e os dois entram.

> Tchúdov [Nekrássov] só compreendeu toda a indecisão de Glajiévski [Dostoiévski] quando viu o quanto o autor de "Um coração de pedra" se acovardou diante dos olhos ameaçadores do crítico. Em momentos de intensa timidez, ele tinha o hábito

de encolher-se todo, de recuar para dentro de si de tal forma que a timidez comum não pode transmitir a menor ideia de seu estado. Ela só poderia ser caracterizada pela palavra que ele mesmo havia inventado, *stuchevátsia*, sumir, desaparecer, apagar-se, que agora vinha à cabeça de Tchúdov.[13] De repente, todo o rosto de Glajiévski ficou abatido, seus olhos desapareceram sob as sobrancelhas, a cabeça se enterrou nos ombros, sua voz, sempre abafada, perdeu toda a clareza e liberdade, soando como se o homem de talento se visse dentro de um barril vazio sem ar suficiente; e enquanto isso, seus gestos, palavras desconexas, olhares, e o tremor constante dos lábios, que exprimiam desconfiança e medo, tinham algo de tão trágico que não era possível rir.[14]

A mistura de compaixão e escárnio com que Nekrássov observa seu antigo amigo é a evocação mais clara que temos de algumas das impressões que Dostoiévski causava nos outros na década de 1840. Mas Nekrássov não podia saber que a figura que descreveu não existia mais, pois no campo de trabalhos forçados Dostoiévski havia perdido por completo a insegurança e a hipocondria paralisantes. "Se você acredita que ainda resta em mim algo daquele nervosismo, daquela apreensão, daquela tendência a suspeitar que eu tinha todas as doenças possíveis, como em Petersburgo", diz ele a Mikhail, "por favor, mude de ideia, não há mais um traço sequer disso, nem de muitas outras coisas."[15] O sofrimento o endurecera. E quando, depois de retornar do exílio, começou a violenta polêmica contra *O Contemporâneo*, o "pequeno ídolo" ridículo e medroso de outrora, alvo fácil de escárnio, mostrou-se um temível adversário.

O talento de Dostoiévski para a polêmica logo se tornou evidente na sua veemente oposição às ideias então propostas em *O Contemporâneo* pelo seu crítico mais notável e influente, N. G. Tchernichévski. Foi sobretudo ele quem formulou os ideais e objetivos da radical "geração dos anos 1860" contra a qual Dostoiévski desencadearia toda a força de suas consideráveis habilidades combativas.

Filho de um sacerdote obscuro e educado em um seminário, Tchernichévski ingressou na Universidade de São Petersburgo em 1846 e lá conheceu pessoas que o puseram em contato com as ideias correntes no Círculo de Petrachévski e converteu-se ao socialismo. Foi pura questão de sorte, como anotou em seu *Diário*, não ter começado a frequentar o Círculo de Petrachévski e acabado na prisão.

Suas opiniões literárias se formaram a partir dos ensaios do último período de Bielínski, e, assim, o jovem publicista discute a literatura principalmente em termos de conteúdo social, avaliando-a à luz de sua preferência pela tradição gogoliana (tal como interpretada por Bielínski) de denúncia e exposição dos males da sociedade. Seus artigos irritavam a sensibilidade dos literatos da pequena nobreza agrupados em torno de *O Contemporâneo*, representantes da geração mais velha da década de 1840, que não apreciavam o tratamento sem cerimônia de suas próprias obras ou o tom sarcástico e zombeteiro, que lhes parecia uma violação de bom gosto.

Tchernichévski fora educado em um seminário provincial, assim como o jovem Nikolai Dobroliúbov, a quem ele logo recrutou para ajudá-lo. Muitos outros ex-seminaristas se tornaram conhecidos como escritores, jornalistas e publicistas que deram voz aos sentimentos de uma nova geração. Eles foram os primeiros *raznotchíntsi*, homens sem cargo oficial ou status social que desempenharam um papel predominante na cultura russa durante todo o restante do século. As diferenças que logo surgiram entre as duas gerações podem ser atribuídas ao abismo criado por suas origens de classe e disparidades na educação.

Os literatos da pequena nobreza olhavam com altivez para os "seminaristas", assim chamados em desprezo, por sua grosseria e falta de educação. Por sua vez, os seminaristas abominavam a cultura e a reverência pela arte como fonte de sabedoria que distinguiam a geração um pouco mais velha da década de 1840. Para Tchernichévski e Dobroliúbov, essa reverência ainda recendia a religião. Filhos de famílias clericais, ambos haviam sido intensamente religiosos na juventude, mas se converteram ao ateísmo com igual fervor sob a influência de Feuerbach e dos seguidores russos da esquerda hegeliana como Bielínski e, sobretudo, Herzen. Ainda assim, o seu fanatismo obstinado e seu supremo desprezo pelas amenidades da cultura, consideradas frivolidades vergonhosas, podem ser plausivelmente atribuídos à ascendência clerical.[16] De qualquer modo, eles eram — ou desejavam ser — materialistas e positivistas irredutíveis, cujas energias eram dedicadas a provocar as mudanças sociais radicais em que viam a única esperança para o futuro. Na opinião deles, a influência sociocultural da geração anterior era um dos principais obstáculos para a reformulação da personalidade russa em moldes mais viris e enérgicos, e essa remodelação era uma precondição necessária para qualquer progresso. Desse modo, uma boa dose de antipatia de classe envenenava com aversão pessoal os conflitos de opinião que logo começaram a ocorrer entre os dois grupos.

O que havia sido, no início, apenas um murmúrio de descontentamento dos literatos da pequena nobreza se transformou em um grito de indignação quando Tchernichévski publicou sua tese de doutorado, *A relação estética entre a arte e a realidade*, depois resenhada por ele próprio (anonimamente) nas páginas de *O Contemporâneo*. Mas, mesmo antes, a defesa pública de sua tese, no anfiteatro da Universidade de São Petersburgo, havia assumido o caráter de um desafio deliberado às autoridades, com claras conotações sociopolíticas. Ao rejeitar os princípios da estética idealista alemã, ele estava, na verdade, atacando todas as tentativas de induzir o homem a viver em um mundo de prazeres e satisfações imaginárias quando as verdadeiras necessidades materiais da grande maioria continuavam insatisfeitas. Naturalmente, uma argumentação desse tipo não poderia ser feita de forma explícita, mas todos os leitores de Tchernichévski sabiam o que estava em jogo quando ele rejeitou o ponto de vista idealista — como Marx já havia feito com Hegel por razões semelhantes — e, por assim dizer, trouxe a arte de volta à terra.

Os estetas idealistas (Hegel e F. T. Vischer) consideravam a arte uma função do desejo do homem de melhorar as imperfeições da natureza em nome do ideal. Tchernichévski, assumindo posição oposta, afirmou categoricamente que "beleza é vida" e que a natureza, longe de ser menos perfeita do que a arte, era a única fonte do verdadeiro prazer e infinitamente superior à arte em todos os aspectos. Com efeito, a arte só existe porque é impossível para o homem satisfazer sempre suas necessidades verdadeiras; por isso, a arte é útil, mas apenas como um substituto até que o artigo autêntico apareça. "A imaginação constrói castelos no ar", escreve Tchernichévski com sarcasmo, "quando o sonhador carece não só de uma boa casa, mas até mesmo de uma cabana tolerável."[17] Ao subordinar a arte à vida e suas demandas concretas, Tchernichévski estava dizendo ao artista que sua tarefa é satisfazer as necessidades sociais do momento — quaisquer que fossem essas necessidades, na opinião do crítico. Está também claro que, se as ideias de Tchernichévski fossem aceitas, a arte perderia qualquer valor ou importância autônoma.

A publicação da tese de Tchernichévski provocou uma tempestade nos periódicos russos e uma torrente de críticas recaiu sobre o jovem e audacioso iconoclasta. Até mesmo o moderado Turguêniev se enfureceu, e suas cartas mostram como ficou perturbado com esse duro ataque a suas devoções artísticas. "Há muito tempo que não leio nada que me tenha transtornado tanto", ele escreve para Kraiévski, que publicara um violento ataque crítico ao livro em *Anais da Pátria*. "*É pior do que um livro maléfico, é ... um ato maléfico.*"[18] Dostoiévski se opunha tanto — se não mais — às ideias de Tchernichévski quanto Turguêniev, Tolstói e todos os outros que manifestaram indignação. A defesa do papel do cristianismo na arte nas previstas *Cartas sobre a arte* de Dostoiévski também teria se chocado com as implicações ateístas da rejeição de Tchernichévski à "imaginação". Essa defesa com certeza constituirá parte importante do ataque que ele fará, dentro de poucos anos, à estética utilitarista dos radicais.

Foi nesse contexto que Dostoiévski e seu velho amigo Aleksei Pleschéiev começaram sua correspondência, justamente quando o último estava prestes a partir para sua primeira visita à família depois do exílio. "Vou visitar Nekrássov", comenta Pleschéiev. "Mas, se um só deles [do círculo de *O Contemporâneo*] me tratar com arrogância, nunca mais ponho os pés lá. Chega! Já se foi o tempo em que se fazia reverência a grandes homens que, na verdade, se revelavam um lixo completo."[19] Porém em breve ele escreve ao amigo que Nekrássov "falou de você com muita simpatia e, em geral, ele me parece uma pessoa realmente boa". Antes disso, Pleschéiev havia escrito: "Turguêniev fala de você com interesse afetuoso".[20]

Através de sua correspondência, Dostoiévski logo tomou conhecimento de uma nova fase da campanha de Tchernichévski para minar o prestígio e a autoridade espiritual da intelectualidade liberal aristocrática. Nesse caso, ele escolheu um pequeno conto despretensioso de Turguêniev, "Ássia", e o utilizou para lançar uma ofensiva em larga escala contra a fraqueza de caráter exibida pelo "homem supérfluo" — o homem da pequena nobreza liberal russa, culto, educado, cheio de ideias humanitárias ocidentais, que sonhava com o bem para a humanidade como um todo, mas que se sentia sempre derrotado diante da imensa estagnação, inércia e atraso da vida russa. Esse personagem tinha sido um dos preferidos dos escritores russos pelo menos desde *Evguiêni Oniéguin*, de Púchkin, e a personagem principal de "Ássia", um diletante russo que perambula sem destino pela Europa, é um exemplar menor dessa linhagem.

O artigo de Tchernichévski, intitulado "O russo no rendez-vous", é mais uma diatribe política do que uma crítica literária. Ele trata das hesitações do protagonista de Turguêniev, da total falta de iniciativa que Tchernichévski considera típica de todo um grupo de personagens pertencentes à intelligentsia liberal da pequena nobreza retratada pelo mesmo autor. Escreve Tchernichévski que embora ele tenha sido educado para acreditar que essas pessoas são a fonte da ilustração na sociedade russa, "estamos gradualmente chegando à conclusão de que essa opinião sobre ele é um sonho vazio; percebemos que não devemos mais permanecer sob sua influência; que existem pessoas melhores do que ele, a saber, aquelas a quem ele trata injustamente" (todas as outras classes socialmente inferiores da sociedade russa, em especial os *raznotchíntsi*).[21]

Essa luva jogada na cara da hegemonia moral e espiritual da intelectualidade liberal da pequena nobreza deu início a uma polêmica que se prolongou por toda a década de 1860 e para a qual a maioria dos representantes importantes da literatura russa deu contribuições significativas. *A véspera* e *Pais e filhos*, de Turguêniev, *Os supérfluos e os biliosos*, de Herzen, *O que fazer?*, de Tchernichévski, *Memórias do subsolo*, de Dostoiévski, a pouco conhecida comédia de Tolstói *A família contaminada* — todos foram produtos dessa luta real, cujo primeiro assalto foi assinalado pelo artigo de Tchernichévski. No final da década, o debate foi magistralmente encerrado com *Os demônios*, de Dostoiévski.

Todas essas obras, no entanto, ainda estavam por ser escritas, e a única réplica notável a Tchernichévski foi feita pelo inseparável companheiro e alter ego de Turguêniev, o crítico Ánnenkov. Em um artigo intitulado "O homem fraco como tipo literário", ele não tentou discutir com Tchernichévski; em vez disso, analisou o problema da razão pela qual o homem fraco havia se tornado uma figura tão importante na literatura russa. Os personagens chamados sólidos (*tsélni*) na Rússia — os que agem instintiva e espontaneamente — sempre parecem dar livre curso aos aspectos piores e mais egoístas da natureza humana. O homem fraco na cultura russa, Ánnenkov argumenta, foi feito assim porque está sobrecarregado com os valores esclarecidos da humanidade e da civilização e é moralmente atormentado pelo problema de tentar viver à altura deles.

> A educação o dotou da capacidade de compreender rapidamente o sofrimento em todos os seus aspectos, e de experimentar dentro de si mesmo a desgraça e a infelicidade dos outros. Daí seu papel de representante dos carentes, dos ofendidos injustamente e dos oprimidos; isso requer bem mais do que o simples sentimento de compaixão, requer uma intuição afiada e humana.[22]

Podemos supor que Dostoiévski estava familiarizado com essa discussão, cujos numerosos ecos encheram as páginas dos jornais literários da época, ainda mais porque ela envolvia um problema que lhe interessava pessoalmente. Não havia ele retratado em *A senhoria* a relação entre personagens "fortes" e "fracos", atribuindo-lhe um significado de grande alcance para a cultura russa? Os personagens fracos de Dostoiévski podem ser considerados uma variação plebeia do mesmo tipo literário, e sua impotência interior ilustra o mesmo dilema. É bem possível que o artigo de Ánnenkov tenha ajudado Dostoiévski a compreender algumas das implicações maiores de suas próprias obras anteriores, pois o veremos, cerca de um ano depois, salientando a importância de *O duplo* em termos que indicam uma nova consciência de suas ramificações socioculturais. Um de seus projetos para levantar dinheiro era revisar essa novela para republicá-la. "Por que desperdiçar uma ideia notável", escreve ele a Mikhail, "cujo valor social é considerável, que fui o primeiro a descobrir e da qual fui o arauto?"[23] É evidente que Dostoiévski se considerava agora o criador de um tipo de personagem (o fraco e indeciso Golyádkin) cuja importância como figura simbólica na cultura russa apenas recentemente começara a ser apreciada por completo.

19. As novelas siberianas

Depois que Dostoiévski foi promovido a oficial, em março de 1857, e recuperou seus direitos de nobre, em maio de 1857, não ouvimos mais falar de suas *Cartas sobre a arte*. Em vez disso, todas as suas energias se concentram nos vários projetos de romances e contos em que jamais deixou de trabalhar nos três anos posteriores a sua libertação do campo de trabalhos forçados, apesar das exigências das obrigações militares e dos efeitos entorpecedores dos ataques epilépticos. Ainda não sabia se tinha autorização para publicar, mas seus correspondentes lhe asseguravam que isso estava implícito entre os direitos que havia recuperado. Uma vez que outros membros do Círculo de Petrachévski que haviam retornado do exílio começavam a aparecer na imprensa, Dostoiévski decidiu publicar, de início sem assinatura, e esperar alguma reação por parte das autoridades.

O único trabalho à mão era o conto que concluíra na Fortaleza Pedro e Paulo, "Um pequeno herói", que foi publicado no número de agosto de 1857 de *Anais da Pátria*. Naquele verão, os esforços literários de Dostoiévski se concentraram numa obra que, conforme diz a Evguiêni Iakúchkin, era "tão volumosa quanto um romance de Dickens" e o havia ocupado por cerca de um ano e meio. Dostoiévski fala de um projeto em três volumes, mas "só escrevi o primeiro livro, em cinco partes", e promete agora "começar a burilá-lo por seções e enviá-las a você".[1] Ele pede a Iakúchkin que pergunte aos editores de Petersburgo se estariam interessados no primeiro volume e quanto pagariam por ele.

Uma carta para Mikhail de alguns meses depois deixa claro que Dostoiévski esperava publicar fascículos à medida que fossem concluídos, mas Mikhail o teria aconselhado a se apressar e terminar o que estava escrevendo no momento. "Vendo que meu romance está assumindo proporções enormes", escreve Dostoiévski, "que estava se mostrando excelente e que era necessário, absolutamente necessário (por dinheiro) terminá-lo rápido, comecei a hesitar. Nada é mais triste do que essa hesitação no meio de trabalho. Ânsia, vontade, energia — tudo se esvai." Em consequência, Dostoiévski informa ao irmão que "o romance inteiro, com todo o seu material, está agora trancafiado no baú".[2]

Todas as ideias de escrever um romance de *qualquer* tipo foram abandonadas no início do novo ano porque Dostoiévski decidiu escrever obras mais curtas que trouxessem retornos imediatos. Havia recebido adiantamento de uma nova revista ainda em planejamento, *A Palavra Russa* [*Rússkoie Slovo*], por um texto curto desse tipo. Encorajado, escreveu em seguida para Mikhail Katkov, o editor de uma revista relativamente nova, *O Mensageiro Russo* [*Rússki Viéstnik*], pedindo-lhe um adiantamento e propondo seu romance grande como isca. Embora não tivesse intenção de escrever esse romance, achou que uma história substancial satisfaria suas obrigações. Katkov prontamente enviou-lhe o dinheiro, junto com uma carta encorajadora, e Dostoiévski estava agora comprometido a escrever duas obras mais curtas no futuro imediato. "Quanto ao meu romance", escreve ele ao seu irmão, meses depois, "só me ocuparei dele depois de meu regresso à Rússia. [...] Ele contém [...] um novo personagem [...] sem dúvida, na verdade, muito comum na vida real da Rússia. [...] Se julgarmos pela tendência e pelas ideias de que todo mundo está cheio, estou certo de que, quando voltar à Rússia, enriquecerei meu novo romance com novas observações."[3]

As palavras "ideia" e "personagem" são inseparáveis para Dostoiévski, e ele as usa indistintamente. Esse personagem encarnaria as tendências socioculturais desse período de efervescência na vida russa, à véspera da libertação dos servos, quando o país saía de sua longa estagnação sob o regime de Nicolau I. Dostoiévski já havia, portanto, começado a adotar a orientação explicitamente "ideológica" de todas as suas melhores criações pós-siberianas e a ver seu objetivo criativo como a encarnação de personagens-tipos representativos dessas tendências e correntes crescentes. Suas primeiras obras também foram concebidas em termos das ideias dominantes da década de 1840, mas estas já haviam sido incorporadas a um repertório-padrão de figuras gogolianas (o *tchinóvnik*, o sonhador romântico) das quais Dostoiévski simplesmente se apropriou e empregou para os próprios fins. Doravante, ele consideraria que sua tarefa criativa seria a representação de tipos ainda não observados por outros, ou ainda em processo de formação.

Embora tenha posto de lado seus planos para um grande romance, escreveu suas duas obras mais curtas — as novelas siberianas *O sonho do titio* [*Diádiuchkin son*] e *A aldeia de Stepántchikovo* [*Seló Stepántchikovo*]. Esperava enviar *O sonho do titio* para *A Palavra Russa* até setembro de 1858 e pede desculpas ao irmão, que negociara o adiantamento, com a explicação de que sua doença o impediu de sentar-se à escrivaninha. "No mês passado, tive quatro ataques, o que nunca aconteceu antes — e quase não trabalhei. Depois de meus ataques [...] sinto-me completamente arrasado."[4] Além disso, o trabalho em *O sonho do titio* era difícil porque Dostoiévski escreveu a novela com repulsa interior. "Não gosto dela, e entristece-me ser obrigado a aparecer de novo diante do público de forma tão deplorável. [...] Não se pode escrever o que se quer escrever, e se escreve uma coisa em que nem sequer se gostaria de pensar se não se precisasse de dinheiro. [...] Ser um escritor necessitado é um negócio sujo."[5] *O sonho do titio* provavelmente integrara o "romance cômico" em que havia trabalhado com tanto prazer, mas que agora se tornara um fardo. "Eu ficaria feliz em fazer melhor", escreve a Mikhail, "mas todas as ideias que estão em minha cabeça são para obras grandes."[6] Não obstante, ela foi enviada em meados de dezembro e publicada na primavera (março de 1859) em *A Palavra Russa*.

De início, a atitude de Dostoiévski para com *A aldeia de Stepántchikovo* foi tão ressentida quanto em relação a *O sonho do titio*. "A história que estou escrevendo para Katkov", conta a Mikhail, "me desagrada muito e vai contra minha natureza. Mas tenho [...] de pagar uma dívida."[7] Porém, depois de enviar três quartos do manuscrito, sua opinião mudou completamente. "Ouça, Micha!", adverte o irmão, "o romance, é claro, tem grandes defeitos, [...] mas estou tão certo quanto um axioma que, ao mesmo tempo, ele tem as maiores qualidades e é o *meu melhor trabalho*. [...] Deposito nele todas as minhas esperanças e, mais ainda, a consolidação de minha reputação literária."[8] Para sua decepção, Katkov recusou categoricamente o trabalho e pediu-lhe que devolvesse o adiantamento; mas Dostoiévski não deixou de acreditar em sua criação, e conta ao irmão que ele "possui cenas de alta comédia que Gógol assinaria sem hesitar".[9]

Os dois irmãos ofertaram a obra a Nekrássov, que já se oferecera, por intermédio de Mikhail, para enviar ao romancista um adiantamento caso ele estivesse em dificuldades financeiras. Embora Dostoiévski ainda sofresse com as feridas infligidas por *O Contemporâneo*, a rejeição de Katkov não lhe deixou outro recurso senão agarrar o que parecia ser a chance mais provável de conseguir dinheiro imediato. Nekrássov recebeu o manuscrito nos primeiros dias de setembro de 1859 e hesitou durante um mês até tomar uma decisão — mês durante o qual Dostoiévski, aflito em Semipalátinsk, pressionou seu irmão a cutucar o editor. "Anote todos os pormenores e todas as suas palavras e, imploro a você pelo amor de Deus, me escreva sobre isso o mais detalhadamente que puder."[10]

A novela de Dostoiévski continha ataques parodísticos à Escola Natural da década de 1840 — e, portanto, implicitamente a Bielínski — que Nekrássov (para não mencionar Tchernichévski e Dobroliúbov) teria achado ofensivos. Não admira que ele esperasse aflito! Para piorar a situação, essas estocadas incluíam referência a um dos poemas do próprio Nekrássov, "Quando da treva dos enganos", que Dostoiévski usará mais longamente numa epígrafe de *Memórias do subsolo*. Em *A aldeia de Stepántchikovo*, ele cita o poema ironicamente, usando-a para criticar o humanitarismo da Escola Natural por conter uma autossatisfação latente, uma postura implícita de superioridade e condescendência com o "caído", que deve ser "procurado e erguido".

Nekrássov detestou a novela. Consta que ele teria dito que "Dostoiévski está acabado". "Ele nunca mais vai escrever uma coisa importante."[11] Mas não por acaso Nekrássov era um dos editores mais bem-sucedidos de seu tempo e, em vez de pura e simplesmente recusar a história, aceitou-a, porém se ofereceu para pagar tão pouco que nenhum autor que se prezasse aceitaria seus termos. De início, Dostoiévski pensou que ele estava barganhando. "Se Nekrássov negociar e se tornar mais *razoável*, a prioridade é dele, aconteça o que acontecer", ele instrui Mikhail. "Veja, é muito importante que o romance seja publicado em *O Contemporâneo*. Essa revista já me dispensou uma vez e agora manobra para ter meu texto. Isto é muito importante para a minha situação literária."[12]

Dostoiévski, no entanto, estava lamentavelmente enganando a si mesmo, e Mikhail logo tomou conhecimento da verdadeira situação. Ofereceu então a obra a Kraiévski, de *Anais da Pátria*, onde enfim foi aceita depois de algumas negociações e a um preço melhor por página. "Isso é o que significa não abrir mão da dignidade", escreve Mikhail triunfante. Ele também transmite alguns comentários literários de Kraiévski, cuja observação um tanto negativa é mesmo assim valiosa para ajudar a definir a nova tonalidade observável nas novelas siberianas de Dostoiévski. "Você se entrega, às vezes, à influência do humor e deseja provocar risos. A força de F. M. [...] está no sentimento, no páthos, nisso talvez não tenha rival, e é uma pena que ele descuide desse dom."[13] Kraiévski estava certo ao detectar uma nova e mais aguda faceta satírica que substituía o páthos anterior de Dostoiévski.

De seu exílio em Semipalátinsk, Dostoiévski pediu ao irmão que lhe mandasse os comentários da imprensa que porventura aparecessem depois que *O sonho do titio* e *A aldeia de Stepántchikovo* fossem publicados, mas tudo indica que Mikhail, para poupar os sentimentos de Fiódor, disse que as revistas literárias não estavam mais comentando o que as congêneres publicavam, como na década de 1840. A verdade é que *nenhuma* referência de qualquer tipo às duas obras de Dostoiévski apareceu na imprensa literária; elas passaram em completo silêncio.

Isso não surpreende porque, nesse mesmo período, Turguêniev produziu muitas de suas melhores obras e publicou quase um romance por ano; Tolstói acabara de entrar em cena com *Infância, adolescência, juventude* e *Contos de Sebastopol*; *Mil almas*, de Píssemski, foi a sensação literária de 1858, seguido pelo drama *Um destino amargo*; e Saltikov-Schedrin causara furor com suas cáusticas *Cenas provincianas*, que criaram um novo gênero de literatura sensacionalista na Rússia. Além disso, o país inteiro aguardava febrilmente a iminente libertação dos servos, e o clima do momento exigia literatura com substância sociocultural sólida. O único vislumbre de realidade social em *O sonho do titio* era, como o príncipe recorda, uma dama cuja filha "num ataque de fúria matou uma criada e foi processada" (v. 2, p. 315 [44]),* e esse retalho de realidade passava facilmente despercebido no contexto cômico. Os enredos antiquados das novelas de Dostoiévski pareciam não envolver nada mais importante do que uma decisão matrimonial. Pior ainda, *A aldeia de Stepántchikovo* descrevia a vida em uma propriedade rural na qual prevaleciam as relações idílicas entre os camponeses e o dono das terras. Os únicos

---

* A tradução de todas as citações de *O sonho do titio* é de Paulo Bezerra. In: *Dois sonhos*. São Paulo: Editora 34, 2012. O número da página entre colchetes é o da edição brasileira, logo após a referência à edição russa. (N. T.)

conflitos eram causados pela excessiva bonomia desse proprietário exemplar e davam origem a situações cômicas que os leitores com consciência social de Dostoiévski, preocupados como nunca com os abusos e as injustiças da servidão, dificilmente poderiam tomar como algo digno de atenção.[14]

Até mesmo alguém tão bem-disposto em relação a Dostoiévski como Pleschéiev disse que *O sonho do titio* era "farsesco demais", e sua avaliação final de *A aldeia de Stepántchikovo*, que pediu a Aleksandr Miliukov que não transmitisse a Dostoiévski, era que "tudo é fabricado, artificial; terrivelmente afetado".[15] Essas críticas dizem respeito à forma literária e, em minha opinião, foram suscitadas porque a técnica usada por Dostoiévski colidia radicalmente com as normas então prevalecentes na prosa russa que, derivadas do esquete fisiológico, continuavam a enfatizar a descrição do personagem e do ambiente social em vez do movimento narrativo. Os romancistas russos mais importantes de meados do século XIX começaram com esse tipo de texto; mais tarde, seus romances continuariam a ter enredos muito simples e conservariam a ênfase no retrato de personagens através de incidentes interligados pelos acontecimentos comuns da vida social.

Os leitores de Dostoiévski dificilmente poderiam perceber que sua técnica, derivada das tramas complexas da farsa dramática da década de 1830, marca um novo ponto de partida em sua obra. Com efeito, todos os grandes romances de Dostoiévski (com exceção de *Recordações da casa dos mortos*) exibirão as características essenciais decorrentes dessa forma: ação rápida e condensada, reviravoltas inesperadas de eventos que se acumulam rápida e furiosamente, personagens que são apresentados em termos de diálogo e ação dramática, em vez de retratos analíticos ou longas descrições do que se passa em suas consciências, e desfechos que em geral ocorrem em meio a tumultuosas cenas de grupo que foram chamadas de "conclaves" e comparadas com o famoso final de *O inspetor-geral*, de Gógol.[16]

Embora as duas novelas de Dostoiévski tenham um verniz claramente cômico, não devemos inferir que sejam desprovidas de gravidade. Uma leitura atenta das alusões embutidas no texto e no subtexto paródico revela que as páginas de Dostoiévski encerram tanto uma sátira séria quanto disparates descontraídos. Vemos também um notável aumento na quantidade e variedade de tipos de personagens em comparação com os protagonistas da década de 1840, e eles são projetados com uma ousadia de contornos e uma loquacidade de expressão que parecem ter crescido quase fisicamente em tamanho e importância.

É difícil imaginar o Dostoiévski das primeiras histórias escrevendo os romances posteriores, mas o autor dessas novelas siberianas já dá indícios de ser capaz de criá-los. Por fim, quaisquer que sejam as travessuras forçadas por suas tramas "cômicas", Dostoiévski já começava a esboçar o grande tema novo — que pode ser chamado de "crítica da ideologia", ou o conflito definido em suas cartas como aquele entre "as ideias" e "o coração" — que predominará em todas as suas obras pós-siberianas.

O SONHO DO TITIO

A trama de *O sonho do titio* pode ser resumida em poucas palavras. O "titio" é um príncipe russo decrépito, mas rico, quase senil, que um belo dia chega por acaso ao povoado de Mordássov e logo cai na teia da "poderosa" das redondezas, Maria Alieksándrovna Moskáleva. Ela maquina o plano de casá-lo com Zina, sua filha solteira de 23 anos de idade, moça bela e orgulhosa, e gasta um arsenal de artifícios para concretizá-lo. Mas, para júbilo de suas inúmeras rivais na suprema-cia social, acaba afinal derrotada pelo ciúme do rejeitado pretendente de Zina, um jovem burocrata de Petersburgo chamado Mozgliakov, que convence o príncipe, seu parente distante, incapaz de distinguir entre a vigília e o sono, de que a pro-posta de casamento que ele fizera a Zina em estado de completa embriaguez tinha sido apenas "um sonho".

Dostoiévski dota esse relato de um estilo levemente heroico-cômico e o apresenta como uma óbvia paródia da *História da grandeza e da decadência de César Birotteau*, de Balzac, ao defini-lo como "a história completa e notável da ascensão, da glória e da queda solene de Maria Alieksándrovna e toda a sua família" (v. 2, p. 516 [15]). A história também tem como subtítulo "Das crônicas de Mordássov" (v. 2, p. 296 [7]), e esse tom épico, é óbvio, só ressalta a insignificância dos eventos (apenas um ou dois anos antes, Saltikov-Schedrin havia usado o mesmo artifício em suas *Cenas provincianas*, também narradas por um bisbilhoteiro local). Esse novo tipo de narrador dostoievskiano é um cronista de mexericos, tão (se não mais) interessado em boatos e calúnias quanto no que é capaz de verificar com seus próprios olhos e ouvidos; mas ele nunca está realmente certo sobre como interpretar aquilo que testemunha em primeira mão. Um narrador desse tipo será usado mais tarde por Dostoiévski em outras obras também ambientadas nas províncias russas, como *Os demônios* e *Os irmãos Karamázov*, e ele transforma esse artifício em um instrumento sutil para controlar o ponto de vista de sua narrativa. Trata-se de um expediente deveras valioso no sentido de permitir-lhe retratar suas principais personagens contra o pano de fundo de boatos, opiniões e difamações, que funciona como uma espécie de coro grego em relação à ação central.[17]

O retrato que ele faz da vida provinciana, com suas eternas fofocas, maledicências e implacáveis rusgas por ninharias, proporciona o contexto em que as personagens mais importantes da história se destacam em acentuado relevo. E ninguém é mais importante em Mordássov do que Maria Alieksándrovna — que chega a ser comparada com Napoleão e é considerada até mesmo superior ao imperador francês. Ela exibe abertamente uma vontade de dominar à qual não tem direito por posição social ou fortuna. Trata-se da primeira personagem com essa característica a aparecer numa obra de Dostoiévski em que as convenções do realismo são escrupulosamente respeitadas. O único personagem anterior desse tipo tinha sido o fantástico e fascinante Múrin, que domina todos os outros na extremamente simbólica novela *A senhoria*. Até então, Dostoiévski só havia concebido a psicologia desse tipo de personagem em termos de hipérbole romântica. Agora, porém, ele situa uma personalidade assim tão "forte" no mais monótono cenário provinciano russo, dando assim seu primeiro passo em direção à reabsorção do alcance e da grandeza da temática romântica e sua fusão com a realidade social russa, o que vai distinguir sua obra posterior. Com efeito, por mais insignificante que seja a forma assumida por essa "grandeza" na novela, o nome de Napoleão é o suficiente para nos alertar para o que Dostoiévski fará desse anseio de dominação no futuro.

A manifesta superioridade de Maria Alieksándrovna transparece quando ela se depara com a tarefa de persuadir Zina, sua filha orgulhosa e de princípios elevados que sente apenas desprezo pelas ambições e maquinações da mãe, a casar-se com o príncipe decrépito. É preciso explicar que Zina está apaixonada por um jovem e pobre mestre-escola, acometido pela tuberculose, e a mãe sabe que ela prometeu não se casar enquanto ele estiver nos estertores da morte. Para conseguir seu objetivo, Maria Alieksándrovna percebe que deve oferecer alguma perspectiva de fato tentadora, e depois de algumas manobras preliminares vigorosas mas ineficazes, ela é forçada a recorrer a armas de calibre mais pesado. Um casamento com o príncipe, ela diz à filha, não seria de forma alguma um casamento de verdade ("ele mesmo não é capaz de exigir tal amor") e, de qualquer modo, "o príncipe vai viver mais um ano, se muito dois". O jovem professor não poderia sentir ciúmes do príncipe e, portanto, ela diz a Zina para refletir "que te casando com o príncipe, tu o farás ressuscitar espiritualmente, tu o deixarás contente!". Mas Zina percebe os sofismas da mãe e aponta sua estratégia com precisão exasperada: "Eu a entendo, mamãe, entendo perfeitamente. Nada faz a senhora deixar de apresentar sentimentos nobres, nem mesmo num caso abominável" (v. 2, p. 325 [61-2]). Esses "sentimentos nobres" são a "ideologia" de Maria Alieksándrovna, e ela os tira do depósito de lugares-comuns acumulados pela literatura romântica das décadas de 1820 e 1830, tanto na Rússia como na Europa.

Percebendo que qualquer apelo ao egoísmo esclarecido está fadado ao fracasso, Maria Alieksándrovna recorre a um tom mais elevado: a abnegação. Por que não pensar no casamento com o príncipe como um ato de devoção? "Onde está o egoísmo, onde está a baixeza nisso?" Como fará muitas vezes no futuro, Dostoiévski não tem medo de zombar de ideias e de ideais nos quais ele mesmo acredita quando, como nesse exemplo, estão sendo usados apenas como encobrimento para o egoísmo e o egocentrismo. Maria Alieksándrovna conclui dizendo a Zina que se a riqueza do príncipe a incomoda, que renuncie a ela, dê tudo aos pobres exceto o que precisar para as necessidades mais básicas, e "ajuda, por exemplo, a ele, àquele infeliz no leito de morte" (v. 2, p. 326 [63]).

Não há necessidade de detalhar aqui todos os sofismas de Maria Alieksándrovna, mas ela finalmente acerta um veio de ouro puro. Como comenta o narrador, "uma inspiração, uma verdadeira inspiração se apoderou dela" ao perceber que encontrou uma maneira de atingir o idealismo autêntico de Zina: sacrificar-se com um casamento degradante para ajudar seu amado moribundo. Nesse momento, Maria Alieksándrovna apela para todas as armas:

> Ele [o médico local] me disse com segurança que em outras circunstâncias, sobretudo com mudança do clima e do ambiente, o paciente poderia curar-se. Disse que na Espanha [...] existe uma ilha inusitada, parece que Málaga — numa palavra, parece que um tipo de vinho — onde não só doentes do peito, mas até tísicos ficaram inteiramente curados só com o clima, e que para lá vai gente com o propósito de curar-se.

Uma vez curado — e o príncipe convenientemente falecido —, os amantes poderiam unir-se de fato ou então o mestre-escola morreria feliz, "seguro de teu amor, perdoado por ti, à sombra das murtas, dos limões, de um exótico céu azul!" (v. 2, p. 327 [64-5]). Esse longo discurso, do qual demos apenas algumas amostras, é mais do que Zina pode resistir: ela sucumbe e dá seu consentimento relutante.

A mesma tática é utilizada com o crédulo Mozgliakov, que é convencido de que, embora disposta a casar-se com o príncipe, Zina está, na verdade, loucamente apaixonada por *ele* e só está testando-lhe o caráter com sua decisão. Se ele se comportar com nobreza, pensando apenas na felicidade *dela* e nas grandes vantagens de tal casamento, suas recompensas no futuro superarão seus sonhos mais ardentes: "Pela saúde do príncipe, Zina irá para o exterior, para a Itália, a Espanha [...]. O senhor também vai para lá, atrás dela; [...] Lá começa o amor de vocês dois com uma força incontida; amor, mocidade. Espanha — meu Deus! É claro que o amor de vocês é puro, sagrado [...]. O senhor está me entendendo, *mon ami*?" (v. 2, p. 354 [111]). E então, com o príncipe morto, a viúva rica Zina irá naturalmente se casar com o homem que se mostrou digno de seu amor. Mozgliakov, no entanto, logo recupera a sobriedade; e é ele quem finalmente acaba com o grandioso projeto e arquiteta a derrota de Maria Alieksándrovna. Mas a aceitação, mesmo que momentânea, de sua arenga inebriante mostra o poder da personalidade dela e da ideologia (nesse caso, do romantismo literário) de impor suas visões nebulosas como substituto da terrível verdade.

Sabemos que Dostoiévski não tinha *O sonho do titio* em alta conta; quinze anos depois, respondendo a um correspondente que queria transformá-la em peça de teatro, ele explica que escreveu a novela "com o único objetivo de começar minha carreira literária e com um medo terrível da censura (por ser ex-presidiário). Por isso, escrevi algo pequeno com uma placidez azul-celeste e notável inocência".[18] Para ele, essa novela não tem substância suficiente até mesmo para torná-la uma "comédia", embora inclua o príncipe, que é "o único personagem sério de toda a história". A observação de Dostoiévski indica a importância que continua a atribuir às conotações ideológicas que conferiu à figura do velho príncipe K., que tenta ocultar sua idade verdadeira com o auxílio de peruca, dentadura postiça, bigode falso, um olho de vidro e outras criações da arte da cosmética. Com efeito, escreve Dostoiévski, "só com o olhar mais próximo e mais atento percebe-se que se trata de um cadáver sobre molas", e "parecia todo feito de fragmentos" (v. 2, pp. 310, 300 [35, 17]).

O que dá ao príncipe K. sua marca especial é a sátira coerente de certo tipo de russo ocidentalista que Dostoiévski insere em sua representação. Um dos primeiros traços desse tipo, que define o tom, aparece em poucas frases que descrevem o príncipe tomando um pouco de ar fresco.

> Às vezes viam-no a pé, de casaco de inverno e chapéu de palha de abas largas, um xale feminino cor-de-rosa no pescoço, monóculo sobre o olho de vidro e com uma cesta de palha na mão esquerda para colher cogumelos, flores do campo, centáureas; [...]. Quando um mujique passava por ele e, parando ao lado, tirava o chapéu fazendo-lhe uma reverência profunda acompanhada de um "Bom dia, paizinho príncipe, senhor príncipe, nosso solzinho vermelho!", o príncipe imediatamente fixava nele seu lornhão, balançava a cabeça com amabilidade e lhe dizia em tom carinhoso: "*Bonjour, mon ami, bonjour!*". (v. 2, p. 302 [20])

O vestuário pastoril do príncipe e a saudação em francês revelam como ele estava distante das realidades da vida camponesa russa, mas apesar toda a sua frivolidade, não desconhece o que está acontecendo no mundo. Ele chegou a Mordássov devido a um acidente com sua carruagem e assegura a todos que o cocheiro camponês "a-ten-tou contra a minha vida. [...] Imagine: anda com a cabeça cheia de umas ideias novas! E com mania de negar... Em suma: um comunista no pleno sentido da palavra!" (v. 2, p. 312 [39]).

As reminiscências confusas do príncipe estão cheias de alusões ao Congresso de Viena e a Lord Byron, bem como referências a seu romance com uma encantadora *vicomtesse* francesa que perdeu para um barão alemão "quando estive no exterior vinte anos atrás" (v. 2, p. 315 [43]). O príncipe é, portanto, um produto do mesmo período do romantismo literário cujas produções forneceram a Maria Alieksándrovna seu arsenal retórico. E embora o apatetado príncipe seja uma figura de comédia, Dostoiévski não resistiu à tentação de evocar, ainda que apenas por um instante, o pano de fundo sombrio contra o qual o russo culto daquele tempo levava sua despreocupada existência europeia. Assim, o príncipe recorda uma fidalga moscovita, "mulher extraordinariamente poética", que conheceu numa estância termal no exterior, "acompanhada por uma filha, de uns cinquenta anos", a qual "também, quase chegava a falar em versos. Depois houve al-gu-ma desgraça com ela: num ataque de fúria matou uma criada e foi processada" (Ibid., p. 44).

A respeito desse ataque ao "romantismo ingênuo", devemos dedicar uma palavra ao epílogo da novela, que, como a crítica russa percebeu há muito tempo, contém uma paródia da cena do famoso baile no último volume de *Evguiéni Oniêguin*. Trata-se da cena em que Evguiêni e Tatiana se reencontram depois de muitos anos, ela não é mais a moça simples do campo, mas a rainha da sociedade de Petersburgo, ele se apaixona irremediavelmente pela jovem que havia desprezado. Maria Alieksándrovna havia usado essa cena antes para enfeitiçar o desorientado Mozgliakov, acenando-lhe com a visão de um encontro semelhante com Zina, a viúva rica do príncipe K., que cai em seus braços em sinal de gratidão por sua nobreza de alma. Três anos depois, enviado a uma parte remota do Império Russo, Mozgliakov conhece o governador-geral ("um velho militar") e é convidado para o baile do santo padroeiro de sua esposa naquela mesma noite. Evidentemente, a esposa é a bela e imperiosa Zina, que esnoba o perplexo Mozgliakov. Ele fica por ali "com um cáustico sorriso mefistofélico" e numa atitude pitoresca, encostado a uma coluna por várias horas; mas "todos os seus truques, todas as suas poses inusuais, seu ar frustrado [...], tudo foi inútil. Zina o ignorou por completo" (v. 2, p. 397 [186]). Por fim, com fome e cansado, ele bate em retirada e deixa a cidade na manhã seguinte.

Em termos de tema, a paródia de Púchkin proporciona uma conclusão adequada para o ataque ao romantismo literário que percorre a obra como um subtexto. Ao revelar tão flagrantemente o triunfo da "vida real", com suas necessárias limitações e compromissos, sobre um idealismo inflado e ingênuo alimentado por estereótipos literários, Dostoiévski está defendendo um ponto de vista que voltará a defender no futuro — claro que em relação a outras ideologias que trazem consequências muito mais graves quando postas em prática.

A ALDEIA DE STEPÁNTCHIKOVO

A aldeia de Stepántchikovo é uma novela mais ambiciosa do que *O sonho do titio*, embora modulada no mesmo nível e escrita no mesmo tom de comédia farsesca. Considerando-a sua melhor obra até então, Dostoiévski dizia que se tratava de uma expressão pessoal autêntica de seu ponto de vista. "Coloquei nela minha alma, minha carne e meu sangue", diz ao irmão. "Não quero dizer que me expressei completamente; isso seria absurdo! [...] mas ela contém dois personagens imensamente típicos, criados e anotados durante um período de mais de cinco anos, elaborados à perfeição (na minha opinião) — personagens inteiramente russos e mal apresentados até agora na literatura russa."[19] Ele se refere, é evidente, às duas figuras principais, Fomá Fomitch Opískin e o coronel Rostániev, cujo estranho relacionamento constitui o cerne da história.

Ao menos para o primeiro desses personagens, Fomá Fomitch (seu sobrenome, Opískin, significa "erro" ou "lapso" de escrita), a passagem do tempo confirmou a convicção de Dostoiévski de que criara uma figura "imensamente típica"; ninguém menos que Thomas Mann o chamou de "uma criação cômica de primeira ordem, irresistível, rivalizando com Shakespeare e Molière".[20] Com efeito, o nome de Fomá Fomitch tornou-se desde então um sinônimo, em russo, para qualquer espécie de hipócrita insolente e impertinente, bajulador e parasita, e é usado tanto quanto os nomes de Uriah Heep e Pecksniff* são usados em inglês. Como a menção de Mann a Molière sugere, o papel que Fomá Fomitch desempenha na casa do coronel Rostániev lembra muito o Tartufo da famosa peça do dramaturgo francês, sem dúvida uma das fontes de Dostoiévski. Apontaram-se outras fontes de menor importância, mas por mais significativas que tenham sido, é mais esclarecedor ver Fomá como uma nova versão de um tipo que Dostoiévski havia muitas vezes retratado na década de 1840. Como a maioria dos protagonistas de suas primeiras obras, Fomá é (ou foi) um dos oprimidos, com educação suficiente apenas para fazê-lo sentir sua obscura posição social como uma dolorosa humilhação. Ficamos sabendo que, no passado, Fomá tentara de tudo, encontrando por fim um emprego como leitor e acompanhante de um general perverso, um inválido que se diverte degradando seu lacaio: "Não houve humilhação que ele não enfrentou por um pedaço de pão do general" (v. 3, p. 8 [14]).**

Dostoiévski já tratara esse tipo de personagem com simpatia, ainda que, às vezes, misturada, como em O duplo, com desdém irônico; mas em seu último trabalho antes de ir para a Sibéria, Niétotchka Niezvânova, em que enfatiza a falta de qualquer causa social para o ressentimento do músico fracassado Iefímov contra o mundo, ele estava avançando na direção de atribuir diretamente ao indivíduo

---

* Uriah Heep e Pecksniff, vilões, respectivamente, de David Copperfield e Martin Chuzzlewit, romances de Charles Dickens. (N. T.)

** A tradução de todas as citações de A aldeia de Stepántchikovo e seus habitantes é de Lucas Simone. São Paulo: Editora 34, 2012. O número da página entre colchetes é o da edição brasileira, logo após a referência à edição russa. (N. T.)

a responsabilidade moral pelas consequências de suas ações. Agora, com Fomá Fomitch, Dostoiévski confronta firme e decisivamente os pressupostos morais e filantrópicos da Escola Natural — dentro de cujas fileiras havia iniciado sua carreira e cujos valores havia aceitado — e os rejeita por completo. Não há dúvida quanto à acusação que Dostoiévski faz à conduta de Fomá quando sua sorte muda e ele alcança uma posição de poder: "E como ele compensou seu passado! Uma alma vil, ao se livrar do jugo, quer ela mesma oprimir" (v. 3, p. 13 [25]). Nem mesmo as humilhações mais extremas que Fomá sofreu em virtude de sua inferioridade social podem absolvê-lo do ônus de ser "uma alma vil", cuja definição é precisamente a incapacidade de superar uma necessidade de dominar e humilhar os outros para vingar-se das próprias humilhações e sofrimentos.

Fomá Fomitch é confrontado com dois outros personagens que servem como "quase duplos" para destacar esse julgamento autoral de sua vileza. A história pessoal da rica herdeira Tatiana Ivánovna, uma convidada no lar hospitaleiro do coronel Rostániev, é um paralelo exato à de Fomá. Porém a doçura e a bondade inatas de sua natureza permanecem inalteradas quando sua situação muda da noite para o dia. De caráter mais parecido com o de Fomá é o escriturário Iejevíkin, o pai pobre da jovem preceptora Nástienka, por quem o coronel Rostániev está apaixonado. Tal como Fomá, Iejevíkin tem uma inveja rancorosa de quem está em melhor situação do que ele e, fingindo ser "o mais infame, o mais servil adulador" (v. 3, p. 166 [330]), está claramente zombando e escarnecendo daqueles a quem se dirige com subserviência. Ao mesmo tempo, porém, ele é honesto de verdade, tem um senso de dignidade que não lhe permite explorar os outros em interesse próprio ou mesmo aceitar qualquer ajuda financeira, exceto o substancial auxílio que o coronel lhe oferece por bondade.

A aldeia de Stepántchikovo constitui uma revisão crítica do próprio passado de Dostoiévski, aspecto claramente indicado pelo ponto de vista narrativo da novela: o narrador é um jovem sobrinho do coronel, criado por ele e recém-formado pela Universidade de São Petersburgo. O que acontece em Stepántchikovo é contado através de seu olhar assustado e incrédulo, e a mudança que ele sofre é da maior importância temática. Antes de conhecer Fomá Fomitch em pessoa, o narrador reage a todos os rumores sobre ele em conformidade com os princípios humanitários inculcados por sua formação universitária progressista. E esses princípios vêm a ser, de uma forma simplificada e paródica, exatamente aqueles que haviam inspirado as obras do próprio Dostoiévski na década de 1840.

Talvez, diz o jovem narrador hesitante, Fomá seja "uma natureza especial, até mesmo talentosa", que "foi amargurada, arruinada por seus sofrimentos", e por isso se vinga na humanidade ("e talvez, se conseguirmos reconciliá-lo com a humanidade [...] dele surja uma natureza especial... Talvez até muito notável") (v. 3, p. 29 [56-7]). Esse ponto de vista é logo abandonado pelo narrador assim que vê Fomá em ação; e sua mudança de atitude revela até que ponto Dostoiévski estava consciente de ter rompido com a ideologia de seu trabalho anterior. A partir de então, a perspectiva sociopsicológica que havia mantido durante toda a década de 1840 será substituída por outra em que a responsabilidade moral do indivíduo tem precedência sobre todas as outras considerações.

Como observa o narrador, Fomá Fomitch não poderia ter alcançado a "soberania tão descarada" que exerce em Stepántchikovo se não fosse o personagem igualmente notável do dono da propriedade, o coronel Rostániev. Nenhum personagem dostoievskiano prenuncia o coronel Rostániev de maneira tão clara quanto Iefímov o faz em relação a Fomá Fomitch, mas o coronel pode, não obstante, ser associado a uma tendência temática já observável em *Niétotchka Niezvânova*. Tal como no caso de Iefímov, ou seja, sem se chocar demais com a estrutura sociopsicológica, Dostoiévski enfatizou a necessidade de superar o impulso instintivo do ego humilhado para revidar; cada episódio importante ilustra, de alguma forma, as consequências morais nefastas de não controlar o ressentimento e a devastação causados por um egoísmo tão absorto em si mesmo que é incapaz de perdão ou mesmo de misericórdia. Ora, em *A aldeia de Stepántchikovo* Dostoiévski ensaia sua primeira personificação positiva desse motivo temático em um único personagem, sua primeira tentativa de criar esse ideal de um "homem perfeitamente bom" ao qual retornará muitas vezes no resto de sua vida. E a justaposição e o emparelhamento entre Fomá e o coronel — a oposição frontal entre um membro da intelectualidade egomaníaca e uma alma russa simples, transbordante de caridade e amor — anteveem um padrão encontrado em muitas de suas obras posteriores.

Dostoiévski apresenta sua primeira figura ideal sob a aparência improvável de um oficial, agora reformado para cuidar de sua propriedade. Embora pareça a própria imagem da masculinidade saudável e forte, presumivelmente arrogante, o coronel Rostániev possui uma disposição moral seráfica em sua brandura, amabilidade e falta de amor-próprio.

Era de fato uma criança de quarenta anos, expansiva ao extremo, sempre alegre, que presumia que todas as pessoas eram anjos. [...] Era uma dessas pessoas muitíssimo nobres e de coração puro que chegam até a envergonhar-se de presumir que há maldade em uma outra pessoa [...] que de certa forma vivem permanentemente num mundo ideal, e que, ao deparar-se com o fracasso, culpam acima de tudo a si mesmos. Sacrificar-se pelo interesse dos outros é sua vocação. (v. 3, pp. 13-4 [26])

O coronel Rostániev é, portanto, um personagem "fraco" no melhor sentido da palavra, e tem-se a nítida impressão de que, ao lidar com suas qualidades, Dostoiévski o faz com um olhar indireto para a controvérsia entre Tchernichévski e Ánnenkov. Senão, o narrador não teria se sentido obrigado a responder à seguinte objeção:

Alguns poderiam chamá-lo de pusilânime, de sem caráter e de fraco. Realmente ele era fraco e até brando demais de caráter, mas não por falta de dureza, e sim por receio de ofender, de agir de maneira cruel, por excessivo respeito ao próximo e às pessoas em geral. Ademais, sem caráter e pusilânime ele era unicamente quando se tratava de suas próprias vantagens, as quais negligenciava da maneira mais extrema, o que o expusera à zombaria ao longo de toda a sua vida, não raro até mesmo por parte daqueles pelos quais ele sacrificara essas vantagens. (v. 3, p. 14 [26])

Fomá Fomitch obtém seu domínio inicial sobre o coronel quando chega na comitiva da mãe dele, viúva do general que tinha usado e abusado de Fomá como bufão. Fomá conseguira conquistar o controle dessa mulher crédula e supersticiosa, que compete com ele em egoísmo e permissividade, mas não tem sua astúcia e inteligência. "Ele (Fomá) lia em voz alta [para *Madame la générale* e suas parasitas repulsivas] livros confessionais, discorria com lágrimas eloquentes acerca das diversas virtudes cristãs; contava sua vida e suas façanhas; frequentava a missa e até as matinas; conseguia, em parte, predizer o futuro; interpretava sonhos particularmente bem e condenava o próximo com maestria" (v. 3, p. 8 [15]). Como observa narrador mordaz, era uma "idiota que o titio considerava sua obrigação venerar, apenas por ser sua mãe" (v. 3, p. 14 [27]). Em consequência, a reverência do coronel por sua mãe transfere-se para Fomá, e ele explora essa devoção filial para transformar o coronel em um joguete à mercê dos caprichos de um subalterno malévolo. É o consumado impostor moral Fomá que exibe todos os pecados que imputa ao coronel, mas este, incapaz de encontrar defeitos nos outros e sempre pronto a acusar a si mesmo, fica impressionadíssimo com as nobres regurgitações que Fomá faz de fragmentos dos *Trechos selecionados* de Gógol (e de seu anterior *Testamento*).

É inquestionável que muitas das ideias expressadas por Fomá Fomitch contêm admoestações e exortações que dão vazão aos ideais morais do próprio Dostoiévski. "Seja mais carinhoso, mais atencioso, mais amoroso com os outros", Fomá aconselha ao coronel, "esqueça de si mesmo em prol dos outros [...]. Suporte, labute, reze e tenha esperança" (v. 3, p. 89 [175]). Dostoiévski não satiriza o sentido literal desses conselhos cristãos perfeitamente respeitáveis, que não tinha a intenção de minar por *si sós*, mas sim sua perversão para obter e justificar a dominação sobre os outros. O que Dostoiévski mira em Fomá é sua vanglória e quase deificação de si mesmo. Afinal, ele o repudia justapondo-o ao coronel Rostániev, que é a personificação autêntica de todos os valores morais que Fomá vive a apregoar com palavras e ignora por completo nas ações. Um comentário feito por Dostoiévski anos depois reflete sua inalterável atitude negativa em relação a *Trechos selecionados*. "O ideal de Gógol é estranho", escreveu ele, "por dentro é cristianismo, mas o seu cristianismo não é cristianismo."[21] Dostoiévski criou o coronel Rostániev como sua primeira imagem "por fora" do que significava ser um cristão autêntico.

Boa parte da ação da novela consiste nos diversos esquemas inventados por Fomá, com engenhosa maldade, para perseguir e mortificar o coronel — todos calculados para, ao mesmo tempo, exaltar a vaidade insaciável do outrora lacaio. Um nível sério da intriga envolve o plano, inventado por Fomá e a mãe do coronel, para forçar o pobre homem a casar-se com Tatiana Ivánovna. Na verdade, ele está apaixonado por Nástienka, a jovem e pobre preceptora de seus dois filhos do primeiro casamento. Cientes da inclinação do coronel, Fomá e *Madame la générale* acossam Nástienka com o objetivo de afastá-la, e o coronel a princípio convida seu jovem sobrinho a visitar Stepántchikovo vendo nele um potencial pretendente para Nástienka, caso consiga obter o consentimento dela. Mas quando o sobrinho entra em cena, a situação fica clara e o narrador insta seu tio a desafiar os conspiradores e casar-se ele mesmo com Nástienka.

O desfecho se dá quando Fomá enfim passa dos limites e acusa o coronel em público de ter seduzido e corrompido a jovem. Isso é demais até mesmo para o sofrido coronel, que, enfurecido com a mancha na reputação de Nástienka, arremessa Fomá Fomitch por uma porta de vidro, pondo-o literalmente para fora de casa. O imbatível Fomá logo retorna, maltratado e machucado, mas castigado o suficiente para perceber que deve mudar de atitude. Assim, abençoa o casamento, fingindo ter sido a favor dele o tempo todo, e vive feliz para sempre, na boa vida, com o casal agradecido, fazendo pose, pregando e comportando-se como antes, mas tomando cuidado para não ultrapassar a linha que finalmente fora traçada por Nástienka: "Não queria ver seu marido humilhado, e acabou conseguindo o que queria" (v. 3, p. 164 [326]).

Dostoiévski estava sendo sincero quando declarou que *A aldeia de Stepántchikovo* tinha sido escrita com "sua carne e seu sangue": em suas páginas, já podemos ver refletidas algumas das consequências artísticas importantes de seus anos na Sibéria. Essas consequências são mais evidentes em Fomá Fomitch, que ilustra o aprofundamento de sua compreensão do poder explosivo do ressentimento e da frustração latentes nas profundezas irracionais da personalidade humana. Aquilo que fora sugerido em Iefímov apenas como uma aberração do ego romântico é agora apresentado como uma potencialidade generalizada do ser humano. A vaidade incomensurável de Fomá, observa o narrador, pode parecer um caso especial, mas, na verdade, "quem sabe: talvez em alguns desses nômades humilhados pelo destino, seus bufões e profetas alienados, o amor-próprio não apenas não passe com a humilhação, mas até se inflame ainda mais, justamente por conta dessa humilhação [...] e por sua submissão e pela falta de personalidade eternamente impingidas" (v. 3, p. 12 [22]). Esse comentário brota diretamente das lembranças indeléveis de Dostoiévski do campo de prisioneiros, onde observara a premência da personalidade de afirmar-se a todo custo.

Com efeito, é possível — embora talvez um pouco prematuro — considerar Fomá Fomitch um primeiro esboço do homem do subsolo. Em geral, Fomá age de maneira perfeitamente racional. Ainda que seu comportamento como um todo esteja longe de poder ser comparado à autodestruição deliberada do homem do subsolo, há uma cena em que ele exibe de fato uma disposição de sacrificar seu interesse imediato por uma satisfação "irracional" de seu ego. Quando o coronel lhe oferece uma grande quantia de dinheiro para deixar Stepántchikovo e se estabelecer na cidade vizinha, propondo-se também a comprar-lhe uma casa, Fomá rejeita o incentivo com desprezo monumental e gritos de indignação de que a sua "honra" está sendo insultada. Outro personagem comenta, ao saber do incidente: "Duvido que Fomá tenha feito qualquer cálculo. Não é um homem prático; é uma espécie de poeta, à sua maneira. [...] O senhor percebe, ele pegaria o dinheiro, mas sucumbiu à tentação de impressionar, de pavonear-se" (v. 3, pp. 93-4 [184]). Essa predominância do impulso emocional sobre o cálculo econômico é apenas uma veleidade momentânea no caso de Fomá, mas aponta o caminho para a futura elaboração da psicologia do homem do subsolo.[22]

Já comentamos sobre o esvaziamento dos sentimentos filantrópicos do narrador quando conhece Fomá em pessoa, e Dostoiévski reforça esse motivo-chave na conclusão, em que também acrescenta outro toque importante na caracterização do coronel. Logo depois de Fomá ter sido domado e aplacado, seu motivo é reiterado em relação a outro "grande homem" e "luz do conhecimento", Koróvkin, que o coronel conheceu por acaso e convidou a visitar Stepántchikovo. Esse respeitável cavalheiro aparece no clímax da novela, em meio ao regozijo geral, vestido em trapos engordurados e totalmente bêbado. O coronel começa a pedir desculpas por ele em termos quase idênticos aos usados anteriormente pelo narrador a respeito de Fomá: "Porque talvez ele seja o mais magnífico, o mais bondoso dos homens, mas o destino... Passou por muitas desgraças... Você não acredita, mas talvez seja verdade". Nesse ponto, o afetuoso narrador, para confortar seu tio envergonhado, finge concordar com ele.

> E comecei a falar com ardor que, na mais decadente das criaturas, podem ainda manter-se os mais elevados sentimentos humanos; que as profundezas da alma humana eram inescrutáveis; que não era certo desprezar aqueles que decaíram, mas que, pelo contrário, era preciso buscá-los e restabelecê-los; que era errônea a noção, geralmente aceita, de bem e de moralidade etc. etc.; resumindo, fiquei inflamado e falei até da Escola Natural; para concluir, até declamei os versos: "Quando da densa treva da ilusão...". (v. 3, pp. 160-1 [318])

O verso, tirado de um poema de Nekrássov, celebra a magnanimidade de um amante "progressista" e de sentimentos nobres que, superando o preconceito social, "redime" uma prostituta, fazendo dela sua esposa. A essa altura, o narrador considera as palavras do coronel Rostániev típicas da atitude indiscriminadamente benevolente representada pelo poema — a mesma atitude da qual ele acabou de desfazer-se. Assim, ele cita o poema com ironia, como uma expressão notória dessas ilusões bem-intencionadas, mas ingênuas. Porém, o coronel, em toda a sua inocência, toma as palavras do narrador em sentido literal; mas o que diz, em suposto acordo, difere em muito da ladainha progressista do narrador. " — Meu amigo, meu amigo! — disse ele enternecido. — Você me entende perfeitamente, e disse ainda melhor do que eu tudo o que eu queria expressar: É isso, é isso! Senhor! Por que o homem é mau? Por que sou sempre mau, quando é tão maravilhoso ser bom?" (v. 3, p. 161 [320]).

Parece-me que Dostoiévski deseja agora que o leitor sinta uma diferença clara entre as efusões do coronel e a recitação irônica de chavões benevolentes do narrador, que já foram desmascarados na ação principal da novela envolvendo Fomá. O que distingue as duas atitudes é que, no caso do coronel, sua compaixão espontânea para com o próximo implica de imediato uma percepção de sua própria fraqueza e falibilidade humana. Não se vê nada desse tipo no humanitarismo da Escola Natural, que, ao contrário, contém uma presunção latente, uma postura implícita de superioridade e proteção dos "decaídos", de que se deve, naturalmente, "buscá-los e restabelecê-los".

No breve epílogo, Dostoiévski comenta a mesma posição altruísta exibida por Nástienka. É ela que mantém Fomá sob controle depois de seu casamento com o coronel, mas o narrador observa que ela, não obstante, perdoou Fomá devido à sua felicidade, "e, além disso, parecia ter adotado a sério, do fundo do coração, a ideia de que não se deve pedir muito de um 'sofredor' e antigo bufão, mas que se deve, pelo contrário, curar seu coração. A pobre Nástienka era ela própria um dos *humilhados*, ela própria sofrera e se lembrava disso" (v. 3, p. 164 [326]). Mais uma vez Dostoiévski enfatiza o sentimento pessoal de identificação com a vítima ou o sofredor — uma compaixão que não decorre de alguma doutrina teórica da piedade social, com o seu sentido implícito de distância e hierarquia, mas de um estado de espírito e de coração que coloca aquele que perdoa no mesmo nível moral e humano de quem é perdoado.

Erich Auerbach observou que o realismo russo, ao contrário das outras literaturas europeias do século XIX, "baseia-se num conceito cristão e tradicionalmente patriarcal da dignidade 'criatural' de todo ser humano, independente da classe social e posição na vida" e "está fundamentalmente relacionado ao realismo do cristianismo primitivo, em vez do realismo moderno ocidental".[23] Em *A aldeia de Stepántchikovo*, podemos surpreender Dostoiévski no processo de descartar suas crenças ocidentalistas da década de 1840 ou, para ser mais preciso, de transformar a ênfase predominantemente social de seus compromissos anteriores com os valores cristãos numa inclinação no sentido de um sentimento cristão mais tradicional de culpabilidade e responsabilidade moral universal pelo mal e pelo pecado. É como se ele dissesse que somente o amor ao próximo que nasce desse sentimento pode escapar do ônus do orgulho farisaico e da arrogância insultuosa e, ao mesmo tempo, julgar e perdoar.

20. A volta ao lar

A publicação das duas novelas siberianas de Dostoiévski marca o fim de seu exílio artístico e o início de seu retorno para o centro da vida cultural russa. Essas obras foram impressas ao longo de 1859, e no final desse ano, em meados de dezembro, ele finalmente realizou seu acalentado sonho de voltar a São Petersburgo. O regresso ao lar, no entanto, não ocorreu de vez; mesmo depois de chegar à Rússia europeia, foi forçado a permanecer por alguns meses em Tver, uma cidade junto à linha ferroviária entre Petersburgo e Moscou. O Ministério da Guerra lhe negara o direito de morar nessas duas cidades, onde poderia obter tratamento médico competente, aconselhando-o a pedir autorização do tsar por intermédio da Terceira Seção.

No início de julho de 1859, Dostoiévski iniciou a viagem da Sibéria para a Rússia europeia, que demorou cerca de um mês e meio e, mais uma vez, demandou enorme quantidade de dinheiro, que ele conseguiu juntar com a ajuda de um empréstimo de Pleschéiev. O grupo parou em Omsk por alguns dias para pegar Pacha Issáiev, que fora removido do Corpo de Cadetes Siberianos. Um momento comovente ocorreu quando a *tarantás* de Dostoiévski, ao cruzar os montes Urais, chegou à fronteira entre a Ásia e a Europa. Dez anos antes, preso e acorrentado, Dostoiévski passara por essa fronteira em meio a uma terrível tempestade de neve; agora fazia uma bela tarde de verão quando eles toparam com "a bonita coluna com uma inscrição e, ao lado dela, numa isbá, um inválido [um veterano ferido que servia de zelador]. Descemos da *tarantás*, e fiz o sinal da cruz; Deus, por fim, me levara a ver a Terra Prometida. Depois pegamos nossas garrafas de metal cheias de uma aguardente forte de laranja silvestre [...] e bebemos com o inválido à nossa despedida da Ásia; Nikoláiev [o guia] também bebeu, assim como o cocheiro (e como ele dirigiu depois!)".[1]

Grande parte da energia de Dostoiévski durante os meses passados em Tver foi despendida nas negociações em torno da permissão de mudar-se para Petersburgo, mas, como um "proletário da literatura"[2] cuja única fonte de subsistência era sua pena, estava sempre a ruminar ideias para novas obras e calculava as possibilidades de extrair um pouco mais de dinheiro de suas publicações anteriores. Embora Mikhail lhe fornecesse fundos, e até mesmo as roupas indispensáveis (para não mencionar um novo chapéu de pele para Maria Dmítrievna), estava dolorosamente ciente de que seu irmão não poderia suportar por muito tempo tamanho encargo financeiro.

Dostoiévski, no entanto, não tinha nenhuma intenção de descansar sobre os louros, especialmente porque sabia que as glórias do passado haviam se tornado quase invisíveis aos olhos de uma nova geração de leitores. Agora que suas duas novelas estavam publicadas, vamos encontrá-lo fazendo malabarismos com uma desconcertante variedade de projetos literários cuja relação com o que ele de fato escreveu, exceto em alguns casos, é extremamente conjectural. De suas cartas, depreende-se que estava preocupado com a falta de "elemento passional" em *A aldeia de Stepántchikov* (em comparação com *Um ninho de fidalgos*, de Turguêniev), mas a ambição de imitar Turguêniev foi logo preterida por outros planos que anuncia entusiasmado a Mikhail como "definitivos", mas que abandona alguns dias mais tarde em prol de outras ideias. O que buscava e precisava desesperadamente encontrar era uma ideia que provocasse com certeza uma verdadeira sensação literária e atraísse a atenção do público, o que aumentaria seu prestígio e o valor financeiro de suas obras.

Em 9 de outubro, anuncia a Mikhail que está firmemente decidido a começar a escrever de imediato o que viria a ser *Recordações da casa dos mortos* — um projeto que lhe permitiria aproveitar a solidariedade que o retorno de um exilado político inspirava no público leitor. Dostoiévski fala sobre "a descrição de personagens *jamais representados* antes na literatura, a comoção e, finalmente, o mais importante: meu nome. Lembre-se de que Pleschéiev atribuiu o sucesso de seus poemas ao seu nome (você entende?). Estou convencido de que o público vai ler isso com avidez".[3]

As cartas de Dostoiévski também revelam um diálogo em andamento entre os dois irmãos sobre um empreendimento literário comum. Até agora, vimos Mikhail Dostoiévski apenas como um ex-jornalista e contista menor que virou fabricante de cigarros e que, graças à generosidade de seu coração, proporcionava recursos financeiros ao irmão mais talentoso e atuava como seu agente literário. Seu negócio de cigarros, no entanto, era coisa pequena e dependia em grande parte do trabalho da família. Mikhail desistira da literatura apenas em consequência da necessidade mais premente, e jamais abandonara a ideia de voltar a escrever. A nova atmosfera na Rússia permitiria a Mikhail realizar seu sonho. "Aqui em Petersburgo", escreveu o historiador liberal K. D. Kaviélin no início de 1856, "não é mais possível reconhecer os [antigos] caravançarás do militarismo, o porrete e a ignorância. Fala-se de tudo, [...] às vezes estupidamente, mas discute-se assim mesmo e, por conseguinte, estuda-se."[4] Sob o estímulo desse sentimento inebriante de liberdade, 150 novos jornais e revistas apareceram na Rússia entre 1856 e 1860, e, em 19 de junho de 1858, Mikhail submeteu ao Comitê de Censura de São Petersburgo o plano de um semanário "político e literário" intitulado *Tempo* [*Vriêmia*]. A permissão para publicar o periódico foi concedida no final de outubro de 1858, e o censor designado para supervisioná-lo era ninguém menos que o romancista Ivan Gontcharóv.

Um mês depois de apresentar a proposta, Mikhail explicou ao irmão o que tinha em mente; Fiódor respondeu com entusiasmo:

> O mais importante: um folhetim literário, uma resenha crítica das revistas [...] aversão aos *elogios mútuos* agora tão difundidos, mais energia, fogo, agudeza de espírito, firmeza — é disso que precisamos agora! [...]. Escrevi e esbocei vários ensaios literários nessa linha: por exemplo, *sobre poetas contemporâneos*, sobre a *tendência estatística* na literatura, sobre a inutilidade de *tendências* na arte — ensaios escritos com veemência e até mesmo astúcia, mas, o que é mais importante, legíveis.[5]

Mais alguns anos se passariam, no entanto, antes que Dostoiévski tivesse a oportunidade de expressar essas opiniões em letras impressas. Mikhail, decerto por razões financeiras, não fez nada para levar adiante sua nova publicação em 1858 e, em 1859, ainda estava em fase de planejamento. "Olhe para os outros, nenhum talento nem habilidade, e mesmo assim sobem na vida, acumulam capital", escreve desolado Dostoiévski em novembro de 1859. "Estou convencido [...] de que você e eu somos muito mais inteligentes, mais capazes e versados no negócio do que Kraiévski e Nekrássov. Ora, eles não passam de camponeses em literatura. E mesmo assim, ficaram ricos, e nós estamos apertados de dinheiro. [...] Não, irmão [...] é preciso assumir um risco e iniciar algum empreendimento literário — uma revista, por exemplo."[6] Dostoiévski não pensava agora num periódico semanal (*gazieta*), mas numa revista mensal "grossa" (*jurnal*), que competiria com as de Kraiévski e Nekrássov.

Nada havia sido decidido quando, em dezembro de 1859, Dostoiévski chegou a São Petersburgo. Sua família alugara um apartamento para ele, a esposa e o enteado, mobiliou-a da melhor maneira que podia e até contratou uma cozinheira que aguardava ansiosamente pela chegada da família devido ao medo de morar sozinha. Outras pessoas também esperavam, com mais discrição, o casal Dostoiévski. O governador-geral militar de São Petersburgo escreveu ao chefe de polícia em 2 de dezembro que, por ordem do tsar, a vigilância secreta que fora mantida sobre o ex-alferes Dostoiévski em Tver deveria continuar em seu regresso para a capital.

O retorno de Dostoiévski ao cenário de seus primeiros triunfos literários foi comemorado apenas pelo pequeno círculo dos mais íntimos. O dr. Ianóvski relembraria que "em Petersburgo, todos nós [...] estávamos na festa de boas-vindas: lá estavam Apollon Máikov, Aleksandr Miliukov, seu irmão Mikhail com a família, muitos outros, e também Spiéchniev, que havia chegado a Petersburgo naquele mesmo dia".[7] Dostoiévski viu-se, portanto, de novo e inesperadamente confrontado com o homem que certa vez chamara de seu "Mefistófeles" e que acabara de regressar do exílio na comitiva de Nikolai Muraviov, o governador-geral da Sibéria Oriental. Muraviov era um administrador enérgico com pretensões liberais que gostava de andar de braços dados com exilados políticos, como o seu primo em segundo grau Mikhail Bakúnin. Havia nomeado Spiéchniev editor de um periódico patrocinado pelo governo em Irkutsk, e o agregara à sua assessoria pessoal. Durante sua estada em São Petersburgo, Muraviov conseguiu que restituíssem a Spiéchniev seus direitos de nobre. Bakúnin, que tinha escapado da Sibéria em grande parte graças à frouxidão de Muraviov, também ficara muito impressionado com Spiéchniev, que viera a Petersburgo para examinar pessoalmente os líderes da nova geração radical. Como Pleschéiev escreve a Dobroliúbov:

> Hoje, no dia do meu santo onomástico, fiquei muito feliz não somente por sua carta, mas também com a visita de um homem muito perto do meu coração — Spiéchniev; ele chegou da Sibéria com Muraviov e estará certamente na casa de Tchernichévski, a quem quer conhecer. Dei-lhe também seu endereço. Recomendo-o como pessoa. [...] Possui no mais alto grau um caráter honrado e uma vontade de ferro. Pode-se dizer com absoluta certeza que, entre todos nós, era a figura mais notável.[8]

Infelizmente não temos nenhuma palavra de Dostoiévski acerca de suas impressões de Spiéchniev após os longos anos de separação. Temos de nos contentar em imaginar os pensamentos de Dostoiévski ao saudar o homem que outrora o atraíra para o perigoso caminho da aventura revolucionária. De qualquer modo, ambos tinham motivos para se alegrar, porque o grande sonho da emancipação dos servos estava prestes a virar realidade; ambos podiam se congratular de que seus sacrifícios não tinham sido em vão. Se concordariam sobre qualquer outra coisa, isso é extremamente questionável; mas naqueles dias de expectativa arrebatadora, quando toda a Rússia se achava à beira do grande desafio da nova liberdade, isso fazia pouca diferença.

Então, tudo parecia possível, e por alguns anos — muito poucos — todos os matizes da opinião político-social estiveram mais unidos do que nunca diante da perspectiva da mudança iminente. Não fora um bajulador do governo, mas o intransigente Tchernichévski que havia recentemente declarado em *O Contemporâneo* (fevereiro de 1858) que "a nova vida, que agora começa para nós, será tão mais bela, próspera, brilhante e feliz, em comparação com nossa vida anterior, quanto os últimos 150 anos foram superiores ao século XVII na Rússia".[9] Não é possível saber se o próprio Tchernichévski pretendia que essas palavras fossem tomadas totalmente ao pé da letra, mas não importa — elas refletem e expressam o estado de ânimo predominante em todos os setores da intelligentsia russa naqueles dias gloriosos quando "a felicidade era estar vivo naquele amanhecer".

Todos estavam unidos em favor da libertação e da reforma e contra os reacionários empedernidos e egoístas que se opunham às medidas benéficas propostas pelo tsar para aperfeiçoar o organismo político. O pequeno grupo que foi receber Dostoiévski compartilhava desse clima de comemoração, e ainda não se percebia que um aliado de Tchernichévski e Dobroliúbov não poderia também, ao mesmo tempo, continuar a ser amigo de Dostoiévski e Máikov. Demoraria poucos anos para que as coisas chegassem a um ponto crítico e impossibilitassem para sempre as relações pessoais desse tipo, ou, pelo menos, a velha cordialidade. Mas as tensões ainda não tinham ido tão longe, e deve-se dizer que Dostoiévski tentaria honestamente no futuro, ainda que sem sucesso, impedi-los de chegar a ponto de ruptura.

Naquele momento, pairava no ar um sentimento de celebração em toda parte da Rússia, e Dostoiévski tinha razões particulares suficientes para se sentir animado e feliz. O ciclo siberiano de sua vida, que começou quando deixou São Petersburgo acorrentado, chegara ao fim. Apesar de sua epilepsia e das decepções de seu casamento, conseguira sobreviver e até mesmo prosperar nos anos pesados que acabara de atravessar, emergindo de sua pior provação — os quatro anos no campo de prisioneiros — com a convicção de que adquirira novos poderes, como escritor e como homem.

Sabia que nunca mais escreveria "trivialidades" e que poderia encarar qualquer coisa que o destino lhe reservasse, se não com serenidade, pelo menos com coragem inabalável: havia sido posto à prova e não sucumbira. Recomeçara a publicar e nunca duvidou por um minuto, qualquer que fosse o relativo fracasso de seus esforços incipientes, de que recuperaria seu prestígio literário. Sua cabeça e seus cadernos de anotações estavam cheios de planos para novos contos, romances e ensaios, e ele tinha certeza de que suas experiências ímpares lhe haviam proporcionado percepções inestimáveis sobre a alma do povo russo, que só ele poderia comunicar. Como futuro editor de uma revista mensal, estava prestes a ir à luta no momento mais emocionante e tumultuado da cultura russa no século XIX. Uma nova vida estava apenas começando para ele — a vida da literatura, pela qual ansiara tanto em seu tempo de prisioneiro e soldado — e mal podia esperar a hora de começar a trabalhar.

E lançou-se, de fato, ao trabalho, nos cinco anos seguintes, como editor literário e principal colaborador de suas próprias revistas — lendo manuscritos, entrevistando colaboradores e escrevendo-lhes cartas, corrigindo provas e, ao mesmo tempo, produzindo um fluxo de textos com uma fecundidade, uma fertilidade, uma abundância quase assombrosa se lembrarmos que ficava incapacitado por dias devido às constantes crises de epilepsia. Durante esses anos, escreveu dois livros importantes (*Humilhados e ofendidos* e *Recordações da casa dos mortos*), três obras curtas de ficção (entre elas *Memórias do subsolo*), uma série de relatos de viagem pela Europa (*Notas de inverno sobre impressões de verão*), além de um fluxo contínuo de ensaios literários e artigos jornalísticos polêmicos.

Mas tudo isso nos leva ao cerne da próxima parte, que não devemos invadir ainda mais. Terminemos a narrativa dessa fase da vida de Dostoiévski no momento alegre em que seus velhos amigos se reúnem para saudar a volta do exilado e brindar à sua saúde e felicidade. Saiamos antes que a cordialidade espontânea dessa reunião seja rompida pela inimizade ideológica, antes que os encargos que ele está prestes a assumir comecem a sobrecarregá-lo, e enquanto ele ainda desfruta da exuberância inebriante de seu regresso ao lar.

TERCEIRA PARTE

O IMPULSO DA LIBERTAÇÃO, 1860-1865

21. Entrando na briga

A presença de Dostoiévski em São Petersburgo foi logo notada pela grande fraternidade literária na qual ele estava ansioso por retomar seu lugar. Alguns dias depois de fixar residência, foi eleito membro da recém-fundada Sociedade de Amparo aos Literatos e Eruditos Necessitados, chamada geralmente Fundo Literário. Dostoiévski deu seu apoio às atividades do Fundo, e não apenas mediante sua participação nas inúmeras leituras e eventos que a sociedade organizava para encher seu cofre. Embora seja difícil imaginá-lo desempenhando esse tipo de tarefa, foi também um administrador eficiente e consciente quando eleito secretário da comissão administrativa do Fundo em 1863, mantendo os registros das reuniões e cuidando da considerável correspondência da organização com habilidade e desembaraço.

A primeira festa beneficente organizada pelo Fundo Literário teve lugar em 10 de janeiro de 1860, e Dostoiévski deve ter sido atraído pelo programa, que anunciava uma leitura de Turguêniev do recém-escrito ensaio "Hamlet e Dom Quixote", obra profundamente meditativa e bastante controversa que marcou um momento importante no debate sociocultural do início da década de 1860.*

---

* A tradução desse texto em português pode ser lida em Ivan Turguêniev, *Pais e filhos*. Trad. de Rubens Figueiredo. São Paulo: Cosac Naify, 2004. (N. E.)

Uma troca amistosa de bilhetes entre ambos, poucos meses depois da festa, revela que o rompimento rancoroso entre os dois escritores em 1845 fora esquecido, pelo menos naquele momento. Dostoiévski absorveu por completo o ensaio, cujas ideias deixaram vestígios significativos em seu pensamento e na imagem do tipo quixotesco abnegado no príncipe Míchkin, pois as famosas páginas de Turguêniev constituíam um panegírico do homem de fé, Dom Quixote, mais digno de admiração que o mundano, cético e desiludido Hamlet, cuja "cor nativa da vontade desbota sob a palidez do pensamento". Dom Quixote é inspirado por um ideal maior do que ele (ainda que comicamente ilusório), e isso lhe dá uma superioridade moral que se eleva muito acima do indeciso Hamlet.

Turguêniev fingiu estar dissecando dois tipos psicológicos eternos que sempre existiram na natureza humana, mas todos sabiam que os Hamlets da literatura russa eram os "homens supérfluos", os intelectuais liberais bem-intencionados, mas impotentes e irremediavelmente pouco práticos, da pequena nobreza. Por outro lado, os Dom Quixotes eram aqueles que haviam morrido nas barricadas europeias de 1848 (como o protagonista de *Rúdin*, do próprio Turguêniev) e os membros da geração mais jovem na Rússia, dispostos mais uma vez a sacrificar-se pela causa do povo. Para não deixar dúvida sobre as implicações de suas categorias, Turguêniev menciona, como exemplos de Quixotes, o socialista utópico Charles Fourier e, como se isso não bastasse, Jesus Cristo. Talvez com a intenção de abrandar a hostilidade dos publicistas radicais mais jovens, como Tchernichévski e Dobroliúbov, Turguêniev mostra agora concordância com grande parte das acusações que eles faziam aos Hamlets russos. Mas, como veremos, o antagonismo deles em relação à sua obra estava enraizado demais na situação sociocultural para ser superado com tanta facilidade.

Em abril de 1860, o próprio Dostoiévski apareceu aos olhos do público como participante de alguns espetáculos de teatro amador organizados pelo Fundo Literário. Píssemski tivera a ideia de apresentar peças tendo como atores figuras literárias famosas, e Dostoiévski foi convidado a participar da brincadeira no papel do chefe dos correios Chpiékin em *O inspetor-geral*, de Gógol. A noite foi um estrondoso sucesso; toda a Petersburgo culta compareceu para ver os conhecidos leões da literatura se exibindo diante dos holofotes. O aparecimento de Turguêniev, Kraiévski e Máikov, que chegam para dar seus "presentes" ao suposto inspetor-geral e queixar-se das pilhagens do governador, provocou tantas gargalhadas que aqueles que desejavam desfrutar da peça protestaram publicamente contra a algazarra inapropriada. Entre esses espectadores indignados estava o grão-príncipe Konstantin Nikoláievitch, o irmão do tsar que era conhecido por ter trabalhado nos bastidores em favor da abolição da servidão, e que também estava lá para ter um vislumbre dos luminares literários. O jornalista Peter Weinberg (com quem Dostoiévski iria em breve cruzar espadas) escreveu: "Não acredito que alguém familiarizado com Fiódor Mikháilovitch nos últimos anos de sua vida poderia imaginá-lo como um cômico [...] que soubesse provocar um puro riso gogoliano, mas foi o que realmente aconteceu, e o Chpiékin de Dostoiévski foi [...] impecável".[1]

Não obstante as distrações de sua renovada vida social, as energias de Dostoiévski estavam concentradas em restabelecer sua reputação literária. Na primavera de 1860, todo o seu tempo foi dedicado ao planejamento e elaboração de dois novos livros, um grande romance e os esboços que se tornariam *Recordações da casa dos mortos*. Àquela altura, o planejado romance se tornara essencial para preencher o espaço obrigatório reservado à publicação em fascículos de uma grande obra de ficção em cada número de uma "grossa" revista mensal russa. Em 18 de junho, Mikhail pediu permissão do Comitê de Censura de São Petersburgo para publicar uma revista com base no título e no programa já aprovados, mas mensal em vez de semanal. O pedido foi aprovado, e o resto do ano foi ocupado pelos preparativos para a publicação.

Mesmo sem considerar a questão de uma renda regular, Dostoiévski estava ansioso para entrar na briga jornalística. Apenas alguns meses antes, *O Contemporâneo* publicara *O princípio antropológico na filosofia*, de Tchernichévski, obra destinada a se tornar a bíblia filosófica da geração radical da década de 1860, e sua publicação fizera explodir uma feroz tempestade jornalística. Tchernichévski propõe um materialismo simplório que considera o homem um ser subserviente às leis da natureza (tal como definidas nos termos das ciências da época, especialmente a química e a fisiologia), um materialismo que, como até mesmo um comentador simpático às linhas gerais de sua posição admite,

não deixava espaço para o irredutível e irracional no comportamento humano, para todos os fatos nos quais não lidamos com coisas e objetos, mas com seres humanos dotados de vontade e poder de escolha e com seus relacionamentos. O problema da liberdade era o maior obstáculo de Tchernichévski, e ele o teria varrido para a irrealidade se não o tivesse deixado reaparecer pela porta dos fundos em sua concepção do homem como criador e criatura de seu ambiente.[2]

Com efeito, Tchernichévski tentou erradicar o problema da liberdade, uma vez que não hesitou em apregoar que o livre-arbítrio não existe, nem pode existir como dado objetivo. A noção de vontade ou "querer", escreve ele, "é apenas a impressão subjetiva, que acompanha em nossas mentes o surgimento de pensamentos e ações de pensamentos, ações ou fatos externos precedentes".[3] Em relação à ética e à moral, Tchernichévski adotou uma forma de utilitarismo de Bentham que rejeita todo recurso aos valores morais tradicionais (cristãos). O bem e o mal são definidos em termos de "utilidade", e o homem busca principalmente o que lhe dá prazer e satisfaz seu interesse egoísta; mas, uma vez que é uma criatura racional, o homem acaba aprendendo, através da iluminação, que a "utilidade" mais duradoura reside na identificação de seus interesses com os da maioria de seus iguais. Quando alcança essa percepção, o indivíduo esclarecido atinge o nível de um "egoísmo racional" interesseiramente desinteressado que, de acordo com Tchernichévski, é a forma mais elevada de desenvolvimento humano.

Tais concepções, que depressa se difundiram entre a geração mais jovem, proporcionaram os fundamentos filosóficos para a nova moral pregada pela ideologia radical da década de 1860, e nenhuma ideia poderia ter causado mais arrepio em Dostoiévski do que essa, pois se ele adquirira alguma convicção nova durante as experiências penosas de seus últimos dez anos fora a de convencê-lo de duas verdades inelutáveis. Uma era que a psique humana jamais, sob quaisquer condições, abdicaria de seu desejo de afirmar sua liberdade; a outra era que a moral cristã do amor e da abnegação era uma necessidade suprema, tanto para o indivíduo como para a sociedade. Sem esses valores morais herdados, a vida entre os presos camponeses teria sido um verdadeiro inferno para Dostoiévski, e ele tremia ao pensar que eram de fato esses valores que os radicais estavam decididos a minar e destruir. Desse modo, mais cedo ou mais tarde, era inevitável um eventual choque com Tchernichévski e seus seguidores da geração dos anos 1860. Esse momento fatídico, no entanto, demorou ainda vários anos e só aconteceria depois que uma grande dose de turbulência social tivesse acabado com toda a esperança de acomodação.

Nesse meio-tempo, no outono de 1860, os dois primeiros capítulos de *Re-*

cordações da casa dos mortos foram publicados em *A Palavra Russa*. Em seguida, dificuldades com a censura atrasaram a publicação de outros fascículos. Em janeiro de 1861, a revista repetiu a introdução e o primeiro capítulo; seguiram-se mais três capítulos a intervalos semanais. No final de janeiro, foi anunciada uma continuação da obra, mas essa promessa nunca foi cumprida, e o nome de Dostoiévski desapareceu abruptamente da lista de colaboradores reunidos pelo engenhoso editor, A. Guieróglifov. O motivo, é óbvio, foi a publicação do primeiro número da revista *O Tempo* no início do ano, e Dostoiévski não tinha a menor intenção de permitir que uma propriedade literária tão valiosa beneficiasse uma publicação rival.

O anúncio do programa de *O Tempo* foi enviado em setembro, e embora o nome de Dostoiévski não pudesse aparecer porque era ex-presidiário, a marca característica de seu temperamento ardente estava visível no tom apocalíptico já na primeira frase: "Vivemos numa época extremamente notável e crítica". A Rússia está em meio a uma grande transformação, e as importantes e acalentadas mudanças político-sociais que por fim resolverão "a grande questão camponesa" são apenas os sintomas externos de uma mutação mais fundamental: "Essa transformação consiste na fusão da ilustração, e daqueles que a representam, com o princípio da vida do povo, [...] o povo que, há 170 anos, rejeitou as reformas de Pedro e, desde então, apartado da classe educada, vem levando sua existência separada, isolada e independente" (v. 18, p. 35).[4]

Dostoiévski toma uma distância cautelosa tanto dos eslavófilos como dos ocidentalizantes. A rejeição das reformas de Pedro pelo povo, afirma ele, não foi uma mera negação da mudança e do desenvolvimento, como diziam os eslavófilos; ao contrário, ela os levara a buscar a mudança à sua própria maneira e em seus próprios termos. Dostoiévski retrocede a um período anterior às reformas de Pedro, o Grande, em busca da criatividade do povo, e a encontra na fermentação religiosa do *Raskol* — a recusa de grande parte da população a aceitar as reformas da liturgia russa de inspiração grega — que no século XVII levara a um cisma (*raskol*) na Igreja russa e à proliferação de várias seitas dissidentes dos Velhos Crentes. Ainda que os resultados do cisma, como Dostoiévski admite, tenham sido "às vezes monstruosos" (v. 18, p. 36), os *raskólniki* representaram, no entanto, uma tentativa de criar uma cultura russa autóctone, independente da influência europeia, e ele dá a entender que os valores positivos da vida russa, os quais a classe alta buscava com tanta ansiedade, talvez pudessem ser encontrados entre as seitas dissidentes.

Enquanto isso, com igual extremismo, a classe alta assimilara a cultura europeia por todos os poros e avançava na direção oposta. Isso não significa, escreve Dostoiévski, que, ao se esforçar para criar uma cultura verdadeiramente nacional, a classe alta vai tão só renunciar a tudo o que adquiriu. Na verdade, essas aquisições lançaram os alicerces do grande papel histórico-mundial que a Rússia será chamada a desempenhar no futuro: "Nós [...] prevemos com reverência [...] que a ideia russa será, talvez, a síntese de todas essas ideias que a Europa desenvolveu, com tanta persistência e coragem, em cada uma de suas nacionalidades; que talvez tudo que há de antagônico nessas ideias venha a encontrar conciliação e um maior desenvolvimento na nacionalidade [*naródnost*] russa" (v. 18, p. 37).

A famosa doutrina de Dostoiévski do "pan-humanismo" russo já está expressa aqui, em 1861, no *Tempo*, e embora suas concepções assumam mais tarde um matiz eslavófilo mais pronunciado, ele avalia de forma positiva até mesmo os ocidentalistas russos, em vez de acusá-los de irremediavelmente corrompidos pela influência europeia como costumavam fazer os eslavófilos. Essa atitude compreensiva em relação àqueles a quem Dostoiévski chamaria mais tarde de "europeus russos" continuará para sempre a separá-lo dos eslavófilos puros. As características exatas da cultura russa do futuro que Dostoiévski prevê permanecem obscuras; tampouco ganharão mais clareza em seus pronunciamentos posteriores. A ênfase recai sobre a *necessidade* de fusão, que Dostoiévski defende em tons que vibram com a dor das cicatrizes ainda doloridas de seus anos na prisão. Essas lembranças o levam agora a insistir que a classe alta deve empreender "a propagação da ilustração, de modo enérgico, rápido e a qualquer custo — este é o principal problema de nosso tempo, o primeiro passo para todas as atividades" (v. 18, p. 37).

As revistas dos irmãos Dostoiévski, primeiro *O Tempo* e, depois, sua sucessora *A Época* [*Epokha*], assumiram o lugar na literatura russa de porta-vozes de uma tendência sociocultural independente chamada de *pótchviennitchestvo*.[5] Os *pótchvienniki* tinham por princípio ajudar a promover uma nova síntese cultural russa a partir da fusão do povo e seus superiores cultos. Por outro lado, para a intelectualidade radical, todas as outras questões eram secundárias em face da melhoria da sorte dos camponeses, da maneira que consideravam mais compatível com a justiça social. Porém o programa de *O Tempo* era amplo e vago o suficiente para atrair um grande espectro de opiniões entre os intelectuais; e o slogan de *pótchviennitchestvo*, dada a influência das ideias de Herzen, não tinha nenhuma conotação particularmente comprometedora aos olhos dos radicais naquele momento. *O Tempo* foi no começo considerada apenas mais uma revista progressista que tinha o que, no final da década, seria chamado de uma acentuada inclinação populista (*naródni*).

No entanto, Dostoiévski havia recrutado Nikolai Strákhov e Apollon Grigóriev para ser seus dois principais colaboradores, ciente de que ambos se opunham firmemente a muitos aspectos da ideologia radical da década de 1860. Strákhov, que se tornaria amigo íntimo de Tolstói e de Dostoiévski, estava então no início de uma carreira notável de crítico e publicista, durante a qual defenderia o idealismo filosófico e assumiria uma posição sociopolítica eslavófila moderada e, por fim, pan-eslava. Como muitos dos radicais que enfrentaria em letra impressa, Strákhov vinha de uma família de sacerdotes e fora educado num seminário. Ao contrário de seus adversários, estudara mais tarde matemática e ciências naturais e se graduara em biologia na universidade. Essas qualificações lhe deram uma competência científica muito superior à da média dos publicistas russos, e ele combinava essas credenciais com uma devoção a Hegel e ao idealismo alemão, o que lhe dava uma consciência aguda das limitações do conhecimento científico diante das eternas "questões malditas" da existência humana.

Strákhov chamou a atenção de Dostoiévski graças a artigos que publicara na revista *A Tocha*: uma série sobre ciência intitulada *Cartas sobre a vida* e uma resenha do livro recente de P. L. Lavrov, *Estudos sobre a questão da filosofia prática*. Tchernichévski atacara Lavrov, que em breve se tornaria um destacado porta-voz da ideologia dos populistas russos, por não ser um materialista bastante vigoroso, e utilizara seu livro como pretexto para desenvolver suas próprias ideias em *O princípio antropológico na filosofia*. Strákhov, ao contrário, achou Lavrov demasiado materialista para seu gosto e lançou um contra-ataque em defesa da liberdade humana e da autonomia moral contra todas as tentativas de subordiná-las às condições materiais. "A vontade", declarou ele, "é subordinada, de um modo essencial e necessário, a uma única coisa — à ideia de sua própria liberdade, à ideia de sua autodeterminação independente, original e consciente."[6]

14. *Nikolai Strákhov na década de 1850.*

Strákhov tinha uma cultura impressionante e um domínio profissional a que Dostoiévski não podia aspirar, e suas conversas diárias aguçaram no romancista a consciência das implicações de suas próprias ideias. "Nossas conversas eram intermináveis", escreve Strákhov, "e foram as melhores que tive a sorte de ter em minha vida." O que o cativou em Dostoiévski foi "sua mente incomum, a velocidade com que ele aproveitava cada ideia após uma simples palavra ou alusão". Strákhov também notou outra característica da fisionomia intelectual de Dostoiévski de especial relevância para o caráter ideológico de suas grandes criações.

> Ele era [...] uma pessoa excitável e impressionável no mais alto grau. Uma ideia simples, às vezes muito familiar e banal, inflamava-o de repente e revelava-se a ele em toda a sua significação. Ele, por assim dizer, *sentia o pensamento* com vivacidade incomum. Depois, enunciava-o de várias formas, às vezes dando-lhe uma expressão gráfica muito forte, embora sem explicá-lo logicamente ou desenvol-

ver seu conteúdo. Acima de tudo, era um artista, pensava em imagens e era guiado pelo sentimento.[7]

Se Dostoiévski recebeu certa instrução intelectual de Strákhov, o que aprendeu com Apollon Grigóriev agitou níveis muito mais profundos de sua personalidade. Grigóriev era um homem de letras bem conhecido e, em 1861, estava perto do final de uma vida tempestuosa de poeta, crítico e escritor ocasional de ficção. Era uma presença carismática que exercia seu fascínio sobre todo um grupo de colaboradores jovens, entre eles Strákhov, que mais tarde recolheram e publicaram seus ensaios críticos, e as reuniões editoriais diárias de *O Tempo* proporcionavam ampla oportunidade para a troca de ideias. Dostoiévski certamente achou o tempestuoso Grigóriev mais do seu agrado, como ser humano, do que o pudico e afetado Strákhov. Grigóriev era uma daquelas naturezas russas "plenas" — muito parecido com o jovem poeta Chidlóvski, o amigo e inspirador de Dostoiévski na juventude — que combinavam as mais refinadas e elevadas aspirações artísticas e espirituais com o alcoolismo e o desregramento.

"Místico, ateu, maçom, membro do círculo de Petrachévski, artista, poeta, editor, crítico, dramaturgo, jornalista, cantor, guitarrista, orador" — são alguns dos aspectos díspares de Grigóriev na visão de seus contemporâneos.[8] Dostoiévski escreveu que ele "era, talvez, de todos os seus contemporâneos [...] o mais russo dos homens no que tange a temperamento (não digo o ideal, bem entendido)" (v. 20, p. 136). Sua poesia e sua crítica eram tidas em grande estima por alguns dos melhores juízes de seu tempo, mas ele desaparecia durante semanas a fio para entregar-se a bebedeiras e libertinagens desenfreadas entre os ciganos, e muitos de seus melhores ensaios foram escritos na cadeia dos devedores. O poeta Polónski, um dos seus amigos mais próximos, rememorou: "Lembro-me dele, que não acreditava em Deus nem no Diabo, de joelhos na igreja, rezando até a última gota de seu sangue. Lembro-me de que era um cético e um místico, amigo e inimigo, brigava com as pessoas e elogiava as composições infantis do conde Kocheliov [dono de um periódico]".[9] Alguém sugeriu que alguns traços de Grigóriev, que gostava de se dizer "o último romântico", foram mais tarde incorporados ao igualmente tumultuado e surpreendentemente poético Dmítri Karamázov.[10]

Para Grigóriev, os verdadeiros valores da vida russa não se encontravam num quimérico e idealizado éden anterior a Pedro, nem no campesinato oprimido, mas naqueles grupos sobreviventes — como a classe mercantil de Moscou retratada nas peças de Ostróvski, muitas vezes Velhos Crentes incondicionais — que haviam conseguido prosperar ao mesmo tempo que se aferravam ciosamente ao seu modo de vida. Ele era um grande conhecedor da cultura popular russa e da música cigana, que achava irresistível. Alguns de seus melhores poemas, redescobertos e reunidos no início do século xx por Aleksandr Blok, tentam traduzir em palavras a paixão ardente e a pungência desesperada de suas folias ciganas.

Os ensaios da maturidade de Grigóriev esboçam uma filosofia original da cultura russa, e suas teses principais sem dúvida influenciaram as opiniões de Dostoiévski. A figura central nessa história é Púchkin, cuja obra, tal como Grigóriev a interpreta, representa um divisor de águas na consciência cultural russa. Antes dele, as influências estrangeiras eram aceitas, assimiladas e reverenciadas, mas em Púchkin, pela primeira vez, pode-se observar uma luta entre os tipos "predadores" que imitavam paradigmas ocidentais — os heróis românticos e byronianos egoístas de sua primeira poesia — e o ligeiramente irônico Ivan Pietróvitch Biélkin ou o narrador jovial e de coração puro de *A filha do capitão* que os substituiu. Trata-se de personagens puramente russos em sua brandura, singeleza e simplicidade, e indicam o desejo de Púchkin de retornar à terra natal, com seus valores "verdadeiramente humanos, isto é, cristãos",[11] depois de sucumbir à sedução dos ideais estrangeiros. Grigóriev vê toda a literatura russa pós-Púchkin em termos dessa luta entre os tipos "predador" (*khíschni*) e "manso" (*smiriénni*), e elabora sua tipologia cultural num estilo muito apurado e esbaforido que lembra o de seu amado Thomas Carlyle. Seus ensaios contêm amplas e impressionantes generalizações e observações penetrantes sobre uma série de escritores, inclusive contemporâneos como Turguêniev, Tolstói e Píssemski; hoje, ele costuma ser reconhecido como o maior crítico literário russo de meados do século xix.

As ideias de Grigóriev ajudaram a dar um conteúdo literário-cultural concreto às experiências mais íntimas de Dostoiévski. O "retorno à terra natal", cuja necessidade se apresentara a ele de forma tão angustiante no campo de trabalhos forçados, agora mostrava ser o caminho tomado pelo maior de todos os escritores russos — e que estava destinado a ser seguido por toda a literatura russa! Para Dostoiévski, a afirmação de Grigóriev de que os tipos "mansos" são os verdadeiros portadores dos valores morais e sociais russos seria tomada como uma confirmação preciosa de suas premonições artísticas. Com efeito, grande parte das obras posteriores de Dostoiévski pode ser vista como uma dramatização do conflito entre tipos "predadores" ocidentais (ou influenciados pelo Ocidente) e tipos

15. *Apollon Grigóriev na década de 1850.*

"mansos" genuinamente russos — um conflito cujo choque de valores, retratado como um duelo entre absolutos morais espirituais, ele um dia conseguiria elevar ao nível da alta tragédia.

Grigóriev também compartilhava com Dostoiévski uma concepção da arte como meio de conhecimento metafísico — o veículo escolhido pelo qual os segredos do Absoluto se revelam no tempo e na história. Os dois defendiam a importância da arte contra o ataque dos utilitaristas radicais. Grigóriev chegou à mesma conclusão de seu antecessor dinamarquês, Kierkegaard, de que a vida não poderia ser contida em categorias racionais de nenhum tipo. Ele escreve a Dostoiévski:

> Para mim "vida" é algo realmente misterioso, é algo inesgotável, "um abismo que engole toda razão finita", para usar a expressão de um livro místico antigo, um espaço sem fronteiras no qual as conclusões lógicas da mente inteligente ficam muitas vezes perdidas, como uma onda no oceano; [a vida é] até mesmo algo irônico, mas, ao mesmo tempo, cheia de amor, apesar dessa ironia.[12]

Um trecho de uma carta de Grigóriev para Apollon Máikov, escrita quando Dostoiévski ainda estava na Sibéria e, portanto, antes que os dois pudessem ter trocado ideias, ilustrará essa semelhança de perspectiva fundamental:

Não sei o que acho mais repulsivo: o progresso de Petersburgo [...] o diletantismo da ortodoxia, ou, finalmente, o ateísmo cínico de Herzen. Tudo isso significa a mesma coisa e tem o mesmo valor, e todos "esses três" têm a mesma causa: a falta de fé na vida, no ideal e na arte. Tudo isso resulta da Utopia *utilitarista* da felicidade sensual ou da escravidão espiritual e estagnação chinesa sob pressão da unidade *externa* na ausência de unidade interna, isto é, Cristo, isto é, o Ideal, isto é, a *Medida*, Beleza, única que abriga a verdade e única que pode trazer verdade para a alma do homem.[13]

A identificação de Cristo com o Ideal e com a Beleza não poderia ser mais dostoievskiana.

O mais impressionante talvez seja a afinidade de temperamento revelada pela referência de Grigóriev, num verso de sua poesia, à "louca felicidade do sofrimento", e por sua reiteração, em uma carta, de que "existem sofrimentos da alma capazes de se transformar em sentimento de beatitude". Como não pensar em Dostoiévski, pergunta o eslavista italiano Wolf Giusti, depois de ler essas frases?[14] Ambos compartilham uma devoção comum à fé cristã tal como se desenvolvera em sua terra natal, e assim como Dostoiévski havia declarado recentemente, com referência às Cruzadas cristãs, que "a Europa e sua tarefa serão completadas pela Rússia",[15] Grigóriev acreditava que a vida histórica da Europa estava "esgotada e outra está começando: ela provirá da ortodoxia, um novo mundo se encontra nessa força".[16] Mas, novamente como Dostoiévski, ele era por demais um produto do romantismo e demasiado moderno para aceitar sem luta tanto sua fé cristã como a ortodoxia. "De onde quer que eu comece", reconhece, "sempre chego ao mesmo ponto único: a essa necessidade profunda e dolorosa de acreditar no ideal e no *Jenseits* [sobrenatural]."[17] Nenhum contemporâneo russo de Dostoiévski chega mais perto que Grigóriev de ter a mesma complexidade de impulsos e atitudes.

Foi com aliados desse tipo que Dostoiévski partiu para o combate nas guerras jornalísticas da década de 1860. Não se pode dizer que a vitória sorriu para sua bandeira; mas, enquanto estiveram no campo, os *pótchvienniki* propiciaram uma oposição respeitável ao triunfo do que foi chamado (inapropriadamente, ao menos no que diz respeito a Tchernichévski e Dobroliúbov) de niilismo russo. Além disso, essas guerras serviram para proporcionar a Dostoiévski os materiais que em breve ele transmutaria e elevaria, pelo poder de seu gênio e de sua visão pessoal, à síntese artístico-ideológica dos grandes romances de meados e fins dos anos 1860.

O lançamento de *O Tempo* definiu a rotina da vida de Dostoiévski para os cinco anos seguintes. Todas as suas energias foram absorvidas pelo trabalho de editor e colaborador, e é impossível dissociar sua vida particular das tarefas cotidianas de dirigir a revista. A redação ficava na residência de Mikhail Dostoiévski, e tanto Fiódor como Strákhov moravam nas proximidades, este último tendo mudado de apartamento especificamente para estar mais perto. Essa parte da cidade era um bairro de classe baixa agitado e populoso, cujas ruas sombrias e enlameadas, sempre fervilhando de vendedores, comerciantes e trabalhadores, Dostoiévski retratou mais tarde em *Crime e castigo*. E, como Strákhov recorda com nostalgia, "em meio a esse ambiente, que nos enchia de tristeza e repulsa, todos vivemos anos muito felizes".[18]

As memórias de Strákhov descrevem uma vida de trabalho literário incansável, em que Dostoiévski trabalhava dia e noite e só se afastava de sua mesa para dormir. Ele escrevia a partir da meia-noite e prosseguia até as cinco ou seis da manhã; dormia então até duas ou três da tarde e começava o dia por volta dessa hora. A equipe da revista se reunia às três da tarde, "e ali [na redação] folheávamos jornais e revistas, nos inteirávamos do que havia de novo e, com frequência, íamos jantar juntos".[19] Muitas vezes, Dostoiévski ia tomar o chá diário na casa de Strákhov, no início da noite, quando um grupo de amigos se reunia para conversar e conviver.

Strákhov salienta também a completa absorção de Dostoiévski e de seus colaboradores na guerra destrutiva que, naquele momento agitado, instilava uma animação incomum na imprensa periódica russa. Ser editor era então uma atividade revigorante. Uma revista como *O Tempo* estava invariavelmente no centro de um fogo cruzado, e nada era mais importante do que distinguir o amigo do inimigo. "Dostoiévski, Apollon Grigóriev e eu podíamos ter certeza de que nos depararíamos com nossos nomes em cada novo número de uma revista. A rivalidade entre vários periódicos, a atenção intensa dada às suas tendências, as polêmicas — tudo isso fazia do trabalho jornalístico um jogo tão interessante que, uma vez tendo-o experimentado, ninguém conseguia deixar de sentir um grande desejo de voltar a participar dele."[20]

16. *A casa de Mikhail Dostoiévski e redação de* O Tempo.

17. *F. M. Dostoiévski em 1861.*

Apesar de sua carreira de publicista, Strákhov nutria um desdém invencível pelas rivalidades jornalísticas. Ele observa com orgulho que havia pertencido a um círculo literário da década de 1840 para o qual "o ápice da cultura era *entender Hegel e conhecer Goethe de cor*".[21] Esses dois nomes (principalmente o último) haviam se tornado símbolos de uma atitude sociocultural *au-dessus de la mêlée* [acima da batalha], de uma preocupação com questões "eternas", muito distantes das disputas mesquinhas do dia a dia da vida social; Strákhov ficou chocado, em seu primeiro contato com o Círculo de Miliukov, ao se ver exposto a um ponto de vista inteiramente diverso. A tendência nesse círculo, ao qual Dostoiévski aderira logo após seu retorno do exílio,

> se formara sob a influência da literatura francesa. As questões políticas e sociais estavam, portanto, em primeiro plano e engoliam os interesses puramente artísticos. O artista, de acordo com essa concepção, devia investigar a evolução da sociedade e tomar consciência do bem e do mal que nascem em seu meio; em consequência, devia ser um professor, um denunciante, um guia. Disso, se inferia quase diretamente que os interesses eternos e gerais tinham de se subordinar aos transitórios e políticos. Fiódor Mikháilovitch estava totalmente mergulhado nessa tendência publicista e permaneceu fiel a ela até o fim de sua vida.[22]

A paixão de Dostoiévski pelo jornalismo vinha do desejo de permanecer em contato com as questões socioculturais de seu tempo e usá-las para fins artísticos. Ao contrário do pretensioso Strákhov, ele não fazia distinção entre o que Goethe chamava de "as demandas do dia" e aquelas de sua carreira literária. "Eu olhava de esguelha para o jornalismo", admite Strákhov, "e me aproximava dele com alguma arrogância."[23] Por não fazer distinção entre as questões "eternas" e as do momento atual — porque podia perceber o permanentemente significativo no e através do imediato e aparentemente efêmero —, Dostoiévski foi, em última instância, capaz de escrever aqueles romances ideológicos que constituem sua principal pretensão à glória.

Durante esses anos, Dostoiévski esteve em constante e espontâneo contato pessoal com uma ampla gama de opiniões socioculturais russas. Com efeito, pôde ver todos os seus matizes em carne e osso quando falava com os membros da nova geração que afluíam à redação do jornal e que, se tivessem sorte, eram convidados a assistir às reuniões editoriais nas quais os manuscritos eram lidos em voz alta e as decisões finais eram tomadas. A revista estava sempre à procura de jovens escritores e era excepcionalmente receptiva aos seus esforços incipientes. Muitos nomes que mais tarde se tornaram conhecidos, alguns nos anais da extrema esquerda (como P. N. Tkatchov), publicaram seu primeiro trabalho sob a égide de Dostoiévski. Como observa V. S. Nietcháieva: "Talvez nunca mais em sua vida Dostoiévski tenha tido a mesma chance de entrar em contato com jovens de origens e situações tão diversas, mas unidos por um interesse em questões sociais e literárias, do que quando esteve à frente de *Tempo* e *Época*".[24]

A política editorial de Dostoiévski tentava combinar uma afinidade pelas aspirações da juventude predominantemente radical por justiça social e reforma política com uma hostilidade implacável aos princípios estéticos, éticos e metafísicos da ideologia radical. Esse esforço para conciliar o inconciliável levou a tensões inevitáveis entre os vários grupos de colaboradores de *O Tempo*, que formavam duas facções opostas. No centro de uma delas estava o tempestuoso Grigóriev, tendo Strákhov como simpatizante, "embora", escreve Strákhov, "as emoções dele não fossem nem um pouco despertadas pela busca do *potchva*, mas por um ódio implacável ao materialismo".[25] Do outro lado, a maioria dos jovens radicais se reunia em torno de A. E. Rázin, um filho de servos camponeses autodidata e autor de uma introdução popular à visão científica do universo para crianças em idade escolar intitulada *O mundo de Deus*, que era, ademais, amigo próximo de Dobroliúbov. Entre os dois havia um grupo composto dos irmãos Dostoiévski e dos remanescentes dos círculos da pequena nobreza liberal da década de 1840 — Miliukov, Pleschéiev, Apollon Máikov e outros menos conhecidos.[26]

Na primavera de 1861, Grigóriev deixou Petersburgo, em parte por estar insatisfeito com a política editorial de *O Tempo*, e em particular com a recusa de Dostoiévski de atacar com mais vigor os radicais de *O Contemporâneo*, Tchernichévski e Dobroliúbov. Também descontente com a refutação relativamente branda de Dostoiévski às concepções artísticas de Dobroliúbov, Strákhov admite: "Não consegui me conter e quis entrar tão rapidamente quanto possível num confronto direto e decisivo com as doutrinas niilistas. [...] Eu via seu aparecimento na literatura com grande indignação".[27] Dostoiévski não compartilhava da mesma animosidade, e suas observações sobre a cena atual revelam a síntese extremamente instável que estava tentando elaborar entre uma atitude compreensiva e uma atitude crítica em relação aos radicais. Ele dava muita atenção à relativa liberdade de imprensa que havia permitido o surgimento de uma "literatura acusatória" (por exemplo, as *Cenas provincianas*, de Saltikov-Schedrin) que denunciava abusos. Esses textos haviam sido atacados tanto pela direita (que não gostava da crítica às condições existentes) como pela esquerda (que achava que essa crítica não ia longe o suficiente) em tempos recentes. *O Contemporâneo*, na pessoa de Dobroliúbov, fizera questão de ridicularizar os jornalistas liberais complacentes que, enquanto denunciavam delitos burocráticos menores, se recusavam a dizer uma única palavra sobre o sistema como um todo ou sugerir que era necessária uma transformação total da sociedade para remediar os ultrajes que noticiavam. Dostoiévski tenta navegar com prudência entre os escolhos, indicando, por sua vez, que aprovava aquilo que chama de "publicidade beneficente", mas sem expressar nenhuma indignação com as zombarias dos radicais. Embora mantendo distância de todas as questões de grande monta, ele demonstra, de modo discreto e alusivo, ao menos uma tolerância compreensiva para com o posicionamento radical nas escaramuças socioculturais do início da década de 1860.

Somente nas duas últimas seções do primeiro número de *O Tempo*, no entanto, começam a surgir com mais clareza os limites do apoio de Dostoiévski aos radicais. Sobre a questão da alfabetização, ele insiste que é obrigação da classe alta tomar a iniciativa de torná-la acessível, e esse dever o leva a fazer algumas reflexões sobre os "homens supérfluos" — membros da intelligentsia aristocrática liberal — que estavam então sob ataque pesado dos radicais. Não contentes com suas investidas sarcásticas contra os personagens de contos e romances de Turguêniev, o ataque fora continuado, com ferocidade crescente, por Dobroliúbov, e recentemente chegara ao auge em um artigo seu de grande repercussão, "O que é o oblomovismo?" (termo cunhado por Gontcharov para descrever a letargia de seu protagonista Oblómov).* Ao listar os mais famosos exemplos de homens supérfluos da literatura russa, as maiores criações dos escritores mais conhecidos — Oniéguin, de Púchkin, Petchórin, de Liérmontov, Biéltov, de Herzen, Rúdin, de Turguêniev —, Dobroliúbov chamou a todos, sem exceção, de irmãos de sangue do inerte Oblómov.[28]

A queixa dos homens supérfluos sempre fora de que as condições na Rússia não ofereciam nenhuma arena para o emprego de suas habilidades. Mas, com a

---

* A tradução desse texto em português, de Sonia Branco, pode ser lida em Bruno Barretto Gomide (Org.), *Antologia do pensamento crítico russo (1802-1901)*. São Paulo: Editora 34, 2013. (N. E.)

libertação dos servos, em 1862, uma vida de ação honrosa dentro da Rússia era possível e, de fato, tornou-se um dever de todos os homens de boa vontade. Até mesmo Herzen estava pronto a concordar que "o tempo dos Oniéguins e Petchórins acabou. [...] Aquele que não encontra trabalho agora não tem ninguém a quem culpar".[29] Dobroliúbov insistia que toda a classe dos aristocratas liberais deveria ser rejeitada, mas Herzen argumentou que eles ainda poderiam ser úteis. Em essência, essa era também a opinião de Dostoiévski; divergiam, no entanto, no conceito de "trabalho" e "utilidade" na nova Rússia pós-libertação dos servos.

Herzen continuava a ser um revolucionário radical, e "trabalho" para ele não significava o fim de sua hostilidade para com um regime ao qual se opunha, em princípio, em nome do socialismo democrático. Dostoiévski, por outro lado, acreditava que havia chegado o momento de os homens supérfluos — aquelas finas flores da intelectualidade russa (entre as quais ele incluiria mais tarde o próprio Herzen) — se dedicarem à monótona tarefa de melhorar a sorte dos compatriotas. Suponhamos, escreve Dostoiévski zombando, que cada um desses cavalheiros se comprometa a ensinar apenas uma criança a ler. Essa proposta, é claro, abalaria suas pretensões, e Dostoiévski transmite a resposta horrorizada deles em seu estilo dialógico irônico: "Isso é lá uma atividade para pessoas como nós! [...] nós que escondemos no peito poderes titânicos! Queremos e podemos mover montanhas, de nossos corações flui o mais puro manancial de amor por toda a humanidade. [...] É impossível dar um passo de cinco polegadas quando queremos caminhar com botas de sete léguas! Pode um gigante ensinar uma criança a ler?". Ao que Dostoiévski responde com sua própria voz:

> Aí está: sacrifiquem todo o seu gigantismo ao bem geral; deem um passo de cinco polegadas em vez de um passo de sete léguas; aceitem de todo o coração a ideia de que, se não podem ir mais adiante, cinco polegadas valem mais do que nada. Sacrifiquem tudo, até mesmo a sua grandeza e suas grandes ideias, para o bem geral; abaixem-se, abaixem-se, até o nível de uma criança. (v. 18, p. 68)

A intelectualidade é assim intimada a conter suas pretensões e fazer o que puder dentro dos limites da situação sociopolítica existente (mas muito transformada). Essa injunção determinará a oposição inabalável de Dostoiévski a todas as tentativas de incitar aquilo que, de acordo com sua convicção, só poderia ser uma agitação revolucionária inútil e autodestrutiva.

22. Uma estética da transcendência

Era raro que um número de *O Tempo* fosse publicado sem um artigo de Dostoiévski ou um fascículo de uma de suas obras em andamento. Além disso, ele estava presente também na forma de apresentações a traduções, bem como em notas editoriais acrescentadas aos artigos de outros colaboradores. Compreensivelmente preocupado com a impressão que causaria o primeiro número da revista, Dostoiévski reescreveu quase todo o artigo originalmente atribuído ao poeta D. D. Mináiev. O resultado foi o folhetim "Sonhos de Petersburgo em verso e prosa", uma mistura singular de textos em prosa de Dostoiévski com os versos de Mináiev.

O artigo foi reconhecido como uma obra de raro valor autobiográfico, pois contém um relato precioso de como Dostoiévski concebia seu processo de maturação literária, desde a época de seu romantismo até a descoberta do tema de seu primeiro romance. Um objetivo imediato do folhetim era por certo reapresentar-se ao público leitor por meio desse resumo evocativo de seu passado literário, mas quando ele retorna ao presente, captamos um primeiro vislumbre das mudanças que já são ligeiramente discerníveis em seu projeto artístico. No trecho revelador que veio a ser conhecido como "a visão do Nievá", o escritor recorda como certa vez, no início de sua carreira, atravessara uma ponte sobre o rio num dia de inverno extremamente frio, olhando para a vastidão congelada que cintilava sob os raios do sol poente, "de sorte que parecia [...] que uma nova cidade se formava no ar":

> Tive afinal a impressão de que todo este mundo, com todos os seus viventes, fortes e fracos, com todas as suas moradias, abrigos de miseráveis ou palácios banhados em ouro, se parecia com um devaneio fantástico e mágico, com um sonho que, por sua vez, desaparece imediatamente e é tragado pelo vapor que sobe ao céu azul-escuro. [...] Nesse instante foi como se eu tivesse compreendido alguma coisa que até então se agitava em mim, mas que eu ainda não havia compreendido; [...] Suponho que a partir daquele exato momento começou minha existência. [...] (v. 19, p. 69).*

Dostoiévski atribui uma importância extraordinária a essa transformação imaginária da majestosa cidade de Pedro, o Grande, numa fantasmagoria evanescente que poderia ter sido um devaneio. E essa fusão do fantástico e do real, afirma ele, marcou o início de sua autodescoberta como artista. Usando imagens literárias, e ainda falando sob o disfarce ficcional do folhetinista, ele lembra que fora escravo de influências românticas (Schiller, Hoffmann, Scott) que deram asas à sua imaginação e o elevaram muito acima de seu ambiente imediato. Sem nunca se dignar a lançar sequer um olhar sobre o mundo ao seu redor, ele desejara viver "com todo o coração, com toda alma em meus devaneios dourados e inflamados, como se fosse movido pelo ópio". Mas então o impacto revelador da visão tornou-o consciente de todas aquelas pessoas que mal havia notado antes "eram todas [...] figuras estranhas, esquisitas, perfeitamente prosaicas [...] conselheiros titulares [burocratas de nível inferior] e ao mesmo tempo pareciam conselheiros titulares fantásticos" (v. 19, p. 70). À medida que surgiam à vista, todos pareciam ser fantoches movidos por cordas; e atrás deles estava o titereiro (Gógol), rindo ruidosamente e provocando o riso de todos os outros.

Mas o jovem Dostoiévski não queria, como o genial titereiro, rir de todas as criaturas humildes que o rodeavam; em vez disso, inventou para eles outra história, que "me dilacerou profundamente o coração" (v. 19, p. 70). É evidente que essa história foi a narrativa sentimental de *Gente pobre*. As personagens de Dostoiévski tornam-se "fantásticas" não por causa das distorções cômicas proporcio-

---

* A tradução de todas as citações de "Sonhos de Petersburgo" é de Paulo Bezerra. In: *Dois sonhos*. São Paulo: Editora 34, 2012. (N. E.)

nadas pelo prisma oblíquo do humor gogoliano, mas através da delicadeza inesperada de seus sentimentos e reações. Esse foi, então, seu ponto de partida literário — a paixão pelo romantismo, o voltar-se para Gógol, a percepção de que a realidade também tinha seu próprio tipo de estranheza visionária, e a invenção de uma nova variedade desse estranhamento.

A visão do Nievá oferece um vislumbre penetrante da evolução literária de Dostoiévski antes da Sibéria, e ele insiste que a mesma visão, ainda que de formas ligeiramente diferentes, continuou a alimentar sua imaginação desde então. "Agora, agora a coisa é outra, agora, mesmo que eu sonhe com a mesma coisa, ela envolve, porém, outras pessoas, embora vez por outra velhos conhecidos me batam à porta." Assim, Dostoiévski continua a ver o mundo comum ao seu redor cheio de estranheza e mistério; na horda de consumidores de Natal que andam pelas ruas de Petersburgo, de repente

> no meio da multidão lobriguei uma figura, não real mas fantástica. Sabe como é, não consigo me livrar de minha disposição fantástica. Ainda nos anos quarenta, provocavam-me e me chamavam de fantasista. Hoje, é claro, estou grisalho, tenho experiência de vida etc. etc., e não obstante continuei um fantasista. (v. 19, p. 73)

Essas palavras são uma resposta tardia às críticas devastadoras que Bielínski fizera a *O duplo*, em 1846, e uma afirmação desafiadora de sua recusa a abandonar seu modo particular de apreender a realidade; mas Dostoiévski está fazendo mais do que simplesmente defender seu passado. Como "fantasista", impenitente, como "místico" e "sonhador", ele também vê "outras pessoas" que começam a aparecer entre seus velhos conhecidos. Um deles é o de um pobre funcionário empobrecido, totalmente abatido e oprimido pela vida, tão manso que nem sequer vira a cabeça quando é açoitado pelo chicote de um cocheiro na avenida Niévski. Mas, um dia, ele rompe de repente o silêncio para confessar — uma coisa totalmente inimaginável! — que ele é, na verdade, Garibaldi, o famoso bandido e "violador da ordem natural das coisas" (v. 19, pp. 71-2). Naqueles dias, os jornais e revistas russas, inclusive *O Tempo*, estavam cheios de histórias sobre a luta heroica de Garibaldi contra a Áustria pela independência italiana, e o patriota italiano se tornara o bem-amado da imprensa progressista. Tal como Popríschin do "Diário de um louco", de Gógol (o próprio Dostoiévski faz a comparação), que foi parar num hospício acreditando ser o rei da Espanha depois de ler nos jornais sobre a vacância do trono, o funcionário de Dostoiévski fica obcecado pela ideia de que ele e o grande rebelde Garibaldi são a mesma pessoa.

Imaginar essas veleidades de insurreição fervendo no peito do mais humilde e mais resignado dos conselheiros titulares é evidentemente o cúmulo do "fantástico". "Quando tive esse sonho", admite Dostoiévski, "comecei a rir de mim mesmo e do que havia de estranho em meus sonhos" (v. 19, p. 72). Mas, então, o sonho acabou por ser "verdadeiro" — ou, ao menos, sua possibilidade confirmada por uma matéria de jornal sobre um funcionário parecido, aposentado vivendo na pobreza mais extrema, que, conforme se descobriu após sua morte, possuía meio milhão de rublos. Seria feita uma autópsia no cadáver, mas "acho que a autópsia não esclarece semelhantes mistérios" (v. 19, p. 75). Mais uma vez, mostra-se que "o prosaico" contém as possibilidades mais extravagantes e os enigmas psicológicos mais desconcertantes.

Não obstante, Dostoiévski faz uma tentativa de elucidar o "mistério" com a ajuda de duas psicologias alternativas. Uma vem de "O cavaleiro avarento", de Púchkin, e sob sua luz "meu Solovióv [o nome do milionário abandonado] era uma figura colossal". Como o nobre de Púchkin, ele goza de uma sensação secreta de poder conferida por sua riqueza ilimitada — "ele dá um assobio e se arrasta obedientemente em sua direção tudo o que ele precisa". Mas ele nem sequer assobia; é poder, e não satisfação, que almeja em seu íntimo: "Ele não precisa de nenhum [...] Ele está acima de todos os desejos". No entanto, Dostoiévski decide não "roubar de Púchkin" nesse caso (embora não hesite em fazê-lo tanto em *O idiota* como em *O adolescente*) e inventa outra motivação para Solovióv. Em sua juventude, o funcionário tinha sido bastante normal, mas então aconteceu algo — "Talvez em algum momento tenha lhe dado o estalo de alguma coisa e ele se intimidou diante de algo" (v. 19, pp. 73-4). A partir desse momento, começa a poupar, de uma maneira que aos poucos degenera em demência, e sua avareza é uma forma aberrante de reagir ao terror de alguma crise existencial que abruptamente tomou conta de seu ser.

O que à primeira vista chama a atenção nessas duas figuras — e em total contradição com a ênfase de Dostoiévski — é sua pronunciada semelhança com seus personagens da década de 1840. Por que ele as deveria ter considerado "outras pessoas" em relação a sua primeira obra? Em sua encarnação inicial, qualquer desvio do caminho da perfeita submissão e obediência absoluta era o suficiente para mergulhar seus personagens em desequilíbrio mental; nada poderia estar mais longe de seus pensamentos do que um impulso de insubordinação intencional. Embora o funcionário oprimido de Dostoiévski lembre, pela aparência externa, seus personagens anteriores, a obsessão de ser Garibaldi revela algo drasticamente novo — a admissão de um desejo de destruir o mundo inteiro como vingança de suas frustrações. Agora, em algum canto escondido e reprimido de sua psique, o próprio personagem internaliza todas as implicações sociopolíticas de seus ressentimentos, e sua consciência tem, assim, uma explícita dimensão ideologicamente subversiva.

Podemos encontrar provas dessa guinada subversiva também nas notas de Dostoiévski (1860-1) para sua proposta de reescrever *O duplo*. Golyádkin percebe que seu convite à filha de seu superior, em uma festa que havia invadido, era realmente "uma revolta contra a sociedade"; o motivo é ampliado de tal modo que um evento trivial, pateticamente cômico em sua forma original, torna-se agora um gesto político e social ameaçador. Do mesmo modo, Golyádkin prenuncia o homem do subsolo em suas fantasias de poder político, que oscilam entre revolução e reação: "Sozinho com *Júnior*, sonhos de tornar-se um Napoleão, um Péricles, um líder da revolta russa. Liberalismo e revolução, restaurando Luís xi com lágrimas" (v. 1, p. 434).

O que era apenas potencial na obra anterior é desenvolvido agora de uma forma que converte o páthos cômico original em um movimento de rebelião desesperada e uma vontade de poder pervertida. A psicologia de Golyádkin, a divisão em sua personalidade entre "ambição" e medo das autoridades, adquire uma nova riqueza ideológica, e a mesma mudança de escala pode ser observada no caso do milionário abandonado. Com ele, parece que estamos de volta ao mundo do "Senhor Prokhártchin" (1846), que morre na miséria enquanto esconde uma pequena fortuna e cuja avareza fora resultado de "em algum momento tenha lhe dado o estalo de alguma coisa e ele se intimidou diante de algo".[1] Mas aqui Dostoiévski também começa a conceber uma figura análoga a "O cavaleiro avarento", de Púchkin, e a retratar sua avareza como mais uma manifestação de vontade de poder deturpada, que pouco se distingue da do funcionário cujos sonhos são assombrados por Garibaldi.

Embora essa psicologia esteja longe de seu pleno desenvolvimento, Dostoiévski avança no sentido de ver em seus primeiros personagens um pouco da mesma elevação de pensamento e sentimento das grandes criações românticas de Púchkin. Depois de rejeitar o romantismo e reduzir seus temas e motivos ao plano do "prosaico" na década de 1840, Dostoiévski inverte a direção para ampliar seu "naturalismo sentimental" com um pouco da grandeza que outrora havia inflamado sua imaginação literária juvenil. Ele já está começando a tatear seu caminho em direção à síntese de seus grandes romances, nos quais uma representação escrupulosa do "prosaico" será combinada com o "fantástico" do extremismo psicológico, da ambição que consome o mundo e do raciocínio ideológico complexo.

Parte do considerável sucesso de *O Tempo* pode ser atribuída ao faro de Dostoiévski para fornecer aos leitores alimento literário emocionante de uma grande variedade de fontes. Ao mesmo tempo, o que ele escolhia para publicar trazia a marca inevitável de suas próprias preocupações, e seus comentários editoriais frequentemente prenunciavam suas obras posteriores ou ilustravam a maneira como tudo quanto lia virava grãos em seu moinho criativo.

Ao longo de 1861, *O Tempo* publicou uma série de relatos de famosos julgamentos de assassinatos recentes na França, recomendados como leitura irresistível, "mais emocionantes do que todos os romances possíveis porque iluminam o lado escuro da alma humana que a arte não gosta de abordar, ou que aborda apenas de soslaio e de passagem" (v. 19, p. 89). O que interessa a Dostoiévski são os motivos psicológicos e o comportamento daqueles que matam. Com essas palavras, ele está demarcando por antecipação o domínio romanesco no qual alcançará em breve seus maiores triunfos, pois elevará o romance de mistério e aventuras criminais a novas alturas, deslocando o foco do enredo da ação externa para a psicologia (que para ele será inseparável da ideologia) do criminoso.

No primeiro número, um longo prefácio precedia três contos de Edgar Allan Poe, e tanto o texto de Dostoiévski como as traduções podem ser ligados estreitamente às suas criações dos anos seguintes. Essa introdução, nas palavras de um estudioso da Rússia soviética, traz "a primeira avaliação séria e penetrante do escritor americano feita na Rússia" (v. 19, p. 282). Com efeito, de acordo com um especialista norte-americano, o prefácio de Dostoiévski, de 1860, contém "as observações mais perspicazes já feitas em qualquer idioma especificamente sobre a técnica artística de Poe".[2]

O que impressionou Dostoiévski em Poe foi "o vigor de sua imaginação", que ele define como "o poder do detalhe específico": Poe inventará as situações mais extraordinárias e até mesmo impossíveis, mas em seus contos "veremos de modo tão claro todos os detalhes da forma de existência que nos é apresentada" que ficaremos absolutamente convencidos de sua verossimilhança. Ao contrário de Baudelaire, cujas traduções de Poe (inclusive dos ensaios introdutórios) Dostoiévski sem dúvida lera, ele não o considera um *poète maudit* condenado pela vulgaridade reinante da vida americana; em vez disso, sugere com bastante brilhantismo que a característica marcante da imaginação de Poe é tipicamente americana. Presumia-se que o materialismo era o aspecto dominante da civilização americana, e "se existe o fantástico em Poe, ele tem, por assim dizer, algo de material. Está claro que ele é totalmente americano, mesmo em suas histórias mais fantásticas" (v. 19, pp. 88-9).

As histórias de Poe que Dostoiévski publicou podem ser relacionadas com as duas grandes obras que vai escrever dentro de poucos anos — *Memórias do subsolo* e *Crime e castigo*. Mesmo o menor dos contos de Poe publicados em *O Tempo* — "O diabo no campanário", pouco mais do que uma historieta cômica — é uma alegoria da intrusão do irracional num mundo ordenado que sempre funcionou de acordo com suas leis imutáveis. Quando o diabo entra no campanário da pacata cidade de Vondervotteimittis, a vida de seus pacíficos cidadãos fica completamente transtornada porque, ao meio-dia, o relógio do campanário não para nas doze badaladas, mas toca treze vezes. Os outros dois contos, "O coração delator" e "O gato preto", têm características que podem ser ligadas de modo ainda mais concreto ao futuro artístico de Dostoiévski.

Ambos são escritos na primeira pessoa por um narrador incapaz de reprimir um sentimento de culpa em relação a seus crimes e cuja consciência por fim explode e se trai. Ambos também ilustram a mesma pressão irresistível do irracional para frustrar os cálculos mais bem elaborados e mais astutos da mente racional. O narrador de "O coração delator", um assassino sem motivo que mata devido a uma obsessão patológica, acredita que cometeu o crime perfeito, mas acaba confessando porque acha que os outros, assim como ele, estão ouvindo o barulho estrondoso do coração da vítima que continua a bater através do piso sob o qual o cadáver está enterrado.

"O gato preto" é também a história de um crime executado em segredo e descoberto no final devido a um descuido causado por pânico e terror. Acima de tudo, "O gato preto" contém o comentário do narrador sobre seu sadismo inexplicável com o gato que supostamente ama. Esse comportamento é atribuído ao

> espírito de PERVERSIDADE. Desse espírito não cuida a filosofia. E contudo, não tenho tanta certeza da existência de minha alma quanto tenho de ser a perversidade um dos impulsos primitivos do coração humano, uma das indivisíveis faculdades primárias, ou sentimentos primários que dão direção ao caráter do Homem. Quem já não se viu, centenas de vezes, a cometer um ato vil ou estúpido, por nenhuma outra razão que não a de saber que não devia cometê-lo? Não temos nós uma perpétua inclinação, oposta ao nosso melhor bom senso, para violar o que é a Lei, simplesmente pelo fato de entendermos ser ela a lei?*[3]

Esse trecho pode muito bem ser visto como uma das fontes que conduzem à dialética filosófico-psicológica da primeira parte de *Memórias do subsolo*.

No entanto, apesar de toda a sua admiração pelo talento de Poe, Dostoiévski não o considera à altura de outro "fantasista", E. T. A. Hoffmann, que lera com reverência quando adolescente. O que dá vantagem a Hoffmann, sustenta ele, é que em sua obra o sobrenatural e o estranho se interpenetram e se fundem com o lugar-comum e o verossímil. Às vezes Hoffmann "até busca seu ideal fora do mundo terreno, numa espécie de mundo extraordinário que aceita como superior, como se ele mesmo acreditasse na existência desse mundo encantado e misterioso". Poe é inferior a Hoffmann como "poeta", uma vez que o romântico alemão instila constantemente em sua obra a aspiração a "um ideal" — e nessa aspiração Dostoiévski localiza "a pureza, e a beleza real, verdadeira que é inerente ao homem" (v. 19, pp. 88-9). As melhores criações pós-siberianas de Dostoiévski tentam alcançar um equilíbrio entre os dois escritores, igualando-se a Poe na vivacidade e verossimilhança, mas sem nunca perder o senso do sobrenatural e transcendente de Hoffmann como força controladora da vida humana.

Desse modo, Dostoiévski tentou ser ao mesmo tempo um escritor como Poe e um poeta como Hoffmann; para ele, esses dois aspectos da literatura jamais deviam ser separados. Com efeito, a necessidade de manter os dois unidos era uma questão muito presente em seu espírito naquele momento, e continuou a

---

* A tradução do trecho de "O gato preto" é de José Paulo Paes. In: *Histórias extraordinárias*. São Paulo: Companhia das Letras, 2017. (N. E.)

preocupar seu pensamento sobre a arte e a vida, pois a função mais importante da arte, acreditava ele, era inspirar o homem, oferecendo-lhe um ideal de transcendência ao qual poderia para sempre aspirar. Foi essa a posição que afirmou, quando, no segundo número de O Tempo, lançou seu primeiro ataque aberto ao campo radical.

À primeira vista, o artigo de Dostoiévski, "O sr. —bov e a questão da arte", parece ser apenas uma resposta a um artigo recente de Dobroliúbov sobre os contos da autora russo-ucraniana Maria Márkovitch, que escrevia sob o pseudônimo de Markó Vovtchok. Na realidade, porém, no artigo de Dostoiévski estão implícitos os resultados de longas meditações sobre a questão da arte que se estendem desde o início de sua carreira literária até seus anos de Sibéria.

Em meados da década de 1840, ele discordara de Bielínski a respeito da função social da arte e argumentara que o artista devia ter liberdade absoluta. Anos depois, a posição que Dostoiévski havia rejeitado quando jovem escritor foi codificada numa influente teoria por Tchernichévski em *A relação estética da arte com a realidade*. Os artistas, enfatizava o crítico radical, tinham a obrigação de subordinar a inspiração à "vida", e "vida" era definida essencialmente em termos da tarefa imediata de obter justiça social. As ideias de Tchernichévski suscitaram uma enorme controvérsia na crítica russa, que então se estilizou numa oposição entre Gógol e Púchkin. O primeiro foi elevado pelos radicais a exemplo do que desejavam que a literatura fosse, uma acusação e denúncia dos males da sociedade russa; o segundo foi considerado por seus adversários a imagem do sereno olimpiano que dedica seus dons divinos às "eternas" complicações da condição humana. Ambos foram elogiados e atacados com igual fervor e igual falta de discriminação, e Dobroliúbov, em particular, deleitou-se em acumular desprezos pelo que chamou de "peças de antologia" e "chocalhos de brinquedo" de Púchkin.[4]

Tudo isso começou durante os anos em que Dostoiévski esteve na prisão, mas ele se pôs em dia com a polêmica assim que voltou e passou a ler os periódicos. Com efeito, nessa época começou a trabalhar numa série de ensaios intitulada *Cartas sobre a arte*, cujo tema teria sido "a importância do cristianismo na arte".[5] Há indícios de que ele desejava acrescentar sua voz ao intenso debate. Essa obra, se algum dia foi escrita, não sobreviveu, mas podemos ter um vislumbre de suas ideias no artigo "O sr. —bov e a questão da arte".

Em consonância com a política geral de *O Tempo*, Dostoiévski tenta dissociar sua polêmica de quaisquer conotações pessoais de inveja, e elogia Dobroliúbov por ser "praticamente o único de nossos críticos que é lido hoje em dia" (v. 18, p. 72). Ao mesmo tempo, tenta também precaver-se com um folheto contra um dos baluartes do campo "puchkiniano", a revista *Anais da Pátria*, e faz a defesa da importância de Bielínski contra uma referência depreciativa ao crítico em que ele era acusado de não ter dado importância suficiente ao estudo "histórico" da literatura russa. "Em duas páginas de Bielínski", retruca Dostoiévski, "[...] é dito mais sobre o aspecto histórico da literatura russa do que em todas as páginas de *Anais da Pátria* de 1848 até o momento" (v. 18, p. 71). Ele não poupa o crítico da revista, S. S. Dudíchkin, que se poderia considerar um de seus aliados contra Dobroliúbov. Desse modo, alinha-se publicamente com os radicais, para os quais Bielínski era um mestre insuperável, e estabelece suas credenciais como comentarista apartidário que, mesmo entrando em uma discussão com Dobroliúbov, dificilmente pode ser considerado membro do partido do inimigo.

Para começar, Dostoiévski compara as duas posições extremas em choque e demonstra que ambas são autocontraditórias. Os partidários da liberdade da arte, que não toleram restrições e diretrizes, fazem ao mesmo tempo objeções à literatura "acusatória" e seus temas. Em consequência, violam o próprio princípio da liberdade da arte que presumivelmente querem defender. Os utilitaristas radicais exigem que a arte seja útil, mas como são indiferentes à qualidade artística, entram também em contradição com seus próprios princípios: "Uma obra sem valor artístico jamais e de forma alguma pode atingir seu objetivo; além disso, faz mais mal do que bem à sua causa; portanto, os utilitaristas, ao negligenciar o valor artístico, são os primeiros a prejudicar sua própria causa" (v. 18, p. 79).

Ainda que ambos os polos sejam assim rejeitados por não terem coerência interna, é óbvio que Dostoiévski acredita que o erro dos partidários da arte é apenas um pecado venial, ao passo que o dos utilitaristas implica a negação do próprio direito de existência da arte. É verdade, reconhece Dostoiévski, que Dobroliúbov não vai especificamente tão longe, mas Tchernichévski *havia comparado*, afinal, a arte a textos escolares cujo "objetivo é preparar o aluno para a leitura das fontes originais e mais tarde servir de vez em quando como livros de referência".[6] E mesmo que não rejeitem abertamente a arte, os utilitaristas não somente a têm em muito baixa estima, como parecem não gostar da qualidade artística como tal; senão, por que "detestam Púchkin, e rotulam toda a sua inspiração de afetações, caretas, embromações e ornamentos, enquanto seus poemas são considerados insignificâncias apropriadas exclusivamente para antologias?" (v. 18, p. 79).

Como prova do desprezo definitivo dos utilitaristas pela arte, Dostoiévski destaca o elogio de Dobroliúbov a Markó Vovtchok. Dostoiévski concentra seu fogo em um dos contos, "Macha", que retrata a resistência interior de uma jovem serva à sua condição servil. Para Dobroliúbov, essa história ilustrava a profundidade do anseio por liberdade do povo russo; era uma lição para todos aqueles que acreditavam que o camponês era subdesenvolvido demais como indivíduo para acalentar qualquer desejo de emancipação. Em palavras que surpreendentemente prenunciam as que Dostoiévski usaria em breve em *Recordações da casa dos mortos*, ele escreve: "A energia que reside nele [o povo comum russo], ao não encontrar uma saída livre e adequada, é obrigada a forçar um caminho não convencional [...] muitas vezes de uma forma fatal para si mesma".[7]

A tendência da obra de Markó Vovtchok, declara Dostoiévski, é digna dos maiores elogios, "e estamos prontos para nos alegrar com [sua] atividade" (v. 18, p. 92). Mas uma coisa é aprovar suas intenções; outra bem diferente é ignorar as deficiências artísticas gritantes de suas histórias, que, na opinião de Dostoiévski, arruínam qualquer poder de persuasão que as boas ideias presentes nelas poderiam ter exercido. Para provar seu argumento, Dostoiévski simplesmente reproduz os trechos do conto citados pelo próprio Dobroliúbov; não acha necessário discutir o caso em detalhe e deixa que os sentimentos empolados e as reações estereotipadas falem por si mesmos. Macha é "uma heroína de circo-teatro, uma espécie de criatura livresca, não uma mulher" (v. 18, p. 90). E se Dobroliúbov pensa que a leitura de "Macha" fará com que os partidários da servidão mudem de ideia, então está lamentavelmente enganado. Como pode um autor provar que determinado sentimento (por exemplo, o ódio à servidão) existe em meio ao povo russo quando não tem a capacidade artística de retratar personagens que pareçam russos? Os personagens de "Macha" são "uma espécie de figurantes de um balé vestidos com cafetãs e sarafãs russos; são *paysans* e *paysannes*, não homens e mulheres camponeses russos". Por isso, Dostoiévski informa Dobroliúbov que "a forma artística é útil no mais alto grau, e útil exatamente do *seu* ponto de vista" (v. 18, pp. 92-3). A falsidade de "Macha" só convencerá aqueles que já têm uma opinião depreciativa do camponês russo, pois já que nenhuma imagem alternativa convincente pode ser projetada, aquela que o tempo consagrou, e à qual ainda se aferram, deve ser exata.

Se estivesse preocupado apenas em denunciar os absurdos tanto dos partidários de arte como dos utilitaristas radicais e firmar sua própria posição independente nessa controvérsia literária, Dostoiévski poderia ter encerrado seu artigo depois de liquidar com Markó Vovtchok. Mas ele estava atrás de uma presa maior, e seu verdadeiro alvo era a estética feuerbachiana de Tchernichévski, com a sua desvalorização de todo o reino do sobrenatural e do transcendente e o seu objetivo de mostrar a arte como um substituto da religião. Assim como Tchernichévski, ele não podia argumentar de forma explícita, mas o sentido de suas palavras é inconfundível quando colocado nesse contexto.

Para Tchernichévski, a arte era apenas uma alternativa enganosa para as satisfações materiais da vida real e servia como substituto imaginário apenas enquanto essas satisfações fossem sonegadas:

> Se um homem é obrigado a viver nas tundras da Sibéria [...], pode sonhar com jardins mágicos de árvores sobrenaturais, com ramos cor de coral, folhas cor de esmeralda e frutas cor de rubi, mas ao transferir sua residência para, digamos, a província de Kursk, e poder vagar tanto quanto quiser por um pomar modesto, mas tolerável, com macieiras, cerejeiras e pereiras, [...] o sonhador esquecerá não somente as *Mil e uma noites*, mas também os laranjais da Espanha.[8]

Dostoiévski rejeita, no entanto, a noção de que a arte existe apenas como um substituto imaginário para a carência das necessidades materiais humanas. O homem também tem outras necessidades, afirma Dostoiévski,

> a arte é para o homem uma necessidade tanto quanto comer ou beber. A necessidade de beleza e das criações que a concretizam são inseparáveis do homem, e sem ela o homem talvez não tivesse nenhum desejo de viver. O homem tem sede de [beleza...] e nisso talvez esteja o maior mistério da criação artística, que a imagem de beleza que emerge de suas mãos se torna imediatamente um ídolo *sem quaisquer condições* (v. 18, p. 94).

Fica claro, a partir de seu uso da palavra "ídolo", que Dostoiévski está tratando das relações entre arte e religião. As imagens da arte forneceram tradicionalmente os objetos de reverência religiosa porque o homem tem necessidade de adorar algo que transcenda os limites da vida humana tal como a conhece. O homem sempre mostrou uma necessidade incondicional de beleza inseparável de sua história: sem ela, Dostoiévski sugere de maneira pungente, ele talvez não desejasse continuar vivendo. Assim, as criações de arte se tornam imediatamente "ídolos", objetos de culto,

> porque a necessidade de beleza se desenvolve com mais força quando o homem está em desacordo com a realidade, em discordância, em luta, isto é, *quando ele vive mais plenamente*, pois o momento em que o homem vive mais plenamente é quando ele está em busca de alguma coisa, [...] é então que ele mostra o desejo mais natural de tudo o que é harmonioso e sereno, e na beleza há harmonia e serenidade. (v. 18, p. 94)

Para Dostoiévski, bem como para Tchernichévski, essa busca é resultado de uma carência no mundo real de lida humana e privação; mas, para Dostoiévski, não se trata de fazer a ponte entre o real e o ideal simplesmente por meios materiais. Uma vez que no mundo de Dostoiévski o homem "vive mais plenamente" apenas quando está em *desacordo* com a realidade, é evidente que a visão do romancista do que é, em última instância, importante na vida humana difere totalmente da visão de Tchernichévski.

Com efeito, a ideia de que o homem poderia atingir o contentamento total com a sua vida na terra é ligada por Dostoiévski a imagens da morte do espírito e da decadência moral. Em tais momentos, escreve ele,

> é como se a vida diminuísse seu ritmo, e até já vimos exemplos de como o homem, depois de ter atingido o ideal de seus desejos, sem saber mais pelo que lutar, completamente satisfeito, caiu numa espécie de melancolia, chegando mesmo a provocar essa melancolia em si mesmo; como ele procurou por outro ideal em sua vida e, saciado ao máximo, não só não conseguiu valorizar o que desfrutava, como até mesmo se desviou conscientemente do caminho correto, estimulando em si mesmo gostos que eram excêntricos, doentios, dolorosos, discordantes, às vezes monstruosos, perdendo o sentimento e o senso estético da beleza sadia e exigindo em seu lugar o excepcional.

Adotar, como ideal para a humanidade, o objetivo da plena satisfação material equivale, portanto, a incentivar a perversidade e a corrupção moral. Por essa razão, uma verdadeira "beleza" que incorpore os "ideais eternos" da humanidade — ideais de harmonia e serenidade que transcendam em muito o reino humano — é "uma exigência indispensável do organismo humano" (v. 18, p. 94). Somente esses ideais, que o homem se esforça continuamente para alcançar e realizar em sua própria existência, podem impedi-lo de afundar na apatia e no desespero.

Essa concepção de beleza como forma de expressão transcendente de ideais eternos da humanidade proporciona a Dostoiévski uma posição vantajosa para combater a estreita definição de "utilidade" na estética utilitarista, pois se confiamos à arte a tarefa de expressar os ideais eternos da humanidade, então prescrever-lhe um papel particular em termos de "utilidade" implica que se saiba de antemão o resultado de todo o destino histórico da espécie humana. Mas é evidente que esse conhecimento está fora do alcance do homem: "Com efeito, como se pode determinar com clareza e independência o que deve ser feito exatamente para alcançar o ideal de todos os nossos desejos, para realizar tudo o que a humanidade deseja e o que ela almeja?". Uma vez que não podemos fazer isso, "como [podemos] determinar com certeza o que é prejudicial e o que é útil"?; na verdade, não podemos sequer dizer como, e em que grau, a arte foi "útil" para a humanidade no passado.

Quem poderia prever, por exemplo, que as obras de dois "dinossauros" como Corneille e Racine poderiam desempenhar "um papel decisivo e inesperado nas circunstâncias da vida histórica de todo um povo" (isto é, na Revolução Francesa) (v. 18, p. 78)? Os múltiplos modos como a arte interage com a sociedade são impossíveis de prever; obras que parecem não ter nenhuma relevância social direta podem muito bem, em determinadas circunstâncias, exercer a influência mais poderosa e direta sobre uma vida de ação. Mas se não formos capazes de entender como isso se dá, "é bem possível que também nos iludamos quando ditamos de forma rigorosa e imperativa as ocupações da humanidade e mostramos à arte o caminho normal de sua utilidade e de sua missão genuína". Os utilitaristas desejam limitar a arte às necessidades sociais do presente, e consideram qualquer preocupação com o passado — como uma admiração pela *Ilíada* — um escapismo vergonhoso, um retiro para a fruição acomodada e o diletantismo ocioso. Dostoiévski reconhece a preocupação moral que motivava uma posição tão errônea, e diz que "é por isso que sentimos tanta afinidade com eles [os radicais] e desejamos que sejam respeitados" (v. 18, pp. 95-6).

De todo modo, uma vez que a cultura russa se tornou agora parte da civilização europeia como um todo, é natural que escritores russos aproveitem à vontade os tesouros comuns do "histórico e universalmente humano" (v. 18, p. 99). Além disso, um escritor contemporâneo pode usar o passado para expressar as questões mais candentes do presente — um ponto que Dostoiévski ilustra com uma brilhante análise do poema "Diana", escrito pela *bête noire* dos críticos radicais, o poeta lírico A. A. Fet. Essa pequena obra muito bem burilada, de sentimento bastante parnasiano, descreve um momento de expectativa desiludida: o poeta imagina de repente que uma estátua da deusa Diana ganhará vida e descerá de seu pedestal para caminhar pelas ruas de Roma. Mas, infelizmente, "o mármore imóvel / brilhava em sua brancura diante de mim com beleza insondável" (v. 18, p. 97).

Dostoiévski interpreta o poema, especialmente os dois últimos versos, como "um apelo apaixonado, uma oração diante da perfeição da beleza passada, e uma recôndita saudade interior daquela mesma perfeição que a alma está buscando, mas que deve continuar a buscar por muito tempo, enquanto continuará sendo atormentada por muito tempo por dores do parto antes que a encontre" (v. 18, p. 97). A "recôndita saudade interior" que Dostoiévski discerne nesse texto é sem dúvida o anseio por uma nova teogonia, uma nova aparição do sagrado que viria substituir o ídolo pagão belo mas sem vida; é um anseio pelo nascimento de Cristo, pelo Deus-homem, que um dia andou de fato na terra e suplantou a deusa romana imóvel e distante. E uma vez que descreveu seu próprio tempo como de "esforço, luta, incerteza e fé (porque nosso tempo é um tempo de fé)", Dostoiévski interpreta o poema de Fet como uma expressão do mais urgente dos temas contemporâneos.[9]

Essas reflexões sobre arte terminam com uma única frase que, segundo Dostoiévski, resolve o conflito entre os dois equívocos arraigados, e que ele reserva a um parágrafo independente, em itálico: "*A arte é sempre real e verdadeira, nunca existiu de outra maneira e, o que é mais importante, não pode existir de outra maneira*" (v. 18, p. 98). Essa ideia foi expressa pela primeira vez na crítica russa por Valerian Máikov, amigo próximo de Dostoiévski na década de 1840; e ele agora a reitera como a pedra angular de sua própria doutrina. Se às vezes a arte parece se desviar da realidade e deixa de ser "útil", é apenas porque ainda não conhecemos todas as maneiras através das quais a arte serve à humanidade e porque somos, ainda que pelas razões mais louváveis, centrados demais no imediato e no bem comum. Evidentemente, os próprios artistas, por vezes, se desviam do caminho correto, e, nesses casos, os esforços de Dobroliúbov e seus irmãos para chamá-los à ordem são bastante legítimos. Mas Dostoiévski faz uma clara distinção entre o fazer crítico e aquilo que não passa de admoestação, exortação, persuasão ou emissão de ditames e ucasses que ditam como os artistas devem criar.

De qualquer modo, todos esses esforços para regulamentar a arte estão condenados à inutilidade: nenhum artista verdadeiro lhes obedecerá e a arte continuará em seu caminho, a despeito das tentativas de refrear seus caprichos criativos. Essas tentativas se baseiam numa total incompreensão da natureza da arte, que sempre respondeu às necessidades e aos interesses da humanidade e deles nunca se separou. Dostoiévski defende, portanto, a liberdade da arte não porque rejeita o critério de "utilidade", mas precisamente com a certeza de que, "quanto mais livre a arte em seu desenvolvimento, mais útil ela será para os interesses da humanidade" (v. 18, p. 102). Uma vez mais ele assume uma posição totalmente original, defendendo ao mesmo tempo a liberdade e a utilidade da arte, porém — o mais importante de tudo — definindo essa "utilidade" em termos da eterna luta do homem para incorporar à sua vida a inspiração de um ideal religioso sobrenatural.

Esse aspecto crucial do argumento de Dostoiévski é de importância fundamental para compreender sua visão da vida em evolução. É significativo, por exemplo, que os casos de beleza sadia e saudável a que se refere — a *Ilíada*, o *Apolo do Belvedere*, o poema de Fet — contenham conotações religiosas, ainda que pagãs, e ele chega mesmo a fazer uma digressão para enfatizar esse ponto. "Esse mármore é um deus", diz ele, falando do *Apolo*, "e por mais que cuspa nele, você não vai roubar-lhe sua divindade" (v. 18, p. 78).[10] Embora se limite a exemplos da Antiguidade clássica, essa linha de raciocínio poderia muito bem culminar numa afirmação da importância do "cristianismo na arte". Pouco depois de deixar a prisão, em 1854, Dostoiévski escrevera que nada no mundo era "mais belo" do que a figura de Cristo;[11] e foi essa beleza que forneceu a inspiração moral para o mundo moderno, assim como os deuses da mitologia grega e romana haviam feito para a Antiguidade. Talvez por razões de estratégia ideológica, ele atenua intencionalmente esse aspecto cristão de seu argumento e se refugia no passado greco-romano; mas não era da religião dos gregos e romanos que Dostoiévski esperava uma resposta para as questões angustiantes com que se defrontavam tanto a Rússia moderna como o homem moderno.

O que Dostoiévski apenas insinua nesse artigo é expresso às claras em outro ensaio, escrito meses depois, no qual faz uma análise notável do poema "Noites egípcias", de Púchkin. O poema, um de seus velhos preferidos, descreve Cleópatra oferecendo-se para passar uma noite com qualquer homem que concorde em perder a vida de manhã em troca desse prazer. Púchkin pinta o desafio com detalhes voluptuosos enquanto ela repisa as delícias à espera do homem que aceite seu convite fatal; e Katkov, o sólido pilar do regime e editor de *O Mensageiro Russo*, censurara a obra por revelar descaradamente um segredo que "jamais deveria ver a luz do dia" (v. 19, p. 134). Dostoiévski resolve esclarecer Katkov quanto ao real significado do poema, e tem-se a nítida impressão de que essa leitura é outro fragmento de seu tratado perdido sobre o papel do cristianismo na arte.

Longe de ser imoral, Dostoiévski interpreta o poema como uma expressão de "terror assustador [...] a ilustração de uma perversão da natureza humana que chega a um tamanho grau de horror [...] que a impressão que passa não é mais escabrosa, mas assustadora". O poema encarna vividamente o distúrbio moral-psíquico induzido pela saciedade — pela ausência de qualquer ideal espiritual. O mundo de Cleópatra é aquele que "perdeu toda a fé", e, uma vez que "o futuro não oferece nada [...] a vida deve ser alimentada apenas por aquilo que existe" (v. 19, pp. 135-6). Esse é claramente o universo tal como Tchernichévski teria gostado que fosse — uma existência destituída dos esplendores do transcendente imaginário.

Cleópatra é "a representante desse tipo de sociedade", e o poeta a retrata em um momento de tédio, quando somente uma "sensação violenta" pode aliviar seu enfado. Ela já esgotou todos os atalhos do erotismo; agora precisa de algo a mais, e o que se agita em sua alma é uma ironia "violenta e feroz" — temperada com a alegria terrível da expectativa, quando ela mistura sensualidade com a crueldade de um carrasco. Ele jamais conhecera excitação tão selvagem, e sua alma se regozija com o deleite repulsivo da aranha fêmea "que, diz-se, devora o macho no ato da união sexual". "Vocês entendem com muito mais clareza agora", explica Dostoiévski a seus leitores, "que tipo de gente era aquela de quem nosso Redentor divino descendeu. E compreendem com muito mais clareza o significado da palavra: redentor" (v. 19, pp. 136-7).

Se transpusermos essa leitura notável do passado clássico para meados do século XIX na Rússia, logo obteremos os contornos de grande parte do mundo de Dostoiévski, com alguns de seus principais temas e toda a sua psicologia da decadência. Com efeito, no romance que estava escrevendo, *Humilhados e ofendidos*, o próprio Dostoiévski fazia essa transposição. Seu vilão, o príncipe Valkóvski, é a primeira encarnação russa da psicologia do tipo Cleópatra, que reaparecerá em figuras como Svidrigáilov, Stavróguin, e no velho Karamázov (que diz de si mesmo: "Tenho as feições de um antigo patrício romano do período decadente") (v. 14, p. 22). Não por acaso, três anos depois Cleópatra aparece em *Memórias do subsolo* enfiando alfinetes de ouro em suas escravas por diversão.

Na época, o mundo greco-romano tardio acabara de assumir um significado simbólico contemporâneo em consequência do debate sociocultural em curso. Durante toda a década de 1850, Herzen havia comparado a situação da Europa Ocidental pós-1848 com a de Roma em seu declínio e equiparara a revitalização da Europa mediante a iminente revolução social russa ao rejuvenescimento moral que a chegada do cristianismo representou no mundo antigo. Dostoiévski e Herzen, portanto, compartilhavam a visão histórico-filosófica de uma civilização europeia decadente destinada a ser resgatada pelo cristianismo russo. Mas, enquanto Herzen estava simplesmente usando uma analogia histórica, Dostoiévski acreditava que as imagens históricas encerravam uma verdade literal. A perda de um ideal religioso no Ocidente havia transformado a Europa numa sociedade semelhante à de Roma na sua derrocada, onde várias formas de desordem moral e sensualidade pervertida pululavam de modo incontrolável, e as ideias ocidentais então propagadas pelos radicais, para Dostoiévski, teriam exatamente o mesmo efeito na Rússia.

Apesar do ataque a Dobroliúbov e dos esforços de Strákhov e Grigóriev, *O Tempo* conseguiu preservar sua reputação de progressista no primeiro ano de publicação. A revista destacou a situação do proletariado na Europa e defendeu com vigor o livro de Engels *A condição da classe trabalhadora na Inglaterra*, com suas terríveis imagens da miséria proletária, contra as críticas do economista alemão Bruno Hildebrand. Em uma das primeiras referências à obra de Engels na imprensa russa, o autor do artigo de *O Tempo* o chama de "o mais talentoso e culto de todos os socialistas alemães", e o socialismo enquanto teoria econômica (eufemisticamente chamado de "associação") foi defendido das doutrinas do laissez-

-faire. As referências a Proudhon, conhecido por ser amigo de Herzen, sempre foram bastante respeitosas.[12]

O "progressismo" de Dostoiévski, com todas as suas hesitações e reservas, esteve em evidência nos muitos temas debatidos entre ele e o poderoso Katkov, inimigo encarniçado dos radicais, cuja revista *O Mensageiro Russo* passou a ridicularizar *O Tempo* e seus colaboradores durante todo o ano de 1861. Nesse período, *O Mensageiro Russo* era o órgão de um liberalismo moderado dentro do espectro sociopolítico. Katkov, grande admirador de Tocqueville, via no sistema político inglês um modelo e apoiava a economia do laissez-faire em nome da liberdade individual. Quaisquer que fossem as reservas de Dostoiévski em relação a *O Contemporâneo*, seu instintivo populismo democrático o tornava mais hostil à defesa que Katkov fazia do liberalismo burguês ocidental do que ao socialismo dos radicais, que, pelo menos, eram defensores da comuna russa, juntamente com os eslavófilos. Embora fosse um aliado político de Katkov na defesa do regime, estava muito mais de acordo com as ideias sociais de Tchernichévski. Desse modo, os artigos socioeconômicos de *O Tempo* se assemelhavam muito mais aos de *O Contemporâneo* que aos da revista de Katkov. O poderoso editor de *O Mensageiro Russo* tendia a olhar com supremo desdém para uma cultura russa em que as asneiras de *O Contemporâneo* podiam ganhar tão grande aceitação, e suas reflexões desabusadas sobre as supostas realizações da cultura e as maravilhas da nacionalidade russas provocaram a fúria belicosa de Dostoiévski.

Mesmo quando sai em defesa dos radicais, Dostoiévski parte sempre de sua própria posição e nunca esconde sua discordância em relação às teorias deles. Mas também nunca perde de vista, pelo menos nesse estágio de sua carreira, o que acredita ser a pureza do objetivo dominante entre os radicais: melhorar a sorte do camponês russo oprimido. Dostoiévski não suportava ver os radicais serem difamados por aqueles que, como Katkov, nunca haviam compartilhado sua repulsa apaixonada à injustiça e agora queriam lhes dar lições de moral. "Vemos ali", diz a Katkov, "sofrimento e tormentos sem alívio. [...] Na busca dolorosa por uma saída, [essa pessoa] tropeça, cai. [...] Mas por que denegri-la com o epíteto de desonesta?" (v. 19, p. 173). Na recusa de Dostoiévski a aceitar esses insultos, já podemos vislumbrar como ele irá tratar algumas de suas personagens desgarradas iludidas por ideologias radicais.

O Mensageiro Russo não foi a única publicação não radical com que Dostoiévski trocou ataques em 1861. Um alvo favorito de sua ira foi *Anais da Pátria*, cujo crítico literário, S. S. Dudíchkin, tivera a temeridade de declarar que Púchkin não era de fato um poeta "nacional". Para Dostoiévski, uma opinião como essa equivalia a um sacrilégio, e ele partiu para destruí-la em um artigo fulminante que contém uma leitura formidável de *Evguiêni Oniéguin*. Dostoiévski interpreta Púchkin nos mesmos termos que Grigóriev empregava numa importante série de artigos publicados na mesma época por *O Tempo* sobre o desenvolvimento da ideia de nacionalidade na literatura. Púchkin encarnava o momento em que a cultura russa, tendo assimilado europeísmo por todos os poros, tomou consciência de que nunca poderia ser verdadeiramente europeia e viu-se diante do problema de seu destino histórico. "Essa foi a fase inicial da época", escreve Dostoiévski, "em que nossas pessoas importantes, brutalmente divididas em dois partidos, entraram numa guerra civil furiosa, pois os eslavófilos e ocidentalistas são também um fenômeno histórico e, no mais alto grau, nacional" (v. 19, p. 10). Essa visão da história da cultura russa depois forneceria ao romancista uma parte do plano sociocultural de *Os demônios*, em que Stavróguin, uma reencarnação do tipo Oniéguin, inspira ramificações ideológicas tanto eslavófilas (Chátov) quanto ocidentalistas (Kirílov).

Com efeito, alguns traços de Stavróguin começam a delinear-se quando Dostoiévski transforma o vasto panorama de Grigóriev — a história da tomada de consciência da psique nacional russa — num drama complexo de autodescoberta interior. "O ceticismo de Oniéguin carrega algo de trágico em seu próprio princípio", escreve ele, "e às vezes soa com uma ironia feroz." Ele é apanhado, como o viajante de Matthew Arnold em "Estrofes da Grande Chartreuse", "Vagando entre dois mundos, um morto, / O outro impotente para nascer, / Sem nenhum lugar para descansar [sua] cabeça",[13] em busca de um novo ideal para substituir o antigo ideal europeu no qual, como toda a sociedade altamente civilizada a que pertence, "ele não é mais capaz de acreditar plenamente" (v. 19, p. 11).

A angústia existencial de Oniéguin, escreve Dostoiévski, é composta de "ironia amarga" e de uma total falta de autoestima, porque "sua consciência lhe murmura que ele é um homem vazio" e, contudo, ele sabe que não é: "é possível ser vazio quando se é capaz de sofrer?" (v. 19, p. 11). Ele representa "toda uma época *que pela primeira vez* olha para si mesma". Esse tipo Oniéguin, ao tornar-se parte da consciência da sociedade russa, foi retomado e reelaborado em cada nova geração: "No personagem de Petchórin [o protagonista de *Um herói do nosso tempo*, de Liérmontov], ele atingiu um estado de malignidade insaciável, biliosa, e de um estranho contraste, original e russo no mais alto grau, de contradição entre dois elementos heterogêneos: um egoísmo que chega à adoração de si mesmo e, ao mesmo tempo, a um malicioso desprezo de si mesmo" (v. 19, p. 12).

Dostoiévski vê que "a máscara zombeteira de Gógol" revela o mesmo dilema, e insinua que Gógol "se permitiu morrer, impotente para criar e determinar com precisão um ideal diante do qual não fosse capaz de rir". O estágio final do processo encontra-se no Rúdin e no Hamlet do distrito de Schigróvski, de Turguêniev, que "já não riem de suas atividades e de suas convicções: eles acreditam e são salvos por essa fé". Em outras palavras, ambas as figuras se inspiram nos ideais humanitários da década de 1840, sobretudo numa profunda compaixão pelo povo, e, por isso, foram resgatadas do desespero: "Elas quase já não são egoístas" (v. 19, p. 12). Nesse esboço apaixonado da história do homem supérfluo na literatura russa, as complexidades da psicologia dostoievskiana começam a fundir-se com o curso do desenvolvimento sociocultural da Rússia, e o domínio do egoísmo e a busca de fé e de um ideal se identificam com uma redescoberta dos valores do povo russo.

Com efeito, como veremos em breve, essas mesmas ideias estavam sendo apresentadas a um público leitor ávido nos fascículos periódicos de *Humilhados e ofendidos*. O traiçoeiro príncipe Valkóvski alega que as obrigações morais são uma farsa porque "o que não é absurdo é a personalidade — eu mesmo [...] Só reconheço obrigações quando vejo que tenho alguma coisa a ganhar com elas. [...] O que posso fazer se sei que é um fato que na raiz de toda virtude humana se encontra o egoísmo mais completo? E quanto mais virtuosa é uma coisa, mais egoísmo existe nela. Ame a si mesmo, essa é a única regra que reconheço" (v. 3, p. 365). Valkóvski é a primeira reação artística de Dostoiévski às doutrinas radicais da década de 1860.[14] Ele usa Valkóvski para levar até o fim a lógica da posição de Tchernichévski do "egoísmo racional" — sem aceitar a cláusula de que o egoísmo se converteria milagrosamente em caridade por meio do cálculo racional.

Durante o ano de 1861, Dostoiévski fez uma varredura polêmica das ideologias sociopolíticas existentes na Rússia. Não só enfrentou a esquerda radical (*O Contemporâneo*), a esquerda liberal (*Anais da Pátria*) e o centro liberal (*O Mensageiro Russo*), como também teve o que dizer sobre a nova publicação eslavófila *O Dia* [*Dien*]. Mas, apesar de seus esforços para fazer comentários não partidários, *O Tempo* ganhou a reputação, em seu primeiro ano, de pertencer ao campo de *O Contemporâneo*, e Strákhov e Grigóriev estavam muito impacientes.

Fazendo o possível para equilibrar a balança, Strákhov sustentou fogo contínuo contra os radicais em artigos escritos na forma de cartas ao editor. Astuto em detectar tendências sociopolíticas significativas, em junho de 1861, ele destaca a estreia explosiva de um novo publicista radical, o jovem Dmítri Píssariev, que anunciara com entusiasmo em *A Palavra Russa* que toda a filosofia do passado não passava de "escolástica inútil". Strákhov comenta que "Píssariev foi mais longe do que todos" os seus colegas radicais no caminho da negação: "Ele rejeita tudo [...] em nome da vida, e por vida, obviamente, ele entende a variedade sedutora de prazeres vívidos e ilimitados".[15] Nessa observação aguda, Strákhov distingue uma virada importante da ideologia radical em direção a um individualismo desenfreado que, no ano seguinte, levaria a um cisma no seio da intelectualidade radical, de importância decisiva para a cultura russa na década de 1860.

Era hábito de Dostoiévski acrescentar notas de rodapé aos artigos para dissociar-se da condenação dos radicais feita por Strákhov. O que ele censurava nos radicais, de forma mais aberta em seus cadernos que nos textos impressos, era a pressa e a impaciência, o desejo de saltar por sobre a história e fazer mudanças que só poderiam ser realizadas numa fase muito posterior do desenvolvimento social da Rússia. "Aonde o senhor vai com tanta pressa?", pergunta a Tchernichévski em uma nota. "Nossa sociedade ainda não está pronta para coisa nenhuma. As questões estão diante de nós. Elas amadureceram, estão prontas, mas nossa sociedade não está pronta de modo algum. Está desunida" (v. 20, p. 153). A tolerância de Dostoiévski para com os radicais já estava começando a se esgarçar, e rebentou no ano seguinte, quando os colaboradores e leitores de *O Contemporâneo* passaram do descontentamento intelectual para a agitação política.

Na visão de Dostoiévski, a base para todo o progresso na Rússia estava em trabalhar pacificamente em prol dos avanços possibilitados pela libertação dos servos e pelas reformas iminentes que Alexandre II anunciara. *O Tempo* publicou o texto completo da proclamação que anunciava a libertação e a ela se refere como um "acontecimento sublime" que dava início a uma nova e gloriosa fase da história russa. *O Contemporâneo*, por outro lado, deixou passar a ocasião sem publicar uma única palavra: os radicais tinham ficado amargamente desapontados com os termos da libertação, que, segundo eles, impunham uma carga fiscal grande demais sobre o campesinato, em favor dos preguiçosos e indignos proprietários de terras.

23. *Humilhados e ofendidos*

O romance de Dostoiévski *Humilhados e ofendidos* [*Unijénnie i oskorblénnie*] foi publicado em fascículos nos sete primeiros números da revista *O Tempo*. A obra teve uma recepção crítica contraditória, mas foi lida com avidez e alcançou seu objetivo de deixar os leitores impacientes pelo próximo fascículo. Dobroliúbov dedicou seu último ensaio, "Gente esquecida" [*Zabítie liúdi*], um clássico da crítica russa, ao exame penetrante de todo o corpus dos escritos de Dostoiévski até esse mais recente produto de sua pena. Numa resposta óbvia ao ataque de Dostoiévski de alguns meses antes, ele observou que o livro estava "abaixo da crítica estética", mas reconhecia que todo mundo estava lendo o que se destacava como o romance russo mais interessante publicado em 1861.[1]

Nossa visão atual de Dostoiévski dificilmente pode ser a mesma de Dobroliúbov, mas não há nenhuma razão para discordar de seu veredicto: *Humilhados e ofendidos* é, de longe, o mais fraco dos seis romances principais pós-siberianos de Dostoiévski. Nem o próprio romancista tinha ilusões sobre a qualidade de sua criação. "Reconheço", admitiu publicamente anos depois, "que em meu romance há muitos personagens que são marionetes e não seres humanos, livros ambulantes e não personagens que assumiram forma artística (isso de fato exige tempo e uma gestação de ideias na mente e alma)" (v. 20, p. 134). No entanto, sejam quais forem seus defeitos evidentes, *Humilhados e ofendidos* nos permite captar o autor em uma fase de transição, tentando pela primeira vez dominar a técnica do romance-folhetim e também dando expressão inicial e incipiente a novos tipos de personagens, temas e motivos.

Humilhados e ofendidos compõe-se de dois enredos entrelaçados, que a princípio parecem ter pouca correlação, mas que depois, à medida que a história se desenrola, se aproximam. O primeiro, típico do romance romântico sentimental, diz respeito a uma família empobrecida da pequena nobreza, os Ikhmiéniev. Sua filha, Natacha, se apaixona por Aliócha, filho de um vizinho rico, o príncipe Valkóvski; e quando este desaprova o romance porque destinou Aliócha a uma rica herdeira, os dois jovens fogem e vão viver juntos, amancebados. Em consequência, Natacha é repudiada por seu pai indignado, Nikolai Serguéievitch Ikhmiéniev, não só por ter desonrado o brasão da família, mas também porque o príncipe Valkóvski, outrora seu amigo e suposto benfeitor, se tornou agora um inimigo mortal. O ponto crucial desse enredo é a infelicidade de Natacha e do pai, que se amam profundamente, apesar do golpe letal que ela deu no orgulho da família e da furiosa condenação paterna de seu comportamento escandaloso.

O segundo enredo introduz no romance-folhetim um elemento gótico de mistério, intriga secreta e traição venal. Centra-se na figura da pequena Néli, uma criança abandonada de treze anos, a quem o narrador, um jovem romancista chamado Ivan Pietróvitch — filho de criação dos Ikhmiéniev e ex-noivo de Natacha —, encontra por acaso em Petersburgo. Intrigado com a aparência excêntrica de um velho num café, o jovem observador da vida o segue pela rua e, quando o ancião desaba e morre no local, muda-se para seu quarto sombrio. O homem morto era o avô da pequena Néli, que vai visitá-lo e encontra Ivan Pietróvitch ocupando seus aposentos. A pequena Néli é resgatada das garras de uma caftina por Ivan e seu amigo Maslobóiev, um ex-professor primário que leva uma vida suspeita à beira do submundo de Petersburgo, mas ainda conserva alguns traços do idealismo moral de sua juventude. Ivan Pietróvitch leva Néli para morar consigo, supre seu bem-estar e, aos poucos, junta as peças da história patética da sua estarrecedora existência.

Por uma coincidência típica do romance-folhetim, ela vem a ser — como o leitor fica sabendo no final do livro — a filha abandonada do príncipe. Valkóvski seduzira sua mãe, persuadira a jovem esposa apaixonada a roubar seu pai rico,

Jeremy Smith, e, depois de se apossar do dinheiro, a abandonara com a filha. Os dois enredos finalmente se juntam quando, a fim de conciliar Natacha com *seu* pai e a pedido de Ivan Pietróvitch, Néli conta a história lancinante de sua vida. Pintando em cores sombrias a recusa do avô em perdoar sua mãe, mesmo quando ela jazia na miséria e moribunda no chão de um úmido casebre de Petersburgo, a história comovente de Néli suscita o perdão de Natacha e derrota o plano do vilão Valkóvski de jogar a desprotegida moça nos braços do velho e lascivo conde Naínski.

Todos os eventos são vistos através dos olhos de Ivan Pietróvitch, que é um elo físico óbvio entre as duas tramas, assim como Valkóvski é um elo mais velado. Ivan Pietróvitch está escrevendo cerca de um ano depois do ocorrido, e um elemento adicional de páthos é proporcionado pela situação em que ele se encontra ao pegar da pena para contar sua história. "[...] Resultou que agora estou no hospital e parece que vou morrer logo", explica ele. "Quero agora anotar tudo e, se não tivesse inventado para mim esta ocupação, parece-me que morreria de tédio" (v. 3, p. 177 [16]).* Ele narra o naufrágio de sua própria vida, e está prestes a perecer com um sentimento de desperdício e desespero. Não obstante, conseguiu resgatar outras pessoas (os Ikhmiéniev), cercar os últimos dias de Néli de ternura amorosa e permanecer fiel a si mesmo e aos valores de bondade e compaixão em que acredita.

Esse breve esboço da desajeitada intriga mostra que Dostoiévski faz uso dos elementos mais banais — a ira de um pai amoroso, mas furioso e magoado com uma filha que cometeu um erro; um aristocrata rico e poderoso, cínico e corrupto até a medula, que inflige sua vontade aos inocentes e puros de coração; um jovem virtuoso (o narrador) apaixonado pela heroína e pronto a sacrificar-se irrestritamente por ela; e uma criança pobre e abandonada exposta aos males indescritíveis do submundo de Petersburgo, resgatada da perdição por um salvador generoso, e que carrega o segredo do passado escandaloso de Valkóvski. Todos esses motivos são os ingredientes mais surrados do romance-folhetim, e Dostoiévski os explora abertamente até sua capacidade máxima de provocar emoções.

* A tradução de todas as citações de *Humilhados e ofendidos* é de Klara Gourianova. São Paulo: Nova Alexandria, 2015. 3 ed. O número da página entre colchetes é o da edição brasileira, logo após a referência à edição russa. (N. T.)

Eis, por exemplo, um trecho sobre a mãe de Néli, inserido na conclusão da segunda parte para estimular o apetite pelo que vem adiante:

Era a história de uma mulher levada ao desespero, mulher que, com a filha que considerava criança, andava pelas ruas de Petersburgo, frias e sujas, pedindo esmola; [...] Era horripilante essa história, uma das histórias horripilantes e cruéis que com tanta frequência mas misteriosa e imperceptivelmente acontecem sob o pesado céu de Petersburgo, nos escuros e escondidos becos dessa enorme cidade, em meio à caótica efervescência da vida, ao estúpido egoísmo, ao confronto de interesses, à sinistra libertinagem, aos crimes ocultos, em meio a todo esse inferno de vida anormal e sem sentido... (v. 3, pp. 299-300 [153])

Dostoiévski adensa a atmosfera com uma mão tão pesada e uma paleta tão escura quanto Eugène Sue ou Frédéric Soulié, e seu sentimentalismo exagerado transmite grande parte daquilo que provocou as menções depreciativas dos primeiros críticos à falta de qualidade artística do livro.

Embora Dostoiévski nunca tenha antes usado os ingredientes e a técnica do romance-folhetim, havia muito tempo que esse tipo de ficção fora identificado com a propagação de ideias "progressistas" e socialistas (*Os mistérios de Paris* dramatizara toda uma série de noções fourieristas). Desse modo, os críticos consideraram o uso da fórmula perfeitamente coerente com o passado subversivo de Dostoiévski e, mais ainda, uma indicação de reforço dos princípios humanitários sociais pelos quais ele havia sofrido a condenação a trabalhos forçados e exílio. Essa era a opinião de Dobroliúbov, que não viu nenhuma diferença marcante entre o Dostoiévski do passado e o do presente, e até atacou o romancista por esse mesmo motivo. Para o crítico, Dostoiévski continuava a retratar personagens "fracas", incapazes de se afirmar, e, embora não fossem homens supérfluos, ainda assim Dobroliúbov o repreende, do mesmo modo como ele e Tchernichévski haviam feito no caso de Turguêniev, por não perceber que a vida russa entrou numa nova fase em que a literatura é chamada a retratar protagonistas com mais força de vontade.[2]

Essa impressão de continuidade com as primeiras obras de Dostoiévski foi reforçada pela repetida evocação de *Gente pobre* em todo o novo texto. Em uma cena, Dostoiévski descreve o vaidoso autor Ivan Pietróvitch, com seu primeiro romance recém-saído do prelo, lendo-o em voz alta, para a admiração de sua família adotiva. Natacha é levada às lágrimas: "De repente, agarrou minha mão, beijou-a e, correndo, saiu da sala" (v. 3, p. 189 [28]). *Gente pobre* é utilizado em todo o livro como uma pedra de toque da sensibilidade moral; todos os personagens "bons" reagem a ele com uma compaixão adequada, e até mesmo o mal-afamado e beberrão Maslobóiev confessa que "logo que o li, irmão, por pouco não me tornei uma pessoa correta" (v. 3, p. 265 [116]). O canalha do príncipe Valkóvski reage com uma explosão de desprezo diante da moda literária da qual era um produto e cuja inspiração fora revivida e intensificada na literatura "acusatória" mais recente. "A pobreza é toda a moda de vocês agora", diz ele com desdém para Ivan Pietróvitch, e aconselha o jovem escritor, para o bem de sua carreira, a mudar-se para círculos "mais elevados".

O príncipe Valkóvski é um vilão aristocrático tão teatral e melodramático que é difícil levá-lo a sério hoje, mas nossa reação não é a mesma dos primeiros leitores de Dostoiévski, que consideravam o príncipe um tipo social plausível e familiar. Até mesmo um juiz severo como a romancista Evguiênia Tur, que declarou sem rodeios que *Humilhados e ofendidos* "não pode sofrer a menor crítica como arte",[3] escreveu, sem pestanejar, que "todos que têm alguma familiaridade com o mundo já encontraram muitas pessoas como essa, mas felizmente, isto é, felizmente para a nossa sociedade, pessoas como o príncipe Ivan [Valkóvski] estão morrendo ano a ano e não estão mais nascendo".[4] O retrato que Dostoiévski faz do príncipe foi aceito como uma revelação cáustica da depravação de toda uma classe social. Além disso, "a compaixão pelos fracos e oprimidos" do autor estava manifesta — tal como acontecera na década de 1840 — na forma como apresenta sua gente humilde, infinitamente superior ao príncipe do ponto de vista moral e, com efeito, uma espécie de refutação viva de sua visão desdenhosa de seus semelhantes.

Para um leitor russo da época, acostumado a considerar personagens "fracas" fadadas a uma inevitável derrota pelo próprio excesso de seus méritos morais, o príncipe era um rematado canalha, enquanto os Ikhmiéniev, maltratados mas sem mácula — para não mencionar o sofredor Ivan Pietróvitch —, eram exemplos admiráveis de valor e integridade. Nenhum poder ao alcance do príncipe poderia romper os laços indestrutíveis de amor e devoção que outros uniam, como fica claro na declaração entusiástica, mas muito exagerada, de Ikhmiéniev que encerra a cena final de reconciliação:

Oh, agradeço-te, Deus, por tudo, por tudo, pela tua cólera e pela tua graça! [...] Pelo teu sol que brilhou agora, depois da tempestade, sobre nós! [...] E que sejamos humilhados, que sejamos ofendidos, mas estamos todos juntos novamente, e que trunfem agora esses altivos e arrogantes que tinham nos ofendido e humilhado! Que joguem a pedra contra nós! Não tenha medo, Natacha... Nós iremos de mãos dadas e eu lhes direi: esta é a minha filha querida, minha filha amada, minha filha inocente, que vocês humilharam e ofenderam, mas a que eu amo e abençoo eternamente! (v. 3, p. 422 [294])

Sem o recurso da visão retrospectiva, os leitores de Dostoiévski jamais poderiam ver a germinação do futuro romancista em meio aos chavões de *Humilhados e ofendidos*. Um ou dois críticos perceberam com constrangimento que havia algo de "novo" no livro; mas essa consciência tomou a forma de crítica negativa. Um crítico fez objeção ao título, porque o levara a esperar um verdadeiro romance social. Na verdade, como ele aponta com razão, os personagens se comportam de uma forma tão estranha que a maioria de suas dificuldades é causada por sua própria loucura. As intrigas do príncipe Valkóvski desempenham apenas um papel acessório em seus dilemas, e Dostoiévski maneja seus personagens de modo a *solapar* continuamente a suposta importância social e humanitária do livro. O que determina o destino deles são os traços de suas personalidades, não o mecanismo externo da trama folhetinesca. Dentro da temática social e humanitária de sua trama banal, percebe-se que Dostoiévski estava começando a tatear seu caminho em direção ao seu futuro romance-tragédia de ideias. O que podemos vislumbrar em *Humilhados e ofendidos*, através dos interstícios dos clichês, é um romance prematuro sobre um jovem escritor chamado Ivan Pietróvitch (o narrador e alter ego de Dostoiévski), que representa a ideologia "filantrópica" da década de 1840 e cujo mundo e cuja vida são destruídos porque suas convicções se revelaram inadequadas para lidar com as forças mais profundas da paixão e do egoísmo humanos que esmagam sua inocência bem-intencionada e seu idealismo romântico.

Esse tema da inocência e seus autoenganos é atacado logo no início por algumas observações semi-irônicas acerca de Ikhmiéniev, cuja relação com Valkóvski resulta de uma autoilusão generosa análoga à que o altruísta coronel Rostánov dedica ao malévolo Fomá Fomitch em *A aldeia de Stepántchikovo*. Ikhmiéniev se recusa a acreditar nos rumores desairosos que circulam sobre o príncipe e declara que ele "não seria capaz de cometer um ato ignóbil" (v. 3, p. 182 [20]). Prefere viver em um mundo onde a imperfeição moral não existe, e toma uma atitude quase idêntica em relação à filha Natacha, a quem continua a considerar uma criança angelical mesmo que tenha atingido a idade de casar. Outro exemplo desse "romantismo ingênuo", de caráter menos instintivo e mais literário, se encontra na mãe de Néli, que fugiu com Valkóvski porque "desde o começo sonhava com uma espécie de céu na terra e com os anjos, apaixonou-se sem reservas, acreditou sem limites e, tenho certeza, enlouqueceu, não porque ele deixou de amá-la e abandonou-a, mas porque ela se enganou sobre ele, porque ele foi capaz de ludibriá-la e abandoná-la, porque seu anjo transformou-se numa imundície, cuspiu nela e humilhou-a" (v. 3, p. 437 [313]).

Quando românticos desse tipo são traídos pela vida, como ocorre sempre, sua reação é recorrer ao orgulho ferido, a despeito do sofrimento que isso possa causar àqueles a quem dizem amar. Assim como Ikhmiéniev execra sua amada filha quando ela desonra publicamente seu nome ao tornar-se amante do filho de Valkóvski, a mãe de Néli condena a filha a uma vida de terrível miséria e tormento porque "o pavor e, principalmente, o orgulho fizeram-na repudiá-lo [Valkóvski] com desprezo infinito" (v. 3, p. 438 [313]), e recusa-se a usar os documentos em seu poder que comprovavam seu casamento. A reação orgulhosa e, portanto, egoísta desses românticos frustrados leva a uma intensificação masoquista de sua própria miséria e a certo sadismo em relação aos outros (Natacha, Néli). No caso de Ikhmiéniev, esse conflito interior é superado finalmente por um movimento de amor que vence o orgulho e derrota o ressentimento exasperante criado pela traição. Envolve também a aceitação de um mundo em que o bem e o mal estão inextricavelmente misturados, e onde "o estilhaçamento do idealismo" (para usar a perspicaz expressão de K. Mochulsky)[5] é uma precondição inevitável e até mesmo salutar do perdão e da reconciliação.

Ocorre quase o mesmo conflito na relação entre Natacha e Aliócha, embora Natacha não seja exatamente uma romântica. Ela tem "uma característica de gente bondosa, herdada talvez do pai — a de elogiar demasiadamente as pessoas, considerá-las melhores do que realmente são e exagerar a virtude delas" (v. 3, p. 270 [122]). O que ela sente por Aliócha, no entanto, destrói sua "inocência" e revela aspectos de seu caráter que a confundem e assustam por sua complexidade inesperada.

Natacha está muito longe de ser a vítima inocente de um sedutor aristocrático típico; ao contrário, é ela que força a questão e decide viver às claras com seu amante. Com efeito, sua paixão pelo fraco, frívolo e inconstante Alióchá atingiu tal ponto que ela está disposta a submeter-se a qualquer tipo de degradação para ficar com ele, pois "sinto-me feliz em ser sua escrava voluntária" (v. 3, p. 200 [41]). Mas tem plena consciência de que sua paixão é "abjeta" e anormal, fruto mais de um desejo de dominação que de um genuíno amor entre iguais. Seu orgulho foi ferido pelos flertes de Alióchá e é esse orgulho que a impele não só a humilhar o pai, mas também a mergulhar num abismo de degradação e tortura masoquista. Mais uma vez seu conflito é resolvido graças a uma luta interior vitoriosa: Natacha vence seu egoísmo e recupera sua autoestima ao entregar voluntariamente Alióchá a sua rival muito mais adequada, a jovem herdeira Kátia.

No caso da pequena Néli, Dostoiévski dá o destaque máximo a esse tipo de conflito moral e psicológico, com sua oscilação característica entre sensibilidade ferida e a autoflagelação e o sadismo. Entre todos os "humilhados e ofendidos", Néli é quem tem mais direito a essa designação, e ela adquiriu um orgulho selvagem e uma desconfiança da humanidade inicialmente incentivados pela intransigência feroz de sua mãe. Desse modo, a personalidade de Néli combina uma necessidade juvenil de afeto e amor com desconfiança e ódio, e, de início, ela se recusa a reagir até mesmo à generosidade ou à bondade. A descrição que Dostoiévski faz de suas mudanças de humor e do gradual abrandamento e domesticação de seu espírito está entre as melhores partes do livro. As profundezas atormentadas da psicologia de Néli são enfatizadas numa cena crucial, quando todas as lembranças amargas de seu passado voltam num rompante e ela sai correndo do quarto protetor de Ivan Pietróvitch para mendigar nas ruas, num gesto de desafio. Lágrimas vêm aos olhos de Ivan Pietróvitch quando ele a encontra por acaso:

Sim, lágrimas pela pobre Néli [...] não era por necessidade que estava pedindo, não fora abandonada, deixada à própria sorte; não fora de tiranos cruéis que fugira, mas de amigos que cuidavam dela. [...] ela se sentia ultrajada, sua ferida não podia sarar e ela, propositalmente, procurava avivar sua ferida com esse mistério, com essa desconfiança de todos nós. Parecia se deliciar com sua dor, com esse *sofrimento egoísta*, se é que se pode expressar assim. Esse cultivo e prazer da dor era-me compreensível. Era o prazer de muitos ofendidos, ultrajados, oprimidos pelo destino e conscientes da injustiça dele. (v. 3, pp. 385-6 [255])

É o próprio Dostoiévski que grifa a expressão "sofrimento egoísta", ressaltando sua importância, pois ela contém a ligação temática interna que une três centros principais de ação: Natacha-Ikhmiéniev, Natacha-Aliócha-Kátia, Néli-Ivan Pietróvitch. Em cada caso, um ou mais personagens reagem dessa maneira a alguma indignidade ou humilhação; em cada um deles, o conflito se resolve quando, num ato final de amor, o sofrimento egoísta é superado.

Embora Dostoiévski ainda não tivesse abandonado em *Humilhados e ofendidos* seus antigos ideais e valores filantrópicos, há indícios definitivos de que ele continuava a revisão de seu passado já iniciada em "Visões de Petersburgo". Essa revisão é o propósito explícito da melhor cena do livro, no qual Dostoiévski ressalta a ineficácia de Ivan Pietróvitch quando abertamente desafiado pelo traiçoeiro vilão príncipe Valkóvski. Essa cena nos permite ter, pela primeira vez, um vislumbre do grande Dostoiévski do futuro. Dando ao tema do egoísmo sua plena dimensão metafísica, ele eleva por um instante a trama de telenovela a um novo patamar de dignidade ao fundir veladamente o tema do egoísmo com o da ideologia radical, atingindo afinal o filão que em breve lhe proporcionará uma nova fonte de inspiração.

A longa e arrogante "confissão" de Valkóvski a Ivan Pietróvitch confirma por completo as sugestões anteriores de que ele é um libertino desavergonhado; não só nutre um gosto pelas formas habituais de vício, como também aprecia sobretudo a profanação consciente das normas morais da sociedade. Valkóvski se desmascara pelo simples prazer de chocar seu jovem interlocutor idealista, e compara esse prazer ao de um pervertido sexual que se exibe em público (referindo-se claramente às *Confissões* de Rousseau). Grande parte dessa autoexposição foi calculada, é claro, para desacreditar Valkóvski aos olhos do leitor, mas serve também para revelar algumas das profundezas "irracionais" de personalidade igualmente exibidas no comportamento dos outros personagens. Nada dá a Valkóvski mais prazer, explica ele, do que provocar, de modo intencional, "algum Schiller eternamente jovem", primeiro fingindo levar a sério "todas essas ingenuidades e pastorais vulgares", e depois "subitamente tirar, diante dele, a máscara de adoração e lhe fazer uma careta, mostrar-lhe a língua justamente naquele momento em que ele menos espera essa surpresa" (v. 3, p. 360 [223]).

Como vemos, Valkóvski critica Ivan Pietróvitch mais ou menos nos mesmos termos que o jovem autor emprega em relação a Ikhmiéniev e à mãe de Néli. O verdadeiro criador de *Gente pobre* classifica agora seu eu artístico anterior e os valores que inspiraram sua obra inicial entre as manifestações daquele "romantismo ingênuo" cujas deficiências seu novo romance se propõe revelar. E esse desmascaramento de Ivan Pietróvitch fica ainda mais aguçado quando o príncipe Valkóvski mostra sua familiaridade com os sentimentos-ideias de seu interlocutor, pois se descobre que o príncipe não é apenas um canalha inveterado, mas é ele próprio um idealista desiludido que "há muito, muito tempo, nos dias dourados da minha juventude", como ele explica com sarcasmo, "por capricho, até cheguei a ser metafísico e filantropo e estava imerso quase nas mesmas ideias que o senhor". Ele também "queria ser benfeitor da humanidade, fundar uma sociedade filantrópica", e chegara a construir um hospital-modelo em sua propriedade. Mas o tédio havia por fim levado o melhor dele — o tédio e o sentimento da inutilidade final da existência. "Morreremos... e o que tem lá? Então, eu arrastava a asa." Infelizmente, o marido de "uma pastora" protestou e foi tão açoitado que morreu no hospital-modelo (v. 3, p. 361 [224-5]).

Cara a cara com o tédio metafísico e a inelutabilidade da extinção, o príncipe Valkóvski descobre que os "prazeres" da filantropia dificilmente são fortes o suficiente para compensar o vazio da existência e, como Cleópatra, começa a procurar estimulantes mais fortes. Além disso, a ideologia do humanismo social estava agora fora de moda, e o que a substituíra, conforme Valkóvski se apressa em informar a Ivan Pietróvitch, vem muito a propósito para seus fins. Ao ter sua "brutalidade" repreendida pelo narrador indignado, o príncipe retruca que todos esses estimáveis protestos são um "absurdo". As obrigações morais são uma farsa porque o que não é absurdo "é a individualidade, eu mesmo não sou absurdo". E declara:

> Eu [...] há muito me libertei de todas as peias e até das obrigações. Cumpro com obrigações somente quando isso pode me trazer alguma vantagem. [...] O senhor suspira por um ideal, pelas virtudes. Meu amigo, estou pronto eu mesmo a reconhecer tudo o que o senhor quiser; mas o que fazer se eu sei ao certo que a base de todas as virtudes é o egoísmo mais profundo. E quanto mais há virtude num negócio,

maior é o egoísmo dele. Ame a si próprio... eis a única regra que eu reconheço. (v. 3, p. 365 [228])

Ao afirmar a doutrina do egoísmo absoluto contra a abnegação "filantrópica" de Ivan Pietróvitch, Valkóvski materializa e justifica, como uma filosofia sinistra do mal, os mesmos ímpetos e impulsos contra os quais os indivíduos "bons" vêm travando uma luta moral. Dostoiévski está parodiando o "egoísmo racional" de Tchernichévski, e Valkóvski é sua primeira reação artística às doutrinas radicais da década de 1860. O romancista usa Valkóvski para levar a lógica da posição de Tchernichévski até o limite — sem aceitar a condição de que a razão e o interesse próprio acabariam por coincidir e que o egoísmo se converteria milagrosamente em caridade mediante o cálculo racional. Dostoiévski lembrava-se dos desvarios de egoísmo frustrado que testemunhara no campo de prisioneiros, e havia lido Choderlos de Laclos e Marquês de Sade. Como eles, estava convencido de que basear a moral no egoísmo era arriscar o desencadeamento de forças da personalidade humana sobre as quais a razão utilitarista tinha pouco controle. Com efeito, as alusões de Dostoiévski a esses dois escritores indicam sua consciência de uma dívida com a tradição libertina do romance francês do século XVIII, em que personagens semelhantes ao príncipe Valkóvski também dramatizam, quer com a aprovação, quer com consternação, as possíveis consequências de pôr em prática a lógica de um egoísmo não contido por inibições morais.

Tal como seus protótipos do século XVIII, quando cede às tentações da sensualidade e dos prazeres sádicos da profanação e dominação, o príncipe Valkóvski julga conveniente ter à mão uma doutrina do interesse egoísta para fornecer uma justificativa filosófica a seus piores instintos. Uma vez que todos possuem tais instintos, até mesmo os indivíduos "bons", que acreditam numa moral de amor e abnegação, podem ser presas fáceis das paixões do "egoísmo", e Valkóvski ilustra o que pode acontecer se o "egoísmo" fosse adotado como norma vigente de comportamento. Valkóvski, como já foi aceito há muito tempo, é a prefiguração de personagens posteriores como Svidrigáilov e Stavróguin; trata-se também da primeira tentativa de Dostoiévski, inspirada pela ideologia radical da década de 1860, de retratar a inutilidade da "razão" para controlar toda a gama de possibilidades contidas na psique humana.

Outros aspectos do romance também sugerem que Dostoiévski passara a considerar lamentáveis e de uma ingenuidade imperdoável as atitudes morais e políticas que tomara no passado. Fala-se de um "círculo", ligado mais uma vez ao mundo de *Gente pobre*, que se reúne uma vez por semana e para o qual o volúvel Alióscha foi atraído. "Todos eles o conhecem, Ivan Pietróvitch", ele balbucia, "isto é, leram suas obras e esperam muito de você no futuro" (v. 3, pp. 308-9 [166]). O que Alióscha relata a respeito das discussões situa o grupo na órbita das ideias "progressistas" da década de 1840 (com uma pequena atualização). Eles conversam, confidencia ele, "em geral, sobre tudo que leva ao progresso, humanismo, amor; fala-se tudo isso em relação aos problemas atuais. Conversamos sobre a transparência, início das reformas, o amor à humanidade, sobre os homens públicos; nós os lemos e analisamos" (v. 3, p. 310 [167]). Em geral, aceita-se que nesse trecho Dostoiévski se baseia, de maneira mais ou menos amistosa, em suas próprias experiências no Círculo de Petrachévski, tratando de tudo isso como parte do mesmo universo de inocência ilusória representado por Ivan Pietróvitch e, num ponto mais extremo, por Alióscha.

Uma vez que o relato é feito pelo frívolo e volúvel Alióscha, suas palavras logo caracterizam o círculo como apenas mais um de seus entusiasmos evanescentes, cativantemente juvenil e revigorante e repleto da exuberância adolescente da inexperiência. Ele conta que "nós todos falávamos sobre o nosso presente, o futuro, as ciências, a literatura, e falamos tão bem, tão direto e simples... Tem também um colegial que vai lá" (v. 3, p. 309 [166]). As implicações dessa última informação não escaparam a Valkóvski, que ouve seu filho "com o sorriso mais venenoso, [...] havia raiva em seu rosto". "Logo que Alióscha terminou, o príncipe caiu na gargalhada. [...] ria apenas para ofender e humilhar o filho ainda mais." Mas Alióscha, pela única vez no livro, consegue enfrentar o pai e responder-lhe "de uma maneira extremamente nobre e com uma dignidade sóbria". Ele diz: "Eu admiro ideais elevados. Podem ser errôneos, mas a base deles é sagrada" (v. 3, p. 311 [168]).

Podemos supor que essas palavras indicam a complexa ambiguidade que o próprio Dostoiévski sentia em relação aos ideais de seu passado radical — os ideais que acabara de ressuscitar nas páginas de *Humilhados e ofendidos*. Não havia dúvida de que eles haviam sido "equivocados", ou, pelo menos, lamentavelmente míopes em sua visão da condição humana; mas ele continuava a acreditar que a base deles — os valores da compaixão e do amor — era sagrada. Porém, o que agora impedia a realização desses valores já não eram mais as deformações de caráter acarretadas por um sistema social opressivo e injusto e por uma tirania política esmagadora. Eram, antes, as forças ocultas do egoísmo e do orgulho que dormitam no peito de todo ser humano.[6]

Do início ao fim de *Humilhados e ofendidos*, vemos Dostoiévski à beira de uma nova fase de criação. Nesse romance podemos, vez por outra, captar sugestões de tipos de personagens e motivos que servem como arautos inegáveis de obras-primas por vir. As personagens têm muitas vezes uma aparência familiar em sua psicologia, e não é exagero apontar uma conexão entre a esfarrapada menina Néli, de *Humilhados e ofendidos*, e a bela Nastácia Filíppovna, de *O idiota*. Ambas são consumidas pelo "sofrimento egoísta". Ambas exibem um orgulho feroz, uma tendência à auto-humilhação masoquista e um ódio eterno a seus perseguidores e opressores. Néli enfim supera seu egoísmo à custa da própria vida; o mesmo acontece com Nastácia ao se oferecer como vítima à faca de Rogójin. Aquilo que no primeiro romance é apenas lacrimoso se torna trágico no outro.

A mesma defasagem pode ser observada no caso de Aliócha Valkóvski, que acaba por ser o primeiro esboço do esforço mais comovente de Dostoiévski para retratar seu ideal moral na figura do príncipe Míchkin. A enorme diferença entre as impressões causadas pelos dois personagens ilustra como Dostoiévski pode empregar traços quase idênticos para obter tipos de significado muito diferente, pois, embora os contornos de Míchkin estejam já ligeiramente delineados em Aliócha, ele ainda não tem nenhum traço da suprema santidade do protagonista de *O idiota*. O atributo mais notável de Aliócha, e aquele que o assinala com mais clareza como antecessor de Míchkin, é sua capacidade para viver com tanta intensidade a cada momento, ou a cada experiência e encontro, que ele carece de qualquer senso de continuidade ou consequência. Assim, é impossível responsabilizá-lo por qualquer coisa, ou mesmo se ofender com o caos que ele cria na vida dos outros sem o saber; ele se comporta como uma criança e é caracterizado como tal: "Era ingênuo demais para sua idade e quase nada entendia da vida real" (v. 3, p. 202 [44]).

Aliócha é, portanto, um ingênuo puro, que vive acima das categorias do bem e do mal e de responsabilidade social. É genuinamente incapaz de escolher entre Natacha e Kátia, assim como Míchkin será incapaz de se decidir entre Nastácia Filíppovna e Aglaia Iepántchin, e as duas mulheres também se reúnem aqui para decidir o futuro do seu irresoluto objeto de amor. Mas o conflito entre o amor como paixão e o amor como compaixão, que um dia irá despedaçar o príncipe Míchkin, está ausente no caso de Aliócha, que pousa de garota em garota e tem amor por todas elas. Aliócha é um Míchkin desprovido, por assim dizer, de uma aura religiosa e que é motivado unicamente por impulsos e instintos humanos comuns — um Míchkin cuja pureza infantil se mistura a tanta autocomplacência que Dostoiévski tem dificuldade em projetá-lo de modo tão favorável quanto seu papel na trama exige.

Em *Humilhados e ofendidos* também se encontra a primeira utilização de um motivo temático indissolúvel de seus principais romances. "É preciso, de alguma maneira, merecer com sofrimentos a nossa felicidade futura", diz Natacha, referindo-se a suas relações com o pai, "pagá-la com novos suplícios. Com sofrimento purifica-se tudo" (v. 3, p. 230 [76]). Nada é mais importante para entender adequadamente Dostoiévski do que uma compreensão exata dessas palavras. Natacha está respondendo a uma pergunta feita por Ivan Pietróvitch: por que ela apenas não volta para a casa do pai e implora misericórdia? Sua resposta é que ele insistirá numa "expiação impossível", exigirá que renuncie ao passado e a seu amor por Aliócha — e a isso ela não se submeterá. O pai ainda é consumido por seu ressentimento ferido, e somente o arrastar de sua infelicidade pode vir a amolecer seu coração para o perdão genuíno. Natacha não está se referindo às dificuldades materiais ou à privação física, mas ao processo pelo qual são derrubadas as muralhas do orgulho, do egoísmo e da autoestima ferida, assim abrindo o caminho para o perdão e o amor. É só nesse sentido que Dostoiévski verá no "sofrimento" um benefício.

Com efeito, como que para evitar qualquer mal-entendido, ele deixa claro que nada é mais desprezível do que exibir insensibilidade ou indiferença para com o sofrimento dos outros, ou pior, impor sofrimento para obter vantagem. Para Dostoiévski, o cúmulo da perversidade humana é justificar um ato vil ou perverso sob a alegação de que o sofrimento que ele causa é "bom" para a vítima involuntária. O príncipe Valkóvski adota essa mesma linha ao explicar com cinismo seu comportamento em relação à mãe de Néli: "Eu calculei que, devolvendo-lhe o dinheiro, eu iria fazê-la até infeliz. Eu lhe tiraria o prazer de ser totalmente infeliz por minha causa e amaldiçoar-me por isso durante toda a sua vida. [...] Esse enlevo furioso se encontra nos temperamentos de Schiller, evidentemente; talvez depois ela não tivesse o que comer, mas tenho certeza de que estava feliz. E eu não queria privá-la dessa felicidade e não lhe mandei dinheiro" (v. 3, p. 367 [231]). O homem do subsolo, com um pouco menos de convicção, usará raciocínio idênti-co para justificar a humilhação odiosa de Liza, a prostituta arrependida, na cena final de *Memórias do subsolo*.

Essas breves considerações devem bastar para ilustrar o interesse do primei-ro romance importante pós-siberiano de Dostoiévski. Suas deficiências só serão superadas quando, alguns anos depois, ele situar o tema do egoísmo no centro da ação e retratar as ideologias radicais das décadas de 1860 e 1840 como incentiva-doras do crescimento e da propagação na Rússia dessa nociva praga moral. Ele continuará a empregar a trama do romance-folhetim, a técnica desse tipo de sus-pense melodramático derivada do romance gótico através de Scott, Dickens e Balzac (o "gótico urbano", como o chamou George Steiner),[7] e confiar em seus efeitos de suspense e surpresa dramática para prender a atenção do leitor. Mas o reformulará por completo para eliminar sua motivação habitual, ou melhor, para subordinar essa motivação às suas próprias explorações criativas das fundamen-tais consequências morais da crença radical.

24. A era das proclamações

O período de um ou dois anos que se seguiu à libertação dos servos, em 16 de fevereiro de 1861, é conhecido pelos historiadores russos como "a era das proclamações". Pela primeira vez desde a revolta decabrista de 1825, realizaram-se manifestações públicas contra o regime nas ruas de Petersburgo e Moscou. Folhetos incendiários apareceram por toda parte, não apenas em maçanetas de portas e caixas de correio, mas também pelas ruas principais, como a avenida Niévski. A simples realidade de sua publicação era um fato bastante significativo e inédito — para não falar da ousadia daqueles que os escreveram e distribuíram. A explosão repentina dessa campanha de propaganda revelou o descontentamento rancoroso de intelectuais radicais com o tsar, cuja intenção de acabar com a servidão haviam saudado poucos anos antes em termos lisonjeiros.

Antes mesmo da promulgação do decreto de libertação, os progressistas radicais estavam convencidos de que as condições econômicas propostas levariam, a longo prazo, ao empobrecimento do campesinato. Os próprios camponeses estavam perplexos diante dos termos complicados da proclamação, a qual, obviamente, a maioria deles não conseguia ler, e o vasto interior do país foi varrido por boatos de que a "libertação verdadeira", supostamente proclamada pelo tsar, estava sendo ocultada pela voraz nobreza agrária. Camponeses alfabetizados, que se passavam por "intérpretes" (no sentido desejado pelo povo) do decreto de libertação escrito em termos floreados e ambíguos, ganharam ampla audiência entre os ouvintes crédulos e muito dispostos a acreditar na traição e falsidade de seus senhores. Essa "libertação verdadeira" era acalentada havia muito tempo na imaginação apocalíptica dos camponeses russos, que sonhavam que lhes seriam concedidas, sem reembolso, todas as terras que consideravam suas, e principalmente, conforme Franco Venturi, "a completa separação de sua comunidade do senhor das terras, o rompimento de todos os laços entre eles e, portanto, o fechamento da *óbschina* propriamente dita".[1]

A recusa a obedecer às autoridades locais ocorreu em vários distritos e o maior distúrbio se deu na pequena aldeia de Bezdná, na província de Kazan. Ali, um *raskólnik* chamado Anton Pietrov adquiriu uma imensa autoridade sobre o campesinato da região quando, com base numa leitura aberrante da proclamação que teria sido inspirada por iluminação divina, anunciou a "verdadeira libertação", que pretendia revelar as intenções genuínas do santo tsar. Em abril de 1861, enviaram tropas para prender o agitador que exortava aos camponeses que não cumprissem quaisquer de suas obrigações com os proprietários das terras, e como seus seguidores se recusassem a entregá-lo, várias salvas de tiros foram disparadas contra a massa desarmada e pacífica. O rol oficial listou 51 mortos e 77 feridos, mas informes verbais contaram várias centenas de vítimas. Uma missa fúnebre para os camponeses mortos em Bezdná foi organizada na cidade vizinha de Kazan pelos estudantes da universidade e da Academia Eclesiástica, e um jovem clérigo popular, que lecionava história na academia, fez um discurso em que declarava que Anton Pietrov era "um novo profeta [...] e também proclamou a liberdade em nome de Deus".[2]

Esse clérigo, chamado Afanássi Prokófievitch Schápov, já havia obtido alguma notoriedade graças a uma interpretação eslavófila do cisma religioso da Igreja russa. Ele pintava os cismáticos como uma forma nativa de desafio à imposição de costumes e ideias estrangeiros, e quando os *raskólniki* rejeitaram as reformas do Estado importadas por Pedro, o Grande, e até declararam que o tsar não passava do temido Anticristo, Schápov viu nessa reação uma luta por independência cultural. Processado por seu discurso subversivo na missa de Kazan, foi condenado à clausura em um mosteiro, mas Alexandre II interveio e ordenou que Schápov ganhasse um cargo no setor do Ministério do Interior que tratava das relações com os Velhos Crentes.

Um ano depois, ele publicou sua obra mais importante, *A terra e o cisma*, cuja segunda parte saiu na revista *O Tempo*. Grande parte desse texto era dedicada à seita dos *beguni* ("corredores" ou "andarilhos"), cujas crenças Schápov interpretava como uma forma de protesto social. Os *beguni* se negavam a usar um passaporte interno, conforme exigido por lei, porque acreditavam que o mundo era governado pelo Anticristo, e vagavam pelas terras russas como viandantes, rejeitando com obstinação todas as obrigações que lhes eram impostas pelo Estado ímpio. As teorias de Schápov certamente contribuíram em alguma medida para a avaliação de Dostoiévski das seitas dissidentes, e ele buscou nessa teologia herética um vislumbre da essência nativa do caráter do povo russo. A conta de uma livraria datada de agosto de 1862 mostra que ele encomendou, entre muitas outras obras, cinco livros sobre o *Raskol*, entre eles o importante estudo histórico de Schápov.[3]

Três meses após o tiroteio em Bezdná, saiu em Petersburgo e depois em Moscou o primeiro folheto do que viria a ser uma verdadeira inundação de publicações. Intitulado *O Grande Russo* e de tom moderado, era inspirado pelos temores despertados pelos eventos de Bezdná e de outras regiões rurais e estava dirigido às classes cultas. "O governo está levando a Rússia a uma revolta de Pugatchov", declarava o primeiro número.[4] Sugeria-se que o governo deveria pagar as taxas de compensação pelas terras distribuídas aos camponeses e, ao mesmo tempo, libertar as etnias do Império Russo. Era imperioso convocar uma assembleia nacional para ajudar o tsar a entrar em contato mais direto com a nação como um todo. Os autores de *O Grande Russo* permanecem desconhecidos, mas todos os suspeitos pertencem ao círculo de estudantes e jovens oficiais do Exército agrupados em torno de Tchernichévski e de *O Contemporâneo*. V. A. Óbrutchev, um ex-oficial que passara a fazer parte da equipe dessa revista, foi preso enquanto distribuía o folheto e enviado para a Sibéria por alguns anos.

No outono de 1861, no mesmo período em que foram publicados o segundo e o terceiro números de *O Grande Russo*, apareceu outra proclamação, intitulada *À Nova Geração*. Sabe-se agora que seu autor era N. V. Chelgunov, que também escrevia artigos socioeconômicos para *O Contemporâneo*. O panfleto foi revisto por M. L. Mikháilov, que ganhara fama como defensor dos direitos da mulher nas páginas de *O Contemporâneo*, e foi impresso em Londres por Herzen, com considerável relutância e maus pressentimentos, em sua Imprensa Russa Livre. Mikháilov, já sob vigilância, foi preso em 14 de setembro de 1861, e sua condenação a seis anos de Sibéria causou uma onda generalizada de indignação.

À Nova Geração foi apenas um de uma série de panfletos escritos por Mikháilov,

404

Chelgunov e, talvez, Tchernichévski (os outros, dirigidos aos camponeses e aos soldados, nunca foram impressos) e adotava uma linha muito mais dura que o moderado *O Grande Russo*. Agora não havia a menor dúvida de que seus autores tinham em vista uma mudança política e que haviam rompido de uma vez por todas com o tsarismo: "Não precisamos de um poder que nos oprime; não precisamos de um poder que impede o desenvolvimento mental, cívico e econômico do país; não precisamos de um poder que hasteia como sua bandeira a corrupção e o egoísmo". Do que a Rússia precisa é de "um líder eleito que receba um salário por seus serviços", e Alexandre II deveria ser informado de que a maior realização de seu reinado — a libertação dos servos — criara uma nova ordem na qual ele se tornara supérfluo: "Se Alexandre não entende isso e não quer voluntariamente abrir caminho para o povo — tanto pior para ele". Se o tsar desistir do trono, a insatisfação geral ainda pode ser contida; mas, "se para alcançar nosso objetivo, que é dividir a terra com o povo, tivermos que matar 100 mil da aristocracia, nem isso vai nos deter".[5]

Em *À Nova Geração* se nota a forte influência do "socialismo russo" de Herzen, com sua visão messiânica de um futuro sociopolítico para a Rússia, sem precedentes na história da Europa. "Acreditamos nas forças da Rússia porque acreditamos que fomos destinados a introduzir um novo princípio na história, a passar adiante nossa mensagem e não frequentar os velhos jardins da Europa."[6] Imaginava-se uma democracia plena; toda a terra pertencente à nação seria dividida em *óbschini*, todos seriam membros de uma comuna de administração autônoma e não ficava claro se continuaria a existir algum tipo de Estado. O folheto ataca o "constitucionalismo" e os "economistas" que desejam "transformar a Rússia numa Inglaterra e infundir-nos a maturidade inglesa". "Já imitamos bastante os franceses e alemães. Precisamos imitar os ingleses também?"[7] Dostoiévski menciona *À Nova Geração* nominalmente e com certeza estava familiarizado com seu conteúdo.

Após os acontecimentos de Bezdná e suas consequências, o governo aumentou as restrições em todas as áreas em que haviam sido relaxadas nos últimos anos. Em nenhum lugar haviam sido mais liberais do que nas universidades, onde retiraram limitações à admissão e abriram cursos para todos os que quisessem frequentá-los. Os estudantes também ganharam o direito de montar suas próprias bibliotecas, criar fundos de ajuda mútua, publicar jornais e administrar seus próprios assuntos. Já os novos regulamentos aboliram todas as liberdades corporativas dos alunos e restabeleceram taxas que haviam sido eliminadas para os mais pobres alguns anos antes. Esses regulamentos foram instituídos no início do trimestre de outono, mas os estudantes se recusaram a aceitá-los e, para deleite sincero de uma grande multidão de curiosos, organizaram uma marcha de protesto pelas ruas, apesar da presença da polícia e de tropas do Exército. Muitos foram detidos na mesma noite, outras prisões se seguiram mais tarde e, como a agitação continuou, as universidades foram fechadas por um ano inteiro. Muitos estudantes que participaram desses eventos depois ganharam fama nas fileiras do movimento revolucionário russo.

A maioria dos intelectuais, entre eles Fiódor e Mikhail Dostoiévski, apoiava os estudantes. Quando os detidos foram encarcerados na Fortaleza Pedro e Paulo, Dostoiévski por certo se lembrou de seus longos meses de confinamento solitário na mesma prisão intimidante. Mas os estudantes não eram suspeitos de nenhuma conspiração política criminosa, visitantes podiam entrar e sair e choviam presentes de simpatizantes para tornar sua sorte mais amena. Uma enorme peça de carne de vaca foi grelhada no apartamento de Mikhail Dostoiévski e enviada, juntamente com garrafas de conhaque e vinho tinto, em nome da "equipe editorial de *O Tempo*", em uma verdadeira declaração pública do liberalismo do periódico.[8]

No outono de 1861, Dostoiévski já havia publicado vários fascículos de *Recordações da casa dos mortos*, e esses relatos deram ao público russo a primeira imagem aterrorizante do que os condenados por crime político tinham pela frente. "Naquela época, sabíamos sobre a Sibéria através de *Recordações da casa dos mortos*", escreveu Chelgunov anos mais tarde, "e isso, é claro, foi o bastante para nos fazer temer pelo destino de Mikháilov."[9] Nenhum escritor era agora mais célebre do que Dostoiévski, cujo nome foi cingido pela auréola de seu antigo sofrimento e cujos esboços serviram para aumentar seu prestígio de precursor no caminho do martírio político que tantos integrantes da geração mais jovem poderiam ser forçados a trilhar. Com frequência ele era convidado por grupos de estudantes para ler trechos de sua obra em prol de causas nobres, e quase sempre os aceitava porque julgava de suma importância manter contato com os potenciais leitores. À medida que sua fama aumentava, esperava também exercer alguma influência sobre a opinião pública.

Nada de inconveniente ocorreu nos vários eventos beneficentes de que Dostoiévski participou na primavera de 1862; mas as coisas tomaram um rumo diferente na sensacional "noite literomusical" de 2 de março, que teve lugar diante de uma multidão excitável de 3 mil pessoas. O evento, que Dostoiévski depois consagrou na magistral cena da festa de *Os demônios*, foi organizado em nome do Fundo Literário para ajudar estudantes carentes. No entanto, todo mundo sabia, como Chelgunov escreveu em suas memórias, que, entre os "estudantes carentes" para os quais a elite do público culto desejava arrecadar dinheiro, estavam Mikháilov e Óbrutchev,[10] e o caráter sociopolítico da noite foi acentuado por outros detalhes.

Os literatos convidados a participar eram todos de tendência progressista ou radical: Dostoiévski, Tchernichévski, Nekrássov, V. S. Kúrotchkin, editor da revista satírica radical *A Centelha* [*Iskra*] — e o professor Pávlov, iniciador do movimento da escola dominical, cujo slogan favorito, "*La révolution par l'école*", estava sendo adotado por alguns professores que usavam a sala de aula para doutrinar seus alunos no ateísmo e na subversão. Henryk Wieniawski, Anton Rubinstein e a principal soprano da ópera italiana haviam concordado em fazer os interlúdios musicais — e se Rubinstein tocou sua transcrição para piano de *As ruínas de Atenas* (1811), de Beethoven, foi porque essa obra, como todos sabiam, fora composta em homenagem à revolta dos gregos contra o Império Turco.

Dostoiévski abriu o programa lendo alguns capítulos ainda inéditos de *Recordações da casa dos mortos* em que descrevia a morte de um soldado por tuberculose no hospital do presídio. Esse soldado também se chamava Mikháilov e a cena de sua morte é embelezada com aqueles detalhes dickensianos que Dostoiévski adorava usar. Ele se detém sobre o corpo emaciado do rapaz de 25 anos de idade e sobre os grilhões de ferro que os regulamentos prisionais não permitiam remover. O guarda grisalho chamado para carregar o cadáver fica tão comovido com a triste visão que tira o capacete e o cinturão de espada e faz o sinal da cruz. Pode-se imaginar o efeito pungente desse trecho, com sua repetição constante do nome, sobre aquelas pessoas que conheciam bem o outro Mikháilov e estavam cheias de premonições sinistras sobre seu futuro.

No entanto, a reação da plateia a Dostoiévski não foi nada em comparação com o verdadeiro furacão despertado pela intervenção do professor Pávlov, que anunciara uma palestra intitulada "Mil anos de história russa". O milênio da Rússia fora celebrado naquele mesmo ano com uma grande exibição de pompa oficial, e o texto de Pávlov, devidamente submetido à censura, fora aprovado para leitura. Mas o nervoso e muito volátil Pávlov, que, segundo as memórias do esquerdista L. F. Panteléiev, "não [era] uma pessoa completamente normal",[11] provocou a histeria da plateia com o tom de sua fala. Com voz trêmula que às vezes parecia um guincho, ele enfatizou as palavras de seu texto, de modo a transformá-lo numa acusação implacável da história russa em seus mil anos de governo autocrático. Chelgunov fornece seu relato pessoal:

> No salão, podia-se ouvir um burburinho crescente, havia gritos de alegria furiosa, chacoalhavam-se os assentos, batiam-se saltos de sapato no chão. Eu estava sentado na tribuna com outros, entre eles Nekrássov, que aguardava sua vez. O agitado E. P. Kovalévski [presidente do Fundo Literário] correu para o palco e, voltando-se para nós, disse: "Parem-no! Parem-no! Amanhã ele vai ser preso!". Mas foi impossível tirar Pávlov do palco; cada vez mais empolgado, ele terminou sua fala em meio a gritos ensurdecedores do público e deixou o palco.[12]

A plateia fora levada a um grau indescritível de entusiasmo e os aplausos eram não somente ensurdecedores, como chegaram ao clímax com um coro que cantou a *Marselhesa*. A previsão de Kovalévski estava correta: no dia seguinte, Pávlov foi enviado para o exílio na província e só foi autorizado a voltar para a capital anos mais tarde.

Ao contrário da cena da festa de Dostoiévski, que termina em pandemônio, o público no salão finalmente se acalmou, e a noite terminou com uma versão empolgante de "Kámarinskaia", de Glinka, um símbolo da rusticidade e autoafirmação do camponês. Foram tantos os pedidos de bis que um agente bem-educado da polícia secreta, em seu relatório, comentou indignado sobre a "indelicadeza" de prolongar a noite por tanto tempo, de tal modo que as senhoras tiveram de ficar presas a seus assentos por sete horas.[13]

Em protesto contra o exílio de Pávlov, os estudantes de Petersburgo boicotaram os cursos informais organizados pela faculdade para substituir as aulas regulares. Os professores foram convidados a aderir ao movimento, cancelando suas aulas, e aqueles que se recusaram foram impiedosamente perseguidos. Por fim, as próprias autoridades decidiram acabar *de facto* com a universidade, que recebera permissão para usar determinados edifícios oficiais para seus cursos. "A razão para a destruição da universidade [livre]", escreveu Strákhov dezenove anos depois, "foi a famosa 'noite literomusical'. [...] O barulho e o entusiasmo foram enormes, e me pareceu desde então que a noite foi o ponto mais alto atingido pelo movimento liberal de nossa sociedade, bem como o ponto culminante de nossa revolução de castelos no ar."[14] Depois dessa demonstração escandalosa, explica Strákhov, ficou claro que "toda medida liberal provocava um movimento na sociedade que usava tal medida para seus próprios fins, que não eram de modo algum liberais, mas totalmente radicais".[15] Essa é a conclusão a que Dostoiévski também chegou, mas, em vez de juntar-se ao clamor público contra os radicais, tentou urgentemente adverti-los das consequências de sua loucura.

Os historiadores não concordam com o julgamento de Strákhov de que a noite literomusical foi o ponto mais alto atingido pela onda de agitação social e política na primavera de 1862. O verdadeiro auge da era das proclamações chegou dois meses depois, em meados de maio, quando circulou um folheto intitulado *A Nova Rússia*. Foi esse documento notável que levou a efervescência revolucionária da época ao seu clímax convulsivo.

As autoridades tsaristas nunca descobriram que seu autor era um jovem de vinte anos, P. G. Zaitchniévski, que, apesar da tenra idade, já tinha um passado clandestino considerável. Ao ingressar na Universidade de Moscou, em 1859, seu primeiro ato foi montar uma gráfica clandestina e publicar obras de Herzen, Ogariov, Feuerbach (*A essência do cristianismo*) e Büchner (*Força e matéria*). Não fazendo segredo de suas simpatias radicais, tentou organizar a resistência camponesa aos termos da libertação no verão de 1861 e foi preso depois de anunciar suas ideias revolucionárias em carta interceptada pela polícia secreta. Ainda assim, Zaitchniévski gozou das mesmas condições espantosamente frouxas da prisão em Moscou que foram concedidas aos estudantes de Petersburgo. Amigos podiam levar livros, revistas e jornais (alguns ilegais) para mantê-lo inteirado da cena política. Zaitchniévski escreveu a proclamação em sua cela com a ajuda de um pequeno grupo de amigos, todos visitantes assíduos, que haviam participado das manifestações estudantis de Moscou no outono de 1861. O manuscrito, contrabandeado da prisão com a colaboração de um guarda, foi impresso na gráfica de colegas de Zaitchniévski, que fizeram de Petersburgo o centro de distribuição, a fim de desviar a atenção da verdadeira fonte.

A Nova Rússia não media palavras ao declarar seus objetivos e não exibia nada da aversão a extremos que ainda se percebia nas outras duas proclamações. O panfleto exigia "uma revolução, uma revolução sangrenta e sem piedade, uma revolução que deve mudar tudo até as raízes, derrubar totalmente todos os alicerces da sociedade atual e provocar a ruína de todos os que apoiam a ordem atual".[16] Isso significaria a total transformação de um sistema em que "um pequeno número de pessoas que possuem o capital controla o destino do resto" e em que, portanto, "tudo é falso, tudo é estúpido, da religião [...] à família".[17] Por conseguinte, o panfleto exigia a emancipação total das mulheres, a abolição do casamento (por ser "imoral"), a supressão da família (por ser uma barreira ao desenvolvimento pleno do indivíduo), a dissolução dos conventos e mosteiros (por serem "centros de deboche") e a secularização de todos os bens da Igreja.[18]

O objetivo supremo de *A Nova Rússia* era uma república democrática, mas Zaitchniévski estava menos interessado no futuro do que na tarefa imediata de preparar a revolução, que ele, como tantos outros, acreditava estar prestes a irromper devido ao descontentamento dos camponeses com os termos da libertação. O primeiro passo, portanto, era atacar todos aqueles que, como Herzen e os autores de *O Grande Russo*, defendiam algum tipo de compromisso liberal; em sua análise crítica da política defendida por Herzen em *O Sino*, Zaitchniévski une forças com a polêmica contra os homens supérfluos da década de 1840 iniciada por Tchernichévski e Dobroliúbov. Toda ideia de compromisso, declara *A Nova Rússia*, é rejeitada porque no passado as revoluções tinham fracassado por falta de determinação, e "iremos mais longe, não só do que os pobres revolucionários de 1848, mas também do que os grandes terroristas da década de 1790 [na França]".[19] O objetivo final, evidentemente, era dar poder ao povo, que acabaria por se autogovernar de uma forma democrática perfeita, mas essa transferência de soberania só poderia ocorrer após o triunfo da revolução. Até então, seria necessário depositar todo o poder nas mãos de uma ditadura revolucionária que "não se detivesse diante de nada" para estabelecer "novos alicerces para a sociedade e a economia".[20] Versado na história das revoluções, o próprio Zaitchniévski deu o rótulo adequado à sua perspectiva política: jacobinismo russo.

Essas generalidades se tornam insignificâncias, no entanto, diante da descrição do que poderia ocorrer se a revolução vitoriosa encontrasse alguma resistência. "Logo virá o dia em que desfraldaremos a grande bandeira do futuro, a bandeira vermelha. E com um poderoso grito de 'longa vida à República Social e

Democrática Russa', avançaremos contra o Palácio de Inverno para acabar com todos aqueles que lá residem." O banho de sangue seria restrito, na medida do possível, ao tsar e seu séquito imediato, mas se "todo o partido imperial" saísse em defesa da família real, então

> gritaremos "aos machados" e, em seguida, iremos [...] destruí-los nas praças, se os porcos covardes se atreverem a ir até lá. Vamos destruí-los em suas casas, nas ruas estreitas das cidades, nas largas avenidas da capital e nas aldeias. Lembrem-se de que, quando isso acontecer, quem não estiver conosco estará contra nós e será um inimigo, e que qualquer método será usado para destruir o inimigo.[21]

Essas fantasias de carnificina e extermínio, juntamente com uma ameaça direta à família real, conferiram à *Nova Rússia* uma aura sinistra que horrorizou a maioria dos seus leitores e levou Dostoiévski a temer as faculdades mentais de seus autores.

Podemos ter uma ideia nítida das primeiras reações causadas por *A Nova Rússia* pelas palavras do próprio Dostoiévski, escritas onze anos depois de ter encontrado um exemplar enfiado na maçaneta da porta de seu apartamento: "E eu aqui, que de coração e alma discordei dessas pessoas e do significado de seu movimento — fiquei de súbito irritado e quase envergonhado, por assim dizer, de sua incompetência: 'Por que tudo neles é tão estúpido e ignorante?'". Ele se sentiu muito contrariado "com o nível educacional e mental, e com a falta de um mínimo de compreensão da realidade — isso, para mim, foi terrivelmente opressivo" (v. 21, p. 25). Embora essa proclamação pudesse em algum momento ter parecido justificada como um último recurso desesperado num período de negra reação, sua ousada divulgação *depois* da libertação dos servos só poderia ser vista por Dostoiévski como catastrófica. Seu efeito sobre a sociedade, como ele logo deve ter previsto, seria precipitar inevitavelmente uma repulsa geral contra os radicais e seus objetivos.

Os trechos horripilantes do texto de *A Nova Rússia* deram motivos para suspeitar que seus autores e amigos (a proclamação falava em nome de um certo "Comitê Revolucionário Central") eram os responsáveis pela série de incêndios que tiveram início em Petersburgo quase simultaneamente à circulação do panfleto. Áreas inteiras da cidade foram devastadas, entre elas muitos dos bairros mais pobres; milhares de vítimas ficaram desabrigados. A extensão dos danos causados pelos incêndios de Petersburgo na primavera de 1862 e a misteriosa incapacidade de controlar as chamas superaram tudo que se conhecia até então. A opinião pública, que as autoridades nada fizeram para contrariar, não tardou em associá-la ao apelo à destruição total alardeado em *A Nova Rússia*, e essa associação foi ainda mais inevitável porque o fogo, alcunhado de Galo Vermelho pelos camponeses, sempre fora uma de suas armas tradicionais contra os proprietários de terras.

Reinou em toda a cidade uma atmosfera de desânimo e apreensão. Uma noção dos relatos de terror que circulavam pode ser vislumbrada em uma carta de Ivan Aksákov a outro eminente eslavófilo, Iúri Samárin. Todo balconista de loja, diz-lhe Aksákov, lera *A Nova Rússia*, e "essa proclamação (mesmo antes dos incêndios) enchera as pessoas de *horror* no sentido literal da palavra. [...] Tornou ainda mais suspeitas, aos olhos das pessoas, a instrução, a ciência, a ilustração — presentes que vêm de nossas mãos, nós da pequena nobreza".[22] Consta que o tsar falou aos escalões inferiores do Exército e aos suboficiais de uma conspiração contra a sua vida, e explicou que confiava neles, mas não nos oficiais, porque os altos escalões não acreditavam mais em Deus. Aksákov continua:

> O povo, naturalmente, não entendeu a proclamação, mas percebeu apenas que ele prega a impiedade, o desrespeito *"ao pai e à mãe"*, despreza o casamento e deseja cortar as gargantas da família real. [...] Turguêniev me disse (ele esteve no incêndio do Mercado Schúkin) que ouviu com seus próprios ouvidos mujiques grisalhos dos mais comuns gritarem: "Os *professores* queimaram isto". "Professores, estudantes" — essas palavras já se tornaram conhecidas do povo![23]

Desse modo, *A Nova Rússia* provocou uma crescente onda de ressentimento contra a classe instruída e tudo o que ela representava. Mais do que qualquer contemporâneo, Dostoiévski sofrera na pele a cisão entre a mentalidade do povo e a da classe instruída e dedicara sua revista à tarefa de criar a cultura russa unificada que a libertação enfim tornara possível. Nada lhe pareceria mais funesto para o futuro, um revés maior para tudo o que esperava avançar, do que a inimizade que via crescer à sua volta entre os dois grupos.

Dostoiévski ou Mikhail (os dois, provavelmente, em colaboração) escreveu um artigo para *O Tempo* em que afirmava não existir a menor prova de que o panfleto *A Nova Rússia* estivesse ligado aos incêndios ou de que a massa estudantil simpatizasse com as ideias sangrentas defendidas na proclamação. Como esse artigo foi rejeitado pela censura, os irmãos escreveram outro, também sem sucesso. Nenhum dos dois textos pôde ser publicado, mas as folhas de prova, que contêm uma anotação feita à mão pelo tsar, foram arrancadas há alguns anos dos arquivos cavernosos do Ministério do Interior. "Três estudantes escrofulosos, dos quais o mais velho não tem mais de treze anos", zomba o primeiro artigo proibido, "imprimiram e distribuíram um panfleto dos mais estapafúrdios, que nem mesmo chega aos pés dos livros estrangeiros dos quais tudo roubaram e parodiaram. Esse panfleto estapafúrdio deveria ter sido recebido com uma salva de risadas."[24] Em vez disso, continuava o texto, vários cavalheiros decrépitos que tinham a mesma mentalidade das velhinhas camponesas sentiram um medo paralisante, entraram em pânico, e logo uma campanha de boatos desvairados já havia contaminado a todos.

Tendo em vista a mentalidade de linchamento então em voga, esses artigos representam um ato de grande coragem política. Com efeito, depois de serem proibidos pela censura, foram enviados, por ordem especial do tsar, para a polícia secreta e, depois, para a comissão criada para investigar a causa dos incêndios. Uma frase que atraiu a atenção foi a referência a "três estudantes escrofulosos", e quando Mikhail Dostoiévski foi chamado a depor em 8 de junho, por ser o editor responsável de *O Tempo*, pediram-lhe que os identificasse pelo nome. O pobre Mikhail penou para explicar que a referência era apenas uma "expressão literária" e não se referia a estudantes de carne e osso que os editores da revista conheciam. "Não tenho nada a ver com as pessoas que escrevem coisas como *A Nova Rússia*", declarou ele, com inabalável dignidade.[25] Foi o que bastou para liquidar o assunto, até onde os irmãos Dostoiévski estavam cientes, embora, na verdade, *O Tempo* tenha escapado por pouco de ser proibida. Uma decisão nesse sentido foi tomada secretamente e depois retirada, com a condição de que a revista fosse mantida sob observação rigorosa. Assim, a espada de Dâmocles já havia começado a balançar invisivelmente sobre as cabeças dos desafortunados irmãos Dostoiévski, e desabaria exatamente um ano depois.

Outros foram poupados da espera. Encorajado pela indignação popular, voltada contra os suspeitos destruidores revolucionários da capital, o governo decidiu atacar enquanto a cidade ainda ardia. Em 15 de junho, a comissão de censura de Petersburgo suspendeu a publicação de *O Contemporâneo* e da igualmente esquerdista *Palavra Russa* por oito meses. Em 7 de julho, Tchernichévski foi preso junto com Nikolai Sierno-Solovióvitch, importante membro da nova organização revolucionária Terra e Liberdade [Zemliá i Vólia]. Nesse momento, Dostoiévski já estava longe, em sua primeira viagem à Europa, no verão de 1862, mas veremos que seus pensamentos se voltavam constantemente para casa, e que a situação do país o enchia de ansiedade e desânimo.

25. Retrato de um niilista

Apesar das expectativas superaquecidas dos jovens radicais, não há prova confiável de que a estabilidade do regime tenha sido alguma vez seriamente ameaçada. O descontentamento dos camponeses com os termos da libertação, em Bezdná e outras partes, foi notavelmente pacífico, não violento, exceto em alguns casos isolados, e inspirado por uma fidelidade inquebrantável ao tsar; toda a violência partiu do governo. É possível inferir a opinião de Dostoiévski sobre o comportamento das autoridades nesse momento crítico a partir de uma cena de *Os demônios* que pode ser lida como um comentário sobre a falta de discernimento do governo. Quando uma delegação leal de operários fabris protesta, em nome de seus colegas, contra um supervisor velhaco que roubara seus salários, o governador-geral Von Lembke fica apavorado e fora de si e manda açoitá-los. Supondo equivocadamente que o apelo por justiça dos operários fosse um levante revolucionário, Von Lembke reage com a força, e sua severidade iludida só serve para desencadear todo o caos social que então dissemina.

Mas mesmo que nenhuma revolução fosse iminente na Rússia durante os primeiros anos da década de 1860, os acontecimentos que narramos significam o advento sensacional no cenário histórico russo, com força plena e como grupo dominante, de uma nova geração de intelectuais muito diferente em composição social da anterior e que traz consigo todo um novo conjunto de ideias e valores.

Todos estavam conscientes dessa mudança, e isso foi declarado em termos vigorosos no início da década seguinte por N. K. Mikháilovski, que agora ocupava o lugar de Bielínski e Tchernichévski no papel de principal publicista radical: "O que aconteceu? — Chegaram os *raznotchíntsi*. Nada mais aconteceu. Não obstante, este evento [...] criou uma época na literatura russa".[1] Mikháilovski limita suas observações à literatura, porque falar abertamente da política nesse contexto teria sido perigoso, mas é claro que seus leitores entenderiam seu significado.

Quem e o que eram os *raznotchíntsi*? Eram filhos de sacerdotes, pequenos funcionários, proprietários de terras empobrecidos, às vezes servos emancipados ou não, todos que haviam conseguido educar-se e sobreviver nos interstícios do sistema de castas russo. Haviam se nutrido nos escritos da geração mais velha de liberais e radicais da pequena nobreza, como Herzen, Ogariov, Granóvski e Turguêniev, mas reconheciam como seu único verdadeiro antepassado e predecessor a figura tempestuosa do "furioso Vissarion" Bielínski, um *raznotchíniets* como eles mesmos, que assimilara a rica cultura literária e filosófica da pequena nobreza, mas cujo comportamento social intransigente ao mesmo tempo chocara e encantara seus amigos nobres por desafiar a convenção hipócrita. O jovem conde Tolstói, um defensor impenitente de valores da pequena nobreza, opôs-se instantaneamente ao tom da crítica de Tchernichévski em carta escrita em 1856 a Nekrássov, na qual remonta com precisão a degeneração dos costumes literários à sua fonte: "Tudo isso é Bielínski! Ele berrou a plenos pulmões e em tom irritado [...] e [...] esse aí [Tchernichévski] acha que para falar bem é preciso falar com insolência, e para isso a pessoa tem de excitar-se".[2]

No início essa nova geração externara nas páginas das revistas literárias a sua cólera contra as condições existentes; agora, não só haviam passado a distribuir proclamações violentas, como também, de acordo com muita gente, tinham ateado fogo em Petersburgo. E nesse momento exato, por um extraordinário golpe de fortuna histórica, apareceu um grande romance que retratava um herói *raznotchíniets* em toda a sua autodeclarada rebeldia e força irresistível. *Pais e filhos*, de Turguêniev, escrito durante os dois anos anteriores e dedicado à memória de Bielínski, foi publicado pelo *Mensageiro Russo*, de Katkov, em março de 1862, justamente entre as duas primeiras proclamações e *A Nova Rússia* e na mesma ocasião da noite literomusical. O protagonista de Turguêniev, Bazárov, filho de um humilde médico do Exército como Bielínski, logo foi aceito como uma imagem literária verossímil do novo tipo social da década de 1860. Sete anos depois, Tur-

416

guêniev escreveu: "Quando voltei a Petersburgo, no próprio dia do incêndio no Mercado Apráksin, a palavra 'niilista' fora adotada por milhares de pessoas, e a primeira exclamação que escapou dos lábios do primeiro conhecido que encontrei na avenida Niévski foi: 'Veja o que os *seus* niilistas estão fazendo! Estão pondo fogo em Petersburgo!'".[3]

O romance de Turguêniev tornou-se imediatamente o centro tempestuoso e exclusivo da controvérsia sociocultural; e os debates em torno do personagem de Bazárov, que personificava a divisão entre a intelectualidade liberal da pequena nobreza da década de 1840 e os *raznotchíntsi* radicais dos anos 1860, levaram a uma nova cisão entre duas facções do próprio campo radical. Esses debates definiram os termos que dominaram a vida sociocultural e literária russa no restante da década e constituem um fundo indispensável para compreender algumas das preocupações temáticas mais importantes de Dostoiévski.

Os supérfluos e os biliosos (1860), de Herzen, escrito após uma visita secreta de Tchernichévski a Londres no verão de 1859, revela duas das características não raro atribuídas ao tipo *raznotchíntsi*: o tom ofensivo e agressivo e o desprezo pela arte. Herzen transmitiu vivamente a atitude da nova geração para com os supérfluos liberais da pequena nobreza. Seu "bilioso" interlocutor, diz ele, "olhou para nós como se olhasse para um belo fóssil de mamute, para um osso interessante que tivesse sido desenterrado e pertencesse a um mundo com um sol diferente e árvores diferentes".[4] Por sua vez, Herzen comenta com acidez "os rostos deprimentes dos Daniéis do Nievá, que repreendem sombriamente os homens por jantar sem ranger os dentes e por se deleitar com pinturas ou músicas sem se lembrar das desgraças do mundo". E confessa-se um tanto assustado com "a facilidade com que eles [os biliosos] perdiam a esperança em tudo, com o prazer vingativo de sua renúncia e sua *terrível falta de compaixão*". Herzen acreditava que "a negação de todos os direitos pessoais, os insultos, as humilhações que eles enfrentaram" deixaram todos os "biliosos" com "uma vaidade voraz, irritável e distorcida".[5] Essas páginas são um esboço preliminar do tratamento mais completo e menos ironicamente hostil que Turguêniev dá ao mesmo tipo, a que chamou, em carta a Katkov, "o verdadeiro herói do nosso tempo", acrescentando: "Que herói e de que tempo — o senhor dirá. [...] Mas é assim que as coisas são".[6]

Turguêniev havia estudado com afinco os escritos em que a nova geração expressava sua rejeição desdenhosa da velha geração e utilizou com notável precisão as ideias que neles encontrou. Todas as questões socioculturais da época estão refletidas com tanta exatidão no livro que um crítico russo soviético o chamou, com justiça, de "uma crônica artística lapidar da vida contemporânea".[7] Não obstante, o matiz que Turguêniev deu a essas questões foi determinado por seus próprios objetivos artísticos e atitudes ambíguas: assim como Dostoiévski, ele era capaz de, ao mesmo tempo, simpatizar com o ardente fervor moral dos jovens, deplorar sua intemperança, detestar suas ideias e lamentar seu destino. Muitas das posições que Bazárov defende são menos ecos de *O Contemporâneo* que deformações e exageros sutis, calculados para revelar suas implicações finais e, portanto, suas potencialidades perigosas. Não surpreende que os partidários dessas ideias tenham achado inaceitável sua representação; muito mais inesperado é o fato de um porta-voz radical ter declarado que Bazárov era o farol que iluminava o caminho para o futuro.

Pais e filhos inaugura o tema que será dominante no romance russo da década de 1860: o conflito entre o estreito racionalismo e materialismo defendido por essa nova geração e todos aqueles sentimentos e valores "irracionais" cuja realidade ela se nega a reconhecer. Turguêniev expõe dessa forma as deficiências da visão de mundo dos *raznotchíntsi*, mas, não obstante, delineia Bazárov como alguém muito superior em energia, força de caráter e promessa para o futuro do que qualquer um dos personagens da pequena nobreza por quem ele está cercado. Ambos os Kirsánov mais velhos (o pai e o tio de Arkádi, amigos de Bazárov pertencentes à pequena aristocracia liberal) são claramente relíquias do passado. Incapazes de lidar com a nova sociedade russa que está prestes a romper seus antigos vínculos, Arkádi e seu pai prosperam na mediocridade satisfeita em sua propriedade, mas a imagem altaneira do rebelde Bazárov coloca definitivamente a "felicidade familiar" (para usar um rótulo tolstoiano) deles na sombra. "Fidalgos como você", diz Bazárov a Arkádi, quando os dois amigos chegam à separação dos caminhos, "não conseguem ir além de uma nobre resignação ou de um nobre fervor, mas isso não adianta. Vocês, por exemplo, não brigam [...] enquanto nós queremos brigar. [...] Precisamos de uma outra gente para fazermos em pedaços!" (v. 8, p. 380).*

---

* A tradução de todas as citações de *Pais e filhos*, de Turguêniev, é de Rubens Figueiredo. São Paulo: Cosac Naify, 2004. (N. E.)

18. *I. S. Turguêniev, por volta de 1865.* Extraída de *Turguêniev*, Pólnoie Sobránie Sotchiniéni. *Moscou-Leningrado, 1965. v. 9.*

Ao longo de todo o romance, o retrato que Turguêniev pinta das relações entre as duas gerações capta habilmente toda a gama da oposição que viera crescendo, tanto em contatos pessoais como em disputas jornalísticas, e seu delineamento desse conflito estabelece os termos ideológicos em que seriam travadas as polêmicas do futuro imediato. A obsolescência da geração mais velha se revela no fraco de Nikolai Kirsánov por Púchkin e em seus esforços amadores no violoncelo. "Está na hora de parar com essas bobagens", diz Bazárov, referindo-se a Púchkin, e aconselha Arkádi a dar ao pai "algo de útil para ele ler". Os dois amigos decidem que *Força e matéria*, de Büchner, seria adequado como introdução a um alimento intelectual mais sério, porque "é escrito numa linguagem popular" (v. 8, p. 239).

O ataque de Bazárov contra a arte é enérgico e, para um leitor informado daquela época, faz óbvia referência à tese de Tchernichévski. Mas enquanto Tchernichévski argumentara tão só que a arte deveria subordinar-se à vida e não lhe negara certa utilidade secundária, Turguêniev leva a oposição entre o "estético" e o "útil" a uma negação absoluta. Quando o tio de Arkádi, Pável Pietróvitch, reclama que os jovens artistas russos tomam "Rafael quase como um imbecil", Bazárov retruca: "Na minha opinião, Rafael não vale uma moedinha de cobre, e esses outros não são melhores do que ele" (v. 8, p. 247). Não é feita nenhuma distinção entre os diferentes tipos de arte como mais ou menos úteis, e outra observação de Bazárov ilustra o argumento com concisão epigramática: "Um químico honesto é vinte vezes mais útil do que qualquer poeta" (v. 8, p. 219).

Bazárov exemplifica evidentemente a convicção de Tchernichévski de que as ciências físicas, com sua teoria de um determinismo material universal, fornecem a base para uma solução de todos os problemas, inclusive aqueles de natureza moral e social. Mas essa fé na ciência, que ainda implica uma crença em princípios gerais de algum tipo, é então estilhaçada por Bazárov em ciências particulares. "Existem as ciências", declara ele, "como há os ofícios, as técnicas; mas a ciência em geral simplesmente não existe" (v. 8, p. 219). Em última análise, até a própria ciência fica reduzida a "sensações", e são elas, em toda a sua variedade infinita, que têm a última palavra. "Princípios não existem absolutamente, será que você não percebeu isso até agora?", pergunta Bazárov para Arkádi com algum espanto. "Só existem sensações. [...] Por que gosto de química? Por que você gosta de maçãs? Também por causa da sensação." As "sensações" a que Bazárov se refere são sensações puramente físicas, não psíquicas ou emotivas, e ele insiste que as "pessoas nunca conseguirão penetrar mais fundo do que isso" (v. 8, p. 325). O cientificismo de Tchernichévski termina, assim, como um empirismo ou sensacionalismo solipsista em que todos os princípios ou valores gerais são dissolvidos (mais ou menos como em Max Stirner) em uma questão de gosto ou preferência pessoal.

É esse ataque a *todos* os princípios gerais que constitui a base do que Turguêniev rotula de "niilismo" de Bazárov — um termo que tinha acabado de entrar em voga em relação aos radicais e estava destinado, em consequência do romance de Turguêniev, a uma grande carreira. Um niilista, Arkádi explica com impaciência, "é uma pessoa que não se curva diante de nenhuma autoridade, que não admite nenhum princípio aceito sem provas, com base na fé, por mais que esse princípio esteja cercado de respeito" (v. 8, p. 216). No trecho mais famoso do livro, Bazárov explica o alcance universal dessa rejeição ao velho e incrédulo Kirsánov:

— Mas, com licença — começou Nikolai Pietróvitch. — O senhor nega tudo, ou, em palavras mais exatas, o senhor destrói tudo. [...] No entanto é preciso também construir.

— Isso já não é de nossa conta. [...] Em primeiro lugar, é necessário limpar o terreno. (v. 8, p. 243)

Sem dúvida, Arkádi intervém imediatamente para dizer que a "situação atual do povo assim o exige" — ligando essa negação ao objetivo de uma transformação social revolucionária. Mas esse objetivo distante, no que diz respeito a Bazárov, continua claramente subordinado à obra de negação e destruição, a uma emancipação pessoal de todos os princípios e preconceitos herdados e ao estímulo dessa emancipação nos outros. Desse modo, Turguêniev inverte a ordem real de prioridades para os seguidores de *O Contemporâneo*, cujos objetivos eram muito mais sociopolíticos do que pessoais. Porém é muito provável que ele já tivesse conhecimento de uma outra corrente radical nos ensaios de Píssariev e de outros colaboradores de *A Palavra Russa*, que, como notara Strákhov, enfatizava muito mais a autoafirmação e a autolibertação e cujas preferências filosóficas estavam de fato bem próximas do empirismo "sensacionalista" de Bazárov.

A atitude de Bazárov em relação ao "povo" é também uma mistura de ideias conflitantes que, sem representar um ponto de vista preponderante, acaba por enfatizar novamente um individualismo solitário. Por um lado, sente orgulho de suas origens plebeias, e quando Pável Pietróvitch, chocado com suas declarações, o acusa de não ser "russo", ele responde: "Meu avô lavrava a terra" (v. 8, p. 244) e aponta que os camponeses se sentem mais em casa com ele do que com a pequena nobreza. Mas é também um ocidentalista inflexível que se recusa a idealizar os camponeses e ridiculariza seu atraso e suas superstições. Até mesmo aquele santo dos santos, a *óbschina* aldeã, não escapa ao chicote iconoclasta de Bazárov, e nisso ele reflete não só a opinião de seu criador, o liberal ocidentalista Turguêniev, mas também um ponto de vista que está começando a despontar em *A Palavra Russa*.[8]

Nenhuma cena em *Pais e filhos* é mais profética do que aquela em que Turguêniev dramatiza brilhantemente todas as ambiguidades da relação de amor e ódio de Bazárov com o povo — o choque interior entre suas ideias autoafirmativas, que expressam uma ansiosa necessidade de realização pessoal, e a obrigação que a história impôs à sua geração de dedicar suas vidas à melhoria da sorte do atrasado campesinato. Bazárov recorda que uma vez, quando passavam pela isbá de um camponês próspero, Arkádi piedosamente observara que a Rússia "atingirá a perfeição quando o mais humilde dos mujiques tiver uma habitação como aquela [limpa e confortável]" e que "todos devemos contribuir para isso". Essa obrigação impele Bazárov a confessar um sentimento de intenso "ódio contra esse mujique, o mais humilde dos humildes, este Filip ou Sidor, em cujo benefício devo suar sangue e que nem me dirá sequer um obrigado... mas, também, para que me serviria um obrigado dele? Ora, ele estará vivendo numa isbá branca enquanto sobre mim vai crescer a grama; pois bem, e daí?" (v. 8, p. 325).

Turguêniev, com rematada perspicácia, penetra aqui no dilema angustiante do jovem russo radical da década de 1860, dedicado de corpo e alma a servir a um povo do qual está totalmente alienado por sua cultura — um povo em nome do qual deve renunciar a todas as reivindicações de felicidade e que, no entanto, não consegue nem mesmo entender a natureza ou o significado de sua abnegação. Essa consciência do isolamento trágico da intelligentsia — um isolamento que fora uma das descobertas mais chocantes de Dostoiévski durante seus anos de prisão siberiana — ainda não tinha sido plenamente percebida como um dado objetivo da situação sociocultural russa. Ela se tornaria muito mais difundida nos anos seguintes, em parte porque o povo não se comportava da maneira como a intelectualidade havia previsto, e em parte porque Turguêniev elevara a questão ao nível da consciência. Em consequência, o sentimento de vontade e força indomáveis de Bazárov como *indivíduo*, bem como sua percepção de que está sozinho acima e além do povo, virá para o primeiro plano e moldará as atitudes influenciadoras da intelligentsia *raznotchíniets* no restante da década de 1860.

Antes mesmo da publicação de *Pais e filhos* corriam boatos em Petersburgo de que o novo romance de Turguêniev era um libelo vingativo contra Dobroliúbov. Tchernichévski continuou a acreditar nisso até o dia de sua morte e repetiu a acusação ainda em 1884.[9] Dependendo de como fosse lido, o texto podia ser tomado como uma "apoteose" de Bazárov (para citar a reação escandalizada de Katkov)[10] ou como uma condenação e denúncia do tipo que ele encarnava. O segundo ponto de vista era o da maioria dos leitores e aparece com uma boa dose de perspicácia num relatório da polícia secreta que vigiava a cena cultural em 1862: "Com essa obra [...] Turguêniev marcou nossos revolucionários adolescentes com o nome cáustico de 'niilistas', e abalou a doutrina do materialismo e seus representantes".[11] Para ter certeza de que Turguêniev receberia o castigo adequado por sua audácia, Tchernichévski confiou a resenha do romance ao jovem de 22 anos M. A. Antónovitch, um protegido de Dobroliúbov conhecido por sua beligerância.

O ensaio de Antónovitch, "O Asmodeu de nosso tempo", não é exatamente um artigo sobre o romance de Turguêniev, mas um ataque frontal com a intenção de destruir qualquer crédito que pudesse ser dado ao livro como representativo dos objetivos e ideais da nova geração. A maior parte do artigo é dedicada a difamar Turguêniev por todos os meios possíveis. A despeito da precisão de alguns de seus comentários relativos a Bazárov, eles se afogam no dilúvio de insultos que fez do artigo de Antónovitch um sinônimo de imperícia crítica.

Diametralmente oposta foi a reação de Dmítri Píssariev, o principal crítico de *A Palavra Russa*, uma revista até então considerada aliada incondicional de *O Contemporâneo*. Strákhov notou no jovem crítico uma tendência a tirar as conclusões mais extremadas das lições da Tchernichévski — as mesmíssimas conclusões "niilistas" que Bazárov logo estaria apregoando nas páginas de Turguêniev. Píssariev, é claro, achou o herói de Turguêniev bem a seu gosto e saudou precisamente aqueles aspectos de Bazárov que Antónovitch considerou difamatórios por caracterizarem o novo "herói do nosso tempo". Em determinada ocasião, Pável Pietróvitch diz que Bazárov tem um "orgulho satânico", e Píssariev se apressa a concordar que "essa expressão é escolhida com muita felicidade e constitui uma caracterização perfeita de nosso herói".[12] Bazárov também alardeia uma visão de mundo baseada num "empirismo" que reduz todas as questões de princípio à preferência individual, e é com desembaraço que Píssariev aceita essa doutrina como a última palavra em "ciência".

> Assim, Bazárov, em todos os lugares e em tudo, só faz o que quer, ou o que lhe parece útil e atraente. Ele é regido apenas pelo capricho pessoal ou pelo cálculo pessoal. Não reconhece acima dele, fora dele, ou dentro dele nenhum regulador, nenhuma lei moral, nenhum princípio. [...] Nada, exceto o gosto pessoal, o impede de assassinar e roubar, e nada, exceto o gosto pessoal, estimula pessoas desse tipo a fazer descobertas no campo da ciência e da existência social.[13]

Três anos depois, Raskólnikov, em *Crime e castigo*, mostrará o que pode acontecer quando essa interpretação do tipo Bazárov é posta à prova.

Em todo o seu artigo, Píssariev enfatiza, em particular, a grandeza de Bazárov como *indivíduo*, que se destaca não só acima de qualquer outro membro da classe instruída, mas ainda mais acima do povo. Em consequência, Píssariev é sensível ao isolamento moral e espiritual de Bazárov e chega mesmo a representá-lo sob a forma de uma lei social universal:

> Em cada período, as massas viveram satisfeitas, e com a sua placidez inerente satisfizeram-se com o que estava à mão. [...] Essa massa não faz descobertas ou comete crimes; outras pessoas pensam e sofrem, procuram e encontram, lutam e erram em seu nome — outras pessoas eternamente alheias a ela, que a olham eternamente com desprezo e, ao mesmo tempo, trabalham eternamente para aumentar-lhe o conforto da vida.[14]

Nada semelhante pode ser encontrado em *O Contemporâneo*, onde se julgava que os intelectuais e o povo estavam sempre unidos na realização de um objetivo sociopolítico comum. A imagem do herói *raznotchíniets* transcendente que age sozinho e que não pode deixar de sentir *desprezo* pelas pessoas cujas vidas ele deseja melhorar e elevar de fato era algo novo no cenário sociocultural russo. Qualquer que fosse a satisfação proporcionada pelo louvor de Píssariev, Turguêniev dificilmente poderia reconhecer sua concepção complexa nessa celebração de um Bazárov acima do bem e do mal, um tipo que quase fora alçado às dimensões de um super-homem nietzschiano. E não pode haver dúvida de que pôs a imaginação de Dostoiévski a trabalhar ao longo das linhas que acabaram por levar a Raskólnikov e seu artigo "Sobre o crime", que também separa o mundo em pessoas "ordinárias" e "extraordinárias" e reclama, para a segunda categoria, o *direito* de "passar por cima" da lei moral.

Dostoiévski leu *Pais e filhos* quando foi publicado na revista, no início de março, e sem demora manifestou sua admiração ao autor. Antes do final do mês, recebeu uma resposta em que Turguêniev expressa sua gratidão e satisfação: "Você captou de modo tão pleno e sensível o que eu quis expressar em Bazárov [...]. É como se você tivesse penetrado em minha alma e intuído até mesmo o que não achei necessário dizer. Espero em Deus [...] que todos vejam, mesmo que seja uma parte do que você viu!".[15] Um mês depois, ele escreve novamente a Dostoiévski: "Ninguém, ao que parece, suspeitou que tentei apresentá-lo [Bazárov] como uma figura trágica — e todo mundo diz: por que ele é tão mau? — ou por que ele é tão bom?."[16]

A carta original de Dostoiévski se perdeu, mas temos uma ideia do que

Dostoiévski enviou a Turguêniev pelas poucas frases que escreveu um ano depois, em *Notas de inverno sobre impressões de verão*, quando se refere ao "irrequieto e angustiado Bazárov (indício de um grande coração), apesar de todo o seu niilismo" (v. 5, p. 59). Bazárov é captado aqui exatamente como o tipo de figura trágica que Turguêniev desejara retratar, um herói cuja tragédia reside no conflito entre suas ideias ocidentais (sua ideologia) e "o grande coração", cujos impulsos e anseios não conseguiu suprimir ou negar.

Pode-se supor que Dostoiévski discutiu o romance de Turguêniev com Strákhov ao encomendar-lhe a resenha para *O Tempo*, e a análise do crítico, uma das melhores reações da época ao livro, transmite, sem dúvida, uma boa parte das ideias do próprio Dostoiévski. Publicado no número de abril, o artigo de Strákhov leva em conta as reações de Antónovitch e Píssariev, mas, em sua opinião, tanto a hostilidade de um quanto o entusiasmo do outro estão errados pelo mesmo motivo alegado pelo próprio Turguêniev: ambos apresentam o problema do livro em termos de saber se o autor era partidário dos pais ou dos filhos, do passado ou do futuro. Seu verdadeiro significado é muito mais profundo e tem a ver com um problema muito diferente.

"Nunca", escreve Strákhov, "o desacordo entre vida e pensamento foi sentido tão intensamente quanto no momento atual."[17] É esse desencontro que Turguêniev dramatiza, e é aqui, mais que no conflito de gerações, que se pode localizar a lição moral definitiva do livro. Bazárov, como dissera Píssariev com acerto, é claramente superior como indivíduo a todas as outras personagens do livro, inclusive os pais. Mas acontece que ele não é superior às forças da vida que eles encarnam, por mais insignificantes que sejam; ele não é superior às forças que tenta em vão reprimir em si mesmo, porque não combinam com a teoria sobre a vida que adota. Bazárov rejeita responder aos afagos da natureza, e Turguêniev a retrata em toda a sua beleza; Bazárov não valoriza a amizade nem o amor romântico, e Turguêniev mostra como ambos são verdadeiros em seu coração; Bazárov rejeita o sentimento de família, e Turguêniev retrata o amor altruísta, angustiado, de seus pais amorosos; Bazárov zomba do apelo da arte, e Turguêniev o delineia com todos os recursos de um grande talento poético. "Bazárov é um titã que se revolta contra a mãe terra",[18] escreve Strákhov; mas nenhum titã é poderoso o suficiente para triunfar sobre as forças que, estando imutavelmente enraizadas na natureza emocional do homem, fornecem o fundamento perene da vida humana.

Logo após a publicação do artigo de Strákhov, Turguêniev chegou a Petersburgo vindo de Paris e apressou-se a fazer uma visita à redação de *O Tempo*. "Ele nos encontrou em reunião," recorda Strákhov, "e convidou Mikhail Mikháilovitch, Fiódor Mikháilovitch e a mim para jantar com ele no Hotel Clea. A tempestade que se abatera sobre ele obviamente o abalara."[19] Idolatrado pelos reacionários, vilipendiado pela maioria dos radicais, elogiado por Píssariev por ter glorificado o niilismo — somente entre os editores de *O Tempo*, e em nenhum outro lugar da Rússia, havia ele encontrado compreensão e uma solidariedade esclarecida para com o maior romance de sua carreira literária.

Turguêniev era tido por interlocutor afável, e durante o animado jantar no Hotel Clea divertiu os convivas relatando os perigos que aguardavam os russos que se entregavam inocentemente às delícias de residir na Europa. É provável que tenha havido alguma menção à iminente primeira viagem de Dostoiévski ao exterior. Essa viagem era um grande acontecimento na vida de qualquer russo instruído, e Dostoiévski havia expressado recentemente seus anseios em carta ao poeta Polónski.

> Quantas vezes [...] sonhei que estava na Itália. Desde que li os romances de Ann Radcliffe quando tinha oito anos de idade, todos os tipos de Catarinas, Alfonsos e Lúcias têm povoado minha cabeça. [...] Depois, foi a vez de Shakespeare — Verona, Romeu e Julieta — só o diabo sabe que magia havia lá! Itália! Itália! Mas em vez da Itália, caí em Semipalátinsk, e antes disso na casa dos mortos. Será que não conseguirei ir à Europa enquanto ainda tenho força, paixão e poesia?[20]

A situação financeira de *O Tempo* prometia agora o bastante para permitir-lhe a realização desse sonho havia muito acalentado, e também desejava consultar especialistas europeus sobre a sua epilepsia. Ele escreve a seu irmão Andrei que estava viajando sem sua esposa em parte por falta de recursos, em parte porque Maria Dmítrievna desejava supervisionar a preparação de Pacha para os exames de admissão ao ginásio. O plano de Dostoiévski era encontrar-se com Strákhov, que também fazia sua primeira viagem à Europa, em meados de julho. Em 7 de junho de 1862, ele partiu na primeira de suas muitas peregrinações pela Europa.

A primeira etapa da viagem levou Dostoiévski da Rússia, através de Alemanha, Bélgica e França, até Paris, onde planejava passar um mês. Algumas das observações que acumulou ao longo do caminho se encontram em suas *Notas de inverno sobre impressões de verão*, obra escrita no ano seguinte e publicada em *O Tempo*. Essa série de artigos, apesar do título, contém sérias reflexões políticas e socioculturais, embora essas ideias apareçam em meio a cenas de viagem casuais cujo tom leve transmite um ar enganoso de frivolidade. No entanto, apesar de todas as tentativas de divertir e distrair, essas vinhetas nos ajudam a entender aspectos importantes da primeira reação de Dostoiévski ao espetáculo da vida europeia.

Suas impressões iniciais de Berlim, Dresden e Colônia foram todas decepcionantes, e, após as visitas aos lugares turísticos obrigatórios, ele correu para Paris, "esperando que os franceses fossem mais simpáticos e divertidos" (v. 5, pp. 48-9 [74]).* Mas, antes de chegar a Paris, fez uma pausa no caminho — muito provavelmente em Wiesbaden, com seu convidativo cassino — para tentar a sorte na roleta. O que aconteceu nessa primeira aventura permanece obscuro, mas Strákhov acredita que Dostoiévski tenha ganhado rapidamente 11 mil francos, e sugere que esse ganho fácil o empurrou para o caminho da perdição.[21] Uma carta posterior de Mikhail, informando ao irmão que estava encaminhando algum dinheiro de uma editora, indica que Dostoiévski estava de novo na penúria financeira. "Pelo amor de Deus, não jogue mais", implora seu irmão. "Como você pode jogar, considerando a nossa sorte?"[22] Esse episódio foi o primeiro sintoma do vício da roleta de Dostoiévski, que iria dominá-lo tão fortemente no futuro.

Paris era a meca para todos os turistas russos — fossem aqueles que, como Herzen e Bakúnin, vinham para venerar o santuário sagrado da sublevação revolucionária, fossem aqueles, mais numerosos, que queriam divertir-se no Bal Mabille e caçar *grisettes* no Quartier Latin. Era meados de junho quando ele chegou a Paris — depois de sentir primeiro o ar perturbador do clima político no Segundo Império, quando quatro espiões da polícia francesa, com a atribuição de inspecionar todos os estrangeiros que entrassem e transmitir descrições para as autoridades competentes, embarcaram no trem e sentaram-se em seu compartimento. Ele permaneceu em Paris por duas semanas, tempo suficiente para absorver a atmosfera de ordem e decoro, e rotula a cidade — de brincadeira, é claro — de "a

---

* A tradução de todas as citações de *Notas de inverno sobre impressões de verão* é de Boris Schnaiderman. In: *O crocodilo e Notas de inverno sobre impressões de verão*. São Paulo: Editora 34, 2011. 4. ed. O número da página entre colchetes é o da edição brasileira, logo após a referência à edição russa. (N. T.)

mais moral, a mais virtuosa cidade de todo o globo terrestre" (v. 5, p. 68 [113]). "O parisiense gosta tremendamente de comerciar, mas, segundo parece, mesmo comerciando e escorchando alguém em sua loja, fá-lo não simplesmente por amor ao lucro, como acontecia outrora, mas por virtude, por não sei que necessidade sacrossanta" (v. 5, p. 76 [128]).

Seguindo os passos de Herzen, que havia diagnosticado a burguesia francesa tal como refletida nas peças de Eugène Scribe, Dostoiévski correu ao teatro para investigar a evolução dessa imagem. Em todas as peças de Dumas Filho, Augier, Sardou e do infatigável Scribe encontrou personagens de nobreza indescritível e virtude impecável; todas dizem respeito a um jovem que, no primeiro ato, renuncia a uma fortuna pelos motivos mais elevados, para invariavelmente no último ato casar-se com uma moça pobre que de repente herda uma riqueza incalculável — a menos que se descubra no final que ele, em vez de um órfão sem tostão, é, na verdade, filho legítimo de um Rothschild. Depois de ver os pontos turísticos e consultar várias autoridades médicas sobre sua epilepsia, Dostoiévski resumiu suas impressões sobre os franceses em uma carta a Strákhov enviada um dia antes de partir para Londres. "Por Deus! Os franceses são um povo nauseante. [...] O francês é agradável, honesto, polido, mas falso, e o dinheiro é tudo para ele. Nenhum vestígio de algum ideal."[23] Como as palavras de Dostoiévski coincidem perfeitamente com o retrato dos franceses pintado por Herzen, pessoa muito mais urbana e cosmopolita, em suas borbulhantes *Cartas da França e da Itália*, podemos considerá-las apenas outro exemplo de uma recorrente reação russa à vida burguesa dos franceses.[24]

Se o que chamou a atenção de Dostoiévski em Paris foi a sensação sufocante de ordem e decoro burgueses, o que o impressionou em Londres foi a clamorosa vitalidade da cidade em toda a nudez de suas discórdias conflitantes:

Que diferença em relação a Paris, mesmo exteriormente! Esta cidade que se afana dia e noite, imensurável como o mar, com o uivar e ranger de máquinas, estas linhas férreas erguidas por cima das casas (brevemente, serão estendidas por debaixo delas), esta ousadia de iniciativa, esta aparente desordem que em essência é a ordem burguesa no mais alto grau, este envenenado Tâmisa, este ar impregnado de carvão de pedra; estas magníficas praças e parques, estes terríveis recantos da cidade como Whitechapel, com a sua população seminua, selvagem e faminta. A City, com os seus milhões e seu comércio mundial, o Palácio de Cristal, a Exposição Internacional. (v. 5, p. 69 [115])

Para um russo com consciência social, Londres era a capital da terra clássica do proletariado despossuído, e a atenção de Dostoiévski voltou-se para esse aspecto da vida da classe baixa. Alguém lhe contara (e quem poderia ter sido senão Herzen, que morava em Londres?) que todas as noites de sábado meio milhão de trabalhadores, com suas esposas e filhos, invadia as ruas do centro para celebrar o início do seu único dia de lazer: "Todos eles sacrificam para tal fim as economias semanais, fruto de um trabalho estafante e acompanhado de maldição". Tudo permanece aberto, todos os açougues e os restaurantes continuam a fazer negócio, e a noite se transforma em dia quando as ruas são iluminadas por potentes lampiões a gás:

Arma-se uma espécie de baile para esses escravos brancos. O povo acotovela-se nas tabernas abertas e nas ruas. Come-se e bebe-se ali mesmo. As cervejarias estão enfeitadas como palácios. Tudo parece ébrio, mas sem alegria, sombrio, pesado, estranhamente silencioso. Apenas de quando em quando, impropérios e brigas sangrentas rompem este silêncio suspeito, que provoca uma sensação de tristeza. Tudo isso se apressa em se embriagar o quanto antes, até a perda da consciência.

Dostoiévski vagou por entre essa multidão às duas horas da manhã de um domingo e, diz ele, "as impressões que tive então me torturaram durante uns três dias" (v. 5, pp. 70-1 [117-8]).

Em outra noite, passeou em meio a milhares de prostitutas que exerciam seu ofício no Haymarket, e ficou maravilhado com o luxo dos cafés, onde era possível alugar acomodações para a noite, e com a beleza de algumas das mulheres. Viu várias cujos "rostos parecem extraídos de *keepsakes*"* (v. 5, pp. 71-2 [119]). Dostoiévski foi abordado não só por prostitutas, mas por mulheres que se dedicavam ao caridoso trabalho de tentar redimir essas almas perdidas.

Seus vestidos pretos sugerem que se tratava das primeiras voluntárias do Exército da Salvação, que foi formalmente organizado três anos depois, mas Dostoiévski aproveitou a oportunidade para alimentar seus preconceitos antica-

---

* *Keepsakes*: álbuns de desenhos de rostos femininos em voga no século xix. (N. T.)

tólicos. "É uma propaganda sutil e calculada", escreve. "Um padre católico observa, por exemplo, a família de algum operário pobre e nela penetra. [...] Ele passa a alimentar, vestir, agasalhar a todos e começa a tratar o doente, compra-lhe remédios, torna-se amigo da casa e, por fim, converte todos ao catolicismo" (v. 5, p. 73 [121]). Para ele, a ideia de catolicismo romano já estava identificada com a de uma traição do verdadeiro espírito da fé cristã, que substitui a mensagem de Cristo de caridade e amor pela tentação de bens e confortos materiais.

O acontecimento mais importante da estada de Dostoiévski em Londres foi seu encontro com Herzen, a quem visitou provavelmente várias vezes durante os oito ou mais dias em que esteve na cidade. Em *Sobre o desenvolvimento das ideias revolucionárias na Rússia* (1851), Herzen havia incluído Dostoiévski entre as pessoas "mais nobres e ilustres" que tinham sido condenadas à Sibéria por seu idealismo político. *Gente pobre* foi apontado como prova do rumo socialista que a literatura russa tomara na década de 1840, e, em tempos mais recentes, Herzen demonstrara grande interesse por *Recordações da casa dos mortos*. Sobre o panfleto *A Nova Rússia*, os dois também estavam de acordo. Em artigo publicado na edição de 15 de julho de *O Sino*, poucos dias após a primeira visita de Dostoiévski, Herzen, à semelhança de um *pótchviennik*, diz dos autores do panfleto que

sua lógica destemida é um dos traços mais característicos do gênio russo *apartado do povo*. [...] Em consequência da escravidão em que vivemos, da alienação de nós mesmos, de nossa ruptura com o povo, de nossa impotência para agir, restou-nos um consolo doloroso [...] — a nudez de nossa negação, nossa crueldade lógica, e foi com uma espécie de alegria que pronunciamos aquelas palavras finais, *extremas*, que os lábios de nossos professores mal sussurravam, empalidecendo enquanto as diziam e olhando em volta, apreensivos.[25]

Dostoiévski era um grande admirador da brilhante obra de Herzen *Da outra margem*, parte ensaio, parte diálogo, e elogiou-a ao seu autor. Com efeito, poucos escritos de Herzen teriam tocado tão de perto o coração de Dostoiévski quanto essa acusação amarga das ilusões do socialismo utópico, essa denúncia da civilização europeia por se aferrar às formas sociopolíticas do passado e ser incapaz de ir além dos seus limites, essa torrente de desprezo derramado sobre a intelligentsia europeia radical por imaginar que as massas prestariam atenção às suas elucubrações grandiloquentes.

Herzen havia então desenvolvido sua teoria do socialismo russo, em que a desilusão com a classe operária europeia e seus líderes dava lugar a uma esperança no futuro fundada no socialismo igualitário tradicional do camponês russo e sua *óbschina* nativa. Teria Dostoiévski indicado sua concordância com Herzen a respeito *dessa* questão — e a tal ponto que o cético Herzen até teria recuado um pouco em face do fervor das palavras de Dostoiévski? É o que parece sugerir a referência de Herzen à conversa numa carta escrita a Ogariov, a quem Dostoiévski havia provavelmente encontrado um ou dois dias antes. "Dostoiévski esteve aqui ontem — ele é ingênuo, não inteiramente lúcido, mas excelente pessoa", escreve ele. "Ele acredita com entusiasmo no povo russo."[26]

Sem dúvida Dostoiévski estava ciente de que, ao visitar Herzen, dava um passo que poderia pô-lo em perigo. A Terceira Seção estava de olho nas atividades na casa de Herzen, e Tchernichévski fora preso depois que espiões informaram que o imprudente Herzen estava se oferecendo para imprimir *O Contemporâneo* em Londres. A presença de Dostoiévski não escapou aos agentes que mantinham Herzen sob vigilância e comunicaram à Rússia que, em Londres, Dostoiévski "fizera amizade com os exilados Herzen e Bakúnin".[27] O exuberante Bakúnin, que também morava em Londres na época, acabara de fugir do exílio na Sibéria através dos Estados Unidos.

L. P. Grossman afirmou que Bakúnin foi o protótipo direto de Stavróguin em *Os demônios*, e muito se escreveu sobre um possível encontro entre os dois.[28] A imaginação de Dostoiévski, no entanto, embora trabalhasse a partir de protótipos, fundia invariavelmente todos os tipos de sugestões numa imagem representativa; ele nunca tomou uma única pessoa como fonte exclusiva de inspiração. Assim, o fato de os dois homens terem algum dia se encontrado se torna uma questão menor no que diz respeito ao Dostoiévski artista, embora o encontro possa muito bem ter ocorrido, porque Bakúnin comparecia com assiduidade às recepções das tardes de domingo na casa de Herzen. De qualquer modo, o nome de Dostoiévski foi colocado na lista das pessoas que visitavam Herzen não por simples curiosidade, mas porque simpatizavam "mais ou menos com as suas intenções criminosas".[29] Uma ordem especial foi dada para revistar sua bagagem no retorno ao país.

Dostoiévski e Strákhov encontraram-se em Genebra no final de julho e atravessaram juntos a Suíça e o norte da Itália, a caminho de Florença, passando por Turim, Gênova e Livorno. Em Florença, ficaram uma semana numa modesta *pensione* na Via Tornabuoni. Os dois russos eram inseparáveis, e Strákhov gravou a imagem de um Dostoiévski cativante em seu papel incomum de turista: "Toda a sua atenção estava voltada para as pessoas, em apreender a natureza e o caráter delas, e para a impressão geral de vida que transcorria ao seu redor nas ruas".[30] Esse relato condiz com as observações do próprio Dostoiévski em *Notas de inverno*, mas nos perguntamos se ele estava tão pouco interessado pelos Uffizi quanto Strákhov faz parecer (pondo-se, naturalmente, no papel de civilizado amante da arte). Os dois leram *Os miseráveis* de Hugo (que estava sendo publicado então), e Dostoiévski devorava volume após volume e os passava a Strákhov. Acima de tudo, caminhavam e conversavam, e Strákhov pinta uma imagem idílica dessas conversas pachorrentas.

Esse retrato amigável, no entanto, foi contestado por um rascunho inacabado de um artigo intitulado "Observações", encontrado nos arquivos de Strákhov, que revela algumas das tensões que acabaram por levar Strákhov, logo após a morte de Dostoiévski, a denunciar seu antigo amigo numa carta insultuosa para Tolstói. Dedicada a Dostoiévski, parece ter sido escrita em Florença ou pouco depois, e começa por recordar um desses diálogos que o autor retratou mais tarde com toques de nostalgia. "Em um de nossos passeios por Florença", escreve ele, "você me declarou com veemência que havia na tendência do meu pensamento um defeito que você odiava, desprezava, e que perseguiria até o dia de sua morte. Então, nós apertamos as mãos firmemente e nos separamos."[31] Adeus ao camafeu de concórdia serena que Strákhov ofereceu mais tarde a um mundo crédulo!

Por que Dostoiévski reagiria de forma tão veemente e ofensiva? Strákhov sempre fora a favor de uma linha dura para com os radicais e suas observações parecem referir-se a essa posição. Ninguém, segundo ele, tinha permissão para fugir das consequências lógicas de suas convicções e ações; não se devia dar desculpas sob o pretexto de que as pessoas não compreendiam as implicações de suas ideias. "Você achava insuportável e repugnante", escreve Strákhov, "que eu levasse muitas vezes nosso raciocínio à conclusão de que, na forma mais simples, se pode expressar assim: 'mas, realmente, é impossível que dois mais dois não seja igual a quatro.'"[32]

Desse modo, Strákhov insistia que os radicais deviam assumir o ônus total de suas crenças. Dostoiévski, por outro lado, ainda não queria colocá-los contra a parede e respondeu a Strákhov que se devia dar à aparente incoerência deles uma interpretação mais caridosa: "Obviamente, as pessoas que dizem que *dois mais dois* não é igual a *quatro* não pretendem de forma alguma dizer isso, mas, sem dúvida, pensam e desejam expressar outra coisa".[33] Para Dostoiévski, a falta de lógica não é prova de erro, mas a indicação de um conflito entre o que é dito e o que se pretende dizer de fato; o erro é uma pista para algo oculto e escondido sob a ideia de que deve ser entendido como o seu *verdadeiro* sentido. Essas palavras revelam o motivo pelo qual, até então, Dostoiévski se recusara a condenar os radicais in totum, por mais que fosse hostil às ideias que expressavam, pois sob elas continuava a perceber um desejo do bem que deveria ser reconhecido e valorizado.

Outro trecho do texto alusivo de Strákhov dá um salto repentino do reino da política social para aquele da base última da moral. "É verdade que o homem é bom?", pergunta Strákhov de repente. "Temos coragem de negar sua podridão?" Sua resposta a essa pergunta é enfaticamente negativa, e ele respalda sua conclusão em um apelo ao testemunho da fé cristã:

> O ideal do homem perfeito, que o cristianismo nos mostra, não está morto e não pode morrer em nossas almas; cresceu junto com ele para sempre. E assim, quando a imagem da humanidade contemporânea se desenrola diante de nós e nos perguntam se o homem é bom, imediatamente encontramos em nós mesmos a resposta decisiva: "Não, é podre até a medula!".[34]

O fragmento contém o suficiente para nos fazer entender por que Dostoiévski pode ter sentido tanta raiva e hostilidade contra seu suposto "amigo".

Apesar de uma crença amplamente difundida em contrário, Dostoiévski não partilhava da opinião "cristã" de Strákhov de que o homem é "podre até a medula" (que representa somente a posição de um extremado cristianismo agostiniano ou da Reforma). Dostoiévski acreditava que, uma vez que o homem, e em particular o homem russo, era capaz de sentir remorso e arrependimento, nunca se deveria abandonar a esperança de sua redenção. Sem dúvida, Strákhov entendia ser esta a causa fundamental da recusa de Dostoiévski a renunciar de uma vez por todas à simpatia pelos radicais, e da resposta de que "odiaria, desprezaria e perseguiria" esse tipo de mentalidade pelo resto de seus dias. Com efeito, Strákhov atacava aqui as devoções mais profundas de Dostoiévski, sua fé fundamental nos tesouros do amor cristão escondidos na alma do povo russo ignorante, e um sacrilégio como esse Dostoiévski não podia perdoar.

Depois de uma semana em Florença juntos, os dois se separaram: Strákhov foi para Paris e Dostoiévski pretendia viajar para Roma e Nápoles. Por razões desconhecidas, mudou de ideia e, no início de setembro, estava de volta a Petersburgo, pronto para reassumir seu posto de editor *de facto* e principal colaborador de *O Tempo*.

26. Os últimos meses de *O Tempo*

Ao retornar a Petersburgo, no outono de 1862, Dostoiévski e Strákhov retomaram o trabalho em *O Tempo* com vigor renovado. Grigóriev também retornara do exílio voluntário em Orenburg e voltara a ser uma presença agregadora. Em meados do ano, o número de assinantes da revista superava a marca de 4 mil, atingindo assim o nível de publicações estabelecidas havia muito tempo, como *Anais da Pátria*. A segurança financeira estava finalmente à vista para os sobrecarregados irmãos Dostoiévski, que haviam trabalhado como verdadeiros escravos para dar à sua publicação uma base econômica sólida. E, o que era ainda mais encorajador, seu portfólio editorial estava transbordando de manuscritos que afluíam de todos os cantos da Rússia e atestavam o crescente prestígio adquirido pela revista no breve espaço de dois anos.

Os editores de *O Tempo*, no entanto, se viram numa situação cada vez mais embaraçosa. A proibição de *O Contemporâneo*, em julho de 1862, juntamente com a detenção simultânea de Tchernichévski, causara uma acentuada mudança no clima sociocultural. Não era mais possível criticar ideias radicais — mesmo que respeitosamente, ou com ressalvas — sem dar a impressão de apoiar as medidas repressivas do regime. Parar de discutir com os radicais significaria abandonar a razão de ser de *O Tempo*, mas continuar com a mesma política editorial seria flertar com o desastre e até mesmo com a execração.

Pode-se ter uma noção do clima tenso e desconfiado então reinante nos círculos literários a partir da surpreendente franqueza de Nekrássov na carta que escreve a Dostoiévski para explicar por que deixaria de mandar uma colaboração prometida. Corriam rumores, admitiu ele, de "que traí Tchernichévski [às autoridades] e ando livremente pelas ruas de Petersburgo. [...] Em vista de tudo isso, não devo, por enquanto, dar nenhum outro motivo para rumores ambíguos".[1] Dostoiévski ficou abalado com as implicações dessa carta e tinha todos os motivos para se ofender com a insinuação de Nekrássov de que sua revista podia ser considerada reacionária. Embora seus artigos de 1862-3 revelem seu desencanto crescente com os radicais e uma inclinação crescente para o eslavofilismo, a revista não ficara conservadora em nenhum sentido que lhe garantisse o favor das autoridades. Ela continuava a se referir ao *Raskol*, que era oficialmente ilegal e rejeitava todo o aparato do Estado russo, como prova da capacidade do povo russo de criar suas próprias formas nativas de cultura; e Dostoiévski cita repetidamente o sistema comunal de posse de terra como prova adicional dessa capacidade. Com efeito, ele não poderia ser mais claro em seu acordo com os princípios básicos do socialismo russo de Herzen.

O reaparecimento de *O Contemporâneo* no final de fevereiro de 1863 pôs em campo contra *O Tempo* um novo e temível inimigo, o mordaz satirista Saltikov-Schedrin, que entrara para a equipe editorial da revista renascida. A ele foi prontamente atribuída a tarefa, antes confiada ao belicoso mas inepto Antónovitch, de continuar a luta contra os *pótchvienniki*. Saltikov-Schedrin, que publicara *Cenas provincianas* em *O Mensageiro Russo*, de Katkov, e também enfeitara as páginas de *O Tempo* com alguns desses esboços, não era conhecido como radical ardoroso. Uma vez que Dostoiévski expressara muitas vezes grande admiração por seus talentos, sua súbita intervenção como proeminente antagonista foi recebida com amargura.

Embora a discussão tenha sido realizada anonimamente, os dois reconheceram a marca inimitável do estilo e do tom alheios. Saltikov-Schedrin rotulou os colaboradores de *O Tempo* de "passarinhos mansos", que viviam com medo e tremiam, mesmo que "ninguém lhes tenha ferido. Ninguém se opõe aos senhores, ninguém sequer pensa nos senhores". Havia muito mais nessa veia presunçosa, inclusive a previsão de que, em breve, *O Tempo* "katkovizaria", isto é, entraria totalmente para o campo antirradical; mas, enquanto isso, tentava manter-se numa posição impossível. "Qual é a ideia norteadora de sua revista?

Nenhuma. O que os senhores disseram? Nada. Os senhores têm se esforçado para expressar algum tipo de verdade sobre a ordem das 'botas quentes' [expressão russa para um absurdo], sempre ficaram em cima do muro, e sua ingenuidade vai tão longe que não quiseram perceber que caíram no chão."[2] Esse foi apenas o começo de uma altercação cada vez mais acirrada entre essas duas figuras importantes que, um ano mais tarde, culminaria numa explosão brilhante de esquetes paródicos em diálogos de ambos os lados. Tampouco Dostoiévski se esqueceu de incluir duas farpas satíricas contra Saltikov-Schedrin em sua obra seguinte, *Memórias do subsolo*.

A Rússia, porém, foi então ocupada por acontecimentos de importância imediata muito maior do que as altercações internas de sua intelectualidade. O mês de janeiro de 1863 marcou a irrupção de mais uma revolta polonesa contra a hegemonia russa. Se a opinião russa havia sido favorável ao desejo polonês de mais independência, essa posição mudou rapidamente depois que o levante começou com um massacre de soldados russos que dormiam em seus alojamentos. Os poloneses também exigiram, além da independência, a restauração das fronteiras da Polônia de 1772, que incluíam a Lituânia, a Rússia Branca e grande parte da Ucrânia. A pressão exercida pela França e pela Inglaterra a favor dessas pretensões só conseguiu levar o nacionalismo russo a uma incitação febril, e o apoio dos radicais à causa polonesa (alguns jovens oficiais russos chegaram a desertar e lutar ao lado dos poloneses) acabou com qualquer influência que porventura a extrema esquerda ainda exercesse na sociedade em geral. O apoio de Herzen aos poloneses, contrariando seu próprio bom senso (ele foi convencido pelo volátil Bakúnin, sempre louco por uma revolução), desferiu um golpe mortal em *O Sino*.

Os radicais que viviam no país dificilmente poderiam manifestar apoio à causa polonesa usando a imprensa russa. É claro que um evento dessa gravidade não passou despercebido, mas a cobertura se limitou — como no caso de *O Tempo* — a um resumo neutro de despachos oficiais e um relato das manobras diplomáticas internacionais. Em Moscou, no entanto, Katkov realizava uma campanha feroz contra os poloneses e os radicais russos, os quais enfiava no mesmo saco, tornando-se o homem mais aplaudido do momento, a admirada voz da indignação patriótica russa. Em Moscou, o fato de a imprensa de Petersburgo não levantar a voz com igual veemência provocou violento ressentimento. Os moscovitas estavam prontos a tomar esse relativo silêncio como sinal de traição e não hesitaram em lançar essa acusação contra o primeiro alvo disponível que se ofereceu à sua fúria. Infelizmente para *O Tempo*, esse alvo acabou por ser um artigo de Strákhov que, embora concebido como uma confissão pública em favor da causa russa, foi escrito em termos tão tortuosos e evasivos que poderia ser interpretado como uma justificativa da desesperada revolta polonesa.

O Tempo foi proibido pelo governo em maio de 1863; e é uma triste ironia que a revista de Dostoiévski tenha sido fechada no momento em que batalhava com mais ferocidade contra *O Contemporâneo*. Dostoiévski explica o que aconteceu em uma carta a Turguêniev um mês depois do fechamento.

> A ideia do artigo (Strákhov o escreveu) era a seguinte: os poloneses nos desprezam tanto por sermos bárbaros, vangloriam-se tanto diante de nós de sua civilização "europeia", que dificilmente se pode prever uma paz moral (o único tipo durável) por longo tempo conosco. Mas, como não entenderam a formulação do artigo, ele foi interpretado da seguinte forma: que afirmamos, *espontaneamente*, que os poloneses têm uma civilização tão superior à nossa e que somos tão inferiores que, é óbvio, eles estão certos e nós estamos errados.[3]

Com efeito, essa acusação foi feita instantaneamente por um escritor na *Gazeta de Moscou*, jornal editado por Katkov, e reproduzida em outros lugares. Dostoiévski escreveu uma resposta cuja publicação foi proibida pela censura, e, como ele relata indignado a Turguêniev, "certas revistas (*O Dia*, entre outras) resolveram nos provar seriamente que a civilização polonesa é apenas uma civilização de superfície, aristocrática e jesuítica e, portanto, de forma alguma superior à nossa",[4] quando este era exatamente o argumento do artigo de Strákhov. O tsar, já indisposto em relação a *O Tempo*, decidiu que tinha chegado a hora de pôr fim, de uma vez por todas, a esse persistente incômodo jornalístico. A ordem de proibir a publicação, baixada em 24 de maio de 1863, foi justificada não somente com base no artigo de Strákhov, mas também devido à "tendência nociva da revista".[5]

Assim terminou a vida de *O Tempo*, e seu desaparecimento deixou Mikhail com uma enorme dívida. O fato foi desastroso sob todos os aspectos e acrescentou mais uma tensão às relações entre Dostoiévski e Strákhov. Na verdade, Strákhov não podia ser considerado o único culpado porque, como editor responsável, Dostoiévski lera e aprovara seu artigo. Os dois mantiveram a fachada de relação amistosa, mas o desastre criou um ressentimento corrosivo que veio à tona muito mais tarde, em declarações hostis que um fez a respeito do outro em caráter privado.

O fechamento de *O Tempo* desferiu um duro golpe na sorte pessoal de Dostoiévski e privou-o de sua única fonte regular de renda. Por sorte, não ficou à míngua porque as várias obras importantes publicadas nas páginas da revista conseguiram restabelecer sua reputação literária. Com *Humilhados e ofendidos*, voltara à atenção pública, e *Recordações da casa dos mortos* lhe trouxera uma fama que superava, de longe, a glória efêmera que obtivera com *Gente pobre* em 1845. Examinamos *Recordações* anteriormente por seu valor documental; vamos agora analisar esse texto como obra de arte.

Memórias da prisão se tornaram tão familiares para nós (e a literatura russa está agora, infelizmente, tão rica em exemplos disso) que tendemos a esquecer que foi Dostoiévski que deu ao seu país a primeira obra-prima desse tipo. Mas assim foi: *Recordações da casa dos mortos* criou o gênero na Rússia, respondendo desse modo a uma imensa curiosidade sobre as condições de vida dos "infelizes" que entraram em conflito com o Estado, sobretudo os condenados por crimes políticos. Os presos políticos provinham, em geral, das fileiras dos cultos, e, com certeza, qualquer alusão pública à sorte *deles* suscitava o mais vivo interesse. "Minha figura desaparecerá", Dostoiévski havia escrito a Mikhail em outubro de 1859. "São notas de um desconhecido, mas garanto seu interesse. Haverá [...] a descrição de personagens *dos quais nunca se ouviu falar* na literatura, e [...] por fim, o mais importante, o meu nome. [...] Estou convencido de que o público lerá isso com avidez."[6] Dostoiévski contava que seus leitores aceitassem a obra como um relato preciso de seus anos na prisão, e eles assim o fizeram.[7] Mas sua presença como condenado político permearia o livro como um todo, em vez de ser colocada em primeiro plano. Essa dupla perspectiva é cuidadosamente mantida e não devemos esquecê-la em nenhum momento se quisermos evitar o erro de tomar a obra por um livro de memórias sem adornos ou por um constructo puramente ficcional: na verdade, trata-se de uma inigualável combinação de ambos.

Recordações da casa dos mortos, é claro, deve sua origem aos incidentes da existência de Dostoiévski, mas também se encaixa muito bem num gênero muito cultivado na literatura russa naquele momento. Produziam-se então muitos relatos de experiências pessoais, escritos numa forma despojada, como a do esquete, e amarrados de um modo aparentemente fortuito, e Dostoiévski estava familiarizado com todos eles. Ao deixar o campo de trabalhos forçados, lera *Memórias de um caçador* de Turguêniev e as vinhetas populares de S. T. Aksákov sobre caça e pesca. Os *Contos de Sebastopol*, de Tolstói, também foram publicados logo após sua saída da prisão e ele correu a lê-los, assim como tudo o mais que saiu da pena desse autor. Em meados da década de 1850, as memórias magistrais de Herzen, *Passado e pensamentos*, tinham começado a sair em *O Sino*, e novos fascículos foram publicados durante todo o restante da década.

O súbito aparecimento dessa moda literária semijornalística pode ser atribuído, em parte, a um relaxamento temporário da censura, o que incentivou os escritores a falar mais livremente do que tinham feito no passado, sem o disfarce protetor da "ficção" (Herzen, que vivia no exílio, não precisava se preocupar com a censura). Desse modo, os escritores se voltaram instintivamente para a forma do "esquete fisiológico", muito cultivada durante a década de 1840 — outro período de relativa liberdade literária —, que enfatizava a observação precisa de tipos sociais inseridos em seu ambiente e cujo objetivo era descrever as pessoas na rotina de sua existência cotidiana. A maioria dos primeiros esquetes desse tipo enfatizara personagens urbanos e a vida da cidade, mas o renascimento da forma na década de 1850 ampliou sua abrangência temática para incluir a vida dos camponeses.

Uma vez que o objetivo desses esquetes era transmitir uma impressão de veracidade, eles não estavam ligados entre si por nenhum tipo de intriga romanesca que pudesse despertar suspeitas em relação à verossimilhança da vida que estava sendo retratada. Essa relativa ausência de trama tornou-se então uma característica distintiva do romance russo quando escritores como Tolstói e Turguêniev passaram a gêneros mais complexos do que o esquete e o conto. Dostoiévski se destaca como a grande exceção a essa tendência de prosa russa do século XIX e já começara a experimentar com a técnica do romance-folhetim, minuciosamente tramada, que logo elevaria a novos patamares. Mas *Recordações da casa dos mortos*, entre muitas outras coisas, é também um tributo à sua versatilidade literária e uma prova de que podia adaptar sua técnica ao seu material e a qualquer propósito artístico que escolhesse. Era importante, sobretudo, que o leitor não tivesse dúvidas quanto à veracidade do relato, e assim Dostoiévski evitou todos os efeitos "romanescos" e desenvolveu sua variação original das formas maiores do esquete usadas pelos escritores russos que admirava.

Os esquetes de Dostoiévski, à diferença dos esquetes de Turguêniev e Tolstói, chegam ao leitor através da interposição de dois narradores. O primeiro é o suposto editor do livro, que aparece na introdução e dá a impressão de ser uma pessoa bem-educada, curiosa e observadora; não sendo nativo da Sibéria, passou um tempo considerável na região — provavelmente em algum cargo administrativo, como o barão Wrangel, amigo de Dostoiévski. Esse primeiro narrador fornece uma imagem irônica da vida nessa remota região ("os habitantes são pessoas simples e sem opiniões liberais; tudo continua de acordo com as tradições antigas, sólidas, consagradas pelo tempo") que destila um sarcasmo polido e mostra ao leitor russo que a região era realmente um antro de iniquidades (v. 4, p. 5). Suas palavras também são um convite a procurar com cuidado significados ocultos sob a superfície da prosa, e esse aviso sem dúvida tencionava alertar o leitor para que não tomasse em sentido literal as informações que o primeiro narrador fornece sobre o segundo. O autor nominal dos esquetes é um antigo proprietário rural, Aleksandr Pietróvitch Goriántchikov (o nome sugere alguém que sofreu muito: *gore* em russo significa "desgosto" ou "infortúnio"), que cumpriu uma sentença de dez anos por ter assassinado a esposa num acesso de ciúme no primeiro ano de casamento. Goriántchikov vive em completo isolamento, sustenta-se dando aulas para as crianças da região e evita qualquer contato com o mundo, pois se presume incapaz de adaptar-se à vida normal depois de passar anos na servidão penal.

Quando Goriántchikov morre de repente, o primeiro narrador consegue impedir que alguns papéis do morto sejam jogados fora. Um pacote contém uma "descrição desconexa dos dez anos que Aleksandr Pietróvitch passou no campo de prisioneiros". Essas páginas se interrompem de quando em quando e são intercaladas com trechos de uma outra história, "algumas reminiscências estranhas e terríveis" — uma provável referência ao assassinato, que assombra Goriántchikov. Essa parte do texto póstumo não é reproduzida, pois o editor entende que somente o relato dos anos de prisão de Goriántchikov "não é desprovido de interesse", uma vez que revela "um mundo absolutamente novo, até então desconhecido", e resolve então oferecê-lo ao julgamento do público (v. 4, p. 8).

Até que ponto esse segundo narrador deve ser levado a sério? Eis uma questão que tem sido objeto de constante discussão. Alguns críticos estão dispostos a levá-lo muito a sério, e o sempre iconoclasta Viktor Chklóvski tentou apresentar razões para dar ao destino de Goriántchikov um lugar central na interpretação do livro.[8] Porém, se o considerarmos o verdadeiro narrador de *Recordações da casa dos mortos*, e não o próprio Dostoiévski, então é impossível não acusar o autor de um descuido imperdoável. No segundo capítulo, por exemplo, quando Akim Akímitch conta ao narrador preso que camponeses companheiros de prisão "não gostam de aristocratas [...] em especial dos políticos", ele está claramente se dirigindo a alguém incluído nessa última categoria; e por todo o livro há outras alusões à mesma situação social do narrador (v. 4, p. 28). Além disso, se aceitarmos Goriántchikov como mais do que uma convenção, então Dostoiévski pode ser acusado de permitir um choque perturbador entre seu tema como um todo e a narração no qual ele está contido, porque nenhuma das verdades consoladoras que o narrador descobriu na casa dos mortos, nada da exuberância, do sentimento de esperança, da possibilidade de começar uma nova vida que ele sentiu em sua libertação — nada disso está de acordo com o caráter e o destino do Goriántchikov que se presume ter escrito o manuscrito que estamos lendo.[9]

A opinião mais aceita e mais convincente é que Dostoiévski introduziu Goriántchikov sobretudo como um meio de evitar problemas com a censura, e que esperava que os leitores não o considerassem mais do que um artifício conveniente. E, de fato, foi o que aconteceu: o livro foi universalmente aceito como um relato mais ou menos fiel do próprio passado de Dostoiévski como prisioneiro político, ainda que, como ele observou muito mais tarde com um toque de humor, se deparasse com pessoas que acreditavam que fora mandado para a *kátorga* por ter assassinado a esposa (v. 22, p. 47). Esse artifício era praticamente obrigatório para um livro desse tipo publicado nas condições russas, e foi utilizado por outro sobrevivente do círculo de Petrachévski, F. N. Lvov, que publicou suas lembranças da Sibéria quase ao mesmo tempo. Um exilado posterior, P. F. Iakubóvitch — cujo livro de memórias, publicado no final do século, trai a influência de Dostoiévski —, explicou numa carta como ainda era importante adotar um "disfarce", embora tornando-o tão transparente quanto possível ("o autor não tenta tornar seu disfarce mais bem-sucedido: ao contrário, ele deseja usar um estereótipo óbvio e banal").[10] Assim, é preferível aceitar a pressão das circunstâncias externas, e não impor à estrutura narrativa de *Recordações da casa dos mortos* mais de um "padrão artístico" do que a evidência suporta; há talento bastante, mas de um tipo diferente.

No entanto, mesmo que concordemos que Goriántchikov é mais um artifício do que um narrador e que é o próprio Dostoiévski que inequivocamente fala no corpo do livro, R. L. Jackson sugeriu com perspicácia que ainda assim a invenção dessa figura pode ter um significado mais profundo. A imagem que recebemos de Goriántchikov, que evita quase todo contato humano e parece estar vivendo em estado de choque — como se estivesse sob o efeito de uma experiência traumática demasiado severa para ser superada —, representa por certo um aspecto da própria reação de Dostoiévski a seus encontros na prisão. No livro em si, podemos ver poucos reflexos dessa atitude — ou melhor, detectamos a sua transmutação gradual em sentimentos de compreensão e amizade, embora não haja descrição do processo interno através do qual essa mudança ocorre. Jackson acredita que, ao colocar o consternado Goriántchikov no início da obra, Dostoiévski estava, em certo sentido, eliminando-o do resto, e ao fazê-lo "libertou *Recordações da casa dos mortos* da tirania de uma subjetividade profundamente pessoal e misantropa, um ego atormentado levado aos limites da maldade e do desespero, à exaustão moral quase completa pelos anos de existência forçada no 'rebanho humano'".[11] Essa conjectura parece-me bastante plausível, e Goriántchikov pode muito bem ter exercido alguma função catártica no decorrer da criação.

Embora não tenha uma trama no sentido convencional, *Recordações da casa dos mortos* é, de todo modo, cuidadosamente organizado, e seu padrão abrangente reflete a penetração gradual do narrador no mundo estranho e desconcertante do presídio — a sua aquisição, à medida que supera seus preconceitos, de uma nova compreensão da intensa humanidade e dos atributos morais daqueles que, a princípio, ele havia mirado apenas com repugnância e consternação. O plano da obra, moldado por esse processo de descoberta, tem, portanto, um caráter "dinâmico" e reproduz o movimento de assimilação e reavaliação morais e psicológicas que o próprio Dostoiévski experimentou.

Os seis capítulos iniciais descrevem suas primeiras impressões desorientadoras desse estranho mundo novo ao qual fora exposto. Somente após essa iniciação, depois que superou seu espanto diante do espetáculo aterrador que vê diante de si, é que os indivíduos começam a destacar-se com alguma clareza, e só então os nomes das pessoas aparecem nos títulos dos capítulos. Esse aspecto formal foi bem definido por K. Mochulsky, que observa que, no começo, Dostoiévski "é um observador externo que capta apenas as características mais evidentes e marcantes"; é apenas mais tarde que "ele penetra nas misteriosas profundezas desse mundo" e "percebe de novo aquilo que tinha visto, reavalia suas primeiras impressões, aprofunda suas conclusões".[12] Jacques Catteau também observou com sensibilidade a mudança significativa nos princípios de organização dos capítulos entre a primeira e a segunda partes. No início, o que é ressaltado é o choque do contato inicial ("Primeiras impressões"), ou a percepção repentina de caráter individual ("Pietrov"), enquanto a segunda parte se dispersa em capítulos ligados por contiguidade espacial ("O hospital") ou por grupos temáticos mais frouxos ("Animais da prisão", "Camaradas").[13] Em outras palavras, a personalidade do narrador, bastante acentuada nos capítulos iniciais, desaparece no fundo à medida que ele se funde com a vida cotidiana da comunidade.

As repetições do livro, os contínuos retornos de personagens e de motivos, fazem parte da estrutura pela qual as primeiras impressões negativas são aprofundadas e transformadas. Essas repetições também agem sobre o leitor para reforçar a sensação de viver em um mundo fechado de rotina imutável, um mundo em que as pessoas, e o próprio tempo, giram num ciclo interminável que não permite nenhuma mudança verdadeira. Com efeito, o modo com que Dostoiévski lida com o tempo é particularmente sutil e discreto e serve para moldar as percepções do leitor sob a aparente simplicidade formal do esquete; ele prenuncia, assim, muitas das experiências de nossa época que tentam conformar o tempo narrativo à experiência subjetiva. O tempo chega a parar literalmente nos primeiros capítulos, quando o hesitante narrador é forçado a lidar com percepções desconhecidas; mas acelera aos poucos até que, no final, nos parece difícil acreditar que se passaram de fato dez anos. Grande parte do livro é também estruturada em torno do ciclo das estações (essencialmente o ciclo do primeiro ano de prisão, embora Dostoiévski não respeite muito a sequência literal dos acontecimentos).

Foi decerto esse sentido maior de unidade alcançado por Dostoiévski que levou a tanta especulação sobre o gênero a que *Recordações da casa dos mortos* pertence. Seria uma série de esquetes, um livro de memórias pessoais, ou, como Viktor Chklóvski insistiu, "um romance de tipo especial",[14] um romance documental sobre uma coletividade, em vez de sobre um único indivíduo ou família? A conclusão razoável é que se trata de uma forma mista que combina aspectos dos três tipos, e que é menos importante classificá-lo adequadamente do que compreender o amálgama peculiar que Dostoiévski criou. A base é, sem dúvida, a da forma do esquete, como em Turguêniev; há também um forte elemento de memória pessoal, como em Tolstói (a história de um encontro com um meio estranho, desconcertante e assustador e da adaptação a ele), mas Chklóvski também tem razão ao chamar a atenção para a importância atribuída à coletividade, pois o que distingue *Recordações da casa dos mortos* de todas as obras similares é esse esforço sem precedentes de um russo instruído para captar e retratar a essência moral e espiritual de um mundo camponês que ele foi forçado a *aceitar* provisoriamente como seu.

Dostoiévski transmite essa apreensão da vida em grupo, a sensação de viver em um mundo contido e unificado, mediante, entre outros meios, uma reformulação do esquete russo para reforçar a atmosfera de fechamento em si mesmo. Em seu estudo clássico sobre o jovem Tolstói, B. M. Eikhenbaum salientou que, no esquete típico, "um artifício característico de composição" era usar "uma paisagem lírica como moldura". Esse artifício, "especialmente canonizado por Turguêniev em *Memórias de um caçador*, é usado também por Tolstói em *Contos de Sebastopol*, e, em ambos os escritores, a evocação lírica da natureza proporciona uma bem-vinda libertação dos limites opressivos da situação central.[15] A natureza oferece uma fuga para um mundo inocente, de paz e serenidade, em contraste com a brutalidade rotineira do tratamento dos servos camponeses ou com a incessante matança em Sebastopol. É possível observar também uma ocasional liberação pungente desse tipo em esquetes de Dostoiévski quando ele volta os olhos para o céu, sente os efeitos estimulantes do frescor da primavera, ou olha através das ripas da paliçada da prisão para a estepe que desaparece na distância. Mas uma vez que essas ocasiões raramente — ou quase nunca — são usadas para emoldurar e pontuar uma sequência, elas jamais funcionam para oferecer implicitamente alguma alternativa ao mundo que está sendo retratado.

Com muito mais frequência, a moldura dos esquetes de Dostoiévski é dada pelas restrições da vida na prisão — a vida que ele compartilha com a coletividade. Em *Recordações da casa dos mortos*, muitas vezes, após a descrição de alguma festa ou outro evento (como as representações teatrais) que quebram o tédio sufocante da rotina, o capítulo termina com esse tipo de moldura que cerca e constringe. "Mas por que descrever esse tumulto! O dia opressivo finalmente acabou. Os condenados adormeceram na cama de tábuas. [...] O feriado tão esperado tinha acabado. Amanhã, a rotina diária, amanhã, o trabalho de novo" (v. 4, p. 116). Aqui temos a "natureza" do mundo da prisão, que não permite que o homem dissolva sua aflição em sua vastidão ilimitada e consoladora; em vez disso, ela só afunda o indivíduo, que pode ter sentido um surto momentâneo da libertação, de forma mais desesperadora na prisão de seu destino em massa.

Há outro aspecto de *Recordações da casa dos mortos* que também o distingue nitidamente das obras semelhantes de Turguêniev e Tolstói. Os três escritores expressam o mesmo tema predominante — o encontro de um membro da classe alta e instruída com o povo russo — e cada um deles o trata à sua maneira. Turguêniev salienta a beleza espiritual e a riqueza da vida camponesa russa, a poesia de suas superstições e seus costumes, e ao fazê-lo torna ainda mais imperdoáveis a condição servil do camponês e a crueldade ocasional de seu tratamento. Tolstói descobre o campesinato russo em meio aos bastiões sitiados de Sebastopol e se espanta com a calma e a tranquilidade de seu heroísmo despretensioso — tão diferente da vaidade que ocupa a consciência dos oficiais de classe alta que sonham com condecorações e promoções, e essa compreensão inspira Tolstói com "a convicção consoladora — a convicção da impossibilidade [...] de que abalem a força do povo russo".[16] Essa força, no entanto, é mostrada exclusivamente pela aceitação imperturbável e quase feliz da morte por lealdade instintiva a Deus, ao tsar e à Mãe Rússia.

Apenas Dostoiévski retrata o povo russo *em revolta* contra sua condição servil, odiando implacavelmente os nobres que os oprimiam e prontos a usar suas facas e machados para revidar quando os maus-tratos se tornam insuportáveis. Mais ainda, são esses camponeses — cujos crimes, em sua maior parte, eram um protesto violento contra a recusa a considerá-los seres humanos plenamente sencientes — que Dostoiévski destaca como os melhores espécimes do povo russo: "Afinal, é preciso dizer toda a verdade: esses homens eram excepcionais. Talvez fossem os mais talentosos, os mais fortes do nosso povo. Mas suas poderosas energias eram desperdiçadas em vão, desperdiçadas de forma anormal, injusta, irremediável. E quem era o responsável, de quem era a culpa disso?" (v. 4, p. 231). Não pode haver dúvida sobre a resposta: a abominável instituição da servidão e todo o complexo de costumes sociais que levaram ao tratamento dos servos como membros de uma espécie inferior. Não admira que o retrato que Dostoiévski fez do campesinato russo — a imagem de indômitos e obstinados em sua luta incessante contra a subjugação mais brutal — tenha se tornado, dentre tantos outros, o preferido dos radicais russos em meio às aspirações revolucionárias do início da década de 1860.

De um ponto de vista artístico, *Recordações da casa dos mortos* talvez seja o livro mais incomum que Dostoiévski escreveu. É difícil admitir que as memórias da prisão e sua obra puramente criativa provenham da mesma pena. Aqui, a intensa dramaticidade da ficção é substituída por uma serena objetividade na apresentação; há pouca análise detalhada dos estados interiores da mente e há maravilhosos trechos descritivos que revelam capacidade de Dostoiévski como observador do mundo externo. Essas qualidades "não dostoievskianas" de *Recordações da casa dos mortos* são, por assim dizer, uma das razões pelas quais alguns de seus grandes contemporâneos preferiam suas memórias da prisão a todas as outras obras às quais atribuímos agora valor muito maior. Em uma carta a Fet, Turguêniev falou da "autolaceração malcheirosa" de *Crime e castigo*, mas disse que a cena do banho em *Recordações da casa dos mortos* era "simplesmente dantesca".[17] Herzen fez a mesma comparação com Dante e acrescentou que Dostoiévski "criara, a partir da descrição dos costumes de uma prisão siberiana, um afresco no espírito de Michelangelo".[18] Tolstói considerou o livro uma das obras mais originais de prosa russa; em *O que é arte?*, elencou-a entre as poucas obras da literatura mundial que poderiam ser tomadas como modelos de uma "arte religiosa sublime, inspirada pelo amor a Deus e ao próximo".[19]

A cena do banho elogiada por Turguêniev é, de fato, um exemplo impressionante da capacidade de Dostoiévski de apresentar uma cena de massa com amplas pinceladas:

No piso, não havia um lugar do tamanho de uma palma de mão que não estivesse ocupado por um preso de cócoras, salpicando-se com água de seu balde. [...] No banco superior e em todos os degraus que levavam a ele, havia homens agachados, amontoados, lavando-se. Mas não se lavavam muito. Os homens da classe camponesa não se lavam muito com sabão e água quente; preferem transpirar terrivelmente e, depois, tomar uma ducha de água fria — é a ideia que têm de um banho. Cinquenta varas subiam e desciam ritmicamente nos bancos; todos se açoitavam num estado de estupor. [...] Em geral, as costas fumegantes dos condenados mostram claramente as cicatrizes dos golpes ou chicotadas que receberam no passado, de modo que todas aquelas costas pareciam ter sido recentemente feridas. As cicatrizes eram horríveis! Um calafrio me percorreu ao vê-las. Eles derramavam mais água fervente nos tijolos quentes e nuvens de vapor denso e quente enchiam toda a casa de banhos: todos riam e gritavam. Através das nuvens de vapor se vislumbravam costas cheias de cicatrizes, cabeças raspadas, braços e pernas flexionados. [...] Ocorreu-me que, se um dia estivéssemos todos juntos no inferno, seria muito parecido com esse lugar. (v. 4, p. 98)

Mesmo no que parece ser uma passagem puramente descritiva, Dostoiévski seleciona o detalhe simbólico ("todas aquelas costas pareciam ter sido recentemente feridas"), que reforça um de seus principais motivos — a terrível desumanidade do flagelo, com sua degradação do espírito humano e sua tentação diabólica de liberar os instintos sádicos. Ele é hábil em entrelaçar todos os acontecimentos e acidentes aparentemente casuais da vida na prisão mediante esse tipo de enfatização simbólica, e o livro tem vários desses episódios famosos, muito admirados por seus contemporâneos.

Uma vez que existem várias alusões em *Recordações da casa dos mortos* às recentes melhorias nas condições do presídio, todo leitor entenderia, embora não constem datas, que a obra trata de eventos ocorridos no reinado de Nicolau I. O primeiro narrador escreve como alguém que, no início da década de 1860, olha para um passado recente, mas agora quase lendário, e várias passagens, como o dramático episódio a respeito do "parricida Ilínski", introduzem o ponto de vista do presente. Outras indicações do momento da escrita refletem evidentemente a reação de Dostoiévski à situação sociocultural do início dos anos 1860. Com efeito, pode-se argumentar que todo o livro foi escrito como uma reação a essa situação, e que o retrato que Dostoiévski faz do cristianismo instintivo dos presos camponeses, bem como de sua hostilidade em relação à classe instruída, se destinava a revelar a evidente inocuidade das esperanças revolucionárias inspiradas por uma ideologia radical que os camponeses rejeitariam com horror se por acaso a compreendessem.

Alguns trechos dificilmente podem ser lidos senão como ataques claros a algumas das noções propagadas com renitência por Tchernichévski que haviam alcançado estatuto de verdade irrefutável junto à nova geração. Havia, por exemplo, uma crença firme no poder esmagador do meio para determinar o comportamento humano — teoria que Dostoiévski rejeita. Ele diz:

Está na hora de abandonarmos as queixas indiferentes de que somos corrompidos por nosso meio. Sem dúvida, é verdade que ele destrói uma grande parte de nós, mas não tudo, e com frequência um trapaceiro astuto e esperto, sobretudo se for um orador ou escritor eloquente, esconderá não somente fraqueza, mas muitas vezes uma verdadeira baixeza, justificando-a pela influência do "meio". (v. 4, p. 142)

Dostoiévski está, portanto, disposto a reconhecer a pressão do meio, mas não a eliminar completamente a responsabilidade moral do indivíduo.

Em um ataque ainda mais ostensivo contra Tchernichévski, ele evoca uma viúva altruísta que mora nas imediações do campo de prisioneiros e dedica sua vida a ajudar os condenados. "Existem na Sibéria, e praticamente sempre existiram", observa, "algumas pessoas que parecem fazer de cuidar dos 'infelizes' o objetivo de suas vidas, mostrar solidariedade e compaixão puras e desinteressadas por eles, como se fossem seus filhos." Nastácia Ivánovna nada tinha de extraordinário: "Tudo o que se podia ver nela era uma bondade infinita, um desejo irresistível de agradar, de confortar, de fazer algo de bom por alguém". Dostoiévski se lembra de seu modesto presente de uma cigarreira de papelão, coberto com papel colorido e ornamento dourado nas bordas; ela sabia que ele fumava cigarros e achou que poderia ser de algum agrado. "Algumas pessoas sustentam (ouvi e li isso)", Dostoiévski continua, "que o mais puro amor ao próximo é ao mesmo tempo o maior egoísmo. Que egoísmo poderia haver neste caso, eu não consigo entender" (v. 4, p. 68).

Dostoiévski dificilmente poderia ter rejeitado com mais firmeza a tentativa de Tchernichévski de estabelecer uma nova ética baseada no egoísmo. Mas, enquanto esses trechos do livro são um claro desafio à intenção da reformular o código moral em termos utilitaristas, pode-se encontrar uma rejeição mais sutil e poderosa — aquela que em breve fornecerá a inspiração para *Memórias do subsolo* — nas páginas que descrevem o desejo frenético dos condenados de expressar a liberdade de suas personalidades, mesmo que, ao fazê-lo, sacrifiquem todo o interesse pessoal no sentido usual para obter apenas a ilusão momentânea, irracional, de autonomia moral e psíquica. O que os prisioneiros valorizam mais do que qualquer outra coisa, como Dostoiévski mostra de modo inesquecível, é "a liberdade ou o sonho de liberdade", e para manter esse sonho vivo às vezes vão a extremos que mais parecem loucura.

Presos chamados de modelo às vezes explodem de um modo autodestrutivo. Dostoiévski explica:

E o tempo todo a causa [...] talvez seja simplesmente o desejo histérico e pungente de expressão, o anseio inconsciente de si mesmo, o desejo de se afirmar, de afirmar sua personalidade esmagada, um desejo que de repente se apodera dele e atinge o auge da fúria, do rancor, da aberração mental, de ataques e convulsões nervosas. Assim, um homem enterrado vivo que desperta no caixão talvez bata na tampa e lute para arrancá-la, embora, naturalmente, a razão pudesse convencê-lo de que todos os seus esforços seriam inúteis; mas o problema é que não se trata de uma questão de razão, é uma questão de convulsões nervosas. (v. 4, pp. 66-7)

É improvável que o homem que observara essas explosões de humanidade sufocada irrompendo diante de seus olhos, e que foi capaz de analisá-las com perspicácia tão angustiada, pudesse aceitar o "egoísmo racional" de Tchernichévski como a última palavra da sabedoria humana. E veremos que Dostoiévski já começara simbolicamente a contrapor essa necessidade humana inextirpável — a necessidade do homem de afirmar a liberdade de sua personalidade — ao ideal socialista da geração dos anos 1860, com a sua tentativa tipicamente russa de integrar esse ideal com o determinismo material e um código moral utilitarista.

27. *Notas de inverno sobre impressões de verão*

A última obra importante que Dostoiévski publicou em *O Tempo* foi *Notas de inverno sobre impressões de verão* [*Zímnie zamiétki o létnikh vpietchatléniakh*], uma série de artigos nos quais lança um ataque em grande escala às principais devoções do credo radical. Ele aproveita a ocasião de sua primeira viagem pela Europa para explorar toda a emaranhada história da relação entre os russos cultos e a cultura europeia. Nesse contexto, discute também as questões maiores então apresentadas pela ideologia radical: a base de uma nova ordem moral-social; a questão do socialismo; o destino futuro da humanidade. Quando termina, terá descoberto a postura tanto literária quanto ideológica que o levará em dois anos a escrever sua primeira obra-prima pós-siberiana, *Memórias do subsolo*.

Tal como fizeram americanos como Hawthorne, Emerson e Henry James, os russos cultos sentiram necessidade de definir sua individualidade nacional mediante comparação com a Europa, e *Notas de inverno*, de Dostoiévski, ocupa lugar numa longa linhagem de obras pelas quais os russos examinaram as raízes de sua cultura à medida que evoluía, desde Pedro, o Grande, sob as sucessivas ondas de influência europeia. Somente fazendo a peregrinação prescrita ao Ocidente, somente deixando de considerar a Europa, através da névoa de distância, uma terra encantada, conseguiria um russo descobrir os aspectos da influência europeia que poderia preservar e os que deveria descartar. Em consequência, o diário de viagem sempre foi um dos principais meios pelos quais a consciência russa se afiou e se afirmou; e assim, *Notas de inverno*, fiel ao gênero, nos dá uma expressão mais completa e franca de suas convicções do que qualquer outra até então encontrada na imprensa.

Como a grande maioria dos viajantes a uma terra estrangeira, muito do que Dostoiévski viu e sentiu correspondeu às expectativas que nutria antes de partir. Roman Jakobson divertiu-se com a semelhança na reação à Europa e, em particular, à França, que se pode observar nos textos dos mais diferentes visitantes russos ao longo do período de um século e meio. Quer em 1800 ou 1900, fosse um radical-socialista, um eslavófilo patriota, um reacionário empedernido, um liberal moderado ou um esteta simbolista completamente apolítico — os russos reagiram invariavelmente a um homogêneo "mito da França" bem representado em uma das cartas de Dostoiévski já citadas.[1] "Os nossos não passam de patifes carnívoros", observa a Strákhov, "e, na maioria das vezes, sabem disso, mas aqui eles estão completamente convencidos de que é assim que as coisas devem ser. O francês é agradável, decente, polido, mas falso, e para ele, dinheiro é tudo."[2]

Muito antes de partir em viagem, Dostoiévski fora persuadido de que a Europa era uma cultura moribunda que perdera seu vínculo espiritual de unidade. Desse modo, era-lhe fácil perfurar a superfície reluzente das ilusões europeias para logo detectar a corrupção que jazia escondida. É verdade que algumas manifestações dessa corrupção poderiam parecer semelhantes em Paris e em Petersburgo: velhacos e canalhas por certo existiam em ambos os lugares. Mas a carta de Dostoiévski revela a tática que usará em *Notas de inverno* para contornar as consequências dessas reflexões incomodamente imparciais. Os russos têm consciência de sua delinquência moral, sentem-na como tal e, por isso, preservaram a base ética indispensável. Os europeus se tornaram tão depravados que o próprio sentido de sua conduta lhes escapa e tomam, satisfeitos, o mal pelo bem. Essa insistência no embrutecimento moral da Europa é um leitmotiv de todas as *Notas de inverno* e emerge como sua conclusão final. Mas essa generalização, que não devia ser inesperada para os leitores habituais de *O Tempo*, tem menos interesse agora do que o modo e os meios pelos quais ela se expressa.

Escrito na primeira pessoa, *Notas de inverno* é um diálogo contínuo com aqueles a quem Dostoiévski chama de "meus amigos" (v. 5, p. 49 [69]). Eles o instaram a comunicar suas impressões da Europa. Pois bem; as "notas de inverno" são sua resposta a esses pedidos insistentes. Dostoiévski decide dedicar-se a transmitir suas "observações sinceras", embora tenha certeza de que seus amigos terão uma atitude predeterminada em relação à Europa — de temor reverencial — que não tem relevância em suas próprias reações. Seus primeiros contatos com a vida europeia na Alemanha violaram todas as regras e regulamentos das "autoridades de renome". Nada — nem a Unter den Linden, nem a catedral de Colônia — despertara nele o desejo característico de cair de joelhos! Tudo isso era terrivelmente perturbador, inexplicável mesmo até o dia em que voltou doente para seu quarto de hotel e examinou seus sintomas: "A minha língua estava amarela e maligna... 'E será possível, será possível que o homem, este rei da natureza, dependa em semelhante grau do seu próprio fígado?', pensei. 'Que baixeza!'" (v. 5, p. 48 [72]).

Por si só, essa referência ao fígado lembra inevitavelmente as primeiras frases de *Memórias do subsolo*; e embora a alusão anatômica possa parecer à primeira vista apenas uma coincidência casual, um exame mais atento revela uma relação mais profunda. Com efeito, a estratégia retórica usada aqui é uma antevisão daquela utilizada com tanta maestria na obra ficcional, na qual o autor, escrevendo de novo na primeira pessoa, também dramatiza uma divisão em sua consciência entre um padrão de comportamento que pode ser considerado normal e razoável e uma reação emotiva inesperada que surge de algum nível instintivo e visceral da personalidade. Além disso, as duas obras mantêm a mesma estreita relação "dialógica" com o leitor ("meus amigos"), que se torna uma presença implícita e invocada *dentro* do texto e a quem o autor apela constantemente como se fosse um interlocutor.

No primeiro capítulo de *Notas de inverno*, constatamos entre Dostoiévski e seus leitores a mesma situação que ele, mais tarde, recriará para o homem do subsolo. Esses leitores prenunciam uma atitude de reverência espantada diante das glórias da Europa, e o autor compartilha essa expectativa o bastante para que, quando suas próprias respostas involuntárias não correspondam a ela, só lhe reste rir de si mesmo por sua incapacidade. Mas, ao mesmo tempo, ele sente que sua irreverência é uma reação mais autêntica do que a obediência automática que seus leitores esperam. Por isso, sua ironia toma dois sentidos, sendo dirigida tanto contra si (por não estar de algum modo à altura da Europa) como contra o leitor (por ser incapaz de tolerar qualquer ponto de vista que não seja banal e convencional). Essa "ironia invertida", que reverte ao escritor como um meio de se voltar *contra* um juiz e crítico imaginado na pessoa do leitor, é precisamente a que será usada em *Memórias do subsolo*.

Dostoiévski deseja que o leitor entenda que sua reação não é de forma alguma tão aberrante quanto possa parecer. Muito pelo contrário, ela brota diretamente de toda a relação ambivalente da psique russa com a cultura europeia. Expressa a adoração da Europa induzida pela educação, a autodepreciação provocada por essa reverência e, depois, a necessidade irreprimível de afirmar autonomia ainda que seja apenas zombando de si mesmo. A recusa russa de reconhecer o segredo da sua relação ambivalente com a Europa se reflete na ironia invertida de Dostoiévski, que prevê de modo jocoso essas reações indignadas e ao mesmo tempo as supera.

Suas meditações sobre as anomalias da atitude russa em relação à Europa o levaram a pensar nas origens dessa relação fatídica e a fazer um esboço de sua história num capítulo que, embora rotulado de "inteiramente supérfluo", contém o cerne da questão. "E justamente meditava sobre o tema: de que modo a Europa se refletiu em nós em diferentes épocas, e incessantemente nos forçava a porta para visitar-nos com a sua civilização, e [...] quantos de nós se civilizaram até hoje" (v. 5, p. 55 [86]). No passado, apesar do brilhante verniz francês da corte de Catarina, a Grande, o proprietário de terras e aprendiz de cortesão russo conservara seus antigos hábitos e sentimentos. Estes eram reconhecidamente brutais, bárbaros e desagradáveis, mas ainda eram deles mesmos, ainda eram russos; e as pessoas se sentiam mais à vontade com essa geração do que com seus descendentes mais "humanizados". Então veio Tchátski, o herói da comédia *A desgraça de ter espírito*, de Griboiédov, que havia assimilado a cultura europeia e, ao voltar para a Rússia, achou a vida ali insuportável. Tchátski, o primeiro dos homens supérfluos, foge de volta para a Europa, lamentando que já não exista lugar para ele em sua terra natal. "Só não compreendo o seguinte", escreve Dostoiévski. "Até que ele era pessoa muito inteligente. Mas como é que esta pessoa inteligente não encontrou o que fazer? E todos eles não acharam o que fazer, durante umas duas ou três gerações seguidas" (v. 5, p. 62 [100]).

Quanto ao tipo russo mais recente, o progressista e radical, ele não representa uma farsa, como o cortesão de Catarina, nem é perturbado pela insegurança: tornou-se completa e complacentemente europeu.

Em compensação, quão convencidos estamos agora da nossa vocação civilizadora, [...] não há solo, não há povo, a nacionalidade é apenas um determinado sistema de impostos, a alma, uma tabula rasa, uma cerinha, com a qual se pode imediatamente moldar um homem verdadeiro, um homem geral, universal, um homúnculo: basta para isto aplicar os frutos da civilização europeia e ler dois ou três livros! (v. 5, p. 59 [95-6])

Já podemos ouvir a voz zombeteira e provocativa do homem do subsolo nessas frases, que contêm exatamente as inflexões de seu tom: uma identificação parcial ("nós") com ideias que ele na verdade abomina e rejeita implicitamente com o mesmo sarcasmo com que são afirmadas. Está claro que as meditações de Dostoiévski sobre a maneira como a Europa foi assimilada pela psique russa, e sua tentativa de dramatizar essa simbiose através de suas reações como figura *representativa*, o levaram, em termos estilísticos, ao limiar de sua próxima criação.

Com o quarto capítulo de *Notas de inverno*, Dostoiévski finalmente cruza a fronteira francesa e, como recordamos, descobre que seu compartimento no trem foi invadido por espiões da polícia. Ele sem dúvida desejava que seus leitores russos sentissem o devido arrepio de horror diante dessa vigilância, e concluíssem que as alardeadas liberdades do Ocidente não passavam de uma farsa: os russos não tinham motivo para ter inveja da "liberdade" europeia. Mas Dostoiévski não podia deixar o assunto se encerrar por aí e reforça essa revelação da hipocrisia europeia, contrastando a presumida reação russa com a violação europeia das normas de decência política. O casal de idosos que administra um dos hotéis em que se hospedou em Paris e que lhe pediu informações para repassar à polícia explicou nervoso que toda a documentação era absolutamente "in-dis-pen-sá-vel" — e era um respeitável e digno casal, a essência do decoro burguês. "Mas a palavra 'in-dis-pen-sá-vel' era proferida não em tom de um pedido de desculpa ou de atenuação, mas justamente no sentido da mais absoluta necessidade, quase uma coincidência com as próprias convicções pessoais do casal" (v. 5, pp. 67-8 [111]). Isso, ao que parece, não teria acontecido na Rússia, onde as pessoas se curvavam diante da força e da pressão da necessidade histórica, sem permitir que isso turvasse sua consciência moral.

Em seguida, Dostoiévski parte depressa para Londres, a cidade em que a desumanidade e a crueldade da vida ocidental — seu materialismo crasso, seu desprezo desavergonhado por tudo que não fosse a sórdida busca de ganho material — se refletiam da maneira mais descarada e arrogante. O capítulo sobre Londres ostenta em seu título o exuberante nome do falso deus da carne execrado no Antigo Testamento, "Baal". É diante desse deus, transformado em símbolo do materialismo moderno, que toda a civilização ocidental se prostra agora em adoração; e os resultados podem ser vistos no quadro que Dostoiévski pinta com uma paleta de tom ainda mais escuro que a de Dickens, o inspirado poeta nativo da sordidez e da miséria em massa da cidade. Londres não passa de um deserto impiedoso de proletários selvagens, seminus, embriagados, que afogam melancolicamente seu desespero na devassidão e no gim. E sobre todo esse caos de multidões irrequietas, preocupadas, de máquinas que assobiam e rugem, de cenas comoventes de degradação brutalizada, reina o grande ídolo ao qual todos prestam homenagem: o espírito de Baal, consubstanciado na resplandecente e majestosa Exposição Mundial de Londres.

Durante seus oito dias em Londres, Dostoiévski fez uma visita obrigatória ao famoso Palácio de Cristal para ver a segunda Exposição Mundial de Londres, inaugurada em maio de 1862 e dedicada a exibir os últimos triunfos da ciência e da tecnologia. Monumento da arquitetura moderna originalmente construído por Sir Joseph Paxton para a primeira Exposição Mundial, em 1851, a grande construção de ferro fundido e vidro ocupava 7,68 hectares e se localizava em terreno alto fora da cidade, para onde fora levada depois de transformada em museu. O Palácio de Cristal tornou-se para Dostoiévski a imagem do espírito profano da modernidade que assomava, malévola, sobre Londres; e em sua imaginação, esse espírito assume a forma da Besta monstruosa cuja vinda foi profetizada no Apocalipse:

> Não será este realmente o ideal atingido?, pensa-se. Não será o fim? Não será este, de fato, o "rebanho único". Não será preciso considerá-lo como a verdade absoluta, e calar para sempre? Tudo isto é tão solene, triunfante, altivo, que nos oprime o espírito. Olham-se estas centenas de milhares, estes milhões de pessoas que acorrem docilmente para cá de todo o globo terrestre, pessoas que vieram com um pensamento único, que se aglomeram plácida, obstinada e silenciosamente neste palácio colossal, e sente-se que aqui se realizou algo definitivo, que assim chegou ao término. Isto constitui não sei que cena bíblica, algo sobre a Babilônia, uma profecia do

Apocalipse que se realiza aos nossos olhos. Sente-se a necessidade de muita resistência espiritual e muita negação para não ceder, não se submeter à impressão, não se inclinar ante o fato e não deificar Baal, isto é, não aceitar o existente como sendo o ideal. (v. 5, pp. 69-70 [116])[3]

Dostoiévski reconhece, assim, o poder desse ídolo com essa descrição assombrosa de seu santuário, mas suas palavras são igualmente plangentes quando retrata o destino de suas vítimas e sacrifícios. Quaisquer vestígios de sentimento humano entre eles pareciam ter sido apagados: tudo o que conseguiu detectar foi uma busca frenética por prazeres sensuais e esquecimento. "Povo é sempre povo", Dostoiévski observa depois de esboçar algumas cenas de rua de Londres, "mas ali tudo era colossal, tinha uma coloração tão viva que era como apalpar o que até então apenas se imaginara. Aquilo que ali se vê nem é mais povo, mas uma perda de consciência, sistemática, dócil, estimulada" (v. 5, p. 71 [118]). O que estava no fundo de todo esse esplendor externo, alcançado ao preço de tanta miséria humana, era

a mesma luta tenaz, surda e já antiga, a luta de morte do princípio pessoal, comum a todo o Ocidente, com a necessidade de acomodar-se de algum modo ao menos, formar de algum modo uma comunidade e instalar-se num formigueiro comum, transformar-se nem que seja num formigueiro, mas organizar-se sem que uns devorem os outros, senão todos se tornarão antropófagos! (v. 5, p. 69 [114])[4]

A sociedade inglesa (ocidental) era, assim, dominada pela guerra de todos contra todos, que na melhor das hipóteses, uma vez que alguma forma de ordem social tinha de ser criada, só podia levar ao "formigueiro" — à conformidade total e irrefletida do arbítrio humano aos comandos do Moloch social. Tão diferente, podemos imaginar Dostoiévski pensando, do espírito que dominava na aldeia russa, por mais atrasada e carente de recursos que fosse! Não escrevera ele mesmo, apenas um ano antes, que o Ocidente era incapaz de pôr em prática o princípio da comunalidade, porque lá ele "não se fundiu com a vida", ao passo que na Rússia já existia como um fato social aceito e apenas aguardava um desenvolvimento mais favorável?

Pouco depois de seu encontro com Dostoiévski, Herzen expressou de novo mais ou menos a mesma conclusão, de forma mais abrangente, numa série de

19. *Salão principal do Palácio de Cristal. Extraído de* Scientific American, *19 mar. 1851.*

cartas abertas dirigidas a Turguêniev intituladas "Fins e começos" (a Europa estava no final de sua vida histórica, a Rússia, no começo). "A pequena burguesia", afirma Herzen sem rodeios, "é a palavra final da civilização baseada no domínio incondicional da propriedade", e a Rússia seria capaz de proferir uma nova "palavra" na história do mundo porque nunca aceitara esse princípio da propriedade como sacrossanto.[5] Desse modo, o socialista radical russo Herzen e o *pótchviennik* Dostoiévski compartilhavam a aversão à sociedade ocidental e depositavam as mesmas esperanças nas supostas inclinações socialistas do camponês russo. Mas, para Dostoiévski, essas inclinações socialistas estavam enraizadas em uma concepção exaltada da abnegação cristã que Herzen, ateu esclarecido e homem do mundo, dificilmente estaria disposto a aceitar como ideal.

Os três últimos capítulos de *Notas de inverno* são dedicados a Paris e estão mais próximos de dar aos leitores de Dostoiévski um pouco do conteúdo que estavam acostumados a ler nos relatos russos sobre a Europa. Todas as suas impressões são muito estilizadas à maneira do famoso satirista francês da burguesia, Henri Monnier, que Dostoiévski lera com satisfação na juventude. A frase mais famosa de Monnier — *ma femme et mon parapluie!* — fora citada por Dostoiévski, numa carta escrita dezessete anos antes,[6] e a imagem do burguês francês ridículo, presunçoso e pomposo que Monnier expusera reaparece nas páginas de Dostoiévski, esboçada com mais acidez por uma pena mergulhada em desprezo cáustico.

Em geral, a imagem que Dostoiévski transmite é a de uma sociedade apodrecida até o cerne pela cobiça de ouro, mas consumida pela vaidade de sua perfeição moral. Toda a vida francesa da época de Napoleão III é vista como uma comédia sinistra, encenada com o único objetivo de permitir que a burguesia desfrute *ao mesmo tempo* da acumulação contínua de riqueza e do espetáculo de sua inefável virtude. Dostoiévski escreve que "todo o seu [dos trabalhadores] ideal consiste em se tornar proprietário e acumular o maior número possível de objetos" (v. 5, p. 78 [131]). Embora a burguesia tenha medo de todo mundo — da classe operária, dos comunistas, dos socialistas —, todas essas apreensões são o resultado de um equívoco absurdo. Nenhum grupo no Ocidente representa de fato uma ameaça à hegemonia do princípio *espiritual* encarnado na burguesia.

Afinal, o que foi feito dos ideais da Revolução Francesa no Segundo Império, os ideais de *liberté, egalité, fraternité*? Numa concordância momentânea com Karl Marx e os socialistas, Dostoiévski considera a liberdade política e a igualdade jurídica, sem igualdade econômica, apenas ficções repulsivas inventadas pela burguesia para iludir o proletariado. Quanto à *fraternité*, ela está, segundo Dostoiévski, na posição mais curiosa de todas. A Europa fala sempre de fraternidade e até a elevou à condição de ideal universal, mas a fraternidade é a própria antítese do caráter europeu:

> Na natureza do francês e, em geral, na do homem do Ocidente, ela não é encontrada, mas sim o princípio pessoal, individual, o princípio da acentuada autodefesa, da autorrealização, da autodeterminação em seu próprio Eu, da oposição deste Eu a toda a natureza e a todas as demais pessoas, na qualidade de princípio independente e isolado, absolutamente igual e do mesmo valor que tudo o que existe além dele. (v. 5, p. 79 [133])

Dostoiévski passa então a descrever o que a fraternidade *realmente* é; e embora fale em termos puramente morais, todo leitor russo logo saberia que a realidade social a que ele estava se referindo era a *óbschina* camponesa russa, com sua terra de posse comunal e sua administração democrática para o bem de todos. A verdadeira fraternidade, como na *óbschina*, é uma relação mútua instintiva entre o indivíduo e a comunidade na qual cada um deseja apenas o bem-estar do outro. O indivíduo não insiste, como no Ocidente, em seus direitos exclusivos como um eu isolado; ele cede de bom grado esses direitos para a comunidade em sacrifício, sem que seja solicitado a fazê-lo. De modo recíproco, a comunidade, sem fazer quaisquer exigências ou *impor* condições ao indivíduo, lhe garante proteção e posição igual à de todos.

Dostoiévski ilustra essa situação ideal na forma de um diálogo entre o indivíduo e a comunidade. "Eis a minha felicidade suprema: sacrificar-vos tudo, e que isso não vos traga qualquer desvantagem", diz o indivíduo. Mas a comunidade, tal como Dostoiévski a vê, responde então: "Estás nos dando demais. [...] Toma, pois, tudo de nós também. Vamos esforçar-nos constantemente, com todas as forças, para que tenhas o máximo de liberdade individual, o máximo de autoexpressão. [...] Colocamo-nos todos em tua defesa, todos nós garantimos a tua segurança, cuidamos incansavelmente de ti, [...]". E então, dando as costas, mais uma vez, ao leitor cético, Dostoiévski cai no tom zombeteiro do homem do subsolo: "Mas, realmente, que utopia, meus senhores! Tudo baseado no sentimento, na natureza, e não na razão. Mas isto até parece uma humilhação da razão. O que lhes parece? É utopia ou não é?". Se por utopia se quer dizer um ideal ainda não realizado, então, para Dostoiévski, o diálogo que acabara de esboçar não era de maneira alguma utópico; ele acreditava firmemente que esse balé de sublimidade moral de fato *existia* no âmago da vida camponesa russa, ainda que em formas muitas vezes imperfeitas e distorcidas. E esse estado de harmonia social não só era impossível, mas até mesmo incompreensível para o homem europeu, que não podia conceber que pudesse obter qualquer coisa para si mesmo sem lutar contra os outros: "[...] o homem ocidental não possui o princípio fraterno [...] o que existe nele é um princípio individual, pessoal, que se debilita incessantemente, que exige de espada na mão os seus direitos [...]" (v. 5, pp. 80-1 [135-6]).

Dostoiévski insiste que a fraternidade exige um desenvolvimento muito maior da personalidade do que aquele atingido no Ocidente: "Compreendam-me: o sacrifício de si mesmo em proveito de todos, um sacrifício autodeterminado, de todo consciente e por ninguém obrigado, é que constitui, a meu ver, o sinal do mais alto desenvolvimento da personalidade, [...]. Somente com o mais intenso desenvolvimento da personalidade se pode sacrificar voluntariamente a vida por todos, ir por todos para a cruz, para a fogueira" (v. 5, p. 79 [134]). Ademais, esse sacrifício deve ser feito sem a menor sugestão ou pensamento de recompensa; se essa ideia estiver presente, então ela arruína tudo, destruindo a natureza moral subjacente ao ato de sacrificar-se e o transforma num cálculo utilitarista. "É preciso sacrificar-se justamente de tal modo que se entregue tudo e até se deseje não receber nada de volta, e que ninguém se afane por nossa causa", explica Dostoiévski. Segue-se que a verdadeira fraternidade não pode ser artificialmente estabelecida ou criada:

> Não se pode fazer nada, mas é preciso *que tudo se faça por si, que exista na natureza,* que seja compreendido inconscientemente na natureza de todo um povo, numa palavra, que haja um princípio fraterno, de amor: é preciso amar. É preciso que se tenda instintivamente à fraternidade [...] apesar de todos os sofrimentos seculares da nação, apesar da rudez bárbara e da ignorância, que se enraizaram nessa nação, apesar da escravidão secular, das invasões estrangeiras, numa palavra, que a necessidade da comunhão fraterna faça parte da natureza do homem, que este nasça com ela ou tenha adquirido tal hábito através de séculos. (v. 5, p. 80 [134-5])

Assim, somente o povo russo é capaz de fraternidade; todas as tentativas de estabelecer esse princípio no Ocidente, como uma alternativa aos horrores da guerra de todos contra todos, estão fadadas ao fracasso.

É nesse contexto que Dostoiévski levanta a questão do socialismo, que por ora deixara de ter tanta importância na Europa, mas ainda era crucial na Rússia. Foram os socialistas, admite Dostoiévski, que de fato levaram o ideal de *fraternité* a sério e tentaram encontrar meios de executá-lo. Eles declaram: "Um por todos e todos por um!" — e Dostoiévski concorda que talvez não se possa imaginar nada melhor do que esse ideal. Mas quando os socialistas enfrentam como seu maior obstáculo a natureza do homem europeu, ao qual o princípio da fraternidade é espiritualmente estranho, eles apelam para a razão e tentam convencê-lo de que a fraternidade será vantajosa para todos, uma vez estabelecida. Os socialistas argumentam, pregam, explicam, traçam planos e projetos e apontam com grande especificidade os benefícios que resultarão disso e "quanto cada um deve sacrificar pelos demais, voluntariamente, de sua pessoa, em prol da comunidade" (v. 5, p. 81 [136]).

Para fazer justiça a Dostoiévski, ele não acusa o ideal socialista de implicar alguma compulsão. Ao contrário, reconhece explicitamente que os socialistas desejam uma aceitação voluntária de seus objetivos, mas admite como axiomático que o socialismo — o socialismo utópico de meados do século XIX, com seu empenho em criar comunidades ideais e transformar as relações humanas — implica uma intromissão nos direitos da pessoa. Esse postulado, tão evidente para Dostoiévski que ele não se dá ao trabalho de explicá-lo, deve ser entendido na perspectiva de sua comparação implícita com a comuna russa. O russo, para quem a fraternidade é um instinto vital, não experimenta nenhum conflito interno em consequência dos sacrifícios exigidos pela vida em sua aldeia. Mas o europeu, cujo instinto primário é o interesse egoísta, só pode sentir as exigências da comuna socialista como uma violação da autonomia completa de sua personalidade individual. Por isso, o motivo racional do interesse próprio — o motivo que os radicais russos, seguindo Tchernichévski, estavam convertendo na pedra angular de sua visão de mundo — é o "fio de cabelo" que, caso entre na máquina, destruirá o instinto inato russo da verdadeira fraternidade.

Para respaldar essa conclusão, Dostoiévski menciona alguns incidentes da história atribulada das comunidades socialistas (as de Cabet e Victor Considérant), sobre as quais estava bem informado. A maioria dessas tentativas se desintegrou rapidamente em consequência de disputas internas, e delas Dostoiévski extrai o que lhe parece ser a lição pertinente:

> Está claro que é muito atraente viver em bases puramente racionais, mesmo que não seja de fraternidade, quer dizer, é bom quando garantem a você tudo, exigindo em troca apenas trabalho e concórdia. Mas nisso aparece novamente um problema: o homem fica, ao que parece, completamente garantido, prometem-lhe dar-lhe de comer e de beber, proporcionar-lhe trabalho e, em troca, exigem-lhe apenas uma partícula de sua liberdade individual, em prol do bem comum; é de fato apenas uma partícula, uma insignificante partícula. Mas não, o homem não quer viver segundo esses cálculos, dói-lhe ceder mesmo esta partícula. Parece ao néscio que se trata de um degredo, e que viver a seu bel-prazer é sempre melhor. É certo que, em liberdade, espancam-no, não lhe dão trabalho, ele morre de fome e não tem no fundo nenhuma liberdade, mas, apesar de tudo, o original pensa que viver à sua vontade é sempre melhor. (v. 5, p. 81 [137])

Nesse trecho momentoso, podemos observar as amargas lições dos anos de prisão de Dostoiévski, com sua prova apavorante da necessidade inextirpável do homem de se *sentir* livre, combinando-se com suas reflexões sobre o socialismo, a comuna russa e as relações da Rússia com a Europa para criar os contornos do homem do subsolo. Isso porque o "original" (*tchudak*) que se materializa nessa citação e se recusa a abrir mão de uma partícula de sua liberdade como preço de entrada na comuna socialista sem dúvida oferece o primeiro vislumbre desse personagem memorável.

Dostoiévski acreditava que, diante da escolha de preservar a autonomia total da personalidade ou ceder parte dela para obter alguma vantagem, a humanidade escolheria instintivamente o sofrimento e a privação em troca da liberdade. É por isso que as comunas socialistas racionalistas estão fadadas ao fracasso, e a aceitação das ideias europeias pelos radicais russos — ideias que acentuam os elementos egoístas da psique humana — é um desastre. Desse modo, Dostoiévski considera a revolta do *tchudak*, sob essas circunstâncias, inevitável e até mesmo salutar (o que explica sua aparente identificação com a revolta similar do homem do subsolo contra as leis da natureza). Em ambos os casos, temos uma defesa e uma afirmação do valor positivo da liberdade moral e psíquica. Porém, como ele também indica, as consequências desse comportamento *sem* qualquer possibilidade de conciliação entre o indivíduo e a sociedade serão inevitavelmente autodestrutivas; e apenas um mundo guiado pelos ideais sociais e morais cristãos ainda vivos na comuna russa pode, assim, evitar o caos. Somente em um mundo como esse a liberdade da personalidade será respeitada; somente nele o indivíduo será inspirado pelo espírito de amor a renunciar à sua personalidade, não por uma doutrina utilitarista do interesse próprio, mas pelo bem de todos. Do ponto de vista de Dostoiévski, então, a despeito do que se possa pensar de sua plausibilidade, sua oposição à filosofia do "egoísmo racional" era uma defesa da comuna russa; e essa comuna, escolhida pela mão da Providência, estava destinada a ser o alicerce sobre o qual a sociedade socialista cristã do futuro seria construída. Ele estava convencido de que, uma vez realizada na Rússia, ela floresceria e se tornaria uma nova e gloriosa fase da história do mundo.

Notas de inverno, de Dostoiévski, nos leva, portanto, direto ao limiar de seu grande período criativo, que começa com *Memórias do subsolo*, dois anos depois. Não é tão importante o fato de que essa obra contenha alguns dos principais símbolos e motivos de *Memórias do subsolo* — as queixas do fígado, o formigueiro, o Palácio de Cristal, a recalcitrância "estúpida" do sujeito "original" de não ceder nem mesmo a mais ínfima partícula de sua liberdade para a comunidade socialista artificial e racional. Muito mais importante é a retórica da ironia invertida, que o homem do subsolo simplesmente internalizará a um nível muito mais elevado de consciência filosófica e psicológica, pois ele concentrará dentro de si mesmo *todas* as contradições decorrentes da atitude russa ambivalente em relação à Europa tal como representada pelas duas ideologias radicais que Dostoiévski encontrara até então em sua vida: o egoísmo e o materialismo racionais da década de 1860 e o socialismo utópico filantrópico e romântico da década de 1840.

28. Uma mulher emancipada, um amante atormentado

Apesar da severidade da interdição permanente de *O Tempo*, seus editores e colaboradores não acreditavam que o mal-entendido em que ela se baseava fosse continuar por muito tempo. Strákhov, cuja reputação estava em jogo, tratou de escrever cartas a Katkov e Ivan Aksákov explicando sua lealdade à causa da Rússia. A censura não permitiu que as cartas de Strákhov fossem publicadas, mas Katkov, magnânimo para com um inimigo arrependido, respondeu que esclareceria o assunto num artigo. Com a esperança assim renascida, Dostoiévski escreveu a Turguêniev em meados de junho para dizer que a decisão das autoridades poderia ser revertida. Uma ou duas semanas mais tarde, o artigo de Katkov tirou das costas da revista a nefasta acusação de pró-polonismo, mas o crítico continuou a fazer objeções aos princípios do *pótchviennitchestvo*, cuja nebulosidade seria a raiz do problema. Contudo, esse artigo abriu o caminho para que as autoridades mudassem de ideia, embora tenham demorado para fazer isso mais do que Dostoiévski previra.

Nesse meio-tempo, ele decidira viajar novamente ao exterior durante os meses de verão, embora os recursos estivessem agora escassos. De acordo com Strákhov, ele achava que sua primeira viagem ao exterior havia melhorado muito sua saúde. O próprio Dostoiévski disse a Turguêniev que estava indo para Paris e Berlim principalmente para consultar especialistas em epilepsia (deu o nome de dois médicos). "Se você soubesse a depressão que tenho depois de meus ataques", escreve em desespero, "e que, às vezes, dura semanas!"[1] Tinha também outro motivo para ir ao exterior, que dificilmente podia confessar. Esperando-o em Paris estaria um novo companheiro de viagem que, como Strákhov, era colaborador de O Tempo, mas que, nesse caso, era uma mulher, e bem atraente: Apollinária Súslova, a jovem de 23 anos que se tornou o segundo grande amor da vida de Dostoiévski.

Muito pouco se sabe sobre a vida conjugal do romancista com Maria Dmítrievna após seu retorno do exílio para Petersburgo. Mas a própria ausência de informações, as pouquíssimas referências à esposa nas cartas de Dostoiévski e nas memórias do período sugerem que ela vivia quase sempre em reclusão e frequentemente passava longos períodos em outras cidades de clima mais ameno que Petersburgo. É possível que Dostoiévski tenha tido relações com outras mulheres das quais nada sabemos; não era de todo avesso a esses encontros casuais quando a ocasião os tornava viáveis. Algumas observações desdenhosas de Strákhov — um eterno solteirão que segundo consta tinha pavor de mulheres — podem ser tomadas como referências a esses caprichos, embora sejam ampliadas para caracterizar a atitude do Círculo de Miliukov como um todo. "Pessoas que eram extremamente sensíveis nas relações morais, que nutriam o tipo mais exaltado do pensamento", escreve ele, "e que, em sua maioria, estavam muito longe de qualquer tipo de dissolução física, olhavam, no entanto, com bastante tranquilidade para todos os desregramentos desse tipo e falavam deles como se fossem ninharias divertidas, às quais era bastante admissível entregar-se nos momentos de lazer."[2]

De todo modo, Dostoiévski se sentira atraído por Maria Dmítrievna não só fisicamente, mas também graças a suas qualidades de espírito e à nobreza de seu caráter, e procurou uma combinação semelhante em outras mulheres. Um conto de Súslova foi publicado no décimo número de O Tempo (outubro de 1861), e ela dificilmente teria perdido a oportunidade de visitar o departamento editorial da revista: a intrépida srta. Súslova, então com 21 anos, não era alguém que hesitasse em dar um passo considerado na época ousado para uma jovem senhora respeitável. Seu conto, "Por enquanto", retrata uma jovem que foge de um marido a quem não ama e ganha seu magro sustento dando aulas. O conto é um produto típico do movimento russo pela emancipação feminina na década de 1860, e Súslova tencionava que sua vida fosse uma encarnação viva desse protesto.

O pouco que sabemos de Apollinária Súslova — a amada Polina de Dostoiévski — se deve, em grande parte, à sua admirável irmã mais moça Nadiéjda, que se tornou a primeira mulher russa a formar-se em medicina e cuja vida foi estudada como pioneira da libertação feminina. As irmãs vinham de uma família de servos camponeses e sua história ilustra a ascensão da intelligentsia *raznotchíniets*. Seu pai, um servo empreendedor do conde Cheremiétev, comprara a liberdade antes mesmo da emancipação e, depois, tornou-se um dos administradores das propriedades do conde. Apollinária passou seus primeiros anos de vida no campo e cresceu entre os camponeses; em seu diário aparecem orgulhosas referências à sua proximidade com os mujiques. A família mudou-se para Petersburgo quando ela estava com quinze anos. As irmãs foram enviadas para uma escola particular, onde aprenderam línguas estrangeiras, mas, ao que parece, pouca coisa mais. Logo aproveitaram a abertura ao público da Universidade de São Petersburgo e frequentaram cursos oferecidos por vários professores notáveis. As duas meninas também tentaram escrever composições literárias, e Apollinária abriu o caminho com suas colaborações para *O Tempo*.

O mais provável é que ela e Dostoiévski tenham se tornado amantes durante o inverno de 1862-3. Nada se sabe de confiável sobre os detalhes íntimos desse relacionamento, mas existem muitas provas de que a ligação Dostoiévski-Súslova não transcorreu bem depois que o primeiro entusiasmo da posse e da novidade se desgastou. Havia entre eles uma diferença de idade de vinte anos; e Dostoiévski estava saturado de preocupações com Maria Dmítrievna, esgotado por suas obrigações editoriais e literárias e forçado a enfrentar os efeitos deprimentes e enervantes dos ataques epilépticos que se repetiam nessa época a intervalos mais curtos. É difícil imaginar que pudesse ter sido um amante razoável para uma jovem ardente e inexperiente, e suspeita-se de que tenha despertado a sensualidade de Súslova sem ser capaz de satisfazê-la inteiramente. Alguns meses mais tarde, quando foi seduzida por um jovem e belo estudante de medicina espanhol que buscava divertir-se um pouco no Quartier Latin, ela reagiu às suas carícias com uma intensidade arrebatada, que apontava para um sentimento anterior de insatisfação.

Outra fonte de conflito entre os dois logo amortalhou o idílio de seu romance. Súslova era uma jovem feminista russa da década de 1860 que desprezava a opinião pública convencional a respeito das relações entre os sexos. "Todos os meus amigos são pessoas gentis", diz ela em seu diário, "mas fracos e pobres de

20. *Apollinária Súslova. Imagem extraída de Dominique Arban et al., Dostoïevski. Paris, 1971.*

espírito; são abundantes em palavras, mas pobres em ações. Não encontrei um único entre eles que não tivesse medo da verdade, ou que não recuasse perante as convenções da vida. [...] Não posso respeitar essas pessoas. Considero um crime falar de um jeito e agir de outro."[3]

Essas palavras fazem parte do rascunho de uma carta para seu amante espanhol, Salvador, e Dostoiévski está certamente incluído entre os "amigos" que Súslova menciona com tanto desdém. O romance de Dostoiévski não era segredo para seu irmão Mikhail, mas ele fez grandes esforços para escondê-lo dos outros. Receava que os mexericos pudessem chegar a Maria Dmítrievna e tornar sua vida em comum ainda mais tempestuosa. Podemos também ser mais generosos e supor que não quisesse causar mais sofrimento à inválida tuberculosa. Assim, era forçado a encontrar-se com Súslova às escondidas e ocultar seu caso de amor dos olhos curiosos — exatamente o tipo de submissão à intolerância social que a teria revoltado até a medula. Era inevitável também que ele, com todos os seus outros deveres e responsabilidades prementes, fosse obrigado a vê-la apenas durante os breves períodos que podia furtar às preocupações mais urgentes. Essa situação humilhante teria contrariado até mesmo uma jovem comum envolvida no primeiro grande caso de amor de sua vida. Com a briosa e destemida Súslova, o resultado só poderia ter sido a criação de um ressentimento contra o homem a quem se entregara e idolatrara e que, como não podia deixar de sentr, havia traído sua confiança.

Entre seus papéis foi encontrado o rascunho não datado de uma carta destinada a Dostoiévski mas nunca enviada:

Nunca tive vergonha de meu amor por você: era lindo, até mesmo grandioso. [...] Você comportou-se como um homem sério, ocupado [que] entendia suas obrigações conforme sua [maneira], mas também não perderia seus prazeres; ao contrário, talvez até achasse necessário ter algum prazer, baseado no que disse uma vez algum grande médico ou filósofo de que era necessário embebedar-se todo mês.[4]

Essas palavras de fato sugerem um mal-estar decorrente da sensação de ocupar um lugar secundário na vida de Dostoiévski, de ter se tornado parte de uma rotina que incluía o alívio físico propiciado pela ligação que tinham. O seu sarcasmo é inspirado pela suspeita de ter sido "usada" para a conveniência de Dostoiévski e pelo fracasso dele em retribuir seus sentimentos "lindos" e "grandiosos" da maneira adequada.

Vinte anos depois, o segundo marido de Súslova, o conhecido ensaísta filosófico V. V. Rozánov (cujo primeiro livro importante foi um estudo clássico de Dostoiévski), perguntou por que ela e Dostoiévski tinham se afastado. Ele relata sua conversa numa carta a uma terceira pessoa: "Porque ele não quis pedir divórcio. [...] Eu me entreguei a ele, por amor, sem pedir nada. Ele deveria ter se comportado da mesma maneira! Ele comportou-se de outra forma e eu o deixei".[5] Para piorar a situação, quando começaram as brigas, Dostoiévski não podia fazer mais do que torcer as mãos, com angústia e culpa. Numa anotação em seu diário feita um ano depois, enquanto rumina suas relações anteriores com o ex-amante Salvador, ela escreve: "E o que é que eu quero dele agora? Que confesse sua culpa, sinta remorsos, isto é, que seja um Fiódor Mikháilovitch?".[6] O nome de Dostoiévski assumiu o estigma depreciativo de alguém que não pode fazer nada senão admitir covardemente seus arrependimentos.

★ ★ ★

Esse era o estado de espírito de Súslova quando foi para Paris no início da primavera de 1863, a fim de aguardar a chegada de Dostoiévski. Ele tentou levantar recursos mediante a oferta de sua próxima obra a outro periódico (*A Biblioteca de Leitura*) e, como não teve êxito, tentou obter um empréstimo de 1500 rublos do Fundo Literário. Em troca e como garantia, ofereceu os direitos perpétuos sobre todas as suas obras já publicadas caso não conseguisse saldar sua dívida até fevereiro de 1864. Os riscos envolvidos nessa garantia eram naturalmente enormes e mostram como ele estava determinado a conseguir, a qualquer preço, o que seria uma viagem de lua de mel com sua adorada Polina pela França e pela Itália.

Imagina-se que Dostoiévski tenha se apressado para chegar a Paris pelo caminho mais rápido quando por fim deixou Petersburgo, em agosto. Em vez disso, ele atrasou sua viagem para fazer uma escala de quatro dias em Wiesbaden, a fim de se aventurar nas mesas de jogo. Começou ganhando 10 400 francos e teve autocontrole suficiente para pôr o dinheiro na mala, sair e fazer a promessa de não retornar ao cassino. Mas, como aconteceria tantas vezes no futuro, retornou ao engodo hipnótico da roda da fortuna e perdeu a metade de seus ganhos. Em carta à irmã de sua esposa, V. D. Constant, escrita em Paris pouco depois, Dostoiévski explica que ficou com uma parte do que sobrou, confiou outra à custódia de Mikhail e mandava junto com a carta uma terceira parcela para as despesas de Maria Dmítrievna,[7] que estava passando o verão em Vladímir e fazendo um tratamento que talvez exigisse gastos adicionais.

Essa parada em Wiesbaden pode ser considerada o verdadeiro início da obsessão pelos jogos de azar que arrebatou Dostoiévski em todas as suas idas à Europa na década de 1860. A causa imediata, como ele explicou aos mais íntimos, era sempre a esperança de ganhar dinheiro suficiente para salvá-lo, e embora em geral acabasse por perder cada centavo, não se pode dizer que seu objetivo fosse totalmente irracional. Ganhou com frequência grandes quantias, que depois perdeu porque jamais conseguia parar a tempo. De qualquer modo, seus ganhos sempre o convenceram de que o sucesso — e uma solução para todas as suas preocupações materiais — estava irresistivelmente ao seu alcance. Ao contar a Mikhail como em pouco tempo ganhara 3 mil francos em Wiesbaden, ele escreve: "Diga-me: depois disso, como é possível não se deixar levar, por que eu não deveria acreditar que a felicidade está ao meu alcance se eu me mantiver rigorosamente fiel ao meu sistema? E eu preciso de dinheiro, para mim, para você, para a minha esposa, para escrever um romance. [...] Sim, vim aqui para salvar vocês todos e salvar a mim mesmo".[8]

Quaisquer que fossem as origens psíquicas dessa obsessão pelo jogo, sua característica mais interessante foi a teoria que Dostoiévski desenvolveu sobre ela. O que ele chama de seu "sistema" na carta a Mikhail é apenas a convicção de que, se conseguisse impor um autocontrole férreo sobre seus sentimentos — se pudesse suprimir toda a parte irracional de sua psique —, sem dúvida ganharia! "Esse segredo", ele diz a V. D. Constant, "eu de fato o conheço; é bastante estúpido e simples e consiste em conter-se a todo momento e não ficar animado, não importa qual seja o jogo. E isso é tudo; então, é absolutamente impossível perder, e tem-se a certeza de ganhar."[9]

Como Dostoiévski, mais que todos, estava em condição de saber, os seres humanos não são exclusivamente criaturas de razão e autocontrole; dominar-se na medida exigida por sua teoria é tarefa árdua. A carta a Constant continua: "Por mais inteligente que você seja, por mais férrea que seja sua vontade, mesmo assim você sucumbirá. Até Strákhov, o filósofo, sucumbiria".[10] Assim, para Dostoiévski o jogo envolvia implicitamente uma tentativa de sobrepujar a falibilidade humana, e nessas observações despretensiosas e penitentes ele se aproxima de um dos grandes temas da literatura ocidental, que em breve aparecerá em suas próprias criações. Aqui não se pode deixar de pensar no *Dr. Fausto* de Marlowe, bem como nos vilões maquiavélicos da tragédia elisabetana, que opõem uma razão fria e calculista contra todos os ditames morais da consciência que interferem na busca desenfreada do interesse pessoal. Na tradição da literatura europeia, as tentativas de concretizar esse sonho de autodomínio impassível da razão foram invariavelmente retratadas como fonte de sacrilégio e de monstruosa perturbação moral. Elas significam a tentativa da humanidade de rivalizar com a vontade do Deus cristão, que havia dotado a espécie humana de um grau mediano e uma posição ambígua na grande cadeia existencial que por tantos séculos dominara a imaginação do homem ocidental. Resquícios dessa visão tradicional continuam a perdurar em Dostoiévski, e em *Crime e castigo* ele irá representar as consequências de semelhante crença na supremacia do poder da fria razão humana como substituto dos mecanismos da consciência.

A longo prazo, como Dostoiévski aprendeu à própria custa, ele estava condenado a dissipar seus ganhos com incontrolável excitação. Ao fazê-lo, estava paradoxalmente afirmando sua aceitação da ordem correta do universo, tal como ele a concebia, e aprendendo a mesma lição que aprenderam o homem do subsolo e todos os seus grandes heróis negativos, a começar por Raskólnikov, que, iludidos, acreditam poder dominar e suprimir as incitações irracionais dos valores cristãos que herdaram. Depois de cada um desses episódios, de qualquer modo, Dostoiévski sempre voltava para sua escrivaninha com renovado vigor e uma sensação de libertação.

Quando Dostoiévski chegou a Paris, em 14 de agosto de 1863, o infeliz destino de seu caso com Súslova já estava selado. Alguns dias antes, ela caíra nos hábeis braços espanhóis do irresistível Salvador; e uma vez que seu diário começa nesse momento, podemos seguir o curso dos acontecimentos. Ela deu a notícia numa carta que confia ao seu caderno. Começa de modo brutal:

> Você está chegando tarde demais. […] Ainda há pouco eu estava sonhando em ir com você para a Itália, […] tudo mudou em poucos dias. Você me disse um dia que eu nunca entregaria meu coração com facilidade. Eu o entreguei faz uma semana, ao primeiro chamado, sem luta, sem garantia, quase sem esperança de que estivesse sendo amada. […] Não pense que o estou culpando, mas quero dizer-lhe que você não me conhece, nem eu me conheço. Adeus, querido![11]

Essas palavras decerto tinham a intenção de ferir fundo e transmitem a impressão de que a aquiescência fácil de Súslova pode ter sido, em parte, motivada por um desejo de se vingar de Dostoiévski. De qualquer modo, sua atitude para com ele como pessoa, se não como amante, é ambivalente e assim permanecerá. O texto do diário continua: "Como ele é generoso, que espírito elevado ele tem. Que intelecto! Que alma!".[12]

Tivesse ou não se entregado de fato a Salvador com tanta facilidade, Súslova já estava consciente de que sua ardente paixão latina esfriara muito, passada a conquista. Dostoiévski apareceu no meio desse drama entre Polina e seu amante latino antes que a carta dela chegasse a suas mãos. Ao vê-la sair ao encontro dele, trêmula e perturbada, ele perguntou o que havia de errado, e ela deixou escapar que ele não deveria ter vindo, "porque já é tarde demais". Dostoiévski então "baixou a cabeça", quase como se tivesse esperado o golpe, e disse: "Preciso saber de tudo, vamos para algum lugar, e conte-me, ou morrerei". Os dois foram de carruagem para o hotel de Dostoiévski e, escreve Polina, ele "continuou segurando minha mão durante todo o trajeto, apertando-a com força de vez em quando e fazendo algum tipo de movimento convulsivo".[13] No quarto de Dostoiévski, ocorreu uma cena que Súslova mais tarde aproveitou em um conto: "Ele caiu aos meus pés, e, colocando os braços em torno dos meus joelhos, apertando-os e chorando, exclamou entre soluços: 'Perdi você, eu sabia!'. Depois, recuperando a compostura, começou a me perguntar sobre o homem. 'Talvez ele seja bonito, jovem e desembaraçado. Mas você nunca vai encontrar um coração como o meu!'".[14] Durante o tempo todo ele temera perdê-la para um rival mais jovem e mais bonito, e agora seus piores pressentimentos se concretizavam.

Ela afinal não aguentou e começou a chorar, explicando que seu amor não era correspondido. Provavelmente encorajado pelo que deve ter sido um retrato pouco lisonjeiro do sedutor feito por Súslova, ele disse a ela, continua Súslova, "que estava feliz por ter encontrado no mundo um ser humano como eu. Implorou-me para que continuasse sua amiga. [...] Então, sugeriu que viajássemos juntos para a Itália, permanecendo como irmão e irmã". A conversa terminou com uma promessa de novos encontros e com o reconhecimento de Súslova de que continuava a ter afeição por Dostoiévski. "Senti-me aliviada depois que falei com ele. Ele me compreende."[15]

Na semana seguinte, a situação continuou nesse estágio de indecisão. Súslova via Dostoiévski com regularidade e escrevia cartas, ao mesmo tempo orgulhosas e suplicantes, para Salvador, mas incapaz de decidir-se a enviá-las. Em setembro, descobrindo que as desculpas de Salvador para não vê-la eram artifícios para largá-la o mais rápido possível e para sempre, ela escreve: "Fiquei histérica. Gritei que ia matá-lo. [...] Aprontei tudo, queimei alguns dos meus cadernos e cartas. [...] Senti-me maravilhosamente bem". Após uma noite insone, Súslova correu para Dostoiévski às sete da manhã. Depois de abrir-lhe a porta com roupas de dormir, o assustado Dostoiévski "voltou para a cama e enrolou-se no cobertor. Ele me olhou com espanto e apreensão. [...] Disse-lhe que deveria ir ao meu apartamento imediatamente. Queria contar-lhe tudo e pedir-lhe para ser o meu juiz".[16]

Quando Dostoiévski chegou, o estado de espírito de Súslova havia mudado por completo: veio ao encontro dele mastigando um pedaço de pão torrado e declarou com uma risada que estava agora muito mais calma. "Sim, e estou muito feliz com isso", disse ele, "mas quando se trata de você, quem pode ter certeza?" Então, pela primeira vez Súslova lhe contou toda a história, sem esconder nada, e Dostoiévski aconselhou-a a esquecer a traição infeliz. "É evidente que eu havia me manchado, mas [...] havia sido apenas um acidente, [...] Salvador, sendo um homem jovem, precisava de uma amante, e aconteceu de eu estar disponível, então ele se aproveitou de mim, e por que não deveria ter feito isso?" Súslova agora admite que "F. M. tinha razão. Entendi perfeitamente bem, mas como foi difícil para mim!".[17]

Dostoiévski ainda estava com medo de que Súslova pudesse "cometer alguma loucura", e advertiu-a a não fazer nada precipitado. A resposta dela nos diz muito sobre ela mesma, bem como sobre suas futuras relações com Dostoiévski e sobre o retrato que ele pintaria dela mais tarde em *O jogador*: "'Não gostaria de matá-lo', eu disse, '"mas gostaria de torturá-lo por muito tempo'". Um trecho de seu diário detalha melhor esse impulso: "Agora mesmo, senti um desejo súbito de me vingar, mas como? Com que meios?". Súslova decidiu por fim enviar a Salvador uma quantia em dinheiro como pagamento pelo "serviço" que lhe havia prestado, esperando com esse gesto ferir a dignidade do *hidalgo*, característica que a impressionara anteriormente em seu caráter.[18] "A carta insultuosa foi enviada, mas não suscitou resposta, como todas as outras.

Poucos dias depois, Súslova e Dostoiévski partiram em sua viagem planejada havia muito para a Itália. Ele não seria um homem de carne e osso se não esperasse que seu papel de amigo e conselheiro acabasse por se transformar no de amante, mas Súslova estava fervendo com o desejo insatisfeito de vingança e, na ausência de Salvador, voltou-se contra o infeliz Dostoiévski. Afinal, ele também era um ex-amante que traíra suas expectativas, e, embora grata por sua constante compaixão e solicitude, passou também a sentir um prazer sádico em tratá-lo como sem dúvida imaginava tratar Salvador se ele estivesse ao seu alcance.

Numa anotação feita em seu diário no dia 5 de setembro, na primeira parada em Baden-Baden, Súslova confessa: "Uma sede de vingança ardeu em minha alma por um longo tempo depois, e decidi que, se não me distrair na Itália, voltarei a Paris e farei o que havia planejado" (matar Salvador, podemos presumir).[19] Outros registros no diário revelam seu ego no processo de obter satisfação para as dolorosas feridas infligidas pelo passado infeliz: "Enquanto estávamos a caminho, ele [Dostoiévski] me disse que tinha alguma esperança. [...] Eu não disse nada em relação a isso, mas sabia que não ia acontecer".[20] O comportamento de Súslova continuava a inflamar sua paixão ao mesmo tempo que lhe frustrava a satisfação. Ela certamente obtinha algum consolo da corte ardente de Dostoiévski. Ela se descreve deitada na cama, chamando Dostoiévski para segurar sua mão. "Senti-me bem", ela observa. "Peguei a mão dele e por um bom tempo a segurei na minha. [...] Disse-lhe que tinha sido injusta e cruel com ele em Paris, que pode ter parecido que estava pensando apenas em mim, mas estava pensando nele também, mas não quis dizê-lo para não machucá-lo."[21]

Não admira que Dostoiévski tenha de repente se levantado, tropeçado e explicado que queria fechar a janela, mas depois admitiu, "com uma expressão estranha" no rosto, que estivera a ponto de curvar-se para beijar-lhe os pés. Em seguida, Súslova indicou indiretamente que queria despir-se e ir para a cama, mas Dostoiévski inventou desculpas para não deixar o quarto de imediato e, depois, voltou várias vezes com um ou outro pretexto (os dois estavam em quartos contíguos). No dia seguinte, ele pediu desculpas por seu comportamento e "disse que eu provavelmente achava desagradável a maneira como ele estava me aborrecendo. Respondi que não me importava e recusei-me a entrar numa discussão sobre o assunto, para que ele nem pudesse acalentar esperanças nem as perdesse por completo".[22] Mais tarde, Súslova extraiu essa cena de seu diário e usou-a, com diálogo e tudo, num conto.

Embora as evasivas de Súslova fossem certamente um fator fundamental para sua mudança de humor, suas graves perdas na roleta também contribuíram para isso. No início, ele conta a Mikhail, "cheguei à mesa [em Baden] e num *quarto de hora* ganhei seiscentos francos. Isso me entusiasmou. De repente, comecei a perder, não consegui parar, e perdi tudo, até o último copeque".[23] Nas cartas que enviou para casa, implora a Mikhail que junte tudo o que puder e lhe mande imediatamente, e pede à cunhada que lhe devolva cem rublos do montante enviado antes para Maria Dmítrievna. As manobras diplomáticas envolvidas nessa tarefa eram complicadíssimas, e Dostoiévski gasta várias páginas para explicar como a coisa poderia ser feita sem provocar as suscetibilidades tempestuosas da esposa.

Como se tudo isso não bastasse, a agitada estada de Dostoiévski em Baden-Baden complicou-se com a obrigação de visitar Turguêniev, que se instalara havia pouco nessa cidade, num *ménage à trois* com Pauline Viardot, o marido dela e família. Turguêniev ficaria ofendido se soubesse por acaso da passagem de Dostoiévski, mas este também sabia que, se Turguêniev visse Súslova, as más línguas imediatamente entrariam em ação em Petersburgo. "Em Baden, estive com Turguêniev", relata Dostoiévski a Mikhail.

Visitei-o duas vezes e ele veio me ver uma vez em retribuição. Ele não viu A. P. Eu não queria que ele soubesse. [...] Ele me falou de todos os seus tormentos morais e suas dúvidas. Dúvidas filosóficas, mas que minam a vida. Um pouco enfatuado, não escondi dele que eu jogava. Ele me deu *Os fantasmas* para ler, mas o jogo me impediu de fazê-lo e o devolvi sem ter lido. Ele disse que o escreveu para a nossa revista e que, uma vez em Roma, se eu lhe pedir, ele o enviará para lá. Mas o que sei da revista?[24]

O sensível Turguêniev ainda estava sofrendo com o barulho causado por *Pais e filhos*, especialmente com a hostilidade implacável daquela parcela da imprensa radical (*O Contemporâneo* e *A Centelha*) que considerava sua obra uma difamação da nova geração. O fato de não ter lido *Os fantasmas*, destinado para *O Tempo* ou à revista que a substituísse, foi obviamente um terrível *faux pas*, e o grito de angústia de Mikhail quando leu o trecho acima pode ser ouvido em sua resposta: "Você sabe o que Turguêniev significa para nós *agora*?".[25] Não poderia ter havido afronta maior à considerável vaidade literária de Turguêniev, sobretudo naquele momento conturbado de sua carreira.

Dostoiévski pedira que o dinheiro de que precisava com tanta urgência fosse encaminhado para Turim, onde seria retirado pela dupla incompatível, que alternava ternura com acessos de raiva, depois que cruzassem os Alpes via Suíça. Mas, ao chegar, não encontraram nada, e ambos viviam sob o medo constante de serem chamados a pagar a conta do hotel e detidos pela polícia. "Aqui, é assim que as coisas são feitas", informa Dostoiévski a Mikhail, "nenhum acordo é possível [...] e não estou sozinho aqui. É horrível!" Mas os recursos aguardados enfim chegaram. Nesse meio-tempo, Dostoiévski tentara escrever alguma coisa — talvez um artigo de viagem, ou anotações para *O jogador*, mas, como conta a Mikhail, "rasguei tudo o que tinha escrito em Turim. Estou farto de escrever por encomenda".[26]

Depois de uma viagem marítima tempestuosa a partir de Gênova, com uma escala em Livorno, os dois chegaram a Roma. "Ontem de manhã", escreveu a Strákhov, "visitei a igreja de São Pedro! A impressão é muito forte, Nikolai Nikoláievtch, e dá um arrepio na espinha."[27] O arrepio, presume-se, não foi causado pela apreciação estética, mas sim pelo imenso pendor para o mal que Dostoiévski sempre associou à igreja romana. Apesar dos problemas em suas andanças, e instigado por Strákhov, Dostoiévski encontrara tempo para aprimorar sua educação. "Diga a Strákhov que estou lendo cuidadosamente os eslavófilos", pedira a Mikhail, "e que encontrei algo novo."[28]

O que ele não poderia ter descoberto através de Bielínski e Herzen era a base *teológica* sistemática que os eslavófilos haviam dado às suas ideias. A teologia eslavófila era encarniçadamente anticatólica e atribuía todos os males da humanidade, no passado e no presente, à assunção pelo papa católico romano do poder temporal, outrora detido pelos imperadores romanos.[29] Aos olhos de Dostoiévski, a igreja de São Pedro só poderia ser vista como a encarnação viva dessa reivindicação não cristã de grandeza mundana, e sua visita a Roma coincidiu, assim, com uma fase importante da evolução de suas ideias. O pensamento eslavófilo dava agora uma base conceitual abrangente aos seus preconceitos pessoais, e foi somente depois dessa segunda viagem à Europa que Dostoiévski começou a expressar a oposição entre a Rússia e a Europa em termos sobretudo religiosos. "A guerra polonesa", confidencia a seu caderno de anotações durante o inverno de 1863-4, "é uma guerra entre dois cristianismos — é o começo da futura guerra entre a ortodoxia e o catolicismo, em outras palavras — do gênio eslavo contra a civilização europeia" (v. 20, p. 170).

Em Roma, as oscilações do caso de Dostoiévski com Súslova parecem ter alcançado uma nova fase, e as anotações no diário dela, que revelam o estranho duelo em que o casal estava agora envolvido, já prefiguram algumas das situações de *O jogador*. Dostoiévski começa a protestar abertamente contra o tratamento que Súslova lhe dispensa e a acusa, sem rodeios, de sadismo moral. "Ontem F. M. foi importuno de novo", escreve ela durante sua estada em Roma. "'Você sabe', disse ele, 'que não pode torturar um homem por tanto tempo, pois ele acabará desistindo de tentar.'" Um pouco mais tarde, ele desistiu do jogo da jocosidade e admitiu que "estou infeliz". Diante disso, escreve ela, "abracei-o com ardor", e mais uma vez o carrossel recomeçou. Naquela noite, ao sair do quarto de Súslova à uma da manhã, com a sedutora seminua deitada na cama, Dostoiévski disse "que era humilhante para ele sair dessa maneira. [...] 'Pois os russos nunca bateram em retirada'".[30] O sabor sério-cômico da disputa entre os dois está próximo do tom de *O jogador*.

Foi em meio a cenas desse tipo que *O jogador* foi concebido, e a primeira menção ao romance ocorre numa carta a Strákhov enviada de Roma. Dostoiévski continuava em situação financeira crítica e tentou levantar algum dinheiro pedindo ao amigo que oferecesse aos editores de revistas a ideia da nova história em troca de um adiantamento.

O que ele delineia é a primeira versão de *O jogador*, que nesse estágio era tematicamente mais ambicioso que na redação final:

> O tema dessa história é o seguinte: um tipo de homem russo que vive no exterior. [...] Ela será o espelho da realidade nacional, tanto quanto possível. [...] Imagino um personagem impulsivo, mas um homem muito culto, incompleto em todas as coisas, que perdeu a fé, mas *não ousa não acreditar*, revoltado contra as autoridades e com medo delas. [...] O essencial é que toda a sua energia vital, sua violência, sua audácia estão devotadas à roleta. Ele é um jogador, mas não um jogador comum — assim como o Cavaleiro Avarento de Púchkin não é um simples comerciante. [...] É um poeta a sua maneira, mas tem vergonha da poesia porque sente profundamente sua *baixeza*, embora a necessidade de risco o enobreça aos seus próprios olhos. A história retraça sua trajetória durante três anos em que ele se arrasta pelas casas de jogo e joga *roulette*.[31]

Esse esboço contém um motivo que aponta claramente para *Memórias do subsolo* e que virá a calhar a essa obra anterior. A concepção de um personagem que perdeu a fé, mas não ousa *não* acreditar, lembra o tipo Golyádkin, de *O duplo*, apavorado com sua própria audácia de ultrapassar os limites divinamente sancionados do sistema russo de castas. Dostoiévski continuara a fazer anotações para uma versão revisada do texto durante todo o período de 1860-4, e, um ano depois de sua carta a Strákhov sobre *O jogador*, transformou esse tipo Golyádkin no homem do subsolo, que também sofre por não ousar *não* acreditar em certas ideias que julga incompatíveis com sua sensibilidade moral. Essas ideias não são mais aquelas que sustentam o sistema burocrático russo, mas sim os princípios essenciais das ideologias da Europa Ocidental que invadiram e reformularam a psique moral e social russa. O que restou então para *O jogador* foi o tema nacional, os prazeres e perigos da "poesia de risco" e as dificuldades emocionais do tortuoso envolvimento de Dostoiévski com Súslova.

As peregrinações do casal os levam em seguida a Nápoles. Nessa época,

Dostoiévski estava ficando farto de toda a escapada e ansiava por voltar à Rússia. Ao desculpar-se por não ter fornecido um endereço para o qual *Os fantasmas* pudesse ser enviado pelo correio, ele explica a Turguêniev: "Fiquei por pouco tempo em cada lugar e, em geral, acontecia que, ao deixar uma cidade, eu mal sabia à noite onde estaria no dia seguinte. Certas circunstâncias fizeram com que todos esses movimentos nem sempre dependessem de mim; o mais das vezes, era eu que dependia das circunstâncias".[32] É provável que se sentisse um joguete dos caprichos de Súslova, uma vez que o destino do casal era decidido pelas mudanças de humor da moça. Assim, decidiu em Roma que Nápoles seria a última parada em seu giro pelo sul; de lá, planejava voltar para o norte e regressar para casa via Turim e Genebra. Embora não tivesse mais ilusões quanto ao caráter dela, a paixão de Dostoiévski por Súslova não diminuíra, e foi-lhe doloroso desistir dela por completo. Os dois viajantes se separaram em tom de reconciliação, e a imagem da sedutora Apollinária, que nunca excluíra *de todo* a possibilidade de uma retomada de seu caso de amor — que sempre pareceu estar apenas ligeira, mas não inteiramente, fora de seu alcance —, assombrou Dostoiévski por vários anos.

Quando chegou a Turim, por sorte os pensamentos de Dostoiévski se concentraram em outras preocupações, e ele delineia para Turguêniev a situação desanimadora que prevê , mas na qual, mesmo assim, está ansioso por se reintegrar:

> Uma tarefa difícil me aguarda em Petersburgo. Embora minha saúde tenha melhorado infinitamente, em dois ou três meses ela estará, sem dúvida, inteiramente destruída. Nada pode ser feito a respeito disso. A revista tem de recomeçar a partir do zero. Deve ser mais atualizada, mais interessante e, ao mesmo tempo, deve respeitar a literatura — objetivos incompatíveis de acordo com uma série de pensadores de Petersburgo. Mas nós temos a intenção de lutar ferozmente contra esse desprezo pela literatura. [...] Imploro que nos apoie [enviando *Os fantasmas*], junte-se a nós.[33]

Com efeito, *Os fantasmas* saiu no primeiro número de *A Época*, atestando assim a boa vontade que Turguêniev nutria pelos defensores de *Pais e filhos*.

A mesma carta traz também um pedido de desculpas pelo comportamento insuportável de Dostoiévski no último encontro que tiveram em Baden, que ele atribui vagamente ao "tumulto das paixões" em que vivia na ocasião. "Se não tivesse a esperança de fazer algo mais inteligente no futuro", escreve ele com amarga ironia, "eu ficaria muito envergonhado agora. Mas apesar de tudo! Vou pedir perdão para mim?"[34] Longe de fazê-lo, Dostoiévski jogou uma vez mais em Hamburgo, tornou a ficar sem um centavo e foi forçado a pedir ajuda a Súslova em Paris. Amiga leal, ela levantou trezentos francos. Dostoiévski voltou para casa com dificuldade no início de novembro e encontrou só indefinições no que dizia respeito à revista e seus assuntos pessoais em mais desordem do que previra.

Depois de uma rápida passagem por Petersburgo, em 10 de novembro estava em Vladímir com Maria Dmítrievna, cuja situação lhe provocou um choque. "A saúde de Maria Dmítrievna está *muito* ruim", escreveu à cunhada em Petersburgo. "Ela esteve muito doente nos últimos dois meses. [...] Ela foi particularmente exaurida, nesses últimos dois meses, por uma febre contínua."[35] A situação dela era tão grave que Dostoiévski decidiu não voltar com ela para o clima severo de Petersburgo e planejou morar em Moscou, alugando um pequeno apartamento na capital do norte, onde poderia ficar quando estivesse cuidando dos assuntos da revista. Apresentou formalmente a esposa a seus parentes de Moscou, esperando que eles cuidassem dela durante suas ausências, e as pressões financeiras tiveram um alívio momentâneo porque um tio rico de Moscou, que morrera recentemente, lhe deixou um legado no testamento. Mas essa sorte inesperada proporcionou o único ponto claro numa situação que logo se tornou mais e mais sombria.

29. A prisão da utopia

Durante todo o verão e o outono, Mikhail estivera escrevendo petições intermináveis às autoridades em que solicitava permissão para retomar a publicação, e em meados de novembro a permissão foi dada, não para ressuscitar *O Tempo*, mas para publicar uma nova revista — com a condição de manter uma "tendência irrepreensível".[1] A perda do nome anterior significava que a nova publicação não poderia beneficiar-se do prestígio já adquirido por *O Tempo* nos dois anos anteriores e teria de recomeçar quase do zero. Dostoiévski teve uma participação tão ativa quanto lhe foi possível e houve um fluxo constante de correspondência entre as duas cidades. Na escolha do título, decidiram-se finalmente por *A Época*, e o primeiro anúncio pedindo assinaturas foi publicado no final de janeiro de 1864, o que significava que a maioria dos subscritores em potencial já havia enviado seu dinheiro para outras publicações. Além disso, o primeiro número (um fascículo duplo) só saiu das prensas em abril, denotando desorganização editorial e pouca confiabilidade. Strákhov acusa impiedosamente Mikhail Dostoiévski de falta de energia nesse momento crucial, esquecendo-se de mencionar que a filha mais moça de Mikhail morrera de escarlatina em fevereiro e que o pobre pai estava prostrado de dor.

Dostoiévski menciona a Mikhail que escreveria um artigo principal definindo a posição da revista, bem como dois outros: "Uma crítica ao romance de

Tchernichévski e ao de Píssemski produziria um efeito considerável. [...] Duas ideias opostas e ambas demolidas. Como resultado, a verdade".[2] *Mar agitado*, de Píssemski (1863), que fora publicado em *O Mensageiro Russo*, estava entre os primeiros dos importantes romances chamados de antiniilistas que compõem uma subcategoria da prosa de ficção russa do século XIX. Esses livros diferem de *Pais e filhos*, de Turguêniev, ou de *Crime e castigo*, de Dostoiévski, por retratarem os niilistas como completos canalhas movidos apenas por motivos pessoais os mais mesquinhos. No lado oposto, o romance utópico de Tchernichévski, *O que fazer?* (1863), mostrava uma imagem brilhante das virtudes morais extraordinárias das "pessoas novas" que Turguêniev difamara tachando de niilistas, e inclui também um quadro atraente de seu futuro paraíso socialista utópico. Tal como fizera no passado, Dostoiévski desejava seguir um meio-termo ideológico entre as difamações dos reacionários e os devaneios dos radicais, visando chegar a uma "verdade" independente de ambos e, ao mesmo tempo, fazer justiça a cada um deles.

Tchernichévski fora preso em 7 de julho de 1862, e pode causar alguma confusão vê-lo citado agora como o autor de um romance publicado em 1863 — romance, ademais, de óbvio conteúdo subversivo. Mas o livro apareceu com o imprimátur oficial da censura enquanto Tchernichévski estava firmemente sob sete chaves, e sua publicação talvez seja o exemplo mais espetacular da trapalhada burocrática no domínio cultural durante o reinado de Alexandre II. Também pode parecer surpreendente que o ensaísta literário, comentarista filosófico, historiador e economista Tchernichévski tenha tentado a mão na ficção. Mas quando a prisão o afastou de seus afazeres literários habituais, ele decidiu, com intrépida determinação, seguir o exemplo de dois escritores que admirava, William Godwin e Harriet Beecher Stowe, e continuar seu trabalho como mentor ideológico dos radicais por meio de um romance. O resultado foi *O que fazer?*, o qual, apesar de todos os seus defeitos artísticos óbvios, foi uma das obras de propaganda de maior sucesso já escritas em forma de ficção. Poucos livros causaram impacto tão eficaz sobre a vida de um número tão grande de pessoas, a começar pelos esforços dos discípulos imediatos de Tchernichévski para formar comunas cooperativas socialistas semelhantes às que ele descrevera e se estendendo até V. I. Lênin, para quem foi uma fonte de inspiração pessoal.[3]

Estampada em três edições de *O Contemporâneo* a partir de março de 1863 (e coincidindo em parte com a publicação de *Notas de inverno* em *O Tempo*), a obra provocou uma comoção indescritível, em grande parte derivada de sua relação polêmica com *Pais e filhos*. Tchernichévski acreditava ferrenhamente que a obra-prima de Turguêniev não passava de uma caricatura covarde de Dobroliúbov (que morrera de tuberculose em 1861), e seu livro pretende apresentar uma imagem mais exata das "pessoas novas" (Dobroliúbov foi o primeiro a chamar assim os jovens radicais) que Turguêniev supostamente difamara. Os dois principais personagens masculinos, Lopukhov e Kirsánov, são *raznotchíntsi* e estudantes de medicina quando começa o livro — análogos perfeitos de Bazárov. Ambos fazem parte de um triângulo amoroso que envolve a heroína, Vera Pávlovna, mas ao passo que Bazárov é destruído quando sua atração fatal pela sra. Odíntsova se mostra mais forte do que a sua vontade, o oposto ocorre com os personagens de Tchernichévski. Uma vez que professam os preceitos do "egoísmo racional", são capazes de desatar — sem nenhum pingo do antiquado e romântico *Weltschmerz* [desgosto do mundo] que desgraça Bazárov e tampouco algum traço de emoções tão primitivas como o ressentimento ou o ciúme — o trágico nó do amor enredado.

Essa refutação de Turguêniev teria bastado para garantir ao livro seu enorme sucesso, mas ele prendeu a imaginação de seus jovens leitores com mais força ainda ao oferecer soluções para todos os problemas que preocupavam a intelectualidade radical na década de 1860 — soluções que, conforme o romance os tranquilizava, podiam ser postas em prática com milagrosa facilidade. O egoísmo racional era o talismã miraculoso que fornecia a chave final para todas as complexidades humanas, fossem as relações entre os sexos, a criação de novas instituições sociais, a obtenção de sucesso na vida privada, a tapeação das estúpidas autoridades tsaristas ou a transformação da humanidade tanto física como espiritualmente no futuro paraíso terrestre. Só era preciso aceitar um egoísmo rigoroso como norma de comportamento e depois acreditar que um egoísmo "racional" nos obriga, pela força silenciosa da lógica, a sempre identificar o interesse pessoal com o do bem maior da maioria.

É difícil evitar um sorriso quando os virtuosos da virtude de Tchernichévski se convencem solenemente de que um egoísmo rigoroso determina sozinho todas as suas ações. Na realidade, embora ridicularizem a ética da abnegação em todas as oportunidades, eles se comportam em perfeita conformidade com seus preceitos. Mas esse tipo de comportamento não é *sentido* por eles como abnegação porque, de acordo com a imagem que Tchernichévski pinta da natureza humana, depois que os princípios do egoísmo racional são internalizados, as reações obsoletas de "egoísmo não racional" simplesmente deixam de existir. Assim, as paixões e as emoções *sempre* reagirão de maneira compatível com as imposições da razão esclarecida, o que prova de uma vez por todas que beneficiar os outros é, na realidade, o mais alto grau de preocupação consigo mesmo. Não se pode imaginar maior renúncia de si mesmo, mas essa exibição da virtude mais pura é disfarçada como o mais total e flagrante egoísmo.

Como exemplo, podemos tomar a decisão de Lopukhov de esposar Vera Pávlovna imediatamente, e assim resgatá-la da opressão familiar, em vez de esperar, como havia sido planejado, que obtivesse seu diploma de médico; desse modo, ele joga fora, pelo amor de Vera, a chance de uma brilhante carreira acadêmica e médica. Tchernichévski está ciente de que um leitor "médio" corrupto e cínico pode achar que se trata de um comportamento estranho para um "egoísta". E ele se apressa a explicar que Lopukhov decidira "consciente e resolutamente renunciar a todas as vantagens e honras materiais, para trabalhar em benefício dos outros, achando que o prazer desse trabalho era a melhor utilidade para ele". Munido dessa convicção, Lopukhov acha fácil agora abrir mão de tudo pelo que durante toda a vida lutara para obter. O que o preocupa é apenas garantir a coerência perfeita. Estaria, na verdade, cedendo ao inimigo e fazendo um sacrifício? Ao contrário de interpretar suas próprias ações como um sacrifício, ele as utiliza para provar a onipresença do egoísmo. "Que hipócrita!", diz de si mesmo. "Por que eu deveria ter um diploma? [...] Talvez, com aulas e traduções, eu possa ganhar ainda mais do que um médico."[4] É com base nesse raciocínio que o perturbado Lopukhov acalma seus temores de que poderia estar infringindo os dogmas milagrosos do egoísmo racional.

A ilustração mais perfeita desse controle da vontade pela razão é o super-homem revolucionário Rakhmiétov, cuja atividade clandestina de organizador é habilmente comunicada por eufemismos. Rakhmiétov é um monstro de eficiência e autodomínio. Fortalecendo-se por dormir em uma cama de pregos, subordina toda a preocupação com outras pessoas à realização de seu grande propósito inominado: a revolução. Rakhmiétov é um Bazárov sinceramente absorvido em sua causa, inabalável e invencível em sua força, e destituído até dos poucos traços remanescentes de insegurança e de sensibilidade emocional que tornam seu antecessor humanamente solidário. Esse ideal do revolucionário-racionalista de nervos de aço que destrói todos os vestígios de simpatias e inclinações pessoais de modo a cumprir com a fria lógica da utilidade social constitui um elo intermediário na linha condutora que vai de Bazárov a Raskólnikov.

484

Para o Dostoiévski que acabara de escrever *Recordações da casa dos mortos* e *Notas de inverno*, o romance de Tchernichévski, com a sua fé comoventemente ingênua na razão utilitarista, não poderia ser visto senão como um desafio direto. E esse desafio era ainda mais provocador porque, no famoso quarto sonho de Vera Pávlovna, Tchernichévski pinta um quadro da evolução da humanidade no estilo pseudoépico usado no início do século pelos franceses românticos sociais como Ballanche e Lamennais — uma evolução que culmina no advento da utopia socialista. Não surpreende que essa utopia acabe por assemelhar-se à vida que Fourier imaginara para seu falanstério ideal, e deve ter revivido em Dostoiévski as lembranças de seus dias no Círculo de Petrachévski, em que as ideias de Fourier foram apaixonadamente debatidas numa atmosfera de inocente exaltação. Catorze anos depois — e que anos para Dostoiévski e para a Rússia! —, o ressurgimento dessas fantasias só podia lhe parecer o cúmulo do absurdo. Mais uma vez ele se deparava com essa imagem onírica de um futuro em que o homem conquistara a natureza e estabelecera um modo de vida que permitia a satisfação livre e plena de todos os desejos. Todos os conflitos, toda a infelicidade, toda a luta interior e agitação espiritual desapareceram. Esse é o fim da história, cuja realização marca a estase final da humanidade, num círculo interminável de prazer e satisfação. Para Dostoiévski, o ideal de um tal mundo evocou imagens da decadência greco-romana e do inevitável crescimento das paixões mais perversas num esforço para escapar do tédio da saciedade.

Para piorar as coisas, Tchernichévski selecionara como ícone desse mundo glorioso de realização o Palácio de Cristal da Exposição Mundial de Londres — precisamente o mesmo edifício que Dostoiévski considerara a encarnação monstruosa do materialismo moderno, a versão contemporânea do deus da carne Baal. Mas, para os olhos deslumbrados de Tchernichévski, essa estrutura representava a primeira insinuação do que viria a ser a encarnação visual reluzente da utopia socialista do futuro, o objetivo manifesto de todas as aspirações humanas. Assim, nas páginas de Tchernichévski, Dostoiévski encontrou mais uma vez todos os velhos sonhos utópicos da década de 1840 com os quais estava tão familiarizado, agora aliados à nova fé na razão utilitarista que contrariava tão diretamente o sentido da vida humana que adquirira de forma tão dolorosa. Pode-se ver por que, quando foi necessário fornecer um texto artístico para *A Época*, sua intenção inicial de escrever um artigo dedicado em parte ao romance de Tchernichévski evoluiu para a ideia de fornecer uma resposta mais imaginativa e artística.

Os fantasmas de Turguêniev estava confirmado para *A Época*, mas a revista precisava de mais ficção em prosa. Pressionado pela necessidade editorial, Dostoiévski decidiu produzir um novo trabalho artístico até o fim do prazo, em fevereiro, embora as condições de sua vida não fossem nada propícias à criação artística. "A todo instante Maria Dmítrievna vê a morte diante de seus olhos: ela sofre e fica desesperada", escreveu em janeiro de Moscou. "Seus nervos estão em frangalhos. Seu peito está muito ruim e está magra como um prego. É terrível! É horrível ver isso!"[5]

Pacha Issáiev fora enviado para consolar a mãe, mas sua presença só provocou a percepção agonizante de que sua condição era desesperadora, e ele foi mandado de volta para casa. Um raro vislumbre de alguém de fora pode ser conferido em uma carta de Apollon Máikov, que numa viagem a Moscou fez uma visita inesperada ao casal, em janeiro. Ele conta à esposa:

> É terrível ver como Maria Dmítrievna parece muito pior: amarela, pura pele e ossos, a própria imagem da morte. Ela ficou muito, muito feliz em me ver, perguntou por você, mas sua tosse pôs um limite em sua loquacidade. Fiódor Mikháilovitch a distrai com várias ninharias, pequenas bolsas, cofres em forma de porquinho etc., e ela parece muito satisfeita com isso. Ambos apresentam um quadro muito triste: ela com tuberculose e ele com epilepsia.[6]

Não obstante, Dostoiévski fez o melhor que pôde para trabalhar numa história que, embora sem nome, era manifestamente a primeira parte de *Memórias do subsolo*. No entanto, sua saúde também estava se deteriorando, e, no início de fevereiro, ele diz a Mikhail que esteve doente nas duas últimas semanas, não só com epilepsia ("isso não teria importância", observa), mas também com uma infecção da bexiga, que o impedia de sentar-se ou deitar-se confortavelmente. "Não vou lhe esconder que meu trabalho vai mal. Minha novela, de repente, começou a me desagradar. Porém a culpa é minha, estraguei alguma coisa nela."[7] Sua incapacidade de cumprir o prazo, mesmo depois de adiá-lo para março, o deprimiu terrivelmente, e também temia ter se esgotado como escritor.

Em meados de fevereiro, Dostoiévski viajou para Petersburgo (a pequena Vária, filha de Mikhail, morreu durante sua estada na cidade) e, ao retornar para

Moscou, em 29 de fevereiro, escreveu tanto para consolar seu irmão enlutado como para esboçar novos planos e projetos para *A Época*. Ele menciona "a ideia de um artigo magnífico sobre o teorismo e o fantástico entre os teóricos (de *O Contemporâneo*)".[8] Embora nunca a tenha desenvolvido como tal, essa ideia foi provavelmente absorvida em *Memórias do subsolo*, cuja primeira parte foi concluída em algum momento do final de fevereiro. Aprovada pela censura em 20 de março, saiu no primeiro número duplo de *A Época*, semanas depois.

É provável que, ao sentar-se para escrever seu artigo sobre *O que fazer?*, Dostoiévski tenha começado a compor no estilo familiar da primeira pessoa de *Notas de inverno* e utilizado o mesmo tipo de persona — um russo que aceita ideias ocidentais, mas que contra elas se revolta emocional e subconscientemente. Nesse caso, as ideias "ocidentais" seriam as dos radicais da década de 1860, tal como exemplificadas não só por *O que fazer?*, mas também, no campo teórico, por *O princípio antropológico em filosofia*, com sua negação absoluta do livre-arbítrio. Pouco mais tarde, quando sentiu a necessidade de uma "história", Dostoiévski manteve a forma original, mas deu ao "eu" da narrativa uma especificidade mais social, aproveitando seus planos para a revisão de *O duplo*. A concepção de Golyádkin, como sabemos pelos cadernos de Dostoiévski, vinha evoluindo constantemente na direção de uma assimilação interior da ideologia radical; e o narrador da nova obra de Dostoiévski se torna, assim, um desenvolvimento do tipo Golyádkin. Essa suposição — a fusão do homem do subsolo com Golyádkin num determinado estágio — é apoiada por um pequeno detalhe da obra: em seu trabalho, os dois homens têm o mesmo chefe de gabinete, Anton Antónovitch Setótchkin.

Há alguns indícios também de que Dostoiévski pretendia escrever uma série de episódios em que o homem do subsolo seria a figura central, mas o plano nunca foi além das duas partes do texto existente de *Memórias do subsolo*.[9] E assim como a primeira parte se desenvolveu a partir de um artigo sobre *O que fazer?*, absorvendo ao longo do caminho parte do material destinado à reescrita de *O duplo*, a segunda parte decerto surgiu da intenção de escrever uma obra chamada *Uma confissão* (o título fora anunciado em *O Tempo* no início de 1863 como próxima contribuição de Dostoiévski). Mencionado pela primeira vez em outubro de 1859, esse projeto foi descrito numa carta a Mikhail como "uma *confissão* — um romance que eu queria escrever depois de tudo, por assim dizer, que tive de superar. [...] Eu o concebi na *kátorga* [...] em momentos dolorosos de tristeza e autocrítica".[10] Essa confissão teria contido uma contemplação desiludida de seu passado ideológico na década de 1840. Uma vez que é precisamente isso que encontramos na parte II, podemos supor que esse plano também foi incorporado a *Memórias do subsolo* e que esse amálgama não foi inteiramente fortuito. Apesar de toda a sua terminologia fria e calculista de egoísmo e utilitarismo, o romance de Tchernichévski revivera grande parte da atmosfera sentimental e idealista da década de 1840 e compartilhara seus devaneios filantrópicos de uma humanidade redimida e purificada. Desse modo, Dostoiévski podia facilmente integrar esse material de seu próprio passado, tanto ideológico como pessoal, em sua nova criação, e por certo não é coincidência que, na parte II, o homem do subsolo tenha a mesma idade de Dostoiévski na época em que estourou com *Gente pobre*, em 1845. Porém, sejam quais forem os elementos autobiográficos contidos na segunda parte, todos estão assimilados ao impulso artístico predominante no texto como um todo.

Em 20 de março de 1864, Dostoiévski escreveu a Mikhail que estava seguindo um regime severo, tomando inúmeras precauções com sua dieta, e que seu quadro infeccioso estava melhorando. A irmã de Maria Dmítrievna também havia providencialmente chegado de Petersburgo para assumir o comando da casa. "Sem ela, não sei o que seria de nós", comenta ele.[11] Maria Dmítrievna estava cada dia mais fraca e disseram a Dostoiévski que sua morte poderia ocorrer a qualquer momento; mas ela continuava a agarrar-se com desespero à vida, e comovia ao fazer planos para os meses de verão e escolher seu lugar de residência no futuro. O desgaste emocional dessa situação pungente deve ter sido enorme; mas Dostoiévski assegura a Mikhail: "Voltei a trabalhar na minha novela [a parte II de *Memórias do subsolo*]. [...] É imperioso que faça sucesso; é necessário *para mim*. Ela tem um tom extremamente bizarro, brutal e violento; pode desagradar; a poesia terá de abrandá-la toda e torná-la suportável. Mas espero que melhore".[12]

Uma semana depois, Dostoiévski recebeu o primeiro número de *A Época* com a parte I de *Memórias do subsolo* e mal pôde reconhecer o que viu. Sua concepção fora mutilada pela censura. Ele diz:

> Teria sido melhor não ter publicado o penúltimo capítulo (onde está expresso o essencial, a própria ideia da obra) do que publicá-lo desse jeito, isto é, com frases truncadas e que se contradizem. Meu Deus! O que fazer? Esses censores porcos: em trechos em que eu zombava de tudo e às vezes blasfemava em nome das aparências — isso eles deixaram, e onde eu concluía pela necessidade da fé e de Cristo — isso foi

censurado. O que os censores estão fazendo? Estão conspirando contra o governo, ou o quê?[13]

Esses comentários são de grande importância para a interpretação da parte I e em breve voltaremos aos problemas que apresentam.

Enquanto isso, Dostoiévski debruçava-se com coragem sobre a segunda parte, embora achasse cada vez mais difícil superar o peso esmagador de suas circunstâncias quase insuportáveis. No início de abril, ele escreve a Mikhail:

> Meu amigo, estive doente boa parte do mês, depois convalescente, e até agora não estou totalmente bem. Meus nervos estão em frangalhos e não tenho conseguido recuperar minhas forças. Estou tão atormentado por *tantas coisas* que nem quero falar delas. Minha esposa está morrendo, *literalmente*. Não há um único dia em que, em algum momento, não acreditemos que a estamos vendo partir. Seus sofrimentos são terríveis e isso age sobre mim porque...

A frase se encerra dessa maneira e é evidente que Dostoiévski pressupõe que Mikhail entenderá o que ele deixa de dizer; talvez estivesse pensando em seu caso com Súslova, cujo segredo supunha que só seu irmão conhecesse. No entanto, Dostoiévski continua, "escrevo e escrevo, todas as manhãs, [...] [e] a história está ficando mais longa. Às vezes, imagino que não vale nada, mas mesmo assim escrevo com entusiasmo; não sei no que vai dar".[14] Dostoiévski tem esperança de que poderá enviar a metade da segunda parte em breve para impressão, mas insiste que só pode ser publicada como um todo, e não em fascículos.

Muitas outras cartas enviadas a Mikhail no início de abril contêm pedidos urgentes de dinheiro; ele também delineia uma estratégia detalhada para arrancar um empréstimo, em nome da revista, de uma rica e devota tia que morava em Moscou. Em 13 de abril, descreve de novo sua situação lamentável ("Estou num estado assustador, nervoso, moralmente doente"),[15] mas fornece mais informações sobre a história que está escrevendo. Planeja agora três capítulos: o primeiro está quase terminado; o segundo está rascunhado, mas caótico; o terceiro ainda não foi iniciado. Dostoiévski se pergunta se não poderia publicar o primeiro capítulo sozinho, embora convencido de que isso prejudicaria o efeito do conjunto:

"Privado da continuação (os outros dois são essenciais) ele perde todo o sabor. Você sabe o que é uma *transição* na música. É exatamente a mesma coisa. O primeiro capítulo parece não passar de tagarelice, mas de repente essa tagarelice é resolvida por uma catástrofe nos dois últimos capítulos".[16] Essas palavras, as últimas na correspondência de Dostoiévski referentes à composição de *Memórias do subsolo*, foram escritas seis dias antes de Maria Dmítrievna dar seu último suspiro.

No decorrer dos dias seguintes, outros pensamentos, mais contemplativos, ocuparam Dostoiévski. "Será que verei Macha de novo?", pergunta num fragmento de anotação no caderno (v. 20, p. 172). Enquanto vela junto ao esquife da esposa morta, ele se debruça sobre a vida que tiveram juntos, e esses pensamentos o levam a refletir também sobre as grandes questões da vida na terra e seu significado, e sobre a possibilidade de uma vida eterna no além-túmulo. Em um momento tão grave e solene de exame de consciência, ele tenta decifrar suas próprias respostas a esses enigmas perenes. Em nenhum outro lugar ele nos fala com tanta franqueza sobre o que pensava a respeito de Deus, da imortalidade, do papel de Cristo na existência humana e do sentido da vida humana.

Esforça-se não só para se convencer de que a imortalidade existe, mas também para explicar por que ela *deve* existir como uma conclusão necessária da vida humana na terra. Depois de fazer essa pergunta pungente, Dostoiévski deixa de lado a eternidade e desloca o olhar para as vicissitudes da condição humana. "Amar o homem como a *si mesmo*, de acordo com o mandamento de Cristo", declara peremptoriamente, "é impossível. A lei da personalidade na terra é obrigatória. O *Ego* se atravessa no caminho" (v. 20, p. 172). Essas palavras foram escritas logo depois de concluir a primeira parte de *Memórias do subsolo*, em que retratara a recusa do ego humano de renunciar a seu direito de autoafirmação — em sua rejeição, mesmo que ao preço da loucura e da autodestruição, de qualquer filosofia que negasse essa necessidade humana irreprimível.

Pode parecer que Dostoiévski estava inclinado a concordar com Strákhov e com a doutrina cristã de que a natureza humana era de uma podridão incorrigível, incapaz de cumprir a lei de Cristo, exceto se fortalecida pela graça de Deus. Mas a ortodoxia oriental sempre enfatizou mais o livre-arbítrio do homem do que a graça; e, nas frases seguintes de sua anotação no caderno, ele deixa claro que não considera necessário nenhum dom especial da graça: a encarnação de Cristo foi suficiente para estimular a humanidade a lutar eternamente contra suas limitações.

Somente Cristo podia amar o homem como a si mesmo, mas Cristo era um ideal eterno perpétuo que o homem se esforça para alcançar e, de acordo com a lei da natureza, deve se esforçar para isso. Entretanto, desde o aparecimento de Cristo como *o ideal do homem na carne*, ficou claro como o dia que [...] o uso mais elevado que um homem pode fazer de sua personalidade, do pleno desenvolvimento do seu *Ego* — é, por assim dizer, aniquilar esse *Ego*, doá-lo totalmente e para todos de forma indivisa e desinteressada. Desse modo, a lei do *Ego* se funde com a lei do humanismo, e nessa fusão, tanto o *Ego* quanto o todo (pelo visto, dois extremos opostos) aniquilam um ao outro e, ao mesmo tempo, cada um alcança separadamente, e no mais alto grau, seu desenvolvimento individual. (v. 20, p. 172)

Dostoiévski declara ser uma "lei da natureza" que a humanidade se esforce para seguir o exemplo de Cristo. Essa crença fora o único raio de esperança a penetrar na escuridão moral que o cercara no campo de prisioneiros; e se a sua luz não fora obscurecida nem mesmo pela escuridão da vida na prisão, então era possível supor que sua luz continuaria a irradiar em todo peito cristão. Esse é certamente um dos motivos pelos quais Dostoiévski declarara, na carta sincera que escrevera à sra. Fonvízina logo depois de sair do presídio, que "se alguém me provasse que Cristo está fora da verdade, e que, *na realidade*, a verdade estava fora de Cristo, então eu teria preferido permanecer com Cristo e não com a verdade".[17] O que ele afirma aqui é a profundidade e a força de seu compromisso existencial com Cristo — ou seja, com a mensagem moral do amor e abnegação que Cristo trouxera ao mundo.

Com efeito, o único significado de Cristo, nos termos em que Dostoiévski o define agora, é servir como enunciador divino dessa moral; ele não tem nenhuma outra finalidade, nem mesmo a finalidade tradicional de redimir a humanidade do pecado e da morte. Não há, de fato, muita diferença entre o Cristo da anotação no caderno e o Cristo socialista utópico que Dostoiévski defendera contra Bielínski em 1845-6, ou o Cristo que, como ele descrevera anteriormente, fora enviado por Deus ao mundo moderno, assim como Homero fora enviado para o mundo antigo, a fim de proporcionar "a organização de sua vida espiritual e terrena".[18] Mas, nesse intervalo, Dostoiévski adquirira uma nova percepção de todos os obstáculos que impediam a incorporação da mensagem de Cristo a essa "organização" — sendo o principal deles o próprio ego humano, com sua furiosa exigência de reconhecimento de seus direitos.

Cinco anos depois, Dostoiévski esboçou o plano daquele que considerava o projeto mais importante de sua carreira criativa — uma série de romances que se chamaria *A vida de um grande pecador* —, cujas origens estão nas palavras que acabamos de citar, pois é somente quando o egoísmo da personalidade se expande ao máximo, somente quando alguém se torna de fato "um grande pecador", que se pode apresentar com mais eficiência a sublimidade total da *imitatio Christi* — a grandeza do sacrifício voluntário da personalidade por amor. Esse sacrificar-se a si mesmo, na opinião de Dostoiévski, uniria a lei da personalidade à lei do "humanismo", e o uso desse termo, empregado vinte anos antes por Feuerbach e os hegelianos de esquerda para denotar a realização secular e social da lei cristã do amor, atesta que Dostoiévski, sem abandonar seus ideais anteriores, se esforçava agora para integrá-los às convicções que adquirira mais recentemente. Mas o que outrora fora concebido como uma possibilidade mundana era agora transferido para o futuro infinito, e ele continua a declarar que "toda a história, seja da humanidade em parte ou de cada homem separadamente, é apenas o desenvolvimento, a luta e a consecução desse objetivo [a fusão de egoísmo e humanismo]". Uma vez alcançado, no entanto, a humanidade teria chegado então ao "Paraíso de Cristo" (v. 20, p. 172).

Em um movimento típico de sua manipulação criativa das ideias, Dostoiévski as desenvolve até o limite e visualiza a situação que resultaria de sua consumação. Ele argumenta:

> Mas se esse é o objetivo final de toda a humanidade (ao alcançá-lo, não seria mais necessário desenvolver, isto é, [...] esforçar-se eternamente para atingi-lo) — portanto, não seria mais necessário viver — então, por conseguinte, quando o homem consegue isso, ele chega ao fim de sua existência terrena. Portanto, o homem na terra é apenas uma criatura em desenvolvimento, em consequência, alguém não acabado, mas transitório.

A natureza humana terrena, com seu conflito necessariamente não resolvido entre o egoísmo e a lei do amor, não é, então, o estado final da humanidade, e essa convicção possibilita que Dostoiévski responda à pergunta formulada no início de suas meditações. "Não há sentido algum em atingir esse grande objetivo se, ao alcançá-lo, tudo se extingue e desaparece, ou seja, se o homem não tiver mais vida quando atingir o objetivo. Por conseguinte, existe uma vida paradisíaca no futuro" (v. 20, pp. 172-3).

Temos aqui o argumento de Dostoiévski para a necessidade da imortalidade: sem essa crença, a luta interminável da humanidade na terra para cumprir a lei de Cristo simplesmente não tem sentido. O que motiva as reflexões de Dostoiévski — possibilidade que ele não suporta contemplar — é, acima de tudo, a perspectiva terrível de que todas as lutas e labutas da vida humana se revelem inteiramente vãs. Assim como para outro cristão cheio de dúvidas que também foi um filho de *seu* século, Blaise Pascal, nada aterrorizava mais Dostoiévski do que o espectro de viver em um universo sem sentido. *Recordações da casa dos mortos* oferece uma evocação imaginativa arrepiante desse terror em um dos trechos mais reveladores que o autor escreveu sobre si. É quando descreve o trabalho forçado como "uma tarefa cujo caráter era absolutamente inútil e absurdo" (v. 4, p. 20) e intui que o resultado inevitável disso seria a autodestruição suicida. Esse livro não levanta diretamente a questão da imortalidade, mas contém uma descrição assustadora do desejo insaciável da humanidade de existir num universo cujos espaços infinitos, em vez de permanecerem em silêncio, responderiam aos anseios contidos em cada alma humana. Embora Dostoiévski ilustre a questão em relação ao trabalho forçado, suas conclusões se aplicam com força igual, se não maior, ao problema de saber se a vida humana tem algum valor supremo ou se é apenas "uma história contada por um idiota, que nada significa". Seria um insulto intolerável à dignidade humana o homem viver num mundo privado de qualquer sentido, e esse mundo, na visão de Dostoiévski, seria aquele em que a morte significasse apenas extinção — um mundo no qual as agruras da vida humana não tivessem nenhuma explicação satisfatória. Aqui penetramos no âmago dessa conexão estreita entre a psicologia e a metafísica religiosa, tão típica de Dostoiévski, e essa conexão explica a natureza um tanto inesperada de seu argumento a favor da imortalidade.

Dostoiévski enfrenta então aqueles a quem chama de "anticristos", que pensam poder refutar o cristianismo apontando para sua incapacidade de transformar a vida terrena. Aludindo a essa transformação, ele diz que ela "acontecerá, mas depois de atingir o objetivo, quando o homem enfim renascer, de acordo com as leis da natureza, em outra forma que não casa nem se dá em casamento" (v. 20, pp. 173-4). Nenhum texto de Dostoiévski explica com tanta clareza o motivo de seus romances apresentarem quase sempre a vida humana como inextricavelmente envolvida em conflitos trágicos. Os desejos humanos comuns, mesmo os mais legítimos, até o dever, por meio do matrimônio e da família, de cumprir as obrigações mais sagradas da sociedade, devem entrar em conflito inevitável com os imperativos da lei cristã do amor. A despeito do que possa ter sido além disso, Dostoiévski não era um defensor acrítico das instituições existentes, e essas palavras mostram como estava sempre a levar sua imaginação para além dos limites de *todos os pensamentos predominantes* terrenos.

Em trecho no qual faz um resumo de suma importância, ele retorna então ao ponto de partida e, ao mesmo tempo, oferece um vislumbre pungente das raízes pessoais dessas reflexões tocantes e preliminares:

> E assim o homem se esforça na terra em direção a um ideal *oposto* à sua nature-za. Quando um homem não cumpriu a lei de lutar para alcançar o ideal, ou seja, não sacrificou *através do amor* seu Ego ao povo ou a outra pessoa (Macha e eu), ele sofre e chama essa condição de pecado. E assim, o homem deve sentir sem cessar o sofrimento, que é compensado pela alegria celeste de cumprir a lei, isto é, por meio do sacrifício. Eis o equilíbrio terrestre. Caso contrário, a terra não teria sentido. (v. 20, p. 174)

Essas páginas revelam Dostoiévski se esforçando interiormente para aceitar os dogmas essenciais da divindade de Cristo, da imortalidade pessoal, do Segundo Advento e da Ressurreição. O maior objetivo do cristianismo de Dostoiévski, no entanto, não é a salvação pessoal, mas a fusão do ego individual com a comunidade numa simbiose de amor, e o único pecado que parece reconhecer é a incapacidade de cumprir essa lei do amor. O sofrimento surge da consciência dessa incapacidade, e as palavras de Dostoiévski nos ajudam a compreender não só por que o sofrimento desempenha um papel tão acentuado em suas obras, mas também por que é enganoso inferir que ele acredite que *qualquer* tipo de sofrimento é necessariamente bom. Tem valia apenas o sofrimento que, atestando uma consciência da insuficiência em responder ao exemplo de Cristo, também apregoa a autonomia moral da personalidade humana; e uma vez que o egoísmo humano *sempre* impedirá que o ideal de Cristo seja realizado com plenitude na Terra, esse tipo de sofrimento não cessará (e nem pode cessar) antes do fim dos tempos.

Em suas criações artísticas, os grilhões da lei da personalidade são, na maioria dos casos, sentidos imparcialmente como um elemento inevitável da condição humana, pois Dostoiévski jamais representa o ideal cristão como uma força positiva e benéfica na vida humana em nome da qual esses grilhões podem ser atirados longe; às vezes, esse ideal tem até o efeito contrário. O aparecimento de uma figura semelhante à de Cristo em *O idiota*, por exemplo, só leva a um agravamento dos conflitos, em vez de ajudar na sua pacificação ou resolução. Mas, como vimos, a grande importância que Dostoiévski atribuía à Encarnação era precisamente exercer essa função de despertar e estimular: Cristo não foi enviado por Deus para dar à humanidade a paz da absolvição, mas para incitá-la a lutar contra a lei da personalidade. Dostoiévski aponta que "o próprio Cristo profetizou seus ensinamentos apenas como um ideal, ele mesmo previu que o conflito e o desenvolvimento continuarão até o fim do mundo (o ensinamento sobre a espada)" [são Marcos afirma que Cristo disse "Não vim trazer paz, mas espada"] (v. 20, pp. 173-4). A vida para Dostoiévski era, como havia sido para Keats, "um vale de fazer almas", ao qual Cristo viera para conclamar o homem a lutar contra a morte da imersão na matéria e para inspirar o combate pela vitória final sobre o egoísmo.

A ortodoxia oriental, ao contrário da tradição agostiniana do Ocidente, sempre considerou que o homem, antes da Queda em pecado irremediável, não vivia em estado de perfeição, mas surgiu na vida terrena ainda imperfeito e sem forma; o homem contém a "imagem" de Deus, mas não sua "semelhança", que João Damasceno definiu como a "assimilação a Deus através da virtude".[19] Santo Irineu compara o homem na terra a uma criança que precisa crescer e se desenvolver. Para Dostoiévski, a vida humana era a bigorna em que as almas estavam sendo forjadas pelos golpes do destino, e somente na eternidade esse processo interminável teria uma pausa. Somente na eternidade a lei da personalidade seria afinal superada, e sem dúvida é por isso que Dostoiévski jamais pôde de fato imaginar esse triunfo dentro das convenções realistas do romance do século XIX às quais permaneceu fiel.

Desse instante em diante, todas as principais obras de Dostoiévski passarão a ser controladas pelo quadro de valores expresso nessas anotações de caderno, e elas dramatizarão a oposição fatídica entre a lei de Cristo e a lei da personalidade, tal como ele a entendia. Contudo, essa afirmação pouco difere daquilo que se poderia igualmente dizer de todo grande escritor da tradição da literatura europeia desde Dante, Shakespeare e Milton. Para compreender Dostoiévski, devemos tentar aprender seu entendimento *particular* desse grande tema, que ele atualiza, engrandece e dramatiza nos termos das questões socioculturais e dos conflitos de sua época. Esses conflitos lhe proporcionam a substância viva de suas obras; é através deles que ele chega ao auge do grande argumento que se apossou de seu espírito e inflamou sua imaginação criativa; e sua genialidade consiste precisamente na capacidade de unir esses dois níveis (à primeira vista) muito diferentes. Mas chegou o momento de ilustrar como ele o fez em *Memórias do subsolo*, cuja segunda parte, concluída em maio de 1864, foi publicada dois meses depois da morte de Maria Dmítrievna.

30. Memórias do subsolo

Se, entre outros caprichos, a filosofia tivesse também de ter a noção de que poderia ocorrer a um homem agir de acordo com seus ensinamentos, poder-se-ia fazer disso uma estranha comédia.

Søren Kierkegaard, *Temor e tremor*

Poucas obras da literatura moderna são mais lidas do que *Memórias do subsolo* [*Zapíski iz podpólia*], de Dostoiévski, ou são citadas com mais frequência como um texto fundamental e revelador das profundezas ocultas da sensibilidade de nosso tempo. A expressão "homem do subsolo" (ou do subterrâneo) tornou-se parte do vocabulário da cultura contemporânea, e esse personagem já alcançou, como Hamlet, Dom Quixote, Dom Juan e Fausto, a estatura de uma das grandes criações literárias arquetípicas. Os desenvolvimentos culturais mais importantes do século xx — nietzschianismo, freudismo, expressionismo, surrealismo, teologia da crise, existencialismo — reivindicaram para si o homem do subsolo ou foram associados a ele por intérpretes zelosos; e quando o homem do subsolo não foi saudado como um prenúncio profético, foi exibido como uma advertência sinistra e repulsiva. Desse modo, o homem do subsolo entrou na própria trama e urdidura da cultura moderna de uma forma que atesta a sugestividade filosófica e o poder hipnótico dessa primeira grande criação dos anos pós-siberianos de Dostoiévski.

Memórias do subsolo atraiu pouca atenção quando foi publicado pela primeira vez (nenhuma crítica foi publicada nos periódicos russos). Em 1883, N. K. Mikháilovski escreveu o influente artigo "Um talento cruel", em que cita alguns de seus trechos mais sádicos e sustenta que as falas e ações do personagem ilustravam as "tendências à tortura" do próprio Dostoiévski.[1] Oito anos depois, escrevendo de uma perspectiva ideológica oposta, V. V. Rozánov interpretou que a obra se inspirava essencialmente na consciência que Dostoiévski tinha das profundezas irracionais da alma humana, com todos os seus impulsos conflitantes para o mal e para o bem. Nenhuma ordem mundial baseada na razão e na racionalidade poderia conter esse caos fervilhante da psique humana; somente a religião (ortodoxa oriental) poderia ajudar o homem a superar suas inclinações caprichosas e destrutivas.[2]

Desde o dia da publicação, ficou evidente que *Memórias do subsolo* era um ataque, especialmente na primeira parte, à filosofia do "egoísmo racional" de Tchernichévski, mas até o início da década de 1920 os intérpretes deram pouca atenção a essa discussão antiga, que era considerada apenas secundária e de nenhuma importância artística. Supunha-se que Dostoiévski fora incitado pela oposição a Tchernichévski, mas usara ideias radicais apenas como um artifício de contraste. Para Tchernichévski, o homem era inerentemente bom e receptivo à razão, e, uma vez esclarecido a respeito de seus verdadeiros interesses, ele seria capaz de construir, com a ajuda da razão e da ciência, uma sociedade perfeita. Dostoiévski talvez acreditasse também que o homem era capaz de praticar o bem, mas o considerava igualmente cheio de inclinações más, irracionais, caprichosas e destrutivas, e foi *essa* verdade perturbadora que apresentou através do homem do subsolo, como resposta ao otimismo ingênuo de Tchernichévski — ou, pelo menos, foi o que os intérpretes afirmaram.

Essa leitura simplista dificilmente pode ser sustentada após um pouco de reflexão, pois nos obrigaria a considerar Dostoiévski o pior polemista de toda a história literária. Afinal de contas, ele estaria escrevendo para dissuadir os leitores de aceitar as ideias de Tchernichévski. Poderia ter de fato imaginado que alguém em seu perfeito juízo preferiria a vida do homem do subsolo à felicidade radiante dos habitantes da Utopia de Tchernichévski? É óbvio que não, e uma vez que Dostoiévski podia ser tudo, menos um tolo, pode-se supor que a criação do homem do subsolo não foi inspirada por nenhuma noção contraproducente. Na realidade, como uma outra linha de interpretação logo começou a deixar claro, seu ataque a Tchernichévski e aos radicais é muito mais intrincado e astuto do que antes se suspeitara.

O primeiro vislumbre verdadeiro da lógica artística de *Memórias do subsolo* aparece em um artigo de V. L. Komaróvitch, que em 1921 ressaltou que a novela de Dostoiévski era estruturalmente dependente de *O que fazer?*.[3] Seções inteiras da segunda parte da obra — a tentativa do homem do subsolo de dar um encontrão num oficial na avenida Niévski, por exemplo, ou o famoso encontro com a prostituta Liza — têm como modelo episódios do livro de Tchernichévski e são flagrantes *paródias* que invertiam o sentido desses episódios em seu contexto original. Mas Komaróvitch continuou a ver nas imprecações do homem do subsolo contra a "razão" na primeira parte apenas uma altercação direta com o utilitarismo. O homem do subsolo ainda estava falando por Dostoiévski e podia ser identificado com a posição do próprio autor.

Um avanço mais decisivo foi feito poucos anos depois por A. Skáftimov, que, sem levantar a questão da paródia, sustentou que de forma alguma se podiam tomar as visões negativas sobre o homem do subsolo como representativas da posição do próprio Dostoiévski, porque essa identificação constituiria um claro repúdio de todos os ideais morais que ele defendia em seus artigos jornalísticos. "O homem do subsolo nas *Memórias*", escreveu Skáftimov, "não é somente o acusador, mas também um dos acusados", cujos insultos são dirigidos tanto (se não mais) contra si mesmo quanto contra os outros, e cuja existência autodestrutiva não representa de forma alguma algo que Dostoiévski aprovava. Skáftimov observa também com perspicácia que a estratégia de Dostoiévski é destruir os seus adversários "a partir de dentro, levar suas pressuposições e possibilidades lógicas à sua conclusão coerente e chegar a um impasse destrutivamente sem solução".[4]

Essas palavras proporcionam um insight essencial de uma das principais características da técnica de romancista ideológico de Dostoiévski, mas, embora plenamente consciente de que a novela é "uma obra polêmica", Skáftimov não percebe que essa intenção polêmica entra na própria criação do personagem do homem do subsolo. A análise do texto que faz permanece, portanto, no nível de generalidades morais e psicológicas e não penetra no cerne da concepção de Dostoiévski. Em minha opinião, este só pode ser atingido combinando e estendendo as observações de Komaróvitch sobre o elemento paródico em *Memórias do subsolo* com a percepção de Skáftimov de como o homem do subsolo dramatiza dentro de si as últimas consequências da posição a que Dostoiévski estava se opondo. Em outras palavras, o homem do subsolo não é apenas um tipo moral e psicológico cujo egoísmo Dostoiévski deseja expor — ele também é social e ideológico, e sua psicologia deve ser vista em sua íntima interligação com as ideias que aceita e conforme as quais tenta viver.

Dostoiévski apontou claramente para esse aspecto do personagem na nota que acrescentou ao título da novela. "Tanto o autor como o texto destas memórias são, naturalmente, imaginários. Todavia, pessoas como o seu autor não só podem, mas devem até existir em nossa sociedade, desde que consideremos as circunstâncias em que, de um modo geral, ela se formou. [...] Trata-se de um dos representantes da geração que vive os seus dias derradeiros" (v. 5, p. 99 [13]).* Dostoiévski se refere aqui, é claro, à formação da sociedade russa que, como esperado, todos os leitores de *A Época* saberiam — conforme ele já se cansara de explicar em seus artigos de *O Tempo* — ter sido formada pelas sucessivas ondas de influência europeia que inundaram a Rússia desde o tempo de Pedro, o Grande. O homem do subsolo *deve* existir como tipo porque é o produto inevitável dessa formação cultural, e seu personagem encarna e reflete de fato duas fases dessa evolução histórica. Ele é, em suma, concebido como uma persona paródica cuja vida exemplifica os impasses tragicômicos resultantes dos efeitos dessas influências sobre a psique nacional russa.

Suas diatribes na primeira parte, portanto, não decorrem, como se costumava pensar, de sua rejeição da razão; ao contrário, resultam de sua aceitação de *todas* as implicações da razão em sua encarnação russa então corrente — e, em particular, de todas aquelas consequências que defensores da razão, como Tchernichévski, despreocupadamente optaram por ignorar. Na segunda parte, Dostoiévski estende a mesma técnica para os elementos mais sentimentais e humanitários da ideologia de Tchernichévski que haviam ressuscitado um pouco da atmosfera da década de 1840.

Desse modo, a nota de Dostoiévski tentava alertar o público para a natureza

---

* A tradução de todas as citações de *Memórias do subsolo* é de Boris Schnaiderman. São Paulo, Editora 34, 2000. 3. ed. O número da página entre colchetes é o da edição brasileira, logo após a referência à edição russa. (N. T.)

satírica e paródica de suas concepções, mas era demasiado indireta para servir a seu propósito. Como muitos outros exemplos de paródia satírica em primeira pessoa, *Memórias do subsolo* foi em geral mal interpretado e tomado ao pé da letra. Com efeito, o perigo intrínseco dessa forma, quando utilizada com essa finalidade, é que ela tende a eliminar qualquer distância crítica entre o narrador e o leitor e torna difícil ver *através* da personagem o alvo da sátira. Esse perigo apenas pode ser evitado se, como em *Viagens de Gulliver*, o leitor é desorientado desde o início pela incongruência da situação, ou se, de outras maneiras — exageros linguísticos ou comportamento manifestamente grotesco —, toma consciência de que o eu-narrador é tanto uma convenção literária como um personagem genuíno. Embora Dostoiévski faça alguma tentativa de complementar sua nota nesse sentido, tais esforços não foram suficientes para equilibrar a presença psicológica avassaladora do homem do subsolo e a força de suas imprecações e seus anátemas contra alguns dos dogmas mais caros da civilização moderna. Em consequência, a função paródica de seu personagem sempre foi obscurecida pela imensa vitalidade da sua encarnação artística, e foi, paradoxalmente, o próprio gênio de Dostoiévski para a criação do personagem que mais interferiu na compreensão adequada de *Memórias do subsolo*.

Se estivermos interessados em compreender o ponto de vista de Dostoiévski, na medida em que se pode reconstruí-lo, então devemos tomá-lo pelo que foi inicialmente concebido para ser — uma brilhante sátira swiftiana, notável pelo refinamento de sua concepção e pela vitalidade de sua execução, que dramatiza os dilemas de uma personalidade russa representativa que tenta viver conforme os dois códigos europeus cujos efeitos infelizes Dostoiévski explora. E, embora as seções tenham uma ligação narrativa solta, a novela é, sobretudo, um díptico que retrata dois episódios de uma história simbólica da intelligentsia russa.

PARTE I

1. A dialética do determinismo

O primeiro segmento de *Memórias do subsolo* se estende do capítulo 1 ao capítulo 6, e sua famosa diatribe de abertura nos dá uma imagem inesquecível do homem do subsolo enfurnado em seu "cantinho" de Petersburgo a ruminar as peculiaridades de seu caráter e de sua vida: "Sou um homem doente... Um homem mau. Um homem desagradável. Creio que sofro do fígado". Ele está doente, mas se recusa a procurar um médico, embora respeite a medicina: "Ademais, sou supersticioso ao extremo; bem, ao menos o bastante para respeitar a medicina". A medicina, é evidente, se tornou *a* ciência depois de Bazárov, Lopukhov e Kirsánov, mas o homem do subsolo rotula sarcasticamente o respeito excessivo pela medicina de simples superstição irracional. Sabe que deve ir ao médico, mas de algum modo — na verdade, por nenhuma boa razão, apenas por raiva — prefere ficar em casa, sem tratamento. Por quê? "Certamente não compreendeis isso", diz ele. "Ora, eu compreendo" (v. 5, p. 99 [15]). Seja qual for a explicação, há um claro conflito entre um curso racional de comportamento e algum sentimento obscuro rotulado de "raiva".

Ficamos sabendo, então, que o homem do subsolo é um ex-funcionário público agora aposentado, que no passado se envolvera em batalhas incessantes para tiranizar os humildes solicitantes que atravessavam seu caminho no curso dos negócios. Mas, embora gostasse desse suborno de seu ego, confessa que "minha boca espumava, mas, se alguém me trouxesse alguma bonequinha, me desse chazinho com açúcar, é possível que me acalmasse". A natureza do homem do subsolo não é cruel e maldosa em nenhuma medida; ele é mais do que sensível a qualquer manifestação de amizade, mas essas reações são cuidadosamente contidas, por mais fortes que possam ser: "A todo o momento constatava em mim a existência de muitos e muitos elementos contrários a isso [a raiva]. [...] Sabia que eles haviam fervilhado a vida toda e que pediam para sair, mas eu não deixava. Não deixava, de propósito não os deixava extravasar" (v. 5, p. 100 [16]).

O homem do subsolo aparece enredado num conflito entre os aspectos egoístas de seu caráter e os aspectos solidários e sociáveis que também possui, mas estes últimos são continuamente reprimidos em favor dos primeiros. Nós o vemos dilacerado por uma dissonância interna que o impede de comportar-se de um modo que poderia ser considerado "normal" — isto é, agindo em termos de egoísmo e "razão" na primeira parte, em que o homem do subsolo fala para si mesmo ou a um interlocutor imaginário, ou dando irrestrita expressão aos seus impulsos altruístas (ou pelo menos amigavelmente sociais) na segunda parte, em que está vivendo em sociedade em relação com outros indivíduos. O que o impede de fazer isso é exatamente o que Dostoiévski deseja esclarecer e analisar.

A natureza desses impedimentos só fica clara aos poucos na primeira parte, à medida que o homem do subsolo continua a expor todos os seus defeitos à contemplação desdenhosa de seu presumido leitor, pois descobre-se que os impulsos contraditórios que lutam dentro dele paralisaram seu caráter. "Não consegui chegar a nada, nem mesmo tornar-me mau: nem bom nem canalha nem honrado nem herói nem inseto conseguia ficar rancoroso", diz ele. O único consolo do homem do subsolo é que "um homem inteligente do século XIX precisa e está moralmente obrigado a ser uma criatura eminentemente sem caráter", e é com orgulho que ele atribui sua falta de caráter ao fato de ter uma "grande consciência". Em consequência, "era capaz de melhor apreciar todas as sutilezas do 'belo e sublime', como outrora [anos 1840] se dizia entre nós". Mas "quanto mais consciência eu tinha do bem e de tudo o que é 'belo e sublime', tanto mais me afundava em meu lodo, e tanto mais capaz me tornava de imergir nele por completo" (v. 5, p. 100, 102 [17, 19]).

Esse estranho estado de impotência moral, que o homem do subsolo ao mesmo tempo defende e despreza, é complicado ainda mais pela admissão de que de fato sente *prazer* na experiência de sua própria degradação. Ele confessa:

> chegava ao ponto de sentir certo prazerzinho secreto, anormal, ignobilzinho quando às vezes, em alguma horrível noite de Petersburgo, regressava ao meu cantinho e me punha a lembrar com esforço que, naquele dia, tornara a cometer uma ignomínia e que era impossível voltar atrás. Remordia-me então em segredo, dilacerava-me, rasgava-me e sugava-me, até que o amargor se transformasse, finalmente, em certa doçura vil, maldita, e, depois, num prazer sério, decisivo! (v. 5, p. 102 [19-20])

O homem do subsolo admite francamente ser um desavergonhado masoquista, e todos os comentadores ficam felizes em aceitar essa admissão como uma explicação suficiente do seu comportamento. Porém, fazer isso é apenas ignorar a relação da psicologia do homem do subsolo com sua formação sociocultural, pois ele passa a explicar que sua sensação de prazer é fruto da "consciência viva que eu tinha da minha própria degradação", uma consciência hipertrofiada que o persuadiu da impossibilidade de se tornar qualquer outra coisa ou de se comportar de qualquer outro modo, mesmo que quisesse. "E o principal, o fim derradeiro, está em que tudo isso ocorre de acordo com as leis normais e básicas da consciência hipertrofiada, de acordo com a inércia, decorrência direta dessas leis, e, por conseguinte, não é o caso de se transformar; simplesmente não há nada a fazer" (v. 5, p. 102 [20]).

Esse trecho foi muitas vezes tomado como referência ao "hamletismo" do homem do subsolo, que o liga a figuras como os protagonistas de "Hamlet do distrito de Schigróvski" e "Diário de um homem supérfluo", de Turguêniev, os quais são destruídos por um excesso de consciência que os incapacita para as possibilidades que suas vidas lhes oferecem. Essas semelhanças temáticas não precisam ser negadas, mas esse motivo que permeia a literatura russa das décadas de 1850 e 1860 recebe, com Dostoiévski, uma guinada especial, e é mostrado como a consequência inesperada das doutrinas defendidas pelas mesmas pessoas que atacaram os "Hamlets" de forma mais violenta — os próprios radicais da década de 1860. Os termos pseudocientíficos do homem do subsolo para alegar uma "consciência hipertrofiada" são uma paródia de Tchernichévski, e a declaração é uma paráfrase da afirmação desse autor em *O princípio antropológico em filosofia* de que o livre-arbítrio não existe nem pode existir, uma vez que quaisquer ações que o homem atribui à sua própria iniciativa são, na verdade, resultado das "leis da natureza". O homem do subsolo revela os efeitos da "consciência hipertrofiada" sobre seu caráter, derivados de um conhecimento dessas "leis", e, assim, exemplifica de modo zombeteiro o que essa doutrina significa na prática.

Ele imagina, por exemplo, que deseja perdoar alguém magnanimamente por lhe ter dado um tapa no rosto, mas quanto mais pensa sobre isso, mais impossível se torna essa intenção. "Certamente eu não saberia fazer nada com a minha generosidade: nem perdoar, pois o ofensor talvez me tivesse batido segundo as leis da natureza, e não se pode perdoar as leis da natureza, nem esquecer, pois ainda que se trate das leis da natureza, sempre é ofensivo." Ou suponhamos que ele deseje agir de outra maneira — não com um perdão magnânimo, mas com uma vingança. Como alguém pode vingar-se quando ninguém é culpado de nada? "Quando se repara, o objeto volatiliza-se, as razões se evaporam, não se encontra o culpado, a ofensa não é mais ofensa, mas *fatum*, algo semelhante à dor de dentes, da qual ninguém é culpado." É por isso que, como o homem do subsolo afirma, "o resultado direto e legal da consciência é a inércia, isto é, o fato de ficar conscientemente sentado de braços cruzados". Ou, se não ficar parado, mas agir — digamos numa questão de vingança —, então "será apenas por rancor" (v. 5, p. 103, pp. 108-9 [21, 30]). O rancor não é um motivo *válido* para nenhum tipo de ação e, portanto, é o único que sobra quando as leis da natureza tornam impossível qualquer reação justificada.

Nesses trechos, o vácuo moral criado pela aceitação total do determinismo é retratado com uma magistral perspicácia psicológica. Como membro bem formado da intelligentsia, o homem do subsolo aceita intelectualmente esse determinismo, mas, na verdade, é-lhe impossível viver com suas conclusões. "Resulta o seguinte, por exemplo, da consciência hipertrofiada: tu tens razão em ser um canalha, como se fosse consolo para um canalha perceber que é realmente um canalha." Ou, no que respeita ao bofetão na cara, é impossível esquecer porque, "ainda que se trate das leis da natureza, sempre é ofensivo" (v. 5, pp. 102-3 [20-1]). Desse modo, Dostoiévski justapõe uma reação humana *total* — um sentimento de repulsa por si mesmo por ser um canalha, um acesso de raiva diante do insulto de ser esbofeteado — contra uma lógica científica que dissolve todos os sentimentos morais e emocionais e, portanto, a própria possibilidade de uma reação humana. A razão diz ao homem do subsolo que a culpa ou a indignação é totalmente irracional e sem sentido, mas a consciência e um senso de dignidade continuam a existir de qualquer modo, como componentes inextirpáveis da psique humana.

Aqui está, portanto, a explicação para o chamado masoquismo do homem do subsolo. Por que ele se recusa a procurar um médico para cuidar de seu fígado ou insiste que se possa ter prazer gemendo desnecessária e inutilmente com uma dor de dente? Porque, em ambos os casos, algum poder misterioso, impessoal — as leis da natureza —, reduziu o indivíduo à total impotência, e seu único método de expressar uma reação *humana* a esse poder é se recusar a submeter-se em silêncio a seu despotismo, protestar contra a sua pressão, mesmo que de uma maneira ridícula. A recusa a se tratar é um protesto desse tipo, por mais contraproducente que possa ser; e nos gemidos causados pela dor de dente, diz o homem do subsolo, se expressa "toda a inutilidade da vossa dor, humilhante para a nossa consciência; toda a legalidade da natureza, com a qual, naturalmente, pouco vos importais, mas que, apesar de tudo, vos faz sofrer, enquanto ela não sofre" (v. 5, p. 106 [26]).

Ambas as situações são análogas ao "prazer" vergonhoso que, de acordo com o homem do subsolo, mantém vivo o sentimento de sua própria degradação depois de suas libertinagens. Ele se recusa a ser consolado pelo álibi de que a culpa é das leis da natureza, e seu gozo dúbio traduz a reação moral e emotiva de sua *natureza humana* à nulidade absoluta das *leis da natureza*. Longe de ser um sinal de anormalidade psíquica, essa sensação é, na realidade — tendo em vista o mundo às avessas em que ele vive —, uma prova de paradoxal saúde espiritual do homem do subsolo, pois isso indica que, apesar das convicções de sua razão, ele se recusa a renunciar ao seu direito de ter uma consciência ou à capacidade de se sentir ultrajado e insultado.

2. O homem de ação

Somente reconhecendo esse deslocamento irônico do horizonte moral e psíquico normal é que podemos compreender com precisão a relação do homem do subsolo com seu interlocutor imaginário. Esse interlocutor é, obviamente, um seguidor de Tchernichévski, um homem de ação, que acredita ser nada menos que *l'homme de la nature et de la vérité*. O homem do subsolo *concorda* com a teoria desse cavalheiro de que toda a conduta humana nada mais é que um produto mecânico das leis da natureza, mas também sabe o que o homem de ação não sabe — que essa teoria torna todo o comportamento humano impossível, ou pelo menos sem sentido. "Invejo um homem desses até o extremo da minha bílis", diz o homem do subsolo. "Ele é estúpido, concordo, mas talvez o homem normal deva mesmo ser estúpido, sabeis?" O homem normal, o homem de ação, por sorte não tem consciência hipertrofiada, e quando impelido por um desejo de se vingar, por exemplo, "atira-se diretamente ao objetivo, como um touro enfurecido, de chifres abaixados, e somente um muro pode detê-lo" (v. 5, pp. 103-4 [21-2]). Ele não tem consciência de que aquilo que pode considerar a base de seu ataque precipitado — por exemplo, a necessidade de justiça — é um preconceito ridiculamente antiquado e não científico que foi substituído pelas leis da natureza. Apenas sua estupidez lhe permite manter sua normalidade indiferente, e assim permanecer completamente livre dos dilemas paralisantes do homem do subsolo.

Confrontados pelos chamados princípios da ciência natural — por exemplo, "que, em essência, uma gotícula de vossa própria gordura vos deve ser mais cara do que cem mil dos vossos semelhantes, e que neste resultado ficarão abrangidos, por fim, todos os chamados deveres, virtudes e demais tolices e preconceitos" —, os homens de ação interrompem todos os seus questionamentos e raciocínios. O homem do subsolo de consciência hipertrofiada, que carece dessa graça salvadora da estupidez, ainda assim não pode evitar comportar-se *como se* algum tipo de reação humana livre ainda fosse possível e significativo; "resta-vos, para vosso consolo, dar uma surra em vossa própria pessoa ou esmurrar do modo mais doloroso o vosso muro, e absolutamente nada mais" (v. 5, pp. 103-5 [25-7]). Ele sabe que a ideia de culpa, com todas as outras ideias morais, foi apagada da lousa pelas leis da natureza, mas persiste irracionalmente em ter reações morais. E uma vez que não há em nenhum lugar algo a que possa atribuir responsabilidade moral, pelo mais irrefutável processo de dedução, ele e apenas ele deve ser o culpado por tudo. Mas, ao mesmo tempo, sabe muito bem que ele *não* é o culpado, e deseja que fosse possível esquecer as leis da natureza por tempo suficiente para se convencer de que poderia escolher livremente tornar-se *alguma coisa* — um vagabundo, um glutão, ou uma pessoa que passa a vida brindando à saúde de tudo o que é "sublime e belo".

Todas as reações autocontraditórias do homem do subsolo nesses capítulos derivam dessa dialética do determinismo, impulsionada pela contradição entre a aceitação intelectual do determinismo de Tchernichévski pelo homem do subsolo e sua rejeição simultânea dessa ideia com todo o nível intuitivo e emocional da personalidade identificada com a consciência moral. Em consequência, a zombaria e a recriminação voltadas contra ele mesmo não devem ser interpretadas ao pé da letra. A retórica do homem do subsolo contém uma ironia invertida semelhante à de *Notas de inverno*, que gira sobre si mesma como um meio de ridicularizar o interlocutor desdenhoso, o homem de ação. É que a vida do homem do subsolo é a *reductio ad absurdum* da vida do homem de ação, e quanto mais repugnante e detestável ele retrata a si próprio, mais revela o *verdadeiro* significado daquilo que seu juiz autoconfiante tão cegamente considera mais caro. É apenas a obtusidade impenetrável dos homens de ação radicais que os impede de ver no homem do subsolo sua imagem no espelho, e de reconhecer a saudação que ele lhes poderia ter dado (nas palavras de Baudelaire): *"hypocrite lecteur, mon semblable, mon frère!"* [leitor hipócrita, meu semelhante, meu irmão].

3. A vantagem mais preciosa

Depois de mostrar a incapacidade inerente da psique humana de acomodar-se ao mundo "racional" da filosofia de Tchernichévski, o homem do subsolo passa a demolir mais diretamente os argumentos que esse autor e os homens de ação utilizam para defender sua posição. Sua aceitação da filosofia de Tchernichévski sempre incluiu uma percepção sardônica da incongruência de seus pre ceitos básicos com as normas da experiência humana, e essa incongruência é agora formulada de forma mais explícita nos argumentos desenvolvidos nos capítulos 7-9.

O incrédulo homem do subsolo pergunta:

Oh, dizei-me, quem foi o primeiro a declarar, a proclamar que o homem comete ignomínias unicamente por desconhecer os seus reais interesses, e que bastaria instruí-lo, abrir-lhe os olhos para os seus verdadeiros e normais interesses [...] ele veria no bem o seu próprio interesse, e sabe-se que ninguém é capaz de agir conscientemente contra ele e, por conseguinte, por assim dizer, por necessidade, ele passaria a praticar o bem? (v, 5, p. 110 [32-3])

Essa era, com efeito, a essência da posição de Tchernichévski — que o "egoísmo racional", uma vez aceito, esclareceria de tal modo o homem que a própria possibilidade de se comportar irracionalmente, isto é, contra seus interesses, desapareceria. Mas esse argumento, como o homem do subsolo aponta com ironia, tem um defeito: esquece que o homem tem, e sempre terá, um interesse supremo, ao qual jamais renunciará: ser capaz de exercer seu livre-arbítrio.

Nesses capítulos, o discurso do homem do subsolo é composto de várias facetas. Uma delas é a repetida apresentação do modo como "os estatísticos, mestres da sabedoria e amantes da humanidade" acabam com frequência por agir na contramão de todos os seus princípios racionais sempre apregoados e solenemente nobres. Outra é olhar para a história da humanidade e perguntar se o homem algum dia foi, ou quis ser, totalmente racional. "Numa palavra, pode-se dizer tudo da história universal — tudo quanto possa ocorrer à imaginação mais exaltada. Só não se pode dizer o seguinte: que é sensata. Haveis de engasgar na primeira palavra." Uma terceira faceta chega muito mais perto do presente e, de passagem, pega de raspão no historiador britânico Henry Thomas Buckle, então popular entre os radicais russos, que acreditavam que as leis da história podiam ser elaboradas de acordo com as leis das ciências naturais. O homem do subsolo não consegue controlar sua alegria diante da afirmação de Buckle de que "o homem é suavizado pela civilização, tornando-se por conseguinte, pouco a pouco, menos sanguinário e menos dado à guerra", e apela ao leitor: "Aí tendes todo o nosso século, em que viveu o próprio Buckle. Aí tendes Napoleão, tanto o Grande como o atual. Aí tendes a América do Norte, com a união eterna [na época, atormenta-da pela Guerra Civil]" (v. 5, pp.111, 116, 112 [34, 43, 35-6]).

Esses exemplos mostram até que ponto os racionalistas e lógicos são capazes de fechar os olhos para os fatos mais óbvios em prol de seus sistemas, e todos esses sistemas, por algum motivo, sempre definem as "vantagens humanas" exclusivamente

> calculando a média, a partir das cifras estatísticas e das fórmulas científicas e econômicas. As vossas vantagens são o bem-estar, a riqueza, a liberdade, a tranquilidade etc. etc.; de modo que o homem que se declarasse, por exemplo, consciente e claramente, contra todo esse cadastro seria, na vossa opinião — e naturalmente na minha também — um obscurantista ou um demente completo, não é verdade? (v. 5, p. 110 [34])

Mas embora o homem do subsolo não rejeite a prosperidade, a riqueza, a liberdade e a tranquilidade propriamente ditas, ele rejeita a concepção de que a única maneira de alcançá-las é com o sacrifício da liberdade e da personalidade do homem.

"Eis aonde quero chegar, senhores!", diz ele compadecido.

> Não existirá de fato (e eu digo isto para não transgredir a lógica) algo que seja a quase todos mais caro que as maiores vantagens (justamente a vantagem omitida, aquela de que se falou ainda há pouco), mais importante e preciosa que todas as demais e pela qual o homem, se necessário, esteja pronto a ir contra todas as leis, isto é, contra a razão, a honra, a tranquilidade, o bem-estar, numa palavra, contra todas estas coisas belas e úteis, só para atingir aquela vantagem primeira, a mais preciosa, e que lhe é mais cara que tudo? (v. 5, p. 111 [34-5])

A resposta a essa pergunta, cujos parênteses parodiam alguns dos trechos mais laboriosos de *O princípio antropológico*, foi dada nos seis primeiros capítulos. A única "vantagem mais preciosa" para o homem é a preservação de seu livre-arbítrio, que pode ou não ser exercido em harmonia com a razão, mas que sempre deseja preservar o direito de *escolher*, e essa "vantagem" primordial não pode ser incluída nos sistemas dos amantes da humanidade, porque impossibilita para sempre o seu sonho de transformar a natureza humana para desejar *somente* o racional.

4. O Palácio de Cristal

Tchernichévski concretizou esse sonho de transformação, como sabemos, em sua visão do Palácio de Cristal, e Dostoiévski toma esse símbolo para apresentá-lo do ponto de vista do homem do subsolo. Nessa futura Utopia de plenitude, o homem terá sido completamente reeducado, "a própria ciência há de ensinar ao homem [...] que, na realidade, ele não tem vontades nem caprichos, e que nunca os teve, e que ele próprio não passa de tecla de piano ou de um pedal de órgão; [...] de modo que tudo o que ele faz não acontece por sua vontade, mas espontaneamente, de acordo com as leis da natureza" (v. 5, p. 112 [37]).

A imagem musical deriva diretamente de Fourier, que acreditava ter descoberto uma "lei da harmonia social" e cujos discípulos gostavam de descrever a organização das paixões no falanstério por analogia com a organização das teclas de um cravo. Além disso, quando o homem do subsolo comenta que no Palácio de Cristal "todos os atos humanos serão calculados, está claro, de acordo com essas leis [da natureza], matematicamente, como uma espécie de tábua de logaritmos até 108 000, e registrados num calendário" (v. 5, p. 113 [37]), ele não está exagerando. Fourier havia calculado uma tabela exaustiva das paixões que constituíam, em sua opinião, as leis imutáveis da natureza (humana), e cujas necessidades teriam de ser satisfeitas em qualquer modelo de ordem social. Dostoiévski combina, assim, a tabela das paixões de Fourier com o determinismo material de Tchernichévski em seu ataque ao ideal do Palácio de Cristal que envolveria a eliminação total da personalidade. A manifestação empírica da personalidade consiste no direito a *escolher* um curso de ação, seja qual for, e nenhuma escolha está envolvida quando se é bom, razoável, satisfeito e feliz em conformidade com as leis da natureza, que excluem a própria possibilidade de sua negação.

Felizmente, porém, o homem do subsolo nos assegura que o Palácio de Cristal *não* é possível porque

> o homem é tão monstruosamente ingrato [...] podeis cobri-lo de todos os bens terrestres, [...] dar-lhe tal fartura, do ponto de vista econômico, que ele não tenha mais nada para fazer a não ser dormir, comer pão de ló, e cuidar da continuação da história universal — pois mesmo neste caso o homem, unicamente por ingratidão, [...]

vai arriscar até o pão de ló e desejar, intencionalmente, o absurdo mais destrutivo, o mais antieconômico, [...] só para confirmar a si mesmo (como se isso fosse absolutamente indispensável) que os homens são sempre homens e não teclas de piano. (v. 5, pp. 116-7 [42, 43-4])

Porque se o mundo do Palácio de Cristal de fato existisse, "mesmo que ele realmente mostrasse ser uma tecla de piano, mesmo que isso lhe fosse demonstrado, por meio das ciências naturais e da matemática, [...] [ele] inventaria a destruição e o caos, inventaria diferentes sofrimentos e, apesar de tudo, insistiria no que é seu!". E se todo esse sofrimento e esse caos puderem ser calculados e tabulados com antecedência, então "o homem se tornará louco intencionalmente, para não ter razão e insistir no que é seu!". Em ambos os casos, a causa desse caos é a mesma: a revolta da personalidade contra um mundo em que o livre-arbítrio (e, portanto, as categorias morais de qualquer tipo) não tem mais razão de ser. O sentido claro do texto é que a revolta autodestrutiva da liberdade não tem valor em si mesma; ela é vista *somente* como uma última defesa contra a realização hipotética do ideal do Palácio de Cristal. Como o homem do subsolo escreve aliviado: "E depois disso, como não pecar, como não louvar o fato de que isto ainda não exista e que a vontade ainda depende o diabo sabe de quê..." (v. 5, p. 117 [45]).

Essa é a terrível perspectiva da realização proposta do Palácio de Cristal ideal, e o homem do subsolo continua a questionar a otimista certeza de Tchernichévski e seus seguidores de que esse ideal é o verdadeiro desejo do homem. Ele nega que a humanidade esteja ansiosa por alcançar o apocalipse estático e secular do Palácio de Cristal, o que significaria o fim da história e a cessação de todo esforço, aspiração e esperança. "Talvez ele ame o edifício apenas à distância, e nunca de perto; talvez ele goste apenas de criá-lo, e não viver nele, deixando-o depois para os *animaux domestiques*, isto é, formigas, carneiros etc. etc. Já as formigas têm um gosto de todo diferente. Elas possuem um edifício surpreendente no gênero, indestrutível para os séculos: o formigueiro" (v. 5, p. 118 [46]).

Embora a comparação entre o ideal socialista e um formigueiro fosse lugar-comum no jornalismo russo da época, Dostoiévski pode ter usado essa imagem em relação ao fim da história como uma alusão a Herzen. "Se a humanidade fosse direto para algum objetivo", escrevera Herzen em *Da outra margem*, "não haveria história, apenas lógica; a humanidade pararia em alguma forma acabada, em um status quo espontâneo, como os animais. [...] Além disso, se existisse o libreto, a história perderia todo o interesse, se tornaria inútil, chata, ridícula."[5] A semelhança óbvia desses textos mostra o quanto Dostoiévski absorvera da obra que tanto admirava; revela também com que precisão ele estava tematizando um contraste ideológico profundo entre a sua geração e a da década de 1860, pois a fisionomia intelectual e ideológica da geração dos anos 1840, nutrida na literatura romântica e na filosofia idealista alemã, contrastava agudamente com a dos anos 1860. Herzen, como Dostoiévski, sempre se recusou a aceitar o determinismo material de Tchernichévski e a negação do livre-arbítrio.[6] Assim, é apropriado que o homem do subsolo atribua depois sua oposição ao ideal do Palácio de Cristal, ao menos em parte, ao fato de ter atingido a maioridade, quando o fez.

Todos esses argumentos se concentram então numa rejeição final do Palácio de Cristal por não deixar espaço para o "sofrimento". "No caso", diz o homem do subsolo, "não estou propriamente defendendo o sofrimento e tampouco a prosperidade. Defendo... o meu capricho e que ele me seja assegurado, quando necessário." O sofrimento não é um fim em si mesmo mais do que a loucura ou o caos, e permanece subordinado ao valor supremo da afirmação da autonomia moral, mas serve como um estímulo para manter vivo esse sentimento de autonomia moral num mundo privado de significação humana pelo determinismo: "No Palácio de Cristal, ele [o sofrimento) é simplesmente inconcebível: o sofrimento é dúvida, é negação, e que vale um Palácio de Cristal do qual se possa duvidar?". A capacidade de duvidar significa que o homem ainda não se transformou numa máquina racional e ética que pode se comportar *apenas* em conformidade com a razão. É por isso que o homem do subsolo declara que "o sofrimento [...] constitui a causa única da consciência" (v. 5, p. 119 [48]); sofrimento e consciência são inseparáveis porque esta última não é um atributo apenas psicológico, mas primordialmente moral da personalidade humana.

5. O galinheiro palaciano

O capítulo 10 de *Memórias do subsolo* representa um problema especial porque foi muito mutilado pela censura. Nesse capítulo, como sabemos, Dostoiévski afirmou ter expressado "o ideal essencial" de sua obra, que definiu como "a necessidade da fé e de Cristo", mas os trechos em que fez isso foram suprimidos e jamais restaurados em reimpressões posteriores. Deve-se notar que em nenhum período de sua vida Dostoiévski apreciou a perspectiva perigosa e demorada de tentar persuadir os censores a reverter uma decisão anterior. Tentar fazê-lo só teria posto em risco e atrasado a publicação das reimpressões e edições completas de sua obra, com que contava para ganhar a renda tão necessária.

Apesar da mutilação, vamos examinar esse capítulo "truncado" para ver o que ainda podemos encontrar que talvez nos ajude a chegar mais perto da "ideia essencial" de Dostoiévski. Descobrimos que o homem do subsolo rejeita o Palácio de Cristal porque é impossível ser irreverente a respeito dele, mas, diz ele, "Eu não disse isso porque goste tanto de mostrar a língua. Pelo contrário, eu deixaria, simplesmente por gratidão, que ela me fosse cortada de vez, se tudo se arranjasse de modo que eu mesmo nunca mais tivesse vontade de mostrá-la" (v. 5, pp. 120-1 [50]). Dostoiévski sugere, assim, que o homem do subsolo, longe de rejeitar todos os ideais morais em favor de um egoísmo ilimitado, está desesperadamente à procura de um ideal que, em vez de estimular a personalidade a se revoltar num furor raivoso, levasse a uma renúncia voluntária em seu favor. Desse ideal alternativo se exigiria que reconhecesse a autonomia da vontade e a liberdade da personalidade e apelasse para a natureza moral do homem, em vez de para sua razão e seu interesse próprio que, na sua concepção, trabalhavam em harmonia com as leis da natureza. Para Dostoiévski, esse ideal alternativo poderia ser encontrado nos ensinamentos de Cristo, e, a partir de uma confusão que ainda existe no texto, podemos vislumbrar como ele talvez tenha tentado integrar essa alternativa ao quadro das suas imagens.

Essa confusão surge no decurso de uma comparação entre o Palácio de Cristal e um galinheiro. O homem do subsolo diz:

> Pensai no seguinte, se, em lugar do palácio, existir um galinheiro, e se começar a chover, talvez eu trepe no galinheiro, a fim de não me molhar; mas, assim mesmo, não tomarei o galinheiro por um palácio, por gratidão, pelo fato de me ter protegido da chuva. Estais rindo, dizeis até que, neste caso, galinheiro e palácio são a mesma coisa. Sim, respondo, se fosse preciso viver unicamente para não me molhar.

Não é a utilidade do galinheiro que é impugnada pelo homem do subsolo, mas o fato de que, em troca de suas vantagens práticas, ele foi elevado a ideal da humanidade.

Mas o que fazer se eu próprio meti na cabeça que não é apenas para isto [não me molhar; utilidade] que se vive e que, se se trata de viver, deve-se fazê-lo num palácio? É a minha vontade, o meu desejo. Somente o podereis desarraigar de dentro de mim quando transformardes os meus desejos. Bem, modificai-os, seduzi-me com algo diverso, dai-me outro ideal. (v. 5, p. 120 [49])

O homem do subsolo abre, assim, a possibilidade de "outro ideal" e, na continuação do texto, parece imaginar um tipo diferente de Palácio de Cristal — uma verdadeira mansão, em vez de um galinheiro que satisfaz necessidades puramente materiais.

Mas, por enquanto, não tomarei o galinheiro por um palácio. Suponhamos que o edifício de cristal seja uma invencionice e que, pelas leis da natureza, não se admita a sua existência, que eu o tenha inventado unicamente em virtude da minha própria estupidez e de alguns hábitos antigos, irracionais, da nossa geração. Mas que tenho eu com o fato de que não se admita a sua existência? Não dá no mesmo, se ele existe nos meus desejos ou, melhor dizendo, se existe enquanto existem os meus desejos? (v. 5, p. 120 [49])

A essa altura, observamos a mudança para um "edifício de cristal", baseado nos princípios *opostos* àqueles representados pelo Palácio de Cristal em todo o resto do texto; esse novo edifício de cristal é *incongruente* com as leis da natureza (enquanto o Palácio de Cristal é sua encarnação) e deve sua existência mais ao desejo do que à razão. A mudança é tão abrupta e tão incompatível com o que veio antes que só podemos supor que uma parte do material que levava de um tipo de construção de cristal ao outro foi cortada do manuscrito.

Podemos especular que Dostoiévski deve ter tentado indicar aqui a natureza de um verdadeiro Palácio de Cristal, ou mansão, ou edifício (sua terminologia não é constante) e contrastá-lo com o falso, que era, na verdade, um galinheiro. Por sua carta, sabemos que fez isso para identificar um verdadeiro Palácio de Cristal com a "necessidade de fé e de Cristo", mas essa tentativa talvez tenha confundido e assustado os censores, ainda aterrorizados com a recente asneira cometida ao liberar *O que fazer?* e já habituados a ver o Palácio de Cristal como a imagem abominável do socialismo ateu. Por isso, teriam cortado as frases em que Dostoiévski tentava dar seu significado cristão a esse símbolo, considerando-o talvez subversivo e blasfemo. Essas suposições explicariam a estranha história do texto de Dostoiévski e dariam conta da flagrante contradição, evidente numa leitura mais atenta, que provocou sua indignada reclamação de que todo o sentido de sua obra fora distorcido.

Embora esse ideal alternativo possa ter sido originalmente indicado com mais clareza, a concepção de Dostoiévski ainda requer que o homem do subsolo permaneça preso na fase negativa de sua revolta. Ele sugere uma alternativa somente como uma possibilidade remota e, para o homem do subsolo, inatingível. Cada episódio no texto original deveria ter seu próprio tipo de clímax, e haveria uma gradação distinta entre o primeiro e o segundo ideal. O que na primeira parte aparece, nos pensamentos do homem do subsolo, apenas como um sonho impossível se torna, na segunda, uma realidade viva fortemente mostrada em termos de ação dramática. Na primeira parte, o homem do subsolo anseia por outro ideal; sabe que ele deve existir, mas está tão comprometido com a crença no determinismo material e nas leis da natureza que não consegue imaginar o que seria.

> Apesar de tudo, [...] sei que não me satisfarei com uma solução de compromisso com um zero periódico, incessante, apenas porque ele existe segundo as leis da natureza, e porque existe *realmente*. Não considerarei como o coroamento dos meus desejos um prédio de aluguel com apartamentos para inquilinos pobres e contratos por um prazo de mil anos, e, por via das dúvidas, com uma placa do dentista Wahenheim. (v. 5, p. 120; 49)

O que é esse algo mais, e por que o homem do subsolo não pode encontrá-lo, eis a substância da segunda parte da novela de Dostoiévski.

PARTE II

1. *"A propósito da neve molhada"*

O homem do subsolo tem quarenta anos de idade em 1864, quando começa a escrever suas memórias; ele tem 24 quando aconteceram os fatos narrados na parte II, o que os situaria em 1848, mesmo ano em que Dostoiévski começou a frequentar assiduamente as reuniões do Círculo de Petrachévski. O homem do subsolo ainda é essencialmente um tipo sociocultural, mas na segunda parte, em que se torna uma paródia das atitudes da década de 1840, decerto foi nutrido pelo juízo que Dostoiévski fazia de si mesmo como uma pessoa daquela geração. Avaliando seu estado de espírito naquele momento, Dostoiévski escrevera ao general Totleben em 1856: "Eu acreditava em teorias e utopias. [...] Eu era um hipocondríaco. [...] Era excessivamente irritável com uma susceptibilidade doentia. Deformava os fatos mais simples, dotando-os de outro aspecto e outras dimensões".[7] Essa descrição se aplica, palavra por palavra, ao retrato que nos é dado da psicologia do homem do subsolo na juventude.

O subtítulo, "A propósito da neve molhada", também ajuda a fixar a ação num cenário simbólico. Ánnenkov observara em 1849 que todos os escritores da Escola Natural gostavam de empregar "neve molhada" como uma característica típica da paisagem deprimente de Petersburgo, e Dostoiévski usa assim o subtítulo para evocar uma imagem da cidade dos anos 1840 — uma imagem daquela que, na primeira parte, ele havia chamado de "a cidade mais abstrata e meditativa de todo o globo terrestre" (v. 5, p. 101 [18]), uma cidade cuja própria existência (desde "O cavaleiro de bronze" de Púchkin) se tornara na literatura russa um símbolo da violência e do custo desumano da adaptação da Rússia à cultura ocidental.

A atmosfera da década de 1840, com todas as suas exaltações sociais e humanitárias, também é evocada de forma explícita pela citação de um poema de Nekrássov, aposto como epígrafe da segunda parte. Trata-se do mesmo poema, datado de 1846, que já fora mencionado ironicamente em *A aldeia de Stepántchikovo*, a primeira obra em que Dostoiévski se dissociou explicitamente do que agora considerava ilusões ingênuas da Escola Natural e de seu próprio passado. Escrito do ponto de vista do benfeitor de uma prostituta arrependida que a salvou de uma vida de pecado com seu amor ardente e sem preconceitos, o poema descreve os tormentos de consciência da mulher:

> *Quando da treva dos enganos*
> *Meu verbo cálido e amigo*
> *Ergueu a tua alma caída,*
> *E, plena de profunda mágoa,*
> *Amaldiçoaste, de mãos juntas,*
> *O vício que te envolvera;*

Quando açoitaste com a lembrança
A consciência que olvida,
E me fizeste o relato
De tudo o que houve antes de mim,
E, de repente, o rosto oculto,
Repleta de vergonha e horror,
Tudo desabafaste: um pranto
De indignação, de comoção...
Etc. etc. etc. (v. 5, p. 124 [55])

Ao interromper a citação com três etc., Dostoiévski indica claramente que as elucubrações filantrópicas do orador são apenas chavões banais e convencionais. Com efeito, o tema da redenção de uma prostituta se tornara lugar-comum na década de 1860. Ele figura como episódio menor em *O que fazer?*, em que um dos heróis salva uma mulher decaída de uma vida de devassidão, vive com ela por um tempo e a transforma num membro-modelo da cooperativa de Vera Pávlovna até que ela morre de tuberculose. O episódio culminante da segunda parte de *Memórias do subsolo* — o encontro entre o homem do subsolo e a prostituta Liza — é uma paródia irônica e uma inversão desse clichê do romântico social.

A segunda parte de *Memórias do subsolo* satiriza, então, o romantismo social sentimental da década de 1840, assim como a primeira parte satirizou a metafísica e a ética da década de 1860, e com esse objetivo Dostoiévski recorre à imagem da década de 1840 que já esboçara nas páginas de *O Tempo*. Os homens supérfluos da intelligentsia da pequena nobreza liberal viviam num mundo onírico de "beneficência universal", ao mesmo tempo que negligenciavam as obrigações morais mais simples e óbvias. Cumpria-lhes viver de acordo com suas próprias pretensões e transformar seu amor abstrato pela humanidade num ato concreto dirigido a um indivíduo de carne e osso. Esse é exatamente o tema da segunda parte de *Memórias do subsolo*, que foi transposto para o mundo burocrático da obra inicial de Dostoiévski e se encarnou num personagem que é o equivalente humilde, mas extremamente consciente, do homem supérfluo.

Essa mudança de tema se reflete na visível mudança de tom da segunda parte. As questões decisivas estavam em jogo na primeira parte, em que o argumento final contra o mundo do "falso" Palácio de Cristal só poderia ser a fúria da loucura e da autodestruição, e a ironia de Dostoiévski é devidamente amarga e perversa, sua tonalidade é dura, abrasiva. Nenhuma dessas questões decisivas está envolvida nas desventuras do início da maturidade do homem do subsolo, que são todas provocadas por essa fonte cômica-padrão — a vaidade arrogante. Por isso, a segunda parte é escrita num tom mais claro de história burlesca e caricatura, e seções inteiras nada mais são do que uma zombaria ampliada das reações empoladas e pedantes do homem do subsolo às mais simples situações humanas.

2. A dialética da vaidade

As páginas iniciais da segunda parte relembram o começo da primeira. O conflito entre o impulso de dominar e o desejo de travar uma relação mais amigável com os outros não foi desenvolvido antes, mas agora vem à tona e fornece um pano de fundo mais íntimo para as abstrações relativas da primeira parte. O homem do subsolo, consumido pela vaidade sem limites, tem uma consciência tão aguda de si mesmo que não pode travar relações sociais normais com ninguém: "Está claro que odiava todos os funcionários da nossa repartição, do primeiro ao último, e desprezava-os a todos, mas, simultaneamente, como que os temia. Sucedia o seguinte: ora desprezava alguém, ora colocava-o acima de mim" (v. 5, p. 125 [57]). A vaidade do homem do subsolo o convence de sua própria superioridade e ele despreza a todos; mas, uma vez que deseja que essa superioridade seja *reconhecida* por outros, ele odeia o mundo pela sua indiferença e degenera na aversão a si mesmo devido a sua dependência humilhante. Essa é a dialética psicológica de um egoísmo consciente que busca conquistar o reconhecimento do mundo e, em troca, só desperta antipatia e hostilidade. Essa dialética da vaidade é paralela à dialética do determinismo na primeira parte e tem o mesmo efeito de emparedar o ego num mundo alienado de qualquer contato humano. Assim como o determinismo dissolve a possibilidade de reação humana na primeira parte, do mesmo modo a vaidade bloqueia toda fraternidade social na segunda.

Além de retratar essa dialética da vaidade em ação, Dostoiévski também a remonta à atmosfera cultural geral da década de 1840, que promoveu um egoísmo romântico forçado e artificial e um sentimento de superioridade à vida russa comum que o homem do subsolo absorveu por todos os poros. Com efeito, o que o distingue desde os primeiros anos é a sua marcante coragem intelectual. "Começaram também a perceber [seus colegas de escola]", escreve ele, "que eu lia livros que eles não podiam ler e compreendia assuntos [...] de que eles nem sequer tinham ouvido falar." Descrevendo sua vida posterior, ele diz: "Em casa, o que mais fazia era ler. Tinha vontade de abafar tudo o que fervilhava incessantemente. E, quanto a impressões exteriores, só me era possível recorrer à leitura. Naturalmente, ela me ajudava muito" (v. 5, pp. 140, 127 [82, 60]). Os livros são, portanto, responsáveis por manter reprimidos os *verdadeiros* sentimentos do homem do subsolo — os sentimentos que se opõem à sua vaidade e seu desejo de dominar. Os livros interpõem uma rede de respostas adquiridas e artificiais entre ele mesmo e outras pessoas, e, já que estamos no mundo da intelectualidade russa da década de 1840, esses livros só poderiam ser as obras dos socialistas utópicos franceses e dos românticos sociais e de seus discípulos russos em que o próprio Dostoiévski havia se alimentado.

Repetidas vezes Dostoiévski salienta a relação entre a dialética da vaidade em que o homem do subsolo está preso e sua cultura intelectual. "Um homem decente e cultivado não pode ser vaidoso", observa ele, "sem uma ilimitada exigência em relação a si mesmo e sem se desprezar, em certos momentos, até o ódio." Comparando suas características com as de outros funcionários da repartição, ele pensa: "Pode ser um rosto feio [...] mas em compensação, que seja nobre, expressivo, e, sobretudo, inteligente *ao extremo*" (v. 5, pp. 125, 124 [57, 56]). Em consequência de ter absorvido a cultura europeia popular na Rússia na década de 1840, o homem do subsolo perdeu qualquer capacidade de ter um sentimento humano simples e direto em relação aos outros. Em vez disso, sua vaidade e sentimento de importância ficaram inflados a um grau que extrapola qualquer proporção com sua situação social real, e os conflitos gerados por essa discrepância proporcionam um análogo cômico da guerra fratricida de todos contra todos que surgiu na sociedade da Europa Ocidental em consequência da predominância do princípio do individualismo egoísta.

Dostoiévski é mestre em retratar a psicologia do orgulho e da humilhação, e quando a humilhação vem de alguma opressão ou sofrimento genuíno, ele sabe como torná-la muito comovente, mas seria uma interpretação óbvia e errada tomar o homem do subsolo como uma vítima, pois ele vive em um mundo puramente imaginário e distorce e exagera tudo com que entra em contato. "Atualmente percebo, com toda a nitidez", diz ele, "que eu mesmo, em virtude da minha ilimitada vaidade e, por conseguinte, da exigência em relação a mim mesmo, olhava-me, com muita frequência, com enfurecida insatisfação que chegava à repugnância e, por isso, atribuía mentalmente a cada um o meu próprio olhar" (v. 5, p. 124 [56]).

Mesmo que totalmente provocadas por ele, o efeito das humilhações não é menos angustiante. Sua incapacidade de estabelecer contato com outras pessoas o mergulha num isolamento selvagem, e ele tem uma consciência aguda de que seu comportamento é aviltante e degradante: "Praticava a libertinagem solitariamente, de noite, às ocultas, de modo assustado, sujo, imbuído da vergonha que não me deixava nos momentos mais asquerosos e que até chegava, nesses momentos, à maldição. Mesmo assim, eu já trazia na alma o subsolo" (v. 5, p. 128 [62]). A referência ao vício solitário nesse momento prenuncia o episódio importantíssimo de Liza, mas nesses primeiros capítulos, cheios de um grotesco cômico, a ênfase recai sobre os esforços do homem do subsolo para sair de sua solidão através de relações puramente sociais (e não sexuais).

Todos esses episódios exibem os tormentos do homem do subsolo quando tenta afirmar sua existência como um ego que deseja, acima de tudo, que alguém — qualquer um — o reconheça de uma forma compatível com a sua autoimagem absurdamente inflada. É por esse motivo que ele se envolve na farsa burlesca, ridículo-heroica, de tentar reunir coragem suficiente para dar um encontrão num oficial na avenida Niévski. Sua preocupação com esse problema ridículo apenas ilustra a obsessão insignificante de sua vaidade; mas o episódio é também uma paródia de um incidente de *O que fazer?*. Um dos heróis desse livro toma a solene resolução de não ceder o direito de passagem na rua aos "dignitários", e quando um cavalheiro indignado começa a repreender o estudante malvestido por lhe ter dado um encontrão, o dignitário acaba com o rosto na lama.

Ao inverter ironicamente a escala de valores manifestada por esse protesto democrático contra as humilhações públicas de desigualdade, Dostoiévski retrata o desejo frenético do homem do subsolo de afirmar sua "igualdade" como presunção patética, em vez de amor-próprio ferrenhamente independente. A paródia de Tchernichévski se junta a uma alusão a "O capote", de Gógol, que Dostoiévski introduz no momento em que o homem do subsolo, preparando sem descanso o traje adequado para seu encontro épico, decide substituir o hediondo colarinho de pele de guaxinim de seu casaco por um mais digno, de pele de castor. Esse detalhe não só adensa a atmosfera de época (a história de Gógol foi publicada em 1842), como enriquece as implicações ideológicas do incidente, uma vez que a obra de Gógol forneceu a inspiração inicial para a temática filantrópica da Escola Natural de jovens escritores à qual Dostoiévski pertenceu.

O tema do masoquismo, tão proeminente na primeira parte, reaparece no primeiro capítulo da segunda parte. À medida que caminha pela avenida Niévski, o homem do subsolo experimenta

> o cúmulo do suplício, uma humilhação incessante e insuportável, suscitada pelo pensamento, que se transformava numa sensação contínua e direta de que eu era uma mosca perante todo aquele mundo, mosca vil e desnecessária, mais inteligente, mais culta e mais nobre que todos os demais, está claro, mas uma mosca cedendo sem parar diante de todos, por todos humilhada e por todos ofendida. [...] Eu já começava a experimentar então aqueles acessos de prazer de que tratei no primeiro capítulo [da primeira parte]. (v. 5, p. 130 [66])

Mais uma vez, no entanto, devemos ter cuidado para não tomar como autoexplicativa essa caracterização psicológica. O masoquismo do homem do subsolo é uma parte da dialética da vaidade e tem uma função mais complexa do que simplesmente ilustrar o gosto por humilhar-se a si próprio.

Em ambas as partes da obra, atribui-se ao masoquismo basicamente a mesma função — assim como levara ao sofrimento na parte I e mantivera viva a faculdade de consciência, também na parte II ele adquire um significado positivo. O cultivo aparentemente patológico do "prazer" masoquista pelo homem do subsolo escora, em última análise, seu ego, que se recusa a submeter-se com docilidade ao julgamento do mundo. Essa autoafirmação é o que permite ao homem do subsolo, vinte anos depois, resistir às tentações de um Palácio de Cristal em que as leis da natureza aboliram por completo a personalidade humana. Portanto, nas duas partes da obra Dostoiévski atribui um valor *relativo* — o valor de proteger a autonomia da personalidade — à ideologia da década de 1840, a despeito das fraquezas e deficiências que demonstra em outros aspectos.

3. Manfredo numa festa

O capítulo 2 da segunda parte enfim ressalta o verdadeiro alvo da sátira de Dostoiévski. É aí que descobrimos — sob a forma de uma caricatura cuidadosamente distorcida, é claro — o que o homem do subsolo leu nos livros que definiram sua visão. Aqui ele assume as características do sonhador romântico que Dostoiévski retratara em suas primeiras obras e cujas fantasias literárias foram contrastadas com as exigências morais e sociais da "vida real" da qual se refugiara. Na segunda parte de *Memórias do subsolo*, o sonhador é, com efeito, maltratado com muito rigor. Ele não é mais um romântico literário perdido em fantasias exóticas de gratificação erótica e glória artística, como nas obras pré-siberianas de Dostoiévski; tornou-se um romântico social cheio de planos grandiosos para transformar o mundo. Mas sua nova missão social não conseguiu alterar a endêmica preocupação do sonhador consigo mesmo, e sua incapacidade de cumprir as exigências morais da vida real se torna ainda mais imperdoável em vista da consciência social pela qual ele acredita ser inspirado.

Nesse capítulo, observamos o que ocorre quando, esgotado pelos vaivéns da dialética da vaidade, o homem do subsolo recorre "a uma solução apaziguadora" que "era refugiar-me no que fosse 'belo e sublime', em devaneios":

> Eu, por exemplo, triunfo sobre todos; todos, naturalmente, ficam reduzidos a nada e são forçados a reconhecer voluntariamente as minhas qualidades, e eu perdoo a todos. Apaixono-me, sendo poeta famoso e gentil-homem da Câmara Real, recebo milhões sem conta e, imediatamente, faço deles donativos à espécie humana e ali mesmo confesso, perante todo o povo, as minhas ignomínias, que, naturalmente, não são simples ignomínias, mas encerram uma dose extraordinária de "belo e sublime", de algo manfrediano.* Todos choram e me beijam (de outro modo, que idiotas seriam eles!), e eu vou, descalço e faminto, pregar as novas ideias e derroto os retrógrados sob Austerlitz. (v. 5, p. 133 [72])[8]

Durante esses interlúdios prazerosos, o homem do subsolo sentia que "tudo se abriria e alargaria num átimo e, num átimo também, surgiria o horizonte da correspondente atividade, benfazeja, bela e, principalmente, *de todo acabada* (nunca soube qual seria exatamente essa atividade, mas, sobretudo, era absolutamente acabada), e eu sairia de súbito para o mundo de Deus como que montando um cavalo branco e cingido por uma coroa de louros". Esses devaneios, é claro, substituíam qualquer esforço moral de sua parte; além do mais,

---

* Referência a *Manfredo*, drama de Byron em que o personagem principal é um nobre torturado por uma misteriosa culpa. (N. T.)

suprimiam qualquer consciência de que esse esforço pudesse existir de outro modo que não fosse nas formas banais, "acabadas". Nesses momentos, o homem do subsolo sentia um imenso amor pela humanidade, e, "embora fosse um amor fantástico, que jamais convidava efetivamente para algo humano, tão abundante era ele que, depois, nem se sentia já, sequer, necessidade de aplicá-lo: seria um luxo demasiado". Além disso, essas visões elevadas de magnanimidade servem felizmente de calmante para as agitações da consciência, porque "ao homem comum é vergonhoso chafurdar na imundície, mas um herói paira demasiado alto para ficar completamente sujo; por conseguinte, lhe é permitida a imundície". O homem do subsolo, como ele mesmo observa, "tinha saída nobre para tudo" (v. 5, p. 133 [71-2]).

No entanto, ele não pode permanecer satisfeito por muito tempo com esses deleites de sua solidão; sente a inevitável necessidade de exibi-los (a si mesmo e) aos olhos de admiração da humanidade. Após sonhar por três meses, "meus devaneios me traziam tamanha felicidade que me era inevitável e imediatamente necessário abraçar as pessoas e toda a humanidade imediatamente; e, para este fim, necessitava contar ao menos com uma pessoa que existisse realmente" (v. 5, p. 134 [73]). Essas palavras introduzem o episódio grotesco e divertido (capítulos 3 e 4) que narra o encontro do homem do subsolo com seus antigos colegas de escola. No momento em que avista pessoas reais, é claro, as exigências exorbitantes de estima do homem do subsolo levam quase sempre a uma rejeição. Demasiado disposto a abraçar a humanidade, ele descobre que esta prefere apertar as mãos e manter uma distância bem-educada; e essa rejeição traz à baila a dialética da vaidade, com o duelo por dominação que a acompanha. A comédia surrealista do encontro do homem do subsolo com seus companheiros de outrora advém de seu impulso desesperançado, mas irresistível, de "subjugá-los todos". Depois de forçar sua presença numa festinha de amigos, insulta Zvierkov, o convidado de honra, por ressentimento e inveja e, depois, anda de um lado para o outro da sala por três horas inteiras, enquanto os outros o desdenham completamente e continuam suas celebrações.

O grupo de colegas de escola decide terminar a noite num bordel e deixa o homem do subsolo sozinho com os restos da festa. A essa altura, ele enfiou na cabeça que só um duelo satisfará sua honra ferida — e ademais, um duelo pode ser ocasião para todos os tipos de reconciliações nobres! "Ou eles todos vão implorar a minha amizade, de joelhos, abraçando as minhas pernas, ou... ou hei de esbofetear Zvierkov!" (v. 5, p. 148 [97]). A menção a um duelo logo desencadeia uma enxurrada de referências literárias (a literatura russa está cheia de duelos famosos), e o homem do subsolo persegue seus companheiros num estado de ânimo que parodia o conto de Púchkin "O tiro".

Imaginando o que poderia acontecer se levasse a cabo seu plano de insultar Zvierkov, o homem do subsolo rumina:

> Vão me agarrar e processar, serei expulso do emprego, encerrado numa prisão, deportado para a Sibéria, em residência forçada. Não tem importância! Daqui a quinze anos, libertado da prisão, mendigo e maltrapilho, vou arrastar-me atrás dele. Vou encontrá-lo em alguma capital de província. Estará casado e feliz. Terá uma filha adulta... Direi: "Olha, monstro, as minhas faces encovadas e os meus farrapos! Perdi tudo: a carreira, a felicidade, a arte, a ciência, a *mulher amada*. E tudo por tua causa. Aqui estão as pistolas. Vim descarregar a minha pistola e... perdoo-te". Nesse momento, atirarei para o ar, e ninguém mais ouvirá falar de mim... Cheguei até a chorar, embora soubesse com toda a exatidão, naquele mesmo instante, que tudo aquilo se baseava em Sílvio [o herói de "O tiro", de Púchkin] e na *Mascarada* de Liérmontov. (v. 5, p. 150 [100])

Como seria de esperar, esses atos heroicos deteriorados permanecem puramente imaginários, e todos já desapareceram da vista no momento em que o homem do subsolo entra no salão da "loja de modas".

4. *Liza*

É neste momento, quando o homem do subsolo enfim encontra outro ser humano mais vulnerável do que ele, que a comédia se transforma em tragédia. Dostoiévski estava bem consciente dessa mudança de tom, e já citamos sua alusão a isso como semelhante a "uma transição na música": "No primeiro capítulo, aparentemente, só há tagarelice, mas de repente essa tagarelice é resolvida nos dois últimos capítulos por uma catástrofe".[9] O texto final foi posteriormente dividido em capítulos menores, e a catástrofe que começa no capítulo 5 vai até o capítulo 10. Nenhuma parte de *Memórias do subsolo* foi mais tirada do contexto para respaldar uma ou outra teoria sobre Dostoiévski, mesmo que a função desta seção sem dúvida seja insistir no contraste entre o romantismo social imaginário,

524

autossatisfeito, jactancioso, sentimental, e um verdadeiro ato de amor — o amor que brota do esquecimento total de si que agora se tornara o valor mais alto para Dostoiévski. Com sua inversão irônica tanto do poema de Nekrássov como do incidente de *O que fazer?*, Dostoiévski queria expor toda a vanglória mesquinha que jazia escondida nos "ideais" da intelligentsia e contrapô-la ao triunfo sobre o egoísmo que via consubstanciado nos instintos cristãos espontâneos de uma alma russa simples.

Quando o homem do subsolo chega ao bordel, a madame, que o trata como o antigo freguês que ele é, chama uma moça. Ao sair com ela, ele se vê num espelho: "O meu rosto transtornado pareceu-me extremamente repulsivo: pálido, mau, ignóbil, cabelos revoltos. 'Seja, fico satisfeito', pensei, 'Estou justamente satisfeito de lhe parecer repugnante; isto me agrada...'" (v. 5, p. 151 [102]). Não tendo sido capaz de subjugar seus companheiros ou insultá-los o suficiente para ser levado a sério, o homem do subsolo, como lhe é típico, antegoza a vingança sobre a menina indefesa; quanto mais repulsivo ele é para ela, mais seu egoísmo será satisfeito por forçá-la a submeter-se a seus desejos. Porém não é somente por submissão física que o homem do subsolo triunfa sobre Liza. Quando, depois de fazer sexo, ele se dá conta da hostilidade e ressentimento silencioso dela, "um pensamento sombrio nasceu-me no cérebro e passou-me por todo o corpo, sob a forma de certa sensação desagradável, semelhante à que se tem ao entrar num subterrâneo úmido e abafado" (v. 5, p. 152 [103]). Essa ideia assume a forma de jogar com os sentimentos de Liza, com a intenção de triunfar sobre ela, não só física mas espiritualmente.

O homem do subsolo trata, então, de quebrar com muita habilidade a armadura de indiferença e cinismo fingidos com que Liza se protege das circunstâncias degradantes de sua vida. "Eu mesmo começava a sentir aquilo que dizia", ele explica, "e me agitava. Ansiava já por expor minhas *ideiazinhas* secretas, cultivadas num canto." Misturando detalhes horríveis da degradação com imagens de fidelidade, cuja banalidade as torna ainda mais pungentes (*O pai Goriot*, de Balzac, é parodiado no processo), o homem do subsolo consegue trazer à tona os verdadeiros sentimentos de aviltamento de Liza e precipita seu completo colapso emocional. Nenhuma de suas aparentes preocupações, é claro, fora verídica; o homem do subsolo simplesmente se deixara levar pelo poder de sua eloquência e porque "o que mais me absorvia era o jogo". Mas Liza é demasiado jovem, ingênua e indefesa para ver através de sua perversidade, que soava como verdade e, de fato, era mesmo uma meia verdade. "Tornei-me patético, um espasmo estava a ponto de apertar-me a garganta, e... de repente eu me detive, soergui-me assustado e, inclinando, temeroso, a cabeça, fiquei de ouvido atento, o coração me batia." Liza perdera o controle de si mesma e "todo o corpo jovem estremecia, como que em convulsões" (v. 5, pp. 155, 156, 161, 162 [107, 109, 118-9]).

O homem do subsolo, empolgado por sua vitória, não pode resistir a tentar viver à altura do papel exaltado de herói e benfeitor que tantas vezes representara em suas fantasias. Ao sair, dá a Liza seu endereço com uma magnanimidade senhoril, exortando-a a ir visitá-lo e deixar sua vida conspurcada. Esse gesto é sua perdição e proporciona a Dostoiévski seu desfecho, pois no momento em que emerge da névoa autoadulatória de seu charlatanismo, o homem do subsolo é acometido de terror. Não pode suportar a ideia de que Liza possa vê-lo como ele de fato é — enrolado em seu roupão gasto, vivendo em seu esquálido "subsolo", sob o total domínio de seu criado, o impassível e digno Apollon, um camponês leitor da Bíblia. Nem por um momento lhe ocorre que poderia mesmo assim tentar ajudá-la; está tão preocupado com *sua* aparência aos olhos *dela* que a realidade da situação de Liza desaparece inteiramente de vista. Ou não inteiramente: "Algo havia em meu íntimo, no fundo do meu coração e da minha consciência, que não queria morrer e se expressava numa angústia abrasadora" (v. 5, p. 165 [124]).

Depois que se passam alguns dias e Liza não aparece, o homem do subsolo fica mais alegre; como de costume: "Às vezes punha-me mesmo a sonhar, e com bastante doçura até". Esses sonhos giravam em torno do processo de reeducação de Liza, sua confissão de amor por ele, e sua própria confissão de que

> não me atrevia a atentar, primeiro, contra o seu coração, porque exercia influência sobre você e temia que, por nobreza, você se obrigasse intencionalmente a corresponder ao meu amor, fizesse à força nascer em si um sentimento que talvez não existisse, e eu não o queria porque isto é... despotismo... É indelicado (bem, numa palavra, eu me desmanchava aí em alguma sutileza europeia, à George Sand, indescritivelmente nobre...). Mas agora, agora você é minha, é a minha obra, pura, bela, a minha linda esposa. (v. 5, pp. 166-7 [126-7])

E aqui Dostoiévski insere mais dois versos do poema de Nekrássov.

Intercalada nesses devaneios inebriantes se encontra a comédia burlesca dos esforços do homem do subsolo para dobrar o teimoso e intratável Apollon à sua vontade. Dostoiévski entrelaça essas duas situações com habilidade, coordenando a entrada de Liza com um momento em que o homem do subsolo, enraivecido pelo imperturbável Apollon, está dando vazão a todo o seu débil histerismo. A essa altura, ele chegou ao auge incontrolável de frustração e exasperação nervosa; ao ver a desnorteada Liza, perde o controle e chora, reclamando que está sendo "torturado" por Apollon. Tudo isso é tão humilhante que ele se volta contra Liza com ira rancorosa quando ela gagueja que quer deixar o bordel e lembra-a de tudo o que aconteceu antes. A resposta dele é uma diatribe maldosa, na qual conta a ela a verdade sobre sua relação anterior: "Eu descarreguei sobre você todo o meu rancor, zombei de você. Humilharam-me, e eu também queria humilhar; amassaram-me como um trapo, e eu também quis mostrar que podia mandar". Com a típica inversão de sua lógica egoísta, ele grita: "E nunca desculparei também a você as lágrimas de há pouco, que não pude conter, como uma mulher envergonhada. E também nunca desculparei a *você* as confissões que lhe estou fazendo agora!" (v. 5, pp. 173-4 [137, 139]).

Mas então ocorre um acontecimento sem precedentes — sem precedentes, pelo menos, na experiência do homem do subsolo: em vez de inflamar-se e reagir com raiva, Liza se joga em seus braços para consolá-*lo*. Ambos esquecem totalmente de si mesmos e começam a chorar, mas a vaidade invencível dele, que o incapacita a reagir aos outros com altruísmo e espontaneidade, logo recupera o domínio: "Acudiu-me também à transtornada cabeça o pensamento de que os papéis estavam definitivamente trocados, que ela é que era a heroína, e que eu era uma criatura, tão humilhada e esmagada como ela fora diante de mim naquela noite, quatro dias atrás". E então, não por amor, mas por ódio, o homem do subsolo a possui no mesmo momento, para se vingar *dela* por ter ousado tentar consolá-lo. A fim de tornar sua vingança mais completa e esmagá-la por completo, ele enfia uma nota de cinco rublos na mão da moça ao final dos abraços. "Mas eis o que posso dizer com certeza: cometi esta crueldade, ainda que intencionalmente", admite ele, "mas não com o coração, e sim com minha cabeça má. Esta crueldade era tão artificial, mental, inventada, *livresca*, que eu mesmo não a suportei um instante sequer [...]" (v. 5, pp. 175, 177 [140, 143]). Dostoiévski não poderia ter afirmado de forma mais explícita que o coração do homem do subsolo, o cerne emotivo de sua natureza, não perdera sua sensibilidade moral. Era seu cérebro, alimentado pela educação que absorvera tão completamente — uma educação baseada em protótipos ocidentais e nas imagens desses protótipos assimilados pela literatura russa —, que pervertera seu caráter e fora responsável por seu ato desprezível.

Liza, no entanto, consegue deixar o dinheiro sobre a mesa antes de sair, sem que ele note. Ao perceber a cédula amassada, o homem do subsolo se enche de remorso e corre atrás de Liza na rua silenciosa e cheia de neve, para ajoelhar-se aos seus pés e implorar perdão. Mas então detém-se e percebe a inutilidade de toda essa agitação: "'Mas — para quê?', pensei. 'Não irei eu odiá-la, amanhã mesmo talvez, justamente por lhe ter beijado hoje os pés?'." E mais tarde, em casa, "abafando com a imaginação a dor viva que [lhe] ia na alma", ele concebe a racionalização mais diabólica para sua vilania. Ele pensa:

> "Não será melhor se ela levar consigo agora e para sempre a afronta?", pensa ele. "A afronta... mas é uma purificação; é a mais corrosiva e dolorida consciência! Amanhã mesmo eu sujaria com o meu ser a sua alma e cansaria o seu coração. Mas a afronta, agora, não se extinguirá nela nunca mais e, por mais repulsiva que seja a imundície que a espera, a afronta há de elevá-la e purificá-la... por meio do ódio... hum... e talvez pelo perdão também... Aliás, fará acaso isto com que tudo lhe seja mais leve? E realmente desta vez proponho já da minha parte uma pergunta ociosa: o que é melhor, uma felicidade barata ou um sofrimento elevado? Vamos, o que é melhor?" (v. 5, pp. 177-8 [144-5])

Com essa penetrante ironia final, Dostoiévski permite que o homem do subsolo utilize a própria ideia de purificação através do sofrimento como desculpa para seu sadismo moral-espiritual. Ao fazê-lo, Dostoiévski retorna ao tema principal da primeira parte e coloca-o sob uma nova luz. A consciência e o sofrimento tinham sido afirmados como valores quando o homem do subsolo, lutando para preservar sua identidade humana, quis sofrer *ele mesmo*, em vez de render-se às leis da natureza. Mas enquanto essa luta brota apenas da revolta negativa do egoísmo para afirmar a sua existência, enquanto não é orientada por algo positivo, ela inevitavelmente corre o risco de uma inversão diabólica; há sempre o perigo de que o egoísta, preocupado apenas consigo mesmo, faça os *outros* sofrerem com a desculpa de ajudar a purificar *suas* almas. Essa possibilidade, abordada aqui de passagem no final de *Memórias do subsolo*, será brilhantemente desenvolvida em *Crime e castigo*, quando Raskólnikov tenta convencer Sônia de que seu sacrifício de *outro* por um fim nobre é moralmente equivalente ao autossacrifício *dela* com o mesmo propósito.

5. Conclusão

À medida que a segunda parte de *Memórias do subsolo* se aproxima do fim, o homem do subsolo retorna outra vez às frustrações de sua solidão. Por um momento, vislumbrara como escapar da dialética da vaidade: a indiferença de Liza por sua própria humilhação, sua identificação sincera com os tormentos *dele* — em suma, sua capacidade de amor desinteressado —, é a única maneira de romper o feitiço de egocentrismo do feiticeiro. Quando ela corre para seus braços, pensando não em si mesma, mas nele, ilustra aquele "algo mais" que seu egoísmo nunca vai lhe permitir atingir — o ideal do autossacrifício voluntário da personalidade, por amor. Em seu encontro com Liza, o homem do subsolo encontrara esse ideal na carne, e sua incapacidade de responder ao seu apelo o condena de forma irrevogável para o futuro. No entanto, quando olhamos para *Memórias do subsolo* como um todo, vemos que o romantismo social egoísta da década de 1840, com seu cultivo de um sentimento de nobreza espiritual e sua ênfase na responsabilidade moral individual, não tem um valor totalmente negativo. Embora possa ser egocêntrico, esse romantismo social sentimental ainda enfatizava a importância do livre-arbítrio e preservava um senso da autonomia interna da personalidade, e sem esse senso nenhuma vida verdadeiramente humana é possível.

O homem do subsolo, hiperconsciente como sempre, conhece a localização exata da origem do problema:

Deixai-nos sozinhos, sem um livro, e imediatamente ficaremos confusos, vamos perder-nos; não saberemos a quem aderir, a quem nos ater, o que amar e o que odiar, o que respeitar e o que desprezar. Para nós é pesado, até, ser gente, gente com corpo e sangue autênticos, *próprios*; temos vergonha disso, consideramos tal fato um opróbrio e procuramos ser uns homens gerais que nunca existiram. (v. 5, pp. 178-9 [146])

Pode-se inferir, então, que a única esperança é rejeitar todas essas ideologias ocidentais, artificiais, estrangeiras, livrescas e voltar ao "solo" russo com sua incorporação espontânea do ideal cristão do amor abnegado.

Assim termina essa pequena obra notável, certamente a expressão mais poderosa e concentrada que Dostoiévski deu ao seu gênio de satirista. Já foi dito muitas vezes que *Memórias do subsolo* é o prelúdio do grande período em que o talento de Dostoiévski chegou à maturidade, e não há dúvida de que com essa novela ele alcança um novo nível artístico. Pela primeira vez, ele motiva uma ação *inteiramente* em termos de uma psicologia moldada pela ideologia radical; todos os elementos do texto servem para trazer à tona as consequências de certas ideias no comportamento pessoal, e o mundo que Dostoiévski cria é todo concebido como uma função desse propósito. A psicologia se subordina à ideologia; não há mais, como em *Humilhados e ofendidos*, um cabo de guerra perturbador entre os elementos moral-psicológico e ideológico da estrutura.

Dostoiévski também descobriu, afinal, o grande tema de seus romances posteriores, que serão todos inspirados pela mesma ambição de contrariar a autoridade moral e espiritual da ideologia da intelligentsia radical russa (dependendo de qual nuance dessa ideologia predominava no momento da escrita). A esse respeito, podemos comparar o núcleo de romances de Dostoiévski ao de um *conte philosophique* do século XVIII, cujos personagens também eram, em grande parte, personificações de ideias; mas em vez de continuarem a ser abstrações exangues como Cândido ou Zadig, eles ganharão corpo com toda a verossimilhança e densidade psicológica do romance de realismo social do século XIX e toda a tensão dramática do romance-folhetim urbano-gótico. É a genialidade de Dostoiévski para misturar esses estilos narrativos aparentemente antitéticos que constitui a originalidade de sua arte de romancista.

No entanto, Dostoiévski nunca mais tentou algo tão hermético e alegórico quanto *Memórias do subsolo*. É muito provável que considerasse a obra um fracasso — como de fato o foi, se usarmos como medida sua total falta de repercussão em termos de polêmica. Ninguém entendeu o que Dostoiévski tentara fazer (com a exceção, como veremos, de Saltikov-Schedrin), e mesmo que Grigóriev, com seu faro artístico, tenha elogiado a novela e dito ao amigo que continuasse a escrever nessa linha, o silêncio do resto do mundo literário foi deveras ensurdecedor. A carta de Súslova, que contém referências à "novela escandalosa" de Dostoiévski e às "coisas cínicas" que ele estava produzindo, transmite a reação geral. Uma vez que ela ainda não lera o texto, suas palavras relatam o que ouvira no salão literário da romancista Evguiênia Tur (que ela então frequentava em Paris), e cujos habitués apenas repetiam as últimas fofocas literárias de Petersburgo. É provável que essas reações tenham convencido Dostoiévski de que talvez tivesse contado demais com a perspicácia de seus leitores para discernir o que queria dizer. Ele nunca mais os colocaria diante de um desafio tão difícil para sua argúcia literária e ideológica.

31. O fim de *A Época*

Após o enterro de Maria Dmítrievna, Dostoiévski retornou para Petersburgo no final de abril e voltou a tomar parte ativa nos assuntos editoriais de *A Época*. Para se manter financeiramente, obteve um empréstimo do Fundo Literário e, como se quisesse sinalizar o início de uma nova era em sua vida, também assumiu uma vultosa dívida em um elegante alfaiate de Petersburgo, no qual mandou fazer roupas novas e um casaco de verão. Mas, se a morte da primeira esposa poderia ser considerada uma bênção disfarçada, por maiores que tenham sido as dores de consciência e as perturbações provocadas por sua longa agonia, ele logo enfrentaria outra perda pessoal que significou um completo desastre.

Mikhail Dostoiévski e sua família estavam passando o verão numa datcha em Pávlovsk, uma estação de águas da moda, não muito distante de Petersburgo. Dostoiévski estava morando em Petersburgo com o enteado Pacha e fazia preparativos para partir de novo ao exterior em busca de tratamento para sua saúde, certamente com a imagem tentadora de um reencontro com Súslova na cabeça. Pouco antes de sua partida, no entanto, ficou tão impressionado com a aparência doentia do irmão que decidiu adiar a viagem. E, na primeira semana de julho, escreveu, de Pávlovsk, um bilhete rápido ao enteado: "Querido Pacha, mande-me alguma roupa branca. Meu irmão está morrendo. Não conte a ninguém sobre isso".[1]

Mikhail fora sobrecarregado pela tensão de publicar sozinho *A Época* e pelos encargos financeiros que só podia satisfazer incorrendo em outras dívidas ainda mais onerosas. Sem poupar-se fisicamente e sofrendo de uma doença hepática intermitente, teve um colapso em 6 de julho, ao saber que um artigo com que contava não passara pela censura; três dias depois, estava morto. "Quanto eu perdi com ele", Dostoiévski escreveu ao irmão Andrei algumas semanas depois:

> Esse homem me amava mais do que qualquer coisa no mundo, mais até do que a esposa e a família, a quem adorava. [...] Todos os assuntos familiares de meu irmão estão terrivelmente desorganizados. Os negócios da revista (um problema enorme e complicado) — tudo isso terei de assumir. Existem muitas dívidas. Não deixou nenhum centavo para a família, e eles são todos menores de idade. [...] Naturalmente, estou a serviço deles. Por um irmão como ele era, farei tudo e sacrificarei minha própria saúde.[2]

Mikhail foi enterrado no cemitério de Pávlovsk, em 13 de julho, e Dostoiévski viu-se então diante de uma decisão extremamente difícil. *A Época* estava com um déficit enorme, com dívidas de longo prazo e outras mais prementes, que exigiam pagamento imediato. Em carta escrita oito meses depois para seu velho amigo, o barão Wrangel, Dostoiévski explicou:

> Tive de escolher entre dois caminhos: abandonar a revista, entregá-la aos credores [...] junto com todos os móveis e pertences, e assumir a família. Então começar a trabalhar, prosseguir minha carreira literária, escrever romances e prover as necessidades das viúvas e dos órfãos. Outra possibilidade: encontrar dinheiro e continuar com a publicação a qualquer custo. Que pena que não escolhi a primeira![3]

Dostoiévski obteve 10 mil rublos de sua tia rica Kumánina, de Moscou, quantia que lhe seria deixada em testamento, e levantou outros fundos onde pôde. Estava convencido de que, se conseguisse manter a revista até o final do ano e publicar os números mensais mais ou menos no prazo, atrairia assinantes suficientes para cobrir as despesas e pagar as dívidas. Seu plano era pôr a revista em ordem, dar-lhe uma base financeira sólida e então entregá-la à família de Mikhail como uma fonte de renda para quando — como estava decidido a fazer no futuro — ele se retirasse para escrever seus romances. A rápida ascensão de

O Tempo o convencera de que era capaz de transformar *A Época* num empreendimento próspero.

Se trabalho duro e determinação firme fossem suficientes para garantir o sucesso, Dostoiévski com certeza teria tido êxito. Como se viu depois, havia obstáculos demais a ser superados, ainda que ele tenha chegado à beira do colapso. "Foi preciso pegar o negócio nas mãos com energia", explica ele a Wrangel. "Imprimi em três prensas ao mesmo tempo, sem levar em conta minha saúde e minhas forças; assumi sozinho o trabalho de editor-chefe e de revisor de provas; negociei sozinho com autores e com a censura, corrigi artigos, levantei dinheiro, fiquei acordado até às seis da manhã, dormi cinco horas por noite e pus a revista em pé; mas já era tarde demais."[4]

Apesar dos esforços heroicos de Dostoiévski, as assinaturas necessárias não vieram e tornou-se financeiramente impossível continuar a publicação de *A Época* após os dois primeiros números de 1865. Na carta a Wrangel, ele culpa a situação de queda geral nas subscrições que afetou todas as publicações russas, junto com uma crise econômica no país que dificultou a obtenção de crédito. Mas havia, como Dostoiévski sabia, causas mais específicas para o fracasso da revista. Exaurido por seu trabalho de redator-chefe e editor, ele não conseguiu, depois de *Memórias do subsolo*, escrever mais do que alguns artigos e um conto satírico inacabado ("O crocodilo"). Desse modo, a revista ficou sem a coesão e a força ideológica dadas a *O Tempo* por suas contribuições vigorosas sobre questões de interesse atual; a revista não publicou nada que se comparasse ao apelo de massa de obras como *Humilhados e ofendidos* e *Recordações da casa dos mortos* (embora tenha publicado *Os fantasmas*, de Turguêniev, *Lady Macbeth do distrito de Mtzensk*, de Leskov, e as esplêndidas memórias de Grigóriev, *Minhas andanças literárias e espirituais*). Muitas pessoas nem sequer tinham conhecimento de que o notável escritor Fiódor Dostoiévski tinha alguma ligação com a nova revista. Outras ficaram confusas com o novo editor-chefe, um desconhecido chamado A. I. Poriétski (como ex-condenado, Dostoiévski ainda não podia ser oficialmente o editor responsável), que assumiu o comando da publicação em nome da "família de Mikhail Dostoiévski". Era-lhe impossível explicar a todos os potenciais assinantes — ou mesmo declarar publicamente — que Poriétski era apenas um testa de ferro cujo principal predicado era ter um alto cargo no serviço público.

Predestinada ao fracasso, a breve carreira de *A Época* teve um efeito desastroso sobre o decorrer da vida de Dostoiévski. Quando a revista faliu, ele estava sobrecarregado pelas dívidas que assumira para mantê-la à tona e passou a maior parte do resto de sua vida lutando para reembolsar os credores. "Oh, meu amigo!", ele exclama para Wrangel. "Eu voltaria voluntariamente para a prisão, e pelo mesmo número de anos, a fim de pagar todas as minhas dívidas e sentir-me livre de novo."[5] Com o fracasso da revista, precedido pelas mortes da primeira esposa e, depois, do irmão, outro período da vida de Dostoiévski chega ao fim. As duas pessoas de quem havia sido mais próximo no mundo se foram; estava só e desamparado, e sua esperança de firmar-se como editor, com uma renda regular proporcionada por um periódico mensal, enfim se desvaneceu. Dostoiévski sabia que chegara a um divisor de águas em sua vida e marcou a ocasião com uma carta a Wrangel.

"Você tem pena de mim por causa de minha perda fatal, a morte de meu anjo, meu irmão Micha, mas não sabe até que ponto o destino me esmagou! Outra pessoa que me amava, e que eu amava incomensuravelmente, minha esposa, morreu de tuberculose em Moscou, onde fora morar no ano passado."[6] Dostoiévski evoca uma imagem de sua vida conjugal que revela as fibras emocionais complexas que uniram esses dois seres durante seus tormentos mútuos.

> Ela morreu em 16 de abril do ano passado. [...] Oh!, meu amigo, ela me amava imensamente, e eu também a amava da mesma maneira, mas não fomos felizes juntos. Vou lhe contar tudo quando nos encontrarmos — agora, só direi que, apesar de sermos positivamente infelizes juntos (devido ao seu caráter estranho, desconfiado e doentiamente fantasioso), não conseguíamos deixar de amar um ao outro: quanto mais infelizes éramos, mais nos ligávamos um ao outro. Por mais estranho que pareça, assim era. Ela era a mulher mais honrada, mais nobre e mais magnânima de todas as que conheci em minha vida.[7]

Com a morte da esposa e do irmão, continua Dostoiévski, ele de repente se deu conta de que a vida que tentara construir, tanto a pessoal quanto a profissional, se estilhaçara.

> Eu não podia imaginar até que ponto minha vida se tornaria vazia e dolorida quando jogassem terra sobre seu túmulo. E agora um ano se passou, e meu sentimento é o mesmo, não diminuiu de forma alguma. [...] Depois de enterrá-la, fugir para Petersburgo, para meu irmão — só ele me restava, e em três meses ele também mor-

reu, depois de passar um mês inteiro ligeiramente doente, e assim a crise que resultou em sua morte ocorreu de modo quase inesperado em três dias. De repente, me vi sozinho e simplesmente aterrorizado. De um só golpe, minha vida inteira se partiu em duas. Em uma metade, que eu já vivera, estava tudo pelo que eu havia vivido, e na outra metade, ainda desconhecida, tudo era estranho e novo, e não havia um único coração que pudesse substituir aqueles dois. [...] Literalmente — não me restara nada mais pelo que viver. Estabelecer novas relações, planejar uma nova vida! A própria ideia de fazê-lo era repulsiva para mim. Eu, *pela primeira vez*, senti até a medula que ninguém poderia substituí-*los*, que somente a *eles* eu amara no mundo e que um novo amor não só não poderia ser adquirido, como não deveria existir. Tudo ao meu redor tornou-se frio e vazio. E assim, quando recebi sua calorosa e gentil carta três meses atrás, cheia de lembranças anteriores, fiquei tão deprimido que não consegui lhe dizer como me sentia.[8]

Mais de uma semana depois, Dostoiévski continua: "Nove dias se passaram desde que comecei esta carta, e, nesses nove dias, não tive um momento sequer para terminá-la".[9] Continuando seu relato sobre os problemas da revista, Dostoiévski o interrompe após dois parágrafos e o retoma apenas cinco dias depois, em 14 de abril. Em consequência de ter tentado manter a revista a salvo, estava agora em um terrível apuro financeiro: "Devo 10 mil rublos em contratos assinados, e 5 mil apalavrados; preciso pagar 3 mil imediatamente, aconteça o que acontecer. Além disso, são necessários 2 mil para comprar o direito de publicar minhas obras, direito cedido como garantia de um empréstimo, para que eu mesmo possa começar a editá-las". Seu plano era escrever um novo romance e publicá-lo em fascículos separados, "como se faz na Inglaterra"; também queria reeditar *Recordações da casa dos mortos*, "com ilustrações, numa edição de luxo", e depois, no ano seguinte, uma edição de suas obras completas. Mas a perspectiva de escrever sob pressão tão desesperada, unicamente para saldar suas dívidas, o enche de angústia: "Agora vou começar a escrever um romance sob o chicote, isto é, por necessidade. Produzirá um efeito, mas é disso que preciso? Trabalhar por necessidade, apenas por dinheiro, me oprime e me destrói".[10]

Voltando à questão imediata, Dostoiévski não vê esperança em sua situação:

Mas para começar, preciso, e logo, de pelo menos 3 mil rublos. Estou batendo em todas as portas para tentar obtê-los, caso contrário, estou liquidado. Sinto que somente um acidente pode me salvar. O que resta em minha alma de toda a reserva de força e energia é algo transtornado e perturbador, algo próximo ao desespero. Preocupação, amargura, uma laboriosidade completamente fria, o estado mais anormal para eu estar e, além disso, solidão — de todos os meus últimos quarenta anos, nada me resta. E, no entanto, ainda me parece que só agora estou me preparando para viver. Engraçado, não é? A vitalidade de um gato.[11]

Nada poderia ser mais inesperado do que essa última observação e, contudo, nada é mais característico do homem que não se deixara ser esmagado pela casa dos mortos e que, apesar de sua grave situação, nunca se entregara a um desânimo paralisante. Afinal, Dostoiévski acreditava na liberdade da vontade, e, no seu caso, essa convicção vinha dos recursos mais profundos de sua personalidade. Na sua vida, não existe um só momento em que o vemos desistir por completo, nenhum momento em que — em meio aos destroços das esperanças que pudesse ter, ou de qualquer desastre que o sobrepujasse — não esteja fazendo planos para o futuro e sentindo a mesma onda de energia e de expectativa à qual ele aqui dá expressão tão surpreendente.

O tempo já executara seu trabalho de cura, e apenas um mês ou dois antes de sua carta a Wrangel, Dostoiévski provavelmente iniciara uma relação — por quanto tempo, é difícil dizer — com uma mulher experiente e ressentida chamada Martha Brown. Além disso, nesse mesmo mês de abril, no momento em que terminava a carta a Wrangel, Dostoiévski propôs casamento à bela e rebelde filha de uma família rica e bem situada na sociedade, Anna Kórvin-Kriukóvskaia, cujos contos publicara em *A Época* e cujo talento incentivara. A mudança repentina tão visível na carta — a transição abrupta do passado ao presente — pode ser atribuída a esses acontecimentos, quando um ressurgimento da fé no futuro se intrometeu no passado de melancolia que estava recordando. Com efeito, em pouco mais de um ano, começaria uma vida inteiramente nova para Dostoiévski, quando se casaria com outra mulher jovem e, em seguida, fugiria para um exílio prolongado na Europa, a fim de escapar dos credores.

Dostoiévski ouviu falar pela primeira vez de Martha Brown pelo homem com quem ela vivia então, um colaborador de *A Época* chamado Piotr Górski. Era um dos inúmeros frequentadores da cena literária de São Petersburgo que se agrupavam em torno das várias publicações e viviam à beira da miséria, complementando muitas vezes sua labuta literária com trabalhos braçais. Tudo o que sabemos das relações entre Dostoiévski e Martha Brown está contido num punhado de cartas escritas por ela entre novembro de 1864 e janeiro de 1865 que levantam a possibilidade de que os dois foram amantes.

Seu nome verdadeiro, do qual Dostoiévski talvez não tenha tido conhecimento, era Elizavieta Andréievna Tchliébnikova, filha voluntariosa de uma família de proprietários rurais (seu nome de solteira era Pánina) que recebera alguma formação e era capaz de escrever em russo literário. Uma existência aventureira a levara a vários países da Europa Ocidental na companhia de diversos homens — um húngaro, um inglês e um francês, entre outros. Ao pôr os pés pela primeira vez na Inglaterra, sem um tostão e desconhecendo a língua, tentou se suicidar em desespero e foi salva pela polícia. Durante algumas semanas, morou sob as pontes do Tâmisa, entre outros vagabundos. Graças ao empenho de vários missionários preocupados em salvar-lhe a alma, aprendeu rapidamente a língua inglesa; e um caridoso pastor metodista, impressionado com seu conhecimento da Bíblia e com sua capacidade de recitar o pai-nosso em inglês, levou-a para viver com sua família na ilha de Guernsey. Com a bênção do patrono, casou-se com um marinheiro de nome Brown e foi morar em Weymouth, em Brighton e em Londres (como Mrs. Brown, supõe-se). Não se sabe quando nem por que o casamento acabou; é igualmente obscuro o motivo do regresso de Martha Brown à Rússia, onde, como ela observa, muitas pessoas já não achavam que ela fosse russa.

Sua primeira carta para Dostoiévski é uma resposta formal a uma oferta de trabalho de tradutora; as outras são um apelo a Dostoiévski, como alguém com posição e autoridade moral, para que falasse com Górski e tentasse pôr-lhe juízo. Nessa época, ela ocupava um leito no Hospital Pedro e Paulo, onde Górski aparecera para exibir seu descontentamento e fizera uma cena de bêbado. Duas cartas indicam que, embora recuperada, preferia permanecer no hospital infecto a voltar para uma vida de miséria e maus-tratos com Górski. A última carta, datada de algum momento da segunda metade de janeiro de 1865, revela uma nova situação. Brown, vivendo na cidade, não está mais com Górski. A carta sugere uma conversa anterior do casal sobre a possibilidade de Martha Brown ir viver com Dostoiévski como sua amante. "De qualquer modo", ela continua, "possa ou não satisfazê-lo num sentido físico, possa ou não existir entre nós aquela harmonia espiritual da qual depende a continuação da nossa relação, acredite em mim

538

quando digo que sempre serei grata por ter me favorecido com sua amizade. [...] Juro-lhe que até agora nunca decidira ser tão franca com alguém como me aventurei a sê-lo com o senhor."[12]

Ela continua:

> Perdoe-me por esta confissão egoísta, mas acumulei em minha alma tanto sofrimento, desespero e desesperança nesses dois últimos anos, que passei na Rússia como numa prisão, que, Deus é testemunha, estou feliz, sinto-me felizarda por ter encontrado um homem que possui tamanha serenidade da alma, tamanha paciência, tanto bom senso e correção que não pude encontrar nem em Flemming [um amante anterior] nem em Górski. No momento, me é absolutamente indiferente se nossa relação vai ser longa ou curta. Mas juro-lhe que aquilo que valorizo, muitíssimo mais do que qualquer ganho material, é que o senhor não se melindrou com o lado caído de minha personalidade, que me colocou num lugar mais alto do que aquele que estou em minha própria estimativa.[13]

Não podemos determinar se essa carta levou ao caso de amor que ela tão obviamente desejava, ou se esse caso já havia começado.

Na mesma época dessa carta final de Brown, Dostoiévski recebeu outra missiva de uma jovem por quem em breve se apaixonaria. Seu nome era Anna Kórvin-Kriukóvskaia, e, em meses anteriores, dois de seus contos tinham sido publicados em *A Época*, mas ambos sob pseudônimo, pois a srta. Kórvin-Kriukóvskaia, que enviara os contos à revista em segredo, era a filha mais velha de um general de divisão reformado com princípios rígidos a respeito do comportamento das mulheres da família. Cavalheiro à moda antiga, imbuído de forte noção da própria importância e da dignidade de sua família, ele morava com a mulher muito mais jovem e duas filhas em sua propriedade localizada em Palíbino, nas profundezas da zona rural, perto de Vítebsk, na fronteira entre Polônia e Rússia. A jovem Anna, então com 22 anos, escondera suas proezas literárias do pai, se não de sua irmã Sófia — que mais tarde ficou famosa, com o sobrenome de Kovaliévskaia, por ter sido a primeira mulher a ocupar uma cátedra de matemática na Europa —, e as remetera com a ajuda conspiratória do mordomo da casa. As memórias de Sófia nos permitem perscrutar os recessos desse ninho isolado de nobres nas províncias russas, do qual surgiriam duas mulheres extraordinárias com quem Dostoiévski manteve relações cordiais pelo resto da vida.

O general Kórvin-Kriukóvski tinha pouco gosto pelas frivolidades sociais de Petersburgo. Mas, em deferência aos desejos da sociável esposa, e também para apresentar as filhas a uma gama maior de pretendentes, permitia-lhes mergulhar no torvelinho da moda em Petersburgo uma vez por ano, pelo período de um mês. A carta que Dostoiévski recebeu de Anna, em 28 de fevereiro, significava que era iminente uma dessas incursões anuais aos parentes de Petersburgo e informava-lhe que os Kórvin-Kriukóvski ficariam felizes em receber sua visita desde que avisados com antecedência. Uma vez que Dostoiévski era um autor de destaque que aceitara os esforços literários incipientes da filha, um convite assim parecia o mínimo que se poderia esperar. Na verdade, porém, a permissão para fazê-lo fora concedida a Anna somente depois de uma longa luta contra os arraigados preconceitos de seu pai desconfiado e contrariado.

O general conhecera quando jovem uma literata russa, a rainha da sociedade de então, a bela condessa Rostóptchina, a qual voltara a encontrar anos mais tarde nas mesas de jogo de Baden-Baden comportando-se de maneira nada condizente com uma dama. Esse era o destino inevitável de todas as autoras russas, e, quando ele descobriu por acaso que sua própria Aniuta estava sendo elogiada com esse epíteto suspeito, ficou tão enfurecido que a família assustada temeu que sofresse um derrame cerebral. Para piorar as coisas, a carta de encorajamento de Dostoiévski que ele leu continha também o pagamento pelas colaborações de Anna para *A Época*. "Pode-se esperar qualquer coisa de jovens senhoras que, sem o conhecimento do pai e da mãe, são capazes de corresponder-se com um homem desconhecido e receber dinheiro dele!", trovejou. "Agora você está vendendo suas histórias, mas talvez chegue o dia em que venderá a si própria!"[14]

Após esse primeiro paroxismo de ira, o general recaíra num silêncio sombrio. Somente depois de muitas manobras por parte das mulheres Anna recebeu permissão para encontrar-se com Dostoiévski na viagem seguinte a Petersburgo. Mas o general, embora bastante generoso sob a aparência intimidadora, ainda se sentia constrangido, e foi com prudência que advertiu sua esposa a manter os olhos bem abertos. "Lembre-se, Lisa, que você tem uma grande responsabilidade", disse a ela antes da partida. "Dostoiévski não é uma pessoa de nossa sociedade. O que sabemos sobre ele? Somente que é um jornalista e ex-presidiário. Bela recomendação! Sem dúvida! Temos de ter muito cuidado com ele."[15] Foram essas as origens da carta que Dostoiévski recebeu convidando-o a visitar a família em Petersburgo.

Pouco depois de sua chegada a Petersburgo, no início da primavera de 1865, os Kórvin-Kriukóvski receberam Dostoiévski pela primeira vez; e a visita muito aguardada, esperada por Anna com tanta ansiedade e agitação, acabou se revelando uma catástrofe. Seguindo rigorosamente as ordens recebidas do marido na hora da partida, a mãe de Anna insistiu em estar presente; também Sófia, consumida pela curiosidade, recebera autorização para permanecer na sala de estar; e duas tias russo-alemãs idosas, encontrando um ou outro pretexto para entrar e dar uma espiadela no famoso autor, instalaram-se finalmente na sala. Furiosa com esse ajuntamento solene, Anna demonstrou sua decepção em silêncio. Do mesmo modo, Dostoiévski, surpreso por ser forçado a enfrentar uma plateia tão intimidante, não respondeu à conversa bem-educada da sra. Kórvin-Kriukóvskaia. "Ele parecia velho e doente naquele dia", relembrou Sófia, "como, aliás, sempre acontecia quando estava deprimido."[16] Depois de meia hora de lenta tortura, Dostoiévski pegou o chapéu e saiu às pressas. Anna correu para o quarto, prorrompeu num choro incontrolável e suas censuras logo reduziram sua mãe à mesma condição lacrimosa.

Cinco dias depois, Dostoiévski fez nova visita, sem avisar, e encontrou apenas as duas jovens em casa. Ele e Anna na mesma hora entabularam uma conversa animada, como se fossem velhos amigos, e as coisas não poderiam ter sido melhores. A Sófia, ele pareceu outra pessoa, muito mais jovem que antes e um primor de gentileza e inteligência; mal pôde acreditar que ele tivesse 44 anos! Quando voltou para casa, a mãe ficou sobressaltada e um pouco assustada por encontrar Dostoiévski sozinho com as filhas, mas as duas estavam tão radiantes de felicidade que ela prontamente o convidou para jantar. O gelo por fim se quebrou e Dostoiévski passou a visitar os Kórvin-Kriukóvski duas ou três vezes por semana.

O romancista, no entanto, era um convidado que às vezes chocava a família conservadora, preocupada em proteger-se contra eventuais impropriedades na conduta do inesperado amigo das filhas. De acordo com Sófia, ele falou certa vez para sua enfeitiçada plateia feminina de um romance que pretendera escrever na juventude. Desejara retratar um cavalheiro instruído e culto que, viajando ao exterior, acorda uma manhã em seu ensolarado quarto de hotel tomado por um sentimento de contentamento físico e satisfação. Mas, de repente, começa a sentir-se inquieto e, ao concentrar-se em seus pensamentos, relembra um incidente do passado distante. Certa feita, depois de uma noite tumultuada e estimulado por companheiros bêbados, violentara uma menina de dez anos... Mas nesse momento a sra. Kórvin-Kriukóvskaia o interrompeu com um grito horrorizado: "Fiódor Mikháilovitch! Pelo amor de Deus! Há crianças na sala!".[17]

Não sabemos até que ponto a atribuição dessa ideia literária aos dias da sua "juventude" deve ser tomada como verdadeira; a justaposição de esteticismo refinado e depravação lasciva surge em suas obras de forma mais aguda somente após o retorno da Sibéria, em 1860. No entanto, sua preocupação ao longo da vida — que alguns consideraram uma obsessão patológica — com esse tema escabroso não pode ser posta em dúvida. Em algum momento do final da década de 1870, Dostoiévski estava sentado em outra sala de visitas quando surgiu a questão de qual deveria ser considerado o maior crime na terra.

> Dostoiévski falou rapidamente, agitado, gaguejando. [...] O pecado mais assustador, mais terrível — era violar uma criança. Tirar uma vida — isso é horrível, disse Dostoiévski, mas tirar a fé na beleza do amor — este é o crime mais terrível. E Dostoiévski contou um episódio de sua infância. Quando eu morava em Moscou, ainda criança, num hospital para os pobres, disse Dostoiévski, onde meu pai era médico, eu brincava com uma menina (filha de um cocheiro ou de uma cozinheira). Era uma criança delicada, graciosa, de nove anos. [...] E algum miserável desgraçado violou a menina quando estava bêbado e ela morreu de hemorragia. Lembro-me, disse Dostoiévski, que me mandaram buscar meu pai na outra ala do hospital, mas já era tarde demais. Em toda a minha vida, essa lembrança tem me assombrado como o crime mais assustador, o pecado mais terrível, para o qual não há e não pode haver nenhum perdão, e puni Stavróguin em *Os demônios* com esse mesmo crime terrível.[18]

Como se pode ver pelas lembranças de Sófia, o comportamento verbal de Dostoiévski pode ter levado a mãe de Anna a se arrepender de tê-lo admitido na intimidade do círculo familiar. Outra ocasião em que ela certamente teve dúvidas sobre sua tolerância ocorreu durante uma festa de despedida em que a maioria dos presentes era de russos de origem alemã, muito sóbrios, formais e conservadores — exatamente o tipo de gente com que Dostoiévski se sentia pouco à vontade. Ele se aborreceu porque Anna, como filha mais velha, teve de compartilhar com a mãe as obrigações de receber e não pôde dedicar-lhe as atenções com exclusividade. Pior ainda, sentiu um ciúme furioso de um jovem e bonito oficial que estava, é claro, atraído por Anna e com quem — estava convencido disso — ela seria forçada a se comprometer contra sua vontade. Ele manifestou seu descontentamento e causou um escândalo com comentários desagradáveis proferidos em voz alta (por exemplo, que a Bíblia não fora escrita para a leitura de mulheres da sociedade) e por um comportamento grosseiro em geral. Foi depois dessa noite, de acordo com Sófia, que a reverência anterior de Anna por Dostoiévski se alterou de maneira drástica. As conversas privadas entre os dois mudaram de tom; agora, em vez de terem uma troca de ideias amigável, pareciam estar discutindo, às vezes de forma áspera.

À medida que se aproximava o momento do retorno de Anna a Palíbino, Dostoiévski tornava-se mais reprovador e despótico e Anna, menos dócil e mais assertiva. "O tema contínuo e muito candente de suas discussões", escreve Sófia, "era o niilismo. O debate sobre essa questão se prolongava, às vezes, até muito depois da meia-noite." "Toda a juventude contemporânea é estúpida e atrasada!", gritou uma vez Dostoiévski. "Botas brilhantes são mais valiosas para ela do que Púchkin!" Anna, sabendo que nada podia deixar Dostoiévski mais furioso do que a falta de respeito por Púchkin, respondeu com frieza que "Púchkin está, de fato, ultrapassado em nossa época".[19]

Mesmo assim, uma noite em que Sófia lutava bravamente com a *Sonate Pathétique* de Beethoven, que sabia estar entre as peças preferidas de Dostoiévski, ele e Anna escapuliram traiçoeiramente para outra sala. E quando a desconsolada pianista foi atrás de sua plateia perdida, chegou a tempo de ouvir uma proposta de casamento. Não se sabe ao certo se Anna aceitou, na emoção do momento, e depois foi liberada de sua promessa por Dostoiévski (história que ele contou para sua segunda esposa), ou se ela nunca lhe deu uma resposta. Sófia não menciona um compromisso e supõe-se que, caso tivesse existido, a família de Anna teria sido informada. Qualquer que seja a verdade, Anna disse a Sófia: "Não amo Dostoiévski a ponto de me casar com ele". Além da diferença de idade e de ideias, Anna se deu conta, com saudável percepção, de que Dostoiévski precisava de uma esposa inteiramente submissa à sua vontade. "Veja", disse ela à irmã mais moça, "às vezes me surpreendo por não conseguir amá-lo! Ele é um homem tão bom! [...] Mas não precisa de forma alguma de alguém como eu! Além disso, ele é tão nervoso, tão exigente!"[20] Um ano mais tarde, Dostoiévski encontraria o exato tipo de mulher de que precisava, mas sempre manteve relações cordiais com Anna e sua irmã.

Ele reviu Anna várias vezes em meados da década de 1870, embora, nesse ínterim, ela tivesse se casado com um radical francês muito conhecido chamado

Charles Victor Jaclard e dedicado sua vida à atividade revolucionária. Não só foi a primeira tradutora de partes de *O capital*, de Karl Marx, para o francês, como também estabeleceu relações pessoais cordiais com Marx e desempenhou um papel de destaque entre as mulheres (entre elas, um número surpreendente de russas) que participaram corajosamente da defesa da Comuna de Paris de 1870. É provável que Dostoiévski tenha se baseado na corte que lhe fez para o retrato de Aglaia lepántchina em *O idiota*, cujo noivado com o príncipe Míchkin perturbou sua respeitável família, tanto quanto a amizade de Anna com Dostoiévski fizera inicialmente com a família dela. Mais uma vez, porém, depois de sua tentativa de conquistar a mão de Anna chegar a um fim amigável, mas irreversível, Dostoiévski foi lançado de volta ao isolamento do qual ansiava escapar com tanta sofreguidão.

Nesse meio-tempo, por maior que fosse o desânimo de Dostoiévski causado pelo falência de *A Época*, o fim de seu esforço insuportável deve ter sido uma espécie de alívio. Mesmo quando ainda acreditava que a revista poderia ser um sucesso, antevia o momento em que poderia voltar à tarefa criativa essencial de romancista. Agora, estava sendo forçado a fazê-lo, e para nós é evidente que seu fracasso como editor e jornalista foi sua salvação como artista. No decorrer dos cinco anos seguintes, sob pressão da necessidade, mas nunca à custa da integridade artística, ele escreveria três de seus maiores romances — *Crime e castigo*, *O idiota* e *Os demônios* — e firmaria de uma vez por todas sua reputação de membro da linha de frente da literatura russa. Como essas obras provariam, foi no feroz toma lá dá cá da discussão e da polêmica que estabelecera gradualmente sua própria posição e encontrara o grande tema que deveria ocupá-lo pelo resto da vida: os perigos morais e psíquicos envolvidos no desejo da intelectualidade russa radical de fundar a vida humana em novas bases "racionais" que substituiriam a ordem divina ainda viva na sensibilidade moral russa.

QUARTA PARTE

OS ANOS MILAGROSOS, 1865-1871

32. Khlestakov em Wiesbaden

Dostoiévski estava novamente ansioso por viajar ao exterior, pois tinha esperanças de lá encontrar sua ex-amante Apollinária Súslova, a jovem escritora feminista que não saíra totalmente de sua cabeça nos dois últimos anos e com quem mantivera uma correspondência secreta até mesmo quando sua esposa estava à beira da morte. Súslova permaneceu na Europa quando ele retornou à Rússia, e os dois sempre trocavam cartas. É uma pena que toda essa correspondência tenha se perdido (com exceção do rascunho de uma carta preservado no diário de Súslova). O fato de Dostoiévski ainda sonhar em reatar relações com a ex-amante fica evidente em uma carta que enviou para a irmã mais nova dela, Nadiéjda (que mais tarde se tornou amiga próxima de Anna Kórvin-Kriukóvskaia). Na época, Nadiéjda Súslova estudava medicina em Zurique, e como Apollinária, que morava em Montpellier, estava para encontrá-la, Dostoiévski escreveu cartas para ambos os endereços.

A própria Nadiéjda, a quem Dostoiévski admirava e visitava com frequência em Petersburgo, o havia criticado duramente por seus supostos maus-tratos à irmã; e ele apela ao conhecimento que Nadiéjda tinha de seu caráter para contrapor-se ao efeito prejudicial das queixas de Apollinária. Nos últimos anos, lembra-lhe, "busquei em sua companhia um pouco de paz para minha alma em todos os momentos de provação e, recentemente, foi você que procurei quando meu coração estava demasiado cheio de tristeza. Você me viu em meus momentos mais sinceros e pode julgar: alimento-me dos sofrimentos dos outros, sou brutal (por dentro), sou cruel?".[1] Apollinária, diz ele a Nadiéjda, é "uma grande egoísta. Seu egoísmo e sua vaidade são colossais. Ela exige *tudo* das outras pessoas, todas as perfeições, e não perdoa a menor imperfeição, sem levar em conta outras qualidades que se possa ter". Dostoiévski prevê que ela sempre será infeliz, porque "a pessoa que exige tudo dos outros, mas não reconhece nenhuma obrigação, jamais pode ser feliz". O pouco que sabemos da vida posterior de Apollinária Súslova parece confirmar essa profecia.[2]

"Eu ainda a amo", confessa Dostoiévski. "Eu a amo muito, mas já não desejo amá-la. *Ela não merece* esse amor." Dostoiévski insiste que o que Súslova julga insultante em sua carta "é que ousei opor-me a ela, ousei dizer a ela que estava sofrendo. [...] Ela não tem nenhuma humanidade em suas relações comigo. Ela sabe que eu ainda a amo. Por que então me tortura? Que não me ame, mas também não me torture". Se os padrões de comportamento de Dostoiévski apresentam um forte componente masoquista, essas palavras ilustram que havia um limite ao seu suposto prazer no sofrimento; mas ele não podia esquecer que Súslova o amara um dia, nem renunciar à esperança tentadora de que ela pudesse entregar-se de novo. Apesar de todos os seus receios, ele não podia deixar escapar o que parecia ser sua última chance de felicidade pessoal, e a busca de Apollinária estava sem dúvida entre os motivos que o fizeram decidir retornar à Europa, a qualquer custo, no verão de 1865.

O principal empecilho a esse plano era a falta de recursos, e pode-se ter uma ideia de como estava pressionado naquela época por uma notificação que recebeu da polícia advertindo-o a pagar seiscentos rublos aos seus credores. Caso não o fizesse, podia aguardar uma visita da polícia para fazer um inventário de seus pertences pessoais preliminar à venda em leilão. Dostoiévski pediu ajuda ao Fundo Literário, que lhe emprestou os seiscentos rublos, resgatando-o, assim, da perda de todos os pertences domésticos.

Submetido sem descanso a esse tipo de assédio, Dostoiévski estava ainda mais ansioso por deixar o país por um tempo. Em 8 de junho, escreveu a Kraiévski, seu antigo editor da década de 1840 que ainda dirigia *Anais da Pátria*, para oferecer-lhe o plano de uma nova obra e solicitar um adiantamento de 3 mil rublos.

"Meu romance chama-se *Os bêbados*", explica, "e tratará do problema atual do alcoolismo."[3] Prometia aprontar os primeiros capítulos até outubro de 1865; em caso de morte, ou se não conseguisse cumprir o prazo, oferecia como garantia o direito perpétuo sobre todas as suas obras anteriores. Mas Kraiévski recusou a proposta, embora Dostoiévski especificasse outras condições que protegiam os direitos da editora. De qualquer modo, o plano de Dostoiévski para *Os bêbados* era pouco mais do que a ideia que mencionou em suas cartas. Totalmente envolvido nos assuntos de *A Época*, ele dificilmente teria encontrado tempo para elaborar ideias para um novo romance. *Os bêbados* nunca foi escrito, mas forneceu a trama secundária que envolve a família Marmeládov em *Crime e castigo*.

Como último recurso, Dostoiévski voltou-se para um editor chamado Stellóvski, mal-afamado pela dureza de suas negociações. Stellóvski já abordara Dostoiévski com uma oferta de 2 mil rublos em troca do direito de publicar uma única edição de suas obras, sem mais direitos autorais. Dostoiévski recusara essa proposta mesquinha, mas, levado pela necessidade, concordou agora em aceitar condições ainda mais severas. O editor lhe adiantaria 3 mil rublos em troca do direito de publicar uma edição de suas obras completas. Além disso, Dostoiévski concordou em fornecer um novo romance de formato especificado até 1º de novembro de 1866 e, caso não cumprisse essa cláusula, Stellóvski teria o direito de publicar *todas* as suas obras futuras sem compensação para o autor por um período de nove anos. Apesar dos riscos de um contrato desse tipo, Dostoiévski o aceitou. Depois de revisar suas obras para a nova edição de Stellóvski e obter uma promessa provisória da revista *Biblioteca de Leitura* de um adiantamento em troca de um conto ou de alguns artigos de viagem, partiu para a Europa no final de julho.

No passado, todas as vezes que fora ao exterior, Dostoiévski correra para as mesas de roleta, e o mesmo padrão se repetiu agora. Quando chegou a Wiesbaden, em 29 de julho, para tentar a sorte, os 3 mil rublos obtidos de Stellóvski já haviam sido distribuídos entre seus credores mais prementes e também divididos para atender às necessidades da família de Mikhail e de seu enteado Pacha; sobravam-lhe apenas 175 rublos de prata para a viagem. Cinco dias mais tarde, no entanto, perdeu tudo, até o último centavo, e foi forçado até mesmo a penhorar seu relógio. Para obter ajuda, recorreu primeiro a Turguêniev, que vivia em Baden-Baden, com quem estivera no mês anterior em Petersburgo e mantinha as melhores relações de amizade.

Escrevendo de Wiesbaden, Dostoiévski explicou suas circunstâncias desafortunadas e, depois, em tom de desculpa, acrescentou que, embora sentisse "aversão e vergonha" por perturbar seu colega romancista, não tinha ninguém mais a quem pedir ajuda. E "uma vez que você é mais inteligente do que os outros, é moralmente mais fácil recorrer a você. Eis o que está em questão: apelo a você como um ser humano para outro, e peço-lhe cem táleres". Dostoiévski prometia reembolso no prazo de um mês com o dinheiro que esperava receber da *Biblioteca de Leitura* e também de "alguém que *deve* me ajudar"[4] (talvez Apollinária Súslova, que pouco tempo depois chegou a Wiesbaden para uma visita).

Turguêniev tratou logo de enviar cinquenta táleres, tudo de que podia dispor no momento. Dostoiévski agradeceu o empréstimo: "Embora não me tenha liberado totalmente, de qualquer modo é de grande ajuda. Espero poder reembolsá-lo muito em breve".[5] Além de Turguêniev, Dostoiévski recorreu também a Herzen, que morava em Genebra e com quem suas relações no passado recente haviam sido cordiais, mas não recebeu resposta imediata. Nesse meio-tempo, Súslova apareceu em cena para passar alguns dias com seu ainda apaixonado ex-amante, cujas circunstâncias eram pouco propícias a renovar seus esforços para reconquistá-la. Nos dois anos passados, a vida instável e errática de Súslova na França e na Suíça fora infeliz e frustrante. Sua primeira e mais profunda relação amorosa tinha sido com Dostoiévski, e ela tendia a culpá-lo pela sua incapacidade de estabelecer relações mais satisfatórias com outros homens.

Dostoiévski não poderia ter previsto que seu encontro tão aguardado com Súslova aconteceria em circunstâncias tão inglórias, reduzido como estava à extrema miséria e vivendo com medo de ser expulso do hotel a qualquer momento e entregue à polícia. As cartas que envia a Súslova depois que ela parte estão cheias de preocupação com seu bem-estar, e é provável que ela tenha ajudado Dostoiévski com o dinheiro que tinha disponível, ficando apenas com o suficiente para continuar sua viagem. Ele escreve:

Querida Pólia, em primeiro lugar, não entendo como você conseguiu chegar [a Paris]. À minha angústia repugnante em relação a mim mesmo acrescentou-se a angústia em relação a você. [...] Em Colônia, o hotel, as carruagens, a viagem — mesmo se você tivesse o suficiente para pagar o trem, deve ter provavelmente passado fome. Tudo isso martela em minha cabeça e não me dá nenhum sossego.[6]

Dostoiévski não tinha segredos para Súslova, e é de suas cartas para ela que obtemos a imagem mais vívida das condições degradantes em que estava vivendo e que feriam profundamente seu orgulho. A carta continua:

Nesse meio-tempo, minha situação ficou tão ruim que é inacreditável. Mal você partiu quando, no dia seguinte, no início da manhã, o hotel declarou que deixaria de me servir qualquer refeição, nem mesmo chá ou café. Pedi uma explicação e o corpulento proprietário alemão me explicou que eu não "merecia" as refeições e que me mandaria chá. Assim, desde ontem não como mais e só bebo chá. Sim, [...] e todos os funcionários me tratam com um desprezo inexprimível, totalmente alemão. Para um alemão, não há maior crime do que estar sem dinheiro e não pagar pontualmente.[7]

Dois dias depois, ele acrescenta novos detalhes em outra carta enviada sem postagem.

Meus assuntos estão num terrível *nec plus ultra*, é impossível que a situação piore. Mais adiante deve haver outra zona de infortúnios e sordidez da qual ainda não tenho conhecimento. [...] Ainda estou vivendo sem refeições, e já é o terceiro dia em que vivo de chá de manhã e à noite — e é curioso: não tenho de forma alguma vontade de comer. O pior é que eles me cercam e, às vezes, recusam-me uma vela à noite [especialmente] quando sobrou um pouco da noite anterior, mesmo que seja um toco mínimo. Mas saio do hotel todo dia às três horas e só retorno às seis, de modo a não dar a impressão de que não janto. Como pareço um Khlestakov [um personagem de *O inspetor-geral*, de Gógol]!

Dostoiévski conclui com um apelo a Súslova para que, se possível, levante algum dinheiro para ele com seus amigos em Paris, e acrescenta, num pós-escrito desesperançado: "Agora já não sei o que será de mim".[8]

À aflição causada pelas circunstâncias acrescentou-se a humilhação de não receber resposta de Herzen. "Herzen me atormenta", admite a Súslova. "Se ele recebeu minha carta e *não deseja* responder — que humilhação e que comportamento! Realmente, eu mereci isso, e por que razão?"[9] Um pós-escrito a essa carta anuncia com alívio que Herzen afinal respondeu, e, embora não pudesse dispor de todo o montante solicitado, se oferecera para enviar uma quantia menor, se isso ajudasse. Dostoiévski se pergunta por que Herzen simplesmente não mandou a quantia menor e conclui que ele devia estar sem dinheiro, mas agora, diz a Súslova, é impossível levá-lo a responder com outro pedido suplicante.

Apesar do quadro desolador de miséria solitária que transparece das cartas de Dostoiévski, ele não estava tão isolado como se poderia supor. Havia outros russos em Wiesbaden com os quais travou conhecimento e que desempenharam um papel crucial para ajudá-lo a escapar da degradação de sua penúria. De particular importância foi o sacerdote encarregado da Igreja ortodoxa russa, padre I. L. Iánichev. Homem de cultura invulgar, o padre Iánichev tornou-se conhecido nos círculos ortodoxos teológicos graças a seus esforços para fundar a teologia moral na análise psicológica do caráter humano e, em um de seus livros, deu especial atenção a um problema vital para Dostoiévski: a liberdade da vontade. O padre Gueórgui Floróvski, em sua grande obra sobre a história da teologia russa, escreve sobre ele com um quê de desaprovação, pois seus ensinamentos eram, "acima de tudo, uma justificação do mundo. As 'bênçãos terrenas' são aceitas como o meio *necessário fora do qual o despertar moral é impossível* — 'sem o qual a virtude é impossível'. [...] No misticismo contemplativo dos ascetas, Iánichev encontrou apenas quietismo".[10]

Em vez desse "quietismo", Iánichev defendia um cristianismo entendido como o amor caridoso ao próximo — um amor que chamou de "o centro e coroa da fé cristã".[11] O romancista sem dúvida não precisava de Iánichev para ensinar a *ele*, o antigo socialista cristão, que o cristianismo era basicamente "amor caridoso", mas se os dois conversaram sobre essas questões, Dostoiévski decerto deve ter gostado de encontrar essa concepção defendida por tão eminente clérigo. E quando o padre Zossima, mentor de Alíócha Karamázov, diz ao jovem noviço para sair do mosteiro e testar seu cristianismo no tumulto da vida cotidiana, ele está sendo instruído a seguir um dos principais ensinamentos do padre Iánichev. Dostoiévski permaneceu em contato com esse padre mesmo depois de Wiesbaden, e dois anos depois escreveu sobre ele para Apollon Máikov: "Trata-se de uma pessoa rara, digna, dócil, com um senso de sua própria dignidade, de uma pureza angelical de alma e um crente *apaixonado*".[12] Naturalmente, questões mais prementes que as teológicas estavam na cabeça do romancista quando os dois homens se conheceram, e o padre Iánichev ajudou o perturbado homem de letras não só com aconselhamento espiritual, mas também com um empréstimo material.

Foi durante esse período de prolongada mortificação que Dostoiévski, quando passeava um dia entre as tílias de Wiesbaden, descarregou um pouco de seus problemas nos ouvidos simpáticos da princesa Chálikova, uma distinta dama que também frequentava a companhia do padre Iánichev e era escritora sob vários pseudônimos. Acontecia de ser também parente distante de Katkov, o poderoso editor antirradical do *Mensageiro Russo*, e ela encorajou Dostoiévski a contatá-lo como possível editor. A princesa talvez tenha lhe dado também alguma indicação de que Katkov, recentemente, apreciava Dostoiévski como *escritor*. O que quer que tenha sido dito, o resultado é bem conhecido: Dostoiévski escreveu a Katkov em algum momento das primeiras duas semanas de setembro, enviando-lhe o primeiro esboço da concepção do que veio a ser *Crime e castigo*. Naquele momento, não estava pensando em um romance, mas num conto ou novela, em que já vinha trabalhando havia "dois meses" e estava prestes a concluir. Prometeu a Katkov que a obra estaria concluída em uma ou duas semanas, no máximo um mês, e, em seguida, delineou seu tema central, que, assegurou ao editor, "em nada contradiz [a política] de seu jornal, mas sim o contrário":

> É o relato psicológico de um crime. [...] Um jovem, expulso da universidade, [...] vivendo na extrema pobreza [...] cai sob a influência de ideias estranhas, "inacabadas", flutuantes [...] decide sair de sua repugnante posição de um só golpe. Decidiu matar uma velha [...] que empresta dinheiro a juros. A velha é estúpida, estúpida e doente, gananciosa, cobra uma taxa de juros tão alta quanto um judeu, é má e devora a vida dos outros. [...] "Ela não serve para nada. Por que deveria viver?" [...] Estas perguntas entontecem o jovem. Ele decide matá-la para dar felicidade a sua mãe que vive na província, salvar sua irmã, [...] terminar seus estudos, ir para o exterior e, depois, para que toda a sua vida seja direita, firme, inflexível no cumprimento de seus "deveres humanos com a humanidade", o que acabaria por "atenuar" seu crime, caso se possa realmente chamar de crime esta ação contra uma velha surda, estúpida, má e doentia. [...] Passa-se um mês depois disso, até a catástrofe final [...] sentimentos insuspeitados e inesperados atormentam seu coração. A verdade celestial e a lei terrena cobram seu preço e ele acaba por *ser forçado* a denunciar-se. Forçado porque, mesmo que pereça na *kátorga*, pelo menos estará reunido com gente; o sentimento de isolamento e de separação da humanidade, que sentiu logo após a perpetração do crime, o torturava. A lei da verdade e a natureza humana tomaram seu [texto ilegível]. [...] O próprio criminoso decide aceitar o sofrimento a fim de expiar seu ato.[13]

Em conclusão, Dostoiévski pediu que lhe pagasse a módica quantia de 125 rublos por folha in-fólio, embora se soubesse que escritores como Turguêniev e Tolstói recebiam muito mais que isso, e implorou um adiantamento imediato de trezentos rublos para livrá-lo de suas dificuldades atuais, cujos detalhes não especificou. Nenhuma resposta veio de imediato, e com a ajuda do padre Iánichev (e de Wrangel) Dostoiévski conseguiu pagar suas contas e voltar para a Rússia. Quando Katkov enfim enviou o adiantamento para Wiesbaden, Dostoiévski já estava de volta a sua terra natal. O padre Iánichev encaminhou o dinheiro, e esse foi o início de uma longa relação de Dostoiévski com *O Mensageiro Russo*, que publicou todos os seus principais romances, exceto *O adolescente*. Foi também o início de um período de trabalho literário muito mais prolongado do que ele imaginara quando prometeu terminar sua "história" em mais algumas semanas.

A volta de Dostoiévski a Petersburgo, em meados de outubro, o lançou de imediato no meio de um enxame de temíveis credores de cuja perseguição havia fugido para a Europa. Para piorar a situação, seus ataques epilépticos se tornaram mais frequentes logo após seu retorno (como se para compensar a trégua de três meses que lhe deram na Europa, comentou ele com Wrangel, amargurado). Toda essa miséria foi agravada por "desavenças familiares, os inúmeros problemas relacionados com os negócios de meu falecido irmão, de sua família, e de nossa extinta revista".[14] A viúva de Mikhail e seus filhos responsabilizavam Dostoiévski por sua situação econômica difícil e ele estava profundamente ofendido com essa hostilidade.

Dostoiévski se queixa das dificuldades da composição literária sob condições tão estressantes, e pode-se pensar que ele procuraria evitar complicá-la ainda mais. Em vez disso, embora a maior parte da história que propusera a Katkov já existisse num estágio de rascunho quase final, decidiu reformular seu plano. "No final de novembro", explicou a Wrangel dois meses depois, "uma boa parte (do plano inicial) tinha sido escrita e estava pronta, mas queimei tudo; posso confessá-lo a você agora. Não gostei dela. Uma nova forma, um novo plano me empolgou e comecei tudo de novo."[15] Esse novo plano significava escrever uma obra muito mais longa, um romance em seis partes cujo título seria *Crime e castigo*.

Seria um exagero dizer que Dostoiévski manteve algum tipo de vida social normal durante o segundo semestre de 1865, e ele mesmo comentou que "não visitei ninguém durante todo o inverno".[16] Porém a verdade é que Apollinária Súslova estava morando agora em Petersburgo e ele continuou a persegui-la, embora com resultados que dificilmente atenuaram sua solidão. Em 2 de novembro de 1865, Súslova confidenciou a seu diário: "Hoje F. M. esteve aqui e discutimos e contradissemos um ao outro o tempo todo. Há muito tempo ele me oferece sua mão e seu coração e isso só me deixa com raiva. Falando de meu caráter, ele disse uma vez: 'Se você se casasse, começaria a odiar seu marido três dias depois e o deixaria'".[17] O relacionamento entre eles terminou quando as propostas de casamento que o escritor lhe fez foram persistentemente recusadas. Mas Dostoiévski recriaria em breve a intensidade de seus acessos de amor e de ódio em *O jogador* — em que, no entanto, ele consegue no plano imaginativo o que não conseguira na realidade, pois a bela e desdenhosa Polina está apaixonada pelo jogador irresponsável e autodestrutivo.

A primeira e a segunda partes de *Crime e castigo* foram publicadas em série nos números de janeiro e fevereiro de *O Mensageiro Russo*. Apesar das reações previsíveis dos radicais de *O Contemporâneo* (seu crítico G. Z. Elissiéiev escreveu sobre "esta nova 'fantasia' do sr. Dostoiévski, uma fantasia segundo a qual todo o corpo discente é acusado, sem exceção, de tentar assassinar e roubar"),[18] os fascículos do livro foram um sucesso estrondoso junto ao público leitor. "Somente *Crime e castigo* foi lido durante 1866", recordou Strákhov, "somente ele foi falado pelos amantes da literatura, que muitas vezes se queixaram do poder sufocante do romance e da impressão dolorosa que deixou, que fez com que pessoas com nervos de aço quase ficassem doentes e forçou os mais fracos a desistir de lê-lo por completo."[19] Strákhov também recordou o "mais impressionante de tudo": a coincidência "com a realidade". Em 12 de janeiro de 1866, um estudante chamado A. M. Danílov matou um agiota e seu criado para saquear-lhe o apartamento, e de pronto o crime lembrou o ato de Raskólnikov.

Apesar do furor despertado por esses primeiros capítulos, que, como Dostoiévski soube mais tarde por Katkov, rendeu ao *Mensageiro Russo* pelo menos quinhentos novos assinantes, quando o manuscrito começou a aumentar de tamanho surgiram indícios preocupantes de que os editores da revista esperavam baixar o preço para diminuir a despesa total. Dostoiévski acreditava que seria necessário ir a Moscou e falar com Katkov pessoalmente, mas não queria tomar nenhuma medida antes de ter pelo menos a metade da obra publicada. "Com a ajuda de Deus", disse com fervor a Wrangel, "esse romance pode ser a coisa mais esplêndida."[20] Desse modo, continuou a viver no limite da pobreza, assombrado pelo medo de que seus credores o pusessem contra a parede e estragassem tudo. Em resposta a alguns conselhos amigáveis de Wrangel para que entrasse no serviço público e, assim, garantisse um rendimento certo, Dostoiévski esboçou para o amigo suas esperanças de um substancial retorno econômico. "Mas aqui está o problema", acrescentou com tristeza: "Se eu for preso por dívida, vou estragá-lo e talvez nem mesmo consiga concluí-lo; tudo, então, ficará aos pedaços".[21]

Em meados de março, Dostoiévski fez a viagem a Moscou e foi-lhe prometido um novo adiantamento de mil rublos. Ele também visitou a família de sua segunda irmã, Vera, cujo marido, A. P. Ivánov, era médico no Instituto de Agrimensura Konstantínovski. Os hospitaleiros Ivánov tinham a casa sempre cheia de convidados, e um deles era uma jovem atraente de vinte anos chamada Maria Serguéievna Ivántchina-Píssarieva, amiga de uma das filhas dos Ivánov. Apenas um mês antes, Dostoiévski escrevera melancolicamente a Wrangel que "pelo menos você, meu bom amigo, está feliz com sua família; ao passo que o destino me negou, até agora, essa grande e única felicidade humana".[22] Durante todo esse tempo, o ansioso Dostoiévski buscava um remédio para sua solidão emocional, e ficou muito interessado em Maria Serguéievna. Uma manhã, quando a família saíra para as matinas de Páscoa, permaneceu em casa com ela e lhe propôs o casamento, mas, tendo em vista a diferença de idade (Dostoiévski tinha então 45 anos), a jovial moça jogou-lhe um balde de água fria com uma citação inequivocamente desanimadora de "Poltava", de Púchkin: *"Okameniéloie godámi / Piláet siérdtse stariká"* (Petrificado pelos anos / O coração do velho se inflama).[23]

Foi um ou dois dias após o retorno de Dostoiévski de Moscou que um acontecimento deixou toda a Rússia horrorizada. O tsar tinha o hábito, bem conhecido de seus fiéis súditos, de passear com seu cão todos os dias nos Jardins de Verão adjacentes ao Palácio de Inverno. Em 4 de abril de 1866, um grupo de pessoas o observava quando ele estava prestes a entrar em sua carruagem. Naquele momento, um ex-estudante pálido e miserável abriu caminho entre os espectadores, apontou uma pistola e disparou. Fosse Dmítri Karakózov um mau atirador, ou tivesse alguém — um comerciante chamado Óssip Komissárov, que se tornou herói nacional da noite para o dia — empurrado seu braço, o fato é que o tiro errou o alvo e Karakózov foi dominado pela multidão. Salvo pela polícia de um linchamento nas mãos da turba ultrajada, ele foi arrastado até Alexandre II, que pessoalmente lhe tomou a pistola e perguntou se ele era polonês. Parecia inconcebível ao tsar que alguém que não fosse estrangeiro atentasse contra a sua vida; contudo, Karakózov, que vinha de uma família de pequenos proprietários rurais empobrecidos e fora expulso da universidade, como Raskólnikov, por falta de pagamento das mensalidades, respondeu: "Russo puro".

A notícia do atentado de Karakózov chocou toda a Rússia e produziu uma manifestação espontânea de devoção ao monarca só comparável às manifestações de patriotismo em grandes catástrofes históricas, como a invasão napoleônica. Como muitos outros, Dostoiévski ficou num estado que beirava a histeria diante do relato inacreditável, e correu para a casa de seu mais velho amigo, Apollon Máikov, para compartilhar seus sentimentos agitados. Peter Weinberg, que estava visitando Máikov, deixou esta imagem de Dostoiévski:

> Fiódor Mikháilovitch Dostoiévski entrou precipitadamente na sala. Estava terrivelmente pálido, parecia muito assustado e tremia todo como se estivesse com febre.
>
> "Atiraram no tsar", gritou, sem nos cumprimentar, com a voz embargada de emoção.
>
> "Morreu?", gritou Máikov com uma espécie de estranha voz desumana.
>
> "Não… Ele foi salvo… Felizmente… Mas atiraram… atiraram… atiraram."
>
> Demos-lhe algo para se acalmar — embora Máikov também estivesse perto de desmaiar — e nós três corremos para a rua.[24]

Dostoiévski ficou horrorizado com a notícia em si, mas também devia estar cheio de maus pressentimentos sobre as consequências graves que sabia que viriam em seguida. Herzen, que repudiou veementemente a ação de Karakózov, escreveu profeticamente em *O Sino* que "esperamos somente calamidade disso e estamos estarrecidos em pensar na responsabilidade que esse fanático assumiu".[25] Turguêniev apressou-se a escrever a Ánenkov que "não se pode senão estremecer só de pensar no que teria acontecido na Rússia se o ato covarde tivesse sido bem-sucedido".[26]

O que *de fato* aconteceu foi muito ruim: o conde N. M. Muraviov, que sufocou a rebelião polonesa de 1863 com sangrenta ferocidade, foi nomeado chefe de uma comissão para investigar a tentativa de assassinato, com poderes praticamente ditatoriais. Ao mesmo tempo, Katkov lançou uma campanha feroz na imprensa contra todos os órgãos de opinião liberais e radicais cuja influência nefasta havia levado ao crime nefasto. Como Herzen previu com acerto, o governo, auxiliado pelas lamúrias demagógicas de Katkov, iria agora "cortar tudo à direita e à esquerda, [...] cortar a liberdade de expressão que ainda não estava totalmente garantida, cortar o pensamento independente, [...] cortar 'o povo' que no momento estava sendo tão lisonjeado, e tudo isso sob o pretexto de salvar o tsar e vingá-lo".[27] A atmosfera de terror vigente está expressa nas memórias de Elissiéiev, que havia criticado os primeiros capítulos de *Crime e castigo* nas páginas de *O Contemporâneo*. Ele lembrou:

> Todos os dias chegava a notícia de que, durante a noite, este ou aquele homem de letras fora preso, e na manhã seguinte levaram fulano e sicrano. Pouco a pouco, metade dos homens de letras que eu conhecia tinham sido presos. [...] Todos esses rumores, a apreensão em constante crescimento e as noites insones haviam me enervado tanto e me deixaram tão perto do ponto da completa prostração que pensei em pedir-lhes que me trancassem na fortaleza.[28]

Outro editor de *O Contemporâneo*, Nekrássov, amigo de Dostoiévski em tempos idos, comportou-se nessas circunstâncias enervantes de uma maneira que sempre foi considerada repreensível. Como homem de letras e poeta, ele estivera pessoalmente ligado a todos os eminentes representantes da opinião radical russa, a começar por Bielínski, e fora ele quem confiara o destino editorial de sua revista a Tchernichévski e Dobroliúbov. Seus próprios poemas estavam cheios de "temas cívicos", aqueles motivos sociais e humanitários que expressavam as convicções da intelectualidade radical. Apesar de tudo isso, num esforço desesperado para salvar *O Contemporâneo* da extinção, leu um poema em honra de Muraviov num banquete oferecido ao conde no exclusivo Clube Inglês. Seu elogio concluiu com palavras ameaçadoras: "Não poupe os culpados!". E para aumentar a desgraça, Nekrássov também escreveu um poema em homenagem ao desprezível e beberrão Komissárov, que em todos os lugares era celebrado como "o instrumento de Deus" escolhido para evitar uma grande calamidade ao povo russo. Todos esses esforços humilhantes, que mancharam a reputação de Nekrássov e envenenaram o resto de seus dias, se revelaram inúteis. Consta que o implacável Muraviov, após a reverência pública do poema, disse ao poeta com desprezo condescendente: "Gostaria de protegê-lo da responsabilidade coletiva do mal que estamos combatendo, mas isso não está ao meu alcance".[29] E prontamente fechou *O Contemporâneo*, para sempre.

Dostoiévski também deve ter sentido um arrepio de medo durante esses dias assustadores de repressão sinistra. Na qualidade de ex-presidiário, ainda estava sob vigilância policial; era também ex-editor de uma revista banida por falta de confiabilidade política. Tampouco tinha ilusões sobre o poder de discernimento das autoridades; sabia que eram obtusas demais para distinguir entre as variadas tonalidades de opinião sociopolítica, e que seria jogado na mesma categoria suspeita dos radicais que havia polemicamente combatido em *A Época*. Nada de adverso lhe aconteceu pessoalmente, embora tivesse posto a culpa da dificuldade em obter um passaporte para viajar ao exterior "nas atuais circunstâncias".

Essa observação foi feita numa importante carta (de abril de 1866) a Katkov, que contém uma longa avaliação da situação do país provocada pelas medidas tomadas na esteira do tiro funesto de Karakózov. Devemos lembrar que Dostoiévski estava escrevendo para o líder do violento ataque contra todos os matizes de opinião liberal e radical, e do qual agora dependia seu sustento. É, portanto, tanto mais louvável que tenha se sentido impelido a manifestar-se contra a onda de repressão que varria o país. Dostoiévski confessa, com franqueza, que "sou, e provavelmente sempre serei, um autêntico eslavófilo por convicção".[30] Os eslavófilos sempre insistiram que o povo russo era temente a Deus e súdito obediente do tsar, e que as autoridades não precisavam olhá-lo com desconfiança.

Se os niilistas conseguiram influenciar a juventude russa, insiste Dostoiévski, foi por razões que dificilmente podem ser consideradas más. "Todos aqueles alunos de colégio, aqueles estudantes, dos quais vi tantos, se tornaram niilistas de forma tão pura, tão desinteressada, em nome da honra, da verdade da genuína utilidade! Você sabe que eles estão desamparados contra esses disparates, e os tomam por perfeição." O preso Karakózov estava sendo interrogado e julgado em segredo, e pouca informação estava disponível sobre o que poderiam ser essas doutrinas ("esses disparates"); mas Dostoiévski teria ficado surpreso se soubesse com que exatidão intuíra as consequências dessa "instabilidade" de convicções morais que estava, então, retratando em Raskólnikov. Karakózov integrava um pequeno grupo clandestino de radicais chefiado por Nikolai Ichútin, todos estudantes ou ex-estudantes e todos inspirados pelo extremismo das ideias revolucionárias da década de 1860, como Dostoiévski acabara de descrevê-los — inclusive o desejo de sacrificar-se. "Um membro do grupo", escreve Franco Venturi, "pensou em envenenar [seu pai], para poder dar sua herança à causa."[31] Karakózov vinha de um ambiente desse tipo.[32]

Dostoiévski insiste que "os inocentes estão convencidos de que o niilismo — lhes dá a oportunidade mais completa de exibir sua atividade cívica e social e sua liberdade".[33] A única resposta possível, implícita, mas não articulada, é dar mais liberdade para o idealismo da juventude se expressar de alguma forma socialmente permitida. "Você sabe o que as pessoas estão dizendo?", pergunta.

Elas dizem que o 4 de abril provou matematicamente a poderosa e extraordinária união sagrada do tsar com o povo. E essa união deveria permitir que certas personalidades governamentais mostrassem mais fé no povo e na sociedade. Enquanto isso, todo mundo agora aguarda com medo mais restrições ao discurso e ao pensamento. [...] Mas como se pode combater o niilismo sem liberdade de expressão? Se dessem aos niilistas liberdade de expressão [...] eles fariam toda a Rússia rir com a explicação *positiva* de seus ensinamentos. Ao passo que, agora, lhes deram a aparência de esfinges, um enigma, sabedoria, sigilo, e isso fascina os inexperientes.[34]

Essa carta notável, escrita num momento em que o clamor por mais severidade contra os radicais ressoava por todos os lados, lança luz sobre o estado de espírito em que Dostoiévski se encontrava ao escrever seu romance. Durante os meses seguintes, forçando os limites de sua resistência, ele trabalhou sem parar, embora assediado pelos credores. Para o padre Iánichev, cujo empréstimo reembolsara com os mil rublos obtidos de Katkov, ele escreveu no final de abril: "Minha epilepsia piorou tanto que, se trabalho por uma semana sem interrupção, tenho um ataque, e na semana seguinte não consigo trabalhar porque o resultado de dois ou três ataques será — apoplexia. Mas preciso terminar. É essa a minha situação".[35]

Numa carta a Anna Kórvin-Kriukóvskaia — que, com a aprovação do pai, o convidara a passar férias em Palíbino —, Dostoiévski explicou que seu romance provavelmente o manteria preso a Petersburgo durante todo o verão. "Na verdade", acrescentou um pouco mais tarde, "a melancólica, sórdida e fétida Petersburgo do verão combina com o meu estado de ânimo e pode até mesmo fornecer-me alguma pseudoinspiração para meu romance. Mas é opressiva demais."[36] No final da primavera, Dostoiévski decidiu afinal dar uma chance a Moscou, mas achando o calor e a solidão insuportáveis depois de alguns dias, mudou-se para a vizinha

560

aldeia de Liublinó, uma estação de verão a cerca de cinco quilômetros de Moscou, onde a família Ivánov havia alugado uma datcha. Seus dez filhos tinham trazido amigos, e havia outros jovens que o generoso dr. Ivánov tomara sob sua proteção. Uma vez que Dostoiévski precisava de paz e tranquilidade para trabalhar, encontraram nas proximidades uma sala espaçosa para a qual ele pudesse se retirar. Ele e Pacha se instalaram em Liublinó no início de julho.

Existem dois livros de memórias sobre esse verão relativamente alegre de 1866: um escrito por Maria Aleksándrovna Ivánova, sobrinha de Dostoiévski então com dezoito anos e já exibindo notável talento musical (mais tarde, tornou-se uma brilhante pianista); o outro, de um jovem de quinze anos na época, N. Von-Voght (ou Fon-Fokht, na grafia russa), estudante do Instituto Konstantínovski e amigo dos Ivánov. Ambos descrevem a atmosfera jovial e tranquila daqueles dias despreocupados, quando gastavam muito tempo em longas caminhadas às aldeias vizinhas durante as noites agradáveis e enluaradas, em jogos de palavras e representações amadoras para passar o tempo depois do jantar, e em inevitáveis gracejos e brincadeiras dos jovens animados. Dostoiévski, que costumava ser sombrio e preocupado, floresceu nessa atmosfera rejuvenescedora, e, apesar de sua idade e de sua reputação intimidadora (todos ali tinham algum conhecimento de suas primeiras obras e sabiam de sua famosa aura de sobrevivente da Sibéria), é retratado desempenhando o papel de mestre dos festejos com grande prazer.

A sobrinha escreve:

> Embora tivesse 45 anos de idade, comportava-se com uma naturalidade surpreendente na companhia dos jovens, e foi o organizador inicial de todas as distrações e brincadeiras. [...] Sempre vestido com elegância, com colarinhos engomados, calça cinza e um paletó azul-escuro folgado, Dostoiévski cuidava de sua aparência e sentia-se muito infeliz, por exemplo, por ter uma pequena barba tão rala.[37]

Todos se divertiam com sua capacidade de produzir pilhas de versos leves e zombeteiros, a maioria contra um jovem sobrinho do Ivánov, o dr. Aleksandr Kariépin, que também era o alvo de esquetes improvisados pela pena de Dostoiévski. Ainda solteiro, o dr. Kariépin era contra as novas ideias sobre a emancipação das mulheres defendidas por Tchernichévski em *O que fazer?* e, certo dia, Dostoiévski o deixou furioso ao afirmar que o governo criara uma organização para incentivar as mulheres a abandonar seus maridos e ir para Petersburgo a fim de aprender a usar máquinas de costura (alusão ao estabelecimento de confecção organizado pela heroína do romance). O dr. Kariépin levou tudo isso ao pé da letra e se encolerizou com essa interferência na estabilidade familiar, até que lhe disseram que aquilo não passava de uma brincadeira.

Apesar de todas as diversões, Dostoiévski não conseguia esquecer seu romance, nem a nova obra que prometera a Stellóvski para o começo do ano. Seu plano, tal como confidenciou a Anna Kórvin-Kriukóvskaia, era "fazer uma coisa inédita e excêntrica: escrever trinta seções [dezesseis páginas] em quatro meses de dois romances diferentes, um de manhã e outro à noite, e terminar no prazo".[38] Suas horas de trabalho matinais foram, ao que parece, utilizadas para esboçar ideias para *O jogador*, que só terminou meses depois. De acordo com uma anedota, as horas tardias da noite estavam indiscutivelmente reservadas para fazer avançar *Crime e castigo*. Um lacaio dos Ivánov, designado para dormir na datcha de Dostoiévski, a fim de ajudá-lo em caso de ataque epiléptico, anunciou depois de alguns dias que se recusava a continuar morando com o autor. E explicou que Dostoiévski estava planejando matar alguém — "durante toda a noite ele caminhou de um lado para o outro em seu quarto e falou sobre isso em voz alta".[39]

Dostoiévski fazia visitas semanais a Moscou para consultar os editores do *Mensageiro Russo*, e "sempre voltava insatisfeito e contrariado. Explicou que era consequência de ser forçado a corrigir seu texto, ou mesmo jogar fora algumas partes devido à pressão da censura".[40] Em carta de meados de julho para Miliukov, menciona que a pior "pressão da censura" não vinha das autoridades judiciais, mas de Katkov e de seu editor-assistente Liubímov, que insistiam que ele reescrevesse o capítulo em que Sônia lê para Raskólnikov a passagem dos Evangelhos a respeito da ressurreição de Lázaro. Dostoiévski confessa:

> Escrevi com inspiração verdadeira, mas talvez não esteja bom, mas para eles a questão não é o valor literário, eles estão preocupados com a moral. Nesse ponto eu estava com a razão — nada era contra a moral, *muito pelo contrário*, mas eles viram de outro modo e, além do mais, viram vestígios de *niilismo*. [...] Eu trouxe de volta, e essa revisão de um grande capítulo me custou pelo menos três novos capítulos da obra, a julgar pelo esforço e o cansaço, mas o corrigi e devolvi.[41]

Essa tarefa demorada foi uma das razões pelas quais a esperança de escrever seu romance para Stellóvski durante o verão, ao mesmo tempo que avançava com *Crime e castigo*, se mostrou demasiado otimista. Dostoiévski admitiu a Miliukov que "ainda não toquei no romance para Stellóvski, mas vou fazê-lo. Elaborei um plano — um pequeno romance bastante satisfatório". "Stellóvski", acrescenta ele, "me atormenta até a tortura, e chego a vê-lo em meus sonhos."[42] No entanto, Dostoiévski não fez progressos que lhe permitiriam cumprir os termos do contrato ameaçador.

Uma vez que o manuscrito original de *Crime e castigo* se perdeu, é difícil determinar com precisão a que os editores se opuseram no texto. A única informação disponível é uma observação feita em 1889 pelos editores de *O Mensageiro Russo*, que, ao publicar a carta de Dostoiévski, comentaram que "não foi fácil para ele desistir de sua idealização intencionalmente exagerada de Sônia como uma mulher que levava o sacrifício de si mesma a ponto de sacrificar seu corpo. Fiódor Mikháilovitch encurtou substancialmente a conversa durante a leitura dos Evangelhos, que na versão original era muito mais longa do que permanece no texto impresso".[43] Parece claro, então, que Dostoiévski atribuíra de início a Sônia um papel mais afirmativo nessa cena, e isso levou Katkov a considerar inaceitável sua "idealização exagerada".

O que Katkov achou inadmissível talvez possa ser esclarecido por um trecho dos cadernos de anotações de Dostoiévski, no qual Sônia é às vezes apresentada como porta-voz da moralidade que Dostoiévski pretendia defender. Em uma cena, ela explica a Raskólnikov que "no conforto, na riqueza, o senhor talvez nada tivesse visto da felicidade humana. A pessoa que Deus ama, a pessoa com quem Ele realmente conta, é aquela a quem Ele envia muito sofrimento, de modo que ela veja melhor e reconheça através de si mesma por que na infelicidade o sofrimento das pessoas é mais visível que na felicidade". Imediatamente após esse discurso, Raskólnikov retruca com amargura: "E talvez Deus não exista" (v. 7, p. 150). Essa resposta está incluída no capítulo da leitura dos Evangelhos, e pode-se supor que as palavras de Sônia foram escritas para o mesmo contexto. É possível que discursos semelhantes que aparecem nas notas também estivessem incluídos na versão rejeitada.

Se assim for, não é difícil entender por que os dignos editores de *O Mensageiro Russo* se sentiram incomodados, pois Dostoiévski descreve uma mulher perdida como intérprete inspirada dos Evangelhos, a expositora dos propósitos inescrutáveis da vontade divina. Além disso, se a lógica das palavras de Sônia for tomada literalmente, isso significaria que, em última análise, Deus provocara, para Seus próprios fins, a degradação dela e o crime de Raskólnikov. É possível que nessa inversão ousada dos ditames comuns da moralidade social os editores tivessem visto uma contaminação pelo "niilismo", uma vez que poderia fornecer brecha para uma acusação implícita contra o próprio Deus. Uma acusação como essa será feita em breve, em *O idiota*, pelo ferido de morte Hippolit Teriéntiev e, mais tarde, por Ivan Karamázov.

Se têm alguma veracidade, essas especulações podem ajudar a esclarecer por que Dostoiévski foi acusado pelos editores de apagar as fronteiras entre o bem e o mal. "O *mal* e o *bem* estão nitidamente separados", ele garante a Liubímov, "e será impossível confundi-los ou interpretá-los mal. [...] Tudo o que você pediu foi feito, tudo está separado, demarcado e claro. Dei à *leitura dos Evangelhos* uma coloração diferente."[44] É provável que Katkov tenha melhorado o texto de Dostoiévski ao insistir que ele encurtasse as pregações de Sônia, e é bem possível que o próprio romancista tenha afinal reconhecido isso. Ao devolver as provas, em meados de julho, ele comentou: "Por vinte anos senti dolorosamente, e vi mais claro do que ninguém, que meu vício literário é: *prolixidade*, mas não consigo me livrar dele".[45] No entanto, não há nada de prolixo em *Crime e castigo*, romance em que cada palavra, como veremos em breve, deriva de uma aguda consciência artística do escritor.

Em 1º de outubro, logo após o retorno de Dostoiévski a Petersburgo, Miliukov foi visitá-lo em seu escritório e encontrou o amigo agitadíssimo, andando de um lado para o outro. Foi então que ele lhe revelou os termos do acordo com Stellóvski e confessou que estava irremediavelmente aprisionado. Faltava apenas um mês para cumprir sua parte do negócio e ele ainda não havia escrito nada. Mesmo que conseguisse escrever um primeiro rascunho, seria fisicamente impossível transcrevê-lo e corrigi-lo a tempo de cumprir o prazo. Miliukov, horrorizado com o que poderia ocorrer, aconselhou-o a encontrar um estenógrafo e ditar o romance (*O jogador*). Por sorte, Miliukov tinha contato com um professor de estenografia que criara havia pouco tempo o primeiro curso dessa matéria para mulheres na Rússia. Um ou dois dias depois, uma de suas melhores alunas, Anna Grigórievna Snítkina, apareceu no apartamento de Dostoiévski com lápis recém--apontados e um caderno comprado especialmente para essa ocasião memorável, pronta para assumir suas funções. A visita profissional da moça aparentemente fria acabou tendo uma influência decisiva em toda a vida de Dostoiévski.

564

33. De novela a romance

As linhas gerais da concepção de *Crime e castigo* foram definidas no início, mas foi apenas com o andamento e a expansão da obra que ela assumiu sua riqueza multifacetada. Na esplêndida edição das obras completas de Dostoiévski publicada pela Academia de Ciências da antiga União Soviética, os editores remontaram a confusão desordenada dos cadernos de notas que ele manteve enquanto trabalhava em *Crime e castigo* e os publicaram numa sequência que corresponde aproximadamente às diversas fases da composição. Como sabemos, Dostoiévski tinha o hábito de abrir seus cadernos ao acaso e escrever no primeiro espaço em branco que se apresentasse à sua pena, e, uma vez que também usava as mesmas páginas para registrar todo tipo de recordações, a ordenação desse material não era de modo algum uma tarefa simples. No entanto, graças a esse trabalho meritório possuímos agora um rascunho do conto ou novela tal como foi concebido, bem como duas outras versões do texto. Para distingui-las, foram chamadas de a versão de Wiesbaden, a versão de Petersburgo e o plano final, que incorpora a mudança de um narrador na primeira pessoa para a variante da forma em terceira pessoa inventada por Dostoiévski para seus propósitos.

A versão de Wiesbaden coincide aproximadamente com a história que Dostoiévski descreveu em sua carta a Katkov, e a partir de suas anotações reconstruiu-se um projeto de seis capítulos curtos. Escrito na forma de um diário, registra eventos que correspondem ao que viria a ser a conclusão da parte I e os capítulos 1 a 6 da parte II na redação definitiva. (A ação dessa parte do romance começa com o retorno de Raskólnikov ao seu quarto após o assassinato e termina quando ele lê uma notícia de jornal sobre o crime e encontra o escrivão de polícia Zamiótov.) O que impressiona nos seis capítulos de Wiesbaden é o quanto do texto posterior eles já incluem. Ali estão quase todos os personagens secundários em sua forma final; são fornecidos detalhes que sugerem um ato criminoso sangrento, e o terror do narrador é vividamente transmitido; mas não é indiscutível que o primeiro capítulo que falta contivesse uma descrição do próprio assassinato. É possível que a história começasse *após* o crime, cujos eventos seriam revelados aos poucos, retrospectivamente, através do relato do narrador dos efeitos insuportáveis sobre suas emoções.[1]

Esse primeiro rascunho se concentra nas reações morais e psíquicas do narrador após o assassinato — o pânico, o terror, suas tentativas desesperadas de controlar os nervos e fingir comportar-se racionalmente enquanto é consumido por uma febre violenta e está à mercê de suas emoções agitadas. O que não cessa de persegui-lo, nos momentos de lucidez, é a alienação total de seu antigo eu e de todo o universo de seus pensamentos e sentimentos habituais. E aos poucos se dá conta de que foi separado de tudo isso por um único golpe — o golpe que matou a repulsiva usurária e, por um azar terrível, sua irmã Lisavieta, mulher sofredora e irreprensível que, para piorar as coisas, supostamente estava grávida. Essa ênfase, é evidente, corresponde à motivação original que Dostoiévski deu a Katkov para a rendição do criminoso: "Os sentimentos de isolamento e separação da humanidade, que sentiu logo após a conclusão do crime, o torturavam".

Esse tema predomina no rascunho inicial e é expresso em três cenas de uma ordem crescente de magnitude. A primeira ocorre na delegacia de polícia, quando o narrador responde à insolência oficial com raiva, esquecido da mudança total de suas relações com os outros e, depois, oprimido que estava com o fardo terrível do crime que cometera, percebe aos poucos que não podia mais afirmar moralmente o direito de ser tratado com respeito. O narrador tem essa percepção somente em retrospectiva, mas um reconhecimento mais imediato ocorre quando, depois de esconder os despojos do crime, decide fazer uma visita ao seu amigo

Razumíkhin. Enquanto sobe as escadas, ele tem a sensação de que "se existe (agora) na terra alguma coisa (especialmente) difícil (e impossível) para mim é falar e ter relações [...] com outras (pessoas...). E (a consciência de tudo isso) foi o meu momento da angústia mais opressiva de talvez todo aquele mês em que passei por uma tortura sem fim" (v. 7, pp. 35-6). As palavras colocadas entre parênteses são correções e acréscimos que Dostoiévski fez nos diversos rascunhos de seu texto. Essas palavras indicam o momento em que o narrador percebe que mesmo as relações humanas mais simples e mais comuns já se tornaram impossíveis para ele, e Dostoiévski fez um círculo em torno do parágrafo para indicar sua importância. A epifania final dessa experiência ocorre numa sequência que começa quando o narrador, deixando Razumíkhin e andando pelas ruas movimentadas a caminho de casa, é chicoteado por um cocheiro cujo caminho ele está bloqueando. Tal como na delegacia de polícia, sua primeira reação é de orgulho ferido, mas ele percebe quase de imediato como essa reação é inadequada em sua situação atual. "Acorreu-me imediatamente o pensamento de que teria sido muito melhor (talvez até bom) se a carruagem tivesse me esmagado (completamente)" (v. 7, p. 38).

Entre os espectadores estavam a esposa de um comerciante e sua filha pequena, que enfia uma moeda de vinte copeques na mão do narrador, porque "o golpe despertara sua misericórdia". Agarrando a moeda, o narrador se dirige ao Nievá na direção do Palácio de Inverno, enquanto admira a cúpula da Catedral de Santo Isaac e "todo aquele esplêndido panorama". Quando estudante, havia passado pela mesma vista muitas vezes. Agora, como está no mesmo lugar que conhecia tão bem, "de repente a mesma sensação (dolorosa) que oprimia meu peito na casa de Razumíkhin meia hora antes, a mesma sensação oprimiu meu coração aqui". Ele percebe que "não tinha motivo (não mais) para parar aqui (ou em nenhum lugar). [...] Todas aquelas antigas sensações e interesses e pessoas estavam muito longe de mim, como se fossem de outro planeta" (v. 7, pp. 39-40). Ao inclinar-se sobre a amurada de um canal, o narrador deixa cair na água a moeda de vinte copeques, simbolizando assim seu rompimento com todas essas emoções e valores do passado.

Embora esteja claro que se destinem a dominar a resolução da ação, os efeitos de estranhamento são reforçados por outros episódios. Um deles é o sonho/alucinação do narrador, mantido praticamente inalterado no romance, que revela tanto a repulsa por si mesmo em face do crime quanto seu medo de ser perseguido. Deitado na cama, ele ouve de repente "um grito terrível" e abre os olhos; aos poucos, percebe que um dos policiais que acaba de conhecer está espancando sua senhoria na escada. "Eu nunca tinha ouvido aqueles sons tão pouco naturais, aqueles gritos, o ranger de dentes, maldições e socos. [...] O que é isso tudo, pensei, por que (ele está batendo nela), por quê? Um medo gélido penetrou-me até o âmago [...] (em breve virão atrás de mim (também) pensei) [...]." Imaginando que tudo isso fosse real, o narrador pergunta a Nastácia sobre a ocorrência assustadora; mas é informado de que nada daquilo aconteceu — tudo tinha sido uma ilusão, apesar da convicção do narrador de que estava totalmente acordado. "Um tremor ainda maior apoderou-se de mim", escreve ele, presumivelmente diante dessa prova de sua loucura. Quando Nastácia lhe diz "(que isso) é o sangue em você gritando" (v. 7, pp. 41-3), ela toma ao pé da letra essa tirada de sabedoria popular, enquanto para o narrador a palavra "sangue" evoca imediatamente o crime. Essa experiência, somada ao seu estranhamento, tinha por certo a intenção de proporcionar mais um incentivo para a confissão final do narrador.

Só podemos especular sobre os motivos que levaram Dostoiévski a abandonar essa história, mas uma possibilidade é que seu protagonista começou a se desenvolver além dos limites em que fora concebido. Em todo o texto subsistente, o narrador é esmagado e vencido pelas consequências morais e psíquicas de seu ato assassino, mas justamente quando o manuscrito se interrompe ele começa a exibir outros traços de caráter. Em vez de medo e angústia, ele agora manifesta raiva e ódio contra todos os que cuidaram dele em sua doença e decide fugir desses cuidados opressivos. A conversa sobre o assassinato em seu leito, explica, "fez-me sentir uma malícia insuportável [...] e o que é ainda mais notável é que, durante essas agonias, esse terror, nunca pensei uma única vez com a menor compaixão no assassinato que havia cometido" (v. 7, p. 73). Temos aqui um caráter totalmente distinto do retratado antes, e Dostoiévski pode ter parado de escrever nesse momento porque essa figura começara a extrapolar sua concepção inicial. Em algumas notas para a continuação imediata dessa versão, ele escreve: "Recuperado. Fúria fria, cálculo. Por que tantos nervos" (v. 7, p. 76). Essa última frase é, obviamente, uma pergunta desdenhosa do narrador para si mesmo.

Depois que Dostoiévski passou a ver seu personagem sob essa luz, alternando entre desespero e "fúria fria", tornou-se cada vez mais difícil imaginar uma motivação puramente interna para sua confissão espontânea, e isso o pode ter levado a fundir a história com sua ideia anterior para o romance chamado *Os bêbados*. Referências à "filha de Marmeládov" aparecem agora em todos os esboços da ação. "Como uma prostituta. [...] A filha ajuda a mãe. Pega o dinheiro. Compaixão pelas crianças" (v. 7, p. 80). Depois que comete o crime é que o narrador sente necessidade de compaixão, que só pode imaginar sendo oferecida por uma Sônia capaz de amar e perdoar até mesmo seu ignominioso pai. O que está explicitamente articulado nessas anotações permanecerá implícito, embora bem discernível, no texto final, e está subjacente ao impulso irresistível de Raskólnikov de procurá-la com sua confissão.

Sônia Marmeládova está agora ligada à decisão do narrador de entregar-se, mas Dostoiévski tem grande dificuldade em imaginar um motivo para essa ação. Uma alternativa concebe o narrador invocando uma "imagem da idade de ouro" e, depois, perguntando: "Mas que direito tenho eu, um assassino vil, de desejar a felicidade para as pessoas e sonhar com uma idade de ouro. Quero ter esse direito. E *logo depois disso* (este capítulo) ele se entrega. Para apenas se despedir dela, depois se curva diante das pessoas e — confissão" (v. 7, p. 91). Essas resoluções edificantes, no entanto, colidem com a maneira como o narrador começara a evoluir. Sua depreciação da humanidade como um todo, não só de seus espécimes mais "inúteis", começa a aparecer com frequência. Por exemplo: "(Os infortúnios de seu pai, mãe). Como as pessoas são canalhas! Será que são dignas de que eu me arrependa diante delas? Não, não. Vou continuar calado" (v. 7, p. 82). E o que é mais importante, Dostoiévski agora associa essa misantropia ao tema do poder.

Todas essas anotações retratam os pensamentos e sentimentos dos próprios personagens. Em outras, Dostoiévski escreve instruções para si mesmo, as quais sugerem que começou a ver que esses dois aspectos divergentes de seu protagonista poderiam ser retratados como mais do que uma simples alteração. "N. B. *Importante*. Após a doença, uma espécie de crueldade e justificação completa de si mesmo" (v. 7, p. 78). Há uma significativa mudança de caráter após o assassinato e a doença decorrente. Agora, um aspecto da personalidade, antes escondido, surge inesperadamente. Outra anotação revela todo o peso que Dostoiévski atribuía a essa descoberta. "Para que haja, então, um *coup de maître*", escreve ele com orgulho perdoável. "No começo havia perigo, depois o medo e a doença, e todo o seu caráter não se mostrou, e então, de súbito, seu caráter (inteiro) mostrou-se com sua força demoníaca total e todas as razões e motivações para o crime se tornam claras" (v. 7, p. 90). O tratamento do personagem é assim concebido não tanto em termos de uma modificação profunda, mas como a revelação de potencialidades sempre presentes, e que até então jaziam adormecidas.

* * *

Os cadernos revelam o esmero com que Dostoiévski trabalhou em cada detalhe de seu texto e como ele sempre se recusou a sacrificar a integridade artística diante da pressão editorial; com efeito, em nenhum lugar esse cuidado é mais evidente que na forma como Dostoiévski manipula a tomada de consciência — tanto de Raskólnikov como do leitor — do verdadeiro motivo para o crime de Raskólnikov. No início, seu crime parece resultado de uma lógica utilitarista, mobilizada por suas próprias dificuldades econômicas, a situação crítica de sua família e um desejo de ajudar os outros com o espólio do assassinato. Pouco mais tarde, tomamos conhecimento do artigo no qual justificou o direito de "pessoas extraordinárias" de passar por cima da lei moral para beneficiar a humanidade como um todo. Na cena da confissão com Sônia, no entanto, Raskólnikov dá como sua motivação o mero desejo de obter poder, apenas para testar se tem o direito de ocupar o seu lugar entre os indivíduos superiores que possuem o direito inato de transgredir a lei moral. As anotações que citamos, como veremos no próximo capítulo, sugerem que as diferentes explicações oferecidas por Raskólnikov representam diferentes fases da metamorfose interior que resulta de sua crescente *compreensão* de todas as implicações daquilo que fez. Não só sua consciência horrorizada continua a agir no nível moral e psicológico, como também ele acaba por compreender as contradições internas das ideias em que acreditava. Como Dostoiévski escreve em outra anotação: "N. B. Seu desenvolvimento moral começa a partir do próprio crime; da possibilidade de surgirem questões que não teriam existido anteriormente" (v. 7, p. 140).

Com frequência duvidou-se que o romance responda realmente às perguntas que surgem a Raskólnikov. Outra anotação, intitulada "a principal anatomia do romance", costuma ser citada para provar a indecisão de Dostoiévski a respeito dessa questão crucial, mas, em minha opinião, ela prova exatamente o contrário: "Após a doença etc. É absolutamente necessário estabelecer o curso dos fatos com firmeza e clareza para eliminar o que é vago, isto é, explicar todo o assassinato de uma maneira ou de outra e tornar claros seu caráter e suas relações". Um lembrete na margem, vinculado à palavra "assassinato", diz: "Orgulho, personalidade e insolência" (v. 7, pp. 141-2). Temos aqui as forças desencadeadas em Raskólnikov pelo amálgama profano típico da ideologia radical russa de então — um desejo altruísta de aliviar a injustiça social e o sofrimento, associado ao desprezo sumamente bazaroviano pelas massas. É o perigo do autoengano e da tragédia moral e psíquica à espreita nessa mistura perversamente contraditória que Dostoiévski estava tentando revelar por meio do destino de Raskólnikov.

Como vimos, Dostoiévski afirma que o caráter de Raskólnikov exibe de repente "sua plena força demoníaca"; outras referências alteraram isso significativamente para "orgulho satânico" (v. 7, p. 149). Píssariev usara a mesma expressão a respeito de Bazárov três anos antes, em seu artigo publicado em *A Palavra Russa*, e embora as anotações infelizmente sejam escassas em informações sobre o contexto ideológico em que Dostoiévski estava trabalhando, seu uso dessa expressão está longe de ser acidental. Ele revela que o personagem de Dostoiévski estava sendo criado em relação à deificação do novo "herói do nosso tempo" *raznotchíniets* de Píssariev, e que as ideias atribuídas a Raskólnikov derivam sobretudo do famoso artigo do crítico radical. Ademais, a própria trajetória da ideologia radical, que evoluiu do relativo humanitarismo de *O Contemporâneo* (representado no romance de Dostoiévski pelo ridículo e obtuso Liebeziátnikov, que no entanto tem bom coração) para o elitismo desdenhoso e o culto do indivíduo superior exibido por Píssariev e Záitsev, reproduz precisamente a mutação em Raskólnikov em que Dostoiévski estava baseando agora o retrato de seu personagem. Desse modo, psicologia e ideologia se fundem mais uma vez na unidade sem fissuras que Dostoiévski chamou de "sentimentos--ideia", e sua capacidade de intuir essas sínteses de emoção e ideologia constitui grande parte de seu gênio particular de romancista.

Há uma alusão específica às ideias de Píssariev na versão inicial de um discurso de Lújin, o empresário inescrupuloso que deseja casar-se com Dúnia, a irmã de Raskólnikov. Nessa anotação, ele ainda é chamado de Tchebálov, mas suas palavras são idênticas às do embonecado pretendente no capítulo 5 da segunda parte; e deve-se notar que Raskólnikov reconhece nesse sermão o mesmo padrão de ideias que o levaram ao assassinato.

> Tchebálov diz a Raskólnikov. *Tant que* puser os meus negócios em ordem, sou útil para os outros e, portanto, quanto mais egoísta eu for, melhor para os outros. Quanto às antigas crenças: você amava, pensava nos outros e deixava seus próprios negócios irem pelo ralo, e acabou sendo um peso ao redor do pescoço de seus vizinhos. É mera questão de aritmética. Não, você sabe, eu gosto dos realistas da nova geração, o sapateiro e Púchkin; e embora não concorde com eles em parte, ainda assim a tendência geral. (v. 7, p. 151)

Essa última frase inacabada refere-se sem dúvida a Píssariev, que havia lançado o slogan do "realismo" como doutrina social em 1864 e, seguindo Bazárov, declarara estrondosamente que um sapateiro era mais útil que Púchkin. Era dentro desse quadro ideológico específico que Dostoiévski concebia agora a trajetória atormentada da carreira de Raskólnikov e entremeava essas ideias com sua psicologia.

Crime e castigo só veio a lume quando, em novembro de 1865, Dostoiévski trocou o narrador em primeira pessoa para um narrador em terceira pessoa. Foi o auge de uma longa luta cujos vestígios podem ser rastreados através de todos os estágios iniciais de composição. Alguns dos problemas do uso da primeira pessoa já são evidentes na versão mais antiga, cujo primeiro capítulo teria sido escrito cinco dias após o crime (cometido em 9 de junho). O narrador data o início de seu diário de 14 de junho, porque, conforme explica, teria sido impossível escrever qualquer coisa antes, tendo em vista sua confusão mental e emocional. Com efeito, Dostoiévski se lembra de que "em todos esses seis capítulos (o narrador) deve escrever, falar e aparecer ao leitor em parte como se não estivesse no domínio de seus sentidos" (v. 7, p. 83).

Desse modo, Dostoiévski queria transmitir a loucura parcial do narrador, enquanto, ao mesmo tempo, a usava como um foco sobre o mundo exterior e descrevia as reações induzidas por seu crime à medida que prossegue a ação. Tudo isso apresentava sérias dificuldades, e a versão manuscrita mostra a incerteza constante de Dostoiévski sobre como manter o equilíbrio entre a desordem psíquica do narrador e as necessidades de sua história. Esse problema da perspectiva de tempo incomodou Dostoiévski desde o início, e ele recua a data do segundo capítulo vários dias, para 16 de junho, a fim de dar ao narrador mais tempo para recobrar o juízo; mas a distância entre passado e presente ainda não bastava, e isso levou a um choque inevitável entre a situação em que o narrador estava imerso e sua função de narrador. Como escreveu Edward Wasiolek, "supõe-se que Raskólnikov [...] está totalmente firme em sua determinação de evitar seus perseguidores imaginários. Mas o ponto de vista do 'eu' o obriga a fornecer suas próprias interpretações, e, pior ainda, seus próprios refinamentos estilísticos. Cada refinamento estilístico entra em choque com o realismo da ação dramática".[2] Além disso, haveria sérias dúvidas sobre a verossimilhança de um narrador que, ao que tudo indica, está em estado de semi-histeria e mesmo assim é capaz de se lembrar e analisar, de relatar cenas longas, bem como demorados diálogos e, em geral, funcionar como um observador confiável. Esse problema ficou ainda mais agudo quando os Marmeládov entraram em cena e fragmentos dos extensos monólogos do bêbado começaram a aparecer entre as anotações.

Dostoiévski tinha consciência dessa questão, e o primeiro recurso que cogitou usar é indicado por uma anotação curta: "A *história* termina e começa o *diário*" (v. 7, p. 81). Uma vez que não há vestígio dessa forma dupla, essa ideia foi provavelmente abandonada dentro em breve; mas compreendemos como a mente de Dostoiévski estava trabalhando. Ele queria separar um relato dos eventos, registrados pelo narrador depois de concluídos, de outra narração dos mesmos acontecimentos escrita por alguém ainda preso em seu fluxo. Isso teria eliminado o conflito perturbador entre um e outro tão perceptível na versão de Wiesbaden. O mesmo propósito inspira a alternativa seguinte, a versão Petersburgo, intitulada "Em julgamento" e cujo autor está agora sob custódia das autoridades legais.

Nesse texto, o narrador começa: "(Eu estava em julgamento e) contarei tudo. [...] Estou escrevendo isso para mim mesmo, mas que os outros e todos os meus juízes leiam" (v. 7, p. 96). Esse rascunho continua com o monólogo de Marmeládov em que conta suas desgraças (apresentado quase literalmente no romance), e a essa altura, o esquema dos acontecimentos foi reformulado de modo que essa cena precede o assassinato. O mais importante, no entanto, é que a posição do narrador, sentado na prisão e contemplando seus erros, lhe permite tanto reagir como refletir sem forçar indevidamente a credibilidade. Mas, mesmo nesse plano, o intervalo de tempo entre o término de todos os eventos e a composição da narrativa é muito pequeno (cerca de uma semana), e Dostoiévski continuou incomodado. Afinal, o narrador não pode estar completamente tranquilo, pois o julgamento ainda não ocorreu.

Assim, os cadernos de anotações contêm uma terceira possibilidade, que está ligada a um esboço definitivo da ação relativa a Raskólnikov nos primeiros dois terços do romance. "Um Novo Plano", Dostoiévski anuncia. "A História de um Criminoso. Oito anos antes (a fim de mantê-la completamente à distância)!" (v. 7, p. 144). A frase entre parênteses indica o quanto Dostoiévski estava preocupado com essa questão da distância narrativa, e como via claramente todos os problemas envolvidos. Nesse novo plano, o narrador estaria escrevendo depois de cumprir sua sentença (oito anos), e o que era provavelmente o subtítulo indicaria a profunda mudança moral induzida pela passagem do tempo: agora o narrador chama a si mesmo de criminoso e não mais sustenta que o assassinato não poderia ser considerado de forma alguma um "crime". O narrador está agora tão distante de seu eu anterior que seria necessário apenas um pequeno passo para transformá-lo de narrador na primeira pessoa em narrador na terceira pessoa.

Essa alteração narrativa, no entanto, não ocorreu de imediato, e Dostoiévski discute suas razões em páginas que, por estarem muito próximas daquelas que acabamos de citar, devem ter sido escritas mais ou menos na mesma época. "Se é para ser uma confissão", ele reflete, "então tudo deve ser deixado claro *ao extremo absoluto*." O reconhecimento dessa necessidade leva Dostoiévski a reconsiderar algumas coisas: "Se uma confissão, então, em partes não será casta (*tselomúdrenno*) e vai ser difícil imaginar por que foi escrita." O uso do termo "casta" (que também pode ser traduzido de forma mais ampla como "adequada") nesse contexto refere-se provavelmente à questão de por que o narrador quis se envolver em ato tão doloroso de exposição pessoal. Nessa altura, Dostoiévski chega à conclusão de que sua técnica narrativa deve ser alterada.[3]

"Mas o tema é assim. A história de si mesmo [o autor], e não *dele* [o personagem]" (v. 7, pp. 148-9). Ao falar em "tema", Dostoiévski pode estar pensando em sua concepção de um personagem principal que, depois do crime, revela aspectos inesperados de si mesmo — aspectos dos quais ele não tinha antes plena consciência. Se numa narração em primeira pessoa "tudo deve ser deixado claro *ao extremo absoluto*" a cada instante, então seria difícil obter esse efeito de surpresa pessoal; na melhor das hipóteses, as revelações poderiam ser referidas e explicadas, mas dificilmente poderiam ser apresentadas com pleno vigor dramático. Tomadas em conjunto com o problema de justificar sua narrativa, essas considerações explicariam por que Dostoiévski, apesar de suas sérias dificuldades econômicas, não pôde resistir a começar de novo e mudar para um narrador em terceira pessoa.

Mas restava saber exatamente que tipo de narrador seria esse. Os estudiosos contemporâneos da narrativa sabem há muito tempo que os narradores autorais não são apenas presenças vacilantes e amorfas que sabem como contar uma história; são, ao contrário, "autores implícitos", com perfis e atitudes distintos que definem decisivamente a perspectiva romanesca. Dostoiévski tinha plena consciência dessa verdade crucial e tentou definir com exatidão a abordagem que seu narrador autoral adotaria. Esse problema não despontara mais cedo apenas porque o narrador era o personagem central. Tudo fora apresentado de seu ponto de vista, o que significava que, embora culpado de um crime terrível, ele suscitaria inevitavelmente certa solidariedade devido a seus impulsos altruístas, seus sofrimentos interiores e seu arrependimento final. Que tipo de narrador em terceira pessoa poderia desempenhar o mesmo papel em relação ao leitor? Enquanto ponderava sobre a escolha entre a primeira e a terceira pessoas, Dostoiévski escreveu: "Mas do *autor*. É preciso demasiada ingenuidade e franqueza". Não fica claro por que se precisaria disso; mas o contexto sugere que Dostoiévski talvez ainda estivesse pensando em algum tipo de romance confessional, que, mesmo escrito na terceira pessoa, implicaria a total identificação do narrador com o protagonista. Essa suposição ajudaria a explicar a ênfase da seguinte frase, que insiste na separação entre autor e personagem: "É necessário assumir *como autor alguém onisciente e irrepreensível*, que exponha à vista de todos um dos membros da nova geração" (v. 7, p. 149).

O narrador estará, assim, realizando uma empreitada histórica específica: oferecer ao escrutínio um exemplo do mais recente tipo russo, o sucessor de Bazárov e dos outros "homens novos" da literatura russa. Mas Dostoiévski talvez tenha sentido que esse narrador seria demasiado frio e distante, "onisciente e irrepreensível" demais para servir a seus propósitos ("irrepreensível" traduz a expressão russa *ne pogrecháiuchim*, que significa literalmente "sem pecado" e pode implicar uma postura acusatória ou condenatória). Ele, portanto, transforma seu narrador, em outra anotação, numa "espécie de ser invisível e onisciente, que não abandona seu herói nem por um segundo, nem mesmo após os dizeres: 'Tudo isso foi fruto de mero acaso'" (v. 7, p. 146). Ao afixar o narrador ao ponto de vista do protagonista, Dostoiévski mantém tanto quanto possível as vantagens da narração em primeira pessoa, que produz em sua esteira o efeito compassivo suscitado por todas as concepções internas de um personagem; e, ao fazê-lo, lembra-se de preservá-las o mais que pode, mesmo quando passa da representação direta da consciência para uma síntese ou um relato. Ao mesmo tempo, mantém a liberdade de onisciência necessária para dramatizar o processo de autodescoberta de Raskólnikov, para revelar o personagem aos poucos, para fazer comentários externos sobre ele, quando isso se torna necessário, e para abandoná-lo por completo quando a trama-ação se amplia.

Essa técnica narrativa funde estreitamente o narrador com a consciência e o ponto de vista do personagem central, bem como com outras figuras importantes (embora, como Mikhail Bakhtin estava inclinado a sustentar, sem eliminá-lo por completo como uma perspectiva de controle).[4] Dostoiévski utilizara uma abordagem narrativa semelhante em *O duplo*, e essa fusão já tinha precedentes na história do romance (em Jane Austen, entre outros). Mas em *Crime e castigo* essa identificação, através do uso de mudanças de tempo da memória e de sua notável manipulação da sequência temporal, começa a se aproximar das experiências de Henry James, Joseph Conrad e, mais tarde, escritores do fluxo de consciência, como Virginia Woolf e James Joyce. De uma originalidade brilhante para seu período, essa técnica nos propicia a obra-prima fascinante que conhecemos, cuja construção intrincada e de alta sofisticação artística só pode nos levar a admirar a persistência da lenda de que Dostoiévski era um artesão desleixado e negligente. Alguma luz sobre essa lenda pode ser lançada pela observação do romancista E.-M. de Vogüé, que em 1886, de forma um tanto surpreendente, escreveu sobre *Crime e castigo* que "uma palavra [...] nem mesmo se nota, um pequeno fato que ocupa apenas uma linha tem suas reverberações cinquenta páginas adiante [...] [de tal modo que] a continuidade torna-se ininteligível se saltarmos algumas páginas".[5] Essa observação aguda, que expressa toda a confusão de um leitor do final do século XIX acostumado com tipos mais ordenados e lineares de narração expositiva, ajuda a explicar a tenacidade desse erro de julgamento crítico, mas agora começamos a chegar a uma apreciação mais precisa da originalidade pioneira de Dostoiévski. Mesmo assim, *Crime e castigo* ainda não foi lido com suficiente atenção ao entrelaçamento daquelas "reverberações" de cujas conexões seu significado depende.

34. *Crime e castigo*

> *This was the time, when, all things tending fast*
> *To depravation, speculative schemes —*
> *That promised to abstract the hopes of Man*
> *Out of his feelings, to be fixed thenceforth*
> *For ever in a purer element —*
> *Found ready welcome. Tempting region that*
> *For Zeal to enter and refresh herself,*
> *Where passions had the privilege to work,*
> *And never hear the sound of their own names.*
>
> William Wordsworth, *The Prelude**

    Crime e castigo [*Prestuplénie i nakazánie*] é de fato o primeiro dos grandes romances do período maduro de Dostoiévski. A psicologia de Raskólnikov é situada

---

* Em tradução livre: "Era o tempo em que, com todas as coisas tendendo rápido/ À depravação, projetos especulativos —/ Que prometiam abstrair as esperanças do Homem/ De seus sentimentos, a serem fixados a partir de então/ Para sempre em um elemento mais puro —/ Foram de pronto bem-vindos. Região tentadora esta/ Para o fervor entrar e refrescar-se,/ Onde as paixões tinham o privilégio de agir,/ E nunca ouvir o som de seus próprios nomes". William Wordsworth, *O prelúdio*. (N. T.)

no centro da obra e engenhosamente entrelaçada com as ideias que são, em última análise, responsáveis por sua transgressão fatal. Todas as outras características também iluminam o dilema angustiante em que se encontra Raskólnikov, com sua mistura indissolúvel de paixões torturantes e racionalizações elevadas. O personagem principal é cercado por outros que servem como refletores oblíquos de seus conflitos interiores, e até mesmo as tramas secundárias funcionam como comentário temático implícito. O desenvolvimento da ação é disposto de maneira a guiar o leitor em direção a uma compreensão adequada da importância do crime de Raskólnikov. Cada elemento do livro contribui, assim, para enriquecer seu tema e para resolver as questões mais profundas que são propostas. No centro da trama está o suspense criado pelas oscilações interiores de Raskólnikov e o duelo entre ele e Porfíri Petróvitch, mas isso deve ser inserido no contexto de todas aquelas "reverberações" geradas pela textura temático-ideológica extraordinariamente coesa do romance. Nenhum detalhe ou acontecimento parece casual ou irrelevante.

Não é de estranhar que os radicais tenham se recusado a reconhecer-se em suas páginas, uma vez que Dostoiévski não retratou as ideias niilistas no nível em que eram habitualmente defendidas, mas tal como foram redefinidas por sua imaginação escatológica e levadas às consequências mais extremas. O objetivo dessas ideias, como ele sabia, era altruísta e humanitário, inspirado por piedade e compaixão pelo sofrimento humano. Mas esses objetivos seriam atingidos mediante a supressão total do fluxo espontâneo desses sentimentos, confiando-se na razão (entendida em termos tchernichevskianos como cálculo utilitarista) para dominar todas as potencialidades contraditórias e irracionais da personalidade humana, e, em sua mais recente variante do bazarovismo, incentivando o crescimento de um egoísmo protonietzschiano numa elite de indivíduos superiores à qual se deveria confiar a esperança do futuro.

Raskólnikov (do russo *raskólnik*, "dissidente") foi criado para exemplificar todos os riscos potencialmente perigosos contidos nesse ideal, e os traços morais e psicológicos de seu caráter incorporam essa antinomia entre, de um lado, bondade, solidariedade e piedade instintivas, e de outro, um egoísmo orgulhoso e idealista que se perverteu num desprezo desdenhoso pelo rebanho submisso. Todas as outras figuras principais do livro estão do mesmo modo integradas nas oscilações de Raskólnikov entre esses polos; cada uma delas é um "quase duplo" que personifica, numa encarnação muito mais acentuada, uma ou outra das oposições conflitantes dentro do caráter e das ideias de Raskólnikov. Bakhtin observa com razão que cada personagem que Raskólnikov encontra se torna "para ele, instantaneamente, uma solução personificada de sua própria questão pessoal, uma solução diferente daquela a que ele próprio havia chegado; portanto toda pessoa toca num ponto dolorido nele e assume um papel firme em seu discurso interior".[1] Esses personagens estruturam o romance não somente através do "discurso interior", mas sobretudo através da sequência dos encontros gerados pela trama. Esses encontros, que apresentam Raskólnikov sob um ou outro aspecto de si mesmo, servem para motivar aquele processo de autocompreensão tão crucial para os fins artísticos de Dostoiévski.

Crime e castigo concentra-se na solução de um enigma: o mistério da motivação do criminoso. Isso porque o próprio Raskólnikov, como ficamos sabendo, descobre que não entende *por que* matou; ou melhor, ele toma consciência de que o propósito moral que o teria inspirado não pode explicar seu comportamento. Desse modo, Dostoiévski internaliza e psicologiza a costumeira busca do assassino na trama do romance policial e transfere essa busca para o próprio personagem; é Raskólnikov que procura *sua própria* motivação. Essa busca proporciona um suspense similar ao da procura convencional do criminoso, mas naturalmente muito mais profundo e moralmente muito mais complexo. Sem dúvida, há um juiz de instrução, Porfíri Petróvitch, cuja tarefa é levar Raskólnikov à justiça, mas essa função legal está subordinada ao seu papel de estímulo no curso dos questionamentos de si mesmo e da autocompreensão de Raskólnikov.

Dostoiévski também adapta de modo brilhante outra característica do romance policial. As narrativas desse gênero sempre contêm pistas, algumas apontando para o verdadeiro criminoso, outras para personagens de todo inocentes que são falsos suspeitos e se destinam a iludir o leitor por um tempo. Uma vez que o mistério central é a motivação de Raskólnikov, ele se vale desses enganos para plantar pistas *desse* enigma que tanto guiam quanto desencaminham o leitor. As que orientam, tramadas com cuidado desde o início no pano de fundo da ação (mas de forma tão discreta que são facilmente ignoradas, sobretudo numa primeira leitura), apontam para o que Raskólnikov acabará por descobrir sobre si mesmo — que matou, não pelos motivos altruístas e humanitários que acreditava estarem agindo sobre ele, mas por uma mera necessidade egoísta de testar sua força. As pistas falsas, proeminentes sobretudo na parte i, são sugestões de que Raskólnikov agia em reação a causas materiais, sociais ou apenas psicopáticas, mas esse ponto de vista tão determinista é combatido abertamente no próprio livro.

Essas pistas são falsas no sentido de que se afastam da verdadeira resposta para a questão da motivação de Raskólnikov, mas as motivações que sugerem não são falsas num sentido absoluto. Ao contrário, essas possibilidades imputadas exercem uma forte pressão sobre Raskólnikov e aumentam muito a solidariedade que ele evoca no leitor. Pistas desse tipo não devem, portanto, ser chamadas de falsas, mas de acessórias ou auxiliares em vez de primárias; e sua validade é constantemente contestada, tanto no sentido dramático como de maneira direta e discursiva, através de personagens como Razumíkhin, Zossímov e Porfíri Petróvitch. Assim, embutida na narrativa de *Crime e castigo* está uma ideia de como o romance deve ser lido, uma hermenêutica de sua interpretação, que é parte do seu tema antirradical e incorpora a crença frequentemente expressa por Dostoiévski na importância das ideias e em seu poder de influenciar o comportamento humano.

Crime e castigo começa *in media res*, dois dias e meio antes de Raskólnikov cometer o crime, e continua por uma duração estimada de mais ou menos duas semanas. O tempo no romance, na medida em que é sentido através da consciência de Raskólnikov, se contrai e se expande livremente, de acordo com a importância que têm para ele os acontecimentos que estão sendo narrados. Desse modo, parece carecer de dimensão objetiva, e também é manipulado sem reservas para obter efeitos temáticos mediante o que Ian Watt, escrevendo sobre Conrad, chamou de "aposição temática", isto é, a justaposição de eventos que ocorrem em momentos diferentes, a fim de estabelecer conexões entre eles sem uma intrusão explicativa do autor.[2] A cronologia objetiva dos acontecimentos (a sequência temporal do que ocorreu *antes* de ter sido reformulado para as finalidades artísticas do romance) desempenha um papel fundamental no esclarecimento do mistério da motivação de Raskólnikov. É essa cronologia que se descobre aos poucos, com todas as suas implicações psíquicas e ideológicas, à medida que avança em seu caminho a estrutura temporal dupla da trama do mistério (o tempo da ação no presente revelando o que ocorreu no passado).

A famosa seção de abertura de *Crime e castigo* é também uma construção sutil cujos diversos fios temáticos é importante desenredar. No centro está o conflito interior de Raskólnikov, dividido entre sua intenção de cometer um crime no interesse da humanidade e a resistência de sua consciência moral contra tirar uma vida humana. Ele é um jovem intelectual sensível cuja finura de sensibilidade é transmitida tanto por meio de impulsos instintivos de compaixão pelo sofrimento que vê ao seu redor como através da intensidade da repulsa às suas intenções. Quando o encontramos pela primeira vez, ele está remoendo o crime há seis semanas, e, embora viva numa pobreza terrível, está claro que não pensaria em cometê-lo apenas por razões egoístas. É o destino da humanidade sofredora que o preocupa, como revela a cena da taberna, em que a justificativa utilitarista-altruísta para o crime proposto é expressa pela primeira vez com clareza.

Por que não matar uma velha agiota miserável, gananciosa e "inútil" e empregar o dinheiro para aliviar a miséria humana tão onipresente no mundo de Raskólnikov? Esse é o pensamento que estava surgindo em sua mente quando ele entra na taberna e o ouve proferido simultaneamente por um estudante e um jovem oficial. Dostoiévski usa todos os seus poderes artísticos para acentuar a miséria e a degradação humana que passam diante dos olhos de Raskólnikov ou se filtram através de sua sensibilidade, enquanto caminha pelas ruas cheias de tabernas, bordéis e bêbados cambaleantes. Seu encontro com o beberrão irremediável Marmeládov, abjeto e cheio de culpa por sua própria degradação, encarna para Raskólnikov tudo o que ele julga intolerável no mundo, sobretudo quando Marmeládov explica aos quatro ventos que ele e o resto da família faminta estão sendo sustentados pelo sacrifício de Sônia, sua filha prostituta. Assim, no plano da trama, parece que Marmeládov apenas reforça o desejo de Raskólnikov de agir contra a miséria terrível que o rodeia, mas no plano do tema ideológico Dostoiévski usa o encontro para revelar antecipadamente tanto a crueldade das convicções de Raskólnikov (ainda não introduzidas de modo específico) quanto o conjunto alternativo de valores que se contrapõe a elas.

Quando descreve a ida a um agiota para pedir um empréstimo que nunca pagaria, Marmeládov compreende que o fato de não conseguir obtê-lo está de acordo com pontos de vista "modernos". O agiota deveria fazer-lhe o empréstimo por "compaixão"? "Mas o sr. Liebeziátnikov, em dia com as novas ideias, explicou há pouco que a compaixão em nossa época está proibida até pela ciência, e que já é assim que se procede na Inglaterra, onde existe a economia política" (v. 6,

p. 14 [31]).* O raciocínio do próprio Raskólnikov se baseia exatamente nas mesmas noções utilitaristas da "economia política", que excluem qualquer sentimento de compaixão pelo indivíduo "inútil" marcado como vítima sacrificial. Em contraste, a alternativa extática de Marmeládov antes de cair no chão fornece-lhe a mais forte antítese ao teor desumano das ideias que Raskólnikov sonha pôr em prática, pois Marmeládov, numa mistura de citações dos Evangelhos alteradas ao seu sabor, imagina Cristo retornando no Juízo Final e perdoando até mesmo os "filhos da vergonha" como ele, porque "nenhum só se considerou digno disto" (v. 6, p. 21 [39]). Certamente não é por acaso que o amor que tudo perdoa de Cristo é contestado "pelos sábios e por aqueles de entendimento" (esta última palavra traduz *razúmnie*; em russo, "razão" é *razum*), por meio do que Dostoiévski transforma engenhosamente os fariseus do Novo Testamento em precursores dos radicais russos da década de 1860.

O peso simbólico desse cenário petersburguense reforça a motivação sócio-humanitária que é a justificativa nominal para o crime de Raskólnikov. Essa motivação é inesquecivelmente expressa na importante cena da taberna, através da conversa entre o oficial e o estudante que jogam bilhar. Dostoiévski indica aqui como estava disseminado o raciocínio que eles discutem para melhorar a sociedade com um assassinato humanitário. Mas então Dostoiévski aumenta o peso dessa incitação impessoal ("Uma morte, cem vidas em troca — ora, isso é uma questão de aritmética") (v. 6, p. 54 [80]) com um motivo mais íntimo: a carta da mãe de Raskólnikov. Ele toma conhecimento das circunstâncias desesperadoras de sua própria família e da decisão da irmã Dúnia de casar-se com Lújin, advogado avarento e dominador, apenas para ajudar o irmão adorado. A determinação de Dúnia coloca Raskólnikov, como ele percebe com argúcia, numa posição aviltante que se poderia comparar (embora exteriormente mais respeitável) com a do beberrão Marmeládov, que vive dos ganhos de Sônia.

A descrição dostoievskiana das agonias de uma consciência em luta consigo mesma enquanto Raskólnikov se esforça por reprimir seus escrúpulos morais e revestir-se de coragem para cometer o homicídio não tem igual desde *Macbeth*. Seu recuo horrorizado após a visita preliminar ao apartamento da usurária, a fim de sondar o terreno com antecedência, é apenas a primeira de várias reações que

---

* A tradução das citações de *Crime e castigo* é de Paulo Bezerra. São Paulo: Editora 34, 2009. 6. ed. O número da página entre colchetes é o da edição brasileira, logo após a referência à edição russa. (N. T.)

aumentam em severidade: "Oh Deus, como tudo isso é repugnante! [...] Será possível que tamanho horror me tenha ocorrido?" (v. 6, p. 10 [26]). A inesquecível sequência do sonho no capítulo 5, que evoca uma lembrança de infância — o açoitamento e a morte de forma selvagem e sádica de uma velha égua "inútil" pelo camponês bêbado Mikolka —, sintetiza o conflito dilacerante de Raskólnikov. De um lado, há o menino que "gostava daquela igreja e dos ícones antigos que ali havia, a maioria sem guarnição, e do velho padre com a cabeça trêmula" (v. 6, p. 46 [71]). Esse menino, que ainda existe nas profundezas da psique de Raskólnikov, solta-se furiosamente das mãos do pai, coloca os braços em volta da cabeça do animal morto para beijar-lhe os beiços e olhos feridos. "Depois, dá um salto de repente e tomado de fúria investe de punhozinhos cerrados contra Mikolka" (v. 6, p. 49 [74]). De outro, está o Raskólnikov adulto que sonha esse sonho e planeja agora comportar-se como Mikolka — e não numa fúria de bêbado, mas de acordo com uma teoria "racional" muito bem pensada. O conflito dentro de Raskólnikov entre esses dois aspectos de si mesmo é tão dilacerante que ele acorda num estado de terror e autodepreciação, acreditando (equivocadamente) que havia dominado por fim a tentação obsessiva de matar.

O leitor permanece imerso na consciência de Raskólnikov durante toda a primeira parte e tende a identificar-se com o ponto de vista dele. Mas entrelaçados aos principais episódios da luta interior de Raskólnikov estão incidentes de pano de fundo cujo único objetivo é indicar que, na realidade, Raskólnikov está totalmente cego às forças emotivas e psíquicas subconscientes que foram estimuladas em sua personalidade. Em todos esses incidentes, Raskólnikov comporta-se de uma forma que mostra suas emoções sendo mobilizadas *contra* os sentimentos que inspiram seus fins utilitários e altruístas. Desse modo, vemos, por exemplo, um Raskólnikov que, logo após acorrer em auxílio de alguém em perigo, se torna no momento seguinte um egoísta frio e desdenhoso, indiferente aos infortúnios que haviam provocado sua piedade.

O egoísmo como ingrediente do caráter de Raskólnikov é indicado no início, no "sentimento do mais profundo asco" que perpassa seu rosto enquanto caminha pelo "colorido repugnante e triste" das ruas fétidas (v. 6, p. 43 [20]). Para Dostoiévski, psicologia e ideologia eram agora inseparáveis, e cada mudança abrupta de comportamento está relacionada com alguma referência à doutrina radical. Logo após sua visita preliminar à usurária, cambaleando tanto de febre como de aversão a si mesmo, ele para na taberna, onde conhece Marmeládov e bebe um copo de cerveja. Sentindo-se melhor no mesmo instante, atribui sua perturbação moral anterior à falta de alimento, e dá de ombros; Tchernichévski havia ensinado que a moral era apenas um produto da fisiologia.

Raskólnikov também tem dúvidas sobre os copeques que havia deixado por compaixão para os Marmeládov em sua primeira visita. "Que asneira foi essa que acabei de fazer?", pensa ele. "Ora, eles têm a Sônia, ao passo que eu mesmo estou precisando" (v. 6, 25 [42]). Essa consideração utilitarista detém o fluxo espontâneo de piedade, e com "um riso sarcástico" ele pondera sobre a infinita capacidade da humanidade de adaptar-se às circunstâncias mais degradantes. Coisa parecida acontece quando, depois de chamar o policial para ajudar a menina bêbada que estava sendo seguida por um dândi gordo e lascivo, ele inesperadamente muda de ideia, repugnado. De súbito, "alguma coisa pareceu picar Raskólnikov; num abrir e fechar de olhos ficou meio transtornado". Com uma violenta mudança de sentimento, ele passa ao outro extremo: "Que eles se engulam vivos — o que é que eu tenho com isso?", murmura para si mesmo (v. 6, p. 42 [65]). O que "pica" Raskólnikov é a ferroada dessas reflexões darwinianas, que consideram o triunfo do mais forte correto e justo, e qualquer ajuda ao mais fraco, uma violação das leis da natureza. Essa cena é então duplicada em seu interior quando Raskólnikov primeiro imagina o provável futuro da menina — prostituição, doenças venéreas e ruína aos dezoito ou dezenove anos —, mas depois descarta causticamente esse ressurgimento da piedade, porque "uma percentagem, dizem, deve ir todo ano... para algum lugar... para o diabo, deve ser, para revigorar as demais e não lhes atrapalhar" (v. 6, p. 43 [66]).

Assim, as ideias radicais, idênticas em sua lógica utilitarista àquelas expressas na cena da taberna, agem sem descanso para reforçar o egoísmo inato do caráter de Raskólnikov e transformá-lo em alguém que odeia, e não em alguém que ama seus semelhantes. Isso acontece não só porque suas *ideias* vão no sentido oposto aos sussurros instintivos de sua sensibilidade moral e emotiva; essas ideias o transformam por um instante em alguém para quem a consciência moral deixa de funcionar como parte de sua personalidade. Não que seu objetivo moral não seja sincero; ao revestir-se de coragem para cumprir seu propósito, no entanto, percebemos que Raskólnikov deve suprimir em si mesmo os próprios sentimentos morais e emotivos dos quais esse objetivo havia se originado. O que ocorre nessas cenas ilustra, portanto, a maneira como as ideias de Raskólnikov afetaram sua personalidade, e lança uma luz importante sobre o que vem ocorrendo em seu interior desde que cedeu à sua influência.

***

Se examinarmos a cronologia objetiva do romance, deixando de lado por um momento a manipulação *artística* da estrutura narrativa, isto é, a ordem em que essa estrutura se desdobra para o leitor, percebemos que as noções radicais começaram a influenciar Raskólnikov cerca de seis meses antes do início dos acontecimentos do romance. Foi quando ele escreveu seu fatídico artigo "Sobre o crime", que reformula e amplia as reflexões de Píssariev sobre Bazárov e divide as pessoas em duas categorias, as "ordinárias" e as "extraordinárias". O primeiro grupo, composto das massas, aceita docilmente qualquer ordem estabelecida; o segundo, uma pequena elite, é constituído de indivíduos que "exigem, em declarações bastante variadas, a destruição do presente em nome de algo melhor" (os exemplos dados são Newton e Kepler, Licurgo, Sólon, Maomé e Napoleão). Essas pessoas "extraordinárias" invariavelmente cometem crimes se julgadas pelos antigos códigos morais que se esforçam para substituir; mas, uma vez que trabalham "em nome de algo melhor", seu objetivo é, em última análise, a melhoria do destino da humanidade, e são, portanto, a longo prazo, benfeitores em vez de destruidores. De modo que, argumentava Raskólnikov, "se um deles, para realizar sua ideia, precisar passar por cima ainda que seja de um cadáver, de sangue, a meu ver ele pode se permitir, no seu interior, na sua consciência, passar por cima do sangue" (v. 6, pp. 199-200 [270]). Desde que escreveu esse artigo, Raskólnikov ficou fascinado com a imagem majestosa de uma personalidade tão napoleônica que, no interesse de um bem social maior, acredita possuir o direito moral de matar.

Cinco meses depois, Raskólnikov faz sua primeira visita à agiota e, depois, entreouve a conversa na taberna entre o estudante e o jovem oficial. Isso marca o momento do aparecimento de sua "estranha ideia" de que o assassinato pode ser sancionado pela consciência em nome de um bem social maior. E por trás do surgimento repentino da intenção de Raskólnikov ("lhe beliscava a cabeça como o pinto dentro do ovo") estão, portanto, os longos meses de gestação durante os quais havia sonhado tornar-se uma personalidade napoleônica e adquirir privilégios homicidas (v. 6, p. 53 [78]). Seu encontro com a usurária simplesmente concretiza a possibilidade de aplicar essa ambição, que germinara em seu subconsciente, às condições locais de sua vida em Petersburgo.

O modo como Dostoiévski maneja sua narrativa e sua técnica de revelação gradual de história de mistério organiza o processo de autodescoberta fragmentada de Raskólnikov. Este chega à compreensão de que a tentação de encarnar uma personalidade napoleônica se opõe a seus propósitos supostamente altruístas. A primeira alusão ao artigo de Raskólnikov ocorre durante a conversa na taberna. O narrador indica a necessidade de uma personalidade napoleônica para pôr em prática as ideias que estão sendo discutidas, pois quando o jovem oficial objeta que a injustiça da existência da agiota é mero fato da "natureza", o estudante retruca com veemência que "a natureza a gente corrige e direciona, porque senão teria de afundar em superstições. Sem isso, nenhum grande homem existiria" (v. 6, p. 54 [80]).

Portanto, a noção de "grande homem", que possui o direito moral de dar um novo significado para "dever" e "consciência", está envolvida desde o início na "ideia estranha" de Raskólnikov, e há até mesmo uma alusão a essa ambição grandiosa na primeira página, quando Raskólnikov passa furtivamente pela porta da senhoria, com medo de ser confrontado com sua incapacidade de pagar o aluguel. "Eu aqui querendo me meter numa coisa dessas e com medo de bobagens. [...] tudo está ao alcance do homem e ele deixa isso tudo escapar só por medo" (v. 6, p. 6 [19]). Mais tarde, Raskólnikov definirá suas pessoas "extraordinárias" exatamente pela capacidade de proferir uma "palavra nova"; ele já está colocando, numa perspectiva elevada, o crime inglório e torpe que pretende cometer.

Outra referência mais longa ao artigo de Raskólnikov surge quando este se apressa a fazer os preparativos finais para o assassinato. Ficamos sabendo que muito tempo atrás ele havia se interessado pela "psicologia do criminoso" (que é como o tema de seu artigo é descrito mais tarde) e por que razão os infratores medíocres da lei eram invariavelmente dominados no momento do crime por "um abatimento da vontade e da razão". Raskólnikov estava convencido de que "a razão e a vontade permaneceriam nele, inalienáveis, durante todo o tempo da execução do plano, pelo único motivo de que o que ele planejara 'não era crime'" (v. 6, pp. 58-9 [85]). Esse raciocínio está claramente contido no artigo de Raskólnikov, cujas pessoas "extraordinárias" não cometem "crimes" precisamente porque têm o *direito moral* de ignorar as leis existentes; os criminosos "ordinários" eram perturbados pela consciência e, portanto, se entregavam. A crença de Raskólnikov de que estaria imune a essas agitações indica que se classificara havia muito tempo entre os membros da elite "extraordinária".

Assim, Raskólnikov aparece caindo cada vez mais nas garras de sua monomania — ou seja, nas garras de seu desejo de provar a *si mesmo* que ele de fato pertence à categoria "extraordinária". Ao mesmo tempo, não percebe a dialética mortal que se desenrola em sua personalidade, a qual exige que exiba um egoísmo impiedoso, a fim de obter um fim humanitário e moralmente benéfico. Essa falta de consciência é, sem dúvida, essencial para a estratégia artística de Dostoiévski e é enfatizada pela maneira pela qual a luta interior de Raskólnikov é finalmente resolvida. No momento em que, depois do sonho sobre a morte da égua, Raskólnikov acredita que sua consciência venceu e que "está livre de feitiços, bruxaria, encantamento, alucinação" (v. 6, p. 50 [75]) (a escolha das palavras indica até que ponto ele se sentia em poder de uma compulsão psíquica subliminal), ele entreouve por acidente uma conversa que revela que sua vítima, Aliona Ivánovna, que vive com sua irmã mais nova Lisavieta, estará sozinha numa determinada hora do dia seguinte. Ao saber dessa oportunidade milagrosa, Raskólnikov "sentiu em todo o seu ser que não tinha mais liberdade de juízo, nem vontade. [...] Como se uma nesga de sua roupa tivesse caído debaixo de uma roda de máquina e esta começasse a tragá-lo" (v. 6, p. 52, 58 [77, 85]). Desse modo, o destino dá uma mão, mas é um destino que age sobre uma predisposição psíquica patológica a matar, condicionada por autointoxicação ideológica.

A função temática da entrega de Raskólnikov às garras da fatalidade é evitar qualquer possibilidade de que se venha a entender que ele agiu com base numa decisão racional, consciente, desejada. Ao contrário, ele é controlado pelas forças psíquicas liberadas através da luta para superar a resistência moral de sua consciência. Desse modo, Raskólnikov é retratado como alguém dominado por compulsões que não compreende (embora tenha sido concedido ao leitor um vislumbre do que elas significam *na prática*), e cujo verdadeiro sentido o resto do livro irá desvendar. Além disso, a distância entre o autoengano de Raskólnikov e a perspectiva do leitor é ampliada ainda mais pela manipulação magistral que Dostoiévski faz da sequência temporal no capítulo que antecede o assassinato.

A importantíssima cena da taberna é colocada no sexto capítulo da narrativa, embora esse acontecimento tenha ocorrido seis semanas antes na cronologia objetiva. O leitor recebe, assim, uma impressão mais forte da enorme distância entre o objetivo teoricamente humanitário-altruísta de Raskólnikov, que acaba de ser enunciado pela primeira vez, e o banho de sangue que será descrito algumas páginas adiante. A discrepância entre a ideia abstrata e a realidade humana concreta é reforçada a seguir por outra mudança de tempo que se refere a questões que antecedem o assassinato ainda mais que na cronologia — seis meses em vez de seis semanas. É que uma intercalação contém as referências já mencionadas no artigo de Raskólnikov, com base no qual ele acredita em sua própria invulnerabilidade às agitações "irracionais", porque, como o narrador observa de forma um tanto zombeteira, "já havia concluído toda a análise no sentido da solução moral da questão: sua casuística estava afiada como uma navalha, e em si mesmo ele já não encontrava objeções conscientes" (v. 6, p. 58 [85]). Assim, tanto sua teoria original quanto sua personificação de Petersburgo são postas em "aposição temática" próxima do próprio crime.

Essas mudanças de tempo criam um efeito profundo de ironia dramática que funciona tanto retrocedendo como avançando no texto. Ao longo das últimas seis semanas, fica claro que o próprio Raskólnikov fora presa dos sintomas do criminoso "ordinário", acossado por "esse eclipse da razão e esse abatimento da vontade [...] [que] chegam ao ponto máximo um pouco antes do cometimento do crime" (v. 6, p. 58 [85]). Sua febre alta aumenta o "abatimento da vontade" ao qual se acreditava imune. Torna-se evidente até que ponto iludira a si mesmo no passado, e já que não conseguiu vencer a sua consciência moral "ordinária", obviamente não conseguirá alcançar o autodomínio frio que em teoria flui de sua doutrina.

A ironia dramática empregada nesse capítulo recebe uma confirmação sensacional na cena do crime, cuja representação chocou os contemporâneos de Dostoiévski pela crueza e pelo realismo implacável. Nada sai conforme aos poucos planos feitos com antecedência, e a necessidade inesperada de também matar a dócil e bondosa Lisavieta ilustra flagrantemente a contingência da realidade humana que Raskólnikov havia imaginado poder dominar com facilidade. Ele age num estado de pânico aterrorizado, embora se comporte com a astúcia e a aparente lógica de um monomaníaco. Mas não há dúvida de que as faculdades de raciocínio de Raskólnikov estavam suspensas por completo. Só no último momento, depois de matar Lisavieta, ele percebe que não tinha trancado a porta!

Na maior parte dessa cena brutal de assassinato, o narrador permanece perto do ponto de vista de Raskólnikov e transmite a natureza quase hipnótica de seu comportamento. Mas observa, a certa altura, que "o pavor se apoderava dele cada vez mais", e acrescenta que Raskólnikov teria se entregado se pudesse ter percebido todo o "desespero" e "hediondez" de sua posição. Não de medo, "mas pelo simples horror e repugnância ao que havia praticado. Nele a repugnância crescia particularmente e aumentava a cada instante" (v. 6, p. 65 [94]). Uma vez mais, a consciência moral de Raskólnikov se ergue em revolta, mas ele não é mais capaz de reprimi-la, como no passado, pela casuística da sua lógica utilitarista; na realidade, foi ao crime em si que essa lógica o conduziu. O que transparece, em vez disso, é o egoísmo desenfreado justificado por tal lógica, e agora totalmente liberado em sua monomania. Quando os dois homens que vieram visitar Aliona Ivánovna batem na porta fechada atrás da qual se encontra Raskólnikov, com o machado na mão, ele "teve vontade de começar a xingá-los, a provocá-los, enquanto não abriam a porta" (v. 6, p. 68 [98]).

Esse momento atrás da porta, em que o egoísmo de Raskólnikov atinge um paroxismo autodestrutivo de ódio e desafio por todos, será usado de novo como um flashback, e torna-se um leitmotiv. Ele representa todas aquelas forças emotivas que, despertadas por sua teoria e depois desencadeadas no crime, se libertam agora de suas amarras morais anteriores. As duas partes antitéticas da personalidade de Raskólnikov, antes unidas pela dialética afiada de sua casuística, o convenceram de que era possível conciliar assassinato e moral. Essa crença não é mais sustentável, e ele continuará a oscilar entre esses polos pelo restante do livro, com um fraco vislumbre de uma solução possível no final.

Na primeira parte, os pontos de vista de Raskólnikov e do leitor não coincidem — ou, ao menos, não foram feitos para coincidir. E embora os leitores talvez não consigam separar-se o suficiente de Raskólnikov para apreender tudo o que é prenunciado, mesmo assim não podem evitar receber o impacto atordoante da discrepância entre os acontecimentos e seus objetivos e expectativas declarados. Na segunda parte do romance, que se inicia logo depois do crime e vai até a chegada da família de Raskólnikov a Petersburgo, Dostoiévski começará a fechar o fosso que há entre a percepção de Raskólnikov e aquela que o narrador já comunicou ao leitor.

O mais importante nos dois primeiros capítulos da segunda parte é o que ocorre quando, intimado a comparecer à delegacia de polícia, Raskólnikov percebe de repente que toda a sua relação com o mundo moral e social normal foi irremediavelmente alterada. "Uma soturna sensação de isolamento angustiante e infindo e de alheamento súbito se revelou à sua alma. [...] ele sentia nitidamente [...] que já não podia dirigir-se a essas pessoas [...] mesmo que todos eles fossem seus irmãos e irmãs" (v. 6, pp. 81-2 [117]). Ele sente um impulso irresistível de se confessar ao misericordioso policial Nikodim Fomitch, e essa necessidade involuntária de superar sua sensação glacial de alienação, que continuará a lutar contra sua vaidade e seu orgulho egoísta, é o que o levará em breve a buscar o consolo da companhia misericordiosa de Sônia. Mas quando Nikodim Fomitch mergulha numa conversa com seu subordinado, o explosivo mas facilmente apaziguado tenente Pólvora, sobre o assassinato de Aliona Ivánovna, sofre um colapso e desmaia.

Raskólnikov ficará sabendo aos poucos sobre seu próprio comportamento, ao entreouvir a conversa de Nikodim Fomitch com seu subordinado a respeito dos dois homens que foram visitar a usurária e acabaram detidos como suspeitos. Os eventos na delegacia acionam em Raskólnikov o processo de explorar sua própria motivação — que não poderia ser aquela que ele imaginara anteriormente, conforme lhe mostra o crime. "E se tudo isso tiver sido realmente feito de forma *consciente* [*sojnátielno*]", pensa ele, "e não como tolice, se você tinha realmente um objetivo definido e firme, então como é que até agora não deu sequer uma olhada na bolsa e não sabe o que lhe coube, por que motivo assumiu todos esses sofrimentos e se meteu conscientemente numa coisa tão vil, infame, sórdida?" (v. 6, p. 86 [124]). E essa pergunta é o primeiro passo para solapar a lógica humanitária-altruísta que recebeu tanto destaque na cena da taberna. Em resposta a essa incerteza, Raskólnikov é invadido por "uma sensação nova e insuperável [...] de repulsa infinita, quase física [...] a tudo o que encontrava e o cercava. Achava nojentos todos os transeuntes com que cruzava [...]" (v. 6, p. 87 [124]). Essa "sensação insuperável" contém grande parte da resposta que ele buscava, embora ainda não estivesse consciente do que significava.

A situação moral e psíquica inteiramente nova em que se encontra Raskólnikov é então enfatizada pela visita a seu único amigo, o bondoso, generoso e agitado Razumíkhin. Suas condições socioeconômicas eram as mesmas, mas Razumíkhin "com todas as forças conseguiu contornar as circunstâncias para poder continuar" seus estudos (v. 6, p. 44 [67]). Apesar dos gracejos de Razumíkhin e da oferta de ajuda a um amigo que, como ele logo percebe, está "delirante", a visita só aumenta a torturante sensação de solidão irremediável de Raskólnikov. Ele agora se sente ainda mais alienado que antes do "magnífico espetáculo" de Petersburgo (v. 6, p. 90 [128]). Irrefletidamente, joga num canal a moeda de vinte copeques que ganhou de uma menina "em nome de Cristo", indicando como agora ele se identifica pouco com os objetivos caridosos expressos na cena da taberna. O que resta é o terror cru do sonho que se segue, quando imagina ouvir o volúvel tenente Pólvora espancando sem piedade a senhoria nas escadas.

Nessa altura, ocorre um hiato de três dias, durante os quais Raskólnikov jaz num delírio semiconsciente, com uma consciência confusa de seu entorno, e só desperta depois que o pico da doença já passou. O clímax dessa sequência é a visita de Piotr Petróvitch Lújin — o noivo que Dúnia aceitara somente após passar uma noite inteira rezando de joelhos diante de um ícone — ao quarto sujo e esquálido de Raskólnikov. O próprio Lújin é um homem que veio de baixo, um advogado com um alto cargo no serviço público, cheio de uma impressão opressiva de sua própria importância. Ele também é um pequeno tirano que espera sujeitar a orgulhosa Dúnia à sua vontade. Não obstante, Lújin gosta de dizer que partilha "das convicções de nossas gerações mais novas" (v. 6, p. 31 [51]). Raskólnikov encontra-se assim diante de alguém que não só é odioso, mas que também revela a dubiedade moral da mesma lógica utilitarista com a qual ele se comprometera e que lhe causara tanto prejuízo.

Vestido com esmero, Lújin tenta impressionar o maltrapilho mas despreocupado Razumíkhin, que não se deixa atemorizar pela imponente altivez do visitante, declarando sua solidariedade para com "a geração mais nova" e sua aprovação das "obras novas e úteis no lugar das antigas sonhadoras e românticas". Para ele, "existe avanço ou, como dizem hoje, progresso, ainda que seja em prol da ciência e da verdade econômica". Por exemplo, no passado, aceitava-se o ideal de "amar o próximo", e o principal resultado foi que "rasguei o cafetã ao meio, dividi-o com o próximo e ambos ficamos pela metade nus". Agora, ao contrário, a ciência diz que "tudo no mundo está fundado no interesse pessoal". "Logo, ao adquirir única e exclusivamente para mim, precisamente dessa forma eu adquiro como que para todos, e levo a que o próximo receba um cafetã um tanto mais rasgado porém não mais de favores privados isolados e sim como resultado do avanço geral" (v. 6, pp. 115-6 [161, 162]). Compreende-se por que os radicais se irritaram ao ver suas ideias postas na boca de um personagem tão desagradável como Lújin, mas Dostoiévski capta com precisão a confiança deles no egoísmo utilitarista, sua aversão à caridade privada (uma humilhação, para quem a recebe) e sua rejeição da moral cristã do amor e da abnegação (em teoria, se não na prática). Lújin é de uma hipocrisia tão flagrante ao fingir preocupar-se com "meu próximo" que Raskólnikov é forçado a enfrentar a possibilidade de que suas próprias crenças mais caras também pudessem esconder essas finalidades simplesmente egoístas.

A adulação de Lújin é entremeada com uma nova discussão do crime, durante a qual Raskólnikov fica sabendo de detalhes ainda mais humilhantes de seus erros e sua cegueira. Sob pressão das emoções produzidas por esses vislumbres de seu fracasso, ele finalmente intervém no tópico sobre o aumento da criminalidade em meio à classe instruída em particular. Quando Lújin, em busca de uma explicação, começa a falar da "ética [...] e por assim dizer as regras", Raskólnikov corta-lhe a palavra: "Ora, com o que o senhor está preocupado? [...] Saiu segundo a sua teoria! [...] É só dar consequências ao que o senhor acabou de propagar e se concluirá que se pode dar cabo das pessoas" (v. 6, p. 118 [165]). O próprio Raskólnikov, é claro, pusera em prática logicamente a teoria, e quando se reconhece nas palavras de Lújin, indica sua consciência de que as ideias que adotara com tanta pureza de coração poderiam também justificar muito bem (e até melhor) um egoísmo absoluto, um desejo ávido de ganho pessoal e uma inclinação para a dominação sádica. Esse encontro com Lújin rompe por fim o fio que liga o raciocínio utilitarista de Raskólnikov com os seus pretensos objetivos altruístas-humanitários.

Raskólnikov mergulha nas ruas com um sentimento frenético incipiente de "que é preciso terminar tudo *isso* hoje mesmo [...] porque *não queria viver assim*" (v. 6, pp. 120-1 [168]). Uma série de encontros na rua reproduz os da primeira parte, mas revela a mudança de Raskólnikov, sua necessidade de buscar alívio para a solidão de sua culpa e restabelecer laços com a humanidade. Faz uma pausa para ouvir uma cantora de rua e lhe dá uma moeda de cinco copeques, sem considerações utilitaristas. O clímax dessa sequência é o encontro com a prostituta Duclida, que lhe pede seis copeques sem oferecer-lhe seus favores em troca. Outra prostituta a repreende por se rebaixar à mendicância, e essa afirmação grotesca de respeito próprio lembra a Raskólnikov um livro (*Notre-Dame de Paris*, de Victor Hugo) no qual um homem condenado imagina que preferiria viver em uma pequena saliência por mil anos a morrer dentro de algumas horas. "Não importa como viver, mas apenas viver! [...] O homem é um canalha!" (v. 6, p. 123 [172]), pensa ele, com palavras semelhantes à reação que teve ao sair da casa dos Marmeládov e lamentar sua caridade instintiva. Mas ele não é mais a mesma pessoa, e essa reação se converte em piedade por toda a espécie humana em uma pontada de culpa: "E é um canalha aquele que por isso o chama de canalha — acrescentou um minuto depois" (v. 6, p. 123 [172]).

A sensibilidade de Raskólnikov libertou-se agora do jugo da dialética utilitarista, que transformara todos os seus impulsos de compaixão numa atitude de desprezo. Ao mesmo tempo, o componente egoísta do caráter de Raskólnikov não é mais controlado pela miragem de servir uma causa moral; ele atua com o único intento de ajudar sua autodefesa e torna-se um desafio aberto à lei. Este é o momento no livro em que Dostoiévski põe em ação seu *coup de maître* — o golpe de mestre de que havia falado em suas anotações — e começa a desenvolver o "orgulho satânico" de Raskólnikov (v. 7, p. 149), que até esse ponto ficara subordinado à sua pobreza, à enfatização inicial de seus propósitos em maior parte altruístas e à situação desesperada de sua família: "E então, de repente, seu caráter mostrou-se em toda a sua força demoníaca, e todas as razões e motivações para o crime se tornam claras" (v. 7, p. 90).

No café — ironicamente chamado de "Palais de Cristal" — onde vai consultar os jornais em sua busca por autoconhecimento, Raskólnikov se depara com o desconfiado escrevente da polícia Zamiótov, que desconfia dele, e essa ameaça lhe provoca um ataque de raiva. Não consegue resistir a insultar e atormentar Zamiótov com palavras calculadas para alimentar ainda mais suas suspeitas. Para Raskólnikov, seu jogo perigoso com Zamiótov lhe permite reviver o crime em miniatura. O narrador compara o desafio a Zamiótov e o assassinato ao dizer que Raskólnikov "caiu na mesma gargalhada nervosa [...]. E num relance lhe veio a lembrança [...] aquele instante recente em que ele estava atrás da porta de machado em punho, o ferrolho pulava, os dois xingavam e forçavam a porta do outro lado, e de repente ele teve vontade de gritar para eles, xingá-los, estirar a língua, provocá-los, rir, gargalhar, gargalhar, gargalhar!" (v. 6, p. 126 [175]). Esse flashback momentâneo ilumina fortemente o egoísmo feroz e egocêntrico que impulsionara Raskólnikov e esclarece a verdadeira natureza de sua motivação.

Raskólnikov, no entanto, só pode sustentar uma atitude belicosa quando se defronta com uma ameaça concreta à sua liberdade. Sozinho e dolorosamente ciente de seu autoengano, volta a mergulhar num desespero total. Subjugado pelo mesmo sentimento de inclemente desolação que o acossara na delegacia, decide contentar-se com "o metro quadrado de espaço", a vida de ignomínia que se recusara a condenar um pouco antes. Dirigindo-se à delegacia de polícia para confessar, percebe que está passando diante do prédio em que o crime ocorreu e seu retorno sinistramente sonambúlico à cena do assassinato é o clímax de sua necessidade imperiosa de bancar o detetive em relação ao emaranhado confuso de seu ato. Ele fica muito contrariado porque o antigo papel de parede está sendo substituído e tudo foi muito alterado. É como se desejasse reverter o tempo, ou pelo menos deter seu fluxo, e voltar ao começo do que dera tão errado (v. 6, p. 133 [184]). Seu estranho comportamento desperta desconfiança, e ele desafia aqueles que o questionam a ir com ele à delegacia. Por fim, parte sozinho para o último passo, mas enquanto ainda hesita, em meio a um mundo em que "tudo estava surdo e morto como as pedras por onde ele andava, morto para ele, só para ele" (v. 6, p. 135 [187]), outra reviravolta magistral ocorre na história, que mais uma vez inverte o curso da ação. Sua atenção é atraída pela comoção de um acidente, em cuja direção corre e acaba encontrando Marmeládov, moribundo, esmagado sob as rodas de uma carruagem.

Raskólnikov salta em auxílio de Marmeládov e de repente se vê empurrado para um mundo em que sua ansiosa necessidade de estabelecer laços de solidariedade emotiva pode ser amplamente gratificada. Seu crime, cuja intenção era beneficiar a humanidade, o havia separado dos outros por uma parede invisível, mas agora ele derrama todo o seu altruísmo, sem impedimentos causados por reconsiderações utilitaristas, no alívio do terrível destino da família de Marmeládov, cuja miséria Dostoiévski descreve com uma força lacônica quase insuportável. Um agudo contraste também é traçado entre o impulso de Raskólnikov a dar-lhes seu último centavo e os piedosos chavões do padre chamado para realizar a cerimônia fúnebre, cujas palavras rituais de consolo levam a enlouquecida e tuberculosa Katierina Ivánovna a uma fúria desesperada. A gratidão e o afeto dispensados a Raskólnikov abrem as comportas de todos os seus sentimentos cristãos antes reprimidos e ele pede à pequena meia-irmã de Sônia que reze por ele: "Pólietchka, meu nome é Rodion; um dia reze por mim também: 'e o servo Rodion' — mais nada" (v. 6, p. 147 [200]). A necessidade de absolvição, que ele logo procurará através de Sônia, já é evidente aqui. Essa liberação direta de emoções cristãs reprimidas o conduz a uma cura notável da desesperança, e ele é "tomado de uma sensação nova e imensa da vida plena e vigorosa que arremetia. Essa sensação podia parecer-se com a sensação de um condenado à morte a quem súbita e inesperadamente anunciam o perdão" (v. 6, p. 146 [198]). A chegada a Petersburgo da mãe e da irmã de Raskólnikov, no entanto, o mergulha de novo na consciência angustiante de que seu segredo horrível o separou daqueles que mais ama.

Como preparativos para finalmente revelar a íntegra do artigo "Sobre o crime", Dostoiévski começa então a fornecer aqueles aspectos do passado de Raskólnikov que ajudam a esclarecer sua identificação com as pessoas "extraordinárias". Sua mãe, remontando ao passado pré-radical do filho, recorda o plano de esposar a filha da senhoria, apesar, diz ela, "de minhas lágrimas, meus pedidos, minha doença, minha morte talvez de saudade, [...] nossa miséria" (v. 6, p. 166 [228]). A preocupação de Raskólnikov com a família sempre estivera subordinada a um egoísmo imutável de autoafirmação pessoal. Esse egoísmo combinara-se anteriormente com a aceitação sincera dos valores cristãos, o oposto da desumanidade insensível; contudo, o extremismo inato do temperamento de Raskólnikov havia sido evidente, mesmo nesse compromisso. A moça, observa Razumíkhin com alguma perplexidade, "nem era bonita, [...] do tipo enfermiço [...] e estranha" (v. 6, p. 166 [228]). Raskólnikov explica que ela "gostava de dar esmolas aos pedintes, estava sempre sonhando em ir para um convento, [...] Fosse ela coxa ou corcunda, parece que eu teria gostado ainda mais dela... (Sorriu meditativo)" (v. 6, p. 177 [241]). Essas palavras perturbadoras indicam um desejo de abraçar o que os outros achariam repulsivo e sugerem um desejo de se sacrificar que beira o martírio; é como se Raskólnikov visse em sua proposta de casamento uma espécie de ato de autoexaltação, bem como moralmente heroico. Sua conversão ao radicalismo não envolveu nenhuma mudança nos objetivos morais dessas ambições e forneceu uma saída semelhante para seu egoísmo, mas inspirou um heroísmo em termos de princípios utilitaristas. Seis meses depois de enterrar sua noiva, com quem, como conta a Dúnia, havia discutido suas novas convicções, ele escreveu o artigo que expressava essa nova imagem de si mesmo.

É contra esse pano de fundo que Raskólnikov vai ao seu primeiro encontro com Porfíri Petróvitch. O juiz de instrução é muito culto e, como se deparou com o artigo de Raskólnikov e fez indagações sobre o autor, é uma pessoa que acompanha de perto o movimento das ideias contemporâneas. Assim, tem uma compreensão do modo de pensar de Raskólnikov, o que, junto com tudo o que soube por Zamiótov e outros, o convence de que ele é o assassino. Embora Razumíkhin julgue que Porfíri utiliza o "velho método material" de investigação criminal, a verdade é o oposto: ele compreende que a causa do crime de Raskólnikov é, em última análise, "psicológica" (isto é, ideológica) e não pode ser entendida em "termos materiais".

A impossibilidade de amalgamar os escrúpulos da consciência cristã com a imagem anterior de "grandeza" de Raskólnikov é trazida ao primeiro plano quando, já perturbado pelo questionamento de Porfíri, Raskólnikov é subitamente chamado de "assassino" por um operário na rua. A acusação contundente dá o golpe final em seu cambaleante autocontrole. Os pensamentos que agora correm por sua cabeça, numa torrente que soa desconexa, levam ao ápice o processo de enfrentamento de si mesmo que vinha ocorrendo o tempo todo, e os olhos de Raskólnikov se abrem finalmente para a antinomia trágica que acaba por transpassá-lo — não só o quanto estava longe de ter alcançado suas expectativas, porém, mais ainda, como havia sido tolo ao acreditar que poderia vencer quando continuava a agarrar-se ao *propósito moral* de seu pretendido ato. Homens de verdadeira grandeza, como Napoleão, não davam a menor importância a esse propósito e agiam unicamente conforme a crença suprema em seu direito de fazer o que bem entendessem.

> Não, aqueles homens não foram feitos assim; o verdadeiro *soberano*, a quem tudo é permitido, esmaga Toulon, faz uma carnificina em Paris, *esquece* um exército no Egito, *sacrifica* meio milhão de homens na campanha da Rússia e se safa com um calembur em Vilna; e ao morrer é transformado em ídolo — logo, *tudo* lhe é permitido. Não, pelo visto esses homens não são de carne, são de bronze! (v. 6, p. 211 [283-4]).

Raskólnikov agora chama a si mesmo de "piolho" devido à incongruência "estética" entre a pequenez de seu ato ("uma viúva [...] sórdida, descarnada, velha, usurária") e a grandeza da figura cujo nome e destino tinham pairado diante dele como uma estrela-guia ("Napoleão, as pirâmides, Waterloo"). Mas é a constatação de que "passei o mês inteiro incomodando a Providência em sua excelsa bondade, apelando para que testemunhasse que eu não estaria fazendo aquilo com vistas a vantagens materiais, mas a um objetivo magnífico e agradável" — é essa incongruência que o faz exclamar "eu matei um princípio. Foi o princípio que eu matei, mas além eu não fui, permaneci do lado de cá" (v. 6, p. 211 [284-5]). Raskólnikov matara o "princípio" da antiga lei moral que proíbe tirar a vida humana, mas esse propósito e a escolha da vítima mostraram que ele não fora capaz de superar os limites. Ele atribuíra um objetivo moral ao seu desejo de alcançar a "grandeza"; continuara a ser um homem de carne, que não conseguiu se tornar um homem de bronze.

Mas Raskólnikov — embora exclame para si mesmo: "Oh, como agora eu odeio a velhusca! Creio que a mataria de novo se ela ressuscitasse!" — não consegue sustentar essa hostilidade por muito tempo e seus pensamentos suavizam ante as lembranças de Lisavieta e Sônia ("pobres, dóceis, de olhos dóceis"). Sua luta interior acaba então no sonho que encerra a terceira parte, no qual ele tenta sem sucesso livrar-se do fantasma de sua vítima. Revivendo com medo o momento do assassinato, tenta matar de novo Aliona Ivánovna, mas descobre que ela é imune a seus golpes. Encurvada numa cadeira, com a cabeça baixa e o rosto escondido, ela estava "desmanchando-se num riso baixo, silencioso" e simplesmente "se sacode toda às gargalhadas" (v. 6, p. 213 [286-7]), quando ele redobra seus golpes. Ele a assassinara na carne, mas não em seu espírito, e ela continua a assombrar sua consciência. Ele não conseguira tornar-se um dos "grandes homens" que tinham ido completamente além do bem e do mal.

Svidrigáilov emerge das sombras no início da quarta parte, quando Raskólnikov enfim vislumbra a incongruência de tentar pôr um egoísmo todo-poderoso a serviço de fins morais. Materializando-se no quarto de Raskólnikov quase como se fizesse parte da repetição onírica do assassinato, Svidrigáilov parece ser uma aparição; e Raskólnikov pergunta a Razumíkhin se realmente *vira* Svidrigáilov em carne e osso. Nada semelhante ocorrera no caso de Lújin, e o surgimento de Svidrigáilov, por assim dizer, a partir do subconsciente de Raskólnikov sugere que ele deriva de um nível mais profundo da personalidade de Raskólnikov do que Lújin, que encarna suas ideias. Svidrigáilov reflete o impulso elementar do egoísmo, concentrado na monomania de Raskólnikov, que culminara nos assassinatos. Ele agora enfrenta Raskólnikov como alguém que *aceitou* a amoralidade de todo egoísta que, como agora começava a perceber, Raskólnikov se esforçara involuntariamente para encarnar.

Svidrigáilov é um dos personagens mais estranhos e fascinantes de Dostoiévski, uma espécie de monstro do tipo Quasímodo que anseia por se redimir e voltar à normalidade; seu cansaço byroniano significa certa profundidade espiritual, e as contradições de sua personalidade, oscilando entre o mal mais perverso e o bem mais benevolente, talvez possam ser mais bem entendidas em termos byronianos. Ele não é semelhante a uma figura como Lara, de Byron, "que finalmente confundiu o bem e o mal", e cuja suprema indiferença em distingui-los tornou-o igualmente capaz de ambos? Pode-se muito bem dizer de Svidrigáilov:

Too high for common selfishness, he could
At times resign his own for other's good,
But not in pity, nor because he ought,
But in some strange perversity of thought,
That sway'd him onward with a secret pride
To do what few or more would do beside;
And thus some impulse would, in tempting time,
Mislead his spirit equally to crime.[3]*

Desse modo, Svidrigáilov incorpora a mesma mistura de opostos morais e psíquicos que Raskólnikov, mas dispostos numa ordem diferente de dominação. O que rege o homem mais velho é a aceitação consciente de um egoísmo desenfreado que age exclusivamente na busca de prazer pessoal e sensual, mas seus deleites são manchados pela aversão a si mesmo. O que predomina em Raskólnikov são as angústias e o poder da consciência, mesmo em meio a uma luta feroz e egoísta para manter sua liberdade.

Svidrigáilov chega a Petersburgo em perseguição a Dúnia, mas embora finja ser impulsionado pelo prazer da paixão sensual apenas, seu desejo por Dúnia transformou-se agora numa busca da salvação pessoal. O paralelismo da trama com Raskólnikov-Sônia é óbvio e dificilmente se sustentaria se Svidrigáilov fosse um personagem menos complexo. O funcionamento incapacitante de sua autodepreciação pode ser percebido em sua visão de eternidade como um quarto pequeno, "alguma coisa assim como o quarto de banhos da aldeia, enegrecido pela fuligem, com aranhas espalhadas por todos os cantos. [...] Sabe, às vezes me parece que vejo coisas desse tipo", confessa ele a Raskólnikov. Quando este, "com um sentimento dorido", protesta que poderia imaginar algo "mais confortante e mais justo do que isso", Svidrigáilov responde apenas que "talvez isso é que seja justo; mas fique sabendo que eu assim o faria forçosamente, de propósito!" (v. 6, p. 221 [300]). Apesar de toda a sua insensibilidade moral assumida, Svidrigáilov é incapaz

---

* Em tradução livre: "Elevado demais para o egoísmo comum, ele podia/ Às vezes renunciar ao seu próprio bem pelo dos outros,/ Não por piedade, não porque se sentisse obrigado,/ Mas por alguma estranha perversidade de pensamento,/ Que o impelia a avançar com um secreto orgulho/ Para fazer o que poucos ou mais que poucos teriam concebido;/ E assim, algum impulso, num momento de tentação,/ Conduziria seu espírito igualmente ao crime". (N. T.)

de fugir de um sentimento de repugnância por si mesmo, que deseja estender para toda a humanidade.

Dostoiévski, no entanto, reserva-se o pleno desenvolvimento da relação entre Raskólnikov e Svidrigáilov para uma etapa temática posterior. Até agora, Raskólnikov se vê como alguém que, assim como Sônia, assumiu a carga de sofrimento para ajudar a humanidade presa à miséria desamparada, e tenta assim fazê-la considerar o crime *dele* idêntico à violação patética cometida por *ela* da moralidade convencional. Dostoiévski consegue captar a inocência de Sônia em meio à degradação, sua falta de tato e a pureza ardente da fé religiosa. O que ela oferece a Raskólnikov é uma imagem imaculada do amor cristão abnegado que outrora também o estimulara profundamente. Ela é a *realidade existencial* daquele amor pela humanidade sofredora que, quando atado à razão utilitarista da ideologia radical, se pervertera, transformando-se na monstruosidade de seu crime.

Nas cenas entre os dois, Raskólnikov revela o desejo de embelezar seu ato com a auréola do sacrifício cristão de si mesmo. Isso é o que o torna tão suscetível à "compaixão *insaciável* [dela que se manifestou] subitamente em todos os traços de seu rosto"; é o que o faz ajoelhar-se para beijar-lhe os pés, inclinando-se "diante de todo o sofrimento humano" (v. 6, pp. 243, 246 [328, 332]). Mas mesmo quando se rende, dessa maneira, ao exemplo dela, a fé pura de Sônia não deixa de despertar seu desprezo educado. Quando descobre que ela e sua vítima Lisavieta se encontraram para ler juntas o Novo Testamento, ele as chama de *iuródivie* (loucos sagrados, considerados usualmente simplórios, se não dementes), mas sente uma atração irresistível por sua fé inabalável na bondade suprema de Deus — a fé que, contra toda a razão, sustenta Sônia milagrosamente em meio ao vício enquanto luta para ajudar a perturbada Katierina Ivánovna e seus filhos famintos.

Sob o efeito dessa emoção, ele pede a Sônia que leia o exemplar do Novo Testamento dado a ela por Lisavieta. Deseja ouvir o trecho do Evangelho de São João que narra a ressurreição de Lázaro, o qual contém simbolicamente a possibilidade de sua própria ressurreição moral. Em páginas que provocaram uma montanha de comentários, Dostoiévski retrata, com a simplicidade reverente e sombria de uma gravura de Rembrandt, "o toco de vela [que] há muito se extinguia no castiçal torto, iluminando frouxamente naquele quarto miserável um assassino e uma devassa [*bludnítsa*], que se haviam unido estranhamente durante a leitura do livro eterno" (v. 6, pp. 251-2 [338-9]). Dostoiévski usa a palavra *bludnítsa* do eslavo eclesiástico, em vez de um termo mais coloquial, e, desse modo, associa Sônia a Maria Madalena, assim como Raskólnikov se funde a Lázaro. Talvez em nenhum outro lugar chegamos mais perto da relação tortuosamente angustiada de Dostoiévski com a fé religiosa do que na mistura de admiração involuntária e ceticismo consciente com que Raskólnikov reage a Sônia. Mas, no momento em que ele se desvencilha das emoções suscitadas pela leitura do Evangelho, recomeça o conflito de valores entre os dois.

Raskólnikov apela a Sônia, porque apenas para ela pode revelar a verdade — porque também é uma notória pecadora e tornou-se um pária aos olhos da sociedade. É ela, e não a família virtuosa dele, que seria capaz de aceitá-lo sem choque e horror, e até mesmo concordar com seu propósito, se não com seus resultados. "Também ultrapassaste… conseguiste ultrapassar!", diz ele a Sônia (v. 6, p. 252 [339]). Mas a verdade é exatamente o oposto: Raskólnikov desejara "ultrapassar", mas não conseguira porque fora prejudicado pelos restos de sua consciência moral. Sônia não desejara de forma alguma "ultrapassar", e transgredira a lei moral contra a sua vontade e desejo. Apesar de toda a sua degradação, Sônia está dilacerada porque seu pecado foi redimido pela pureza de seu sacrifício. É essa diferença que Raskólnikov tenta desesperadamente apagar quando diz, num sofisma flagrante, que "cometeste um suicídio, arruinaste a vida… a *própria* (tanto faz!)". De um lado, temos a ética do ágape cristão, do sacrifício total, imediato e incondicional do eu que é a lei da existência de Sônia (e valor mais alto do próprio Dostoiévski): do outro, a ética utilitarista racional de Raskólnikov, que justifica o sacrifício de *outros* em nome de um bem social maior.[4]

A atitude de Raskólnikov nessa cena, na qual pede a Sônia que una seu destino ao dele ("Nós dois juntos somos malditos, então vamos seguir juntos!"), é uma mistura incoerente que reflete uma nova fase de sua luta moral e psíquica. Depois de solapar a esperança de Sônia de que Deus protegerá a pequena Pólietchka do destino da irmã mais velha ("mas pode ser que Deus absolutamente não exista — respondeu Raskólnikov até com certa maldade"), ele ilustra o horror dessa perspectiva ao referir-se às crianças como "a imagem de Cristo" e citar os Evangelhos: "Delas é o Reino de Deus". Quando Sônia, chorando histericamente e torcendo as mãos, pergunta "então o que fazer?", ele responde: "Esmagar o que for preciso, uma vez por todas, e só: assumir o sofrimento!". Essa aceitação do sofrimento, no entanto, é logo contraposta por uma afirmação mais despótica do egoísmo do que qualquer outra que já expressou conscientemente até agora: "O quê? Não estás entendendo? [...] A liberdade e o poder, principalmente o poder! Sobre toda a canalha trêmula e todo o formigueiro... Eis o objetivo!", ele diz à desnorteada Sônia (v. 6, pp. 252-3 [340]). Desse modo, ele revela sem querer a verdade sobre si mesmo que começou a penetrar-lhe a consciência.

O ponto culminante da cena escandalosa que se segue ao velório de Marmeládov prepara o caminho para uma intensificação do confronto moral entre Sônia e Raskólnikov em seu próximo encontro, após a ruidosa celebração. Lújin, tentando incriminar Sônia, esconde dinheiro no bolso dela e a acusa de roubo; Raskólnikov aproveita-se do incidente para mais uma vez justificar-se. Se Sônia pudesse escolher, pergunta ele, ela decidiria que "Lújin deve continuar vivendo e praticando suas torpezas", mesmo que isso significasse a ruína de Katierina Ivánovna e das crianças? Ao que a perturbada Sônia só pode responder, com a penetração instintiva de sentimento moral não corrompido: "Ora, acontece que eu não posso conhecer as intenções da Divina Providência... [...] Como pode acontecer que isso venha a depender de decisão minha? E quem me pôs aqui de juiz para decidir quem deve viver, quem não deve?" (v. 6, p. 313 [417]). Sem desafinar, Dostoiévski retrata a ignorante Sônia contrapondo-se a Raskólnikov com o argumento de que nenhum ser humano pode arrogar-se o poder sobre a vida humana tradicionalmente exercido apenas por Deus.

Essa resposta é o prelúdio da confissão final de Raskólnikov, o que ele faz a Sônia, ao mesmo tempo que alterna sentimentos de ódio e amor — e quando por fim compreende a verdade, que ele é incapaz de traduzir em palavras, ela se joga em seus braços e exclama, com total identificação: "O que o senhor fez [...] contra si próprio! [...] Não, agora não há ninguém mais infeliz do que tu neste mundo!" (v. 6, p. 316 [420]). Mas quando Sônia promete segui-lo à prisão, ele recua e seu egoísmo ressurge, o "orgulho satânico" desencadeado em sua personalidade primeiro por suas ideias e, depois, pelo crime e suas consequências.

A batalha de Raskólnikov para explicar a causa de seu crime não só para Sônia mas — mais importante — para si mesmo é comparável em força poética a alguns dos solilóquios finais de Shakespeare. Raskólnikov sabe, a essa altura, que todas as razões para o crime que apresentara para si mesmo são falsas e admite, por fim: "Aliás estou mentindo, Sônia [...] faz tempo que ando mentindo... [...] As causas são inteiramente, inteiramente, inteiramente outras!" (v. 6, p. 320 [425]). Ele agora sabe que esse "credo" de que o poder poderia por si só resolver as coisas não fora o seu ponto de partida e então muda, com um sarcasmo voltado contra si mesmo, para uma descrição da luta interior com sua consciência, cujos valores ainda acreditava estar seguindo, mesmo quando pensava no assassinato. Seu fracasso se tornou inevitável apenas porque foi acometido pela questão de saber se "tenho ou não o direito de ter poder?" ou se "o homem é um piolho?". "E se eu passei tantos dias sofrendo por saber: Napoleão o faria ou não? — então eu percebia claramente que não sou Napoleão" (v. 6, p. 321 [427]).

Foi "a agonia daquela batalha de ideias" que impeliu finalmente Raskólnikov a se livrar de tudo. Com a sabedoria da visão retrospectiva, ele abre caminho para um entendimento da compulsão que estivera agindo em — e através de — sua monomania. "Sônia, eu quis matar sem casuística, matar só para mim, só para mim!" O verdadeiro objetivo de Raskólnikov era apenas testar "se sou um piolho como todos, ou um homem? [...] Sou uma besta trêmula ou tenho o *direito de*". Ele afasta toda e qualquer motivação exceto testar sua própria força: "Eu não matei para obter recursos e poder, para me tornar um benfeitor da humanidade. Absurdo! eu simplesmente matei [...] quanto a eu vir a ser benfeitor de alguém ou passar a vida inteira como uma aranha, arrastando todos para a rede e sugando a seiva viva de todos, isso, naquele instante, deve ter sido indiferente para mim! [...] Agora eu sei tudo isso". O verdadeiro objetivo de Raskólnikov era apenas testar "se eu tenho o *direito*" (v. 6, pp. 321-2 [427-8]). Com essas palavras culminantes, a compreensão de Raskólnikov afinal coincide com o que Dostoiévski vinha comunicando, em termos dramáticos, havia muito tempo.

Esse ato de autorreconhecimento, no entanto, não persuade Raskólnikov a aceitar a ordem de Sônia: "Vai agora, neste instante, para em um cruzamento, inclina-te, beija primeiro a terra, que tu profanaste, e depois faz uma reverência a todo este mundo [...] e diz a todos em voz alta: 'Eu matei!'" (v. 6, p. 322 [428]). Muito pelo contrário, embora admitindo o egoísmo puro que o motivara "naquele momento", ele se recusa a imaginar entregar-se às autoridades legais, que representam para ele o mesmo egoísmo amoral atuante numa escala muito maior. A natureza autocontraditória das forças que motivaram Raskólnikov, da qual somente agora ele tem plena consciência, o humilharia ainda mais aos olhos da lei. "O que é que vou dizer: que matei, mas não me atrevi a ficar com o dinheiro, que o escondi debaixo de uma pedra? — acrescentou ele com um risinho sarcástico. — Pois bem, eles mesmo vão zombar de mim, e dizer: é burro por não ter ficado com o dinheiro. Covarde e burro!" (v. 6, p. 323 [429]). Desse modo, Raskólnikov decide continuar lutando por sua liberdade.

★ ★ ★

A confissão de Raskólnikov a Sônia é o ponto culminante de sua busca de autoconhecimento. A partir desse ponto, a ação do romance se orienta mais para o futuro do que para descobrir o sentido do passado, e sua estrutura temática está bem definida nos cadernos de anotações de Dostoiévski: "Svidrigáilov — o cinismo mais desesperado. Sônia — a esperança mais irrealizável. [...] [Raskólnikov] ligou-se apaixonadamente a ambos" (v. 7, p. 204). Essas são as alternativas entre as quais ele oscila, sabedor de que Svidrigáilov, que escutou às escondidas a confissão a Sônia, está a par de seu segredo. Ambos estão cientes de que ele é um assassino, e cada um deles, com efeito, indica um caminho oposto ao longo do qual pode escolher decidir seu destino.

Sônia, embora espere compartilhar seu destino, só pode imaginar um futuro em que ele aceite, de bom grado, a punição. Seus apelos são reforçados por Porfíri Petróvitch, que fala com franqueza em sua entrevista final com Raskólnikov. A fala de Porfíri serve para ressaltar tanto o contraste sociocultural como a semelhança entre o extremismo do intelectual radical Raskólnikov e o camponês sectário Nikolai (o operário falsamente suspeito do assassinato), que vem de uma família de *begúni* e que, sob a orientação espiritual de um ancião (*stárietz*) por dois anos, "estava tomado de fervor, à noite rezava a Deus, lia livros antigos, 'verdadeiros', e tresleu" (v. 6, p. 347 [464]). Raskólnikov também havia "treslido", mas Nikolai está pronto a aceitar o sofrimento para expiar seu próprio pecado e o do mundo, ao passo que Raskólnikov, embora sofrendo as agonias da consciência, ainda não consegue seguir seus preceitos. É por isso que, como Porfíri declara, seu crime "é uma coisa fantástica, sombria, atual, um incidente da nossa época, em que o coração do homem está perturbado. [...] Aqui vemos sonhos tirados de livros, aqui vemos um coração exasperado por teorias". Aqui vemos alguém que "matou, mas se considera um homem honrado, despreza as pessoas, anda por aí como um anjo pálido" (v. 6, p. 348 [465-6]). O próprio Raskólnikov é o assassino, Porfíri afirma com brandura, e exorta-o a confessar-se voluntariamente nas melhores condições possíveis — isto é, de modo a libertar um homem inocente e assim obter a boa vontade e a leniência do tribunal. Além disso, Porfíri informa a Raskólnikov, ele encontrou uma prova material e planeja prendê-lo em poucos dias.

Nessa parte final, a atenção de Raskólnikov se volta para Svidrigáilov. O passado deste é envolto numa nuvem de rumores atrozes e ele era, como Raskólnikov conclui, "pelo visto devasso ao extremo, forçosamente finório e enganador, talvez muito mau". Ele se recusa a ver alguma conexão entre o passado sinistro de Svidrigáilov e seus próprios crimes, e acredita — o que é obviamente verdade — que "nem o crime poderia ser o mesmo nos dois". Ao mesmo tempo, podemos vê-lo "precipitando-se ao encontro de Svidrigáilov" e de alguma forma "esperando dele alguma coisa *nova*, indicações, uma saída" (v. 6, p. 354 [472-3]). Trata-se, afinal de contas, da única pessoa que sabe que Raskólnikov é culpado e não o instou a confessar; com efeito, ele parece completamente despreocupado, divertido, em vez de chocado, e é através desse sarcasmo que Raskólnikov sente que poderia, talvez, oferecer "uma saída". Mas apesar de toda a sua pretensa indiferença à moralidade, o rechaço que sofre de Dúnia rompe o último fio que o liga à existência, e essa cena é seguida pelas últimas horas anteriores ao seu suicídio, durante o qual os "ratos do porão" (v. 6, p. 392 [513]) de seu próprio passado emergem de seu subconsciente em vários sonhos. Para ele, não resta mais inocência natural no mundo; tudo o que toca se transforma na corrupção do vício desavergonhado. Com essa consciência de sua danação em vida, Svidrigáilov atira em si mesmo.

O relato zombeteiro e provocativo que Svidrigáilov fez de seus flertes sexuais revoltara Raskólnikov, e seus sorrisos escarninhos diante das censuras de Raskólnikov fizeram o assassino perceber que perdera o direito de se distinguir moralmente de seu interlocutor despudorado. Assim, Raskólnikov decide ceder às súplicas de Sônia e seguir o conselho de Porfíri. Vai visitar sua mãe para um último adeus e, quando ela o abençoa com o sinal da cruz, "seu coração pareceu amolecer de uma vez. Ele caiu diante dela, ele lhe beijou os pés, e os dois choraram abraçados" (v. 6, p. 397 [522]). Com Dúnia, no entanto, ele tem um último acesso de orgulho e se rebela contra reconhecer que tenha cometido algum "crime". O que descobriu com seu fracasso foi apenas sua própria fraqueza, sua própria incapacidade de dominar *completamente* sua consciência, pondo-a a serviço de sua "ideia". Mas seu fracasso não era uma refutação dessa "ideia", na qual ainda não conseguia ver nenhuma falha lógica; não havia grande razão para que um verdadeiro "grande homem", imperturbável e seguro em seu direito absoluto de ultrapassar os limites morais existentes, não pudesse *também* ser um "benfeitor da humanidade". "Eu mesmo queria o bem das pessoas e faria centenas, milhares de coisas boas em vez dessa tolice." Seu fracasso era puramente pessoal: "Mas eu, eu não segurei nem mesmo o primeiro passo, porque sou um patife! Eis em que consiste tudo!" (v. 6, p. 400 [526]). Ele se colocara na categoria errada, e esse erro de julgamento trágico a respeito de si mesmo não tem nada a ver com a validade ou a justiça de sua crença inabalável.

No último capítulo, Raskólnikov se inclina e beija a terra no Mercado de Feno, como Sônia o aconselhara, em um gesto de arrependimento típico dos *raskólniki*, e é recebido com os risos e gracejos das pessoas que pensam que ele está bêbado ou prestes a embarcar como peregrino para a Terra Santa. Em seguida, vai confessar o crime ao tenente Pólvora, para não sofrer a humilhação de entregar-se a Porfíri, e escuta então, em meio a um fluxo amistoso de conversas sobre vários modismos radicais, que Svidrigáilov se matara na noite anterior. Raskólnikov fica tão abalado que sai cambaleando em direção ao pátio sem dizer uma palavra, mas lá estava Sônia, cujo rosto "exprimia alguma coisa mórbida e atribulada, alguma coisa desesperada" (v. 6, p. 409 [539]), e ele retorna para fazer a confissão. Seu destino e o de Svidrigáilov formam assim um paralelo contínuo até o fim.

Conforme a tradição do romance do século XIX, Dostoiévski acrescenta um epílogo que acompanha a vida dos personagens principais para além dos limites da ação do enredo. O principal objetivo do epílogo é oferecer uma perspectiva do autor sobre as principais questões temáticas que, segundo ele, precisam de reforço ou conclusão. Uma dessas questões é o papel decisivo que deve ser atribuído ao efeito das ideias de Raskólnikov sobre sua psique. Essas ideias, ao provocar sua monomania, haviam proporcionado, em última análise, a força motivadora para o crime; e o epílogo aponta, mais uma vez, para a posição central que ocupam no romance. Outra questão é a distância ainda existente entre as emoções morais e psíquicas que levaram Raskólnikov à confissão e sua duradoura crença na validade de suas ideias, a despeito de sua derrota pessoal.

O leitor sabe que o chamado "arrependimento sincero" de Raskólnikov é, na verdade, um sentimento esmagador de derrota, e a depressão que marca seu comportamento no campo de prisioneiros da Sibéria, onde rejeita até mesmo o esforço de Sônia para confortá-lo, não é consequência da dureza de seu destino, mas do colapso da crença em si mesmo. Adoece por um longo tempo, mas "era de orgulho ferido que estava doente". O que o tortura é que não consegue ver defeito em sua teoria, mas apenas em si mesmo: "Sua consciência obstinada não descobriu nenhuma culpa especialmente terrível no seu passado, a não ser uma simples *falha* que podia acontecer a qualquer um". Incapaz de encontrar algum erro em suas ideias, não podia, então, ver valor no "sacrifício constante com o qual nada conseguiria" que havia aceitado. É claro que havia cometido uma perversidade, mas

> O que quer dizer a palavra "perversidade"? Minha consciência está tranquila. É claro que foi cometido um crime comum; é claro que foi violada a letra da lei e derramado sangue, mas tome a minha cabeça por letra da lei... e basta! Claro, neste caso até muitos benfeitores da humanidade, que não herdaram mas tomaram o poder, deveriam ser executados ao darem os seus primeiros passos. No entanto, aqueles homens aguentaram os seus passos e por isso *estavam* certos, mas eu não aguentei e, portanto, não tinha o direito de me permitir esse passo. (v. 6, pp. 416-7 [553-4])

Assim, Raskólnikov acredita que não há nada *inerentemente* incompatível entre a conquista brutal do poder por uma "pessoa extraordinária", que nunca questiona por um momento sequer que seu ego é superior a todas as leis morais, e a possibilidade de que essa pessoa se torne, em seguida, um "benfeitor da humanidade".

Para resolver esse dilema temático, Dostoiévski recorre ao famoso sonho final de Raskólnikov, o sonho no qual ele vê "o mundo todo [...] condenado ao sacrifício de uma peste terrível, inédita e inaudita, que marchava das profundezas da Ásia sobre a Europa". Esse sonho, como todos os outros do livro, emerge das profundezas de sua psique moral e emotiva e, como eles, é a reação de sua consciência às suas ideias. Sua lógica não é respondida por nenhum tipo de refutação racional, mas pela visão de seu subconsciente horrorizado (que em Dostoiévski geralmente é moral, como também o é em Shakespeare). O sonho representa nada menos que a universalização da doutrina das "pessoas extraordinárias" de Raskólnikov, na qual *todos* tentam colocá-la em prática. As pessoas atacadas pela peste se tornavam "endemoninhadas e loucas", ao mesmo tempo que acreditavam ter alcançado novos níveis de sabedoria e compreensão de si mesmas: "Nunca as pessoas se haviam considerado tão inteligentes e inabaláveis na verdade como se consideravam os contaminados. Jamais consideraram nada mais inabalável que as suas sentenças, as conclusões científicas, as suas convicções morais e crenças". A doença permite que cada pessoa preserve as "convicções morais" e inspira um desejo de iluminar os outros com a verdade dessas convicções, de modo a tornar-se um benfeitor da humanidade: "Cada um pensava que nele e só nele se resumia a verdade, e atormentava-se ao olhar para os outros" (v. 6, pp. 419-20 [556-7]).

Mas a certeza de cada ego em sua própria infalibilidade e a segurança e a autoridade absolutas conferidas por essa certeza levam ao rompimento de todas as normas e valores comuns. "Não sabiam quem e como julgar, não conseguiam combinar o que chamar de o mal, o que de bem" (v. 6, p. 420 [557]). Nenhuma forma de coesão social poderia resistir ao contágio da peste, a qual elimina, assim, a base implícita de consenso sobre qual a sociedade humana se baseia, e o resultado final é o caos social total. Aqui vemos Dostoiévski destruindo os últimos resquícios da convicção de Raskólnikov de que um egoísmo supremo poderia ser combinado com consequências socialmente benévolas. Suponhamos que todos fossem "pessoas extraordinárias": o resultado seria o mundo hobbesiano do pesadelo febril de Raskólnikov, a guerra de todos contra todos. Esse é o mundo da sociedade ocidental tal como Dostoiévski descrevera em *Notas de inverno*, o mundo no qual "o princípio [...] da autodeterminação em seu próprio Eu, da oposição deste Eu a toda a natureza e a todas as demais pessoas, na qualidade de princípio independente e isolado, absolutamente igual e do mesmo valor que tudo que existe além dele" (v. 5, p. 79 [133]). Não é somente igualdade que cada ego reclama agora, mas também superioridade absoluta; e essa é a peste que veio da Europa para a Rússia, para infectar a intelectualidade radical, a praga de uma amoralidade moral baseada no egoísmo e culminando numa forma de autodeificação. Desse modo, Dostoiévski usa a técnica típica de sua imaginação escatológica para dramatizar todos os perigos implícitos da nova ideologia radical.

O sonho de Raskólnikov proporciona um clímax impressionante para o principal tema ideológico do livro e é, com efeito, seu final apropriado. Também eficaz é a crescente necessidade que Raskólnikov sente de Sônia após a ruína de seu sonho; ela lhe oferece não só um meio de renovar a sua vida pessoal, mas talvez também uma maneira de conseguir algum tipo de assimilação ao povo (os presos camponeses se recusam a aceitá-lo como um verdadeiro cristão). Nas páginas finais, no entanto, pouco antes de Raskólnikov atirar-se aos pés de Sônia para abraçá-la e chorar, ele está sentado na beira do rio, olhando para a estepe, onde vê as tendas de nômades à distância. Era como se o tempo tivesse parado, "como se ainda não tivessem passado o século de Abraão e o seu rebanho" (v. 6, p. 421 [558]), a época da fé imperturbada. É somente depois que essa comparação lhe ocorre que ele se volta para Sônia, mas Dostoiévski sabia que Raskólnikov não poderia tornar-se outra Sônia ou voltar ao "século de Abraão", e que seria uma tarefa desencorajadora encontrar uma imagem artística adequada de um possível novo Raskólnikov. Essa tarefa dificilmente poderia ser realizada em suas breves páginas de conclusão e, assim, o epílogo, se não é um fracasso como um todo, deixa os leitores com um invariável sentimento de insatisfação. É claro que o próprio Dostoiévski tinha consciência disso, e seu narrador diz que a "renovação gradual" de Raskólnikov "poderia ser o tema de um novo relato" (v. 7, p. 422 [561]), tema que continuaria a preocupar Dostoiévski pelo resto de sua vida, pois o veremos voltar várias vezes ao desafio de criar um Raskólnikov regenerado — isto é, de criar um membro da sociedade russa extremamente instruído e espiritualmente desenvolvido que domina seu egoísmo e sofre uma autêntica conversão a uma moral cristã do amor.

35. "Um pequeno diamante"

A publicação de *Crime e castigo*, que causou ainda mais sensação que *Recordações da casa dos mortos* cinco anos antes, marcou uma nova era na carreira literária de Dostoiévski. Ele se encontrava de novo na vanguarda da literatura russa, e agora estava claro que ele, Turguêniev e Tolstói competiam pelo título de maior romancista russo. Os capítulos finais do romance foram concluídos com a ajuda de Anna Grigórievna Snítkina, a taquígrafa que trabalhara com ele em *O jogador*, e nessa época uma grande mudança também ocorreu em sua vida pessoal. Ele propôs casamento a Anna e ela aceitou.

A encantadora história do encontro e namoro dos dois, narrada em *Memórias* [*Reminiscences*], obra que foi editada e publicada após a morte de Anna, é um dos episódios mais luminosos de uma vida praticamente restrita a tristezas e infortúnios.[1] Dificuldades e sofrimentos continuariam a afligir Dostoiévski e sua nova esposa a torto e a direito, em particular nos primeiros anos do casamento, quando viveram no exterior. Mas, graças às admiráveis qualidades morais e ao robusto bom senso de Anna Grigórievna, o errático e turbulento Dostoiévski conseguiria afinal ter aquela existência familiar relativamente tranquila que tanto invejava nos outros.

A jovem atraente e reservada que apareceu no apartamento de Dostoiévski às onze e meia da manhã de 4 de outubro de 1866, preparada para anotar o ditado, vinha de uma família de origem ucraniana e sueca que vivia com certo conforto. Anna fora criada num ambiente familiar austero, mas, de acordo com seu próprio relato, harmonioso, em que os filhos (tinha uma irmã mais velha e um irmão mais moço) eram bem tratados. "A vida em nossa família era tranquila, comedida e serena, sem brigas, dramas ou catástrofes."[2] Entre os nove e os doze anos, ela frequentou uma escola na qual, com exceção das aulas de religião, toda a instrução era dada em alemão, e sua fluência nessa língua foi de muita ajuda quando o casal Dostoiévski morou na Alemanha nos primeiros anos de seu casamento. Anna também cresceu no período em que o ensino superior começou a se tornar disponível para as mulheres russas. A primeira escola secundária feminina abrira em Petersburgo, em 1858, e Anna entrou no outono do mesmo ano, formando-se com honras em 1864. O primeiro Instituto Pedagógico para mulheres foi inaugurado em 1863 e Anna, entusiasmada, entrou no outono do ano seguinte. "Naquela época", escreve ela, "surgira um interesse apaixonado pelas ciências naturais na sociedade russa, e eu também sucumbi à tendência. [...] Matriculei-me no departamento de matemática e física da escola."[3] Mas logo descobriu que as ciências não eram o seu forte. Do que mais gostava era das palestras brilhantes sobre literatura russa do professor V. V. Nikólski, que frequentava assiduamente.

Nessa época, o pai de Anna ficara doente, e estava claro que não se recuperaria. Ao abandonar a escola para ajudar a cuidar dele, ela demonstrou um senso de dever e uma capacidade de submissão que marcariam sua conduta como esposa de Dostoiévski. Quando se deparou com o anúncio de um curso de estenografia ministrado à noite, após a hora de dormir do pai, matriculou-se com o encorajamento dele, mas achou o trabalho difícil e só continuou graças à insistência paterna. A morte dele foi um acontecimento tão arrasador que ela interrompeu o curso, mas o bondoso professor Olkhin continuou a trabalhar com ela por correspondência. Quando pediram a ele que indicasse uma estenógrafa para ajudar o famoso escritor Dostoiévski, Olkhin pensou de imediato na jovem e determinada Anna.

Naturalmente, Anna ficou entusiasmada com a chance de ter seu primeiro emprego, o que, para uma mulher daquela época, constituía um evento importante. Sua primeira missão, que marcaria "minha transformação de estudante numa praticante independente da minha profissão escolhida",[4] seria trabalhar

21. *Anna Grigórievna Dostoiévskaia, por volta de 1863.*

com um escritor cujos livros ela admirava e por quem fora profundamente influenciada. Anna e sua irmã disputavam os números de *O Tempo* que eram comprados todos os meses, e, com quinze anos, Anna desfez-se em lágrimas ao ler os fascículos de *Humilhados e ofendidos*. Sentiu-se tocada particularmente pelo narrador, o sensível mas infeliz Ivan Petróvitch, cujo destino deplorável identificou ao do autor. Mais tarde, disse ao marido que se apaixonara por ele, disfarçado naquele personagem, desde aquela época. Mais recentemente, lera *Crime e castigo*, e ao entrar no apartamento em que Dostoiévski residia, "lembrei-me na mesma hora da casa [...] onde vivera Raskólnikov".[5]

O apartamento em que Anna entrou tinha mobília esparsa, com exceção de dois grandes e belos vasos chineses colocados no estúdio de Dostoiévski (restos de seus anos na Sibéria). O escritório em si ela achou "escuro e silencioso; e sentia-se uma espécie de depressão naquela escuridão e naquele silêncio". A primeira pessoa que viu, além da criada, foi um jovem semivestido "com cabelos desgrenhados e camisa aberta no peito", que surgiu de um quarto ao lado e logo desapareceu quando a avistou.[6] Anna, para seu pesar, viria a conhecer Pável Issáiev muito bem quando se tornou sua madrasta. Dostoiévski enfim apareceu, mas também saiu rapidamente da sala para pedir chá, deixando Anna a ruminar sobre suas impressões. Ele lhe pareceu bastante velho, à primeira vista, mas quando voltou e começou a falar, de repente "ficou mais jovem".

> O cabelo castanho, levemente tingido de vermelho, estava cheio de brilhantina e alisado com esmero. Mas foram seus olhos que realmente me impressionaram. Não eram iguais — um era castanho-escuro, enquanto o outro tinha a pupila tão dilatada que não se podia ver a íris. [Dostoiévski caíra recentemente durante um ataque epiléptico e machucara o olho direito — J. F.] Essa dessemelhança dava a seu rosto uma expressão enigmática. Seu semblante [era] pálido com aparência doentia. [...] Vestia uma jaqueta de algodão azul, um tanto gasta, mas com gola e punhos branco-neve.[7]

Dostoiévski, que concordara em trabalhar com uma estenógrafa somente como último recurso, estava nervoso e perturbado, sem saber como tratar essa nova e invasiva presença. Fumava sem parar, apagando um cigarro e acendendo outro antes mesmo de terminar o primeiro; a certa altura, ofereceu um a Anna. É claro que, em meados do século XIX, damas não fumavam — pelo menos em público —, mas também não trabalhavam como estenógrafas nem visitavam desacompanhadas apartamentos de estranhos. Ao oferecer-lhe um cigarro, Dostoiévski indicava que pensava que Anna poderia ser uma niilista completamente emancipada à la Kúkchina, personagem de *Pais e filhos*, de Turguêniev, que estava sempre tirando baforadas de um cigarro. Quando Anna recusou, ele perguntou se estava fazendo isso apenas por delicadeza. "Apressei-me a assegurar-lhe", escreve ela, "que não só não fumava, como nem sequer gostava de ver outras mulheres fumando."[8] Pouco mais tarde, ele disse a Anna que "ficara agradavelmente surpreso com o meu conhecimento do comportamento correto. Ele estava acostumado a encontrar mulheres niilistas na sociedade e observar o comportamento delas, o que lhe causava indignação".[9]

Passado esse momento constrangedor, Dostoiévski continuou a conversar, mas de forma desanimada. A observadora Anna aponta que "ele parecia exausto e doente" e tinha dificuldade em pôr em ordem seus pensamentos; perguntou-lhe várias vezes seu nome e o esquecia momentos depois. Esses lapsos de memória eram frequentes após as crises e, com uma franqueza que surpreendeu Anna, contou-lhe que sofria de epilepsia e tivera um ataque poucos dias antes. Por fim, lembrando-se do motivo da presença dela, leu-lhe um trecho de *O Mensageiro Russo*, do qual ela tomou nota e transcreveu, e ele corrigiu dois pequenos erros de forma um tanto brusca. Após a primeira tentativa de ditado, no entanto, ele caminhou pela sala por algum tempo mergulhado em seus pensamentos, "como se ignorasse a presença [de Anna]" e, em seguida, desistiu totalmente de tentar se concentrar. Dizendo a Anna que não estava em condições de trabalhar, pediu-lhe que voltasse às oito horas da noite, quando começaria a ditar seu romance.[10]

Ao voltar naquela noite, Dostoiévski começou por oferecer-lhe chá e bolos, como fizera antes, perguntou de novo o nome dela e ofereceu-lhe um cigarro, totalmente esquecido, ao que parece, do que ocorrera algumas horas antes. Como acontecia muitas vezes quando desejava estabelecer alguma intimidade com outras pessoas, Dostoiévski começou a falar sobre seu passado, evocando vividamente sua prisão e a execução simulada. Enquanto a jovem e impressionável Anna ouvia com enlevo reverente, ele descreveu todos os detalhes, então ainda envoltos em lenda, estendendo-se em algumas de suas emoções da época. "Como minha vida me pareceu preciosa, quanta coisa bela e boa eu poderia ter feito!" Foi só mais tarde que Anna veio a entender os motivos dessa franqueza desconcertante. "Naquela época, Fiódor Mikháilovitch estava completamente sozinho e cercado por pessoas que lhe eram hostis. Ele sentia demais a necessidade de partilhar seus pensamentos com aqueles que lhe pareciam amáveis e interessados nele."[11]

Por fim, Dostoiévski começou a ditar os parágrafos de abertura de *O jogador*, mas logo parou e Anna foi para casa transcrever o texto. No dia seguinte, ela chegou meia hora atrasada e o encontrou muito agitado. Pensara que ela talvez não voltasse e ele teria perdido não apenas uma estenógrafa, mas também o pequeno fragmento do manuscrito que conseguira compor! Cada página era preciosa para ele, porque, como explicou, concordara em entregar um romance no primeiro dia de novembro, "e ainda nem elaborei um plano para ele". Foi assim que Anna tomou conhecimento do perigoso dilema de Dostoiévski. "O comportamento de Stellóvski", escreve ela, "fez meu sangue ferver", e decidiu fazer tudo que estivesse ao seu alcance para ajudar a potencial vítima a se livrar de suas garras. O fato de ficar sabendo dos detalhes ameaçadores da precária situação prática do escritor só reforçou o sentimento que ele lhe havia inspirado na noite anterior. "Foi a primeira vez que conheci um homem assim: sábio, bom, mas infeliz, aparentemente abandonado por todos. E nasceu em mim um sentimento de profunda piedade e comiseração."[12]

No segundo dia, Dostoiévski começou a ditar com mais determinação, mas "era obviamente difícil para ele envolver-se no trabalho. Parava muitas vezes, refletia sobre as coisas e me pedia para reler o que já ditara".[13] Depois de uma hora, sentiu-se cansado, decidiu repousar, e retomou a conversa com Anna. Esquecendo-se mais uma vez de seu nome e oferecendo-lhe distraidamente um cigarro, ele se animou bastante quando ela começou a perguntar-lhe sobre escritores russos contemporâneos. Sobre Nekrássov, "disse sem rodeios que era um trapaceiro, um terrível jogador, alguém que fala sobre os sofrimentos da humanidade, mas que anda em torno de si mesmo numa carruagem com cavalos trotadores". Mencionou Turguêniev, "um talento de primeira linha, mas lamentou que, em virtude de sua longa permanência no exterior, perdera um pouco de sua compreensão da Rússia e do povo russo".[14] Dostoiévski confirmaria essa opinião um ano depois, diante da publicação de *Fumaça*, o romance mais amargamente condenatório de todos os de Turguêniev sobre sua terra natal.

Estimulado pela fria determinação de Anna, Dostoiévski estabeleceu uma rotina regular. Anna chegava a sua casa todos os dias ao meio-dia e ficava até às quatro da tarde. "Durante esse tempo, tínhamos três sessões de ditado de meia hora ou mais e, entre ditados, tomávamos chá e conversávamos."[15] Dostoiévski, como Anna notou, estava agora muito mais calmo quando ela chegava e ficava cada vez mais alegre, à medida que as páginas se empilhavam; ela estimou que o manuscrito estaria pronto para entrega na data combinada.

O estado de ânimo de Dostoiévski também melhorou quando, em meio ao isolamento total, começou a derramar seu coração para uma ouvinte ávida, atenta e devotadamente compreensiva. "Todos os dias, conversando comigo como amigo, ele desnudava alguma cena infeliz de seu passado. Eu não podia evitar de me sentir profundamente tocada por seus relatos das dificuldades das quais ele nunca conseguira desembaraçar-se e, com efeito, não poderia." A cada dia, também, sua atitude com Anna, cujo nome não mais esqueceu, tornou-se mais amável, mais afetuosa, mais pessoal. "Muitas vezes, ele me chamava de '*golúbtchik*'" (ou "pombinha", sua expressão preferida de afeição), e em resposta às perguntas de Anna contava muitos detalhes de sua vida passada.[16] Desse modo, as conversas começaram a voltar-se cada vez mais para questões relativas à difícil situação atual dele e seu estado de espírito deprimido, afogado como estava em dívidas e lutando para fazer face às despesas. Anna notou a agrura a que ele chegara quando os vasos chineses desapareceram de repente e as colheres de prata do aparelho de jantar foram substituídas por outras de madeira. Ele explicou que os objetos tinham sido penhorados para pagar algumas dívidas prementes com credores, que não podiam mais ser proteladas.

Dostoiévski começou também a contar para Anna alguns detalhes de sua vida sentimental mais recente — como sua atração por Anna Kórvin-Kriukóvskaia e o suposto compromisso com ela. Ele floreou a história, fazendo do noivado um fato; sem dúvida, queria insinuar que uma jovem extremamente desejável *podia* concordar em ligar sua vida à dele. De acordo com essa versão dos fatos, havia liberado a outra Anna de sua promessa apenas porque a divergência acentuada de seus pontos de vista sociopolíticos excluía a possibilidade de ser feliz. Em *Memórias* nada é dito sobre Súslova, mas os diários revelam que Dostoiévski mostrou seu retrato a Anna, e quando esta disse que se tratava de uma "beleza notável", Dostoiévski observou com desprezo que ela mudara muito nos últimos seis anos.[17]

À medida que a conversa entre os dois passou a tratar cada vez mais das atuais circunstâncias do escritor, ele disse, com toda a sua habilidade para o melodrama, que, tendo alcançado um momento crucial de sua vida, iria em breve decidir seu destino para sempre. Com mais do que um toque de byronismo romântico, disse a Anna que "estava diante de uma encruzilhada e três caminhos se abriam diante dele". Poderia ir para o Oriente — Constantinopla ou Jerusalém — e ficar por lá, "talvez para sempre"; poderia "ir ao exterior para jogar nas roletas" e "imolar-se no jogo que achava tão absolutamente absorvente"; ou poderia "casar-se novamente e buscar alegria e felicidade na vida doméstica".[18] Uma vez que Anna já havia demonstrado tanta amizade por ele, que tal ajudá-lo com um conselho? Que caminho deveria ele seguir?

Dostoiévski estava, evidentemente, testando a temperatura da água na qual planejava mergulhar, e a resposta que recebeu da sensata Anna foi a que ele esperava. Ela assegurou ao inquiridor ansioso que casamento e felicidade familiar eram aquilo de que ele precisava. Ao que Dostoiévski imediatamente reagiu com outra pergunta: uma vez que Anna havia indicado que ele ainda poderia encontrar uma esposa, deveria ele procurar uma companheira inteligente ou bondosa? Anna escolheu a inteligente, mas Dostoiévski, conhecendo-se muito melhor do que ela naquela altura, respondeu que preferia "uma companheira bondosa, de modo que tenha piedade de mim e me ame".[19] Anna mal sabia então quanta piedade e quanto amor teria de dedicar a Dostoiévski no futuro!

"Naquele momento", confidenciou Anna ao seu diário, "pareceu-me que ele iria com certeza me propor casamento, e eu realmente não sabia se aceitaria ou não. Ele me agrada muito, mas ao mesmo tempo me assusta por causa de sua irascibilidade e sua doença." Ela observava a frequência com que ele gritava com a criada Fedóssia, embora acrescentasse que as repreensões eram merecidas. Os encontros diários com Dostoiévski tornaram-se o centro da vida de Anna, e tudo o que ela havia conhecido antes lhe parecia desinteressante e insípido, por comparação.

Ela escreve:

> Eu pouco via meus amigos, e concentrei-me apenas no trabalho e nas conversas absolutamente fascinantes que costumávamos ter quando relaxávamos depois de nossas sessões de ditado. Eu não podia deixar de comparar Dostoiévski com os jovens que conhecia em meu círculo social. Como a conversa deles me parecia vazia e trivial, em comparação com as opiniões sempre novas e originais de meu escritor preferido. [...] Ao sair de sua casa ainda sob a influência de ideias novas para mim, sentia falta dele quando estava em casa e vivia somente na expectativa do encontro com ele no dia seguinte. Percebi com tristeza que o trabalho estava chegando ao fim e que a nossa convivência acabaria.[20]

O prazo de novembro se aproximava rapidamente, e uma vez que Dostoiévski também estava com a mesma sensação de perda iminente, ele pôs em palavras o que ambos vinham remoendo em suas cabeças. Confessando o quanto gostava da companhia de Anna e de "nossas animadas conversas", ele comentou que seria uma pena se tudo isso acabasse agora. Por que Anna não o convidava para conhecer sua família? Esse pedido era certamente um prenúncio de sérias intenções amorosas e Anna concordou no ato, mas disse que só definiria a ocasião para essa visita depois que o trabalho no manuscrito estivesse encerrado.[21]

Não havia mais dúvida de que *O jogador* estaria concluído no prazo, mas Dostoiévski "começou a temer que Stellóvski [...] encontrasse um pretexto para se recusar a aceitar o manuscrito". [22] A engenhosa Anna consultou um advogado, que aconselhou registrar o manuscrito num tabelionato ou junto ao delegado de polícia do bairro em que Stellóvski morava. O mesmo conselho foi dado por um advogado que Dostoiévski consultou, talvez por insistência de Anna, e as instruções lhe foram úteis. Enquanto isso, exultante por ter conseguido concluir a novela, Dostoiévski planejou um jantar da vitória para seus amigos em um restaurante e, é claro, convidou Anna, sem a qual, como disse ele com razão, seu triunfo não teria sido possível. Mas ela recusou o convite porque nunca fora a um restaurante em sua vida e temia que sua timidez e seu constrangimento impedissem a alegria geral.

Stellóvski, fiel à sua reputação, tentou por todos os meios possíveis impedir que Dostoiévski entregasse o manuscrito a tempo. O ditado foi concluído em 29 de outubro, e Anna levou o manuscrito para o romancista no dia 30, data do aniversário dele; as correções finais seriam feitas no dia 31 e ele entregaria o trabalho no dia seguinte. Ao chegar no dia 30 à casa do escritor, Anna encontrou Emília Fiódorovna, a viúva de Mikhail Dostoiévski, que viera parabenizá-lo pelo aniversário. A senhora tratou com desprezo a trabalhadora Anna, embora Dostoiévski elogiasse ardorosamente sua ajuda indispensável. Essa foi apenas a primeira das muitas experiências infelizes de Anna com essa parenta dependente, por quem Maria Dmítrievna, a primeira esposa do escritor, também tinha uma cordial aversão. Perturbado pela rudeza altiva da cunhada, Dostoiévski insistiu, ao despedir-se de Anna na porta, que ela marcasse a data de sua visita à família dela. O diário registra que ele falou com ela de modo apaixonado durante essa despedida e até mesmo sugeriu brincando que fugissem juntos para a Europa; disso Anna concluiu que "ele me ama muito".[23]

Dois dias depois, Dostoiévski tentou entregar o manuscrito na casa de Stellóvski, mas lhe disseram que ele havia viajado para as províncias, e que tampouco o gerente da editora poderia aceitá-lo, sob o pretexto de que não havia recebido autorização específica para isso. Nessa altura, já era tarde demais para um tabelionato, e o oficial de polícia do distrito não voltaria à delegacia antes das dez horas da noite. O frenético Dostoiévski, vendo passar as preciosas horas, só conseguiu cumprir o prazo duas horas antes de seu vencimento. Mas por fim tinha em mãos o recibo da mais alta importância, e a provação acabara.

Os poucos dias decorridos entre o término de seu trabalho e a prometida visita de Dostoiévski em 3 de novembro foram um período de monotonia e ansiedade para Anna. Porém os dias tediosos passaram, e, apesar de sua ansiedade, a visita correu bem. Dostoiévski beijou galantemente a mão da sra. Snítkina, que por certo não precisava que explicasse suas intenções, e logo iniciou um relato de suas aventuras com Stellóvski. Esgotado esse assunto, propôs que Anna continuasse a trabalhar com ele na conclusão de *Crime e castigo*. Ela concordou, desde que o professor Olkhin, que poderia recomendar outro aluno, desse o seu consentimento. Essa condição aborreceu Dostoiévski, que comentou: "Talvez a verdade seja que a senhora não quer mais trabalhar comigo".[24]

Anna sabia que ele insinuava algo além da estenografia, e uma visita não anunciada de Dostoiévski, três dias depois, não deixou dúvidas a esse respeito. Ele não conseguira suportar mais que um ou dois dias sem a sua companhia; e embora tivesse decidido não ceder ao impulso de procurá-la, percebendo que isso poderia soar "estranho" a Anna e sua mãe, depois de ter "resolvido não vir sob nenhuma hipótese [...] como pode ver, aqui estou!".[25] Nesse caso, a incapacidade de resistir aos impulsos das emoções dificilmente poderia ter parecido algo no mínimo encantador e desculpável aos olhos de Anna, mas ela logo encontraria outras provas do mesmo traço de caráter de Dostoiévski que a levaria aos limites do desespero.

Haviam combinado que no dia seguinte a essa visita inesperada, 8 de novembro, eles definiriam um cronograma para a conclusão de *Crime e castigo*, mas Dostoiévski tinha outros planos. Ao chegar, Anna notou que a expressão em seu rosto era "exaltada, ardente, quase extática". Ele atribuiu a exuberância de seu estado de espírito a um sonho venturoso. Apontando para uma caixa de pau-rosa que um amigo siberiano lhe dera, explicou que sonhara que estava reorganizando os papéis guardados na caixa (em outras palavras, tentando reorganizar seu passado), quando se deparou, enterrado no meio da pilha, "com um pequeno diamante, minúsculo, mas muito brilhante e faiscante". Essa descoberta o alegrara muito, uma vez que atribuía "grande significado" aos sonhos e acreditava firmemente que "meus sonhos são sempre proféticos". Sempre que sonhava com o pai ou com o irmão Micha, sabia que alguma catástrofe era iminente, mas o sonho com "o pequeno diamante" parecia prenunciar alguma mudança feliz na sua lúgubre realidade presente.[26]

O que Dostoiévski esperava exatamente que seu sonho prenunciasse (supondo-se que não o tivesse inventado a fim de preparar Anna para o que viria a seguir) foi logo revelado. Dostoiévski tivera a ideia para um novo romance, no qual "a psicologia de uma moça" desempenhava um papel crucial, mas achara difícil elaborar seu final; precisava de ajuda, e apelava para Anna. O herói do romance de Dostoiévski acabou se revelando "um homem envelhecido antes do tempo, sofrendo de uma doença incurável (uma mão paralisada), sombrio, suspeitoso; possuidor, é verdade, de um coração terno, mas um fracassado que nunca conseguira concretizar suas ideias no modo como sonhara, e que nunca deixara de atormentar-se por causa disso". Justamente nesse período crítico de sua vida, o escritor conhece uma moça mais ou menos da idade de Anna, chamada Ánia, que era "gentil, sábia, bondosa, transbordante de vida e possuidora de grande tato nas relações pessoais". O infeliz autor saído da pena de Dostoiévski naturalmente se apaixona por essa jovem irresistível e fica atormentado por não saber se ela corresponderia aos seus sentimentos. "O que poderia esse homem idoso, doente e endividado dar a uma jovem viva e exuberante?" A própria ideia de unir o seu destino ao dele não seria pedir-lhe para fazer um "sacrifício terrível"? Era sobre isso que Dostoiévski queria que Anna lhe desse a ajuda de seu conselho feminino. Ela consideraria psicologicamente plausível que uma moça assim se apaixonasse pelo artista?[27]

Anna respondeu à pergunta com toda a força emocional de seus próprios anseios apaixonados. "Mas por que seria impossível? […] Onde está o sacrifício da parte dela, afinal? Se ela realmente o ama, será feliz também, e nunca terá de se arrepender de nada!" Essas eram as palavras que ele havia usado toda a sua habilidade literária para trazer-lhe aos lábios; depois de ouvi-las, partiu para o desfecho. "'Imagine', disse ele, 'que o artista seja eu; que confessei meu amor por você e lhe pedi para ser minha esposa. Diga-me, o que você responderia?'" Anna compreendeu, pelo tormento interior manifesto no semblante de Dostoiévski, que, "se eu lhe desse uma resposta evasiva, daria um golpe mortal em sua autoestima e seu orgulho. Olhei para seu rosto perturbado que se tornara tão querido para mim, e disse que 'responderia que o amo e amarei por toda a minha vida'".[28] A recusa de Anna a hesitar um instante sequer, para pedir um pouco de tempo a fim de refletir sobre o que seria, afinal, uma decisão grave e arriscada, revela tanto a firme resolução de seu caráter como sua enorme preocupação em poupar Dostoiévski de angústia maior ainda. Seu bem-estar, em condições que pouquíssimas mulheres teriam suportado com tanta resistência, seria sempre a maior preocupação de

Anna, e ela se manteve irrestritamente fiel à sua promessa de que amaria Dostoiévski pelo resto de sua vida.

O casal recém-comprometido, assim que passou a alegre excitação do momento, decidiu por ora manter sua decisão em segredo, a não ser pela mãe de Anna. O casal resolveu-se pelo sigilo obviamente porque a situação de Dostoiévski ainda não lhe permitia fixar uma data para a cerimônia de casamento; mas o romancista também desejava ocultar a notícia de seus diversos parentes de Petersburgo pelo maior tempo possível. Mas seu propósito foi frustrado pela necessidade incontrolável de comunicar sua felicidade a alguém, qualquer um, em lugar daqueles com quem de hábito deveria compartilhar sua alegria. O cocheiro do carro de aluguel que o levava e trazia da casa de Anna todos os dias tornou-se seu confidente, e com ele conversou sobre seu futuro casamento; a informação chegou aos ouvidos de Fedóssia, criada de sua casa, antes que uma semana tivesse se passado. O suposto segredo foi assim depressa revelado e causou grande descontentamento entre aqueles que tinham se acostumado a contar com os ganhos de Dostoiévski para seu sustento.

Anna sabia que Dostoiévski estava em grandes dificuldades financeiras, mas foi só depois do noivado que ela percebeu até que ponto sua indigência era causada pelas exigências alheias. Ele sustentava totalmente seu enteado Pacha, então com 21 anos e disposto a deixar que essa situação persistisse para sempre; ele provia boa parte do sustento da viúva de seu irmão Mikhail, Emília Fiódorovna, que tinha quatro filhos crescidos; e também ajudava seu irmão mais moço, Nikolai, arquiteto formado, mas alcoólatra contumaz, que muitas vezes se via em dificuldades.[29] Anna teve uma amostra bem clara do resultado de todas essas extorsões numa noite fria do final de novembro, quando Dostoiévski chegou em sua casa gelado até aos ossos e, depois de beber grande quantidade de chá, também tomou vários copos de xerez. Ele estava com seu casaco leve de outono, em vez do sobretudo de pele que o clima de inverno exigia, e confessou tê-lo penhorado por alguns dias porque os três dependentes chegaram com pedidos de ajuda ao mesmo tempo. Anna ficou tão indignada que irrompeu em lágrimas "e falou como uma louca, sem escolher minhas palavras".[30] Dostoiévski acalmou-a com a promessa de não sair de casa até que o capote fosse resgatado. Esse foi apenas o começo da luta de Anna para arrancar Dostoiévski daqueles que, acreditava ela, estavam explorando indevidamente sua generosidade e seu senso de obrigação.

Para sua consternação, Anna percebeu que

> no momento em que Fiódor Mikháilovitch pegava algum dinheiro, todos os seus parentes [...] apresentavam instantaneamente suas súbitas mas urgentes necessidades, e dos trezentos ou quatrocentos rublos recebidos de Moscou por *Crime e castigo* não mais que trinta ou quarenta permaneceriam com Fiódor Mikháilovitch no dia seguinte. Além disso, com essa quantia, nada seria pago de suas notas promissórias, exceto os juros.[31]

Se esse padrão continuasse, seria impossível que Dostoiévski algum dia liquidasse suas dívidas, por mais que escrevesse e por mais sucesso que suas obras fizessem. Anna decidiu que, depois que se tornasse sua esposa, iria tomar as finanças do casal em suas mãos e pôr um freio nesses favores autodestrutivos, mas, por enquanto, pouco podia fazer a não ser protestar.

Para realizar o casamento, seria necessária uma quantia considerável, bem acima dos pagamentos provenientes de *Crime e castigo*. Uma vez que a literatura era a única fonte de renda de Dostoiévski, ele decidiu viajar a Moscou no Natal e oferecer seu próximo romance a Katkov, em troca de um adiantamento suficiente para pagar a cerimônia e uma nova residência. *Crime e castigo*, ainda em processo de publicação, continuava a manter os leitores cativos das páginas de *O Mensageiro Russo*, e Katkov prontamente acedeu ao pedido de Dostoiévski e prometeu 2 mil rublos, que começariam a chegar em parcelas no mês de janeiro. Assim, o casamento foi marcado para meados de fevereiro. Mas a primeira parcela de setecentos rublos desapareceu num instante da maneira usual, e depois de estimar que o matrimônio custaria entre quatrocentos e quinhentos rublos, Dostoiévski prudentemente confiou a Anna essa parte da segunda parcela.

O primeiro casamento de Dostoiévski ocorrera numa pequena e miserável aldeia siberiana, nas circunstâncias mais humildes, entre pessoas que ele mal conhecia, e tendo o ex-amante da esposa como uma das testemunhas. O segundo foi celebrado em meio aos esplendores da Catedral Ismailóvski, brilhantemente iluminada para a ocasião e ressoando com as vozes de um magnífico coro, cercado por sua família e amigos mais próximos e, ao seu lado, uma jovem noiva radiante que o reverenciava como homem e como artista. Ele mal podia acreditar na sua sorte, e quando apresentava Anna para seus amigos na recepção de casamento na casa da mãe dela, não parava de repetir: "Veja a minha menina encantadora! É uma pessoa maravilhosa essa minha menina! Tem um coração de ouro!".[32] Há poucos momentos na vida de Dostoiévski em que podemos vê-lo desfrutar de uma felicidade genuína, e essa é certamente uma dessas raras ocasiões. Mas Anna, como talvez Dostoiévski já estivesse consciente na época, precisaria de fato de "um coração de ouro" para enfrentar e superar o que o futuro lhe reservava.

36. O jogador

A primeira menção ao jogo como tema para uma novela, como sabemos, remonta ao verão de 1863, quando Dostoiévski estava viajando pela Europa com sua antiga amante Apollinária Súslova. Ele jogou furiosamente durante toda essa viagem e pensou em recuperar suas perdas transformando-as em literatura. Quando estava em Roma, enviou a Strákhov o esboço de uma obra pela qual — esperava — este obtivesse um adiantamento. "Tenho em mente um homem que é franco, muito culto, mas ainda incompleto em todos os aspectos, um homem que perdeu a fé, mas *que não ousa não acreditar*, e que se rebela contra a ordem estabelecida, mas ainda a teme." A carta continua:

O principal, porém, é que toda a sua seiva vital, suas energias, sua rebeldia, sua ousadia, foram canalizadas para a roleta. Ele é um jogador, e não apenas um jogador comum, assim como o Cavaleiro Avarento de Púchkin não é um avarento comum. [...] Ele é um poeta a seu modo, mas o fato é que ele próprio tem vergonha do elemento poético que existe nele porque, no fundo, sente que é desprezível, embora a necessidade de assumir riscos o enobreça aos seus próprios olhos. A história toda é a narrativa de seu jogo de roleta em vários cassinos por mais de dois anos.[1]

Quando Dostoiévski voltou a usar a ideia esboçada em sua carta, deixou de lado o motivo religioso e desenvolveu o que mencionara apenas como uma ideia secundária — que o jogo dos expatriados russos "tem algum significado (talvez importante)". Na novela, esse significado se liga à observação de que o jogador é "um poeta a seu modo". Dostoiévski explica essa noção idiossincrática de "poesia" com uma referência ao Cavaleiro Avarento de Púchkin, que acumula uma fortuna não por causa do dinheiro em si, mas somente pela sensação psicológica do poder que lhe permite adquirir sobre os outros. "Poesia", nesse sentido dostoievskiano, significa agir não por interesse pessoal imediato ou pela satisfação de algum desejo material carnal, mas apenas para satisfazer um forte anseio psíquico da personalidade humana, seja para o bem, seja para o mal.

Dostoiévski acreditava que o caráter russo era peculiarmente suscetível a esse tipo de "poesia", e grande parte da história — cujo tom é animado, saltitante e cheio de um entusiasmo juvenil — se ocupa em ilustrar os contrastes entre o caráter nacional russo e os outros (francês, inglês, alemão). Isso faz de *O jogador* [*Igrok*] a única obra "internacional" de Dostoiévski no sentido dessa palavra que se tornou familiar graças, por exemplo, à ficção de Henry James. É uma história em que a psicologia e os conflitos dos personagens não só resultam de seus temperamentos individuais e qualidades pessoais, mas também refletem uma interiorização de vários valores e modos de vida nacionais. Na literatura russa, temos o contraste entre o alemão e o russo em *Oblómov*, o contraste franco-russo em *Guerra e paz* e o contraste entre o caucasiano e o russo em *Os cossacos*. *O jogador* se classifica entre aqueles livros que fazem uma reflexão espirituosa, mas de forma alguma acrítica, sobre os caprichos do temperamento nacional russo tal como se manifesta no exterior.

Escrito em primeira pessoa, na forma de uma confissão ou diário, como *Memórias do subsolo*, *O jogador* narra uma série decisiva de acontecimentos na vida do narrador, Aleksei Ivánovitch. Esse jovem nobre russo, culto e de inteligência ímpar, trabalha como tutor na comitiva do general russo Zagoriánski, que está vivendo temporariamente no exterior. Ele imagina estar apaixonado pela enteada do general, Praskóvia (Polina), e esse romance constitui a trama central. Alguns críticos ficaram tão confusos com as sobreposições biográficas que logo identificaram Aleksei com Dostoiévski e Polina com a supostamente "demoníaca" Súslova. Na verdade, porém, Aleksei não é um narrador confiável, e a imagem que transmite de Polina é terrivelmente distorcida por suas próprias frustrações e ressentimentos. Os dois personagens que servem de parâmetros morais — a vovó, uma matriarca russa rica que irrompe em cena com grande exuberância, e Mr. Astley, lorde inglês e próspero industrial — falam de Polina nos termos mais elevados. A opinião de ambos sobre o caráter da moça é totalmente diferente do que pensa dela o suposto apaixonado e amargurado Aleksei, que não consegue superar sua convicção de que ela olha para ele, do alto de sua posição social superior, com a mais absoluta indiferença.

Os personagens de *O jogador* se dividem em dois grupos — os russos e os europeus — que podem ser caracterizados, para usar as categorias do próprio Dostoiévski, como "poéticos" e "prosaicos". Entre os europeus estão o falso (ou extremamente dúbio) conde ou marquês Des Grieux e sua suposta prima, Mlle. Blanche de Cominges; as duvidosas origens nobres dessa senhorita são visivelmente falsas e ela é, na verdade, uma *cocotte* muito cara. Essas figuras francesas estão ligadas à família do general viúvo, que reside em grande estilo patriarcal numa estação de águas e de jogo alemã chamada Roletemburgo e esbanja dinheiro a torto e a direito. O general fez empréstimos junto a Des Grieux contra notas promissórias garantidas por todas as suas propriedades russas e está completamente sob o domínio do francês. A sensual e provocante Mlle. Blanche também adoraria melhorar sua posição social, tornando-se *madame la générale*, e enquanto o general apaixonado dispõe de fundos, ela permite que ele lhe faça a corte. Todas as esperanças do general dependem da avó, cujo falecimento, esperado para qualquer momento, porá uma fortuna considerável em suas mãos. Mesmo depois de pagar suas dívidas, ele continuaria a ser um *bárin* russo extremamente rico; e o que Des Grieux não tomasse seria deixado para Mlle. Blanche.

Tanto Des Grieux como Mlle. Blanche são, assim, movidos por razões exclusivamente mercenárias, e a relação de Mlle. Blanche com o general é paralela à de Des Grieux com Polina. Ele a havia seduzido antes, na crença de que fosse uma rica herdeira, mas torna-se cada vez mais frio à medida que as perspectivas financeiras do general se debilitam. Ao contrário do idoso general, que está perdidamente apaixonado por Mlle. Blanche (esse é o *seu* modo de ser "poeta"), Polina já não tem nenhuma ilusão em relação a Des Grieux. "Assim que ele soube que me caberia alguma coisa em testamento, veio logo me pedir a mão", diz ela a Aleksei

(v. 5, 213 [25]).* O outro personagem estrangeiro importante é Mr. Astley, um modelo, é verdade, de todas as virtudes cavalheirescas, mas também sócio de uma firma de refinação de açúcar e, portanto, limitado por seu mundo inglês de praticidade e senso comum.

Por outro lado, os personagens russos são todos movidos por sentimentos cujas consequências podem ser desastrosas do ponto de vista prático, mas em todos os casos envolvem alguma paixão que transcende o mundo financeiro. Tanto o general como Polina foram incitados pelo amor, e esta transferiu agora suas afeições para Aleksei — embora ele também esteja preocupado demais consigo mesmo para entender que a suposta frieza dela se dissolveria num instante caso ele deixasse de insistir em sua subserviência à suposta tirania da moça. O que obceca Aleksei é o sentimento de sua inferioridade social por ser um humilde tutor na casa do general, onde, apesar de sua cultura, sua educação e sua condição de nobre russo, é tratado pouco melhor do que um criado. Ele é, *de fato*, tratado abertamente como um servo pela dupla Des Grieux-Mlle. Blanche, bem como pelos funcionários do hotel, e equivoca-se totalmente a respeito de Polina porque acredita que ela o despreza pelas mesmas razões. Ele não consegue imaginar que ela poderia preferi-lo aos dois outros pretendentes muito mais altivos, Des Grieux e Mr. Astley, e exibe uma aspereza irritante à qual ela reage na mesma moeda. Os diálogos entre os dois crepitam com a tensão dessa relação de amor e ódio, embora o suposto "ódio" seja na verdade causado pela visão equivocada que Aleksei tem dos sentimentos de Polina.

Mesmo antes de chegar, Aleksei "sabia com segurança [...] que tinha resolvido que não sairia de Roletemburgo desse jeito; algo definitivo e radical tinha, por força, de acontecer em meu destino" (v. 5, p. 215; [30]); e quando Polina pergunta que transformação ocorreria em sua vida, ele explica que "com dinheiro, eu vou me tornar outro homem para a senhora, e não um escravo" (v. 5, p. 229 [54]). Aleksei começa a jogar, presumivelmente como um meio de conquistar Polina, porém mais por uma necessidade de autoafirmação egoísta do que de um desejo genuíno de amor. Quando Polina o acusa, com razão, de pensar que poderá "me comprar com dinheiro", ele rejeita indignado a acusação, mas a réplica dela acerta

---

* A tradução de todas as citações de *O jogador* é de Rubens Figueiredo. São Paulo: Penguin Classics Companhia das Letras, 2017. O número da página entre colchetes é o da edição brasileira, logo após a referência à edição russa. (N. T.)

no alvo: "Se não é a mim que quer comprar com dinheiro, então é o meu respeito" (v. 5, p. 230 [56]). Polina já sabe que o "amor" de Des Grieux aumenta e diminui em função da estimativa de sua suposta riqueza futura, e fica magoadíssima pela suposição de Aleksei de que *seus* sentimentos em relação a ele poderiam ser influenciados pelo mesmo motivo. Com efeito, no clímax da ação, o comportamento de Aleksei em relação a Polina é equivalente ao de Des Grieux.

A conduta de Aleksei, no entanto, não resultará dos mesmos motivos aquisitivos exibidos pelo afável e elegante francês, pois quando Aleksei começa a jogar, a excitação do jogo faz com que ele perca de vista seu suposto objetivo de ganhar os fundos necessários para mudar a sua vida e conquistar Polina. Longe de parar quando a sorte lhe é favorável, ele continua a jogar, porque "uma sensação estranha nasceu dentro de mim, uma vontade de desafiar o destino, um desejo de lhe dar um cascudo, de mostrar a língua para ele" (v. 5, p. 224 [44]). A excitação dessa "sensação estranha", que pode ser tomada como meio de superar seu sentimento de humilhação perpétua, supera qualquer outra consideração e ele continua a jogar até perder tudo.

Por outro lado, aqueles que ganham se comportam como a emblemática mulher francesa que, numa cena, "começava a apostar com calma, sangue-frio, fazendo contas, anotando números a lápis numa folha de papel e tentando descobrir um sistema, pelo qual, num determinado momento, as chances se concentrariam. [...] Todo dia, ganhava um, dois, três mil francos, no máximo — não mais e, depois de ganhar, ia logo embora" (v. 5, p. 262 [113]). Mas depois que experimenta a excitação de jogar "poeticamente", isto é, a excitação de "desafiar o destino", Aleksei descobre que a sensação é tão emocionante que não deseja que ela termine, e então se torna não só um jogador incorrigível, mas também um perdedor inveterado.

Aleksei é um ardente patriota russo que defende com veemência as políticas impopulares de seu país contra os críticos estrangeiros. Quando Des Grieux observa "em tom incisivo e até raivoso", referindo-se às perdas do tutor, que os russos não são "capazes de jogar", Aleksei transforma a observação insultuosa num louvor da recusa dos russos em dedicar suas vidas inteiramente à acumulação de riqueza. "— Pois, na minha opinião, a roleta foi criada só para os russos", declara ele, porque "no catecismo das virtudes e méritos do homem da civilização ocidental, entrou historicamente, quase como item principal, a capacidade de acumular capital". Os russos nunca aprenderam a reverenciar essa acumulação de capital como um fim em si mesmo, mas também precisam de dinheiro, e "é por essa razão que métodos como a roleta, por exemplo, em que é possível enriquecer de repente, em duas horas, sem trabalhar, nos deixam muito contentes e sôfregos. Isso nos atrai bastante; e, da mesma forma que jogamos à toa, sem esforço, também assim perdemos!" (v. 5, p. 223 [46]).

A peroração de Aleksei não é apenas uma réplica inteligente ao desdém de Des Grieux; sua aplicação mais ampla fica evidente no divertido episódio que envolve a vovó, que, em vez de expirar em Moscou na data prevista, irrompe inesperadamente no cenário de Roletemburgo e atira pela janela todas as esperanças depositadas na herança de sua fortuna. A velha matriarca, brusca, despótica, mas no fundo humana e generosa, representa as tradicionais virtudes simples da pequena nobreza russa intocada por qualquer sujeição aos gostos e modas estrangeiros. Sua presença imponente inspira respeito e deferência imediata.

O comportamento da vovó fornece uma ilustração clássica da opinião de Aleksei a respeito da atração dos russos pela roleta. Tentada na mesma hora por um enriquecimento milagroso e aparentemente fácil, ela não dá atenção às advertências de Aleksei e começa a jogar. A vovó é tomada pelo orgulho imperioso de alguém acostumado a dar ordens e ser obedecido, o orgulho de um proprietário de terras russo todo-poderoso em suas propriedades. "Puxa, o que foi que deu nele! — irritou-se a vovó. — Esse zerinho desgraçado ainda vai demorar muito para sair?" (v. 5, p. 263 [114]). Ele finalmente sai, e ela é fisgada. Recusando-se a parar até que imponha sua vontade às veleidades da roda, ela é derrotada vezes seguidas, troca todos os seus títulos a uma taxa desastrosa para continuar a jogar, e perde cada centavo. Um empréstimo de Mr. Astley permite que ela volte arrependida para a Rússia, onde planeja reconstruir a igreja paroquial local em penitência por seus pecados do jogo.

Outro aspecto desse episódio da vovó proporciona um importante prenúncio do desenlace do romance entre Aleksei e Polina. Em sua primeira visita ao cassino, a vovó envergonha a todos insistindo em entrar em seu augusto recinto acompanhada por seu mordomo Potápitch e sua empregada camponesa Marfa. "Largar a Marfa de lado só porque é uma criada?!", retruca às advertências do general sobre decoro. "Afinal, também é um ser vivo [...] e ela também tem vontade de ver como é. Se não for comigo, com quem ela vai ficar?" (v. 5, p. 259 [105]). Mais tarde, quando é dominada pelo jogo, esquece toda a preocupação com Marfa e, irritada, dispensa a criada quando ela começa devotamente a acompanhá-la. Depois que a paixão pelo jogo passa a predominar, todos os outros sentimentos e relações humanos deixam de existir.

A chegada e a partida da vovó provocam uma crise na vida dos outros personagens, pois fica claro que ela não dará um centavo ao general e que sua missa fúnebre dificilmente será celebrada amanhã. Des Grieux anuncia, então, sua intenção de ir à Rússia e reivindicar as propriedades do general. Antes de partir, envia uma carta a Polina explicando cerimoniosamente que deve renunciar a todas as esperanças em relação ao futuro *deles*, mas que, como homem honrado, transferiria 50 mil francos para o general em nome dela. Naquela noite, Aleksei encontra Polina sentada em seu quarto e percebe que sua presença só poderia significar uma coisa. "Mas então quer dizer que ela me ama! [...] Ela, sozinha, uma mocinha, veio ao meu quarto, no hotel... quer dizer, ela se compromete diante de todos... e eu, eu fico parado na sua frente e ainda não compreendo!" (v. 5, p. 291 164). O modo como poderia ter se comportado é indicado no dia seguinte por Mr. Astley, que comenta acerbamente que Polina "veio aqui ontem, e eu a mandei para a casa de uma parenta minha, mas, como estava doente, ela se enganou e acabou indo para o quarto do senhor" (v. 5, p. 300 [179]). Longe de pensar na melhor forma de proteger a reputação de sua suposta amada, Aleksei corre para jogar roleta e ganhar os 50 mil francos necessários para apagar o insulto de Des Grieux. Nada havia mudado nas relações entre eles, e Aleksei ainda se comportava como se isso fosse necessário para "comprar [...] o meu respeito [de Polina]".

No cassino, ele consegue uma série sensacional de vitórias, jogando freneticamente no estilo "russo" — "ao acaso e sem calcular". Sua sorte continua: "Eu já olhava em volta como um vencedor e, agora, já não tinha medo de nada, e joguei quatro mil florins italianos no preto" (v. 5, p. 293 [167]). Apostando em probabilidades impossíveis, sua personalidade normalmente oprimida se liberta de seus limites incapacitantes; não tem consciência de nada, exceto libertação inebriante, e para de jogar somente por acaso, quando ouve as vozes de espectadores maravilhados com seus ganhos. "Não lembro se, nessa ocasião, pensei em Polina uma vez sequer", observa ele (v. 5, p. 294 [169]).

Assim como esquecera Polina enquanto jogava, do mesmo modo toma consciência, no caminho de volta, de que seu sentimento agora tem pouco a ver com a situação dela. O que domina suas emoções é "um horrível prazer do sucesso, da vitória, do poder — não sei como me expressar. Na minha frente, vislumbrava também a imagem de Polina; [...] mas eu já quase nem lembrava o que havia me dito, pouco antes, nem para que eu tinha ido [ao cassino]" (v. 5, p. 295 [170-1]). Quando a primeira coisa que pergunta a ela é sobre o melhor lugar para esconder o dinheiro, ela explode numa risada. "O riso era muito parecido com aquele outro riso, recente, constante, sarcástico, que sempre lhe vinha quando ela ouvia minhas declarações mais apaixonadas." Polina percebera a falsidade de suas declarações no passado e agora a vê confirmada de modo ainda mais flagrante. É nesse momento, quando percebe que a atitude de Aleksei não é de fato diferente da de Des Grieux — os dois medem seus sentimentos mais íntimos apenas em termos de dinheiro —, que seu orgulho e dignidade feridos desencadeiam uma crise histérica. Voltando-se para Aleksei com ódio, ela diz amargurada: "Não vou aceitar dinheiro do senhor. [...] O senhor está pagando caro [...]. A amante de Des Grieux não vale cinquenta mil francos". Mas o verdadeiro páthos de sua condição é então revelado quando ela desmorona por completo, acaricia Aleksei em delírio e repete sem parar: "Você me ama... ama... vai amar?" (v. 5, p. 297 [174]).

Aleksei passa a noite com Polina em seu quarto, e, quando ela acorda "com uma expressão de ódio infinito", joga os 50 mil francos no rosto dele, tal como quisera fazer com Des Grieux. Aleksei ainda está espantado com esse acontecimento ao redigir seu manuscrito um mês depois, e sua pretensa falta de compreensão (na verdade, um culpado autoengano) nos lembra as desculpas que o homem do subsolo dá a si mesmo para os maus-tratos da prostituta Liza, que viera procurá-lo em busca de ajuda. Aleksei é honesto o suficiente para admitir que "tudo isso foi só um delírio; a realidade é que eu sabia que ela delirava e... não prestei atenção a essa circunstância". Mas em seguida tenta tranquilizar-se: "Afinal, será que seu delírio e sua doença eram tão fortes a ponto de ela esquecer por completo o que estava fazendo [...]. Isso quer dizer que ela sabia o que estava fazendo" (v. 5, pp. 298-9 [180]). O que Polina sabia de fato era que o amor de Aleksei não fora verdadeiro o suficiente, não fora egoísta o suficiente para resistir a tirar vantagem sexual do seu estado perturbado e indefeso.

Ainda sob o feitiço da inspiração psíquica proporcionada por sua aventura no jogo, Aleksei vai com seus ganhos para Paris, na companhia de Mlle. Blanche. Ela é honesta o bastante à sua maneira e, enquanto gasta a rodo o dinheiro de Aleksei, apresenta-o a uma amiga, Hortense, que o mantém ocupado de uma forma sugerida por seu apelido, *Thérèse-philosophe*, título de um famoso romance pornográfico do século XVIII. No entanto, ele se entedia terrivelmente nas festas de Mlle. Blanche, nas quais é forçado a desempenhar o papel de anfitrião para "negociantes riquíssimos e embrutecidos, [...] lamentáveis autorezinhos e nulidades do jornalismo, [...] dotados de tamanhas proporções de vaidade e arrogância como não se pode conceber, nem mesmo entre nós, em Petersburgo — o que, nesse caso, já é dizer muito" (v. 5, p. 304 [186]). Toda essa aventura chega ao fim e Mlle. Blanche manda Aleksei seguir seu caminho, depois que todo o dinheiro foi dissipado em benefício do prestígio social dela, fato que ele encara com total indiferença (*"Un vrai russe, un calmouk"*, diz a *cocotte* com admiração) (v. 5, p. 308 [193]).

Embora a história principal de *O jogador* termine com esse episódio, um capítulo final, que data de um ano e oito meses depois, proporciona um comentário incisivo. Agora Aleksei se tornou um viciado no jogo e viaja pela Europa e arranja empregos temporários de lacaio até juntar dinheiro suficiente para voltar às mesas de roleta. Ele é completamente dependente da "estranha sensação" proporcionada pelo jogo, a excitação que lhe permite afirmar a sua identidade e triunfar por um instante sobre seu sentimento torturante de inferioridade. "Não, para mim, não era o dinheiro que tinha valor! Nessa altura, eu só queria que, no dia seguinte, todos aqueles Hinze [outro empregador], todos aqueles gerentes de hotel, todas aquelas magníficas damas de Baden, todos falassem de mim, contassem minha história, se admirassem comigo, me elogiassem e reverenciassem o meu novo triunfo no jogo." Mas "me parece que fiquei enrijecido, insensível, como se estivesse todo sujo, coberto por uma espécie de lodo" (v. 5, p. 312 [201]). Esse sentimento é despertado, em particular, por um encontro com Mr. Astley, que teria sido acidental, mas, na verdade, foi cuidadosamente arranjado por instigação de Polina.

Nesse meio-tempo a vovó morrera, deixando uma boa herança para Polina, que durante todo esse tempo mantivera Aleksei sob observação velada, mas protetora. Mr. Astley, enviado secretamente para ver se Aleksei havia mudado de algum modo, descobre que ele continua o mesmo — se não pior. O inglês revela que veio procurar Aleksei expressamente a pedido de Polina, pois ela o amara o tempo todo.

"De mais a mais, mesmo se eu lhe disser que, até hoje, ela ainda ama o senhor, ainda assim... o senhor vai ficar aqui, do mesmo jeito! Sim, o senhor se destruiu. O senhor tinha certas capacidades, um caráter vivaz, e não era um homem ruim; poderia até ser útil a sua pátria, que tanto precisa de pessoas [...] A meu ver, todos os russos são assim ou tendem a ser assim. Se não for a roleta, será outra coisa semelhante. [...] O senhor não é o primeiro que não entende o que é o trabalho (não estou falando do seu povo). A roleta é o jogo russo por excelência. (v. 5, p. 317 [209])

Mr. Astley se limita a repetir o comentário anterior de Aleksei sobre a natureza "poética" dos russos, mas agora ele mostra o lado inverso da recusa a disciplinar a personalidade e aproveitá-la para alcançar um resultado desejado. O caráter "poético" da personalidade russa, quando corre desenfreado, pode levar tanto ao desastre pessoal como à eliminação de todo o senso de obrigação cívica ou moral.

Lido nesses termos étnicos e psicológicos, *O jogador* pode ser considerado um brilhante comentário ambivalente de Dostoiévski, inspirado em suas próprias desventuras no cassino, sobre o caráter nacional russo. Por mais desordenados e "inconvenientes" que possam ser, os russos ainda têm potencialidades humanas inacessíveis à mesquinhez tacanha, desumana e filistina dos alemães, à pátina mundana, elegante e totalmente pérfida dos franceses, e até mesmo às virtudes solidamente prestativas mas enfadonhas e tediosas dos ingleses. "Na maior parte dos casos", como Aleksei diz a Polina:

> Nós, russos, na maioria, somos dotados de maneira tão rica que precisamos de genialidade para encontrar a forma adequada. Pois bem, só que essa genialidade, na maioria das vezes, não aparece, porque ela é mesmo muito rara. Só os franceses e, talvez, alguns outros europeus que têm uma forma tão bem definida conseguem mostrar-se com uma dignidade extraordinária, mesmo quando se trata da pessoa mais indigna do mundo". (v. 5, p. 230 [55])

Mas se os russos ainda não elaboraram seu próprio código de boas maneiras e se os perigos da falta desse código se tornaram óbvios, eles só podem se degradar ao tentar imitar um dos modelos europeus. Apesar de todas as suas fraquezas, Aleksei desperta compreensão tanto por sua honestidade consigo mesmo (exceto no caso de sua noite com Polina, que ela presumivelmente perdoou) como por seu olho infalível e seu desrespeito revigorante pelas hipocrisias, pretensões e falsidades com as quais os europeus encobrem suas deficiências. Há nele uma impetuosidade e uma sinceridade cativantes que conquistam a amizade de todos os personagens "positivos" (Polina, a vovó, Mr. Astley), e sem dúvida Dostoiévski esperava que o leitor compartilhasse um pouco dos sentimentos deles. Tampouco Aleksei deve ser percebido como um homem *inteiramente* perdido, se julgarmos por sua reação ao saber que Mr. Astley tinha sido enviado por Polina: "— É mesmo? É mesmo? — gritei, e lágrimas rolaram em torrente de meus olhos. Não consegui reprimi-las [...]" (v. 5, p. 317 [208]). Essas lágrimas podem pressagiar algo para o futuro e certamente indicam um acesso de sentimento não deformado de que o Aleksei anterior fora incapaz.

Embora *O jogador* não deva ser lido apenas em termos biográficos, não obstante nos permite ter um vislumbre de como Dostoiévski pode ter racionalizado para si mesmo seu vício do jogo. Desse ângulo, a obra pode ser considerada tanto uma autocondenação como uma justificação. Sem dúvida, deve ter sido algum consolo acreditar, como Dostoiévski provavelmente o fez, que suas perdas, que quase sempre resultavam da incapacidade de parar de jogar quando estava ganhando, eram consequência de uma característica nacional russa positiva levada ao excesso, e não apenas um defeito pessoal de caráter. Afinal, ele era um "poeta" nos sentidos literal e simbólico da palavra; e sua "poesia" era a prova de que ele julgava impossível subordinar sua personalidade ao deus do dinheiro, diante do qual, como ele havia escrito em *Notas de inverno*, toda a civilização ocidental agora se prostrava. Ele sofreu perdas materiais, mas, em certo sentido, ganhou certa reafirmação da identidade nacional com suas próprias perdas. É preciso também ter em mente que, na época em que escreveu *O jogador*, sua submissão a essa fraqueza não tinha até então prejudicado ninguém exceto ele mesmo, e ainda podia se referir a ela com certa fanfarronice. Foi só depois de seu segundo casamento que o vício começou a suscitar sentimentos agudos de culpa e remorso.

De qualquer modo, *O jogador* é uma pequena e brilhante obra, cujo estilo e técnica seguem a linha da comédia social satírica das novelas siberianas de Dostoiévski. A relação entre Aleksei e Polina e a representação das seduções traiçoeiras do jogo dão um toque mais profundo do que essas produções anteriores; mas, embora o jogo de Aleksei possa "desafiar o destino", esse desafio não evolui para os questionamentos morais e religiosos dos principais romances. Por fim, não é o aspecto menos interessante de *O jogador* o fato de apontar tanto para o passado como para o futuro no desenvolvimento artístico de Dostoiévski. A obsessão de Aleksei em ganhar lembra um pouco o fascínio de Raskólnikov com sua teoria do crime, e ambos os personagens não conseguem manter o autocontrole total e racional das emoções que é o pré-requisito de sucesso. Quem aponta para o futuro é a figura de Polina, a mulher de alma pura que foi degradada e quase levada à loucura pela violação de seus sentimentos mais profundos quando se vê na posição de ser comprada e vendida. Já se vê aqui o esboço da majestosa Nastácia Filíppovna, de *O idiota*, consumida, pela mesma razão, pelo ódio patológico de si própria e dos outros; o mesmo acontece, mas de modo mais tênue, com Aglaia Iepántchina nas observações de Aleksei sobre "mocinhas russas" e suas ilusões sentimentais a respeito dos europeus. Na idosa vovó, a ardente e amável tirana matriarcal que teima em viver, podemos ver um primeiro esboço da igualmente solidária e colérica sra. Iepántchina. Assim, Dostoiévski já estava sondando o caminho em direção a algumas das personagens de sua próxima obra de vulto, mas quando escreveu *O jogador* ainda não tinha a menor ideia do que viria a ser essa nova e grande empreitada.

37. Fuga e exílio

Os dias imediatamente posteriores ao casamento foram preenchidos com celebrações pós-nupciais, e Anna observa que "bebi mais taças de champanhe durante esses dez dias do que em todo o resto da minha vida". O mesmo fez Dostoiévski, e essas libações comemorativas provocaram o primeiro contato de Anna com as manifestações físicas assustadoras da terrível doença do marido. Foi acometido na casa de sua irmã, quando o escritor, "animadíssimo", contava uma história. De repente, "ouviu-se um grito horrível, desumano ou mais precisamente um uivo — e ele começou a tombar para a frente".[1] Embora sua irmã tenha ficado histérica e fugido do quarto com um "grito lancinante", Anna agarrou Dostoiévski com firmeza pelos ombros, tentou colocá-lo no sofá e, como não conseguiu, afastou para o lado os móveis que obstruíam o espaço e deslizou seu corpo para o chão. Ficou sentada, segurando-lhe a cabeça no colo até que as convulsões cessaram e ele começou a recuperar a consciência. O ataque foi tão forte que ele mal conseguia falar, e as palavras que conseguiu dizer eram uma algaravia. Uma hora mais tarde, sofreu outro ataque, "dessa vez com tal intensidade que durante duas horas após recobrar a consciência gritou de dor a plenos pulmões. Foi horrível".[2] Felizmente, ataques assim repetidos eram pouco frequentes, e Anna atribui o que ela descreve à tensão nervosa das visitas pós-nupciais, bem como ao abuso forçado da bebida.

Anna mostrou-se capaz de lidar com esses testes severos de seu equilíbrio e não permitiu que diminuíssem sua alegria por estar casada com Dostoiévski. Mas, no começo, sentiu-se impotente diante de uma ameaça mais insidiosa e dissimulada que surgiu, em parte das circunstâncias da vida do marido, em parte dos contatos traumáticos com familiares de Dostoiévski, em especial com seu enteado Pacha. A rotina de Dostoiévski tornava quase impossível passar algum tempo a sós com o marido. Ele escrevia ou lia à noite, dormia durante a maior parte da manhã e levantava-se no início da tarde. Madrugadora, Anna se ocupava dos afazeres domésticos enquanto ele dormia, mas descobriu que seus jovens sobrinhos e sobrinhas costumavam aparecer no final da manhã e ficar para o almoço.

À tarde, outros amigos e parentes chegavam e, com frequência, ficavam para o jantar. Anna, sem experiência na administração de uma casa, achava cansativa essa rodada incessante de hospitalidade. As únicas pessoas que achava interessantes e gostava de receber eram os amigos literatos de Dostoiévski, mas ele pedia que Anna, mais próxima em idade dos sobrinhos, cuidasse da distração deles em outro quarto.

Os aborrecimentos causados pela cunhada de Dostoiévski, que não perdia ocasião para comentar sobre as deficiências de Anna como dona de casa — naturalmente, apenas para ajudá-la a aprimorar-se! —, não eram nada em comparação às maquinações de Pacha, que realizava uma verdadeira campanha destinada a minar o casamento e proteger seu poder até então incontestado sobre a administração doméstica da família Dostoiévski. Anna logo se deu conta de que as ofensas diárias faziam parte de um propósito maior de "envolver meu marido e a mim em brigas e forçar nossa separação".[3] O pior de tudo era que, na presença de Dostoiévski, Pacha escondia sua hostilidade sob uma superfície de amabilidade, mas não se abstinha de expressar seu ressentimento de forma grosseira na cara de Anna quando estavam sozinhos. Dostoiévski, que tinha paciência infinita com os defeitos do enteado, era enganado completamente e ainda comentava com satisfação que a influência de Anna havia melhorado seus modos.

Todas essas tensões levaram Anna a questionar a viabilidade de seu casamento. Também odiava que "ele, 'o grande mestre do coração', não conseguisse ver como minha vida era difícil e continuasse a me impor seus parentes maçantes e a defender Pacha, que era tão hostil a mim".[4] A própria natureza de seu relacionamento com o escritor engrandeceu sua sensação de estranhamento. De sua parte, como explica Anna, a relação era mais "cerebral" que física; sua paixão por

Dostoiévski "não era uma paixão que poderia ter existido entre pessoas da mesma idade". Era, antes, "uma ideia que existia na minha cabeça [...] era mais como adoração e reverência por um homem de tanto talento e qualidades nobres de espírito", e "uma piedade ardente por um homem que tinha sofrido tanto sem nunca conhecer alegria e felicidade, e que era tão negligenciado por todos os seus entes próximos".[5] A própria base do amor de Anna por Dostoiévski estava ameaçada pelas condições de sua vida a dois.

A situação chegou a um ponto crítico cerca de um mês depois do casamento, quando Anna se sentiu cansada e indisposta demais para acompanhar Dostoiévski a uma festa noturna na casa dos Máikov. No momento em que seu padrasto saiu, Pacha a atacou com uma veemência maior que a de costume, acusando-a de gastar além da conta os "fundos destinados a todos nós".[6] Acossada, Anna abateu-se completamente, retirou-se para seu quarto em lágrimas e ainda estava soluçando no quarto escuro quando Dostoiévski retornou. Em resposta às suas perguntas aflitas, Anna afinal despejou todas as suas queixas, que ele ouviu com espanto. Quando manifestou temores de que o marido houvesse deixado de amá-la, ele apressou-se a tranquilizá-la e propôs uma viagem a Moscou, a fim de escapar das pressões da rotina em Petersburgo.

Dostoiévski vinha pensando nessa viagem com o objetivo de visitar Katkov e obter um adiantamento que lhes permitisse viajar para o exterior no verão. O casal reconciliado partiu no dia seguinte e, ao chegarem, Anna foi apresentada à família Ivánov, que ficou agradavelmente surpresa com o fato de ele ter se casado com uma mulher jovem e respeitável, e não "uma niilista, de cabelos curtos e óculos" (a informação de que Anna era estenógrafa levara a essas suspeitas).[7] Um incidente acontecido durante essa visita ensinou a Anna uma lição que ela jamais esqueceria. Certa noite, participando de um jogo de cartas, ela estava sentada ao lado de um jovem vivaz a quem reagiu com animação. Dostoiévski, que jogava numa sala diferente, volta e meia olhava para conferir como Anna estava se saindo, e seu estado de ânimo, à medida que a noite avançava, tornou-se cada vez mais sombrio. Ao voltar para o hotel, em reação a tentativas de Anna para animá-lo, voltou-se contra ela furioso e a acusou de ser uma *coquette* sem coração" que havia flertado com um homem mais jovem durante toda a noite apenas para atormentar o marido.[8] Essa pequena cena terminou com Dostoiévski confortando Anna e implorando perdão por suas acusações, mas revelou as profundezas insondáveis de suas ansiedades, e ela decidiu ser mais cuidadosa no futuro.

Katkov de pronto concordou em conceder a Dostoiévski outro adiantamento de mil rublos. Parecia que a esperança de ir para o exterior finalmente se concretizaria e Anna voltou para Petersburgo com um sentimento secreto de satisfação e triunfo. Nada disseram então sobre o plano de viajar, mas as questões logo vieram à tona quando Emília Fiódorovna sugeriu que alugassem uma casa grande para o verão em Pávlovsk. Diante dessa proposta, Dostoiévski respondeu que ele e Anna estariam no exterior naquela época. A conversa parou no mesmo instante, Emília Fiódorovna foi conferenciar com Dostoiévski em particular, em seu escritório, e Pacha disse furioso a Anna que *ele* não toleraria aquela viagem. Porém seus protestos junto a Dostoiévski foram inúteis e por fim a família contentou-se em *exigir* que, antes da partida do casal, antecipassem as quantias necessárias para as suas despesas.

No momento em que foram calculadas, essas quantias ultrapassaram em muito os mil rublos que Katkov prometera. A situação piorou quando um dos credores do escritor pressionou para receber o pagamento mínimo de uma dívida, sob a ameaça de apreender e vender os pertences dele. Os obstáculos financeiros para a viagem pareciam insuperáveis e Dostoiévski estava disposto a desistir e aceitar Pávlovsk. Anna, no entanto, estava convencida de que, "se quiséssemos salvar nosso amor, precisávamos ficar sozinhos, nem que fosse somente por dois ou três meses [...] depois viveríamos juntos pelo resto de nossas vidas, e ninguém poderia nos separar". Com a determinação que sempre marcou suas ações, decidiu penhorar seu dote e ela mesma levantar o dinheiro necessário para a viagem. "Pertences — móveis, roupas sofisticadas — têm grande importância quando se é jovem", lembrou Anna já idosa ao rememorar aquela época. "Eu gostava muito de meu piano, minhas encantadoras mesinhas e estantes, todas as minhas coisas lindas recém-adquiridas."[9] Mas estava convencida de que o futuro da felicidade de seu casamento estava em jogo, e essa crença superava todos os outros sentimentos na orientação de seus atos.

Anna logo foi consultar sua mãe, que concordou que um passo tão radical era necessário para assegurar o futuro da união. "Ela era sueca", comenta Anna, "e temia que os bons hábitos inculcados pela minha educação desaparecessem devido ao nosso estilo de vida russo, com sua hospitalidade desordenada."[10] Dostoiévski sempre se recusara a tirar um centavo sequer do que pertencia à esposa e foi mais difícil de persuadir; somente depois que ela começou a soluçar na rua, implorando-lhe para "salvar o nosso amor, a nossa felicidade", foi que ele concordou.[11] Familiarizada com as vacilações da vontade do marido, Anna insistiu que fossem imediatamente solicitar um passaporte. Por sorte, o funcionário era um admirador de Dostoiévski e prometeu que o documento estaria pronto em poucos dias. A mãe de Anna reuniu as joias, a prataria e outros objetos de valor na mesma noite, e um avaliador chegou um dia depois para os móveis.

Somente então Dostoiévski anunciou que ele e Anna iam afinal para o exterior — e o mais tardar em dois dias! As objeções de Pacha foram interrompidas e Dostoiévski disse a seus dependentes que receberiam as quantias solicitadas, mas nem um tostão a mais; o dinheiro sobressalente pertencia a Anna. O casal fez as malas depressa, confiando todos os futuros arranjos financeiros à mãe de Anna, e levou apenas o mínimo necessário, uma vez que esperavam ficar fora por não mais de três meses. Na verdade, só retornariam depois de quatro anos. Embora Anna tenha escrito mais tarde que "serei eternamente grata a Deus por me dar força em minha decisão de viajar para o exterior", essa gratidão foi muitas vezes temperada por reconsiderações amargas nos anos mais próximos do acontecimento.[12] A devoção e a fortaleza moral de Anna foram testadas ao extremo, e foi a sua capacidade de estar à altura do desafio que, no longo prazo, forjou um alicerce inabalável para seu casamento.

O casal partiu para suas "férias" europeias em 12/26 de abril de 1867, tomando o trem de Petersburgo para Berlim, e em seguida foram para Dresden, lá alugando três quartos em uma casa particular, onde aparentemente pretendiam se fixar. Dostoiévski, que já devia muito a Katkov, planejava trabalhar em seu próximo romance e escrever um artigo sobre Bielínski pelo qual recebera um adiantamento de outro editor. Mas as distrações decorrentes de suas primeiras semanas de vida no exterior e, em especial, de uma desastrosa aventura de dez dias nas mesas de roleta em Homburg apenas um mês depois de chegar impediram-no de avançar no romance.

Anna prometera à mãe escrever um relato da viagem; esse diário taquigrafado, que ela manteve até o nascimento de sua primeira filha, pouco mais de um ano depois, fornece um relato dos acontecimentos cotidianos na vida de Dostoiévski. Infelizmente, a julgar por suas páginas, Dostoiévski quase não falava com ela acerca do seu trabalho; mesmo quando ela sabia algo a respeito — ele ditou o artigo perdido sobre Bielínski a ela, por exemplo —, Anna apenas registra o fato e não diz uma palavra sobre o conteúdo. O que a preocupava — e não sem razão — era a situação precária em que viviam, o problema de adaptar-se às constantes mudanças de estado de espírito de Dostoiévski e as dificuldades de viver num ambiente estrangeiro em que não conheciam ninguém e dependiam da companhia um do outro.

A convivência com Dostoiévski não era fácil, mesmo sob as melhores condições, e seus recorrentes ataques de epilepsia o deixavam sempre irritado, intolerante e briguento. Tampouco ajudava sua xenofobia raivosa, que se manifestava numa intensa aversão aos alemães, entre os quais vivia e cuja língua falava muito mal. Anna era muito mais pacífica e menos intolerante, mas se juntava a Dostoiévski na denúncia da "estupidez" congênita dos alemães ou na preocupação rancorosa com as pequenas trapaças que sofriam nas mãos de garçons, senhorios e comerciantes. O que Anna chamava de "natureza vulcânica, irritável" de Dostoiévski também levava a desentendimentos contínuos entre os dois. O escritor irritava-se quando suas afirmações eram contestadas, e muitas vezes repreendia Anna duramente quando ela discordava dele. Em uma dessas ocasiões, quando ele estava reclamando dos alemães, "eu apenas o contrariei para ter algo a dizer [...] mas Fiódor [...] me disse que se eu era tão estúpida assim, era melhor que segurasse minha língua". Em outra ocasião, discutiram por causa de um "pôr do sol"! Muitas vezes, uma discussão levava a outra e Anna anotou, desanimada: "O que significa tudo isso, essa briga perpétua entre nós?".[13]

Não obstante, Anna era infinitamente tolerante com as reações mal-humoradas do marido e nunca esqueceu — como poderia, sendo uma testemunha penalizada e aflita de suas frequentes convulsões epilépticas? — que grande parte de sua irascibilidade era causada pelo estado perturbado de seus nervos. Ela nunca levou a sério essas ofensas, e escreve: "Eu simplesmente não consigo me zangar com ele; às vezes faço cara feia, mas basta olhá-lo para que toda a minha ira se derreta". Os ataques de raiva de Dostoiévski, tal como ela os descreve, eram todos superficiais. Era hábito dele acordá-la e dizer boa-noite antes de ir para a cama (ela se recolhia mais cedo), e então "conversamos por horas, ele diz coisas bonitas para mim e nós brincamos e rimos, e esse é o momento em que parece que estamos mais próximos um do outro e é o momento mais precioso para mim de todas as horas do dia".[14] A julgar pelo diário de Anna, todas as discussões terminavam com essas promessas renovadas de afeto.

Anna estava resolvida a fazer de seu casamento um sucesso. O que mais temia, mais do que as dificuldades decorrentes da pobreza ou da personalidade explosiva de Dostoiévski, era que pudesse perdê-lo para sua paixão anterior por Súslova. Anna mantinha um olhar vigilante sobre o marido e sabia que ele estava se correspondendo com a ex-amante. Pouco antes de partir para Dresden, Dostoiévski recebera uma carta de Súslova, à qual respondeu pouco depois de chegar à cidade. Súslova vivia no exterior havia um ano e ele a põe em dia com os acontecimentos. Sobre Anna, escreve que ela tem "um caráter extraordinariamente bom e aberto. [...] A diferença de idade é terrível (vinte e 44), mas estou cada vez mais convencido de que ela será feliz. Ela tem coração e sabe amar". Às queixas de Súslova a respeito de sua própria tristeza, responde com uma censura implícita: "Você considera que as pessoas são infinitamente radiantes ou, no momento seguinte, canalhas e vulgares".[15] Dostoiévski sabia que Anna não o avaliaria em termos tão exigentes, e que essa tolerância inesgotável era do que ele precisava mais do que tudo.

Quando Dostoiévski estava ausente — ele passava boa parte do tempo sozinho em cafés, lendo jornais franceses e russos —, Anna não tinha escrúpulo em remexer nas suas cartas. "Não é a coisa certa, eu sei, ler escondido as cartas do marido", ela observa com culpa, "mas eu não podia evitá-lo. A carta era de S[úslova]. Depois que eu a li, senti-me toda gelada e tremi e chorei de emoção. Tinha tanto medo que a antiga inclinação revivesse e superasse seu amor por mim. Meu Deus, não me mande esse destino miserável! Só de pensar nisso, meu coração para de bater."[16] Infelizmente, a carta de Súslova se perdeu, junto com outra posterior que Anna apanhou nos correios logo depois da partida de Dostoiévski para Homburg. Abrindo com cuidado o envelope, de modo que pudesse ser fechado de novo, concluiu que "era uma carta muito desastrada e estúpida e diz pouco para a compreensão do escritor. Tenho certeza de que ela está furiosa com o casamento de Fiódor. [...] Fui até o espelho e vi como meu rosto estava coberto de pequenas manchas vermelhas de excitação".[17] Esse possível desafio ao seu casamento por certo fortaleceu a determinação de Anna de suportar todos os fardos onerosos que ele acarretava.

O romance de Dostoiévski e Anna florescera enquanto trabalhavam juntos em *O jogador*, e há certa ironia no fato de sua união futura ter começado sob os auspícios dessa obra. Nada causou mais tensão em Anna do que o reaparecimento da obsessão de Dostoiévski pelo jogo depois que foram viver no exterior. Três semanas depois de se instalar em Dresden, ele começou a falar em fazer uma viagem a Homburg para tentar a sorte, e Anna, embora temendo essa perspectiva ("quando penso em sua partida, deixando-me aqui sozinha, sinto calafrios na espinha"), não fez objeções. Ao contrário, assegurou-lhe que poderia cuidar de si mesma de forma satisfatória, e confidenciou ao seu diário: "Percebo como este lugar começa a cansá-lo e deixá-lo de mau humor. [...] E, se a ideia dessa viagem enche sua mente de modo a esquecer todo o resto, por que não deixar que desfrute dela?".[18]

A paixão e a excitação do jogo, que ele transmite de forma tão vívida em *O jogador*, eram obviamente o que o atraía, mas sempre havia razões objetivas que lhe permitiam racionalizar o seu desejo, e essas razões tinham adquirido recentemente uma nova urgência. Pouco antes de partir da Rússia, dois de seus credores abriram processos que poderiam ter levado à sua detenção e encarceramento na prisão dos devedores. Como ele escreveu um pouco mais tarde a Apollon Máikov, "estive perto de ser apanhado".[19] Assim, Dostoiévski não poderia voltar para a Rússia sem o risco de ser preso, e sua única chance de retornar à terra natal era obter dinheiro suficiente para pagar suas dívidas. Além disso, havia sua esperança de criar uma família, com todas as novas despesas que isso acarretaria (Anna engravidara logo depois que partiram da Rússia). Dostoiévski jamais estivera sob uma pressão psíquica tão grande para obter recursos rapidamente, e estava assombrado pela imagem de outras pessoas que os conseguiam sem embaraço na roleta.

Ele tomou o trem para Homburg em 4/16 de maio, antes com temor e remorso por deixar Anna em lágrimas na estação do que com excitação. No dia seguinte, escreveu-lhe: "Estou agindo estupidamente, estupidamente, mais do que isso, estou sendo maldoso e fraco, mas existe uma chance minúscula e... ao diabo com ela, basta".[20] Embora planejasse uma estada de apenas quatro dias, Dostoiévski permaneceu em Homburg por dez dias, ganhando e perdendo, e, por fim, arruinou-se por completo. Penhorou seu relógio, e assim, como Anna observava em seu retorno, ela nunca sabia a hora do dia ou da noite.

As cartas agitadas que ele lhe escreveu diariamente são dolorosas de ler e oscilam entre o autoflagelo por ceder à tentação e as reafirmações frenéticas da possibilidade de ganhar caso conseguisse manter o autocontrole, algo tão antitético ao caráter nacional russo. "Eis minha observação definitiva, Ánia: se alguém for prudente, ou seja, se parece feito de mármore, frio e *desumanamente* cauteloso, então com certeza, *sem a menor* dúvida, pode ganhar *tanto quanto quiser*." No cassino, sempre havia alguém realizando essa proeza; dessa vez, era um judeu que jogava "com uma compostura horrível, *desumana*" e "amontoa[va] dinheiro", saindo todos os dias com mil florins. Dostoiévski relata que tem períodos curtos dessa compostura, e sempre vence enquanto duram, mas logo perde o controle e é arrastado para uma imprudência desastrosa. Como Aleksei Ivánovich em *O jogador*, ele acha todo o negócio moralmente repugnante, e implora à esposa: "Anna, prometa-me que nunca mostrará essas cartas a ninguém. Não quero que as más línguas falem dessa minha situação abominável. 'Um poeta é sempre um poeta'".[21]

O que mais chama a atenção nessas cartas, além da revelação patética da fraqueza e da capacidade de autoengano de Dostoiévski, é a gravidade dos sentimentos de culpa que expressam. Ele se censurara no passado devido às perdas de jogo que mal podia encarar, mas nunca se entregara a esses autoflagelos extremos. Sem dúvida, nunca antes alguém dependera tão totalmente dele como Anna, e nunca antes se sentira tão moralmente repreensível por sacrificá-la à sua compulsão. Como ele observa, depois de confessar ter perdido no jogo o dinheiro que ela enviara para a sua passagem de volta: "Ah, se a questão dissesse respeito apenas a mim, [...] eu teria rido, desistido como de um mau trabalho, e ido embora. Uma coisa e *somente uma coisa* me horroriza: o que você vai dizer, o que você vai pensar de mim? E o que é o amor sem respeito? Afinal de contas, por causa disso nosso casamento foi abalado. Oh, minha querida, não me culpe permanentemente!". Suplicando a Anna que lhe envie de novo o dinheiro da passagem, pede-lhe que não venha pessoalmente, por estar desconfiada. "Nem pense em *vir você mesma* por não confiar em mim. Essa falta de confiança — de que não voltarei — irá me matar."[22]

À medida que suas perdas aumentavam e a desesperança de sua situação se tornava evidente, o que parecia ser o único meio de salvação era a panaceia de voltar a trabalhar. Ele escreve:

> Minha querida, sobrará muito pouco dinheiro, mas não reclame, não fique abatida e não me censure. [...] Vou escrever a Katkov imediatamente e pedir-lhe que me envie mais quinhentos rublos para Dresden. [...] Quanto a mim, vou começar a trabalhar no artigo sobre Bielínski e, enquanto espero por uma resposta de Katkov, vou terminá-lo. Meu anjo, talvez tudo isso seja para o melhor; me livrarei desse maldito pen-

samento, da monomania, do jogo. Agora, novamente, como no ano retrasado (antes de *Crime e castigo*), triunfarei através do trabalho.[23]

Essas resoluções eram invariavelmente consequência do azar no jogo.

Dostoiévski voltou afinal para a sofrida e solitária Anna, que tentara corajosamente não se entregar ao desespero em sua ausência. Ele escreveu sua prometida carta a Katkov pedindo outro adiantamento e a vida voltou ao seu curso normal, enquanto o casal esperava por uma resposta e vivia frugalmente com algum dinheiro (muito menos do que esperavam) enviado pela mãe de Anna. Uma das poucas diversões dos Dostoiévski em Dresden, além de frequentar concertos em parques públicos, era visitar o museu de arte de Dresden, a Gemäldegalerie. Anna observa que Dostoiévski andava apressado "de uma sala para outra [...] e nunca parava, exceto diante de seus quadros preferidos".[24] Esses quadros eram todos — com exceção de *Ácis e Galateia*, de Claude Lorrain — representações de Cristo ou de Cristo e a Madona. Vemos então que poucos meses antes de começar a luta para criar um novo romance, Dostoiévski estava mergulhando nas emoções derivadas da contemplação das imagens de Cristo e da Mãe de Deus pintadas por alguns dos maiores artistas da tradição renascentista ocidental. Não eram mais as imagens de ícones bastante formalizadas que teria visto em igrejas russas, mas representações de Cristo como um ser humano de carne e osso, vivendo e interagindo com um mundo real em que existia o dinheiro e o tributo tinha de ser pago. Nunca antes estivera exposto tantas vezes a essas imagens e mal se pode aferir o impacto que podem ter causado sobre sua sensibilidade naquele momento. Será simples coincidência que seu romance seguinte tenha nascido apenas quando descobriu um personagem chamado "Príncipe Cristo" em suas notas e quando, com efeito, decidiu produzir um equivalente literário russo das pinturas que tanto admirara na Gemäldegalerie de Dresden?

A intenção de Dostoiévski era mudar-se para a Suíça depois de receber o adiantamento de Katkov, mas, ao planejar a viagem, foi tentado mais uma vez pela ideia sedutora de fazer uma escala em Baden-Baden a fim de recuperar suas perdas no jogo — especialmente porque, nas cartas que escreveu de Homburg para Anna, se queixara de que sua preocupação com o bem-estar dela era uma fonte de perturbação emocional que o impedia de pôr em prática seu "método" infalível para ganhar. Tinha sido um erro não levá-la junto; mas se eles estivessem juntos em Baden, esse obstáculo para o sucesso seria eliminado. Como Anna escreve com tristeza em suas memórias, "ele falou de modo tão persuasivo, citou tantos exemplos para provar sua teoria, que também me convenceu"; ela concordou em passar duas semanas em Baden-Baden, "contando com o fato de que minha presença durante o jogo proporcionaria certa influência moderadora. Uma vez tomada essa decisão, Fiódor Mikháilovitch se acalmou e começou a reescrever e finalizar o artigo com o qual estava tendo problemas", o texto sobre Bielínski.[25]

O casal saiu de Dresden em 21 de junho/3 julho e chegou a Baden-Baden no dia seguinte, com tão pouco dinheiro que alugaram dois quartos em cima de uma ferraria onde o trabalho começava às quatro da manhã. Anna, sofrendo de alguns sintomas da gravidez, muitas vezes se sentia fraca e enjoada e era acometida de acessos de depressão e apatia. Mas, na maior parte do tempo, teimava em esconder seus temores e receios do marido e exibia uma firmeza extraordinária ao lidar com as consequências estressantes dos defeitos de Dostoiévski.

Ele lançou-se ao jogo imediatamente, com os resultados habituais, mas ganhando às vezes grandes somas, suficientes para dar-lhes certa segurança momentânea, ao mesmo tempo que lhe permitiam continuar a jogar com apostas menores. Era isso que pretendia fazer, e entregava as quantias aos cuidados de Anna; mas depois de perder a parte que reservara para jogar, sempre voltava e pedia mais. Anna não conseguia suportar suas súplicas porque ele estava atormentado pelo conflito entre o sentimento de remorso e a baixeza e sua obsessão irresistível. Uma cena típica ocorreu no terceiro dia, quando metade do dinheiro já desaparecera; após perder mais cinco moedas de ouro, Dostoiévski "estava excitadíssimo, me implorando para não pensar nele como um trapaceiro que me roubava a minha última côdea de pão apenas para perdê-la, enquanto eu lhe implorava somente para manter a calma, e é claro que não pensava todas aquelas coisas a respeito dele, e que ele teria tanto dinheiro quanto quisesse. Então ele saiu e eu chorei amargamente, tão abatida que estava com sofrimentos e aflições".[26]

Em meio às suas preocupações com o futuro (trabalhava para aperfeiçoar sua taquigrafia e começou a treinar tradução do francês como uma possível fonte de renda familiar), Anna se via continuamente chamada a acalmar o desânimo e as autopunições de Dostoiévski. Certa vez, ele saiu para jogar, prometendo retornar logo para casa, e só voltou sete horas depois, sem um tostão e "totalmente consternado". Anna tentou acalmá-lo,

> mas ele não me poupou de nenhuma de suas autorrecriminações, chamando-se estupidamente fraco e me implorando, sabe Deus por quê, por perdão, dizendo que não era digno de mim, que era um porco e eu um anjo, e muitas outras coisas tolas do mesmo gênero [...] e para tentar distraí-lo, pedi-lhe que fosse comprar velas, açúcar e café para mim. [...] Fiquei perturbadíssima com seu estado, com medo de que isso pudesse levar a outro ataque.[27]

Ela descreve um desses ataques, o que nos ajuda a entender por que Anna sentia que quase tudo — até mesmo ceder sem protesto à ideia fixa de Dostoiévski — era melhor do que correr o risco de provocar um ataque epiléptico.

> Limpei o suor da testa e a espuma de seus lábios, e o ataque só durou pouco tempo e achei que não foi grave. Seus olhos não estavam saltando para fora de sua cabeça, embora as convulsões fossem fortes. [...] Aos poucos, recuperou a consciência, beijou minhas mãos e depois me abraçou. [...] Apertou-me com paixão contra o peito, dizendo que me amava como um louco, e simplesmente me adorava. Depois dos ataques ele é sempre tomado por um medo da morte. Diz que teme que terminem com sua morte, e que preciso cuidar dele.

Dostoiévski também pediu a Anna que, ao acordar na manhã seguinte, verificasse se ele ainda estava vivo.[28]

O próprio Dostoiévski estava espantado com a extraordinária tolerância de Anna para com seus defeitos, mesmo quando isso significava penhorar não só as alianças de casamento, como os brincos e o broche que ele lhe dera de presente e, como último recurso, o sobretudo de Dostoiévski e o xale de rendas e o vestido sobressalente de Anna. Chegou mesmo a comentar com ela que, "se eu fosse mais velha: [...] teria me comportado de maneira bastante diferente e lhe teria dito que [...] se meu marido estivesse tentando fazer coisas estúpidas, eu, como sua esposa, não deveria permitir nada desse tipo". Em outra ocasião, quando ela cedeu mais uma vez às suas súplicas, ele disse, talvez meio a sério, que "teria sido melhor para ele ter uma esposa rabugenta que reclamasse [...] em vez de confortá-lo, e que era positivamente doloroso para ele o fato de eu ser tão doce".[29] A recusa de Anna a culpar ou repreender Dostoiévski talvez aumentasse seu sentimento de culpa, bloqueando a possibilidade de voltar-se contra um juiz acusador, mas esse surto de culpa jamais levou a mais do que um acesso momentâneo de autoexame moral.

A paciência de Anna, sejam quais forem os prodígios de autocontrole que possam ter lhe custado, foi amplamente compensada (aos seus olhos) pela imensa gratidão e crescente apego do marido a ela. Certa vez, quando ela comentou que talvez tivesse influenciado a sorte dele de modo adverso, Dostoiévski respondeu: "'Anna, minha pequena bênção, quando eu morrer, lembre-se apenas quanto a abençoei pela sorte que me trouxe', acrescentando que nenhuma sorte maior atravessou seu caminho, que, com efeito, Deus tinha sido pródigo ao conceder-me a ele, e que rezava por mim todos os dias e só temia que um dia tudo isso pudesse mudar, que hoje eu o amava e tinha pena dele, mas se meu amor acabasse, então nada seria o mesmo". "Isso, no entanto", Anna apressa-se a escrever, "jamais acontecerá, e estou certa de que sempre amaremos um ao outro tão apaixonadamente quanto agora."[30]

"Era preciso resignar-se", ela escreveu em suas memórias muitos anos mais tarde, "e ver sua paixão pelo jogo como uma doença para a qual não havia cura."[31] Essa conclusão apenas estendia aos jogos de azar a mesma atitude que tinha diante da irritabilidade de Dostoiévski. Embora essa característica o levasse muitas vezes a tratá-la de forma ofensiva, assim como a outras pessoas, ela punha a culpa na epilepsia e recusava-se a aceitá-la como sua verdadeira natureza. Na manhã após o ataque mencionado acima, ela anotou: "Pobre Fiódor, ele sofre tanto depois de seus ataques e fica sempre tão irritável, e suscetível a se enfurecer por ninharias, de modo que tenho de aguentar muita coisa nesses dias de doença. Isso não tem importância, porque os outros dias são muito bons, quando ele é tão doce e gentil. Além disso, posso ver que quando ele grita comigo é por causa da doença, e não por mau humor".[32]

À medida que os dias tensos se passavam sem alteração perceptível e parecia não haver um fim à vista, até mesmo a tolerância aparentemente infinita de Anna começou a se desgastar. Logo depois de Dostoiévski sair para penhorar seus brincos e broche, ela escreve: "Não pude mais me controlar e comecei a chorar com amargura. Não era um choro comum, mas uma espécie terrível de soluço convulsivo que me causou uma dor terrível no peito e não me aliviou nem um pouco. [...] Comecei a invejar todas as outras pessoas do mundo, todos me pareciam felizes, e só nós — ou assim me parecia — éramos completamente infelizes".[33] Anna confessa a si mesma que desejava que Dostoiévski ficasse longe o maior tempo possível; mas quando ele voltou naquele dia para dizer-lhe que perdera o dinheiro obtido com suas joias e chorou enquanto dizia "agora roubei suas últimas coisas e as joguei fora!", ela se ajoelhou diante de sua cadeira para tentar acalmar seu infortúnio. "Por mais que tentasse consolá-lo, não conseguia fazê-lo parar de chorar."[34]

Poucas são as ocasiões em que ela critica abertamente o marido, e essas explosões são sempre motivadas por sua preocupação incessante com a família do falecido irmão. Nenhum dos tormentos de sua situação atual a incomodaria, Anna insistia em dizer, "se eu soubesse que todo esse sofrimento era inevitável, mas ter de sofrer para que uma Emília Fiódorovna e seu bando possam viver na abundância, e eu ter de penhorar meu casaco para que ela possa ter um, isso desperta um sentimento dentro de mim o inverso do bonito, e me dói encontrar tamanha leviandade e tão pouca compreensão e bondade humana em alguém que amo e prezo tanto". Esse é o máximo de revolta que encontramos nas páginas de seu diário escritas em Baden, e apenas algumas frases depois, ela desdiz sua audácia: "Estou furiosa comigo mesma por abrigar esses pensamentos horríveis contra meu querido, doce e bom marido. Sou sem dúvida uma criatura horrível".[35]

Dostoiévski escrevera novamente a Katkov pedindo outro adiantamento, embora tivesse hesitado em fazê-lo de Baden-Baden, cuja fama de centro de jogatina tornaria evidente o motivo do novo apelo; mas ele engoliu seu orgulho em face da extrema necessidade. Enquanto isso, cenas do tipo já descrito se repetiam diariamente, e quando o último recurso — sua mãe — pareceu exaurido, Anna começou a exibir sua insatisfação de forma mais clara. "Eu disse a ele [...] que por um mês inteiro aguentei isso e não disse uma palavra, mesmo quando nada mais nos restava, pois ainda podia esperar alguma ajuda de mamãe, mas agora que tudo acabou, é impossível pedir mais a mamãe e, além disso, teria vergonha de fazê-lo."[36]

Ela se voltou contra Dostoiévski somente depois de receber uma carta de sua mãe e ficar sabendo que poderia perder seus móveis.

Quando Fiódor começou a falar dos "malditos móveis", me magoou tanto que começei a chorar amargamente, e ele foi incapaz de me acalmar. [...] Eu não conseguia me controlar e disse que a própria ideia de ganhar uma fortuna na roleta era absolutamente ridícula, e na minha raiva zombei dele, chamando-o de "benfeitor da humanidade". [...] Estou de todo convencida de que, mesmo que ganhássemos, seria apenas para o benefício de todas aquelas pessoas horríveis, e não aproveitaríamos um pingo do dinheiro.

Ferido pela frase de Anna, Dostoiévski acusou-a, no dia seguinte, de ser "dura"; essa acusação levou a uma explosão no diário, onde ela enumera todas as suas muitas queixas e, arrependida, compara sua própria tolerância com a grosseria da primeira esposa de Dostoiévski. "Não vale a pena controlar-se", escreve ela. "Maria Dmítrievna nunca hesitou em chamá-lo de patife e de velhaco e de criminoso, e ele era para ela um cão obediente."[37]

Em 21 de julho/2 agosto, Anna recebeu outra ordem de pagamento de sua mãe, e com essa quantia, somada aos ganhos recentes de Dostoiévski, eles enfim tiveram o suficiente para pagar as dívidas, resgatar tudo que estava penhorado, pagar a passagem para Genebra e viver nessa cidade até que chegasse o próximo adiantamento de Katkov. Anna menciona que começou a fazer as malas e "vários preparativos para a viagem".[38] No mesmo dia dessas anotações no diário, Dostoiévski voltou a jogar furiosamente, e Anna, que não estava se sentindo bem, inflamou-se de indignação quando ele voltou para casa com a ladainha e as demandas de costume. Por sorte, ele conseguiu ganhar naquela noite e reabastecer a bolsa do casal.

No dia seguinte, depois de ter saído para resgatar as joias e a aliança de casamento de Anna na parte da manhã, Dostoiévski voltou às oito da noite e "logo se virou para mim numa explosão de ira e lágrimas, informando-me que perdera todo o dinheiro que eu lhe dera para resgatar nossas coisas. [...] Fiódor chamou a si mesmo de canalha indescritível, disse que era indigno de mim, que eu não tinha nada que perdoá-lo, e durante todo o tempo não parou de chorar. Por fim, consegui acalmá-lo, e resolvemos ir embora daqui amanhã".[39] Ela então, temendo confiar-lhe outra quantia, acompanhou-o à casa de penhores e depois foram à estação para obter informações sobre os horários.

Dostoiévski continuou a apostar até o último dia e perdeu cinquenta francos que Anna lhe dera, bem como mais vinte obtidos com a penhora de um anel. Agora, sem recursos para a viagem, penhoraram novamente os brincos de Anna, resgataram a aliança e compraram as passagens. Apenas uma hora e meia antes da partida, Dostoiévski voltou ao cassino com vinte francos para uma última tentativa — e, é claro, perdeu. Anna anota laconicamente: "Disse a ele para não ficar histérico, mas me ajudar a fechar os baús e pagar a senhoria".[40] Depois de acertar as contas, que acabou por ser uma questão desagradável, foram finalmente para a estação. Ninguém — nem mesmo as criadas, a quem Anna achava que tratara com consideração, e cuja ingratidão ela critica — se preocupou em despedir-se deles.

Nas páginas iniciais de seu romance *Fumaça*, Turguêniev descreve com vivacidade a multidão elegante que se aglomera na Konversationshaus, de Baden-Baden. Esse era o nome do edifício principal do hotel: abrigava os famigerados salões de jogos em sua parte central, uma sala de leitura na ala direita e um restaurante e café famoso à esquerda. As damas com seus vestidos cintilantes faziam Turguêniev lembrar "o brilho intenso e o leve adejar dos pássaros na primavera, com suas asas da cor do arco-íris".[41] Anna não gostava de ir a esse lugar devido à deselegância de seu único vestido preto, embora fosse levada, por puro tédio, a visitar a sala de leitura repleta de revistas francesas, alemãs e russas.

Não muito longe do café havia um local conhecido como a "árvore russa", onde os muitos visitantes russos estavam acostumados a reunir-se, trocar os últimos mexericos e, talvez, ver de relance o habitante russo mais ilustre da cidade, Turguêniev. Dostoiévski nunca frequentava a "árvore russa" e era, talvez, o único compatriota que não tinha nenhum interesse em ver ou ser visto por Turguêniev — com efeito, esperava fervorosamente que não pusessem os olhos um no outro. O autor de *Pais e filhos* era uma das poucas pessoas a quem Dostoiévski apelara quando estava em dificuldades financeiras em Wiesbaden. O acaso fez com que, apenas alguns dias após chegar a Baden-Baden, enquanto passeava com Anna, Dostoiévski topasse com Ivan Gontcharóv, o autor de *Oblómov*, de quem dissera certa vez que era uma pessoa com "a alma de um pequeno funcionário [...] e os olhos de um peixe defumado, a quem Deus, como se por brincadeira, dotou de um talento brilhante".[42] Gontcharóv disse ao casal que "Turguêniev tinha avistado Fiódor ontem, mas não disse nada a ele por saber que jogadores não gostam que se fale com eles".[43] Agora, cabia a Dostoiévski fazer uma visita ao amigo. "Como Fiódor deve cinquenta rublos a Turguêniev, tem de ir vê-lo, senão Turguêniev vai pensar que Fiódor fica longe dele por medo de ser cobrado."[44]

Magoado pela discussão em torno de *Pais e filhos*, Turguêniev se retirara para Baden-Baden a fim de recuperar-se das decepções. Até mesmo um velho amigo e aliado natural como Herzen se voltara contra o liberalismo moderado pró-ocidental de Turguêniev, que recuara diante do espectro da revolução. Uma brilhante série de artigos, "Fins e começos", publicada por Herzen em *O Sino* em 1862-3, constitui um ataque direto às convicções mais caras de Turguêniev — e provocou uma resposta igualmente famosa. Não se pode viver sem um Deus, Turguêniev escreveu com sarcasmo em uma carta pessoal, e Herzen "ergueu [seu] altar aos pés da pele de carneiro [o camponês russo], o Deus misterioso de quem não se sabe praticamente nada".[45] Essa aguda divergência de ideais políticos foi envenenada ainda mais por uma referência maldosa em *O Sino* que dizia que Turguêniev (sem mencionar seu nome) estava "perdendo o sono, o apetite, os cabelos brancos e os dentes" devido ao medo de que o tsar não soubesse de seu arrependimento.[46] Tratava-se de alusão a uma carta de Turguêniev ao tsar, escrita quando seu nome foi envolvido numa investigação, solicitando que não fosse chamado à Rússia para testemunhar e negando insinceramente qualquer ligação com a propaganda revolucionária proveniente de Londres através da Imprensa Russa Livre de Herzen.

Ecos dessa discussão feroz ressoam por todo o romance *Fumaça* e são responsáveis por algumas de suas passagens mais duras, cujo alvo é o eslavofilismo tanto de direita quanto de esquerda. Turguêniev reserva suas farpas mais afiadas para aqueles de qualquer matiz político que nutrem alguma esperança de um destino especial reservado para a Rússia e seu povo. O porta-voz do Turguêniev é um personagem secundário chamado Potúguin, que declara que, se a Rússia desaparecesse de repente da face da terra, com tudo o que havia criado, esse evento ocorreria "sem tirar um único prego do lugar [...] pois até mesmo o samovar, os sapatos de fibra liberiana, o bridão e o chicote — são esses os nossos produtos mais famosos — não foram inventados por nós".[47]

A publicação do romance de Turguêniev, em abril 1867, provocou uma tempestade ainda mais furiosa do que a causada por *Pais e filhos*, e dessa vez o romancista foi atacado de todos os lados e por todos. Ánnenkov escreveu-lhe, logo após sua publicação nas páginas de *O Mensageiro Russo*, que "a maioria está assustada com um romance que os convida a acreditar que toda a aristocracia russa, sim, e toda a vida russa, é uma abominação".[48] A boa sociedade, à qual

Turguêniev pertencia por nascimento e criação, ficou tão indignada que os sócios do exclusivo Clube Inglês estiveram a ponto de escrever-lhe uma carta coletiva excluindo-o de seu meio (a carta nunca foi enviada, mas um "amigo" zeloso informou Turguêniev do incidente). Escrevendo a Dostoiévski no final de maio de 1867, Máikov o pôs a par da reação russa: "Os admiradores de *Fumaça*", diz ele, "se encontram apenas entre os polonófilos".[49] A reação de Dostoiévski ao romance, que havia lido antes de deixar a Rússia, foi muito parecida, e a discussão entre os dois escritores tinha assim tanto uma dimensão sociocultural quanto uma puramente pessoal e temperamental.

O relato do encontro entre eles e da discussão em Baden-Baden está numa carta de Dostoiévski a Máikov, escrita um mês depois, em Genebra. "Eu vou lhe dizer com franqueza", começa. "Antes mesmo disso [da visita], eu não gostava do homem pessoalmente." Ele admite que esse desapontamento foi agravado devido à dívida não liquidada, mas "também não gosto de seu abraço aristocraticamente ridículo que faz menção de beijá-lo, mas lhe oferece a bochecha. Os ares horríveis de um general". Os modos de classe alta de Turguêniev sempre deram nos nervos de Dostoiévski, e ele usará esse mesmo detalhe em seu retrato devastador do famoso autor Karmázinov (uma caricatura mortal de Turguêniev), em *Os demônios*. Mas não eram exatamente os modos dele o motivo da hostilidade de Dostoiévski: "O mais importante é que seu livro *Fumaça* me incomodou".[50] "Ele criticou a Rússia e os russos de forma monstruosa, horrível", escreve Dostoiévski. "Turguêniev disse que deveríamos rastejar diante dos alemães, e que todas as tentativas de russidade e independência são uma bestialidade e uma estupidez." Quando ele observou que "estava escrevendo um longo artigo contra os russófilos e eslavófilos", Dostoiévski reagiu com a réplica mais citada dessa conversa: "Aconselhei-o, por uma questão de conveniência, a encomendar um telescópio de Paris. 'Para quê?', perguntou. 'É muito longe daqui', respondi. 'Focalize seu telescópio na Rússia e nos examine, porque de outra maneira é muito difícil nos entender'".[51]

Surpreso com o sarcasmo de Dostoiévski, Turguêniev "ficou muito zangado"; e então, com um ar de "ingenuidade muitíssimo bem-sucedida", Dostoiévski abandonou por um instante sua postura antagônica e assumiu o papel de colega que tranquiliza: "Mas eu realmente não esperava que toda essa crítica a você e o fracasso de *Fumaça* fossem irritá-lo tanto, juro por Deus, *não vale a pena*, esqueça tudo isso". Esse conselho só fez aumentar a exacerbação de Turguêniev, que, "enrubescendo, respondeu: 'Mas não estou nada irritado. O que você quer dizer?'". Por fim, Dostoiévski pegou o chapéu, mas antes de sair, "de algum modo, absolutamente sem intenção", garante a Máikov, "disse o que havia acumulado em minha alma em três meses a respeito dos alemães". Como sabemos pelo diário de Anna, essa acumulação era de pura bile; e Dostoiévski irrompeu numa denúncia dos alemães, acusando-os de "bandidos e vigaristas [...] muito piores e mais desonestos que nós".[52]

"Você fala de civilização", continua Dostoiévski, "pois bem, o que a civilização fez para eles e do que podem gabar-se de ser muito superiores a nós?" Essas palavras levaram Turguêniev a um paroxismo de raiva:

> Ele ficou pálido (literalmente: não estou exagerando um pouco, nem um pouco!) e me disse: "Falando assim, você me ofende *pessoalmente*. Você deve saber que me instalei aqui em caráter permanente, que me considero alemão, não russo, e me orgulho disso!". Respondi: "Eu não podia esperar de modo algum que você dissesse isso e, portanto, por favor, me perdoe por tê-lo ofendido". Então nos separamos muito educadamente e jurei a mim mesmo nunca mais pôr os pés na casa de Turguêniev.[53]

Presume-se que Turguêniev também resolveu nunca mais ter de encarar Dostoiévski, pois o visitou no dia seguinte às dez da manhã e deixou um cartão, porque Dostoiévski fizera questão de informar-lhe que nunca estava disponível antes do meio-dia.

Outro trecho da carta a Máikov é de grande importância, pois nele Dostoiévski faz observações que prenunciam *O idiota*. Ele diz: "E essas pessoas se vangloriam do fato, a propósito, de que são *ateus*! Ele [Turguêniev] declarou-me que é completamente ateu".[54] Seja qual for sua origem, a declaração de Turguêniev fez Dostoiévski explodir para Máikov:

> Mas, meu Deus, o deísmo nos deu Cristo, ou seja, uma noção tão elevada do homem que não pode ser compreendida sem reverência, e não se pode deixar de acreditar que esse ideal da humanidade é eterno! E o que eles, os Turguênievs, os Herzens, os Utins e os Tchernichévskis nos deram de presente? Em vez da beleza divina mais elevada, em que cospem, são de um egoísmo tão repugnante, de uma irritação tão descarada, de um orgulho tão frívolo que é simplesmente incompreensível o que estão esperando e quem vai segui-los.[55]

Pode-se ver aqui o impulso crescente em Dostoiévski de apresentar uma imagem da "beleza divina mais elevada" diante dos incréus zombeteiros, sarcásticos, cujos nomes representam de modo um tanto indiscriminado todos os matizes de opinião e duas gerações da intelectualidade ocidentalizada e sem Deus.

Esse encontro entre Turguêniev e Dostoiévski logo se tornou de conhecimento público, pelo menos nos círculos literários, pois os trechos de carta de Dostoiévski que diziam respeito a Turguêniev foram enviados por Máikov ao editor de uma revista chamada *Arquivos Russos* [*Rússki Arkhiv*], ao qual foi solicitado que preservasse as informações "para a posteridade", mas não permitisse sua publicação antes de 1890. Ao saber desse documento informal através de seu factótum literário Ánnenkov, Turguêniev enviou imediatamente um repúdio ao mesmo editor, por intermédio de Ánnenkov, autorizando-o a negar as opiniões atribuídas a ele. Referindo-se às "opiniões chocantes e absurdas sobre a Rússia e os russos que ele atribui a mim [...] que supostamente constituem minhas convicções", Turguêniev nega que tenha alguma vez expressado suas "convicções íntimas" perante Dostoiévski e acrescenta: "Eu o considero uma pessoa que, em consequência de ataques mórbidos e outras causas, não está em pleno controle de suas faculdades; e esta opinião minha é compartilhada por muitos outros". Turguêniev explica com cavalheirismo que, durante a visita de Dostoiévski,

> ele aliviou seu coração com um insulto brutal aos alemães, a mim e a meu último livro, e depois foi embora: quase não tive tempo ou vontade de contradizê-lo; repito que o tratei como alguém que estava doente. É provável que sua imaginação desordenada tenha produzido esses argumentos que atribuiu a mim, e baseado nos quais ele escreveu contra mim sua [...] mensagem à posteridade.[56]

O editor respondeu tranquilizando Turguêniev e observando também que o documento não trazia o nome de Dostoiévski, e o assunto terminou por aí. Se a "imaginação desordenada" de Dostoiévski inventou ou não as declarações atribuídas a Turguêniev, continua uma questão em aberto.

38. Em busca de um romance

O casal Dostoiévski chegou a Genebra, em 13 / 25 de agosto, depois de passar um dia em Basileia. No pouco tempo que tiveram nesta última cidade, apressaram-se em visitar os pontos turísticos, dos quais somente o Museu de Basileia chamou a atenção de Dostoiévski — ou, mais exatamente, duas das pinturas ali expostas. Anna escreve:

> Em todo o museu, existem apenas dois quadros realmente inestimáveis, sendo um deles o Salvador Morto, uma obra maravilhosa que me horrorizou e impressionou tanto Fiódor que ele declarou ser Holbein, o Moço, um pintor e criador de primeira classe. [...] Mas aqui toda a compleição [de Cristo] é macilenta, as costelas e os ossos estão à mostra, as mãos e os pés crivados de chagas, todas azuladas e inchadas, como um cadáver em decomposição. O rosto também está terrivelmente agoniado, os olhos ainda semiabertos, mas inexpressivos, e que olham mas não *veem*. O nariz, a boca e o queixo são todos azuis; a coisa toda tem uma forte semelhança com um verdadeiro cadáver [...]. Fiódor, no entanto, ficou completamente fascinado, e na ânsia de olhar mais de perto, subiu numa cadeira, de modo que fiquei num estado terrível, com medo de que ele tivesse de pagar uma multa, como sempre se corre o risco aqui.[1]

Essa visita casual ao Museu de Basileia teria consequências cruciais para a criação de *O idiota*, em que a tela de Holbein, o Moço, desempenha um importante papel simbólico. Não se poderia oferecer um desafio maior à fé de Dostoiévski em Cristo, o Deus-homem, do que essa visão de um ser humano torturado e decadente, cujo rosto não tem nada da "extraordinária beleza" com a qual, como ele escreveria no romance, Cristo costuma ser pintado. Em vez disso, essa pintura expressa a sujeição do Cristo sobrenatural à ordem física da natureza, concebida "sob a forma de uma enorme máquina da mais moderna construção que, surda e insensível, agarrou, esmagou e engoliu um grande Ser de valor inestimável, um Ser digno de toda a natureza e de suas leis, digno da terra inteira, que talvez tenha sido criada exclusivamente para o aparecimento desse Ser" (v. 8, p. 339).

Holbein, o Moço, criara assim uma obra que sondava de forma implacável a base da crença cristã com resoluta honestidade, ao mesmo tempo que permaneceria fiel a seus princípios sobrenaturais. A excitação de Dostoiévski ao encontrar esse quadro pode ser atribuída à descoberta de um colega artista cuja inspiração subjacente estava tão próxima da sua. Holbein, o Moço — amigo de Erasmo e de Sir Thomas More que deixou retratos desses dois ilustres humanistas —, fora atingido, como eles, pelas novas correntes de ideias que fluíam do mundo da cultura clássica, e lutou para conciliar essas influências seculares, tão contrárias aos dogmas irracionais da fé cristã, com a renovação dessa fé inspirada pelos fervores iconoclastas da Reforma. Em Holbein, o Moço, Dostoiévski sentiu um impulso, tão semelhante ao seu, de confrontar a fé cristã com tudo o que a negava e, não obstante, superar esse confronto com uma afirmação reavivada (mesmo que humanamente trágica).

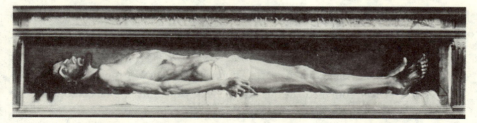

22. *Hans Holbein, o Moço,* Cristo morto (1521-2).

Uma vez em Genebra, Dostoiévski tratou logo de escrever uma carta ao amigo mais leal, Apollon Máikov, para pedir um empréstimo. Já recebera três adiantamentos de Katkov, cuja generosidade achava espantosa ("Que coração tem este homem!"),[2] e devia agora ao editor 4 mil rublos. Planejava pagá-los com seu romance; nesse meio-tempo, precisava sobreviver, até que pudesse começar a fornecer a Katkov uma cópia do livro em janeiro. Revelando a gravidez de Anna, sobre a qual solicita a Máikov que mantenha por ora em segredo dos seus parentes, pede um empréstimo de 150 rublos por dois meses, que seriam reembolsados diretamente pelo *Mensageiro Russo*. Ciente de que os meios de Máikov eram limitados, Dostoiévski escreve lastimoso: "Mas, na verdade, estou me afogando, já estou totalmente afogado. Em duas ou três semanas, estarei sem um único copeque, e um homem que se afoga estende a mão sem consultar a razão [...] a não ser por você, não tenho *ninguém*, e se você não me ajudar, vou ser liquidado, totalmente liquidado".[3] Descrevendo a sua paixão pelo jogo como uma falha moral e psicológica de caráter, ele comenta: "E o pior de tudo é que minha natureza é vil e muito apaixonada; em toda parte e em tudo, vou ao limite extremo; tenho ultrapassado a linha durante toda a minha vida".[4]

Sem notícias de Máikov há bastante tempo, Dostoiévski o exorta a escrever-lhe periodicamente; essas cartas "ocuparão o lugar da Rússia para mim e me darão força". A intensa saudade da terra natal e seu desespero diante da impossibilidade de voltar por ora refletem um medo perturbador de que a permanência prolongada na Europa viesse a paralisar suas capacidades criativas:

> E eu preciso da Rússia, preciso dela para escrever [...] e como preciso disso! É como um peixe fora da água; perde-se a força e os meios. [...] Eu queria começar a trabalhar imediatamente e percebi que não podia de modo algum trabalhar, que a impressão que eu tinha era absolutamente errada. [...] Os alemães perturbam meus nervos, e o mesmo fazem a vida de nossa classe alta russa e sua fé na Europa e na *civilização*![5]

O amor de Dostoiévski por sua terra natal jamais chegou a tamanho grau de fanatismo como durante esses anos de expatriação involuntária. E, em consequência, nunca a Rússia lhe pareceu, com os olhos enganadores da distância, mais radiante e mais cheia de esperança para o futuro. "Palavra de honra", escreve a Máikov, "a época atual, com suas mudanças e reformas, é quase mais importante que a de Pedro, o Grande. [...] Haverá verdadeira justiça em toda parte, e, depois,

23. *Apollon Máikov, por volta de 1861.*

que grande renovação!"[6] Na mesma carta, vitupera Turguêniev e os "ateus" russos, cujo ideal de homem, moldado presumivelmente neles mesmos, não pode ser comparado com a "noção elevada do homem" dada por Cristo. Aqui podemos observar como a crença de Dostoiévski na iminente regeneração moral e social do povo russo — uma crença assaz alimentada por seu exílio — se mistura com suas convicções religiosas e sua aversão aos que adoram o deus estrangeiro da civilização ocidental. Poucos meses depois, esses sentimentos contribuirão para a sua criação de uma imagem especificamente russa do tipo mais elevado de beleza moral possível para a humanidade.

Na época em que escreveu a Máikov, Dostoiévski estava trabalhando no ensaio sobre Bielínski. Anna observa que o ditado do artigo foi retomado no início de setembro, e logo foi enviado a Máikov, com o pedido de repassá-lo ao editor do almanaque. Mas, embora Máikov tenha seguido as instruções de Dostoiévski, o almanaque nunca foi publicado e as páginas de Dostoiévski se perderam. Não podemos mais do que inferir o conteúdo exato desse ensaio, mas Dostoiévski certamente teria tentado incluir algumas das reminiscências mais tarde incorporadas ao *Diário de um Escritor* (1873), no qual evoca a imagem de Bielínski quando o crítico acabara de se converter ao ateísmo hegeliano de esquerda. Respondendo à questão de saber se Cristo ainda tinha algum papel a desempenhar no mundo moderno, Bielínski recua de sua posição inicial de que Cristo "simplesmente desapareceria em face da ciência contemporânea" e apressa-se a concordar com uma opinião expressa por alguém: "Como você diz, ele se uniria aos socialistas e os seguiria" (v. 21, p. 11).

Essas lembranças teriam acorrido a Dostoiévski enquanto escrevia seu artigo, e, caso isso proceda, então a imagem de um Cristo que retorna, ou seja, de um Cristo que volta ao mundo moderno e é solicitado a ajustar-se a seus novos desafios morais e sociais, teria pairado diante dele no período imediatamente anterior ao início da escrita de seu novo romance. Não é implausível imaginar que a tentativa do príncipe Míchkin de viver conforme os mais altos valores cristãos no mundo moderno e de enfrentar os jovens niilistas que o consideravam ridiculamente fora de moda, como Bielínski considerara o próprio Cristo, está ligada de uma forma subconsciente às lutas de Dostoiévski para dizer a verdade sobre "Minha convivência com Bielínski".

Os ataques epilépticos de Dostoiévski tornaram-se mais frequentes em Genebra e ele pensou em mudar-se para outro lugar, mas, uma vez tendo recursos suficientes apenas para cobrir as despesas com quarto e refeições (estavam sempre em atraso e forçados a penhorar pertences, a fim de superar um período ruim), não podiam sequer pensar em partir. Além disso, Anna daria à luz em poucos meses e Dostoiévski queria permanecer numa cidade grande de língua francesa, onde a assistência médica seria mais fácil e poderia contar com seu domínio da língua.

Em Genebra, havia grande número de exilados políticos russos, os quais frequentavam os mesmos cafés aonde Dostoiévski ia para ler os jornais russos, mas o único colega de exílio com quem Dostoiévski manteve uma relação estável foi Nikolai P. Ogariov, primo distante e amigo íntimo de Herzen, ele mesmo proeminente nos círculos radicais. Poucos anos antes, em um famoso capítulo de *Meu passado e pensamentos*, Herzen retratara os dois jovens, ainda adolescentes, que subiam ao pico das Colinas dos Pardais, nas cercanias de Moscou, e "abraçavam-se de repente [...] jurando à vista ampla de Moscou sacrificar nossas vidas à luta que havíamos escolhido".[7] Essa luta incluía uma declaração de guerra à tirania e ao despotismo, e Herzen e Ogariov permaneceram fiéis ao seu juramento juvenil, tornando-se líderes do movimento revolucionário russo.

Filho de uma rica família de proprietários rurais, Ogariov era uma alma gentil e generosa cuja vida se passara à sombra da personalidade mais vital e vigorosa de Herzen. Boa parte de sua considerável fortuna fora dissipada pela primeira esposa, mulher frívola cujas infidelidades, no entanto, nunca o levaram a abandoná-la completamente. Sua segunda esposa, quando o casal se mudou para Londres, tornou-se amante de seu melhor amigo, o recém-enviuvado Herzen, de quem ela teve três filhos. Mas esse rearranjo matrimonial não perturbou a intimidade e a estreita colaboração entre os dois — o que nos diz muito sobre a docilidade do caráter de Ogariov. Quando seu pai morreu e ele se tornou dono da grande propriedade, a parte de sua fortuna que não fora dissipada pela primeira esposa foi ainda mais reduzida porque ele libertou seus servos em condições muito vantajosas para eles e economicamente desastrosas para si mesmo. Na época em que conheceu Dostoiévski em Genebra, Ogariov era quase tão pobre quanto o indigente romancista e morava com sua dedicada companheira (uma ex-prostituta inglesa) e o filho dela e vivia de um pequeno subsídio fornecido pelo rico Herzen, cujo dinheiro sempre recebeu a mais cuidadosa administração.

Ogariov trabalhou zelosamente pela causa que prometera defender nas Colinas dos Pardais. Tornara-se coeditor de *O Sino* com Herzen, e também editou uma revista especial, *A Assembleia Comum* [*Óbschee Vietche*], cujo objetivo era provocar descontentamento entre os Velhos Crentes, as ordens menores do clero e os camponeses e soldados que provavelmente não dariam atenção a uma propaganda feita num idioma linguístico e ideológico mais moderno. Ogariov estava, portanto, ligado publicamente à agitação revolucionária da intelligentsia que Dostoiévski passara a abominar, mas era um homem de letras da década de 1840, idealista romântico, muito culto, com um refinamento de gosto e sensibilidade que Dostoiévski podia respeitar a despeito das inimizades partidárias da política. Ogariov defendia a convocação de uma *ziémski sobor* (assembleia de representantes de todo o povo, inclusive camponeses) para enfrentar os problemas criados pela libertação dos servos. A convocação dessa assembleia se tornaria mais tarde um dos pilares dos artigos políticos do próprio Dostoiévski em seu *Diário de um Escritor*.

É provável que os dois tenham se conhecido durante a passagem de Dostoiévski por Londres em 1863, quando visitou Herzen várias vezes e foi apresentado aos seus amigos; em Genebra, o amável Ogariov visitou o casal. "Acabo de chegar da casa dos mortos", informa a Herzen em 3 de setembro.[8] Foi por causa de Ogariov que o casal compareceu a uma sessão do Congresso que ocorreu em Genebra, uma semana depois, sob os auspícios de um grupo de progressistas e radicais que se autodenominavam a Liga da Paz e da Liberdade, que havia designado Bakúnin, Ogariov e outro imigrante russo mais obscuro para representar a terra natal.

Bakúnin estava escalado para falar na segunda sessão do Congresso, e por muito tempo se pensou que o casal estivera presente quando o célebre guerreiro revolucionário — cuja personalidade leonina fazia dele uma presença eletrizante no palco, realçada ainda mais por seu traje exótico de filibusteiro cossaco — fez um discurso de improviso em francês pedindo a dissolução do Império Russo e expressando a esperança de que seus exércitos fossem derrotados no futuro. Propôs também a destruição de todos os "Estados centralizados" para abrir caminho à formação dos Estados Unidos da Europa, organizados livremente, com base em novos agrupamentos depois que as estruturas dos antigos Estados fossem demolidas.

Em suas *Memórias*, Anna se equivoca ao escrever que ela e Dostoiévski compareceram à segunda sessão do Congresso. Na verdade, como seu diário prova, o casal foi à *terceira* sessão e, por isso, não poderia ter ouvido a denúncia apaixonada que Bakúnin fez de tudo que era mais caro ao romancista. No entanto, as sessões foram cobertas pela imprensa local e internacional, que Dostoiévski leu com grande atenção, e, desse modo, estava bem informado sobre o que Bakúnin havia defendido tempestuosamente na segunda reunião. Nem todos os delegados estavam de acordo, como Dostoiévski sabia, com a ideia de Bakúnin de que a destruição total era o prelúdio necessário para o advento de uma nova utopia anarquista; mas foi essa visão que predominou na impressão deixada pelo Congresso em sua imaginação. Várias de suas cartas dessa época contêm referências ao Congresso, e todas ridicularizam a confusão e o absurdo, bem como a contradição de seus objetivos presumivelmente bakunianos.[9] Numa carta para sua sobrinha predileta, Sofia Ivánova, ele faz a evocação mais detalhada:

Eles começaram com o fato de que, para alcançar a paz na terra, a fé cristã precisa ser exterminada: os grandes Estados, destruídos e transformados em pequenos; todo o capital precisa ser extinto, para que tudo seja em comum, por despacho, e assim por diante. Tudo isso sem a menor prova, tudo isso foi memorizado há vinte anos, e assim permaneceu. E o mais importante, a ferro e fogo — e depois que tudo for aniquilado, então, na opinião deles, haverá de fato paz.[10]

Três anos mais tarde, essas reações serão incluídas em *Os demônios*, em que Dostoiévski também salienta as contradições nas quais os radicais se envolveram ao pensar nas consequências de suas mais estimadas ideias. Nesse romance, o teórico do grupo revolucionário será levado ao desespero, porque sua "conclusão está em contradição direta com a ideia original com a qual comecei. Partindo da liberdade ilimitada, cheguei ao despotismo ilimitado" (v. 10, p. 311).

Depois de ter enviado o malfadado artigo sobre Bielínski, Dostoiévski dedicou-se à sua tarefa mais importante, e em meados de setembro Anna anotou: "Hoje Fédia começou a elaborar o plano do novo romance".[11] Seu problema mais imediato era, como de costume, o financeiro, e ele escreveu a todos que poderiam estar dispostos a lhe estender a mão. Máikov mandou 125 rublos; Dostoiévski apelou também para seu velho amigo dr. Ianóvski, pedindo-lhe um empréstimo de 75 rublos. A resposta, contendo cem rublos, chegou, por sorte, num dia em que Anna estava particularmente deprimida porque o casal não tinha dinheiro para mais nada. "Eu teria certamente de ir àquele modista e penhorar minha mantilha de renda. Meu Deus! Como desejo não ter de ir", escreve, acrescentando que preferia passar fome mais três dias a se curvar humildemente diante do desdenhoso modista.[12]

As coisas nem sempre se arranjavam de modo tão conveniente, e mais de uma vez o casal foi forçado a penhorar suas roupas como mendigos, sob o olhar do impassível suíço. Por carta, Pacha e Emília Fiódorovna se queixavam de que *eles* estavam sem dinheiro, o que levava Anna aos costumeiros ataques de raiva diante dessas exigências. Eles tinham acabado de voltar da datcha de verão em Lublinó para Petersburgo e haviam mudado para o antigo apartamento de Dostoiévski, por cujo aluguel ele se responsabilizava. Anna ficou furiosa ao encontrar, entre as queixas de sua cunhada, a falta de dinheiro para resgatar seu melhor sobretudo penhorado. "Isso é realmente de matar, meu sobretudo também está penhorado há mais de seis meses e deve ser resgatado antes do dela."[13] Katkov voltou a mostrar sua habitual generosidade e, finalmente, o casal dispôs de uma renda regular, mas pequena, para mantê-los até que o romance estivesse em andamento. Dostoiévski estimava, com seu habitual excesso de otimismo, que, uma vez iniciada, ele concluiria a obra em cinco meses.

Apesar da pressão do prazo final iminente, o romancista encontrou tempo para fazer duas viagens rápidas a Saxon-les-Bains para tentar mais uma vez a sorte na roleta. Mais uma vez renascia a tentação de ganhar uma vultosa quantia e restava a Anna assinalar seu aparecimento com incredulidade e resignação estoica. Em 17 de setembro, ela anotou: "Que homem estranho. Parece que o destino não o puniu tanto e não lhe mostrou tantas vezes que não pode ficar rico na roleta [...]. Ainda assim está convencido [...] de que certamente ficará rico, certamente ganhará, e, então, poderá ajudar seus desamparados".[14] Os resultados foram os mesmos de sempre e após a segunda catástrofe, numa carta cheia das desculpas e autoflagelos costumeiros, ele elaborou um plano para pedir a Ogariov um empréstimo de trezentos francos (sem saber da má situação financeira do veterano radical). "Afinal de contas, ele é um poeta, um escritor, tem coração e, além disso, foi ele mesmo que me procurou, o que significa que me respeita."[15] Quando Dostoiévski abordou Ogariov, a menção de uma quantia tão grande "quase o assustou",[16] de acordo com Anna, mas ele achou que poderia arranjar sessenta francos. Dois dias depois, o sempre generoso Ogariov visitou o casal e trouxe a quantia menor, que eles prometeram devolver em duas semanas (não sabemos se cumpriram a palavra).

Evidentemente, todo o futuro de Dostoiévski dependia do sucesso de seu próximo romance, o que só aumentou a tensão sob a qual estava trabalhando. Os cadernos de anotações para *O idiota* ilustram a persistência com que ele se esforçou para encontrar seu caminho artístico através do labirinto de incidentes que acumulava com tanta profusão. Contava, como escreveu a Máikov, com o súbito lampejo de inspiração que lhe permitiria descobrir, entre a multiplicidade fervilhante de suas situações hipotéticas, aquela que poderia desenvolver com mais proveito. Durante todo o outono e o inverno, Dostoiévski buscou esse momento e tentou provocar seu aparecimento — com tão pouco sucesso, porém, que temeu que seu talento pudesse estar desaparecendo devido à frequência dos ataques epilépticos. Em carta ao dr. Ianóvski escrita num acesso depressivo, queixa-se de que "esta epilepsia acabará por me levar embora. Minha estrela está se apagando — dou-me conta disso. Minha memória diminuiu completamente (completamente!). Não reconheço mais as pessoas. Esqueço o que eu li no dia anterior. Tenho medo de enlouquecer ou ser acometido pela idiotia".[17]

Não obstante, o trabalho prosseguia obstinado, embora, sem que saltasse das páginas de seu caderno de notas a centelha necessária de inspiração, o romancista ficasse cada vez mais desanimado. Numa noite do final de outubro, Anna acordou e o encontrou deitado no chão rezando, e, embora houvesse muitas bênçãos pelas quais pudesse estar implorando a Deus, é bem possível que a inspiração para seu próximo romance fosse uma delas. Acima de tudo, porém, havia decidido que não comprometeria sua integridade artística, custasse o que custasse. Ao explicar a Máikov por que havia abandonado um primeiro rascunho de tamanho considerável, declara: "Para o inferno com tudo aquilo, eu disse. Asseguro-lhe que o romance poderia ser satisfatório, mas, por incrível que pareça, fiquei farto dele precisamente porque era satisfatório e não *totalmente bom*".[18] Em vez de produzir uma mediocridade razoável, Dostoiévski escolheu lançar-se, quase despreparado, na criação de um dos romances mais extraordinários e com uma temática sem precedentes na história do gênero.

Dostoiévski lia os jornais todos os dias, sobretudo os russos, e talvez com mais atenção que no passado. "Leia-os, por favor", exorta sua sobrinha Sofia Ivánova, "porque a conexão visível entre todas os assuntos, gerais e particulares, está ficando cada vez mais forte e […] mais óbvia."[19] Não surpreende, portanto, descobrir que para escrever *O idiota*, pelo menos em seus estágios iniciais, Dostoiévski tenha se baseado bastante no conteúdo jornalístico. Suas primeiras anotações foram influenciadas pelo que leu sobre um processo que envolvia a família Umiétski, cuja filha Olga, de catorze anos, tentara incendiar a casa da família quatro vezes e fora então levada a julgamento. A investigação descobriu um quadro indescritível de tirania familiar, crueldade e negligência revoltante por parte dos pais. A desumanidade levou a pobre criança a tentar tirar a própria vida várias vezes antes de apelar para o incêndio como último recurso. "Estou morrendo de vontade de voltar para a Rússia", ele diz a Máikov em meados de outubro. "Eu não deixaria o caso Umiétski passar sem dizer uma palavra a respeito; eu o divulgaria."[20] Olga

Umiétskaia acabaria por inspirar a criação de Nastácia Filíppovna, a mais genuinamente trágica e encantadora de todas as heroínas de Dostoiévski.

O destino pungente de Olga Umiétskaia não foi o único caso que deixou seus traços em *O idiota*. É provável que o personagem de Rogójin, não mencionado nas primeiras anotações, esteja ligado ao julgamento de um comerciante de Moscou chamado V. E. Mazúrin, que assassinou um joalheiro. O cadáver, escondido na casa, estava coberto com um encerado americano; também estava cercado, exatamente como estaria o cadáver de Nastácia Filíppovna, por dois recipientes de uma substância chamada fluido de Jdánov, utilizada na Rússia como desinfetante e desodorante. Dois outros crimes colhidos nos jornais também são mencionados com frequência em *O idiota*. Um deles é o assassinato de seis pessoas por um estudante de dezoito anos chamado Górski, descendente de uma família nobre. Contratado como tutor pela família Jemárin, preparou-se cuidadosamente para o crime antes de cometê-lo, matando um porteiro e um cozinheiro, bem como quatro membros da família, inclusive seu aluno. Em *O idiota*, Liébediev diz que seu jovem sobrinho niilista seria capaz de cometer um ato semelhante, e Dostoiévski traz assim esse assassinato em massa para a órbita de sua convicção de que ideias niilistas estavam enfraquecendo o poder e a consciência moral da nova geração.

O segundo crime que entrou em *O idiota* foi o assassinato de um criado por um conhecido motivado por um relógio de prata. Pouco antes de cortar a garganta do dono do artefato, com quem estivera conversando pacificamente, o criminoso fez uma oração: "Abençoai-me, ó Senhor, e perdoai-me em nome de Cristo". O motivo do assassino na vida real era penhorar o relógio e voltar para a aldeia onde sua família passava fome. Mas Dostoiévski usa o incidente para indicar a religiosidade profunda e instintiva do povo russo, mesmo ao cometer os piores excessos. Míchkin observa, naquilo que para Dostoiévski é uma alusão a ele mesmo, que, se esse detalhe tivesse sido inventado por um escritor, críticos o teriam tachado de "improvável; mas lendo-o nos jornais como um fato, sentimos que nesses fatos estamos estudando a realidade da vida russa" (v. 8, pp. 412-3).

Para complementar seu exame constante dos jornais, ele dependia das cartas de amigos como Máikov e de seus parentes próximos, e suas respostas a essas cartas revelam, de um lado, uma crescente aversão à vida europeia em todos os seus aspectos e, de outro, uma idealização compensatória da Rússia que aumentava na proporção de sua hostilidade. Quando Máikov escreveu que estava traduzindo *O canto do exército de Ígor*, famosa epopeia do século XII, para o russo moderno, Dostoiévski entusiasmou-se com a notícia. Essa tarefa, como Máikov explicou, era o seu "pequeno *monumentum*, uma oferenda no 'altar da pátria'",[21] e a decisão precipitada de escrever *O idiota* pode muito bem ter sido pelo menos em parte inspirada pelo mesmo impulso de celebrar os mais altos valores da cultura russa tal como ele os concebia. Caso contrário, o campo seria deixado para aqueles a quem Dostoiévski critica numa explosão colérica ("basta lembrar-se de nossos melhores liberais, lembrar-se de Bielínski; não era ele na verdade um inimigo da pátria bastante consciente, não era ele na verdade um retrógrado?").[22] Esse ponto de vista reaparecerá em breve em *O idiota*, em que é exposto pelo extremamente inteligente Ievguiéni Pávlovitch Rádomski, e é secundado pelo príncipe Míchkin.

Dostoiévski agarrava-se a cada indicação que pudesse encontrar para justificar sua crença de que a vida na Rússia — por mais que as aparências indicassem o contrário — era, em seu cerne moral, superior à tão louvada civilização europeia. Um exemplo notável dessa superioridade, para ele e para Máikov, era fornecido pelas vicissitudes de V. I. Kiélsiev, o ex-camarada de Ogariov, a respeito de quem Dostoiévski recebeu informações por uma carta de seu amigo. Máikov conta que Kiélsiev, depois de anos de inacreditáveis dificuldades e sacrifício pessoal — anos transcorridos na tentativa aliciar vários grupos de Velhos Crentes para a causa revolucionária —, aparecera um dia na fronteira russa, declarara-se criminoso político e entregara-se às autoridades. Conduzido para Petersburgo, foi levado perante uma comissão especial e seu caso foi então enviado ao tsar, que, depois de ler a confissão e outros documentos de Kiélsiev, ordenou que recebesse o perdão incondicional. "Você sabe", continua Máikov, "tudo isso me leva às lágrimas. Como isso é russo! Como isso é muito mais elevado e melhor do que toda aquela confusão humanista em Genebra." O mais importante, segundo Máikov, foi a confissão autobiográfica de Kiélsiev, na qual explicou que "somente na questão eslava e no papel da Rússia no eslavismo" foi capaz de descobrir uma solução para "todos os seus esforços ideais e desenraizados em prol da liberdade e da atividade".[23]

Dostoiévski ficou extasiado com essa notícia e respondeu: "Esse é o caminho, essa é a verdade, essa é a maneira de fazer as coisas. [...] todos os nossos liberaizinhos ordinários de matiz seminarista-socialista [...] vão cair em cima dele como animais selvagens [...] agora vão dizer que Kiélsiev denunciou todo mundo".[24] Em *O idiota*, retratará seus jovens niilistas como mais ridículos do que ameaçadores, e o injuriado príncipe Míchkin os tratará com a mesma magnanimidade que o tsar demonstrara para com o infeliz e arrependido Kiélsiev (que honrosamente se absteve de denunciar alguém e defendeu sua colaboração com Herzen e Ogariov). Se é provável que a reação de Dostoiévski à história da Kiélsiev possa ter influenciado· seu tratamento dos jovens niilistas, não há dúvida de que a figura do próprio Kiélsiev serviu como uma das fontes para Chátov, o revolucionário apaixonadamente honesto e arrependido que virou nacionalista em *Os demônios*.

A crença fanática de Dostoiévski na elevação moral do espírito russo e no destino messiânico reservado para ele no futuro é proclamada abertamente numa importante carta escrita a Máikov logo após o envio dos primeiros capítulos de *O idiota*. Ele menciona a admiração do amigo comum Strákhov pelas realizações da cultura alemã e faz objeções a isso porque

> foi assim que a vida deles funcionou! E nós naquela época estávamos construindo uma grande nação, havíamos detido a Ásia para sempre, suportado um sofrimento sem fim, *fomos capazes* de suportar tudo isso, não perdemos a ideia russa que renovará o mundo [...]. Nosso povo é infinitamente mais elevado, mais nobre, mais honesto, mais ingênuo, mais capaz e cheio de uma ideia cristã diferente, muito elevada, que a Europa, com o seu catolicismo doentio e luteranismo estupidamente contraditório, não consegue nem mesmo entender.[25]

Dostoiévski acabara de tomar a decisão de encarnar essa "ideia cristã [russa] elevada" no personagem do príncipe Míchkin, e alguns dos pensamentos expostos nessa carta, em especial o contraste entre "a ideia russa" e o catolicismo romano, aparecerão na arenga do príncipe durante sua festa de noivado.

Dostoiévski reitera sua fé de que "o pensamento russo está preparando uma renovação grandiosa para o mundo inteiro (você está certo, está intimamente ligada à ortodoxia russa), e isso ocorrerá em cerca de um século — essa é a minha crença ardorosa". Mas, para que essa renovação tenha lugar, os *direitos* dos grão-russos sobre as outras nacionalidades eslavas devem ser afirmados de modo definitivo e insofismável. Assim, seu messianismo, em um contexto, enfatiza o que Reinhold Niebuhr chamaria de seu componente "ético-universalista" — a noção de que a Rússia estava destinada a instalar na terra um reino cristão de bondade e justiça — e, em outro, se torna "egoísta-imperialista" e enfatiza a importância de estender o poder político russo.[26] Para Dostoiévski, os dois eram idênticos: ele via o segundo como pré-requisito do primeiro e, ao contrário de muitos críticos posteriores, se recusava a ver qualquer conflito insolúvel entre eles. Mas quando se tratava da vida humana individual, a húbris nacionalista de Dostoiévski era temperada por um agudo senso da falibilidade humana, e da impossibilidade, que ele dramatizaria no príncipe Míchkin, de qualquer ser terrestre realizar com plenitude o ideal cristão. Apenas o Deus-homem Cristo fora capaz de fazê-lo, e a Encarnação havia fixado para a humanidade uma meta à qual ela deveria para sempre aspirar.

Para Dostoiévski, era somente na imortalidade após a morte que se poderia conseguir a realização perfeita do ideal cristão do amor, e suas cartas dessa época contêm várias afirmações fortes de sua crença nessa vida após a morte. Quando morre seu cunhado D. I. Ivánov, ele conforta a irmã e a sobrinha Sofia: "Lamentem e derramem lágrimas, mas não cedam, em nome de Cristo, ao desespero, [...] Veja, vocês acreditam numa vida futura [...] nenhuma de vocês foi infectada pelo ateísmo podre e estúpido. Lembrem-se de que ele agora sabe realmente a seu respeito; nunca percam a esperança do reencontro e acreditem que essa vida futura é uma necessidade, não apenas um consolo".[27]

Esse tema da imortalidade paira no pano de fundo de *O idiota* como um acompanhamento ao tema do ateísmo — com o qual, como vemos aqui, ele está intimamente relacionado na sensibilidade de Dostoiévski. A situação do jovem ateu moribundo Hippolit, quando ele contempla o *Cristo morto* de Holbein, com sua sugestão do triunfo da natureza cega sobre Cristo, é aprofundada num tormento irremediável precisamente por causa dessa falta de fé religiosa e, portanto, da esperança de imortalidade. O príncipe Míchkin, por outro lado, experimenta um sentimento da "fusão universal de tudo" — uma antevisão da imortalidade, por assim dizer, embora não designada como tal — no momento da aura que antecede o início de um ataque epiléptico. Mas na época Dostoiévski mal começara a criar seu romance, e é duvidoso que o uso temático que ele faria da epilepsia do príncipe Míchkin ou as cenas envolvendo Hippolit já estivessem muito claros em sua mente.

As anotações de Dostoiévski para *O idiota* são extremamente complicadas e detalhadas, e há uma discussão erudita, na qual não é necessário entrar aqui, sobre o número exato dos planos que delineou. Tampouco é necessário gastar tempo com todas as voltas e reviravoltas que imaginou para o enredo. Um sentido geral da natureza deles se encontra nas observações de Edward Wasiolek, que tanto fez para esclarecer essas anotações e, com efeito, tornar acessíveis aos leitores de língua inglesa todos os cadernos de notas de Dostoiévski:

> As relações entre os personagens variam de um plano para outro: irmãs são e não são irmãs, sobrinhos se tornam filhos, pais se tornam tios. *O idiota* é, às vezes, filho do Tio, às vezes, sobrinho, às vezes filho adotivo, às vezes ilegítimo, e às vezes legítimo; atos são cometidos e abortados no plano seguinte, ou mesmo algumas linhas depois; pessoas se enforcam, mas depois, talvez não se enforquem; as mesmas pessoas morrem por enforcamento, envenenamento, corações partidos ou afogamento. Nem sempre está claro quem é quem, de onde vêm e para onde vão. Personagens aparecem e desaparecem, amontoam-se na periferia, abrem aos empurrões seu caminho para a consciência do autor por um tempo e depois se dissolvem; alguns aparecem sem nomes e personalidades, ganham corpo, depois somem. Alguns persistem até o limiar da publicação e da imortalidade, apenas para descobrir que não há lugar para eles na concepção final.[28]

"Passei todo o verão e o outono trabalhando em várias ideias (algumas estavam muito enredadas)", escreve Dostoiévski a Máikov, no final de dezembro. "Finalmente, fixei-me numa dessas ideias [...] e escrevi muito. Mas então, em 4 de dezembro (novo estilo) joguei tudo fora." Como sabemos, a perspectiva de escrever um romance "medíocre" era-lhe repulsiva. "Então (uma vez que todo o meu futuro dependia disso), dediquei-me à tarefa dolorosa de inventar um *novo romance*. Nada no mundo poderia me fazer continuar com o primeiro. Eu simplesmente não conseguia. Revirei as coisas na minha cabeça de 4 a 18 de dezembro. Eu diria que, em média, elaborava seis planos por dia (pelo menos). Minha cabeça estava num turbilhão. É um milagre que não tenha enlouquecido. Por fim, em 18 de dezembro, sentei-me e comecei a escrever um novo romance."[29] Os cinco primeiros capítulos do texto final foram enviados pelos correios em 5 de janeiro, e mais dois seguiram no dia 11.

Assim que sai desse surto intenso de criatividade, Dostoiévski confessa a Máikov: "Eu mesmo não tenho ideia de como está aquilo que lhes mandei". Mas explica que surgiu de uma ambição havia muito acalentada:

Havia um bom tempo, uma ideia vinha me incomodando, mas eu estava com medo de transformá-la num romance, porque era uma ideia muito difícil e eu não estava pronto para enfrentá-la, embora fosse uma ideia fascinante e eu estivesse apaixonado por ela. A ideia é — *retratar um homem positivamente belo*. [...] Foi só a situação desesperadora em que me encontrava que me fez embarcar numa ideia que ainda não havia atingido a plena maturidade Arrisquei, como na roleta: "Talvez ela se desenvolva enquanto a escrevo!". Isso é imperdoável.[30]

Dostoiévski escondeu de Máikov que seu "herói principal" ainda era apenas um esboço nebuloso em sua mente. Mas alguns comentários sobre o romance, que mostram como vinha pensando profundamente sobre a relação do príncipe Míchkin com tipos literários anteriores, foram feitos para sua sobrinha Sofia Ivánova bem no início de seu trabalho em *O idiota*, em algum momento de meados de outubro. Repetindo o que havia escrito a Máikov, ele explica que

a ideia principal do romance é retratar um homem positivamente belo. Não há nada mais difícil no mundo, e isso é verdadeiro sobretudo nos dias de hoje. Todos os escritores [...] que já tentaram retratar o *positivamente* belo sempre desistiram. [...] O belo é um ideal. [...] Há somente uma figura positivamente bela no mundo — Cristo —, de modo que o fenômeno dessa figura ilimitada e de uma bondade infinita já é em si um milagre eterno. (Todo o Evangelho de São João é uma declaração nesse sentido; ele encontra todo o milagre apenas na Encarnação, apenas na manifestação do belo.)[31]

É precisamente essa "manifestação do belo" que Dostoiévski tentará recriar em uma perspectiva humana, em vez de divino-humana, e a carta mostra que tem plena consciência de alguns dos problemas que teria necessariamente de enfrentar ao fazê-lo. Ele continua:

Mencionarei somente que, entre as belas figuras da literatura cristã, a mais completa é a de Dom Quixote. Mas ele é bom apenas porque é, ao mesmo tempo, ridículo. A figura do Pickwick de Dickens (uma concepção infinitamente mais fraca que a de Dom Quixote, mas ainda assim uma tremenda concepção) também é ridícula, e essa é a única razão pela qual ele é bem-sucedido. A compaixão pelo homem belo que é ridicularizado e que não tem conhecimento de seu valor gera solidariedade no leitor. E essa capacidade de despertar compaixão é o próprio segredo do humor. Jean Valjean é outra tentativa poderosa, mas ele suscita simpatia devido a sua desgraça e à injustiça da sociedade para com ele. Mas não há nada desse tipo no meu romance, absolutamente nada, e é por isso que estou com muito medo de que venha a ser um verdadeiro fracasso.[32]

Como veremos, a resposta dos contemporâneos de Dostoiévski confirmou seus piores temores. Mas, embora *O idiota* seja o mais desigual dos quatro melhores romances de Dostoiévski, é aquele em que sua visão pessoal da vida, em toda a sua complexidade trágica, é expressa com a maior intimidade, com a maior pungência e com um páthos lírico que raia o sublime.

39. Um pai inconsolável

A publicação dos primeiros sete capítulos de *O idiota* em *O Mensageiro Russo* (janeiro de 1868) coroou com sucesso os meses de gestação torturante que Dostoiévski acabara de viver. Mas suas incertezas sobre a continuação do romance estavam longe de terminar. Dostoiévski foi forçado a criar *ao mesmo tempo* uma sinopse e um texto final para cada novo fascículo, e sua incerteza perdurou até o último estágio da composição. E ele mudou de residência cinco vezes enquanto escrevia o romance. Em Genebra, o casal foi forçado a trocar de endereço duas vezes e, depois, mudou-se de Genebra para Vevey, do outro lado do lago, que teria um clima mais ameno. Três meses depois, foram para a Itália, vivendo por dois meses em Milão e o restante do ano em Florença, onde os capítulos finais foram concluídos.

O trabalho também foi interrompido pelo nascimento de sua primeira filha, um acontecimento alegre seguido pela tragédia da morte do bebê — um golpe terrível para o casal, cuja angústia se manifesta de forma comovente nas cartas de Dostoiévski. Além disso, ele era seguidamente atormentado por preocupações com a conduta instável de seu enteado Pacha, bem como com a indigência da família de seu falecido irmão. Todas essas e outras questões não paravam de distraí-lo, e não é difícil para um espectador compartilhar o espanto admirado de Máikov: "Anna Grigórievna em sua condição, a pobreza, o exílio, a falta de amigos íntimos ou familiares, como pode suportar tudo isso e ainda assim escrever um romance!".[1] Foram essas as circunstâncias em que Dostoiévski trabalhou em *O idiota*, e teve ampla justificação para afirmar que nenhum grande romancista russo de seu tempo trabalhara em condições tão desanimadoras.

A maior preocupação de Dostoiévski durante o restante de janeiro foi entregar a cópia prometida a Katkov; para tanto, sentou-se à sua mesa dia e noite, lutando para incorporar suas intuições artísticas às figuras vivas na página. Para Sofia Ivánova, ele transmite uma imagem de sua rotina de trabalho:

> Fico acordado até tarde, acendo o fogo na lareira (é terrivelmente frio aqui) e bebemos nosso café; então começo a trabalhar. Às quatro horas, saio para jantar em um restaurante, onde como por dois francos, vinho incluído. Anna Grigórievna prefere comer em casa [por causa do estado avançado de sua gravidez]. Depois disso, vou a um café, onde tomo café e leio a *Gazeta de Moscou* e *A Voz* até a última sílaba. Quando termino, dou um passeio por meia hora ou mais para fazer algum exercício e, depois, volto para casa e ao trabalho. Mais tarde, atiço o fogo novamente, bebemos chá, então volto a trabalhar de novo. Anna Grigórievna diz que está felicíssima.[2]

Não sabemos com certeza se Dostoiévski acreditava totalmente no que dizia Anna, mas estava muito preocupado com seu estado de saúde e de ânimo. Seis semanas depois, informa a Máikov que "Anna Grigórievna está esperando com temor, ama o nosso futuro hóspede de todo o coração e suporta tudo com coragem e firmeza, embora nos últimos tempos seus nervos tenham fraquejado um pouco. Às vezes, é assaltada por pensamentos sombrios, teme que possa morrer etc. Isso torna as coisas um tanto deprimentes e cansativas".[3] "Queria que você soubesse, meu caro amigo", continua ele, "com que alegria leio e releio várias vezes cada carta que recebo de você!" Somente com Máikov é que podia trocar ideias e impressões literárias e, é claro, o nacionalismo fervoroso das cartas de Máikov provocava uma declaração semelhante dos sentimentos patrióticos do próprio Dostoiévski. "Aqui no exterior", conta ele a Máikov, "tornei-me em definitivo um monarquista incondicional quando se trata da Rússia." Ele apoiara o tsarismo no passado, mas em grande parte porque, como escreve, "se alguém fez alguma coisa na Rússia, foi por certo ele [Alexandre II]". Agora, no entanto, vê alguma coisa mais enraizada em ação: "Em nosso país, o povo deu e continua a dar seu amor a cada um de nossos tsares, e no fim, é apenas neles que acreditam. Para o povo, isso é um mistério, um sacramento e uma unção. Os ocidentalistas não entendem nada disso e eles, que se orgulham de basear suas teorias em fatos, esqueceram o fato principal, o maior de nossa história".[4]

Dostoiévski chegara a um tal grau de exasperação com *todos* os opositores do regime tsarista que excluía até mesmo um pouco de amabilidade genuína nos encontros casuais com velhos amigos. "Fico doente quando me deparo com nossos *sabichões*", dispara. "Oh, que pobres coitados, oh, que nulidades, oh, que lixo inflado de vaidade, oh, que trastes. Um nojo! Encontrei Herzen por acaso na rua e por dez minutos conversamos em tom educadamente hostil, demos algumas estocadas um no outro e nos separamos. Não, não consigo mais aturá--los. [...] Como não entendem nada! E você devia ver como ficaram inflados, tão inflados!"[5]

Quando essa carta foi escrita, em meados de março, Dostoiévski já enviara os nove capítulos restantes da primeira parte. O segundo lote de capítulos, impresso no número de fevereiro da revista, foi acompanhado por uma nota dos editores explicando que nenhum outro fascículo sairia até o número de abril. Tendo em vista o parto iminente da esposa, concederam ao romancista uma trégua temporária da obrigação de publicação ininterrupta.

O acontecimento mais importante na vida do casal durante sua estada em Genebra foi o nascimento da filha Sofia, em 5 de março de 1868. Há muitas referências a esse bem-vindo bebê no diário de Anna escrito em Genebra; com frequência, o casal falava carinhosamente sobre a pequena Sônia ou o pequeno Micha que estava a caminho.* Dostoiévski insistiu que Anna consultasse um renomado ginecologista, recomendado por Ogariov, e o médico deu-lhes o nome de uma parteira de confiança, que passou a cuidar de Anna. Desde que chegara a Genebra, o casal morava em um único quarto; começaram então a procurar um apartamento de dois dormitórios, o que não foi tarefa fácil, tendo em vista seus recursos limitados. Por sorte, encontraram moradia adequada, e, embora tivesse contratado uma enfermeira para cuidar de Anna até sua completa recuperação,

---

* Em russo, Sônia é apelido do nome Sofia, e Micha, de Mikhail. (N. T.)

Dostoiévski também convidou a mãe de Anna a vir morar com eles (ela veio meses depois) para ajudar a filha nos primeiros tempos após o nascimento.

Depois de vários alarmes falsos, o bebê afinal nasceu, infelizmente na mesma noite em que Dostoiévski sofreu um grave ataque epiléptico que o incapacitou. Anna permaneceu em silêncio durante todas as horas seguidas de trabalho de parto, rogando a Deus por força e socorro, e só despertou Dostoiévski às sete da manhã. Revigorado pelo sono, ele correu para chamar a parteira, que demonstrou uma imperturbabilidade que irritou tanto o pai frenético como a mãe apreensiva. O parto de Anna se prolongou em demasia, em parte, de acordo com a parteira, porque a agitação e o medo que o escritor estampava perturbaram demais a esposa. Anna lembra que "às vezes o vi soluçando, e eu mesma comecei a temer que pudesse estar no limiar da morte".[6] No fim, negaram-lhe acesso ao quarto dela, e, em meio a suas contrações, Anna pediu à enfermeira ou à parteira que espiassem lá fora e informassem como estava o marido. Por fim, Dostoiévski ouviu, entre gemidos de Anna, o choro lamurioso de uma criança; invadiu o quarto, embora a porta estivesse trancada, e ajoelhou-se ao lado da cama de Anna para lhe beijar as mãos, transbordando de alegria.

Dostoiévski anunciou o nascimento de Sofia em cartas à família e aos amigos, contentando-se com frases tranquilizadoras e convencionais em todas, exceto na carta a Máikov, da qual transparece um quadro mais preocupante: "Em 22 de fevereiro (nosso estilo) minha esposa (depois de terríveis sofrimentos que duraram trinta horas) deu à luz uma filha e ainda está muito doente; você sabe como os nervos ficam descontrolados nessa situação. [...] Sônia, minha filha, é uma criança saudável, robusta, adorável e maravilhosa, e passo praticamente a metade do dia a beijá-la e não consigo me afastar".[7] O exuberante desfile de adjetivos que atribui a Sônia confirma o testemunho de Anna de que Dostoiévski era "o pai mais terno possível", que ajudava no banho do bebê e "sentava-se ao lado de seu berço por horas a fio, ora cantando canções, ora falando com ela, e estava convencido de que ela o reconheceu com três meses de vida".[8]

Por enquanto, porém, receava que Anna pudesse sofrer uma recaída e ele não pudesse pagar um médico e medicamentos. Mesmo que o casal não estivesse na penúria, graças aos pagamentos periódicos recebidos de Katkov, viviam com o dinheiro contado, sem um centavo de sobra, e muitas vezes eram forçados a penhorar bens para atender a uma despesa inesperada. Dostoiévski também ficou muito perturbado com uma notícia — infundada, e espalhada pela mãe de Anna — de que Pacha Issáiev tinha ido a Moscou importunar Katkov para pedir-lhe uma parte da quantia que enviava ao padrasto. Dostoiévski não conseguiu confirmar se essa informação era verdadeira ou falsa, mas escreveu uma carta pedindo humildemente desculpas a Katkov, baseado na garantia enganosa de sua sogra de que o incidente havia ocorrido. As maquinações da mãe de Anna, decidida a acabar com o apoio do genro ao enteado, exacerbaram seus aborrecimentos naquela conjuntura difícil. Estava trabalhando febrilmente nos planos para as próximas partes de *O idiota* e a tensão incessante aumentou a frequência de suas crises epilépticas.

Apesar de todas essas atribulações, a carta seguinte de Dostoiévski a Máikov foi um pouco menos preocupada (sem dúvida porque o novo adiantamento tinha chegado nesse ínterim). Ele fala com frequência e espanto tocante de como é "divertido" e quase "ridículo" o fato de Sônia ser tão parecida com o pai. "A criança tem apenas um mês e já tem totalmente a minha expressão, minha fisionomia, até mesmo as rugas da minha testa — quando está deitada — é como se estivesse escrevendo um romance!"[9] Foi a Máikov que pediu para cuidar da distribuição de parte de seu novo adiantamento para Emília Fiódorovna e Pacha, e Máikov respondeu: "Você, Fiódor Mikháilovitch, se ocupa com os seus daqui com zelo *imperdoável*. De modo que não gosto de repartir seu dinheiro. Você, acredito, olha através de óculos que são bondosos demais e fazem as coisas parecerem piores".[10] Máikov aconselhou Dostoiévski a fazer um testamento para que, em caso de morte, não houvesse nenhuma ambiguidade sobre quem herdaria o direito à renda proveniente de suas obras. Ao que parece, ouvira rumores de que a família de Mikhail e Pacha tinham ficado contentes porque Anna dera à luz uma menina; se fosse um filho, não teriam direito legal a nenhum dos bens de Dostoiévski.

O escritor seguiu seu conselho e no mesmo mês escreveu uma "declaração" que atribuía de forma inequívoca os direitos de todas as suas obras à esposa. Porém, no que dizia respeito a seus outros dependentes, explicou a Máikov por que suas obrigações para com eles permaneceriam sagradas enquanto vivesse. "No caso de Pacha, ele foi confiado aos meus cuidados pela pobre Maria Dmítrievna em seu leito de morte. [...] Se eu agora deixar uma impressão de bondade e gentileza em seu coração, isso lhe será benéfico quando ele amadurecer." Quanto a Emília e seus filhos, "mais uma vez, meu falecido irmão Micha está envolvido. Com certeza, não preciso lhe dizer o que esse homem foi para mim desde os meus primeiros momentos de consciência".[11]

676

* * *

O desafogo de um mês concedido a Dostoiévski por *O Mensageiro Russo* foi providencial, mas ele continuava a ter apenas vinte dias para remeter a continuação e, confessa a Máikov, "ainda não escrevi uma única linha! [...] Mas o que posso fazer [...]. Houve noites a fio em que não consegui pegar no sono, não só por causa da tensão mental, mas porque realmente não tinha outra escolha. É uma coisa horrível para um homem que sofre de epilepsia. Meus nervos estão agora debilitados ao extremo".[12] Não obstante, os cadernos de Dostoiévski revelam que, no pouco tempo disponível que teve nos meses de março e abril (com exceção de uma breve excursão para jogar), esboçou várias possibilidades já contidas na ação iniciada nos primeiros dezesseis capítulos. Nada poderia ser mais claro, diante da prova dada por essas anotações, do que sua completa incerteza a respeito da direção futura de sua história. Mais uma vez, Edward Wasiolek descreve muito bem a perplexidade artística de Dostoiévski:

> Ele nem mesmo tem certeza de quanto tempo decorre entre o fim da ação da primeira parte e o início da segunda parte. Nas anotações, esse intervalo varia entre três semanas, cinco semanas, cinco dias, um mês e meio, três meses e seis meses. [...] Dostoiévski não tem certeza se Nastácia Filíppovna se casará com Rogójin ou com o príncipe; [...] Se Nastácia Filíppovna se matará, será morta ou terá uma morte natural; se Aglaia se casará com Gánia ou não; se Nastácia e Aglaia Filíppovna odiarão uma a outra ou se se reconciliarão; se Rogójin será um assassino ou se será redimido pelos ensinamentos do príncipe. A mente de Dostoiévski fervilha de possibilidades, mas a tirania da arte e a tirania da publicação exigem uma escolha.[13]

Em minha opinião, uma das notas esclarecedoras mais importantes foi feita em 12 de março, quando Dostoiévski escreve: "Três tipos de amor na novela: (1) amor apaixonado e espontâneo — Rogójin. (2) Amor por vaidade — Gánia. (3) Amor cristão — o príncipe" (v. 9, p. 220). Ele havia definido anteriormente esses vários tipos de amor como mutações em um único personagem, mas agora o atribui a diferentes indivíduos. O tema do amor ocupa um lugar central no livro, especialmente a antinomia trágica implícita no "amor cristão" do príncipe, mas Dostoiévski já tinha dado uma indicação disso na confusão das crianças suíças sobre a natureza exata do "amor" de Míchkin pela sofredora Marie. Na margem de suas anotações, Dostoiévski escreveu várias vezes "Príncipe Cristo" (v. 9, p. 246); a expressão sugere a tensão entre o humano e o divino que Míchkin será forçado a enfrentar — a tensão entre viver no mundo como um príncipe e desejar casar-se com Aglaia, embora sendo, ao mesmo tempo, um visionário seráfico inspirado por um abnegado amor cristão por Nastácia.

Outra anotação importante indica novas reflexões de Dostoiévski sobre o problema mencionado dois meses antes em sua carta à sobrinha: "Como tornar a personalidade do herói simpática ao leitor? [...] Se Dom Quixote e Pickwick, como filantropos, são simpáticos ao leitor, é porque são cômicos. O herói desse romance, o príncipe, não é cômico, mas tem um atributo simpático: é inocente" (v. 9, pp. 239-40). Dom Quixote e Pickwick também são inocentes, mas se tornam risíveis devido à mirada zombeteira que os outros lhes dedicam. O príncipe supera as suspeitas iniciais dos outros graças à evidente franqueza de sua ingenuidade — sua candura total, sua falta de qualquer vaidade social normal, sua compaixão com o sofrimento humano (como em seus discursos sobre a pena capital) — e há também um reconhecimento implícito de que sua inocência, que revela o que os outros se esforçam para manter escondido, encarna possivelmente uma sabedoria superior à maneira dos "loucos sagrados" russos (*iuródivie*). E assim, as esquisitices de Míchkin são desde cedo dotadas de uma sugerida aura religiosa.

Em abril, Dostoiévski anotou uma de suas principais dificuldades, que nunca conseguiu resolver de forma satisfatória: "Mostrar pouco a pouco o *príncipe em um campo de ação*. [...] Mas para isso *a trama do romance* é essencial". A "trama" que Dostoiévski imaginava, no entanto, não era aquela que conseguiu representar em termos artísticos. "Ele [Míchkin] reabilita N. F. e exerce ascendência sobre Rogójin. Ele suscita a humildade em Aglaia, impele a esposa do general à distração com sua [...] adoração por ele" (v. 9, p. 252). Exceto por essa última referência à afeição da sra. Iepántchina pelo príncipe, nenhuma dessas consequências felizes da influência de Míchkin se encontra no texto, e a ausência de uma trama desse tipo nas seções do meio do romance constitui uma importante deficiência estrutural. Além de lutar com os problemas do tema e da sequência temporal, Dostoiévski também estava preocupado com a técnica narrativa que deveria utilizar. Nisso podemos seguir a análise de Robin Feuer Miller, que aponta para o seguinte trecho como uma declaração fundamental: "N. B. Por que não apresentar o personagem do príncipe de forma enigmática *em todo o romance*, definindo de vez em quando, por meio de detalhes (de um modo mais fantástico e mais questionador, despertando curiosidade) e, de repente, elucidar seu caráter no final [...]" (v. 9, p. 220).

Com base nesse trecho, Miller caracteriza a postura narrativa de Dostoiévski em *O idiota* como uma combinação de "enigma com explicação", e cita outras anotações em que o autor indica o desejo de "equilibrar um com a outra".[14] Deveria haver uma aura de mistério em torno do príncipe, que as explicações do loquaz narrador mais *ressaltam* que dissipam. "Escrever de forma mais concisa: apenas os fatos", adverte a si mesmo, "sem raciocínios e sem uma descrição dos sentimentos." Mas em seguida acrescenta: "Escrever adotando a fórmula *dizem que...*" (v. 9, p. 235). Em outras palavras, o narrador relataria os fatos tal como os conhecia, mas não seria onisciente, e muitos "fatos" seriam simples mexericos e boatos — o que dizia a lenda, por assim dizer — que se acumulam em torno dos atos e comportamentos do príncipe. Como Miller observa com precisão, "esse agrupamento de métodos narrativos tem o efeito de colocar os fatos mais do lado do boato e do mistério que da descrição e da explicação".[15]

Uma anotação que esboça os capítulos finais em que o príncipe se prepara para seu casamento com Nastácia revela um pouco mais da postura narrativa de Dostoiévski: "(O príncipe é insano — isto é, de acordo com rumor geral), e com exceção de algumas pessoas, todos o abandonam" (v. 9, p. 258). Esse abandono do príncipe diante do escândalo que provocou prenuncia a atitude do narrador nessas páginas finais, o qual retransmite todas as diversas explicações distorcidas e maliciosas da decisão do príncipe. Desse modo, Dostoiévski antevê intencionalmente o abandono do príncipe pelo narrador, que prossegue narrando segundo a fórmula "dizem que..." e para quem o príncipe se torna um enigma inexplicável. Porém essa limitação do narrador faz parte do esforço de Dostoiévski para mostrar que o comportamento de Míchkin transcende *todas* as categorias de experiência moral e social mundana.

Em algum momento da segunda metade de abril, Dostoiévski interrompeu o trabalho nos planos para o romance como um todo e conseguiu escrever os dois primeiros capítulos da segunda parte, que saiu no número de maio de *O Mensageiro Russo*, e continuou a trabalhar sem interrupção nos três capítulos seguintes. Nesse meio-tempo, sua situação financeira havia piorado em consequência de alguns dias de jogo em Saxon-les-Bains. Nessa ocasião, sua sorte foi ainda pior do que de hábito e ele perdeu todo o dinheiro na primeira meia hora de jogo. Suas cartas para Anna (duas no mesmo dia) estão cheias das habituais desculpas meio histéricas, dessa vez com ainda mais autocensuras. Referindo-se aos "problemas" de sua esposa para cuidar de Sofia, acrescenta: "De quem não sou digno. Que espécie de pai sou eu?".[16] Pensara em escrever a Katkov e pedir desculpas pela pequena quantidade de capítulos que conseguira enviar a duras penas após a pausa de um mês, mas por razões óbvias de orgulho literário pusera de lado essa tarefa degradante. Agora, porém, para agradar Anna, esboça uma carta a Katkov em que pede um novo adiantamento para mudar-se com a família para Vevey, o que lhe permitiria trabalhar de forma mais produtiva. "Permanecerei em completa solidão até terminar o romance. [...] Nesse meio-tempo, [...] podemos criar nossa filha sem temer que apanhe um resfriado ao ser exposta ao súbito *bise* local (o vento norte das montanhas)."[17]

Para o infortúnio do pobre casal, aconteceu exatamente aquilo de que queriam se proteger. A mãe de Anna chegou nos primeiros dias de maio e Sofia foi batizada no dia 4 do mesmo mês; seus padrinhos foram a sra. Snítkina e Apollon Máikov. A tragédia os atingiu bem no momento em que o pior parecia ter passado. Anna fora aconselhada pelo médico a passear no parque com Sofia para que ela pudesse se beneficiar do ar fresco e, no início de maio, quando o tempo ficou ameno e radiante, ela seguiu o conselho à risca. Mas um dia, o odiado *bise* soprou sem aviso, e Sofia pegou um resfriado que, em uma semana, evoluiu para uma inflamação pulmonar, e embora o médico tenha garantido aos pais aflitos a recuperação da menina apenas três horas antes do fim, ela faleceu em 12 de maio. Dostoiévski "soluçou e chorou como uma mulher", escreve sua esposa, "em pé diante do corpo de sua querida enquanto esfriava e cobrindo seu minúsculo rosto branco e suas mãos com beijos ardentes. Nunca mais vi tão grande paroxismo de dor".[18]

Uma semana depois, Dostoiévski revelou a profundidade de sua dor numa comovente carta para Máikov.

> Oh, Apollon Nikoláievitch, que importa que meu amor por minha primeira filha tenha sido ridículo, que me expressei de forma ridícula sobre ela em cartas para os que me parabenizaram. [...] Esse ser pequenino, de três meses de idade, tão indefeso, tão minúsculo — para mim já era uma pessoa, uma personagem. Ela começou a me reconhecer, a me amar, a sorrir quando eu me aproximava, quando eu, com a minha voz ridícula, cantava para ela, ela gostava de ouvir. Não chorava nem franzia

o rosto quando eu a beijava; parava de chorar quando eu me aproximava. E agora eles me dizem, para me consolar, que terei outros filhos. Mas onde está Sofia? Onde está aquele pequeno indivíduo por quem, atrevo-me a dizer, eu teria aceitado a crucificação para que ela pudesse viver?[19]

Muito mais patético, e indicando o abismo de solidão e desolação em que Dostoiévski estava mergulhado, é seu pedido a Máikov para que ainda não contasse nada sobre a morte de Sofia para a família. "Parece-me que não apenas nenhum deles sentirá pena por minha filha, como até mesmo, talvez, sintam o oposto, e só de imaginar isso me enche de amargura. Do que essa pobre criaturinha é culpada aos olhos deles? Deixe que me odeiem, que riam de mim e do meu amor — não faz diferença."[20] Depois do sepultamento de Sofia, em 24 de maio, a atmosfera de Genebra tornou-se intolerável para o casal. Queriam muito sair do país e viajar para a Itália, mas isso era financeiramente impossível. Além do mais, tomaria muito tempo de *O idiota*, e o sustento deles dependia da continuação do romance pelo qual Katkov esperava. Com uma liberalidade que espantou o próprio Dostoiévski, Katkov acedeu de novo ao pedido de seu colaborador atrasado e enviou novo adiantamento. O abatido casal, acompanhado pela mãe de Anna, mudou para Vevey, o lugar mais distante que conseguiu, e onde Dostoiévski, sufocando a dor inconsolável, continuou a labutar sem descanso em seu romance.

A primeira carta que Dostoiévski escreveu de Vevey foi em resposta a uma correspondência de Pacha. "Oh, Pacha, sinto-me tão deprimido, tão amargo que preferiria estar morto. Se você me ama, tenha pena de mim."[21] A maior parte da carta trata de questões práticas, que não poderiam ter sido piores. Com a ajuda de amigos do padrasto, especialmente de Máikov, Pacha conseguira dois empregos de funcionário em vários escritórios, mas havia deixado ambos depois de pouco tempo porque se sentira insultado pelo tratamento recebido de seus superiores. Quando Dostoiévski soube disso por intermédio de Máikov, não conseguiu controlar sua raiva: "Que mentalidade, que opiniões e ideias, que fanfarronice!", vociferou para Máikov. "É típico. Mas depois, por outro lado — como posso abandoná-lo?"[22]

A morte da pequena Sofia não parava de assombrá-lo, e é em suas cartas a Máikov que ele expressa a extensão de seu luto. "Apollon Nikoláievitch, meu amigo", escreve lamentando-se. "Nunca fui tão infeliz [...] à medida que o tempo passa, a memória e a imagem da falecida Sônia perduram diante de mim, cada vez mais fortemente gravadas. Há momentos que são quase impossíveis de suportar. [...] Nunca vou esquecê-la, e nunca cessarei de me torturar!" Além de seu próprio tormento, Anna "está terrivelmente melancólica, chora por noites inteiras, e isso tem péssimo efeito sobre sua saúde".[23] A ida para Vevey fora um erro tremendo; a cidade era pior que Genebra, sobretudo para Anna, que precisava de alguma distração cultural, mas com seus recursos limitados, nenhuma outra opção teria sido possível.

Em meados de julho, escreveu a Máikov, acusando estar convicto de que sua correspondência estava sendo interceptada e atrasada. Algum simpatizante do escritor lhe informara anonimamente que a polícia secreta emitira uma ordem para revistá-lo se e quando ele cruzasse a fronteira russa. Essas instruções, que circularam no final de novembro de 1867, eram sem dúvida consequência da seguinte anotação nos arquivos da Terceira Seção: "Entre os russos superexaltados [eksaltirovannikh] agora presentes em Genebra, [nosso] agente inclui Dostoiévski, que é muito amigo de Ogariov".[24] Assim, as visitas de Dostoiévski ao famoso revolucionário o puseram sob suspeita.

"A polícia de Petersburgo", contou a Máikov, "abre todas as minhas cartas, e uma vez que o padre ortodoxo de Genebra, conforme tudo o que se sabe (note que não se trata de suspeitas, mas de fatos), trabalha para a polícia secreta, a agência de correios de Genebra (com a qual ele tem relações secretas) atrasa as cartas endereçadas a mim, e disso eu sei muito bem." E Dostoiévski continua: "É por isso que estou firmemente convencido de que minha carta nunca chegou a você, e que sua carta se perdeu". E então, ele se dá conta de repente do ultraje da situação e não contém sua raiva:

> N. B. Mas como pode alguém como eu, um homem honesto, um patriota, que se entregou nas mãos deles a ponto de trair minhas convicções anteriores, idolatrando o tsar — como posso suportar ser suspeito de algum tipo de contato com algum tipo de polaco ou com O Sino! Idiotas, idiotas! [...] Realmente, eles deviam saber que os niilistas, os liberais de O Contemporâneo, por três anos consecutivos jogaram lama em mim porque rompi com eles, odeio os polacos e amo minha pátria. Ah, os canalhas![25]

Três meses antes, Máikov já havia dito a Dostoiévski que "entre nós, diz-se, mesmo nos círculos mais elevados, muitos não sabem a diferença entre Katkov e Tchernichévski, entre escritores devotados à Rússia e ao Soberano até a medula e os revolucionários".[26] Agora, tentou consolar o amigo com a história que corria de que as cartas de Katkov e Ivan Aksákov (o editor eslavófilo) também eram lidas, e na lista de seus correspondentes suspeitos foi encontrado o herdeiro do trono russo. "Por que deveríamos nos ofender", pergunta Máikov com bom humor, "se até ele está listado na categoria de suspeitos pelo partido que domina temporariamente?"[27]

No início de agosto, Dostoiévski deixa claro para Máikov que, "se eu viajar para outros lugares, a principal razão é para salvar minha esposa".[28] Anna estava debilitada, e no início de setembro o casal decidiu partir sem demora para a Itália. Seus recursos os levaram apenas até Milão, onde se fixaram pelos dois meses seguintes. Dostoiévski achou o clima melhor para sua saúde que o de Vevey, mas choveu bastante e a atmosfera geral dessa movimentada metrópole industrial era lúgubre e deprimente. Dostoiévski acalentava algumas lembranças agradáveis de sua estada em Florença, em 1862, e queria fazer dela o objetivo de sua viagem à Itália. "Anna Grigórievna, que é uma pessoa muito ativa e diligente, não tem nada para fazer aqui. Posso ver que ela está entediada, e, embora nos amemos até mais do que há um ano e meio, ainda é opressivo que ela tenha de compartilhar minha triste vida monástica. É muito ruim para ela."[29]

Dostoiévski ficou um pouco animado com a notícia de Máikov de que "em Petersburgo [...] estava sendo planejada uma nova revista russa", que se chamaria *Aurora* [*Zariá*].[30] Máikov pedira a Dostoiévski que juntasse seu nome aos outros que já tinham concordado em colaborar (Píssemski, Fet e Tolstói foram mencionados). O editor encarregado seria Strákhov, velho amigo de Dostoiévski e antigo crítico principal de suas próprias revistas. Dostoiévski saudou a notícia de Máikov com entusiasmo: "Seria desejável que a revista tivesse *alma russa*, na acepção que eu e você damos a isso, embora, é claro, não totalmente eslavófila".[31] A carta termina com uma renovada expressão de preocupação com Pacha e Emília Fiódorovna. "Como eu gostaria de voltar para a Rússia!", confessa, e, em seguida, revela uma ferida oculta referida em nenhum outro lugar. "E pensar, além disso, que Sônia certamente estaria viva se estivéssemos na Rússia!"[32]

Em algum momento dos primeiros dias de novembro, o casal mudou-se para Florença, onde alugaram dois quartos na Via Guicciardini, em frente ao Palácio Pitti. Dostoiévski inscreveu imediatamente seu nome no registro do famoso Gabinetto Scientifico-Letterario Vieusseux, que assinava periódicos e jornais russos e onde sua assinatura juntou-se às de Henri Beyle (Stendhal), Hector Berlioz, Heinrich Heine, Lamartine e Franz Liszt.[33] Anna, que começara a estudar italiano em Vevey, ficou encantada com a vivacidade das ruas e a riqueza dos tesouros nos museus. Dostoiévski estava atado de pés e mãos a O idiota, mas, logo depois da chegada, passou algum tempo com Anna visitando os pontos turísticos. "As rosas ainda estão florescendo ao ar livre nos jardins do Boboli", escreve a Máikov em sua primeira carta. "E quantos tesouros nas galerias! Meu Deus, em 1863, não dei nenhuma atenção à Madona da cadeira [de Rafael]. [...] Quantas coisas maravilhosas existem aqui, mesmo além dessa pintura. Mas adio tudo até o fim do romance. Tranquei-me em casa."[34]

Dostoiévski tinha agora de concluir a quarta e última parte de O idiota, que havia prometido a Katkov até o final do ano. Além disso, vinha contando com a quarta parte, com seu crescendo de cenas culminantes e final assombroso, para induzir os editores a oferecer-lhe quantias substanciais pelos direitos de reprodução, e o impacto dessa parte conclusiva perderia muito de seu vigor caso fosse impressa em pequenos fascículos. "Se O idiota tem leitores", diz a Máikov, "talvez fiquem pouco chocados com a imprevisibilidade da conclusão; mas, pensando bem, eles acabarão por concordar que tinha de terminar desse jeito."[35]

Foi em resposta ao relato de Máikov feito seis meses depois sobre a reação dos leitores ("a crítica principal é sobre o caráter fantástico dos personagens")[36] que Dostoiévski escreveu a famosa declaração de seu credo estético do "realismo fantástico". Ele escreve:

> Oh, meu amigo, tenho uma concepção totalmente diferente da realidade e do realismo da de nossos romancistas e críticos. Meu idealismo — é mais real do que o realismo deles. Deus! Apenas narrar de forma sensata o que nós russos vivemos nos últimos dez anos do nosso desenvolvimento espiritual — sim, os realistas não gritariam que isso é fantasia! E, no entanto, isso é realismo existente, genuíno. Isso é realismo, apenas mais profundo; enquanto eles nadam em águas rasas, [...] o realismo deles — não consegue iluminar uma centésima parte dos fatos que são reais e estão realmente ocorrendo. E com o nosso idealismo, previmos fatos. Isso já aconteceu.[37]

Dostoiévski vê seu próprio "realismo" se tornando "fantástico" porque atravessa a superfície cotidiana para chegar às profundezas morais e espirituais da personalidade humana, ao mesmo tempo que se esforça para encarnar um ideal moral comum ou mais do que apenas prosaico.

Essa mesma carta importante contém uma exortação a Máikov que explica como Dostoiévski desejava que esse "ideal" fosse compreendido — e como devemos considerar o fim que, esperava ele, tanto surpreenderia seus leitores: "Em uma palavra: 'você acredita no ícone ou não!' (Meu querido amigo, acredite com mais destemor e mais coragem)".[38] A ordem de Dostoiévski a Máikov refere-se à experiência que o eslavófilo Ivan Kireiévski descrevera — quando estava diante de um ícone da mãe de Deus — de imersão imaginativa no mistério da fé religiosa. Enquanto olhava para o ícone, Kireiévski foi tomado pelo sentimento de que não se tratava apenas de uma placa de madeira pintada com imagens. Durante séculos, aquele pedaço de madeira havia absorvido toda a paixão e todas as orações dirigidas a ele e se tornara "um organismo vivo, um lugar de encontro entre o criador e as pessoas". Ao olhar para a massa de sofredores que oravam e de volta para o ícone, "eu mesmo vi as feições da mãe de Deus ganharem vida; ela olhou para todas aquelas pessoas simples com piedade e amor. [...] E eu me ajoelhei e humildemente rezei para ela".[39]

No passado, essas palavras tinham arrebatado Dostoiévski; elas descreviam o processo da conversão que se operou nele — uma conversão não do ateísmo, mas de um socialismo cristão semissecular, para uma reverência pelas pessoas e sua "fé infantil". Mas, agora, julgava insatisfatória essa reverência, porque aceitava a fé somente por seus efeitos consoladores e compensatórios sobre a vida humana. Essa fé não era espontânea e instintiva, não era prezada por seus próprios méritos e se afastava de quaisquer consequências práticas que pudesse provocar. Para Dostoiévski, a fé se tornara completamente interna, irracional e não utilitária; sua verdade não poderia ser impugnada por não efetuar mudanças terrenas, nem deveria ser defendida *racionalmente*, por assim dizer, em virtude dos lenitivos morais e psicológicos que poderia oferecer para a desgraça humana. A vida de Míchkin termina de maneira trágica, mas, para Dostoiévski, prestes a escrever suas páginas finais, isso em nada prejudica o ideal transcendente do amor cristão que ele tenta trazer para o mundo, e cuja plena realização está além do poder de qualquer ser humano na terra.

Dostoiévski foi malsucedido em seu esforço extenuante para dar à conclusão de *O idiota* o máximo de força estética possível ao publicá-lo de um só golpe. Apenas três capítulos da parte final foram publicados no número de dezembro e o restante foi impresso como suplemento ao segundo número de 1869. No mesmo dia em que esperava que a parte final chegasse à Rússia, explicou para sua sobrinha: "Sofri dois ataques epilépticos, e estava dez dias atrasado".[40] Mais uma vez, o destino lhe pregara uma peça desagradável.

40. *O idiota*

Em carta para um correspondente, escrita mais de dez anos depois de terminar *O idiota*, Dostoiévski observa: "Todos aqueles que falaram se tratar de minha melhor obra têm algo especial em sua formação mental que sempre me surpreendeu e me agradou".[1] *O idiota* é o mais pessoal de todos os seus principais romances, o livro que encarna suas convicções mais íntimas, acalentadas e sagradas. Ele deve ter sentido que os leitores que se comoveram com essa obra constituíam um seleto grupo de almas gêmeas com as quais poderia se comunicar de verdade. É somente em *O idiota* que Dostoiévski inclui um relato de sua provação diante do pelotão de fuzilamento — uma experiência que lhe dera uma nova apreensão da vida, e o príncipe Míchkin se esforça para trazer essa revelação a um mundo atolado na indolência material cotidiana. O príncipe Míchkin se aproxima da personificação mais extremada do ideal cristão de amor que a humanidade em sua forma atual pode alcançar, mas ele está dividido pelo conflito entre os imperativos contraditórios de suas aspirações apocalípticas e suas limitações terrenas.

Como sabemos, a primeira parte de *O idiota* foi escrita sob a inspiração da decisão de Dostoiévski de centrar uma grande obra em torno do caráter de um "homem positivamente belo", e o singular fascínio espiritual do príncipe Míchkin deriva, em grande parte, da imagem dele projetada nessas páginas iniciais. O halo moral que envolve o príncipe é veiculado já na primeira cena, na qual seu comportamento é marcado por uma total ausência de vaidade ou egoísmo; ele não parece ter o sentimento de amor-próprio que alimenta essas atitudes. Mais do que isso, demonstra uma capacidade ímpar de assumir o ponto de vista de seu interlocutor. Isso explica por que o príncipe não se ofende com sua recepção pelos outros, e sua capacidade de transcender-se dessa forma desarma invariavelmente a primeira resposta de desprezo debochado e presunçoso daqueles que encontra.

Max Scheler, em seu admirável livro *Essência e formas da simpatia*, distingue o que chama de "simpatia vicária", que implica experimentar uma compreensão e simpatia pelos sentimentos dos outros sem ser dominado por eles emotivamente, de uma coalescência total que leva à perda da identidade e da personalidade.[2] O movimento subjacente de *O idiota* pode ser definido provisoriamente como a passagem do príncipe do primeiro para o segundo tipo de simpatia, mas na primeira parte não há indícios dessa perda de identidade. Ao contrário, toda a ênfase recai na capacidade instintiva e indiferenciada do príncipe de sentir uma simpatia vicária completamente lúcida, mesmo sob grande tensão. Como exemplo, podemos tomar a cena em que o príncipe intervém na briga encarniçada entre Gánia Ívolgin e sua irmã e recebe o golpe destinado à moça. Sua reação é cobrir o rosto com as mãos, virar para a parede e dizer a Gánia com voz entrecortada: "Oh, como o senhor vai se envergonhar do seu ato!" (v. 8, p. 99 [148]).*

Esse atributo do caráter do príncipe não tem absolutamente nenhum motivo psicológico, mas, de uma forma sugestivamente simbólica, está ligado a certos leitmotivs. De um lado, o príncipe é obcecado pela perspectiva da morte: nessas páginas iniciais, alude duas vezes a uma execução que testemunhou há pouco e também relata em cores vívidas os sentimentos e pensamentos de um homem condenado à morte por fuzilamento e que, em seguida, recebeu inesperadamente o indulto. Uma terceira descrição salienta o imenso valor que o momento da existência assume à medida que o fim se aproxima. Apesar da presença obsessiva do motivo da morte nessas páginas, o príncipe também admite ter sido "feliz" nos anos que precederam sua chegada a São Petersburgo, e as relações entre esses dois

---

* A tradução de todas as citações de *O idiota* é de Paulo Bezerra. São Paulo: Editora 34, 2015. 4. ed. O número da página entre colchetes é o da edição brasileira, logo após a referência à edição russa. (N. T.)

motivos fornecem o substrato mais profundo de seus valores. Ficamos sabendo que a "felicidade" do príncipe começou com sua recuperação de um estado de estupor epiléptico. Um choque repentino da consciência — na forma de algo tão humilde e prosaico quanto um burro — o acorda para a existência do mundo. Está claro que o burro tem óbvias conotações evangélicas, que se misturam com a inocência e a ingenuidade do príncipe, e esse animal paciente e laborioso também enfatiza, de acordo com o cenoticismo cristão,[3] a ausência de hierarquia na apreensão extática pelo príncipe do milagre da vida. O mesmo contraste é introduzido pela observação do príncipe de que, nos estágios iniciais de sua recuperação, fora consumido pelo desassossego e pensara em encontrar "todo o enigma e no mesmo instante veria uma nova vida" em seu desejo transcendente de alcançar "a linha onde o céu e a terra se encontram"; mas depois, acrescenta, "me pareceu que até na prisão pode-se encontrar uma vida imensa" (v. 8, p. 51 [82]).

Míchkin torna a experimentar em sua imaginação a tragédia universal e inelutável da morte, com toda a gama de sua sensibilidade consciente, mas isso não o impede, ao mesmo tempo, de se maravilhar em êxtase diante da alegria e do milagre da existência. Com efeito, a dialética dessa unidade é o significado da história do homem cuja execução é suspensa — a história que encarna o acontecimento mais decisivo da vida do próprio Dostoiévski. O mais terrível de tudo nesses últimos momentos, diz Míchkin, foi o lamento da pobre vítima por ter desperdiçado sua vida e o desejo frenético de ganhar outra chance. "E se eu não morrer! [...] eu transformaria cada minuto em todo um século, nada perderia [...]!" Mas ao ser indagado sobre o que aconteceu a esse homem após seu indulto, Míchkin reconhece com tristeza que sua resolução frenética não foi posta em prática:

— Então quer dizer, [...] que não se pode viver de verdade "fazendo cálculo" [diz Alieksandra Iepántchina]. Por algum motivo, não se pode mesmo.
— Sim, por algum motivo, não se pode mesmo — repetiu o príncipe —, eu mesmo achava isso... Ainda assim não acredito muito... (v. 8, pp. 52-3 [84])

É nesse momento que o amor de Míchkin pela vida se funde com sua imaginação assombrada pela morte para formar a unidade singular de seu caráter, pois ele sente o milagre e o deslumbramento da vida de modo tão forte exatamente porque vive contando cada momento como se fosse o último. Sua descoberta alegre da vida e sua intuição profunda da morte se combinam para fazê-lo sentir que cada momento é de escolha ética e responsabilidade absolutas e imensuráveis. Em outras palavras, o príncipe vive na tensão escatológica que era (e é) a alma da ética cristã primitiva, cuja doutrina do ágape totalmente altruísta foi concebida na mesma perspectiva do fim iminente dos tempos.[4]

Há um constante jogo de alusão em torno do príncipe que o coloca nesse contexto cristão. Rogójin, o filho de comerciante ainda próximo das raízes religiosas da vida russa, rotula-o de *iuródivi*, um louco sagrado, e embora o príncipe cortês e bem-educado não tenha nenhuma semelhança externa com essas figuras excêntricas, ele possui, de fato, o dom tradicional da profunda percepção espiritual, que atua instintivamente, abaixo de qualquer nível de consciência ou compromisso doutrinário. O tom idílico de Novo Testamento está muito presente na história que o príncipe conta sobre a jovem camponesa suíça Marie, pobre, difamada e tísica, que fora insultada como mulher decaída e cujos últimos dias o príncipe e seu grupo de crianças iluminam com a luz de um amor que a tudo perdoa. Desse modo, a figura do príncipe é cercada por uma penumbra cristã que ilumina continuamente seu caráter e serve para situar a natureza exaltada de suas aspirações morais e espirituais.

A história de Marie também traz para o primeiro plano outro leitmotiv que pode ser chamado de os "dois amores" — um cristão, compassivo, não possessivo e universal, e outro secular, egoísta, possessivo e particular. A sugestão de Alieksandra Iepántchina de que o príncipe deve ter se apaixonado o leva a contar a história de Marie. Mas, enquanto a jovem se referia ao segundo tipo de amor normal, mundano, o "amor" do príncipe, como ele explica, era apenas do primeiro tipo. Até mesmo as crianças aglomeradas em torno dele ficaram confusas com essa diferença e, ao vê-lo beijar Marie, acreditaram que o príncipe estava apaixonado por ela. Mas "[eu] a estava beijando", explica ele, "não porque estivesse apaixonado por ela, mas porque tinha muita pena dela" (v. 8, p. 60 [92]). A confusão das crianças (e Míchkin também tem um quê de criança) prenunciará sua própria queda na armadilha dos "dois amores", cujos sentimentos e obrigações mutuamente incompatíveis resultarão, mais tarde, na desastrosa impossibilidade do príncipe de escolher entre Nastácia e Aglaia.

O mundo em que o príncipe mergulha quando chega inesperadamente a São Petersburgo vive nas garras de egoísmos em conflito; é um mundo em que o desejo de riqueza e vantagem social, de satisfação sexual, de poder sobre os outros domina e afasta todos os outros sentimentos humanos. Todos esses motivos ganham amplo espaço na intriga, que na primeira parte gira em torno do drama de Nastácia Filíppovna (que, vista em retrospecto, será a grande protagonista feminina de Dostoiévski) e seu relacionamento fatal com o príncipe Míchkin.

Seu aparecimento foi precedido pela narrativa de seu passado de órfã destituída mas aristocrática, sequestrada e violada aos dezesseis anos e mantida em escravidão sexual por Tótski. Em contraste com o tipo literário convencional da mulher traída, decaída, mas em última análise redimível — como a heroína de *A dama das camélias*, o romance de Dumas Filho que Tótski naturalmente admira —, Nastácia é apresentada por Dostoiévski como degradada aos olhos da sociedade, mas irrepreensivelmente pura, não muito diferente de Clarissa Harlowe. Aos vinte anos, ela baixa em Petersburgo como uma vingadora, decidida a afirmar-se contra a maquinação do aterrorizado Tótski, que pretende empurrá-la com um dote ao ganancioso Gánia Ívolgin. Isso abriria o caminho para o casamento do próprio Tótski com uma das filhas mais velhas do general Iepántchin. Enfrentando a contradição insuperável entre sua pureza interior e sua desgraça exterior, Nastácia Filíppovna é uma personagem irremediavelmente condenada, e ela servirá para derrubar "seu salvador", o príncipe, em seu próprio fim trágico. O príncipe Míchkin ouve seu nome pela primeira vez na cena inicial do trem e fica logo encantado com seu inesquecível retrato na casa dos Ívolgin, que ele beija às escondidas, e por fim a encontra lá (tal como a encontra o leitor).

O destino de Nastácia deverá ser selado na tumultuada cena da festa de aniversário em sua casa que atinge o auge no fim da primeira parte. Nessa ocasião, ela deve supostamente decidir se quer ou não se casar com Gánia, embora seu comportamento anterior deixe claro que é muito improvável que ela esteja disposta a aceitar o plano de Tótski. Ao contrário, após expor indiretamente o ridículo e a venalidade de seus convidados, Nastácia toma a palavra para evocar sua sujeição e sua devassidão forçadas no passado (bastante explícita para a época, mas com reticências suficientes para satisfazer os censores), bem como seus impulsos suicidas. Ela se volta, ao que parece, para o príncipe na hora de decidir a questão de *seu* casamento com Gánia porque, como ela diz, o príncipe "acreditou em mim ao primeiro olhar, e eu acredito nele" (v. 8, p. 131 [187]). Mas quando o compassivo e enamorado príncipe anuncia sua crença na pureza dela e oferece-lhe a mão em casamento e uma fortuna, ela o rejeita também, recusando-se a imitar Tótski, o violador de "inocência" que "gosta de crianças", ainda que Míchkin seja a realização milagrosa de seus sonhos impossíveis de adolescente. Por meio de sua rejeição de Míchkin, ela agora interioriza seus estigmas exteriores de vergonha e afirma uma identidade de prostituta-vagabunda quando foge com o apaixonado Rogójin para a autodestruição certa, após atirar o dinheiro da compra (embrulhado nas páginas do *Notícias da Bolsa de Valores*) ao fogo. A satisfação de humilhar-se e, assim, ao mesmo tempo, degradar simbolicamente Tótski e todos os seus respeitáveis "admiradores" se revela mais forte do que o apelo feito pelo príncipe à sua necessidade de compaixão desinteressada e do que o reconhecimento de sua pureza essencial.

Embora não seja mais uma protagonista ativa, sua figura meio demente e sombria põe indiretamente em marcha todas as peripécias subsequentes da trama, desde o fato de Míchkin segui-la até Pávlovsk à reconstituição teatral do casamento abortado. Por fim, temos o voo suicida com Rogójin. Um arremate misterioso para seu destino trágico é fornecido pelo fato de Míchkin encontrar, em seus aposentos abandonados, um exemplar de *Madame Bovary* — nesse caso, a história de outro suicídio irremediável, mas de uma adúltera traída por fantasias românticas.

A partir do início da segunda parte, é atribuído ao príncipe um papel trágico (ou pelo menos de autoimolação); e a lógica interna de seu caráter exige agora que o absoluto do amor cristão entre em conflito irreconciliável com as exigências inevitáveis da vida humana normal. Essa projeção alterada do príncipe leva também à introdução de um novo motivo temático, que aparece pela primeira vez no estranho diálogo de Míchkin e Rogójin sobre a fé religiosa. De forma um tanto improvável, uma cópia do *Cristo morto*, de Holbein, aparece na sala de Rogójin, e, sem nenhuma transição, o antigo bêbado e turbulento da primeira parte é agora atormentado não só por Nastácia, mas também por uma crise de dúvida religiosa. Ficamos sabendo que "uma pintura de nosso Salvador que acabara de ser retirado da cruz" começou a minar a fé de Rogójin, e Míchkin tenta acalmar sua inquietação com um discurso longo e crucial.

Esse discurso é composto de quatro histórias, agrupadas aos pares, que ilustram que a necessidade humana de fé e de valores morais de consciência baseados na crença transcende tanto o plano da reflexão racional quanto o da prova empírica. De um lado, há o ateu culto cujos argumentos Míchkin não pode refutar; do outro, há o assassino que murmura uma prece por perdão antes de cortar a garganta de sua vítima. O objetivo dessas histórias é mostrar a fé religiosa e a consciência moral como atributos inerradicáveis do povo russo, a despeito da razão ou mesmo de qualquer tipo de moral social convencional. Míchkin explica: "A essência do sentimento religioso não se enquadra em nenhum juízo, em nenhum ato ou crime ou nenhum ateísmo; e aí há qualquer coisa diferente e que vai ser sempre diferente. [...] No entanto, o principal é que a gente percebe isso com mais clareza e antes de tudo no coração russo. Eis a minha conclusão!" (v. 8, p. 184 [258]).

Esse motivo temático é de fundamental importância para a compreensão do restante do livro, pois ao descrever a fé religiosa e as agitações de consciência como necessidades irracionais e instintivas do "coração russo", cuja existência resplandece em meio a tudo o que parece rejeitar ou negar sua presença, Dostoiévski está seguramente indicando a interpretação adequada do fracasso final e do trágico colapso de Míchkin. Os valores do amor cristão e da fé religiosa que Míchkin encarna são uma necessidade profunda demais do espírito russo para serem negados por seu fracasso prático, assim como não são negados pela razão, por um assassinato ou um sacrilégio. Se a pintura de Holbein e o discurso de Míchkin são introduzidos, nessa altura, de forma desajeitada e abrupta, é porque Dostoiévski provavelmente queria estabelecer de imediato o quadro dentro do qual o destino catastrófico que aguarda o príncipe seria corretamente compreendido.

O motivo temático da fé religiosa é também o que salva os episódios que envolvem o encontro de Míchkin com o grupo dos chamados novos niilistas de se tornar uma mera sátira mordaz contra os radicais de meados da década de 1860. Dostoiévski sabiamente concentra as atenções no jovem tísico Hippolit Teriéntiev, que se destaca do grupo para alcançar grandes alturas e se tornar o primeiro da notável galeria de rebeldes metafísicos que Dostoiévski criou. A revolta de Hippolit não é contra as iniquidades de uma ordem social, mas, prenunciando Kiríllov (em *Os demônios*) e Ivan Karamázov, contra um mundo em que a morte e, portanto, o sofrimento humano não mitigável são uma realidade de que não se pode escapar. Hippolit é quase um duplo de Míchkin — uma pessoa que compartilha sua obsessão com a morte e seu senso extático da vida, mas carece da fé religiosa que sustenta o príncipe numa suprema harmonia universal. Por essa razão,

Hippolit não consegue alcançar a transcendência de si mesmo que é o segredo do esplendor moral do príncipe e da reação que provoca nos outros.

A semi-histérica "Minha explicação necessária" de Hippolit é escrita para apresentar todas as principais características da *Weltanschauung* de Míchkin — a reverência pela beleza e pelo valor infinito da vida —, mas combinada com uma atitude humana *oposta*. Sua preocupação com a morte não diminui, mas reforça a preocupação consigo mesmo e a transforma numa megalomania patética, como se pode ver pela epígrafe tocante e incongruente, *"après moi le déluge!"*, que acrescenta a "Minha explicação necessária" (v. 8, p. 321 [433]). Instintivamente, os sentimentos de Hippolit estão do lado das vítimas da injustiça social; e quando é levado pela corrente desses sentimentos benevolentes, ele admite "que vinha esquecendo a minha sentença, ou melhor, não queria pensar nela e inclusive continuava fazendo minhas coisas" (v. 8, p. 328 [443]). Apenas essa preocupação com os outros pode aliviar a tragédia dos últimos dias de Hippolit, mas ele por fim abandona todos esses esforços para ruminar sobre sua própria condição. A morte, o quinhão universal, ele passa a considerar um insulto pessoal e uma "humilhação" dirigida a ele pela "natureza", ou melhor, pelo criador de um mundo que exige o consentimento do indivíduo à indignidade e à injustiça de ser destruído.

O contraste temático entre Hippolit e o príncipe é enfatizado com mais força em suas reações diferentes ao símbolo religioso que fundamenta o livro, o *Cristo morto* de Holbein. Essa pintura, como já vimos, levara Míchkin a afirmar que a "essência [irracional] do sentimento religioso" era um componente inerradicável do espírito humano; mas, para o novo niilista, é apenas uma confirmação de sua própria percepção da cruel falta de sentido da vida. Para Hippolit, a imagem transmite uma ideia de natureza "na forma de alguma máquina gigantesca de construção moderna, que de modo absurdo agarrou, moeu e sorveu, de forma abafada e insensível, um ser grandioso e inestimável — um ser que sozinho valia toda a natureza e todas as suas leis, toda a terra, que possivelmente fora criado unicamente para aparecimento dele" (v. 8, p. 339 [459]). Hippolit não consegue entender como os primeiros discípulos de Cristo, testemunhas vivas do que ele vê somente através da distância da arte, puderam continuar a acreditar no triunfo sobre a morte que Cristo proclamou, mas esse é precisamente o mistério da fé para o qual Hippolit está fechado, e cuja ausência envenena com amargura e desespero seus dias derradeiros.

Hippolit, como os outros personagens, considera instintivamente o príncipe o padrão para sua própria consciência. No entanto, a "humildade" do príncipe é a antítese ideológica da "revolta" de Hippolit, e é Míchkin quem deve suportar o impacto das mudanças injuriosas de sentimento do novo niilista. "Será que não podem simplesmente me devorar, sem exigir de mim o elogio àquele que me devorou?", pergunta Hippolit, cáustico, ao rejeitar a "mansidão cristã" do príncipe (v. 8, p. 343 [466-7]). Essa questão vem de um sofrimento tão profundo de Hippolit que nenhuma injúria de sua parte pode diminuir seu direito a uma reivindicação absoluta de tolerância dos outros personagens. O príncipe entende que, para Hippolit, a posse despreocupada de vida pelos outros é uma injustiça suprema, que deveria sobrecarregá-los de culpa e de um senso de obrigação moral.

Daí a resposta comovente do príncipe à pergunta de Hippolit sobre a melhor maneira de morrer: "Passe ao largo da gente e nos perdoe pela nossa felicidade", diz Míchkin em voz baixa (v. 8, p. 433 [585]). Daí também o caráter macabro do humor negro em várias das cenas com Hippolit, a insensibilidade áspera que alguns personagens demonstram em relação a sua situação. Nenhuma página de Dostoiévski é mais original do que aquelas em que ele tenta combinar a máxima simpatia por Hippolit com um retrato impiedoso do que pode ser chamado de "o egoísmo do moribundo". O romancista deseja mostrar que o egocentrismo que inspirou a "revolta" de Hippolit também o leva a um comportamento que exclui a simpatia e o amor que almeja com tanto desespero. Ora patético, ora febrilmente maligno, o menino infeliz morre nos bastidores, inconsolado e inconsolável, "sufocado de inquietação" (v. 8, p. 508 [654]).

Além de Hippolit, *O idiota* está cheio de personagens secundários relacionados às principais linhas da trama por fios muito tênues. Mas não é muito difícil identificar a lógica temática da maioria desses episódios, mesmo que estruturalmente se alternem com pouquíssima motivação. Muitos deles têm a função dos interlúdios cômicos nos mistérios medievais, que parodiam os acontecimentos sagrados com humor reverente e ilustram a universalidade de sua influência. Outros servem para ressaltar as facetas do príncipe que Dostoiévski não conseguiu desenvolver dentro da intriga romântica central.

Liébediev, o general Ívolguin e o "boxeador" Keller compõem um grupo com características comuns — um grupo que afirma, às vezes de uma forma grotescamente cômica, que a luta moral interior precipitada pelo príncipe nos principais personagens também pode ser encontrada entre a arraia-miúda. Sem dúvida, Dostoiévski abandona todas as tentativas de manter qualquer verossimilhança psicológica nos casos de Liébediev e Keller; o vaivém mecânico deles entre a devoção ao príncipe e as pequenas trapaças e falcatruas beira às vezes a autoparódia. Isso é ainda mais verdadeiro em Liébediev, que do despudorado parasita da primeira parte se transforma na figura humana que compartilha com Míchkin o horror da pena capital e reza pela alma da guilhotinada condessa Du Barry.

Sem deixar de ser um patife inescrupuloso, pronto para vender a alma por um rublo, Liébediev também interpreta piedosamente o Apocalipse e vitupera contra o "materialismo" do mundo moderno em inebriadas diatribes. Sua longa "anedota" histórica cômico-séria sobre as ondas de fome da Idade Média é um claro exemplo burlesco do significado de seu caráter e de outros como ele. Semelhante ao esfomeado "canibal" medieval — que devorou sessenta monges gordos e suculentos no decorrer de sua vida e, depois, apesar da perspectiva das torturas mais horríveis, confessou voluntariamente seus crimes —, o comportamento de Liébediev e sua laia atesta a existência milagrosa de consciência nos lugares mais improváveis.

Outro exemplo é o arruinado e falstaffiano general Ívolguin, que Dostoiévski usa de forma muito eficaz na primeira parte para parodiar o "decoro" que cerca a vida de Nastácia, e cuja colossal mitomania é uma proteção contra a sórdida realidade de sua decadência moral e social. O general morre de um derrame cerebral provocado pelo tormento de ter roubado a carteira de Liébediev, tormento causado não tanto pelo próprio roubo — ele devolveu a carteira intocada — mas pelo medo de que passaria a ser considerado um ladrão por sua própria família. A narrativa inteiramente fictícia de como, quando menino, o general foi pajem de Napoleão e usou sua influência para motivar a retirada francesa de Moscou, em 1812, é um exemplo irresistível do talento pouco usado de Dostoiévski para a extravagância cômica.

Após a primeira parte, a ação principal de *O idiota* se concentra no embrionário romance do príncipe com Aglaia Iepántchina. Ao ler o poema de Púchkin "O cavaleiro pobre" na presença do príncipe, com óbvia referência à sua intervenção em favor de Nastácia, Aglaia revela até que ponto sua imaginação exaltada se inflamou com a abnegada magnanimidade do príncipe por uma "mulher decaída" aos olhos da sociedade. Toda a relação de Aglaia com o príncipe é, assim, marcada desde o início por mal-entendidos. Para ela, Míchkin é o cavaleiro pobre do poema de Púchkin — um poema em que ela vê unificado "em uma imagem extraordinária todo o imenso conceito de amor cavalheiresco platônico da Idade Média de algum cavaleiro puro e elevado", um Dom Quixote, "só que sério e não cômico" (v. 8, p. 207 [288]). Embora essas palavras se apliquem, em parte, ao príncipe, sua função é enfatizar a natureza ilusória da imagem que Aglaia tem de seu caráter. Nada poderia ser menos característico do príncipe do que as façanhas de bravura militar durante as Cruzadas levadas a cabo pelo cavaleiro pobre a serviço da fé cristã:

> Lumen Coelum, *Sancta Rosa!*
> *Feroz, zeloso exclamava*
> *Qual um raio sua ameaça*
> *O muçulmano acertava.* (v. 8, p. 209 [291])

Em outras palavras, o cavaleiro pobre representa o ideal cristão do Ocidente católico em seus dias de glória e em toda a sua confusão corruptora de fé espiritual e poder temporal. O ideal cristão russo, tal como Dostoiévski o entendia, separa nitidamente uma do outro e aceita todas as consequências sociais paradoxais e até mesmo degradantes da humildade, da mansidão e do amor misericordioso do príncipe.

O engano de Aglaia reflete seu próprio caráter, com sua combinação de idealismo ardente, arrogância e orgulho pessoal. Ela é irresistivelmente atraída pela pureza de espírito e pelo desprendimento que encontra no príncipe, mas ao mesmo tempo deseja que seu ideal seja imponente e admirado pelo mundo. Essa fusão a aproximara do catolicismo militante, e ela se equivoca ao procurá-lo no príncipe. Ao introduzir as cenas com os novos niilistas logo após a leitura de "O cavaleiro pobre", Dostoiévski dramatiza vigorosamente a oposição entre a imagem de Aglaia e os valores que de fato inspiram a conduta do príncipe. A combativa Aglaia acolhe a intrusão do grupo, porque, como ela diz, "estão querendo difamá-lo, príncipe, você precisa absolver solenemente a si mesmo, e de antemão estou muitíssimo feliz por você" (v. 8, p. 213 [295]). Mas, longe de sair triunfante, Míchkin reage ao insulto e à provocação com uma docilidade e passividade que deixam Aglaia enfurecida.

Antes da cena da festa na qual será apresentado oficialmente como o noivo de Aglaia, ela tenta ter uma conversa "séria" com ele para certificar-se de que ele não cometerá nenhuma gafe. Não obstante, sob a influência da "aura" pré-epiléptica, o príncipe lança um ataque eslavófilo ao catolicismo romano, acusando-o de ser "uma fé não cristã", porque "o catolicismo romano acredita que sem um poder político mundial a Igreja não se sustenta na Terra" (v. 8, p. 450 [608]). Desse modo, denuncia no catolicismo romano a própria confusão entre o temporal e o espiritual que, em nível pessoal, Aglaia deseja que ele encarne. Não por acaso esse discurso aparece bem no momento em que se mostra que sua personalidade é irremediavelmente incompatível com as exigências dela.

A desastrosa arenga de Míchkin incorpora também outros motivos de grande importância para Dostoiévski. A necessidade dos russos de fé religiosa é afirmada mais uma vez quando Míchkin descreve a propensão que têm para converter-se a falsas religiões — como o catolicismo romano ou o ateísmo. "Acontece que não é só da simples vaidade [...] que descendem os ateus russos e os jesuítas russos, mas de [...] uma sede do espírito, de uma nostalgia por uma causa elevada, [...] pela pátria em que deixaram de acreditar porque nunca a conheceram! [...] E os nossos não só se tornam ateus, como *passam a crer* forçosamente no ateísmo, como se fosse numa nova fé sem absolutamente se darem conta de que passaram a acreditar no nada" (v. 8, p. 452 [610-1]). Míchkin expressa aqui algumas das convicções mais profundas de Dostoiévski, que o autor sabia que seriam encaradas pela maioria de seus compatriotas com a mesma incredulidade meio assustada e penalizada que a exibida pelos convidados dos Iepántchin.

Apesar da catástrofe da explosão e do ataque epiléptico do príncipe na festa de noivado, Aglaia ainda consegue superar sua consternação, já que para ela a prova final de Míchkin será sua relação com Nastácia. Tal como Rogójin, Aglaia não pode ver no "amor cristão" do príncipe por Nastácia — sua compaixão e sentimento de obrigação sem limites — senão uma ameaça à sua posse incontestável do homem que ama. Na poderosa cena do confronto entre as duas mulheres, Míchkin é chamado a escolher e mostra-se totalmente incapaz de fazê-lo. O "desespero, o rosto de louca" de Nastácia faz com que ele censure Aglaia pela crueldade que dirige àquela "infeliz". Aglaia, entretanto, olhou para ele com "tanto sofrimento e ódio infinito ao mesmo tempo que agitou os braços, gritou e precipitou-se para ela, mas já era tarde!". Foi detido pelo abraço de Nastácia, e fica confortando a criatura desmaiada e meio demente cujo rosto torturado uma vez "traspassou-lhe para sempre o coração" (v. 8, p. 475 [636]).

O príncipe encontra-se, assim, preso nas malhas da rivalidade de egoísmos em choque e reage, no calor do momento, à necessidade mais imediata e mais aguda. Cada uma das mulheres tem uma reivindicação diferente mas igualmente forte à sua devoção, e sua incapacidade de optar dramatiza o nível mais profundo da ideia temática de Dostoiévski. O príncipe é o arauto de um amor cristão que não é nada se não for universal; mas ele também é um homem, não um ser sobrenatural — um homem que se apaixonou por uma mulher como criatura de carne e osso. A necessária dicotomia desses dois amores divergentes o envolve num inevitável imbróglio trágico do qual não há escapatória, um impasse em que a obrigação universal de ter compaixão passa fatalmente pelo amor humano que é a forma moralmente irrepreensível de "egoísmo" do príncipe.

Três anos antes, sentado diante do esquife da primeira esposa, Dostoiévski havia afirmado que Cristo dera à humanidade apenas uma pista para a natureza futura do "objetivo ideal final" da humanidade — uma pista que está no Evangelho de São Mateus: "Eles não se casam nem se dão em casamento; mas são como anjos no céu" (v. 20, p. 173). Até mesmo que "o bem mais sagrado do homem sobre a terra" (v. 20, p. 173), a família, é uma manifestação do ego que impede a fusão dos indivíduos em um Todo do amor universal. O "objetivo ideal final" da humanidade é, assim, a fusão total do ego individual com todos em uma comunidade mística liberta literalmente (e não metaforicamente) das amarras e limites da carne; é a "síntese" transcendente que Míchkin vislumbrara no arrebatamento da "aura" pré-epiléptica. Por conseguinte, mesmo o mais casto e inocente amor terreno constitui uma revogação da lei universal do amor, cuja realização, prefigurada por Cristo, é o objetivo final, sobrenatural do homem. As páginas finais de *O idiota* apresentam de forma marcante esse conflito insolúvel entre o humano e o divino que Dostoiévski sentia com tanta intensidade e que só poderia atingir o seu mais alto grau de expressividade e pungência consubstanciado num "homem positivamente belo" como o príncipe Míchkin.

Até esses capítulos finais, o narrador onisciente conseguiu, em geral, descrever e explicar o que o príncipe está pensando e sentindo. Agora, porém, o narrador se confessa incapaz de compreender o comportamento de Míchkin e precisa limitar-se a uma "simples exposição dos fatos" (v. 8, p. 475 [638]). Os fatos a que se refere são: de um lado, Míchkin ficou noivo de Nastácia, e os planos para o casamento avançam. Mas, por outro lado, o príncipe ainda tenta visitar Aglaia como se nada tivesse mudado, e não consegue compreender por que o casamento iminente deveria afetar sua relação com ela. "Não faz diferença, o fato de eu estar me casando não é nada!", ele diz a Rádomski (v. 8, p. 483 [647]). A tensão da posição impossível do príncipe finalmente fez com que perdesse todo o contato com a realidade. Não sendo mais capaz de distinguir entre a sua visão do amor universal e as exclusões necessárias e escolhas limitantes da vida, ele é apresentado como alguém que ultrapassou todos os limites dos códigos sociais aceitos. Para expressar essa transgressão, Dostoiévski adota o disfarce do narrador desconcertado, cuja perplexidade acentua a impossibilidade de medir o comportamento do príncipe por qualquer padrão convencional.

As profundezas morais do conflito do príncipe são, assim, distorcidas e reduzidas ao nível do mexerico rancoroso e dos clichês correntes sobre, por exemplo, a emancipação feminina. A ironia melancólica da situação do príncipe está agora completa. Como o Abraão de *Temor e tremor*, de Kierkegaard, que é o único a ouvir a ordem secreta de Deus para sacrificar o filho, o príncipe tornou-se agora um cavaleiro da fé cuja obediência ao divino faz com que sua conduta muitas vezes pareça aos outros um sinal de loucura. Com muita propriedade, Liébediev chega a essa conclusão e tenta internar o príncipe numa instituição mental antes da cerimônia do casamento. Rádomski também partilha da mesma convicção de que o príncipe "não estava batendo muito bem", mas seus pensamentos se aproximam da marca temática de Dostoiévski: "E como é isso de amar as duas? Com dois diferentes amores? Isso é interessante… pobre idiota!" (v. 8, p. 485 [649]).

As páginas finais nos mostram o príncipe irremediavelmente preso entre as reivindicações conflitantes de sua natureza humana e de sua tarefa divina, privado de toda a compreensão e quase toda a compaixão, e oprimido por acontecimentos sobre os quais não tem controle. Sua percepção do mundo real torna-se cada vez mais fraca e, no fim, sua personalidade simplesmente se dissolve, abandonando todas as reivindicações para si e tornando-se uma função das necessidades dos outros. Na cena estranha e inesquecível do velório de Nastácia, depois que ela escolheu conscientemente entregar-se à faca de Rogójin, o príncipe perde-se por completo na angústia do semilouco assassino e afunda em definitivo na escuridão mental que havia muito tempo temia ser o preço de suas iluminações visionárias. Assim termina a odisseia do "homem positivamente belo" de Dostoiévski que tentara viver no mundo por meio da luz divina da transfiguração apocalíptica da humanidade numa harmonia universal do amor.

Com uma integridade que nunca será demasiado encarecer, Dostoiévski submete sem medo *suas* convicções mais sagradas ao mesmo teste a que submetera as ideias dos niilistas — o teste do que significariam para a vida humana se fossem levadas a sério e ao pé da letra, e tomadas em toda a sua extensão como guias de conduta. Com honestidade exemplar ele mostra que o extremismo moral de seu próprio ideal escatológico, personificado no príncipe, é igualmente incompatível com as exigências normais da vida social comum e constitui um escândalo desagregador muito parecido com o surgimento do próprio Cristo entre os fariseus satisfeitos e respeitáveis.

As últimas palavras, no entanto, são concedidas à mãe de Aglaia, Lisavieta Prokófievna, a personagem que sempre esteve mais próxima em espírito do príncipe, mas que conseguiu manter os pés no chão. Sua crítica tipicamente explosiva e própria de uma matrona à Europa — "Em nenhum lugar sabem assar direito o pão; congela-se no inverno como ratos no porão" — conclui o livro com uma afirmação terra a terra da mesma fé na Rússia que Míchkin expressara na eloquência messiânica de suas rapsódias extáticas: "Chega de entusiasmo, é hora também de servir à razão" (v. 8, p. 510 [683]). Porém, seja qual for a tragédia que o príncipe Míchkin e aqueles afetados por ele possam ter sofrido *neste* mundo, ele traz consigo a iluminação sobrenatural de um ser superior que todos sentem e ao qual todos reagem; e era essa reação à "luz que brilha nas trevas" que, para Dostoiévski, propiciava o único raio de esperança para o futuro.

41. O panfleto e o poema

O término de *O idiota* permitiu a Dostoiévski, que escrevera sem parar por um ano e meio, recuperar o fôlego por um momento, mas também significou o fim do estipêndio mensal que vinha recebendo de Katkov. Para piorar a situação, ele calculou que a quantidade de texto que entregara ainda o deixava com uma dívida de mil rublos com a revista de Katkov. Assim, o romancista começa a mencionar todos os tipos de novos planos e projetos, e às vezes é difícil descobrir a relação dessas ideias com as obras que escreveu nessa época.

Mesmo antes de terminar a quarta parte de *O idiota*, e na mesma carta a Máikov em que define sua estética do "realismo fantástico", ele havia esboçado a ideia para um novo grande romance. Esse esboço precede imediatamente a declaração de sua estética, que pode ter surgido não apenas como reação às críticas a *O idiota*, mas também como uma generalização da abordagem da vida e da realidade russa expressa em seu novo projeto criativo. Dostoiévski tinha em mente

um romance imenso cujo título será *Ateísmo* [...]. A figura principal é um russo de nossa sociedade, [...] ele perde a fé em Deus. Durante toda a sua vida ele [...] não saiu da rotina, e durante 45 anos não foi outra coisa senão um homem comum. [...] Sua perda da fé em Deus tem um efeito colossal sobre ele. [...] Ele corre de um lado para o outro entre a nova geração, os ateus, os eslavos e os europeus, os fanáticos russos, os anacoretas, os sacerdotes; é fortemente influenciado, entre outros, por um grupo de jesuítas, propagandistas, poloneses; afasta-se deles e cai nas profundezas dos flagelantes — e, no final, encontra Cristo e o Deus russo.[1]

O romance não foi escrito, mas esse esboço logo se transformou numa obra muito mais longa que também não foi escrita, *A vida de um grande pecador* [*Jítie velíkogo griéchnika*], e depois, ambos alimentaram *Os demônios*. Está claro que a ambição de Dostoiévski era apresentar um grande afresco de opiniões e experiências religiosas russas e dramatizar sua personagem principal em termos desses pontos de vista e ideologias concorrentes, inclusive aquelas da "nova geração".

"Preciso sem dúvida voltar para a Rússia", ele escreve de Florença para sua sobrinha; "aqui vou acabar por perder qualquer possibilidade de escrever por falta de minha matéria-prima habitual e indispensável — a realidade russa (que alimenta meus pensamentos) e os russos."[2] Escreveu também a *O Mensageiro Russo* pedindo um novo adiantamento sobre um romance que prometeu entregar em cerca de um ano. Ante a indigência temporária, respondeu no final de janeiro a outro convite de Strákhov: uma colaboração para *Aurora*; um adiantamento lhe permitiria satisfazer suas necessidades mais urgentes até que chegasse o dinheiro de Katkov. Dostoiévski propôs que ele enviasse mil rublos sem demora e, em troca, escreveria "um romance".

Dez dias depois, enfim recebeu um adiantamento de Katkov; nesse meio-tempo, fora forçado a tomar emprestados cem francos de algum benfeitor desconhecido e penhorar, por outros cem francos, tudo de que ele e Anna podiam privar-se. (Anna lembra que até começaram a ver graça na sua pobreza irremediável e chamar um ao outro de sr. e sra. Micawber.*) Dostoiévski ficou aliviado ao receber o dinheiro, não só pelas razões óbvias, mas também porque estava preocupado com sua situação na revista, como explica à sobrinha: "Não creio que *O idiota* lhes possa render novos assinantes; lamento muito que seja assim, e é por isso que estou muito feliz que continuem comigo, apesar da óbvia falta de sucesso do meu romance".[3]

Depois de muita negociação, os editores de *Aurora* aceitaram as demandas reduzidas de Dostoiévski de apenas trezentos rublos, a serem enviados imediatamente em troca de "uma história mais curta, cerca de dois cadernos".[4] O clima

---

* Sr. e sra. Micawber: personagens do romance *David Copperfield*, de Charles Dickens, que se tornaram sinônimo de otimismo incorrigível mesmo nas mais duras provações. (N. T.)

em Florença estava ficando tórrido, e o casal fora aconselhado a sair da cidade porque Anna, grávida de novo, teria o filho dentro de quatro meses. Planejaram mudar-se para Dresden, onde poderiam encontrar um médico e enfermeiras "que se expressem numa língua compreensível e sejam competentes".[5] Espera-vam a chegada da mãe de Anna em poucos dias e planejavam partir assim que os meios financeiros estivessem disponíveis.

Mas quando o adiantamento chegou, as despesas adicionais de Dostoiévski já tinham devorado o que ele recebeu. Com a intenção de deixar Florença imedia-tamente, o casal saíra do apartamento para economizar no aluguel; mas o quarto de solteiro foi mais caro para um período prolongado, e a mãe de Anna chegara para cuidar da filha.

Em meados de maio, ele escreveu a Máikov:

> O calor em Florença é insuportável, a cidade está incandescente e sufocante, nossos nervos estão extenuados — o que é particularmente ruim para minha esposa; agora estamos amontoados (ainda *esperando*) em um quarto pequeno e estreito que dá para o mercado. Estou farto dessa Florença, e agora, sem espaço e com o calor, não posso nem mesmo escrever. Em geral, uma terrível angústia — e pior, por causa da Europa; olho para tudo aqui como um animal selvagem.[6]

"Acima de tudo, sentia pena de minha pobre Ánia", ele escreveu depois de ir embora. "Ela, coitada, estava em seu sétimo ou oitavo mês, e sofreu terrivelmente com o calor."[7]

Mais uma vez, Katkov acorreu em seu auxílio com fundos suficientes para cobrir o custo da viagem, e o casal deixou a sufocante Florença no final de julho, partindo não para Dresden, mas para Praga. A brusca mudança de itinerário foi motivada pelo desejo de Anna de remediar o isolamento deprimente do marido de qualquer ambiente literário ou intelectual, e lá também estariam imersos no mundo eslavo de novo. Seguindo caminho por Bolonha, onde fizeram uma para-da para ver a *Santa Cecília*, de Rafael, ficaram vários dias em Veneza, onde quase não saíram da Piazza San Marco e da Catedral, mas também visitaram, nas proxi-midades, o Palazzo Ducale e o Palácio dos Doges. Para a sobrinha, ele contou que "Anna só conseguia soltar exclamações e gritos de admiração ao olhar para os palácios e a praça. Na Catedral de San Marco (espantosa, incomparável!) ela per-deu um leque suíço esculpido que adorava (tinha tão poucas joias!). Meu Deus, como ela chorou!".[8] Na partida de Veneza, tomaram um barco para Trieste e enfrentaram um mar agitado que causou uma boa dose de ansiedade em Dostoiévski devido à gravidez de Anna; depois, em terra firme, pegaram um trem e chegaram a Praga no início de agosto. Porém o plano de passar o inverno na cidade foi frustrado pela falta de acomodações disponíveis. Assim, a esperança de Dostoiévski de viver em um círculo agradável fora da Rússia gorou, e ele e Anna voltaram ao seu objetivo original, Dresden.

O casal chegou a Dresden em meados de agosto e logo encontrou acomodações. Dez dias depois de instalados, Dostoiévski escreveu a Máikov. "Tenho medos terríveis em relação à saúde [de Anna]. [...]. Está constantemente indisposta, e, além disso, preocupada, nervosa, impressionável e, inclusive, com sérios temores de que vai morrer no parto (lembrando o sofrimento do nascimento do primeiro filho)."[9] Em meio a esses pressentimentos sombrios, Dostoiévski se queixa de que "devo começar a escrever, primeiro para *Aurora*, e em seguida, começar a grande obra para *O Mensageiro Russo*. Não escrevo nada há oito meses [...] as coisas ficaram tão difíceis para mim que seria mais útil sentar-me na prisão dos devedores do que permanecer no exterior. Se ficar aqui mais um ano, não sei se estarei em condições de escrever, nem digo bem, mas simplesmente escrever, tão separado estou da Rússia". Além disso, Anna também sentia muita falta da Rússia, e ambos achavam que Sônia só tinha morrido "porque não conseguimos nos adaptar ao modo estrangeiro de cuidar e alimentar um filho".[10] Assim, a Europa era culpada desse golpe dilacerante em sua felicidade, e se perdessem o segundo filho, ele e Anna cairiam em total desespero.

Felizmente, a segunda filha, Liubov, nasceu em 26 de setembro sem nenhum incidente desagradável, mas Dostoiévski estava tão preocupado com o estado mental de Anna que escondeu dela o volume de *Guerra e paz* em que é descrita a morte da esposa do príncipe Andrei no parto. A presença da mãe de Anna também foi uma fonte de tranquilidade, porque ela poderia cuidar da criança à moda russa, aspecto considerado tão importante. O nascimento de Liubov, no entanto, trouxe uma enxurrada de novas despesas que ultrapassaram em muito os limitados recursos da família; três dias após o nascimento, Dostoiévski escreveu a Máikov para contar que seria forçado a vender (ou penhorar) sua roupa branca, seu sobretudo e talvez até a jaqueta, a menos que recebesse o adiantamento que solicitara à revista *Aurora*.

No final de setembro, Dostoiévski concluíra a metade da obra, ainda sem título, e, tendo em vista que seu tamanho aumentara, solicitara um novo adiantamento de duzentos rublos. Pediu então a Máikov que visitasse o editor Kachpírov e reforçasse seu pedido de uma resposta *imediata*. Dostoiévski dissera a Kachpírov que *"o momento e a rapidez da ajuda são quase mais importantes do que o dinheiro em si"*; e que se ocorresse um atraso, "para salvar a vida de três seres, seria forçado a vender de imediato os meus pertences restantes e mais necessários, e por coisas que valem cem táleres receberia vinte".[11] E acrescentou, apenas para Máikov, que não estava dizendo a verdade: tudo o que valia cem táleres já fora penhorado havia muito tempo.

Dentro de uma semana, Kachpírov respondeu favoravelmente e remeteu uma carta de crédito de um banco de Petersburgo para outro em Dresden, mas as relações financeiras de Dostoiévski com *Aurora* foram perseguidas pelo infortúnio. A carta de crédito, por engano, fora escrita de uma forma que exigia outro documento para que pudesse ser descontada, e Dostoiévski esperou em vão por esse papel; ia ao banco todos os dias e, depois de um tempo, disseram-lhe que, às vezes, essas cartas de crédito eram emitidas por *brincadeira*. Angustiado por temer pelo bem-estar de Anna e da recém-nascida Liubov e reduzido a seu último copeque, Dostoiévski escreveu uma semana depois para Kachpírov pedindo-lhe que retificasse o erro e enviasse 75 rublos imediatamente. Embora as cartas oriundas de Petersburgo costumassem chegar em três dias, a resposta só veio depois de doze dias, e sem os 75 rublos. Notando que a carta de Kachpírov, datada de 3 de outubro, trazia o carimbo dos correios do dia 6, rabiscou às pressas uma carta furiosa e frenética para Máikov, pedindo-lhe que intercedesse.

Essa missiva para Máikov é uma das mais raivosas que ele já escrevera — uma carta em que descarrega toda a sua indignação reprimida pelas constantes humilhações decorrentes da sua situação literária precária e indigente. Dostoiévski escrevera a Kachpírov com deferência, quase suplicante; e a aparente negligência com que estava sendo tratado, quando confessara que ele e sua família estavam sendo forçados a penhorar e vender os seus pertences, o encheu de fúria: "Será que ele não entende o quanto isso é *insultante* para mim? Afinal de contas, escrevi-lhe sobre as necessidades de *minha esposa* e filha — e depois disso, tamanha desatenção! Não é um insulto?". Dostoiévski achou que Kachpírov estava se comportando em relação a ele "como somente um *bárin* [senhor] se comporta com seu lacaio", e retorna repetidas vezes a essa comparação enquanto as frases tempestuosas jorram numa onda de amargura e orgulho ferido. "Ando de um lado para o outro e arranco os cabelos, e à noite não consigo dormir! Penso nisso o tempo todo e fico furioso." Depois de insistir na enormidade do insulto que fizeram a ele e a Anna, exclama desafiadoramente: "E depois disso, exigem de mim talento artístico, poesia pura sem esforço, sem tensão, e citam Turguêniev, Gontcharóv! Que eles vejam em que condições trabalho!".[12]

Saindo em seu socorro, Máikov enviou cem rublos e outra carta de crédito, junto com o pedido de desculpas de Kachpírov e uma oferta do editor de reembolsar Dostoiévski por todos os gastos extras. Gratificado com esse arrependimento, Dostoiévski insiste que se contenta simplesmente com a oferta, e que "não quero nenhuma compensação, não sou um usurário!".[13] Apesar de sua agitação, continuara trabalhando na novela, cujo título achava que seria *O eterno marido* [*Viétchnii muj*] e que resultaria ainda mais longa do que previra. Também estava preocupado porque Kachpírov pretendia anunciar a obra com antecedência. Ele havia prometido a *O Mensageiro Russo* os primeiros capítulos de um romance novo até janeiro de 1870, uma promessa que sabia não poder cumprir, e Katkov ficaria sabendo que estivera escrevendo para *Aurora* em vez disso.

Dostoiévski trabalhou sem descanso em sua novela de setembro a dezembro, terminando *O eterno marido* na primeira semana de dezembro. Estava mais uma vez tão mal dos bolsos que não tinha recursos nem sequer para a postagem de um manuscrito tão volumoso, e pediu que Máikov instasse Kachpírov a enviar cinquenta rublos imediatamente. Àquela altura, estava tão convencido da incompetência comercial de *Aurora* que preferiu tratar com os editores por intermédio do amigo. Observou também que não havia recebido até agora nenhum outro adiantamento de *O Mensageiro Russo* e que *Aurora* poderia publicar seu manuscrito quando quisesse.[14]

Duas semanas mais tarde, depois de ter remetido o texto, Dostoiévski mais uma vez pediu a Máikov para pressionar Kachpírov a pagar um adiantamento sobre tudo o que já havia ganhado. Ou se não, "uma vez que é impossível para mim permanecer sem nenhum dinheiro durante a época do Natal", que pelo menos mandasse cem rublos imediatamente. Era preciso comprar roupas de lã para Liubov e Anna, e também batizar a filha — o que ainda não fizera por falta de fundos.

Informa também que:

Em três dias, começarei a trabalhar no meu romance para *O Mensageiro Russo*. Não pense que só escrevo qualquer coisa [a expressão literal em russo é: que asso *blíni*]: não importa o quanto possa ser terrível e medonho o que eu escrevo, a ideia de um romance e trabalhar nele — ainda é para mim, pobre autor, mais importante do que qualquer coisa no mundo! Isso não é nada [*blíni*], apenas a mais cara e mais longa das minhas ideias."[15]

Dostoiévski só pode estar se referindo aqui ao seu plano de *Ateísmo*, que a essa altura se metamorfoseara em *A vida de um grande pecador*. Era esse romance, ou uma de suas partes, que pretendia agora escrever.

Um mês depois, Strákhov pôde contar a Dostoiévski que as notícias sobre *O eterno marido* eram todas favoráveis. Sua reputação artística fora gravemente ofuscada por *O idiota*, mas a nova obra havia conseguido restaurar um pouco de seu brilho. Apesar dessa recepção reconfortante, tão lisonjeira para a autoestima literária de Dostoiévski, ele escreveu a sua sobrinha depois de despachar o manuscrito que "odiei essa história desde o começo".[16] Nem mesmo o reconhecimento de que havia produzido uma pequena obra-prima poderia diminuir seu ressentimento por ter sido desviado de um romance importante que, estava convencido, estabeleceria de uma vez por todas seu direito a um lugar no panteão dos grandes escritores russos.

Apesar da frustração por ter de protelar a grande obra que estava planejando, essa novela aparentemente simples pode ser vista como sua primeira resposta artística à fama crescente de Tolstói. O subtexto mais importante para *O eterno marido* é fornecido pela teoria da cultura russa de Apollon Grigóriev. Os dois personagens principais — Veltchanínov e Trussótski — falam de dois tipos de personalidade, o "pacífico" (*smirn*) e o "predatório" (*khíschnii*). Esses termos foram usados por Grigóriev para caracterizar a literatura e a cultura russas, que via como uma luta entre esses tipos; e Strákhov acabara de ressuscitar e empregar esses mesmos termos em seu ensaio sobre Tolstói. Tipos dessa espécie eram entendidos não somente como categorias morais e psicológicas, mas como detentores de um forte significado sociocultural. As figuras "predatórias" — arbitrárias, heroicas, brilhantes, muitas vezes de um glamour byrônico — eram identificadas com a cultura europeia ocidental; os "simples" ou "pacíficos", com a Rússia e o caráter nacional russo. *Guerra e paz*, de acordo com Strákhov, confirmava a opinião de Grigóriev à perfeição e oferecia a maior descrição feita até então dessa memorável guerra intestina que ocorria dentro da psique nacional russa.[17]

Dostoiévski, grande admirador de Grigóriev, fora profundamente influenciado por sua tipologia da cultura russa, mas nunca a aceitara em todos os seus detalhes. Com efeito, como Grigóriev revelou numa série de artigos intitulada "Os paradoxos da crítica orgânica" — cujo subtítulo era "Cartas a F. M. Dostoiévski" —, o romancista o havia criticado certa vez pessoalmente por ser demasiado "teórico". O que Dostoiévski quis dizer com seu comentário talvez possa ser inferido de *O eterno marido*, novela em que o senhoril Veltchanínov e o conformado corno Trussótski trocam temporariamente de personalidade e exibem características um do outro sob a tensão dos eventos. Desse modo, a novela pode ser tomada não só como um comentário sobre Grigóriev, mas também como resposta ao que Dostoiévski considerava louvor excessivo de Strákhov a Tolstói, contra cujos tipos puros de personalidade ele estava apresentando sua própria visão mais complexa das mutabilidades e indeterminações do caráter humano.[18] Os dois personagens acabam por revelar possibilidades de *ambos* os tipos, o predatório e o pacífico, quando acontece uma crise em suas vidas — crise que só pode ser superada pela transcendência do ego. *O eterno marido*, portanto, pode ser visto como a primeira resposta artística de Dostoiévski à fama crescente de Tolstói; a segunda teria sido a grande obra que estava planejando, em escala tão vasta quanto *Guerra e paz*, com o título de *A vida de um grande pecador*.

Em meados de dezembro de 1869, Dostoiévski fala com ansiedade de sua obrigação com *O Mensageiro Russo* e indica como vai proceder. Ele está empenhado num vasto romance, conta à sobrinha, "da qual apenas a primeira parte será publicada no *Mensageiro Russo*. Não estará concluída antes de cinco anos, e será dividida em três novelas separadas. Esse romance é toda a esperança e todo o sonho da minha vida — não só no que se refere a dinheiro".[19] Não surpreende que expresse todos os seus escrúpulos a respeito dessa decisão. "Para escrever esse romance — eu precisaria estar na Rússia", insiste. "Por exemplo, a segunda metade do meu primeiro romance se passa num mosteiro. Preciso não só vê-lo (vi muitos deles), mas também viver num mosteiro por um tempo."[20]

A maior parte das anotações de Dostoiévski trata da infância e adolescência do "grande pecador", que é membro de uma "família acidental" — como ele gostava de chamar as famílias sem tradições estabelecidas de ordem ou decoro. Aqui, a figura central é um filho ilegítimo, enviado para viver com um casal de idosos na zona rural e criado isolado do pai (situação que será usada posteriormente em *O adolescente*). É visível a rivalidade com Tolstói quando escreve sobre o que deseja que seu personagem represente. "Um tipo em tudo oposto ao descendente daquela nobre família de condes, degenerado ao ponto da baixeza, que Tolstói retratara em *Infância e adolescência*. Este [o novo tipo de Dostoiévski] é apenas um tipo primitivo, agitado subconscientemente por uma força primitiva, uma força que é completamente espontânea" (v. 9, p. 128).

O grande pecador deveria ter uma força tão elementar e simbólica daquela contida no povo russo, "uma extraordinária força interior difícil de suportar para aqueles que a possuem, um poder que exige paz longe das tempestades da vida, a ponto de sofrer, mas não pode deixar de provocar tempestades antes de encontrar a paz. Ele finalmente vem para descansar em Cristo, mas toda a sua vida é tempestade e desordem". Esse tipo "se joga com alegria — em seu período de buscas e andanças — em desvios e experiências monstruosos até que vem descansar numa ideia poderosa o bastante para ser totalmente proporcional à sua força primitiva imediata — uma ideia tão poderosa que pode afinal organizar essa força e acalmá-la até uma quietude tranquilizadora" (v. 9, p. 128).

O grande pecador é enviado para um mosteiro como forma de disciplinar o seu comportamento rebelde, retratado por meio de incidentes como a profanação de um ícone. Lá ele encontra um monge santo chamado Tíkhon. O personagem de Tíkhon seria baseado na figura de são Tíkhon-Zadónski, um clérigo russo de meados do século XVIII que foi elevado à santidade em 1860 e deixou um legado literário abundante (quinze volumes). Na primavera de 1870, Dostoiévski contara a Máikov que "eu [o] aceitei em meu coração com arrebatamento há muito tempo",[21] talvez quando uma edição das obras de Tíkhon foi publicada, na época de sua canonização. O padre Gueórgui Floróvski, o maior historiador moderno da teologia russa, diz que são Tíkhon sofria do que são João da Cruz chamou de *la noche oscura*, a "noite escura da alma",[22] e Dostoiévski ficou profundamente comovido com a expressão franca de são Tíkhon dos estados de depressão, desespero e suscetibilidade à tentação. E também encontrou em seus escritos muitos dos preceitos morais e religiosos que constituíram a base de sua própria concepção da ortodoxia russa.

O mal, segundo são Tíkhon, era necessário ao mundo para provocar o nascimento do bem, e a principal tarefa cristã da humanidade era dominar sua propensão ao mal, dominar "o orgulho através da humildade, a raiva através da mansidão e da paciência, o ódio através do amor".[23] É somente através da experiência de lutar contra o mal dentro de si mesma que a humanidade descobre o valor e o significado da existência humana. Essas ideias são certamente a fonte da famosa anotação em seus cadernos na qual Dostoiévski definiu o que era para ele "o ponto de vista ortodoxo" dominante em sua obra: "O homem não nasceu para a felicidade [...] porque o conhecimento da vida e da consciência [...] é adquirido por uma experiência pró e contra que se deve assumir (pelo sofrimento, essa é a lei do nosso planeta)" (v. 7, p. 155).

Com efeito, para Tíkhon, até mesmo o crime era uma maneira de abrir o caminho para essa descoberta da verdade cristã; em princípio, a possibilidade de iluminação e purificação nunca se fechava, ainda que fosse terrível o crime que pesasse na consciência humana. "Não há nenhum tipo de pecado", declarou ele, "e não pode haver nenhum sobre a terra, que Deus não perdoasse a alguém que se arrepende sinceramente." Há muitas referências nas obras de Tíkhon a "um grande pecador", e ele insiste que, a despeito da quantidade e da magnitude dos pecados, Deus sempre perdoará um coração arrependido. Um dos incidentes mais conhecidos da vida de são Tíkhon envolveu uma briga com um proprietário rural que tinha a fama de ser "voltairiano". Discutindo sobre questões de fé com Tíkhon, o irascível proprietário inflamou-se e deu uma bofetada no clérigo. Embora conhecido por seu temperamento explosivo, Tíkhon imediatamente se ajoelhou e pediu perdão por ter provocado o golpe. Dostoiévski teria por certo visto esse incidente como um primeiro exemplo simbólico do conflito entre os efeitos desintegradores da razão ocidental e a fé cenótica russa que se tornara o grande tema de sua vida.

Durante sua estada no mosteiro, e sob a tutela de Tíkhon, o egoísmo do grande pecador se volta para dentro de si mesmo. Ele ainda está obcecado por uma necessidade de poder e dominação, mas começa a acreditar que essa necessidade só pode ser satisfeita se primeiro dominar a si mesmo. Numa anotação intitulada "A ideia principal", lemos: "Depois do mosteiro e de Tíkhon, o grande pecador volta ao mundo para ser o *maior dos homens* [...] ele é o mais orgulhoso dos orgulhosos e trata as pessoas com a maior arrogância. Mas (e isso é o essencial) graças a Tíkhon ele fora tomado pela ideia (convicção) de que para dominar o mundo inteiro é suficiente dominar a si mesmo" (v. 9, pp. 138-9).

O autodomínio é, portanto, a mais alta expressão da liberdade da vontade, o objetivo mais elevado da personalidade mais poderosa. A carreira subsequente do grande pecador é esboçada com rapidez: "De repente, adolescência e libertinagem. [...] Orgulho insensato. Por orgulho, torna-se asceta e peregrino. [...] Mostra-se gentil e humilde com todos — precisamente porque é infinitamente superior a todos" (v. 9, p. 138). Tal como acontece com todas as anotações que fez para obras futuras, Dostoiévski preocupa-se muito com a técnica e a forma narrativa. O "tom" de sua narrativa deveria ser o de uma *vita*, a vida hagiográfica de um santo. "N. B. *Tom* (a narrativa é uma *vita*, ou seja, mesmo que saia da pena do autor, [...] o leitor ainda deve saber em todos os momentos que a ideia toda é religiosa." "O homem do futuro", acrescenta, "deve ser exibido à vista de todos, e ser colocado em um pedestal" (v. 9, pp. 132-3). Dostoiévski voltaria mais tarde a essas anotações para escrever *O adolescente* (em que o "andarilho" camponês Makar também deleita um adolescente com edificantes parábolas e máximas) e *Os irmãos Karamázov*, em que a vida de Zossima é narrada como uma *vita* e o tratamento semi-hagiográfico do "homem do futuro" seria realizado em Aliócha.

Pelo que sabemos, Dostoiévski não começou a redação do romance esboçado nessas anotações. Em vez disso, como contou a Máikov um mês depois, foi tomado por uma nova inspiração que mudou todos os seus planos. "Topei com uma ideia esplêndida", informa ao amigo com entusiasmo. "Não estou falando da execução, mas da ideia. Uma das ideias que têm uma ressonância inegável entre o público. Como *Crime e castigo*, porém ainda mais próximo da realidade, mais vital e que tem relevância direta para a mais importante questão contemporânea. Terminarei no outono; não estou com pressa e não estou correndo."[24] Essas palavras são a primeira referência a *Os demônios*, que foi de fato concebido em relação à recente descoberta de um assassinato cometido por um grupo de conspiradores revolucionários. Desse modo, Dostoiévski deixa de lado seu tema "eterno", o do ateísmo, para encarar uma questão do momento, porque estava convencido de que esse livro resolveria todos os seus problemas. Ridicularizaria os radicais de uma vez por todas, satisfaria *O Mensageiro Russo* com um romance, receberia uma boa recompensa financeira e faria tudo isso em tempo recorde. "Espero ganhar pelo menos tanto dinheiro quanto ganhei com *Crime e castigo* e, portanto, até o fim do ano espero pôr todos os meus negócios em ordem e retornar para a Rússia. [...] Nunca trabalhei com tanto prazer e tanta facilidade."[25]

O trabalho no novo romance começou imediatamente e relegou *A vida de um grande pecador*, que Dostoiévski deve ter abandonado com algum alívio, para um futuro menos incerto, com menos dificuldades financeiras e de feliz retorno à pátria. Mas sua imaginação não podia desistir das perspectivas grandiosas que havia criado, e ele continuou a trabalhar duro na sua elaboração. No final de março, fala para Máikov de cinco romances, em vez de três (do tamanho de *Guerra e paz*, observa ele, revelando mais uma vez a competição com Tolstói), e define que sua "principal questão" é a "a mesma que tem me atormentado consciente e inconscientemente por toda a minha vida — a existência de Deus". Confessa também o quanto sofre de um sentimento de inferioridade em relação a seus dois grandes rivais, Turguêniev e Tolstói, e sua esperança de melhorar sua posição por meio dos cumes temáticos que estaria tentando escalar. E se queixa pesaroso: "Talvez as pessoas digam finalmente que não gastei todo o meu tempo escrevendo bagatelas".[26]

Mais do que qualquer outra coisa, no entanto, e com são Tíkhon como modelo, Dostoiévski queria produzir "uma figura santa majestosa, *positiva*".[27] Sua grande ambição era agora prover a cultura russa de uma imagem augusta que expressasse seus mais altos valores religiosos. A recepção decepcionante de sua primeira tentativa, *O idiota*, não saciara sua aspiração, e a estatura histórica de são Tíkhon protegeria seu panegirista literário da acusação muito familiar de dar rédeas à sua fraqueza pelo "fantástico". "Não vou criar nada", garante a Máikov, "apenas retratarei o verdadeiro Tíkhon." Ao lado de são Tíkhon estaria o tipo de personagem que Dostoiévski vinha lutando para delinear desde o epílogo de *Crime e castigo* — um grande pecador, que passaria de forma convincente por uma conversão religiosa e exibiria os efeitos regenerativos dos ensinamentos e do exemplo do santo.

Dostoiévski pretendia manter seu tema "contemporâneo" separado do outro mais "elevado", o ateísmo, adiando o segundo para quando tivesse condições de trabalho mais favoráveis, enquanto despachava com rapidez (e lucratividade) o primeiro. Ao fazê-lo, no entanto, estava admitindo que sua competição com Tolstói, cuja elevação dos temas invejava e queria imitar, o tentava a ir contra a idiossincrasia que distinguia de seu talento. Dostoiévski sempre encontrou sua inspiração nos acontecimentos mais imediatos e sensacionais do dia — acontecimentos muitas vezes banais e até mesmo sórdidos — para depois elevar esse material, em suas melhores obras, ao nível do genuinamente trágico. Essa união do contemporâneo e do trágico era o verdadeiro segredo de sua genialidade, e ele descobriu por fim que era impossível manter a disjunção forçada e artificial entre um e outro que pensava poder impor. A grande obra que chamava de seu "poema" não podia ser dissociada do "panfleto" sociopolítico no qual havia se jogado, e os dois acabaram misturados em seu romance-tragédia sem precedentes, *Os demônios*.

42. Pais, filhos e Stavróguin

No final de maio de 1869, Katkov publicou um artigo na *Gazeta de Moscou* que tratava das recentes agitações estudantis que haviam irrompido em São Petersburgo e Moscou, e apontava entre os líderes do movimento "um certo Nietcháiev". Descrevia-o como um "niilista muito insensível", um "inflamador da juventude" que fora preso mas conseguira a façanha inédita de escapar da Fortaleza Pedro e Paulo e fugir para o exterior. Na Europa, produzira uma série de proclamações incendiárias que conclamavam os estudantes à revolta, "imprimira-as muito bem" e mandara pacotes delas para a Rússia através do correio público.[1] Na verdade, Nietcháiev nunca foi preso, muito menos escapou da fortaleza inexpugnável, mas essa foi a lenda que espalhou a respeito de si mesmo, conforme sua tática deliberada de enganar a serviço da revolução. De início, Bakúnin e Ogariov, que ajudaram Nietcháiev com entusiasmo em sua campanha de propaganda, saudaram-no em Genebra como a encarnação ressuscitada de suas próprias aspirações revolucionárias da juventude. Só mais tarde, quando a falta de escrúpulos de Nietcháiev se voltou contra eles, é que seu entusiasmo inicial se converteu em repúdio arrependido.

Seis meses depois, a *Gazeta de Moscou* noticiou o assassinato de um estudante nas instalações da Academia Agrícola Petróvski, em Moscou, onde estudava o irmão de Anna, Ivan Snítkin. Mas foi somente em 29 de dezembro que o nome de

Nietcháiev foi ligado ao assassinato e, a partir de então, passaram a sair nos jornais matérias sobre ele, com referências a "algum tipo de conspiração selvagem com proclamações" e que Ivánov, o estudante assassinado, fora "morto porque queria denunciar o plano criminoso".[2] (A verdade é que, tanto quanto se sabe, Ivánov se opunha à afirmação de Nietcháiev de que tinha direito ao controle ditatorial absoluto sobre os membros de seu grupo de cinco.[3]) Em 4 de janeiro de 1870, um editorial de Katkov, que resumia e comentava reportagens de jornais estrangeiros que cobriam o caso Nietcháiev, dedicou boa parte do espaço a Bakúnin, que, junto com o fraco e submisso Ogariov, participara do lançamento da campanha de propaganda com Nietcháiev. Katkov, que conhecera muito bem Bakúnin na juventude (quase o enfrentara em duelo), mencionou o apelo do anarquista à destruição total, não só do Estado russo, mas de todo e qualquer Estado existente.[4] Também citou o conselho de Bakúnin à nova geração para que promovesse em si mesma aquele "fervor ferozmente destrutivo e friamente apaixonado que congela a mente e obstrui o sangue nas veias de nossos adversários".[5]

Durante todo o mês de janeiro, o jornal de Katkov continuou a publicar reportagens sobre o desdobramento gradual do caso Nietcháiev, utilizando muitas vezes informações corroboradoras de jornais estrangeiros (sobretudo alemães), que Dostoiévski, como sabemos, conseguia ler. Foi nesse exato período — entre dezembro de 1869 e fevereiro 1870 — que Dostoiévski mudou subitamente de trajetória literária, deixou de lado *A vida de um grande pecador* e dedicou-se a um livro com "relevância direta para a mais importante questão contemporânea". O "caso Nietcháiev" — o assassinato de um estudante chamado Ivan Ivánov perpetrado por um grupo revolucionário secreto liderado por Serguei Nietcháiev — havia empolgado a imaginação de Dostoiévski.

Referências a Nietcháiev, às proclamações e ao assassinato começam a surgir nas anotações de Dostoiévski a partir desse momento. Ele lia diariamente a enxurrada de boatos e especulações, bem como os poucos fragmentos de crua realidade que apareciam nos diferentes relatos da imprensa; e deve ter mergulhado nessas notícias com um misto de fúria e desespero perturbador. Afinal, não havia praticamente previsto essa consequência das ideias radicais quando criou Raskólnikov? Nietcháiev e seu grupo tinham apenas tirado as conclusões e cometido as ações que, em *Crime e castigo*, Dostoiévski havia imaginado somente como possibilidades extremas e "fantásticas".

E quem, em última análise, era responsável por essa perversão da juventude russa, capaz agora dos crimes mais atrozes em nome da revolução, senão a geração dos anos 1840, a geração do próprio Dostoiévski e de luminares como Bielínski, Herzen, Bakúnin e Turguêniev (cuja obra *Rúdin* era bem conhecida por ser um retrato de Bakúnin no auge da juventude)? Com efeito, não havia o próprio Turguêniev, num prefácio recente a uma nova edição de *Pais e filhos* (1869), praticamente reivindicado essa responsabilidade em sua tentativa de superar a hostilidade dos radicais ao seu romance? Ele informou a seus leitores que uma "senhora espirituosa" de suas relações dissera depois de ler o romance: "O senhor mesmo é um niilista". E acrescenta Turguêniev pensativo: "Não vou tentar contradizer: talvez a senhora tenha falado a verdade". Em outro trecho, ele declara que, com exceção das concepções de Bazárov sobre arte, "quase compartilha de todas as suas convicções".[6] Chocado, Strákhov, na edição de dezembro de *Aurora*, exclamara com espanto: "Turguêniev — um niilista! Turguêniev tem as mesmas convicções de Bazárov!".[7]

Ao longo de vários anos, a irritação de Dostoiévski com sua própria geração vinha se acumulando. Suas recordações de Bielínski trouxeram de volta os insultos a Cristo feitos em sua presença, e a encarniçada discussão com o autodeclarado renegado Turguêniev só agravara sua animosidade. O caso Nietcháiev reabriu todas essas velhas feridas, e o que ele soube através dos jornais se fundiu não só com o artigo irônico de Strákhov sobre Turguêniev, mas também com uma resenha anterior do mesmo crítico, a quem lia com tanta assiduidade e admiração. A biografia de um dos membros mais eminentes da geração da década de 1840, T. N. Granóvski, foi publicada em 1869 e resenhada por Strákhov. "Ele era 'um ocidentalista puro', escreveu Strákhov, para em seguida definir esse tipo russo com versos de Nekrássov — versos que Dostoiévski citaria no primeiro capítulo de *Os demônios*: "Como a censura personificada [...]/ Diante da pátria te ergueste,/ Liberal idealista". Para Strákhov, o niilismo russo contemporâneo era uma consequência direta da influência desses ocidentalistas "puros", ainda que os sobreviventes daquela geração se recusassem a reconhecer como sua a prole "impura" que geraram.[8]

Por outro lado, a nova geração tinha pouco respeito por esses ocidentalistas "puros" como Granóvski, e, conforme Strákhov, "eles naturalmente preferem Bielínski, Dobroliúbov e Píssariev, que levaram a mesma posição muito mais longe".[9] Assim, a batalha das gerações travou-se mais uma vez no âmago da cultura russa, tal como tinha acontecido em *Pais e filhos*. Em algum momento de janeiro ou início de fevereiro de 1870, Dostoiévski escreveu em seu caderno, sob o título "T. N. Granóvski", algumas frases que descrevem "um ocidentalista puro e idealista em seu pleno esplendor", cujos *traços característicos* seriam "a falta de objetivo e falta de firmeza em suas opiniões [...] que [...] antes costumavam causar-lhe sofrimento, mas que *se tornaram sua segunda natureza* (seu filho zomba dessa tendência)" (v. 11, p. 65).

Foi o artigo de Strákhov, com toda a probabilidade, que deixou claro para Dostoiévski como ele poderia transformar em vantagem criativa a raiva latente contra sua própria geração e o ódio ardente ao avatar nietchaieviano que ela produzira. Pouco depois de fazer a anotação, pediu a Strákhov que lhe mandasse "o livro de Stankiévitch sobre Granóvski. [...] Preciso desse pequeno livro como do ar que respiro, e o mais rápido possível, porque é o material mais necessário para o meu livro".[10] Um mês depois, escreveu a Máikov: "O que estou escrevendo agora é algo tendencioso, quero falar tão apaixonadamente quanto puder. Todos os niilistas e ocidentalistas gritarão que sou *retrógrado*. Para o inferno com eles, falarei o que penso até a última palavra".[11] Tem grandes esperanças em relação ao seu novo romance, diz a Strákhov, "mas não no lado artístico, antes no lado tendencioso; quero falar claro sobre vários assuntos, embora minha arte vá se destroçar. O que me atrai é o que se acumulou em minha mente e em meu coração; que renda apenas um panfleto, mas vou falar claro".

Assim que fixou Granóvski como protótipo da geração da década de 1840 (embora muitos outros viessem a ser fundidos nesse tipo, sobretudo Herzen), a imaginação de Dostoiévski começou a trabalhar depressa. O futuro Stiepan Vierkhoviénski é definido quase que de imediato e permanecerá inalterado durante toda a obra. "Coloca-se inconscientemente sobre um pedestal, no estilo de uma relíquia a ser adorada por peregrinos, e a ama. [...] Evita o niilismo e não o entende. [...] 'Deixem-me Deus e a arte, e deixarei que tenham Cristo. [...] Cristo não entendeu as mulheres.' Cinquenta anos de idade. Lembranças literárias. Bielínski, Granóvski, Herzen [...] Turguêniev e outros" (v. 11, p. 65). Dostoiévski estava claramente invocando todas as *suas* memórias e usando-as para completar sua tela ideológica.

As anotações contêm também uma intriga amorosa entre um personagem chamado de "o príncipe" e a pupila de uma família. De início, tratava-se de uma intriga acessória ao tema principal do conflito de gerações, mas o príncipe se transformará em Stavróguin e não mais servirá apenas como acessório. Em abril de 1870, Stavróguin já se desenvolvera a ponto de se tornar o herói e tomar o livro tanto de Granóvski quanto de Nietcháiev. Dostoiévski não podia mais contê-lo nos limites de sua ideia inicial do romance como um "panfleto" tendencioso. Com efeito, nesse momento ocorreu um processo de fusão entre os dois projetos criativos que Dostoiévski tencionava manter separados, o que torna difícil distinguir um do outro.

Em algumas anotações de maio, é dito que o Grande Pecador possui "orgulho e arrogância incomensuráveis", e também que cometeu "crimes atrozes". Os heróis de seus dois romances são, portanto, quase idênticos, e as barreiras entre o "panfleto" e o "poema" se rompem por completo nesse momento: a Moça Coxa, a futura misteriosa Mária Lebiádkina, vai de um para o outro, e Tíkhon também aparece como o confessor e interlocutor de Stavróguin. Dostoiévski viu-se impossibilitado de escrever um romance que fosse *apenas* uma sátira política que denunciava a geração niilista e seus antepassados liberal-idealistas; seu livro assumia agora um caráter muito mais diverso e mais rico, que encerrava suas convicções e seus valores mais profundos, pois Stavróguin absorveu a temática religiosa no início reservada para a batalha do Grande Pecador com a fé — uma luta que, para Dostoiévski, envolvia inevitavelmente o próprio tema da Rússia e o papel messiânico que, acreditava ele, ela fora escolhida para desempenhar no destino da humanidade.

Dostoiévski prometera a Katkov — em troca da retomada de sua ajuda de custo mensal — que entregaria o começo de um novo romance o mais tardar até junho de 1870. Esse compromisso, no entanto, se baseava na temerária suposição de que pudesse escrever seu panfleto em poucos meses. Mas a crescente complexidade de seus planos tornou impossível o cumprimento da promessa e, no início de julho, disse à sobrinha que esperava acertar um novo prazo para o final de agosto ou início de setembro. Cinco meses depois, descreveu a Strákhov algumas das dificuldades que enfrentara, mesmo nos estágios iniciais da escrita: "Durante o ano, só rasguei e fiz alterações, risquei tantas folhas de papel que acabei por perder meu sistema de referências para o que havia escrito. Modifiquei o plano não menos de dez vezes, e a cada vez reescrevi completamente a primeira parte".[12]

Sem dinheiro, como de costume, e sem poder obter outros adiantamentos de Katkov antes de entregar algum manuscrito, Dostoiévski procurou ajuda junto a *Aurora*. Mas depois de receber novecentos rublos, nada fora publicado com a sua assinatura quando a revista cessou a publicação, em 1873. Durante o mês de julho, sofrendo de ataques epilépticos semanais, foi-lhe impossível escrever qualquer coisa,[13] mas essa pausa forçada deu-lhe a oportunidade, quando voltou para sua escrivaninha em agosto, de olhar com novos olhos o que já escrevera. Um mês depois, disse a Katkov que "dos quinze cadernos já escritos [na primeira versão], provavelmente doze entrarão na nova versão do romance".[14] Agora, podia prometer o texto a Katkov, e nos cinco meses seguintes forneceu à revista material suficiente para garantir o início da publicação em janeiro de 1871.

Um dos acontecimentos mais importantes no romance, conta a seu editor, será "o conhecido assassinato de Ivánov em Moscou por Nietcháiev", embora se apresse a acrescentar: "O meu Piotr Vierkhoviénski não pode, de modo algum, se assemelhar a Nietcháiev; mas parece-me que a minha mente despertou e criou pela imaginação a pessoa, o tipo que realmente corresponde ao crime. [...] Para minha surpresa, essa figura se me revela, em parte, como uma figura cômica". Em consequência, continua Dostoiévski,

> embora todo o incidente [o assassinato] constitua um dos principais acontecimentos do romance, não obstante, é apenas um acessório e um cenário para as ações de outro personagem, que se poderia de fato chamar de personagem principal. [...] Esse outro personagem (Nikolai Stavróguin) — é também um personagem sinistro, um vilão. Mas ele me parece um personagem trágico. [...] Empenhei-me no poema sobre esse personagem porque fazia demasiado tempo que desejava retratá-lo. Na minha opinião, ele é russo, e um personagem típico.

Ao mesmo tempo, para equilibrar essas "figuras sombrias", haverá também "as radiantes. [...] Para modelo desse personagem, tomar Tíkhon Zadónski. [...] Confronto o herói do meu romance com ele".[15]

Desse modo, o que aconteceu em agosto foi o reconhecimento do que vimos ter lugar em suas anotações durante abril e maio: a transformação do príncipe em Stavróguin, o qual ele achou cada vez mais difícil, como escreveu, de encaixar na estrutura originalmente estabelecida. À medida que crescia em estatura, complexidade e importância trágica, Stavróguin começou a duplicar alguns dos traços de Nietcháiev de "herói do nosso tempo" e figura satânica irresistivelmente atraente e poderosa. Foi, portanto, necessário recriar o atributo cômico de Piotr Vierkhoviénski, e em algumas anotações escritas a partir de meados de agosto, sob o título "Algo novo", encontramos entre outros itens: "E o aparecimento de Nietcháiev em cena como Khlestakov" (v. 11, p. 202). Não mais Bazárov ou Petchórin; Nietcháiev (Piotr Vierkhoviénski) é aqui reinventado como o impostor insinuante, de fala rápida e enganosa de *O inspetor-geral*, de Gógol, que agora, como todo mundo, gira em torno de Stavróguin e se torna um trapaceiro insidiosamente perigoso e meio cômico. Uma vez feita essa mudança, resolveu-se por si mesmo o problema estrutural que vinha incomodando Dostoiévski.

Aquele que seria o primeiro romance político de Dostoiévski tornava-se agora *Os demônios*, um "poema trágico" sobre os males morais e espirituais que afligiam a cultura russa e tinham atingido o ápice com o aparecimento de Nietcháiev e seus cúmplices. Escrevendo a Máikov um dia depois de despachar os primeiros capítulos, Dostoiévski explica como via o livro que estava começando a escrever (ou reescrever):

> É verdade que os fatos também nos provaram que a doença que afligiu os russos esclarecidos foi muito mais virulenta do que nós mesmos tínhamos imaginado, e que não terminou com os Bielínskis e os Kraiévskis e sua laia. Mas, naquele momento, o que aconteceu foi atestado por são Lucas: os demônios entraram em um homem e seu nome era Legião, e pediram-Lhe: "Permita-nos entrar nos porcos", e Ele lhes permitiu. Os demônios entraram nos porcos, e toda a vara se precipitou por um despenhadeiro ao mar e se afogou. Quando as pessoas saíram para ver o que acontecera, encontraram o homem que tinha sido possuído agora sentado aos pés de Jesus vestido e em perfeito juízo, e aqueles que testemunharam isso contaram por que meios aquele que estava possuído por demônios foi curado.[16]

Dostoiévski queria acreditar que a Rússia também seria curada da mesma maneira, mas sabia que essas esperanças continuavam a ser apenas uma possibilidade remota, visível, se tanto, somente aos olhos perspicazes de profetas como Máikov e ele próprio. O que ele via por toda parte, e que retrataria em seu romance, era o processo de contaminação e autodestruição, em vez do resultado final da purificação. A carta continua:

A mesma coisa aconteceu em nosso país: os demônios saíram do homem russo e entraram numa vara de porcos, isto é, nos Nietcháievs e Sierno-Solovióvitches et al. Estes se afogaram ou se afogarão, e o homem curado, de quem os demônios já saíram, senta-se aos pés de Jesus. [...] E tenha isso em mente, meu caro amigo, que um homem que perde seu povo e suas raízes nacionais também perde a fé de seus pais e seu Deus. Bem, se você quer mesmo saber — esse é, em essência, o tema de meu romance. Ele se chama *Os demônios* e descreve como os demônios entraram na vara de porcos.[17]

Essa interpretação fornecida pelo autor costuma ser vista como uma explicação alegórica bastante frouxa do motivo por que Dostoiévski escolheu o trecho de Lucas para uma de suas epígrafes; mas, na minha opinião, a explicação tem um sentido mais literal e oferece uma pista interpretativa valiosa da maneira como Stavróguin se relaciona com os outros personagens e da construção ideológica do livro. Qual é exatamente essa maneira, no entanto, deixaremos para tratar em um capítulo posterior.

Dostoiévski sentia cada vez mais a imperiosa necessidade de voltar para a Rússia, e não apenas devido ao seu trabalho de escritor. Em janeiro de 1871, escreveu a sua sobrinha Sofia Ivánova que "Anna Grigórievna chegou mesmo a ficar doente de saudades da Rússia, e isso me atormenta. [...] Na verdade, está muito esgotada fisicamente por amamentar o bebê um ano inteiro. [...] Os médicos disseram que ela tem sintomas de grave exaustão do sangue e, em especial, da amamentação. [...] Tem caminhado pouco, fica sentada ou deitada. Estou com um medo terrível".[18] Anna ficou tão deprimida que até se recusou a tomar o ferro que os médicos lhe receitaram, e Dostoiévski atribuía grande parte de seu desânimo à melancolia do exílio: "Não há maneira de afugentar seu anseio interior, sua saudade".

O casal decidiu então voltar para a Rússia assim que conseguisse economizar o suficiente para custear as despesas da viagem: o medo da prisão ficou em segundo plano diante da necessidade irreprimível de retornar à terra natal. Dostoiévski ficara sabendo, por meio de um anúncio, que uma nova edição de *Crime e castigo* estava para ser publicada por Stellóvski, e pediu a Máikov para cobrar os 3 mil rublos que, pelo contrato, o editor teria de pagar ao autor. Por um momento, pareceu que todas as suas tribulações financeiras acabariam; o dinheiro inesperado seria suficiente para garantir um regresso seguro. Mas Stellóvski, lançando mão de uma de suas habituais manobras protelatórias, alegou uma escassez de dinheiro — que Dostoiévski sabia ser fictícia —, e nem mesmo a ameaça de ser obrigado a pagar uma indenização por quebra de contrato conseguiu dobrar o astuto homem de negócios. Dostoiévski não obteve um único rublo quando mais precisava, e levaria cinco anos para extrair de Stellóvski seus direitos autorais.

Dresden abrigava uma grande colônia russa, da qual faziam parte alguns admiradores do romancista, uma espécie de celebridade residente na cidade, ainda que seu passado de condenado o tornasse um pouco suspeito. Mas Dostoiévski tolerava qualquer renovação da vida social unicamente na esperança de aliviar a depressão paralisante de Anna. Como ela observou mais tarde, "nossos amigos russos em Dresden eram, na opinião dele, não russos, mas emigrados voluntários, que não amavam a Rússia e a haviam deixado para sempre".[19] Mesmo assim, ficou feliz por emprestar a esses russos seus serviços literários quando recorreram a ele numa causa patriótica. Em outubro de 1870, o governo russo anunciou que estava revogando unilateralmente uma das cláusulas do Tratado de Paris, que fora assinado após sua humilhante derrota na Guerra da Crimeia. Ele não mais aceitaria a proibição de estacionar sua frota no mar Negro. Nessa ocasião, os russos de Dresden decidiram enviar uma mensagem de apoio ao chanceler russo e, quando pediram a Dostoiévski que a escrevesse, ele o fez de bom grado.

A ação desafiadora do governo russo foi uma das consequências da rápida derrota da França pela Prússia, aliada aos estados alemães do Sul, na Guerra Franco-Prussiana. A simpatia de Dostoiévski estava sem dúvida com os franceses, e ele acompanhou de perto o desenrolar da campanha. Acreditava que os alemães acabariam por vencer, mas que a derrota ajudaria a trazer um rejuvenescimento até para a própria França. "A França tornou-se insensível e mesquinha demais. A dor temporária não tem nenhuma importância, ela irá suportá-la e ressuscitar para uma nova vida e uma nova ideia."[20] A guerra levaria, ele imaginava, a uma substituição das tendências materialistas por valores mais elevados.

Como muitos outros na França e na Europa, Dostoiévski ficou horrorizado com o levante da Comuna e a destruição da cidade que se seguiu (em parte como decorrência da desesperada defesa dos *communards*, em cujas fileiras se encontrava Anna Kórvin-Kriukóvskaia, a antiga amada de Dostoiévski). Escrevendo a Strákhov, que fizera objeções aos seus insultos escatológicos a Bielínski, tais como "o liberalismo russo sarnento pregado por cabeças de bagre como o rola-bosta

Bielínski e similares", Dostoiévski respondeu, associando o crítico — e, portanto, o tema de seu romance — diretamente aos eventos cataclísmicos em curso na capital francesa. "Mas dê uma olhada em Paris, na Comuna", adverte.

> Será você um daqueles que dizem que ela fracassou mais uma vez por falta de gente, circunstâncias e assim por diante? Durante todo o século XIX, esse movimento tem sonhado com o paraíso na terra (a começar pelo falanstério). [...] Em essência, é tudo o mesmo velho Rousseau e o sonho de recriar o mundo de novo através da razão e do conhecimento [...] (positivismo). [...] O incêndio de Paris é uma monstruosidade: "Não teve êxito, então deixem o mundo perecer porque a Comuna é maior do que a felicidade do mundo e da França". [...] para eles (e muitos outros) essa monstruosidade não parece loucura, mas, ao contrário, *beleza*. A ideia estética da humanidade moderna ficou obscurecida.[21]

Para Dostoiévski, a verdadeira beleza tinha sido encarnada no mundo por Cristo, e compará-la à destruição violenta era a pior das abominações.

Dostoiévski, como vemos, continuava impenitente em relação a Bielínski, embora tente por um instante separar o homem de suas ideias. "Critiquei Bielínski", explica, "mais como fenômeno da vida russa do que como pessoa: foi o fenômeno mais fétido, obtuso e ignominioso da vida russa." Ele volta à carga quando situa Bielínski e sua geração na mesma perspectiva que a utilizada em seu romance em relação a Stiepan Trofímovitch. "Se Bielínski, Granóvski e toda aquela escória dessem uma olhada agora, diriam: 'Não, isso não é aquilo com que sonhávamos, isso é um desvio; vamos esperar um pouco e a luz aparecerá, o progresso ascenderá ao trono e a humanidade será refeita sobre princípios sólidos e será feliz!'. De nenhum modo poderiam concordar que, uma vez tomado esse caminho, não há outro lugar que se possa chegar senão à Comuna." Com efeito, Dostoiévski chega a imaginar Bielínski argumentando que a "Comuna foi um fracasso porque era francesa" e que a Rússia poderia fazê-la melhor porque não tinha *nenhuma* nacionalidade para impedir a construção de um admirável mundo novo.[22] Essas palavras amargas indicam a fúria implacável da indignação de Dostoiévski, e sua raiva o leva a depreciar os julgamentos literários de Bielínski, outrora tão valorizados, de um modo que exagera claramente sua suposta teimosia e seu dogmatismo.

O que Dostoiévski jamais poderia perdoar eram as censuras de Bielínski a Cristo durante as conversas que tiveram em 1845. Escreve a Strákhov com veemência:

> Mas tem mais; você nunca o conheceu; mas eu o conheci e o visitei e agora o compreendo inteiramente. Aquele homem injuriou Cristo para mim na linguagem mais grosseira, mas, ao mesmo tempo, nunca foi capaz de pôr todos os agitadores do mundo lado a lado com Cristo a título de comparação. Não foi capaz de perceber quanta mesquinhez, despeito, intolerância, irritabilidade, vileza e, o mais importante, vaidade havia nele e neles. Ao injuriar Cristo, ele nunca se perguntou o que poríamos no lugar dele — certamente não nós mesmos, nós que somos tão vis. Não, ele nunca ponderou o fato de que ele mesmo era vil. Estava muito satisfeito consigo mesmo, e isso era obtusidade pessoal, fétida, ignominiosa.[23]

Para fazer-lhe justiça, Bielínski podia muitas vezes ser duramente autocrítico e autocondenatório, mas a lembrança dos insultos a Cristo, combinada com suas agora evidentes (para ele) consequências nietchaievistas, fazia o romancista perder as estribeiras.

Durante todos os meses que passou em Dresden, como podemos ver por seus comentários a respeito de assuntos literários e culturais russos, Dostoiévski seguia de perto os acontecimentos em sua terra natal. Para Máikov, escreve: "Leio diariamente *três* jornais russos até a última linha (!) e recebo duas revistas".[24] Uma preocupação constante era com o destino de *Aurora*, que não conseguira atrair assinantes. Dostoiévski era pródigo em conselhos sobre maneiras de aumentar a fraca popularidade de Strákhov. "Niilistas e ocidentalistas exigem um chicote absoluto", admoesta o crítico, e deviam ser atacados "com mais paixão e mais *grosseria*. [...] [Os niilistas] dirão que você é um velho retrógrado que ainda luta com arco e flecha, enquanto eles há muito tempo usam rifles."[25] Mas essa habilidade e esse ardor combativo eram totalmente estranhos ao temperamento furtivo e à índole acadêmica de Strákhov.

Além do artigo de Strákhov sobre Granóvski, outra de suas colaborações para *Aurora*, uma importante série sobre Herzen publicada logo após a morte do grande homem em Paris, em janeiro de 1870, também pode ser ligada à apresentação do caráter de Stiepan Trofimovitch. Depois de ler o primeiro artigo da série, Dostoiévski o elogiou: "Você fez um excelente trabalho ao definir o ponto principal de Herzen — o pessimismo". De maior interesse é a opinião do próprio Dostoiévski sobre Herzen, a quem vê em termos não mencionados por Strákhov:

> a principal essência de toda a atividade de Herzen [é] que ele foi, sempre e em toda parte, *sobretudo um poeta*. [...] O propagandista é um poeta; o ativista político é um poeta; o socialista é um poeta; o filósofo é um poeta no mais alto grau! Creio que essa característica de sua natureza pode explicar muita coisa em suas ações, até mesmo sua irreverência e inclinação a fazer trocadilhos sobre as mais elevadas questões morais e filosóficas (o que, por sinal, é muito revoltante nele).[26]

A característica "poética" do temperamento de Herzen — sua incapacidade de comprometer-se de modo incondicional com qualquer atividade intelectual ou prática em que estivesse envolvido — constituirá um dos traços mais cativantes do caráter caprichoso e volúvel de Stiepan Trofímovitch. Esse componente herzeniano, como veremos, também constitui o pano de fundo histórico para as relações tempestuosas de Trofímovitch com Piotr Vierkhoviénski e as ideias niilistas de seu descendente.

Nessa época, Strákhov escreveu vários artigos sobre Turguêniev, e Dostoiévski o repreendeu por sua falta de severidade. A publicação de um artigo de Turguêniev, "A execução de Troppmann", na revista *Mensageiro Europeu* [*Vestnik Evropi*], acrescentou mais combustível na animosidade fervente de Dostoiévski. Também Turguêniev era contra a pena capital e escrevera um relato de testemunha ocular da execução de um criminoso famoso como protesto. Mas, aos olhos de Dostoiévski, Turguêniev se concentrara mais em seu próprio embaraço e desgosto que nos sofrimentos do condenado, e sua meticulosidade envergonhada provocou em Dostoiévski uma raiva quase incontrolável.

Ele deu vazão à sua fúria escrevendo a Strákhov:

> Você pode ter uma opinião diferente, Nikolai Nikoláievitch, mas aquele artigo pomposo e refinado me deixou indignado. Por que ele insiste em se envergonhar e repetir que não tem o direito de estar lá? Sim, é claro, se ele só foi para ver um espetáculo, mas ninguém na Terra tem o direito de dar as costas e ignorar o que acontece no mundo, e não há razões *morais* supremas para isso. *Homo sum e nihil humanum*, e assim por diante. [...] A principal impressão que causa o artigo [...] é uma terrível

726

preocupação, que beira a extrema suscetibilidade, com ele mesmo, com sua segurança e sua paz de espírito, e isso diante de uma cabeça decepada![27]

Dostoiévski faria uma paródia desse artigo em *Os demônios*, e também faria uso da observação de que "considero Turguêniev o mais exaurido de todos os escritores russos exauridos — não importa o que você escreva 'em favor de Turguêniev', Nikolai Nikoláievitch". A frase citada é o título de um artigo no qual Strákhov repreende delicadamente a adesão recém-anunciada de Turguêniev ao niilismo, mas insiste que a natureza do seu talento artístico torna impossível essa aliança.

Strákhov continuou a elogiar o talento artístico de Turguêniev e a sustentar que seus dons literários mais do que compensavam suas hesitações ideológicas. Dostoiévski mal pôde acreditar nisso e pensou que talvez não tivesse interpretado direito as palavras de Strákhov. "Se você reconhece que Turguêniev não entendeu e está tergiversando, e *não sabe o que dizer* a respeito de certos fenômenos da vida russa (zombando deles, por via das dúvidas), então deveria ter reconhecido que sua grande capacidade artística enfraqueceu (e isso era inevitável) em suas últimas obras." Mas Strákhov não havia chegado a essa conclusão, para grande surpresa de Dostoiévski: "Você reconhece seu antigo talento mesmo em suas últimas obras. É isso mesmo? Mas talvez eu esteja enganado (não em minha opinião sobre Turguêniev, mas sobre seu artigo). Talvez você apenas não tenha declarado sua opinião com correção".[28]

Mas Dostoiévski não se enganara, e essa defesa de Turguêniev o levou a um insight — que desde então se tornou clássico — sobre a evolução da literatura russa e sua própria posição em suas fileiras. Em outros tempos, ele havia aceitado a opinião de que a obra de Turguêniev se enfraquecera devido a sua permanência prolongada na Europa, mas agora achava que "a razão é mais profunda" e vai muito além da pessoa de Turguêniev. "Trata-se de uma literatura da pequena nobreza proprietária rural. Ela disse tudo o que tinha a dizer (soberbamente, por intermédio de Liev Tolstói). Mas essa palavra da pequena nobreza proprietária rural em seu mais alto grau foi sua última. Ainda não existe uma *palavra nova* para substituir a dos proprietários de terras da pequena nobreza e, ademais, não houve tempo para isso."[29] Dostoiévski decerto se considerava capaz de fornecer essa *palavra nova* — dramatizando e combatendo a confusão moral e espiritual bem como o caos que levaram à ascensão do niilismo.

As reações de Dostoiévski aos artigos de Strákhov sobre Herzen e Turguêniev alimentaram diretamente a criação de seu novo romance; e ele também mantinha um olhar atento aos concorrentes literários que tratavam do mesmo assunto. Em *O Mensageiro Russo*, lera os fascículos de um recente romance antiniilista, *Com a faca na mão* [*Na nojakh*], que N. S. Leskov estava publicando sob pseudônimo. Dostoiévski comenta com desdém a Máikov que o livro "contém um monte de absurdos [...] é como se se passasse na lua".[30] É óbvio que está pensando por contraste em seu próprio romance, no qual se esforça para delinear um quadro social verossímil. Ele tem também o cuidado de apresentar seus niilistas em *Os demônios* não como vilões agindo por motivos desonestos ou puramente egoístas, mas como pessoas vãs, pretensiosas, frívolas e simplesmente ingênuas — presas fáceis de alguém como Piotr Vierkhoviénski, que sabe jogar com suas fraquezas humanas.

Foi na primavera de 1871, pouco antes de iniciar a viagem de volta para a Rússia, que Dostoiévski fez a investida final nos jogos de azar. Foi a última vez que chegou perto de uma mesa de roleta. Estava trabalhando diligentemente nos primeiros capítulos de *Os demônios*, mas em estado de depressão e ansiedade. Anna esperava um novo filho, e a expectativa de crescimento da família só aumentava os tormentos de Dostoiévski em relação à falta de recursos. Ambos desejavam demais voltar para a Rússia antes que o novo filho nascesse, o que significava partir até o início de julho. Acontece que Anna acumulara uma pequena economia de trezentos táleres e estava disposta a sacrificar cem para proporcionar um pouco de distração ao marido. Era preciso algum subterfúgio devido à presença da sogra de Dostoiévski, que desaprovava o jogo, e o casal inventou um pequeno código que ele poderia usar ao telegrafar de Wiesbaden para pedir dinheiro. Tempos depois, Anna escreveu que estava convencida de que o marido iria perder, como de costume, mas talvez até mesmo ela acalentasse um pingo de esperança de que ele pudesse trazer algum ganho para casa, como já acontecera.

Porém Dostoiévski perdeu todo o dinheiro quase imediatamente e, para piorar as coisas, apostou também os trinta táleres que Anna enviou para a viagem de volta. Mais uma vez, ele escreve as cartas de sempre, cheias de súplicas, de autopunição, sem nem mesmo pedir perdão, muito pelo contrário: "Se você estiver com pena de mim neste momento, não tenha, não sou digno dela". Fica desesperado por não saber como a notícia afetará Anna, então em seus últimos meses de gravidez, e também se sente culpado quando pensa na filhinha: "E Liuba, Liuba, como tenho sido vil!". Ao pedir a Anna que mandasse mais trinta táleres, que jura que não usará no jogo, imagina a terrível perspectiva do que poderia acontecer caso traísse a confiança dela mais uma vez. "Mas, meu anjo, tente entender, afinal, sei que você vai morrer se eu perder de novo! Não sou louco! Afinal de contas, sei que então estarei arruinado. [...] Acredite em mim pela última vez, e não se arrependerá".[31]

Esta última frase se refere-se à promessa de Dostoiévski, feita algumas frases adiante, de que nunca mais jogaria — uma promessa que havia feito com muita frequência no passado e com muita frequência não cumprira. Mas, com o benefício da visão retrospectiva, talvez se possa detectar um novo tom de firmeza em suas declarações veementes, um desejo de por fim chegar a um acordo com ele mesmo de uma vez por todas.

> Ánia, meu anjo da guarda! Uma grande coisa aconteceu dentro de mim, desapareceu uma fantasia vil que me *atormentou* por quase dez anos. Durante dez anos (ou antes, desde a morte de meu irmão, quando fui subitamente esmagado pelas dívidas), acalentei o sonho de ganhar. Sonhei a sério, com ardor. Agora tudo isso está acabado. Esta foi COM CERTEZA a última vez! Pode acreditar, Ánia, que agora minhas mãos estão desamarradas; eu estava amarrado pelo jogo.

Como de costume, a carta também está cheia de afirmações do desejo de retornar ao trabalho, e ele declara: "Vou pensar sobre as coisas sérias agora, e não sonharei noites inteiras com o jogo, como costumava fazer. E, portanto, *as coisas sérias* andarão melhor e mais depressa, e que Deus abençoe".[32] Anna, que já ouvira tudo isso antes, estava compreensivelmente cética, mas o tempo mostraria que algo decisivo havia *de fato* ocorrido.

O espectro de ver Anna morrer do sofrimento causado por suas loucuras deve ser encarado como mais do que mero floreio retórico. Com efeito, esse medo já havia se manifestado de maneira palpável em duas imagens oníricas aterrorizantes. "Sonhei com meu pai na noite passada", contou-lhe Dostoiévski, "mas de uma forma tão horrível quanto ele me apareceu apenas duas vezes em minha vida, prenunciando um terrível desastre, e duas vezes o sonho se tornou realidade. (E agora, quando também me lembro do meu sonho de três dias atrás, em que você tinha ficado cinzenta, meu coração para! Senhor, o que irá lhe acontecer quando receber esta carta!)"[33]

Dostoiévski não só levava as imagens oníricas a sério, como também acreditava em sinais e premonições; em geral, era supersticioso e suscetível a ser influenciado por quaisquer insinuações de ditames de uma vontade superior. Em Wiesbaden, depois de jogar até as nove e meia da noite e perder tudo, saiu correndo para procurar o padre russo. Ele explica a Anna: "No caminho, correndo para vê-lo, no escuro, por ruas desconhecidas, pensei que, afinal de contas, ele é pastor do Senhor, e eu iria falar a ele não como quem fala a um indivíduo em particular, mas como quem faz uma confissão". Perdido na escuridão, viu assomar diante de si um edifício cujos contornos vagamente orientais pareciam indicar-lhe o destino. "Quando cheguei à igreja que eu tomara por russa, foi-me dito numa loja que era [...] judaica. Foi como se jogassem água fria em cima de mim. Vim correndo para casa; agora é meia-noite, estou sentado e escrevendo para você."[34]

Claramente, pretendia transmitir que recebera um choque em todo o seu sistema nervoso, e foi essa sensação que talvez tenha interpretado como um mau agouro. Pode ser que Dostoiévski tenha tomado esse erro como uma indicação, mediante um sinal do firmamento, de que sua mania de jogo o estava levando a uma proximidade degradante das pessoas tradicionalmente ligadas à sórdida acumulação de lucro. É possível que, sempre que tenha sido tentado a apostar no futuro, essa lembrança degradante e assustadora (para ele) tenha continuado a repetir-se e funcionado como uma barreira. Um pós-escrito à carta confirma que ele sentiu que sua vida havia chegado a um ponto crítico decisivo: "*Não vou ver* um padre, por nenhum motivo, em nenhuma circunstância. Ele é uma das testemunhas do velho, do passado, do antigo, do desaparecido! Será doloroso, mesmo para mim, encontrá-lo!".[35] Nunca mais voltou a jogar nas várias viagens que fez à Europa nos anos seguintes.

Apesar da perda de 180 táleres, Dostoiévski retornou de Wiesbaden determinado a voltar para a Rússia em julho. Havia calculado que precisava de 3 ou 4 mil rublos para chegar em segurança, mas agora estava decidido a fazer a viagem, mesmo que tivesse apenas mil rublos. "Permanecer em Dresden por mais um ano", escreveu a Máikov, "seria a coisa mais impossível de todas. Isso significaria matar Anna Grigórievna do desespero que ela é incapaz de controlar. [...] É também impossível para mim não me mudar dentro de um ano."[36] Katkov prometera-lhe mil rublos no final de junho; mas Dostoiévski escreveu-lhe imediatamente, como fizera tantas vezes depois de um desastre no jogo, para relatar em pormenores seus infortúnios e pedir que o dinheiro fosse enviado o mais rápido possível. Embora a viagem fosse difícil — o casal viajaria sem ajuda e com Liubov nos braços —, não havia tempo a perder: Anna esperava dar à luz no início de agosto.

O sempre condescendente Katkov concordou em mandar o dinheiro, e a família Dostoiévski partiu no dia 5 de julho. Enfim de volta à terra natal, o casal ainda tinha uma viagem de 24 horas de trem pela frente, mas era como se estivessem vivendo a realização de um sonho maravilhoso havia muito acalentado. "Nossa consciência do fato de que estávamos viajando em solo russo", recorda Anna, "de que todos ao nosso redor eram a nossa própria gente, o povo russo, era tão reconfortante que nos fez esquecer todos os problemas da nossa jornada."[37]

43. Retorno do exílio

Em 8 de julho de 1871, Dostoiévski e sua família retornaram à Rússia após quatro anos no exterior, fazendo a reentrada mais discreta possível em São Petersburgo, de onde haviam partido para um período de férias de verão. Já estavam publicados toda a primeira parte e dois capítulos da segunda parte de *Os demônios*, cuja trama fazia um uso aterrorizante do acontecimento mais espetacular do momento. Com efeito, o julgamento público do grupo de Nietcháiev estava em andamento quando Dostoiévski chegou à capital, e alguns dos documentos essenciais, inclusive o maquiavélico *Catecismo de um revolucionário* (escrito por Bakúnin ou Nietcháiev, ou talvez ambos), foram apresentados como provas e postos à disposição do público no mesmíssimo dia em que ele desceu do trem.

O casal alugou dois quartos mobiliados perto do parque Iússupov, onde logo foram assediados por visitas diárias de parentes e amigos. Como Dostoiévski se queixa em carta a Sofia Ivánova, "quase não havia tempo para dormir".[1] Em meio a essa excessiva vida social, Anna de repente sentiu as dores do parto durante um jantar e deu à luz um filho, Fiódor, em 16 de julho, felizmente sem sofrer as severas contrações das gestações anteriores. Dostoiévski ficou exultante e apressou-se a comunicar a boa-nova à mãe de Anna (então no exterior) e à sua família, em Moscou.

Uma semana depois, no final de julho, o próprio Dostoiévski estava em

Moscou para acertar suas contas com Katkov e receber o pagamento pelos capítulos que enviara em meses recentes. A nova provisão de fundos permitiu que o casal pensasse em mudar-se do apartamento mobiliado, que "era muito caro, cheio de gente entrando e saindo, e de propriedade de judeus grosseiros".[2] A pragmática Anna, que tivera uma recuperação rápida após o nascimento de Fiódor, logo encontrou um apartamento de quatro cômodos adequado e o alugou em seu nome, poupando Dostoiévski das formalidades legais. Embora forçada a comprar móveis, ela acreditava poder recuperar as louças e utensílios de cozinha, bem como a roupa de inverno, legados aos cuidados de parentes e amigos quatro anos antes. Mas tudo se perdera, em mudanças descuidadas ou devido à falta de pagamento de prêmios do seguro com o dinheiro que haviam remetido do exterior. O pior de tudo foi a perda da biblioteca de Dostoiévski, que fora deixada aos cuidados de Pacha, com a condição de que a preservaria intacta, mas que fora vendida aos poucos e estava irremediavelmente dispersa. Anna menciona como de especial valor os livros com dedicatória de outros escritores, "obras sérias sobre história e sobre a seita dos Velhos Crentes [*raskólniki*], pelas quais [meu marido] tinha um imenso interesse".[3]

No final de setembro, divulgou-se a notícia do retorno de Dostoiévski, e não demorou a acontecer o que ele esperava: os credores bateram imediatamente à sua porta. Uma das mais importunas era a viúva de um certo G. Hinterlach, que recusou o pedido de Dostoiévski, feito numa visita pessoal, de ampliação de prazo em alguns meses, quando esperava receber um pagamento adicional de Katkov. Ele voltou para casa desesperado, temendo que Frau Hinterlach arrestasse seus bens pessoais e, se isso fosse insuficiente, o mandasse definhar na prisão.

Anna decidiu encarregar-se do assunto e, sem contar ao marido, fez uma visita à senhora implacável. Em vez de suplicar, advertiu-a de que a mobília da casa e o apartamento de Dostoiévski estavam ambos em seu nome, o que significava que não poderiam ser tomados para pagar uma dívida do marido. Além disso, se Dostoiévski fosse para a prisão dos devedores, Anna insistiria que ele permanecesse lá até que toda a dívida tivesse sido cancelada. Além de não receber um único centavo, Frau Hinterlach também teria de pagar o custo da manutenção do prisioneiro (como a lei exigia dos credores que apelassem para esse recurso). Anna também ameaçou divulgar toda a questão num artigo para um jornal: "Que todos vejam do que são capazes os alemães honestos!".[4] Percebendo que Anna tinha mais fibra que o nervoso e perturbado Dostoiévski, a credora apressou-se em aceitar o arranjo do pagamento em parcelas. Depois disso, Anna decidiu assumir todas as negociações de dívida e, enfrentando as ameaças com os mesmos argumentos, conseguiu sustar os pedidos de pagamento imediato.

Enquanto isso, ocupadíssimo com a escrita de *Os demônios*, Dostoiévski também estava ansioso para renovar as relações com velhos amigos e compensar o isolamento cultural que sofrera durante sua estada na Europa. O poeta Apollon Máikov, o amigo mais leal e correspondente mais fiel durante seus anos no exterior, apresentou-o a um círculo político-literário que se reunia em torno do príncipe V. P. Meschérski, fundador de uma nova publicação, *O Cidadão* [*Grajdanin*], cujo objetivo era contrabalançar a influência da imprensa liberal e progressista (embora o conceito de "liberal" e "progressista" de Meschérski incluísse revistas que a intelectualidade radical considerava pilares da reação). O príncipe era amigo próximo do herdeiro do trono russo, o tsarévitche Alexandre, a quem conhecia desde a infância, e tinha livre acesso aos mais altos círculos da corte. Ele reuniu ao seu redor um pequeno grupo literário do qual faziam parte Máikov, o grande poeta Tiútchev, Strákhov, Dostoiévski e Konstantin Pobedonóstsev, preceptor do tsarévitche. Mais tarde, Pobedonóstsev adquiriu uma reputação sinistra quando seu antigo pupilo ascendeu ao trono como Alexandre III, e o ex-preceptor ficou conhecido como a eminência parda malévola de seu regime opressivo. Mas em 1871 era visto sobretudo como um estudioso de direito e funcionário do alto escalão do governo com um passado liberal (no sentido russo), que havia apoiado a causa da reforma judicial e a abolição da servidão. Era também muito culto, tinha intimidade com as literaturas inglesa, francesa e alemã e publicara uma tradução de Thomas à Kempis em 1869. Esse era o ambiente literário-político que o romancista frequentaria nos três anos seguintes.

Dostoiévski também teve grande prazer em restabelecer as conexões dentro de seu próprio círculo familiar. O marido de sua sobrinha, M. S. Vladislávlev, que fora colaborador das revistas do escritor e agora era professor de filosofia na Universidade de São Petersburgo, convidava com frequência o eminente tio para encontrar-se com alguns dos luminares do mundo culto. Dostoiévski também começou a receber em sua casa, e para uma festa em 17 de fevereiro, dia do seu santo onomástico, enviou convites para amigos íntimos. Sabendo que N. G. Daniliévski, o autor de *Rússia e Europa*, estava de passagem por Petersburgo, pediu a Strákhov para trazê-lo consigo. Eles tinham se conhecido nos dias distantes do Círculo de Petrachévski, na década de 1840, quando Daniliévski ganhara a reputação de ser o maior conhecedor das doutrinas socialistas utópicas de Fourier. Depois disso, tornara-se naturalista, bem como historiador especulativo da cultura e desenvolvera uma teoria da civilização mundial com forte tendência eslavófila. Dostoiévski admirava muito seus esforços para provar que a cultura russa criaria em breve uma nova fase independente da história mundial e aproveitou algumas dessas ideias para os apaixonados discursos nacionalistas de Chátov em *Os demônios*.

No início de fevereiro, ele escreveu alegremente para sua sobrinha que, "graças a certa ocorrência, meus negócios melhoraram [...] consegui algum dinheiro e paguei os credores mais impacientes".[5] Sua discrição pode ser explicada por uma carta endereçada a A. A. Románov, o tsarévitche, que expressa o embaraço de Dostoiévski "diante da ousadia que mostrei". Podemos apenas presumir que (provavelmente com a ajuda de Meschérski e Pobedonóstsev) fora instado a explicar sua situação para o herdeiro do trono, que viera em seu auxílio com uma doação de dinheiro. Dostoiévski agradeceu ao tsarévitche, acima de tudo "pela inestimável atenção [...] dada ao meu pedido. Para mim, é mais cara do que qualquer outra coisa, mais cara do que a própria ajuda que o Senhor me deu e que me salvou de uma grande calamidade".[6]

As primeiras reações às duas primeiras partes de *Os demônios* começavam a aparecer, e Dostoiévski, que havia previsto hostilidade dos críticos radicais, não se decepcionou. Nelas subsistiam muitos aspectos do panfleto antiniilista que concorriam para tornar o livro um anátema para aqueles que simpatizavam, mesmo que remotamente, com os objetivos revolucionários de Nietcháiev. Em um dos trechos mais citados do romance, já mencionado, um teórico radical chamado Chigaliov explica que, embora tivesse começado suas reflexões com a ideia de total liberdade, descobrira lamentavelmente que acabara com a de despotismo total. E enfatiza que a única resposta lógica para o problema social é reduzir toda a humanidade, exceto um décimo dela, ao nível de uma igualdade "fisiológica" semelhante à de um rebanho de gado. Uma primeira resenha típica compara essas noções à loucura de Popríschin em "Diário de um louco", de Gógol. O romance, na opinião do crítico, evoca "um hospital" cheio de doentes mentais que "comporiam [...] uma reunião de pessoas contemporâneas".[7] Uma das acusações mais comuns feitas contra Dostoiévski foi a de que seus personagens eram mentalmente patológicos demais para ser tomados como um comentário social sério. Um subtexto implícito desse tipo de crítica era que o próprio autor, conhecido por ser epiléptico, sofria da mesma anormalidade que enchia suas páginas.

Ao mesmo tempo, uma prova bem-vinda da importância de Dostoiévski chegou numa carta de Pável Tretiakov, dono de uma importante galeria de arte de Moscou, que encomendara ao artista V. G. Perov uma coleção de retratos das figuras contemporâneas mais eminentes da cultura russa. Dostoiévski aceitou a honra de posar para Perov com muita satisfação, juntando-se ao grupo de notáveis entre os quais estavam Turguêniev, Ostróvski, Máikov e o contista e lexicógrafo V. I. Dal. Perov chegou de Moscou na primavera de 1872 e visitou Dostoiévski diariamente por uma semana para observá-lo em vários estados de espírito e atitudes. O retrato é uma das melhores obras de Perov e foi muito elogiado em todos os círculos, ganhando até mesmo a aprovação de Turguêniev.

Apesar do estímulo proporcionado por uma vida social ativa, Dostoiévski sabia que precisava de isolamento para terminar *Os demônios*. Assim, planejou deixar Petersburgo no início da primavera para passar o verão no campo. Lembrou-se então de que seu sobrinho Vladislávlev elogiara Stáraia Russa, uma pequena estação de águas a cerca de cem verstas ao sul de Petersburgo, na confluência de vários rios. Ele poderia alugar "uma casa com móveis, até mesmo com utensílios de cozinha", e, como escreveu para sua irmã Vera, a cidade também tinha "uma estação ferroviária [*voksal*] com jornais, revistas etc.".[8] Vladislávlev alugou para o romancista a casa do sacerdote do lugar, o padre Rumiántsev, onde a família ficou de meados de maio de 1872 até o início de setembro.

Para chegar a Stáraia Russa, tomava-se um trem em São Petersburgo, fazia-se baldeação numa estação local para Nóvgorod e, depois, pegava-se um barco para atravessar o lago Ílmen. Anna nunca esqueceu a vista de Nóvgorod que os saudou enquanto olhavam a cidade passar. "O sol brilhava na outra margem do rio, onde se erguiam os muros com ameias de sua cidadela, as cúpulas douradas da catedral de Santa Sofia estavam incandescentes, e no ar frio os sinos chamavam bem alto para as matinas. Fiódor Mikháilovitch, que amava e compreendia a natureza, estava com estado de espírito sensível, que eu inconscientemente absorvi."[9] Durante sua primeira estada nessa estação de águas, em 1872, essas viagens acabaram por ser muito mais frequentes do que o previsto. Algumas semanas antes de deixarem Petersburgo, Liubov caiu e machucou o pulso, e complicações

24. *Dostoiévski em 1872, por V. G. Perov.*

posteriores exigiram que o casal voltasse a Petersburgo, onde a menina foi submetida a uma operação e Anna permaneceu com ela por três semanas, enquanto Dostoiévski retornava para Stáraia Russa e seu manuscrito.

As cartas que então escreveu a Anna são as de um marido e pai preocupadíssimo, perturbado pela interrupção de sua rotina familiar. Estava extremamente irritadiço e rabugento, e suas observações sobre o cenário social da cidade refletem toda a falta de controle que tantas vezes o dominava quando seus nervos estavam em frangalhos. "O povo aqui é obviamente muito formal, pomposo, sempre tentando se assemelhar à alta sociedade, com o pior francês possível. As senhoras todas tentam brilhar com seus trajes, embora todas devam ser mulheres vulgares. [...] Positivamente, não gosto do parque. E, em geral, toda essa Stáraia Russa é um lixo!"[10] O pior de tudo, escreve a Anna, "é que você não pode me ajudar com a estenografia, e eu gostaria de enviar algum material para O Mensageiro Russo".[11] Dostoiévski tenta trabalhar, mas se queixa amargamente: "Estou tendo uma terrível dificuldade para escrever. Quando é que vamos conseguir pelo menos um mês de calma, de modo que eu não tenha de me preocupar tanto e possa me dedicar inteiramente ao trabalho. [...] Que vida cigana, dolorosa, sombria, sem a menor alegria, e tudo o que há para fazer é preocupar-se e preocupar-se!".[12] Depois de um severo ataque epiléptico, ele relata com tristeza que "ainda está escuro na minha cabeça e meus braços e pernas doem. Isso interrompeu meu trabalho ainda mais, de modo que nem sei o que vou fazer em relação a O Mensageiro Russo e nem o que eles pensam de mim".[13]

Depois que Anna e Liubov voltaram para Stáraia Russa, a vida retomou sua rotina, mas não por muito tempo. Anna relembrou esses meses da primavera e do verão de 1872 como talvez os mais estressantes de toda a sua vida. Ela apanhou um resfriado, desenvolveu um abscesso na garganta e teve febre alta. O médico que a tratou advertiu Dostoiévski de que a vida de sua esposa estava em perigo, e "Fiódor Mikháilovitch caiu em total desespero", retirou-se para outro quarto "para pôr o rosto entre as mãos e soluçar incontrolavelmente". A própria Anna achou que estava morrendo e, sem poder falar, "fez sinais primeiro para Fiódor Mikháilovitch e depois para as crianças pedindo-lhes que se aproximassem. Beijei-os, abençoei-os, e escrevi para o meu marido instruções quanto ao que ele deveria fazer caso eu morresse".[14] Por sorte, o abscesso rompeu-se naquela noite e Anna começou a se restabelecer, embora demorasse semanas para recuperar todas as forças. No início de setembro de 1872, a família que passara por tão duras provações retornou para Petersburgo, quase sem ter obtido os meses de tranquilidade idílica que tanto tinham almejado ao partir.

Durante sua estada em Petersburgo, a infatigável Anna andara em busca de uma moradia nova, e o casal mudou-se para um apartamento de cinco cômodos, de propriedade de um general do regimento Izmailóvski. A preocupação imediata de Dostoiévski era com o destino de seu romance, no qual vinha trabalhando sem descanso. Em uma observação para Máikov após a publicação dos primeiros capítulos, ele escreveu: "Em seus comentários, você fez uma declaração brilhante: 'Esses são os *heróis de Turguêniev na velhice*'. Isso é brilhante! Enquanto escrevia, eu mesmo estava sonhando com algo assim, mas com essas palavras você disse tudo, como numa fórmula".[15] Máikov confirmava assim o que próprio Dostoiévski pensava da relação de seu livro com *Pais e filhos*, mas o romancista advertiu o amigo para não tomar Stiepan Trofímovitch, a quem o comentário se refere, como o personagem principal.

> Stiepan Trofímovitch é um personagem secundário; o romance não será de forma alguma sobre ele, mas a história dele está intimamente ligada a outros acontecimentos (os principais) do romance e, portanto, tomei-o como se fosse a pedra angular de tudo. Mas, de qualquer modo, a guinada da sorte de Stiepan Trofímovitch será na quarta parte [na verdade, na terceira], quando haverá uma conclusão muito original para o seu destino.

Podemos ver o domínio que Dostoiévski tinha do romance como um todo nos seus dizeres à sobrinha Sofia Ivánova, a quem dedicara o texto de *O idiota* que saíra na revista. Essa homenagem despertara a inveja de sua irmã mais velha, Maria Aleksándrovna, que também aspirava ter seu nome ligado a um dos romances do tio. Dostoiévski achava, no entanto, que isso seria impróprio.

> Haverá trechos do romance (na segunda e na terceira parte). [...] Um dos personagens principais [...] confessa secretamente a outro personagem um crime que cometeu. A influência psicológica desse crime sobre o personagem desempenha um grande papel no romance; o crime, no entanto, repito, embora possa ser lido, não é adequado para uma dedicatória. Quando dedicamos alguma coisa, é como se esti-

véssemos dizendo publicamente à pessoa a quem fazemos a dedicatória: "Pensei em você quando escrevi isso".[16]

Dostoiévski refere-se a um capítulo do romance que nunca foi publicado durante sua vida: o capítulo chamado às vezes de "A confissão de Stavróguin" ou, mais literalmente, "Com Tíkhon". Esse capítulo narra a visita de Stavróguin a um mosteiro onde vive o monge Tíkhon e sua confissão, sob a forma de um documento escrito, da violação de uma menina de doze anos de idade. Dostoiévski escreveu esse capítulo no outono de 1871 e terminou-o o mais tardar em novembro. Os capítulos 7 e 8 foram impressos na edição de novembro de *O Mensageiro Russo*, mas então houve uma interrupção na publicação em fascículos. Katkov recusou o episódio inquestionavelmente chocante e Dostoiévski não conseguiu convencê-lo a mudar de ideia; assim, essas páginas nunca foram publicadas durante sua vida. O capítulo foi encontrado entre os papéis de Dostoiévski em 1921, publicado em 1922, e desde então tem sido objeto de considerável controvérsia crítica.

Há duas versões do texto. Uma consiste nas provas de galé que Dostoiévski recebeu da revista antes da decisão de não publicar o capítulo. A segunda é uma cópia, transcrita por Anna, que contém as alterações e correções que o romancista fez, num esforço para atender às objeções dos editores. Dostoiévski estava aborrecido com a rejeição dessa pedra angular de sua criação, que continha não apenas a revelação crucial de toda a amplitude e profundidade da depravação de Stavróguin, como também seu motivo moral e filosófico, seus tormentos interiores e seu desejo de redenção. Para testar seu próprio julgamento, Dostoiévski leu as provas em voz alta para Máikov, Strákhov e Pobedonóstsev. Como eles foram unânimes em concordar que o trecho com a confissão de Stavróguin era "demasiado realista", ele começou a inventar variações, uma das quais descrevia o encontro de Stavróguin com uma adolescente que fora levada por sua preceptora a uma casa de banhos. Alguém contara a Dostoiévski um incidente semelhante; mas seus "conselheiros" o advertiram a não usá-lo porque poderia ser tomado como um insulto às preceptoras e, assim, entrar em conflito com a "questão feminina".[17] (Essa variante da confissão transformou-se na calúnia segundo a qual o próprio Dostoiévski, aparecendo inesperadamente no quarto de Turguêniev quando seu colega romancista estava visitando Petersburgo, teria confessado esse crime.)

Em janeiro de 1872, Dostoiévski viajou a Moscou, para consultar os editores sobre o capítulo; no mês seguinte, informou a Sofia Ivánova que, depois de muita indecisão, decidira não inventar uma nova versão do crime. Em vez disso, "mantendo a substância do conteúdo, mudei o texto apenas o suficiente para satisfazer os editores castos. E nesse sentido, mandei um ultimato. Se não concordarem, então realmente não sei o que fazer".[18] A revisão de Dostoiévski deixava em dúvida se havia de fato ocorrido a violação da menina: Stavróguin se recusa a entregar parte de seu manuscrito a Tíkhon, mas assevera que nada de indecoroso aconteceu, com exceção de um inocente abraço. "Acalme-se", diz a Tíkhon, "não é minha culpa se a menina era estúpida e não me entendeu. Não aconteceu nada, absolutamente nada." Ao que Tíkhon responde: "Graças a Deus!", e faz o sinal da cruz (v. 12, p. 111). Há também uma intervenção do narrador, especulando que o documento era "uma obra mórbida, a obra do demônio que tomou posse daquele homem", e sugerindo que o que ele contou talvez não passasse de invenção. É comparado à cena em que Stavróguin morde a orelha do governador, provocando um escândalo, mas sem causar nenhum dano real. Mas depois o narrador volta atrás: "Eu não afirmo com segurança que o documento é falso, isto é, que foi completamente inventado. O mais provável é que a verdade esteja em algum lugar no meio" (v. 12, p. 108).

Em março de 1872, Dostoiévski escreveu a N. A. Liubímov, editor assistente de Katkov, a respeito da revisão:

> Acredito que o que lhe enviei [...] agora pode ser publicado. Removi tudo que era escabroso [...]. Juro ao senhor, não posso deixar de fora o cerne da questão. Trata-se de um tipo social em pleno direito (na minha opinião), o *nosso* tipo, russo, [...] tendo perdido seus laços com tudo que é nacional e, o mais importante, a sua fé, depravou-se por *aspiração melancólica* — mas, atacado pela consciência, faz um esforço através de um sofrimento convulsivo para renovar-se e voltar a acreditar. [...] Mas tudo isso será esclarecido ainda mais na terceira parte.[19]

Apesar dessas insistências e justificativas, a revista ainda hesitava em aceitar o capítulo. Mas nenhuma decisão final foi tomada, e Katkov disse a Dostoiévski que não queria mais publicar a obra em pequenos fascículos e iria esperar pelo restante do romance antes de retomar a publicação. Assim, Dostoiévski seguiu em frente e enviou vários outros capítulos, na suposição de que a parte discutida seria incluída. Foi somente no início de novembro de 1872 que ficou sabendo que não havia mais esperança de publicar nem mesmo a variante revisada da confissão de Stavróguin. A publicação estava programada para começar no número de novembro, e assim, encurralado, Dostoiévski reformulou o manuscrito tanto quanto possível para lidar com a nova situação.

Não é necessário detalhar todas as diferenças entre o manuscrito parcialmente revisto da terceira parte e sua forma publicada, mas uma delas é de particular importância. No capítulo 7, que narra a "peregrinação" comovente e patética de Stiepan Trofimovitch, ele ouve uma leitura de trechos dos Evangelhos e então assume a principal responsabilidade por ter infestado o corpo da Rússia com os demônios. Essa cena não consta no manuscrito, o que significa que foi acrescentada *depois* que o romancista soube que o capítulo da confissão não seria publicado. A omissão da cena no manuscrito pode indicar que a ideia original de Dostoiévski era mostrar que Stavróguin assumiu o ônus da culpa (o que seria mais condizente, do ponto de vista temático), mas que não lhe foi possível executá-la porque, sem o vislumbre que havia esperado fornecer dos tormentos de consciência de Stavróguin, uma súbita exposição dessa consciência nas páginas finais não teria sido motivada o bastante.

O restante de *Os demônios* foi finalmente publicado, após atraso de um ano, nos números de novembro e dezembro de 1872 de *O Mensageiro Russo*, provocando ataques e recriminações furiosas na imprensa radical e progressista. Conforme lembrou Anna, olhando com serenidade para o passado turbulento: "Devo dizer que *Os demônios* obteve um enorme sucesso junto ao público leitor, mas, ao mesmo tempo, rendeu ao meu marido um grande número de inimigos no mundo literário".[20] No ano seguinte, quando foi publicado em formato de livro, o romance tinha passado mais uma vez por uma ampla revisão. Vários trechos da segunda parte que prenunciavam e motivavam o encontro com Tíkhon foram eliminados; hoje, essas partes, junto com o próprio capítulo suprimido, devem ser levadas em consideração em qualquer análise que se faça do livro. O próprio Dostoiévski não incluiu esse capítulo em edições posteriores, mas razões tanto internas como externas fornecem uma resposta plausível para isso. Por um lado, ele havia alterado o texto, tanto quanto possível, *antes* da publicação na revista para resolver a crise que não tinha previsto; a obra, portanto, já não representava sua concepção original, o que demandaria reescrevê-la extensamente caso quisesse transformá-la mais uma vez. Além disso, precisaria enfrentar o tremendo obstáculo da censura *oficial*, e talvez não o conseguisse vencer.

Dostoiévski decidiu deixar como estava, e Stavróguin continua sendo uma figura muito mais enigmática e misteriosa do que foi concebida para ser. Ele não tem a motivação moral e filosófica esclarecedora que Dostoiévski tencionava lhe dar, e é notável que uma parte tão grande da estatura de sua personalidade tenha sido transmitida mesmo sem o efeito diabólico e penitencial que essa motivação teria propiciado. No entanto, se Dostoiévski não nos pôde dar o livro que concebera, ainda assim não fez nada menos que escrever uma história simbólica dos esforços morais e espirituais do espírito russo na primeira metade do século XIX.

44. História e mito em *Os demônios*

No passado, Dostoiévski criara personagens ficcionais que, como encarnação de certas ideias e atitudes socioculturais, poderiam ser considerados "históricos" num sentido amplo, mas antes de *Os demônios* [*Biési*] jamais se baseara em acontecimentos reais que fossem de conhecimento público. É claro que seu romance não se limita às dimensões reais, um tanto insignificantes, do caso Nietcháiev. Se assim fosse, "os fatos" lhe teriam dado apenas o relato um tanto deplorável de um evento preocupante que ocorrera com um punhado de estudantes e frequentadores do meio estudantil, que tinham sido enganados por um fanático revolucionário que os levara a cometer o assassinato inútil de uma vítima inocente. Em vez disso, esse incidente forneceu apenas o núcleo da trama política de Dostoiévski, o qual ele aumentou e ampliou, de acordo com a técnica de seu "realismo fantástico", transformando-a numa dramatização plenamente desenvolvida das táticas e das metas muito mais ambiciosas definidas nos escritos de Nietcháiev e seus partidários.

Desse modo, o que acontece em *Os demônios* é mito (a amplificação imaginária do real) e não história, arte e não verdade literal — assim como Raskólnikov pode ser considerado um "mito" engendrado pelo "niilismo imoderado" de Píssariev e Záitsev. De todo modo, grande parte daquilo de que tomou conhecimento nos documentos que tinha à sua disposição não lhe disse nada de novo, pois podia recorrer a lembranças de seus dias de conspirador revolucionário, quando seu grupo secreto havia trabalhado nas sombras para manipular o círculo maior de Petrachévski. Assim, Dostoiévski permaneceu fiel ao espírito — se não à letra — do que sua documentação revelou sobre o caso Nietcháiev.

Pode parecer, à primeira vista, que esse monstro da desonestidade, Piotr Vierkhoviénski — que, na qualidade de instigador destrutivo da maldade que habita nos outros, se assemelha ao Iago de Shakespeare —, estaria a anos-luz de qualquer imagem concebível de um revolucionário russo do século XIX, ou do verdadeiro Nietcháiev. No entanto, os atos levados a cabo por Piotr Vierkhoviénski com tamanho deleite são exatamente iguais aos que Nietcháiev realizou ou teria realizado se estivesse em seu poder transformar desejos em atos.

Um retrato indelével e vívido de Nietcháiev em ação está esboçado numa carta, escrita por ninguém menos que Bakúnin, que para a nossa sorte sobreviveu. Ele havia sido — ao lado de um conhecido de Dostoiévski em Genebra, o solidário mas tíbio Ogariov — um dos partidários mais entusiastas de Nietcháiev. Muitos estudiosos especularam sobre as curiosas relações pessoais entre o jovem revolucionário e o veterano fervoroso e eloquente de uma centena de complôs subversivos, que foi coroado com a auréola de seu fabuloso passado de insurreições. Bakúnin logo se viu cativo do jovem, a quem chamava com admiração de *abriek* (um guerreiro muçulmano impiedoso dos povos caucasianos) e "jovem águia". Mas isso foi antes que Nietcháiev, depois de fugir para a Europa na esteira do assassinato de Ivánov, tivesse começado a usar os métodos que ambos defendiam contra o próprio Bakúnin e o círculo de seus amigos comuns. Em face disso, Bakúnin sentiu necessidade de escrever, em julho de 1870, para uma família com quem Nietcháiev entrara em contato. A carta é reveladora e precisa em sua descrição da ilimitada falta de escrúpulos de Nietcháiev.

> Meu caro amigo, acabo de saber que N[ietcháiev] lhe fez uma visita e que você se apressou a dar-lhe o endereço de seus amigos (M. e sua esposa). Concluo que as duas cartas por meio das quais lhe adverti e lhe pedi para dar-lhe as costas chegaram tarde demais; e, sem nenhum exagero, considero o resultado desse atraso uma verdadeira desgraça. Pode parecer-lhe estranho que o aconselhemos a afastar-se de um homem a quem demos cartas de recomendação endereçadas a você [...]. Mas [...] desde en-

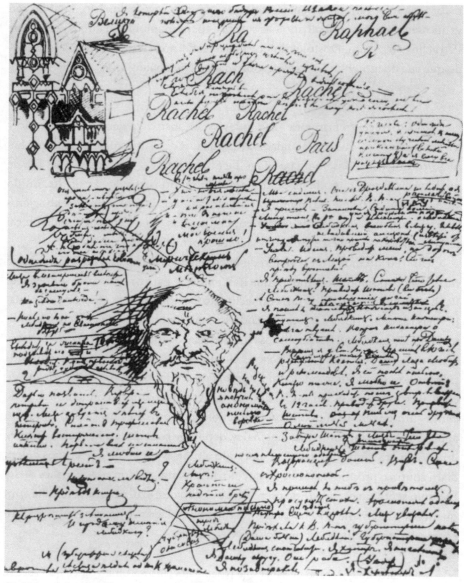

25. Uma página do caderno de anotações para Os demônios.

tão fomos obrigados a admitir a existência de questões tão graves que nos obrigaram a romper todas as nossas relações com N. [...]

Continua sendo a verdade mais absoluta que N. é o homem mais perseguido pelo governo russo, que cobriu o continente europeu com uma nuvem de espiões que o procuram em todos os países e já pediu sua extradição à Alemanha e à Suíça. É igualmente verdade que N. é um dos homens mais ativos e vigorosos que já conheci. Quando se trata de servir ao que ele chama a causa, não hesita: nada o detém, e é tão impiedoso consigo mesmo quanto com todos os outros. Essa é a principal característica que me atraiu e que me impeliu a buscar uma aliança com ele por um bom tempo. Algumas pessoas afirmam que ele não passa de um vigarista — mas isso é uma mentira! É um fanático devotado; mas, ao mesmo tempo, um fanático muito perigoso cuja aliança só pode ser prejudicial para todos. E eis o porquê: de início, ele fez parte de um comitê secreto que realmente existiu na Rússia. O Comitê não existe mais; todos os seus membros foram presos. N. permanece sozinho, e sozinho constitui o que chama de Comitê. Sua organização na Rússia foi dizimada, ele está tentando criar uma nova no exterior. Tudo isso seria perfeitamente natural, legítimo, muito útil — mas os métodos que ele usa são detestáveis. [...] ele conseguiu convencer-se aos poucos de que, para fundar uma organização séria e indestrutível, é preciso tomar como base a tática de Maquiavel e adotar totalmente o sistema dos jesuítas — violência como corpo, falsidade como alma.

A verdade, a confiança mútua, a solidariedade séria e rigorosa só existem entre uma dúzia de indivíduos que formam o *sanctum sanctorum* da Sociedade. Todo o resto deve servir como instrumento cego e como material explorável [...]. É permitido — até mesmo ordenado — enganar todos os demais, comprometê-los, roubá-los e mesmo, se necessário, livrar-se deles — eles são forragem conspiratória. Por exemplo: você recebeu N. graças à nossa carta de recomendação, você o aceitou em sua confiança, você o recomendou aos amigos. [...] Ei-lo transplantado para o seu mundo — e o que ele fará primeiro? Primeiro, lhe contará um monte de mentiras para aumentar sua simpatia e sua confiança; mas não vai ficar nisso. As tépidas simpatias de homens que se dedicam à causa revolucionária apenas em parte e que, além dessa causa, têm outros interesses humanos, como amor, amizade, família, relações sociais — essas simpatias não são, aos olhos dele, um fundamento suficiente e, em nome da causa, ele tentará obter controle sobre você com o seu total desconhecimento. Para tanto, espionará você e tentará apoderar-se de todos os seus segredos; e, em sua ausência, estando sozinho em seu quarto, abrirá todas as suas gavetas e lerá toda a sua correspondência. Se uma carta lhe parecer interessante, isto é, comprometedora de algum ponto de vista, quer para você, quer para um de seus amigos, irá roubá-la e guardá-la com muito cuidado, como um documento contra você ou contra seu amigo. [...] quando, numa reunião geral, o acusamos disso, ele teve a coragem de dizer — "Bem, sim, esse é o nosso sistema. Nós consideramos nossos inimigos todos aqueles que não estão conosco *completamente*, e temos o dever de enganá-los e comprometê-los". Isso significa todos aqueles que não estão convencidos do sistema deles e não concordaram em aplicá-lo a si mesmos.

Se você apresentá-lo a um amigo, sua primeira preocupação será a de semear discórdia entre vocês dois mediante mexericos e intrigas — em uma palavra, provocar uma briga. Se seu amigo tiver uma esposa, uma filha, tentará seduzi-las, engravidá-las, a fim de afastá-las da moral oficial e jogá-las num protesto revolucionário forçado contra a sociedade.

Todos os vínculos pessoais, toda amizade, todo [lacuna no texto] são considerados por eles um mal que têm o direito de destruir — porque tudo isso constitui uma força que, estando fora da organização secreta, diminui a única força que ela tem. Não me diga que exagero: tudo isso foi amplamente revelado e comprovado. Vendo-se assim exposto, o pobre N. continua tão ingênuo, tão infantil, apesar de sua perversidade sistemática, que pensou ser possível me converter — chegou a ponto de me implorar para desenvolver essa teoria numa revista russa que propôs fundar. Ele traiu a confiança de todos nós, roubou nossas cartas, comprometeu-nos terrivelmente, em uma palavra, comportou-se como um vilão. Sua única desculpa é seu fanatismo! É ambiciosíssimo sem sabê-lo, porque acabou identificando a causa da revolução com a sua própria — mas não é um egoísta no sentido banal da palavra, porque arrisca demais a própria vida e leva a existência de um mártir, cheia de privações e de incrível atividade.

Ele é um fanático, e o fanatismo o leva a ponto de se tornar um rematado jesuíta — em certos momentos, fica simplesmente estúpido. A maioria de suas mentiras é pura invenção. Brinca de jesuitismo como outros brincam de revolução. Apesar de sua relativa ingenuidade, é muito perigoso, porque *todo dia* acontecem atos, abusos de confiança, traições contra os quais é ainda mais difícil proteger-se, porque dificilmente se suspeita que possam acontecer. Com tudo isso, N. é uma força em virtude de sua imensa energia. [...] Seu último projeto foi nada menos que montar uma malta de bandidos e ladrões na Suíça, naturalmente com o objetivo de obter algum capital para a revolução. Salvei-o ao persuadi-lo a deixar a Suíça, porque por certo teria sido descoberto, ele e sua gangue, em poucas semanas; estaria perdido, e todos nós com ele. [...]

Convença M. de que a segurança de sua família exige que rompa com eles completamente. Ele deve manter N. longe de sua família. O sistema deles, o prazer deles é seduzir e corromper as moças; dessa forma, controlam toda a família. Lamento muito que tenham sabido o endereço de M., porque *serão capazes de denunciá-lo*. Não tiveram eles a ousadia de admitir para mim com franqueza, na presença de uma testemunha, que a denúncia de um membro — dedicado ou apenas parcialmente dedicado — é um dos meios cujo uso consideram bastante legítimo e, às vezes, útil? [...] Eu estou tão assustado com o fato de conhecerem o endereço de M. que peço a ele que mude secretamente de residência, para que não o descubram.[1]

Ironicamente, os "métodos" que Bakúnin agora critica com tanta severidade e dos quais se dissocia com tanta meticulosidade são apenas a aplicação de doutrinas estabelecidas no notório *Catecismo de um revolucionário*, escrito em colaboração por Nietcháiev e Bakúnin ou por um deles sozinho (os estudiosos ainda discutem essa questão). Não há dúvida de que Bakúnin tinha pleno conhecimento do mais sinistro dos manuais de estratégia revolucionária e havia aprovado seus preceitos. O que o horrorizou foi somente que os métodos recomendados eram agora utilizados contra *ele mesmo* e seus amigos. É evidente que Dostoiévski não tinha conhecimento dessa carta, mas a perplexidade e a indignação de Bakúnin por tornar-se vítima de doutrinas que havia originalmente patrocinado nos fazem logo lembrar a reação de Stiepan Trofímovitch às ideias e atividades de seu filho Piotr, que, no seu entender, distorce e vulgariza os elevados ideais da *sua* juventude. A carta de Bakúnin ilustra a precisão fantástica, mutatis mutandis, com que Dostoiévski captara a essência da relação historicamente simbólica entre as gerações.

O fascínio de Bakúnin por Nietcháiev sobreviveu à separação registrada nessa carta, e ele escreveu com tristeza a Ogariov ao saber da prisão de seu antigo protegido, que a polícia suíça extraditaria para a Rússia. "Tenho muita pena dele. [...] Era um homem de rara energia, e quando você e eu o conhecemos, ardia nele uma clara chama de amor por nosso povo pobre e oprimido, ele sentia uma dor genuína pelo sofrimento secular do povo."[2] Dostoiévski não privou Piotr Vierkhoviénski desse único traço redentor, embora não lhe dê destaque. "Ouça", diz Piotr a Stavróguin, "eu mesmo vi uma criança de seis anos levando a mãe bêbada para casa, e esta a insultava com palavras indecentes. [...] Quando a coisa estiver em nossas mãos, talvez os curemos" (v. 10, pp. 324-5 [410]).* Assim como Dostoiévski permaneceu fiel a Nietcháiev, ao incluir esse único lampejo de compaixão, do mesmo modo não há uma única ação de Piotr Vierkhoviénski que Nietcháiev não tenha executado — ou não teria executado caso lhe fosse dada a oportunidade.

A atenção de Dostoiévski à precisão factual fica clara em toda a intriga sociopolítica do livro. O poder de Piotr Vierkhoviénski em *Os demônios* se baseia em sua pretensão de ser *o* representante de uma organização revolucionária mundial, vagamente localizada em algum lugar da Europa e com a qual manteve contato na Suíça. Nietcháiev carregava credenciais atestando que era o representante nº 2771 da "seção russa da Aliança Revolucionária Mundial", e essas credenciais, assinadas por Bakúnin, também estavam marcadas com o selo do "Comitê Central" da "Aliança Revolucionária Europeia".[3] Nenhum desses organismos existia, exceto na vasta imaginação conspiratória de Bakúnin, e é duvidoso que Nietcháiev depositasse muita fé no poder que detinham. Afinal, ele se apresentara a Bakúnin como delegado de uma organização igualmente fictícia de estudantes russos, mas estava muito contente em poder usar a aura do prestígio de Bakúnin e a sombra ameaçadora dessas organizações todo-poderosas para impressionar os crédulos de Moscou. Para reforçar sua autoridade, certa vez chegou a uma reunião de seu grupo acompanhado de um estranho (um estudante visitante inofensivo de Petersburgo), a quem apresentou como membro do "Comitê Central" de Genebra que viera verificar as atividades do grupo. Muito apropriadamente, Piotr Vierkhoviénski instrui o encantador Stavróguin a comparecer a uma reunião e passar-se por "membro fundador vindo do estrangeiro, que conhece os segredos mais importantes — é esse o seu papel" (v. 10, p. 299 [376]).

A carreira de Nietcháiev foi marcada pelo uso sistemático da mentira e do engano, mesmo com seus aliados e seguidores. Essa política foi explicitamente afirmada como um princípio no *Catecismo*: "O grau de amizade, de devoção e de

---

* A tradução de todas as citações de *Os demônios* é de Paulo Bezerra. São Paulo: Editora 34, 2013. 5. ed. O número da página entre colchetes é o da edição brasileira, logo após a referência à edição russa. (N. T.)

outras obrigações com [...] um camarada é medido somente por seu grau de utilidade no mundo prático da pandestruição revolucionária".[4] Piotr Vierkhoviénski revela que está agindo sozinho apenas para Stavróguin, que é a chave de seus planos revolucionários. Considera todo o resto de seu grupo "matéria-prima", para ser usada e manipulada como lhe aprouver para o bem da causa. Essa manipulação estava prevista no parágrafo do *Catecismo* dedicado aos "tagarelas revolucionários" (uma descrição perfeita do grupo reunido na casa de Virguínski), que deveriam ser "empurrados e envolvidos sem cessar em manifestações políticas e perigosas, cujo resultado será fazer a maioria desaparecer enquanto alguns entre eles se tornarão revolucionários".[5] Foi de acordo com essa aplicação implacável do princípio da utilidade que Nietcháiev eliminou Ivánov, e Dostoiévski estava convencido de que ele queria ganhar um domínio indissolúvel sobre seus seguidores, envolvendo-os num crime comum contra um dissidente incômodo.

Piotr Vierkhoviénski chega à cidade provinciana onde se passa o romance como amigo do peito de Stavróguin, um descendente da pequena nobreza, e também como íntimo da igualmente abastada família Drozdov. Tendo conhecimento do segredo do casamento perverso de Stavróguin com Mária Lebiádkina e ciente da paixão de Liza Túchina por Stavróguin, espera claramente, seja por intimidação ou alimentando a concupiscência de Stavróguin, ganhar influência sobre Stavróguin e explorá-lo para seus propósitos revolucionários. Essas manobras estão em conformidade completa com as doutrinas do *Catecismo*: "Com o objetivo de destruição implacável, um revolucionário pode e, muitas vezes, deve viver no meio da sociedade, fingindo ser bem diferente do que realmente é".[6] O objetivo desse disfarce, como acontece com Piotr, é adquirir poder sobre "o grande número de animais bem colocados que, por sua posição, são ricos e têm relações". Esses ingênuos "devem ser explorados de todas as formas possíveis, contornados, confundidos e, através da descoberta de seus segredos sujos, transformados em nossos escravos. Dessa maneira, seu poder, suas relações, sua influência e suas riquezas se tornarão um tesouro inesgotável e uma ajuda inestimável em nossos vários empreendimentos".[7]

As mesmas táticas são utilizadas por Piotr Vierkhoviénski para obter controle sobre os Von Lembke — o governador da província e sua esposa —, a quem também explora para seus objetivos revolucionários. Os revolucionários, declara o *Catecismo*, devem conspirar com os liberais "com base no próprio programa deles, fingindo segui-los cegamente", mas, na verdade, comprometendo-os de tal modo que possam ser "usados para provocar distúrbios no Estado".[8] Piotr subverte a inocente festa liberal de Yúlia Mikháilovna em favor das preceptoras da província exatamente de acordo com essas instruções, transformando-a numa manifestação desenfreada de protesto contra as autoridades.

Com Von Lembke, Piotr também desempenha o papel de agente provocador. Ele estimula esse funcionário estúpido e desnorteado a reprimir sinais de agitação entre os trabalhadores da fábrica Chpigúlin e acusa-o de ser "brando demais" e "liberal" no desempenho de seus deveres de governador. "Esse caso requer agir à antiga", diz Piotr com jovialidade ao hesitante Von Lembke. "É só açoitar todos eles, e assunto encerrado" (v. 10, p. 272 [341]). A metamorfose de Piotr em defensor de "agir à antiga" é justificada por um trecho do *Catecismo* que exige que o revolucionário "ajude a aumentar a calamidade e todo mal, o que acabará por esgotar a paciência do povo e forçá-lo a uma insurreição geral".[9] Dois panfletos de Bakúnin-Nietcháiev, lançados supostamente pelos "Descendentes de Riúrik e pelo Comitê Revolucionário dos Nobres",[10] pregavam os sentimentos mais escandalosamente reacionários e tinham por objetivo instigar a oposição de direita da velha nobreza ao tsar reformista. Eles provavelmente inspiraram a amizade de Piotr com o coronel da reserva Gagánov, que renunciou ao Exército em parte porque "sentiu-se de repente como que ofendido pessoalmente com a publicação" da proclamação da libertação dos servos. Gagánov "pertencia à categoria daqueles nobres estranhos, mas ainda preservados na Rússia, que apreciam extraordinariamente a antiguidade e a pureza de sua linhagem nobre" (ou seja, os "descendentes de Riúrik) (v. 10, p. 224 [283-4]).

Podemos encontrar na propaganda de Bakúnin-Nietcháiev ou em outros eventos históricos facilmente identificáveis fontes ou paralelos para quase todos os outros aspectos político-ideológicos de *Os demônios*. Nada é mais impressionante em relação à propaganda de Bakúnin-Nietcháiev do que seu negativismo total, a ausência completa de qualquer objetivo ou meta específica que justificasse os horrores que deseja provocar. Ela contém exortações de gelar o sangue e imagens apocalípticas de aniquilação total: "Devemos nos dedicar à destruição absoluta, contínua, incansável, implacável, até que não reste nenhuma das formas sociais existentes a ser destruída". Um propósito positivo é proibido em princípio como uma impossibilidade histórica e deve continuar envolto na obscuridade messiânica do futuro. "Uma vez que a geração atual está exposta à influência dessas condições sociais abomináveis contra as quais ela se revolta, não cabe a esta geração o trabalho de construção. Essa tarefa pertence àquelas forças puras que se formarão no dia da renovação."[11] Esse negativismo ajuda a explicar por que Piotr Vierkhoviénski se afastou tanto de "socialistas" como Chigaliov, que se preocupam *de fato* com a forma da futura ordem social: "A meu ver todos esses livros, Fourier, Cabet, todos esses 'direitos ao trabalho', esse 'pensamento de Chigaliov', tudo isso parece romances que podem ser escritos aos milhares. Um passatempo estético" (v. 10, p. 313 [395]). Como um verdadeiro revolucionário bakuninista, Piotr se dedica apenas ao trabalho de desarraigar as normas morais e sociais existentes. "Mas hoje precisamos da depravação por uma ou duas gerações", ele diz a Stavróguin, "uma depravação inaudita, torpe, daquela em que o homem se transforma num traste abjeto, covarde, cruel, egoísta [...]. Eu não me contradigo. Contradigo apenas os filantropos e chigaliovianos, mas não a mim. Sou um vigarista e não um socialista" (v. 10, p. 325 [410]).

Marx e Engels fazem a mesma distinção e estavam de pleno acordo com a separação feita por Dostoiévski entre as táticas de Nietcháiev e o socialismo tal como *eles* o entendiam. Com efeito, eles usaram a propaganda de Bakúnin-Nietcháiev como uma das armas para expulsar Bakúnin e seus seguidores da Primeira Internacional. "Esses anarquistas que querem destruir tudo", sentenciaram, "que desejam reduzir tudo ao amorfismo para substituir a moral pela anarquia, levar a imoralidade burguesa ao seu extremo final."[12]

O maquiavelismo sistemático de Nietcháiev era estranho a outros grupos radicais então existentes, e a relação de Piotr Vierkhoviénski com os membros e simpatizantes de sua organização clandestina é de luta contínua para superar a oposição e a desconfiança deles. Nenhum participante da reunião concorda com Piotr, mas ele os intimida e os submete jogando com a vaidade e a curiosidade deles: todos concordam em ir "adiante a todo vapor", a fim de ouvir sua "comunicação" misteriosa da organização todo-poderosa que alega representar. Pouco antes do assassinato de Chátov, até mesmo os membros do círculo íntimo de Piotr estão em pânico — o incêndio, os vários assassinatos já cometidos, os tumultos e desordens — e decidem exigir de Piotr uma "uma explicação categórica", e se ele "se esquivasse, então seria o caso de até desfazer o quinteto, contanto que em seu lugar fundassem uma nova sociedade secreta de 'propaganda de ideias', mas já em nome próprio, sobre princípios isonômicos e democráticos" (v.

10, pp. 415-6 [529]). Chigaliov, no último momento, se recusa a ter alguma coisa a ver com o assassinato, por uma questão de princípio; Virguínski nunca para de protestar, mesmo enquanto o crime está ocorrendo. Por mais desagradáveis ou ridículos que Dostoiévski os represente, os membros do quinteto não acreditam na amoralidade sistemática e na destruição universal como panaceia para os males da ordem social.

Sem dúvida, a sátira de Dostoiévski não é muito mais branda com Chigaliov do que é em relação a Piotr Vierkhoviénski, mas ele admitia a gama existente de opiniões radicais. Nas anotações de Dostoiévski, Chigaliov se chama inicialmente Záitsev — o mesmo crítico radical V. A. Záitsev que nas páginas da revista liberal *A Palavra Russa* havia argumentado que, sem a proteção da escravidão, a raça negra estaria condenada à extinção devido à sua inerente inferioridade. No começo, Chigaliov também é um honesto radical democrático que, para sua consternação, acaba defendendo a "escravidão" das massas a uma elite radical onipotente e confessa: "Enredei-me nos meus próprios dados, e minha conclusão está em franca contradição com a ideia inicial da qual eu parto. Partindo da liberdade ilimitada, chego ao despotismo ilimitado" (v. 10, p. 311 [391]).

Os pontos de vista do radical Záitsev derivavam de seu darwinismo social, e há uma alusão a essa doutrina quando Chigaliov afirma que todos os pensadores sociais anteriores "foram sonhadores, fabulistas, tolos, que se contradiziam e não entendiam nada de ciências naturais nem desse estranho animal que se chama homem" (v. 10, p. 311 [391]). A própria teoria de Chigaliov para alcançar "o paraíso terrestre" é inegavelmente biológica, ainda que seja apresentada apenas numa versão abreviada. (Ele pede solenemente dez reuniões para expô-la de modo adequado, mas, infelizmente, a revolução não pode esperar!) Um "professor coxo" que leu seu manuscrito explica a ideia principal:

O sr. Chigaliov [...] propõe, como solução final do problema, dividir os homens em duas partes desiguais. Um décimo ganha liberdade de indivíduo e o direito ilimitado sobre os outros nove décimos. Estes devem perder a personalidade e transformar-se numa espécie de manada e, numa submissão ilimitada, atingir uma série de transformações da inocência primitiva, uma espécie de paraíso primitivo, embora, não obstante, continuem trabalhando. As medidas que o autor propõe para privar de vontade os nove décimos dos homens e transformá-los em manada através da reeducação de gerações inteiras são excelentes, baseiam-se em dados naturais e são muito lógicas". (v. 10, p. 312 [393-4])

Pode-se imaginar que Dostoiévski simplesmente deixou sua fantasia satírica correr solta à maneira de Swift e que não podia existir uma fonte textual para o plano de Chigaliov de criar "o paraíso terrestre" mediante a criação socialista seletiva. Mas a verdade é que essa fonte existe no jornalismo radical da década de 1860, e a familiaridade de Dostoiévski com todas as variedades dessa vertente jornalística torna mais do que provável que tenha lançado mão dela para seus propósitos. Podemos encontrá-la nos textos de P. N. Tkatchov, um de cujos primeiros artigos Dostoiévski publicou em *O Tempo*, e que se associara a Nietcháiev na agitação dos estudantes de Petersburgo em 1869. Juntos, eles escreveram um *Programa de atividades revolucionárias*, o que levou à prisão de Tkatchov junto com os seguidores de Nietcháiev depois do assassinato de Ivánov. Tanto Tkatchov quanto Záitsev desenvolveram as implicações do darwinismo social no contexto radical russo, mas Tkatchov tirou conclusões ainda mais extremadas e de uma desumanidade ainda mais chocante do que o iconoclasta defensor da escravidão dos negros.

Tkatchov aceitava as bases biológicas do darwinismo, mas deplorava as conclusões sociopolíticas que podiam ser tiradas de seus princípios. Se fosse desenfreada e não controlada, argumentou ele, a luta pela existência só poderia conduzir à perpetuação da desigualdade e da injustiça. A justiça só poderia ser alcançada num mundo de igualdade total, mas esse objetivo "não pode de modo algum ser confundido com a igualdade política, jurídica ou mesmo econômica"; antes, significava "uma igualdade orgânica, fisiológica, condicionada pela mesma educação e condições de vida comuns". Essa igualdade, escreveu Tkatchov, era "o objetivo final e único possível da vida humana [...] o critério supremo do progresso histórico e social"; portanto, era "o objetivo absoluto e maior ideal da revolução socialista vindoura".[13] Se Dostoiévski não estava parodiando Tkatchov, trata-se certamente de uma coincidência notável quando Piotr Vierkhoviénski exclama que "Chigaliov é um homem genial", porque ele "inventou a igualdade". "Os talentos superiores não podem deixar de ser déspotas, e sempre trouxeram mais depravação do que utilidade. [...] A um Cícero corta-se a língua, a um Copérnico furam-se os olhos, um Shakespeare mata-se a pedradas — eis o chigaliovismo. Os escravos devem ser iguais: sem despotismo ainda não houve nem liberdade nem igualdade, mas na manada deve haver igualdade, e eis aí o chigaliovismo!" (v. 10, p. 322 [407]).

O objetivo supremo de Piotr Vierkhoviénski é tomar o poder mediante a transformação de Stavróguin em Ivan, o tsarévitche, o falso pretendente ao trono, e desse modo aliciar os camponeses para sua causa revolucionária. Até mesmo aqui, Dostoiévski não se afasta de uma transmutação verossímil da realidade histórica russa no "mito" de sua criação. A ideia de um "tsar escondido" que um dia apareceria para remediar as injustiças do mundo estava profundamente enraizada no imaginário popular russo. Várias vezes, na história da Rússia, uma revolta foi justificada pela alegação de que o tsar reinante era "falso". O monge renegado Grigóri Otrépiev, que liderou a revolta contra Boris Godunov no início do século XVII, alegou ser o "verdadeiro" tsar e o filho assassinado de Ivan, o Terrível. Exatamente a mesma lenda surgiu no final do século XVIII, quando o líder cossaco rebelde Pugatchov alegou ser Pedro III, que havia sido morto numa conspiração da corte. Piotr Vierkhoviénski pretende explorar os mais profundos recessos históricos da imaginação popular russa e usar a condição quase religiosa do tsar para conseguir sua derrubada, no interesse da revolução social.

Essa é uma parte do sólido fundamento histórico sobre o qual Dostoiévski construiu o que parece ser seu arcabouço ficcional mais extravagante. Uma das acusações mais comuns feitas contra *Os demônios* nas primeiras resenhas mais hostis era que o livro não passava de um produto do "talento psiquiátrico" de Dostoiévski — sua propensão, notada havia muito tempo e duramente criticada por Bielínski, a preocupar-se com o que só poderiam ser considerados personagens anormais e psicopatológicos. Mas Dostoiévski estava convencido, e o tempo provou que ele estava certo, de que seu "realismo fantástico" penetrava mais fundo nos problemas da vida russa do que a apresentação superficialmente mais verossímil e uniformemente mediana preferida por seus contemporâneos literários. Ao dar livre curso à sua "fantasia", no entanto, ele sabia que as acusações de seus críticos poderiam ser justificadas, a menos que fizesse um grande esforço para ancorar seus voos no "realismo" que tentamos documentar; a seguir, mostraremos que ele tomou com a cultura russa o mesmo cuidado que teve com o "mito" de Nietcháiev e seu grupo.

O caso Nietcháiev e suas ramificações são apenas um dos fios histórico-ideológicos que se entrelaçam em *Os demônios*. Outro é o confronto satírico entre

Stiepan Trofimovitch Vierkhoviénski e seu filho niilista Piotr. Ainda que, no texto final, esse encontro tenha assumido lugar secundário, Dostoiévski conseguiu fazer em *Os demônios* um dos dois retratos clássicos da literatura russa dessa importante batalha entre as gerações.

Em *Pais e filhos* (1862), Turguêniev descrevera as primeiras salvas de artilharia, mas Stiepan Trofimovitch está muito mais próximo da figura central de *Rúdin* (1856) que de qualquer outro personagem que represente o confronto que se dá com Bazárov. Tal como Stiepan Trofimovitch, Rúdin também é um idealista romântico da década de 1840 — um espírito genuinamente puro e nobre, mas fraco demais para viver de acordo com suas frases elevadas e ideais reluzentes. Desse modo, *Os demônios* pode parecer uma disputa entre dois personagens de Turguêniev, numa fase posterior da vida deles, quando Rúdin já se transformara num *poseur* encantador e extravagante que se autoelogiava e Bazárov passara a ser um fanático implacável. Sabemos que Dostoiévski concordou entusiasticamente com a observação de Máikov de que seus personagens pareciam "heróis de Turguêniev envelhecidos".

Os demônios tem, assim, uma dimensão literário-cultural muitíssimo importante, que inclui sua relação tanto com romances de Turguêniev como com o próprio Turguêniev (caricaturado de forma maliciosa, mas irresistível, na figura de Karmazínov). Além disso, abrange também toda uma gama de outros fenômenos literários, morais, filosóficos e culturais cuja riqueza só encontra paralelo, no romance do século XIX, em *Ilusões perdidas*, de Balzac, e em *A educação sentimental*, de Flaubert. O livro é quase uma enciclopédia condensada da cultura russa do período por ele coberto, filtrada através de uma fulminante perspectiva derrisória e, muitas vezes, grotescamente engraçada, e cria um notável "mito" dos principais conflitos dessa cultura, reconstruídos sobre uma base sólida de personagens e acontecimentos históricos.

A figura de Stiepan Trofimovitch, como vimos, tem origem sobretudo em T. N. Granóvski, um historiador da década de 1840 já meio esquecido em 1869. Dostoiévski estimava a imagem desse autor graças ao retrato que dele fez Herzen em *Meu passado e pensamentos*. Em um capítulo famoso, Herzen descreve o fim de sua amizade com Granóvski, no verão de 1846. Foi o momento fatídico em que Bielínski e Herzen se tornaram ateus militantes, mas Granóvski se recusou a seguir o mesmo caminho emocionalmente dilacerante. "Jamais aceitarei sua ideia dessecada e fria da identidade entre corpo e espírito", ele teria dito, segundo

Herzen; "com isso, a imortalidade da alma desaparece. Talvez você não precise disso, mas eu tive de enterrar coisas demais para desistir dessa crença. Para mim, a imortalidade pessoal é uma necessidade."[14] Dostoiévski, que se agarrava com tenacidade à esperança da imortalidade pessoal, viu em Granóvski uma alma gêmea: ali estava um ocidentalista liberal que se recusava a renunciar ao último santuário da fé religiosa. Foi exatamente essa figura, com todas as suas contradições internas, oscilações e incertezas, que Dostoiévski quis destacar como o precursor — bem como o adversário estupefato — do niilismo amoral exibido pela nova geração de Bazárovs.

As fontes para Stiepan Trofímovitch-Granóvski podem ser encontradas não só na personalidade e na biografia do historiador moscovita, que morreu em 1855, mas também, e de forma mais ampla, nas controvérsias que começaram em meados de 1858, quando a tensão entre as gerações explodiu na esfera pública. Os porta-vozes dos novos e vociferantes intelectuais *raznotchíntsi*, Tchernichévski e Dobroliúbov, desencadearam uma avalanche de artigos depreciativos contra a geração dos anos 1840, que foi acusada de fraca e indecisa; seus membros eram escravos de princípios grandiloquentes que só serviram para reforçar seu egoísmo e sua vaidade:

> As pessoas *daquela* geração estavam possuídas por aspirações grandiosas, mas um tanto abstratas. Elas lutavam pela verdade, ansiavam pelo bem, eram fascinadas por tudo que é belo; porém mais elevado para elas era o *princípio*. [...] Afastando-se dessa forma da vida real e condenando-se a servir ao princípio, não conseguiram avaliar verdadeiramente sua força e assumiram muito mais do que podiam realizar. Daí sua posição eternamente falsa, sua eterna insatisfação consigo mesmas, suas eternas frases grandiosas de aprovação e encorajamento de si mesmas e seu eterno fracasso em qualquer atividade prática. Pouco a pouco, afundaram-se em seu papel passivo e, de tudo o que tinham sido antes, preservaram apenas uma inflamabilidade juvenil, sim, e o hábito de conversar com pessoas bem-nascidas sobre boas maneiras e sonhar com uma pequena ponte sobre o córrego [isto é, reformas e melhorias locais, insignificantes].[15]

Não se poderia esboçar melhor perfil do personagem de Stiepan Trofímovitch; *tudo* o que restava a Dostoiévski era completar os traços.

Esses ataques dificilmente deixariam de provocar uma resposta, e logo veio a de Herzen, que fora o inspirador original e propagador de todas as correntes radicais e socialistas de pensamento existentes na Rússia na década de 1860. É possível que Granóvski tenha fornecido um modelo para Stiepan Trofímovitch, mas o padrão de sua oposição a Piotr, como "pai" horrorizado de um "filho" niilista, se baseia historicamente na recusa intransigente de Herzen a submeter-se à geração da década de 1860. Como sabemos, no momento em que Dostoiévski estava trabalhando nos primeiros rascunhos de *Os demônios*, Herzen estava muito presente na cabeça do romancista. Sua morte em janeiro de 1870 levou Strákhov a escrever imediatamente uma importante série de artigos que resumiam sua carreira, os quais foram publicados quase ao mesmo tempo que Dostoiévski decidiu escrever um "romance-panfleto".

Já citamos a reação de Dostoiévski a esses artigos; aqui precisamos lembrar apenas sua observação de que "a principal essência de toda a atividade de Herzen [era] que ele foi, sempre e em toda parte, *sobretudo um poeta*". É esse aspecto de sua natureza, acreditava Dostoiévski, que explica "até mesmo sua irreverência e inclinação a fazer trocadilhos sobre as mais elevadas questões morais e filosóficas (que, por sinal, é muito revoltante nele)".[16] Esse comentário indica o quanto Stiepan Trofímovitch e Herzen se misturaram na imaginação de Dostoiévski, pois o aspecto que desagradava Dostoiévski em Herzen também desagrada o narrador em Stiepan Trofímovitch. "Por que não pode haver pelo menos esta semana sem um domingo — *si le miracle existe?*" — exclama o último em desespero, prevendo um encontro com a temível Varvara Petrovna Stavróguina naquele dia fatídico. "Ora, o que custaria à Providência riscar do calendário pelo menos um domingo, bem, ao menos para demonstrar sua força a um ateu, *et que tout soit dit!*" "Ele não seria o próprio", comenta o narrador com acidez, "se passasse sem esse livre pensar barato e figurado, que tanto florescera em sua época" (v. 10, p. 100 [128]).

Os supérfluos e os biliosos (1860), de Herzen, foi a primeira resposta da geração da década de 1840 ao ataque de seus detratores, e, como Stiepan Trofímovitch, Herzen falou pelos pais, ou pelo menos por aqueles entre eles que se recusaram a abdicar do direito ao respeito paterno. Expressando a atitude dos filhos "biliosos", seu porta-voz sem nome (Tchernichévski) observa sarcasticamente que os "homens supérfluos" da década de 1840 "foram educados de maneira diferente, o mundo em torno deles era sujo demais, não era encerado o suficiente, maculado por mãos e pés. Era muito mais agradável para eles queixar-se de seu destino infeliz e, enquanto isso, comer e beber em paz".[17] Essas foram exatamente as palavras de Piotr sobre seu pai, e este é sem dúvida seu tom de superioridade e de desprezo.

Assim como Stiepan Trofímovitch volta para casa confuso depois da tentativa de reaparecer em Petersburgo no início dos anos 1860, tendo sido descartado pela nova geração de radicais como *"un vieux bonnet de coton"* [um velho gorro de algodão], do mesmo modo Herzen é rejeitado por Tchernichévski como semelhante a "um belo esqueleto de mamífero [...] que tivesse sido desenterrado e pertencesse a um mundo diferente, com um sol diferente e diferentes árvores". Mas Herzen, recusando-se a ser jogado com tanta facilidade na lata de lixo da história, rejeita com teimosia a obrigação de dizer adeus, em nome da utilidade e da revolução, à importância do seu próprio passado e à da humanidade como um todo, pois se a visão bitolada da década de 1860 for aceita, então, como diz Herzen em palavras eloquentes que Stiepan Trofímovitch repetirá, "adeus, não só às Termópilas e ao Gólgota, mas também a Sófocles e Shakespeare, e, além disso, a todo o longo e interminável poema épico que sempre termina em tragédias desvairadas e sempre volta a prosseguir com o título de história".[18]

Apesar da divergência a respeito de tática, particularmente após a tentativa de Karakózov de assassinar Alexandre II, reprovado em *O Sino* por Herzen, este insistiu que os objetivos do movimento radical russo nativo, que tinha em Tchernichévski seu líder, não diferiam dos que ele havia defendido no exílio, e instou a que as duas gerações seguissem em frente de mãos dadas. Essa exortação à unidade provocou uma resposta furiosa de um dos líderes da "nova emigração", Aleksandr Sierno-Soloviótvitch, que rejeitou Herzen com ainda mais sem-cerimônia do que Tchernichévski fizera. Em palavras que antecipam notavelmente as de Dostoiévski, ele declarou que Herzen era apenas mais um *vieux bonnet de coton*, como Stiepan Trofímovitch:

> O senhor é um poeta, um artista [...] um contador de histórias, um romancista, qualquer coisa que quiser, mas não um político. [...] Sem perceber que foi deixado para trás, bate suas asas enfraquecidas com toda a força; e então, quando vê que as pessoas estão rindo do senhor, fica enfurecido e acusa a nova geração de ingratidão com seu líder, com o fundador de sua escola, o primeiro sumo sacerdote do socialismo russo. [...] Desça à terra: esqueça que é um grande homem; lembre-se de que as medalhas com sua efígie não foram cunhadas por uma posteridade agradecida, mas pelo senhor mesmo com sua riqueza manchada de sangue. [...] sr. Herzen, o senhor é um homem morto.[19]

Herzen não deu uma resposta direta a esse panfleto injurioso e ofensivo. Em vez disso, enviou-o, junto com uma carta, para Bakúnin, cujo apoio indiscriminado à geração mais jovem o levaria, mais tarde, a associar-se com Nietcháiev. Na opinião de Herzen, Sierno-Solovióvitch "é um insolente e um tolo, mas o pior é que os jovens russos, em sua maioria, *são iguais* e somos os únicos que contribuíram para torná-los *assim*. [...] Isso não é niilismo. Niilismo é um grande fenômeno na evolução do pensamento russo. Não. Trata-se de nobres despossuídos, do oficial reformado, do escriba da aldeia, do padre local e do pequeno proprietário de terras disfarçados".[20]

Dostoiévski lera os discursos de Sierno-Solovióvitch, e o jovem radical é mencionado, ao lado de Nietcháiev (nenhum outro é identificado), entre os que pertencem à "vara de porcos" infectados pelos "demônios" que "saíram do corpo do homem russo". É evidente que Dostoiévski não podia ter conhecimento da carta de Herzen, mas foi capaz de intuir, com notável percepção, exatamente a sua mistura de consternação e culpa. "Sei que a ideia básica do autor está correta", diz Stiepan Trofímovitch sobre *O que fazer?*, o "catecismo" dos niilistas, "mas veja que isso é ainda mais horrível. É a nossa mesma ideia, justamente a nossa; fomos nós os primeiros que a plantamos, que a fizemos crescer, que a preparamos — então, o que eles poderiam dizer de novo depois de nós? Oh, Deus, como tudo está expresso, deturpado, estropiado [...]. Era a essas conclusões que nós visávamos? Quem pode identificar aí o sentido inicial?" (v. 10, p. 238 [301]).

A última obra importante de Herzen, *Cartas a um velho camarada* (1869), foi escrita expressamente para neutralizar a torrente turbulenta de vandalismo que vinha através da propaganda de Bakúnin-Nietcháiev. Essas cartas abertas dirigidas a Bakúnin foram incluídas numa coletânea de escritos póstumos de Herzen que Dostoiévski deve ter se apressado em adquirir. "Os clamores selvagens que nos exortam a fechar os livros, a abandonar a ciência e a nos engajar num combate absurdo de destruição", escreveu Herzen, "pertencem à demagogia mais incontrolável e funesta. Eles sempre provocam o deflagrar das piores paixões. Fazemos malabarismos com palavras terríveis, sem pensar em todo o mal que fazem à causa e àqueles que as escutam."[21] Herzen certamente não acreditava que o movimento de Bakúnin-Nietcháiev, que levou ao assassinato de Ivánov, fosse apenas um episódio isolado e aberrante, e achava que era seu dever levantar a voz contra as terríveis consequências que conseguia prever com tanta clareza.

Pode-se imaginar a satisfação de Dostoiévski ao ler as palavras condenatórias de Herzen, que para ele poderiam muito bem ter soado como uma autodenúncia e uma retratação. E embora não precisasse que Herzen lhe ensinasse o valor da arte e da cultura (ele as defendera contra Bielínski, em 1849, e Dobroliúbov, em 1861), Dostoiévski com certeza teria se sentido gratificado por ver que Herzen se alinhava de forma tão fervorosa contra a iconoclastia (no sentido literal da palavra) pissarieviana que se tornara endêmica entre a geração da década de 1860. "Coitada da revolução pobre de espírito e fraca significado da arte", exclama Herzen, "que fará de tudo o que foi adquirido com o tempo uma oficina deprimente, e cujo único interesse seria a subsistência e nada além da subsistência!" Impossível não lembrar aqui o notório lema de Piotr Vierkhoviénski: "Só o indispensável é indispensável — eis a divisa do globo terrestre daqui para frente" (v. 10, p. 323 [407-8]). Continua Herzen:

> A força de destruição desencadeada varrerá, junto com os limites da propriedade, os *picos* de esforço humano que os homens atingiram em todas as direções desde o início da civilização. [...] Com frequência senti isso intensamente quando, tomado por uma tristeza sombria e vergonha até, estive diante de algum guia que me mostrava uma parede nua, uma escultura quebrada, um caixão arrancado de seu túmulo, e repetia: "Tudo isso foi destruído durante a Revolução".[22]

É somente nesse contexto que se pode apreciar em toda a sua integridade a "última palavra" de desafio de Stiepan Trofimovitch em *Os demônios* — uma última palavra gritada para a nova geração que o apupava, ridicularizava e perseguia com tanta impiedade quanto havia perseguido Herzen em seus últimos anos, e à qual ele respondeu com a voz de Herzen e também de Dostoiévski.

> Eu proclamo — ganiu Stiepan Trofimovitch no último grau de arroubo —, proclamo que Shakespeare e Rafael estão acima da libertação dos camponeses, acima da nacionalidade, acima do socialismo, acima da nova geração, acima da química, acima de quase toda a humanidade, porque eles são o fruto, o verdadeiro fruto de toda a humanidade e, talvez, o único que pode existir! É a forma da beleza já atingida, e sem atingi-la eu, talvez, já não concordasse em viver... Oh, Deus! — ergueu os braços — dez anos atrás eu bradava do mesmo jeito em Petersburgo, de cima de um estrado, quase com as mesmas palavras e com o público sem entender quase nada,

rindo e apupando como agora; entes pequenos, o que lhes falta para compreender? (v. 10, pp. 372-3 [472-3]).

Dez anos antes, em *Os supérfluos e os biliosos*, Herzen havia prenunciado essas mesmas palavras, e a festa barulhenta e tumultuada de Dostoiévski, que também inclui outros incidentes e alusões tomados dos tempestuosos eventos do início dos anos 1860, é a sacralização artística desse grave conflito histórico-cultural.

Stiepan Trofímovitch não é a única figura do livro que representa um membro eminente da geração da década de 1840. Nenhuma análise de *Os demônios* estaria completa sem uma discussão da caricatura maliciosa, mas magistral, de Turguêniev no retrato de Karmazínov (*Karmázin*, do francês *cramoisi*, significa carmesim em russo e ridiculariza as supostas simpatias sociopolíticas do Grande Escritor). A caricatura pessoal era comum na ficção russa, e o próprio Turguêniev não havia poupado Bakúnin em *Rúdin*, tampouco uma série de personalidades bem conhecidas (sobretudo Ogariov) em *Fumaça*. Mas para encontrar uma sátira tão extensa de um proeminente personagem literário teríamos provavelmente que conferir o ataque de Dickens a Leigh Hunt, em *A casa soturna*, através do personagem de Harold Skimpole.

Karmazínov não tem nenhuma semelhança física com a bela figura do imponente Turguêniev, mas sob outros aspectos o alvo de Dostoiévski é inconfundível, e ele ridiculariza todos os traços do colega romancista que haviam despertado sua antipatia muito tempo antes. Os ares e modos aristocráticos de Turguêniev, sua preferência por residir na Europa, a demolição da cultura russa que ele faz em *Fumaça*, o pessimismo filosófico revelado mais abertamente em seus poemas em prosa, o egoísmo fastidioso e defensivo que Dostoiévski via manifestar-se de modo mais ostensivo no artigo sobre a execução de Troppman — nada é poupado! O primeiro encontro entre o narrador e o Grande Escritor é seguido por uma paródia derrisória do artigo sobre Troppman, transposta para uma narrativa do naufrágio de um navio ao largo da costa inglesa. Quando jovem, Turguêniev se envolvera em um naufrágio ao largo de Lübeck (escreveu sobre isso em 1883, após a morte de Dostoiévski), e correu um boato pelos círculos literários de que seu comportamento esteve longe de ser heroico.

Tal como aconteceu quando Troppman foi guilhotinado, Karmazínov-Turguêniev está muito mais preocupado com suas próprias reações do que com as vítimas do desastre. "Todo esse artigo é bastante longo e prolixo, e ele o escreveu com a única finalidade de autopromover-se por algum motivo. Lê-se nas entrelinhas: [...] 'Por que ficam olhando para essa afogada com a criança morta nos braços mortos? É melhor que observem a mim, a maneira como não suportei esse espetáculo e lhe dei as costas. Aqui estou de costas; aqui estou tomado de horror e sem forças para olhar para trás; apertando os olhos; não é verdade que isso é interessante?'." E o narrador acrescenta: "Quando transmiti minha opinião sobre o artigo de Karmazínov a Stiepan Trofímovitch, ele concordou comigo" (v. 10, p. 70 [92]).

Embora a vaidade e o narcisismo de Karmazínov sejam, desse modo, exibidos desde o início, seu papel é definido de forma mais ampla pelas tentativas de Turguêniev de recuperar as boas graças da geração dos anos 1860. Em contraste com a defesa franca e firme que Herzen fez de seus próprios valores, depois encarnados em Stiepan Trofímovitch, Turguêniev capitulara vergonhosamente para a intimidação niilista ao dar, de maneira implícita, seu selo de aprovação ao bazarovismo e, por extensão, ao seu mais recente avatar, Serguei Nietcháiev. É evidente que a suposta aprovação de Nietcháiev não era verdadeira em sentido literal, mas no mito simbólico da criação de Dostoiévski ela é perfeitamente defensável. Karmazínov é responsável pelo prestígio de Piotr Vierkhoviénski na sociedade, assim como Turguêniev fora responsável pelo prestígio de Bazárov e de seus descendentes na vida real e atua como mentor e defensor do jovem. "Quando cheguei aqui, assegurei a todo mundo que o senhor é dotado de uma inteligência extraordinária", diz ele a Piotr, "e parece que agora todos andam loucos pelo senhor" (v. 10, p. 286 [358]). Como observou A. S. Dolínin com perspicácia, ainda que Stiepan Trofímovitch seja o pai biológico de Piotr Vierkhoviénski, este é muito mais o "filho espiritual" de Karmazínov.[23]

O auge da ridicularização de Turguêniev por Dostoiévski ocorre durante a cena da festa, quando o condescendente Karmazínov concorda em ler sua obra de despedida ao grupo faminto e faccioso, tendo decidido — ou assim alega — aposentar a pena para sempre após sua última aparição em público. Turguêniev, ao receber uma carta de solidariedade de um amigo após a publicação desse capítulo, respondeu num tom magoado de dignidade comedida: "É certamente curioso que ele tenha escolhido para sua paródia a única obra [*Fantasmas*] que publiquei na revista que ele editava, uma obra pela qual me inundou com uma chuva de

cartas de agradecimento e lisonja. Ainda tenho as cartas. Seria divertido publicá-
-las! Mas ele sabe que não vou fazer uma coisa dessas. Só lamento que ele empre-
gue seu indiscutível talento para satisfazer esses sentimentos repulsivos".[24]

Fantasmas não é, de forma alguma, a principal base para a paródia de Dostoiévski que, na verdade, satiriza outro poema em prosa, *Basta! [Dovolno]*. Turguêniev dá rédeas soltas ao seu temperamento nesses poemas em prosa, cujo
clima dominante, muitas vezes expresso por eventos oníricos incontidos pelos
limites de tempo e espaço, é de desgosto do mundo e de desespero metafísico.
Dostoiévski aponta com precisão para esses aspectos extremamente vulnerá-
veis dos poemas em prosa de Turguêniev, que são fáceis de ridicularizar através
da simples introdução de uma nota de prosaísmo sóbrio em sua fantasia lúgubre. Muitas vezes, ao fazer isso, Dostoiévski também zomba da presunção que
impele o grande gênio a reduzir todos os acontecimentos e incidentes a um reflexo de sua própria angústia existencial. Em uma cena, o poeta parece estar se
afogando depois de cair e atravessar o Volga em degelo, mas então avista "um
minúsculo bloquinho de gelo do tamanho de uma ervilha [...] e [...] esse reflexo, com seu jogo irisado, lembrou-lhe a mesma lágrima que, como te lembras,
rolou dos teus olhos quando estávamos debaixo daquela árvore esmeralda e tu
exclamaste alegremente: 'O crime não existe'. 'Sim' — disse eu entre lágrimas
— 'mas já que é assim, também não existem justos.' Nós soluçamos e nos separamos para sempre" (v. 10, pp. 366-7 [465-6]). Esse trecho é um ataque à adesão
recém-anunciada de Turguêniev ao niilismo, cuja negação moral e metafísica é
aqui retratada num registro ridículo e paródico, e não trágico, como acontece
com Stavróguin.

Em trecho similar, o sublime poeta cava debaixo da Torre Súkhariev, em
Moscou, durante três anos, encontra um monge asceta numa caverna com uma
lamparina acesa diante de um ícone e, de repente, ouve um suspiro.

> Os senhores acham que foi o monge que suspirou? Ele está pouco ligando para o
> vosso monge! Não, esse suspiro pura e simplesmente lembrou-lhe o primeiro suspi-
> ro dela trinta e sete anos antes, quando, estás lembrada [...], na Alemanha, nós dois
> estávamos sentados debaixo de uma árvore cor de ágata, e tu me disseste: "Para que
> amar? Olha, ao nosso redor nasce o limo e eu amo, mas se o limo deixar de nascer,
> eu vou deixar de amar?". (v. 10, p. 367 [466])

Em seguida, Dostoiévski parodia o gosto de Turguêniev por eivar suas páginas de referências eruditas. "Nisso a névoa tornou a formar uma nuvem, apareceu Hoffmann, uma sereia assobiou um trecho de Chopin e num átimo Anco Márcio apareceu no meio da névoa sobre os telhados de Roma, usando uma coroa de louros. Um arrepio de êxtase correu pelas nossas costas e nós nos separamos para sempre, e assim por diante e assim por diante etc. etc." (v. 10, p. 367 [466]).

O narrador de Dostoiévski por fim admite ter dificuldade para entender o que Karmazínov havia lido e termina com uma série de antíteses que reproduzem a confusão moral e espiritual engendrada nesses gênios russos depois que absorveram as conquistas sublimes do pensamento europeu: "O crime existe, o crime não existe; a verdade não existe, os justos não existem; o ateísmo, o darwinismo, os sinos de Moscou; Roma, os louros... mas ele nem sequer acredita em louros... Aí há um ataque de estereótipos de nostalgia byroniana, uma careta tirada de Heine, algo de Pietchórin — e a máquina entra em movimento, move-se, apita..." (v. 10, p. 367 [466-7]). Por trás de tudo isso, o narrador encontra apenas egoísmo do autor e não acredita nem por um instante que, como promete Karmazínov--Turguêniev, vai agora depor sua pena para sempre por desgosto e tristeza. A paródia dos maneirismos literários e fraquezas pessoais de Turguêniev não poderia ser mais mortal e enriquece *Os demônios* com uma exibição deslumbrante de virtuosismo satírico de Dostoiévski.

O coroamento da complexa construção temática de Dostoiévski em *Os demônios* é a figura de Stavróguin. Não se encontra nas anotações do romancista nenhum indício de um protótipo para esse personagem, e durante muito tempo travou-se um debate sobre a possibilidade de ter sido inspirado em Bakúnin. Mas, se quisermos ligar Stavróguin a alguma pessoa real, o candidato mais provável seria a figura enigmática de Nikolai Spiéchniev, que Dostoiévski chamou de seu Mefistófeles na época em que participou do Círculo de Petrachévski. Esse comunista militante foi o centro de um grupo revolucionário secreto de sete membros, entre eles Dostoiévski. Esse grupo agia *dentro* do círculo maior de Petrachévski e tentou manipulá-lo para seus próprios fins, assim como Piotr Vierkhoviénski manipula seu pequeno grupo, e a sociedade em geral, para *seus* fins. Spiéchniev era versado na filosofia então corrente nos círculos progressistas de esquerda, e seus pontos de vista morais e filosóficos são semelhantes aos atribuídos depois a

Stavróguin. Esses pontos de vista são expressos por Spiéchniev em cartas particulares, e é muito possível que tenha enunciado as mesmas ideias no decorrer de conversas com pessoas íntimas, como Dostoiévski.

Spiéchniev acompanhou de perto as controvérsias surgidas entre os hegelianos de esquerda após a publicação de *A essência do cristianismo* (1841) de Feuerbach, e nessas questões ficou do lado do egoísmo totalmente subjetivo de Max Stirner. "O antropoteísmo [a posição de Feuerbach] é também uma religião", escreveu com perspicácia, "apenas diferente. Ele diviniza um novo e diferente objeto [o homem, a humanidade], mas não há nada de novo em relação ao fato de divinização. [...] A diferença entre um Deus-homem e um Homem-deus é realmente tão grande?" Spiéchniev recusava-se a aceitar qualquer autoridade sobre o ego individual e concluía, portanto, que não existem critérios objetivos para tudo. "Categorias como beleza e feiura, bom e mau, nobre e baixo sempre foram e sempre serão uma questão de gosto."[25]

Essas palavras deveriam ser confrontadas com a confissão de Stavróguin no capítulo suprimido intitulado "Com Tíkhon", no qual explica que

> pela primeira vez em minha vida formulei o que parecia ser a regra da minha vida, ou seja, que não conheço nem sinto o bem e o mal e que não só perdi qualquer noção disso, como também não existe nem o bem nem o mal (o que me agradou), e que se trata apenas de um preconceito: que posso ser isento de qualquer preconceito, mas que depois que alcanço esse grau de liberdade, estou liquidado. (v. 12, p. 113)

A conclusão do próprio Dostoiévski é que essa doutrina levará à autodestruição; de outro modo, a negação de qualquer diferença entre o bem e o mal feita por Stavróguin coincide notavelmente com a de Spiéchniev. Com efeito, a violação abominável da pequena Matriócha é de fato um terrível experimento projetado para testar essas ideias na prática. Há, portanto, todos os motivos para acreditar que Dostoiévski relembrou algumas das características de Spiéchniev, seu iniciador na revolução clandestina e no niilismo moral e metafísico, quando o amorfo "príncipe" dos primeiros rascunhos começou a evoluir para Stavróguin.

Mas, assim como Piotr Vierkhoviénski não é Nietcháiev, nem Stiepan Trofímovitch é apenas Granóvski, tampouco devemos identificar Stavróguin com Spiéchniev, pois Dostoiévski "mitifica" esse protótipo numa imagem do condenado e glamoroso dândi byroniano russo que frequentou a literatura das décadas de 1820 e 1830. Havia muito tempo que Dostoiévski interpretara a imensa importância cultural, moral e religiosa do tipo byroniano russo como um indício das mudanças subterrâneas em curso na psique nacional. Encontramos essa interpretação de forma mais ampla e explícita em alguns dos artigos que escreveu para *O Tempo*, em 1861, nos quais afirmava que *Evguiêni Oniéguin*, de Púchkin, era a personificação de uma crise importante na história do espírito russo: "Oniéguin pertence precisamente àquela época de nossa vida histórica marcada pelos primeiros sinais de nossa consciência angustiada e [...] nossa incerteza angustiada quando olhamos ao nosso redor. [...] Esse foi o começo da época em que nossos homens proeminentes se separaram acentuadamente em dois campos [eslavófilos e ocidentalistas] e depois travaram uma guerra civil violenta" (v. 19, p. 10). A crise é a do espírito russo, que, depois de embeber-se da cultura europeia, percebe que perdeu suas raízes nativas e, em consequência, volta-se sobre si mesmo com ceticismo destrutivo. "O ceticismo de Oniéguin continha em seu próprio princípio algo trágico e, às vezes, expressava-se com ironia maliciosa" (v. 19, p. 11).

Oniéguin, como Stavróguin mais tarde seria, era um membro da pequena nobreza russa, o grupo que "mais se alienara de sua terra natal, e no qual os elementos externos da civilização tinham atingido seu máximo desenvolvimento" (v. 19, p. 11). É uma prova de elevação moral de Oniéguin o fato de ele não conseguir se saciar com as satisfações fáceis dos prazeres mundanos ou da posição social; ele sofre verdade com o vazio interior de sua vida. E sofre porque não sabe com que se ocupar, "nem mesmo sabe o que respeitar, embora esteja firmemente convencido de que existe alguma coisa que deva ser respeitada e amada. Mas [...] ele não respeita nem mesmo sua sede de vida e de verdade. [...] Torna-se um egoísta e, ao mesmo tempo, ridiculariza-se a si mesmo porque nem mesmo sabe sê-lo" (v. 19, pp. 11-2).

Esse tipo entra então na consciência da sociedade russa e desenvolve variações novas e mais virulentas a cada geração que chega.

> No personagem de Petchórin [de Liérmontov] atingiu um estado de malignidade insaciável, biliosa, e de um estranho contraste, no mais alto grau original e russo, de uma contradição entre dois elementos heterogêneos: um egoísmo que vai aos limites da adoração de si mesmo e um desprezo maligno por si próprio. E sempre essa sede de verdade, e sempre o mesmo e eterno "nada a fazer!". Por raiva e como que

por escárnio, Petchórin se entrega a um comportamento estranho e ultrajante que o leva a uma morte estúpida, ridícula e inútil. (v. 19, p. 12)

O desenvolvimento mais extremado e inflexível desse tipo, que experimenta com frieza os confins da perversidade moral e da autodegradação, é, naturalmente, o próprio Stavróguin.

Quando se analisa Stavróguin dessa perspectiva, não é difícil compreender por que ele assumiu tamanha importância nos primeiros rascunhos de Dostoiévski. À medida que seus contornos emergiam do personagem inexpressivo do príncipe, Dostoiévski foi tomado pela tentação de estender sua perspectiva histórica para trás no tempo e ligar os conflitos dos anos 1840 e 1860 com o tipo byroniano dos anos anteriores — a primeira manifestação dos efeitos desintegradores da influência ocidental na psique cultural russa depois que essa influência tinha sido absorvida em sua totalidade. Ali estava a origem da negação da Rússia que culminara no abominável Nietcháiev e, uma vez que para Dostoiévski a ideia da Rússia era inseparável da ideia do Cristo russo e da fé ortodoxa, a tragédia de Stavróguin — como a de Oniéguin e de Petchórin, do modo como a concebia — assume a forma de uma crise moral e religiosa. Trata-se da busca de uma fé absoluta que se submeteu às lisonjas do Iluminismo europeu e ainda não pode ser recapturada, apesar da necessidade torturante de uma "nova verdade".

Esse significado sociocultural do byronismo de Stavróguin sugere um sentido mais específico e concreto para a afirmação um tanto vaga de Dostoiévski de que "os demônios saíram do homem russo e entraram nos Nietcháievs e Sierno--Solovióvitchs". É Stavróguin — ou o tipo de que ele é a maior encarnação — o "homem russo" no sentido mais pleno dessa expressão para Dostoiévski, e é esse tipo que, historicamente, deu origem a todos os "demônios" ideológicos que infestaram a cultura russa desde então. Mas o papel histórico de Stavróguin de fonte original dos "demônios" ficou obscurecido porque Dostoiévski mantém a estrutura da trama que faz dele um pupilo de Stiepan Trofímovitch, invertendo assim a anterioridade do tipo Oniéguin à geração dos anos 1840. É possível que, se tivesse conseguido usar o capítulo "Com Tíkhon" e assim revelar todo o alcance ideológico da suprema tentativa de Stavróguin de anular os limites do bem e do mal, Dostoiévski poderia ter permitido que ele assumisse a responsabilidade explícita pelos "demônios", apesar do anacronismo envolvido. Uma vez que a cena da leitura dos Evangelhos, na qual Stiepan Trofímovitch se declara responsável pelos "demônios", não fazia parte do manuscrito original, essa possibilidade não pode ser excluída.

De qualquer modo, a posição cultural simbólica de Stavróguin ajuda a lançar luz sobre as particularidades intrigantes de sua relação com Kiríllov e Chátov, muitas vezes consideradas arbitrárias e enigmáticas. Dostoiévski não podia imaginar o tipo byroniano sem pensar também nas duas ideologias concorrentes dos ocidentalistas e eslavófilos, que haviam oferecido respostas divergentes para seus dilemas morais e espirituais, e a estrutura da ligação de Stavróguin com essas figuras, bem como a própria mistura peculiar de amizade no passado seguida de aversão, é facilmente compreensível quando vista nesses termos histórico-culturais. Dostoiévski dramatiza essas ideologias estritamente em relação ao problema da fé religiosa que, em sua visão, estava na raiz das angústias do tipo byroniano. As crenças tanto de Kiríllov como de Chátov, sendo derivadas da fonte contaminada de Stavróguin, são apresentadas como substitutos seculares da fé religiosa genuína e espontânea que ambos, tal como seu mentor, desejam mas não conseguem atingir.

Em Kiríllov, que é uma de suas maiores inspirações, Dostoiévski concentra todo o páthos e a grandeza do humanismo ateu inspirado por Feuerbach, com sua doutrina de que o Homem-deus — isto é, toda a humanidade — poderia tomar o lugar do tradicional Deus-homem. Chátov representa a concepção de Dostoiévski de que até mesmo os eslavófilos, apesar de sua adesão declarada à fé ortodoxa russa, ainda estavam ocidentalizados demais para aceitar o Cristo russo com uma total aquiescência interior. Essa opinião sobre o eslavofilismo fora recentemente reforçada pela publicação de *A Rússia e a Europa*, de Daniliévski, obra em que o escritor ex-fourierista e ex-feuerbachiano afirmara que Deus era a "personalidade sintética" de cada pessoa, assim como, para Feuerbach, Deus era a "personalidade sintética" da humanidade — em outras palavras, uma criação da própria humanidade, e não uma verdade divina que transcendia a razão. As ideias que Chátov tomou de Stavróguin, e que depois repete para seu mestre, transcrevem essa versão eslavófila do pensamento de Feuerbach diretamente das páginas do livro de Daniliévski. Dostoiévski, como sabemos, concordava politicamente com a glorificação que Daniliévski fazia da servidão e da Rússia como base de uma nova cultura mundial, mas estava preocupado com o fato de o escritor não reconhecer a missão religiosa universal da ortodoxia. Assim, Chátov incorpora a crítica de Dostoiévski a Daniliévski, e quando transforma o povo russo em deus, isso se encaixa com muita clareza na incapacidade trágica de Stavróguin, cujas ideias Chátov está repetindo, de alcançar a humildade da submissão a uma fé *religiosa* redentora.

Um outro contexto, proporcionado pela Guerra Franco-Prussiana, também ajuda a enriquecer o significado simbólico de Stavróguin. Dostoiévski ficara horrorizado e enraivecido com as chamas que consumiram Paris nos últimos dias da Comuna. A respeito dos *communards,* a quem considerava responsáveis pelo incêndio, ele disse: "Para eles (e muitos outros) essa monstruosidade não parece loucura, mas, ao contrário, *beleza.* A ideia estética da humanidade moderna ficou obscurecida".[26] Essas palavras estão sem dúvida relacionadas com a cena em que Piotr Vierkhoviénski, quando se entusiasma com a "beleza" de Stavróguin, se revela um fanático apaixonadamente visionário e não apenas um estrategista frio e cruel do terror. "Stavróguin, você é belo!" — bradou Piotr Stiepanovich, quase em êxtase. [...] "Amo a beleza. Sou niilista, mas amo a beleza. Porventura os niilistas não amam a beleza? Eles só não gostam de ídolos, mas eu amo o ídolo!" (v. 10, p. 323 [408]). Para Dostoiévski, a verdadeira beleza se encarnara no mundo através de Cristo, e compará-lo com a destruição violenta era a perversidade em seu mais alto grau.

Desse modo, a figura calma e impassível de Stavróguin está cercada, na imaginação de Dostoiévski, do halo infernal das chamas que haviam recentemente crepitado na cidade-coração da civilização ocidental. Foi ele quem trouxe para a Rússia toda a "beleza" dessa negação idólatra, a qual, se não fosse contida pela "beleza autêntica" de Cristo, acenderia na Santa Rússia a mesma tocha de destruição que já estava devastando o Ocidente. A "beleza" de Stavróguin é a beleza do demoníaco, a beleza de Lúcifer no *Caim* de Byron, que, como Herzen escreveu de forma inesquecível, "é o anjo sombrio das trevas, em cuja fronte brilha com um fulgor opaco a estrela de pensamento amargo, cheio de discórdias internas que nunca podem ser harmonizadas". Ele seduz como "a água parada, banhada pela luz da lua, que não promete nada além de morte em seus abraços, incômodos, frios, bruxuleantes".[27]

45. O livro dos impostores

Os demônios, como sabemos, era, de início, um "romance-panfleto" no qual Dostoiévski iria desencadear toda a sua fúria satírica contra os niilistas. Portanto, não surpreende que, de todas as suas obras mais importantes, esse romance contenha a maior proporção de caricaturas satíricas e paródias ideológicas. Isso fica logo evidente na retórica do relato do narrador sobre a carreira de Stiepan Trofimovitch, que ao mesmo tempo o exalta e o desmoraliza. Uma vez que sente uma simpatia genuína por Stiepan Trofimovitch, o narrador começa por delinear a imagem elevada e enobrecedora que o ilustre tem de si próprio. Mas a destrói imediatamente ao revelar a natureza exagerada e até mesmo ilusória de muitas das poses que ele assume (a de suposto "exilado político", por exemplo, que não era exilado de modo algum, ou a de notável estudioso cuja "notoriedade" era sobretudo fictícia). "Entretanto, ele era um homem inteligentíssimo e talentosíssimo", afirma o narrador, "um homem, por assim dizer, de ciência… bem, numa palavra, em ciência ele não fez muita coisa e, parece, não fez nada vezes nada. Acontece, porém, que aqui na Rússia isso ocorre a torto e a direito com os homens de ciência" (v. 10, p. 8 [16]).

Na verdade, lembra o narrador, um famoso artigo escrito por Stiepan Trofimovitch continha "o início de uma pesquisa profundíssima — parece que sobre as causas da nobreza moral inusitada de certos cavaleiros em uma certa época ou qualquer coisa desse gênero" (v. 10, p. 9 [17]). Essa escolha do tema define a elevação sublime dos próprios ideais de Stiepan Trofimovitch, que também são ilustrados pelo relato do cronista sobre seu poema em prosa, escrito em algum momento da década de 1830. Descrito como "uma espécie de alegoria em forma lírico-dramática" (v. 10, p. 9 [18]), o poema parodia *O triunfo da morte*, de Vladímir Petchórin, e é o primeiro anúncio do simbolismo dominante do livro:

> Em seguida, aparece subitamente em um cavalo preto um jovem de uma beleza indescritível, seguido de um número monstruosamente grande de gente de todas as nacionalidades. O jovem representa a morte e todos os povos estão sequiosos dela. Finalizando, na última das cenas aparece súbito a Torre de Babel, alguns atletas finalmente estão acabando de construí-la entoando o canto de uma nova esperança, e quando concluem a construção até da própria cúpula, o possuidor — do Olimpo, suponhamos — foge de maneira cômica, e a humanidade, que se dera conta e se apossara do lugar dele, começa imediatamente uma nova vida com uma nova convicção das coisas. (v. 10, p. 10 [19])

Essa paródia contém o tema principal do livro e prefigura o aparecimento de Stavróguin. Ele também é de uma "beleza indescritível"; ele também é morte e não vida; ele também é seguido, se não por multidões de todas as nações, pela multidão de todos aqueles que o olham em busca de inspiração. Ele também acredita que o homem pode tomar o lugar, não do senhor do Olimpo, que não tem relação alguma com a Torre de Babel, mas do Deus do Antigo Testamento e seu Filho do Novo Testamento. Stavróguin é o pretendente e o impostor que aspira ao trono de Deus, assim como no poema o jovem que representa a morte aspira a ser a fonte da vida. Assim, tudo o que provém dele é marcado com o selo da suprema falsidade e do engano, e conduz à morte. Ele é um fac-símile falsificado e fraudulento da verdade; e esse simbolismo do usurpador, do fingidor, do impostor está presente em todos os aspectos do livro, subjacente a todos os seus atos e ligando-os entre si.

Sem dúvida, ninguém tem mais de impostor — mais de velho farsante adorável e encantador — do que Stiepan Trofimovitch. Dostoiévski pinta-o com tamanha abundância de traços que é difícil fazer justiça a todos, mas cada um deles reforça a discrepância cômica entre suas posturas retóricas e suas condutas práticas egocêntricas. Tampouco Dostoiévski deixa de permitir, apesar de sua aversão pessoal ao niilismo, que Piotr Vierkhoviénski destrua as poses de seu pai com precisão mortal. Mas isso só serve para tornar o velho e volúvel idealista ainda mais simpático e atraente. Seja qual for a base material da sua existência, ele nunca a explorou de forma vil; ao ceder a suas fraquezas, sempre tem consciência de que não é digno dos grandes ideais que proclama e venera. Em outras palavras, Stiepan Trofímovitch nunca permitiu que sua consciência se embotasse — e isso, para Dostoiévski, sempre deixa o caminho aberto para a salvação.

Até a idade de dezesseis anos, Stavróguin foi aluno de Stiepan Trofímovitch, e essa estrutura da trama faz de um idealista liberal dos anos 1840 o pai espiritual de um tipo byroniano associado às décadas de 1820 e 1830. O byronismo de Stavróguin perde muito de seu significado simbólico quando se liga a Stiepan Trofímovitch numa relação de aluno e professor, mas, não obstante, Dostoiévski consegue tornar esse relacionamento humanamente convincente. Ele enfatiza a tradição de idealismo metafísico-religioso que constitui um vínculo entre professor e aluno, mas a herança é transmitida de uma forma que reflete todas as veleidades do caráter extremamente volátil de Stiepan Trofímovitch, o qual exerce uma influência mórbida sobre seu impressionável pupilo. "Mais de uma vez ele despertou seu amigo de dez ou onze anos à noite, com o único fim de desabafar em lágrimas seus sentimentos feridos ou lhe revelar algum segredo doméstico, sem perceber que isso já era totalmente inadmissível" (v. 10, p. 35 [49]). O preceptor comunicava toda a sua incerteza moral e instabilidade a seu desafortunado pupilo, sem fornecer algo de positivo para neutralizar seus efeitos perturbadores, e o resultado foi deixar um vazio doloroso no âmago de Stavróguin.

> Stiepan Trofímovitch soube tocar o coração de seu amigo até atingir as cordas mais profundas e suscitar nele a primeira sensação, ainda indefinida, daquela melancolia eterna e sagrada que uma alma escolhida, uma vez tendo-a experimentado e conhecido, nunca mais trocaria por uma satisfação barata. (Há aficionados que apreciam mais essa melancolia do que a mais radical satisfação, se é que isso é mesmo possível.) (v. 10, p. 35 [49-50])

Esse trecho define Stavróguin como uma personalidade emocionalmente empenhada na busca de um absoluto indeterminado e também sugere a perversidade que brota de sua falta de algum objetivo positivo. Sua busca é uma experimentação espiritual totalmente preocupada consigo mesma, totalmente fechada dentro do ego e, portanto, incapaz de uma submissão ao absoluto que estaria procurando.

Durante toda essa primeira apresentação do Stavróguin, Dostoiévski acentua a pura gratuidade de seu comportamento escandaloso, a impossibilidade de explicá-lo mediante quaisquer motivos triviais. Há algo de misterioso na violência de Stavróguin, sobretudo em seu gosto pela autodegradação, que desafia a norma. A pura gratuidade de seu desafio à convenção social, que tanto fascinou André Gide em Dostoiévski, é sublinhada com ainda mais força nos episódios que escandalizam sua terra natal quando de seu retorno. Sem aviso, ele puxa o nariz de um velho cavalheiro inofensivo que tinha o hábito de afirmar: "Não, ninguém me leva no bico" (v. 10, p. 38 [53]); no calor do momento, beija com paixão ardente a bela mulher de Lipútin; convocado pelo governador da província, seu parente distante, para alguma explicação, supera-se ao morder a orelha dele. Todos esses incidentes exemplificam a rejeição de Stavróguin a quaisquer restrições internas ou externas à autonomia absoluta de sua obstinação. Quando enlouquece devido a um ataque de "febre cerebral", o cronista observa que alguns pensaram (e estavam certos) "que a tal doença era conversa para boi dormir" (v. 10, p. 44 [60]).

A primeira descrição física de Stavróguin ressalta sua estranha aparência de artificialidade indefinível — uma aparência que deriva, é claro, de sua função simbólica. "[...] Os cabelos eram algo muito negros, os olhos claros algo muito tranquilos e límpidos, a cor do rosto algo muito suave e branco, o corado algo demasiadamente vivo e limpo, os dentes como pérolas e os lábios como corais — parecia ter a beleza de uma pintura, mas, ao mesmo tempo, tinha qualquer coisa de repugnante. Diziam que seu rosto lembrava uma máscara" (v. 10, p. 37 [52]). A beleza de máscara de Stavróguin lembra um dos vampiros e demônios da mitologia ficcional gótica; como eles, é um cadáver vivo cuja beleza sobrenatural é a fachada enganosa por trás da qual apodrece o horror do mal e da corrupção. Anos depois, no entanto, quando o cronista o observa de novo cara a cara, dá-se uma mudança. "Agora, porém, não sei por que motivo, à primeira vista ele já me pareceu terminante e indiscutivelmente belo, de sorte que não havia como afirmar que seu rosto se parecia com uma máscara. [...] Ou será que algum pensamento novo brilhava agora em seu olhar?" (v. 10, p. 145 [186]).

A essa altura, Stavróguin decidiu superar seu passado, humilhar-se publicamente, reconhecendo seu casamento com Mária Lebiádkina e confessando ter violado Matriócha. Ao buscar o perdão, ele espera salvar-se da loucura que pressente ser seu destino próximo. No plano puramente moral e pessoal, o caráter de Stavróguin é definido por sua luta desesperada para vencer o egoísmo de sua obstinação e atingir um estado de verdadeira humildade. A primeira manifestação franca dessa "nova ideia" é o autocontrole que demonstra diante da provocação da bofetada de Chátov; mas mente sobre sua relação com a coxa Mária, que deseja revelar sob condições de sua própria escolha. E essa é a primeira justificativa para o julgamento posterior de Tíkhon de que o egoísmo de Stavróguin, longe de ter sido vencido por sua nova resolução, assumiu a forma mais sutil de todas, a de um martírio de desprezo cuidadosamente encenado.

No final dessa cena, o narrador tenta definir o caráter de Stavróguin e compara-o com a figura bem conhecida de um lendário decabrista, L-n (Lúnin). Ao ligar Stavróguin a um membro desse grupo e a esse período — o do byronismo russo, de *Evguiêni Oniéguin* e do Petchórin de Liérmontov —, Dostoiévski está tentando compensar o anacronismo inerente à estrutura de sua trama. Em consequência, descobre-se que Stavróguin é um desenvolvimento *contemporâneo* do mesmo tipo, seu mais recente avatar na cultura russa, que, ao contrário de seu antecessor, é estranhamente afetado por um definhamento pessoal e uma apatia emocional.

No passado, esses tipos byronianos "predatórios", como Grigóriev os chamou, tinham pelo menos desfrutado da consciência de sua própria superioridade e força. Mas embora Stavróguin fosse capaz de realizar as mesmas proezas ousadas das quais extraíam prazer, ele o teria feito "sem qualquer sensação de deleite e unicamente movido por uma necessidade desagradável, de modo indolente, preguiçoso, até com tédio". Stavróguin talvez tivesse ainda mais "raiva" do que esses cavalheiros do passado, "mas essa raiva era fria, tranquila e, se é lícita a expressão, *sensata* — logo, a mais repugnante e a mais terrível que pode haver" (v. 10, p. 165 [207]). Todas as fontes de sentimento humano secaram em Stavróguin; seu demonismo é aquele de um racionalismo total que, uma vez tendo esvaziado a vida de todo significado e valor, já não pode ter nenhuma reação direta, instintiva, mesmo às suas solicitações mais primitivas. O Manfredo de Byron tem diferentes razões para seu desespero com a vida (seu crime de incesto, que se assemelha à violação da inocência cometida por Stavróguin, é pelo menos um crime passional), mas a caracterização que faz de si mesmo se aplica a Stavróguin com precisão e igual força:

O bem, ou o mal, a vida,
Poderes, paixões, tudo o que vejo em outros seres,
Foram para mim como chuva na areia [...].
Não tenho temor,
E sinto a maldição de não ter nenhum medo natural,
Nem pulsação palpitante, que bate com esperanças ou desejos,
Ou amor oculto de alguma coisa terrestre.[1]

Nos quatro primeiros capítulos da segunda parte, a ação, que se concentra na série de visitas que Stavróguin faz a Kiríllov, Chátov e os Lebiádkin, ilumina indiretamente tanto seu significado histórico e simbólico quanto a tragédia de seu anseio por uma absolvição inatingível mediante a humildade. Cada uma das duas primeiras figuras representa um aspecto dele mesmo que descartou, mas que agora se transformou em um ou outro "demônio" ideológico que obseda permanentemente seus discípulos espirituais. No caso de Kiríllov, esse demônio é a tentação do endeusamento de si mesmo, decorrência lógica do humanismo ateu de Feuerbach. "O necessário ponto de virada da história", escrevera Feuerbach em *A essência do cristianismo*, "será o momento em que o homem se conscientizar e admitir que sua consciência de Deus nada mais é que a consciência do homem enquanto espécie. [...] *Homo homini Deus est* — este é o grande princípio prático — este é o eixo em torno do qual gira a história do mundo."[2] Há um eco transparente dessas palavras famosas na cena entre Kiríllov e o narrador na primeira parte, quando Kiríllov observa que a história será dividida em duas partes, "do gorila à destruição de Deus, e da destruição de Deus ["Ao gorila?", interrompe ironicamente o narrador] à mudança física da terra e do homem. O homem será Deus e mudará fisicamente" (v. 10, p. 94 [120]).[3]

Kiríllov é uma das criações mais notáveis de Dostoiévski, e, tal como Raskólnikov, exibe a compreensão íntima que o romancista tinha da paixão moral que inspirava boa parte da intelectualidade radical cuja política concreta ele abominava. Kiríllov é um santo secular cujo ser é devorado por uma necessidade de sacrificar-se. Decidido a tirar a própria vida para a suprema glória da humanidade, que deseja libertar da dor e do medo da morte, Kiríllov concordou em fazê-lo no momento que mais ajudasse "a causa", e Piotr Vierkhoviénski pretende explorar essa resolução insana, mas corajosa, para encobrir o assassinato de Chátov. Kiríllov acredita que Deus nada mais é que a imagem projetada dessa dor e desse medo, e deseja cometer suicídio apenas para expressar a mais alta capacidade de obstinação da humanidade — unicamente para libertá-la de um Deus que nada mais é que esse medo. Kiríllov está convencido de que esse suicídio iniciará a era do Homem-deus prevista por Feuerbach, e sua morte será, assim, um martírio para a humanidade, mas um martírio que inverte o significado do martírio de Cristo. Em vez de atestar a realidade e a existência de Deus e de um mundo supraterreno, marcará sua eliminação definitiva da consciência humana.

Com uma ousadia que deu origem a grande confusão, Dostoiévski não hesita em dotar Kiríllov de muitos dos atributos do príncipe Míchkin — seu amor pelas crianças, sua afirmação delirante da vida, sua apreensão escatológica do fim dos tempos. O simbolismo do livro requer que Stavróguin inspire sempre uma imagem deformada e distorcida da verdade — mas que se assemelhe àquilo que ela imita de uma forma tão próxima e misteriosa quanto a "máscara" de Stavróguin se assemelha à beleza humana sadia. Por isso Dostoiévski dá a Kiríllov a "máscara" das intuições e sentimentos apocalípticos de Míchkin ao mesmo tempo que revela as monstruosidades que resultam quando essas emoções religiosas, divorciadas de uma fé em Cristo, são transformadas em ideias seculares e subjetivas.

A deificação do homem por Kiríllov conduz à sua autodestruição, bem como à aniquilação de toda a humanidade ("a vida existe, mas a morte não existe absolutamente"): sua convicção de que o Reino de Deus já existe — só falta as pessoas perceberem — o leva a negar a existência do mal ("tudo é bom"), e ele não vê diferença entre adorar "uma aranha [que] está subindo pela parede" e um ícone sagrado. O demonismo de Stavróguin refrata-se em Kiríllov através de uma sensibilidade religiosa assombrada, como em Hippolit Teriéntiev, pela perda de Cristo; e o anseio apocalíptico de Kiríllov faz com que ele esqueça as consequências horríveis de suas próprias doutrinas e torna-o pessoalmente imune a elas. Stavróguin, porém, passou por outras experiências, e indica a mais importante delas em sua pergunta: "Se alguém ofende e desonra uma menina, isso é bom?". Durante toda essa cena, ele olha Kiríllov "com ar carrancudo e enojado", embora, como Dostoiévski acrescenta cuidadosamente, "não [houvesse] galhofa em seu olhar" (v. 10, pp. 187-9 [237-40]).

Ao diálogo com Kiríllov segue-se uma cena paralela com Chátov, e Dostoiévski torna a usar algumas das suas convicções mais caras para dramatizar outra das "máscaras" de Stavróguin. Assim como havia inspirado em Kiríllov um humanismo ateu baseado na supremacia da razão e no Homem-deus, Stavróguin inspira em Chátov, ao mesmo tempo, um eslavofilismo fundado no princípio oposto. "A razão nunca esteve em condição de definir o bem e o mal", declara Chátov, repetindo os ensinamentos de Stavróguin, "ou até de separar o bem do mal ainda que aproximadamente; ao contrário, sempre os confundiu de forma vergonhosa e lastimável; a ciência, por sua vez, apresentou soluções de força." A distinção entre o certo e o errado, como os eslavófilos haviam argumentado, resulta somente do irracional, somente da religião e da fé. "Ainda não existiu, nunca, um povo sem religião, ou seja, sem um conceito de bem e de mal." E uma vez que, para um russo, religião só pode significar o cristianismo ortodoxo, Stavróguin havia afirmado que "não sendo ortodoxo não pode ser russo" (v. 10, pp. 197-9 [249-51]). Aqui está, saída diretamente das pregações de Stavróguin, a essência metafisico-religiosa das duas ideologias que sucederam ao byronismo russo da década de 1830.

A relação entre Chátov e Stavróguin é muito mais complexa — e muito mais difícil de descrever com precisão — do que aquela entre Stavróguin e Kiríllov. A tentativa de Kiríllov de encarnar literalmente o Homem-deus só pode levar à autodestruição; desse modo, ele expressa o lado demoníaco e luciferino da personalidade de Stavróguin (mas de uma forma moralmente elevada). Por outro lado, Chátov representa a necessidade e a busca de fé, que também estão enraizadas em Stavróguin, a necessidade que o está impelindo a reconhecer e a se arrepender de seus crimes. Além disso, a influência de Stavróguin sobre Chátov teve efeito oposto ao que ocorreu com Kiríllov; ele ajudou Chátov a romper com seu passado radical e incutiu nele a ideia messiânica dos russos como um povo "teóforo" [portador de Deus] destinado a regenerar o mundo. Assim, a influência de Stavróguin levou Chátov para aquele caminho que Dostoiévski com certeza julgava ser o da salvação, mas o modelo simbólico do livro requer que seu caminho também seja bloqueado pela fatalidade da condenação de Stavróguin.

Dostoiévski deseja enfatizar a necessidade de que as convicções estejam fundamentadas numa fé religiosa sincera. As ideias de Chátov endossam as de Daniliévski, que, na opinião do romancista, reduzira a ortodoxia apenas a uma fé nacional e, portanto, traíra a missão religiosa universal do Cristo russo. Com efeito, Dostoiévski achava agora que até mesmo o velho eslavofilismo de Khomiakov e Kireiévski, apesar de toda a sua religiosidade evidente, ainda era um substituto artificial, importado do Ocidente para a espontaneidade da fé popular. Identificando essa doutrina com Daniliévski, Dostoiévski escreveu em suas anotações: "O eslavófilo pensa que pode arranjar-se graças unicamente aos atributos naturais do povo russo, mas sem a ortodoxia não conseguirá nada, nenhum atributo servirá de nada se o mundo tiver perdido a fé". Na mesma página, em um discurso não incluído no texto, Chátov chama o eslavofilismo de "um capricho aristocrático" e, em seguida, acrescenta: "Eles [os eslavófilos] jamais serão capazes de acreditar sem rodeios" (v. 11, p. 186). Essa ideia foi finalmente atribuída a Stiepan Trofímovitch, que diz mais ou menos a mesma coisa — e aqui ele por certo fala pelo autor — quando declara que "Chátov acredita *por força*, como um eslavófilo moscovita" (v. 10, p. 33 [47]). Por isso, Stavróguin e seu discípulo Chátov, apesar de todo eslavofilismo e nacionalismo russo de ambos, não podem exibir a fé simples e incondicional que infundiria em suas ideias o fogo interior do verdadeiro comprometimento emocional.

Assim, Stavróguin inspira de novo aqui uma versão mutilada da verdade que fica aquém de fundamentar-se na fé religiosa, embora saiba abstratamente que essa fé é o único meio de resgate do caos de sua liberdade ilimitada. Chátov diagnostica a doença que aflige Stavróguin (e a si mesmo) em um discurso fundamental que ajuda a explicar como Dostoiévski via os dois:

> Você é ateu [diz Chátov] porque é um fidalgote, o último fidalgote. Você perdeu a capacidade de distinguir o mal do bem porque deixou de reconhecer o seu povo. Uma nova geração está se desenvolvendo oriunda diretamente do coração do povo, e nem você, nem os Vierkhoviénski, o filho e o pai, nem eu a reconhecemos porque eu também sou um fidalgote, sou filho do seu criado servil Pascha. (v. 10, pp. 202-3 [255])

No nível simbólico do livro, isso só pode significar que todas as ideologias que derivam de Stavróguin — seja o ocidentalismo liberal ou radical em sua forma política ou metafísico-religiosa, seja o eslavofilismo de qualquer matiz ou nuance — estão igualmente contaminadas pelo pecado original de seu nascimento no seio de uma "aristocracia" de educação ocidental, totalmente divorciada do povo. Todos estão condenados a ser varridos por uma cultura russa autêntica proveniente da fé do povo.

O comportamento pessoal de Stavróguin nessas cenas também deixa claro que ele nunca será capaz de alcançar o abandono total de si mesmo necessário para uma conversão religiosa. Nem mesmo para Chátov, a quem vai alertar do perigo iminente de seu possível assassinato e de quem ele está mais perto do que ninguém no romance, exceto Dária Chátova, ele consegue confessar a verdade sobre Matriócha. Nega que tenha "pervertido crianças", assim como mentira antes sobre seu casamento com Mária Lebiádkina. E se recusa a responder quando Chátov faz a pergunta que seria esclarecida em sua visita a Tíkhon: "É verdade que teria assegurado que não sabe a beleza entre uma coisa voluptuosa e bestial e qualquer façanha, ainda que se trate de sacrificar a vida em prol da humanidade? É verdade que em ambos os polos você descobriu coincidências da beleza, os mesmos prazeres?" (v. 10, p. 201 [254]). Chátov mostra a mesma percepção penetrante de Stavróguin que Tíkhon viria a exibir quando diagnostica os motivos de seu casamento com Mária: "Você se casou pela paixão de atormentar, pela paixão pelo remorso, por uma voluptuosidade moral" (v. 10, p. 202 [254]). Os dois primeiros impulsos de Stavróguin, genuinamente morais, são sempre deformados e distorcidos pelo terceiro, que deriva do prazer que sente diante das manifestações gratuitas, acintosamente perversas e chocantes de sua vontade obstinada e absoluta.

A visita seguinte de Stavróguin aos Lebiádkin completa a sequência que o desmascara como "impostor". Mária Lebiádkina, esposa virginal de Stavróguin, é uma das criações mais poéticas e enigmáticas de Dostoiévski. Conquanto seja infantil e tenha mentalidade fraca, incapaz de distinguir entre a realidade objetiva e seus sonhos e desejos, ela consegue ver através da "máscara" de Stavróguin com uma clarividência que lembra o príncipe Míchkin e prenuncia o padre Zossima. Seu senso da sacralidade do cosmo, sua afirmação de que "a Mãe de Deus é a grande mãe a terra úmida", que traz alegria ao homem quando "sacias com as tuas lágrimas a terra aos teus pés na profundidade de um *archin*" (v. 10, p. 116 [152]), evoca a tradição esotérica e herética de certas seitas dos *raskólniki*, que misturavam seu cristianismo com remanescentes do paganismo pré-cristão.

Mária representa a concepção que Dostoiévski tem da sensibilidade religiosa primitiva do povo russo, que continuava a sentir uma união mística entre o solo russo e "a Mãe de Deus". Porém o aviltamento e o patético de sua condição revelam a ambiguidade do escritor em relação aos *raskólniki* e suas ramificações sectárias; ele tendia a vê-los como um reservatório precioso dos velhos valores russos, mas mantinha distância de seus extremos, por vezes teologicamente suspeitos. Houve um momento em que Dostoiévski pensou em usar Goliúbov, um Velho Crente que retornou à ortodoxia, como fonte positiva de inspiração moral. Nesse contexto, o desejo pungente de Mária por um "príncipe" que não tivesse vergonha de reconhecê-la como sua assume um significado histórico-simbólico. Seu casamento falso e não consumado com Stavróguin indica certamente que não é possível uma verdadeira união entre o povo russo cristão e a essência encarnada do europeísmo russo ímpio.

De novo no plano simbólico, é mais do que apropriado que Mária acabe por desmascarar Stavróguin e o rotule de "impostor" sem deixar dúvida. Seja qual for a confusão que possa existir em sua mente, sua segunda visão insana, como aquela tradicional de um "louco sagrado" (*iuródivii*), já penetrou em sua incapacidade definitiva para o verdadeiro altruísmo. "Assim que vi tua cara vil quando caí e tu me seguraste, foi como se um verme se metesse em meu coração", diz ela; "mas não é *ele*, pensei, não é *ele*! Meu falcão nunca sentiria vergonha de mim perante uma grã-senhora mundana!" (v. 10, p. 219 [277]). Stavróguin se sobressalta com raiva e terror quando ela profeticamente alude à sua "faca", isto é, ao seu desejo secreto de assassiná-la (do qual Piotr Vierkhoviénski espera tirar proveito). E, enquanto lê sua alma mais profunda, ela também fala pelo povo russo ao atribuir-lhe a sua verdadeira dimensão histórico-simbólica. Ele não é o "príncipe", nem o genuíno senhor e governante da Rússia, mas apenas Grichka Otrépiev, "amaldiçoado em sete catedrais", o ímpio e sacrílego "impostor" e "falso pretendente" — Ivan, o Tsarévitche — que Piotr Verkhoviénski deseja usar para trair e enganar o infeliz povo russo.

A exatidão com que Mária penetrou no íntimo de Stavróguin fica ainda mais clara quando, na escuridão solitária da noite tempestuosa, ele joga sua carteira para Fiedka, o condenado. Com esse gesto, Stavróguin compactua tacitamente com o assassinato dos Lebiádkin, cedendo mais uma vez à tentação do mal. Sua derrota interior é dramatizada novamente em seu duelo com Gagánov, quando se esforça para controlar-se e evitar um derramamento de sangue inútil, mas sua conduta arrogante e desdenhosa apenas inflama ainda mais o ódio incontrolável do adversário. O verdadeiramente benigno Kiríllov, pronto a dar sua vida pela humanidade, tenta explicar a Stavróguin que o autodomínio moral significa a eliminação total do egoísmo e a aceitação paciente de qualquer humilhação, mesmo a mais injusta e insuportável. "Suporte o fardo", diz ele. "Do contrário não há mérito" (v. 10, p. 228 [288]). Mas Stavróguin não pode suportar o fardo do bem, ainda que deseje fazê-lo, porque seu irreprimível egoísmo continua a ser um obstáculo.

Essa sequência crucial de cenas chega ao clímax no encontro inesperado de Stavróguin com Dária Chátova, um episódio que, no livro, é cerca de uma página e meia menor que na versão anterior publicada em revista. O trecho que Dostoiévski cortou continha a admissão por Stavróguin de que estava sendo perseguido por alucinações e "demônios", que sabia serem apenas partes de si mesmo; mas seu ensimesmamento indica que começa a acreditar na realidade deles. Essa ameaça de loucura tinha por objetivo motivar a visita a Tíkhon, mas tornou-se supérflua e incompreensível sem o capítulo da confissão. Um trecho da variante, no entanto, ajuda a reconstruir o sentido histórico-simbólico original da concepção do romancista. Stavróguin conta a Dária que começou a ficar obcecado com um novo "demônio", muito diferente daqueles do passado (representados por Kiríllov e Chátov): "Ontem ele estava estúpido e insolente. É um seminarista cabeça-dura, cheio da autocomplacência da década de 1860, com [...] a formação, alma e a mentalidade de um lacaio, certíssimo de sua irresistível beleza. [...] Nada poderia ser mais repulsivo! Fiquei furioso porque meu próprio demônio foi capaz de pôr uma máscara tão degradante" (v. 12, p. 141). Está claro que Dostoiévski pretendia tornar Stavróguin tão responsável pelos demônios da década de 1860 quanto Stiepan Trofímovitch, se não mais, devido a sua colaboração desdenhosa com Piotr.

Por conseguinte, a cena com Dária Chátova serve de transição da primeira para a segunda seção da segunda parte. Logo após esse diálogo, Dostoiévski transfere o foco de Stavróguin para a disseminação do caos moral e social que ele trouxe consigo na forma de Piotr Vierkhoviénski. Aqui Dostoiévski dá rédea solta à sua imensa verve satírica ao descrever todas as pessoas cuja estupidez e falta de princípios as transformam em vítimas voluntárias das intrigas de Piotr. A ambiciosa intelectualoide Yúlia von Lembke, decidida a impressionar as esferas mais elevadas com sua influência sobre a nova geração; o obtuso e incompetente autômato russo-alemão de seu marido, o governador da província, enlouquecido de verdade pelo curso tumultuado dos acontecimentos; até mesmo a normalmente teimosa e dominadora sra. Stavróguina — todos caem sob o feitiço de Piotr Vier-khoviénski, ajudado e incitado pelo apoio de Karmázinov. Somente o pobre Stie-pan Trofímovitch, cada vez mais solitário, isolado e agitado, resiste à desintegra-ção geral e ainda planeja defender seus ideais.

Começando como a fraqueza pessoal de algumas pessoas insensatas, a cor-rupção se torna uma desmoralização, no sentido mais literal da palavra. Para ilustrá-la, Dostoiévski introduz uma série de incidentes que vão da deterioração dos padrões de conduta pessoal e decoro social ao desrespeito pelos mortos e à profanação de um ícone sagrado. Tal como aconteceu com sua influência sobre a sociedade como um todo, o resultado de sua pressão sobre o quinteto é um colap-so de seus próprios padrões morais e políticos e a aprovação de um assassinato gratuito. Há um claro paralelo estrutural entre a rodada de visitas de Stavróguin na primeira metade dessa seção e as visitas de Piotr na segunda metade a todos os peões que está empenhado em manobrar. Dostoiévski pretendia ligar essas se-quências paralelas com os dois capítulos de autorrevelação que concluiriam a se-gunda parte: o hino insano de Vierkhoviénski à destruição universal, inspirado por Stavróguin, e, depois, uma revelação da falência moral e do desespero de "ídolo" de Vierkhoviénski quando ele faz sua confissão a Tíkhon.

Desde seu aparecimento no romance, Piotr Vierkhoviénski é retratado como o gênio da duplicidade. Ele é o demonismo de Stavróguin encarnado como uma vontade de poder política. "Eu o inventei mal cheguei do estrangeiro", grita furioso com Stavróguin; "inventei-o enquanto o fitava. Se não o tivesse observado de um canto nada me teria vindo à cabeça!" (v. 10, p. 326 [412]). O que Piotr inven-tou, sob o fascínio de Stavróguin, é o plano para consagrá-lo como Ivan, o Tsaré-vitche — para usar a própria força que ele quer destruir, a fé do povo russo em um governante ungido por Deus, justo e correto, como um meio para a sua própria destruição. Esse plano tem afinidades simbólicas óbvias com a influência de Sta-vróguin sobre Kiríllov e Chátov; em cada um deles, ele inspirou uma "máscara" da verdade despojada de seus verdadeiros fundamentos religiosos. Essa máscara é "bela", como Piotr exclama em êxtase enquanto fita Stavróguin, mas, como já observamos, é a beleza do demoníaco. "Você é meu ídolo!", Piotr declara apaixo-nadamente para Stavróguin (v. 10, p. 323 [408]). O plano de Piotr, no entanto, contém implícita a própria negação, pois revela a impotência de seus princípios ateus e amorais para estabelecer qualquer base para a vida humana. A falsidade e a idolatria devem falar enganosamente em nome da verdade e de Deus, confessando assim sua própria falência.

Após a "confissão" de Vierkhoviénski ao falso deus Stavróguin, Dostoiévski planejara retratar a confissão de Stavróguin ao Deus verdadeiro, na pessoa de seu servidor, Tíkhon. Isso dramatizaria todo o horror e a abominação do "ídolo" que Piotr Vierkhoviénski estava adorando. Depois de uma noite insone, tentando afastar suas alucinações, Stavróguin visitaria Tíkhon e, então, seria revelado o segredo de seu passado, insinuado repetidas vezes até essa altura. Como Oniéguin e Petchórin, Stavróguin é uma vítima do famoso *mal de siècle*, o tédio que domina e assombra a literatura da primeira metade do século XIX, e é invariavelmente descrito como resultante da perda da fé religiosa. Baudelaire, seu maior poeta, chamou o tédio de o mais mortal dos vícios:

> *Quoiqu'il ne pousse ni grands gestes ni grands cris,*
> *Il ferait volontiers de la terre un débris*
> *Et dans un baillement avalerait le monde.**[4]

O tédio é um sintoma proeminente daquela "agonia romântica", cujo dossiê foi compilado laboriosamente por Mario Praz e cujo resultado usual é alguma forma de perversão moral.[5] Dostoiévski o havia retratado como tal no príncipe Valkóvski (*Humilhados e ofendidos*), no súbito aparecimento de Cleópatra em *Memórias do subsolo*, e em Svidrigáilov (*Crime e castigo*). Com Stavróguin, ele levou à abominável violação da pequena Matriócha e à passividade vil e execrável do estuprador quando a menina tira a própria vida.

Esse é o resultado da tentativa de Stavróguin de ultrapassar os limites da moral, de pôr em prática, com a determinação maníaca dos heróis negativos de Dostoiévski, a convicção de que não há fronteiras morais de nenhuma espécie. "Formulei pela primeira vez na vida o que parecia ser a regra de minha vida", Stavróguin diz a si mesmo, "ou seja, que não conhecia nem sentia o bem e o mal e que não só perdi toda a noção disso, mas que não existe nem o bem nem o mal (o que me agradou), e que se trata apenas de um preconceito" (v. 12, p. 113).

---

* Na tradução de Ivan Junqueira (Rio de Janeiro: Nova Fronteira, 2012): "Sem grandes gestos ou sequer lançar um grito,/ Da Terra, por prazer, faria um só detrito/ E num bocejo imenso engoliria o mundo". (N. E.)

Para Stavróguin, esses eram "velhos pensamentos familiares" que ele pela primeira vez expressava de forma clara para si mesmo. Tal como o crime de Raskólnikov, as leviandades revoltantes de Stavróguin tinham sido uma grande experiência moral e filosófica. É por isso que Dostoiévski se esforçou, desde o início, para dissociar a conduta de seu personagem de qualquer tipo de libertinagem banal e autocomplacente.

Contudo, a ambição de Stavróguin de transcender o humano, de arrogar-se poder supremo sobre a vida e a morte, vai de encontro aos arrecifes ocultos da consciência. Não importa o que possa pensar, Stavróguin não pode eliminar totalmente seu *sentimento* da diferença entre o bem e o mal. Esse sentimento irreprimível irrompe de seu subconsciente — em geral, embora não sempre, o guardião da moralidade para Dostoiévski — no famoso sonho de Stavróguin com a "Idade de Ouro", inspirado pelo quadro *Ácis e Galateia*, de Claude Lorrain. Stavróguin assim mentaliza:

> Era um recanto de um arquipélago grego; azul, acariciantes ondas azuis, ilhas e rochedos, [...] um panorama mágico à distância, um convidativo sol nascente [...]. Aí a sociedade europeia rememorava seu berço, ali estavam as primeiras cenas da mitologia, seu paraíso terrestre. Ali viviam pessoas belas! Elas despertavam e adormeciam felizes e inocentes; [...] Um sonho, o mais inverossímil de todos que já houve, no qual toda a humanidade empenhou toda a sua vida e todas as suas forças, pelo qual sacrificou tudo, pelo qual gente morreu nas cruzes e profetas foram mortos, sem o qual os povos não querem viver e não podem sequer morrer. (v. 11, p. 21 [677-8])

Essa visão de um paraíso terrestre primevo, de felicidade e inocência, enche o coração de Stavróguin de alegria transbordante: "Despertei e abri os olhos, literalmente banhados em lágrimas pela primeira vez na vida. A sensação de uma felicidade que eu ainda não conhecia me atravessou o coração a ponto de provocar dor". Mas, em seguida, uma pequena aranha vermelha, associada no subconsciente de Stavróguin à morte de Matrióchka, substitui essa visão bem-aventurada do Éden. Ele vê a menina, com os olhos da mente, de pé na soleira de seu quarto, ameaçando-o com seu punho minúsculo. "Uma piedade por ela me apunhalou", escreve ele, "uma piedade enlouquecedora, e eu teria dado o meu corpo para ser rasgado em pedaços se isso apagasse o que aconteceu" (v. 12, pp. 127-8). Stavróguin acha insuportável essa lembrança dilacerante de seu próprio mal, mas se recusa teimosamente a reprimi-la, e essa necessidade insuportável de expiar seu crime, que nada que ele saiba ou acredite pode ajudá-lo a absolver, está aos poucos o levando à loucura.

A confissão de Stavróguin revela a fonte de seu tormento interior, mas esse tormento nunca foi suficiente para que ele superasse o extremo egoísmo e a obstinação originais que motivaram suas ações. Até mesmo sua confissão, como Tíkhon percebe, é apenas outra forma mais extrema da "sensualidade moral" que marcou todas as suas tentativas anteriores de autocontrole. "Esse documento", diz Tíkhon de seu manuscrito, "decorre diretamente da necessidade de um coração ferido de morte [...]. Mas o senhor já parece odiar por antecipação todos aqueles que vierem a ler o que aqui está descrito e os chamará para um combate" (v. 11, p. 24 [680]). Tíkhon percebe que Stavróguin nunca alcançará sozinho a verdadeira humildade do arrependimento genuíno; sua necessidade de sofrimento e martírio pode levar apenas a mais e mais provocações desastrosas. Por isso, Tíkhon argumenta que Stavróguin deve submeter sua vontade *completamente* ao controle secreto de um santo *stárets* e, assim, disciplinar-se, mediante uma submissão total a outra pessoa, como primeiro passo no caminho para a aceitação de Cristo e a esperança de perdão. Mas Stavróguin, irritado, quebra um crucifixo de marfim que dedilhava durante a entrevista, rejeita essa admoestação final e se encaminha para sua autodestruição.

Quando viu que era impossível incluir o capítulo da confissão em seu devido lugar, Dostoiévski foi obrigado a mutilar a simetria original de seu plano. A segunda parte deveria expor as origens do caos semeado por Stavróguin e seu "adorador" Piotr Vierkhoviénski; a terceira parte mostraria então os resultados práticos da obra deles. Em vez disso, Dostoiévski foi forçado a substituir a confissão pelo atual capítulo 9 da segunda parte ("Stiepan Trofímovitch revistado"). Desse ponto em diante, uma sequência contínua desenrola as desastrosas consequências morais e sociais das intrigas de Piotr Verkhoviénski, entre elas a loucura de Von Lembke e a estranha festa para as desprivilegiadas preceptoras da província, uma das maiores cenas cômicas de grandes proporções da história do romance, e que também contém a paródia hilariante de Turguêniev. Esses acontecimentos atingem alturas vertiginosas de farsa, entremeados com a chocante notícia da fuga de Liza Túchina com Stavróguin (organizada por Piotr), a destruição causada pelos incêndios e a descoberta dos assassinatos do capitão Lebiádkin e de sua irmã.

Tanto o assassinato de Chátov quanto o suicídio de Kiríllov apresentam o mesmo padrão de reversão e regressão à desumanidade. Os infelizes conspiradores estão longe de partilhar a despreocupação de Piotr com a vida humana, e enquanto se perpetra o homicídio, Liámchin e Virguínski são dominados por um estarrecido retorno à animalidade.

> Liámchin começou a gritar com uma voz que não era de gente, mas de algum animal. Apertando Virguínski por trás cada vez com mais e mais força e com um ímpeto convulsivo, gania sem cessar, sem intervalo, com os olhos arregalados para todos e a boca escancarada, [...] Virguínski ficou tão assustado que também gritou feito louco e, tomado de uma fúria e de um ódio que jamais se podiam esperar dele, começou a contorcer-se nas mãos de Liámchin [...] .(v. 10, p. 461 [587])

A morte fantasmagórica de Kiríllov tampouco é a afirmação triunfante de uma obstinação total; é, antes, o ato demente de uma criatura subumana enlouquecida e aterrorizada. A aniquilação de Deus, longe de levar a um domínio sobre a dor e o medo da morte, provoca o furor animalesco com que Kiríllov enfia seus dentes na mão de Piotr. Tal como o crime de Raskólnikov, o suicídio de Kiríllov é a negação e a refutação que ele mesmo faz de suas ideias grandiosas.

Se de alguns personagens podemos dizer que se rebaixaram ao reverterem ao nível da animalidade, Stiepan Trofimovitch surpreende o narrador ao alçar-se e, por fim, superar suas eternas hesitações. Suas tocantes e fortuitas peregrinações, que Dostoiévski tanto ansiara redigir, mergulham-no em situações inteiramente novas. Nada é mais refinado, nesse livro tão cheio de páginas admiráveis, do que o contato perplexo entre o "liberal" protegido e mimado que passou sua vida a proferir frases afiadas e observações depreciativas sobre o povo russo e os camponeses espantados que encontra no final. Há uma incompreensão mútua de ambos os lados, enquanto cada um observa com espanto as estranhas maneiras do outro. Acima de tudo, o encontro inspirado com a ex-enfermeira que vende exemplares do Novo Testamento permite que Dostoiévski introduza sua temática religiosa no meio das perplexidades de Stiepan Trofimovitch.

A senhora assustada logo se torna objeto de sua atenção carinhosa, e ele se sujeita à dependência dela, como tinha feito durante a maior parte da vida com a sra. Stavróguin. *"Voyez-vous, désormais nous le prêcherons* [Veja, doravante nós o pregaremos] [o Evangelho] *ensemble* [juntos] [...]. O povo é religioso, *c'est admis* [não se pode negar], mas ainda não conhece o Evangelho. [...] Na exposição oral dá para corrigir os erros desse livro magnífico que, é claro, me disponho a tratar com um respeito extraordinário" (v. 10, p. 497 [622-3]). Acometido de febre alta e à beira da morte, ele tenta convencê-la de sua genialidade não reconhecida, deixando-a totalmente confusa enquanto ela providencia a extrema-unção.

Na verdade, desde as primeiras páginas Stiepan Trofimovitch não foi apresentado como um ateu, mas como uma espécie de deísta hegeliano. "Eu acredito em Deus", declara imponente, *"mais distinguons* [mas é preciso distinguir], acredito como em um ser que só em mim se faz consciente" (v. 10, p. 33 [47]). Nada que Stiepan Trofimovitch diz nessas últimas páginas contradiz sua aversão ao antropomorfismo ingênuo da fé popular, e o narrador mantém um ceticismo bem justificado sobre "se ele realmente cria ou a majestosa cerimônia imponente da extrema-unção o impressionou e despertou a suscetibilidade artística de sua natureza" (v. 10, p. 505 [640]). Tampouco perde o gosto por gracejos atrevidos sobre religião até mesmo no leito de morte. É depois de uma explosão imperiosa da sra. Stavróguin, que enfim chega para encarregar-se do doente, que ele sorri debilmente e diz: "Minha imortalidade já é necessária porque Deus não vai querer cometer um engano e apagar inteiramente o fogo do amor que já se acendeu por Ele em meu coração" (v. 10, p. 505 [640]).

Então, Stiepan Trofimovitch não morre como cristão em nenhum sentido estrito da palavra, mas uma leitura do Sermão da Montanha o incita a reconhecer: "Minha amiga, passei a vida inteira mentindo". E depois de ouvir o trecho de Lucas sobre "os demônios" que entraram na vara de porcos, ele declara: "Somos nós, nós e aqueles, e Pietrucha... e *les autres avec lui* [os outros com ele] [...] e é possível que eu seja o primeiro" (v. 10, p. 499 [630, 633]). Essas palavras, embora coerentes com a estrutura da trama, mal atribuem a devida importância a Stavróguin. Mais convincente, e inteiramente conforme seu caráter, é a declaração final de Stiepan Trofimovitch sobre seu credo: "Toda a lei da existência humana consiste apenas em que o homem sempre pôde inclinar-se diante do infinitamente grande. Se os homens forem privados do infinitamente grande, não continuarão a viver e morrerão no desespero. O desmedido e o infinito são tão necessários ao homem como o pequeno planeta que ele habita... Meus amigos, todos, todos:

viva a Grande Ideia" (v. 10, p. 506 [641-2]). Isso não é cristão em nenhuma acepção literal e seria difícil tomá-lo como tal; mas contém bastante sentimento de transcendência para constituir uma resposta à húbris do apenas humano.

O suicídio de Stavróguin, que encerra o romance, fora previsto por Dostoiévski desde a primeira concepção desse personagem, mas é difícil dizer como ele poderia ser apresentado se o capítulo da confissão tivesse sido incluído. Como vimos na conversa suprimida com Dária Chátova, é Stavróguin que se sente possuído por todos os "demônios" ideológicos e, por fim, vê a si mesmo como a origem deles. Tal como foi publicado, o livro contém apenas a afirmação um tanto fraca, no bilhete de suicida de Stavróguin, de que "só consegui extravasar uma negação desprovida de qualquer magnanimidade e de qualquer força. Nem negação como tal consegui extravasar" (v. 10, p. 514 [651]). Essa última frase dificilmente está de acordo com as relações de Stavróguin com os outros personagens e talvez tenha sido incluída para reforçar o discurso final de Stiepan Trofimovitch. Sem o capítulo da confissão, não resta dúvida de que o livro termina um tanto claudicante: o leitor não sabe se Stavróguin cometeu um ato sacrílego, protonietzchiano, de transcender os limites do bem e do mal, ou se sua consciência o levou à loucura. Seu suicídio perde assim muito de seu significado simbólico-histórico de autocondenação de todas as ideologias que o personagem gerou.

No entanto, o alcance de seu quadro, a brilhante ferocidade de seu engenho, a força e a percepção profética de sua sátira, sua capacidade incomparável de dar vida e encarnar em personagens as mais profundas e complexas questões morais e filosóficas e ideias sociais — tudo se combina para fazer desse "poema-panfleto" talvez a criação mais deslumbrante de Dostoiévski. Trata-se de um drama histórico-simbólico sem precedentes que pretende abranger todas as forças da cultura russa do século XIX até o seu tempo, e distinta de qualquer outra obra no período na literatura russa ou europeia. Mesmo com a enxurrada de romances desse tipo no século XX, *Os demônios* continua insuperável como retrato espantosamente presciente dos atoleiros morais — e da possibilidade de os mais elevados princípios traírem a si mesmos — que continuaram a perseguir o ideal revolucionário desde a época de Dostoiévski até (e de maneira ainda mais espetacular) os nossos dias.

QUINTA PARTE:
O MANTO DO PROFETA, 1871-1881

46. *O Cidadão*

A família Dostóievski vinha vivendo precariamente dos adiantamentos de Katkov, e, com a conclusão de *Os demônios*, essa fonte de renda deixou de existir. Anna estava decidida a ajudar o marido no sustento da família, e a oportunidade surgiu quando Dostoiévski procurou os editores para a publicação de *Os demônios* em livro. Ele esperava ganhar um bom dinheiro, mas a saraivada de críticas desfavoráveis reduziu o valor do romance no mercado, e as ofertas que recebeu eram irrisórias para uma obra importante de um autor famoso. Então, ele e Anna decidiram publicar o livro por conta própria — concretizando finalmente um sonho que Dostoiévski acalentava desde meados da década de 1840. O projeto era arriscado em termos financeiros e poderia afundá-los em dívidas ainda maiores, mas as recompensas eram atraentes demais para resistir.

Com justificado orgulho, Anna descreve em suas *Memórias* como fez indagações supostamente inocentes a livreiros e impressores sobre os custos, descontos e assim por diante, escondendo seu verdadeiro propósito, e aprendeu os segredos do negócio. O casal então publicou *Os demônios* por conta própria: compraram o papel, contrataram a impressão e a encadernação e tiraram uma edição de 3,5 mil exemplares. Anna conduziu todas as negociações com os compradores, e o casal lançou-se como casa editora. Isso foi, como Anna escreve com satisfação, "a pedra fundamental de nossa atividade editorial conjunta e, depois que ele morreu, do meu próprio trabalho, que continuou por 38 anos".[1] Com a venda da primeira edição, auferiram um lucro de 4 mil rublos.

Porém, muito antes de imaginar que poderia se tornar editor, Dostoiévski pensara em outro meio de livrar-se de sua humilhante escravidão aos editores. Em sua correspondência do exterior, mencionara várias vezes a ideia de uma nova publicação jornalística, e chegou mesmo a incluí-la no texto de *Os demônios*. Liza Drozdova, desejando ser "útil" ao seu país, conta a Chátov seu plano de publicar um almanaque anual que seria uma seleção de fatos sobre a Rússia, mas todos escolhidos de forma a transmitir "uma certa visão de mundo, com orientação, com intenção, com pensamento que enfoque a totalidade, todo o conjunto" (v. 10, p. 104 [135]). Já em 1864-5 Dostoiévski havia tomado notas para uma publicação quinzenal que teria o nome de *Caderno de Notas* [*Zapísnie Kníjki*]. Esta é claramente a origem do que veio a ser o seu *Diário de um Escritor*, e sua esposa nos conta que ele pensava em iniciar essa publicação naquele momento. Mas estava com medo, porque os riscos econômicos eram grandes demais.

No entanto, o ingresso de Dostoiévski no círculo literário-político de Meschérski já o levara a sugerir a publicação de um almanaque anual do tipo mencionado por Liza Drozdova, na forma de um suplemento de *O Cidadão*, a revista de Meschérski, e um anúncio de um suplemento desse tipo apareceu no número de outubro. Além disso, a participação de Dostoiévski na revisão de artigos escritos por Meschérski durante os serões de quarta-feira na casa do príncipe permitiu-lhe entrar pouco a pouco para o conselho editorial da revista. No inverno de 1872-3, quando surgiu uma crise — o editor Gradóvski, liberal moderado, pediu demissão por causa da interferência do príncipe em assuntos editoriais —, era natural que ele, o famoso escritor ora livre do fardo de seu romance, fosse a pessoa a quem todos procurassem na hora da necessidade.

Depois de obter a aprovação das autoridades que fiscalizavam a imprensa, em 20 de dezembro o romancista foi confirmado no cargo de editor-chefe de *O Cidadão*. Começou assim uma nova fase da atividade literária de Dostoiévski, cujas inesperadas reviravoltas ideológicas surpreenderiam tanto os amigos quanto os inimigos durante os sete anos que ainda lhe restavam de vida. Seu salário foi fixado na modesta quantia de 3 mil rublos anuais, mas também receberia por suas colaborações conforme o espaço que ocupassem. Anna estima que, pela primeira vez em sua vida literária, ele poderia contar com uma renda fixa e, além dessa vantagem, tinha agora tinha a chance de experimentar sua ideia do *Diário de um*

Escritor. Depois de seu longo isolamento da cena literária russa, ele saboreava a oportunidade de se fazer ouvir sobre todas as questões socioculturais que seu conturbado país enfrentava.

A chegada de Dostoiévski à redação de *O Cidadão* está registrada num dos melhores livros de memórias escritos sobre ele. Aos 23 anos de idade, Varvara Timoféieva escrevia na época uma coluna sobre eventos socioculturais na revista radical *A Faísca* e era revisora de provas na gráfica que imprimia *O Cidadão*. Em 1904, ao pôr em livro suas recordações, baseadas em seus cadernos de anotações, Timoféieva nos dá uma imagem notável de Dostoiévski em termos do que se pode chamar de sua fisionomia ideológica nesse momento da vida; e seus comentários ajudam a definir a atmosfera sociocultural com qual ele então interagia.

Na gráfica, espalhou-se a notícia de que Dostoiévski seria o próximo editor de *O Cidadão*, e Timoféieva mal pôde conter o ânimo: "Nesse momento, chegaria aqui o famoso autor de *Gente pobre* e *Recordações da casa dos mortos*, o criador de Raskólnikov e de *O idiota* — ele chegaria, e algo extraordinário, novo, aconteceria comigo". O que ela viu, no entanto, foi um homem de meia-idade que "parecia muito cansado e talvez doente". Ele ficou ali,

> com um rosto sombrio, exausto, coberto como uma rede, por algum tipo de sombras incomumente expressivas causadas por um movimento contido dos músculos. Era como se cada músculo de seu rosto de faces chupadas e testa grande e alta estivesse vivo com sentimentos e pensamentos. E esses sentimentos e pensamentos estavam tentando irresistivelmente vir à superfície, mas eram impedidos de fazê-lo pela vontade férrea daquele homem de ombros largos, frágil, mas ao mesmo tempo atarracado, quieto e sombrio.[2]

Dostoiévski apertou a mão de sua revisora, curvando-se ligeiramente, depois da apresentação formal. "Sua mão era fria e seca, e como se estivesse sem vida. Na verdade, naquele dia, tudo nele parecia sem vida: [...] [sua] voz quase inaudível e olhos embaciados que se fixavam em mim como dois pontos imóveis."[3] Sentou-se em silêncio à sua mesa e leu provas durante uma hora sem pronunciar uma única palavra; até mesmo sua pena se movia em silêncio sobre as folhas de prova enquanto fazia correções.

Segundo todos os relatos, Dostoiévski era taciturno e reservado com pessoas da intelectualidade jovem como Timoféieva. Após os ataques a *Os demônios* na imprensa radical e progressista, tinha certeza de que seria visto por eles com repulsa, como um renegado das fileiras radicais, e ela mesma confirma suas suspeitas. Ela escreve:

> Nos círculos literários liberais, e entre a juventude estudantil, com quem eu tinha alguma familiaridade, ele era sem a menor cerimônia chamado de "maluco", ou — de forma mais delicada — de "místico" ou "anormal" (o que, tal como se entendia na época, queria dizer a mesma coisa). Isso foi logo depois que se acalmou o estrépito do julgamento de Nietcháiev e da publicação de *Os demônios* em *O Mensageiro Russo*. Nós, os jovens, tínhamos lido os discursos dos famosos advogados do julgamento em *A Voz* e no *Notícias de São Petersburgo*, e o romance de Dostoiévski pareceu-nos então uma caricatura monstruosa, um pesadelo de êxtases místicos e psicopatologia. [...] E depois que o autor de *Os demônios* assumiu a chefia editorial de *O Cidadão*, muitos de seus amigos e admiradores se voltaram contra ele de uma vez por todas.[4]

Mesmo deixando de lado essas subcorrentes ideológicas, Dostoiévski revelou-se um editor exigente. Deixou claro que suas ordens deveriam ser obedecidas sem questionamento, mesmo quando fossem despropositadas ou impossíveis de cumprir. "Nem o tom peremptório", escreve Timoféieva, "ao qual eu estava totalmente desacostumada, nem suas observações irritadas de insatisfação e ansiedades exasperadas por causa de uma vírgula mal colocada, se encaixavam na minha imagem do escritor como *homem*, do escritor como *sofredor*, do escritor como *vidente do coração humano*."[5] Com efeito, um dia Timoféieva ficou estarrecida com um incidente que envolveu Mikhail Aleksándrov, o chefe da composição: Dostoiévski, irritado com uma explicação perfeitamente razoável para não inserir uma mudança de última hora na prova, gritou "como um fazendeiro" (*pro-bárski*) para fazer a mudança. "'Seja na parede ou no teto, quero [isso] impresso", gritou ele, de acordo com Timoféieva, "com o rosto assumindo uma brancura cadavérica, os lábios se contraindo em espasmos." Aleksándrov respondeu que não era capaz de fazer milagres; diante dessa réplica irônica, Dostoiévski trovejou que precisava de gente que cumprisse suas instruções ao pé da letra, "com devoção canina". (Timoféieva ficou indignada com esta frase.) Ele rabiscou um bilhete na hora e o entregou à calada e petrificada Timoféieva para que o transmitisse: exigia que Aleksándrov fosse demitido imediatamente. Mas a inserção foi abandonada, o bilhete nunca foi entregue e nunca mais se falou sobre a demissão de Aleksándrov.[6] Em 1875, quando se preparava para transformar seu *Diário de um Escritor* numa publicação independente, Dostoiévski fez um grande esforço para encarregar Aleksándrov de sua produção.

Foi somente aos poucos que Varvara Timoféieva superou sua hostilidade à atitude de fria reserva do escritor. O gelo foi quebrado, na madrugada de certa noite, enquanto reviam as provas de um artigo de Dostoiévski sobre uma exposição de arte em Petersburgo e sua análise de uma obra do artista N. N. Gue chamada *Uma noite misteriosa*. Essa pintura representava a Última Ceia como se tivesse ocorrido no presente ("no quadro, todos os apóstolos [eram mostrados] como se fossem socialistas dos dias de hoje") e, por esse motivo, era uma das preferidas dos radicais.[7] O artigo de Dostoiévski criticava essa redução do grande tema cristão a um dia na vida de um radical russo, e segundo Timoféieva ele teria escrito: "Onde está o Messias, o Salvador prometido ao mundo — onde está Cristo?".[8] Como a maioria dos jovens radicais da década de 1870, Timoféieva se tornara novamente sensível aos valores morais do cristianismo e foi arrastada pela apaixonada eloquência de Dostoiévski, que despertou lembranças da reverência a Cristo nela incutida durante a infância pela mãe, "uma mulher de fé fervorosa". "De repente", relembra, "sem eu mesma saber por quê, senti-me compelida a olhar para ele. [...] Fiódor Mikháilovitch olhou-me intensa e fixamente, com uma expressão que parecia indicar que estava me observando havia algum tempo e esperando que eu olhasse para ele." O rosto da jovem deve ter lhe revelado que ela estava emocionada, embora nenhum dos dois proferisse palavra, e quando, muito depois da meia-noite, ela veio despedir-se, ele se levantou, apertou-lhe a mão e falou-lhe com ternura, enquanto a conduzia até a porta. "Você se exauriu hoje", disse ele, solícito. "Corra para casa e durma bem. Cristo esteja com você!"[9] Naquela noite, Timoféieva voltou para casa cheia de alegria por ter finalmente encontrado o que sentiu ser o *verdadeiro* Dostoiévski, iluminado pela força de seu pensamento e pela profundidade de seu sentimento.

Embora estivesse sempre sujeito a mudanças repentinas de humor, quando se fechava melancolicamente em si mesmo, suas relações com Timoféieva se tornaram mais abertas e amistosas. Ela o retrata recitando alguns de seus versos favoritos da poesia de Nikolai Ogariov — versos em que o poeta, abrindo a Bíblia ao acaso, espera "que venham a mim pela vontade do destino/ A vida, a dor e a morte de um profeta". Continua Timoféieva: "Então Fiódor Mikháilovitch levantou-se, foi até o meio da sala, e com olhos lampejantes e gestos inspirados — tal como um sacerdote diante de um altar sacrificial invisível — recitou para nós "O profeta", de Púchkin, depois o de Liérmontov".[10] Para Timoféieva, parecia que os poemas "eram a confissão do próprio Dostoiévski. Até hoje ainda ouço como ele repetiu duas vezes: 'Sei somente — que eu posso aguentar/ [...] Eu posso aguentar! —'".[11]

Apesar da afeição crescente da jovem radical pelo romancista, ela achava desconcertantes algumas de suas opiniões. Em um ataque de improviso sobre o perigo que significava para a Rússia absorver influências europeias, ele disse que

> nosso povo é santo, em comparação com os de lá. [...] Em Roma, em Nápoles, fizeram-me as ofertas mais vergonhosas nas ruas — jovens, quase crianças. Vícios repugnantes, contra a natureza — e abertamente, diante de todos, e ninguém se preocupava com isso. Tente fazer isso entre nós! Todo o nosso povo condenaria, porque para o *nosso* povo isso é um pecado mortal, mas lá — faz parte dos costumes, é um simples hábito, nada mais.

Quando Timoféieva objetou que não era *esse* o aspecto que os admiradores do Ocidente desejavam imitar, ele respondeu com rancor que "não há outro", que "Roma se desintegrou porque começaram a transplantar a Grécia para o seu meio; começando com luxos, modas e várias ciências e artes, isso acaba em sodomia e corrupção geral".[12]

Timoféieva fazia objeções ao extremo antiocidentalismo de Dostoiévski, mas achava ainda mais difícil aceitar suas previsões literais de destruição apocalíptica desencadeada pelos recentes acontecimentos políticos. Erguendo a cabeça das provas de um artigo que tratava da Prússia, Bismarck e o papado, ele declarou: "Eles [os radicais] não suspeitam que em breve tudo vai chegar ao fim — todo o 'progresso' e a tagarelice deles! Eles não têm ideia de que o Anticristo já nasceu [...] e está *vindo* —". Dostoiévski, diz ela, "pronunciou isso com uma expressão no rosto e na voz como se estivesse me anunciando um segredo terrível e grandioso". Quando a reticente revisora manifestou algum ceticismo, ele bateu na mesa com o punho e "anunciou como um mulá em seu minarete: 'O Anticristo está vindo! Está vindo! E o fim do mundo está perto — mais perto do que eles pensam!'". Timoféieva confessa, com algum embaraço, que não pôde deixar de lembrar-se da opinião que seus companheiros populistas tinham sobre ele: "Delírios, alucinações epilépticas [...] a mania de uma única ideia [...] uma obsessão".[13]

Timoféieva não teve essa reação negativa a outro de seus diálogos sobre questões religiosas, quando ele perguntou: "Como você entende os Evangelhos?". Ela pensou sobre o assunto pela primeira vez e respondeu: "Como a realização dos ensinamentos de Cristo na terra, em nossa vida, em nossa consciência". Quando Dostoiévski expressou desilusão ("E isso é tudo?"), ela pensou mais e respondeu: "Não. [...] Nem tudo termina aqui, na terra... Toda essa vida na terra é apenas um passo... para outra existência". "Para outros mundos!", ele exclamou triunfante, erguendo o braço para a janela escancarada, através da qual se podia ver um céu de junho claro e luminoso.[14]

Esse diálogo revelador focaliza o ponto crucial das preocupações ideológicas e artísticas de Dostoiévski durante a década de 1870 — o conflito entre a aceitação mundana da moral cristã (socialista utópica e populista) e aquela fundada na iluminação divina. A ele se seguem algumas palavras pungentes: "'E que missão maravilhosa, embora trágica é essa — contar isso ao povo' — continuou ele, escondendo por um instante os olhos com as mãos — 'maravilhosa e trágica porque há tanto sofrimento aqui. Tanto sofrimento, mas depois — tanta grandeza! [...] É impossível compará-la com qualquer bem-estar no mundo!'".[15] Em nenhum outro lugar dos escritos de Dostoiévski encontramos trecho que expresse de maneira tão simples e espontânea sua concepção da missão criativa e os valores centrais de sua teodiceia.

Essas conversas íntimas com Timoféieva, combinadas com as manifestações públicas das ideias populistas, influenciaram a opinião de Dostoiévski sobre a nova geração radical e levaram a um abrandamento do severo julgamento expresso em *Os demônios*. Pelas reações dela, ele pôde ver que não havia mais uma oposição *irreconciliável* entre os valores morais cristãos que havia defendido durante toda a década de 1860 e os dos populistas. Ainda podia contar com alguma receptividade da nova geração, e essa capacidade também foi confirmada por uma carta de Vsiévolod Soloviov (filho do famoso historiador S. M. Soloviov), que escreveu a Dostoiévski assim que soube que o romancista estava de volta a Petersburgo.

Vsiévolod Soloviov, que viria a ser um romancista histórico bem conhecido, tinha acabado de iniciar sua carreira de jornalista. Contou a Dostoiévski que seus romances o haviam ajudado a definir suas convicções religiosas, sustentadas nas discussões com os colegas de escola que defendiam as doutrinas mais em voga do ateísmo niilista. Ademais, apesar dessas diferenças de opinião, assegurou-lhe que esses colegas "consideravam *Crime e castigo* uma das melhores obras — sim, mesmo assim [...] a sociedade russa ainda não entende o senhor como deveria [...] e escuta suas palavras [...] com perplexidade e consternação".[16] Dostoiévski ficou tão comovido com esse tributo que visitou seu jovem admirador alguns dias depois e deixou seu cartão. Soloviov retribuiu a visita e logo se tornou amigo e protegido literário de Dostoiévski; no futuro, ninguém o apoiaria de forma mais firme e consistente na imprensa russa. Tal como Timoféieva, ele ajudou a aliviar o medo de Dostoiévski de que tivesse se isolado da nova geração, a qual esperava dissuadir de tomar o caminho autodestrutivo da revolução social.

Dostoiévski também trocou correspondência com o irmão mais novo de Vsiévolod, Vladímir, destinado a se tornar o mais importante filósofo russo da virada do século. Poeta e filósofo, Vladímir era uma pessoa excêntrica, caprichosa e envolvente, com um senso de humor extravagante — um tipo extremamente intelectualizado e espiritualizado de louco sagrado, o que, na cultura russa, implica sempre alguma relação com o religioso e o divino. Vladímir enviara um artigo para *O Cidadão* em 1873, com uma carta em que falava com admiração da recusa da revista em aceitar "a veneração supersticiosa" exibida na literatura russa pelos "fundamentos anticristãos da civilização", uma reverência que tornava impossível qualquer "julgamento sem esses fundamentos".[17] Dostoiévski rejeitou o primeiro artigo de Vladímir, mas aceitou outro um ano depois, após ter recebido uma cópia da sua tese de mestrado, *A crise na filosofia ocidental*. Essa obra talentosa causara um grande furor por seu estilo brilhante, por sua erudição profunda e seu ataque à aceitação reinante de um positivismo semicientífico, misturado de forma inconsistente com a profissão de valores morais cristãos secularizados. Ele argumentava que o racionalismo ocidental estava falido e afirmava que os mais recentes desdobramentos do pensamento ocidental — Schopenhauer e a *Filosofia do inconsciente*, de Eduard Hartmann, então na moda — avançavam rumo a uma fusão com as verdades preservadas nas religiões do Oriente, especificamente no cristianismo ortodoxo oriental.

Tal como Vsiévolod, seu irmão mais velho, Vladímir passara por um período de radicalismo agudo sob a influência da leitura de Píssariev. Os romances de

800

Dostoiévski tinham sido um dos remédios mais eficazes que ajudaram os dois irmãos a superar seu niilismo adolescente. Vladímir observou, certa vez, que entre as páginas que mais admirava estavam alguns trechos de *Os demônios*, presumivelmente aqueles em que Kiríllov atravessa a dialética mortal de tentar substituir o Deus-homem pelo Homem-deus. Na verdade, o desmascaramento feito por Dostoiévski dos perigos mortais de um egoísmo desenfreado foi decisivo para o pensamento de Soloviov, que salienta constantemente a importância de alcançar uma nova conciliação entre o ego atomístico, liberto dos laços religiosos do passado, e uma fonte revitalizada de valores morais absolutos.

Anna nos conta que Dostoiévski ficou encantado com seu jovem admirador filósofo, que se tornou frequentador assíduo de sua casa em 1873. Ele fazia seu marido recordar um amigo de juventude, Ivan Chidlóvski, poeta tempestuoso e atormentado que vivia à procura de Deus e desempenhara um papel importante na sua formação artístico-espiritual. "Você se parece tanto com ele na fisionomia e no caráter", disse uma vez a Vladímir, "que em determinados momentos acho que a alma dele está vivendo em você."[18] O rosto pálido, macilento e anguloso de Soloviov, com grandes olhos negros fixos na distância, era emoldurado por madeixas que lhe caíam sobre os ombros curvados. Sua imagem fora comparada com a figura de Cristo de alguns ícones russos, e às vezes camponeses o tomavam por um padre e se ajoelhavam para obter sua bênção. Preferindo uma comparação com a arte da Renascença italiana, Dostoiévski lembrava-se da imagem de Cristo em um de seus quadros preferidos da Gemäldegalerie de Dresden, *A cabeça do jovem Cristo*, de Carracci.

Soloviov deixou a Rússia em junho de 1875 para estudar no exterior e lá se debruçou sobre os escritos teosóficos e cabalísticos guardados no Museu Britânico. Sob a inspiração deles, como tudo indica, ele embarcou de repente numa viagem ao Egito. Uma revelação misteriosa concedida numa visão lhe garantira que, naquela terra de antigos mistérios, ele encontraria a Divina Sofia, a encarnação feminina da Sabedoria Eterna. Um dia, ao tomar conhecimento de uma tribo no deserto que preservaria a antiga sabedoria cabalística, decidiu ir até o seu acampamento vestindo suas costumeiras roupas pretas europeias. Os beduínos o tomaram por algum tipo de espírito maligno e consta que ele por pouco conseguiu escapar com vida. Soloviov retornou ileso para a Rússia em julho de 1876 e ficou bastante próximo de Dostoiévski nos últimos anos de vida do romancista.

26. *Vladímir Soloviov.*

Os deveres de Dostoiévski como editor de *O Cidadão* acabaram por demandar muito mais do que ele previra, em parte devido aos seus próprios padrões literários exigentes e em parte porque as interferências editoriais de Meschérski o atormentavam tanto quanto a Gradóvski. Meschérski era sarcasticamente conhecido nos círculos radicais como "Príncipe Ponto Final", por ter declarado em um de seus artigos que "é necessário pôr um ponto final nas reformas fundamentais [iniciadas por Alexandre II com a libertação dos servos em 1861]".[19]

Seus problemas como editor também foram agravados pela jovial falta de cuidado de Meschérski em relação aos regulamentos que regiam a imprensa russa. No final de janeiro de 1873, *O Cidadão* publicou um artigo do príncipe no qual ele citava diretamente Alexandre II ao perguntar ao chefe de uma delegação quirguiz se ele falava russo. Era proibido citar as augustas declarações sem autorização especial, e o príncipe displicente, acostumado a conversar com a realeza, se esquecera de cumprir essa formalidade. A responsabilidade legal não recaiu sobre o autor, mas sobre o editor da publicação, Dostoiévski, que foi condenado a pagar uma multa de 25 rublos e passar dois dias na casa de guarda. Seu advogado o aconselhou a se declarar inocente e, mais tarde, ele comentou com ironia a assessoria jurídica que lhe foi dada (e observada), quando a violação da lei era óbvia.

Já no final de seu primeiro mês como editor, Dostoiévski confessa à sobrinha Sofia Ivánova: "Meu tempo agora se adaptou de uma forma tão terrível que só posso me amaldiçoar pela repentina decisão que tomei de assumir a editoria da revista".[20] Havia prometido a Meschérski que forneceria uma coluna semanal de comentário político e escreveu a Anna (que levara as crianças para passar o verão em Stáraia Russa) que "tenho de ler dezenas de jornais" para escrever esses artigos políticos. Não admira, diz ele, que "pensamentos terrivelmente deprimentes e [...] abatimento [...] me dominaram quase a ponto de ficar doente ao pensar que estou amarrado a todo esse trabalho duro em *O Cidadão* por pelo menos mais um ano".[21]

Ao solicitar uma colaboração do historiador nacionalista Mikhail Pogódin, cujos escritos ferrenhamente patrióticos Dostoiévski admirava, ele reclama que o semanário não tinha uma secretária para cuidar dos assuntos de rotina, e além disso, "minha principal fonte de angústia é o monte de temas sobre os quais eu gostaria de escrever". E continua: "Há muita coisa que precisa ser dita, razão pela qual entrei para a revista [...] eis meu objetivo e meu pensamento: o socialismo [...] corroeu toda uma geração. [...] Precisamos lutar, porque tudo foi infectado. Minha ideia é que o socialismo e o cristianismo são antíteses. É isso que eu gostaria de mostrar em toda uma série de artigos, mas por enquanto nem sequer pude começar".[22]

O verão de 1873 foi um momento particularmente difícil para Dostoiévski. Suas funções editoriais exigiam que ele permanecesse em Petersburgo apartado da família, que estava em Stáraia Russa. Suas cartas estão repletas de lamentos sobre sua tristeza e solidão, seus sonhos (às vezes assustadores) com os filhos, sua preocupação com a saúde de Anna e as dificuldades de fazer arranjos para que pudesse passar alguns dias no campo. Ao contar um pesadelo em que seu filho Fiédia cai do peitoril de uma janela do quarto andar, ele instrui Anna: "Escreva-me assim que possível dizendo se alguma coisa aconteceu com Fiédia. [...] Acredito em visões, tanto mais se forem factuais, e não vou me acalmar até que receba sua carta".[23]

Embora tivesse agora uma renda fixa para suas despesas, Dostoiévski continuava em dificuldades financeiras porque tinha de pagar as parcelas das dívidas de seu falecido irmão Mikhail. Uma data de vencimento caía no final de julho e ele foi forçado a penhorar o relógio para cumprir a obrigação. Algum consolo, no entanto, foi proporcionado por uma noite que passou com Pobedonóstsev, cujo convite aceitou, mesmo depois de uma semana com febre. Conta a Anna, agradecido, que seu anfitrião fora muito solícito: "Ele me envolveu num cobertor; [...] ele mesmo me acompanhou por três lances de escadas, com vela na mão, até a porta da rua". O que o gratificou ainda mais foi a notícia de que ele lera *Crime e castigo* com grande gosto "por recomendação de uma determinada pessoa, um admirador meu que você conhece muito bem, a quem ele acompanhou numa viagem à Inglaterra". Pobedonóstsev acabara de voltar de férias na ilha de Wight com o tsarévitche Alexandre, que fora convidado pela família real britânica. "Portanto", escreve Dostoiévski, "as coisas não estão tão ruins quanto parecem. (Por favor, não converse sobre isso, querida Ánietchka.)"[24]

No final de agosto de 1873, Anna voltou para Petersburgo com as crianças, e Dostoiévski pôde, mais uma vez, retomar a rotina tranquila da vida familiar de que tanto sentira falta. Mas as ansiedades e a rotina extenuante do cumprimento de prazos semanais não cessavam por um momento sequer. Se a prepotência editorial de Meschérski era uma fonte constante de atritos, conflitos muito mais graves surgiram quando eles discordaram sobre questões socioculturais. Em uma ocasião, *O Cidadão* envolveu-se numa controvérsia com *Notícias de São Petersburgo*, e Dostoiévski e o príncipe redigiram juntos uma resposta. Meschérski levantou a questão das proclamações revolucionárias vindas do exterior que circulavam no meio estudantil e sugeriu que essas "distrações" podiam ser evitadas se os estudantes morassem em dormitórios sob a vigilância das autoridades. Dostoiévski não tinha objeções à melhoria das condições de vida dos estudantes, mas explica em um bilhete ao príncipe por que riscou sem cerimônia sete linhas "sobre a *tarefa* de vigilância do governo". "Tenho minha reputação de escritor", declara Dostoiévski, "e, além disso, tenho filhos. Não tenho a intenção de *me destruir*." A frase seguinte, coberta de tinta no texto original, foi decifrada: "Além disso, sua ideia está em profunda oposição às minhas convicções e enche meu coração de indignação".[25] Esta última frase era obviamente demasiado imprudente para o furibundo reacionário Príncipe Ponto Final, que respondeu como manda o figurino: "Presumo que o senhor não seja da opinião de que os estudantes devem ficar sem vigilância".[26] Embora não dessem resposta a esse desafio, as odiosas sete linhas, que teriam arruinado a reputação de Dostoiévski para sempre como partidário de um Estado policial, nunca foram impressas.

Estava claro que suas opiniões não se ajustavam a nenhuma linha oficial do governo e sua independência causou outro confronto com a censura. Uma fome generalizada afligiu várias províncias russas em 1873-4 e ele publicou diversos artigos críticos à reação do governo, em especial na província de Samara. Esses artigos provocaram a ira dos guardiões da imprensa, que proibiram a venda de exemplares avulsos de *O Cidadão*. Somente assinantes poderiam receber o semanário, o que resultou numa perda considerável de receita. Dostoiévski escreveu uma subserviente carta de súplica a um alto funcionário da imprensa, pedindo-lhe que intercedesse junto ao Ministério do Interior, e a proibição foi suspensa um mês depois.

No início de 1874, as tensões e as pressões de editar *O Cidadão* começaram a desgastar a saúde de Dostoiévski. Anna observa com tristeza: "Fiódor Mikháilovitch, que tinha de sair de casa em todo tipo de clima [...] e ficar sentado por horas numa sala de revisão superaquecida antes de cada edição ir para a prensa, começou a contrair frequentes resfriados". Em consequência, "sua tosse leve tornou-se aguda e surgiu uma falta de ar" — o início do enfisema que acabaria por causar sua morte. Seu médico lhe receitou "tratamento de ar comprimido", e "Fiódor Mikháilovitch teria de ficar sentado por duas horas sob o sino [o aparelho colocado sobre sua cabeça], três vezes por semana". Mesmo que "o tratamento fosse muito benéfico, [...] tornava o cumprimento de suas funções editoriais ainda mais difícil".[27]

Em março de 1874, Dostoiévski enfim cumpriu a sentença que o condenara a dois dias de detenção na casa de guarda. A. F. Kóni, funcionário do Ministério da Justiça que era seu admirador, conseguiu que a data fosse fixada conforme a conveniência do romancista. A casa de guarda ficava no centro de Petersburgo, e Anna levou para o marido uma mala com "artigos necessários para a noite". "Ele perguntou se as crianças tinham sentido sua falta e quis que eu lhes desse algumas guloseimas e lhes dissesse que ele fora a Moscou buscar brinquedos."[28] Anna inscreveu Máikov para visitar Dostoiévski no dia seguinte, e ele, por sua vez, contatou Vsiévolod Soloviov, que também apareceu. Soloviov encontrou o prisioneiro sentado a uma pequena mesa numa sala espaçosa e "razoavelmente limpa, bebendo chá, enrolando e fumando cigarros",[29] e folheando um exemplar de *Os miseráveis*, de Hugo, emprestado por Timoféieva.

A prisão, é evidente, fez com que relembrasse seu confinamento na Fortaleza Pedro e Paulo, quase um quarto de século antes. Fazia algum tempo que Dostoiévski e Soloviov não se viam, e o mais jovem queixou-se de sofrer de apatia. O melhor tratamento, insistiu o romancista, era aquele que o destino lhe impusera — uma mudança repentina, o choque de novas situações e a necessidade de se ajustar a um ambiente novo.

> Quando me vi na fortaleza, pensei: é o fim, pensei que não aguentaria três dias, e — de repente me acalmei. [...] Oh, foi uma grande felicidade para mim: a Sibéria e a *kátorga*. As pessoas dizem: horror, ressentimento, falam da justeza de algum tipo de ressentimento! Que terrível absurdo! Somente lá tive uma vida feliz e saudável, lá eu me entendi, meu caro colega. [...] Entendi Cristo. [...] Entendi o homem russo e senti que eu mesmo era um russo, que fazia parte do povo russo.[30]

Essas palavras não podem ser tomadas como um relato nem mesmo remotamente adequado das experiências de Dostoiévski após sua prisão e durante os anos que passou no campo de trabalhos forçados. Em vez disso, transmitem a sensação de triunfo sobre as adversidades que fora obrigado a suportar e a transformação de sua personalidade e de suas convicções que resultara desses anos. Ele saiu da provação de sua execução simulada com um senso arrebatado do valor infinito da vida e lembra esse momento de epifania para Soloviov no decorrer da conversa. "Ah, a vida é uma coisa maravilhosa! [...] Em cada incidente, em cada objeto, em cada palavra há tanta felicidade!"[31] No final, ao pedir a seu admirador que visitasse Anna e lhe assegurasse que ele estava no melhor dos humores, advertiu-o a que falasse em voz baixa. Se os criados ouvissem que seu patrão estava preso, concluiriam que era provavelmente culpado de roubo.

Esse evento por certo concorreu para seu pedido de demissão da editoria em 1º de abril de 1874. Havia também o acúmulo constante de razões internas relacionadas com a política editorial. "Você pergunta o que ando fazendo", escreve a Pogódin em novembro de 1873. "Tenho estado doente e ficado furioso. Minhas mãos estão um pouco atadas. Ao assumir a direção, há um ano, imaginei que seria muito mais independente."[32] A impossibilidade de escrever algo que não fosse jornalístico também veio a ser um tormento contínuo. No início de seu trabalho na revista, dissera a Pogódin que "as ideias de contos e romances enxameiam minha cabeça e tomam forma no meu coração. [...] Vejo que todo o meu tempo é tomado pela revista [...] e sou levado ao arrependimento e ao desespero".[33] À an-

806

gústia se acrescentava a hostilidade predominante no comando de *O Cidadão*. Todas as outras revistas da época, explica Vsiévolod Soloviov, criticavam *O Cidadão* de forma dura e até mesmo grosseira.

> Sobre o novo editor, choviam de todos os lados zombarias estúpidas e vulgares. O autor de *Crime e castigo* e *Recordações da casa dos mortos* era chamado de louco, maníaco, renegado, traidor; chegou-se a convidar o público a visitar a exposição na Academia de Artes e contemplar o retrato de Dostoiévski pintado por Perov, uma excelente prova de que ali estava um louco, cujo lugar era uma casa para débeis mentais.[34]

Pode-se entender muito bem seu desejo de fugir dessa incessante saraivada de insultos.

No entanto, o período de um ano e meio em que Dostoiévski exerceu a função de editor esteve longe de ser inteiramente negativo, e uma conversa relatada por Timoféieva revela a mudança de sensibilidade que ocorreu na época. Falando-lhe sobre sua intenção de pedir demissão e começar a trabalhar em um novo romance, Dostoiévski sugeriu que ela perguntasse a seus amigos populistas de *Anais da Pátria* se eles teriam espaço para esse romance no ano seguinte. O fato de o autor de *Os demônios* chegar a *pensar* em publicar na mais proeminente das revistas de esquerda da época indicava, sem dúvida, uma surpreendente mudança de frente! Quando Timoféieva fez essa pergunta para G. Z. Elisséiev — o mesmo publicista radical que acusara Dostoiévski de caluniar os estudantes russos em *Crime e castigo* —, ele respondeu "com a voz mais amigável: 'Claro. Pode enviá-lo. Sempre encontraremos um lugar para ele'".[35] E assim, seu romance seguinte, *O adolescente* [*Podrostok*], foi publicado em série nas páginas de *Anais da Pátria* — para espanto de todos e para desespero de seus amigos mais próximos e mais antigos.

47. *Naródnitchestvo*: o populismo russo

O surpreendente desejo de Dostoiévski de oferecer seu próximo romance a *Anais da Pátria*, a principal revista populista, editada pelo poeta Nekrássov e pelo implacável satirista Saltikov-Schedrin, que o ridicularizara impiedosamente na década de 1860, é consequência direta da mudança dos intelectuais jovens para uma ideologia conhecida como *naródnitchestvo*, ou populismo russo. Essa nova tendência da ideologia radical atingiu o auge durante o julgamento de Nietcháiev, cujo efeito foi destruir a moral utilitária (ou a falta de alguma coisa que pudesse ser chamada de moral) dos anos 1860. Há amplas provas de que os discursos inflamados em nome da liberdade e da justiça, feitos não só pelos advogados de defesa, mas também por alguns dos réus, produziram um efeito estimulante sobre a juventude estudantil que acorreu à sala do tribunal e lotou os bancos. Para muitos, como escreveu um contemporâneo, "aqueles que estavam sendo julgados pareciam combatentes lutando para libertar o povo da opressão do governo. Os jovens se renderam ao fascínio da batalha pelas ideias de verdade e justiça *e tentaram descobrir um caminho melhor para concretizá-las*"[1] do que aquele oferecido pelo nietchaievismo.

A cobertura da imprensa de âmbito nacional revelou a tática de Nietcháiev em todos os seus detalhes sinistros, o que provocou uma repulsa horrorizada mesmo entre os que simpatizavam com seus objetivos. A considerável literatura memorialista legada pelos sobreviventes do movimento populista deixa manifesto o sentimento de indignação quando souberam a verdade. Vera Figner, por exemplo, escreveu que a teoria de Nietcháiev "de que o fim justifica os meios nos causou repulsa, e o assassinato de Ivánov nos encheu de asco".[2] (Não obstante, ela participou mais tarde do comitê executivo da organização terrorista Vontade do Povo, que planejou o assassinato de Alexandre II.)

Os círculos de jovens radicais que começaram a se formar então levaram a sério as lições do nietchaievismo e evitaram qualquer tentação de ignorar a moral em nome do interesse superior da causa revolucionária. O príncipe Piotr Kropótkin, descendente de uma antiga família nobre — destinado a uma carreira de destaque na corte imperial, se tornou em vez disso um famoso cientista e um anarquista e revolucionário — pertencia a um desses círculos (o grupo Tchaikóvski) e deixou uma descrição de seu éthos dominante. "O círculo de autoeducação de que estou falando foi constituído em oposição aos métodos de Nietcháiev. Os poucos amigos [no círculo] haviam julgado, com correção, que uma individualidade moralmente desenvolvida devia ser a base de toda organização [...] qualquer que fosse o programa de ação que viesse a adotar no curso de acontecimentos futuros."[3] Suas observações enfatizam a nova dimensão moral e ética que viera para o primeiro plano na autoconsciência radical.

Desse modo, a nova geração abandonou a moral utilitária pregada pelos ideólogos niilistas dominantes da década de 1860, como Tchernichévski e Dobroliúbov, e, em especial, reagiu contra Píssariev, que estimulara entre os intelectuais um elitismo desdenhoso para com o povo e vira a única esperança de progresso no cultivo da juventude letrada através do estudo das ciências. Quando essas ideias foram combinadas com o panegírico de Píssariev às glórias da realização pessoal e do individualismo desenfreado, a *Píssarievtchina* do final da década de 1860 abriu caminho para um afrouxamento do idealismo moral que marcara as atividades da intelectualidade de forma tão notável na primeira metade da década.

Esse conjunto de ideias e atitudes foi duramente atacado nas *Cartas históricas* (1869-70), de Piotr Lavrov, que se tornou uma importante fonte de inspiração para a intelligentsia *naródniki* (populista) da década de 1870. Durante os distúrbios estudantis de 1862 na Universidade de São Petersburgo, Lavrov, um ex-coronel de artilharia que fora professor de matemática em diversas academias militares, incitou os jovens rebeldes em uma de suas turbulentas reuniões trajado de uniforme militar completo. Mais tarde, preso e destituído de seu posto após o atentado de

1865 contra a vida de Alexandre II (no qual não teve nenhuma participação), foi exilado numa aldeia pobre do distrito setentrional de Vologda. Lá, escreveu suas cartas e publicou-as legalmente sob pseudônimo. Depois de alguns anos, fugiu para o exterior e continuou sua carreira de estudioso e publicista importante e respeitadíssimo, tendo participado ativamente do movimento radical europeu. Bom amigo de Karl Marx, foi editor e principal colaborador de uma revista radical de expatriados russos, *Avante* [*Vperiod*], em que publicava comentários sobre assuntos russos e artigos sobre a história do pensamento social.

As *Cartas históricas* de Lavrov constituem uma pesquisa ensaística abrangente cujo tema é a ascensão da civilização a partir da barbárie. No contexto russo imediato, sua ideia mais influente está na quarta carta, "O custo do progresso", que avalia o preço exorbitante pago em sofrimento humano em nome do avanço da civilização. Ele salienta a "dívida" que as minorias cultas (a intelligentsia russa) têm com milhões de sofredores (o campesinato russo) que labutaram ao longo dos séculos para fornecer-lhes os meios de sua educação. Como se pode resgatar essa dívida? "Poderei aliviar-me da responsabilidade pelo custo sangrento do meu desenvolvimento", escreve Lavrov, "se utilizar esse mesmo desenvolvimento para diminuir o mal no presente e no futuro."[4]

Essas palavras tiveram um efeito eletrizante em toda uma geração de jovens russos que buscava, sem ânimo, um ideal moral positivo. N. S. Russánov, um jovem estudante que mais tarde se tornou um publicista importante, experimentou seu choque reanimador:

> Houve um momento em que fomos seduzidos por Píssariev, que nos falou da grande utilidade das ciências naturais para tornar os homens "realistas pensantes". [...] Desejávamos viver em nome de nosso "egoísmo culto", rejeitando toda autoridade e tendo como objetivo uma vida livre e feliz para nós mesmos e para os que partilhassem nossas ideias. E, de repente, o pequeno livro [de Lavrov] nos diz que existem outras coisas além das ciências naturais. A anatomia de rãs por si só não nos leva muito longe [uma alusão a Bazárov, personagem de *Pais e filhos*, de Turguêniev, que passa o tempo dissecando rãs]. [...] Há o povo, as massas famintas, desgastadas pelo trabalho, trabalhadores que sustentam todo o arcabouço da civilização, que trabalham exclusivamente para que possamos estudar rãs. [...] Como estávamos envergonhados de nossos miseráveis planos burgueses de uma vida pessoal feliz! Ao diabo com o "egoísmo racional" e o "realismo pensante". [...] Doravante, nossa vida deve

pertencer integralmente às massas, e só dedicando todas as nossas forças ao triunfo da justiça social poderíamos parecer tudo, menos falidos fraudulentos diante de nosso país e de toda a humanidade.[5]

Foi com esse sentimento de abnegação que a juventude letrada "foi até o povo" no início da década de 1870, e o que eles esperavam encontrar nas aldeias russas não era apenas a absolvição do pecado de seus privilégios, mas também uma forma moralmente superior de vida, uma Arcádia socialista primitiva, preferível aos países supostamente mais avançados do Ocidente.

Se Lavrov tinha inspirado nos jovens letrados um sentimento de culpa em relação aos seus privilégios, outro pensador populista, Nikolai Mikhailóvski, os persuadiu de que a aldeia da Rússia e o camponês russo guardavam tesouros insuspeitos que não deveriam ser entregues levianamente à marcha do "progresso". Mikhailóvski, que gozou de enorme prestígio na década de 1870, era membro do conselho editorial e colaborador habitual de *Anais da Pátria*, e sua coluna mensal era lida com avidez. Suas credenciais junto à nova geração vinham de um pequeno livro, *O que é o progresso?*, publicado pouco depois das *Cartas* de Lavrov. Essas reflexões são fruto da desilusão generalizada com o Ocidente, em particular com a França, causada entre os progressistas russos pelo fracasso das revoluções de 1848, pela ascensão ao poder de Napoleão III e pela feroz repressão da Comuna de Paris, no rescaldo da Guerra Franco-Prussiana. Tomando um bordão que Herzen fora o primeiro a usar após 1848 e que Dostoiévski repetira em *Notas de inverno sobre impressões de verão*, em 1863, Mikhailóvski argumentava que uma civilização ocidental decadente não podia mais servir de estrela guia para os russos de esquerda que buscavam ansiosamente o caminho para uma ordem socioeconômica mais justa.

Esse desencanto encontrou expressão eloquente na notável crítica de Mikhailóvski ao conceito de "progresso" tal como entendido na Europa. Utilizando as ideias de Charles Darwin e do então célebre Herbert Spencer, mas adaptando-as a seus próprios fins, ele afirmava que o progresso devia ser medido pela riqueza e diversidade da vida humana que promovia, e não apenas pela produção e acumulação de bens materiais. Entendido unicamente nesse último sentido, como acontecia na Europa, o progresso poderia muito bem destruir a integridade de toda a vida individual ainda preservada em formas sociais menos desenvolvidas (isto é, a aldeia russa). As chamadas leis científicas "objetivas" que regem a sociedade — leis elaboradas pelo pensamento social ocidental — não oferecem nenhuma ajuda na escolha entre essas duas noções de progresso, e Mikhailóvski sustentava que era preciso introduzir um critério "subjetivo" (moral) em favor da proteção da personalidade individual.

Desse modo, Lavrov e Mikhailóvski rejeitaram o culto da "ciência", tão típico do niilismo da década de 1860, como fundamento supremo dos valores humanos; romperam com as ideias que não deixavam espaço independente (pelo menos em teoria) para a personalidade humana e, portanto, para a moral. Para esses pensadores, como para Kant em seu tempo, a ciência determina as leis do mundo físico, mas não as dos desejos e ideais humanos. Lavrov fez de um apelo direto à sensibilidade moral dos intelectuais a base de seu radicalismo; e também Mikhailóvski, na crítica temperada de eslavofilismo que fez ao progresso, usou critérios morais "subjetivos" como justificativa para a repulsa a seu avatar ocidental. Esses aspectos do pensamento populista estavam muito mais próximos das ideias de Dostoiévski do que qualquer outra coisa que encontrara anteriormente entre os ideólogos radicais.

Um dos dogmas da ideologia radical da década de 1860, exposto da forma mais intransigente por Tchernichévski, era um materialismo monista — supostamente a última palavra em termos de pensamento "científico" — que excluía a possibilidade de qualquer "livre-arbítrio". Para Dostoiévski, tratava-se de uma *necessidade* moral e psicológica da personalidade humana sentir-se livre, e ele encontrava agora nos textos populistas uma afirmação decisiva daquilo que havia sustentado o tempo todo — e que o niilismo declarara não existir. "Tomo como ponto de partida", afirmou Lavrov, "o fato da consciência da liberdade, e sobre o fundamento desses fatos construo um sistema coerente de processo moral."[6] De modo semelhante, Mikhailóvski escreveu que "a sociedade obedece a certas leis em seu desenvolvimento; mas não menos inquestionável é a consciência inerente do homem de uma livre escolha da ação. No momento da ação, tenho consciência de que eu me dou livremente um objetivo, completamente independente da influência das condições históricas".[7]

Tal como Dostoiévski dez anos antes, a geração da década de 1870 rejeitava explicitamente a tentativa incongruente de extrair uma moral da obrigação do "egoísmo racional", e ninguém a atacou de modo mais incisivo do que Mikhailóvski. "Apegando-se a essa fórmula", afirmou, "perdemos de vista o fato de que, em primeiro lugar, estender nosso ego pessoal a ponto do sacrifício de si mesmo, da possibilidade de identificação com uma vida alheia — é tão real quanto o egoísmo mais grosseiro. E que, em segundo lugar, a fórmula de que o sacrifício é puro absurdo não prevê de forma alguma nossa própria situação psíquica, pois mais do que nunca estamos prontos a fazer os sacrifícios mais extremos."[8] Depois desse trecho, não surpreende saber que o crítico lera *Crime e castigo* com grande admiração.

Esse renascimento entre os populistas de uma sensibilidade para a ética da abnegação, dramatizada de modo comovente nessa obra, foi acompanhado por um respeito renovado pelo próprio cristianismo. Em discurso proferido em 1872, Mikhailóvski explicou que

> o mundo antigo não conhecia a ideia de personalidade. O homem como algo além das castas, estratos e nacionalidades fixas não significava nada para a Antiguidade. [...] O cristianismo deu uma característica totalmente nova para a história. Ele gerou a ideia do valor absoluto do homem e da personalidade humana [...] a partir de então, para todas as pessoas, apesar de atrasos, enganos e divagações, há apenas um objetivo: o reconhecimento absoluto do homem, da personalidade humana e de seu desenvolvimento multifacetado.[9]

Essa visão positiva do cristianismo manifestada por um porta-voz dos radicais teria sido inconcebível na década de 1860, mas agora ele identifica seu próprio ideal sociocultural — um socialismo populista baseado no valor supremo da personalidade humana — com o surgimento do cristianismo como religião mundial.

Essa reavaliação do cristianismo era típica do estado de espírito de toda a geração da qual Mikhailóvski se tornara porta-voz. D. N. Ovsiániko-Kulikóvski, o grande historiador da intelectualidade russa na virada do século, também salientou que o que distinguia os populistas da década de 1870 da geração anterior era, acima de tudo, sua "religiosidade psicológica".

> Em lugar da atração unilateral pelas ciências físicas, surgiu um vivo interesse pelas questões sociais, econômicas e históricas — em particular, pela história dos movimentos do povo, pelos *raskólniki* [os dissidentes religiosos] e as seitas. O indiferentismo e o ceticismo na religião, que tão fortemente marcaram a tendência "pissarievista", diminuíram especialmente. Despreocupada com a religião dogmática, com a religião oficial, a nova geração mostrou um interesse inequívoco pelos Evangelhos, pela ética cristã e por Cristo, o homem.[10]

Mikhailóvski ajudou a incutir na mentalidade populista ideias proudhonianas, que traduzem as esperanças messiânicas da fé cristã em termos modernos, secularizados. N. V. Sokolov, amigo de Mikhailóvski que foi preso e julgado em meados da década de 1860, em virtude de um livro chamado *Os hereges*, declarou em audiência pública que "toda a culpa dos socialistas heréticos consiste no fato de que eles não buscam o Reino de Deus nas nuvens, e sim na terra". "Silenciem-me", disse aos juízes, "se encontrarem em minhas palavras alguma perversão do mandamento do amor cristão ao próximo. Sei apenas que nenhum dos senhores ama a Cristo mais do que eu."[11] Dostoiévski aceitara uma visão semelhante do socialismo na década de 1840, e um exemplar de *Celebração do domingo*, de Proudhon, foi encontrado em seu quarto no momento de sua prisão, em 1849. Não sabemos se ele havia lido declarações como as de Sokolov, mas o espírito que transmitiam lhe era familiar desde seu próprio passado e estava onipresente na cultura russa da década de 1870.

O *naródnitchestvo*, portanto, dificilmente teria deixado de provocar uma reação simpática de Dostoiévski, que nisso acompanhava os eslavófilos e os populistas. Todos estavam alarmados com o crescimento do capitalismo no país e consideravam as instituições socioeconômicas do campesinato (e, portanto, o modo de vida e o éthos do qual provinham) valiosas e preciosas *em si mesmas e na sua forma atual*. A tarefa mais essencial dos populistas, especialmente diante do crescente ritmo de industrialização, era proteger a vida dos camponeses das forças que levavam à desintegração da comuna. Em 1872, revertendo o impulso anterior do radicalismo russo, Mikhailóvski declarara: "Na Rússia, [...] só se exige a *preservação* dos meios de trabalho nas mãos dos trabalhadores, uma garantia para os atuais proprietários [os camponeses] de suas propriedades".[12] Já em 1850 Dostoiévski havia concordado com os eslavófilos que as concepções europeias de uma revolução dos operários não tinham relevância para as condições sociais da Rússia, e agora, ao que parece, Mikhailóvski estava concordando com esses pontos de vista e, com efeito, renunciando à revolução política e social em favor da salvaguarda dos interesses econômicos dos camponeses.

Mesmo que aceitassem agora a virtude cristã da abnegação, que para Dostoiévski estava na raiz da *óbchtchina* camponesa de uma forma socialmente modificada, os populistas preferiam lançar suas ideias em termos mais contemporâneos. Assim, Mikhailóvski elaborou sua variante "sociológica" do mito difundido de que a vida camponesa era valiosa por direito próprio. O critério de avaliação do progresso, segundo ele, deveria ser a realização na vida humana da personalidade mais harmoniosa e completa. Desse ponto de vista, embora a Europa tivesse chegado a um "estágio" mais elevado de desenvolvimento social do que a Rússia, o camponês russo representava um "tipo superior" de ser humano ao seu equivalente, o trabalhador industrial europeu. O camponês russo, na realização de suas tarefas diárias, empregava todas as suas diversas faculdades físicas e mentais e, portanto, mantinha-se um indivíduo integrado; o trabalhador industrial europeu, cada vez mais estilhaçado pelos refinamentos da divisão do trabalho, fora reduzido a um verdadeiro dente de engrenagem desumanizado. Em sua ideologia do *pótchvennitchestvo*, Dostoiévski acalentara a esperança de que a intelligentsia europeizada retornasse aos valores encarnados em sua terra natal para criar uma síntese nova e mais rica, e o objetivo do populismo era salvaguardar o valor único encarnado no tipo superior da vida do camponês russo, elevando-o a um "estágio" mais elevado sem destruir suas virtudes insubstituíveis.

Embora não se possa simplesmente equiparar *pótchvennitchestvo* e *naródnitchestvo*, a semelhança na perspectiva global — em particular, o distanciamento quase eslavófilo da civilização europeia — não deixa de ser evidente. Mikhailóvski ficara estarrecido com a descrição feita por Marx da "acumulação primitiva", o processo pelo qual os pequenos proprietários rurais ingleses tinham sido forçados a abandonar a terra, a fim de criar um proletariado industrial dependente do trabalho assalariado. "A razão e o sentimento moral não influenciaram o desenvolvimento econômico da Europa", declarara ele indignado aos defensores da expansão industrial da Rússia conforme o modelo europeu.[13] Para exorcizar a imagem monstruosa do mal exibida no Palácio de Cristal da Feira Mundial de Londres, Dostoiévski havia igualmente apelado aos valores morais ainda preservados nas raízes da vida russa. Agora, Mikhailóvski escrevia que "não só não desprezamos a Rússia, como vemos em seu passado, e ainda em seu presente, muita coisa em que podemos confiar para afastar as falsidades da civilização europeia".[14]

A atividade dos populistas no início da década de 1870 pode muito bem ter parecido a Dostoiévski uma resposta mais do que coincidente com tudo o que vinha defendendo em seus livros. Encontramos uma descrição clássica de seus objetivos e ideais na primavera de 1874, nas memórias do príncipe Kropótkin. A principal preocupação de todos, escreve ele, era encontrar a resposta para uma única pergunta importante:

> De que maneira poderiam ser úteis para as massas? Aos poucos, chegaram à ideia de que a única maneira era instalar-se no meio do povo e viver a vida do povo. Jovens foram para as aldeias como médicos, auxiliares de médicos, escribas de aldeia, até mesmo como trabalhadores agrícolas, ferreiros, lenhadores. [...] Moças passaram nos exames para professora, aprenderam a ser parteiras ou enfermeiras, e foram às centenas para as aldeias, dedicando-se à parcela mais pobre da população. Essas pessoas chegaram sem ter nenhuma ideia de reconstrução social em mente, ou a menor noção de revolução. Elas simplesmente queriam ensinar a massa dos campo- neses a ler, instruí-los em outras coisas, dar-lhes assistência médica e, desse modo, ajudar a tirá-los das trevas e da miséria, e aprender ao mesmo tempo quais eram seus ideais populares de uma vida social melhor.[15]

Esse quadro é por demais idílico, embora possa ser aceito como testemunho do estado de espírito profundamente altruísta com que os jovens populistas foram até o povo. O objetivo deles era também "despertar a consciência" do povo e preparar o caminho para a revolução. Alguns grupos, influenciados por Bakúnin, estavam convencidos de que bastaria uma centelha para acender o fogo furioso da revolta entre os descendentes de Pugatchov e Stienka Rázin, e ficaram desaponta- dos e angustiados ao descobrir que o povo russo era imune à sua retórica incen- diária. Os camponeses, em seu conjunto, tinham pouco a ver com esses jovens instruídos, que apareceram no meio deles como que por mistério, desajeitados em suas roupas de camponês, e trataram de entregá-los à polícia. Dostoiévski acabara de profetizar essa reação nas páginas finais de *Os demônios*, quando seu patético inocente, Stiepan Vierkhoviénski, decidiu "ir até o povo" sobre o qual havia tagarelado durante toda a sua vida.

Toda a Rússia letrada agitou-se emocionalmente com essa cruzada moral que, de repente, e de forma que parecia espontânea, levava milhares dos mais fi- nos jovens a "desistir de suas riquezas" (muitos vinham de famílias ricas e bem posicionadas) e "ir até o povo". O ministro da Justiça, conde Pahlen, observou com surpresa que muitas famílias respeitáveis ajudavam os próprios filhos a em- barcar nessa efusão irresistível de esforço para realizar o ideal cristão de amor, o ideal de ajudar e confortar aqueles que sofrem. S. M. Kravtchínski, um participante que estava longe de ser um romântico (alguns anos depois, mataria a punhaladas, em plena luz do dia, o chefe da polícia secreta russa), disse, sobre o movimento, que dificilmente "poderia ser chamado de político. Era antes uma espécie de procissão em cruzada, que se distinguia pelo caráter totalmente contagiante e abrangente de um movimento religioso. As pessoas procuravam não apenas a realização de um objetivo prático definido, mas, ao mesmo tempo, a satisfação de uma profunda necessidade de purificação moral pessoal".[16]

Dostoiévski poderia muito bem ter discernido naquilo que ouviu sobre esses acontecimentos — e toda a sociedade russa fervilhava de boatos a respeito deles — o início da realização de seu ideal político e social, pois a juventude populista não estava preocupada apenas em educar e despertar o povo: também queria instruir-se, assimilar-se ao povo, conhecer seus valores e crenças. Dostoiévski sempre sonhara com essa fusão entre os intelectuais e o povo, e pode muito bem ter acreditado, durante a agitada primavera e o verão de 1874, que o tão almejado dia afinal havia chegado. Mas, mesmo assim, um importante artigo de Mikhailóvski sobre *Os demônios*, publicado em *Anais da Pátria*, revelou o abismo entre os radicais e o romancista, que nunca seria superado.

Esforçando-se para tratar Dostoiévski com respeito — "um dos mais talentosos de nossos escritores contemporâneos" —, Mikhailóvski concentra sua crítica no retrato do radicalismo russo, considerado pelo romancista o produto final da desintegradora influência europeia na cultura russa. Na visão de Dostoiévski, as classes educadas da Rússia haviam se afastado do povo e, ao mesmo tempo, da religião do povo, tendo, desse modo, perdido a capacidade de distinguir entre o bem e o mal. Estavam portanto inevitavelmente condenadas à destruição pintada em *Os demônios*. Mikhailóvski objeta, no entanto, que não é necessário compartilhar as convicções religiosas do povo para aceitar os valores morais encarnados em seu modo de vida. Dostoiévski, aponta ele, usa a palavra "Deus" em *Os demônios* ora para indicar um ser supremo, ora como sinônimo de "particularidades nacionais" e costumes nacionais, identificando, assim, ligação com o povo russo com fé religiosa. Mas essa teoria é "simplesmente inaceitável", e Mikhailóvski separa criteriosamente as questões da religião e da relação entre os intelectuais e o povo.[17]

Para o romancista, há apenas a condenação inequívoca da intelectualidade feita em *Os demônios* ou a glorificação igualmente inequívoca e acrítica do povo feita em seus artigos jornalísticos. Dostoiévski é "um homem feliz", escreve

Mikhailóvski com inveja. "Ele sabe que, a despeito do que acontecer com o povo, no final ele se salvará e nós também."[18] Dostoiévski chama todos aqueles que não compartilham essa fé no povo, com todos os seus costumes e crenças, de *citoyens*, palavra francesa que salienta a alienação deles da terra natal. Mas, qualquer que tenha sido o passado, continua Mikhailóvski, é um erro ignorar o novo grupo de *citoyens* (os populistas), que, embora compartilhem a reverência do romancista pela "verdade do povo russo", não obstante acham as tradições dessa "verdade" contraditórias e confusas; eles só aceitam aquela parte que coincide com os princípios gerais da "humanidade" adquiridos de outras fontes (os ideais de justiça social encarnados no socialismo ocidental). Com efeito, como observa Mikhailóvski com perspicácia, o próprio Dostoiévski faz a mesma coisa em muitos casos, embora se recuse a reconhecer que identifica arbitrariamente seus próprios valores humanos com "a verdade do povo russo".

Em um trecho que ficou famoso e faz lembrar Lavrov, Mikhailóvski escreve que esses *citoyens* estão dispostos a desistir da agitação pelos direitos legais e políticos, o que beneficiaria apenas a eles mesmos como membros da classe educada, e trabalhar por reformas sociais que tragam benefícios imediatos para o povo. "Ao dar preferência às reformas sociais em detrimento das políticas", explica Mikhailóvski, "estamos apenas renunciando ao fortalecimento de nossos direitos e ao desenvolvimento da nossa liberdade como instrumentos para a opressão do povo e pecados ainda maiores."[19] Advertindo Dostoiévski diretamente, ele escreve: "Se parasse de jogar com a palavra 'Deus' e se familiarizasse um pouco mais de perto com o seu vergonhoso socialismo, o senhor se convenceria de que ele coincide com, pelo menos, alguns dos elementos da verdade do povo russo". Em vez de atacar aqueles que agora compartilham uma reverência comum pelo povo e sua "verdade", ele insta Dostoiévski a olhar ao redor e prestar atenção a todos os novos "demônios" que acabavam de surgir para assolar o país:

> A Rússia, aquela inválida desvairada que o senhor pintou, está sendo cingida por ferrovias, salpicada de fábricas e bancos — e em seu romance não há uma única indicação desse mundo! O senhor concentra sua atenção em um punhado insignificante de loucos e canalhas! Em seu romance não há nenhum demônio da riqueza nacional [expansão industrial à custa do bem-estar do povo], o demônio mais disseminado de todos e que conhece menos do que todos os outros as fronteiras entre o bem e o mal.[20]

Reconhecendo o impacto do artigo de Mikhailóvski, no número seguinte de *O Cidadão* Dostoiévski o considera "uma nova revelação para mim" (v. 21, p. 156). Dostoiévski foi tocado pela seriedade do tom de Mikhailóvski, com sua expressão profundamente sentida do desejo dos populistas de sacrificar-se pelo povo. Mas não tinha ilusões quanto à questão principal em que ele e os populistas continuariam a divergir, e pôs o dedo no nó crucial da discórdia entre eles, por mais que seus pontos de vista pudessem coincidir. "Mas escrever e afirmar que o socialismo não é ateu", adverte a Mikhailóvski, "e que o ateísmo não é sua essência central e fundamental — isso muito me surpreende" (v. 21, p. 157).

Por volta dessa época (1873), o antagonismo entre o radicalismo e a fé religiosa fora apregoado por uma resolução ressonante da seção eslava da Primeira Internacional. Sob a influência de Bakúnin, a resolução se manifestara a favor do "ateísmo e do materialismo" e prometera "lutar contra qualquer tipo de culto divino, contra todas as confissões religiosas oficiais e [...] se esforçar para erradicar a ideia da divindade em todas as suas manifestações".[21] "Socialismo — isso também é cristianismo", Dostoiévski rascunhara em seus cadernos de anotações (1872-5), "mas ele propõe que pode ter êxito com a razão."[22] Essas palavras indicam que tinha consciência da inspiração cristã subjacente ao socialismo populista, mas identifica o que ele achava ser uma autocontradição dessa corrente.

Em um de seus artigos mais notáveis, "Uma das falsidades de hoje" (em que visava libertar-se da nuvem que pairava sobre seu nome no que dizia respeito a *Os demônios*), Dostoiévski centrou-se no ateísmo derivado de David Strauss para os fins de sua discussão encoberta com os populistas. "As pessoas me dirão, talvez [...] que, por exemplo, mesmo que Strauss odeie Cristo e tenha definido como objetivo de sua vida zombar do cristianismo, ele, não obstante, cultua a humanidade como um todo e seus ensinamentos são tão elevados e nobres quanto podem ser." Dostoiévski está disposto a admitir que "os objetivos de todos os líderes atuais do pensamento europeu progressista são filantrópicos e magníficos". Mas também está convencido de outra coisa, que expressa numa peroração poderosa que hoje parece de notável clarividência:

> Se os senhores dessem a todos esses grandes professores contemporâneos total liberdade para destruir a velha sociedade e construí-la de novo, o resultado seria tamanha escuridão, tamanho caos, uma coisa tão tosca, cega e desumana que toda a estrutura entraria em colapso ao som de maldições da humanidade antes mesmo que

pudesse ser concluída. Uma vez tendo rejeitado Cristo, o coração humano pode ir a extremos incríveis. Isso é um axioma. (v. 21, pp. 132-3)

Desse modo, Dostoiévski estava dizendo que mesmo aqueles que consideravam o socialismo uma atualização dos ideais cristãos — como os populistas haviam tornado a fazer — não se achavam imunes às tentações do nietchaievismo, ainda que tivessem rejeitado a base utilitarista de suas táticas.

Não obstante, uma vez que os populistas russos não mais ligavam o ateísmo a uma rejeição da moral cristã ou dos ensinamentos de Cristo, *enquanto tais*, ocorrerá uma mudança visível de ênfase na relação de Dostoiévski com esse novo tipo de radicalismo. Ele irá tratá-lo com um tom mais brando, em nítido contraste com suas polêmicas da década de 1860, e seu foco artístico não mais se voltará para figuras como o homem do subsolo (que nega a possibilidade de *qualquer* tipo de moral, baseado em princípios niilistas) ou como Raskólnikov e Stavróguin, que substituem a consciência cristã por um cálculo utilitarista ou por uma teoria protonietzschiana do indiferentismo amoral para além do bem e do mal. Os populistas começavam a aceitar os valores cristãos da "verdade do povo russo", e assim ele acreditava poder atraí-los em termos de uma moral que não rejeitariam logo de saída.

Dostoiévski sempre insistira que o russo sabe, em seu coração, que pecou; o europeu, por outro lado, aceita que o malfeito é perfeitamente justificado. Nesse contexto, Dostoiévski fez sua famosa afirmação: "Acho que a principal e mais básica necessidade espiritual do povo russo é a necessidade de sofrimento, de sofrimento incessante e insaciável, em toda parte e em tudo. Acho que o povo russo se imbuiu dessa necessidade desde tempos imemoriais. [...] Há sempre um elemento de sofrimento, mesmo na felicidade do povo russo, e sem ele sua felicidade é incompleta" (v. 21, p. 36). O "amor do sofrimento" imputado ao povo russo significava um desejo de redenção moral e espiritual, que no final superaria os males do tempo presente.

Sua grande ambição sempre fora conciliar a refratária e radicalizada nova geração, se não com as condições existentes da vida russa, ao menos com o governo que, ele estava convencido, oferecia a única possibilidade de melhorar essas condições. Essa nova base para o diálogo ofereceu-lhe uma chance única, que procurou utilizar através da publicação de sua próxima obra na revista de Mikhailóvski, *Anais da Pátria*. O elo mais fraco da ideologia dos populistas era sua disposição para reverenciar a "verdade do povo russo", ao mesmo tempo que se recusavam a aceitar a raiz dessa "verdade" na crença, herdada pelo povo, em Cristo como o Deus-homem divino. Como os populistas poderiam idolatrar o povo sem também aderir à fé religiosa da qual advinham todos os valores morais do povo e que, para Dostoiévski, proporcionavam sua única âncora firme? O tema da necessidade da fé religiosa assume uma nova importância e intensidade nos romances desse último período e está visivelmente colocado em primeiro plano. Sem dúvida, ele sempre estivera presente, mas subordinado a uma defesa da ética do amor cristão e da abnegação, contra as violentas investidas niilistas.

Dostoiévski e os populistas continuariam a divergir sobre essa fatídica questão da fé religiosa, embora permanecessem suficientes pontos de contato para que ele ocupasse a situação singular de alguém que, apesar de sua lealdade ao tsar, conseguia transcender um facciosismo estreito. E, no decorrer da década de 1870, ele tentou usar essa posição eminente para precaver-se da catástrofe que se aproximava cada vez mais de seu país à medida que os outrora pacíficos e apolíticos populistas, por desespero, se voltavam para o terror.

48. Bad Ems

Dostoiévski demitiu-se de *O Cidadão* em abril de 1874 e, pouco depois, ocorreu um fato inesperado: Nekrássov o visitou. Anna sabia do recente afastamento entre os dois antigos amigos, e quando seu marido convidou o visitante a entrar em seu escritório, não pôde resistir a bisbilhotar a conversa atrás da porta. O que ela ouviu foi a oferta que Nekrássov fez a Dostoiévski para publicar um novo romance em *Anais da Pátria* no próximo ano, por "um pagamento de 250 rublos por fólio, quando o máximo que conseguira até então fora 150".[1] Quando ele foi consultar Anna, ela impetuosamente lhe disse para aceitar, antes mesmo que ele completasse a pergunta. Não obstante, Dostoiévski foi primeiro a Moscou para saber se Katkov, que o apoiara por tanto tempo e com tanta lealdade, pretendia adquirir seu novo romance para *O Mensageiro Russo*. Katkov concordou em pagar a mais por fólio, mas fez objeções a um grande adiantamento, e assim Dostoiévski se viu livre de qualquer obrigação.

Mais ou menos na mesma época, um especialista russo, o professor Kochlákov, observou-lhe que seu enfisema poderia melhorar com uma estada de seis semanas no balneário de Bad Ems, na Alemanha, cujas águas minerais eram famosas por seus poderes curativos. No início de junho, ele viajou de Stáraia Russa para Petersburgo e passou alguns dias cuidando de assuntos urgentes antes de empreender a viagem ao exterior. Um desses assuntos dizia respeito à propriedade de sua falecida tia, a abastada A. F. Kumánina, que dera 10 mil rublos a cada um dos irmãos Dostoiévski (Fiódor e Mikhail) em 1864 e depois os excluíra de seu testamento. O romancista e a viúva de Mikhail estavam contestando a exclusão. Numa carta do mês anterior a seu irmão mais moço, Nikolai, um engenheiro chegado à bebida a quem muitas vezes ajudara, Dostoiévski o pressionava, na qualidade de um dos herdeiros, a assinar uma declaração renunciando a qualquer reivindicação ao dinheiro legado aos irmãos. "Caso contrário", escreve ele, "não se dê ao trabalho de manter nenhuma relação comigo."[2] Nikolai concordou de pronto.

Muito embora tenha ficado desapontado ao descobrir que apenas dois exemplares de *O idiota* haviam sido vendidos nos escritórios de *O Cidadão*, que serviam de depósito para sua editora, Dostoiévski recobrou os ânimos quando se deparou com um editor chamado M. P. Nadein e escreveu a Anna: "Nadein me propôs com firmeza a publicação de uma edição completa de minhas obras [...] e tudo por apenas cinco por cento, e assim que os recolher, toda a edição me pertencerá". Na opinião de Dostoiévski, seu capital literário acabara de se valorizar porque "os livreiros ficaram um tanto animados com [...] os artigos de Orest Miller sobre mim que saíram em *Nediélia* [*A Semana*], afinal muito elogiosos".[3] Esses artigos fazem parte do volume *A literatura russa desde Gógol*, e *A Semana* era um periódico com acentuadas tendências populistas e eslavófilas. Nadein era conhecido como amigo pessoal de alguns dos principais radicais populistas, e sua oferta indica que as antigas linhas ideológicas estavam sendo reconfiguradas. Como observou A. S. Dolínin, os artigos de Miller ajudaram a eliminar parte do fardo que arruinara a reputação de Dostoiévski devido ao cargo de editor de *O Cidadão*.[4]

Dostoiévski seguiu impassível em seu próprio caminho e permitiu que seus leitores interpretassem da forma que desejassem as idiossincrasias de sua posição sociopolítica, mas seus velhos companheiros de batalha não ficaram tão serenos e imperturbáveis. Ele conta a Anna que "Máikov foi um pouco frio" quando o encontrou na casa de Strákhov, e este último, um mexeriqueiro inveterado, também comunicou a má notícia de que "Turguêniev ficaria na Rússia o ano inteiro, escreveria um romance e estava se gabando de que iria descrever 'todos os reacionários' (isto é, inclusive eu)".[5] Na verdade, Turguêniev ficou na Rússia por apenas dois meses e seu romance seguinte, *Solo virgem*, não continha nenhuma caricatura. Essa carta também nos permite ter um vislumbre das intimidades da sua vida doméstica. Ela continua com frases que Anna depois tentou riscar. "Ánia queri-da", ordena-lhe o marido, "por favor, fique atenta a eles [os filhos]. Sei que você os ama. Só não grite com eles e os mantenha limpos." Insinua também assim que Anna comandava os criados com uma mão de ferro mais dura do que as próprias inclinações de Dostoiévski. "E seja delicada com a babá", recomenda.[6]

A viagem noturna para Berlim foi penosa, não só devido ao frio, como tam-bém e porque ir de trem em vagão comum significava ficar sentado sem dormir. De Berlim a Bad Ems foi outro calvário ("Ficamos sentados como arenques num barril"). Dostoiévski chegou no auge da temporada turística, e "os preços [eram] horríveis"; todos os cálculos cuidadosos que ele e Anna haviam feito não tinham nenhuma relação com a realidade. Vasculhando a cidade, conseguiu alugar dois cômodos e fez arranjos para fazer as refeições no local. Apressou-se a ver um médico, que, depois de examiná-lo, lhe assegurou que não havia nenhum sinal de tísica. Ele sofria de "um muco temporário" que interferia na respiração, e foi-lhe prescrito beber água de uma fonte.[7]

Seu costume era escrever na calada da noite, mas em Ems, forçado a se adaptar à rotina do tratamento, foi impossível manter esse hábito. Ele explica: "Todos em Ems acordam às seis da manhã (eu também), e às seis e meia uns 2 mil pacientes já se aglomeram em torno de duas fontes. A coisa começa geralmente com um enfadonho hino luterano a Deus: não conheço nada mais doentio e arti-ficial". Sua receita era beber um copo de água medicinal às sete horas, caminhar por uma hora, beber um segundo copo e, em seguida, voltar para casa e tomar café. Ele tentou trabalhar após o café da manhã, mas "até agora, apenas li Púchkin e me embriaguei de prazer. Todo dia encontro algo novo. Mas, por outro lado, não fui capaz de juntar alguma coisa para um romance".[8]

Ems transbordava de gente e muitas vezes ele ouvia pessoas falando russo, mas achava insuportável a grande maioria de seus compatriotas, como a senho-ra — diretora de um instituto em Novotcherkassk — que menciona para Anna: "Uma idiota como o mundo jamais produziu. Uma cosmopolita e ateia, que adora o tsar, mas despreza sua terra natal. Não aguentei e lhe disse que ela era insuportável e que não entendia nada, rindo, é claro, e de forma cortês, mas muito a sério".[9] À medida que sua primeira reação extasiada às belezas de Ems se desvanecia, suas cartas se tornaram uma longa ladainha de queixas. O clima imprevisível era penoso e os ataques epilépticos que ele menciona em suas car-tas também contribuíram para o mau estado de seus nervos. "Passei a odiar todos os edifícios daqui, cada arbusto. [...] Tornei-me tão irritadiço (sobretudo no início da manhã) que via um inimigo pessoal em cada indivíduo no meio da multidão desleixada que enche Kranchen [a fonte] e talvez ficasse contente se estivesse brigando com eles."[10]

O único alívio para sua aflição dolorida eram as notícias de Anna, e ele aguardava suas cartas com sofreguidão, como se fossem um bálsamo para sua persistente solidão. Ela escrevia religiosamente, mas as cartas nunca chegavam no prazo — não devido à ineficiência do correio russo, como Dostoiévski lamentava, mas porque, como Anna soube um ano depois, eram lidas pela polícia secreta. Ele se deliciava com as notícias dos filhos, com quem nunca deixava de se preocupar. "As notícias sobre as crianças são essenciais para mim", conta para Anna. "Não posso olhar com calma para crianças, mesmo aqui, e se ouço uma criança chorando, entrego-me à aflição e aos maus pressentimentos."[11] As cartas revelam também que o casamento, apesar da diferença de vinte anos de idade entre o casal, estava firmemente enraizado (para Dostoiévski, de qualquer modo) numa ligação sexual apaixonada. "Tenho sonhos sedutores com você", confidencia a Anna. "Você sonha comigo? [...] Você disse que eu provavelmente começaria a procurar outras mulheres aqui no exterior. Minha amiga, vim a saber por experiência que não posso imaginar nenhuma outra que não seja você. [...] E, além disso, não há nada melhor *nesse sentido* do que minha Ánietchka. [...] Espero que você não mostre esta carta a ninguém."[12] A partir de uma referência nessa carta, presume-se que Anna também confessou ter "sonhos indecentes", e ele responde com carinho com uma famosa citação de Gógol: "Não se preocupe, não se preocupe — silêncio!".[13]

Dostoiévski fez para Anna um relato apressado de seus progressos no próximo romance, que estava andando, se tanto, no ritmo de uma lesma. "Preparei dois projetos para romances aqui e não sei em qual deles me aventurar [...] no final de agosto começarei a escrever, e você sabe com o que estou preocupado: se terei energia e saúde para um trabalho tão duro. [...] Terminei romances, mas não obstante, *no conjunto*, arruinei minha saúde."[14] Ele estava incomodado por motivos práticos, além de artísticos. "Estou preocupadíssimo com o pensamento diário de como vamos arranjar as coisas no outono e com que dinheiro. (*Não posso* pedir de novo a Nekrássov [outro adiantamento] e, além disso, ele provavelmente *não me daria* nada.) Ele não é Katkov, é uma pessoa de Iaroslavl."[15] Ademais, o fluxo de sua inspiração era dificultado por ter de escrever para um periódico no qual hesitava em expressar-se com liberdade. "O simples fato de *Anais da Pátria* ter medo de publicar algumas das minhas opiniões praticamente detém minhas mãos."[16]

Uma semana antes de retornar à Rússia, ele escreve que "embora haja *realmente* uma melhoria, isto é [...] tosse menos seca, a respiração mais fácil, e assim por diante [...] um certo lugar (doente) permanece, e esse lugar doente no meu peito se recusa a curar por completo". No entanto, "em todo o resto, sinto-me incomparavelmente mais sadio do que antes — energia, sono, apetite — tudo isso é excelente".[17] Ele partiu de Bad Ems em 27 de julho e, conforme o relato de Anna, "não foi capaz de negar a si mesmo o profundo desejo de visitar mais uma vez a sepultura de nossa primeira filha, Sônia. Foi a Genebra e visitou o cemitério infantil de Plein Palais duas vezes; e do túmulo de Sônia me trouxe alguns raminhos de cipreste que, no decurso de seis anos, tinham crescido sobre a lápide de nossa menininha".[18]

Dostoiévski voltou para Stáraia Russa em 1º de agosto e mergulhou no trabalho das sinopses para *O adolescente*. Àquela altura, Anna chegara a uma decisão importante. Por que voltar para Petersburgo no inverno? Eles passariam a primavera no campo porque lá a vida era mais saudável para as crianças e poderiam reduzir bastante suas despesas. Tampouco seu marido seria distraído pelas obrigações da vida social de Petersburgo, onde "no inverno, Fiódor Mikháilovich dificilmente pertencia à família", e a própria Anna tinha de desempenhar o incômodo papel de anfitriã.[19] Como sempre acontecia nessas questões práticas, ela levou a melhor. O casal alugou imediatamente o andar superior de uma casa na cidade, com um gabinete e um quarto separado para Dostoiévski, e combinaram que ele iria a Petersburgo duas ou três vezes durante o inverno para manter-se em contato com a cena literária.

Em carta a Víktor Putsikóvitch, que assumira a direção de *O Cidadão*, Dostoiévski pede "material dos jornais sobre o julgamento de Dolgúchin e companhia".[20] O julgamento público desse grupo radical (cujo nome vinha de seu líder, Aleksandr Dolgúchin) será utilizado parcialmente em *O adolescente*, no breve retrato do grupo Dergatchov. Muitos dos dolguchinistas haviam estado em contato com os nietchaievistas e foram presos a propósito desse caso, embora não tivessem participado de nenhuma das atividades de Nietcháiev. Com efeito, reuniam-se agora para reverenciar um Cristo socialista e os ideais morais cristãos, tão típicos dos populistas. Sua propaganda se baseava nas ideias de V. V. Biérvi-Fleróvski,

826

um economista cuja obra *A situação da classe operária na Rússia* (1869) estava entre aquelas que inspiraram o movimento populista, ao lado das já mencionadas de Lavrov e Mikhailóvski. Como diz Andrzej Walicki, "Biérvi-Fleróvski pintou um retrato vívido da crescente penúria do campesinato após a introdução das relações sociais capitalistas na agricultura; a conclusão que tirou foi que se deveria fazer todo o possível para evitar o avanço ainda maior do capitalismo, e utilizar, ao contrário, as possibilidades da comuna camponesa".[21] Uma discussão das ideias de Biérvi-Fleróvski fora publicada em *Aurora*, que Dostoiévski leu assiduamente no breve intervalo em que circulou.

Uma das três proclamações feitas pelos dolguchinistas foi uma versão abreviada de um folheto escrito para eles por Biérvi-Fleróvski em estilo semilitúrgico, *Do mártir Nikolai e de como a humanidade deve viver pelas leis da natureza e da justiça*. Outro, ornamentado com uma epígrafe de são Mateus, era ainda mais adaptado estilisticamente à linguagem sacramental das cerimônias religiosas. Todas as proclamações dos dolguchinistas se fundavam num apelo moral. Como observa o comentador da edição de *O adolescente* da Academia de Ciências, "a substância ética da 'justiça' desejada pelos dolguchinistas coincidia objetivamente [...] com a substância dos ensinamentos cristãos, mesmo que fossem adversários do cristianismo. [...] a 'religião da igualdade', como fonte e alvo de seus esforços, perpassa todas as suas proclamações".[22]

A labuta em seu romance foi interrompida apenas por cartas de seu enteado Pável Issáiev, que se casara e se tornara pai pela segunda vez. Em novembro, uma carta da esposa de Pável para Anna revelou que ela não tinha ideia do paradeiro do marido. Além disso, pedia a ajuda de Anna para encontrar um asilo para enjeitados onde pudesse abrigar a filha recém-nascida. Depois de finalmente localizar Pável, Dostoiévski mandou-lhe 25 rublos, "devido à sua situação difícil", mas instou-o "a enviar tudo para Nadiéjda Nikoláievna [sua esposa]".[23] Anna não mediu palavras para expressar desaprovação ao comportamento de Pável em sua resposta à esposa. Insultado, o enteado devolveu os 25 rublos ao padrasto e queixou-se de que Anna havia ultrapassado *"todos os limites da decência"* ao lhe passar uma descompostura. Não conseguindo aturar essa repreensão a Anna, Dostoiévski retrucou:

> É impossível não se indignar, nem que seja de longe (e eu não estou longe de você), com o modo como você trata seus filhos. Você tem alguma noção do que é um asilo para enjeitados e da criação do recém-nascido por uma finlandesa, em meio ao lixo, à sujeira, a beliscões e talvez murros: é morte certa. [...] Afinal, eu não

mandei você, apenas um enteado, a qualquer lugar para ser educado, criado, transformado num sapateiro.[24]

A primeira viagem de Stáraia Russa para Petersburgo naquele inverno não foi feita por Dostoiévski, mas por Anna, que em meados de dezembro foi supervisionar a publicação de *Recordações da casa dos mortos* sob o selo Dostoiévski. Ele estava pessimista em relação à perspectiva de que ainda houvesse alguma demanda por suas memórias da prisão, mas Anna conseguiu vender ou pôr em consignação setecentos exemplares e voltar para casa com um pequeno lucro. Deixara o marido encarregado das crianças, ajudado, naturalmente, pelas criadas e pela velha babá de quem ele tanto gostava, e suas cartas mostram que era um páter-familias dedicado, observando seus filhos com prazer, como mostra em carta a Anna:

> Ontem, durante os cigarros [Dostoiévski, fumante inveterado, enrolava seus próprios cigarros], eles começaram a dançar, e Fiédia inventou um novo *passo*: Lília ficava na frente do espelho, Fiédia em frente a ela, e ambos iam um na direção do outro no mesmo ritmo (além disso, Lília estava muito graciosa); depois de se juntarem (sempre no tempo certo), Fiédia beijava Lília, e depois do beijo iam cada um para o seu lado.[25]

A essa altura, já tinha enviado os primeiros capítulos de *O adolescente* para *Anais da Pátria*, mas não recebera até então nenhuma resposta da revista. Dois dias depois, soube, por uma matéria publicada em *O Cidadão*, que Katkov pagara quinhentos rublos por fólio de *Anna Kariênina*. "Eles não podiam resolver imediatamente me dar 250 rublos", observa com tristeza, "mas pagaram a L. Tolstói quinhentos com entusiasmo!"[26] O que o incomodava ainda mais do que esse golpe em seu orgulho literário era que "agora é bem possível que Nekrássov reduza o que me paga se houver alguma coisa contrária à orientação deles. [...] Mas, mesmo que tenhamos de pedir esmolas, não vou comprometer minha orientação por uma linha sequer!"[27]

Um mês depois foi a Petersburgo. Nekrássov havia finalmente escrito que o próximo fascículo estava para ser composto; mas ainda não dera nenhuma opinião sobre o romance, e Dostoiévski começara a temer que talvez sua descrição do grupo Dergatchov houvesse encontrado alguma hostilidade. Porém informa com alegria a Anna que Nekrássov ficou "muito feliz com o romance, embora ainda não tenha lido a segunda parte". Além disso, o coeditor, Saltikov-Schedrin, com quem polemizara no passado, "elogiou-o muito". A opinião do satirista, se foi relatada com fidelidade, mudou drasticamente com os fascículos posteriores, "quase loucos" na sua opinião.[28]

Dostoiévski leu parte das provas na casa de Nekrássov e levou o restante para o hotel, mas sentindo necessidade de companhia, visitou os Máikov e lá encontrou também Strákhov. Máikov "cumprimentou-me com aparente cordialidade", escreve para Anna,

> mas [...] nem uma palavra sobre meu romance e, obviamente, porque não queria *me magoar*. Eles também falaram um pouco sobre o romance de Tolstói [*Anna Kariênina*], e o que disseram era de um entusiasmo ridículo. Comecei a falar e argumentei que se Tolstói publicava em *Anais da Pátria*, por que estariam eles me criticando? Mas Máikov franziu o cenho e interrompeu a conversa e eu não insisti. Em suma, vejo que algo está acontecendo aqui, e exatamente aquilo sobre que você e eu falamos, ou seja, Máikov espalhou aquela ideia sobre mim [que havia traído suas crenças e compromissos anteriores].[29]

Durante essa visita a Petersburgo, Dostoiévski leu os primeiros fascículos de *Anna Kariênina* "sob um sino", isto é, enquanto fazia tratamento de ar comprimido para o enfisema. O romance de Tolstói "é um pouco enfadonho e nem bom nem ruim", relata ele a Anna. "Não consigo entender por que estão todos tão entusiasmados com ele."[30] Mas ficou muito feliz quando Nekrássov, como ele contou a Anna com orgulho, apareceu sem aviso no quarto dia de sua estada "para externar *seu prazer* depois de ler o final da primeira parte [de *O adolescente*]. 'Eu fiquei tão empolgado que passei a noite lendo. [...] E que frescor você tem, meu caro colega [...] esse tipo de frescor não acontece na nossa idade e nenhum outro escritor o tem. O último romance de Liev Tolstói apenas repete o que li antes em suas obras, só que antes era melhor' (Nekrássov disse isso)".[31]

A perturbação de Dostoiévski com a competição acidental entre seu romance e *Anna Kariênina* foi considerável. Um dos artigos mais calorosos sobre os primeiros capítulos de *O adolescente* foi publicado na *Gazeta de São Petersburgo* (escrito sob pseudônimo) por Vsiévolod Soloviov. Quando Dostoiévski o visitou, Soloviov lembra que o romancista estava "num estado de alta irritação e na mais sombria disposição de espírito. 'Diga-me, diga-me honestamente: você acha que tenho inveja de Liev Tolstói?' — ele deixou escapar, depois de me cumprimentar e me olhar atentamente nos olhos". O assustado Soloviov, sem saber como responder, disse habilmente que, sendo os dois escritores tão diferentes, não podia imaginar que Dostoiévski invejasse Tolstói. "Eles me acusam de inveja", exclamou Dostoiévski. "Eles quem? Velhos amigos, que me conhecem há vinte anos." Só poderiam ser Máikov e Strákhov. Ele afundou numa cadeira, mas, em seguida, deu um salto e, pegando Soloviov pela mão, irrompeu num discurso angustiado:

> Você sabe, sim, de fato sinto inveja, mas não da maneira, de modo algum da maneira que eles pensam. Tenho inveja de suas circunstâncias, e particularmente agora. [...] É doloroso para mim trabalhar do modo como trabalho, doloroso apressar-me. [...] Deus!, e durante toda a minha vida! [...] Veja, reli há pouco meu *O idiota*; havia esquecido dele por completo [...] li como se fosse a primeira vez. [...] Tem excelentes capítulos [...] boas cenas [...] lembra-se do encontro entre Aglaia e o príncipe no banco da praça? [...]. Mas também vi outros inacabados, apressados. [...] E é sempre assim — como agora, *Anais da Pátria* pressiona, é necessário manter o ritmo [...] você pega adiantamentos [...] consegue pagá-los [...] e vai em frente de novo. [...] E isso não tem fim! [...] E ele está materialmente garantido, nunca tem de se preocupar com o dia seguinte, pode polir cada uma de suas obras.[32]

Mesmo que, na superfície, os problemas entre Dostoiévski e Strákhov estivessem atenuados e, segundo todas as aparências externas, continuassem amigos, o rancor nunca se dissipou. Uma anotação no caderno de Dostoiévski de 1876-7 revela o acúmulo da sua raiva e também uma boa dose de desprezo. Ele ridiculariza Strákhov por levar uma vida de hedonista bajulador. Ele "adora comer peru, e não o da sua mesa, mas na dos outros" (Strákhov jantava com frequência na casa dos Dostoiévski), enquanto assume ares de importante por ter "dois cargos públicos" — "um traço puramente seminarista", zomba Dostoiévski. Além disso, acusa Strákhov de não ter a menor percepção de "sentimento ou dever cívico", de modo que "por alguma imoralidade nojenta, grosseira e voluptuosa, está pronto a vender todo mundo e todos [...] e não porque não acredita no ideal, mas em virtude da espessa camada de gordura que o impede de sentir qualquer coisa".[33] Essa caracterização extremamente insultuosa nunca foi publicada, mas supõe-se que Strákhov tenha deparado com ela ao preparar a biografia de Dostoiévski.[34]

O afastamento de seus amigos mais antigos o deixou ainda mais ansioso para agarrar a chance de reviver sua intimidade com Nekrássov e, talvez, estabelecer uma nova amizade com o notório rabugento Saltikov-Schedrin. Mas com certeza

27. *Tolstói em 1877, por I. N. Kramskói.*

não esquecera suas ferinas e satíricas trocas de palavras da década de 1860, refletidas no seu romance recentemente relido *O idiota*. Embora nada haja que indique a sujeição de Dostoiévski a alguma pressão editorial direta, como ele previra, um artigo de Mikhailóvski, publicado no mesmo número de janeiro de *Anais da Pátria* em que saíram os primeiros capítulos de *O adolescente*, levanta questões. O público leitor populista, ao que parece, ficou tão surpreso com sua presença nas páginas de sua revista predileta quanto seu próprio círculo literário, e Mikhailóvski sentiu-se no dever de dar uma explicação. "Em primeiro lugar, Dostoiévski é um dos nossos beletristas mais talentosos e, em segundo [...] a cena na casa de Dergatchov [...] tem apenas um caráter episódico. Se o romance se baseasse nesse motivo (como fora o caso de *Os demônios*), *Anais da Pátria* seria forçado a renunciar à honra de ver a criação de Dostoiévski em suas páginas, mesmo que ele seja um escritor genial."[35] Levando-se em conta a quantidade de espaço concedido ao tema de Dergatchov nas anotações de Dostoiévski, em comparação com seu papel acessório no romance, parece provável que ele tenha querido evitar um confronto editorial a respeito de seu texto final.

Dostoiévski voltou a Stáraia Russa após duas semanas exaustivas. Além de cuidar de seus assuntos literários e fazer o tratamento de ar comprimido, tinha despachado os negócios de sua editora, visitara o advogado que cuidava do litígio sobre o legado de Kumánina, fora ao dentista para consertar a dentadura e visitara uma série de amigos e parentes. Mal tivera tempo de dormir e, para piorar as coisas, recebeu de repente uma intimação da polícia e, ao se apresentar, foi informado de que precisava de um passaporte interno. Ao protestar que "há 20 mil pessoas sem passaportes em Petersburgo e vocês estão detendo uma pessoa que todo mundo conhece", foi-lhe dito que, ainda que fosse "uma pessoa famosa em toda a Rússia", "as leis tinham de ser obedecidas".[36] Não obstante, prometeram-lhe um certificado de residência em poucos dias e disseram-lhe para não se preocupar. Em sua última carta de Petersburgo, escreve: "Hoje estou correndo de um lado para o outro e vivendo como no inferno. [...] Amanhã só o diabo sabe de quantas coisas ainda tenho de cuidar".[37]

Em meados de maio Dostoiévski voltou a Petersburgo para ler novas provas e obter outro adiantamento para a sua segunda viagem a Ems, que causou muitas das mesmas reações negativas que marcaram a primeira estada. Como antes, lamenta constantemente a dificuldade de trabalhar na terceira parte de *O adolescente* enquanto faz o tratamento nas condições perturbadoras de Ems. "Minha querida Ánia, continuo horrorizado com as obrigações que assumi. Vejo que, por mais que tente, quase não terei tempo para escrever."[38]

Em suas cartas, podemos encontrar ecos de sua preparação para as sinopses. "Estou lendo sobre *Elias* e *Henoc* (é soberbo) e *Nosso tempo*, de Bessónov", conta a Anna. Estava provavelmente à procura de inspiração para a figura de Makar Dolgorúki, o andarilho camponês russo (*stránnik*) que faz sua aparição na terceira parte e representa uma imagem idealizada da religiosidade camponesa (o livro de Bessónov é uma coletânea de poesia popular histórica da Rússia). Entusiasma-se também com outro texto do Antigo Testamento, e suas palavras não só nos dão um vislumbre das memórias de infância, como também antecipam a criação de *Os irmãos Karamázov*. "Estou lendo Jó e isso me põe num estado de êxtase doloroso: paro a leitura e ando pelo quarto quase chorando, e se não fosse pelas notas horríveis do tradutor, eu talvez estivesse feliz. Esse livro, querida Anna, é estranho, foi um dos primeiros a me impressionar na vida. Eu ainda era praticamente uma criança!"[39]

Ele lia a imprensa russa e comenta sobre alguns dos recentes números de

O Cidadão, como, por exemplo, que "Poriétski perdeu a cabeça com Tolstói".[40] Aleksandr Poriétski, um velho amigo, havia defendido furiosamente *Anna Kariênina* contra uma crítica do publicista radical Piotr Tkatchov, que perguntara se valia a pena perder tanto tempo falando sobre um livro com um tema tão insano e até mesmo corruptor. Então, o próprio Dostoiévski foi maltratado em algumas revistas e sentiu no âmago a falta de algum defensor contra aqueles que o estavam menosprezando. "Sem dúvida todo mundo na literatura se voltou contra mim. [...] Não vou retrucar", escreve desafiadoramente, referindo-se a uma crítica publicada no *Journal de Pétersbourg* que dizia que *"il n'y a rien de saillant"* (nada se destaca) na segunda parte de *O adolescente*. Mas Dostoiévski se recusa a ser desencorajado: "Não vou perder de forma alguma minha energia para o futuro — fique bem, minha companheira, e conseguiremos de um jeito ou de outro".[41]

Todas essas cartas de Ems, com exceção de uma, foram escritas para sua esposa. A única exceção é endereçada a Elena Pávlovna Ivánova, de quem Dostoiévski era parente distante pelo casamento e estivera outrora bastante próximo. No verão de 1868, perguntara a Elena, cujo marido estava nos últimos estágios de uma doença fatal, se ela cogitaria casar-se com ele quando ficasse viúva. Agora ele indaga sobre o paradeiro do esquivo Pável e lamenta os rumores hostis que circulavam sobre sua pessoa devido à reivindicação de uma parte da propriedade de Kumánina — rumores que ficaram ainda mais venenosos desde o processo que havia apresentado contra requerentes colaterais. Sua sobrinha preferida, Sofia Ivánova, deixara de escrever-lhe por esse motivo.[42]

Dostoiévski deixou Ems depois de pouco menos de cinco semanas de tratamento, tendo sido informado pelo seu médico "que meu peito está em excelente condição, tudo está curado. Mas o chiado e a dificuldade para respirar continuam; ele disse que podem desaparecer de repente".[43] Ao chegar a Petersburgo, estava tão sem dinheiro que tomou emprestado de amigos; e apressou-se a explicar o motivo para Anna. "No caminho, encontrei Píssemski e Pável Ánnenkov; estavam viajando de Baden-Baden (onde estão Turguêniev e Saltikov) para Petersburgo e eu não consegui me conter e paguei a Ánnenkov (isto é, para ser passado a Turguêniev) cinquenta táleres. Foi isso o que me deixou sem dinheiro. Eu não poderia *de modo algum* ter feito outra coisa; é uma questão de honra. Tanto Píssemski como Ánnenkov me trataram soberbamente."[44]

49. *O adolescente*

Os últimos capítulos de *O adolescente* foram publicados em *Anais da Pátria* no inverno de 1875. Escrito entre *Os demônios* e *Os irmãos Karamázov*, esse curioso híbrido de romance está longe de alcançar a estatura artística dessas duas obras, embora seus defeitos tenham sido consideravelmente exagerados por críticos mais severos. Por que *O adolescente* teria uma queda de qualidade tão marcante quando comparado com outros grandes romances de Dostoiévski? Algumas respostas podem ser encontradas na autocensura implícita que ele exerceu nessa obra sobre suas capacidades criativas.

Extensas anotações mostram que Dostoiévski planejava um romance sobre três irmãos e estava tentado pela possibilidade de escrever o que poderia ter se tornado *Os irmãos Karamázov*. Uma delas contém um esboço que exigiria apenas uma pequena reorganização para se conformar à obra posterior: "Um irmão é ateu. Desespero. O outro é um fanático consumado. O terceiro representa a nova geração, uma força viva, o novo povo. [...] e as crianças, como a geração mais nova" (v. 16, p. 16). A rejeição indignada de Ivan Karamázov a seu bilhete de admissão em um mundo de harmonia eterna baseada na injustiça e no sofrimento é prenunciada no desafio do irmão mais velho: "Se o jeito do mundo é que algo repugnante sempre tem de aparecer no lugar de algo puro, então, que tudo desabe: 'Eu me recuso a aceitar esse mundo'". Essa declaração é seguida por um comen-

834

tário do autor: "Toda a sua desgraça reside no fato de que ele é ateu e não acredita na ressurreição" — o que também será o caso de Ivan (v. 16, p. 15).

Da mesma forma, a questão do "entendimento euclidiano" de Ivan, sua recusa a aceitar os mistérios da fé, também aparece nesse contexto. "A existência deve ser, inquestionavelmente e em todos os casos, superior à mente do homem. A doutrina de que a mente do homem é o limite final do universo não poderia ser mais estúpida, e ainda mais estúpida, infinitamente mais estúpida do que um jogo de xadrez entre dois comerciantes." A relação de Viersílov, uma figura principal do romance, com os outros e sua interpretação da ética do amor de Cristo também prenunciam o Grande Inquisidor de Ivan Karamázov. "É impossível amar as pessoas como elas são", declara ele. "E, no entanto, é preciso amá-las, pois isso é o que (Cristo) nos manda fazer." Mas "as pessoas são desprezíveis, gostam de amar e adorar por medo", e por isso ele acredita que "sem dúvida Cristo não poderia tê-las amado: ele as tolerou, as perdoou, mas obviamente também as desprezou. [...] O amor pela humanidade deve ser entendido como amor por uma humanidade aperfeiçoada, que até agora existe apenas como ideal, e só Deus sabe se ela algum dia se tornará realidade" (v. 16, pp. 156-7).

Essas anotações também contêm uma primeira versão do enredo de *Os irmãos Karamázov*: "Em Tobolsk, cerca de vinte anos atrás, assim como a história de Ilínski" (v. 17, pp. 5-6). Recorde-se que Ilínski fora companheiro de Dostoiévski na prisão da Sibéria, condenado pelo assassinato do pai apenas com base em provas circunstanciais. Essa extensa anotação, junto com a lembrança de Ilínski, é obviamente o núcleo de *Os irmãos Karamázov* (um irmão mais velho inocente mandado para a Sibéria por um crime cometido pelo mais moço, que no final não consegue suportar sua culpa), e indica como Dostoiévski esteve perto de iniciar esse romance naquele momento.

Ele estava ciente dessa possibilidade e escreveu sobre isso no *Diário de um Escritor* (janeiro de 1876). "Quando Nikolai Aleksiéievitch Nekrássov me pediu para escrever um romance para *Anais da Pátria*", explicou, "quase comecei meu *Pais e filhos*, mas me segurei, e graças a Deus o fiz, porque eu não estava pronto. Nesse meio-tempo, só escrevi *O adolescente*, essa primeira tentativa de executar minha ideia." O motivo de Dostoiévski limitar-se a essa "primeira tentativa" é compreensível. Afinal, estava preocupado em escrever um livro que seria publicado em *Anais da Pátria*, a revista em que o influente Mikhailóvski fizera objeções à sua preferência por assuntos sensacionalistas (como um assassinato). Além disso, alguns artigos de Dostoiévski publicados em *O Cidadão*, em 1873, tinham mostrado sua preocupação com o problema da nova geração e sua busca de valores morais. Onde poderiam os jovens idealistas adquirir esses valores se seus pais estavam eles mesmos moralmente falidos? É bem possível que essas razões o tenham convencido a reservar seu tema do assassinato para um veículo menos problemático e se concentrar nos pecados não letais, mas não menos perniciosos, dos pais que não transmitiam valores morais elevados para os filhos. Assim, reduziu o tema do parricídio ao da irresponsabilidade paterna, e substituiu por uma rivalidade romântica meio pueril e ilusória entre pai e filho o impiedoso choque edipiano de *Os irmãos Karamázov*, que tanto impressionou Freud. E decidiu escrever um romance sociopsicológico de alcance relativamente limitado, em vez de dramatizar o choque de absolutos morais e espirituais em conflito que sempre inspiraram suas melhores obras.

Se alguns dos defeitos de *O adolescente* podem ser atribuídos à decisão de escrever para um periódico populista, o local de publicação também confere um especial interesse a muitos detalhes do texto, pois esse romance é a primeira resposta artística de Dostoiévski aos desafios propostos pela nova fase da cultura inaugurada pela ideologia do populismo russo. Com efeito, ao narrar as peripécias em que seu jovem herói Arkadi chega à idade adulta, ele as entrelaça com o que achava ser a anomalia gritante no centro dos valores populistas: o reconhecimento dos ideais morais cristãos do mundo camponês que idolatravam e, ao mesmo tempo, a recusa em aceitar a própria fundação desse mundo na divindade de Cristo. Lido dessa perspectiva, *O adolescente* torna-se uma espécie de cavalo de Troia introduzido na própria cidadela jornalística do antigo inimigo para minar suas últimas defesas.

O romance é escrito na forma de memórias confessionais em primeira pessoa do personagem do título, Arkadi Dolgorúki, filho natural de Andriei Pietróvitch Viersílov, um aristocrata outrora rico que agora está em período de baixa (já dissipou três fortunas) e busca a verdade através da filosofia. Arkadi propõe-se, um ano após os fatos acontecidos, a contar as circunstâncias que provocaram uma mudança em sua vida e transformaram seu caráter. Essas circunstâncias ocorreram num período de seis meses após sua chegada a Petersburgo para reunir-se à família e são comprimidas em doze dias, que saltam de setembro e novembro a dezembro. Através da organizada "desordem" da narração de Arkadi (ele pede constantes desculpas por sua falta de habilidade literária), todo o passado relevante é incluído nas chamadas digressões. Aproveitando ao máximo a sequência temporal do formato de memórias, que narra os acontecimentos de um momento posterior ao da ocorrência, o Arkadi narrador obviamente conhece o resultado dos episódios que conta, mas sua determinação ingênua de manter-se fiel aos "fatos" tais como lhe apareciam *então* permite que Dostoiévski preserve o elemento de suspense de sua história. Ao mesmo tempo, o Arkadi narrador faz avaliações do comportamento do Arkadi personagem, e no final ele escreve: "Ao concluir os escritos e assinar a última linha, senti de chofre que reeduquei a mim mesmo justo no processo de memorização e registro" (v. 13, p. 417 [578]).*

O adolescente contém, sem dúvida, cenas comoventes da infância, no melhor estilo "filantrópico" de Dostoiévski, e seu retrato interior de um adolescente rebelde é muitas vezes tocante e persuasivo. O livro também se distingue pela representação mais modulada e simpática feita pelo romancista de um membro da geração romântica idealista da década de 1840, um retrato que se alça a uma altura visionária de *páthos* lírico. No entanto, os ingredientes melodramáticos da trama (cartas escondidas, disputas judiciais de heranças contestadas, tentativas de chantagem) suscitam excitação por meios que são puramente superficiais e externos. Uma parte excessiva do texto se apoia numa trama antiquada que inunda os trechos de sentimento singelo e elevação ideológica. A trama principal envolve Viersílov e o jovem Arkadi, de dezenove anos de idade, que chega para viver com sua família (sua mãe solteira camponesa Sofia e sua irmã igualmente ilegítima Liza). Arkadi traz consigo uma carta que lhe foi confiada e costurada em seu casaco e que compromete Katierina Akhmákova, a bela viúva de um general e princesa por direito próprio. Na carta, ela pede conselho legal a respeito da internação de seu idoso pai, o príncipe Sokólski, numa instituição para doentes mentais, e ela teme que, se ele souber desse documento, será excluída do testamento. Katierina e Viersílov estão à procura dessa carta e suspeitam, com razão, que ela esteja com Arkadi.

O livro contém ainda duas subtramas, cada qual relativa a uma filha de

---

* A tradução de todas as citações de *O adolescente* é de Paulo Bezerra. São Paulo: Editora 34, 2015. O número da página entre colchetes é o da edição brasileira logo após a referência à edição russa. (N. T.)

Viersílov. Uma gira em torno de sua filha legítima com sua primeira esposa falecida, Anna Andréievna, que tem planos a respeito do demente príncipe Sokólski. O príncipe, imensamente rico, é um ardente mas, a essa altura, inofensivo admirador da beleza feminina, e acaba sendo sequestrado pela jovem Anna, que planeja casar-se com ele e assim garantir seu futuro. Uma segunda trama secundária é centrada na irmã de Arkadi, Liza, que tem um caso com o *jovem* príncipe Sokólski e fica grávida desse descendente aristocrático bem-intencionado, mas volúvel e covarde.

Todas essas tramas ilustram o caos moral da sociedade russa, especialmente de sua classe abastada; cada uma delas revela alguma infração ou violação da estrutura familiar normal ou do código moral que rege as relações entre os sexos. Além disso, cada subtrama se destina a ressaltar por modulação e contraste, como é típico em Dostoiévski, a importância da trama principal. Arkadi, que se apaixonou loucamente pela arrebatadora Katierina e se perturba por suas excitações sexuais, é tentado a se comportar como Anna Andréievna e chantagear a altiva Katierina, exigindo submissão sexual em troca da carta. Viersílov e os dois príncipes Sokólski são semelhantes em sua fraqueza pelo belo sexo, mas Viersílov, apesar de todos os seus defeitos pessoais, é dotado de uma dimensão filosófico-moral totalmente acima do alcance dos outros. Ele também dispensa ao dinheiro uma desdenhosa negligência , ao passo que o velho príncipe está na diretoria de várias sociedades anônimas e o mais moço caiu nas garras do inescrupuloso vigarista e falsificador de ações Stebielkov.

Dostoiévski fora criticado por Mikhailóvski por não incluir em sua obra "os demônios" do desenvolvimento capitalista, e embora não tivesse a intenção de expor-se mais uma vez a essas acusações, tampouco pretendia abandonar sua denúncia da anomalia existente no centro dos valores populistas. O velho príncipe Sokólski, escreve Dostoiévski em suas anotações, "tornou-se ele próprio um ateu" — em conformidade com "seu inato e bem-educado ocidentalismo". Uma amostra de sua conversa "espirituosa" sobre o tema de Deus revela a marca de seu caráter:

> E, finalmente, se é de fato como você diz, então prove para mim, para que eu possa vê-lo, ou, como dizem, tenha uma sensação dele. Tudo bem se Ele (Deus) existe em pessoa, e não sob a forma de uma efusão do espírito ou algo assim (pois devo admitir que isso é ainda mais difícil para mim entender), então o que Ele veste? Qual é a Sua

altura? Não fique zangado, meu caro, naturalmente, tenho o direito de fazer a pergunta, pois, se Ele é um Deus, um Deus pessoal, ou seja, uma pessoa, então que altura Ele tem, *et enfin*, onde Ele mora? (v. 16, pp. 25-6)

Dostoiévski justapõe, assim, um ateu comicamente insensato com um ateu sério como Viersílov, emocionalmente dilacerado por sua incapacidade de acreditar, e também prenuncia o questionamento literal do sobrenatural que será exibido de forma mais sarcástica por Fiódor Karamázov.

No centro do livro está Arkadi, que é deixado "somente a [seus] próprios expedientes" e não tem onde buscar orientação moral e apoio. Numa anotação de 23 de julho de 1874, Dostoiévski esboçara uma imagem do filho que permanecerá inalterada: "O jovem chega magoado com um insulto, sedento de vingança. Vaidade colossal, um plano (para se tornar) um Rothschild (seu segredo)" (v. 16, p. 24). O "insulto" se tornará o tratamento irresponsável de Arkadi por seu pai em seus primeiros anos de vida, e sua vaidade assumirá a forma, que aparece com frequência nas obras de Dostoiévski, do "desejo de tornar-se um Rothschild".

Com sua mistura de irritação justificada e raiva mal reprimida, sua aspiração quase cômica e autoglorificante de dominação e poder, Arkadi é uma variação adolescente (e muito menos articulada) do homem do subsolo. Trata-se de uma figura tocante e humana, e não uma persona grotesca representando algum beco sem saída da ideologia radical russa. Decidido a viver como um autodeclarado egoísta e isolar-se inteiramente da sociedade, ele espera acumular uma fortuna e "tornar-se um Rothschild". Uma vez escalado esse cume financeiro, terá ganhado poder absoluto sobre todo o mundo — ou melhor, a "consciência" desse poder. Essas intenções autoglorificadoras, inspiradas pelo "Cavaleiro Avarento", de Púchkin, não passam de sonhos lamentáveis e compensatórios de um pobre e abandonado estudante que teve de cuidar de si mesmo e foi sempre humilhado devido a sua paternidade ilegítima. Assim, Dostoiévski fundamenta os impulsos e o comportamento "subterrâneo" de Arkadi em um contexto "filantrópico" e psicossocial que o torna compreensível e perdoável. A dialética de amor e ódio de Arkadi pelo mundo é apresentada como a expressão distorcida de uma personalidade jovem essencialmente cândida e nobre forçada a depender de si mesma.

Sua inocência juvenil é transmitida tanto pelo estilo ingenuamente entusiástico e hiperbólico de sua narrativa quanto, de modo mais óbvio, por muitos incidentes reveladores. Mesmo quando determinado a se tornar um Rothschild, ele usa suas economias para cuidar de uma recém-nascida deixada na porta de sua casa. Além disso, a expressão "ideológica" do seu egoísmo também tem um aspecto magnânimo. Arkadi deseja se tornar um Rothschild apenas pela sensação de poder que sua riqueza acarretaria, e imagina-se, um pouco como o homem do subsolo em sua fase "sublime e bela", doando essa enorme riqueza para a humanidade: "Daria todos os meus milhões, que a sociedade distribua toda a minha riqueza, enquanto eu — eu torno a me confundir com a nulidade!" (v. 13, p. 76 [99]). Dostoiévski tem o cuidado de indicar que Arkadi deseja obter o seu objetivo financeiro apenas por meios "honrados". Viveria somente de pão preto, chá e um pouco de sopa, economizaria metade do pequeno subsídio que recebia de seus tutores, submetendo-se a "viver [como] em um mosteiro e no enclaustramento" (v. 13, p. 67 [88]). A mesma combinação de idealismo e egoísmo autocentrado também pode ser vista no pai de Arkadi, Viersílov, embora esses traços se manifestem de forma diferente no aristocrata cansado do mundo e extremamente sofisticado e no adolescente turbulento.

Viersílov é de longe o personagem mais interessante no livro, e depois da primeira parte, Dostoiévski não consegue impedi-lo de ocupar o centro do palco. Os acontecimentos da primeira parte são projetados para mudar a imagem que Arkadi tem do pai, que não é meramente o canalha que o jovem acredita que ele seja. No entanto, vários incidentes que demonstram a retidão de Viersílov são apresentados de modo a revelar seu desejo de estar sempre em "um pedestal", ou seja, acreditar que é moralmente elevado, enquanto, por exemplo, seduz a mãe de Arkadi, uma camponesa atraente casada com um marido muito mais velho. Incidentes desse tipo, que envolvem Viersílov em suas relações com outros personagens, apresentam o ponto de vista em contínua mudança a partir do qual ele é visto, que é, afinal de contas, o correlato objetivo de sua incerteza interna e instabilidade moral. O sentido mais forte do caráter de Viersílov é dado durante suas longas conversas com Arkadi, que conseguem comunicar a mistura de charme, inteligência e sensibilidade afetada que o torna tão atraente. Mas elas revelam também uma atitude de desilusão, uma entranhada incapacidade de levar-se (ou qualquer outra coisa) a sério, a qual enfatiza sua falta básica de fibra moral.

Arkadi, depois de conhecê-lo mais de perto, comenta essa disposição interior incapacitante do pai. "Comigo ele era até amável e brincalhão", escreve ele. "Todas as minhas conversas com ele traziam implícita alguma ambiguidade, isto é, [...] alguma estranha ironia de sua parte" (v. 13, p. 18 [25]). Um exemplo típico é quando Viersílov fala pela primeira vez do marido camponês da mãe de Arkadi com grande respeito, mas, em seguida, faz uma alusão maliciosa aos seus cabelos grisalhos. "Esse Viersílov tinha o modo mais torpe dos que cultivam um tom amaneirado: depois de dizer (quando não havia outro meio) algumas coisas de sabichão e belas, de repente concluía de modo intencional com alguma tolice. [...] Quem o ouvisse tinha a impressão de que falava com toda a seriedade, e no entanto usava de faceirice ou ria lá com seus botões" (v. 13, p. 109 [141]). A capacidade de Dostoiévski de transmitir tanto a sensibilidade da perspicácia de Viersílov como a torção desatada da sua ironia autorreflexiva redime um bom número de cenas de *O adolescente*.

A história de Viersílov revelará aos poucos sua irremediável incapacidade de dominar as paixões que estão na origem de sua zombaria autodepreciativa. Embora seja um homem de "ideias", sempre as olha de certa distância irônica; elas não penetram em toda a sua personalidade e, assim, tornam-se "ideias-sentimentos". Nesse aspecto, ele é contrastado com o jovem Kraft, cujo suicídio ilustra o que ocorre quando uma poderosa ideia-sentimento é minada. Arkadi encontra Kraft quando visita o grupo de Dergachov; poucos dias depois, Kraft comete suicídio por um motivo que só pode ser chamado de desespero patriótico. Ele se convenceu de que "o povo russo é um povo de segunda classe [...] destinado [...] a não ter um papel independente na história da humanidade", e essa desilusão enfraqueceu sua vontade de trabalhar pela "causa comum" (isto é, o trabalho de propaganda do grupo de Dergachov). A destruição de sua fé num futuro glorioso para seu povo, como a destruição da fé de Kiríllov em Cristo como Deus-homem em *Os demônios*, leva a uma crise de desespero que acaba em suicídio (embora Kiríllov acreditasse que sua morte teria um significado positivo).

Uma discussão entre Kraft e Arkadi no grupo de Dergachov ressalta a importância dos valores que estão sendo embutidos numa ideia-sentimento que permeia sua personalidade até o âmago, e a impossibilidade de substituir essa ideia-sentimento por alguma noção abstrata, como um "povo desconhecido do futuro". Aqui Dostoiévski transpõe sua crença na necessidade da humanidade de uma fé irracional — a saber, a fé em Cristo como Deus-homem e, portanto, a crença na imortalidade e na ressurreição — como único esteio seguro dos valores morais.

O ataque a Kraft feito por outros membros do grupo de Dergachov também inspira Arkadi a saltar em sua defesa com uma explosão longa e apaixonada, pois assim como Kraft está preso a uma ideia-sentimento sobre a Rússia, também Arkadi tem a sua própria ideia de se tornar um Rothschild; nenhum argumento abstrato pode alterar os ressentimentos do seu ego, nos quais radica sua ideia-sentimento. Arkadi está à procura de um novo ideal, de uma nova fé com a qual possa superar sua necessidade latente de vingança e poder, mas ele vê nos interlocutores apenas uma exigência de que abandone inteiramente sua individualidade. Sua diatribe foi muitas vezes comparada à do homem do subsolo, que expressava uma autoafirmação igualmente apaixonada e egoísta contra um mundo socialista que Arkadi imagina consistir em "quartéis, moradias comunais, o *strict nécessaire*, ateísmo e mulheres comuns sem filhos" (v. 13, p. 50 [64]).

Mas Arkadi defende seu próprio egoísmo com um argumento mais relevante — um argumento diretamente contra a recusa populista de reconhecer a necessária "ideia-sentimento" da fé religiosa. "O que tenho a ver com o que vai acontecer com essa sua humanidade daqui a mil anos, se, pelo código dos senhores, não terei nem amor, nem vida futura, nem reconhecimento dos meus feitos?" Voltando à carga um pouco mais tarde, ele invoca a visão da Terra no dia do Juízo Final, tornando-se um planeta frio, no qual — de acordo com as conclusões da segunda lei da termodinâmica, recém-descoberta e amplamente popularizada — a vida humana terá desaparecido por completo.

> Ademais, por que eu teria forçosamente de amar o meu próximo, ou o futuro da humanidade que os senhores defendem, o qual nunca verei, que nada saberá a meu respeito e que, por sua vez, se extinguirá sem deixar vestígios nem lembranças (neste caso o tempo nada significa) quando a Terra, por seu turno, se transformar num bloco de gelo e passar a voar no vácuo ao lado de uma infinidade de outros blocos semelhantes? (v. 13, pp. 48-9 [63-4])

Aqui Arkadi aborda precisamente a dedicação a um ideal *sem* nada da esperança proporcionada pela imortalidade. De onde derivariam as ideias-sentimentos necessárias para sustentá-la? Desse modo, os leitores populistas de Dostoiévski eram informados de que valores altruístas meramente seculares não seriam suficientes para sustentá-los para sempre e que, como Kraft, poderiam atingir o limite do desespero.

842

★ ★ ★

Os encontros entre Arkadi e Viersílov na primeira parte são tocantes e eficazes porque nascem da relação básica entre pai e filho e ainda não estão distorcidos pelas complicações da intriga. A trama começa a dominar na segunda parte, que ocorre após um lapso de dois meses. Nesse meio-tempo, Arkadi transformou-se num elegante dândi urbano e, numa série de aventuras picarescas, mergulha no turbilhão da vida social. Seu patrocinador nessa transformação é o jovem príncipe Sokólski, em cujo apartamento ele mora e que lhe fornece os recursos. Arkadi sofre então uma desilusão atrás da outra, e essas se tornam tão graves que ele é tomado pelo impulso destrutivo de pôr fogo no mundo inteiro.

Todas as desventuras de Arkadi nessa segunda parte podem ser vistas como uma exposição ao que Dostoiévski chama de "o destino comum dos russos" (v. 13, p. 247), e essa expressão se aplica também a todos os personagens de classe alta. Todos eles exibem uma impotência moral desesperançada, que se desintegra sob extrema pressão e se transforma numa dupla personalidade patológica. O jovem príncipe Sokólski, por exemplo, alimenta as concepções mais elevadas sobre sua obrigação de manter os padrões mais rígidos de honra pessoal, mas é culpado da conduta mais desprezível e desleal e viola continuamente seus próprios princípios.

Nenhuma das desilusões de Arkadi é tão grave quanto a que ocorre em relação a Viersílov, cuja elevação do espírito torna sua vulnerabilidade ao "destino dos russos" ainda mais perturbadora. No início da segunda parte, Viersílov é apresentado como um proponente das ideias mais elevadas, um homem preocupadíssimo com os problemas mais cruciais do seu tempo, mas sua sabedoria e seu discernimento estão sempre tingidos por um sentimento de impotência. Impugnando desdenhosamente o "materialismo" do mundo moderno, ele prevê para Arkadi que a sociedade vai acabar caindo em "falência geral", levando a guerra de classe entre "os mendigos" e os "acionistas e credores". Quando Arkadi pergunta, ansioso, o que pode ser feito em relação a essa perspectiva assustadora, ele responde apenas que "em geral, o melhor é não fazer nada: pelo menos terás a consciência tranquila de não teres participado de nada" (v. 13, p. 172 [225]).

Da mesma forma, Arkadi não pode extrair nenhuma orientação moral positiva das ideias gerais de Viersílov sobre a natureza humana e a vida humana. "Amar o seu próximo e não desprezá-lo é impossível", ele informa ao filho, acrescentando que "o 'amor pela humanidade' deve ser entendido apenas como amor por aquela humanidade que tu mesmo criaste em tua alma (noutras palavras, criaste a ti mesmo e amas a ti mesmo), e por isso nunca acontecerá em realidade". Mas essas palavras decepcionantes são contrabalançadas por outro diálogo, no qual Viersílov diz a Arkadi que transformar "pedras em pães […] é uma grande ideia", mas "não é a maior", pois "o homem sacia-se e esquece". Em seguida, pergunta: "Pois bem, estou saciado, e agora, o que fazer?". A questão do sentido da vida e do destino final da humanidade transcende a questão da satisfação das necessidades materiais, mas para a pergunta — o que devo fazer agora? — Viersílov não tem resposta (v. 13, pp. 174-5 [228, 230, 226]). Suas declarações contêm sempre essa mistura de misantropia e aspiração exaltada.

À medida que se desenrola a intriga da segunda parte, esses aspectos contraditórios de Viersílov deixam de ser divulgados por intermédio de diálogos morais e filosóficos e são apresentados na ação dramática. Sua personalidade dividida é representada agora em termos de caprichos triviais (como seu ato insensato de desafiar o jovem príncipe para um duelo e recuar uma hora depois) ou conivência sombria contra o próprio filho. Quando o jovem lhe confia o segredo de sua paixão por Katierina, o pai o leva a abrir o coração, mas encoraja as efusões de Arkadi apenas na esperança de obter informações sobre a carta para usar contra Katierina. Viersílov acaba por escrever a Katierina uma carta insultuosa pedindo-lhe para não "seduzir" um rapaz inocente com o objetivo de alcançar seus fins sórdidos, e, assim, Arkadi é humilhado e traído por seu pai aos olhos da mulher que adora.

No final da segunda parte, Arkadi está pronto para a importante transformação de sua personalidade que será a recompensa de todos os seus sofrimentos. Essa transformação é o resultado de seu encontro, finalmente, com uma das três figuras positivas do romance (as outras duas são a mãe de Arkadi e Tatiana Pávlovna, a abnegada protetora da família que sustenta Viersílov e sua família ilegítima com suas economias pessoais). De longe, a mais importante é o pai "legítimo", cujo nome ele usa, Makar Ivánovitch Dolgorúki, o único personagem camponês de alguma importância nos romances de Dostoiévski (excluindo-se os presos camponeses de *Recordações da casa dos mortos*). Sua inclusão pode certamente ser atribuída a um desejo de capitalizar, em termos literários, a idealização populista do campesinato, bem como, sem dúvida, uma vontade de competir com Platon Karatáiev, personagem de *Guerra e paz*, de Tolstói.

Enquanto a influência de Viersílov sobre Arkadi é a de um homem que, no fundo, não acredita em suas próprias convicções, Makar tem uma convicção serena que Arkadi jamais encontrou. O "andarilho" religioso é retratado como uma pessoa de grande dignidade e pureza de coração, que não tem má vontade para com Viersílov ou sua esposa infiel. Ao contrário, está cheio de preocupação amorosa com o bem-estar da mulher e tomou medidas para garantir a segurança financeira de Sofia após sua morte. Nada poderia contrastar mais fortemente com os motivos e as maquinações dos personagens "educados", que são incapazes de superar as várias ambições egoístas que marcam toda a sua conduta. Além disso, as palavras do velho, que espera morrer com uma serenidade de espírito calma e alegre e uma fé imperturbável na promessa de Cristo, proporcionam a Arkadi a inspiração moral que buscou em vão durante toda a sua vida.

De início, Dostoiévski imaginara seu romance dominado pela "ideia de desintegração", que estava "presente em toda parte, pois tudo está caindo aos pedaços e não restam laços, não só na família russa, mas também entre as pessoas em geral. Até mesmo as crianças estão se desintegrando" (v. 16, p. 16). Grande parte da sensação de dissolução foi mantida no livro, cujo título chegou a pensar que poderia ser *Desordem*; mas com a inclusão de Makar e sua esposa legítima, Sofia, o casal humilde e oprimido que seria firme como os santos, o romancista enfim encontrou um centro de estabilidade moral em meio ao caos reinante. Esse centro era essencial devido à própria natureza de seu tema: a chegada abrupta da maturidade em um adolescente rebelde que foi gravemente ferido pelas vicissitudes da sua infância e juventude caóticas como membro de "uma família acidental", mas que aprende a aceitar a si mesmo e a adquirir um senso de responsabilidade social.

Em Makar, Arkadi encontra encarnada uma convicção segura da bondade suprema da criação de Deus e um profundo sentimento de admiração e reverência diante do mistério transcendente tanto da existência humana como da vida após a morte. "Se um pequeno passarinho canta, se uma multidão de estrelas brilha à noite no céu; tudo é mistério, o mesmo mistério. Mas o maior de todos os mistérios está em que a alma do homem é esperada no outro mundo" (v. 13, p. 287 [376]). A celebração extática de Makar da beleza da vida, como é usual em Dostoiévski, vem de uma consciência assombrada pela morte, mas a morte para ele não é a lancinante angústia do desespero retratada em *O idiota* através de um personagem descrente como Hippolit Teriéntiev. É antes o cumprimento natural de uma vida dedicada a Deus, uma vida contra cujo término seria "pecado" protestar e que ainda mantém o seu contato com o mundo dos vivos. "Vamos que vocês, meus queridos, me esqueçam", diz ele, "mas hei de amá-los do fundo da minha cova." É depois dessa afirmação que Arkadi, profundamente impressionado, lhe declara: "Não gosto de nenhum deles; neles não há beleza… Não vou segui-los, não sei para onde vou, vou com o senhor" (v. 13, pp. 290-1 [380]). Embora a resolução de Arkadi de "seguir" Makar e presumivelmente tornar-se "um andarilho" não deva ser tomada ao pé da letra, a impressão deixada por Makar nunca será esquecida.

A inspiração moral de que Arkadi precisa para submeter seu ego a um ideal mais elevado só poderia ser oferecida pela "ideia-sentimento" da fé religiosa. Makar cumpre admiravelmente essa função, e em suas anotações Dostoiévski indica sua fonte por meio de um verso extraído do conhecido poema "Vlas", de Nekrássov: "Semblante escuro, alto, desempenado" (v. 16, p. 175). Desse modo, Dostoiévski introduz engenhosamente nas páginas da própria revista de Nekrássov uma figura baseada na famosa criação do poeta — uma figura que tanto satisfaz a reverência ao campesinato alimentada pelos populistas radicais como acentua as origens religiosas dessas virtudes camponesas que eles tanto admiravam.[1]

As conversas de Arkadi com Makar se estendem pelos cinco primeiros capítulos da terceira parte e proporcionam um comentário sobre discursos de Viersílov do início da segunda parte. Isso fica evidente nas histórias que Makar conta sobre Piotr Valeriánovitch, o nobre culto que vivia no deserto com os monges, mas não conseguia subjugar seu "entendimento". Essas histórias destinam-se a iluminar a luta interior de Viersílov e também se referem, de forma mais geral, ao despertar moral da classe letrada russa.

As cenas que narram a caminhada solene de Makar para uma morte digna se alternam com o desenrolar da intriga que apresenta Arkadi com sua maior tentação. O antigo colega de escola de Arkadi, Lambert, finalmente faz sua aparição para ser seu Mefistófeles. Dostoiévski, em suas anotações, não mede palavras sobre esse personagem: "Lambert — carne, matéria, horror etc." (v. 16, p. 28). Lambert sempre foi a expressão mais viva da carnalidade sem alma e sem vergonha, e sua chegada incita os desejos lascivos de Arkadi com o plano de chantagear Katierina e levá-la à submissão sexual por meio da carta. Dividido entre a "decência" e a luxúria brutal, Arkadi se vê exposto a toda gama de conflito de opostos que constitui "o destino russo". "Aliás, sempre fora um mistério", escreve ele de sua posição privilegiada de narrador, "e milhares de vezes eu me havia surpreendido com essa capacidade que tem o homem (e, pelo visto, principalmente o homem russo) de acalentar na alma o mais elevado ideal ao lado da maior torpeza, e tudo com a mais plena sinceridade" (v. 13, p. 307 [401]). Agora, a situação de Arkadi, em seu inextricável emaranhado de sentimentos de amor e ódio por Katierina como deusa e sedutora, é semelhante à de seu pai. O reconhecimento dessa identidade lhe permite compreender e dominar emocionalmente os acontecimentos que levam ao clímax do livro numa cascata furiosa.

Essas páginas finais contêm um longo discurso de confissão de Viersílov que é o ponto alto do romance. A morte de Makar transfigura por um momento a personalidade de Viersílov, e, num súbito acesso de genuína sinceridade, ele conta finalmente a Arkadi a "ideia" que inspirou sua vida. Para expressar essa "ideia", que na verdade é uma "visão", Dostoiévski volta a seus arquivos inéditos e utiliza o mito da Idade de Ouro inicialmente previsto para os capítulos eliminados da confissão de Stavróguin. A versão de Viersílov, no entanto, não é moral-psicológica, mas histórico-filosófica, e ilustra as ideias do próprio Dostoiévski sobre o futuro da civilização europeia e sua relação com a Rússia. Ademais, na estrutura ideológica de *O adolescente*, a fantasia de Viersílov é paralela à de Makar e destina-se a completá-la, revelando, assim, a unidade essencial do espírito russo, pois Viersílov projeta em termos de história europeia o que Makar expressa em termos de religiosidade apocalíptica russa.

Seu sonho evoca "um cantinho de um arquipélago grego [...] acariciantes ondas azuis, ilhas e rochedos [...]. Ali existira o paraíso terrestre da humanidade". A beleza inocente dessa visão, quando "os deuses desciam dos céus e se familiarizavam com as pessoas", encheu seu coração com "o amor de toda a humanidade"; esse foi "o berço da sociedade europeia" — uma civilização cuja flor mais bela era precisamente "o amor de toda a humanidade" que traz aos olhos de Viersílov lágrimas de ternura por todos. "Oh, ali viviam pessoas maravilhosas! Elas se levantavam e dormiam felizes e inocentes; prados e matas enchiam-se de cantos e gritos alegres; um grande excedente de forças virgens transbordava em amor e cândida alegria." Mas, quando desperta, ele é lançado de volta ao tumulto da história:

"aquele sol poente do primeiro dia da humanidade europeia, que eu vira em meu sonho, transformou-se no sol poente do último dia da humanidade europeia! Então se ouviu especialmente sobre a Europa uma espécie de dobre de Finados" (v. 13, p. 375 [488-9]).

O que fez soar esse dobre de Finados foi a recente guerra franco-prussiana, a instalação temporária da Comuna de Paris e o consecutivo incêndio das Tulherias durante a luta pelo controle da cidade. Em meio ao caos geral, somente ele, "um russo europeu", não conseguia resignar-se a esse colapso final. No entanto, num trecho ousado para a época, quando até mesmo a opinião liberal russa considerava a destruição das Tulherias uma abominação, Dostoiévski não hesitou em dar-lhe uma justificativa parcial, vendo nela uma consequência compreensível das injustiças flagrantes da sociedade europeia. "Só eu entre todos aqueles conservadores vingativos", declara Viersílov, "podia dizer aos vingadores que as Tulherias, mesmo sendo um crime, eram a lógica, apesar de tudo" (v. 13, pp. 375-6 [490]).

Num contraste convincente mas em última análise estéril com Makar, que fora peregrino religioso na Rússia, Viersílov recorda ter sido "um andarilho solitário" na Europa. Tal como Makar, ele também estava pregando a consumação do reino de amor e o advento do Reino de Deus. "Ao longo dos séculos criou-se entre nós [nobres russos]", declara ele, "um tipo superior de cultura que não existe no mundo inteiro: um tipo de sofrimento universal por todos" (v. 13, pp. 376-7 [490]). Esse nobre russo é um protótipo do "homem do futuro", e seu papel é precisamente o de transcender as diferenças nacionais destrutivas. O russo europeu cumpre assim as injunções do amor cristão no nível da história, a lei de sua existência é ser ao máximo ele mesmo em total abnegação aos outros. Desse modo, o camponês-peregrino russo Makar e o russo europeu Viersílov, cada um inspirado por sua própria forma de promessa cristã, estão unidos em servir a essa visão de uma nova Idade de Ouro cristã.

O que continua a separar os dois, no entanto, será captado na notável evocação de Viersílov de um mundo ateu privado de crença num Cristo divino — um mundo que é o resultado final do inexorável processo europeu de autodestruição. "A grande ideia da imortalidade desapareceria e teria de ser substituída, e todo o grande excedente do antigo amor por aquele que era a imortalidade se canalizaria em todos para toda a natureza, o mundo, as pessoas [...]. Oh, eles se apressariam em amar para abafar a grande tristeza em seus corações" (v. 13, pp. 378-9 [493]). Desse modo, ele intui que a Idade de Ouro profana que imagina, um mundo sem imortalidade, seria permeado de uma sensação dolorosa de tristeza e pesar. Essa ênfase que recai na "tristeza" de um mundo sem Deus — mesmo num mundo que percebe, em seus próprios termos, o ideal cristão do amor mútuo — é a resposta artística de Dostoiévski aos mais sublimes ideais seculares do socialismo.

Viersílov por fim interrompe seu discurso reconhecendo que "tudo isso é uma fantasia, inclusive a mais inverossímil", mas "durante toda a minha vida não pude viver sem isso". Ele se define como um "deísta, um deísta filosófico", e não um ateu, o que talvez signifique sugerir um anseio religioso insatisfeito que continua sendo uma abstração, em vez de uma relação pessoal ativa com o sagrado. Mas Viersílov não pode suprimir de todo sua necessidade de uma fé mais próxima da fé de Makar e confessa: "É notável que [...] não podia, enfim, deixar de imaginá-lo entre as pessoas que ficaram órfãs. Ele chegaria a elas, lhes estenderia os braços e [...] nisto cairia uma espécie de venda de todos os olhos e se faria ouvir o grande hino entusiástico da nova e última ressurreição" (v. 13, p. 379 [494]).

Esse retrato brilhante e comovente da Idade de Ouro como um mundo feuerbachiano, no qual a humanidade, em vez de transferir todo o seu amor do terreno para o sobrenatural, o gastaria em si mesma, é um dos grandes trechos de Dostoiévski. Rivaliza, na pungência expressiva, com o sonho da praga de Raskólnikov em *Crime e castigo*, e seria difícil encontrar em outros lugares um que se iguale. O que vem a seguir é quase embaraçoso, à medida que o mecanismo da trama é devidamente posto em movimento para mostrar as vacilações de Viersílov no nível da intriga.

Não precisamos entrar nos detalhes da trama, exceto para observar que o impacto de cura moral da morte de Makar foi de curta duração, e todos os sintomas mais agudos do "destino russo" agora assaltam Viersílov. Literalmente, ele se torna duas pessoas: uma é contrita e cheia de remorsos em relação ao seu comportamento excêntrico e escandaloso, ao passo que a outra continua a executar as ações mais vergonhosas sob a influência incontrolável de um "segundo eu". "Sabe, parece-me que é como se eu estivesse todo me duplicando", diz Viersílov. "Palavra que no pensamento eu me duplico e tenho um medo terrível disso." Logo após proferir essas palavras, movido pela força destrutiva irresistível de seu "segundo eu", ele quebra o ícone que Makar lhe deixara como herança e garantia para o futuro; e embora grite: "Não tome isso por alegoria, Sônia", logo em seguida admite o significado: "Se bem que podes tomá-la até mesmo por alegoria, foi sem dúvida o que houve!" (v. 13, pp. 408-9 [529, 531]). O russo europeu "andarilho" da intelligentsia, qualquer que seja a elevação de seu espírito, é, em última análise, incapaz de assumir o fardo da Cruz — a "alegoria" de sua reunião com o povo russo. No nível mais prosaico da trama, Viersílov nunca se casa com a mãe de Arkadi, mesmo que esteja agora legalmente livre para fazê-lo.

As especulações de Arkadi acerca do comportamento demente de Viersílov fazem parte do epílogo, mas não se pode esperar que o jovem ainda inexperiente faça uma análise sofisticada das contorções psicológicas do pai. Arkadi não pode tirar conclusões definitivas, e Dostoiévski, recusando-se a ir além da imaturidade de seu narrador, assumiu o risco considerável de transformar Viersílov também num caso patológico, fornecendo assim combustível para os críticos que sempre o acusaram de uma preocupação pouco saudável com a anormalidade psíquica. Em outros lugares, o transtorno psíquico é sempre apresentado como resultado de uma profunda crise moral e espiritual, e a tentativa de "explicá-lo" em termos puramente psiquiátricos é satirizada e ridicularizada.

Viersílov, o antigo homem do mundo, é agora um semi-inválido indefeso, totalmente dependente de Sofia e de Tatiana Pávlovna. "Manteve sua inteligência e toda a sua índole moral", comenta Arkadi, "e tudo que havia nele de ideal evidenciou-se ainda mais." Não obstante, o velho e caprichoso Viersílov reaparece numa repetição em escala reduzida da soberba cena do leito de morte de Stiepan Trofimovitch Vierkhoviénski. Primeiro, manifesta o desejo de observar o jejum quaresmal da Igreja ortodoxa, mas dois dias depois abandona sua intenção, porque "algo o irritara de uma hora para outra, algum 'contraste engraçado', como se exprimiu sorrindo". "Meus amigos, amo muito Deus", diz ele, "mas não tenho capacidade para isso"; a conversão do "deísta filosófico" aos ritos da ortodoxia não acontece (v. 13, pp. 446-7 [578-9]).

Alusões a muitos escritores russos e europeus aparecem nas anotações de Dostoiévski para *O adolescente*, especialmente Púchkin e Dickens, mas o mencionado com mais frequência é Tolstói, e essas referências são fundamentais para seu objetivo artístico de ir além do que os escritores da pequena nobreza haviam realizado. Como ele escrevera a Strákhov três anos antes, tanto Turguêniev como Tolstói haviam criado tão só uma "literatura da pequena nobreza fundiária. Ela disse tudo o que tinha a dizer (soberbamente por Liev Tolstói) [...] mas ainda não havia uma *palavra nova* para substituir a dos pequenos nobres proprietários de terras".[2] Seu desejo de aceitar esse desafio artístico fora reforçado recentemente pela aclamação concedida a *Anna Kariênina*.

Se não tinha a intenção de entrar numa rivalidade mais aberta com Tolstói, foi certamente instigado a fazê-lo ao se defender dos ataques hostis provocados pela publicação de seus primeiros capítulos. Um crítico o acusou de "naturalismo" excessivo — um naturalismo tão extremado que violava as regras da arte, como se Dostoiévski quisesse que seus leitores sentissem que estavam participando de fato dos acontecimentos narrados, por mais alarmantes e ameaçadores que fossem. Dois artigos venenosos reproduzidos em *O Mensageiro Russo*, na qual seus próprios romances anteriores foram publicados, o acusavam de ser "imoral" e de fixar "o leitor na atmosfera fétida do subsolo, [que] embota seu olfato e o acostuma a esse subsolo".[3]

Seu primeiro impulso, que confidenciou a seus cadernos em 22 de março de 1875, foi responder a essas difamações num prefácio a ser incluído na publicação posterior do romance em livro, e as notas para esse texto contêm as definições mais esclarecedoras que ele já dera de sua missão artística. Seu objetivo, tal como o concebia, era descrever as consequências morais e espirituais de viver numa sociedade que "não tinha alicerces" e que, na verdade, "não elaborou nenhuma regra da vida, porque não tinha também realmente nenhuma vida". Essa sociedade sofreu "um choque colossal — e tudo para de repente, desaba e é negado como se nunca tivesse existido. E não só externamente, como no Ocidente, mas internamente, moralmente". Enquanto isso, "nossos escritores mais talentosos [ele menciona Tolstói e Gontcharóv] descreviam a vida da classe média alta", acreditando que estavam "descrevendo a vida da maioria". Mas isso era uma ilusão: a vida que retratam é a das "exceções, ao passo que a minha é a vida da regra geral" (v. 16, p. 329).

Dostoiévski fala do "sentimento cívico" que por um momento o levara a pensar em unir-se aos eslavófilos "com a ideia de ressuscitar os sonhos de minha infância" (que incluíam sua veneração pelos santos Sérgio e Tíkhon). Em vez disso, criou o homem do subsolo, motivo pelo qual é agora insultado. "Sinto orgulho", declara desafiadoramente, "de ter exposto, pela primeira vez, a imagem real da maioria russa [...] seus aspectos deformados e trágicos. O trágico está na consciência de ser deformado." Em relação aos personagens criados por outros autores (entre eles o príncipe Bolkónski, de *Guerra e paz*, e Liévin, de *Anna Kariênina*), considera que seus defeitos resultam apenas do "amor-próprio mesquinho", que pode ser ajustado de acordo com as normas sociais fixas de sua ainda inabalada ordem moral e social. Somente *ele* havia chamado a atenção para

> a tragédia do subsolo, que consiste em sofrimento, autoflagelo, a consciência de uma vida melhor conjugada à impossibilidade de alcançá-la. [...] O que pode sustentar aqueles que tentam melhorar a si mesmos? Uma recompensa, a fé? Ninguém está oferecendo nenhuma recompensa, e em quem se poderia ter fé? Mais um passo adiante dessa posição, e tem-se a extrema depravação, o crime (homicídio). Um mistério. (v. 16, p. 329)

Para ele, o problema mais crucial de todos era a perda da fé (religiosa); e acreditava que, com suas tentativas de enfrentar artisticamente os desdobramentos morais e sociais dessa privação, sondara a psique russa muito mais a fundo do que os escritores da pequena nobreza fundiária, que se limitavam a aceitar os valores de seu mundo há muito estabelecido, com seus preceitos de bom comportamento. Longe de recuar diante das acusações que lhe faziam, Dostoiévski vangloria-se da solidez de sua visão moral e artística: "Subsolo, subsolo, poeta do subsolo, nossos folhetinistas repetiram sem parar, como se isso fosse algo depreciativo para mim. Parvos, é a minha glória, pois é onde está a verdade" (v. 16, p. 329).

Dostoiévski acabou por consignar sua defesa a um epílogo, escrito pelo personagem Nikolai Semiónovitch, o guardião de Arkadi durante seus anos de colégio, e suas observações permitem que o autor oriente o leitor para uma compreensão sociocultural mais ampla de seu romance. O porta-voz de Dostoiévski se refere de modo indireto a Tolstói quando afirma que um romancista que deseja deixar uma impressão elegante "não poderia escrever em outro gênero a não ser o histórico, pois em nossa época não existe mais o tipo belo. [...] Semelhante obra [...] seria um panorama artisticamente acabado de uma miragem russa, porém que existiu na realidade, até que adivinharam que se tratava de uma miragem". A referência a *Guerra e paz* é inquestionável, mas para Dostoiévski a beleza daquele mundo era apenas uma miragem baseada na escravidão da servidão. É por isso que, como Semiónovitch acrescenta, referindo-se implicitamente ao personagem de Liévin em *Anna Kariênina*, "o neto daqueles heróis, que seriam retratados nesse panorama que representaria, no espaço de três gerações consecutivas, uma família russa de um ciclo culto medianamente elevado e estaria ligado à história russa —

esse descendente daqueles ancestrais já não poderia ser representado em seu tipo atual senão numa imagem um tanto misantrópica, isolada e, sem dúvida, triste". Em outras palavras, Liévin estava tentando continuar a tradição, mas tinha agora a triste consciência de que ela havia sido "uma miragem" (v. 13, p. 454 [587-8]).

Se isso é verdade para o descendente de uma família tão nobre, quanto mais seria para o caso de alguém como Arkadi Dolgorúki, filho ilegítimo de mãe camponesa e de pai que pertencia à nobreza hereditária! Como diz Semiónovitch: "É, Arkadi Makárovitch, você também é membro de uma *família casual*, ao contrário dos nossos tipos de linhagem ainda recentes que tiveram uma infância e uma adolescência tão diferentes das suas" (aquelas representadas na trilogia de Tolstói *Infância, adolescência, juventude*). O próprio Viersílov é descrito como a encarnação de um caos de opostos.

> É um nobre de uma linhagem antiquíssima e ao mesmo tempo um partidário da Comuna de Paris. Ele é um verdadeiro poeta e ama a Rússia, mas, por outro lado, nega-a plenamente. Não tem nenhuma religião, porém está quase disposto a morrer por algo indefinido que não é capaz de nomear, mas em que acredita com paixão, a exemplo de uma infinidade de russos europeus civilizados do período petersburguense da história russa.

Dilacerado por essas contradições, que tradições e que herança moral-cultural pode Viersílov transmitir aos filhos? E Semiónovitch confidencia: "Confesso que não gostaria de ser o romancista de um herói de uma família casual! [...] São possíveis erros graves, são possíveis exageros, descuidos. [...]. Mas o que tem a fazer o escritor que não deseje escrever apenas no gênero histórico e está possuído da nostalgia do presente? Adivinhar e... errar!" (v. 13, p. 455 [588-9]). Acreditasse ou não que havia "errado", Dostoiévski respondia assim implicitamente a todos aqueles críticos — entre eles, alguns de seus amigos mais próximos — que mediam seu mundo por aquele muito mais tranquilizador criado por Tolstói. No entanto, mesmo pelos padrões do próprio autor, não se pode dizer que *O adolescente* esteja no mesmo nível dos três romances que o antecederam. De fato, se os defeitos de *O adolescente* provam alguma coisa, é que Dostoiévski só poderia fazer plena justiça ao seu talento quando desse rédeas soltas à sua imaginação escatológica, e ele levaria essa lição artística a sério três anos depois, em *Os irmãos Karamázov*.

50. Uma figura pública

Com a conclusão de *O adolescente*, Dostoiévski viu-se mais uma vez diante do problema do que fazer a seguir. Embora fosse o editor de várias de suas próprias obras, ainda não tinha uma fonte regular de renda para sustentar a família, que aumentara recentemente para três crianças com o nascimento do terceiro filho, Aleksei, em 10 de agosto de 1875. Voltou então à ideia de publicar um novo periódico, seu *Diário de um Escritor*, que havia experimentado numa coluna de *O Cidadão*. A família decidiu arriscar, embora, nas palavras de Anna, "se o *Diário* fracassasse, ficaríamos numa situação desesperadora".[1]

A decisão de Dostoiévski de publicar o *Diário de um Escritor* foi um jogo cheio de riscos que marcou uma nova etapa em sua surpreendente carreira. Embora tivesse voltado a ser um nome a ser levado em conta no cenário literário-cultural russo, sua fama ainda estava, em grande medida, confinada aos círculos intelectuais. Com o *Diário de um Escritor*, no entanto, ele alcançou um público leitor muito maior e diversificado, ao qual falou com eloquência e paixão sobre assuntos que ocupavam a mente de todos os russos alfabetizados. Ninguém jamais escrevera sobre esses temas com tanta força e vivacidade, com tamanha franqueza, simplicidade e compromisso pessoal. Não admira que a reação do público tenha sido enorme e que Dostoiévski tenha sido inundado por cartas, tanto a favor como contra, no momento em que sua publicação apareceu nas bancas.

Um dos salões que ele frequentava nessa época era o de Elena Chtakenchnei-der, que atraía todos por sua inteligência, sensibilidade e bondade, e pela coragem estoica com que exibia sua corcunda desfigurante. Ao notar a imensa popularidade do *Diário*, ela escreveu em seu próprio diário:

> A fama de Dostoiévski não foi causada por sua sentença de prisão, nem por *Recordações da casa dos mortos*, e nem mesmo por seus romances — pelo menos, não principalmente —, mas pelo *Diário de um Escritor*. Foi essa publicação que tornou seu nome conhecido em toda a Rússia, fez dele professor e ídolo da juventude, sim, e não apenas dos jovens, mas de todos aqueles torturados por aquelas questões que Heine chamou de "malditas".[2]

Nos dois anos seguintes, sua vida esteve intimamente entrelaçada com a redação do *Diário*. Com efeito, a rotina exigida por sua publicação periódica era tão rigorosa e desgastante que deixava pouco tempo para qualquer outra coisa. O *Diário*, todo ele escrito por Dostoiévski, era mensal e composto de dezesseis páginas. Ia para as bancas no último dia de cada mês, e seu autor era fanático por manter a pontualidade. Aqueles que lhe eram próximos sabiam da pressão desgastante, tanto física quanto mental, imposta pelo *Diário*, e Mikhail Aleksándrov, agora empregado na gráfica, comentou que "caso se justifique a expressão de que alguns escritores *escrevem* suas obras *com seu sangue*, então ninguém se encaixa melhor nessa expressão do que Fiódor Mikháilovitch Dostoiévski". De fato, por ter trabalhado tão próximo dele por dois anos, Aleksándrov acreditava que o *Diário* "encurtou sua vida" e que ele "dissipou nele sua saúde física, que foi afetada por essa publicação muito mais do que pelos anos passados na *kátorga*".[3]

O casal Dostoiévski passara a maior parte de 1875 em Stáraia Russa, mas o *Diário* exigia que morassem, mais uma vez, em São Petersburgo, e eles voltaram para a capital em meados de setembro, onde alugaram cinco cômodos modestos num velho bloco de apartamentos. Aleksándrov ficou particularmente impressionado com o despojamento do escritório, que lhe lembrou uma cela monástica. Um divã turco coberto com oleado também servia de cama, e havia duas mesas. Uma delas estava coberta por uma pilha de revistas e jornais; na outra, maior, havia um tinteiro, uma pena e um caderno grosso "em que Fiódor Mikháilovitch anotava ideias e fatos para suas obras futuras". Acima da mesa pendia uma fotografia do romancista e diante dela havia uma cadeira de braços com assento duro. Não havia dúvida de que se tratava do local de trabalho de um escritor, e sua "simplicidade rigorosa, quase pobre" inspirou em Aleksándrov "um grande respeito".[4]

A rotina de Dostoiévski variava pouco. Escrevia na calada da noite até o início da manhã e dormia até as duas da tarde ou mais. Ao levantar-se, vestia um casaco folgado e longo de casimira escura e ia até o samovar que o aguardava na sala de jantar. Com o copo de chá, retornava ao gabinete, bebia vários copos enquanto lia os jornais e enrolava cigarros com um espesso papel amarelo. Depois do chá, recebia visitas e, às três horas, comia uma refeição leve na sala de jantar. Tomava um copo de vodca com a refeição, saboreando-o enquanto mastigava uma fatia de pão preto: era a maneira mais saudável de tomar vodca, explicara uma vez a Aleksándrov. Após terminar, saía para um passeio, dava um pulo na gráfica durante a caminhada e retornava às seis horas para jantar com a família e pôr as crianças na cama, antes de sentar-se para trabalhar.

Essa era sua rotina diária que, se nada de inesperado acontecesse, transcorria de modo tranquilo e uniforme. Mas, se fosse imprudentemente acordado antes da hora costumeira, ficava "sério e calado", e nesse estado de ânimo era capaz de ter de repente uma explosão de irritabilidade: "Irritava-se com facilidade, e então falava com rispidez", parecendo ser "rude e despótico até com pessoas próximas a ele". Mas Aleksándrov se apressa a acrescentar que quem o conhecia melhor sabia que aquilo representava apenas uma momentânea instabilidade dos nervos.[5]

Sem dúvida. a preocupação com o futuro dos filhos pequenos contribuía para sua ansiedade, e é nesse contexto que vemos Dostoiévski de olho nos procedimentos legais da propriedade de Kumánina. Em novembro, ele assegura ao irmão mais moço, Andrei, que, ao contrário do que diziam os rumores, ao entrar com uma ação judicial para excluir da herança alguns parentes colaterais de sua tia, estava "cuidando dos interesses dos irmãos". Depois de receber o dinheiro, "o dividiria imediatamente entre eles e ficaria apenas com o suficiente para cobrir as despesas do processo e nenhum copeque a mais". Acrescenta ainda que, "ao dar a elas [suas irmãs] o que *por lei deveria vir para mim*", estaria "tirando de meus filhos o que era legalmente deles".[6] (A ação não foi bem-sucedida.) Alguns meses depois, escreve a Andrei que deseja "viver pelo menos mais sete anos", a fim de estabelecer um alicerce sólido para o futuro dos filhos.[7] Havia tempos que era assombrado pelo medo da morte, devido à epilepsia, mas o temor de uma morte súbita fora substituído pela convicção de que estava pouco a pouco sucumbindo aos efeitos insidiosos de seu enfisema.

Poucos meses depois de iniciada a publicação do *Diário*, Dostoiévski soube por uma carta de Kristina Altchévskaia, senhora ativa na causa da educação do povo, que algumas pessoas consideravam que ele estava perdendo tempo "com ninharias, com o registro de acontecimentos atuais, pequenas histórias e coisas assim". Tendo ouvido, ao que parece, a mesma reprovação de outras pessoas, ele respondeu: "Cheguei à irresistível conclusão de que um escritor de *belles lettres*, além da inspiração artística original, deve conhecer também a realidade que retrata até o mais ínfimo pormenor (histórico e atual)". Longe de considerar o *Diário* um afastamento de sua tarefa artística, tratava-se de um preâmbulo indispensável a suas obras futuras. "É por isso que, enquanto me preparo para escrever um romance muito longo, planejo mergulhar especificamente no estudo [...] dos detalhes da vida contemporânea." Entre esses detalhes, "um dos mais importantes [...] é a nova geração, e com ela, a família russa contemporânea".[8]

O primeiro número (janeiro de 1876) de seu *Diário* era dedicado ao tema dos jovens e, a título de sondagem, pediu ao amigo A. F. Kóni, da área judicial, que providenciasse uma visita a uma colônia de criminosos juvenis. Os dois fizeram a viagem no final de dezembro de 1875, e Kóni menciona a atenção apaixonada de Dostoiévski, "fazendo perguntas e investigando os menores detalhes da rotina dos jovens". Ele ficou impressionado com a habilidade do romancista ao conversar com os meninos que reuniu num dos quartos maiores. "Ele respondeu às perguntas deles, algumas profundas, outras ingênuas, mas pouco a pouco a conversa se transformou numa lição de sua parte [...] cheia do amor genuíno pelos jovens que ressalta em todas as páginas de suas criações." Quando os dois saíram da sala para visitar a igreja contígua, os rapazes se aglomeraram em volta deles e continuaram a falar com Dostoiévski sobre incidentes de suas vidas. "Sentia-se que [...] se criara um vínculo espiritual, e que eles percebiam que não se tratava de um visitante *em busca de curiosidades*, mas de um amigo condoído."[9]

Na viagem de volta, ele falou sobre a igreja que tinham visitado. Estava cheia de ícones, alguns muito antigos e confiscados dos Velhos Crentes pela polícia; outros, sobretudo os da iconóstase que guardava o santuário sacerdotal, eram pintados num estilo italianizado mais recente: "Não gosto daquela igreja", murmurou. "É uma espécie de museu. [...] Para agir sobre as almas das pessoas que entram, é preciso apenas algumas imagens, mas severas, até mesmo rígidas, assim como devem ser severos e rígidos a crença e o dever de um cristão."[10] Essas imagens deveriam acompanhar os rapazes quando eles voltassem para o turbilhão urbano do qual a maioria deles viera e lembrar-lhes os dias distantes de sua pura e imaculada infância na aldeia, oferecendo assim um pouco de proteção moral contra a tentação de atividade criminosa.

No *Diário*, Dostoiévski dá muita atenção aos julgamentos criminais, que sempre considerou um barômetro indispensável do clima moral da época. Embora não estivesse no tribunal em todos os casos discutidos em seu periódico (relatos deles saíram na imprensa diária da capital e das províncias), esteve presente em alguns julgamentos e tomou parte ativa em um deles, no qual uma jovem mãe fora condenada a trabalhos forçados na Sibéria. Ekatierina Kornilova empurrara pela janela a enteada de seis anos de idade. A menina saiu ilesa e a madrasta foi imediatamente à polícia para entregar-se. Kornilova estava em estado avançado de gravidez e Dostoiévski acreditava que seu estado a levou a dar vazão a uma hostilidade latente contra a enteada (bem como contra o marido, o pai, que batera nela naquela manhã). É bem sabido, argumentou Dostoiévski, que as grávidas se comportam às vezes de modo muito peculiar. Com base nisso, levantou a possibilidade de reverter o veredicto. Um advogado leitor do *Diário*, familiarizado com o processo de obtenção de perdão para criminosos condenados, escreveu a Dostoiévski que fora persuadido por sua análise e instou-o a visitar Kornilova e aconselhá-la a pedir perdão, e ofereceu-se para ajudar a orientar o requerimento através do labirinto burocrático. Dostoiévski assim procedeu, e seus artigos contribuíram, sem dúvida, para anular a condenação em segunda instância e, em seguida, para a extinção do processo, embora o júri tenha sido advertido a não dar muito peso às opiniões de "certos escritores de talento".[11]

O público reagia não só às ideias provocadoras de Dostoiévski sobre temas da atualidade; a própria linguagem que usava — como se estivesse tendo uma conversa particular, em vez de desenvolver uma tese — produzia um sentimento incomum de familiaridade com os leitores, que o inundavam de cartas, às quais respondia muitas vezes pessoalmente e pelas páginas do *Diário*. A necessidade de comunicar-se com o autor do *Diário* levou a uma série de encontros inesperados, como o registrado na carta de Dostoiévski a Kristina Altchévskaia de 9 de abril de 1876. "De repente, anteontem de manhã, duas moças, ambas de mais ou menos vinte anos, vieram me ver. [...] 'Todo mundo riu de nós e disseram que o senhor não nos receberia. [...] Mas decidimos tentar'".[12] Dificilmente se imaginaria a ocorrência de inci-

858

dente desse tipo antes, quando sua imagem pública estava moldada pelos temíveis condenados que retratara em *Recordações da casa dos mortos* ou pelos protagonistas atormentados de seus romances. O Dostoiévski do *Diário*, no entanto, era um amigo e conselheiro, e visitas inesperadas como a das duas mocinhas já não eram mais uma raridade. "Elas disseram que eram estudantes da academia de medicina, que cerca de quinhentas mulheres estavam lá agora, e que 'se matricularam na academia para obter uma educação superior e depois fazer algo de bom'."

Os objetivos humanitários dessas futuras médicas eram interessantíssimos, e Dostoiévski os tomou como um sinal muito encorajador de um novo estado de espírito da nova geração do sexo feminino, que compara favoravelmente com exemplos anteriores da "nova mulher". "Ainda não tinha me deparado com esse novo tipo de mulher (conheci muitas das antigas *mulheres niilistas*). A senhora acredita que raramente passei um tempo melhor do que as duas horas que gastei com essas moças? Que simplicidade, naturalidade, frescor de sentimentos, pureza de mente e de coração."[13] Os dois números seguintes do *Diário* (maio e junho) contêm fortes afirmações para proporcionar às mulheres os meios de obter uma educação superior.

Altchévskaia salienta em suas memórias que

> mais do que tudo permanece em minha lembrança a seguinte característica, bastante visível em Dostoiévski [...] seu temor de deixar de compreender a nova geração, de romper com ela. [...] Nessa *idée fixe* não havia nenhum medo de deixar de ser um escritor amado ou de que diminuísse o número de seus seguidores e leitores; não, ele obviamente considerava a *discordância* com a nova geração uma *ruína* humana, uma morte moral. Defende com coragem e dignidade suas convicções íntimas; e ao mesmo tempo, teme de alguma forma não cumprir a missão que lhe foi confiada e, inadvertidamente, perder o rumo.[14]

Nunca antes houvera uma observação tão penetrante sobre ele nessa fase de sua carreira, pois sentia *de fato* que uma missão lhe fora confiada, a de guiar a nova geração de volta ao caminho da verdade do povo russo — que para ele significava, principalmente, a fé do povo em Deus. E por essa razão considerava que o afastamento definitivo dos leitores mais jovens equivalia a uma ruína humana e uma morte moral.

28. *Dostoiévski em 1876.*

No verão de 1876 Dostoiévski fez outra viagem a Bad Ems, onde tomou as águas por um mês. Essa ausência acarretou evidentemente problemas especiais para a publicação mensal do *Diário*, e apenas um número duplo de julho-agosto foi publicado. Suas cartas enviadas de Ems sempre estiveram cheias de expressões de ternura por Anna, bem como de lembranças da paixão física que unia o casal. Agora também e, ao lê-las muitos anos mais tarde, Anna achou prudente riscar vários trechos que eram demasiado explícitos para sua sensibilidade decorosa. Essas cartas estão entre as mais mutiladas no cânone dostoievskiano, embora ainda seja possível ler sua confissão de que se apaixonou por ela quatro ou cinco vezes desde o seu casamento, e que isso estava ocorrendo novamente. "Ánietch-ka", escreve ele, "não faço outra coisa senão pensar em você. Penso em você em todos os tipos possíveis de imagens e representações. [...] Amo-a ao ponto do tormento."[15] Essa explosão de paixão talvez possa estar ligada a um episódio ocorrido pouco antes de sua partida, quando ele e Anna brigaram por causa de um incidente curioso que ela relata em suas memórias.

Um amigo comum escrevera um romance que ambos haviam lido e no qual uma carta anônima informava a um dos personagens que sua esposa tinha sido infiel e a prova poderia ser encontrada num medalhão que ela usava. Anna decidiu, de "brincadeira", mandar uma carta desse tipo a Dostoiévski, supondo que ele reconheceria a imitação do texto e que dariam boas risadas com o fato. Em vez disso, ele arrancou o medalhão de seu pescoço, tirando sangue, e ficou furioso. "'Continue brincando, Ánietchka', disse ele, 'mas pense apenas que coisa terrível poderia ter acontecido. Eu poderia ter estrangulado você na minha raiva!'" Mas, depois que acalmou sua fúria, a tarde "se passou com desculpas, arrependimentos e a ternura mais amorosa" — que se suspeita ter sido o objetivo de toda a brincadeira.[16] Uma troca de cartas sobre o reaparecimento de um dos ex-pretendentes de Anna também indica que ela estava tentando de novo estimular o ciúme do marido, talvez como um meio de afastar possíveis atrações no exterior.

Dostoiévski conseguiu um registro de hóspedes dos visitantes de Ems, mas não encontrou o nome de ninguém de status que conhecesse, e os outros, não tinha vontade de encontrar. Eram todos "judeus russos e alemães — banqueiros e agiotas. Nem um único conhecido".[17] Encontrou por acaso o conhecido publicista radical G. Z. Elisséiev, que também fazia tratamento e com quem tivera contato em São Petersburgo. Elisséiev escrevera uma resenha muito hostil dos primeiros capítulos de *Crime e castigo*, mas também respondera generosamente à pergunta de Timoféiva sobre a publicação de *O adolescente* em *Anais da Pátria*. Não obstante, a primeira impressão que teve de Elisséiev em Ems não foi favorável. "O velho 'negador' não acredita em nada [...] ele tem sem dúvida a presunção arrogante de um seminarista."[18] A cada encontro, os dois se eriçavam. "Os liberaizinhos vulgares e inúteis", esbraveja o romancista nove dias depois, "esgotaram meus nervos. Eles se impõem a mim e me saúdam constantemente, mas me tratam como se estivessem tomando cuidado 'para não serem maculados pelo meu reacionarismo'. Criaturas mais vazias, sobretudo ela, um livrinho banal com regras liberais. 'Oh! o que ele diz, oh! o que ele defende!' Estes dois pensam em ensinar a alguém como eu."[19] A partir de então, o casal Elisséiev desaparece de sua correspondência — mas não de seu alcance literário, pois há bons motivos para acreditar que o cínico Rakítin de *Os irmãos Karamázov*, que nunca perde a esperança de tirar a sorte grande, se baseia numa caricatura da carreira de Grigóri Elisséiev.

Durante todo esse período Dostoiévski continuou a preparar-se com tenacidade para escrever e informa à esposa: "Estive relendo toda a correspondência [dos leitores] que trouxe comigo. Inscrevi-me na biblioteca de empréstimos (uma biblioteca patética), retirei Zola porque negligenciei terrivelmente a literatura europeia nos últimos anos, e imagine só, mal consigo lê-lo, é o tipo de coisa que me revolta. E na Rússia tratam Zola como uma celebridade, um farol do realismo".[20] Na época, por recomendação de Turguêniev, Émile Zola escrevia uma carta de Paris publicada com regularidade no periódico liberal *Mensageiro Europeu* e era aclamado como o principal proponente e praticante de um naturalismo literário que desfrutava de grande popularidade. Em 1873, publicaram-se várias traduções de um único romance — *O ventre de Paris*, o livro que Dostoiévski tomou emprestado da biblioteca de Ems —, e houve discussões generalizadas das obras e das teorias de Zola na imprensa russa.

Ele anotou em seus cadernos suas primeiras reações: "Ele descreverá cada prego no salto do sapato e um quarto de hora mais tarde, quando o sol nascer, voltará a descrever esse prego sob uma luz diferente. Isso não é arte. Dê-me uma única palavra (Púchkin), mas faça dela a palavra necessária. Caso contrário, [...] ela arrasta consigo dez mil palavras, e ainda assim não consegue expressar-se, e isso com a presunção mais completa, mas poupe-me". Tampouco consegue tolerar a moralidade que Zola contrasta com as ambições e satisfações puramente materialistas dos personagens do lojista e do comerciante. "*Florent* [um ex-revolucionário que voltou da prisão] morre de fome e rejeita com empáfia a ajuda de uma mulher honesta. *Zola* considera isso um feito heroico, mas em seu coração não há fraternidade, que tipo de republicano é ele? Aceitar a ajuda dela e proporcioná-la para outras pessoas pela plenitude de um coração nobre — isso será o paraíso na terra" (v. 24, pp. 238-9). Mal sabia ele, enquanto rabiscava esses comentários, que dez anos mais tarde seus próprios romances ajudariam a romper o domínio do naturalismo de Zola sobre uma nova geração literária francesa.

Seu estado de ânimo sombrio daqueles dias melhorou consideravelmente ao receber uma carta de Vsiévolod Soloviov, que também enviou a cópia de um artigo entusiasmado que escrevera sobre o número de junho do *Diário*, o qual continha uma afirmação da concepção exaltada de Dostoiévski da missão histórica da Rússia no mundo. A tarefa da Rússia, declarava, era promover a união de todos os eslavos e, desse modo, resolver a questão oriental; e essa unificação seria o prelúdio de uma conciliação universal de todos os povos sob a bandeira do verdadeiro Cristo preservado apenas na ortodoxia russa. Dostoiévski ficou contente com o elogio de Soloviov porque sentiu que, nesse número, ousara pela primeira vez permitir-se "levar algumas de minhas convicções às suas conclusões, dizer *a última palavra* [...] dos meus sonhos a respeito do papel e da missão da Rússia dentro da humanidade, e expressei a ideia de que isso [...] já estava começando a se tornar realidade". O resultado fora que "até mesmo os jornais e publicações amistosos comigo começaram imediatamente a vociferar que eu amontoava paradoxo sobre paradoxo".[21]

O *Diário* de Dostoiévski tornou-se a publicação mais lida de todas desse tipo durante seus dois anos de existência, atingindo o público não só nas províncias russas mais distantes, mas também nos mais altos círculos da corte. No outono de 1876, Pobedonóstsev solicitou que fosse enviado regularmente um exemplar para o tsarévitche Alexandre. O preceptor do príncipe herdeiro escreveu: "Sei que ontem, na presença de seus irmãos, ele falou de diversos artigos e recomendou-os à apreciação deles".[22] Encantado, Dostoiévski escreveu diretamente a Alexandre, a quem havia presenteado com um exemplar autografado de *Os demônios* três anos antes, dizendo que

> as grandes energias atuais na história da Rússia elevaram os espíritos e os corações do povo russo com um poder inimaginável a uma altura de compreensão de muita coisa que não era anteriormente entendida, e iluminaram em nossa consciência *a santidade da ideia russa* de uma forma mais vivaz do que nunca. [...] Havia muito tempo que eu pensava e sonhava com a felicidade de oferecer minha modesta obra à Sua Alteza Imperial.

Desculpa-se em seguida por seu "atrevimento" e pede que o príncipe herdeiro "não condene aquele que vos ama sem limites".[23]

Dostoiévski sabia muito bem que sua veneração pelo tsarismo era pouco compartilhada pelos membros socialmente conscientes da nova geração que estava tentando influenciar. Com efeito, havia sinais inquietantes de que a atividade radical não se limitava mais a "ir até o povo". Em 1876, desencorajados por seu fracasso em despertar o campo, os populistas estavam repensando sua posição e voltando-se para a agitação política a fim de atingir seus objetivos. Uma das primeiras manifestações abertas dessa mudança de tática foi uma reunião na praça da igreja de Nossa Senhora de Kazan, em São Petersburgo. Em dezembro daquele ano, um pequeno grupo liderado por G. V. Plekhánov (mais tarde, fundador do Partido Comunista Russo e mentor de Lênin) compareceu para ouvir um discurso de seu líder e desfraldou uma bandeira vermelha com os dizeres "Terra e Liberdade" [Zemliá i Vólia], nome de sua organização revolucionária. A polícia, ajudada por trabalhadores e comerciantes do local, atacou o grupo, e muitos dos manifestantes foram severamente espancados antes de serem detidos.

Para Dostoiévski, a manifestação não passou de mais um exemplo da facilidade com que os jovens russos poderiam ser iludidos em virtude da pureza de seu idealismo moral. Escreveu em seu *Diário*:

> Os jovens da praça Kazan, em 6 de dezembro, eram, sem dúvida, nada mais que um "rebanho" conduzido pelas mãos de alguns canalhas espertos. [...] Sem dúvida, houve ali uma boa dose de tolice maliciosa e imoral, uma macaquice das ações de alguém; não obstante, teria sido possível congregá-los simplesmente lhes assegurando que deveriam se reunir em nome de algo sublime e belo, em nome de alguma abnegação notável ao maior dos propósitos. (v. 24, p. 52)

Um dos objetivos do *Diário* de Dostoiévski era incentivar esse autossacrifício da juventude pelo que ele considerava causas mais dignas do que aquelas proclamadas na praça Kazan.

Em maio de 1877, Dostoiévski e família deixaram São Petersburgo para passar os meses de primavera e verão em Mályi Prikol, a propriedade rural do irmão de Anna, Ivan Snítkin, localizada na província de Kursk. A saúde de Anna começara a ceder devido às responsabilidades acumuladas de mãe, dona de casa e gerente comercial, e Dostoiévski insistiu que ela permanecesse em repouso absoluto durante o verão. A Rússia declarara guerra à Turquia em abril de 1877, e da viagem para Málii Prikol Anna recorda as longas demoras em diversas esta-

864

ções "onde nosso trem tinha de ficar durante horas devido ao movimento das tropas enviadas para a guerra. Em cada parada, Fiódor Mikháilovitch ia à cantina e comprava grandes quantidades de pãezinhos, bolos de mel, cigarros e fósforos e os levava aos vagões, onde os distribuía aos soldados e tinha longas conversas com eles".[24]

No final de junho, a família partiu junto de Málii Prikol e separou-se no cruzamento da ferrovia que levou Anna e os dois filhos mais velhos numa peregrinação a Kíev, o berço da antiga civilização russa, e Dostoiévski para Petersburgo. Enquanto estava na capital, recebeu apenas uma carta da esposa em um período de duas semanas e ficou desvairado com a falta de notícias. As quatro cartas que escreveu também estão cheias de exasperação com os problemas encontrados para publicar o *Diário* no prazo, bem como na supervisão da impressão, encadernação e remessa aos diversos distribuidores. Ele esclarece a origem pessoal de algumas de suas mais perturbadoras cenas literárias num trecho que descreve os efeitos de um grave ataque epiléptico. "Às seis e meia desta manhã, ao sair de uma convulsão, dirigi-me *para o seu quarto* e de repente Prokhórovna me disse na sala de visitas que a senhora não estava em casa. 'Onde ela está?' 'Ora, no campo, numa casa de verão.' 'Como pode ser? Ela devia estar aqui. Quando ela partiu?' Prokhórovna me convenceu de que eu mesmo só tinha chegado anteontem."[25] A notável capacidade de Dostoiévski de descrever esses estados de semiconsciência, quando um personagem se comporta de acordo com impulsos subliminares, deriva evidentemente desses episódios de sua própria vida. Ao irmão mais moço Nikolai, escreveu que o ataque "me despedaçou", e pede a ele, a quem via raramente em circunstâncias normais, que venha visitá-lo.

Os ataques haviam aparentemente afetado até mesmo sua memória de longo prazo. P. V. Bíkov, jornalista e escritor que conheceu Dostoiévski na década de 1860, solicitara recentemente uma biografia e bibliografia para um volume de ensaios sobre escritores russos que planejava publicar. Mas Dostoiévski confessa: "Devo logo lhe dizer que, no momento, sou incapaz de [enviar-lhe uma biografia exata]. Em consequência da minha epilepsia [...] perdi um pouco da minha memória, e — acredite-me — esqueci (literalmente esqueci, sem o menor exagero) as tramas de meus romances e personagens retratados, até mesmo em *Crime e castigo*. No entanto, lembro-me das linhas gerais de minha vida".[26] Prometeu a Bíkov que talvez pudesse "compor minha biografia para o senhor" em Ems, onde planejava passar o verão.

O tormento de não receber resposta de suas missivas era mais do que podia suportar, e mandou dois telegramas para Málii Prikol perguntando sobre o bem--estar de Anna. Quando finalmente chegou uma carta, no dia 16 de julho, escreveu no dia seguinte para justificar seu comportamento perturbado.

> Não estava conseguindo dormir, preocupo-me, penso nas chances [de um acidente], ando ao redor do quarto, tenho visões das crianças, preocupo-me com você, meu coração dispara (tive palpitações do coração nos últimos três dias). [...] Por fim, começa a amanhecer e eu soluço, ando ao redor do quarto e choro, com uma espécie de tremor (não entendo isso, nunca aconteceu antes) e simplesmente tento não deixar a velha [Prokhórovna] ouvir.[27]

Esse trecho de carta é representativo de muitos outros em que ele descreve a perda do controle de seus nervos enquanto sua fértil imaginação evoca todos os desastres que poderiam suceder a sua família, sobretudo as crianças.

Apesar do desejo de voltar para o calor protetor do círculo familiar, Dostoiévski sentiu-se na obrigação de fazer uma viagem a Darovóie, a propriedade rural de seus pais, que não visitava desde a infância e que agora estava ocupada pela família de sua irmã Varvara Kariépina, que herdara a propriedade. Referiu-se a essa viagem na edição de julho-agosto de 1877 do *Diário*, em que relata uma conversa com "um dos meus velhos conhecidos de Moscou" (provavelmente Ivan Aksákov). "Esse lugar pequeno, sem nada de especial", contou ao amigo, "deixou em mim uma impressão profunda e forte para o resto de minha vida." Dostoiévski enfatiza a importância para as crianças de acumular "lembranças sagradas" (importância que irá ilustrar por meio de Alióscha Karamázov) e escreve que "uma pessoa não pode sequer viver sem algo sagrado e precioso da infância para levar consigo pelo resto da vida" (v. 25, p. 172). Sem dúvida, a visita o fizera recuperar lembranças do pai. Um trecho de seu texto pode ser lido como uma confissão de como talvez tenha julgado (e perdoado) seu progenitor.

"Os pais de hoje", escreve ele, não têm nenhuma "grande ideia" que transmitam aos filhos e, "em seus corações", não têm grande fé em tal ideia. Contudo,

> somente uma grande fé desse tipo é capaz de dar origem a *algo belo* nas memórias das crianças e, com efeito, pode, mesmo apesar daquela mesma sujeira moral que cerca seus berços. [...] Até o mais degradado dos pais, que [...] conseguiu transplantar a se-

mente dessa grande ideia e grande sentimento para as almas impressionáveis e ansiosas de seus filhos lastimosos, [...] foi depois incondicionalmente perdoado por eles graças tão somente a essa boa ação, apesar das outras coisas. (v. 25, pp. 180-1)

Dostoiévski utiliza com frequência a expressão "grande ideia" para se referir à ideia da moral cristã do amor e à promessa cristã da eternidade. É possível que tenha sentido, após a visita a Darovoie, que seu pai, longe de ser irrepreensível, conseguira, não obstante, plantar essas sementes no coração dos filhos.

Durante os meses de outono e inverno de 1877, Dostoiévski labutou no *Diário*, apesar de ter estado *"doente na cama* por duas semanas com febre".[28] Em outubro de 1877, no entanto, informou aos leitores do *Diário* que tinha a intenção de parar com sua publicação no final do ano. Um velho confidente, o dr. Stiepan Ianóvski, escreveu de Vevey, na Suíça, para expressar gratidão em nome do círculo russo da cidade pelo apoio patriótico dado à sua terra natal no *Diário*. Como muitos outros, lamentou a suspensão do *Diário*, e Dostoiévski explica que, além da piora de sua epilepsia, havia decidido suspender a publicação porque "tenho um romance na cabeça e no coração, e está começando a ser escrito". Além disso, no futuro "quero tentar uma nova publicação da qual o *Diário* será uma parte".[29] No início de 1878, havia esboçado um plano para essa nova publicação mensal, não mais escrita exclusivamente por ele mesmo e que incluía mais material literário e ensaios críticos. "Você não acreditaria até que ponto desfrutei da simpatia dos russos durante esses dois anos de publicação", informa exultante ao médico. Ianóvski falara em termos depreciativos de *A Voz*, jornal de Kraiévski que se tornara extremamente crítico da Guerra Russo-Turca, e Dostoiévski dispara: "Na verdade, esses cavalheiros desaparecerão. [...] Aqueles que não compreendem o povo terão agora, sem dúvida, de se juntar aos corretores da Bolsa e aos judeus, e isso é o fim dos representantes do nosso 'pensamento' progressista".[30] Os "judeus" são, portanto, automaticamente associados a todos aqueles russos não judeus que permanecem céticos a respeito da guerra e cujos motivos para tanto, aos seus olhos bastante preconceituosos, só podem ser grosseira e sordidamente materiais.

Nekrássov morreu em dezembro de 1877, e o casal compareceu aos cultos religiosos no convento de Novodiévitchi. Hordas de estudantes e admiradores vieram prestar suas últimas homenagens ao poeta que dera expressão pungente aos temas sócio-humanitários da década de 1840 e, mais tarde, escrevera de maneira tão emocionante sobre as dores ilimitadas da vida camponesa russa em seu grande ciclo de poemas, *Quem é feliz na Rússia?*. Várias pessoas falaram diante da sepultura, entre elas Dostoiévski, que improvisou algumas observações em resposta a um pedido, como escreve Anna, da "multidão circundante de jovens".[31] Nekrássov, disse Dostoiévski, "foi o último daquela série de poetas que trouxeram para nós sua 'nova palavra'", e que "entre esses poetas, ele deveria estar logo depois de Púchkin e Liérmontov". Diante disso, uma voz dissidente "gritou da multidão que Nekrássov era *maior* que Púchkin e Liérmontov e que estes últimos não passavam de 'byronistas'". Várias vozes provenientes de um pequeno grupo liderado por Plekhánov assumiram então o refrão e gritaram: "Sim, maior!".[32]

Esse pequeno episódio pode servir como uma indicação simbólica da crescente agressividade dos até então pacíficos populistas. Ao longo de 1877, o governo levou a julgamento três de seus grupos: aqueles que haviam feito manifestação diante da catedral de Kazan e dois grupos presos por terem "ido até o povo" três anos antes. O segundo julgamento, conhecido como o dos "cinquenta", produziu uma impressão profunda e duradoura sobre a intelectualidade radical. Os acusados testemunharam com grande dignidade sobre as condições intoleráveis que tinham sido obrigados a suportar e puseram os membros mais humanos e educados do público cara a cara com as realidades sombrias de um regime repressivo. Esse público ficou chocado com o tempo demasiado longo que esses jovens permaneceram presos antes de serem levados a julgamento, e pelas sentenças severas impostas por seus "crimes" totalmente pacíficos e muitas vezes caridosos.

Existem numerosos relatos contemporâneos que falam da atmosfera carregada de religiosidade que cercou o julgamento dos "cinquenta", durante o qual, de acordo com o escritor radical populista Stepniak-Kravtchínski, a palavra "santos" a respeito dos réus foi pronunciada muitas vezes por aqueles que estavam na sala do tribunal.[33] Nas palavras de D. N. Ovsiániko-Kulikóvski:

> Nem todos, talvez, mas muito daqueles que foram até o povo estavam inspirados [...] pelo ideal evangélico de amor ao próximo e do sacrifício de seus bens materiais e da felicidade pessoal. Quando o chamado "julgamento dos cinquenta" revelou a atividade de jovens mulheres abnegadas que levavam a "boa-nova" do socialismo, vieram involuntariamente à mente motivos dos Evangelhos, paralelos ao Sermão da Montanha. Essas jovens poderiam esperar felicidade e satisfação na vida, entre elas estavam algu-

mas com riqueza considerável [...]. Mas a isso preferiram a vida de santo, trocaram sua felicidade por um ato heroico e se sacrificaram por um ideal elevado, que lhes parecia apenas uma nova expressão desse mesmo ideal evangélico.[34]

No julgamento, em um discurso que logo se tornou famoso, uma das acusadas, Sophia Bardini, declarou: "No que diz respeito à religião [cujos preceitos ela fora acusada de violar], posso dizer apenas que sempre me mantive fiel aos seus princípios existentes, naquela forma pura em que foram pregados pelo fundador do cristianismo".[35] Um dos últimos poemas que Nekrássov escreveu no leito de morte foi inspirado por esse julgamento, e há boas razões para acreditar que ele repercutiu também na obra de Dostoiévski. Apenas um ano depois ele começou a esboçar *Os irmãos Karamázov*; e quando se tratou de descrever seu jovem herói Aliócha, cuja vida constituiria o segundo volume (nunca escrito), ele escreveu: "Se ele tivesse decidido que Deus e a imortalidade não existiam, teria de imediato virado ateu e socialista (pois o socialismo é [...] a questão da Torre de Babel construída sem Deus, não para subir da terra ao céu, mas para estabelecer o céu na terra" (v. 14, p. 25). A bondade e o desejo de justiça inatos de Aliócha o levam a tornar-se noviço em um mosteiro depois que se decidiu em favor de Deus e da imortalidade. Tanto ele como os socialistas esperam ansiosos pelo reino da bondade e do amor caridoso, mas diferem apenas em saber se esse reino deve ser alcançado sob a orientação de um Cristo secular ou sobrenatural.

No entanto, não era apenas por meio de seu próximo romance que Dostoiévski tinha esperança de influenciar os jovens radicais a seguir o caminho de Aliócha. Por mais de dois anos tentara fazê-lo no *Diário de um Escritor*. Voltemos agora um olhar mais atento a essa poderosa publicação, que dominou a opinião pública russa como nenhum outro periódico desse tipo o fizera antes.

51. *Diário de um Escritor*, 1876-1877

As ideias publicadas no *Diário de um Escritor* já eram conhecidas de artigos jornalísticos anteriores de Dostoiévski, bem como dos voos ideológicos de seus romances. Mas ganham uma nova vida e uma nova cor graças ao desfile constante de exemplos recentes retirados de sua leitura onívora da imprensa, de seu amplo conhecimento da história e da literatura, tanto russa como europeia, e, com muita frequência, dos acontecimentos de sua própria vida. Essas revelações autobiográficas com certeza constituíam um dos principais atrativos do *Diário*; os leitores sentiam que estavam realmente sendo admitidos na intimidade de um dos grandes homens da nação. Essa interação constante entre o pessoal e o público — a mudança incessante de nível entre os problemas sociais do momento, as "questões malditas" que sempre atormentaram a vida humana e os vislumbres dos recessos da vida e da sensibilidade particular de Dostoiévski — se mostrou uma combinação irresistível que deu ao *Diário* seu singular timbre literário.

Ademais, o *Diário* serviu como estímulo não só para contos e esquetes, mas também, como ele havia previsto, para o grande romance que planejava escrever. De vez em quando, aparecem motivos que em breve serão utilizados em *Os irmãos Karamázov*. Embora não seja literalmente um caderno de anotações, o *Diário* faz jus a esse nome, na exata acepção da palavra. É, de fato, a ferramenta de trabalho de um escritor nos estágios iniciais da criação — um escritor que procura (e encontra) a inspiração para sua obra enquanto, de pena na mão, examina os fatos correntes e tenta lidar com a sua relevância mais profunda.

I. JORNALISMO

Na década de 1860, as revistas de Dostoiévski haviam proposto a doutrina do *pótchvennitchestvo*, defendendo um retorno dos intelectuais para a terra natal, para a própria cultura e suas raízes e valores morais e religiosos. Essa concepção da relação ideal entre os intelectuais e o povo constitui o pano de fundo para o tratamento dessa questão no *Diário*. Os camponeses foram libertados com terra, Dostoiévski escreve no número de junho de 1876, "porque vimos a nós mesmos como russos, com o tsar à nossa frente, exatamente como o dono de terras Púchkin sonhou há quarenta anos, quando [...] amaldiçoou sua educação europeia e voltou-se para os princípios do povo" (v. 22, p. 120).[1] "Nosso demo está contente", anuncia com uma complacência surpreendente, "e quanto mais avançarmos, mais satisfeito ele ficará, pois tudo está se movendo para esse fim através do bom senso, ou, melhor dizendo, o consenso geral" (v. 22, p. 122). Dostoiévski tinha a firme convicção de que a classe governante continuaria a agir em nome dos ideais supostamente cristãos do povo. Como muitos leitores vociferaram que o demo russo estava longe de satisfeito, ele tomou essas críticas apenas como prova adicional da boa vontade da classe instruída e mais uma corroboração do seu ponto de vista ("mesmo hoje, ninguém aqui vai defender a ideia de que devemos bestializar um grupo de pessoas para o bem-estar de outro grupo que representa a civilização, como é o caso em toda a Europa") (v. 22, p. 31).

Em artigo de fevereiro de 1876 a respeito de Konstantin Aksákov, Dostoiévski reafirma as ideias fundamentais do *pótchvennitchestvo*. Propondo a questão sem rodeios, ele pergunta: "Quem é melhor, nós [a intelectualidade] ou o povo?". E responde: "Temos de nos curvar perante a verdade do povo e reconhecê-la como a verdade, mesmo no evento terrível de que parte dela provenha de *As vidas dos santos*" (v. 22, p. 44). "De que maneira", pergunta ele, "nós, as pessoas cultas, nos tornamos *moral e essencialmente* superiores ao povo quando retornamos da Europa?" (v. 22, p. 110). A resposta que ele dá é inequívoca: de nenhum modo e, na verdade, muito pelo contrário.

O mesmo argumento é apresentado quando discute o exemplo de Fomá

Danílov no número de janeiro de 1877. Esse soldado russo, capturado no Turquestão, se recusara, sob tortura, a se converter ao islamismo (Smerdiákov, em *Os irmãos Karamázov*, julga-o um tolo). O tsar concedera recentemente uma pensão à sua família empobrecida e, para Dostoiévski, ele se torna "o que equivale ao retrato, à imagem completa do povo russo". É hora de os intelectuais se perguntarem se há "alguma coisa moral, alguma coisa sublime para ensinar a eles [o povo], para explicar-lhes e, desse modo, levar a luz às suas almas escuras?". Absolutamente. "O povo tem Fomás Danílovs aos milhares, enquanto não temos fé na força da Rússia" (v. 25, pp. 12-7).

O evento político mais importante a afetar o *Diário* foi a eclosão de uma revolta contra o domínio turco na província eslava de Herzegovina durante o verão de 1875. Em meados de junho de 1876, os principados eslavos independentes da Sérvia e de Montenegro também declararam guerra à Turquia. Em abril de 1877, a Rússia entrou na Guerra Russo-Turca de 1877-8, cuja causa imediata foi a recusa dos turcos a aceitar as exigências russas de conceder mais direitos aos cristãos dos Bálcãs que viviam sob o domínio turco. Dostoiévski era membro da Sociedade de Beneficência Eslava, que estivera na vanguarda de agitação pan-eslava e era uma fervorosa defensora tanto da rebelião como da guerra. Muitos artigos do *Diário*, sobretudo em 1877, apregoavam as sérias consequências morais e espirituais para a Rússia e para a história do mundo daquilo que, para outros, parecia apenas mais uma luta por território e poder. Seu apelo exaltado, justificando a guerra conforme os mais elevados princípios morais e religiosos, ajudou a atiçar o fervor patriótico e provocou uma reação generalizada.

Dostoiévski podia rejeitar brilhantemente as difamações contra o povo, mas era-lhe difícil apresentar provas para sustentar sua opinião contrária sobre a essência moral elevada do povo. A declaração de guerra de Sérvia e Montenegro contra a Turquia foi uma dádiva. O movimento voluntário russo, organizado para apoiar os eslavos, levou a uma manifestação em massa não só de ajuda material, mas também de homens que se apresentaram para servir no Exército sérvio e de mulheres para servir de enfermeiras. O povo entrara numa "nova cruzada" porque ouvira dizer que "seus irmãos eslavos estavam sendo torturados e oprimidos". Não se esperava tamanha solidariedade dessa "massa supostamente homogênea e entorpecida". Isso provou para Dostoiévski que o povo russo ainda admirava alguém "que trabalha continuamente pela causa de Deus, que ama a verdade, e que, quando necessário, se ergue para servir essa verdade, deixando seu lar e sua família e sacrificando sua vida". É por isso que, como ele informa seus leitores, "podemos alegremente nos permitir ter novamente esperança, o nosso horizonte se abriu e nosso novo sol nasce com brilho ofuscante" (v. 23, pp. 161-2).

A fase final da apoteose do povo russo de Dostoiévski ocorreu após a declaração russa de guerra contra a Turquia. Agora, ele argumenta que o povo russo tem também a capacidade de criar uma nova ordem mundial cristã. Com efeito, essa era a base sobre a qual Dostoiévski acreditava que o povo e a classe educada poderiam ser reunidos. Os intelectuais russos europeizados e o povo estão unidos, sem consciência de seu acordo, na fé de que a Rússia "vai pronunciar a maior palavra que o mundo já ouviu", e que essa palavra será a ordem para a unidade de toda a humanidade num espírito que transcende o "egoísmo pessoal" e "a luta pela existência" que "agora une os povos e as nações de um modo artificial e antinatural" (v. 25, pp. 19-20). Uma vez que Dostoiévski não fazia distinção entre o Estado russo e o povo russo, esses pronunciamentos grandiosos serviam também para proporcionar uma fachada moralmente atraente ao imperialismo russo nos Bálcãs e na Ásia Central.

Naquele momento, nenhuma questão mexia tanto com Dostoiévski quanto o movimento para libertar os eslavos balcânicos. Até mesmo sua resenha de *Anna Kariênina*, de Tolstói, centrou-se no que o romance revelava sobre o estado atual da sociedade russa e suas atitudes contrárias à ajuda aos eslavos dos Bálcãs. Ataca com veemência Tolstói — que já mostrava traços de seu futuro pacifismo e da doutrina da não resistência ao mal — por ter depreciado o movimento voluntário russo. Liévin ridiculariza essa iniciativa militar, chamando-a de artificial e insincera, mais instigada pela propaganda do que inspirada por sentimentos espontâneos e verdadeiros de solidariedade com os irmãos eslavos. Dostoiévski tomou essas palavras — com razão — como um desafio direto aos pontos de vista que manifestara com tanta paixão em seu *Diário*. E destroça, sem clemência, esse novo aspecto de Liévin, que agora se revela não ser realmente alguém do "povo". Por isso, ele não pode entender o impulso nacional que surgira espontaneamente para ajudar os eslavos balcânicos.

O leitor é convidado a aceitar Liévin como alguém que busca a "verdade" e que por fim a descobre quando, instruído pelas observações casuais de um camponês, percebe de repente que foi enganado durante toda a sua vida por seus raciocínios educados. É apenas através de uma fé direta, instintiva, na lei do amor de Cristo que ele encontra a fé e se torna um só com "o povo". Mas não importa o fervor com que esse "filho de um nobre de Moscou, do estrato da classe média alta", tenta assimilar-se ao povo — e aqui ele está falando claramente de Tolstói —, "não basta apenas pensar que se é alguém do povo ou tentar tornar-se através de um ato de vontade, e uma vontade muito excêntrica". Com efeito, ele se diverte ao retratar o processo — parodiando o didatismo de Tolstói — pelo qual Liévin, no futuro, perderá sua fé.

> Kitty começou a andar e tropeçou. Ora, por que ela tropeçou? Se tropeçou, isso significa que ela não deveria ter tropeçado por tal ou qual razão. É evidente que, nesse caso, tudo dependia de leis que podem ser rigorosamente comprovadas. E se é assim, isso significa que a ciência tudo determina. Onde está, então, a Providência? Qual é o seu papel? Qual é a responsabilidade do homem? E, se não existe Providência, como posso acreditar em Deus? Tome uma linha reta e estenda-a até o infinito. (v. 25, pp. 205-6)

Todas essas farpas, no entanto, são apenas prelúdios à virulenta ofensiva principal que tem por alvo a declaração de Liévin de que os voluntários russos eram o bando habitual de aventureiros e saqueadores "que estão sempre prontos a entrar na súcia de Pugatchov".* De fato, Liévin afirma que entre o povo russo "tal sentimento espontâneo não existe, e não pode existir, em relação à opressão dos eslavos" (v. 25, p. 213). Dostoiévski ficou particularmente enfurecido com o argumento de que o povo russo, ignorante tanto de história quanto de geografia, não poderia ter nenhuma opinião sobre os acontecimentos nos Bálcãs. Esse tipo de noção traía o desprezo usual pelo povo da classe alta ocidentalizada e a costumeira ignorância de seus ideais. A imaginação do povo, ao contrário, estava cheia de histórias das vidas dos santos sobre a Terra Santa, e ele sabia muito bem que ela estava agora nas mãos dos infiéis. Um dos "traços históricos" do povo russo era precisamente sua paixão por partir em peregrinações a lugares sagrados como um "ato de contrição", e Dostoiévski associa o surto de sentimento pelos companheiros cristãos a essa busca arraigada pela salvação (v. 25, p. 214).

* A tradução desta e das próximas citações de *Anna Kariênina* é de Rubens Figueiredo. São Paulo: Companhia das Letras, 2017. (N. E.)

O que o povo havia experimentado desde a libertação dos servos era pouco inspirador. "Entre outras coisas, viram a disseminação da embriaguez, o número crescente de cúlaques solidamente estabelecidos, a miséria ao seu redor e, muitas vezes, a marca da bestialidade em si mesmos. Muitos — oh, talvez muitíssimos — sentiram o coração atingido por um tipo de angústia, uma angústia penitente, uma angústia de autoacusação, e uma busca por algo melhor, algo sagrado." Essa busca ganhou um objetivo quando souberam das torturas que eram infligidas aos companheiros cristãos pelo inimigo muçulmano hereditário da Rússia, e assumiram a causa *como um apelo ao arrependimento, à preparação para um sacramento*" (v. 25, pp. 215-6). Nenhum desses sentimentos poderia ser entendido por Liévin ou pelo velho príncipe, seu sogro, que se referem ao movimento voluntário com desdém divertido e aristocrático.

Dostoiévski ficou indignado com a declaração de Liévin de que ele mesmo não tinha "nenhum sentimento espontâneo em relação à opressão dos eslavos". Lívido de indignação, Dostoiévski descreve um panorama horripilante das atrocidades turcas nos Bálcãs, onde "as pessoas estão sendo exterminadas aos milhares e dezenas de milhares" e "as crianças são jogadas para o alto e apanhadas com a ponta de uma baioneta enquanto suas mães assistem", detalhe próximo ao utilizado em *Os irmãos Karamázov*. A aparente "humanidade" de Liévin, que recua diante da perspectiva de matar turcos para pôr fim a tais barbaridades, é na realidade uma indiferença insensível por tudo, exceto seus interesses pessoais e preocupações torpes e egoístas. Imaginemos Liévin, escreve ele, lendo sobre "um massacre em massa, sobre as crianças com cabeças esmagadas rastejando em volta de suas mães atacadas, assassinadas com os seus seios cortados fora [...] e eis que se levanta e medita: 'Kitty está animada; hoje ela comeu com apetite; o menino tomou banho na banheira e começa a me reconhecer: que me interessam as coisas que estão transpirando em outro hemisfério? — *Nenhum sentimento imediato pela opressão dos eslavos existe ou pode existir* — porque não sinto *nada*'". Dostoiévski não consegue entender como Tolstói podia esperar que seus leitores continuassem a tomar Liévin "como exemplo de um homem justo e honrado". Pessoas como o autor de *Anna Kariênina*, conclui ele com tristeza, "são os mestres de nossa sociedade. [...] Portanto, o que é, então, que estão nos ensinando? (v. 25, pp. 218-23).

Na primeira reação de Dostoiévski à crise dos Bálcãs, no número de abril de 1876, ele apresenta um diálogo entre ele mesmo como autor e um interlocutor que defende e elogia as virtudes de guerra. Uma vez que esse "paradoxista" se limita a reafirmar, de forma mais viva e mais elaborada, muito do que se pode ler nas cartas de Dostoiévski para sua sobrinha Sofia Ivánova durante a Guerra Franco-Prussiana, fica claro que ele representa o ponto de vista do próprio Dostoiévski. Sem dúvida, o diarista finge assumir o lado oposto, "cristão", ao deplorar a crueldade e o derramamento de sangue que a guerra inevitavelmente acarreta, mas sua argumentação é tão fraca que não ocorre nenhum verdadeiro diálogo (ao contrário do que acontece em *Da outra margem*, de Herzen, obra que costuma ser comparada com as páginas "dialógicas" do *Diário*). O paradoxista, no entanto, sustenta que a guerra surge porque a humanidade não poderia "viver sem ideias nobres, e até suspeito que a humanidade ame a guerra precisamente para fazer parte de uma ideia nobre". É inevitável que um longo período de paz ininterrupta leve à decadência social, porque "o equilíbrio social sempre se desloca para o lado de tudo o que é estúpido e grosseiro na humanidade, sobretudo para a riqueza e o capital". A guerra tem "as consequências mais requintadas e sublimes" para as próprias pessoas porque "torna todos iguais no momento da batalha e concilia o senhor e o escravo na manifestação mais sublime da dignidade humana — o sacrifício da vida pela causa comum. O proprietário de terras e o camponês estavam mais próximos um do outro no campo de batalha de 1812 do que quando viviam em alguma fazenda pacífica no campo" (v. 22, pp. 122-6). Desse modo, a guerra efetua aquela união de classes que Dostoiévski considerava a única esperança para resolver os problemas sociais da Rússia, e a perspectiva de que essa união surgisse (e ter de fato surgido) através do apoio da Rússia aos eslavos dos Bálcãs tornou-se um leitmotiv em seus artigos sobre o tema.

Ao iniciar uma discussão sobre o papel da Rússia no mundo moderno, ele descreve uma imagem sublime do destino messiânico de seu país. Mesmo quando imagina que a primeira etapa da nova política da Rússia é a unificação de "todos os eslavos [...] sob as asas da Rússia", especifica que essa união "não é para tomar territórios [...] nem para esmagar as outras personalidades eslavas sob o colosso russo". Não, seu único objetivo é a restituição desses eslavos sofredores ao seu lugar na humanidade e, portanto, "possibilitar-lhes que deem sua pequena contribuição para o tesouro do espírito humano". Mais cedo ou mais tarde, ousa afirmar, Constantinopla (que chama também de Tsargrado) cairá inevitavelmente nas mãos dos russos e se tornará a capital de um Reino Eslavo unido. Invocando a ideologia da "Terceira Roma" do nacionalismo russo — que considerava a Rússia a sucessora designada por Deus do Império Bizantino (a segunda Roma) e a herdeira da toga da liderança do mundo cristão —, Dostoiévski afirma, com incrível segurança, que o "direito moral" da Rússia a Constantinopla seria "claro e inofensivo" para os outros eslavos, e até mesmo para os gregos (v. 23, p. 49).

No número de janeiro de 1877, antes mesmo que a Rússia entrasse no conflito, ele via os acontecimentos nos Bálcãs em termos apocalípticos. "É evidente", escreve, "que chegou a hora do cumprimento de algo eterno, algo milenar, algo que tem estado em preparação desde o início da civilização" (v. 25, p. 6). E descreve esse clímax da história mundial como uma luta entre as três ideias dominantes que disputam o domínio sobre o destino do mundo.

Uma delas era "a ideia católica", encarnada agora na França e ainda presente no cerne do socialismo francês. "Pois o socialismo francês é nada mais do que a unidade *compulsória* da humanidade, uma ideia que derivou da Roma antiga e que foi posteriormente preservada no catolicismo" (v. 25, pp. 5-9). A segunda ideia era o protestantismo alemão, que Dostoiévski, tal como os eslavófilos, via como um protesto contra a civilização católica latina e, portanto, sem conter nada de positivo de seu e, em última análise, conducente ao ateísmo e ao niilismo.

Até recentemente, essas duas ideias mundiais haviam lutado pelo domínio, mas agora uma terceira raiava no horizonte: "a ideia eslava" contida na ortodoxia oriental e que encarnava a verdadeira imagem de Cristo. Ninguém sabe ainda o que surgirá do embate entre essas três ideias universais, "embora não haja dúvida de que ele traz consigo o fim de todas as histórias anteriores da humanidade europeia, o início da resolução dos seus destinos finais, que se encontram nas mãos de Deus e que os seres humanos mal podem prever, mesmo que possam ter presságios". Um desses observadores prescientes era obviamente Dostoiévski; e à crítica zombeteira que previu — e que não deixou de vir — respondeu de antemão que "ideias de tais dimensões [não podem] subordinar-se a considerações mesquinhas, judaizantes, de terceira categoria". A Rússia, declarou, tinha "dois poderes impressionantes que valem todos os outros do mundo — a integralidade e a indivisibilidade espiritual dos milhões de nossos povos, e sua conexão íntima com o monarca" (v. 25, p. 9).

Em outubro de 1876, o Exército sérvio, liderado pelo fanfarrão general russo Tcherniáiev, estava derrotado. Os voluntários russos receberam ordens para deixar o país, depois de terem despertado a ira dos sérvios, a quem tinham vindo ajudar, por seu comportamento ofensivo. Todos esses infortúnios, na opinião de Dostoiévski, eram consequência das intrigas da classe alta sérvia! Ele estava convencido de que "o povo sérvio [...] considera os russos seus únicos salvadores e irmãos, e o tsar russo, seu sol". Ao olhar para trás, atribui à Rússia a auréola de um Cristo entre as nações, pois considera que o movimento para ajudar os eslavos meridionais, "por sua abnegação e desinteresse, por sua piedosa sede religiosa *de sofrer por uma causa justa*, quase não tem precedentes entre outras nações" (v. 23, p. 150). Os anais do nacionalismo estão naturalmente cheios de semelhantes alegações adulatórias das virtudes supremas de um ou outro povo (ver Fichte em relação aos alemães e Michelet no tocante aos franceses).

Dostoiévski foi especialmente implacável com os países europeus, em particular a Inglaterra, que apoiaram a Turquia por medo do expansionismo russo. Menciona ter ouvido falar de uma menina eslava meridional de oito anos de idade que sofria desfalecimentos porque vira seu pai ser esfolado vivo. Essa barbárie era o que a Rússia estava tentando combater, embora frustrada por países europeus que representariam os valores da "civilização". "Oh, a civilização!", exclama. "Oh, Europa, cujos interesses sofreriam tanto, tivesse ela de proibir realmente os turcos de esfolar a pele dos pais enquanto seus filhos assistem! Esses interesses superiores da civilização europeia são, é claro, o comércio, a navegação marítima, os mercados, as fábricas; o que pode ser maior do que essas coisas aos olhos europeus?" Mas "que se danem esses interesses da civilização, e a própria civilização", clama Dostoiévski, "se sua preservação exige a retirada da pele de pessoas vivas" (v. 25, p. 44). Respondendo a uma observação feita por Disraeli, que insinuara que os voluntários russos que iam para a Sérvia eram na maior parte radicais e revolucionários decididos a provocar agitações, acusa o primeiro-ministro inglês de ser responsável direto pelo massacre: "No fim das contas, foi algo que ele permitiu — e não só permitiu —, planejou pessoalmente; ele é um romancista e essa é sua *chef d'oeuvre*" (v. 23, p. 110).

Em uma carta escrita dez anos antes para Máikov, ele afirmara que o reconhecimento da união do tsar com o povo fora um fator importante na sua conversão ao tsarismo.[2] Estava convencido de que nada semelhante a essa unidade existia na Europa, "que depende por completo dos mercados de ações da burguesia e da 'placidez do proletariado'". A Rússia não pode "ser conquistada por todos os judeus da Europa juntos, nem pelos milhões de seu ouro, nem pelos milhões de seus exércitos" (v. 25, pp. 97-8). O fanatismo de Dostoiévski chegou a tal ponto que a Europa se tornou "judia" — dominada por considerações grosseiramente materiais — assim como o foram todos aqueles russos liberais e ocidentalistas que escreviam em vários dos principais jornais manifestando dúvidas sobre a astúcia do procedimento da Rússia.

O *Diário* é marcado pela arraigada xenofobia de Dostoiévski, que se estendia a todos os povos que não fossem de origem grã-russa e é mais óbvia em relação aos judeus. Repetidamente, ele faz as acusações mais terríveis contra eles, chamando-os de exploradores impiedosos da miséria alheia, motivados pelo apetite insaciável do lucro, e de utilizar sua influência internacional contra os interesses do Estado russo. Na década de 1870, a libertação dos servos levara a um período de transformação econômica em que o capital de financistas judeus desempenhou um papel cada vez mais importante, em especial na febre da construção ferroviária. Foi então que Dostoiévski começou a atacar os judeus em seu *Diário* com a linguagem mais ofensiva possível, acusando-os de responsáveis pela crescente industrialização e comercialização da Rússia e da vida russa que ele abominava com todas as fibras do seu ser. Não perdia mais nenhuma oportunidade de censurar "a multidão de judeus e *jids* triunfantes que se lançaram sobre a Rússia [...] *jids* [...] tanto de confissão hebraica como ortodoxa" para sugar o sangue dos camponeses libertos, mas irremediavelmente endividados (v. 22, p. 81). Fica demasiado claro que ele estava inclinado a aceitar a velha demonização dos judeus como impiedosos aproveitadores da miséria alheia e como senhores e manipuladores ocultos da política mundial.[3]

O Exército russo avançou a passo largo nos primeiros dias da campanha, mas foi detido por quatro meses durante o cerco da cidade búlgara de Plevna, onde sofreu graves baixas. Enquanto as perdas crescem, Dostoiévski faz de tudo ao seu alcance para manter o ânimo de seus compatriotas, insistindo que "o povo russo [...] inteiro, como um só homem, quer alcançar o grande objetivo da guerra pelo cristianismo" (v. 26, p. 44). Uma vez capturada Plevna, o Exército russo retomou o avanço e logo se avizinhou de Constantinopla. Mas, quando os turcos pediram paz, Alexandre II, cansado da guerra, capitulou. O tratado inicial de San Stefano concedeu aos russos uma quantidade considerável de território e influência no sudeste da Europa — tanto que as potências europeias unidas exigiram (e obtiveram) uma revisão do tratado que privou a Rússia de grande parte dos frutos da vitória. Desse modo, a guerra terminou para a Rússia num sentimento geral de desapontamento e frustração. A nova era da história mundial que Dostoiévski profetizara acabou sendo uma miragem.

II. NARRATIVAS

Os esquetes e contos publicados no *Diário de um Escritor* constituem algumas das expressões mais puras e mais comoventes do gênio de Dostoiévski, felizmente sem os elementos duvidosos de sua ideologia que tantas vezes arruinaram seus artigos. Mesmo aqueles críticos e leitores que discordavam fortemente de suas opiniões veementes foram unânimes em elogiar obras-primas como "A dócil" [*Krótkaia*] e "O sonho de um homem ridículo" [*Son smiéchnogo tchelovieka*]. Pouco depois da publicação da primeira dessas histórias, Saltikov-Schedrin convidou Dostoiévski a escrever um conto para *Anais da Pátria*. Como ele escreveu a um amigo: "A gente sente vontade de chorar quando lê, há muito pouco dessas joias em toda a literatura europeia".[4] Com efeito, essas narrativas contêm a essência dos aspectos mais solidários da visão de Dostoiévski — sua aguda identificação com o sofrimento humano, tanto material quanto espiritual, e seu compromisso inabalável com um ideal de felicidade humana alcançada mediante o cumprimento do mandamento cristão do amor ao próximo.

Já no primeiro número do *Diário* encontramos um esquete muito comovente — "Um menino na festa de Natal de Cristo" [*Maltchik u Christa na Elke*] — que não poderia ilustrar de forma mais clara a relação orgânica entre seus textos jornalísticos e sua obra literária. Apenas um mês antes, em 26 de dezembro de 1875, Dostoiévski levara sua filha ao baile anual de Natal para crianças no Clube dos Artistas, em Petersburgo, um evento célebre pelo tamanho da árvore de Natal no salão de baile e pela opulência de sua decoração. No dia seguinte, ele fez a visita, já descrita, à colônia para delinquentes juvenis. Enquanto caminhava para lá e para cá pelas ruas de Petersburgo e pensava sobre o que incluir em seu primeiro fascículo, notou um menino pedindo esmola. Essas impressões, escreveu a Vsiévolod Soloviov, resolveram o problema: decidiu dedicar boa parte da edição de janeiro "às crianças — crianças em geral, crianças com pais, crianças sem pais [...] sob árvores de Natal, sem árvores de Natal, crianças criminosas".[5] E então ele começa com o baile de Natal e termina com a visita à colônia para delinquentes; entre os dois, insere seu esquete de ficção.

880

A primeira menção do esquete em seus cadernos, datada de 30 de dezembro, diz: "A árvore de Natal do pequeno menino em Rückert" (v. 22, p. 322). Friedrich Rückert, um poeta alemão menor, compôs o poema em prosa *O Natal da criança órfã*. Dostoiévski vivera na Alemanha, onde era comum recitá-lo nas festividades de Natal (mais ou menos como *Um conto de Natal*, de Dickens, em terras de língua inglesa). A semelhança temática da história de Dostoiévski com o poema foi apontada primeiramente por G. M. Fridlender.[6] No Natal, um menino órfão vagueia pelas ruas, espiando pelas janelas iluminadas de casas onde crianças felizes têm árvores de Natal. Ele bate nas portas e janelas, na esperança de que alguém se apiede de sua miséria solitária, mas todas permanecem em silêncio. Acabrunhado pela dor, cai em pranto e pede a Cristo que o resgate de sua desolação; de repente, aparece outra criança, carregando uma tocha e vestida de branco. É o próprio Cristo-criança, que aponta para uma enorme árvore de Natal brilhando entre as estrelas, mais luminosa do que qualquer outra nas casas. Ela foi acesa para todos os órfãos do mundo, e, como num sonho, anjos descem da árvore resplandecente. O órfão é carregado até a luz e na eternidade celeste esquece todos os sofrimentos de sua vida terrena.

O poema de Rückert dissolve as misérias dos pobres órfãos em uma eternidade de bem-aventurança celestial. Dostoiévski, como seria de esperar, dá ao mesmo tema um tratamento mais sombrio e penetra muito mais fundo no infortúnio de seu pequeno mendigo. A própria inserção do esquete no *Diário* ressalta, por contraste, o páthos de sua solidão; e porque ela é colocada entre descrições de acontecimentos que realmente ocorreram, uma aparência de verossimilhança é dada à intervenção milagrosa do menino Jesus. Com efeito, Dostoiévski joga eficazmente com a condição ambígua do esquete como "arte" e "invenção", mas uma invenção que se assemelha tanto com a "realidade" que torna difícil estabelecer a diferença. "Assevero", começa o esquete, "que de fato o inventei; mas continuo imaginando que isso aconteceu em algum lugar, em alguma época, precisamente na véspera de Natal, numa *certa* cidade enorme durante uma terrível geada" (v. 22, p. 14).

A ausência geral de especificidade no detalhe do fundo amplia a historieta para uma espécie de parábola. Encontramo-nos num meio dostoievskiano arquetípico, característico de quase todas as suas obras — um casebre escuro, gelado, miserável, de Petersburgo, uma mulher moribunda deitada, abandonada e sozinha numa cama nua, um menino faminto, tremendo de frio, vestido com trapos, olhando sem compreender a agonia da morte da mãe. "Como é que ela veio parar aqui? — Pode ter vindo com seu filhinho de algum povoado distante, e de repente tinha caído doente." Tudo é deixado nessa atmosfera de incerteza, e a situação assume, assim, a condição universal de um exemplo mítico. Não se trata de uma mulher individual agonizando, mas de uma mulher cujo destino simboliza o de milhares de pessoas. Em contraste, enquanto o menino tiritante procura inutilmente pelo quarto alguma coisa para comer, há uma acuidade aguçada de detalhe sensorial que põe o horror da situação em alto-relevo. "Por um momento ele ficou parado, descansando a mão sobre o ombro da mulher morta. Então começou a soprar em seus dedinhos, numa tentativa de aquecê-los, e, de repente, pegando seu pequeno boné que estava na cabeceira da cama, tateou com cautela e saiu do porão" (v. 22, pp. 14-5).

O restante da narrativa registra reações do garotinho enquanto vagueia à noite pelas ruas da cidade ameaçadora, olhando para casas cheias de crianças felizes reunidas em torno de árvores de Natal suntuosas, e para fascinado diante de brinquedos mecânicos em uma vitrine de loja. Assustado por alguns moleques mais velhos e turbulentos, refugia-se num pátio atrás de uma pilha de lenha (familiar cenário dostoievskiano). Ali, cai no sono e seu corpo congelado é encontrado na manhã seguinte. Mas antes de sua morte deplorável, tem um sonho maravilhoso: "Onde ele está agora? Tudo cintila e brilha e reluz, e espalhados por todo canto estão bonecos minúsculos — não, são meninos e meninas, só que são tão luminosos, e todos voam em volta dele". São as crianças na festa da árvore de Natal de Cristo, uma festa para todas as crianças vítimas do pecado humano e da injustiça social. Algumas dessas crianças

> tinham congelado até a morte nos cestos em que foram deixadas às portas de funcionários de Petersburgo; outras haviam perecido em enfermarias miseráveis de hospitais; outras ainda haviam morrido nos seios secos de suas mães famintas (durante a fome de Samara): estas, por sua vez, haviam sufocado até a morte pelo fedor em vagões de terceira classe. Agora estão todas aqui, todas como anjinhos, e todas estão com Cristo, e Ele está no meio delas estendendo as mãos para elas e para suas mães pecadoras. [...] Lá embaixo, na manhã seguinte, os porteiros encontraram o minúsculo corpo do menino fugitivo que congelara até a morte atrás da pilha de lenha; encontraram também sua mãe. [...] Ela morrera congelada antes mesmo dele; eles se encontraram no céu de Deus. (v. 22, pp. 16-7)

No parágrafo final, Dostoiévski volta para si mesmo como narrador e aos aspectos "imaginários" de sua narrativa. "Mas a questão é que fico imaginando que tudo isso poderia realmente ter acontecido — quer dizer, as coisas que aconteceram no porão e atrás das pilhas de gravetos. Bem, e no que diz respeito à Árvore de Natal de Cristo — realmente não sei o que lhes dizer, e não sei se isso poderia ter acontecido ou não" (v. 22, p. 17). Tenham esses fatos acontecido ou não, o objetivo desse esquete é claramente fazer algo que se aproxime de a festa de Natal de Cristo acontecer na terra.

Nas primeiras páginas da edição de fevereiro, Dostoiévski exaltou o povo russo, argumentando que tudo que há de valor na literatura russa se origina na assimilação pelos escritores russos dos ideais cristãos do povo. Mas manifestando certa estafa com todas essas *professions de foi* [profissões de fé], decide contar uma reminiscência que, "por alguma razão, estou muito ansioso para relatar precisamente aqui e agora, em conclusão de nosso tratado sobre o povo" (v. 22, p. 46). Essa reminiscência é "Mujique Marei", e seu significado transcende de longe sua finalidade imediata no *Diário*. Em um aspecto, o episódio é um suplemento — de grande valia — de *Recordações da casa dos mortos*; em outro, é a única evocação direta de sua infância vinda de sua pena. Esse texto, aqui examinado no capítulo 16, é sem dúvida de importância crucial, não só por ser a única reminiscência de infância, mas também porque é a única tentativa de Dostoiévski de retratar a evolução interior de suas crenças sobre os camponeses russos. Vale a pena repetir de forma abreviada seus detalhes, agora no contexto em que foi escrito originalmente.

O episódio começa com uma evocação nítida e breve da celebração da semana da Páscoa na paliçada siberiana, durante a qual os prisioneiros podiam beber, farrear e brigar o quanto quisessem. Dostoiévski observava com um sentimento de profundo asco a turbulência estridente e a brutalidade do espetáculo que se desenrolava diante de seus olhos. E confessa: "Nunca suportei a devassidão de gente bêbada sem sentir repugnância, e ainda mais neste lugar". Outro criminoso político, um patriota polonês culto, expressou o que parecia ser a reação comum de ambos quando os dois se encontraram fora dos barracões, aonde tinham ido para escapar da bagunça e das brigas. "Ele olhou para mim com tristeza, com olhos chamejantes; seus lábios começaram a tremer: '*Je hais ces brigands!'* [Odeio esses bandidos] — disse-me em voz baixa, rangendo os dentes, e foi adiante" (v. 22, p. 46).

Voltando para os barracões, Dostoiévski se deita sobre as tábuas de madeira onde todos os presos dormiam e começa — como fazia para se consolar — a evocar suas memórias. E então lembra que uma vez, com a idade de nove anos, estava feliz explorando a floresta na propriedade de seu pai durante as férias de verão. Uma ou duas frases dedicadas à floresta estão cheias de sentimento, evidenciando uma sensibilidade raramente exibida em outro lugar: "E em toda a minha vida nada amei mais do que a floresta, com seus cogumelos e frutos silvestres, seus insetos e pássaros e pequenos ouriços e esquilos; seu odor úmido de folhas mortas, que eu tanto adorava" (v. 22, p. 47). Ele fora advertido pela mãe de que havia lobos nas proximidades e, de repente, no meio de seu passeio bucólico, ouviu claramente (embora fosse uma alucinação auditiva) o grito de que um lobo fora avistado. Aterrorizado, o menino correu para um camponês que arava num campo próximo.

"Tratava-se de nosso mujique Marei. [...] Tinha quase cinquenta anos, era muito alto e corpulento, com muitos fios grisalhos em sua barba espessa e ruiva." O camponês conforta o menino e o abençoa. "Ele estendeu a mão e me acariciou na bochecha. 'Não tenha medo! Cristo esteja contigo. Faz o sinal da cruz'" (v. 22, p. 48). As palavras consoladoras acalmaram o jovem e agitado Dostoiévski e o convenceram de que não havia nenhum lobo. O incidente desaparecera de sua memória por vinte anos, mas permaneceu dormente, como uma semente plantada no solo, pronta para florescer e frutificar no momento em que o seu reaparecimento assumisse a qualidade de uma revelação. Nessa experiência de infância, em um instante simbólico para nunca ser esquecido, Dostoiévski vislumbrara toda a beleza espiritual contida no caráter camponês russo. "Ele era o nosso servo, enquanto eu era o filhinho de seu senhor; ninguém ficaria sabendo de sua bondade comigo e ninguém o recompensaria [...] somente Deus, talvez, percebeu lá de cima que um profundo e iluminado sentimento humano, que uma ternura delicada e quase feminina pode encher o coração de um camponês russo rude e bestialmente ignorante que, naquela época, não tinha indícios de sua libertação" (v. 22, p. 49).

A ressurreição desse incidente da infância apagado havia muito tempo provocou uma transformação completa em toda a relação de Dostoiévski com aquilo que o cercava e que antes detestava. Não vê mais os presos bêbados como brutos grosseiros, incapazes de abrigar qualquer sentimento humano e generoso; todos se tornam agora Mareis em potencial, cuja pureza natural de alma fora coberta pela dureza e a opressão desesperançada de suas vidas. "Saí, olhando atentamente para os rostos que encontrei. Esse camponês bêbado, de cabeça raspada e marcado a ferro, com marcas no rosto, gritando sua canção rouca e embriagada — ora, pode ser o próprio Marei; pois eu não tenho nenhum meio de perscrutar seu coração" (v. 22, p. 50). Esse incidente fornece um valioso paradigma para compreender como Dostoiévski se convenceu da solidez de suas próprias crenças sobre o povo russo. E ilustra mais uma vez seu talento para tomar um incidente pessoal e comum e dotá-lo de um significado social e simbólico de grande alcance.

O primeiro texto do primeiro número do *Diário* trata da onda de suicídios entre os jovens, que na época inquietava a opinião pública da Rússia; esse tema inspirará algumas das narrativas mais comoventes de Dostoiévski. "E não há um momento", ele comenta com tristeza a respeito desses incidentes, "de Hamlet meditando sobre 'aquele temor de algo depois da morte'" (v. 22, p. 6). Assim, a questão da imortalidade é abordada indiretamente, unindo uma eterna "questão maldita" com as notícias desalentadoras que relata. Dostoiévski voltou ao tema em outubro de 1876, motivado pelo recente suicídio da filha de dezessete anos de um "famoso expatriado russo". Elizavieta, filha de Herzen, se matara, e Dostoiévski citou seu bilhete de suicídio, escrito em francês, em que pedia que, se seu suicídio não fosse bem-sucedido, a família e amigos deveriam reunir-se "para celebrar minha ressurreição com Clicquot". Caso contrário, ela pedia que sua morte fosse confirmada antes do enterro, "porque é muito desagradável despertar no caixão embaixo da terra. *Isso não seria nem um pouco chique*". Ele contrasta essas palavras com as de uma segunda suicida, "o humilde suicídio" [*smiriénnoie*] de uma pobre e jovem costureira de São Petersburgo que "pulou e se estatelou no chão, segurando um ícone nas mãos" (v. 23, pp. 144-6).

Essas duas mortes assombraram sua imaginação, e a segunda inspirou uma de suas mais belas narrativas, "A dócil". O suicídio de Liza Herzen levou à composição de um bilhete de suicídio imaginário, intitulado "A sentença". Dedicando alguns parágrafos a Liza Herzen, percebe compassivamente, sob a frivolidade forçada de seu tom, um protesto contra a "estupidez" do aparecimento da humanidade na Terra e a tirania opressiva de uma causalidade sem sentido com a qual a humanidade nunca pôde conciliar-se. Sem nenhuma consciência dessas questões, a jovem havia, não obstante, sido afetada pela "linearidade" das ideias "que lhe foram transmitidas desde a infância na casa de seu pai" (v. 23, p. 145). Em última análise, essas ideias — de ateísmo e materialismo — acabaram por estimulá-la a tirar a própria vida. Para expressar o efeito desastroso dessas ideias de forma mais poderosa, Dostoiévski publica então seu bilhete de suicídio fictício.

A autora do bilhete imaginário se recusa a aceitar, em nome de alguma felicidade paradisíaca hipotética, o sofrimento necessariamente imposto por ter nascido um ser humano consciente que, sendo ateu, não acredita na imortalidade. O pensamento inconsolável da própria extinção impele a autora a ver na criação dos seres humanos, e em particular de si mesma, "algum tipo de desrespeito mais profundo pela humanidade, o que, para mim, é profundamente insultante e muito mais insuportável, pois aqui não existe ninguém que seja culpado" (v. 23, pp. 146-7). Em vez de suportar a humilhação de existir em um universo sem sentido, onde a humanidade é apenas o joguete de uma natureza cruel e sádica, ela escolhe o suicídio como o único protesto honroso contra a indignidade de ter nascido.

As repercussões desse artigo prenunciam boa parte da história posterior da interpretação de Dostoiévski. Havia apresentado com tanto vigor o ponto de vista ao qual se opunha, se embrenhara tão fundo numa consciência cujos perigos queria expor, que foi imediatamente acusado de apoiar o que estava se esforçando para combater. "No momento em que meu artigo foi impresso", escreveu em dezembro de 1876, "fui inundado — por cartas e visitas pessoais — por perguntas sobre o significado de 'A sentença'." Retomando a questão publicamente, ele não deixa dúvidas de que tentou expressar "a fórmula de um suicídio lógico" — a única conclusão possível sobre a vida como um todo que, em sua opinião, um ateu e materialista poderia tirar. "Expressei essa 'última palavra da ciência' em termos breves, de modo claro e popular, com o único propósito de refutá-la — não pelo raciocínio ou pela lógica, uma vez que não pode ser refutada pela lógica [...] mas pela fé, pela dedução da necessidade da fé na imortalidade da alma" (v. 24, p. 53).

É impossível, enfatiza, dar um sentido à vida substituindo a fé religiosa pela ação social benéfica, pois insiste que sempre que inexiste fé religiosa um verdadeiro "amor à humanidade" não só é impossível como corre o risco de se transformar em seu contrário. O pensamento de todo o sofrimento irredimível que a humanidade experimentou, bem como a impossibilidade de aliviar esse sofrimento, só pode transformar o amor inicial em ódio. Dirigindo-se aos populistas, ele escreve: "Aqueles que, tendo privado o homem de sua fé na imortalidade, estão tentando substituí-la — como objetivo mais elevado da vida — pelo 'amor à humanidade', esses, afirmo eu, estão pegando em armas contra si mesmos, já que, em vez de amor à humanidade, estão plantando no coração daquele que perdeu a fé as sementes do ódio à humanidade" (v. 24, p. 49). Essas palavras prenunciam a criação do idealista desesperado Ivan Karamázov, que se verá preso exatamente numa relação de amor e ódio com a humanidade.

A imagem do "humilde suicídio" continuou a perseguir a imaginação de Dostoiévski, e no final de outubro decidiu usá-la como tema de uma narrativa. No começo, pensou em fazer da "menina com o ícone" o episódio de um romance (jamais escrito) intitulado *O sonhador* [*Metchtátiel*]. Algumas características desse projeto foram mantidas na história final, entre eles a forma em monólogo e uma personagem principal que se recusara a travar um duelo e estava convencida de que buscava a pura verdade. Mas o trabalho no *Diário* não lhe deixou tempo para desenvolver esse projeto de romance. Decidindo, no entanto, que o tema era rico o suficiente para merecer tratamento independente, voltou para suas anotações antigas. O que encontrou foi o seu velho fascínio pela figura de um "usurário" — a corporificação desprezível de um egoísmo que excluía qualquer preocupação com outrem.

Anotações para uma figura desse tipo aparecem no plano para um romance no início dos anos 1860 e foram retomadas em 1869 como ideia para um conto após a conclusão de *O idiota*. Aqui, o personagem é descrito como "um autêntico tipo do subsolo; foi insultado. Torna-se amargurado. Vaidade imensurável. [...] Sua esposa não pode deixar de notar que ele é culto, mas depois se deu conta, não muito; toda zombaria (e ele toma tudo como zombaria) o deixa irritado, cheio de suspeitas. [...] Por algum tempo, esforça-se para estabelecer uma relação amorosa com a esposa. Mas ele lhe partira coração" (v. 24, p. 382). Essa situação já contém um esboço da narrativa posterior.

Outro plano para um conto, rabiscado na mesma época, mas nunca escrito, dá uma descrição mais extensa da psicologia associada ao usurário:

Característica mais importante — um misantropo, mas do subsolo [...] uma necessidade de confiar-se [aos outros], que assoma da terrível misantropia e da desconfiança ironicamente insultuosa. [...] Essa necessidade é convulsiva e incontrolável, de modo que com ingenuidade assustadora (uma ingenuidade amarga, até mesmo comovente, digna de pena) se joga de repente nas pessoas e, é claro, é rejeitado, mas depois de receber uma recusa, não perdoa, não esquece nada, sofre, transforma-a numa tragédia. (v. 24, p. 382)

São esses os contornos do personagem cuja voz será ouvida como narrador de "A dócil". Embora a ideia para esse conto/novela tenha surgido pela primeira vez nas ideias de Dostoiévski sobre "a menina com o ícone", no momento em que a história tomou forma final ela recuara para o plano de fundo. Quem ocupa o primeiro plano é seu marido, o narrador, e o que lhe dá um cunho especial é o caráter da imagem que faz de si. Ele se vê como uma espécie de herói incompreendido e negligenciado, cuja vida é um protesto pessoal contra uma sociedade injusta, e essa autoimagem o sustenta emocionalmente e motiva seu comportamento. É o que tornou a vida possível para ele desde que — numa situação muito comum no repertório do romantismo russo — foi expulso de seu regimento por não ter defendido a própria honra em alguma ocasião pública.

Antes que saibamos detalhes de seu passado, no entanto, o narrador é mostrado como o reles proprietário de uma casa de penhores, e esse papel soa de novo familiar em Dostoiévski. A preocupação com o dinheiro é em geral sintoma de um desejo de poder decorrente de uma posição social de inferioridade e subordinação. Ei-la mais uma vez aqui, mas complicada pela necessidade do personagem de se convencer da própria retidão e virtude. "Os senhores dizem: um usurário, e todos dizem isso. E daí que seja um usurário? Se o mais generoso dos homens tornou-se um usurário, quer dizer que havia motivos" (v. 24, p. 16 [44]).* O narrador se recusa a ver a si próprio como ele sabe que é visto pelos outros — e até por uma parte dele mesmo que não consegue suprimir. Essa discrepância é a fonte da tragédia relatada no conto, que decorre da tentativa impiedosa do narrador, em sua busca desesperada por amor e compreensão, de impor a concepção que tem

---

* A tradução de todas as citações de "A dócil" e "O sonho de um homem ridículo" é de Vadim Nikitin. In: *Duas narrativas fantásticas*. São Paulo: Editora 34, 2011. 3. ed. O número da página entre colchetes é o da edição brasileira logo após a referência à edição russa. (N.T.)

de si mesmo a outrem. Mas porque busca o amor sem estar disposto a amar (até que seja tarde demais), porque quer obter amor através da dominação da consciência de outrem, o resultado é exatamente o oposto do que deseja. "Mas aqui", ele pensa, olhando para o corpo da esposa morta, "devo ter esquecido ou perdido alguma coisa de vista" (v. 24, p. 17 [45]).

O conto narra o curso da relação infeliz que levou a noiva-criança ao seu mergulho final e desesperado. O que atrai o narrador para a moça, quando ela vem pela primeira vez penhorar seus poucos pertences, é a combinação de orgulho e pobreza, de inteligência e indigência. A morte dos pais a deixou na dependência de duas tias, que a transformaram praticamente numa escrava. Mas ela é uma pessoa de caráter independente que absorveu um pouco da cultura e dos ideais humanitários de sua geração e pôs anúncios em jornais em busca de um emprego (sem sucesso). Ela não está de forma alguma pronta para desempenhar um papel de completa submissão.

O narrador a salva de ser, na verdade, vendida a um pretendente muito mais velho. Sua proposta inesperada de casamento é cuidadosamente projetada para imaginá-lo no papel de um salvador romântico, mas seu motivo não é uma verdadeira magnanimidade, nem tampouco a atração sexual (embora esta última não esteja de todo ausente). Em vez disso, ele anseia desesperadamente por alguém que reconheça que sua vida de suposta humilhação é inspirada por uma "ideia", alguém que reconheça a retidão e a dignidade inerentes do caminho que escolheu, alguém que, para além de sua profissão ignominiosa e passado desonrado, veja os tormentos de sua alma ferida. "Ao aceitá-la na minha casa, queria respeito total. Queria que ela rezasse fervorosamente diante de mim por meus sofrimentos — e eu merecia isso. Ah, sempre fui orgulhoso, sempre quis tudo ou nada" (v. 24, p. 14 [37]).

Esse orgulho esmagador determina o comportamento pernicioso que adota após o casamento. Qualquer sinal de ternura ou carinho de sua parte poderia ser interpretado como um apelo humilhante, como uma indicação de remorso ou de dúvida a respeito de si mesmo. E assim o calor natural do sentimento da jovem, expresso de forma espontânea nos primeiros dias do casamento, é sufocado por sua política de frieza e aparente indiferença. "O principal é que, desde o começo, por mais que se contivesse, ela se lançava a mim com amor [...]. Mas em todo esse arrebatamento dei logo de uma vez um banho de água fria. A minha ideia consistia exatamente no seguinte. Aos enlevos eu respondia com o silêncio — benévolo, é claro" (v. 12, p. 13 [36]).

Esse tratamento leva ao inverso do que o narrador tinha previsto. E em vez da tolerância dela à grandeza interior (como ele acredita) do modo de vida do marido e de curvar-se diante dele com admiração reverente, eles se envolvem numa batalha secreta de vontades. "De início, ela discutia, e como, mas depois foi se calando, completamente até, apenas arregalava demais os olhos, escutando, uns olhos assim grandes, grandes, atentos. E... e, afora isso, de repente entrevi um sorriso, desconfiado, silencioso, nada bom. Foi justamente com esse sorriso que eu a introduzi na minha casa" (v. 12, p. 14 [39]).

Por fim, no entanto, a suposta "criatura dócil" irrompe de repente numa rebelião total. No clímax da batalha secreta entre eles, ao despertar, ele a vê de pé inclinada sobre ele com uma pistola carregada, e agoniza à espera de que ela puxe o gatilho, imaginando se ela o vira abrir os olhos por um instante. Apesar do ódio, ela é incapaz de matá-lo — sua última e irreparável derrota. Ao revelar mais tarde seu conhecimento desse incidente, ele pode, de um só golpe, remover a nuvem que paira sobre seu nome por causa da imputação de covardia e também inverter a situação moral. *Ele* não será mais a pessoa que busca sub-repticiamente o perdão; agora será o perdoador de bom coração, de alma grande. Mas a alegria secreta desse triunfo futuro é tão grande que, de propósito, ele posterga sua chegada. Deseja saborear a mortificação de sua esposa, que adoece com "febre cerebral" e nunca mais recupera a saúde. "Sim, aconteceu-me uma coisa estranha e peculiar [...] eu triunfava, e a mera consciência disso já se mostrava plenamente suficiente para mim. Foi assim que transcorreu o inverno. Ah, eu estava mais satisfeito do que nunca, e isso durante todo o inverno" (v. 24, p. 23 [62-3]).

O desenlace ocorre na primavera, depois de um inverno que passaram em silêncio, vivendo no mesmo apartamento, mas totalmente afastados um do outro. "Evidentemente, é estranho que quase até o fim do inverno", diz o marido, "não tenha me passado nem uma só vez pela cabeça que eu gostava de olhar para ela de soslaio, mas que durante todo o inverno não tinha flagrado nem sequer um único olhar seu para mim! Achei que isso fosse receio" (v. 24, p. 25 [66]). Longe de receio, era uma aversão profunda e insuperável — como ele descobre quando, tomado de repente de piedade por ela e possuído por sua própria necessidade avassaladora de amor, ele afinal se lança a seus pés. "Ela estremeceu de novo e recuou num susto violento, olhando para o meu rosto, mas de repente — exprimiu-se nos seus olhos um *severo espanto* [...]. 'Então você ainda quer amor?' — era o que parecia indagar de repente esse espanto, embora ela estivesse calada" (v. 24,

p. 28 [72]). O fervor incontrolável do narrador, que agora exprime de forma desordenada todo o tormento psíquico que vinha suprimindo em si mesmo e ocultando dos outros por muitos anos, simplesmente lança a jovem infeliz em convulsões histéricas.

O súbito colapso e a inversão da situação precipitam a catástrofe. O narrador está agora pronto para abandonar tudo, desistir de sua casa de penhores e de sua vingança contra a sociedade, se apenas puder recuperar o amor que esteve um dia ao seu alcance. Mas o espírito dócil e gentil da esposa foi irremediavelmente alienado, e ela é agora consumida pela culpa causada por *sua* própria incapacidade de responder, a não ser com profunda piedade, aos rogos do marido para começar uma nova vida de amor verdadeiro. Tudo o que resta é o pulo da janela, segurando contra o peito o ícone da Mãe de Deus, o símbolo da promessa de amor eterno. Nada do que Dostoiévski escreveu é mais pungente do que o grito de desespero do narrador no final, andando de um lado para o outro diante do caixão da "criatura dócil", num momento em que o mundo inteiro se tornou para ele a imagem de sua desolação. "Ah, a natureza! Os homens estão sozinhos na terra — essa é a desgraça! [...] Tudo está morto, e há cadáveres por toda a parte. Há somente os homens, e, em volta deles, o silêncio — essa é a terra! 'Homens, amai-vos uns aos outros' — quem disse isso? De quem é esse mandamento?" (v. 24, p. 35 [87]).

Essas palavras finais estão entre melhores e mais puras criações saídas da pena de Dostoiévski. A sutileza e a delicadeza da representação da consciência do narrador (com sua mistura de choque, culpa, incredulidade e alguns fragmentos remanescentes de autojustificação), o brilhante retrato da esposa *através* dos olhos do narrador lutando para compreender o que ocorreu superam facilmente os ingredientes por demais familiares da trama e o toque de melodrama. "A dócil" é também o retrato mais bem-acabado e mais bem definido da personagem-tipo do "homem do subsolo". Em nenhum outro lugar ele é apresentado tão plenamente como um ser humano sensível e sofredor, cuja desumanidade decorre de uma necessidade de amor que foi pervertida e distorcida por egoísmo e vaidade. O que foi apresentado de forma apenas embrionária no episódio final de *Memórias do subsolo*, quando o homem do subsolo rejeita egoisticamente a oferta de amor feita a ele pela jovem e sofredora prostituta Liza, é desenvolvido aqui com uma maestria que justifica o elogio entusiasmado de Saltikov-Schedrin.

"O sonho de um homem ridículo" surge também a partir da preocupação de Dostoiévski com o tema do suicídio. Com efeito, esse conto pode ser considerado o segundo painel de um díptico, cujo primeiro é a carta de suicídio imaginária de "A sentença". Essas duas obras são ao mesmo tempo o eco e a resposta de uma à outra: partindo do mesmo ponto da carta, o conto não termina em desespero e suicídio, mas numa afirmação arrebatada da vontade de viver. Essa afirmação decorre da crença de Dostoiévski na possibilidade de uma transfiguração apocalíptica da humanidade, uma sua regeneração moral como um todo, que se introduz pela primeira vez em sua obra na década de 1860. A imagem de uma Idade de Ouro de felicidade humana aflora continuamente nas anotações para seus romances. Em "O sonho de um homem ridículo", ele expressa tanto a inspiração moral proporcionada pela imagem radiante da Idade de Ouro como a perda da harmonia humana instintiva que era a fonte de sua felicidade. Mas também acreditava — ou esperava — que essa harmonia instintiva pudesse ser restaurada, mesmo que apenas em parte, por meio da inspiração da compaixão e do amor cristão pela humanidade sofredora.

Essa narrativa, que traz o subtítulo "fantástica", relata uma viagem de sonho para outra terra, onde o homem ridículo encontra uma sociedade que vive numa verdadeira Idade de Ouro, antes da Queda e da existência do pecado. A história é um *conte philosophique* baseado numa "fantasia" no sentido literal da palavra, e foi muitas vezes comparada a *Micrômegas*, de Voltaire. Mas a fantasia é emoldurada por um cenário extraído diretamente da iconografia da vida urbana miserável e esfarrapada preferida pela Escola Natural dos escritores russos da década de 1840. A figura central é um daqueles personagens isolados e misantropos, afastado de todos, mas o horizonte do homem ridículo abrange uma dimensão metafísico-religiosa. "Senti de repente que para mim *dava no mesmo* que existisse um mundo ou que nada houvesse em lugar nenhum. […] Então de repente parei de me zangar com as pessoas e passei a quase nem notá-las" (v. 25, p. 105 [92-3]).

Essa convicção provoca um sentimento total de apatia em relação ao mundo exterior. Ele é obcecado com a ideia de suicídio e, numa noite particularmente sombria e deprimente, quando até mesmo a chuva "caía com evidente hostilidade às pessoas" (v. 25, p. 105 [93]) —, ele decide enfiar uma bala na cabeça. A caminho de casa, é parado por uma menina que lhe pede que ajude a mãe moribunda. Ele bate o pé e grita com ela para deixá-lo em paz; porém mais tarde, sentado em seu quarto, com a pistola pronta sobre a mesa, é perturbado por uma nova sensação.

A rigor, não deveria ter sentido nenhuma vergonha por ter enxotado a menina; era totalmente incoerente para um homem à beira do suicídio, para quem tudo no mundo perdera sentido, sentir pena. E, no entanto, como acontece no caso do homem do subsolo, seu coração e sua cabeça se recusam a agir em uníssono. "Lembro que tive muita pena dela; quase até o ponto de uma estranha dor, aliás completamente inverossímil na minha situação" (v. 25, p. 107 [99]).

Enquanto medita sobre esse lapso perturbador nas conclusões que tirou sobre a vida, de repente adormece e sonha. "Em uma palavra, essa menina me salvou, porque com as questões, eu adiei o tiro." Mas a menina também salva o homem ridículo num sentido mais profundo: os sentimentos suscitados nele por esse encontro são então projetados em seu sonho e, ao acordar, ele descobre que foi libertado para sempre da tentação do suicídio. Dostoiévski conjectura que "os sonhos, ao que parece, move-os não a razão, mas o desejo, não a cabeça, mas o coração" (v. 25, p. 108 [101]). Em seu sonho, o homem ridículo revela os desejos de um coração que evoca o panorama da Idade de Ouro; e no conto de Dostoiévski, essa oposição entre cabeça e coração, entre razão e sentimento, se torna o centro de toda a história espiritual da humanidade.

Dostoiévski visualiza uma ilha no arquipélago grego, radiante em sua beleza ensolarada. Nunca antes representara essa harmonia abrangente entre o homem e a natureza. "Um carinhoso mar de esmeralda batia tranquilo nas margens e as beijava com um amor declarado, visível, quase consciente. Árvores altas, belíssimas, erguiam-se com toda a exuberância das suas floradas, e as inumeráveis folhinhas, estou certo disso, me saudavam com um farfalhar tranquilo e carinhoso, e como que pronunciavam palavras de amor" (v. 25, p. 112 [108-9]). O amor era o meio natural em que os habitantes desse paraíso existiam, ou pelo menos o aspecto de suas vidas acessível à compreensão de um terráqueo, pois percebeu que lhe era impossível — "um moderno progressista russo e um petersburguês sórdido" — compreendê-los, porque viviam no nível de um sentimento intuitivo que também era uma forma superior de conhecimento. Embora não houvesse nada de comparável ao que na terra é chamado de ciência — o ápice e o epítome da razão —, "sua sabedoria era mais profunda e mais elevada do que a da nossa ciência; [...] mas [eu] não conseguia entender a sua sabedoria" (v. 25, p. 113 [111]). Esse conhecimento superior seria a comunhão totalmente altruísta e amorosa de um com o outro e com tudo que há.

A vida desses habitantes da Idade de Ouro era assim desprovida de qualquer tipo de consciência, inabalada por manifestações de egoísmo ou vaidade. "Possuíam o amor e geravam filhos, mas eu nunca notava neles os ímpetos daquela volúpia *cruel* que afeta quase todo mundo na nossa terra, todo mundo e qualquer um, e é a fonte única de quase todos os pecados da nossa humanidade." Não tinham religião específica ou doutrinas religiosas sobre Deus e a vida eterna, mas recebiam a morte com serenidade: "Podia-se pensar que eles continuavam em contato com os seus mortos mesmo depois da sua morte". Compunham canções de louvor um para o outro e viviam em "uma espécie de amorosidade uns pelos outros, total, universal" (v. 25, pp. 113-4 [113-4]). A essa condição de amor puro, que retrata o mundo antes da queda da humanidade no pecado, o homem ridículo compara seus sentimentos distorcidos de amor e ódio por seus companheiros seres humanos, que surgiram do choque entre o seu egoísmo e seu desejo de comunhão.

De alguma maneira, o homem ridículo introduz esse princípio reflexivo de autoconsciência e autocompreensão — a suprema raiz psicológica do egoísmo — no Paraíso inocente da Idade de Ouro. O resultado catastrófico é a corrupção e a ruína de seus habitantes. A ênfase sombria recai sobre o movimento dialético pelo qual a autoconsciência gera o egoísmo e o egoísmo dá origem a um mundo cujas instituições expressam a perda, em realidade, do que o homem se torna consciente em pensamento. O primeiro passo para a consciência é deixar de *viver* em harmonia amorosa com os outros e retirar-se, de uma forma que rompa a aceitação e a identificação inconsciente e instintiva com o outro. Desse afastamento decorre uma percepção do ego como oposto ao outro; e começa a luta psicológica e sexual, bem como "uma luta pela separação, pela autonomia, pela individualidade, pelo meu e pelo teu". O resultado foi uma crescente consciência do que fora perdido e a tentativa de recriá-lo artificialmente por meios conscientes. "Quando se tornaram maus, começaram a falar em fraternidade e humanidade e entenderam essas ideias. Quando se tornaram criminosos, conceberam a justiça e prescreveram a si mesmos códigos inteiros para mantê-la, e para garantir os códigos instalaram a guilhotina" (v. 25, pp. 115-6 [117-8]).

Desse modo, surge uma série de males que compõem um rosário de todas as mazelas da civilização. A escravidão, o martírio dos homens santos, a guerra fratricida, o culto e a doutrina do poder — tudo veio da crença de que "a ciência nos dará sabedoria, a sabedoria revelará as leis, e o conhecimento das leis da felicidade é superior à felicidade" (v. 25, p. 116 [119]). Mas as coisas vão de mal a pior e culminam no surgimento de um culto do sofrimento, porém o sofrimento não decorre de um conflito interno ou sentimento de remorso. Em vez disso, é o prazer perverso de sofrer como um prazer estético ou como indicação de superioridade intelectual. A glorificação do sofrimento por ele mesmo, divorciado de qualquer relação com a piedade, com a compaixão ou com o autoexame, é para Dostoiévski uma das corrupções supremas da personalidade humana.

Atormentado pela culpa, o homem ridículo tenta apresentar aos seus inocentes pervertidos o cristianismo e seus valores de abnegação e sofrimento pelos outros ("Implorava-lhes que me pregassem numa cruz, ensinava-lhes como se faz uma cruz"). Mas tudo em vão — eles simplesmente riam do que não podiam entender. "Por fim, anunciaram-me que eu estava me tornando um perigo para eles e que me trancariam num hospício se eu não calasse a boca" (v. 25, p. 117 [120]). Esse resultado aflige e oprime o homem ridículo de tal modo que nesse momento suas sensações se tornam fortes demais para serem suportadas — e ele acorda!

Esse sonho extraordinário é uma revelação e transforma sua vida — "um êxtase, um êxtase desmedido elevava todo o meu ser" —, e no mesmo instante ele decide, como o Vlas, de Nekrássov, tornar-se um pregador itinerante da verdade concedida em seu sonho. O que o homem ridículo vai pregar é uma verdade muito antiga, mas ele tem fé nela porque *viu* e sentiu toda a beleza do mundo em que essa verdade outrora reinou suprema. "O principal é — ame aos outros como a si mesmo." E ele também viu o poder do inimigo. "A consciência da vida é superior à vida, o conhecimento das leis da felicidade é superior à felicidade — é contra isso que é preciso lutar!" No mundo ao qual retornou, todo mundo zomba de suas palavras e o considera louco, tal como na fase final do seu sonho; mas agora sua fé nunca pode ser abalada, porque "eu vi, vi [a verdade], e a sua *imagem viva* me encheu a alma para sempre". Seu primeiro passo no novo caminho é procurar a menininha: "E quanto àquela menininha, eu a encontrei... E vou prosseguir! E vou prosseguir! (v. 25, pp. 117-8 [122-3]).

O homem ridículo atingira o estágio da desintegração pessoal resultante do individualismo e, "tendo consciência de tudo", perdera a fé em Deus. Mas o advento de Cristo na terra, de acordo com Dostoiévski, deu aos seres humanos um novo ideal, que consiste no "retorno à espontaneidade, às massas, mas livremente [...] voluntária e conscientemente no mais alto grau — e essa voluntariedade superior é [...] uma renúncia superior da vontade" (v. 20, pp. 189-4). Desse modo, o homem ridículo, ao acordar de seu sonho, se dedica a pregar esse retorno a uma "espontaneidade superior" através da realização na terra da lei cristã do amor. Ele é um otimista russo trágico, pregando para um mundo zombeteiro que viu as glórias da Idade de Ouro e que elas podem voltar a ser reais através de Cristo. "O sonho de um homem ridículo" contém a representação mais vibrante e comovente de Dostoiévski de seu ideal moral e religioso positivo, expresso de modo muito mais convincente nessa forma rapsódica e "fantástica" do que em qualquer outro lugar de sua obra.

52. Um novo romance

O *Diário de um Escritor* de outubro de 1877 trazia o anúncio de que, em virtude de doença, Dostoiévski iria suspender a publicação por dois anos. Como essa decisão resultou em mais de uma centena de cartas que lhe pediam que continuasse, ele disse aos leitores que "nesse ano de descanso *da publicação periódica*, espero me dedicar à obra beletrística que imperceptível e involuntariamente foi tomando forma dentro de mim nos dois anos de publicação do *Diário*" (v. 26, p. 126). Ambas as razões sem dúvida concorreram para isso, mas o apelo irresistível da criação artística talvez tenha sido o mais forte. Nos três anos seguintes, Dostoiévski estaria absorto sobretudo na escrita de *Os irmãos Karamázov*, cujo primeiro fascículo foi publicado em *O Mensageiro Russo* no início de 1879. Durante os dois últimos anos de sua vida, manteve toda a Rússia letrada fascinada com os fascículos mensais de seu maior romance. Seu tema emocionante situou o assassinato de um pai num vasto contexto religioso e filosófico-moral; e nenhum leitor russo da época poderia evitar a associação de suas páginas profundamente inquisitivas com as tentativas cada vez mais frequentes de assassinar o tsar.

A vida de Dostoiévski assumiu as características da vida de uma figura cultuada, alguém visto com reverência e admiração irrestrita.[1] Nesse período, tornou-se habitual, mesmo entre pessoas que discordavam fortemente do romancista em questões político-sociais, considerá-lo com certa reverência e sentir que suas palavras encarnavam uma visão profética que iluminava a Rússia e seu destino. Aos olhos da grande maioria do público letrado, ele se tornou um símbolo vivo de todo o sofrimento que a história impusera ao povo russo, bem como de todo o anseio por um mundo ideal de amor fraterno (cristão) e harmonia.

Dostoiévski não foi avesso a assumir esse papel profético, que poderia muito bem achar que lhe fora concedido pelo próprio destino. Sua vida o pusera numa posição extraordinária para entender os problemas da sociedade russa, e sua evolução artístico-ideológica encarna e manifesta todos os conflitos e contradições que compunham o panorama da vida sociocultural russa. Em nenhum momento a opinião pública russa esteve mais disposta a buscar a orientação do que no período de crise que o país atravessava. Essa época tempestuosa e instável atingiu seu clímax, apenas um mês após a morte de Dostoiévski, no assassinato de Alexandre II, o tsar libertador que ele reverenciava.

O período compreendido entre a interrupção do *Diário* e o trabalho intensivo em *Os irmãos Karamázov* permitiu que Dostoiévski pusesse em dia a correspondência com seus leitores. Não gostava de escrever cartas, como disse várias vezes, mas continuou a responder aos leitores assim mesmo, e parecia encontrar amparo ao fazê-lo. Uma carta importante chegou na forma de manuscrito de um escritor anônimo, hoje identificado como o filósofo Nikolai Fiódorov. Tratava-se de uma figura estranha e enigmática, filho ilegítimo de uma família nobre e bibliotecário no Museu Rumiántsev, em Petersburgo. Gozou de considerável reputação secreta em vida, ainda que não tenha publicado nada sob o próprio nome, pois acreditava que toda propriedade privada (categoria em que incluía as ideias) era pecado. Dostoiévski já havia recebido um manuscrito anônimo dele em 1876, do qual citara uma parte no *Diário*. Nessa citação, sustentava que a ausência de organizações e associações privadas na Rússia (inclusive de sindicatos) não devia ser julgada uma deficiência social. Todos esses grupos atiçam uma parte da sociedade contra a outra, enquanto na Rússia "ainda existe, com certo vigor, aquele sentimento de unidade sem o qual as sociedades humanas não podem existir" (v. 22, p. 82). O escritor que escrevera o sonho final de Raskólnikov em *Crime e castigo*, em que essa desintegração social é representada com vivacidade aterradora, viu nas ideias de Fiódorov uma grata confirmação de sua própria visão artística.

A nova carta tratava da questão da ressurreição dos mortos e da imortalidade da alma. As doutrinas de Fiódorov, que foram rotuladas de "positivismo místico", desfrutaram de extraordinária popularidade na década de 1870, atraindo a admiração não só de Dostoiévski, mas também de Tolstói e Vladímir Soloviov. No centro de suas especulações estava a mesma esperança escatológica que inspirou Dostoiévski e Soloviov — a visão de uma transformação total da vida terrena no Reino de Deus. Ele acreditava que Cristo havia aparecido não apenas para prometer a ressurreição e um triunfo sobre a morte em algum mundo milagrosamente transformado no Segundo Advento, mas com o intuito de apontar o caminho para que a humanidade realizasse a obra da própria ressurreição. Asseverava que esse objetivo poderia ser alcançado através da aplicação de vontade coletiva da humanidade, decidida a transformar a revelação cristã numa realidade empírica.

As ideias de Fiódorov são uma estranha mistura de ficção científica e do que ele chamou de "supramoralismo". Como Fourier, que o influenciara na juventude, entregava-se a fantasias cosmológicas que possibilitariam o desenvolvimento de novos órgãos e converteriam a natureza, de uma força cega, hostil e opressiva, numa realização do desejo humano. O objetivo último desse avanço devia ser um estado de "unidade múltipla", no qual tudo (inclusive a natureza) existiria como parte de um imenso organismo vivo. Assim que essa condição fosse alcançada, o curso natural da vida humana se inverteria; em vez de produzir filhos, a humanidade começaria a ressuscitar seus antepassados por meio do reagrupamento dos átomos e moléculas de que haviam sido feitos e que ainda permaneciam espalhados pelo universo. Para ele, a reverência da humanidade por seus pais está na raiz desse sentimento de família que, empiricamente, aponta o caminho para o estado futuro da humanidade como um organismo universal, um futuro em que a fonte de todos os males do mundo — o egoísmo e o individualismo — desapareceria, porque estariam privados da base física de sua perpetuação.[2]

Dostoiévski respondeu a esse documento — enviado por um dos discípulos de Fiódorov, um ex-revolucionário chamado Peterson — com uma carta longa e excitada. "Devo dizer que estou em completo acordo com as concepções [de Fiódorov]", declarou. "Ao lê-las, senti que eu mesmo poderia tê-las escrito." Ficou tão entusiasmado com as ideias de Fiódorov que, na primeira oportunidade, as transmitiu para Vladímir Soloviov. "Ele [Soloviov] sentiu profunda afinidade com o seu pensador", informa a Peterson, "e tinha a intenção de dizer quase a mesma coisa em sua próxima palestra."[3] Com efeito, havia muito tempo que Dostoiévski escrevera algo semelhante num caderno enquanto velava o corpo da primeira esposa. Ele também concebera como objetivo supremo da humanidade a obtenção de um estado em que a procriação cessaria, os mortos seriam ressuscitados e toda a humanidade seria unida em um novo corpo físico. Mas, para ele, essa transformação final da humanidade só ocorreria no fim dos tempos, não na vida terrena, e tampouco imaginava que isso seria alcançado empiricamente por meio do esforço humano. Por isso manifesta sua preocupação em saber se as fantasias científicas de Fiódorov não o teriam conduzido a certo secularismo utópico.

As relações epistolares de Dostoiévski com Fiódorov, centradas na suprema importância metafísica do tema da paternidade, ocorreram exatamente no momento em que ele ruminava sobre suas primeiras anotações para *Os irmãos Karamázov*. Parece que pensava em introduzir uma discussão das ideias de Fiódorov na cena que se passa na cela de Zossima. Uma anotação isolada diz: "*A ressurreição de (nossos) ancestrais* depende de nós" (v. 15, p. 204). Outra diz: "A família será ampliada: mesmo não aparentados entrarão nela, e um novo organismo será urdido" (v. 15, p. 249). Essa última anotação se encontra entre os planos para as conversas e exortações de Zossima; e talvez aqui se possa localizar a influência mais importante, pois embora as obras de Dostoiévski estejam impregnadas de um sentido da importância da responsabilidade moral recíproca, em nenhum lugar esse tema é declarado de forma mais ampla do que em *Os irmãos Karamázov*, no qual se declara que cada indivíduo é responsável por todos. A concepção ousada de uma humanidade futura que seria um organismo imenso, unido e interdependente pode muito bem ter guiado Dostoiévski para a sua formulação memorável.

Apesar de sua intensa absorção na construção do roteiro para seu novo romance, da epilepsia recorrente e do agravamento do seu enfisema, Dostoiévski mantinha uma ampla gama de compromissos sociais. Participava das "quartas-feiras" do príncipe Meschérski, ia muitas vezes à casa de Pobedonóstsev nas noites de sábado e continuava a frequentar o salão de Elena Chtakenchneider. Além de receber convidados como Strákhov para jantares de domingo, visitava e era visitado por grande círculo familiar. Também comparecia uma vez por mês a um jantar organizado pela Sociedade dos Escritores, que incluía todas as facções literárias e onde, como observa Anna, "Fiódor Mikháilovitch se encontrava e se misturava com os seus jurados inimigos literários".[4]

Em novembro de 1878, foi apresentado pelo amigo comum Vladímir Soloviov à condessa Sófia Andréievna Tolstaia, por insistente pedido dela. A condessa era a viúva do poeta e dramaturgo Aleksei Tolstói e, de acordo com Anna, uma mulher "de grande intelecto, muito culta", que estabelecera seu próprio salão.[5] De acordo com sua esposa, Dostoiévski a visitava com regularidade e na casa dela conhecia não só outros intelectuais e luminares da cultura, mas também damas da alta sociedade. Nenhuma reunião de arrecadação de fundos para os necessitados — em especial para estudantes pobres — era organizada sem que o convidassem a ler seus textos. Esses convites eram raramente recusados, porque nada era mais importante para ele do que manter seu contato com a nova geração da juventude russa.

Além de seus cansativos compromissos sociais, Dostoiévski continuava a dar a máxima atenção aos julgamentos criminais e políticos, não só como eram noticiados nos jornais, mas também como espectador. No início do ano, comparecera ao julgamento de Vera Zassúlitch, que, segundo ele, revelava as profundas fissuras que dividiam a sociedade russa e que certamente o encheu de tristes pressentimentos. Zassúlitch era uma jovem determinada de 28 anos que entrara nos círculos estudantis revolucionários e fora presa no âmbito do caso Nietcháiev em 1871. Ela atuara como um de seus mensageiros depois que ele foi para o exterior, mas não tinha ligação com o grupo que assassinou Ivánov.

Encarcerada por dois anos sem que nenhuma acusação fosse apresentada contra ela, foi declarada inocente e tornou-se uma revolucionária empedernida. Ao saber que o general Triépov, governador de São Petersburgo, ordenara ilegalmente que um preso político populista fosse açoitado por se recusar a tirar o gorro na presença do general, ela entrou de mansinho em seu gabinete sob um falso pretexto e deu-lhe um tiro, mas o feriu apenas de leve. Seu julgamento público, presidido por A. F. Kóni, o amigo de Dostoiévski, foi conduzido com escrupulosa imparcialidade, apesar da pressão dos círculos oficiais. Kóni, cuja carreira sofreu em consequência disso, permitiu que a defesa apresentasse um testemunho detalhado sobre o açoitamento implacável. O resultado foi uma absolvição triunfante da ré, sob esfuziantes aplausos de um tribunal lotado com altos funcionários do governo e notáveis da mais seleta sociedade petersburguense. O acesso à sala do tribunal foi limitado, mas Dostoiévski conseguiu entrar com um cartão falso de advogado.

Durante o julgamento, outros prisioneiros populistas, chamados pela defesa, testemunharam, por unanimidade, as brutalidades constantes que foram obrigados a suportar, e esses vislumbres assustadores da realidade do mundo prisional produziram um efeito destruidor. Elizavieta Narichkin-Kiurákina, dama de honra de uma das grã-duquesas (e conhecida de Dostoiévski), dificilmente poderia ser suspeita de simpatias revolucionárias. Mas ela escreveu em suas *Memórias*: "O aparecimento de vários jovens presos políticos causou uma comoção. Eles tinham sido trazidos da Fortaleza Pedro e Paulo para o tribunal apenas como testemunhas do incidente na prisão. Seus rostos pálidos, suas vozes trêmulas de lágrimas e indignação, os detalhes de seus depoimentos — todas essas declarações me fizeram baixar os olhos de vergonha".[6] Gradóvski, a quem Dostoiévski substituíra no cargo de editor de *O Cidadão*, lembrou-se de ter sentido, à medida que se desenrolava o testemunho dessas jovens testemunhas de defesa, que não era Zassúlitch, mas ele mesmo e toda a sociedade russa que estavam sendo acusados e julgados.[7]

Dostoiévski enfurecera-se contra o açoitamento em *Recordações da casa dos mortos*, e a ordem do general Triépov talvez lhe tenha lembrado as brutalidades selvagens do sádico major Krivtsov de seus anos de prisão. Como tantos outros presentes no tribunal, não pôde reprimir a simpatia pela vingativa Zassúlitch, que durante seu depoimento dissera: "É terrível levantar a mão contra o próximo [...] mas decidi que era isso o que eu tinha de fazer". O choque entre sua consciência moral e suas convicções sociopolíticas causou uma profunda impressão em Dostoiévski, que considerou que nenhum julgamento legal formal seria a melhor solução. Se fosse considerada culpada, ela se tornaria uma mártir. Se fosse absolvida, seu ato ganharia uma sanção legal e a autoridade do Estado russo seria prejudicada.

Sua previsão de que Zassúlitch se tornaria uma heroína logo foi confirmada de forma demasiado dramática. Ao sair do tribunal, ela foi carregada nos ombros por uma multidão em festa, e esse regozijo militante levou a uma manifestação que terminou com um tiroteio e uma morte. Quando a polícia chegou para prender de novo Zassúlitch, ela desaparecera na multidão e, mais tarde, foi tirada do país às escondidas. Uma vez no exterior, continuou uma notável carreira revolucionária na Suíça, acabando por alinhar-se com Plekhánov e os mencheviques, contra Lênin e a Revolução Bolchevique.

O tiro disparado por Zassúlitch ecoou por toda a Rússia, e seu exemplo incitou outros a pegar em armas contra as autoridades tsaristas. Com efeito, nos meses seguintes ao julgamento houve uma onda de ataques terroristas realizados por seus companheiros até então pacíficos, que antes se dedicavam apenas à propaganda junto ao povo. Altos funcionários do regime foram mortos em Kíev e Odessa, e o general Miézentsev, chefe da temida polícia secreta, foi apunhalado em plena luz do dia, no centro de São Petersburgo, numa vingança pela morte de um prisioneiro populista. Seu assassino foi Stepniak-Kravtchínski, um jovem populista que lutara com os sérvios na batalha contra os turcos e que, após o assassinato, fugiu para o exterior. Tornou-se um renomado escritor cuja obra *A Rússia na clandestinidade* é ainda uma fonte indispensável para o movimento populista; enquanto esteve exilado em Londres, ajudou a célebre tradutora Constance Garnett a melhorar seu russo. Com frequência, é considerado um dos protótipos de Razumov, em *Sob os olhos do Ocidente*, de Joseph Conrad.

Dostoiévski comenta o assassinato de Miézentsev com Víktor Putsikóvitch, um velho amigo jornalista que estava recebendo cartas de advertência dos "socialistas de Odessa", que ameaçavam matá-lo caso não parasse de publicar artigos contra os niilistas (encaminhara as cartas para Miézentsev, sem receber resposta). Além de revelar a incompetência da polícia secreta, a referência a Odessa também dá ensejo a mais uma manifestação da obsessão antissemita de Dostoiévski.

> Odessa, uma cidade de *jids*, acaba sendo o centro do nosso socialismo militante. Existe o mesmo fenômeno na Europa: os *jids* são terrivelmente atuantes no socialismo, e nem vou mencionar os Lassalles e Karl Marxes. E é compreensível: os *jids* tiram todo proveito de qualquer tipo de choque ou sublevação radical no Estado, porque são eles mesmos um *status in statu*, constituem sua própria comunidade que jamais será abalada, mas só ganhará com qualquer tipo de enfraquecimento de alguma coisa que não seja os *jids*.[8]

Na verdade, pouquíssimos populistas eram de origem judaica (a juventude judaica só ergueria a bandeira radical no final do século), mas Dostoiévski preferia não acusar aqueles rapazes russos de raça pura cujo desejo de se sacrificar esperava orientar para outros canais.

Considerando-se o enorme prestígio de que gozava naquele momento, essa esperança tinha fundamento. Um comentarista do periódico *Voz*, referindo-se ao fim do *Diário*, lamentou seu desaparecimento, "particularmente em relação à nova geração", e observou que "a maioria dos jovens, com sua intuição incólume, foi capaz de decifrar sua profunda autenticidade e sinceridade e as valorizava muito".[9] A posição de oráculo que assumira fica clara numa carta que lhe foi enviada em 8 de abril de 1878 por um grupo de estudantes da Universidade de Moscou.

"Caro Fiódor Mikháilovitch", escreveram os estudantes, "há dois anos nos acostumamos a procurar em seu *Diário* a solução, ou a proposição adequada, das questões com que nos deparávamos; habituamo-nos a usar suas decisões para definir nossos próprios pontos de vista, e a respeitá-las mesmo quando não concordávamos com elas."[10] Um dos seis signatários era Pável Miliukov, mais tarde famoso historiador da cultura russa, líder do Partido Democrático Constitucional na Duma russa após 1905, e depois ministro das Relações Exteriores no governo interino, antes da tomada do poder pelos bolcheviques. A ocasião imediata para essa missiva conjunta foi uma manifestação de ira popular dirigida contra as atividades dos jovens dissidentes.

Vários estudantes de Moscou foram saudar um comboio de estudantes da Universidade de Kíev, que tinham sido presos por acusações menores e estavam sendo enviados para as províncias sob custódia da polícia. Quando caminhavam pacificamente pelas ruas, alguns açougueiros e comerciantes de um mercado se aglomeraram e, aos gritos de "Batam neles!", maltrataram gravemente alguns dos jovens. Esse ataque físico foi um dos primeiros desse tipo em grande escala, uma indicação da falta de solidariedade da população de classe baixa urbana com a agitação estudantil. A constatação disso causou uma crise de autoquestionamento nas fileiras dos estudantes. "O mais importante para nós", disseram a Dostoiévski, "é resolver a questão: em que medida nós, os estudantes, somos culpados, e que conclusões a nosso respeito devem tirar a sociedade e nós mesmos dessa ocorrência?"

À primeira parte dessa questão, Dostoiévski deu uma resposta inequívoca: "Em minha opinião, vocês não são culpados de nada. São apenas filhos dessa mesma 'sociedade' que estão agora abandonando, e que é 'uma mentira em todos os sentidos'". Ele prossegue:

> A revolta dos estudantes é legítima — embora, infelizmente, ainda apenas de uma maneira europeia (isto é, socialista). [...] Em vez de ir até o povo, para viver a vida dele, os jovens, nada sabendo a respeito dele [...] apenas desprezando seus fundamentos, por exemplo, a fé religiosa, não foram para aprender com o povo, mas [...] para instruí-lo com arrogância, com desprezo — um passatempo puramente aristocrático, de classe desocupada!

Embora lamente as agressões, essa violência era de se esperar; o povo "é rude, eles são mujiques".[11]

Dostoiévski, no entanto, se recusava a perder o ânimo, apesar dos assassinatos da primavera e do verão de 1878 que causaram pânico no país. O que ele via, ou desejava ver, para contrabalançar uma realidade ameaçadora — escreve a Leonid Grigóriev sobre "a hediondez das administrações dos distritos rurais e da moral, vastas quantidades de vodca, pauperismo incipiente e uma classe cúlaque, isto é, proletariado e burguesia europeus" — era uma nova consciência que florescera entre o povo com a Guerra Russo-Turca: "Estabeleceu-se nele [...] uma consciência política, uma compreensão precisa do significado e da missão da Rússia". Mas atribuir essa compreensão "precisa" ao povo era demais até mesmo para ele, e assim acrescenta que ela estava, pelo menos, "tornando-se constantemente precisa. [...] Em suma, [...] o início de ideias mais elevadas, [...] o resto virá. É preciso penetrar abaixo da superfície do povo para descobrir a realidade escondida". Não se deve acreditar que "os fatos hediondos" revelam a essência de seus ideais.[12] Tinha a convicção inabalável de que o retorno dos populistas aos ideais morais de um cristianismo secular era apenas o primeiro passo para a sua eventual aceitação da verdade de um Cristo sobrenatural, e que sua missão era suprir a liderança nessa direção que estava tão terrivelmente necessitada.

Durante esses mesmos meses, quando foi consultado por estudantes que, se não estavam eles mesmos rondando as ruas com revólveres, apoiavam quem estivesse, Dostoiévski também foi convidado a se encontrar com alguns jovens que poderiam muito bem tornar-se seus alvos. Em algum momento da primeira semana de fevereiro de 1878, recebeu a visita de D. S. Arséniev, o preceptor dos grão-duques Serguei e Pável, os filhos mais moços de Alexandre II. O objetivo da visita, feita em nome do próprio tsar, era convidá-lo a conhecer os pupilos de Arséniev, para que, segundo Anna, "com suas conversas, Fiódor Mikháilovitch pudesse exercer uma influência benéfica sobre os jovens grão-duques".[13]

Pode-se imaginar o que Dostoiévski deve ter sentido naquele momento. Ele — que fora condenado por um crime contra o Estado! Ele — que cumprira pena de prisão com trabalhos forçados na Sibéria e tinha usado as algemas e as vestes listradas de um condenado por quatro duros anos! Ele — que afundara nas profundezas da sociedade russa e compartilhara o destino dos criminosos mais empedernidos! Ele — agora chamado a entrar como convidado de honra nos círculos mais altos e exclusivos da corte e servir de guia e conselheiro para aqueles em cujas mãos o futuro da Rússia acabaria por ser confiado!

Sua primeira aparição na corte foi registrada no diário do grão-duque Konstantin Konstantínovitch, primo de Serguei e Pável e filho do comandante da Marinha russa.[14] "Jantei na casa de Serguei", escreveu ele. "Seus convidados eram K. N. Bestújev-Riúmin e Fiódor Mikháilovitch Dostoiévski. Eu estava muito interessado nesse último, e lera suas obras. [...] Ele fala tão bem quanto escreve."[15] A visita aos interlocutores reais foi um sucesso, e, a partir de então, passaram a chegar periodicamente convites para jantar com eles. Dostoiévski encontrava-se na posição extraordinária de ser um conselheiro estimado não só da nova geração radical, mas também dos membros mais jovens da família reinante. E, se sentisse que o destino (ou Deus) lhe confiara uma missão naquele momento crucial da história russa, sem dúvida tinha razões objetivas para crer que lhe cabia uma tarefa tão importante. Com efeito, desde o retorno da Sibéria em 1860, procurara desempenhar precisamente o papel para o qual fora escalado agora — o de árbitro e conciliador entre a intelectualidade dissidente e a sociedade russa como um todo.

De fato, Dostoiévski jamais poderia ter se sentido em melhor posição para influenciar a opinião pública. Não tinha o *Diário* fornecido amplas provas do poder de suas palavras para cativar as mentes e os corações de seus leitores? E nunca poderia ter sentido um momento mais essencial para fazer isso do que no final dos anos 1870, quando as crises anteriores da sociedade russa do século XIX diminuíram de importância diante das ameaças do presente. Uma fração dos populistas, levada ao desespero pelas perseguições implacáveis do governo e pela falta de qualquer reação à sua propaganda pacífica junto aos camponeses, iniciara uma campanha sistemática de terror contra o funcionalismo tsarista e, por fim, contra o próprio tsar. Tanto o romance que Dostoiévski estava começando quanto seu discurso sensacional na cerimônia de inauguração de um monumento a Púchkin dois anos depois marcariam suas tentativas de mediar o conflito letal que estava dilacerando a sociedade russa.

A vida do casal prosseguia na rotina cuidadosamente organizada que possibilitara ao escritor manter o cronograma rigoroso de seu *Diário* — até 30 de abril de 1878, quando seu filho de três anos, Aliócha, sofreu uma primeira convulsão epiléptica de quatro minutos. Em 16 de maio, o menino foi acometido por um longo ataque epiléptico de doze horas e quarenta minutos de duração que terminou por fulminá-lo. "Meu marido ficou aniquilado com essa morte", escreve Anna em suas *Memórias*. "Ele amava Aliócha de um modo especial, com um amor quase mórbido. [...] O que o atormentou sobremaneira foi o fato de o filho morrer de epilepsia — doença herdada dele."[16] Anna Filósofova, que correu para ver o casal ao ouvir a notícia, ficou impressionada com seu isolamento, prostração e desamparo. Chorando inconsolável, Anna lhe contou que Dostoiévski passara toda a noite anterior ajoelhado ao lado da cama de Aliócha.[17]

"Eu perdi o rumo", escreve Anna, "chorei e gritei tanto que fiquei irreconhecível." Seu marido, após o primeiro choque, "na aparência [...] estava calmo e suportou com coragem o golpe que caiu sobre nós, mas eu temia muito que esse recalque de seu profundo pesar pudesse agir fatalmente sobre sua saúde já abalada". Anna logo se recuperou de seu estado apático, reagindo às suas súplicas de "submeter-se à vontade de Deus" e "apiedar-se dele e dos filhos, a quem eu me tornara, em suas palavras, 'indiferente'".[18] Depois de recuperar alguma estabilidade, Anna julgou imperioso distrair Dostoiévski de seu luto mudo, encorajando-o a realizar um plano havia muito acalentado de visitar o famoso mosteiro de Optina Pústin. Vladímir Soloviov os visitara com frequência durante o período posterior à morte de Aliócha, e Anna persuadiu-o a convencer o marido a empreender em sua companhia a difícil jornada. Dostoiévski pretendia viajar a Moscou em meados de junho e oferecer seu novo romance a Kárkov, de *O Mensageiro Russo*, e uma viagem de lá até o mosteiro seria bastante viável.

Apesar da árdua peregrinação, "meu marido voltou de Optina Pústin aparentemente em paz e muito mais calmo", escreve Anna, "e me falou muito sobre os costumes do eremitério, onde passara dois dias. Encontrou-se com o famoso ancião [*stárietz*] padre Ambrósio três vezes [...]. Essas conversas tiveram um efeito profundo e duradouro sobre ele".[19] Dostoiévski não foi o único russo eminente que encontrou consolo na companhia de padre Ambrósio. Tolstói, que visitara Optina Pústin um ano antes na companhia de Strákhov, escrevera depois: "Este padre Ambrósio é um verdadeiro santo. Bastou falar com ele e minha alma sentiu-se aliviada de imediato. É quando se fala com homens como ele que se sente a proximidade de Deus".[20]

Padre Ambrósio, reverenciado não apenas como conselheiro espiritual, mas também como pessoa de conhecimento e erudição formidáveis, dirigia o trabalho de tradução e edição de textos dos Padres gregos que dera ao claustro de Optina a reputação de centro de ensino teológico. Era famoso por possuir o mesmo dom da adivinhação moral e psicológica que, em breve, será atribuído ao padre Zossima; e a cena de *Os irmãos Karamázov* na qual Zossima conforta a mãe camponesa que pranteia seu filho pequeno Alieksiéi emprega as mesmas palavras que o padre Ambrósio disse a Dostoiévski para que transmitisse à esposa. O ancião diz à mãe: "Não te consoles [...] e chora, mas cada vez que chorares lembra-te sempre e que teu filhinho é o único dos anjos de Deus que de lá te olha e te vê, e regozija-se com tuas lágrimas, e as mostra ao Senhor Deus. [...] mas no fim das contas [o choro] se converterá numa alegria serena, e tuas lágrimas amargas serão apenas lágrimas de suave enternecimento e da purificação do coração que redime os pecados" (v. 14, p. 46 [80]).*

Dostoiévski não deixou nenhum relato direto de seus encontros com padre Ambrósio, mas Soloviov contou que ele estava em "num estado muito excitado durante toda a visita". Houve, no entanto, outra testemunha ocular desse encontro, um amigo próximo de Strákhov. Ele escreve que Dostoiévski, em vez de "prestar atenção com obediência e humildade apropriadas aos discursos edificantes do ancião e monge, falou mais do que fez [Ambrósio], ficou excitado, levantou objeções veementes, desenvolveu e explicou o significado das palavras pronunciadas pelo ancião e, sem ter consciência disso, transformou-se de alguém desejando ouvir um discurso edificante em um professor".[21] De qualquer modo, tirou dessa visita ao mosteiro uma boa dose de inspiração para seu próximo romance, embora seja improvável, como Soloviov escreveu alguns meses depois para Konstantin Leóntiev, que Dostoiévski "foi especificamente a Optina Pústin [...] para os primeiros capítulos de seu romance".[22]

Uma vez que a amizade de Soloviov com o romancista voltara à intimidade de antes, era de se esperar que o casal comparecesse fielmente à famosa série de palestras sobre a Humanidade Divina que ele deu em São Petersburgo durante todo o inverno e início da primavera de 1878. Essas conferências constituíram um grande evento público, bem como cultural, e o salão estava cheio não só de estu-

---

* A tradução de todas as citações de *Os irmãos Karamázov* é de Paulo Bezerra. São Paulo: Editora 34, 2012. 3. ed. O número da página entre colchetes é o da edição brasileira, logo após a referência à edição russa. (N. T.)

dantes, normalmente avessos a qualquer coisa que recendesse a religião ou teologia, mas também com a nata da sociedade culta de Petersburgo. Strákhov estava lá, e em uma ocasião, em vez da habitual troca de gracejos, Dostoiévski notou certo jeito esquivo em seu comportamento. Strákhov explicou mais tarde que "o conde Liev Tolstói veio à palestra comigo. Ele me pediu que não o apresentasse a ninguém e por isso permaneci longe de todos vocês". Dostoiévski ficou desapontado por não lhe ter sido dada a oportunidade de examinar Tolstói em carne e osso: "Mas por que você não me sussurrou quem estava com você?", perguntou em tom de censura a Strákhov. "Eu teria pelo menos dado uma boa olhada nele!"[23] Os dois gigantes da literatura russa, que estiveram essa única vez de suas vidas no mesmo local, foram, assim, mantidos cuidadosamente separados.

O comparecimento de Dostoiévski às conferências de Soloviov estava intimamente ligado às ideias que ruminava para seu romance. Ninguém que leia as *Conferências sobre a humanidade divina* pode deixar de ficar impressionado com os repetidos ecos de temas e preocupações dostoievskianas no texto de Soloviov, mas se o filósofo exerceu alguma influência sobre ele é uma pergunta mais difícil de responder. É provável, no entanto, que a mente filosoficamente treinada do jovem tenha estimulado e aguçado a consciência de Dostoiévski de algumas das implicações de suas próprias convicções (Strákhov havia desempenhado a mesma função na década de 1860). Um tema desafiador que preocupava os dois era o estabelecimento do Reino de Deus na Terra. Para Dostoiévski, essa noção continuava presumivelmente a ser especulativa e transcendente; apenas numa roupagem nova e transfigurada é que se poderia imaginar uma culminação tão gloriosa. Soloviov, no entanto, acreditava na possibilidade de uma livre teocracia cristã, em que a lei cristã do amor penetraria e espiritualizaria inteiramente as atividades da vida terrena. Suas *Conferências* esboçam a visão fascinante de uma humanidade que se aproxima aos poucos de um estado abençoado de Humanidade Divina — uma sociedade em que, sob a liderança do Cristo ortodoxo e sua Igreja, o divino e o humano se fundiriam e seguiriam o exemplo de Cristo, o próprio Deus-homem, na medida em que isso fosse possível. Soloviov escreveu mais tarde que, durante a viagem a Optina Pústin, Dostoiévski lhe dissera que "a Igreja como um ideal social positivo deve aparecer como a ideia central de [seu] novo romance ou de uma nova série de romances, dos quais apenas o primeiro foi escrito — *Os irmãos Karamázov*".[24]

Há uma semelhança indubitável entre a utopia de Soloviov e as esperanças de Dostoiévski, mas a noção de uma livre teocracia cristã do amor, sob a hegemonia exclusiva da Igreja ortodoxa como uma instituição tanto religiosa como social, não é tomada com a mesma literalidade em ambos os casos. É Ivan Karamázov quem expressa precisamente essa ideia e defende a concepção de que "a própria Igreja [...] deve abarcar todo o Estado e não ocupar nele apenas um canto qualquer e que, se por algum motivo isso é impossível neste momento, na essência das coisas deve, sem dúvida, ser colocado como o objetivo direto e fundamental de todo o posterior desenvolvimento da sociedade cristã" (v. 14, pp. 56-7 [96]). Ivan é acusado pelo liberal ocidental Miússov de defender o ultramontanismo, ou seja, a doutrina católica romana da subordinação política do Estado à Igreja, o que não é a mesma coisa que a transformação moral e espiritual do Estado numa Igreja.

Padre Zossima, embora concorde que o objetivo da sociedade humana deveria ser essa transformação, tira esse objetivo da história e o coloca numa perspectiva escatológica. A sociedade cristã, diz ele, embora não esteja preparada, "permanece inabalável apesar de tudo, à espera de sua completa transformação, de sociedade como união ainda quase pagã, numa Igreja universal única e dominante. Assim seja, assim seja, mesmo que a ocorrer na consumação dos séculos, pois só isso está destinado a acontecer!" (v. 14, p. 61 [104]). Dostoiévski usa essa discussão sobre o Estado e a Igreja para revelar a divisão interna de Ivan entre a razão e a sensibilidade moral; mas os contemporâneos a associaram imediatamente a Soloviov.

Outro ponto de contato entre as filosofias dos dois homens pode ser visto na análise das três tentações de Cristo, que aparece tanto nas *Conferências sobre a humanidade divina* quanto, um ano depois, na Lenda do Grande Inquisidor. Para Soloviov, no entanto, a submissão de Cristo a essas tentações faz parte do processo cosmogônico gradual através do qual Deus se atualiza dentro dos limites do tempo e da vida terrena e afirma sua disposição de aceitar as limitações humanas de seus poderes divinos. Não há nenhum indício do intenso páthos de liberdade expresso no tratamento dado por Dostoiévski a esse mesmo grande tema, em nada semelhante à sublimidade de sua ênfase na rejeição das tentações de Cristo, a fim de salvaguardar a liberdade da consciência humana e preservar a humanidade da escravidão às forças externas e materiais.

Não sabemos até que ponto a forma final da Lenda pode ter surgido dos colóquios íntimos entre o romancista e o filósofo; não devemos esquecer os muitos prenúncios da Lenda já publicados no *Diário*. Não obstante, há uma passagem em Soloviov que é diretamente relevante. Ele escreve:

> Há muitos anos, em Paris, ouvi um jesuíta francês fazer o seguinte raciocínio: "É claro que, neste momento, ninguém pode acreditar na maior parte do dogma cristão, por exemplo, a divindade de Cristo. Mas o senhor concordará que a sociedade civilizada não pode existir sem uma autoridade forte e uma hierarquia firmemente organizada; só a Igreja católica tem essa autoridade e essa hierarquia; portanto, todo homem esclarecido que valoriza o interesse da humanidade deve estar ao lado da Igreja católica, ou seja, deve ser católico".[25]

Esse trecho não teria sido nenhuma novidade para Dostoiévski — que havia muito tempo acreditava no catolicismo romano e sobre o qual já muito escrevera —, mas o fato de ter encontrado, naquele exato momento, uma afirmação tão franca de ateísmo vinda de tal fonte pode muito bem tê-lo ajudado a definir a forma final da Lenda. Dostoiévski começava a fazer anotações para os primeiros capítulos de *Os irmãos Karamázov* durante os mesmos meses em que Vladímir Soloviov dava suas conferências.

As anotações para *Os irmãos Karamázov* que sobreviveram se assemelham às que o romancista costumava fazer numa fase relativamente tardia da composição de suas obras. Como sabemos, os componentes essenciais — inclusive a trama e a técnica narrativa — do que se tornou *Os irmãos Karamázov* existiam havia muito tempo em seus cadernos de notas ou em obras anteriores. Assim, é muito possível que tenha se baseado nesse material, sem sentir necessidade de um começo totalmente novo.

As obras literárias que tanto fascinavam Dostoiévski também foram revisitadas. Suas anotações documentam a forte influência de Friedrich Schiller sobre a concepção de *Os irmãos Karamázov*. Sabemos que Schiller causara uma forte impressão em Dostoiévski na infância e juventude, e o dramaturgo, poeta e ensaísta filosófico alemão tivera igual importância na Rússia para toda a geração de Dostoiévski. Em 1861, ele escreveu que "Schiller [...] não era apenas um grande escritor universal, mas, acima de tudo, era o nosso poeta nacional" (v. 19, p. 17). Quinze anos mais tarde, repete que Schiller "penetrou na alma russa, deixou uma impressão nela e quase marcou uma época na história de nosso desenvolvimento" (v. 23, p. 31). Essa convicção ajuda a explicar por que diz que a influência de Schiller "penetrou" nas almas de todos os personagens principais de *Os irmãos Karamázov*. Dmítri, Ivan e até mesmo o velho lascivo Fiódor Pávlovitch são todos capazes de citar Schiller de cor. Aliócha se refere indiretamente à teoria da arte de Schiller, e alguns versos do alemão são inseridos no discurso do advogado de defesa Fietiúkovitch. Uma atmosfera schilleriana envolve *Os irmãos Karamázov* da primeira à última página e contribui bastante para a intensificação de sua característica poética.

Essa ambiência schilleriana é indicada nas anotações apenas por uma frase lacônica: "Karl Moor, Franz Moor, Regierender Graf von Moor" (v. 15, p. 209). Essas palavras ligam o romance à primeira peça de impacto de Schiller, *Os bandoleiros*, cuja importância para o romance de Dostoiévski é ressaltada por um gracejo zombeteiro do velho Karamázov. "Este é meu filho", diz ele de Ivan, "carne de minha carne, minha muito amada carne! Ele é o meu respeitabilíssimo, por assim dizer, Karl Moor, mas este outro filho aqui que acabou de entrar, Dmítri Fiódorovitch, contra o qual busco aqui sua justiça [de Zossima], é o irrespeitabilíssimo Franz Moor — ambos de *Os bandoleiros* de Schiller, e eu, neste caso, eu mesmo sou o *Regierender Graf* von Moor. Julgue e me proteja!" (v. 14, p. 66 [112]).

As distorções irônicas contidas nessa fala ilustram a maneira pela qual Dostoiévski joga com suas próprias variações sobre temas schillerianos. Ninguém poderia ser menos parecido com o compassivo, pusilânime e injuriado conde Von Moor do que o cínico, dominador e ganancioso Fiódor Pávlovitch, mas eles estão estruturalmente relacionados como pais envolvidos em disputas com seus filhos. Karl Moor se revolta contra a ordem tanto legal quanto moral, porque acredita (falsamente) que seu pai lhe negou amor e perdão; e embora se assemelhe a Ivan tematicamente devido à revolta contra o universo de Deus em nome de uma humanidade sofredora, seu temperamento impetuoso e explosivo o aproxima muito mais de Dmítri como tipo de personagem. O frio e intelectual Ivan, incapaz de amar a humanidade, exceto em abstrato e à distância, é semelhante a Franz Moor, o vilão maquiavélico de Schiller, cujo racionalismo faz com que duvide de Deus e da imortalidade e ordene o inclemente assassinato do pai.

Os bandoleiros não só retrata a tragédia de uma família dividida pela rivalidade mortal entre pai e filhos, bem como entre os próprios filhos (Karl e Franz Moor desejam ambos Amália, assim como Dmítri e Ivan são rivais pelo amor de Katierina Ivánovna), como também apresenta o tema do parricídio em termos ainda mais escabrosos. Para Schiller, assim como para Dostoiévski, a sacralidade dos laços familiares e do sentimento familiar é o reflexo temporal da ordem moral eterna do universo. Ela define a relação de Deus com sua criação, e uma vez que a negação da primeira acarreta a destruição da segunda, é o ateu e blasfemador Franz Moor que verte desprezo sobre a crença de que os laços familiares criam obrigações mútuas de amor. "Eu já ouvi tanto falatório sobre um chamado amor baseado em laços de sangue que é o suficiente para fazer a cabeça girar. [...] Mas ainda mais — ele é seu pai! Ele lhe deu vida, você é a carne dele, o sangue dele — assim, para você, ele deve ser santo!"[26]

O racionalismo de Franz, como o de Ivan, dissolve esses laços e obrigações primordiais do amor familiar em palavras que são repetidas na cena do julgamento: "Preciso perguntar-lhes: por que ele me criou? Certamente não por amor a mim, que primeiro tinha de tornar-me um eu?".[27] O restante dessa fala e outra posterior semelhante são transpostos pelo advogado de defesa Fietiúkovitch para o argumento de que "um pai como o velho falecido Karamázov não pode e nem é digno de ser chamado de pai. O amor a um pai que não se justificou como pai é um absurdo, é algo intolerável". Um pai indigno impele seu filho a fazer as perguntas: "Por acaso ele me amava quando ele me gerou? [...] por acaso ele me gerou por mim mesmo? não conhecia nem a mim [...] no momento de paixão, talvez acalorado pelo vinho" (v. 15, p. 171 [956, 959]).

A peça *Os bandoleiros* mostra os efeitos de desintegração moral desse racionalismo sobre as raízes morais instintivas da vida humana, mas também revela, como *Os irmãos Karamázov*, a força dessas raízes no espírito humano e a inevitabilidade de seu triunfo ou vingança. No final, o cinismo de Franz Moor dá lugar a um medo frenético da condenação eterna por seus múltiplos crimes e ele morre num ataque de pavor, implorando por uma oração ao seu velho servo. Karl Moor, chocado com as consequências desastrosas e desumanas de sua revolta contra as iniquidades sociais de seu tempo — uma revolta que apenas desencadeia as piores paixões dentro de seu bando de assaltantes, inclusive o assassinato de uma criança —, rende-se por fim, voluntariamente, como sacrifício à eterna ordem moral cujo instrumento de vingança desejara tornar-se. Ivan também está chocado com as consequências de sua própria revolta intelectual quando vê suas ideias postas em prática por Smierdiakov, e, como Franz Moor, é atormentado pela impossibilidade de resolver o conflito interior entre o seu racionalismo cético e a fé religiosa que fundamenta a ordem moral. Dmítri, como Karl Moor, é conduzido por meio do sofrimento a um sentimento de piedade e compaixão pelos outros e à aceitação da injustiça técnica de sua condenação como um sacrifício pela tentação de parricídio que de bom grado abrigara em seu peito.

Muitas referências à poesia de Schiller também estão espalhadas por todo o romance *Os irmãos Karamázov* e foram usadas para aprofundar seu alcance temático. Uma dimensão cósmica e histórico-filosófica é dada ao conflito interior de Dmítri entre o ideal da Madona e o de Sodoma por fragmentos de "O festival eleusino" e do famoso "À alegria", de Schiller. De forma menos flagrante, a rebelião de Ivan também se move dentro da órbita da lírica schilleriana. Quando ele devolve o "bilhete de entrada" para a promessa de uma harmonia eterna final do mundo de Deus, porque o preço a ser pago por ele é alto demais em sofrimento humano, Ivan repete o gesto e utiliza os mesmos termos do protagonista do poema de Schiller "Resignação":

> *Empfange meinen Vollmachtsbrief zum Glücke!*
> *Ich bring' ihm unerbrochen dir zurucke;*
> *Ich weiss nichts von Glückseligkeit.*[28]

São ainda mais importantes os dois versos de "Saudade", que, figurando no início da sua Lenda do Grande Inquisidor, condensam um aspecto importante do tema religioso. A versão russa, do poeta V. A. Jukóvski, é uma tradução livre de Schiller que se ajusta mais ao contexto de Dostoiévski que o original. O sentido literal da versão para o russo é

> *Acredita no que o coração te diz,*
> *O céu não faz promessas.*

As anotações de Dostoiévski contêm vestígios de suas leituras, e duas outras obras foram plausivelmente ligadas a *Os irmãos Karamázov*. Ambas são de George Sand, uma escritora que Dostoiévski adorara na juventude e recordara recentemente no *Diário de um Escritor*. As pesquisas de V. L. Komárovitch mostraram semelhanças convincentes entre o romance de George Sand *Mauprat* (1837) e a trama de *Os irmãos Karamázov*. Os dois romances contêm uma cena crucial na qual uma jovem está prestes a ser forçada a sacrificar sua honra, mas no último momento seu suposto violador desiste de suas intenções malévolas, e isso leva a um envolvimento emocional entre eles no futuro. Em ambos os romances, o jovem é acusado falsamente de um assassinato e é julgado e condenado com base no que parecem ser provas circunstanciais indiscutíveis. A heroína de Sand, Edmée, tal como Katierina Ivánovna, muda seu testemunho — mas para isentar de culpa, em vez de condenar. A surpreendente introdução de uma carta escrita pelo acusado para a heroína, que prefigura o crime, também desempenha um papel importante na condenação. Uma comparação de trechos paralelos das cenas de julgamento deixa claro que alguns dos elementos da trama de *Mauprat* imprimiram marcas indeléveis na memória de Dostoiévski.[29]

Outra obra de George Sand, seu romance religioso-filosófico sem precedentes *Spiridion* (1839), prenuncia *Os irmãos Karamázov* num nível temático mais profundo. *Spiridion* se passa inteiramente num mosteiro e consiste, em grande parte, em conversas entre um monge moribundo, Aléxis — herdeiro de uma tradição religiosa semi-herética que lhe foi transmitida por seu falecido mentor Spiridion —, e um jovem noviço chamado Angel. Aliócha Karamázov também sempre é chamado de "anjo", e sua relação de adoração com o padre Zossima é semelhante à do jovem discípulo de Sand com *seu* santo mestre, também encarado com grande suspeição por monges de uma linha mais ortodoxa. Tal como Zossima, Aléxis está à beira da morte e transmite suas últimas palavras a Angel, a quem chama de "filho da minha inteligência", exatamente como Zossima confidencia a história de sua vida e seus ensinamentos a Aliócha, que considera a reencarnação de seu irmão Márkel. Ao que tudo indica, Dostoiévski alimentara por muito tempo o projeto de escrever uma obra passada num mosteiro, e é bem possível que *Spiridion*, que lera quando de sua publicação, tenha estimulado essa intenção logo no início de sua carreira literária.[30]

No clímax do romance, o mosteiro é invadido pelos exércitos da Revolução Francesa. Aléxis é condenado à morte, mas perdoa os soldados furiosos em suas últimas palavras, porque os vê agir "em nome do *sans-culotte* Jesus", em nome de quem "eles estão profanando o santuário da Igreja". Portanto, Jesus era para ele uma figura revolucionária, um *sans-culotte*, cujos ideais de liberdade, igualdade e fraternidade estavam sendo cumpridos na prática, embora de forma totalmente inconsciente, pelos soldados saqueadores.[31] Aqui temos o Cristo socialista utópico do início da maturidade de Dostoiévski — o Cristo semissecularizado a cujos ideais sociais nunca renunciara, mas cujos objetivos, especialmente na Rússia, havia muito deixara de acreditar que poderiam ser alcançados através da violência revolucionária.

Ao abrir o túmulo de Spiridion após a morte de Aléxis, Angel encontra enterrado com ele o Evangelho de São João (o predileto do próprio Dostoiévski, do qual tirou a epígrafe de *Os irmãos Karamázov*), a *Introdução ao Evangelho Eterno*, de Jean de Parme (livro escrito por um discípulo de Joaquim de Fiore, denunciado como herege e queimado em 1260), e o comentário do próprio Spiridion sobre esse último texto. Ele o interpretara como uma profecia que previa a chegada do reinado do Espírito Santo — o reinado dos princípios representados pelos soldados franceses, que estavam assim cumprindo a vontade de Deus. Seu guia espiritual transmite essa doutrina para Angel, que a levará para o mundo, assim como padre Zossima transmite os *seus* ensinamentos a Aliócha. Os dois mentores nutrem a esperança igualmente messiânica (embora, para Zossima, no final dos tempos!) de uma transformação total da vida terrena em um reino de felicidade cristã.

Além dessas semelhanças, é impossível ler *Spiridion* sem se surpreender com a concordância entre algumas declarações de Aléxis e as convicções mais acalentadas de Dostoiévski. Na década de 1870, nenhum tema lhe era mais importante que o da primeira tentação de Cristo, a transformação de pedras em pão. Ceder a essa tentação só poderia resultar na renúncia pela humanidade à sua liberdade de consciência; e Sand expressara o mesmo pensamento quarenta anos antes. "Essa tarefa gigantesca da Revolução Francesa não foi, não poderia ser", declara Aléxis, "apenas uma questão de pão e moradia para os pobres; era algo muito mais elevado. [...] Tinha de, ele ainda deve [...] realizar plenamente a tarefa de dar liberdade de consciência a toda a raça humana. Essa alma que me atormenta, esta sede de infinito que me devora, elas serão satisfeitas e apaziguadas, porque o corpo está a salvo da privação?"[32]

Também não havia nada mais importante para Dostoiévski do que enfatizar a importância suprema para a vida humana da perspectiva da eternidade e combater o confinamento ateísta da existência aos limites da vida na Terra. Aqui também encontramos Aléxis expressando com eloquência o mesmo anseio, a mesma necessidade humana inata de transcender as fronteiras terrestres. "E [...] quando todos os deveres dos homens entre si forem estabelecidos através de um sistema de interesse mútuo, isso será suficiente para a felicidade humana? [...] Por mais pacífica e agradável que se suponha que será a vida na Terra, isso será suficiente para os desejos da humanidade e será o mundo enorme o suficiente para abranger o pensamento humano?" Aléxis também revela um dos princípios morais mais sublimes de Zossima: a responsabilidade universal de cada um por todos.[33] Podemos entender muito bem por que Dostoiévski não hesitou em esticar a verdade histórica e literal quando, no obituário que escreveu da romancista no *Diário*, disse que George Sand era "um dos confessores mais perfeitos de Cristo".

Ao retornar a Petersburgo, em 3 de outubro, o casal mudou-se para um novo apartamento, por razões pungentes que Anna explica: "Não conseguimos continuar a viver naquele apartamento, cheio de lembranças de nosso filho morto". Anna fala também da tristeza que continuava a pairar sobre a vida deles em virtude da morte de Aliócha. "Por mais que meu marido e eu nos esforçássemos para nos submeter à vontade de Deus e não lamentar, não conseguíamos esquecer nosso querido Aliócha. Todo aquele outono e o inverno seguinte foram obscurecidos por lembranças devastadoras. Nossa perda fez com que meu marido (que sempre fora apaixonadamente apegado aos filhos) os amasse com mais intensidade e temesse por eles ainda mais."[34] Durante todo esse tempo Dostoiévski estava trabalhando em *Os irmãos Karamázov*, e os próprios problemas levantados pelos discursos apaixonados de Ivan — o sofrimento imerecido de criancinhas e a dificuldade de conciliar-se com a vontade de Deus por causa de seus tormentos — se encontram no centro de sua vida e de seus sentimentos.

No início de novembro de 1878, com os dois primeiros livros de *Os irmãos Karamázov* concluídos, ele viajou a Moscou a fim de tomar providências financeiras para a publicação. Procurou Liubímov, que era agora coeditor de *O Mensageiro Russo* e seria responsável pela publicação do romance. Katkov adoecera e não podia receber Dostoiévski, que se sentiu obrigado a assegurar a Anna, que poderia suspeitar de uma desculpa, que "é claro que ele não está dando desculpas. Ele está realmente doente". Ele próprio estava sofrendo de constipação e declara que "tudo está péssimo". "Estou terrivelmente sozinho aqui", reclama, "insuportavelmente sozinho."[35]

As visitas a seus parentes proporcionaram os únicos momentos alegres em seu catálogo interminável de desgostos, mesmo que a conversa com eles tenha girado em torno da morte de Aliócha. Seu humor tampouco melhorou com visitas aos advogados que discutiam os detalhes do interminável processo relativo ao

espólio de Kumánina. O portador de Katkov por fim foi ao hotel com o adiantamento de Dostoiévski e ele pôde deixar Moscou dois dias depois, após resolver
outros assuntos. A tensão dessa viagem provavelmente prejudicou sua saúde. No
final do mês, visitou seu médico, o dr. Von Bretsall, que o aconselhou a não sair de
casa por muitos dias.

53. O grande debate

O primeiro fascículo de *Os irmãos Karamázov* foi publicado em 1º de fevereiro de 1879. Alguns dias depois, o governador-geral de Khárkov — primo do anarquista revolucionário Piotr Kropótkin — foi morto e, em março, houve um atentado malogrado contra a vida do novo chefe da polícia secreta, o sucessor do general Miézentsev, quando dirigia sua caleça no centro de Petersburgo. Em abril, um revolucionário agindo por conta própria, mas com o conhecimento da organização populista Terra e Liberdade, tentou assassinar o tsar quando ele fazia seu passeio matinal nos jardins do Palácio de Inverno. O perpetrador, Aleksandr Soloviov, errou o alvo e foi enforcado em praça pública em maio. Foi nesse clima de crime e caos que o romance de Dostoiévski foi escrito e lido. Foi também nesse clima que ele e Turguêniev apareceram juntos em leituras e banquetes beneficentes para representar os dois extremos do grande debate que estava ocorrendo nas mentes e nos corações de todos os russos instruídos — o debate entre um tsarismo despótico, não disposto a ceder um milímetro de sua autoridade, e o anseio por uma Constituição liberal, de estilo ocidental, que permitisse uma maior participação do público nos assuntos do governo.

A intensidade com que Dostoiévski estava trabalhando nessa época pode ser atestada pelo envio dos capítulos 6-11 de *Os irmãos Karamázov* em 31 de janeiro, antes mesmo da publicação do primeiro fascículo. As provas dos dois primeiros capítulos tinham acabado de chegar, e ele pediu a ajuda de Elena Chtakenchneider para a revisão. Ela devolveu as provas juntamente com um pedido de devolução do exemplar de *L'Assomoir*, de Zola, que emprestara a Dostoiévski. Ele queria evidentemente manter-se atualizado, e *Os irmãos Karamázov* contém referências irônicas ao fisiologista e psicólogo Claude Bernard, a principal fonte das teorias de Zola sobre hereditariedade e meio ambiente. A proeminência literária dada por Zola às teorias deterministas de Bernard sobre o caráter humano conferia ao romance francês uma relevância ideológica, além de literária. Dostoiévski estava escrevendo seu próprio romance de família, no qual fazia a defesa da liberdade da personalidade humana, numa competição direta com a série determinista dos Rougon-Macquart, de Zola.

Mais ou menos por essa época, uma jovem chamada E. P. Letkova-Sultánova (uma *kursistka* dos cursos superiores para mulheres) escreveu em seu diário sobre um encontro com Dostoiévski em uma das famosas sextas-feiras do poeta Iákov Polónski. Ao entrar na sala, ela viu todos os presentes, senhores dignos e senhoras vestidas com elegância, agrupados em torno de uma das três janelas e de ouvidos atentos a uma pessoa que falava. De repente, reconheceu a voz de Dostoiévski e vislumbrou o interlocutor, que nunca tinha visto antes. Sua primeira impressão não correspondeu em nada à imagem altiva que formara em sua mente; era enrugado, um tanto baixo e alguém que parecia *vinováti*, isto é, alguém que se sentia culpado por alguma coisa. A janela diante da qual ele estava dava para a praça Semiónovski, e ele mantinha os outros convidados fascinados enquanto revivia o passado. Polónski o levara até a janela e perguntara se reconhecia o que via. "Sim!… Sim!… Realmente!… Como não reconhecer", ele respondera.[1]

As palavras de Dostoiévski saíram numa torrente de frases espasmódicas. Ele evocou a frieza da manhã e o horror que tomou conta dele e dos outros membros do círculo de Petrachévski ao ouvirem a sentença de morte ser pronunciada. "Não era possível que eu, em meio a todos os milhares de pessoas vivas — em cinco ou seis minutos já não existisse mais!" O surgimento de um sacerdote segurando uma cruz os convenceu de que a morte era inevitável. "Eles não podiam brincar com a cruz!… Não podiam encenar aquela tragicomédia!" Dostoiévski lembrou que uma sensação de fraqueza e torpor o dominou: "Tudo parecia insignificante em comparação com aquele último minuto terrível de transição para algum lugar, [...] para o desconhecido, para a escuridão"; e essa fraqueza não terminou mesmo depois que ele soube que suas vidas tinham sido poupadas. Polónski aproximou-se dele para quebrar a tensão em tom reconfortador: "Bem, tudo isso é passado e acabado", convidando-o a tomar chá com os anfitriões. "Será mesmo que acabou?", sussurrou Dostoiévski.[2] O impacto indelével desse confronto com a morte exercera um efeito decisivo sobre o resto de seus dias.

Letkova ficou profundamente comovida com as palavras de Dostoiévski, proferidas em rajadas ofegantes, e descreve-o, depois que terminou de falar, de pé, "como uma figura de cera: descorado e pálido, olhos encovados, lábios exangues, sorrindo, mas com uma aparência de sofrimento".[3] Até aquele momento, sua opinião sobre Dostoiévski tinha sido tudo, menos favorável, e ela conta as discussões acaloradas em seu grupo de estudantes causadas por cada número do *Diário*. Todos concordavam que seu antissemitismo era intolerável e tampouco podiam endossar o chauvinismo belicista de seus artigos sobre a Guerra Russo-Turca, cujo sacrifício de vidas humanas parecia agora tão vão e inútil. Letkova e seus colegas tinham detestado unanimemente *Os demônios* e se sentiam a anos-luz das tendências e ideias políticas de Dostoiévski.

No entanto, tudo isso foi esquecido depois do que acabara de ouvir. E agora o que surgia diante de sua mente era "todo o seu caminho de sacrifício: a tortura da expectativa de morte, sua substituição pela *kátorga*, a 'casa dos mortos', com todos os seus horrores: e tudo isso fora suportado por esse homem franzino, que de repente me pareceu maior do que todos que o rodeavam". Todo o resto caiu no esquecimento diante dessa visão, e "um sentimento de felicidade inacreditável, uma felicidade que só se pode sentir quando se é jovem, arrebatou-me. E eu queria cair de joelhos e curvar-me aos seus sofrimentos".[4]

Todos haviam lido *Recordações da casa dos mortos*, e a emoção que ela experimentou foi amplamente partilhada por todos aqueles que, em um evento público ou outro, o haviam escutado ler. Desse modo, sua reação ajuda a explicar algumas das reações surpreendentes provocadas pela presença de Dostoiévski no palco perante uma grande plateia — um público que, em sua maioria e num momento mais sério, poderia muito bem ser contrário a suas ideias políticas. Se fosse verdade, como afirmava incansavelmente, que os camponeses russos veneravam sobremaneira o sofrimento dos seus santos cristãos que haviam suportado o martírio em virtude da fé, então um pouco dessa veneração parecia ter sido transferido —

pela nova geração que voltara a aceitar o valor do sofrimento e da abnegação — para o próprio Dostoiévski.

Um convite do grão-duque Serguei para jantar em 5 de março, enviado por intermédio de Arséniev, preveniu-o de que o grão-duque lera com atenção *Recordações da casa dos mortos*, *Crime e castigo* e a primeira parte de *Os irmãos Karamázov*. Por isso, estava ainda mais ansioso para tirar proveito da conversa de Dostoiévski, da qual conservava "uma agradável lembrança". À mesa estavam também Pobedonóstsev e o grão-duque Konstantin Konstantínovitch, que comentou sobre a noite em seu diário: "Fiódor Mikháilovitch me agrada muitíssimo, não só por seus escritos, mas também a sua própria figura". Dias depois, tornou a anotar em seu diário: "Adquiri *O idiota*, de Dostoiévski. A leitura de suas obras é suficiente para pararmos de pensar em nós mesmos".[5]

Ainda que tenha sido convidado a jantar com os membros mais jovens da família real com o propósito de abrir-lhes a mente e apurar suas sensibilidades, as anomalias da sociedade imperial russa eram tamanhas que Dostoiévski, por ser ex-presidiário, ainda estava sob vigilância da polícia secreta. Para acabar com essa situação exasperadora, ele decidiu usar a influência considerável com que agora podia contar. Em 10 de março, recebeu uma carta do general de divisão A. A. Kiriéiev, um ajudante de ordens do grão-duque Konstantin Nikoláievitch, irmão do tsar, obviamente em resposta aos esforços para pôr alguns personagens importantes a par de sua situação. Kiriéiev informava Dostoiévski que seria necessário que ele próprio fizesse um requerimento às autoridades competentes. O documento, escrito no mesmo dia, descreve os fatos da restauração de seus direitos civis. Dostoiévski conclui: "Em centenas de páginas falei [...] das minhas convicções políticas e religiosas. Espero que essas convicções sejam tais que não possam dar motivo para suspeitar de minha moralidade política".[6] Assim, seu nome foi finalmente riscado da lista dos que eram vigiados de perto pela Terceira Seção.

As obrigações sociais continuaram a acumular-se. Em 8 de março, recebeu a visita de Anna Filósofova, sempre às voltas com iniciativas de caridade e que estava organizando uma leitura para o Fundo Literário. Turguêniev, que acabara de retornar à Rússia, já havia aceitado um convite no dia anterior e ela agora solicitava a participação de Dostoiévski. A volta de Turguêniev à Rússia equivalia a uma reabilitação de sua reputação entre os radicais que o haviam impiedosamente repudiado após *Pais e filhos*. Seu romance seguinte, *Fumaça*, despertara ainda mais hostilidade entre todos os setores do público leitor devido às falas de um personagem que negava causticamente que a Rússia contribuíra com alguma coisa de valor para a cultura mundial, com exceção do samovar. *Solo virgem*, sua obra mais recente, apresentava uma visão não antipática, mas desiludida da "ida até o povo" do movimento populista, e foi considerada em geral um fracasso. Uns poucos paladinos surgiram em defesa desses últimos romances, e o exílio que Turguêniev se impusera fora, em parte, um meio de escapar das hostilidades implacáveis da vida literária russa. Essa ausência da Rússia também prejudicara sua reputação. Até mesmo Anna Filósofova, sem dúvida mais simpática ao seu liberalismo reformista que ao tsarismo intransigente de Dostoiévski, comentou: "Eu o respeito menos que Dostoiévski. Fiódor Mikháilovitch carrega em sua pele os vestígios de todas as misérias da Rússia, sofreu por elas e foi torturado por todas as suas convicções, enquanto Ivan Serguéievitch se assustou e fugiu, e por toda a sua vida nos criticou recuado de uma bela distância".[7]

Na primavera de 1879, porém, a situação sociopolítica da Rússia se tornara intoleravelmente tortuosa devido aos constantes assassinatos. Em consequência, o retorno do liberal europeizado Turguêniev, que levou a banquetes e celebrações públicas em sua homenagem, assumiu um significado especial. As festividades de que participava se tornaram símbolos do anseio — que não podia ser expresso abertamente — por algumas concessões do governo despótico e de uma mão de ferro para a juventude radical cada vez mais desesperada. Ánnenkov, o alter ego de Turguêniev, comentando o entusiasmo despertado por sua presença na Rússia, escreveu em abril que

> vinha ocorrendo uma reabilitação completa dos representantes da década de 1840, um reconhecimento público de seus serviços, e eles estavam recebendo uma profunda veneração tipicamente russa, sem distinção de classes, que chegava a curvar-se até o solo, a ponto de prostrar-se. Pode ser que as façanhas de Nietcháiev, Tkatchov e *tutti quanti* tenham empurrado a sociedade para o lado do antigo desenvolvimento, que começava sob a bandeira da arte, da filosofia e da moral; porém por mais que isso possa acontecer — o momento presente na Rússia talvez seja o mais importante de todos que ela viveu nos últimos 25 anos.[8]

O que Anna Filósofova nos conta sobre a recepção de Turguêniev pelo público nessa leitura confirma em grande medida as palavras de Ánnenkov. "O salão estava quase transbordando. De repente Turguêniev apareceu. [...] [Todos se levantaram como se fossem uma só pessoa e curvaram-se ao rei da mente [esclarecida]. Lembrou-me o episódio de Victor Hugo quando voltou do exílio e Paris inteira saiu às ruas para saudá-lo."[9] Outros escritores participaram, mas todos os olhos estavam cravados em Turguêniev e Dostoiévski. A presença dos dois lado a lado no palco unia os polos opostos da cultura russa. Como disse o escritor B. M. Markiévitch: "O que há em comum, eu me perguntei [...] entre um 'ocidentalista incurável', para usar as palavras com que o próprio Turguêniev se define, e aquele eterno buscador da *genuína* verdade russa — cujo nome é Dostoiévski?".[10] Ambos competiam, nessas ocasiões teoricamente apolíticas, pelas mentes e os corações do público do qual dependeria o futuro; e todos sentiam, como Ánnenkov, que o país enfrentava sua maior crise sociopolítica desde a Guerra da Crimeia.

Turguêniev fez sua leitura no início da função e escolheu o conto "O oficial de justiça", de seu clássico *Memórias de um caçador*. Dostoiévski sempre preferia ler na segunda metade e, então, apresentou o inédito "Confissão de um coração apaixonado", que provocou uma reação sensacional. Como escreveu Anna Filósofova: "Ele leu a parte em que Katierina Ivánovna leva o dinheiro para Mítia Karamázov, uma besta que quer mostrar sua superioridade a ela e desonrá-la por causa de seu orgulho. Mas, então, o selvagem se acalmou e o ser humano triunfou. [...] Meu Deus! Como o meu coração batia [...] é possível transmitir a impressão deixada pela leitura de Fiódor Mikháilovitch? Todos soluçavam, todos transbordavam numa espécie de êxtase moral". E continua: "Para mim, naquela noite, Turguêniev de certa forma desapareceu, e eu quase não o ouvi".[11]

Presente também na plateia estava Varvara Timoféieva, assistente e confidente de Dostoiévski na época em que editava *O Cidadão*. Não o encontrara desde então e, ao ouvir sua voz de novo, voltaram-lhe as lembranças do passado. Para ela "era algo como a revelação de nosso destino. [...] Foi a dissecação anatômica do nosso cadáver doente e gangrenado — uma dissecação dos abscessos e doenças da nossa consciência embrutecida, nossa vida insalubre, podre, ainda igual à de um servo".[12] Toda a plateia ficou profundamente comovida, e Timoféieva conta que um jovem desconhecido, que estava sentado ao seu lado, "tremeu e suspirou" e "corou e empalideceu, balançando convulsivamente a cabeça e cerrando os punhos, como se tivesse dificuldade para conter-se e não irromper em aplausos".

Quando os aplausos finalmente vieram, foram ensurdecedores; duraram quinze minutos e o chamaram de volta ao palco cinco vezes. "Sentimos de repente", escreve Timoféieva, "que [...] era impossível hesitar um só momento [...] porque cada momento nos aproxima mais da escuridão eterna ou da luz eterna — dos ideais evangélicos ou da bestialidade."[13]

A sensibilidade apocalíptica de Dostoiévski não poderia estar em maior sintonia com o estado de tensão da plateia, dilacerada por emoções conflitantes em relação ao duelo desesperado entre o regime cada vez mais opressivo do tsar libertador, agora lutando por sua vida, e os revolucionários que no início invocavam o exemplo de Cristo e agora cometiam assassinatos. No dia seguinte, ele visitou Filósofova e antes mesmo que pudesse perguntar a ela, com voz trêmula, se a noite "tinha corrido bem", ela jogou os braços em torno do seu pescoço e começou a chorar com profundo sentimento.[14]

Embora até então Turguêniev e Dostoiévski tivessem conseguido guardar boas maneiras em público, as hostilidades entre os dois escritores vieram à tona em 13 de março, num banquete organizado em homenagem a Turguêniev por um grupo de literatos de Petersburgo. Houve mais de uma dúzia de discursos, alguns dos quais foram de um exagero constrangedor. Grigórovitch, por exemplo, disse que, se alguém pusesse Turguêniev contra uma janela, a luz brilharia através dele como através de uma peça de cristal, "tão puro é ele moralmente entre nós". Por fim, Turguêniev ergueu-se e saudou o que viu como a nova conciliação das gerações, cuja separação descrevera outrora em *Pais e filhos*. Chegara o momento, afirmou, em que a ruptura podia ser curada, porque ambas as gerações agora aceitavam "um ideal que [...] talvez esteja bastante próximo, e em que estavam unidos unanimemente".[15] Todos sabiam que ele estava se referindo à possibilidade de "coroar o edifício" (como os russos gostavam de dizer), ou seja, a concessão de uma Constituição de estilo ocidental por Alexandre II que, através da criação de uma democracia representativa, completaria o processo iniciado com a libertação dos servos.

Esse discurso provocou uma estrondosa ovação, e, quando os outros afluíram para parabenizar o orador, Dostoiévski escolheu o momento para precipitar um escândalo registrado nos anais da história literária russa — escândalo que pode muito bem ter sido causado por sua consternação diante da notícia da mais recente tentativa de assassinato, ocorrida naquele dia. Ele também se aproximou de Turguêniev e disparou a pergunta: "Diga-me agora, qual é o seu ideal? Fale!". Em vez de responder, Turguêniev, impotente, limitou-se a abaixar a cabeça e sacudir os braços, mas outros circunstantes disseram em voz alta: "Não fale! Nós sabemos!". O comportamento inadequado de Dostoiévski, que, como disse uma revista, rompeu "o tom geral de veneração concedida a Turguêniev", era mais que uma explosão de mau humor ou inveja.[16] Ele sempre fora um adversário implacável de uma Constituição russa, sob o pretexto de que ela beneficiaria apenas a parte instruída da população.

Pouco depois, Turguêniev deixou a Rússia, encorajado pelas autoridades, que ficaram incomodadas com as implicações sociopolíticas das manifestações públicas em sua homenagem. No entanto, ele e Dostoiévski se encontraram novamente, um dia após a segunda noite do Fundo Literário, no salão da condessa Sófia Tolstaia. Não sabemos se trocaram mais do que algumas palavras superficiais, mas também estava presente o visconde Eugène-Melchior de Vogüé, um jovem francês aspirante a *homme de lettres*, então no serviço diplomático e adido à embaixada francesa em São Petersburgo. Conseguira com esforço adquirir um domínio fluente da língua russa nos primeiros dois anos no país, casou-se com uma jovem da família Ánnenkov, muito bem colocada (sua esposa era dama de companhia da tsarina), e circulava com familiaridade nas rodas cultas da capital. Tendo mergulhado na literatura russa, o visconde conhecia as obras de Dostoiévski a fundo e deixou observações de seus encontros especialmente valiosas porque vêm de um observador estrangeiro imparcial. O rosto de Dostoiévski

era o de um camponês russo, um verdadeiro mujique de Moscou: nariz achatado, olhos pequenos que piscavam sob sobrancelhas arqueadas, ardendo com um fogo ora sombrio, ora suave, uma grande testa, salpicada de recortes e protuberâncias, as têmporas recuadas como se moldadas a golpes de martelo, e todos esses traços desenhados, contorcidos, caíam sobre uma boca atormentada. Nunca vi num rosto humano uma expressão de tanto sofrimento acumulado. [...] Suas pálpebras, seus lábios, todas as fibras de seu rosto tremiam com tiques nervosos.[17]

Algumas de suas conversas foram preservadas por Vogüé no seu pioneiro estudo *O romance russo*, que apresentou os grandes escritores russos para o mundo ocidental. "As discussões literárias com Dostoiévski", comenta com ironia tranquila, "terminavam muito depressa; ele me interrompia com uma palavra de compaixão orgulhosa: 'Possuímos a genialidade de todos os povos e também temos a nossa própria; assim, podemos entender vocês e vocês não nos podem entender'." Mais ou menos a mesma opinião, embora de forma menos lacônica, fora expressa no *Diário*. O francês mundano se divertia também com as opiniões do romancista sobre a Europa Ocidental, que achava "de uma ingenuidade engraçada". Uma noite, ele falou de Paris "como Jonas deve ter falado de Nínive, com fogo bíblico". Ele disse: "Um profeta aparecerá uma noite no Café Anglais e escreverá três palavras de fogo na parede, e esse será o sinal do fim do Velho Mundo e Paris tombará em sangue e fogo com tudo aquilo de que ela se orgulha, seus teatros e seu Café Anglais". Vogüé apenas levantou as sobrancelhas para esse discurso contra o Café Anglais, "aquele inofensivo estabelecimento" que Dostoiévski parecia considerar "o cordão umbilical de Satanás".[18] Mal sabia Dostoiévski que o elegante diplomata francês que fustigava seria, seis anos mais tarde, o principal responsável por tornar seu nome conhecido entre os leitores europeus.

Em meados de março, *A Voz* publicou um relato do julgamento de dois estrangeiros, um casal de sobrenome Brunst, acusado de maltratar sua filha de cinco anos de uma forma monstruosa, e Dostoiévski usou alguns dos detalhes da acusação (lambuzar o rosto de criança com excrementos) na vituperação rebelde de Ivan Karamázov contra Deus por criar um mundo em que esses ultrajes eram possíveis. Infelizmente, outro julgamento da época também atraiu a atenção do escritor, o de nove georgianos judeus acusados de assassinar uma jovem no distrito de Kutáissi daquela região. A moça desaparecera na véspera da Páscoa, e embora o libelo de sangue não tenha sido mencionado na acusação, houve muita discussão na imprensa russa, inclusive em *O Cidadão*, indagando se "sectários fanáticos [judeus]" sequestravam e matavam crianças cristãs para extrair seu sangue para fins rituais naquela época do ano. Desse modo, todos sabiam o que a acusação implicava, e diz muito a favor do sistema judicial russo reformado o fato de que os judeus de Kutáissi, contra os quais não havia nenhuma prova, tenham sido absolvidos em 17 de março. Uma apelação a um tribunal superior um ano depois não obteve sucesso. Ao ler as notícias dos jornais, Dostoiévski chegou à conclusão oposta. Em carta a Olga Novíkova, cujas colaborações para a imprensa inglesa lhe deram o título de "Membro do Parlamento da Rússia", disse ele: "Que coisa nojenta que os judeus de Kutáissi tenham sido absolvidos. Eles são, sem sombra de dúvida, culpados. Estou persuadido pelo julgamento e por tudo, inclusive pela defesa vil de Aleksándrov, que se portou como um notável canalha — 'um advogado é uma consciência alugada'".[19] Por infelicidade, esse punhado de notícias também se torna parte de *Os irmãos Karamázov*, cujas páginas estavam, então, causando furor entre o público leitor russo.

Não só a maestria artística de Dostoiévski era evidente, como também a questão temática que o livro apresentava — se um assassinato para destruir um mal monstruoso podia ter justificativa moral — era posta diante dos mesmos leitores praticamente a cada vez que abriam seus jornais. Um alto funcionário após o outro era alvo de vingança dos populistas, que haviam declarado guerra ao regime tsarista; e, em 2 de abril, atentou-se contra a vida do próprio tsar. Em 1866, quando Alexandre escapara do assassinato, houve uma enorme onda de apoio nacional ao governo e um regozijo generalizado pela boa sorte do tsar; nada nem de longe semelhante ocorreu dessa vez. Como uma comissão do governo observou dois meses depois, "especialmente digna de atenção é a falta quase completa de apoio das classes instruídas ao governo em sua luta contra um grupo relativamente pequeno de malfeitores. […] Elas [as classes instruídas] estão […] esperando os resultados da batalha".[20] Dostoiévski ficara quase histérico ao saber da tentativa fracassada de assassinato em 1866, e podemos presumir que também ficou transtornado dessa vez. É plausível que um episódio da literatura memorialista esteja vinculado a esse evento.

M. V. Kamiétskaia, filha de Anna Filósofova, lembra-se de ter escutado um dia a campainha de seu apartamento e, quando foi receber o visitante, lá estava Dostoiévski,

> constrangido, pedindo desculpas, [que] de repente compreendeu que nada daquilo era necessário. Ele estava diante de mim, com o rosto lívido, limpando o suor da testa e com a respiração pesada por ter subido depressa as escadas. "Mamãe está em casa? Bem, Deus seja louvado!" Em seguida, pegou minha cabeça entre as mãos e beijou-me na testa: "Bem, Deus seja louvado! Acabaram de me contar que vocês duas tinham sido presas!".[21]

Espalhara-se pela cidade que mãe e filha haviam sido detidas. Embora Kamiétskaia não especifique a data dessa visita, acredita-se que tenha ocorrido no dia da tentativa de assassinato.[22] Com efeito, não demoraria para que as autoridades decidissem pôr um ponto final nas atividades de Filósofova. Em novembro de

1879, exigiram de forma polida, mas firme, que ela fosse para Wiesbaden, onde costumava passar férias, e não voltasse. Alexandre II disse ao marido dela que era apenas em gratidão por seus serviços que ela não fora mandada para um lugar de exílio muito menos agradável.

O trabalho em *Os irmãos Karamázov* continuava sem interrupção e, em 17 de abril, Dostoiévski partiu para Stáraia Russa, onde poderia continuar a escrever em relativa tranquilidade. O imenso sucesso das partes já publicadas o convenceu de que seu livro estava tocando num nervo extremamente doloroso do público. Se tinha alguma dúvida sobre isso, elas teriam sido dissipadas por uma carta que recebeu do influente editor Serguei Iúriev, que acabara de obter permissão para lançar uma nova revista, *Pensamento Russo* [*Rússkaia Mísl*]. Ao instar mais uma vez Dostoiévski a colaborar com um romance, ele escreveu que a obra não iria apenas "embelezar suas páginas", mas também servir para drenar "o abscesso moral que está devorando nossa vida".[23]

54. A rebelião e o Grande Inquisidor

Dostoiévski permaneceria em Stáraia Russa até 17 de julho, trabalhando sem cessar em seu romance. Escrevia então o Livro 5 da segunda parte, "Pró e contra", que contém a rebelião de Ivan contra o mundo de Deus e a Lenda do Grande Inquisidor. Durante esse período, passou a vida preso à escrivaninha, produzindo capítulo após capítulo de sua última obra-prima. Para evitar mal-entendidos que pudessem levar a acusações e, talvez, à censura, cada parte que enviava ao editor Liubímov era acompanhada por uma carta de explicação. Essas cartas fornecem comentários correntes sobre seus objetivos ideológicos e artísticos que são incomparáveis no corpus de sua obra.

Em 7 de maio, Dostoiévski remeteu a primeira metade do Livro 5. Ele descreve sua intenção de "retratar a blasfêmia extrema e a semente da ideia de destruição em nossa época na Rússia entre os jovens desenraizados da realidade e, junto com a blasfêmia e a anarquia, a refutação delas — que está sendo preparada agora por mim nas últimas palavras do ancião moribundo Zossima". Ele caracteriza essas convicções de Ivan "como uma síntese do anarquismo russo contemporâneo. A rejeição não de Deus, mas do significado de Sua criação. Todo o socialismo nasceu e começou com a negação do sentido da realidade histórica e terminou num programa de destruição e anarquismo".[1]

Dostoiévski reservou um livro separado para as pregações de Zossima; "Pró

930

e contra" se refere, portanto, apenas ao conflito interno de Ivan entre o seu reconhecimento da sublimidade moral do ideal cristão e sua indignação contra um universo de dor e sofrimento (e numa escala histórico-mundial, ao seu questionamento dos fundamentos morais do cristianismo e do socialismo na Lenda do Grande Inquisidor). Os populistas haviam restaurado a moral do Deus cristão (a despeito de suas próprias opiniões sobre sua divindade) que havia sido negada na década anterior e agora a aplicavam a Sua própria criação. Com efeito, rejeitavam "o sentido da realidade histórica" que Ele teria estabelecido, a fim de corrigir Sua obra à luz dos princípios muito cristãos que proclamara. O protesto de Ivan contra o mundo de Deus está, portanto, vazado em termos do valor cristão de compaixão — o mesmo valor que o próprio Dostoiévski (ou Míchkin, em *O idiota*) chamara de "a principal e talvez única lei de toda a existência humana" (v. 8, p. 192). "Meus heróis assumem o tema", continua o romancista em sua carta a Liubímov, "que julgo irrefutável — a falta de sentido do sofrimento das crianças — e deriva dele o absurdo de toda a realidade histórica."[2] A razão ou a racionalidade não podem dar conta da falta de sentido desse sofrimento, e Zossima responderá a isso com uma fé ainda maior na bondade e misericórdia final de Deus.

Invocando a autoridade considerável de Pobedonóstsev, Dostoiévski tenta combater com antecedência as costumeiras acusações feitas contra ele. Informa a Liubímov que, embora alguns personagens de *Os demônios* tenham sido chamados de fantasias patológicas, eles "foram todos justificados pela realidade e, portanto, tinham sido diferençados com precisão. Foram-me contados [por Pobedonóstsev] dois ou três casos de anarquistas presos que guardam surpreendente semelhança com os que descrevi". Todas as torturas que Dostoiévski retrata através das palavras febris de Ivan foram extraídas de notícias de jornal ou de fontes históricas cuja referência exata estava pronto para fornecer. Garante também ao editor que suas páginas não contêm "uma única palavra indecente", mas teme que alguns de seus detalhes possam ser suavizados. Ele "implora e suplica" que a expressão usada para descrever o castigo infligido a uma criança — "os algozes que a estão criando *lambuzam-na com excrementos* por não ser capaz de pedir para ir ao banheiro durante a noite" — seja mantida. "Você não deve atenuá-la [...] isso seria muito, muito triste! Não estamos escrevendo para crianças de dez anos." (O texto não foi alterado.) E depois, voltando-se para uma questão maior, Dostoiévski tranquiliza o editor dizendo que "a blasfêmia de meu protagonista [...] será solenemente refutada no número seguinte (junho), no qual estou trabalhando agora com medo, trepidação e reverência, pois considero minha tarefa (a derrota do anarquismo) uma façanha cívica".[3]

Havia muitos precedentes na obra de Dostoiévski desse foco temático sobre o problema da teodiceia levantado por Ivan — o problema da existência do mal e do sofrimento em um mundo supostamente criado por um Deus amoroso. Nenhum leitor judaico-cristão pode deixar de pensar, a esse respeito, no Livro de Jó, e a criação de Dostoiévski é uma das poucas cuja voz soa com eloquência e angústia semelhantes. Embora não haja nenhuma referência explícita a Jó nas anotações para esses capítulos, seu nome aparece três vezes em outras seções, e Zossima narrará a história de Jó, enfatizando sua conclusão consoladora, em suas últimas palavras. Como sabemos, Dostoiévski escrevera para a esposa em 1875: "Estou lendo Jó e isso me põe num estado de êxtase doloroso; interrompo a leitura e ando pelo quarto quase chorando. [...] Esse livro, querida Anna, é estranho, foi um dos primeiros a me impressionar na vida. Eu ainda era praticamente uma criança!".[4] Essa lembrança é então atribuída a Zossima, que se lembra de ouvir o Livro de Jó lido em voz alta na igreja, com a idade de oito anos, "e como naquela ocasião experimento surpresa, e confusão, e alegria. [...] Desde então [...] não posso ler sem lágrimas esse relato sagrado" (v. 14, pp. 264-5 [399]). Alimentado pela dor causada pela perda de seu filho Aliócha, esse magnífico capítulo vale-se também dos sentimentos que se agitaram dentro do escritor ao longo de sua vida.[5]

Em meados de maio, Dostoiévski oferece outra explicação para apresentar uma condenação tão preocupante e poderosa de Deus. Repetindo que o Livro 5 "em meu romance é o culminante", ele define que "o ponto principal do livro" é "a blasfêmia e a refutação de blasfêmia".

> A blasfêmia, a tomei como eu mesmo a senti e percebi, em sua forma mais forte, isto é, precisamente como ela ocorre entre nós agora na Rússia, em (quase) todo o estrato superior e, sobretudo, entre os jovens, ou seja, a rejeição científica e filosófica da existência de Deus foi abandonada agora, os socialistas práticos de hoje não se preocupam com isso (como as pessoas faziam durante todo o século passado e na primeira metade do atual). Mas, por outro lado, a criação de Deus, o mundo de Deus, e *seu* sentido são *negados* tão fortemente quanto possível. Essa é a única coisa que a civilização contemporânea julga sem sentido.[6]

Dostoiévski sempre afirmara que personagens como Stavróguin e Kiríllov, que dificilmente eram "realistas" no sentido de serem reconhecidos como típicos, não obstante revelavam a essência da vida russa, e agora ele sustenta que essa apresentação de Ivan Karamázov está longe de ser apenas uma invenção artística, e enfatiza:

> Assim, eu me gabo de que, mesmo num tema tão abstrato [a rejeição do mundo de Deus], não traí o realismo. A refutação disso (não direta, isto é, não de uma pessoa para outra) aparecerá nas últimas palavras do ancião moribundo. Muitos críticos me censuraram por tratar em meus romances de temas que seriam errados, irreais e assim por diante. Eu, pelo contrário, não conheço nada mais real do que precisamente esses temas.[7]

Sua técnica sempre foi refutar "indiretamente" as ideias que estava combatendo, dramatizando suas consequências sobre o destino dos personagens.

Dostoiévski também oferece instruções oportunas sobre como ler suas obras, e indica com que cuidado ele criou a textura bem urdida de seus personagens. No *Diário*, escrevia em seu nome e com sua voz, ao passo que

> agora, aqui, no romance *não sou eu* quem está falando em cores angustiantes, exageros e hipérboles (embora não haja exagero em relação à realidade), mas um personagem do meu romance, Ivan Karamázov. Essa é a linguagem *dele*, o *seu* estilo, *seu* páthos, e não o meu. Ele é uma pessoa sombria e irritável que se mantém em silêncio sobre muitas coisas. Ele não teria falado por nada desse mundo se não fosse a simpatia acidental por seu irmão Alieksiéi, que aparece de repente. Além disso, é um homem muito jovem. Como poderia falar sobre o que havia mantido em silêncio por tanto tempo sem esse arrebatamento especial, sem espumar pela boca? Ele havia tensionado seu coração ao máximo para não estourar. Mas eu queria mesmo é que seu caráter se destacasse e que o leitor notasse essa paixão particular, esse salto, esse comportamento impulsivamente repentino, literário.[8]

Em resposta a outra crítica do editor a "uma particularidade desnecessária", um eufemismo para o detalhe indecente sobre a criança cujo rosto havia sido lambuzado com excrementos, Dostoiévski insiste que essa observação do caráter de Ivan é crucial para comunicar a complexidade que ele deseja transmitir sobre a personalidade de Ivan. "Se um jovem de 23 anos consegue notar, isso significa que levou a coisa a sério. Isso significa que remoeu [os detalhes] em sua mente, que era um defensor das crianças, e por mais cruel que seja apresentado mais tarde, a compaixão e o amor mais sincero pelas crianças ainda permanecem nele."[9] O traço de caráter profundamente enraizado de Ivan deveria influenciar a maneira pela qual o leitor o considera: "Esse Ivan, depois, obliquamente comete um crime [...] em nome de uma ideia, com a qual não foi então capaz de lidar; e entrega-se precisamente porque, talvez outrora, em algum momento, seu coração, ruminando sobre o sofrimento das crianças, não ignorou essa circunstância que parece insignificante".[10]

Em meados de junho, Dostoiévski enviou a Liubímov "O Grande Inquisidor", acompanhado por um comentário, no qual explica: "Isso arremata *o que diz a boca que fala grandiosidades e blasfêmias*".[11] E continua:

> Um negador contemporâneo, um dos mais ardentes, vem a público e se declara a favor do que o diabo defende, e afirma que isso é mais verdadeiro para a felicidade do povo do que Cristo. Para o nosso socialismo russo, que é tão estúpido (mas também perigoso, porque a nova geração está com ele), a lição, ao que parece, é muito poderosa — o pão nosso de cada dia, a Torre de Babel (isto é, o futuro reino do socialismo) e a escravização completa da liberdade de consciência — que é o objetivo final desse desesperado negador e ateu!
>
> A diferença é que os nossos socialistas (e eles não são apenas a escória niilista clandestina — você sabe disso) são jesuítas e mentirosos conscientes que não admitem que seu ídolo se baseia em violência à consciência do homem e na equiparação da humanidade a um rebanho de gado, enquanto meu socialista (Ivan Karamázov) é uma pessoa sincera que vem a público e admite que concorda com a concepção do Inquisidor da humanidade e que a fé de Cristo (supostamente) elevou o homem a um nível muito mais alto do que aquele em que de fato se encontra. A questão é apresentada em sua forma mais ousada: "Vocês desprezam a humanidade ou a admiram, seus futuros salvadores?". E tudo isso para eles seria em nome do amor à humanidade: a lei de Cristo, afirmam, é incômoda e abstrata, e pesada demais para as pessoas fracas suportarem — e, em vez da lei da Liberdade e da Ilustração, eles lhes oferecem a lei das cadeias e da escravidão por meio do pão.[12]

Mais uma vez, Dostoiévski faz tudo ao seu alcance para acalmar os receios de seus editores.

> No próximo livro, ocorrerão a morte do ancião Zossima e suas conversas no leito de morte com os amigos. [...] Se eu conseguir, terei [...] forçado as pessoas a reconhecer que um cristão ideal e puro não é uma coisa abstrata, mas explicitamente real, possível, que está diante de nossos olhos, e que o cristianismo é o único refúgio da terra russa de seus males. Rezo a Deus para que eu consiga; o texto será comovente, se minha inspiração se mantiver. [...] Todo o romance está sendo escrito por esse motivo, mas que dê tudo certo, é isso que me preocupa agora![13]

Em carta do mesmo dia ao amigo jornalista Putsikóvitch, Dostoiévski manifesta todo o seu receio quanto à recepção de seus capítulos recentes:

> Em meu romance, tive de apresentar várias ideias e posições que, como eu temia, não seriam muito do agrado deles, uma vez que, até a conclusão do romance, essas ideias e posições podem realmente ser mal interpretadas; e agora, tal como eu temia, isso aconteceu; fazem-me objeções triviais; Liubímov envia as provas, faz anotações e põe pontos de interrogação nas margens. Até agora, prevaleci, com dificuldade, mas tenho muito medo da remessa de ontem do capítulo para junho, de que eles recuem e me digam que não podem publicá-lo.[14]

As anotações para o Livro 5 contêm trechos relativos ao Inquisidor muito mais provocativos do que os que acabaram sendo usados. Um dos mais ríspidos desafios a Cristo, por exemplo, é a acusação do Inquisidor: "Eu só tenho uma palavra a dizer-te, que foste expelido do inferno e és um herege" (v. 15, p. 232), mas nenhuma dessas imagens foi mantida. Como escreveu Edward Wasiolek, essas anotações contêm uma afirmação muito mais clara de que "Cristo é que é culpado e cruel, e o Grande Inquisidor é que é bondoso e inocente. É Cristo que exige que os homens sofram por Ele, ao passo que o Grande Inquisidor sofre pelos homens".[15]

As anotações de Dostoiévski não fazem nenhuma referência às fontes da Lenda, embora obviamente sejam fundamentais os relatos do Novo Testamento sobre as três tentações de Cristo por Satanás. Quanto ao personagem do Inquisidor, a encarnação do despotismo espiritual sobre a consciência da humanidade, seu protótipo pode ser encontrado no *Don Carlos*, de Schiller, traduzido por Mikhail Dostoiévski na década de 1840. A peça tem a mesma justificativa para a existência do mal no mundo, a mesma resposta ao problema da teodiceia, que está no cerne da Lenda de Dostoiévski — e, com efeito, no cerne de sua visão de mundo religiosa. Essa resposta é dada na grande cena em que o marquês de Posa tenta persuadir o rei Filipe, da Espanha, a conceder a liberdade de consciência aos seus súditos protestantes na Holanda. Usando exemplos da natureza e do mundo para o seu argumento, o marquês insta Filipe a reconhecer que o próprio Deus permite que o mal exista, em vez de interferir na liberdade moral e espiritual da humanidade — a liberdade de escolher entre o bem e o mal:

> [...] *Olhe ao seu redor*
> *Para os esplendores da natureza! Sobre a liberdade*
> *Ela é fundada — e como é rica*
> *Graças à Liberdade — Ele, o grande Criador —*
> *— Ele — [...] Para não perturbar o encantador*
> *Aparecimento da Liberdade —*
> *Ele deixa o terrível exército dos males*
> *Enfurecer-se em seu universo — Ele, o artista,*
> *Permanece invisível, modestamente Ele se*
> *Esconde em leis eternas.*[16]

Essa é a ideia fundamental que Dostoiévski já havia externado ao interpretar a primeira tentação, "transformar pedras em pães", e explicar por que Deus não concedera *ambos*, beleza e pão, à humanidade.

Com a Lenda, Dostoiévski disse a seu editor que "tinha alcançado o ponto culminante da sua atividade literária". Quando seu amigo Putsikóvitch perguntou por que dava tanta importância à Lenda, respondeu que "carregara o tema da lenda em sua alma, por assim dizer, durante toda a sua vida, e desejava especialmente agora fazê-lo circular, pois não sabia se conseguiria publicar de novo alguma coisa importante". A Lenda, acrescentou, era dirigida "contra o catolicismo e o papado e, em particular [...] o período da Inquisição, que tivera efeitos terríveis sobre o cristianismo e sobre toda a humanidade".[17] Embora Dostoiévski não tenha dito nada sobre o socialismo nessas observações, para ele tanto o socialismo como o catolicismo eram idênticos como encarnações da primeira e da terceira tentação de Cristo, a traição da mensagem de Cristo sobre liberdade espiritual em troca de pão, e a aspiração a um poder terreno.

O cronograma de Dostoiévski exigia o envio de um texto no dia 10 de cada mês; ele tentou reservar algum momento entre os fascículos para manter contato com os amigos. Uma carta de consolo para Anna Filósofova, que ainda não estava exilada, responde à situação verdadeiramente angustiante da amiga. "Eu estava", escreveu ela, "entre dois fogos: por um lado, meu marido recebia proclamações dos niilistas de que iriam matá-lo; do outro, o governo mandou meu filho para o exílio, e me ameaça com a mesma coisa." Quanto a ela, escrevera ao marido: "Você sabe muito bem que eu odeio o nosso governo atual [...] esse bando de salteadores, que estão levando a Rússia à ruína".[18] Mesmo ao tentar levantar o ânimo da amiga, Dostoiévski confessa que ele mesmo está "deprimido". "A principal coisa é que minha saúde piorou, as crianças todas estiveram doentes — o tempo anda horrível, insuportável, chove a cântaros de manhã à noite [...] está frio, úmido, [...]. Nesse estado de espírito [...] escrevi o tempo todo, trabalhando à noite, ouvindo o vento forte uivar e quebrar árvores centenárias."[19]

Àquela altura, decidiu viajar mais uma vez para Bad Ems e disse a seus editores que seria impossível completar o romance em um ano. Além de alegar problemas de saúde, escreveu que "queria que ele terminasse bem, e há uma ideia nele que gostaria de apresentar tão claramente quanto possível. Ela contém o julgamento e a punição de [...] Ivan Karamázov".[20] Trata-se naturalmente de julgamento e punição morais e psicológicos, aos quais Dostoiévski atribui tanta importância porque, através da descrição dos tormentos interiores de Ivan, tentava minar por dentro o intenso páthos humanitário da ética populista. Em 17 de julho, depois de ter abandonado seu prazo anterior, Dostoiévski deixou Stáraia Russa a caminho de Petersburgo, Berlim e Bad Ems.

Chegou a São Petersburgo em 18 de julho, depois de uma viagem extenuante que o deixou, como escreveu a Anna, "quase morto de exaustão [...] minha cabeça está girando e vejo manchas diante dos meus olhos". Apesar de se sentir "tão fraco quanto uma criança de cinco anos",[21] tratou logo dos preparativos para a viagem. Primeiro cobrou o dinheiro relativo aos últimos capítulos do romance, depois foi à embaixada dos "cabeças-duras" (como chamava os alemães) para obter o visto. A viagem a Berlim foi igualmente desgastante; tampouco desejava ver

Putsikóvitch, que o esperava, e que estava tentando publicar uma versão de *O Cidadão* em solo alemão. Os dois foram visitar o aquário, o museu e o jardim zoológico, e Dostoiévski viu-se, apesar de sua decisão prévia, "pagando-lhe a cerveja, o restaurante, o cocheiro de praça e assim por diante". Além disso, "tomou-me emprestados 45 marcos para papel e selos (do correio) para o primeiro número, que sairá dentro de uma semana".[22] Supõe-se que a liberalidade de Dostoiévski foi motivada por sua vontade de apoiar a nova revista.

Tão logo chegou a Ems, em 24 de julho, foi consultar o dr. Orth. Relata a Anna: "Ele achou que uma parte do meu pulmão mudara de posição, assim como meu *coração* também mudou de sua posição anterior e está agora localizado em outra — tudo em consequência do enfisema, embora tenha acrescentado, à guisa de consolo, que o coração está perfeitamente saudável, e todas essas mudanças não significam muito e não são uma ameaça especial". Longe de tranquilizar-se, acrescenta que "se o enfisema, ainda no início, já produziu esses efeitos, o que irá acontecer depois?". Receitaram-lhe uma rotina de gargarejos e ingestão dos dois tipos de águas medicinais (Kranchen e Kesselbrunnen), e ele escreve esperançoso que "estou contando muito com as águas e comecei a bebê-las hoje".[23]

A última estada de Dostoiévski em Bad Ems foi marcada pela solidão e pelo isolamento que previra antes da partida, e sua reação ao ambiente do elegante balneário, já bastante rabugenta, atingiu um novo nível de irascibilidade. Seu antissemitismo também entrou em cena, embora exibisse uma bela imparcialidade ao distribuir insultos a torto e a direito. É um tanto irônico que, ao mesmo tempo, estivesse trabalhando para completar seus capítulos sobre os ensinamentos de Zossima, cuja mensagem de amor e conciliação universal ele esperava respondesse aos anátemas de Ivan Karamázov. É difícil imaginar um escritor cujos sentimentos e emoções cotidianos estivessem mais em desacordo com os sentimentos que injeta em seu trabalho artístico.

Se Putsikóvitch tinha uma virtude, era a da persistência, e ele sabia que o nome de Dostoiévski proporcionaria um brilho muito necessário para sua revista. Recordando ao escritor sua promessa de apoiar o lançamento da revista, recebeu em 28 de julho uma carta para publicação que atestava a orientação "sincera e incorruptível" da revista.[24] Essa carta oficial estava acompanhada de uma particular, em que mais uma vez Dostoiévski dá rédea solta a sua aversão pela "multidão poliglota, quase metade deles *jids* ricos oriundos de todo o globo". Nesse contexto, chama a atenção de Putsikóvitch para um artigo que lera no jornal de Katkov, *Notícias de Moscou*

[*Moskóvskie Viédomosti*], que resumia "um panfleto alemão que acaba de ser publicado: *Onde está o judeu aqui?*. Curiosamente, ele coincide com o meu próprio pensamento tão logo entrei na Alemanha: que os alemães se tornarão completamente judaizados e estão perdendo seu antigo espírito nacional".[25] O folheto mencionado nesse artigo era uma resposta a outro, escrito por um ex-socialista que virou antissemita, o qual atacara a crescente influência judaica na vida alemã. Como Dostoiévski escreveu a Pobedonóstsev, essa controvérsia era uma confirmação da sua opinião de que na Alemanha "há influência dos judeus em todos os lugares".[26]

Em carta a Pobedonóstsev, diz que "está doente e extremamente ansioso de alma", atribuindo o seu lamentável estado de espírito "à impressão deprimente que tenho ao observar o que está acontecendo no 'manicômio' da imprensa russa e também na intelectualidade. [...] Ideias 'pan-europeias' de cultura e conhecimento pendem despoticamente sobre todos e ninguém ousa afirmar sua opinião". Essas questões tinham instigado Dostoiévski ao ponto de "ser atormentado pelo desejo de continuar o *Diário*, já que tenho de fato coisas a dizer [...] sem polêmica infrutífera, grosseira, mas com palavras firmes, destemidas".[27]

Em seguida, escreve um parágrafo que define com precisão o lugar singular que conseguira conquistar para si em meio às rivalidades mortais da vida sociocultural russa — uma posição que permitia somente a ele falar sem medo:

> Considero a minha posição literária [...] quase fenomenal: como uma pessoa que escreve ao mesmo tempo contra os princípios europeus, que se comprometeu para sempre com *Os demônios*, isto é, com a reação e o obscurantismo, como é que essa pessoa, sem a ajuda de todos os seus periódicos, jornais e críticos europeizantes, conseguiu, não obstante, ser reconhecida pelos nossos jovens, por aqueles mesmos jovens niilistas que perderam sua estabilidade e assim por diante? [...] Anunciaram-me que esperam *somente* de mim uma palavra sincera e simpática e me consideram o único *escritor guia*. Essas declarações dos jovens são conhecidas de nossos líderes literários, bandoleiros da pena e vigaristas da impressão, e todos estão surpresos com isso, caso contrário, não me permitiriam escrever com liberdade! Teriam me comido vivo, como cães, mas têm medo e observam com perplexidade para ver o que acontece em seguida.[28]

Essas palavras revelam o sentimento ardente de missão que o inspirava e levaram-no a acreditar que podia ajudar a salvar seu país da catástrofe que, assim sentia, tão claramente avultava à frente.

★ ★ ★

O que mais ocupou Dostoiévski durante sua estada em Bad Ems foi, naturalmente, seu romance. No início de agosto, despachou seu manuscrito, como de
costume, com uma carta explicativa. "Intitulei este livro de 'O monge russo' —
um título ousado e provocativo, uma vez que todos os críticos que não gostam de
nós gritarão: 'É assim um monge russo? Como você pode se atrever a colocá-lo
nesse pedestal?'. Mas tanto melhor se gritarem, não é? [...] é correto, não apenas
como ideal, mas também como uma realidade."[29] "Tomei o personagem e a figura", explica, "de antigos monges e santos russos: junto com uma profunda humildade — esperanças ilimitadas e ingênuas sobre o futuro da Rússia, sobre sua missão moral e até mesmo política. São Sérgio e os metropolitas Piotr e Alieksiéi não
tiveram sempre a Rússia em mente, nesse sentido?" Ele pede a Liubímov que de-
signe um revisor confiável para esse texto, porque a língua não é o russo comum.
Sobre o capítulo intitulado "Sobre as Sagradas Escrituras na vida de padre Zossima", ele escreve: "Esse capítulo é exaltado e poético: o protótipo é tirado de alguns dos ensinamentos de Tíkhon Zadónski, e a ingenuidade de estilo, do livro
das peregrinações do monge Parfiéni. Cuide deles você mesmo, caro Nikolai
Alieksiéievitch, seja como um pai!".[30]

Desse modo, Dostoiévski indica os modelos estilísticos que imitava, que
diferem consideravelmente do registro tonal do restante do romance. V. L.
Komárovitch deu uma descrição do estilo que Dostoiévski tomou emprestado de *A história do monge Parfiéni sobre o sagrado monte Athos, de sua peregrinação
e viagens pela Rússia, Moldávia, Turquia e Terra Santa*.[31] Essa obra, a predileta de
longa data de Dostoiévski (foi um dos poucos livros que levou em suas viagens pela Europa entre 1866 e 1870), era também muito apreciada por ocidentalistas como Saltikov-Schedrin e Turguêniev, em virtude de suas imagens
tocantes da antiga devoção russa. O livro de Parfiéni estava tão cheio desse
espírito comovente de bondade e benevolência, mesmo para com aqueles
com quem discutiu sobre questões de fé, que atraía não só um leitor como
Dostoiévski, mas também muitos outros cuja relação com o cristianismo era
mais cultural que religiosa.

Nas histórias e pregações de Zossima, como observa Komárovitch, encontramos,

mesmo no arranjo de suas partes, e no conjunto de sua sintaxe, um ritmo inteiramente estranho ao discurso literário russo. Parece afastar-se de todas as normas da sintaxe moderna e, ao mesmo tempo, confere à narração um colorido especial, emotivo, de tranquilidade cerimonial e sublime. A repetição frequente de palavras e até das mesmas combinações de palavras em frases sucessivas [...] a alternância entre frases longas, ritmicamente unidas, e frases introdutórias em discurso indireto: por fim os pleonasmos, a tendência a acumular epítetos que descrevem uma única e mesma imagem, como se faltassem palavras ao narrador para alcançar a riqueza de expressão desejada — tudo isso confere ao sentido dos ensinamentos um caráter inexprimível.[32]

A influência do livro do monge Parfiéni se estende também a muitos aspectos da descrição da vida monástica.

A influência de são Tíkhon Zadónski, monge russo de meados do século XVIII, canonizado em 1860, era bem antiga na evolução moral e espiritual de Dostoiévski. É provável que ele tenha se deparado com o abundante legado literário de são Tíkhon no início dos anos 1860, quando editava *O Tempo* e começava a elaborar seu próprio ideal sociopolítico *pótchvennitchestvo*. São Tíkhon foi um dos poucos santos russos que passaram por uma intensa luta interior para atingir seu ideal religioso — a vitória "da humildade sobre o orgulho, da brandura e paciência sobre a raiva, do amor sobre o ódio".[33] Como Komárovitch sugeriu, Dostoiévski pode muito bem ter visto uma relação entre seu próprio caráter pessoal e o de Tíkhon. "O bispo sempre mostrou uma tendência para doenças nervosas e ataques de hipocondria", escreveu um dos seus criados de cela. Esses episódios incluíam acessos de raiva e descontentamento, e, no final da vida, ele "caiu num estado de completa hipocondria".[34] Não lhe foi nem um pouco fácil atingir o estado de autodomínio que lhe permitisse conter suas reações hostis aos outros. Ademais, foi muitas vezes o alvo de zombaria e escárnio no mosteiro, e nisso Dostoiévski também poderia ter sentido alguma semelhança com a sua situação de escritor.

O clérigo intervinha, sempre que podia, em favor dos camponeses que eram maltratados — e isso nos dias mais sombrios da servidão! —, tentando pôr em prática, no plano da vida social, as ideias do amor cristão que pregava. Várias vezes foi atacado por fazendeiros irados, influenciados pelo voltairianismo antirreligioso predominante na época (e ainda refletido nas falas do pai totalmente sem princípios da família Karamázov). Em cada caso, embora não sem um conflito interior, Tíkhon acabava implorando o perdão de seus agressores por lhes ter provocado a raiva; e essa humildade levava a uma completa mudança de opinião por parte de seus agressores. É provável que Dostoiévski tenha visto nesses episódios não só o choque de dois princípios morais e religiosos opostos — a devoção dos velhos russos e o novo espírito destrutivo do ateísmo —, mas também o poder de humildade para produzir uma transformação moral até mesmo naqueles que, sob a influência do racionalismo, se julgavam imunes ao efeito de sua força redentora.

A questão da imortalidade se tornara o alicerce das convicções morais e religiosas de Dostoiévski, e essa esperança cristã, inclusive da Ressurreição, era também uma preocupação recorrente de Tíkhon. "É com essa doutrina eclesiástica", escreve Komárovitch, "que seu ouvido espiritual está especialmente afinado e, tal como Dostoiévski, o santo atribui a propagação da descrença em sua própria época ao esquecimento em que essa convicção havia caído." São Tíkhon quase nunca menciona o Juízo Final quando evoca a Ressurreição (tampouco Dostoiévski); esse evento "nunca esteve ligado à ideia de vingança e punição pelos pecados, mas sempre com a glória e a felicidade suprema dos 'filhos de Deus'".[35] A Ressurreição também é quase sempre ligada por Tíkhon à imagem da glória do "filho de Deus", e ele celebra a eventualidade de a humanidade alcançar tamanha glória em palavras arrebatadas: "A carne de nossa degradação será transformada. [...] Os eleitos de Deus [os cristãos] serão cobertos de uma glória tão exaltada e maravilhosa que brilharão como o sol".[36]

Dostoiévski também teria encontrado na obra de Tíkhon descrições rapsódicas, semelhantes às que ele mesmo faria, da utopia cristã do amor que reluzia diante de seus olhos extasiados como seu supremo ideal terreno. "Oh, como tudo seria maravilhoso", escreveu Tíkhon, "se todos amassem uns aos outros! Então não haveria roubo, nem assalto, nem fraude, nem assassinato [...] as prisões não estariam transbordando de prisioneiros, trancafiados por causa de crimes, agiotagem, falta de pagamento de dívidas; por fim, não mais haveria pobres e necessitados, mas todos seriam iguais."[37] As insinuações apocalípticas do próprio Dostoiévski do paraíso terrestre não poderiam ter sido expressas de forma mais vívida. Em suas anotações, Dostoiévski faz repetidas variações sobre seu motivo fundamental: todos são responsáveis por todos, e "cada um é culpado perante todos e por tudo e, *portanto*, cada um é forte o suficiente também para perdoar tudo aos outros, e todos se tornarão então a obra de Cristo, e Ele mesmo aparecerá entre eles, e eles O verão e se tornarão unidos a Ele" (v. 15, p. 249). Nenhuma dessas reflexões, no entanto, que dificilmente teriam sido autorizadas pela censura, foi mantida no texto.

Em resposta à observação de Pobedonóstsev de que esperava com ansiedade "a repulsa, a réplica e a elucidação"[38] do poderoso Grande Inquisidor, Dostoiévski manifesta apreensão, pois não sabe se sua resposta a esse *"lado negativo"* de sua obra será "uma resposta *suficiente"*. "Ainda mais que", continua ele, "como a resposta, afinal de contas, é [...] apenas indireta [...] um quadro artístico. [...] Existem alguns preceitos do monge em reação aos quais as pessoas com certeza vão gritar que são absurdos no sentido cotidiano, mas em outro sentido, interior, acho que eles [os preceitos de Zossima] estão certos".[39]

Depois de concluir o Livro 6, Dostoiévski logo se pôs a trabalhar no fascículo seguinte, prometido para o número de setembro. Mas sua partida de Ems, em 29 de agosto, e os seis dias necessários para a viagem atrasaram o trabalho. A viagem de Bad Ems a Stáraia Russa foi tão desgastante que ele demorou uma semana para se recuperar. Em 16 de setembro, remeteu os três primeiros capítulos do Livro 7, que narram o enterro de Zossima e o escândalo causado pelo odor da corrupção que emana de seu cadáver. Dostoiévski temia que isso pudesse ofender por causa do uso do verbo "feder", mas insistiu ser adequado, pois era pronunciado pelo padre Ferapont. Também solicita a Liubímov que "faça um bom trabalho" nas provas da lenda sobre a "cebola" narrada por Grúchenka. "É uma joia", declara Dostoiévski, "escrita por mim a partir das palavras de uma camponesa e, é claro, *está registrada pela primeira vez."*[40] Um folclorista russo havia publicado uma lenda semelhante em 1859, mas isso só ilustra a autenticidade do uso feito por Dostoiévski das criações morais e religiosas da tradição popular.

Em 8 de outubro, Dostoiévski informou a Liubímov que é "novamente *forçado a atrasar"* o próximo fascículo.[41] "Os primeiros capítulos desse fascículo contêm a cena em que Dmítri, à espreita no jardim de seu pai, dá o sinal que traz o velho para a janela. Dostoiévski para a ação depois que Dmítri "de repente arrancou do bolso a mão do pilão de cobre", inserindo uma linha de pontos e deixando seus leitores em suspense; mas a frase imediatamente seguinte ao hiato deveria sugerir o que *não* havia ocorrido: "'Deus' — como o próprio Mítia diria mais tarde — 'me vigiou naquele momento'" (v. 14, p. 355 [522]). No entanto, Dostoiévski talvez tenha confiado demais na perspicácia de seus leitores para decifrar essa referência à proteção divina. Esses capítulos saíram em 1º de novembro e, no dia 8 do mesmo mês, ele respondeu a uma carta de uma leitora perturbada, incapaz de esperar por mais esclarecimentos.

> O velho Karamázov foi morto por seu servo Smierdiakov. Todos os detalhes serão esclarecidos à medida que o romance avança. [...] Ivan Karamázov participou do assassinato apenas de modo indireto e remoto, somente por não chamar (de propósito) Smierdiakov à razão durante a conversa que teve com ele antes de partir para Moscou e não lhe declarar de forma clara e categórica sua repugnância pelo crime concebido por ele (que Ivan Fiódorovitch viu claramente e do qual teve uma premonição) e, assim, *pareceu ter autorizado* Smierdiakov a cometer o crime. A *autorização* foi essencial para Smierdiakov. [...] Dmítri Fiódorovitch é completamente inocente do assassinato de seu pai.[42]

É evidente que Dostoiévski tinha uma ideia clara da trama do assassinato e de seu significado temático. Em sua resposta, inclui também uma lição sobre como ele deveria ser lido. "Não apenas a trama é importante para o leitor", diz a ela, "mas, além disso, um certo conhecimento da alma humana (psicologia), que um autor tem o direito de esperar de um leitor." Quando Dmítri, em vez de continuar sua fuga, desce da cerca para examinar o ferimento de Grigóri e limpar o sangue em sua testa, "parecia já dizer ao leitor que ele *não* era o parricida". Seu comportamento mostra compaixão, não a crueldade de um assassino, e, "se ele tivesse matado o pai, não teria parado sobre o corpo do servo e dito palavras de piedade".[43] Certos tipos de comportamento são simplesmente incompatíveis com matar outro ser humano.

Em 30 de outubro, Dostoiévski completou 58 anos e a data foi marcada por um presente de sua esposa obtido com a ajuda da condessa Tolstaia. Havia muito que ele manifestara admiração pela *Madona Sistina*, de Rafael, uma pintura que o encantara em suas visitas à Gemäldegalerie, quando residira em Dresden. A condessa encomendou uma reprodução fotográfica da obra em grande escala e presenteou-a a Anna por intermédio de Vladímir Soloviov. No dia do aniversário, quando Dostoiévski foi para seu escritório, para sua surpresa e deleite, encontrou o quadro, emoldurado em madeira por Anna, pendurado acima do sofá. Anna relembra: "Quantas vezes o encontrei em seu escritório diante desse grande quadro numa contemplação tão profunda que nem me ouvia entrar".[44] Nesses momentos, ela não o perturbava.

Em 16 de novembro, ele despachou os capítulos restantes do Livro 8 e informou Liubímov de uma alteração de seu plano inicial. Em vez de limitar-se à investigação judicial, incluiria um capítulo sobre "o ponto sensível do nosso processo penal", a investigação preliminar, "com a velha rotina e a mais moderna impessoalidade abstrata encarnadas nos jovens advogados, investigadores judiciais e assim por diante".[45] Todo esse material constituiria o novo Livro 9, prometido para o número de dezembro. Além de permitir que dramatizasse em maior escala as deficiências das noções abstratas de direito importadas do Ocidente, cujas limitações humanas já havia criticado através de Razumíkhin em *Crime e castigo*, explica a Liubímov que irá "traçar o caráter de Mítia Karamázov com mais força ainda: ele experimenta uma purificação do coração e da consciência sob a tormenta do infortúnio e da acusação falsa. Ele aceita com sua alma a punição, não pelo que fez, mas pelo fato de ter sido tão hediondo que poderia e quis cometer o crime do qual será falsamente acusado por um erro judicial. É uma personalidade completamente russa: se o trovão não troveja, o camponês não se benze. Sua purificação moral começa durante as várias horas de investigação preliminar à qual pretendo dedicar o Livro 9".[46]

Em 8 de dezembro, escreveu a Liubímov: "Trabalhei tanto que adoeci, [e] o tema do livro (a investigação preliminar) ficou maior e mais complicado". Além de seu desejo de produzir uma obra tão burilada quanto possível, seu romance, como ele também salienta, "está sendo lido em todos os lugares, as pessoas me escrevem cartas, está sendo lido por jovens, é lido na alta sociedade, é criticado ou elogiado na imprensa, e nunca antes, no que respeita à impressão causada em toda parte, tive tamanho sucesso".[47] Dostoiévski garante a Liubímov que o Livro 9 será enviado para o número de janeiro.

No final do mês, o romancista participou de um evento beneficente organizado em favor dos estudantes da Universidade de São Petersburgo, no qual leu a Lenda do Grande Inquisidor. Os organizadores haviam submetido o texto às autoridades teológicas, pedindo-lhes autorização. Em resposta, o arquimandritaIóssif declarou que o texto faltava com "o respeito merecido" a "certos monumentos da literatura religiosa e até mesmo às vidas de santos ortodoxos" e não podia ser aprovado.[48] Ele foi finalmente autorizado a ler a Lenda, mas forçado a omitir a seção introdutória com suas referências a Dante e Victor Hugo. É provável que essa interdição clerical o tenha motivado a fazer algumas observações introdutórias para substituir o que fora proibido. Ele começou a leitura com a sua explicação da Lenda, dizendo, em parte:

> A ideia fundamental é que, se distorcemos a verdade de Cristo ao identificá-la com os objetivos deste mundo, perdemos instantaneamente o sentido do cristianismo; nossa razão deve, sem dúvida, cair presa da descrença; em vez do verdadeiro ideal de Cristo, constrói-se uma nova Torre de Babel".[49]

A reação do público pode ser captada de forma indireta numa carta que Dostoiévski escreveu mais tarde em resposta a um convite do Fundo Literário para apresentar a Lenda novamente. Ele diz que lamenta ser impossível. "O supervisor [das escolas de São Petersburgo, príncipe M. S. Volkónski] [...] disse-me que, a julgar pela impressão que o texto causara, a partir de agora não mais me permitiria lê-lo."[50] O cauteloso príncipe achou que seria imprudente consentir que tamanha excitação fosse mais uma vez despertada.

55. Terror e lei marcial

O novo ano, 1880, começou de maneira auspiciosa para Dostoiévski. Em 3 de fevereiro, os membros da Sociedade de Beneficência Eslava o escolheram para escrever um discurso congratulatório a ser apresentado a Alexandre II em 19 de fevereiro, quando se comemorava o 25º aniversário de sua ascensão ao trono. Porém, duas semanas antes das festividades, a Rússia foi abalada por um acontecimento que estendeu uma mortalha sombria sobre a comemoração.

Em 5 de fevereiro, às 18h22, uma bomba explodiu no Palácio de Inverno, embaixo da sala de jantar do tsar. Um jantar diplomático fora marcado naquele horário em honra do príncipe Alexandre von Battenberg, o recém-eleito governante da Bulgária, e os convidados estavam prestes a entrar na sala do banquete quando ocorreu a explosão. Nem o tsar nem os convidados ficaram feridos, mas a explosão matou dez soldados da guarda e atingiu outros 56. O responsável pela carnificina foi o grupo Vontade do Povo [Naródnaia Vólia], constituído de antigos radicais populistas que decidiram que o assassinato de Alexandre II era um primeiro passo indispensável para qualquer avanço socioeconômico. Um de seus membros, Stiepan Khaltúrin, marceneiro e carpinteiro habilidoso, obteve emprego no palácio sob pseudônimo e morava em um quarto no subsolo. Ele introduziu às escondidas pequenas quantidades de dinamite, armazenou-as ao lado da cama até acreditar que tinha o suficiente para levar a cabo seu propósito. Mas a explosão, embora forte, não foi suficiente para derrubar o piso da sala de jantar.

Era a quarta tentativa malsucedida da Vontade do Povo de matar o tsar. Anteriormente, haviam feito planos minuciosos para explodir o vagão de trem em que ele viajava, mas foram frustrados por uma série de acidentes, embora, em um caso, um carro de bagagem tenha sido explodido em pedacinhos. Apesar desse novo fracasso, a invasão desafiadora da própria residência do tsar por Khaltúrin conseguiu criar uma imagem aterradora do poder dos obscuros revolucionários, que pareciam capazes de penetrar onde quisessem. As autoridades eram impotentes para enfrentar suas atividades e o estado de espírito aterrorizado dos círculos governantes pode ser apreendido no diário do admirador de Dostoiévski, o grão-duque Konstantin Konstantínovitch, que anotou em 7 de fevereiro: "Estamos vivendo um momento de terror — com uma diferença. Durante a revolução, os parisienses viam seus inimigos cara a cara, e nós não só não os vemos ou conhecemos, como não temos a menor ideia de quantos são [...] pânico geral".[1]

Em 7 de fevereiro, a Vontade do Povo divulgou um comunicado em que assumia a responsabilidade da explosão e expressava "profundo pesar" pela morte dos soldados, mas declarava que esses esforços continuariam, a menos que o tsar entregasse seus poderes a uma assembleia constituinte. As classes superiores instruídas continuavam tão descontentes com o trono quanto na época da tentativa anterior de assassinato, perpetrada por Aleksandr Soloviov. Em reação à nova ameaça, que ocorreu no exato momento em que súditos leais ao tsar se preparavam para oferecer-lhe seus protestos de fidelidade e devoção, Alexandre II decidiu tomar medidas drásticas. O conde Mikhail Loris-Miélikov, um oficial do Exército que fora enobrecido em reconhecimento por suas vitórias na Guerra Russo-Turca, conseguira reprimir, quando governador-geral de Khárkov, radicais terroristas, ao mesmo tempo que compreendia a necessidade de aplacar a opinião dos liberais moderados. O tsar o nomeou ditador responsável por todo o país, com poderes "para fazer todos os arranjos e tomar todas as medidas" necessárias para assegurar a tranquilidade pública em qualquer lugar do império.[2] O período de sua gestão, que começou em 12 de fevereiro, foi chamado de "ditadura do coração", graças a um ligeiro afrouxamento dos controles governamentais. Dostoiévski reagiu favoravelmente à sua nomeação, embora tenha se queixado ao jornalista Suvórin que os apelos de Loris-Miélikov à sociedade russa (o que significava a classe alta instruída) para cooperar no restabelecimento de uma base para a ordem cívica estavam "mal escritos".[3]

Em 14 de fevereiro, Dostoiévski apresentou um rascunho de seu discurso de jubileu aos membros da Sociedade de Beneficência Eslava e, de acordo com o historiador Bestújev-Riúmin, "eletrizou a reunião ao ler sua confissão de fé".[4] Os primeiros parágrafos contêm as frases convencionais obrigatórias que expressam a devoção dos membros da sociedade, ao lado de todo o povo russo, a seu governante benévolo e amoroso. A seguir, Dostoiévski elogia o reinado de um tsar que libertara os servos e instituíra uma série de outras reformas louváveis de longo alcance. Mesmo assim, outros trechos transformam esse texto em um dos documentos mais incomuns já escritos para uma ocasião desse tipo.[5]

O documento informa ao tsar — como se ele já não soubesse disso! — que entre a imensa maioria de servos fervorosos e devotados da pátria haviam aparecido, fazia muito tempo, na "camada culta [*intelliguéntni*] da sociedade", pessoas "que não acreditam no povo russo nem em sua verdade, tampouco em Deus". Na esteira dessa gente vieram "destruidores impacientes, ignorantes mesmo em suas convicções [...] malfeitores sinceros que apregoavam a ideia da destruição e anarquia totais", mas que de fato acreditavam que o que restasse no rescaldo da destruição seria preferível ao que existia. Ora, "as jovens energias russas, que infelizmente se iludem de forma tão sincera, caíram finalmente sob o poder de forças obscuras, subterrâneas, sob o poder de inimigos da terra russa e, por conseguinte, de toda a cristandade". Foram essas as forças que, "com audácia sem precedentes", não há muito tempo "cometeram más ações inéditas em nosso país, o que causou tremores revoltantes em nosso povo honrado e poderoso e em todo o mundo". (Pode-se muito bem questionar se foi diplomático referir-se, ainda que indiretamente, à explosão do Palácio de Inverno ou aos atentados anteriores contra a vida do tsar.)

Dostoiévski também não denuncia os autores desses ultrajes com algum dos epítetos condenatórios que se poderiam esperar. Para ele, os perpetradores são "jovens energias russas" cujos motivos, quaisquer que fossem suas "más ações", não poderiam ser considerados *totalmente* criminosos ou maus, porque foram enganados na sua *sinceridade* e se desencaminharam. O caráter nefando de suas ações começa a se dissolver quando esses jovens são vistos como produtos de todo o desenvolvimento sociocultural russo, o resultado final do que começara com aqueles que não acreditavam no povo russo, em sua verdade, e em Deus (presumivelmente a geração da década de 1840). Dostoiévski assegura ao tsar que a Sociedade de Beneficência Eslava "se posiciona, no que diz respeito às suas opiniões, firmemente contra — tanto à pusilanimidade de muitos pais quanto à loucura selvagem de seus filhos, *que acreditam na vilania e se curvam com sinceridade diante dela"*. Essa ênfase repetida na "sinceridade" dos radicais não era exatamente a linguagem que o tsar estava acostumado a ouvir sobre aqueles que tentavam destruí-lo e a seu regime.

Dostoiévski destaca as convicções contrastantes mantidas pela Sociedade de Beneficência Eslava — mas, é claro, expressando suas próprias opiniões — no que tange às relações entre o tsar e seu povo. Essa relação é puramente patriarcal e deriva "da antiga verdade, que desde tempos imemoriais penetrou na alma do povo russo: a de que seu Tsar é também seu pai, e que os filhos sempre virão até seu pai sem medo para que ouçam deles, com amor, suas necessidades e desejos; que os filhos amam o pai e o pai confia no amor deles, e que a relação do povo russo com seu Tsar-Pai é amorosa, livre e sem medo — e não apática, formal e contratual". Essa última frase é uma estocada na ideia de "coroar o edifício" com uma Constituição de estilo ocidental. Haviam circulado rumores de que, para comemorar o aniversário, seria anunciada a outorga de uma Constituição naquele dia.

Dostoiévski sabia que essa imagem familiar da relação entre o tsar e seu povo era antes um ideal desejado do que uma realidade. Quaisquer que fossem os sentimentos do povo para com o Tsar-Pai, a aproximação entre eles, se acontecesse, só podia ocorrer por meio de um ritual rigidamente controlado, e não de acesso livre e fácil. Ao enfatizar por duas vezes a importância de poder apelar ao tsar "sem medo", ele insinua a ausência desse estado desejável de coisas. Com efeito, em uma anotação feita durante o último ano de sua vida, ele deixa clara sua visão: "Sou um servo do tsar, como Púchkin, porque seus filhos, o povo, não desprezam o fato de ser servos do tsar. Eles seriam seus servos ainda mais se ele realmente acreditasse que o povo é seu filho. Algo em que, por um tempo muito longo, ele não acreditou".[6]

Como os radicais, que haviam exigido uma assembleia constituinte, Dostoiévski também exortava o tsar a consultar o povo. Além disso, em vez de enfatizar a imutabilidade do reinado que estava supostamente glorificando, ele espera (embora de maneira discreta), no interesse público, sua eventual modificação, pois é sobre o alicerce "inabalável" dessa relação pai-filho, afirma, "que talvez se possa realizar e concluir a estrutura de todas as transformações futuras do nosso Estado, na medida em que estas venham a ser reconhecidas como necessárias". Ele também esperava um "coroamento do edifício", mas não pela concessão de uma Constituição; o que desejava era a distribuição de mais terras para os campo- neses por vontade do tsar.

Esse documento, apresentado ao tsar em 19 de fevereiro pelo ministro do Interior, L. S. Makov, foi lido com cuidado por seu destinatário, que talvez tenha compreendido sua insinuação subjacente com mais clareza do que seus patroci- nadores oficiais, pois o tsar comentou com seu ministro (suas palavras foram rela- tadas para Anna depois da morte de Dostoiévski) que "nunca suspeitei que a So- ciedade de Beneficência Eslava fosse solidária com os niilistas".[7] Essas palavras só podem ter sido ditas com ironia, o que significa que captara os aspectos do discur- so que traíam não apenas uma simpatia latente pelos *sinceros* radicais, mas tam- bém o desejo de que o tsar permitisse que o povo desse a conhecer seus desejos "sem medo".

No mesmo dia em que seu discurso foi entregue ao tsar, Dostoiévski visitou Suvórin, e, numa conversa de duas horas, o jornalista achou Dostoiévski com extremo bom humor, "muito animado" e cheio de esperança quanto a uma mu- dança para melhor sob a gestão Loris-Miélikov. "Você verá", disse a Suvórin, "está começando uma coisa nova. Não sou um profeta, mas você verá. Agora tudo pa- rece diferente."[8]

No dia seguinte à comemoração do aniversário do tsar, ocorreu uma conver- sa extraordinária entre Dostoiévski e Suvórin. O romancista acabara de sofrer outro ataque epiléptico e Suvórin o encontrou num estado de espírito deprimido e sombrio. A conversa voltou-se para a onda de crimes políticos e para a explosão no Palácio de Inverno. "Refletindo sobre esses eventos", recordou Suvórin, "Dos- toiévski insistiu na estranha relação da sociedade com esses crimes. A sociedade, por assim dizer, se solidarizava com eles, ou, mais perto da verdade, não sabia de fato o que pensar deles." Em seguida, inventou uma situação dramática, como fi- zera tantas vezes para os personagens de seus romances, na qual ele próprio teria de escolher um modo de ação que definiria sua atitude moral. E se ele e Suvórin tivessem escutado uma conversa entre dois terroristas sobre os planos iminentes para explodir o Palácio de Inverno? Será que procurariam a polícia para prender os conspiradores? Como Suvórin respondeu que não, Dostoiévski concordou. "Nem eu [...] Por quê? [...] Examinei todas as razões que poderiam levar-me a fazê-lo. Razões bem fundamentadas [...] depois considerei todas as razões que me impediriam de fazê-lo. Essas razões são... simplesmente insignificantes. Simplesmente o medo de ganhar a fama de ser um informante."[9]

Nada mostra de forma mais flagrante o descrédito moral em que o regime tsarista tinha caído nessa época e o torturante dilema moral e político em que se debatiam todos os russos pensantes enquanto observavam as tentativas de matar o Tsar-Pai. Não admira que cada fascículo de *Os irmãos Karamázov* se esgotasse e fosse lido com intensidade apaixonada, como se as classes letradas estivessem esperando que o romance as ajudasse a encontrar uma resposta para seu dilema. De qualquer modo, não pode haver dúvida de que Dostoiévski sentiu que o dilema que ele e Suvórin estavam contemplando tinha a mais estreita relação com a temática do romance. Basta ver que foi na conclusão desse diálogo, e sob seu estímulo, que ele delineou para seu ouvinte uma das possíveis continuações imaginadas para seu segundo volume. Nessa versão, AlióCha Karamázov se preparava "para passar pelo mosteiro e se tornar um revolucionário. Cometeria um crime político. Seria executado. Teria buscado a verdade, e nessas buscas, naturalmente, teria se tornado um revolucionário".[10] Essas palavras sem dúvida indicam a afinidade entre seu herói moralmente positivo AlióCha e os radicais. Elas também nos ajudam a entender por que, apesar de todas as razões "sólidas" que conseguiu reunir, Dostoiévski hesitou diante da perspectiva de entregar os terroristas à polícia.

No mesmo dia da conversa, houve um atentado contra a vida de Loris-Miélikov. Um jovem radical judeu, Ippolit Mlodiétski, atirou à queima-roupa no plenipotenciário recém-nomeado, mas errou o alvo. Mlodiétski foi capturado, julgado pela corte marcial e condenado à morte. Logo depois, Suvórin escreve que "o atentado contra a vida do conde Loris-Miélikov agitou Dostoiévski, [que] tinha medo de uma reação". "Deus nos livre de voltar ao velho caminho", teria dito. Suvórin também observa que, "durante o período de nossos crimes políticos, ele estava com medo terrível de um massacre, um massacre da classe instruída pelo povo, que se levantaria como os vingadores. 'Você não viu o que eu vi', dizia ele, 'você não sabe do que as pessoas são capazes quando estão enfurecidas. Vi casos terríveis, terríveis'".[11]

O enforcamento público de Mlodiétski ocorreu em 22 de fevereiro, na mesma praça Semiónovski onde, trinta anos antes, Dostoiévski estivera como condenado. Agora, ele tomou o seu lugar em meio à multidão de curiosos, que estimou em 50 mil. Ainda estava sob o efeito infeliz da execução quando, dois dias depois, recebeu a visita da condessa A. I. Tolstaia, que, numa carta à filha Ekatierina Yungue, diz que ele estava "perturbado, doente, terrivelmente pálido"; conhecendo-o muito bem, ela atribui seu estado ao enforcamento de Mlodiétski.[12] Para animá-lo, pediu a Anna que lesse uma carta laudatória da sra. Yungue contendo observações perspicazes sobre as partes publicadas de *Os irmãos Karamázov*. "Involuntariamente", ela diz à mãe, "a senhora comparou Dostoiévski com romancistas europeus — escolho apenas os melhores deles — os franceses: Zola, os Goncourt, Daudet — todos eles são honoráveis, desejam melhoria; mas, meu Deus!, como eles remam em águas rasas! Mas ele [...] [é] também um [...] realista, um investigador preciso, um psicólogo, um idealista, um filósofo."[13]

Em conclusão, expressando um sentimento também despertado em muitas outras pessoas, ela escreve que, depois de ler sobre o sofrimento das crianças e a Lenda do Grande Inquisidor, não conseguiu continuar e sentiu um desejo de "fazer sua confissão perante [Dostoiévski] e ouvir dele algum tipo de palavra [...] necessária, útil".[14] Enquanto ouvia o elogio da jovem, o rosto de Dostoiévski aos poucos "iluminava-se, adquiria um pouco de cor viva, seus olhos brilhavam com satisfação, cheios de lágrimas. [...] Parecia que, de repente, ficara mais jovem". Pediu à condessa para transmitir seus agradecimentos por tamanha compreensão de seu romance, que "ninguém lera até agora com tanta atenção".[15]

A carta de Ekatierina Yungue a sua mãe foi seguida por outra endereçada ao escritor. Um mês depois ele respondeu, queixando-se de que desejara responder às suas perspicazes missivas mais cedo, mas "juro por Deus, minha vida se encontra numa tal desordem e mesmo numa tal agitação que eu raramente sou dono de mim". Dostoiévski sabia que a sra. Yungue era pintora e (por intermédio da mãe) que era infeliz, "vivia na solidão e amargurava [sua] alma com recordações". Ele a aconselha a recorrer "a um único remédio: arte e trabalho criativo". Ela descrevera para Dostoiévski a "dualidade" perturbadora que sentia em sua personalidade, e os comentários tranquilizadores do romancista sobre esse problema tocam num dos principais motivos recorrentes de sua própria obra. Esse traço de personalidade, diz a ela, "é peculiar à natureza humana em geral", mas nem todo mundo sofre com isso com a mesma intensidade que a sra. Yungue — ou ele mesmo. "É por isso mesmo que a senhora é tão parecida comigo, pois essa *divisão* na senhora é igual à minha e tem sido assim durante toda a minha vida. É um grande tormento, mas ao mesmo tempo um grande prazer. É uma consciência poderosa, uma necessidade de autoavaliação, bem como a presença em sua natureza da necessidade de obrigação moral consigo mesmo e com a humanidade. Isso é o que significa a dualidade."[16]

Essas palavras oferecem uma compreensão de sua psique, e também do significado moral de todos os personagens ditos "esquizofrênicos" que retrata. "Se a senhora tivesse um intelecto menos desenvolvido", escreve ele, "se fosse uma pessoa limitada, teria menos remorsos e não haveria essa dualidade. Ao contrário, o resultado seria uma grande vaidade. Mas a dualidade é, não obstante, um grande tormento." O valor moral positivo atribuído ao "sofrimento" na obra de Dostoiévski é sempre uma luta interior; sua única fonte de conforto é voltar-se para Cristo. Como ele aconselha à sra. Yungue, "se a senhora acredita (ou quer muito acreditar), então, entregue-se a Ele por completo e o tormento dessa divisão será muito mitigado e a senhora receberá uma resposta emocionalmente espiritual, e isso é o que importa".[17]

Apesar de levar uma vida social e pública que seria desgastante até mesmo para um homem mais jovem, Dostoiévski prosseguia a todo vapor com *Os irmãos Karamázov*. Enviara o Livro 9 a Liubímov no início de janeiro, e entre o final de março e o início de abril remeteu o Livro 10. Ao mesmo tempo, a despeito da posição que conquistara na vida literária russa, ele foi lembrado de alguns dos constrangimentos de sua estreia na juventude por uma referência no número de abril da revista liberal ocidentalista *O Mensageiro Europeu*. Esse influente periódico vinha publicando uma série de reminiscências dos anos 1840 escritas por Ánnenkov, reunidas depois em livro com o título de *A década extraordinária* — obra que, depois de *Passado e pensamentos*, de Herzen, é o retrato mais penetrante e perspicaz do período. Muitas páginas são dedicadas a Bielínski, a figura central do período, e a reação entusiástica do crítico ao primeiro romance de Dostoiévski, *Gente pobre*, fornece parte da história. Mas Ánnenkov, que era o confidente russo mais próximo de Turguêniev e seu factótum literário, não pôde resistir a dar o troco à mortal caricatura que Dostoiévski fizera de Turguêniev em *Os demônios* e ao recente incidente no banquete. De acordo com Ánnenkov, o jovem Dostoiévski ficou tão enfatuado com sua fama recém-adquirida que pediu a Nekrássov, o editor de *Almanaque de Petersburgo*, "que separasse [*Gente pobre*] de todas as outras obras por um sinal tipográfico especial, por exemplo — bordas. De fato, o romance aparece circundado por essas bordas no almanaque".[18]

Enfurecido com a acusação, Dostoiévski rabiscou uma carta para Suvórin, que poucos dias depois publicou um desmentido em seu jornal conservador de Petersburgo *Novo Tempo* [*Nóvoie Vrêmia*]. Depois que vários outros publicistas entraram na briga, Dostoiévski pôs fim à controvérsia, solicitando que Suvórin publicasse o seguinte: "Recebemos uma declaração formal de F. M. Dostoiévski de que nada semelhante ao que foi afirmado no *Mensageiro Europeu* jamais aconteceu, nem poderia ter acontecido".[19] Dostoiévski pretendia responder longamente em seu *Diário* para 1881, uma vez que os mexericos sobre "bordas" lançavam dúvidas sobre o que dissera acerca de suas relações com Bielínski, e segundo ele, "se eu não fizer objeções, vão dizer que [a versão de Ánnenkov] é a correta".[20] Dostoiévski "estava tão enfurecido com a calúnia de Ánnenkov", escreve Anna, "que decidiu não o saudar caso o encontrasse na celebração de Púchkin, e se Ánnenkov se aproximasse dele, se recusaria a apertar-lhe a mão".[21]

A celebração de Púchkin mencionada por Anna se refere à planejada inauguração de um monumento ao poeta em Moscou e a uma série de recepções públicas, discursos e banquetes para comemorar o poeta nacional da Rússia. O prestígio do romântico e aristocrático Púchkin fora consideravelmente prejudicado pela campanha realizada contra ele e contra a arte em geral pelos publicistas radicais da década de 1860. No entanto, a grande maioria dos russos instruídos lia e admirava Púchkin, cujos poemas faziam parte do currículo escolar, e havia tempo que circulava a ideia de erigir-lhe um monumento em Moscou. Uma subscrição para levantar fundos ganhou força em 1871. Depois de vários concursos, o escultor A. M. Opekúchin foi escolhido para criar a estátua em tamanho real: sua inauguração, junto com os outros eventos previstos, foi agendada para 5-9 de junho de 1880. Dostoiévski havia anotado algumas ideias para um artigo sobre Púchkin quando, no dia 5 de abril, recebeu uma carta de Serguei Iúriev, presidente da Sociedade dos Amantes da Literatura Russa (encarregada dos preparativos para o festival). Iúriev já pedira a Dostoiévski que publicasse um novo romance em sua revista *Pensamento Russo*; dessa vez, abordava-o para pedir uma colaboração sobre Púchkin. Dostoiévski duvidava que "encontraria tempo para escrever alguma coisa", mas prometeu lembrar-se de *Pensamento Russo*.[22]

O mês de abril foi tão cheio de compromissos sociais que constatou ser impossível remeter ao *Mensageiro Russo* um novo fascículo. "Estou realmente impedido de escrever aqui", escreveu em tom de desculpa a Liubímov. "Os Karamázov são de novo culpados disso. Tanta gente me procura todos os dias a propósito deles, tantas pessoas [...] me convidam para suas casas — que estou absolutamente desesperado e agora estou fugindo de Petersburgo!" Planejava partir para Stáraia Russa "dentro de uma semana, e em três semanas terei concluído todo o romance".[23]

Se tivesse conseguido trabalhar ininterruptamente em Stáraia Russa, talvez tivesse chegado mais perto de cumprir o prazo otimista estabelecido por seu editor. Em 1º de maio, no entanto, recebeu outra carta de Iúriev, escrita em nome da Sociedade dos Amantes da Literatura Russa, na qual lhe pedia "para honrar a memória do grande poeta" falando em uma das sessões públicas que se realizariam após a inauguração do monumento.[24] Uma carta particular de Iúriev o instava a preferir a celebração de Moscou em detrimento da que ocorreria em São Petersburgo e fornecia a lista dos nomes dos outros participantes que marcariam presença: Ivan Aksákov, Píssemski, Ostróvski, Turguêniev. Em 4 de maio, numa reunião da Sociedade de Beneficência Eslava, Dostoiévski (que fora recentemente eleito vice-presidente) foi indicado para representar a sociedade nas festividades de Moscou, e ele aceitou o convite de Iúriev no dia seguinte.[25]

Em 8 de maio, voltou a ser convidado pelo grão-duque Konstantin e leu fragmentos de *Os irmãos Karamázov*, e inclusive, a pedido do anfitrião, a confissão de Zossima, que considerava um dos melhores textos que Dostoiévski já escrevera. A tsarevna [filha do tsar], durante toda a noite, "ouviu com muita atenção e ficou extasiada"; uma das senhoras chorou abertamente.[26] Cumprida essa obrigação extremamente gratificante, a família Dostoiévski partiu para Stáraia Russa em algum momento entre os dias 9 e 11 de maio.

56. O Festival Púchkin

O Festival Púchkin de Moscou, realizado na primavera de 1880, tem sido lembrado pela posteridade em grande medida graças à sensação criada pela apaixonada apoteose do grande poeta feita por Dostoiévski. Na época, no entanto, o evento assumiu uma importância considerável devido ao clima sociopolítico tenso e ameaçador que grassava no país, dando um colorido político a qualquer grande manifestação da opinião pública. Nesse caso, a nata da intelectualidade russa reuniu-se na antiga capital (bem como em outras grandes cidades) para homenagear um poeta que incorrera no desagrado de Nicolau I, fora mandado para o exílio e tinha amigos próximos entre os decabristas revolucionários de 1825. Essa celebração era, por si só, sem precedentes e, com efeito, foi sentida como uma reivindicação implícita por uma liberdade de expressão ainda inexistente na literatura e na sociedade russas.

De fato, a iniciativa desse empreendimento partira de indivíduos particulares (um grupo de colegas sobreviventes de Púchkin do liceu de Tsárskoie Sieló), e os recursos para a estátua foram levantados por meio de uma subscrição privada. O projeto acabou sendo aprovado e até mesmo patrocinado pela Coroa, e a Duma de Moscou concordou em pagar as despesas de todos os convidados; mas os participantes não se imaginavam em uma cerimônia oficial. Ao contrário, como disse um observador, "pela primeira vez um anseio social foi exibido por nós com ampla liberdade. Aqueles que participaram se sentiam cidadãos gozando de plenos direitos".[1]

Além disso, a aceitação oficial dessa iniciativa independente foi vista de forma positiva, como o presságio de uma nova era nas relações entre o tsar e a intelectualidade. Com efeito, num testemunho da influência que a classe instruída começara a exercer, o conde Loris-Miélikov instruiu o governo de Moscou a não exigir a aprovação prévia dos discursos que seriam proferidos após a inauguração da estátua. "Aqui em São Petersburgo", Dostoiévski se queixa a Iúriev, "na leitura literária mais inocente [...] para ler cada linha, mesmo escrita há vinte anos, [precisa-se] pedir [...] autorização prévia. [...] Será que vão realmente permitir a leitura de algo recém-escrito sem censura prévia de *alguém?*"[2]

Criou-se um clima de expectativa; talvez até estivessem por vir mais concessões por parte do governo! O que parecia ser um evento puramente cultural ganhou, desse modo, um importante subtexto sociopolítico — como costumava acontecer na Rússia, onde nenhuma discussão política sem restrições era possível. Em um nível mais pessoal, esse subtexto foi dramatizado pelo ápice do duelo ideológico que Turguêniev e Dostoiévski travavam desde meados da década de 1860.

Em 19 de maio, Dostoiévski escreveu para cumprimentar Pobedonóstsev no dia de seu santo onomástico e também para desejar-lhe "todo o sucesso maravilhoso em seu novo trabalho" de procurador-chefe do Santo Sínodo, o conselho que supervisionava a Igreja ortodoxa russa. Ao informá-lo sobre a viagem iminente para Moscou, Dostoiévski revela algumas das dissensões ideológicas que tinham começado a surgir nos preparativos para o grande evento. "Já ouvi falar de passagem, até em Petersburgo, que há uma facção furiosa lá em Moscou [...] e que têm medo de certas palavras *reacionárias* que poderiam ser ditas por certas *pessoas* nas sessões dos Amantes da Literatura Russa."[3] Mas Dostoiévski declara com firmeza: "Preparei o meu discurso sobre Púchkin, e precisamente no espírito mais *extremo* de minhas (isto é, nossas, atrevo-me a expressar-me assim) convicções, e, portanto, espero, talvez, uma certa quantidade de insultos [...] mas não tenho medo, e uma pessoa deve servir à sua causa, e vou falar sem medo. Os professores de lá estão cortejando Turguêniev, que está absolutamente se transformando em meu inimigo pessoal".

Por trás dessas observações estava a tentativa por parte da Sociedade dos Amantes da Literatura Russa de impedir que Katkov falasse. A comissão da Sociedade responsável pela organização das festividades seguia, em termos ideológicos, a orientação liberal moderada e ocidentalista de professores influentes da Universidade de Moscou, que se sentiam fortalecidos pela presença de Turguêniev, que voltara à Rússia para a comemoração e fora nomeado membro honorário da Sociedade. Turguêniev e Katkov eram velhos inimigos e o último havia recentemente atacado o romancista por simpatizar com os revolucionários. Além disso, Katkov ofendera a intelectualidade como um todo ao opor-se ao pedido de colaboração de Loris-Miélikov, que considerava o primeiro passo em direção ao enfraquecimento do poder autocrata. "Não há necessidade de procurar apoio e ajuda da sociedade", ele escrevera depois da explosão no Palácio de Inverno. "Apenas de disciplina nas fileiras do Estado, que faça com que todos temam desviar-se do dever e enganar o poder supremo, e de patriotismo nas esferas letradas da sociedade — é disso que se precisa."[4] Para Turguêniev, portanto, era fácil persuadir a comissão a pôr Katkov na lista negra, embora fosse membro da Sociedade e tivesse defendido o valor da arte de Púchkin contra os ataques dos críticos radicais na década de 1860. Foi feita também uma tentativa de banir Dostoiévski devido ao incidente ocorrido no jantar a Turguêniev do ano anterior, mas ele tinha muitos admiradores — entre eles o presidente da Sociedade, Iúriev — para que essa tentativa fosse bem-sucedida.

Em 22 de maio, Dostoiévski partiu de Stáraia Russa. Anna, os filhos e a sogra o acompanharam até a estação. Anna também queria ir a Moscou com as crianças, mas essa viagem estava além de seus recursos. Preocupada com a saúde do marido, tendo em vista a tensão antecipada, Anna o fez prometer que escreveria todos os dias, e ele manteve a palavra — escrevendo muitas vezes não uma, mas duas cartas. Desse modo, temos um relato completo, em primeira mão, do turbilhão de atividades em que ele se envolveu durante uma estada que não deveria exceder uma semana, mas se estendeu por 22 dias.

Esse acréscimo se deveu, em parte, à morte da tsarina Maria Aleksándrovna no mesmo dia da partida de Dostoiévski. Ele soube do falecimento pelos outros passageiros e imaginou que as festividades seriam canceladas, mas decidiu continuar a viagem. Chegando a Moscou, passou a manhã retribuindo visitas de vários notáveis, entre eles Ivan Aksákov, e depois foi ver Iúriev. "Um encontro entusiasmado, com beijos", relata com uma ponta de ironia. Não ficou nada impressionado com o editor, a quem compara com o desmiolado Repetilov de *A desgraça de ter espírito*, de Griboiédov. "Como pessoa, ele é um mexeriqueiro, um Repetilov em um novo formato." Naquela noite, foi ver Liubímov e Katkov, que o receberam com cordialidade, mas aguardavam com avidez um novo fascículo de seu romance para junho ("quando chegar em casa, vou ter de trabalhar como o diabo").[5]

Organizara-se um jantar em honra de Dostoiévski no hotel-restaurante Hermitage para o dia 25, porque "todos os jovens escritores de Moscou estão extremamente ansiosos para me conhecer". Compareceram 22 convidados, entre eles Ivan Aksákov e Nikolai Rubinstein, fundador e diretor do Conservatório de Moscou, que fora encarregado dos arranjos musicais para o festival: estavam presentes também quatro professores universitários. Ele ficou impressionado com a prodigalidade da refeição: "Codorniz, aspargos incríveis, sorvete, um rio de bons vinhos e champanhe [...] depois do jantar, durante o café e o licor, apareceram duzentos charutos magníficos e caros". Houve seis discursos laudatórios, e "mencionou-se minha 'grande importância como artista de sensibilidade mundial', como jornalista e como russo. [...] Todos estavam num estado arrebatado. [...] Respondi a todos com um discurso muito bem-sucedido que produziu grande efeito e, além disso, fiz de Púchkin o tema do discurso".[6]

Durante o jantar, Dostoiévski anunciou que planejava ir embora no dia 27 e, conforme conta para Anna, "a gritaria foi geral: 'Não vamos deixá-lo partir'". No começo desse dia, o príncipe Dolgorúki dissera a representantes da Sociedade que as festividades *teriam lugar* entre 1º e 5 de junho, e Dostoiévski foi advertido: "Toda Moscou lamentará e ficará indignada se o senhor for embora".[7] Quando alegou que tinha de trabalhar nos Karamázov, propuseram imediatamente que uma delegação fosse enviada a Katkov para exigir uma revisão do cronograma de publicação. Sob essa pressão, ele vacilou e disse que tomaria uma decisão no dia seguinte.

Em 27 de maio, soube que a Duma de Moscou pagaria a hospedagem e a alimentação de todos os delegados convidados. Longe de ficar satisfeito, fez fortes objeções a isso, mas lhe disseram que insultaria toda Moscou se persistisse em recusar. Ora, até os membros da família de Púchkin, todos hospedados no mesmo hotel, aceitaram a hospitalidade da Duma! Tendo em vista a preocupação de Dostoiévski com as despesas, podia-se pensar que sua resistência fosse fingida, mas presumia-se que um escritor conhecido por aceitar *algum* tipo de apoio oficial teria perdido sua independência, e Dostoiévski desejava evitar essa imputação a todo custo. Assim, diz a Anna que "irá de propósito a restaurantes para jantar, de modo a reduzir tanto quanto possível a conta que será apresentada à Duma pelo hotel".[8] Não queria que se espalhasse algum boato de que estava tirando vantagem indevida da situação.

Na tarde de 26 de maio, soube-se que as cerimônias ocorreriam em 4 de junho, e a maioria das delegações de todas as partes da Rússia decidiu permanecer. Os preparativos para o grande evento andavam a todo vapor; "nos prédios ao redor da praça, as janelas estão sendo alugadas por cinquenta rublos cada".[9] Dostoiévski tornou a explicar para Anna que "eu *devo* ficar [...] não é apenas [a Sociedade] que precisa de mim, mas nosso grupo inteiro, toda a nossa ideia, pela qual lutamos há trinta anos, porque o partido hostil (Turguêniev, Kovaliévski e quase toda a universidade) quer a todo custo tirar a importância de Púchkin como porta-voz do caráter nacional russo, negando exatamente esse caráter nacional. [...] Toda a minha vida lutei por isso e agora não posso fugir do campo de batalha".[10] Ademais, como ele havia dito à pragmática Anna no dia anterior, "se o meu discurso na reunião de gala for um sucesso, então em Moscou (e, portanto, também na Rússia), a partir desse dia, serei mais bem conhecido como escritor (isto é, no sentido da eminência já alcançada por Turguêniev e Tolstói). Gontcharóv, por exemplo, que não sai de Petersburgo, é conhecido aqui, mas de longe e com frieza".[11]

Turguêniev recebera a missão delicada e nada invejável de viajar até Iásnaia Poliana para persuadir Tolstói a comparecer ao Festival Púchkin, embora o autor de *Guerra e paz* houvesse nessa época se afastado da literatura por motivos comparáveis aos dos críticos radicais que haviam denunciado Púchkin na década de 1860. Não sabemos o que aconteceu durante o encontro dos dois escritores em 2-3 maio, mas Grigórovitch, um fofoqueiro inveterado, disse a Dostoiévski que "Turguêniev, que voltou da visita a Liev Tolstói, está doente, enquanto este quase perdeu o juízo, e talvez já o tenha perdido".[12] Um dia depois, Tolstói informa a Strákhov: "Tive muitas conversas interessantes com Turguêniev. Até agora [...] as pessoas disseram: 'O que Tolstói está fazendo, trabalhando em um ou outro absurdo? É preciso dizer a ele para parar com esse absurdo'. E toda vez tem acontecido que as pessoas que davam conselhos ficavam envergonhadas e assustadas consigo mesmas. Acho que aconteceu o mesmo com Turguêniev. Achei ao mesmo tempo doloroso e consolador estar com ele. E nos separamos amistosamente".[13] Outro relato, no entanto, afirma que Turguêniev ficou "ferido e ofendido" com o encontro. Numa carta seguinte, Dostoiévski escreve: "Katkov também confirmou que Liev Tolstói está perdendo o juízo. Iúriev está tentando me convencer a vê-lo. [...] Mas eu não vou, embora isso pudesse ser muito interessante".[14]

Em 31 de maio, enfim recebeu uma carta de Anna e ficou muito aliviado: "Parece que foi tirado um peso do meu coração". A providente Anna o encarregara da tarefa de inscrever o nome do filho Fiódor no registro da nobreza em Moscou; mas depois de vários lembretes, ele respondeu que "em primeiro lugar, mesmo que fosse possível, não tenho tempo e, o mais importante, isso precisa ser feito a partir de Petersburgo, *através de pessoas*".[15] Naquele dia, realizara-se uma reunião no alojamento de Turguêniev para fazer os arranjos finais e, dois dias depois, Dostoiévski se queixa a Anna por ter sido excluído. Na manhã de 1º de junho, ele ficou sabendo que, em vez das leituras que tinham sido atribuídas a ele de início, deram-lhe "O profeta" de Púchkin, que evidentemente sabia de cor. "É provável que eu não recuse 'O profeta', mas como não me notificaram oficialmente?"[16]

Tal tratamento de improviso não foi nada em comparação com o golpe desferido em Katkov no mesmo dia. Ao visitá-lo naquela noite, Dostoiévski encontrou Liubímov, que lhe disse que Iúriev, em nome da Sociedade, havia *retirado* um convite enviado a Katkov, na qualidade de editor de *Notícias de Moscou*, no qual os ataques de Katkov à intelligentsia tinham sido publicados, sob a alegação de que fora enviado por engano. Dostoiévski ficou indignado com essa demonstração de partidarismo ideológico, mais ainda quando soube pelo incontrolável fofoqueiro Grigórovitch que "Iúriev foi obrigado a fazê-lo, principalmente por Kovalévski, mas também por Turguêniev". "É uma vilania", irritou-se Dostoiévski, "e se eu não estivesse tão envolvido nessas festividades, talvez rompesse relações com eles."[17]

Em 3 de junho, Dostoiévski foi a uma reunião do comitê executivo da Sociedade, na qual — apesar de suas suspeitas anteriores — foram decididas as disposições finais. "Tudo foi organizado para satisfação geral de todos", diz a Anna, contente. "Turguêniev foi bastante amável comigo, enquanto Kovalévski (um brutamontes gordo e inimigo da nossa tendência) cravou os olhos em mim." Ele leria seu discurso sobre Púchkin "no segundo dia da reunião matinal, e na noite de sexta lerei a cena de Pímen, de *Boris Godunov*. [...] no dia 8, lerei três poemas de Púchkin (dois de 'Cantos dos eslavos ocidentais'), e, no final, para a *conclusão* das celebrações, 'O profeta', de Púchkin". Suas interpretações públicas desse poema tinham sempre causado sensação e tornaram-se merecidamente famosas. "Fui inserido de propósito no final para produzir um efeito."[18]

Quando retornou ao hotel às dez horas, encontrou um cartão de Suvórin e correu para o hotel onde esse aliado de Petersburgo estava hospedado com a esposa. "Fiquei muito contente. Por causa de seus artigos, ele caiu em desgraça com os 'Amantes' [a Sociedade], tal como Katkov."[19] Suvórin escrevera vários artigos em que atacava *Pensamento Russo*, de Iúriev, e, embora não defendesse Katkov diretamente, investira contra seus inimigos. Essas opiniões tinham sido suficientes para que se arruinasse na Sociedade. "Nem sequer lhe deram um ingresso para a sessão da reunião da manhã." Dostoiévski e Grigórovitch planejavam visitar o Museu de Antiguidades do Krêmlin no dia seguinte e Suvórin implorou que "o levassem com sua esposa". "Coitado", comenta Dostoiévski, "ele parece entediado com a esposa" — uma atitude muito distante de seus próprios sentimentos. Respondendo à acusação provocativa de Anna de que "não amo você", ele confessa: "Continuo tendo sonhos terríveis, pesadelos todas as noites, sobre você me trair com outros".[20]

As cerimônias oficiais de abertura dos "dias de Púchkin" começaram no dia 5 de junho. Na parte da tarde, todas as 106 delegações foram recebidas no salão da Duma pelo príncipe Oldenbúrgski, chefe da comissão do monumento a Púchkin, e pelo governador-geral Dolgorúki. "O rebuliço, o caos — é impossível descrever", escreve Dostoiévski. Todas as delegações, uma por vez, avançaram até um palco coberto com folhagens exuberantes e dominado por um grande busto de Púchkin, ao pé do qual depositaram suas coroas de flores. (Dostoiévski se atormentara com o problema de comprar essa coroa e pagá-la do próprio bolso.) Em seguida, os delegados leram os discursos, e os comentários da imprensa sobre o mérito desses esforços de oratória foram pouco lisonjeiros. O escritor populista Gleb Uspiénski, que cobriu o festival para *Anais da Pátria*, observou que "houve discursos tão estranhos que, mesmo que se quisesse, era impossível descobrir onde exatamente estava a oração principal".[21] Dostoiévski não diz nada sobre a oratória, mas menciona que ele conseguiu falar com a filha de Púchkin enquanto esperava na fila, e que "Turguêniev se comportou com cortesia", assim como o dramaturgo Ostróvski, "o Júpiter local".[22]

Em 7 de junho, começa uma carta a Anna com o relato dos acontecimentos do dia anterior, quando o monumento de Púchkin foi descerrado e inaugurado. Porém, sua pena vacila ao descrever esse acontecimento memorável. "Não seria possível descrevê-lo nem mesmo em vinte páginas, e, ademais, nem tenho tempo para isso. Por três noites dormi apenas cinco horas em cada uma, e esta noite também."[23] Como um prelúdio ao descerramento, fora rezada uma missa no Mosteiro Strastnoi, do outro lado da praça do monumento, e o metropolita Makári — membro da Sociedade — desejou solenemente "memória eterna" ao espírito de Púchkin. O plano inicial previa que o metropolita liderasse uma procissão solene da igreja até a estátua, a qual aspergiria com água benta, mas o clero permaneceu dentro da igreja e a estátua não recebeu a esperada bênção. Haviam surgido protestos de que essa bênção seria um sacrilégio. Assim, sem a presença do clero, a procissão prosseguiu ao som de "quatro orquestras e vários coros e grupos de escolares", dirigidos por Nikolai Rubinstein. "Os delegados usavam insígnias e levavam coroas de flores; alguns agitavam bandeiras de cores vermelha, branca e azul com o nome das delegações estampado em ouro";[24] outros estandartes traziam os nomes dos poemas de Púchkin.

A inauguração produziu uma explosão de alegria histérica, e todos os relatos coincidem ao dizer que "as pessoas estavam 'loucas de felicidade'; muitos choraram, e até os jornalistas mais durões admitiram depois que derramaram algumas lágrimas". Um colunista de *A Voz* escreveu: "Quantos apertos de mão sinceros, quantos beijos bons e honestos as pessoas trocaram — muitas vezes, pessoas que nem sequer se conheciam".[25] Deve-se ter em mente esse estado de êxtase geral para aferir o que Dostoiévski nos diz sobre os fervorosos testemunhos de admiração que recebeu, antes mesmo de seu discurso. Logo após o descerramento, as delegações, marchando ao som da ópera *O profeta*, de Meyerbeer, desfilaram até o monumento e depositaram suas coroas de flores ao seu pé.

Naquela noite, ao jantar patrocinado pela Duma de Moscou devia seguir-se a primeira das leituras feitas pelos importantes autores presentes. Além disso, apesar das manobras da Sociedade, Katkov fora convidado a falar como membro da Duma. Gaideburov, editor do semipopulista *A Semana*, que visitou Dostoiévski pouco antes do jantar, notou sua agitação. "Visitei Dostoiévski e vi que ele estava num estado horrível; contorcia-se todo, em seus olhos ansiedade, em seus movimentos irritação e alarme. Eu sabia que ele era uma pessoa excitável e impressionável, que se entregava com paixão a cada emoção, mas nunca o tinha visto antes naquele estado." Gaideburov perguntou o que havia de errado. "Ah, o que vai acontecer, o que vai acontecer?", exclamou em resposta, desesperado.[26] Gaideburov entendeu que ele se referia ao jantar iminente e ao discurso de Katkov. Agora, o pária poderia dizer o que pensava, e o resultado, como Dostoiévski temera um dia antes, é que talvez as pessoas chegassem às vias de fato.

No entanto, quando Katkov tomou a palavra, falou da celebração como uma "festa de paz" e disse que esperava que "essa aproximação passageira talvez venha a nos servir como promessa de uma unidade mais durável no futuro que leve à extinção, ou pelo menos à atenuação, das hostilidades". Concluiu com o famoso brinde poético de Púchkin: "Que o sol brilhe, que a escuridão cesse!". Essas palavras pacificadoras foram bem recebidas em geral e suscitaram alguns aplausos (cuja quantidade dependia do jornal que se lesse). Tanto Aksákov como Gaideburov se ergueram para felicitar o orador, mas, quando Katkov estendeu o braço para brindar com Turguêniev, este lhe deu as costas. Segundo Kovalévski, Dostoiévski e Turguêniev falaram sobre isso depois, à noite. "Há certas coisas que são impossíveis de esquecer", sustentou Turguêniev. "Como eu poderia estender a mão para uma pessoa que considero um renegado?"[27]

Durante o jantar de 6 de junho, que começou às cinco horas da tarde, "duas senhoras", como conta para Anna, "me trouxeram flores", mas esse tributo não podia superar sua decepção com o que ocorrera naquela noite, quando leu os textos que lhe foram atribuídos, junto com Píssemski, Ostróvski, Grigórovitch e, é claro, o único outro participante com que se importava — Turguêniev. "Eu li a cena de Pímen", escreve a Anna no dia seguinte. "Dizem que eu li soberbamente, mas dizem que não conseguiam me ouvir muito bem." Embora tivesse "sido recebido de modo maravilhoso" e chamado de volta três vezes, ainda sentia que fora superado: "Turguêniev, que leu muito mal, foi instado a voltar mais vezes do que eu".[28]

Turguêniev fora aplaudido clamorosamente pelo público, e um dos poemas que leu, "De volta à terra natal", tinha uma ressonância particular devido ao seu autoexílio. Dostoiévski, no entanto, persistiu na suspeita de que Kovalévski havia convocado uma claque ("uma centena de jovens gritaram frenéticos quando Turguêniev saiu") e que a finalidade deles, além de aplaudir Turguêniev, "era nos humilhar [os não liberais] se os confrontássemos". Apesar de tudo isso, ele não podia se queixar de falta de adulação por parte do público. "A acolhida que me ofereceram ontem foi incrível. Durante o intervalo, atravessei o salão e uma horda de gente — jovens, senhores de cabelos grisalhos e senhoras — correu para mim, dizendo: 'O senhor é nosso profeta. O senhor nos fez melhores desde que lemos *Os Karamázov*'. Em suma, estou convencido de que *Os Karamázov* tem uma importância colossal."[29] Todo esse apreço foi apenas uma antevisão do que ocorreria no dia seguinte.

As duas figuras literárias mais importantes do Festival Púchkin eram Turguêniev e Dostoiévski, e a rivalidade mal disfarçada entre eles marcou todos os rituais solenes da ocasião. Cada um fez uma leitura inteiramente diferente de Púchkin — Turguêniev analisou-o no contexto da literatura europeia; Dostoiévski declarou que o talento dele se igualava, ou era superior, a qualquer coisa que o gênio europeu houvesse produzido. Cada um apresentou não apenas uma visão crítico-literária de Púchkin, mas também, implicitamente, uma avaliação das realizações russas em comparação com as da Europa. A discussão, tal como o público bem compreendeu, era apenas teoricamente sobre uma figura literária; era também uma repetição do velho debate entre ocidentalistas e eslavófilos que vinha ocorrendo na cultura russa ao longo de todo o século XIX. Nessa ocasião, o registro histórico é claro: Dostoiévski triunfou! Ele deu ao público o que este esperava ouvir e alcançou uma vitória que surpreendeu até mesmo a si próprio.

Em 7 de junho, a primeira sessão das festividades em homenagem a Púchkin se iniciou com algumas palavras sobre o poeta pronunciadas pelo único representante estrangeiro presente, o eslavista francês Louis Léger. Foram lidos telegramas de Victor Hugo, Berthold Auerbach e Alfred Tennyson, mas o evento principal, ansiosamente aguardado por todos — embora por motivos diferentes —, foi o discurso de Turguêniev. Ao compô-lo, Turguêniev baseou-se em duas palestras que dera sobre Púchkin na década de 1860 e no seu famoso artigo "Recordações de Bielínski", que homenageara o grande crítico que primeiro definiu o lugar de Púchkin na literatura russa. Com efeito, grande parte do que Turguêniev disse sobre a posição histórica de Púchkin, em comparação com a de Liérmontov e de Gógol, derivava da famosa série de ensaios de Bielínski sobre o poeta.

Ele começa declarando que Púchkin é "o primeiro poeta-artista russo" e cobre de elogios o pai fundador da literatura russa moderna. Depois de declarar que a arte é "a encarnação dos ideais que estão na base da vida de um povo [*naródnoi*] e que definem sua fisionomia espiritual e moral", passa rapidamente para alguns dos fatos conhecidos da carreira artística de Púchkin.[30] Após imitar modelos estrangeiros (menciona Voltaire e Byron), o poeta russo logo se libertou dessa tutela e encontrou sua própria voz. Mas então, para uma plateia inflamada de fervor patriótico, Turguêniev, de forma um tanto inábil, iguala a rejeição dos modelos estrangeiros na poesia de Púchkin à rejeição da própria poesia popular russa: "O gênio independente de Púchkin tranquilamente [...] se libertou da imitação de formas estrangeiras e da tentação de imitar uma tonalidade popular [*naródnoi*]". Quando cedeu a essa tentação, como em "Ruslan e Liudmila", produziu "a mais fraca de todas as suas obras". Na Rússia, "o povo simples" (*prostoi narod*) não lê Púchkin mais do que o povo alemão lê Goethe, o francês, Molière ou o inglês, Shakespeare, pois "toda arte é a elevação da vida baseada num ideal e aqueles que permanecem no nível da vida comum, cotidiana, continuam inferiores a esse nível ideal".[31]

De todo modo, Goethe, Molière e Shakespeare são poetas *naródnoi* no verdadeiro sentido da palavra, que Turguêniev define a seu modo. Para ele, isso significa transmitir aos valores da própria cultura uma importância nacional, alcançando, assim, um nível de universalidade que transcende as meras fronteiras de classe ou de região. Esses poetas representam, sem dúvida, o seu povo, mas absorveram de tal modo seus valores que elevam esses valores ao nível universal do ideal. Para enfatizar esse ponto, Turguêniev deprecia o slogan do "caráter popular [*naródnost*] na arte", vendo nele um sinal de povos fracos, inferiores e escravos que lutam para preservar sua existência e sua identidade.[32] A Rússia, por sorte, não é um desses países, e não há, portanto, razão nenhuma para recorrer a esse paliativo. Num momento em que o populismo (*naródnitchestvo*) era o ideal sociopolítico e artístico dominante da intelectualidade russa, tanto da direita como da esquerda, Turguêniev estava em total desacordo com o estado de ânimo reinante da imensa maioria de seu público.

Ele levanta então a questão crucial de saber se Púchkin pode ser considerado um poeta "nacional" nesse sentido, tal como Shakespeare, Molière e Goethe, e dá uma resposta evasiva: "Por enquanto, deixemos isso em aberto". Não há dúvida, porém, de que Púchkin "nos deu nossa linguagem poética, literária, embora alguns argumentem que essa língua ainda não existe, porque ela só pode provir do 'povo simples', juntamente com outras instituições que preservam a tradição" (um golpe de passagem nas virtudes atribuídas à comuna camponesa russa). De qualquer modo, a linguagem de Púchkin expressa os melhores elementos do caráter russo — "seu encanto viril, sua força e clareza, sua verdade franca, a ausência de fraude e pose, [sua] simplicidade, a franqueza e honestidade de seus sentimentos".[33] Mas então, para sustentar essas afirmações, Turguêniev invoca observações feitas a ele por Victor Hugo e Prosper Mérimée, como se sua plateia russa fosse propensa a impressionar-se com a aprovação de autoridades estrangeiras tão eminentes. Turguêniev também disse que Mérimée aprovava "a ausência de explicações e conclusões morais" na poesia de Púchkin.[34] O que Turguêniev oferecia como elogio artístico podia muito bem ser visto por seu público como uma negação de que a poesia de Púchkin tivesse alguma importância moral!

Referindo-se à rejeição de Púchkin pelos radicais da década de 1860, que simplesmente deram seguimento à crítica iniciada por Bielínski no final dos anos 1840, ele a explica como consequência do "desenvolvimento histórico da sociedade em condições que deram nascimento a uma nova vida, que saiu de uma época literária para uma política". A adoração da arte e de Púchkin cessou e ele foi substituído pelo irado Liérmontov, o satírico Gógol e "o poeta da vingança e da tristeza" (Nekrássov). Eles ganharam a adesão de sucessivas gerações e criaram um tipo diferente de literatura, mais sensível às necessidades morais e sociais dos tempos.[35]

Desse modo, Turguêniev se recusa a condenar o ataque dos radicais a Púchkin, que refletiam as novas realidades da vida russa, mas se rejubila com o fato de que esse período de iconoclastia artística parece estar chegando ao fim. Na época de Púchkin, as *belles lettres* tinham sido a expressão singular da sociedade russa, mas então veio um tempo em que os objetivos da arte como tal foram abandonados de todo. "A esfera anterior era grande demais; a segunda encolheu-a até sumir; encontrando seus limites naturais, a poesia se estabelecerá com firmeza para sempre." E então, talvez apareça um poeta "que merecerá com justiça o título de poeta nacional-universal, que não podemos nos decidir a dar a Púchkin, embora tampouco não ousemos privá-lo dele".[36]

Segue-se um parágrafo laudatório como conclusão, mas o estrago já estava feito. Como Dostoiévski escreveu a Anna, Turguêniev "denegrira Púchkin ao recusar-lhe o título de poeta nacional".[37] E esse foi também o sentimento de grande parte da plateia. No fim, Turguêniev se recusara, mesmo que hesitante e relutante, a inserir o russo entre os poetas europeus de primeira linha com os quais ele o comparara. A alegria da cerimônia foi gravemente esvaziada por essa negação constrangedora, que parecia indicar a continuidade da inferioridade da cultura russa, que estaria sendo comemorada, perante a da Europa.

A palestra de Turguêniev deixou a plateia com um sentimento de "insatisfação e irritação indistinta", para citar Strákhov.[38] "Suas considerações sutilmente equilibradas tentaram unir um elogio a Púchkin com uma defesa de sua rejeição pelos críticos radicais da década de 1860, e ele também expressara sua oposição, como ocidentalista liberal, à idolatria do "povo" dos eslavófilos e populistas. Todas essas opiniões estavam longe de corresponder à temperatura emocional superaquecida do momento, e ele estava bem consciente de não ter conseguido comover sua plateia.

O discurso de Turguêniev, proferido à tarde, foi seguido por um jantar naquela noite. Dostoiévski relata a Anna: "Os jovens me saudaram à chegada, festejaram-me, acompanharam-me, fizeram discursos frenéticos para mim — e isso foi ainda antes do jantar". Fizeram-se brindes, um do dramaturgo Ostróvski à literatura russa, e Dostoiévski foi persuadido a falar. "Eu disse apenas algumas palavras — e houve um brado de entusiasmo — literalmente um brado." Ele propôs um brinde a Púchkin como um dos maiores poetas, "o mais puro, o mais honrado, o mais inteligente de todos os homens russos", prenunciando assim o que declararia na tarde do dia seguinte.[39] Quando o grupo se dispersou, ele foi cercado por um grupo de jovens. Em conversa com eles, Dostoiévski queixou-se de sua doença, que o impedia de trabalhar, e, depois de fazer uma pausa em silêncio, continuou: "'Vou escrever meus *Filhos* e morrer'. O romance *Filhos*, segundo ele, seria a continuação de *Os irmãos Karamázov*. Nele, os *filhos* do romance anterior seriam os principais protagonistas".[40]

Dostoiévski continua a descrever a adulação que recebeu na noite anterior ao seu discurso:

> Às 9h30, quando me levantei para ir para casa, eles gritaram um hurra! para mim em que até mesmo as pessoas que não simpatizam comigo foram forçadas a participar. Então, toda essa multidão precipitou-se escada abaixo comigo, e sem casacos, sem chapéus, me seguiu até a rua e me pôs em um coche de praça. E então, de repente, começaram a beijar minhas mãos — e não uma, mas dezenas de pessoas, e não apenas jovens, mas pessoas idosas, de cabelos grisalhos. Não, Turguêniev só tem membros de uma claque, enquanto minha plateia tem um entusiasmo verdadeiro.

"Amanhã, dia 8, é o meu dia mais decisivo", continua. "De manhã, lerei meu texto."[41]

★ ★ ★

A sessão de 8 de junho foi aberta com algumas observações introdutórias e um poema, "À memória de Púchkin", escrito e lido pelo antigo companheiro de Dostoiévski no círculo de Petrachévski, Aleksei Pleschéiev. Em seguida, foi a vez de Dostoiévski, e, para usar as palavras de Marcus Levitt, ele avançou até a tribuna "para roubar o festival".[42] Embora existam muitos relatos do que se tornou um acontecimento histórico, nenhum nos leva tão diretamente ao seu âmago que o do próprio romancista, escrito na noite de seu triunfo espantoso. Ele escreve:

> Não, Ánia, não, você nunca vai conceber e imaginar o efeito que produziu! O que são meus sucessos em Petersburgo! Nada, *zero*, comparados com este! Quando apareci, o salão trovejou com aplausos e demorou muito para que me deixassem ler. Acenei, fiz gestos, implorando para que me deixassem ler — nada adiantou: êxtase, entusiasmo (tudo por causa de *Os Karamázov*). Por fim, comecei a ler: fui interrompido por aplausos estrepitosos a cada página e, às vezes, até mesmo a cada frase. Li em voz alta, com ardor.[43]

De Gleb Uspiénski obtém-se a visão de um observador externo que, no início da sessão, notou Dostoiévski "acanhado" (*smirniókhonko*) no fundo do palco como se estivesse se escondendo, sentado, "a rabiscar alguma coisa num caderno".

> Quando chegou sua vez, ele, o *smirniókhonko*, subiu à tribuna do orador, e não menos de cinco minutos decorreram para que todos, sem exceção, presentes na reunião, todos os corações, todos os pensamentos, todas as almas, estivessem em seu poder. Falou-lhes com simplicidade, como se estivesse conversando com um conhecido, sem declamar frases pesadas em voz alta ou sacudir a cabeça. De maneira simples e clara, sem a menor digressão ou floreio desnecessário, ele disse ao público o que pensava de Púchkin como alguém que expressava os anseios, as esperanças e os desejos daquele mesmo público — aquele que o escutava naquele momento, naquela sala. Achou que era possível, por assim dizer, trazer Púchkin para o salão e, com suas palavras, esclarecer a todos que ali estavam reunidos algo sobre suas próprias ansiedades atuais, sua angústia atual. Antes de Dostoiévski, ninguém fizera isso, e essa foi a principal razão do extraordinário sucesso de seu discurso.[44]

Como Dostoiévski foi capaz de realizar essa façanha notável? Baseando-se numa vida inteira de observações sobre Púchkin espalhadas por sua obra,[45] e empregando seu mais brilhante estilo de crítica, ele une essas ideias numa síntese poderosa que exalta Púchkin como o arauto poético da gloriosa missão que a Rússia foi convocada a levar a cabo em nome da humanidade. Usualmente, Dostoiévski interpreta as obras literárias não em termos da personalidade do autor ou dos problemas históricos e socioculturais com os quais ele pode ter se envolvido, mas sempre à luz de alguma questão maior. Sua crítica é, portanto, um exemplo do que Nietzsche chamou de estilo "monumental" do texto histórico, em que o assunto se torna expressão simbólica de um tema muito maior, seja psicológico, moral-metafísico ou religioso. Nesse caso, ele transforma Púchkin num símbolo de seu próprio messianismo russo e sua concepção exaltada do "povo", que agora se harmonizava tão perfeitamente com as emoções da grande maioria da plateia.

Ele começa citando Gógol — "Púchkin é uma manifestação extraordinária e talvez única do espírito russo" —, uma citação que, de saída, liquida a referência de Turguêniev à substituição do artístico Púchkin pelo satírico Gógol. Para Dostoiévski, Púchkin não era apenas "extraordinário", mas sobretudo "profético", e é a essência dessa profecia que ele pretende elucidar. Divide a obra de Púchkin em três períodos, embora salientando que não se prestam a delimitações rígidas. "A visão aceita é que no primeiro período de sua obra Púchkin imitou os poetas europeus [...] em particular, Byron." Dostoiévski, no entanto, salienta que "mesmo [suas imitações] expressavam a independência extraordinária de seu gênio. As imitações nunca contêm o tipo de sofrimento pessoal e profundidade de consciência de si mesmo que Púchkin mostrava" (v. 26, pp. 136-7).

Como exemplo, toma o primeiro poema de Púchkin, "Os ciganos" (1824), em que um nobre russo chamado Alieko abandona a civilização para viver com sua amante cigana na tribo nômade dela. Dostoiévski interpreta essa situação como já emblemática de um dilema russo fundamental, que deu origem a um novo tipo de personagem. "Em Alieko, Púchkin já encontrara e representara com brilhantismo esse andarilho infeliz em sua terra natal, esse russo sofredor histórico que apareceu com inevitabilidade histórica em nossa sociedade letrada depois que ela se separou do povo."

À medida que se estende sobre a criação desse tipo de Púchkin, ele consegue, nas palavras de Uspiénski, trazer o poeta para aquele salão. O "andarilho russo" tornou-se "um elemento permanente" da cultura, e Dostoiévski agora imagina seus sucessores "correndo para o socialismo, que ainda não existia no tempo de Alieko". Desse modo, o "andarilho" de Púchkin é identificado com os jovens socialistas que estavam dependurados nas vigas do auditório e absorviam cada palavra de Dostoiévski — para não mencionar um socialista populista, como o próprio Uspiénski. E depois, aludindo aos que agora "tomam essa nova fé num campo diferente e trabalham-na com devoção (aqueles que "foram até o povo"), Dostoiévski diz que acrescentam uma característica adicional ao caráter do "andarilho russo". Aquilo de que ele precisa já não é algo puramente pessoal, mas universal: ele precisa "da felicidade do mundo inteiro para encontrar sua própria paz de espírito" (v. 26, p. 137).

Dostoiévski recua no tempo para examinar as raízes históricas desse tipo de personagem, datando-o do "início do século XVIII, após as grandes reformas de Pedro"; foi nessa época que a sociedade letrada russa "se separou totalmente do povo e da energia do povo". Naturalmente, a consciência dessa separação não afetou a imensa maioria dos russos, mas "é suficiente que tenha acontecido apenas aos 'poucos escolhidos' [...] já que, por intermédio deles, a grande maioria restante será privada de sua paz de espírito". Alieko estava procurando alguma coisa, mas não sabia o quê; na verdade, ele e aqueles como ele estavam procurando "a verdade que alguém, em algum lugar, tinha perdido e que ele simplesmente não conseguia encontrar". As gerações russas posteriores, em vez de voltar-se para a natureza, foram para a "ordem histórica estável e a vida cívica e social bem estabelecida" da Europa, em busca dessa verdade perdida. No entanto, essa busca foi um autoengano, porque "o andarilho" deve encontrar a verdade, "em primeiro lugar, dentro de si mesmo", mas não se sabe como poderia ele entender essa necessidade quando se tornou um estranho em sua própria terra natal, "não mais do que uma folha de grama, arrancada de sua haste e levada pelo vento. E pode sentir isso e sofrer por isso, e muitas vezes sofrer tão dolorosamente!" (v. 26, p. 138).

Alieko foi chamado de "homem desdenhoso" pelos ciganos, e é mandado para longe depois que comete um assassinato motivado por ciúme; e embora reconheça que esse clímax romântico é "inverossímil", Dostoiévski aceita a caracterização de Alieko como "real e a percepção de Púchkin aqui [como] apropriada". Alieko continua sendo um nobre russo que tira plena vantagem da sua posição e "ataca com raiva seu adversário e o castiga" quando é ofendido. Mas Dostoiévski também detecta no poema uma sugestão da "solução russa" para a raiva de Alieko, "de acordo com a fé e a verdade do povo". Essa solução é: "Humilha-te, ó homem arrogante; primeiro refreia teu orgulho; humilha-te, ó homem ocioso; primeiro trabalha teu solo nativo!".[46] Eis a proclamação de Dostoiévski de seu ideal positivo, que ele identifica com a "verdade" do povo. Instando "o andarilho russo" — e todos aqueles iguais a ele na plateia — a realizar essa autoconquista, Dostoiévski lhes assegura "que os senhores empreenderão uma grande missão e libertarão os outros [...] os senhores encontrarão a felicidade [...] e finalmente entenderão seu povo e sua verdade sagrada" (v. 26, pp. 138-9). Nenhum outro trecho do discurso provocou mais comentários, tanto positivos como negativos, do que essa convocação à humildade e à submissão.

Se "essa solução [...] já está fortemente sugerida", em "Os ciganos", Dostoiévski a encontra expressa com mais clareza ainda em *Evguiêni Oniéguin* (1833), cujos primeiros capítulos foram compostos durante a escrita da primeira obra. A figura principal novamente "vagueia angustiada por sua terra natal e por partes estrangeiras" e é um estranho em toda parte. "É verdade que ele ama sua terra natal, mas não tem fé nela" e olha sobranceiro, "com triste zombaria", para aqueles que têm fé. Oniéguin mata Liénski "apenas por mau humor", e esse mau humor "pode ter sido causado por seu anseio de um ideal universal". Ele compara Oniéguin com Tatiana, que vê como a encarnação do ideal russo, e lamenta que o poeta não tenha usado o nome dela no título; afinal, ela é a protagonista positiva da obra. "Pode-se mesmo dizer que um tipo positivo de mulher russa de tanta beleza quase nunca se repetiu em nossa literatura, exceto, talvez, na personagem Liza, de *Ninho de fidalgos*, de Turguêniev" (v. 26, p. 140). Esse tributo a Turguêniev foi inesperado e muito apreciado: ele estava sentado no palco e todos puderam ver que soprou um beijo na direção de Dostoiévski quando ele fez essa referência elogiosa.[47]

Ao comparar Oniéguin a Tatiana, Dostoiévski a transforma em alguém "que está solidamente em seu próprio solo nativo" e é a encarnação dos verdadeiros valores populares russos (embora, na verdade, nem ela nem Oniéguin sejam pessoas do "povo"). A rejeição de Oniéguin ao amor que ela lhe oferece, no início desse romance em verso, se transforma num exemplo de seu desprezo pelos tesouros que se encontram em sua terra natal. Embora Dostoiévski admita que "ele a tratava honradamente [...] o modo como Oniéguin olha de cima para o povo fez com que ele desconsiderasse Tatiana quando a encontrou pela primeira vez, em um lugarejo provincial, e na imagem humilde de moça pura, inocente, tão tímida em sua presença", ele não conseguiu apreciar suas admiráveis qualidades morais porque "ele é um homem de abstrações, é um sonhador irrequieto, e foi assim durante toda a sua vida". Oniéguin não compreendeu Tatiana, mas, depois das famosas estrofes que descrevem a visita da moça ao quarto dele (Dostoiévski fala da "incomparável beleza e profundidade" desses versos), no qual examina seus livros e bugigangas estrangeiros, ela finalmente entende a vacuidade essencial do jovem: *"Uj nie paródia li?"* ("Ele não é uma paródia?") (v. 26, pp. 140-1).

É só mais tarde, quando volta a encontrá-la como rainha da sociedade de São Petersburgo, "casada com um digno e velho general a quem não pode amar porque ama Oniéguin", que ele é subitamente subjugado por seus encantos. Mas quando se atira reverente aos seus pés, ela o rejeita: *"No iá drugomu ótdana/ Iá budu vek emu verná"* ("Mas eu fui dada a outro/ E serei fiel a ele por toda a vida"). Dostoiévski exalta essa decisão como a "apoteose" de Tatiana; aqui ela fala especificamente "como uma mulher russa" e como a encarnação dos valores morais russos — pelo menos tal como Dostoiévski os entendia. E aqui também, como o sabia toda a plateia, ele estava discordando de um famoso texto de Bielínski em que o crítico, sob a influência do socialismo utópico francês e de George Sand, se recusara a reconhecer qualquer sublimidade moral na conduta de Tatiana. Bielínski considerava imoral, em vez de louvável, sua lealdade a um vínculo matrimonial não baseado no amor. (Kólia Krassótkin, inspirado em Bielínski, havia imitado recentemente essa crítica a Tatiana enquanto desfilava sua fanfarronice adolescente nas páginas de *Os irmãos Karamázov*.)

Para Dostoiévski, no entanto, a fidelidade de Tatiana decorre de seu enraizamento nos valores da alma do povo russo. Ela se recusou a fugir da responsabilidade moral por sua própria decisão anterior. Sabia que o abandono do marido "lançaria vergonha e desgraça sobre ele e significaria a sua morte. E pode-se encontrar a felicidade em cima da infelicidade de outro?". Dostoiévski fala aqui no tom do próprio Ivan Karamázov quando pergunta se é possível erigir um "edifício" de felicidade "se seus alicerces repousam sobre o sofrimento de, digamos, até mesmo uma criatura insignificante, mas que fora impiedosa e injustamente torturada?". Essa pergunta demonstra a impossibilidade de Tatiana, como "uma alma russa pura", de não fazer qualquer coisa senão *sacrificar-se*, em vez de construir sua felicidade sobre a destruição de seu marido inocente. O que surpreende Dostoiévski "é que, por um período tão longo, lançamos dúvidas sobre a solução moral dessa questão" (v. 26, p. 142).

974

Dando um passo adiante em sua análise desse imbróglio, ele insiste que Tatiana, mesmo livre, teria ainda assim rejeitado Oniéguin. Teria entendido que o caráter dele não tinha substância, que estava deslumbrado com a posição dela na sociedade; sua paixão não prova que ele tenha chegado a uma melhor compreensão dos valores de sua alma, da "Tatiana que era tão humilde como antes". O que ele ama é "sua fantasia; com efeito, ele mesmo é uma fantasia". Mas, por outro lado, ela "ainda tem algo sólido e inabalável em que sua alma pode apoiar-se. São suas memórias de infância, suas memórias da terra natal nos confins das províncias onde começou sua vida humilde e pura; é 'a cruz e a sombra dos ramos sobre o túmulo de sua pobre babá'". Todas essas evocações "representam o contato com sua terra natal, com o povo de sua terra e seus valores sagrados". Oniéguin carece de qualquer sustentação: "Ele não tem solo sob seus pés, essa folha de grama levada pelo vento" (v. 26, p. 143).

Assim, ele conclui que, com Oniéguin, Púchkin provou ser "um grande escritor nacional [*naródni*]" que havia "identificado a essência mais íntima da classe alta da nossa sociedade que estava acima do povo" e também "identificado o tipo do andarilho russo, que continua a sua perambulação, mesmo em nossos dias". Mas assim como descreveu essas imagens negativas da vida russa, Púchkin também "nos mostrou toda uma série de tipos russos positivamente belos que encontrou em meio ao povo russo". Além de Tatiana, Dostoiévski cita "o tipo de cronista-monge russo" (Pímen, em *Boris Godunov*) e, um pouco mais tarde, "A lenda do urso" e uma canção de bebedeira camponesa. Ao contrário de outros escritores, que vieram de um mundo diferente e cuja obra "mostra um desejo de elevar o povo ao nível deles e torná-lo feliz ao fazer isso", havia em Púchkin algo "que *verdadeiramente* o torna semelhante ao povo, algo que atinge o nível da ternura sincera". Em consequência, de Púchkin os russos derivam "a fé em nossa individualidade russa, nossa esperança agora consciente na energia do nosso povo e, com ela, a nossa fé em nossa futura missão independente na família dos povos europeus" (v. 26, p. 144).

A última parte do discurso é dedicada ao "terceiro período" da obra de Púchkin, em que "nosso poeta se destaca como um fenômeno quase milagroso e sem precedentes", com uma universalidade que supera até mesmo os maiores criadores da literatura europeia — Shakespeare, Cervantes, Schiller. Nesse período, ele começou a escrever obras que "refletem as imagens poéticas de outras nações e encarnam o gênio delas". Dostoiévski caracteriza expressivamente uma série desses poemas, mas ao contrário de Turguêniev, que os elogiara sem muito entusiasmo, dá-lhes importância fundamental. Nenhum outro poeta ou escritor da literatura mundial tem essa capacidade de penetrar no espírito de outras culturas e reproduzi-las no mesmo grau, porque nenhum outro povo, exceto o russo, possui essa empatia universal. "Isso encontramos apenas em Púchkin e, nesse sentido, repito, ele não tem precedentes e é, na minha opinião, profético." É "profético" porque essa característica de sua obra, "sua capacidade de infundir seu espírito no espírito de outras nações", é exatamente indicativa da grande missão futura do povo russo (v. 26, p. 145).

O messianismo de Dostoiévski ganha aqui um novo poder e uma nova ressonância ao ser prefigurado em Púchkin, e essa ligação respondia à necessidade de uma visão inspiradora sentida por sua plateia expectante. A missão da Rússia, proclamou Dostoiévski, era "a unificação geral de todos os povos de todas as tribos da grande raça *ariana*". (Foi a primeira vez que empregou essa palavra, o que revela a influência da literatura antissemita da época e provocou grande número de críticas.) Em seguida, declarou que "todo o nosso eslavofilismo e nossa ocidentalização" não passaram de um grande mal-entendido, porque "se tornar um verdadeiro russo, se tornar completamente russo, talvez, signifique apenas (em última análise — por favor, tenham isso em mente) tornar-se um irmão de todos os povos, um *pan-humano*, se quiserem" (v. 26, p. 147). Em seguida, repete sua afirmação de que a política externa russa, mesmo no passado, servira muito mais à Europa do que ao próprio país.

Admitindo que "minhas palavras podem parecer extáticas, exageradas e fantásticas", ainda assim Dostoiévski está disposto a sustentá-las. E, a essa altura, faz seu movimento mais magistral ao identificar Púchkin e a Rússia com a essência cenótica do sentimento religioso russo, a reverência pelo Cristo sofredor e humilhado. As reivindicações que fizera para a Rússia podem, afinal, parecer meramente pretensiosas; com efeito, como poderia "uma terra pobre e crua" como a Rússia reivindicar um destino tão elevado? "Será que somos ordenados a proferir uma palavra nova para a humanidade?" Mas ele lembra a seus ouvintes que não está fazendo nenhuma reivindicação de "proeminência econômica [...] a glória da espada ou da ciência". Parafraseando e citando um poema de Tiútchev, declama: "'Nossa Terra pode ser pobre, mas o Próprio Cristo em trajes de escravo atravessou esta terra pobre e deu [a ela] Sua bênção!'. Por que não podemos conter Sua palavra final?". "Se a minha ideia é uma fantasia", conclui, "então, em

Púchkin, pelo menos, há alguma coisa sobre a qual essa fantasia pode ser fundada." Mas Púchkin morreu jovem, "e, sem dúvida, levou consigo algum grande segredo para o túmulo. E assim, devemos decifrar seu segredo sem ele" — um segredo que, como Dostoiévski deve ter acreditado, seu discurso muito contribuíra para revelar (v. 26, pp. 148-9).

O efeito desse discurso sobre o público foi absolutamente arrebatador, e as emoções que desencadeou podem ser comparadas às efusões histéricas típicas de reuniões de renascimento religioso. Os livros de memórias do período estão cheios de descrições daquele momento; podemos começar com a imagem de seu final transmitida por D. A. Liubímov — o filho do editor de Dostoiévski, na época ainda um jovem estudante.

> Dostoiévski pronunciou as últimas palavras de seu discurso numa espécie de sussurro inspirado, baixou a cabeça e, num silêncio mortal, começou a deixar às pressas a tribuna. O salão parecia prender a respiração, como se esperasse algo mais. De repente, das últimas fileiras ecoou um grito histérico: "Você o descobriu!" [o segredo de Púchkin], que foi assumido por várias vozes femininas em coro. Todo o auditório começou a agitar-se. Podiam-se ouvir os gritos: "Você o descobriu! Você o descobriu!", uma tempestade de aplausos, uma espécie de estrondo, batidas com os pés, gritos femininos. Não creio que as paredes do Salão da Nobreza de Moscou já tivessem ressoado antes ou venham a ressoar depois com tamanha tempestade de êxtase.[48]

O relato de Dostoiévski a Anna sobre seu sucesso espetacular é insuperável em comunicar a emoção do momento:

> Tudo o que eu disse sobre Tatiana foi recebido com entusiasmo. (Esse é o grande triunfo da nossa ideia sobre mais de 25 anos de enganos.) Mas quando falei, no final, da *unidade universal* do povo, o salão ficou como que histérico. Quando concluí — não vou lhe falar do barulho, do êxtase, estranhos na plateia choravam, soluçavam, abraçavam-se e *prometiam uns aos outros ser melhores, não odiar uns aos outros a partir de agora, mas amar uns aos outros*. A ordem da reunião foi violada; todos correram em direção ao palco para me ver, damas nobres, estudantes de ambos os sexos, secretários de Estado — todos me abraçaram e me beijaram. Todos os membros da nossa

sociedade [a Sociedade dos Amantes da Literatura Russa] que estavam no palanque me abraçaram e me beijaram. Todos eles, literalmente todos eles, choravam de deleite. Os clamores continuaram por meia hora; pessoas acenavam lenços; de repente, por exemplo, dois velhos que eu não conheço me pararam: "Fomos inimigos por vinte anos, não nos falávamos, mas agora nos abraçamos e nos reconciliamos. Foi o senhor quem nos reconciliou, o senhor, nosso santo, o senhor, nosso profeta!". "Profeta, profeta", as pessoas na multidão gritaram.

Turguêniev [...] correu para me abraçar aos prantos. Ánnenkov correu para apertar minha mão e beijar meu ombro. "O senhor é um gênio, o senhor é mais do que um gênio!", disseram-me. Aksákov (Ivan) correu para o palanque e declarou à plateia que o meu discurso *não era apenas um discurso, mas um evento histórico!* Uma nuvem de tempestade estivera encobrindo o horizonte, e agora o discurso de Dostoiévski, como o sol que nasce, dissipara tudo, iluminara tudo. A partir de agora, a fraternidade chegara e não haveria mais nenhuma perplexidade. "Sim, sim!", todos gritavam e novamente me abraçaram e novamente houve lágrimas. A sessão foi interrompida. Corri para os bastidores a fim de escapar, mas todos que estavam no salão vieram junto, sobretudo as mulheres. Beijaram minhas mãos, atormentaram-me. Os estudantes chegaram correndo. Um deles, em lágrimas, caiu no chão diante de mim em convulsões e perdeu a consciência. Uma vitória completa, absolutamente completa![49]

Com exceção da reconciliação dos dois velhos inimigos, todos os outros detalhes desse relato podem ser confirmados por fontes independentes. O jovem que desmaiou aos seus pés foi o que mais chamou a atenção entre aqueles tão arrebatados, mas a *kursístka* Letkova-Sultánova, que conhecera Dostoiévski na casa do poeta Polónski, também se refere a uma amiga que perdeu a consciência na conclusão do discurso.[50] Quanto a Ánnenkov, além de abraçar Dostoiévski, ele encurralou Strákhov e disse excitado: "Eis um exemplo de caracterização literária feita por um gênio! Resolve a questão numa pincelada!".[51]

Demorou uma hora inteira para que a sessão fosse retomada. Apesar de relutar a tomar a palavra, Aksákov foi persuadido a fazê-lo por Dostoiévski e todos os outros. Sabiamente, improvisou algumas observações, concentrando-se na concordância com as palavras de Dostoiévski manifestada tanto por um representante dos eslavófilos como ele próprio quanto pelo mais importante dos ocidentalistas, Turguêniev. A partir daquele momento, todo mal-entendido tinha sido eliminado e uma nova era de harmonia na cultura russa estava prestes a amanhecer. Àquela altura, Dostoiévski "ficara fraco e quis ir embora, mas foi forçado ficar".[52]

Durante a hora que decorrera após seu discurso, uma grande coroa de louros fora adquirida por um grupo de *kursístki* que invadiu o palco (Dostoiévski disse que eram mais de cem) e o coroou com esse pesado tributo. A coroa trazia uma inscrição em letras douradas: "Em nome das mulheres russas, sobre as quais o senhor disse tantas coisas boas". Mais uma vez, "todo mundo chorou, de novo houve entusiasmo". O presidente da Duma de Moscou agradeceu a Dostoiévski em nome da cidade e então a sessão foi encerrada. Sua carta foi escrita às oito da noite, mas para ele o dia ainda não terminara. "Dentro de uma hora", conta a Anna, "vou ler na segunda celebração literária. Vou ler 'O profeta'."[53]

Nessa sessão final, na primeira parte do programa leu trechos dos "Cantos dos eslavos ocidentais" e de "A lenda do urso"; na segunda, declamou "O profeta". Para Strákhov, esse último desempenho foi "o mais notável" da noite, que também incluiu leituras feitas por Turguêniev. "Dostoiévski recitou-o duas vezes [foi chamado de volta pelo público], e a cada vez com uma paixão tão intensa que seus ouvintes se sentiram estranhos. [...] Sua mão direita, que tremia enfatizando a culpa, absteve-se claramente de qualquer gesto exagerado; a voz foi forçada a fazer um clamor."[54]

A noite não acabou com esses eventos, mas continuou com uma repetição da "apoteose" pública do busto de Púchkin que dera início às cerimônias. Coroas foram novamente colocadas por todos os escritores presentes, e, dessa vez, foi Dostoiévski, e não Turguêniev, que encimou a cabeça de Púchkin. Turguêniev depositou sua homenagem ao pé do pedestal. É possível que isso já estivesse combinado desde o início, para dar aos dois escritores mais proeminentes esses papéis alternados, mas agora parecia ser um gesto simbólico, expressando o que muitas pessoas da plateia tinham passado a sentir — que Dostoiévski saíra vitorioso, e que ele, e não Turguêniev, é que herdara o manto de Púchkin. Por fim, permitiram-lhe regressar ao hotel e ao descanso tão necessário, mas estava animado e feliz demais para ficar quieto por muito tempo. Como conta Anna, "tarde da noite, voltou mais uma vez ao monumento de Púchkin. A noite estava quente, mas não havia quase ninguém na rua. Chegando à praça Strástnaia, ergueu com dificuldade uma enorme coroa de louros que lhe fora presenteada na sessão da manhã após seu discurso, depositou-a aos pés do monumento a seu 'grande mestre' e curvou-se diante dele até o chão".[55]

Dostoiévski permaneceu em Moscou por mais dois dias, encontrando pouco descanso da roda-viva de atividades em que fora apanhado desde a sua chegada. Na manhã do dia 9, posou para seu retrato, a pedido do melhor fotógrafo de Moscou, M. M. Pánov. Já havia decidido dar seu artigo sobre Púchkin a Katkov para publicação no *Notícias de Moscou*, no qual sairia com mais rapidez e atingiria um público leitor maior do que na revista de Iúriev.

No final da tarde, enquanto fazia sua ronda de visitas obrigatórias antes de partir, topou por acaso com um seu conhecido de Petersburgo, Evguiêni Opotchínin, que trabalhava na biblioteca e no museu da Sociedade dos Amantes da Velha Literatura (russa). Os dois caminharam juntos até Dostoiévski se cansar. Sentaram-se num banco para continuar a conversa quando, de repente, ouviram atrás deles "uma voz alegre" saudando Dostoiévski — uma voz que, conforme perceberam, era de Turguêniev. Reunindo-se aos dois, Turguêniev travou com Dostoiévski uma conversa à qual, infelizmente (embora isso seja difícil de acreditar), Opotchínin não prestou atenção. Seus pensamentos foram interrompidos quando Dostoiévski, de repente, se levantou do banco, "com o rosto pálido e os lábios trêmulos". "'Moscou é muito grande', disse com raiva ao seu interlocutor, 'mas não há nenhum lugar onde eu possa me esconder de você!' E, sacudindo os braços, afastou-se bulevar abaixo."[56]

O que foi dito nesse encontro talvez tenha sido causado pelo incômodo que Turguêniev sentiu em relação aos relatos sobre o discurso de Dostoiévski publicados nos jornais, que falaram de sua participação no entusiasmo geral. As palavras de Aksákov sobre a reconciliação entre ocidentalistas e eslavófilos realizada por Dostoiévski também o perturbaram profundamente. E uma vez que não dissera nada no momento para não interromper o júbilo arrebatador, temia que seu silêncio fosse tomado como consentimento. Em 11 de junho, escreveu a M. M. Stassiúlevitch, editor de *Mensageiro Europeu*, solicitando que incluísse num artigo sobre o festival Púchkin uma negação de que "ele [Turguêniev] tivesse sido totalmente subjugado" pelo discurso de Dostoiévski e o aceitado por completo: "Não, não foi assim", enfatizou Turguêniev. "Foi um discurso muito inteligente, brilhante e muito astucioso, [e] embora cheio de paixão, seu fundamento era inteiramente falso. Mas foi uma falsidade extremamente atraente para o amor-próprio russo."[57]

Na manhã seguinte, enquanto esperava o trem na estação ferroviária, Dostoiévski escreveu a *Notícias de Moscou* solicitando que seu discurso fosse publicado "assim que possível" e que os editores não fizessem "quaisquer correções editoriais (isto é, de sentido e conteúdo)".[58] Com isso, partiu para casa. Nos meses seguintes, os últimos de sua vida, impulsionado pelo entusiasmo e pela reverência das multidões de adoradores que encontrara no festival, atirou-se com renovado vigor ao trabalho para terminar *Os irmãos Karamázov* e depois reviver o *Diário de um Escritor*.

57. Controvérsias e conclusões

De volta a Stáraia Russa, Dostoiévski enviou uma carta à condessa Sófia Tolstaia, que, com Vladímir Soloviov e a cantora e compositora Iúlia Abaza, assinara um telegrama coletivo de congratulações por seu sucesso no festival Púchkin. Ele repete, em resumo, grande parte do que já sabemos, inclusive as reações espontâneas e entusiasmadas de Turguêniev e Ánnenkov ("o último, meu inimigo absoluto"), e fornece um detalhe adicional: "'Não estou dizendo isso porque você elogiou minha Liza', disse-me Turguêniev". Desculpando-se por "falar tanto sobre mim", Dostoiévski insiste: "Juro que não é vaidade: vive-se para esses momentos, é por eles, de fato, que se veio a este mundo. Meu coração está cheio — como posso deixar de contar para meus amigos? Ainda estou atordoado".[1]

Veterano das guerras socioculturais russas, Dostoiévski não tinha ilusões de que sairia ileso ou de que essa batalha não seria travada rapidamente. "Não se preocupe — em breve ouvirei 'o riso da multidão'" (uma citação de Púchkin), garante à condessa. "Não serei perdoado por isso nas diversas veredas escuras e tendências literárias." Ao ler os resumos de seu discurso nos jornais, já vira que dois de seus principais argumentos tinham sido esquecidos. Um deles é "a sensibilidade universal", de Púchkin, que "vem completamente de nosso espírito nacional". Donde Púchkin "é de fato nosso poeta mais nacional". O segundo argumento era que "dei uma fórmula, uma palavra de reconciliação para todos os nossos partidos, e mostrei a saída para uma nova era. Isso foi o que todo mundo sentiu de fato, mas os correspondentes de jornais ou não o entenderam ou se recusaram a entender".[2] Estava convencido de que tinha sido compreendido pelo público, a despeito do que os jornais estivessem dizendo ou do que as revistas mensais publicariam em seus próximos números.

Em 15 de junho, Dostoiévski escreveu a Iúlia Abaza, em resposta a um conto que ela escrevera e lhe enviara pedindo comentários. A crítica proporcionou-lhe uma ocasião para liberar a animosidade antissemita que dominava cada vez mais seus pensamentos. A ideia do conto de Abaza, como Dostoiévski a define, é "que as raças de pessoas que receberam sua ideia original de seus fundadores, e *que se subordinam* apenas a ela ao longo de várias gerações, acabam depois degenerando necessariamente em algo separado da humanidade como um todo e, até mesmo, nas melhores condições, em algo nocivo à humanidade *como um todo* — essa ideia é verdadeira e profunda". Não está claro se Abaza apresentou essa ideia como se estivesse corporificada no povo judeu, mas Dostoiévski interpreta a história judaica como um exemplo dessa lei geral.

> É o caso, por exemplo, dos hebreus [*evrei*], a começar de Abraão e continuando até o presente, quando se transformaram em *jidi*. Cristo (além do resto de sua importância) foi a correção dessa ideia, expandindo-a numa pan-humanidade [*vsetcheloviétchnost* — um termo fundamental no discurso sobre Púchkin]. Mas os judeus recusaram a correção e se mantiveram em toda a sua antiga estreiteza e inflexibilidade e, portanto, em vez de pan-humanidade, se converteram em inimigos da humanidade, negando a todos, exceto a si mesmos, e agora continuam de fato a ser os portadores do Anticristo e, naturalmente, serão vitoriosos por algum tempo.[3]

Dostoiévski sempre afirmara que nem ele nem o povo russo alimentavam qualquer hostilidade contra a religião judaica, mas agora sua identificação anterior do "jidismo" com o materialismo do mundo moderno se petrificara em dogma. Os judeus tinham se tornado os agentes do Anticristo que iria dominar o mundo durante algum tempo — como estava previsto no Apocalipse, o livro preferido de Dostoiévski — antes que o mundo fosse redimido pelo Cristo russo e pela *vsetcheloviétchnost* do povo russo. Mas, nesse meio-tempo, o reino das trevas estava próximo e os judeus "estão vindo, encheram toda a Europa, tudo que é egoísta, tudo que é nocivo à humanidade, todas as paixões ruins da humanidade estão a favor deles — como não poderiam triunfar, para a ruína do mundo!".[4] Esse trecho o mostra na pior fase de sua animosidade antissemita.

Em 6 de julho, uma carta a Liubímov acompanhava os primeiros capítulos do Livro 11 de *Os irmãos Karamázov* e prometia a conclusão para o número de agosto. "O Livro 12 final", escreve ele, seria publicado em setembro e, depois, "para o número de outubro seguirá [...] um curto 'Epílogo'". Nesse meio-tempo, porém, esteve "um pouco ocupado com a publicação do *Diário*", que agora, além de seu discurso sobre Púchkin, incluiria "um prefácio um tanto longo e, penso eu, um posfácio, em que quero dizer algumas palavras em resposta aos meus queridos críticos".[5] A imprensa russa estava cheia de comentários sobre o discurso de Dostoiévski, bem como de reproduções dele, no todo ou em parte.

"Comecei a ler tudo o que foi escrito nos jornais sobre mim e meu discurso em Moscou", explica a Elena Chtakenchneider, "e decidi responder a Gradóvski, isto é, não tanto responder a Gradóvski como escrever toda a nossa *profession de foi* [profissão de fé] para toda a Rússia." A. D. Gradóvski, professor de direito civil da Universidade de Moscou, publicara em *A Voz* um artigo respeitoso, porém crítico, sobre o discurso de Dostoiévski, intitulado "Sonhos e realidade". É provável que Dostoiévski tenha escolhido o artigo de Gradóvski como alvo de sua resposta porque era uma declaração bem fundamentada da posição ocidentalista liberal, isenta da causticidade dos críticos influenciados por ideias radicais. Achava essencial pegar nas armas da polêmica, porque, como disse a seu correspondente, uma atitude positiva em relação à Rússia perturbara a imprensa petersburguesa e, portanto, tinha de ser "difamada, destruída, distorcida, e todos têm de ser dissuadidos: em última análise, nada de novo aconteceu, dizem eles, foi apenas o bom humor de corações bondosos após jantares em Moscou". Mas na opinião de Dostoiévski, algo de novo tinha *realmente* acontecido, e ele achava que afirmar isso era uma missão tão importante que escreveu seu posfácio sobre Gradóvski no dia do aniversário do filho. "Os convidados chegaram, e eu me sentei à parte e terminei o trabalho."[6]

Suas palavras iradas não fazem jus ao tom moderado do artigo de Gradóvski. Contudo, ao mesmo tempo que elogia a compreensão que Dostoiévski revela do Púchkin poeta, o crítico se recusa a aceitar as implicações sócio-históricas que o romancista tira da obra de Púchkin. Enfurecido, Dostoiévski contra-atacou com todos os seus consideráveis recursos retóricos. Escrito como posfácio a uma introdução explicativa e reimpressão de seu discurso, a resposta é realmente uma *profession de foi*, antes uma declaração de princípios do que uma tentativa de argumentar com o seu adversário a fim de convencê-lo a mudar de ideia. "O senhor e eu nunca chegaremos a um acordo", ele diz com razão, "e por isso não tenho a menor intenção de tentar persuadir ou dissuadir." Na verdade, Dostoiévski afirma que não está se dirigindo a Gradóvski, mas a seus próprios leitores. "Eu ouço, sinto e até vejo o surgimento de novos elementos que anseiam por uma nova palavra, que se cansaram dos velhos risinhos entre os dentes liberais a respeito de qualquer palavra de esperança para a Rússia" (v. 26, p. 149). O artigo contém um resumo de suas crenças e convicções tais como já as expressara no *Diário de um Escritor*, mas em relação a um ou outro tópico. Aqui, são declaradas com ousadia e de forma inequívoca, sustentadas por seus próprios méritos e muitas vezes apoiadas pelas mesmas histórias autobiográficas já utilizadas para ilustrar as raízes pessoais de suas convicções.

Em primeiro lugar, ele trata da acusação de Gradóvski de que, se os russos desejarem "ilustrar-se", devem buscar essa "ilustração" em fontes da Europa Ocidental. Mas o que Gradóvski quer dizer, pergunta Dostoiévski, quando fala de ilustração? Refere-se "às ciências do Ocidente, ao conhecimento prático, ao comércio ou à ilustração espiritual"? Se está falando dos primeiros, então todas essas ideias podem vir da Europa, "e não temos realmente nenhuma maneira de escapar delas, e nenhuma razão para tentar". Mas se quer dizer "ilustração espiritual que ilumina a alma, ilustra o coração, guia a mente e mostra-lhe um caminho na vida", então os russos não têm necessidade de recorrer a fontes da Europa Ocidental. "Sustento que nosso povo foi iluminado há muito tempo, quando aceitou Cristo e Seus ensinamentos como sua própria essência." A seguir, ele esboça, em imagens vívidas, os intermináveis sofrimentos suportados pelo povo russo ao longo da história — anos durante os quais não tinha nada a agarrar-se como consolo senão a Cristo. Ele sabe muito bem que "minhas palavras parecerão um balbucio infantil" para aqueles da crença de Gradóvski, com efeito, "quase indecentes" (v. 26, pp. 150-1).

A denúncia que Dostoiévski faz do Ocidente, com toda a sua "ilustração", reduz toda a situação sociopolítica daquela parte do mundo a uma ilustração de dois slogans que definiriam o horizonte moral europeu: *Chacun pour soi et Dieu pour tous* (Cada um por si e Deus por todos), e *Après moi, le déluge!* (Depois de mim, o dilúvio!). São essas as palavras de ordem do individualismo mais completo e egoísta e que regem toda a vida social e política ocidental. Nesses ditados "todo mundo lá acredita e põe em prática. Pelo menos todos aqueles que estão acima do povo, que o mantêm sob controle, que possuem a terra e o proletariado e que estão de guarda para a 'ilustração europeia'. Por que precisamos desse tipo de ilustração? Encontraremos um outro tipo aqui em casa" (v. 26, pp. 152-3).

Gradóvski afirmara que os "andarilhos" russos estavam fugindo das realidades intoleráveis da vida social russa, como mostravam as personagens de Gógol. A única *solução* que Dostoiévski oferece, como ele acusa acertadamente, é em termos cuja dimensão social tácita era uma submissão à ordem sociopolítica existente, com insinuações vagamente esperançosas de alguma iminente benevolência tsarista. Dostoiévski aceita esse desafio, argumentando que esses tipos gogolianos, embora aparentemente enraizados na vida russa, haviam, na realidade, se alienado do povo como "os andarilhos". Na verdade, de acordo com Dostoiévski, Alieko, Oniéguin e outros como eles eram produtos de uma educação europeia, e "sua relação com o povo era a de um senhor com um servo". Se não tivessem sido tão arrogantes, se não tivessem começado "a maravilhar-se com a própria nobreza e superioridade", poderiam "ter visto que eles mesmos eram também Dierjimórda [um policial de *O inspetor-geral* de Gógol] [e] poderiam ter encontrado um caminho para a conciliação" (v. 26, p. 157).

Gradóvski considerava os "andarilhos" "normais e admiráveis, admiráveis pelo simples fato de que fugiram do Dierjimórda". Com efeito, enaltecera-os "pelo seu ódio à escravidão que oprimia o povo", acrescentando que "amavam o povo à sua maneira, de um 'modo europeu', se quiserem. Mas quem, se não eles, preparou nossa sociedade para a abolição da servidão?". Dostoiévski simplesmente rejeita essa alegação, retrucando que aqueles que fugiram da Rússia por "tristeza cívica" não odiavam a servidão "pelo bem do camponês russo que trabalhava para eles e os alimentava e que, em consequência, era oprimido por eles, bem como pelos outros". Se "os andarilhos" estavam "tão tomados pela tristeza cívica que tiveram de correr para os ciganos e para as barricadas de Paris" (uma alusão ao Rúdin de Turguêniev, personagem baseado em Bakúnin), por que "simplesmente não libertaram seus servos com terras?". Ora, porque ficariam sem nenhuma renda, e "ainda se precisa de dinheiro para viver na 'alegre Parri'" (v. 26, pp. 157-8).

Numa farpa velada dirigida a Herzen e que todos os seus leitores entenderiam, Dostoiévski fala daqueles que "hipotecaram, venderam ou trocaram (há alguma diferença?) seus camponeses e, pegando o dinheiro assim levantado, foram a Paris para apoiar a publicação de jornais e revistas franceses radicais para a salvação da humanidade". (Herzen ajudara Proudhon a financiar a publicação de seu jornal.) Dostoiévski acusa "os andarilhos" de ter uma opinião tão baixa do campesinato russo que pensavam que ainda era necessário açoitá-los. (Com efeito, numa longa diatribe contra Turguêniev feita para Evguiêni Opotchínin, em 1879, ele afirmou que todos aqueles camponeses russos que Turguêniev trata com tanta poesia eram açoitados pela mãe dele, acrescentando, numa provocação indigna, que Turguêniev "não renunciaria a esse prazer" se ainda lhe fosse permitido.[7]) Ele se refere a todas as histórias escabrosas que circulavam sobre a vida familiar camponesa entre "aqueles cujas vidas familiares eram frequentemente casas de má fama", e que aceitavam "as últimas ideias europeias à maneira de Lucrezia Floriani" (v. 26, p. 159).[8] O alvo desse insulto era novamente Herzen, que escrevera sobre o caso amoroso de sua própria mulher com o poeta alemão radical Georg Herwegh, e que ele mesmo teve vários filhos com a esposa de seu melhor amigo, Nikolai Ogariov.

Para ilustrar o desprezo que esses russos "ilustrados" dedicavam ao povo, relata um incidente que começara a circular em *A década extraordinária* de Ánnenkov. Depois de jantar "numa adorável datcha de Moscou" em 1845, um grupo dos "mais humanos professores, célebres amantes e apreciadores das artes, [...] renomados democratas que posteriormente se tornaram figuras proeminentes de importância mundial, críticos, escritores, e damas encantadoramente cultas", todos saíram para um passeio. Ao avistar um grupo de camponeses que haviam trabalhado o dia todo na colheita da safra, o que fez com que as mulheres se despissem parcialmente devido ao desconforto de trabalhar o dia todo sob o sol ardente, um gaiato comentou que "a mulher russa é a única no mundo que não sente vergonha na frente de ninguém!". Outro acrescentou que "a [mulher] russa é a única diante de quem ninguém se sente envergonhado de nada!". Outros fizeram objeções, mas Dostoiévski estava convencido de que mesmo esses últimos não teriam visto o ponto principal. "Ora, era para os senhores, os andarilhos universais, que ela estava trabalhando; era o trabalho dela que lhes permitia comer até estufar!" (v. 26, pp. 159-60).

Mais uma vez, de modo injustificável, Dostoiévski recusa-se a conceder aos "andarilhos" qualquer crédito por terem ajudado a preparar o caminho para a abolição da servidão, "embora, naturalmente, tudo isso tenha entrado no cômputo geral e tenha sido útil". De muito mais peso, em sua opinião, era o trabalho de alguém como o eslavófilo Iúri Samárin, que tivera um papel ativo na preparação da reforma e foi membro da comissão que escreveu os estatutos finais. Ele observava que Gradóvski não faz nenhuma referência a essas pessoas "que eram em tudo distintas dos andarilhos". Esses últimos ficaram "rapidamente entediados [...] e mais uma vez começaram a se amuar". Quando receberam os pagamentos pela "libertação" de seus antigos servos, "passaram a vender suas terras e florestas a comerciantes e cúlaques para serem cortadas e destruídas; os andarilhos se instalaram no exterior, dando início a nossa prática de absenteísmo". Em consequência, Dostoiévski "simplesmente não pode consentir em aceitar essa imagem, tão cara ao senhor [Gradóvski], da pessoa superior e liberal como o ideal do russo real e normal" (v. 26, pp. 160-1).

Polemista extremamente eficaz quando utiliza exemplos concretos da vida russa, Dostoiévski o é muito menos quando forçado a lidar com ideias mais gerais, como a investida de Gradóvski de que "o aperfeiçoamento pessoal no espírito do amor cristão" não é suficiente para provocar uma melhoria moral fundamental na sociedade. Mesmo que proprietários de terras como Koróbotchka e Sobakiévitch (personagens de *Alma mortas* de Gógol) tivessem sido "cristãos perfeitos", sua fé, de acordo com Gradóvski, não teria abolido a servidão. Embora Dostoiévski se aproprie com inteligência dessa noção de "perfeição" para defender sua posição, o argumento que apresenta está longe de ser convincente. Nenhum cristão genuíno, perfeito, insiste, podia ser dono de escravos, embora continuasse a haver senhores e servos; e Dostoiévski cita as epístolas de São Paulo a seu servo Timóteo para provar que com um amor cristão perfeito "não mais haverá senhores, nem os servos serão escravos". O padre Zossima já pregara essa transformação cristã interior da relação senhor-servo, de dominação para afeto mútuo, e Dostoiévski agora defende a imagem de "uma sociedade futura perfeita", na qual pessoas como Kepler, Kant e Shakespeare seriam servidas livremente por gente que reconhecesse sua importância para a humanidade. Ao servir esses gênios de maneira voluntária, a pessoa que fizesse isso demonstraria que "não estou de modo algum abaixo de ti em valor moral e que, *como pessoa*, sou igual a ti" (v. 26, pp. 163-4).

Dostoiévski assevera sua crença no ideal cristão como um ato de fé. "Se eu acreditar que a verdade está aqui, nessas mesmas coisas em que pus minha fé, então o que importa para mim se o mundo inteiro a rejeita, escarnece de mim, e toma um caminho diferente?" O valor desse ideal não pode "ser medido em termos de benefício imediato, mas é direcionado para o futuro, para os fins eternos e a alegria absoluta" (v. 26, p. 164). Essa é a visão que Dostoiévski defende como a resposta russa à "ilustração" ocidental.

O único número do *Diário de um Escritor* de 1880 foi publicado em 1º de agosto, e tanto o discurso sobre Púchkin como o artigo de Dostoiévski provocaram uma nova enxurrada de comentários hostis dos jornais liberais e radicais. Turguêniev continuava extremamente incomodado com seu papel na controvérsia, e V. V. Stássov, que o encontrou em Paris em meados de julho, relata que ele qualificou de "abominável" o discurso sobre Púchkin, ainda que "houvesse enlouquecido quase toda a intelligentsia e milhares de pessoas". Ele "achou insuportáveis todas as mentiras e falsificações da pregação [de Dostoiévski]", sua "verborragia mística" sobre "o homem russo perfeito", "Tatiana, a mulher russa perfeita".[9]

Até mesmo alguns dos amigos e aliados políticos de Dostoiévski não conseguiram aceitar todas as implicações de seus pontos de vista. Em carta para O. F. Miller, que estava escrevendo um artigo sobre o festival para *Pensamento Russo*, Iúriev comentou com ironia que "é necessário cancelar todas as perguntas sobre liberdade política porque Zossima se sente livre acorrentado". O artigo de Miller, que defendia Dostoiévski, não obstante admite com cautela que "brigar com Dostoiévski [...] é, naturalmente, bastante possível se alguém o fizer em pontos específicos; sua força não está nestes, mas em [...] seu pensamento como um todo".[10] A crítica mais penetrante desse tipo, que levantou questões fundamentais sobre suas ideias sociais e religiosas, veio da pena do intransigente reacionário Konstantin Leóntiev.

Em meados de julho, Dostoiévski se queixara de sua situação difícil para Pobedonóstsev, o chefe secular da Igreja ortodoxa, e seu confidente o consolou de uma maneira curiosamente ambígua: "Se seu pensamento está ancorado em você mesmo de forma clara e firme, *na fé*, e não com vacilação, então não há necessidade de prestar atenção em como ele se reflete em espelhos quebrados — como nossas revistas e jornais".[11] Depois Pobedonóstsev enviou a Dostoiévski os artigos acerca do discurso sobre Púchkin que Konstantin Leóntiev publicara em três números do *Diário de Varsóvia*, os quais por certo despertaram algumas questões na mente do romancista. É que Leóntiev trata criticamente das questões sociais e religiosas suscitadas pelo discurso sobre Púchkin, contrastando seus equívocos com a firmeza expressa pelo próprio Pobedonóstsev em um recente discurso de formatura, elogiado por Dostoiévski, das formandas de uma escola para filhas de clérigos. Por que Pobedonóstsev chamaria a atenção para o artigo de Leóntiev se não para indicar o que também achava suspeito nas convicções de Dostoiévski?

O artigo de Leóntiev, "Sobre a fraternidade universal", contém uma análise penetrante de todas as implicações da concepção de Dostoiévski, bem como de sua obra literária como um todo. Com frequência chamado de "Nietzsche russo", Leóntiev ocupa um lugar singular no espectro sociocultural de sua terra natal. Formado em medicina, era romancista, bem como ensaísta brilhante, fulminante, bastante original e extremamente reacionário. Odiava a civilização ocidental burguesa em todos os seus aspectos, preferindo a do Império Otomano, onde ocupara cargo diplomático; e defendia um reinado de tirania e despotismo na Rússia como defesa contra a infiltração dos ideais ocidentais de progresso e aperfeiçoamento humano universal. Durante seus últimos anos passou por uma intensa fase religiosa e viveu o ano de 1871 no ambiente de severa ascese do mosteiro ortodoxo grego do Monte Athos. Mais tarde, viveu no santuário Optina Pústin e tomou os votos monásticos pouco antes de sua morte. Assim, Leóntiev escreveu de um ponto de vista que era hostil não só ao liberalismo de Gradóvski, mas também à incoerência de Dostoiévski — pelo menos assim o acusava — ao apresentar ideais essencialmente ocidentais como a realização daqueles do cristianismo ortodoxo.[12]

Leóntiev compreende bem por que os que escutaram a apaixonada declamação de Dostoiévski no festival Púchkin tinham sido arrebatados por sua eloquência. Mas ao ler suas palavras impressas, e a uma distância que possibilitava uma mirada mais fria, julga-as incompatíveis com sua própria visão do cristianismo. É verdade que reconhece em Dostoiévski um dos poucos escritores russos que "não perderam a fé no próprio homem", já que atribui responsabilidade moral ao indivíduo em vez de transferi-la para a sociedade. Quanto a isso, manteve-se fiel a uma verdadeira exigência cristã da personalidade. No entanto, o cristianismo não acredita "incondicionalmente [...] seja numa moral pessoal autônoma melhor, seja na sabedoria da humanidade como um todo, que deveria, mais cedo ou mais tarde, criar um paraíso terrestre". É esta última esperança, tão fundamental para a sensibilidade de Dostoiévski, que Leóntiev rejeita como contrária ao cristianismo ortodoxo; ele a equipara, em vez disso, "às doutrinas do eudemonismo antinacional em que não há nada de novo no que diz respeito à Europa. Todas essas esperanças de amor terreno e paz terrena podem ser encontradas nos versos de Béranger, e mais ainda em George Sand e muitos outros".[13] Aqui, Leóntiev discerne com bastante precisão a persistente influência do cristianismo socialista utópico da juventude de Dostoiévski — o cristianismo que se definia como a aplicação da ética do amor pregada por Cristo à vida social terrena.

A posição de Leóntiev, ao contrário, é a de um "pessimismo cristão" que enfrenta a "tragédia irremediável da vida terrena" com um realismo inflexível. "O sofrimento, a perda, a desilusão da injustiça *devem existir*", escreve ele. "São mesmo úteis para nós, para nosso arrependimento e para a salvação de nossas almas no além-túmulo." Ele identifica sua posição com a do discurso de Pobedonóstsev, que não defendera de forma alguma um amor incondicional pela humanidade. O amor mais importante, apregoara o procurador, era o amor à Igreja ortodoxa e uma adesão rigorosa e firme aos seus dogmas. Como declarou Leóntiev: "Não se conhece Cristo de outro modo que não seja através da Igreja", mas, no discurso de Dostoiévski, o Salvador "está a tal ponto disponível para todos nós fora da Igreja [que] nos permitimos o direito de atribuir a Ele uma promessa que nunca fez" (isto é, o paraíso terrestre).[14]

A resposta imediata de Dostoiévski a Pobedonóstsev foi observar que, "em última análise, Leóntiev é um pouco herege [...] [embora] haja muita coisa interessante em suas opiniões".[15] Mas uma vez que Pobedonóstsev, como chefe oficial da Igreja ortodoxa, aprovava o artigo de Leóntiev (que citava suas palavras), Dostoiévski estava, na verdade, imputando-lhe também um pouco de "heresia". Podemos nos perguntar o que o procurador do Santo Sínodo pensaria da anotação que Dostoiévski fez em seu caderno para uma futura (mas nunca escrita) resposta ao seu crítico. "*Leóntiev (não vale a pena fazer o bem no mundo, pois está dito que ele será destruído)*. Há algo temerário e desonesto nessa ideia. Acima de tudo, é uma ideia muito conveniente para o comportamento comum: uma vez que tudo está condenado, por que esforçar-se, por que amar e fazer o bem? Viva para a sua barriga" (v. 27, pp. 51-2). Assim, por razões morais e sociais, ele se recusou a adotar a perspectiva fatalista, exclusivamente sobrenatural, de seu crítico, que considerava a existência do mal necessária para a salvação e, portanto, não devia ser combatido ou contrariado. Para Dostoiévski, a humanidade era dotada da liberdade de lutar contra o mal, e o amor cristão acabaria por triunfar, embora suas previsões de uma transformação da vida humana pareçam estar reservadas a uma milagrosa convulsão celeste.

Em 10 de agosto, Dostoiévski enviou os capítulos finais do Livro 11 e disse a Liubímov que os capítulos 6, 7 e 8, que descrevem as visitas de Ivan a Smerdiákov, haviam "ficado bons", porém acrescenta: "Mas não sei o que você vai achar do capítulo 9". Estava preocupado com a possibilidade de a descrição magistral da alucinação de Ivan e seu encontro com o diabo não ser aceita da forma como estava escrita, e garante a Liubímov que seus detalhes tinham sido "conferidos com a opinião dos médicos" e explica que

> não é apenas um traço físico (doentio) aqui, quando uma pessoa começa às vezes a perder a distinção entre o real e o irreal (o que aconteceu com quase todas as pessoas, pelo menos uma vez na vida), mas também uma característica espiritual, o que coincide com o caráter do herói: ao negar a realidade do fantasma, ele defende a sua realidade quando o fantasma desaparece. *Atormentado pela falta de fé, ele (inconscientemente) quer, ao mesmo tempo, que o fantasma não seja imaginário, mas algo real.*[16]

Para Dostoiévski, "o fantástico" era criado pela oscilação entre o real e o sobrenatural e pela dificuldade de decidir entre os dois. Em suas anotações para o encontro de Ivan com o diabo, faz várias vezes um lembrete a si mesmo, para descrever a materialidade um tanto suja do visitante sobrenatural de Ivan. "Satã entra e senta-se (um velho grisalho, com verrugas)" (v. 15, p. 320). Satã também está muito preocupado com sua saúde e teme que tenha se resfriado em sua jornada para a terra através dos reinos glaciais do espaço interestelar; e há várias referências ao remédio "Extrato de Malte de Hoffmann", bem como a "mel e sal" (v. 15, p. 336). Tudo isso ancora Satã firmemente na realidade cotidiana da existência comum, embora continue ao mesmo tempo sendo um Satã sobrenatural. Por certo tendo Dante e Milton em mente, Dostoiévski se desculpa com humor por ter retratado o diabo num disfarce tão inglório — "ele é apenas um diabo, um diabo insignificante, e não Satã 'com asas chamuscadas'".[17]

O golpe de gênio de Dostoiévski foi fornecer esse tópos temático com uma dimensão religioso-filosófica, transformando as dúvidas de Ivan sobre a realidade do diabo na dificuldade de crer na existência de um reino sobrenatural, e, em consequência, de Deus. Ele quer acreditar no que vê, a fim de convencer a si mesmo, no nível puramente psicológico, que não está enlouquecendo; mas também deseja que Satã seja apenas uma alucinação, de modo a preservar sua convicção de que Deus não existe. Assim, a oscilação do "fantástico" recebe aqui talvez a sua maior expressão literária quando Dostoiévski transforma suas ambiguidades numa investigação da questão da fé religiosa.

Apesar de irritado com a falta de notícias sobre a publicação do *Diário* ("se Gontcharóv soluçasse, todos os jornais começariam logo a gritar: 'Nosso venerável romancista soluçou' — enquanto a mim me ignoram"),[18] Dostoiévski estava agora absorto na escrita dos capítulos finais de *Os irmãos Karamázov*. Em 30 de setembro, tinha completado o Livro 12, que termina com a condenação de Dmítri Karamázov pelo assassinato do pai. O trabalho nesses capítulos fora interrompido em 2 de setembro por "um terrível ataque epiléptico" que o incapacitou por oito dias, mas no dia 11 retomou o trabalho, e essas páginas foram enviadas para Liubímov em 6 de outubro, no mesmo dia em que a família Dostoiévski voltou de Stáraia Russa para Petersburgo. Só faltava escrever o epílogo, com o funeral do pequeno Iliúcha e o discurso de Alióchka dirigido aos rapazes reunidos em torno da sepultura.

Enquanto isso, em 15 de outubro, escreveu uma longa carta a Pelagaia Gússeva, uma romancista que conhecera em Bad Ems, em 1875. Gússeva o repreendera em várias cartas por não responder às suas missivas, que lhe pediam não só que recuperasse um manuscrito dela que estava na revista *Luz* [*Ogonka*], mas também que a ajudasse a publicá-lo em outro lugar. Dostoiévski acedeu ao seu pedido, dizendo que "não levantaria um dedo para ninguém", mas "isso é para a senhora, em memória de Ems; lembro-me *muito bem* da senhora".[19] Em uma de suas cartas, Gússeva confessa que, embora não tenha sido "indiferente" a Dostoiévski em Bad Ems, ela havia "heroicamente ocultado" dele "seus sentimentos pecaminosos". É possível que não tenha conseguido esconder tão bem quanto imaginava, e é por esse motivo que Dostoiévski ainda sentia certa obrigação em relação a uma senhora que o achara tão atraente.

Antes de aceder ao seu pedido, no entanto, detalha todos os problemas que o afligem no momento. Ele trabalhou tanto para terminar seu romance que, "se há uma pessoa em trabalhos forçados, sou eu. Estive em trabalhos forçados na Sibéria durante quatro anos, mas lá o trabalho e a vida eram mais suportáveis que os atuais". Não tem tempo para ler um único livro, nem mesmo para conversar com seus filhos ("e não converso"). Seu enfisema piorou tanto que "meus dias estão contados. Por causa do trabalho árduo, minha epilepsia também piorou". Além disso, é assediado por pessoas que lhe pedem respostas para todos os seus problemas pessoais, e a menos que "eu resolva alguma 'maldita' questão insolúvel", o requerente diz que será "levado a dar um tiro em si mesmo (e eu o estou vendo pela primeira vez)". Sobrecarregado de convites para participar de toda leitura beneficente, Dostoiévski lamenta: "Quando vou pensar, quando vou trabalhar, quando vou ler, quando vou viver?".[20]

Quatro dias depois, sentiu-se livre para comparecer a um dos salões de terça-feira na casa de Elena Chtakenchneider. A reunião durou até as três da manhã, muito mais tarde que o habitual, e a noite estava tão extraordinariamente animada que a anfitriã fez uma longa anotação em seu diário. Leram-se poemas, canções foram cantadas pelos convidados acompanhados ao piano por músicos talentosos, e "ninguém percebeu como o tempo estava passando". Dostoiévski leu "O profeta" de novo (desde o festival Púchkin, o poema se associava cada vez mais a sua personalidade), bem como alguns outros poemas de Púchkin, de Dante e um de *A viagem do peregrino*, de John Bunyan. "Que velho fantástico e ladino!", escreve Elena. "[Dostoiévski] é ele próprio um conto mágico, com seus milagres, surpresas inesperadas, transformações, com seus enormes terrores e suas ninharias."[21]

Ela o descreve sentado em sua sala de estar triste e calado, remoendo algum desprezo imaginário, com os olhos encovados, a cabeça pendente, o lábio inferior torcido num meio sorriso torto. Nesses momentos, não falava com ninguém, ou se o fazia, era apenas em repentes abruptos; mas, se conseguia dizer alguma coisa "com uma gota de maldade", então seu mau humor desaparecia, "como se um feitiço tivesse sido desfeito", e ele sorria e participava da conversação geral. "Para aqueles que o conheciam", acrescenta ela, "ele é muito gentil, genuinamente gentil, apesar de toda a sua malícia; ele pode ceder à disposição miserável de sua alma, mas depois se arrepende e deseja compensar com amabilidade."[22]

Outra anotação do diário de Elena Chtakenchneider comenta a visita que recebeu de Anna e seus filhos no início do dia em que Dostoiévski deveria ler numa tarde beneficente para o Fundo Literário. "Realmente, o marido dela é um sujeito curioso, a julgar por suas palavras", escreve. "Ele não dorme à noite, pensando em maneiras de prover o sustento dos filhos, trabalha como um condenado, nega a si mesmo tudo, jamais toma uma caleça para ir a algum lugar, e ele, sem dizer uma palavra sobre isso, sustenta o irmão e o enteado [aqui há um pouco de exagero] [...] [e] ainda se preocupa com a primeira pessoa que encontra se for solicitado." Anna continua nessa linha, com exemplos de seus gestos de caridade, reclamando que ele não conseguia ir a nenhum lugar, para uma caminhada ou uma viagem, sem uma carteira aberta, pronto para prodigalizar generosidade a todos os que apelavam para a sua bondade. "É assim que vivemos", conclui ela. "E se alguma coisa acontecer, a quem vamos recorrer? Como vamos viver? Nós somos pobres! Não receberemos nenhuma pensão."[23]

Sua leitura para o Fundo Literário, que incluiu "O profeta", foi um enorme sucesso, e ela se maravilhou que Dostoiévski, "enfermo, com o peito doente e o enfisema", parecia "crescer em tamanho e se tornar mais saudável" à medida que lia. Em conversa normal ele não parava de tossir, mas desaparecia quando declamava, "como se não se atrevesse" a manifestar-se.[24] Sem dúvida, esses triunfos no palco serviam para reafirmar a "missão profética", que assumira, mas é provável que, nessa ocasião, nada lhe tenha trazido maior satisfação do que algumas linhas de uma carta que Tolstói escreveu a seu fiel correspondente Strákhov em 26 de setembro:

> Recentemente, estava me sentindo mal e li *Recordações da casa dos mortos*. Já tinha esquecido um pouco, li-o de novo, e não conheço um livro melhor em toda a nossa nova literatura, incluindo Púchkin. Não é o *tom*, mas o maravilhoso ponto de vista — genuíno, natural e cristão. Um livro esplêndido, instrutivo. Deleitei-me o dia inteiro, como não fazia havia muito tempo. Se você vir Dostoiévski, diga-lhe que eu o amo.[25]

Dostoiévski estava então em Stáraia Russa e foi somente no dia 2 de novembro que Strákhov lhe transmitiu os elogios de Tolstói.

Strákhov informa ao recluso de Iásnaia Poliana:

> Estive com Dostoiévski e transmiti-lhe seu elogio e amor. Ele ficou muitíssimo contente e tive de deixar com ele a página de sua carta que continha essas palavras preciosas. Ele ficou um pouco aborrecido com sua depreciação de Púchkin que está expressa lá. [...] "Como inclusive [Púchkin]?", ele perguntou. Eu disse que você tinha sido, mesmo antes, um livre-pensador empedernido e agora havia ficado pior.[26]

Em 7 de novembro, Dostoiévski terminou o trabalho em *Os irmãos Karamázov* e enviou a parte final a Liubímov. "Bem, e assim o romance acabou", escreveu ele em tom triste. "Trabalhei nele por três anos, passei dois publicando-o — este é um momento importante para mim. [...] Permita-me não lhe dizer adeus. Afinal, pretendo viver e escrever por mais vinte anos."[27] A conclusão do manuscrito de sua maior obra, sem dúvida, o enchera de uma sensação feliz de vigor renovado que ofuscou seus comentários anteriores sobre o estado perigoso de sua saúde. Infelizmente, a previsão mais pessimista presente em muitas de suas cartas acabou por demais justificada.

58. *Os irmãos Karamázov*: Livros 1-4

Os irmãos Karamázov [*Brátia Karamázovi*] alcança uma expressão clássica do grande tema que preocupava Dostoiévski desde *Memórias do subsolo*: o conflito entre a razão e a fé cristã. A grandeza controlada e medida do romance evoca espontaneamente uma comparação com as maiores criações da literatura ocidental. *Divina comédia, Paraíso perdido, Rei Lear, Fausto* — são os títulos que vêm à mente quando se tenta medir a estatura de *Os irmãos Karamázov*, pois essas obras também tratam da discussão, que nunca tem fim e que nunca terá, provocada pelas "questões malditas" do destino da humanidade. Ao ampliar a escala de sua poética habitual de subjetividade e conflito dramático, Dostoiévski dá a seus personagens um poder monumental de autoexpressão que se equipara ao dos pecadores e santos de Dante, heróis e vilões titânicos de Shakespeare e deuses e arcanjos de Milton. Os personagens de Dostoiévski parecem apequenar seus ambientes com a mesma majestade sobre-humana das figuras da Capela Sistina de Michelangelo.

Os personagens de *Os irmãos Karamázov* não são apenas tipos sociais contemporâneos, mas estão ligados a vastas e seculares forças históricas e culturais e a conflitos morais e espirituais. A luta interior na psique de Ivan Karamázov, por exemplo, é expressa através das lendas e peças de mistérios da Idade Média europeia, dos autos de fé da Inquisição espanhola, do mito escatológico do retorno de Cristo e da narrativa do Novo Testamento das tentações de Cristo por Satanás.

Dmítri é cercado pela atmosfera do helenismo de Schiller e da luta entre os deuses do Olimpo e as forças obscuras e bestiais que haviam subjugado a humanidade antes da chegada dessas divindades. Zossima é herdeiro direto dos rituais e tradições milenares da Igreja oriental e representante da instituição recém-reavivada do *stártchestvo*, ambas evocadas com solenidade nos primeiros capítulos. Aliócha situa-se nesse mesmo contexto religioso, e sua crise de dúvida, que, tal como as do rei Lear e de Hamlet, põe em questão toda a ordem do universo, só é resolvida por uma intuição cósmica da harmonia secreta que liga a terra ao céu estrelado e a outros mundos.

As histórias de Fiódor Pávlovitch sobre Diderot e Catarina, a Grande, bem como suas citações de Voltaire, dão à sua grosseria e ao seu cinismo um sabor típico do século XVIII. Ele também se situa muito mais recuado no tempo quando se orgulha de possuir "a autêntica fisionomia de um patrício romano antigo dos tempos da decadência" (v. 14, p. 22 [40]). Dostoiévski sempre associou esses últimos anos do declínio do Império Romano à libertinagem desenfreada e ao colapso moral; em 1861, escreveu que esse período era o mundo "ao qual nosso Divino Redentor desceu. E os senhores compreendem com muito mais clareza o significado da palavra redentor" (v. 19, p. 137). Tampouco devemos esquecer a rica rede de alusões e paralelos bíblicos e literários que se entrelaçam com a ação ao longo do livro.[1] Essa amplificação simbólica adensa e enriquece a textura da obra e dá aos seus conflitos o alcance e a ressonância que estamos acostumados a encontrar mais na tragédia poética que nos limites mais cotidianos do romance.

Todos esses fatores contribuem para a impressão de grandeza clássica que o livro suscita, porém o mais importante é o peso e a dignidade de seu tema. Com *Os irmãos Karamázov*, Dostoiévski retoma a questão da desagregação da família russa que começara a preocupá-lo no início da década de 1870 e fornecera o ponto de partida para *O adolescente*. Mas, se esse romance lhe mostrara alguma coisa, essa coisa era a impossibilidade de limitar esse tema aos planos social e psicológico. Para Dostoiévski, a desagregação da família era apenas o sintoma de um mal-estar mais profundo, subjacente: a perda de valores morais firmemente enraizados entre os russos instruídos, fruto da perda da fé em Cristo e em Deus. A moral decorrente desses valores voltara a ser aceita — mas não a sua vinculação aos pressupostos sobrenaturais da fé cristã, que para Dostoiévski ofereciam seu único sustentáculo seguro. Ao mesmo tempo, portanto, há também, pela primeira vez, a extensa apresentação de um outro mundo de fé, amor e esperança genuínos no mosteiro, assim como na evolução das relações entre Dmítri e Grúchenka e entre as crianças.

O conflito entre razão e fé — esta última entendida como o núcleo irracional do compromisso cristão — ocupava então, na visão de Dostoiévski, um lugar mais central na cultura russa que na década de 1860. E essa nova proeminência lhe deu a oportunidade havia muito acalentada de colocar esse conflito, apreendido em seu nível moral e filosófico mais alto, no centro de uma grande obra. Desse modo, em seu último romance, ele empregou todos os recursos de sua sensibilidade, sua inteligência, sua cultura e sua arte para lidar com essa nova versão das ideias radicais — exatamente como havia feito antes com o materialismo e o utilitarismo de Tchernichévski em *Memórias do subsolo*, com o niilismo de Píssariev em *Crime e castigo* e com o amoralismo revolucionário da ideologia de Bakúnin--Nietcháiev em *Os demônios*.

Essa oposição entre razão e fé é dramatizada com força incomparável e sublime nos Livros 5 e 6, o famoso centro ideológico de *Os irmãos Karamázov*. Neles se encontra a revolta de Ivan contra um Deus judaico-cristão em nome de uma compaixão angustiada pela humanidade sofredora e da denúncia do próprio Cristo, na Lenda do Grande Inquisidor, por ter imposto à humanidade uma carga de livre-arbítrio pesada demais para os seus ombros. Em resposta, há a pregação de Zossima da necessidade de uma fé em Deus e na imortalidade como única garantia para o amor ativo pelo próximo exigida por Cristo. Aqui, esse conflito é expresso em termos religiosos abertos e em relação ao velho problema da teodiceia, que, desde o Livro de Jó, tem inspirado grande parte da problemática religiosa na tradição ocidental. Mas não é suficiente concentrar a atenção nessas magníficas peças do conjunto, pois o mesmo tema da razão e da fé aparece em toda a variegada ação do livro, e sua forma especificamente religiosa serve como centro simbólico do qual irradia analogicamente através de todas as situações em que os personagens principais estão envolvidos.

Dostoiévski foi um tanto incauto em dizer que as declarações de Zossima no Livro 6 foram concebidas especificamente para responder às acusações de Ivan contra Deus, mas fez isso em parte para acalmar os temores de Pobedonóstsev de que a resposta não seria tão poderosa quanto o ataque. Mais tarde, no entanto, em uma anotação escrita *depois* que a obra estava concluída, disse que "todo o livro" era uma resposta à Lenda do Grande Inquisidor (v. 27, p. 48). Essa observação indica com muito mais exatidão as ligações existentes entre as várias partes e planos — uma ligação baseada na analogia entre a situação dominante refletida no poema de Ivan e os conflitos de todos os personagens, exceto os mais acessórios e secundários.

Para um intelectual como Ivan, sua angústia diante dos sofrimentos da humanidade se contrapõe a qualquer submissão à esperança cristã — uma esperança justificada por nada, exceto pelo que Kierkegaard chamou de "salto de fé" na imagem radiante de Cristo, o Deus-homem. Da mesma forma, todos os outros personagens principais enfrentam a mesma necessidade de dar um salto de fé em algo ou alguém além de si mesmos, para transcender os limites do egoísmo num ato de autoentrega espiritual. Para esses personagens, esse conflito não é apresentado em termos de uma escolha religiosa específica, mas em relação aos seus próprios ímpetos e impulsos dominantes, suas próprias formas particulares de egoísmo. Eles também são chamados a realizar um ato de transcendência da própria personalidade, um ato "irracional", no sentido de que nega ou supera o interesse próprio imediato centrado no ego. A identificação entre "razão" (que no plano moral equivalia ao utilitarismo) e egocentrismo estava muito entranhada no pensamento russo radical do período, e essa convergência possibilita que Dostoiévski apresente todos esses conflitos como parte de um padrão difundido e entrecruzado. Com efeito, a contínua força do romance decorre de sua soberba descrição da luta moral e psicológica de cada um dos personagens principais para dar ouvidos à voz de suas consciências, uma luta que permanecerá sempre humanamente válida e artisticamente persuasiva, aceitem-se ou não as premissas teológicas sem as quais, como Dostoiévski acreditava, a consciência moral deixaria de existir.

Com efeito, pode-se encontrar esse padrão não apenas nos envolvimentos temáticos do livro, mas até mesmo na organização da ação do enredo. A trama central é construída com esmero, de forma a conduzir, com lógica irresistível, à conclusão da culpa de Dmítri; a massa acumulada de provas circunstanciais que o apontam como o assassino é esmagadora. A verdade, porém, é que ele é inocente do crime (embora esteja implicado nele por seus impulsos parricidas), e o leitor é assim constantemente confrontado com a discrepância entre o que a razão poderia concluir e o mistério intangível da personalidade humana, capaz mesmo de, no último momento, vencer os ímpetos de ódio e repugnância. Todo o arranjo da ação da trama compele, portanto, o leitor a participar da experiência de descobrir as limitações da razão. Somente aqueles personagens que estão dispostos a crer *contra* todas as provas — somente aqueles cujo amor por Dmítri e cuja fé, decorrente desse amor, são mais fortes do que a concatenação de fatos —, somente eles são capazes de penetrar na realidade da verdade tanto moral e espiritual quanto legal, em seu sentido mais literal. Esse motivo ilustra por que Dostoiévski podia sustentar legitimamente que "todo o livro" é uma resposta à "compreensão euclidiana" que criou a Lenda do Grande Inquisidor.

Os irmãos Karamázov começa com um prefácio intitulado "Do autor", o que suscitou a pergunta: esse "autor" é o próprio Dostoiévski ou o narrador ficcional de sua história? Essa questão levanta o problema mais geral de seu narrador ficcional, que determina o ponto de vista do qual boa parte do romance será lido. Na verdade, há dois narradores: aquele que vem para o primeiro plano e é indiretamente caracterizado como um morador da cidade que presenciou a história dos Karamázov, outro que permite que os personagens se expressem em longos monólogos ou em confrontos dramáticos com quase nenhum comentário. Dostoiévski estava bem ciente desse problema do ponto de vista narrativo, e a solução que adota aqui é semelhante à sua escolha anterior para *Os demônios*. Neste último romance, encontramos os mesmos dois tipos de narração, uma expositiva e outra dramática, mas nele o narrador expositivo participava da ação dramática, ao passo que em *Os irmãos Karamázov* ele se mantém distante dos acontecimentos. Uma vez que tais eventos ocorreram treze anos antes, ele serve apenas como um historiador ou cronista, que demonstra, no entanto, algum conhecimento pessoal deles no momento em que aconteceram. Embora possa desaparecer nas cenas dramáticas, é, no entanto, importante sob outros aspectos e ostenta uma fisionomia definida.

A estudiosa russa V. E. Viétlovskaia afirma que Dostoiévski apagou de propósito as fronteiras entre ele mesmo como autor e seu narrador ficcional porque essa indistinção lhe possibilitou expressar suas próprias opiniões de uma forma velada e aparentemente ingênua.[2] Ele estava escrevendo o que ela chama de uma obra "filosófico-publicística", que promovia uma tendência definida e defendia um ponto de vista religioso e moral específico — e ao qual, como ele bem sabia, muitos de seus leitores se oporiam. Tentou então neutralizar as reações negativas criando uma figura que evoca uma versão "modernizada" do tom e da atitude típicos dos narradores devotos das vidas hagiográficas dos santos russos. Sua linguagem joga constantemente com associações que lembrariam, aos olhos do leitor, as vidas desses santos, e outras características do estilo do narrador, como as inversões sintáticas que seriam percebidas como arcaísmos, também podem ser atribuídas a essa intenção. O aspecto tateante, atrapalhado de suas afirmações, a incerteza a respeito dos detalhes, os juízos e as avaliações moralistas, o envolvimento emocional nas vidas dos personagens, a falta de sofisticação literária e a mão pesada de sua técnica expositiva — tudo pode ser visto como uma versão atualizada do estilo devoto e reverente, hesitante e hagiográfico da tradição religiosa russa. Esse narrador estaria apto a produzir um sentimento de confiança no leitor graças justamente à falta de jeito e à simplicidade, e seu recurso constante à opinião da comunidade também instila um aspecto de estribilho ao testemunho que dá. Assim, Dostoiévski o utiliza para insinuar seu próprio ponto de vista sem despertar uma reação instantaneamente hostil.[3]

O prefácio, no entanto, contém observações sobre a crítica e os críticos russos que viriam com mais naturalidade da pena de um escritor profissional. É antes o autor que o cronista provinciano quem explica que desde o início queria chamar a atenção para Alióscha, mesmo que ele ainda seja "um herói tão modesto e indefinido" (v. 14, p. 5 [14]), e que se tornará mais importante num segundo volume. Como desejava indicar a futura importância de Alióscha, Dostoiévski sentiu a necessidade de dizer algumas palavras sobre ele fora do contexto dessa primeira história.

Dostoiévski trata logo de combater os preconceitos que seriam provocados pelo engajamento cristão de Alióscha e pelas outras peculiaridades de seu personagem. Alióscha, escreve ele, é "um excêntrico" (*tchudák*), mas sua singularidade não significa que sua estranheza e sua excentricidade não tenham nada a ensinar aos outros. "Porque não só o excêntrico 'nem sempre' é uma particularidade e um caso isolado, como, ao contrário, vez por outra acontece de ser justo ele, talvez, que traz em si a medula do todo, enquanto os demais viventes de sua época — todos, movidos por algum vento estranho, dele estão temporariamente afastados, sabe-se lá por que razão" (v. 14, p. 5 [13]). Para Dostoiévski, Alióscha e seu mestre Zossima com certeza estavam no centro do "todo" russo, e um dos objetivos do livro era deixar isso claro para aqueles que rejeitavam a divindade de Cristo ao mesmo tempo que reverenciavam os valores do povo russo que passou a adorá-lo através da pessoa de Zossima.

O Livro 1 começa com uma série de capítulos curtos que fazem uma retrospectiva da história da família Karamázov, em que Dostoiévski toca em todos os principais personagens e motivos temáticos que irá desenvolver mais adiante de forma tão exuberante. É óbvio que os personagens de Dostoiévski, sempre retratados num espaço de tempo relativamente curto, não podem passar por um longo processo de maturação. Em vez disso, parecem crescer em tamanho e estatura porque, mesmo que ocorra uma mudança, ela se realiza através do desenvolvimento de aspectos latentes da personalidade já presentes desde o início. Talvez seja por isso que, à medida que os personagens crescem diante de nossos olhos, o leitor recebe uma impressão tão forte da monumentalidade deles.

Nenhuma mudança desse tipo ocorre no Karamázov mais velho, que encarna a maldade pessoal e social em grande escala. Ele negligencia completamente seus três filhos de duas esposas, que crescem como membros do tipo de "família acidental" que Dostoiévski julgava cada vez mais característico da sociedade russa instruída. Seu pretenso bastardo, Smierdiakov, é tratado com um desprezo que só faz aumentar o ressentimento e a raiva escondida deste último. Fiódor Pávlovitch, no entanto, não é apenas um monstro que existe somente no plano de seus apetites insaciáveis; ele é inteligente e sarcástico, instruído o suficiente para polvilhar sua conversa com frases em francês e estar familiarizado com *Os bandoleiros*, de Schiller, e o autor o dota de veleidades estranhas que sugerem um pequeno grau oculto de vida pessoal. Ao receber a notícia da morte de sua dominadora primeira esposa — a mãe de Dmítri —, ao mesmo tempo grita de alegria e chora. Anos depois, apesar de continuar a maltratar os monges, doa mil rublos ao mosteiro para custear réquiens pela alma da falecida. Esse leitmotiv da "ampla" natureza russa, oscilando entre extremos morais e psicológicos concorrentes, caracteriza tanto Fiódor Pávlovitch como seu filho mais velho Dmítri, e seu significado simbólico será destacado perto do final do livro.

O narrador esboça a carreira de Dmítri no Exército, dissipada de forma imprudente, e sua expectativa de que herdaria o dinheiro da mãe quando atingisse a maioridade, para depois passar ao segundo irmão, Ivan, que possui os traços familiares dos jovens intelectuais de Dostoiévski. É de natureza reservada, taciturna e introspectiva, que remói as injustiças do mundo. As ideias que o absorvem agora expressam o cerne da problemática populista. É possível transformar o mundo numa realização do ideal cristão sem acreditar em Cristo? O conflito interior de Ivan é sugerido pela ambiguidade que cerca seu artigo sobre os tribunais eclesiásticos, que fora aplaudido tanto pelo partido da Igreja quanto pelos secularistas. A questão era saber se esses tribunais deveriam subordinar-se às autoridades do Estado (seculares, portanto) ou se os tribunais estatais deveriam ser absorvidos pelos eclesiásticos, cujas decisões seriam tomadas de acordo com a lei de Cristo. Ivan apresentara ambas as posições extremas com igual força, e cada partido pensou que poderia reivindicá-lo como seu defensor. Na realidade, sua aparente recusa de escolher já apresenta o conflito interior que acabará por levar ao seu colapso mental.

É a Alióscha que, depois de Fiódor Pávlovitch, o narrador dedica a maior atenção. Dostoiévski esforça-se para convencer o leitor de que, ao contrário da encarnação anterior de seu ideal moral em Míchkin, essa figura não era "um fanático [...] nem chegava a ter nada de místico" (v. 14, p. 17 [32]); ao contrário, era "um esbelto jovem de dezenove anos, corado, de olhar claro, que vendia saúde" (v. 14, p. 24 [43]). Ele é imediatamente associado aos valores cristãos por suas lembranças mais antigas, a de sua mãe, perturbada pelo sofrimento nas mãos de Fiódor Pávlovitch, que reza por ele diante da imagem da Nossa Senhora, "como se o colocasse sob a proteção da Virgem". Portanto, a sensibilidade moral de Alióscha é definida pelo amor que tudo perdoa associado a Nossa Senhora na ortodoxia russa. "Nele havia qualquer coisa que dizia e infundia [...] que ele não queria ser juiz dos homens, que não queria assumir sua condenação e por nada os condenaria" (v. 14, p. 18 [33]).

A descrição do caráter e do comportamento de Alióscha, que o narrador não faz nenhuma tentativa para explicar psicologicamente, está em conformidade com um padrão hagiográfico; a pureza moral de sua natureza e o amor que inspira em todos, apesar de sua "excentricidade", são atributos tradicionais dos santos. As forças que o movem, que são deixadas intencionalmente vagas, de forma a sugerir uma inspiração talvez sobrenatural, vêm das impressões de infância que acabamos de mencionar e da natureza da vocação religiosa que inspiraram. Alióscha é instintivamente religioso, e até que sua fé seja testada mais tarde, ele não tem dúvidas sobre Deus ou a imortalidade ou mesmo sobre a verdade das lendas milagrosas ligadas à instituição dos anciãos (*stártsi*). Os noviços que se confiavam a um ancião submetiam a própria vontade à orientação dele, na "esperança de, após longa provação, vencer a si mesmo, dominar-se" (v. 14, p. 28 [48]), e Alióscha decidira submeter-se a Zossima dessa maneira. Compartilhava plenamente da adoração dos camponeses russos pelos ideais de santidade encarnados no santo monge, que ele também acreditava possuir o dom de uma força espiritual — a força do amor cristão — capaz de redimir o mundo.

Essa submissão a Zossima não significa que Aliócha esteja afastado das questões do mundo moderno. Com efeito, Dostoiévski põe Aliócha em relação imediata com a situação sociopolítica, descrevendo-o como "imbuído de um precoce amor ao ser humano", "um jovem do nosso tempo" que busca apaixonadamente a verdade e a justiça e está pronto a sacrificar-se de pronto por esses ideais (v. 14, p. 17 [32, 44]). Essas frases, sem dúvida, associam Aliócha ao descontentamento e ao idealismo moral da geração da década de 1870; e com ele o romancista pretende claramente, pelo menos nesse volume inicial, oferecer uma forma alternativa de "ação" e "sacrifício" àquela predominante entre os jovens radicais. Se Aliócha, diz o narrador, "tivesse resolvido que não existem a imortalidade nem Deus, teria ido juntar-se aos ateus e aos socialistas (porque o socialismo não é apenas uma questão dos operários ou do chamado quarto estado, mas é predominantemente a questão do ateísmo, da encarnação atual do ateísmo, a questão da Torre de Babel construída precisamente sem Deus, não alcançar o céu a partir da terra, mas fazer o céu descer à terra)" (v. 14, p. 25 [46]). Os mesmos ideais e sentimentos que levaram Aliócha para Zossima poderiam tê-lo levado ao ateísmo e ao socialismo, uma vez que ambos oferecem caminhos divergentes que conduzem ao mesmo objetivo da transformação da vida terrena numa sociedade mais próxima do Reino de Deus; mas o primeiro seria guiado por Cristo, enquanto o segundo carece da bússola moral que Ele proporciona.

É também em relação a Aliócha que o tema principal do romance — o conflito entre razão e fé — ganha sua primeira exemplificação. Quando o narrador toca na crença de Aliócha em milagres, ele imediatamente explica que isso não o impediu de ser "mais realista do que qualquer outra pessoa" (v. 14, p. 24 [44]). O "realismo" de Aliócha não contraria sua fé, porque esta é definida como um estado ou disposição íntima que vem antes (ou, pelo menos, independe) de qualquer coisa externa, visível, tangível, empírica. Assim, a fé de Aliócha matiza e condiciona toda a sua apreensão do mundo empírico; não são as provas do mundo que inspiram ou desencorajam a fé. A crise espiritual de Aliócha será causada pela decomposição do corpo de Zossima, uma crise que é apenas um exemplo do grande tema de Dostoiévski — que a verdadeira fé deve ser separada de qualquer coisa externa, de qualquer busca ou dependência de uma confirmação ou justificativa de que deveria ser uma pura afirmação interior da vontade emotiva.

Dostoiévski faz infinitas variações sobre essa oposição irreconciliável entre fé, de um lado, e o empírico e racional, de outro — uma oposição dramatizada pela primeira vez em um breve diálogo entre Aliócha e seu pai. As palavras zombeteiras de Fiódor Pávlovitch prenunciam as elevadas especulações de Ivan e conectam os dois de uma forma muito mais forte do que a simples relação entre pai e filho; mas o que será nobre e elevado em Ivan se torna vulgar e cínico no velho canalha corrupto. Ao concordar em permitir que Aliócha entre no mosteiro, Fiódor, meio bêbado, explica a razão: "Pensando bem, eis uma ocasião oportuna: rezarás por nós pecadores; [...] Sempre pensei nisso: quem irá rezar por mim um dia? Existe no mundo essa pessoa?". Mas essa admissão implícita da consciência moral e de uma fé na vida após a morte é imediatamente cancelada por uma incapacidade zombeteira de imaginar a parafernália física do inferno. Se existem ganchos no inferno que puxarão Fiódor para baixo, de onde eles vieram? Estavam presos a um teto? "Bem, se não há teto, quer dizer que também não há ganchos. E se não há ganchos, então adeus tudo, quer dizer, de novo fica inverossímil: quem vai me arrastar, com ganchos, porque, se não me arrastarem, como é que ficarão as coisas, onde é que estará a verdade no mundo? Esses ganchos, *il faudrait les inventer* [deveriam ser inventados] propositadamente para mim [...]" (v. 14, pp. 23-4 [42-3]). Esta é a forma rebaixada e frívola do "realismo" — uma paródia de voltairianismo russo — em que "a compreensão euclidiana" de Ivan se manifesta em seu pai, na sra. Khokhlakova, em Smierdiakov e, finalmente, no diabo alucinatório, que Ivan acusará de representar "o mais asqueroso e mais estúpido" de seus pensamentos e sentimentos blasfemos.

A ação começa no Livro 2 com a reunião dos Karamázov no mosteiro, e os fios da trama principal e das secundárias são habilmente expostos quando pai e filho insultam-se aos berros. O leitor também é introduzido no mundo isolado do mosteiro, que Dostoiévski jamais descrevera, e onde ele contrasta a dignidade e serenidade dos seus habitantes com os diversos tipos de interesses egoístas exibidos pelos personagens seculares. O agrupamento e a sequência de capítulos fazem parte da técnica de Dostoiévski de transmitir motivos temáticos sem intervenção autoral direta. Desse modo, depois que "o velho palhaço" (Fiódor desempenha seu papel com perfeição) começou suas momices sacrílegas na ala de Zossima, a narrativa se desloca para a fé comovente dos camponeses reunidos para receber conselho e a bênção espiritual do ancião. O capítulo termina com uma nota reconfortante do amor e da solidariedade cristã que atuam em meio ao povo russo.

O tom de reverência é então substituído por uma comédia satírica divertida. Zossima deixa os camponeses sofredores e volta-se para a mimada e rica sra. Khokhlakova e sua filha aleijada, Liza. Essa dama frívola é o retrato divertido que Dostoiévski faz de uma matrona rica da sociedade com pretensões intelectuais, que oscila como um cata-vento em reação a cada rajada ideológica da moda. Talvez porque não esteja em posição de causar nenhum dano, ela é tratada com afetuosa condescendência. O tom é dado pela resposta de Zossima, quando ela declara seu transbordante "amor pela humanidade" e seus sonhos ocasionais de se tornar uma irmã de caridade: "De uma hora para outra a senhora acabará por acaso praticando de fato uma boa ação" (v. 14, p. 52 [90]). As elucubrações autocomplacentes da sra. Khokhlakova não só constituem uma antítese óbvia à devoção dos camponeses, como a conversa entre Zossima e a borbulhante dama prefigura também um dos motivos mais profundos do livro.

A tagarelice dessa senhora prenuncia, numa versão sério-cômica, as dúvidas de Ivan Karamázov a respeito de Deus e da imortalidade, e a resposta de Zossima condensa a essência do que em breve será dramatizado de forma mais grave e potente. Ela se impregnou de um pouco do ateísmo que estava na moda naquela época, e questiona se a fé não advém simplesmente do terror. E se descobrir, quando morrer, que "não existe nada, só 'bardanas nascerão sobre o túmulo', como li em um escritor" [Turguêniev, em *Pais e filhos*]. [...] "Como, como provar isso", ela pergunta desesperada. Ao que Zossima responde que nenhuma prova é possível, mas "se atingir o pleno desprendimento no amor ao próximo, chegará, sem dúvida, à crença firme e nenhuma dúvida sequer terá condição de penetrar em sua alma" (v. 14, p. 52 [90]). A diferença entre esse amor cristão e um "amor racional pela humanidade", que deixa intocadas as raízes emotivas do egoísmo, é ressaltada na história contada por Zossima do médico que confessou — como Ivan fará — que "quanto mais eu odiava os homens em particular, mais ardente se tornava meu amor pela humanidade em geral" (v. 14, p. 53 [92]).

Nenhum outro romancista se equipara a Dostoiévski na capacidade de desenvolver seus temas e revelar a sensibilidade moral e psicológica de seus personagens através de discussões de ideias aparentemente abstratas. Quando Zossima torna a se reunir com os rabugentos Karamázov, surge uma discussão a respeito do já referido artigo de Ivan sobre a jurisdição da Igreja que amplia as sugestões já dadas sobre seu caráter. Ivan argumentara que a Igreja cristã deve aspirar a transformar e absorver o Estado em si mesma, e não deveria satisfazer-se com uma área limitada de poder; mas isso não significa que a Igreja deveria assumir as prerrogativas de um Estado, como no catolicismo romano, que reivindica o poder temporal sobre a humanidade. Ao contrário, a lei do amor cristão que rege a Igreja deve adentrar em todas as áreas da existência secular, e os princípios que regem as relações entre as pessoas não seriam baseados na força externa, mas no exercício livre e voluntário da consciência moral cristã. Esse mundo seria o verdadeiro estabelecimento do Reino de Deus na Terra, o triunfo total de fé religiosa sobre a razão secular, e a eloquente exposição que Ivan faz dessa meta indica o quanto ele responde a esse ideal cristão em sua forma mais elevada.

A receptividade emotiva de Ivan a esse ideal cristão ortodoxo-eslavófilo é apenas um aspecto de seu caráter; outro — igualmente rigoroso e intransigente — aparece em sua declaração pública de que a lei cristã do amor não pode ser separada da fé cristã e que, sem uma crença em Deus e na imortalidade, "a lei moral da natureza deve ser imediatamente convertida no oposto total da lei religiosa anterior, e que o egoísmo, chegando até ao crime, não só deve ser permitido ao homem, mas até mesmo reconhecido como a saída indispensável, a mais racional e quase a mais nobre para sua situação" (v. 14, p. 64 [110]). Somente a fé cristã apoia a aplicação da lei do amor no mundo; de outro modo, não há nada que se oponha ao egoísmo e às devastações da vanglória. Aqui, Ivan se recusa a parar no meio, não mais do que fizera na questão da Igreja e do Estado, e seu próprio conflito interior é refletido pela incompatibilidade absoluta entre essas alternativas. Seu racionalismo o impede de crer em Cristo e na imortalidade, mas sua sensibilidade moral lhe impossibilitará aceitar as consequências terríveis que decorrem logicamente dessa falta de fé.

Zossima, o experiente leitor de almas, vê através da angústia da condição espiritual de Ivan, e o diálogo entre eles destaca tanto a autenticidade quanto a incerteza angustiante da situação de Ivan. Quando Zossima o acusa de não acreditar na imortalidade, nem no que ele havia escrito em defesa da supremacia da Igreja, Ivan admite a acusação, mas acrescenta que "eu não estava inteiramente brincando". Zossima atinge o âmago, advertindo Ivan de que ele está brincando com o martírio de sua própria indecisão e desespero. Completamente desconcertado, Ivan se expõe por inteiro, perguntando a Zossima "estranhamente, olhando

[...] sempre para o *stárietz* com um sorriso meio inexplicável", se a questão de Deus "não poderá estar resolvida dentro de mim? Resolvida num sentido positivo?". A resposta de Zossima pode ser tomada como uma expressão da atitude do próprio Dostoiévski em relação a toda a geração de jovens russos que Ivan pretende representar:

> Se não pode resolver-se no sentido positivo, nunca se resolverá no negativo, o senhor mesmo conhece essa qualidade de seu coração; e nisso está todo o tormento dele. Mas agradeça ao Criador por lhe ter dado um coração superior, capaz de sofrer esse tormento: "Pensai nas alturas e as alturas buscai, porque nossa morada está nos céus". Deus lhe permita que a decisão de seu coração ainda o alcance na terra, e Deus abençoe os seus caminhos. (v. 14, pp. 65-6 [110, 112])

Então, Ivan beija com reverência a mão do ancião.

A apresentação de Dmítri no Livro 2 é reveladora em menor medida, conquanto os contornos de seu caráter fiquem patentes. Apesar de todo o tumulto e dissipação de sua vida, há nele um anseio por "decência". Ele é o único personagem "instruído" que beija a mão de Zossima como uma prática natural e é capaz, mesmo em meio a furiosa altercação com o pai, de sinceramente reconhecer sua culpa. "Padre, não justifico os meus atos", diz ele sobre seu ataque ao patético capitão Snieguiriov. "Sim, reconheço publicamente; agi como animal com aquele capitão e agora lamento e tenho nojo de mim por aquela ira animalesca" (v. 14, p. 67 [114]). Porém, fustigado pelas provocações e repreensões falsamente patéticas do pai a respeito de Catierina e Grúchenka, a raiva de Dmítri se torna incontrolável e ele ruge para as pessoas reunidas: "Digam-me se ainda se pode permitir que desonre a terra com a sua presença" (v. 14, p. 69 [117]). É imediatamente após essa sugestão de parricídio que Zossima — tendo notado tanto a violência terrível da natureza de Dmítri quanto suas mostras de consciência — se curva aos seus pés.

Aliócha é pouco desenvolvido nessa parte do romance e, depois das páginas iniciais, permanece em segundo plano até uma fase posterior do livro. Como observou Robin Feuer Miller, ele funciona como o que Henry James chamou de *ficelle*, isto é, um fio que amarra a ação dos outros personagens à medida que vai de um para o outro.[4] O Livro 2 é tematicamente arredondado pelo capítulo dedicado a Aliócha e sua contraparte negativa, o invejoso e interesseiro Rakítin, um jovem noviço do mosteiro que se converteu em segredo e sem dor ao ateísmo, à ciência e ao positivismo. Rakítin é um "seminarista carreirista", pronto para vender sua alma — na qual não acredita — em troca de sucesso material e promoção social. Se Ivan representa o aspecto da juventude populista que Dostoiévski considerava genuinamente inspirado por ideais cristãos, Rakítin indica a facilidade com que esses ideais, quando separados, mesmo que um pouco, de sentimento por sua fonte original podem converter-se em uma máscara para a maldade e a falsidade.

Definindo-se como adversário intelectual de Ivan, Rakítin declara que "a própria humanidade encontrará força em si mesma para viver em função da virtude, mesmo sem acreditar na imortalidade da alma. Encontrará essa força no amor à liberdade, à igualdade, à fraternidade" (v. 14, p. 71 [128]). Mas Rakítin é incapaz de imaginar que alguém possa verdadeiramente "viver em função da virtude" ou agir, exceto por motivos egoístas os mais descarados. Dostoiévski usa a perspectiva desiludida de Rakítin como um realce para contrastar o materialismo grosseiro de seu ponto de vista "progressista" com a real complexidade moral e humana da situação em que seus personagens se enredaram.

Na aparência, os Livros 3 e 4 consistem em uma rodada de visitas que Aliócha faz a vários personagens. Esse artifício permite a Dostoiévski desenvolver mais plenamente personagens como Grúchenka, Catierina e Snieguiriov, que até então foram vistos apenas nas imagens distorcidas e parciais fornecidas pelas discussões furiosas entre Dmítri e seu pai. Tendo Aliócha como pivô dessas partes, Dostoiévski emoldura a multiplicidade de eventos, com suas abundantes amostras de loucura, paixão e sofrimento humanos, dentro da sombra abrangente do mosteiro e da morte iminente de Zossima.

Primeiro, somos apresentados à história de Smierdiakov, que pode, de acordo com rumores, ser filho ilegítimo de Fiódor. Sua mãe era a "fedorenta Lizavieta", que perambulava pela cidade como uma "louca sagrada" e era tratada com generosidade, de acordo com a tradição religiosa russa. Ela deu à luz Smierdiakov no jardim da casa dos Karamázov, e sua escolha desse local foi tomada como sugestão indireta da paternidade de Fiódor. A questão de como Lizavieta conseguiu, em seu estado, pular o "muro alto e grosso" (v. 14, p. 92 [151]) para entrar no jardim é aludida duas vezes na cena crucial da noite do assassinato de Fiódor, e, embora seja descartada pelo narrador, a sugestão de uma dimensão "misteriosa" confere, não obstante, um significado simbólico a esse detalhe.

Essa questão, junto com os detalhes naturalistas da moradia dos Karamázov, acompanha a apresentação da relação de Fiódor com seu servo Grigóri, que é extremamente religioso à maneira de um camponês fanático e semianalfabeto; e essa relação oferece a primeira analogia dramática do conflito temático central entre razão e fé. O objetivo de Dostoiévski é sugerir a dificuldade moral e psicológica de uma razão totalmente amoral sustentar-se, não só no plano dos raciocínios sofisticados de Ivan, mas também no plano mais baixo e primitivo da psique inconsciente. "Depravadíssimo e frequentemente cruel em sua lascívia como um inseto perverso, nos momentos de embriaguez Fiódor Pávlovitch, vez por outra, experimentava um repentino medo espiritual e uma comoção moral que, por assim dizer, quase se refletiam até fisicamente em sua alma." Nesses "casos extremos, [...] o próprio Fiódor Pávlovitch não estaria, talvez, em condições de definir a necessidade extraordinária — e às vezes ele começava a senti-la de modo súbito e incompreensível — de ter por perto alguém fiel e próximo" (v. 14, p. 86 [142]). O velho canalha, contando com o consolo da presença servilmente fiel de Grigóri, dá um salto de fé irracional em sua lealdade e devoção. A relação entre os dois imita, de modo semiparodístico, o desafio que todos os personagens são convocados a enfrentar.

Essas seções são seguidas pelo encontro de Aliócha com Dmítri em três capítulos memoráveis de monólogo exaltado. Aqui, Dostoiévski eleva poeticamente ambos os lados da personalidade de Dmítri — uma natureza desenfreada, de vida dissoluta, e um sentimento velado de culpa por ter dado rédea solta a sua sensualidade e a seus acessos de fúria — a uma estatura mítica. Os fragmentos de poesia que ele cita de Nekrássov, Goethe e Schiller se entrelaçam com sua narrativa febril e expandem e ampliam constantemente o seu alcance. O ímpeto irresistível de suas paixões e o profundo desgosto com sua própria degradação se elevam agora acima do privado e pessoal; tornam-se de fato a luta da humanidade desde os primeiros tempos para sublimar e purificar seus desejos e instintos animais. Dmítri se vê sob o disfarce do "troglodita nu" de "O Festival Eleusino", de Schiller, que aos olhos da deusa olímpica Ceres parece viver em estado de hedionda selvageria:

Frutos dos campos e doces uvas
Não embelezam os jantares;
Só restos de corpos fumaçam
Sobre sangrentos altares,

E onde quer que o triste olhar
De Ceres por ali fite —
Profundamente humilhado
Sempre o homem ele divisa! (v. 14, p. 98 [160])*

As forças que atuam nele são as do homem natural, que pode com demasiada facilidade tornar-se escravo de seus instintos e de suas paixões. Mas Dmítri tem um sentimento obscuro de que a natureza é obra de Deus, que não pode ser má por inteiro, e ele sente em sua própria exuberância incontrolável um pouco da alegria transbordante que Schiller chamou "a alma de toda a criação". Embora seja incapaz de conter sua sensualidade elementar, ao contrário de seu pai desavergonhado, que se vangloria de sua depravação, Dmítri anseia por alguma alteração *dentro* de sua própria natureza, que lhe permitirá alcançar o respeito por si mesmo. Seu desejo e seu dilema são mais uma vez sintetizados por Schiller:

Para erguer-se da baixeza
Pela alma o homem deve
Fazer com a antiga mãe terra
Uma aliança eterna.

"Mas vê só como é a coisa", lamenta-se Dmítri, "de que jeito vou fazer com a terra uma aliança eterna? Não beijo a terra, não lhe abro o seio; [...] Caminho sem saber se caí na podridão e na desonra ou na luz e na alegria." Variando as imagens no decorrer do trecho e indo do helenismo de Schiller ao cristianismo e à Bíblia, Dmítri chega ao máximo de eloquência inspirada na famosa passagem sobre a capacidade inquietante da humanidade de abrigar em seu peito tanto o ideal da Madona quanto o ideal de Sodoma. "A beleza é uma coisa terrível e horrível. [...] Aí os extremos se tocam, aí todas as contradições convivem. [...] É horrível que a beleza seja uma coisa não só terrível, mas também misteriosa. Aí lutam o diabo e Deus, e o campo de batalha é o coração dos homens" (v. 14, p. 100 [161-2]).

É contra esse vasto pano de fundo histórico e cultural, e a eterna luta da humanidade com as contradições de sua própria natureza, que se desenrola a história do envolvimento de Dmítri com Catierina. Só quando ele é visto como essa

---

* A tradução é de Paulo Bezerra a partir da versão para o russo citada por Dmítri. (N. T.)

29. *Uma página do manuscrito de* Os irmãos Karamázov.

espécie de Anteu, irrevogavelmente ligado à terra, é que se compreende com acerto a calamidade de seu noivado. Dmítri pretende seduzir Catierina unicamente por vaidade ferida pela desdenhosa indiferença da moça. Os próprios meios que ele escolheu para dobrá-la à sua vontade, oferecendo-se para salvar seu pai da vergonha ao preço de sua submissão, era um profundo insulto: sua recusa a aproveitar-se quando ela se entregou foi um golpe ainda mais mortal para o orgulho dela e deu a ele a vantagem psicológica em suas relações. A única arma de Catierina nessa luta de vontades era uma magnanimidade que, ao lembrar constantemente Dmítri de sua inferioridade moral, lhe permitiria manter a dianteira. Desse modo, a vida tornou-se intolerável para Dmítri sob o peso da "gratidão" de Catierina que, ao mesmo tempo, lhe tira todo e qualquer motivo de queixa.

Nos quatro capítulos seguintes, a atenção se desloca para Smierdiakov, esse personagem obsedante e enigmático que inspira piedade e repulsa ao mesmo tempo. Já na infância, havia sido sádico e blasfemo desdenhoso da religião, alguém completamente desprovido de qualquer sentimento natural de gratidão ou obrigação. Essas características pessoais são ideologicamente transpostas para a discussão que trava com Fiódor, Ivan e Grigóri. Aqui, revela-se como mais um dos "racionalistas" que povoam o livro; e tal como os gracejos obscenos e sacrílegios zombeteiros de Fiódor, o "racionalismo" de Smierdiakov é outra caricatura, sob a forma de um astuto sofisma lógico, dos tortuosos raciocínios morais de Ivan. Ao debater o heroísmo de Fomá Danílov, o soldado russo torturado e morto por inimigos muçulmanos por se recusar a abjurar da fé cristã, Smierdiakov sustenta que o mártir heroico fora, na verdade, um tolo. O simples pensamento de renunciar ao cristianismo para salvar sua vida o teria imediatamente afastado de Deus e de Cristo, e, portanto, não teria cometido nenhum pecado como cristão. De qualquer modo, a fraqueza da fé é o tipo mais comum de pecado venial, porque ninguém pode mais ordenar que a natureza realize milagres como mover montanhas — exceto talvez, como admite, para deleite de Fiódor, um ou dois eremitas no deserto. E as Escrituras, pergunta Smierdiakov triunfante, não prometem esses poderes a todos os que têm fé?

Seus argumentos são os de uma natureza mesquinha e calculista, que visa racionalizar suas próprias inclinações para a traição e usa a "razão" para minar e dissolver qualquer firme compromisso moral. Ao mesmo tempo, porém, Smierdiakov tem lá sua cota de camponês russo crédulo para acreditar nos poderes milagrosos de um ou dois eremitas no deserto. A importância disso é ressaltada quando Fiódor pergunta a Aliócha: "Essa não é a fé absolutamente russa?", e Aliócha concorda: "Sim, é um traço totalmente russo" (v. 14, pp. 120-1 [193]). A casuística de Smierdiakov não pode destruir por completo sua crença na santidade daqueles dois eremitas.

Smierdiakov serve como alter ego de Ivan da mesma maneira que Svidrigáilov servira a Raskólnikov; ele leva as teorias de Ivan ao seu extremo lógico e repugnante e exibe a refração distorcida e perigosa delas numa natureza mais rude e menos nobre. Mas Smierdiakov traz mais do que uma mera extrapolação temática, pois ele é um tipo social bem marcado — o camponês arrancado de sua comunidade e dos valores de seu grupo, que adquiriu fumos de cultura e maneiras urbanas e que se julga imensamente superior aos colegas camponeses incultos e se ressente de sua posição social inferior. Dostoiévski está sugerindo que, com toda a probabilidade, é entre camponeses desse tipo que a destruição da fé cristã pelo "racionalismo" dos Ivans é recebida com admiração e tem as consequências mais explosivas.

Com efeito, ele evoca essas possibilidades em imagens esopianas quando seu narrador ficcional compara Smierdiakov com um tipo de camponês "contemplativo" retratado numa pintura de L. N. Kramskói. "Representa uma floresta no inverno e, numa trilha do bosque, um mujiquezinho embrenhado, metido num *caftan* esfarrapado e calçando *lapti*:* está parado sozinho na mais profunda solidão, postado e como que mergulhado em meditação, só que não está pensando e sim 'contemplando' algo." Se lhe perguntassem o que se passava em sua mente, não seria capaz de responder, mas "seguramente conservaria em si a impressão sob a qual se encontrava durante sua contemplação. [...] Súbito, [...] pode largar tudo e ir para Jerusalém em peregrinação e tentando salvar a alma, como também pode, num átimo, atear fogo à aldeia natal, e pode igualmente fazer as duas coisas ao mesmo tempo" (outro exemplo da "ampla" natureza russa) (v. 14, pp. 116-7 [187]).

Todo leitor da época saberia que esse "contemplativo" continha uma ameaça de revolução, ou pelo menos de um levante camponês, e essa sugestão é reforçada algumas páginas adiante na conversa entre Fiódor e Ivan a respeito de Smierdiakov. Observando que o criado é fascinado por Ivan, seu pai lhe pergunta: "O que fizeste para animá-lo tanto?". Ivan responde: "Absolutamente nada", mas acrescenta, "é um lacaio e um grosseirão. É carne de vanguarda, aliás, para quando chegar a hora". Ou seja, uma excelente bucha de canhão para algum tipo de levante, embora Ivan acrescente também: "Haverá outros melhores, mas haverá também iguais a ele. Primeiro haverá os iguais a ele, depois virão os melhores". Quando lhe perguntam quando vai chegar a hora, Ivan responde: "A acha vai pegar fogo, mas talvez nem chegue a consumir-se. Por enquanto, o povo não gosta lá muito desses borra-panelas" (v. 14, p. 122 [194]). (Smierdiakov fora mandado a Petersburgo para aprender a cozinhar.) Em outro lugar, Ivan chama Smierdiakov diretamente de "matéria-prima para a revolução", provendo um claro subtexto sociopolítico para a relação entre eles.

Assim como vemos Smierdiakov defender uma traição do princípio moral quando ridiculariza Danílov, vemos também Ivan, na cena seguinte, justificar essa traição, embora com muito menos complacência. A discussão com Smierdiakov termina quando Dmítri, que procura freneticamente por Grúchenka, invade de repente a sala em que os três — Fiódor, Ivan e Grigóri — estiveram conversando. Atirando o pai no chão, Dmítri "conseguiu bater umas duas ou três vezes com o

* Calçado de cascas de tília. (N. T.)

salto do sapato no rosto do velho estirado". Ivan agarra Dmítri e o leva para longe, ajudado por Aliócha, e mais tarde observa que "se eu não o tivesse apartado, ele o teria matado". Aliócha exclama: "Deus o proteja!". Ao que Ivan responde, "com o rosto contorcido de raiva": "Um réptil devorando outro réptil, esse é o caminho dos dois". Ivan declara que, embora sempre fosse agir para defender o pai que odeia, "neste caso reservo-me ampla liberdade" (v. 14, pp. 128, 129, 132 [204, 205, 208]). Comportou-se instintivamente de acordo com o código moral aceito, mas nada em seus pensamentos faria com que se opusesse a tal assassinato; assim, sua sensibilidade moral e seu comportamento externo estão em pleno desacordo. Essa cisão de sua personalidade se aprofundará e intensificará à medida que o romance avançar, e sua declaração sobre "os répteis" voltará para assombrá-lo.

No capítulo seguinte, a cena entre Catierina e Grúchenka reproduz as relações de Catierina com Dmítri. Ela tenta conseguir o controle sobre Grúchenka, assim como havia feito com ele, com sua condescendente "magnanimidade". Mas ela mesma é humilhada na presença de Aliócha pela recusa de Grúchenka a ser dominada. A virada de mesa de Grúchenka revela claramente as raízes egoístas da "bondade" e "generosidade" de Catierina: são apenas os meios que utiliza para obter domínio moral e psicológico sobre os outros.

No Livro 4, Dostoiévski mantém o enfoque em Catierina e dedica outro capítulo a ela — "Mortificação no salão" —, no qual Ivan, homem de extrema inteligência, analisa-lhe o comportamento com acuidade exemplar e explica por que ela é incapaz de qualquer tipo de amor, exceto o que lhe cause mortificação. "A senhora precisa dele [Dmítri], para contemplar constantemente sua façanha de fidelidade heroica e censurá-lo por infidelidade. E tudo isso movida por seu orgulho. Oh, há muito de rebaixamento e humilhação aí, mas tudo isso vem do orgulho" (v. 14, p. 175 [269]). A percepção de Ivan brota de uma fonte relevante do ponto de vista do tema, uma vez que os traços de caráter de ambos têm o mesmíssimo fundamento: bastaria que Ivan olhasse dentro de si para entender os motivos daquela que o atormenta.

Os paralelos entre os dois são um exemplo da textura temática criada com extremo cuidado por Dostoiévski. Todas as atitudes que Catierina demonstra em relação aos outros personagens são a réplica exata, nos planos moral e psicológico, do dilema ideológico de Ivan. Assim, ela amplia e remata as qualidades humanas do caráter dele, apresentadas principalmente na forma transposta de argumento teológico e símbolo poético. A arrogância intelectual e o egoísmo espiritual de Ivan o impedem de se entregar ao mistério da fé e à realidade do amor de Deus; e a incapacidade de Catierina de amar outra pessoa que não ela mesma apresenta os mesmos predicados em termos que são sociais e pessoais; seu "cismar doloroso" servirá apenas para reforçar e fortalecer o egoísmo desenfreado escondido sob a superfície elegante de seus modos civilizados. Assim como Catierina precisa das traições da Dmítri para reforçar a sua própria virtude, do mesmo modo Ivan se tortura com os horrores dos sofrimentos dos inocentes para alimentar o orgulho de sua própria rejeição do mundo de Deus e seus habitantes. Quando Catierina grita, histérica, "Serei o Deus a quem ele [Dmítri] haverá de rezar" (v. 14, p. 172 [264]), ela revela o significado simbólico mais profundo da Lenda de Ivan.

Outro motivo temático importante no Livro 4 se encontra no capítulo dedicado ao inimigo de Zossima, o velho asceta padre Fierapont. Seu fanatismo desequilibrado permite que Dostoiévski se dissocie das formas mais grosseiras e repulsivas do ascetismo russo e ressalte, ao contrário, as características humanas e esclarecidas do cristianismo de Zossima, que não tinha medo de se abrir às influências do mundo moderno. Fierapont é mais do que uma figura caricatural destinada a dar maior relevo às virtudes de Zossima; ele também assume uma importância simbólica como parte do grande tema da razão e da fé, pois o asceta é também, à sua maneira, um literalista do sobrenatural como Fiódor. Há um "racionalismo" escondido em sua redução da vida espiritual à observância de regras externas sobre jejum e na maneira ingenuamente materialista com que, concretizando os mistérios da fé, alega ver demônios com seus próprios olhos e ter matado um deles prendendo sua cauda numa porta. Tanto para o cético voltairiano Fiódor como para o supersticioso devoto Fierapont, a fé religiosa depende dessas provas físicas de sua realidade; assim estão eles tematicamente unidos, apesar de suas divergências evidentes em outros aspectos. Não devemos esquecer também o feroz orgulho de Fierapont — ele está convencido de que Cristo virá para levá-lo embora, como ao profeta Elias — uma afirmação que é de novo contraposta à profunda mansidão e humildade de Zossima. O modo como Dostoiévski trata Fierapont ilustra a sutileza e delicadeza com que elabora o tema da fé, bem como a profundidade de sua intuição, que se compara à de Kierkegaard, da total irracionalidade e subjetividade desse tema.

Dois capítulos do Livro 4 são dedicados à família Snieguiriov, a qual, depois do desaparecimento do universo do mosteiro com a morte do padre Zossima, proporcionará a Dostoiévski o grande contraste com o universo dos Karamázov. A família Snieguiriov é de um tipo conhecido de todos os leitores de Dostoiévski. São o equivalente aos Marmeládov de *Crime e castigo* e a todos os humilhados e ofendidos que ele retratara desde o início de sua carreira literária. O capitão Snieguiriov é um tipo de palhaço como Fiódor, mas cujas ironias masoquistas escondem uma sensibilidade profundamente ferida que não se tornou ressentida ou vingativa. Longe de ter negligenciado sua família, o capitão destituído fez o melhor que pôde, em condições impossíveis, para provê-los de amor e carinho. Seu filho pequeno Iliúcha, que morde o dedo de Aliócha para vingar a humilhação pública que seu pai sofreu de Dmítri, também defende o pai a ferro e fogo contra os insultos dos colegas zombeteiros, e até mesmo a irmã de Iliúcha, Varvara — uma estudante "progressista" com ideias "racionais", de volta de seus estudos em Petersburgo —, se sacrifica desinteressadamente, embora ressentida, para cuidar de seus parentes infelizes.

Mais tarde, o adolescente Iliúcha, com seus colegas de classe, possibilita que Dostoiévski realize seu desejo havia muito acalentado de descrever a relação entre uma figura cristã carismática e um grupo de crianças. A cena em que Aliócha visita o miserável casebre dos Snieguiriov, intitulada "Mortificação na isbá", é justaposta imediatamente à "Mortificação no salão" de Catierina Ivánovna. A mortificação no salão é o resultado da obstinação e do orgulho, que perverte o sofrimento, fazendo dele um instrumento de dominação; a mortificação na casa camponesa, quando o capitão pisoteia histericamente o dinheiro — de que tinha muita necessidade — oferecido por Aliócha, é um esforço patético para manter um último resquício de autoestima e justificar a fé desesperada de Iliúcha na honra e dignidade do pai.

Ao concluir o Livro 4, Dostoiévski já havia apresentado todos os seus personagens, indicado claramente o rumo futuro da trama principal e levantado sua principal questão ideológica da razão e da fé numa variedade fascinante de cenas e personagens. Nos Livros 5, 6 e 7, esse tema vem para o primeiro plano e é tratado diretamente em algumas das maiores páginas da história do romance.

59. *Os irmãos Karamázov*: Livros 5-6

Os dois capítulos centrais do Livro 5, "A revolta" de Ivan e a "Lenda do Grande Inquisidor", atingem alturas ideológicas raramente alcançadas. No século XIX, pode-se pensar, talvez, em *Seráfita* e *Louis Lambert*, de Balzac, em *Spiridion*, de George Sand, ou, possivelmente, *A tentação de santo Antão*, de Flaubert. Essas páginas inspiradas ocupam seu lugar numa tradição literária ocidental que começa com *Prometeu acorrentado*, de Ésquilo, e o Livro de Jó. Eles também dão continuidade ao titanismo romântico da primeira metade do século XIX, representado por escritores como Goethe, Leopardi, Byron e Shelley. O crítico tcheco Václav Černý, num livro penetrante, considera Dostoiévski (ao lado de Nietzsche) o ponto culminante dessa tradição romântica de protesto contra Deus em nome de uma humanidade sofredora.[1]

Formalmente, os três capítulos dedicados a Ivan ilustram mais uma vez a súbita expansão vertical de um personagem que amplia seu status simbólico e seu poder poético. Agora, o frio e conceitual Ivan é consumido pela mesma sede apaixonada pela vida que caracteriza Dmítri. Aliócha diz-lhe carinhosamente, durante a conversa na taverna, que "és um rapaz exatamente igual a todos os outros rapazes de vinte e três anos, [...] um rapazinho magnífico e cheio de frescor, mas, enfim, um rapazinho bisonho!". Ivan responde: "Em parte, essa vontade de viver a despeito de qualquer coisa é um traço dos Karamázov, é verdade, e ela

1019

também existe infalivelmente em ti, mas por que é torpe?". É claro que pode tornar-se vil, como nas aventuras do velho Fiódor ou de Dmítri, mas pode ser também uma força de sustentação da vida. Como Ivan admite, mesmo que ele "perdesse a confiança na ordem das coisas, se me convencesse até de que tudo, ao contrário, é uma desordem, um caos maldito e talvez até demoníaco, mesmo que todos os horrores da frustração humana me atingissem, ainda assim eu teria vontade de viver, e já que trouxe esse cálice aos lábios não o afastaria de mim enquanto não esvaziasse!". Essa perda de fé "na ordem das coisas" é exatamente o que atormenta Ivan, mas seu amor primordial pela vida é poderoso o suficiente para contrariar as conclusões desanimadoras de sua razão: "Tenho vontade de viver e vivo, ainda que contrariando a lógica" (v. 14, p. 209 [317-8]).

Enumerando todos os afetos que ainda o ligam à vida, ele relaciona não apenas a natureza ("Gosto das folhinhas pegajosas da primavera, do céu azul"), mas também o "cemitério mais precioso" da civilização europeia, cheio das glórias do passado, diante do qual ele vai "cair por terra, beijar aquelas lousas e chorar sobre elas". Esses pensamentos e ações podem ser de todo irracionais, mas "não se trata de inteligência, nem de lógica, aí se ama com as entranhas. Essa capacidade de um amor irracional, seja à natureza ou aos monumentos de cultura, é o primeiro passo para a compreensão do significado da vida, pois essa compreensão só é possível quando o ego é levado para além de si mesmo. À pergunta de Ivan se devemos "amar mais a vida que o sentido dela", Aliócha responde: "Forçosamente é assim, amar antes que venha a lógica, como tu dizes [...] e só então compreenderei também o sentido". Porém, como a "lógica" de Ivan já concluíra que a vida não tem sentido, ele prevê que "por volta dos trinta anos certamente largarei o cálice mesmo sem esvaziá-lo e me afastarei... não sei para onde" (v. 14, pp. 209-10 [317-8]). Essas palavras suscitam o espectro de um suicídio motivado por desespero, mas a ênfase na juventude de Ivan e sua "vontade de viver" mantêm a esperança de outras possibilidades.

Esse encontro amistoso dos dois irmãos é posto no primeiro plano do capítulo 3, mas a sombra de um assassinato arquetípico paira no fundo e já foi insinuado. Questionado sobre o paradeiro de Dmítri, Smierdiakov respondera com voz "desdenhosa": "Por que eu haveria de saber [...]. Se eu fosse seu vigia, seria outra coisa" (v. 14, p. 206 [313]). Algumas páginas adiante, após saber da iminente partida de Ivan, um ansioso Aliócha pergunta sobre a briga entre Dmítri e o pai: "Como vai terminar essa coisa entre eles?". Ivan retruca irritado: "O que é que eu tenho a ver com isso? Por acaso eu sou vigia do meu irmão Dmítri?". Então, de repente, sorri "com certo amargor": "É a resposta de Caim a Deus pelo irmão morto, hein? Será que estás pensando isto neste momento?" (v. 14, p. 211 [319--20]). Tanto Ivan como Smierdiakov, que reproduzem os pensamentos um do outro, são, portanto, ligados ao motivo de assassinato por essa referência bíblica, que também insinua o vínculo subterrâneo entre eles.

À medida que a conversa entre os dois irmãos continua, Ivan contesta com veemência a devoção de Alíocha ao mundo de perdão universal e de amor transbordante e altruísta de Zossima. Ivan está travando uma luta interna contra seu desejo de aceitar a própria visão de mundo que ataca com tanta paixão. Ele de certa forma admite para si mesmo, "tal qual um menininho dócil", que não "é a ti [Alíocha] que quero perverter e desviar de teus alicerces, é possível que eu tenha querido me curar com tua pessoa". Mas esse momento de ternura tranquilizadora logo se desvanece (v. 14, p. 215 [326]). Ivan apresenta sua famosa distinção entre a compreensão "euclidiana" (terrena) e "não euclidiana" (sobrenatural), insistindo que, embora esteja perfeitamente disposto a aceitar a existência desse mundo não euclidiano (e, portanto, de Deus), sua compreensão euclidiana se recusa a conformar-se com todos os horrores morais do mundo criado por essa divindade.

Uma vez que para Ivan Deus não é mais que uma hipótese, sua opinião sobre essa questão reflete a mesma ambiguidade que marcou seu artigo sobre a jurisdição da Igreja. "Quanto a mim", diz ele, "há tempos que decidi não pensar na questão: foi o homem que criou Deus ou Deus que criou o homem?" Essas questões "são absolutamente impróprias para uma inteligência criada apenas com a noção das três dimensões" (e, portanto euclidiana). Ivan permanece neutro a respeito da questão, embora se disponha a aceitar todas as consequências sublimes que decorrem da postulação da existência de Deus. Parafraseando o Evangelho de São João, ele declara, ao mesmo tempo com profundo sentimento e um toque de ironia: "[…] acredito na ordem, no sentido da vida, acredito na harmonia eterna na qual nos todos nos fundiríamos, creio no Verbo ao qual aspira o universo, que também 'está em Deus' e é o próprio Deus etc. etc. e assim sucessivamente no sentido do infinito" (v. 14, p. 214 [325]). Mas professar essas crenças como mais do que hipóteses significaria ter uma fé que transcendesse a razão — uma fé que Ivan não só é incapaz de mostrar, mas também está moralmente pouco disposto a fazê-lo, mesmo que conseguisse. O que ele deseja é que essas expectativas arrebatadas se justifiquem diante do tribunal de sua compreensão euclidiana, de sua razão terrena — e isso, obviamente, elas não podem fazer.

O diálogo entre Ivan e Aliócha serve de prelúdio ao capítulo intitulado "A revolta", um ataque tão vigoroso a Deus e ao mundo que ele criou que muitos críticos duvidaram que o livro como um todo conseguiria superar seu impacto subversivo. No entanto, Dostoiévski fez algum esforço para moderar os efeitos inquietantes de sua lamúria profundamente tocante, mesmo antes de escrever sua "refutação" no Livro 6. Ivan principia expondo sua incapacidade emocional de experimentar o ato fundamental do sentimento cristão de solidariedade, o de amar o próximo. "Nunca consegui entender", diz ele, "como se pode amar o próximo […] só os distantes é possível amar." Citando um exemplo extremado e repulsivo do amor cristão abnegado, extraído de *A lenda de são Julião hospitaleiro*, de Flaubert (o abraço do santo num mendigo congelado de frio e com alguma doença repugnante), Ivan o considera apenas "um amor ditado pelo dever, como penitência", semelhante ao "amor" de Catierina por Dmítri. É um ato realizado num "assomo de falsidade", e não uma reação sincera e espontânea ao sofrimento humano (v. 14, pp. 215-6 [326]). Para Ivan, portanto, os preceitos do cristianismo se transformaram num dever e numa obrigação contrários à natureza humana. Desse modo, a consequente compaixão febril e exagerada de Ivan pela humanidade é minada pela suspeita de que ele também possa estar experimentando um mero "assomo de falsidade".

Os detalhes da candente acusação de Ivan a Deus desfiam um rosário de atrocidades que Dostoiévski extraiu de muitas fontes — processos judiciais, relatos de barbaridades perpetradas na Guerra Russo-Turca, um panfleto distribuído por uma seita cristã aristocrática que descreve a edificante conversão de um criminoso em Genebra pouco antes de sua execução — e que nem por isso deixou de ser executado. Ivan insiste particularmente na tortura infligida a crianças inocentes e indefesas, e o faz com um deleite mórbido que deixa Aliócha nitidamente incomodado; há indícios de que o fascínio de Ivan pela maldade humana começou a perturbar seu equilíbrio mental (ele fala "como se estivesse meio louco"). A humanidade tornou-se para Ivan apenas uma criadora de destruição e escuridão, não uma imagem de Deus, mas do diabo. "Acho que se o diabo não existe", diz a Aliócha, "e, portanto, o homem o criou, então o criou à sua imagem e semelhança" (v. 14, pp. 215-8 [326-30]).

É a existência de todo esse sofrimento e miséria no mundo que Ivan acha emocionalmente insuportável e intelectualmente incompreensível. No mínimo, os adultos pecadores podem ser obrigados a pagar um preço. Mas como se pode aceitar a ideia do pecado original — a ideia de que as crianças devem sofrer pelos pecados de seus pais? Ivan se exalta: "Ouve: se todos devem sofrer para com seu sofrimento comprar a harmonia eterna, o que as crianças têm a ver com isso, podes fazer o favor de me dizer?". Dostoiévski até permite que Ivan rejeite de antemão a posição a partir da qual ele será refutado: "[...] entendes para que serve esse absurdo e para que foi criado?", grita para Alíocha. "Sem ele, dizem, o homem nem conseguiria viver na Terra, pois não teria conhecido o bem e o mal. Para que conhecer esse bem e esse mal dos diabos a um preço tão alto?" (v. 14, pp. 218-20 [330-9]). A força do argumento de Ivan é habilmente contestada pela expressão "dos diabos", que revela a premissa implicitamente maniqueísta da sua indignação, sua convicção de que os seres humanos podem usar a liberdade *apenas* para fazer o mal.

As cogitações atormentadas de Ivan rejeitam a própria ideia de "uma harmonia universal" no futuro como algo monstruoso e injusto. Com amarga ironia, ele declara que pode muito bem imaginar como seria glorioso "quando a mãe se abraçar ao carrasco que estraçalhou seu filho com os cães e todos os três anunciarem entre lágrimas, 'Tens razão, Senhor'". Ele pode compreender essa apoteose sublime, mas não pode aceitá-la. A harmonia eterna "não vale uma lágrima minúscula nem mesmo daquela criança supliciada, que batia com seus punhozinhos no peito e rezava ao seu 'Deusinho' naquela casinha fétida e banhada em suas minúsculas lágrimas não redimidas!". Ninguém, argumenta Ivan, tem o direito de perdoar seu torturador. "Não quero a harmonia, por amor à humanidade, não a quero. O melhor mesmo é que eu fique com meu sofrimento não vingado [...] *ainda que eu não esteja com a razão*" (v. 14, p. 223 [339-40]). A intensidade do conflito de Ivan entre seu desejo de uma justiça distributiva "racional", de um lado, e o caráter sublime do perdão universal, de outro, é revelada pelos grifos de Dostoiévski. Não obstante, Ivan é inflexível em sua recusa, que culmina em sua famosa declaração: "É por isso que me apresso a devolver meu bilhete de entrada. E se sou um homem honrado, sou obrigado a devolvê-lo o quanto antes. [...]. Não é Deus que não aceito, Alíocha, estou apenas lhe devolvendo o bilhete da forma mais respeitosa" (o bilhete para um mundo de harmonia eterna não euclidiana que redimiria todo sofrimento no reino euclidiano) (v. 14, p. 223 [340]).

Ivan tem a intenção de perturbar a fé de Alióchaⓐ e por um instante o consegue. Quando pergunta a Alióchaⓐ se o general que soltara seus cães sobre um menino camponês deveria ser fuzilado "para a satisfação de um sentimento moral", Alióchaⓐ não pode evitar de responder em voz baixa: "Fuzilar!". Deleitado com essa resposta, Ivan exclama: "Bravo! [...] Vê só que demoniozinho tu tens no coração, Alióchaⓐ Karamázov!" (concordar com Ivan é render-se à tentação do diabo) (v. 14, p. 221 [336]). Ivan desafia então Alióchaⓐ a responder se concordaria em fundar o edifício do destino humano — "com o fim de, concluída a obra, fazer as pessoas felizes" — sobre a tortura não vingada de uma criança inocente. Alióchaⓐ responde de novo com a negativa, mas em seguida, recuperando-se, lembra que o edifício do destino humano (pelo menos no universo moral deles) se alicerça em outro princípio — o do amor cristão que sacrifica a *si mesmo*. Em resposta a outra pergunta de Ivan — se existe "em todo o mundo um ser que possa ou tenha o direito de perdoar" a terrível tapeçaria de sofrimento humano que ele acabou de desenrolar —, Alióchaⓐ responde com uma afirmação apaixonada. "Ora, esse ser existe, e pode perdoar tudo, todos e tudo e *por tudo*, porque ele mesmo deu seu sangue inocente por todos e por tudo. [...] é sobre ele que se constrói o edifício, e é a ele que haverão de exclamar: 'Tens razão, Senhor, pois se revelaram teus caminhos'" (v. 14, pp. 223-4 [340-1]).

Essas páginas estão entre as mais justamente famosas de toda a obra de Dostoiévski e revelam mais uma vez sua ousadia em dar a expressão mais poderosa às mesmas atitudes que tentava combater. Além da invocação final de Cristo por Alióchaⓐ até esse momento não houve nenhuma tentativa de contradizer o ataque implacável de Ivan ao mundo de Deus. Tampouco qualquer esforço desse tipo teria sido coerente com a estratégia artística de Dostoiévski. As ideias a que ele se opunha eram não raro combatidas pela descrição de seus efeitos sobre as vidas dos personagens, e não pela tentativa de demonstrar sua falta de capacidade de persuasão teórica ou coerência racional. O sentimento de desespero e desolação interior de Ivan, seu cinismo desabusado em relação ao próprio amor juvenil à vida, o desprezo pela humanidade que corrompeu seus sentimentos, apesar de todo o seu suposto "amor à humanidade" — tudo isso tem o propósito de iluminar indiretamente a natureza desesperançada e autodestrutiva de suas convicções. O súbito apelo de Alióchaⓐ à imagem do Deus-homem ilumina com um clarão a estreiteza e o lado vingativo do "amor à humanidade" de Ivan. Sua insistência na justiça — e, portanto, na punição e no castigo — está em flagrante contraste com o evangelho de Cristo, do amor que tudo concilia e tudo perdoa e da esperança de misericórdia infinita para o pecador que se arrepende.

Muitos comentadores salientaram o páthos comovente do humanitarismo de Ivan; houve mesmo quem sugerisse, como Blake disse de Milton, que Dostoiévski de fato pertencia ao partido do diabo e não podia reprimir sua concordância emocional com Ivan. Não há dúvida de que Dostoiévski verteu nesses parágrafos toda a sua própria angústia diante das abominações que registrava. Porém Ivan representa, no mais alto nível de sensibilidade intelectual e moral, a suprema e mais pungente dramatização do conflito entre razão e fé no cerne do livro, e teria sido incoerente com seu objetivo temático atenuar ou enfraquecer suas declarações. A fé, tal como Dostoiévski deseja que seja sentida em *Os irmãos Karamázov*, deve ser totalmente pura, um compromisso apoiado apenas numa devoção à imagem e ao exemplo de Cristo, e os argumentos opostos da razão devem, portanto, ser apresentados em sua força máxima.

O que propicia ao avassalador monólogo de Ivan seu poder ainda vigente é a rejeição inexorável do mundo de Deus em nome da mesma moral do amor e da compaixão que o próprio Cristo trouxera para esse mundo. Ivan expressa o que Dostoiévski considerava a mais profunda contestação da mentalidade populista a uma verdadeira aceitação da fé cristã do povo russo. Para combater essa contestação, Alióscha apelara à imagem de Cristo, a verdadeira fonte da moral do próprio Ivan. Ele acusa o irmão de ter "esquecido" Cristo, e, em resposta, Ivan narra um poema em prosa de sua autoria, a famosa Lenda do Grande Inquisidor. Narrativa complexa, ela abrange três níveis: o do autor Dostoiévski, o do narrador ficcional, que desaparece durante o majestoso monólogo de Ivan, e o do próprio Ivan, o suposto criador do poema, cuja psicologia social e moral a obra dramatiza simbolicamente em todo o emaranhado de suas oposições.

À maneira de um prefácio, o erudito Ivan entrega-se a um breve levantamento da popularidade universal de poemas e peças semelhantes no passado, quando "as obras poéticas costumavam fazer as potências celestes descerem sobre a terra". O mais importante de todos era um conto bizantino apócrifo, "A via-crúcis de Nossa Senhora", que mostra a Mãe de Deus sendo conduzida através do inferno pelo arcanjo Miguel. Horrorizada com o sofrimento dos condenados, ela se prostra diante de Deus "e pede clemência para todos aqueles que estão no inferno [...] sem distinção". Deus aponta para o Cristo crucificado e pergunta: "Como vou perdoar seus supliciadores?". Mas cede quando Nossa Senhora "ordena a todos os santos, a todos os mártires, a todos os anjos e arcanjos que se prosternem com ela" e rezem pedindo misericórdia. Deus finalmente concorda com "uma cessação dos tormentos" para aqueles que estão no inferno uma vez a cada ano, da Sexta-Feira Santa a Pentecostes (oito semanas após a Páscoa), e os pecadores agradecem e bradam: "Tens razão, Senhor, por teres julgado assim" (v. 14, pp. 224-5 [341-2]).

O poema de Ivan situa-se na Espanha do século XVI, onde Cristo aparece novamente. A humanidade esperava-o com "mais fé ainda, pois já se passaram quinze séculos desde que cessaram as garantias dos Céus para o homem". É a um mundo cheio desse anseio e dessa fé que Ivan imagina o retorno de Cristo — ao sul da Espanha, nos dias mais negros da Inquisição. Ivan pinta a cena com algumas pinceladas sugestivas, chamando em seu auxílio a poesia e o Novo Testamento. O leitor é levado a Sevilha um dia depois que cem hereges foram queimados num grandioso auto de fé. Nessa conjuntura, Cristo "aparece em silêncio, sem se fazer notar, e eis que todos — coisa estranha — O reconhecem. [...] O sol do amor arde em Seu coração, os raios da Luz, da Ilustração e da Força emanam de Seus olhos e, derramando-se sobre as pessoas, fazem seus corações vibrarem de amor recíproco". Graças à plenitude de Seu amor transbordante, Cristo devolve a visão a um cego e desperta uma menina da morte nos degraus da catedral. "O povo chora e beija o chão" (v. 14, pp. 226-7 [344-6]).

O Grande Inquisidor manda prender Cristo e o visita na prisão naquela noite. Durante todo o encontro, Cristo não pronuncia uma só palavra; e Sua presença calada funciona como um aguilhão para a consciência do Grande Inquisidor, o qual, fingindo realizar os desejos de Cristo na terra, sabe que está fazendo o oposto. O monólogo do Inquisidor, que oscila entre suas acusações contra Cristo e a autoexculpação, trai a tensão que corrói sua consciência, uma consciência que o levou, por piedade pelo sofrimento de uma humanidade fraca e infeliz, a "corrigir" a obra de Cristo, aliviando a humanidade da fonte de sua miséria: o peso do livre-arbítrio. Ivan se recusara a aceitar o mundo de Deus no capítulo anterior e agora indica como o reconstruiria de acordo com especificações mais "humanas".

Sua narrativa é uma variante livre da versão evangélica das tentações de Cristo incluídas nos santos Marcos, Mateus e Lucas. De acordo com o texto sagrado, Cristo passou quarenta dias no deserto, sendo tentado por Satanás, antes de iniciar sua missão para a humanidade. Como Milton no *Paraíso recuperado*, Ivan transforma esse relato num magnífico panorama historiológico sobre o curso futuro da história humana, que ele vê prefigurado nesse episódio sobre tentação do Novo Testamento. Com efeito, o Grande Inquisidor está sem dúvida falando em nome de Dostoiévski quando elogia com entusiasmo as três perguntas feitas a Cristo no deserto pelo "espírito terrível e inteligente, o espírito da autodestruição e do nada". Ele está certo de que essas questões não são produto "da inteligência trivial do homem, mas da inteligência eterna e absoluta", porque a mente do homem não poderia ter inventado por si só a grandiosidade dessa visão profética (v. 14, pp. 229-30 [349]).

Por que, pergunta o Inquisidor a Cristo, ele chegara "de mãos vazias, levando aos homens alguma promessa de liberdade", quando poderia ter realizado o milagre de transformar "essas pedras nesse deserto escalvado e escaldante" em pão? "Transforma-as em pão", aconselhara o diabo na primeira tentação, "e atrás de ti correrá como uma manada a humanidade agradecida e obediente." Cristo recusou-se a fazê-lo porque "não quiseste privar o homem da liberdade", mas o Grande Inquisidor, profetizando a vitória daquilo que, pela terminologia, só pode ser o socialismo, prevê que "passarão os séculos e a humanidade proclamará através de sua sabedoria e da sua ciência que o crime não existe, logo, também não existe pecado, existem apenas os famintos". E então, "em nome desse mesmo pão terreno [...] todos o seguirão, exclamando: 'Quem se assemelha a essa fera, ela nos deu o fogo dos céus!'" (uma citação que combina o livro do Apocalipse com o mito de Prometeu) (v. 14, p. 230 [351]).

Como sabemos pelo *Diário*, Dostoiévski acreditava na possibilidade de o catolicismo romano unir forças com os socialistas para liderar a revolução iminente que destruiria o Ocidente. Em sua opinião, ambos se renderam à primeira tentação de Cristo, subordinando sua mensagem — liberdade de consciência — a objetivos e ambições terrenos, e portanto estavam unidos em sua imaginação. Assim, "o espírito da terra" obterá uma vitória temporária, porque a humanidade deporá sua desastrosa liberdade aos pés deles; "juntos, a liberdade e o pão da terra em quantidade suficiente para toda e qualquer pessoa são inconcebíveis, pois eles nunca, nunca saberão dividi-los entre si!". O princípio moral de "partilha" não pode provir de nenhuma outra fonte que não seja o verdadeiro Cristo, que exige o livre sacrifício pelos outros por amor; e a humanidade será por fim forçada a voltar para Ele como única fonte da moral. Nesse caso, no entanto, voltará para um falso Cristo, o católico romano do Grande Inquisidor, que acredita que "nada foi mais insuportável para um homem e a sociedade humana do que a liberdade", e que os homens "nunca poderão ser livres, porque são fracos, pervertidos, insignificantes e rebeldes" (v. 14, pp. 230-1 [351]).

Apesar dessa visão depreciativa da natureza humana, o Grande Inquisidor de Ivan faz o mesmo apelo à piedade feito por Ivan no capítulo "A revolta". Ele reconhece que, embora a doutrina do "pão celestial", a liberdade da consciência humana, possa atrair milhares, outros milhões "não estarão em condições de desprezar o pão da terra pelo pão do céu", e é em nome desses milhões, "que são fracos, numerosos como a areia do mar, mas que te amam", que fala o Grande Inquisidor (v. 14, p. 231 [352]). Esse "cuidado", no entanto, não será aceito a menos que oferecido em nome do *verdadeiro* Cristo que prega a liberdade e o amor, enquanto Seu ideal está sendo distorcido e traído.

O Grande Inquisidor passa agora da primeira tentação para a questão mais propriamente religiosa de saber se a humanidade possui a força moral para suportar a liberdade apregoada por Cristo. O Grande Inquisidor está disposto a concordar com Cristo — a única vez que o faz! — quando lhe diz que "se [...] alguém [...] dominasse a consciência [do homem] — oh, então ele até jogaria fora teu pão e seguiria aquele que seduzisse sua consciência. Nisto tinhas razão. Por que o segredo da existência humana não consiste apenas em viver, mas na finalidade de viver". Em outras palavras, o homem não vive só de pão; mas Cristo se recusou a assumir o comando da consciência da humanidade, negando-lhe assim a tranquilidade da certeza e da obediência. "Tu esqueceste que o homem prefere a paz, e até mesmo a morte, à liberdade de escolha no conhecimento do bem e do mal?" Longe de oferecer um novo e imutável guia para a consciência humana, acusa o Grande Inquisidor, Cristo só fez piorar sua condição. "Não existe nada mais sedutor para o homem que sua liberdade de consciência, mas tampouco existe nada mais angustiante. [...] Em vez da firme lei antiga, doravante o próprio homem deveria resolver de coração livre o que é o bem e o que é o mal, tendo diante de si apenas a tua imagem como guia" (v. 14, p. 232 [353]).

Para garantir essa liberdade, Cristo rejeitara a segunda tentação, a de oferecer prova de sua divindade. E, por fim, afastou-se da terceira tentação, a de assumir o poder sobre "todos os reinos da terra", porque não desejava, como o Grande Inquisidor, impor a fé com o poder temporal. Desse modo, Cristo repudiou o que o Grande Inquisidor declara ser "as únicas três forças na terra capazes de vencer e cativar para sempre a consciência desses rebeldes fracos para sua própria felicidade: essas forças são o milagre, o mistério e a autoridade" (v. 14, p. 232 [353-4]).

Nenhum segmento da Lenda apresenta um problema mais intricado ou é mais difícil de desvendar do que essa acusação lançada contra Cristo. Intérpretes da estatura de Berdiáiev a tomaram como uma declaração definitiva do próprio Dostoiévski — feita *a contrario* através de Ivan — de que a liberdade de consciência da humanidade, a liberdade defendida por Cristo na Lenda, é totalmente incompatível com a magia, o mistério e a autoridade. No entanto, é difícil conciliar essa leitura com a descrição feita antes do reaparecimento de Cristo. Como assinalou Roger Cox, quando o Grande Inquisidor acusa Cristo de ter abandonado o milagre, o mistério e a autoridade, "a linguagem e as imagens mais características do Inquisidor vêm diretamente do livro do Apocalipse, em que estão associadas ao 'falso profeta'".[2] Não devemos esquecer essa imagem anterior ao tentar compreender o alvo temático de Dostoiévski.

No início do romance, quando Alióscha se submete ao *stárietz* Zossima, o narrador adverte que "pode ser verdade que essa arma experimentada e já milenar de transformação do homem, que o conduz da escravidão para a liberdade e o aperfeiçoamento moral, possa converter-se em faca de dois gumes, de sorte que em lugar da resignação e do autocontrole definitivo talvez venha a redundar algumas vezes no contrário, no mais satânico orgulho, ou seja, em grilhões, e não em liberdade" (v. 14, p. 27 [50]). As forças do milagre, mistério e autoridade legítimos estão, portanto, abertas à deturpação, como vemos no caso do Grande Inquisidor, mas o texto indica claramente que estão longe de terem sido repudiadas por Cristo em sua manifestação autêntica. Para ele, no entanto, elas derivam seu poder legítimo somente de uma fé incondicional de verdade, apenas naquela interpenetração do terreno e do celestial proclamada por Zossima. Quando o Grande Inquisidor repreende Cristo por ter abandonado esses poderosos instrumentos de controle, o imperioso prelado fala deles apenas como um meio de coerção e dominação. Mas eles podem exercer sua influência por meio do "amor receptivo", e Dostoiévski não desejaria que só fossem vistos através da lente distorcida do Grande Inquisidor. Como diz Cox de modo convincente, o Grande Inquisidor degradou as formas autênticas de milagre, mistério e autoridade em magia, mistificação e tirania.

Sob o desafio do olhar silencioso de Cristo, o Inquisidor confessa o segredo que ainda não declarou: "Não estamos contigo, mas com *ele*, eis o nosso mistério!". A Igreja Romana havia traiçoeiramente aceitado a terceira tentação do diabo em nome de Cristo e realizado "tudo o que o homem procura na Terra, ou seja: a quem sujeitar-se, a quem entregar a consciência e como finalmente juntar todos no formigueiro comum, incontestável e solidário". (A palavra "formigueiro" é utilizada com frequência por Dostoiévski para caracterizar uma ordem social em que não existe livre-arbítrio.) Após ter tomado a espada dos Césares, o Inquisidor está certo de que "seremos [a Igreja Romana] os Césares, e então pensaremos na felicidade universal dos homens". Mas esse estado final não será alcançado antes do interregno de "séculos de desmandos da livre inteligência, da ciência e da antropofagia deles", quando os seres humanos tentarão construir a torre de Babel exclusivamente com base na razão e na ciência e terminarão devorando uns aos outros numa luta darwiniana pela vida (v. 14, pp. 234-5 [356-7]).

A essa altura, mesmo aqueles que de início serviram ao verdadeiro Cristo ("os eleitos") "acabaram cansando de te esperar", e "levaram [...] as forças do seu espírito e o calor do seu coração para o outro campo e terminarão por erguer sobre ti mesmo sua bandeira *livre*". Mesmo a bandeira do próprio Cristo será transformada em seu enganoso oposto. "Oh, nós os persuadiremos de que eles só se tornarão livres quando nos cederem sua liberdade e se colocarem sob nossa sujeição." Os homens serão então reduzidos ao nível das crianças e "lhes daremos uma felicidade serena, humilde, [...] dos seres fracos, tais como eles foram criados". Até mesmo o pecado será permitido a essas criaturas sem vontade, "porque os amamos, e assumiremos o castigo por tais pecados". Cada detalhe da existência deles, inclusive as mais íntimas questões sexuais e familiares, "os mais angustiantes mistérios de sua consciência", estarão sob o controle do Grande Inquisidor.[3] Eis o paraíso terrestre do Grande Inquisidor, o fac-símile fraudulento da liberdade apregoada por Cristo. "Morrerão serenamente, serenamente extinguirão em teu nome, e no além-túmulo só encontrarão a morte." A imortalidade não existe, mas "para a felicidade deles os atrairemos com a recompensa celestial e eterna" (v. 14, pp. 235-6 [357-9]).

A Lenda é criação de Ivan, e, portanto, destina-se a objetivar drasticamente a luta em sua própria consciência entre razão e fé. Esta luta vem à tona de repente quando o Grande Inquisidor revela ser alguém que abandonou o verdadeiro Cristo mediante muita relutância, e que ainda acha que a elevada beleza da fé cristã e de sua imagem da humanidade é livre e moralmente responsável. "Sabes que também estive no deserto", diz a Cristo, "e me dispus a engrossar o número de teus eleitos, [...]. Mas despertei e não quis servir à loucura." Se Cristo retornasse um dia, afirma em tom de desafio, entre os trovões do Segundo Advento, então o Grande Inquisidor e seus companheiros poderiam dizer, apontando "para os milhares de milhões de crianças felizes que não conheceram o pecado [...]: 'Julga-nos se podes e te atreves'". Ele conclui com a declaração de que ordenará que Cristo seja queimado na fogueira como herege no dia seguinte "porque voltaste para nos atrapalhar" (v. 14, pp. 236-7 [360]).

Nesse momento, Alióscha o interrompe: "Teu poema é um elogio a Jesus e não uma injúria... como o querias". A interpretação de Alióscha pode muito bem ser tomada como a do próprio Dostoiévski. Repreender Cristo por insistir no direito da humanidade de escolher entre o bem e o mal unicamente de acordo com os ditames de seus corações era, com efeito, louvá-lo por proteger o próprio fundamento da humanidade do homem tal como Dostoiévski a concebia. Ivan não responde a essa primeira exclamação de Alióscha, mas reage quando Alióscha afirma com veemência que o Grande Inquisidor e seu exército romano de jesuítas representam "o mais simples desejo de poder, [...] uma espécie de futura servidão para que eles se tornem latifundiários... eis tudo o que eles têm em mente". Recusando-se a aceitar uma acusação tão redutora, Ivan amplia a imagem do Grande Inquisidor para uma figura trágica, que sofre de verdade porque "destruiu toda a sua vida numa façanha no deserto e não se curou do amor à humanidade" e é obrigado "a adotar a mentira e o embuste e conduzir os homens já conscientemente para a morte e a destruição, e ademais enganá-los durante toda a caminhada [...] em nome daquele em cujo ideal o velho acreditara apaixonadamente durante toda a sua vida!" (v. 14, p. 237-9 [362-3]). O Grande Inquisidor é uma extrapolação grandiosa de seu próprio conflito interior; e a natureza trágica do dilema do Inquisidor — a tragédia de ter aceitado a moral de Cristo, o Filho, e de agir em seu nome, embora não mais acreditasse em Deus Pai — é também uma preparação para o desenlace da Lenda.

Ivan propõe a seguinte conclusão para sua narrativa. A mudez impassível do prisioneiro "pesava" sobre seu carcereiro. "Mas de repente ele se aproxima do velho em silêncio e calmamente lhe beija a exangue boca de noventa anos." O Grande Inquisidor estremeceu e abriu a porta da cela. "'Vai', disse ele, 'e não voltes mais... Não voltes em hipótese alguma..., nunca, nunca!'" Quanto ao agora solitário Grande Inquisidor, Ivan diz que "o beijo lhe arde no coração, mas o velho se mantém na mesma ideia". Alióscha logo reconhece que esta última frase é aplicável ao próprio Ivan, dividido entre sua sensibilidade ao ideal cristão e sua "ideia" de que "tudo é permitido" quando se perde a fé em Deus e na imortalidade. À pergunta angustiada de Aliócha — "Como hás de viver [...] com semelhante inferno no peito e na cabeça?" —, Ivan reafirma sua antiga declaração "de revolta": "a força karamazoviana da baixeza" vai acompanhá-lo até os trinta anos e, depois, jogará a taça no chão (v. 14, p. 240 [364-5]).

No final da conversa, quando Aliócha olha para ele em silêncio, Ivan manifesta tristeza, porque "agora vejo que nem em teu coração tenho lugar, meu querido eremita". Esse sentimento motiva Aliócha a beijar Ivan nos lábios, o qual o acusa de "plágio", em tom de brincadeira e com "certo entusiasmo" diante dessa repetição repleta de simbolismo. Apresentado aqui em seu aspecto mais humano e atraente, Ivan demonstra plena consciência da dor que ora corrói o coração do irmão. Dostoiévski, no entanto, não queria terminar com uma imagem tão simpática de Ivan, que conseguira fazer com que Aliócha aprovasse um ato de vingança. Então, o narrador introduz uma nota sutilmente dissonante nos parágrafos finais enquanto Ivan vai embora depois de dizer ao irmão: "E agora tu vais para a direita e eu para a esquerda". Aliócha "reparou de repente que Ivan estava com o andar meio vacilante e que seu ombro direito, visto de trás, parecia mais baixo que o esquerdo" (v. 14, p. 241 [365-6]). A tradição associa o diabo ao lado esquerdo, e porque ele claudica enquanto caminha, o ombro esquerdo parece mais alto que o direito. Desse modo, o narrador utiliza crenças populares para identificar Ivan com o espírito maligno que acabara de evocar com tanta aprovação em sua Lenda.

Os capítulos que tratam da revolta de Ivan e de sua Lenda estão situados entre dois encontros com Smierdiakov. Ele retorna para casa para encontrar a presença obsequiosa e insinuante, mas também um tanto sinistra, do cozinheiro e criado de seu pai, e a expectativa subconsciente de encontrar Smierdiakov o mergulha num estado de depressão intensa, embora não tenha total consciência da razão disso. A relação entre os dois — antes apenas sugerida — é agora desenvolvida com mais profundidade. No início, Ivan demonstrara "alguma simpatia particular e repentina por Smierdiakov, até o achara bastante original" (v. 14, p. 242 [368]). Discutiram questões como a exatidão literal e a veracidade de algumas afirmações contidas no Velho Testamento, e Smierdiakov passara a se considerar discípulo de Ivan. Com efeito, quando o criado ridicularizou o heroísmo de Fomá Danílov por recusar-se a renunciar à sua fé, Fiódor dissera a Ivan: "Ele montou tudo isso para ti. Está querendo que o elogies" (v. 14, p. 118 [189]).

Logo Ivan passa a sentir "aversão" por Smierdiakov porque nele "começava a manifestar-se e denunciar-se um amor-próprio infinito, e ademais um amor-próprio ofendido", que a Ivan pareceu intolerável. A ironia dessa observação é óbvia: o "amor-próprio" de Smierdiakov é uma paródia de seu modelo admirado, que na pessoa do Grande Inquisidor se imaginara capaz de "corrigir" a obra de Deus. O pior de tudo é que, do ponto de vista de Ivan, Smierdiakov age agora como se "entre os dois já [houvesse] algo combinado e como que secreto" desconhecido de todos os outros, e que acabou por criar um vínculo entre eles (v. 14, pp. 242-3 [368-70]). Esse vínculo existe, a despeito da vontade de Ivan, porque Smierdiakov assimilou o niilismo amoral das ideias de Ivan, que começaram a fermentar dentro de uma mente e de um coração em que não havia sensibilidade para o sofrimento humano. O diálogo que se segue é narrado em dois planos — a troca de palavras entre eles, acompanhada pelo diálogo que Ivan trava consigo mesmo. Nesse segundo diálogo, a aversão que Ivan passou a sentir por Smierdiakov é dominada pelo sentimento subconsciente de que ambos estão ligados por um pacto subliminar secreto — um pacto que odeia, mas ao qual não consegue resistir nem dele se desvencilhar. O conflito de sentimentos de Ivan em relação a Smierdiakov dramatiza, nos planos moral e psicológico, o mesmo conflito entre razão e fé (a fonte da consciência moral para Dostoiévski) que constitui a base do caráter de Ivan.

Embora não deseje falar com Smierdiakov, Ivan se vê involuntariamente abordando-o num tom que convida a uma conversa. Ele se comporta sob uma compulsão, quase um fascínio, que só pode advir da paralisia torturante decorrente de seu conflito interior. Durante a conversa, Smierdiakov insinua em termos velados todos os fatos que, se Ivan for para Tchermachniá, deixarão o caminho aberto para Dmítri tornar a invadir a casa e enfim levar a cabo a ameaça de matar o pai. Enquanto escuta, Ivan fica enfurecido com as palavras alusivas de Smierdiakov, que aparentemente fornecem informações sem propósito, mas que, na verdade, sugerem a probabilidade de assassinato. Num ataque de raiva, Ivan quase se joga sobre o servo, mas em vez disso anuncia com muita calma que partirá para Moscou no dia seguinte. O comportamento contraditório de Ivan foi prenunciado pelo que dissera a Aliócha depois que ambos puxaram Dmítri para longe do pai ensanguentado: "Um réptil devorando outro réptil, esse é o caminho dos dois". No entanto, ao dizer a Aliócha que sempre defenderia seu pai, Ivan também acrescentara: "Mas, neste caso, reservo-me ampla liberdade".

Os "desejos" de Ivan se mostram mais fortes do que sua declarada obediência ao código moral, e ele decide ir embora, mesmo depois de ficar ciente de que sua ausência pode provocar o crime. O narrador relata objetivamente a turbulência no espírito de Ivan naquela noite, atormentado "por vários desejos estranhos e quase inteiramente inesperados", como "ir ao anexo e dar uma surra em Smierdiakov". Não saberia explicar o porquê, "a não ser que aquele criado se lhe tornara odioso como o mais grave ofensor que se poderia encontrar no mundo". A "ofensa" de Smierdiakov consistia em sua suposição perfeitamente justificada de que Ivan não fazia nenhuma objeção profunda ao assassinato de seu repulsivo pai, embora ele mesmo se recusasse a encarar essa verdade. Naquela noite, ao ouvir o pai se mexendo lá embaixo, Ivan foi até a escada e ficou à escuta por "uns cinco minutos, movido por uma estranha curiosidade, com a respiração presa e o coração a bater", e nunca esqueceu aquele breve período. "Depois, pelo resto da vida chamou de 'infame' essa sua 'atitude', e no fundo de seu íntimo, nos esconderijos da alma e de si para si, considerou-a a mais torpe atitude de toda a sua vida" (v. 14, p. 251 [381]). Foi o momento em que decidiu deixar os dois répteis se entredevorarem — ou pelo menos assim acreditou.

Na manhã seguinte, Ivan diz ao pai que irá a Tchermachniá, como o velho havia solicitado, a fim de vender um bosque para ele. Fiódor fica encantado, "porque és inteligente", mas Ivan evita beijá-lo na partida (v. 14, p. 253 [384]). Essa qualificação repete a observação de Ivan para Aliócha de que o Grande Inquisidor, depois de perder a fé em Cristo, se juntara "às pessoas inteligentes". Enquanto Ivan roda pelo campo, sente de início uma sensação de alívio, mas depois recorda as palavras de despedida do criado, cujas implicações finge não entender. Mudando seus planos, viaja para Moscou, mas sua tristeza e sua angústia não desaparecem, e, ao chegar a Moscou, ele tem um momento de verdade: "Sou um patife — murmurou com seus botões" (v. 14, p. 255 [386]). Somente muito mais tarde, no entanto, é que experimentará todas as implicações desse reconhecimento.

O Livro 6, "Um monge russo", é um relato da vida e dos ensinamentos de Zossima, feito na forma de uma *jitió*, uma biografia hagiográfica tal como escrita por seu discípulo, Aliócha. É talvez a parte mais ousada do romance em termos artísticos — uma vez que é quase sem precedentes incluir num romance, exceto, talvez, para fins de paródia, um longo exemplo de texto imitativo de um gênero puramente religioso. Enquanto *Os irmãos Karamázov* está cheio de movimentos violentos, paixões fortes e intensos dramas psicológicos, a *jitió* carece (intencionalmente) da poderosa veemência à qual pretende responder, e a maioria dos leitores modernos a considerou ineficaz para se contrapor ao impacto do ataque desenfreado de Ivan. De qualquer modo, não há dúvida de que Zossima transmite a essência do ponto de vista moral e social do próprio Dostoiévski, e o relato da vida de Zossima também desempenha um papel importante na estrutura do romance.

Através de Zossima, Dostoiévski tenta apresentar uma atitude alternativa perante a vida e o problema do sofrimento humano — uma atitude de aceitação serena do destino humano decorrente de uma crença convicta na misericórdia que tudo perdoa de um Deus amoroso. Sempre foi mais difícil tornar interessantes e convincentes as figuras que encarnam estados de beatitude virtuosa do que aquelas que lutam para enfrentar os problemas da existência humana. Não obstante, Dostoiévski assumiu o risco de dar vazão à resposta a Ivan na forma de uma vida de santo, escrita num estilo extremamente poético e cheio de expressões em eslavo eclesiástico e da linguagem pia do sentimentalismo clerical setecentista de são Tíkhon Zadónski. Uma vez que não é feita nenhuma tentativa de fundamentar essa narrativa em particularidades realistas ou análises psicológicas verossímeis, os fatos ocorrem de acordo com as leis da lição de moral a ser ilustrada, e não conforme a causalidade da existência mundana. Há uma característica atemporal nessas narrativas precisamente porque estão relacionadas com o mundo real de forma meramente acessória, e a moral que exemplificam continua valiosa em qualquer época e em qualquer lugar.

O Livro 6 não se saiu muito bem junto à opinião crítica porque é considerado principalmente uma resposta direta à Lenda do Grande Inquisidor. Os comentadores não deram atenção suficiente à observação de Dostoiévski de que *"todo o romance é uma resposta"* a Ivan e sua Lenda. Essa afirmação definitiva nos torna conscientes de que Dostoiévski não dependia *apenas* dessas histórias e declarações para levar a cabo sua tarefa artística. Esse objetivo será alcançado através do entrelaçamento das experiências de Zossima com o restante da ação da trama, que revela o efeito salutar de sua vida e dos valores que praticava sobre a vida dos outros. Ela também ilustrará que a imagem delineada pelo Grande Inquisidor de uma humanidade fraca e degradada, incapaz de cumprir a lei do amor de Cristo, é enganadora e perniciosa.

As histórias do Livro 6 são narradas, como em uma *jitió*, num estilo destinado a despertar reações devotas e reverentes e para comunicar uma sensação de serenidade oposta às agitações e paixões descritas em outras partes do romance. Ela começa com a vida de Márkel, o irmão mais velho de Zossima que se convertera ao ateísmo quando jovem, mas, depois de ter ficado doente, seu espírito se transforma pela iminência da morte e, tentando confortar a mãe aflita, diz a ela que "todos nós estamos no paraíso, mas não queremos reconhecer, se quiséssemos reconhecer amanhã mesmo o paraíso se instauraria em todo o mundo" (v. 14, p. 262 [396]). Sentindo-se indigno do amor que lhe dedicam, deseja trocar de lugar com os criados. Diz à mãe que "cada um é culpado por tudo perante todos, e eu mais que todos". Como são Francisco, pede perdão aos pássaros e à natureza porque "eu tinha ao meu redor aquela glória de Deus: pássaros, árvores, prados, céus, e só eu vivia na desonra, só eu havia desonrado tudo, e não notei absolutamente a beleza e a glória" (v. 14, p. 263 [397]). Sem compreender esse ato de rendição à "glória de Deus", o médico da família, um homem de ciência, declara que Márkel "está passando da doença à loucura" (v. 14, p. 262 [397]). Mas o jovem aflito apenas se regozija naquela apreensão extática da vida como um bem derradeiro que até mesmo Ivan experimentara, e ele personifica esse sentimento epifânico crucial — que o próprio Dostoiévski já manifestara à sombra da morte.

Zossima confidencia detalhes de sua infância que compõem o quadro de sua formação espiritual, e aqui mais uma vez Dostoiévski se baseia em particularidades de sua própria vida, lembrando a profunda impressão que lhe causou o Livro de Jó durante uma missa da Semana Santa. O antigo clamor bíblico de angústia contra um Deus presumivelmente misericordioso que submete Seu fiel servo aos piores tormentos, a fim de testar sua lealdade, tem estreita relação com a temática de Dostoiévski, e Zossima continua comovido por ele: "Não posso ler sem lágrimas esse relato sagrado". Alguns foram incitados por ele a zombar e culpar a Deus devido ao terrível destino tão injustamente imposto ao justo Jó; mas "o grandioso é que o mistério está aí — a face passageira da Terra e a verdade eterna aí se tocaram" (v. 14, p. 265 [399]). Zossima não diz nada sobre as lamentações e acusações angustiadas de Jó. Para ele, o "mistério" do conto está no fato de Jó, apesar de seus sofrimentos "terrenos", ainda apregoar sua fé em Deus e na bondade da criação de Deus.

Enquanto a primeira narrativa de Zossima está associada a Alióchá, a segunda, que trata de sua vida na juventude, está relacionada com Dmítri. Enviado por sua mãe para uma escola de cadetes militares em Petersburgo, Zinóvi (seu nome secular), quando se formou, se transformara "em um ser quase selvagem, cruel e absurdo" (v. 14, p. 268 [404]). Os acontecimentos calamitosos que se seguem, precipitados por um golpe em sua vaidade e seu orgulho, levam a uma crise durante a qual, implicitamente, as lições de Márkel começam a fazer efeito em sua alma (v. 14, p. 270 [407]). Ele participa de um duelo, mas recusa-se a disparar, pede desculpas a seu criado por ter batido nele e pede baixa do Exército, anunciando que vai entrar para um mosteiro. Temos aqui um prenúncio da futura autodescoberta e transformação moral de Dmítri.

A terceira história, "O visitante misterioso", está claramente relacionada com Ivan. Um cidadão respeitado, conhecido por suas atividades caridosas, visita Zinóvi, que se tornou conhecido por agir de acordo com a *sua* consciência moral, em vez de submeter-se ao código não cristão de sua posição e categoria. O interesse do homem mais velho foi inspirado por "um motivo secreto" — ele próprio é um assassino! (v. 14, p. 274 [416]). Quando jovem, matara por ciúmes uma jovem viúva rica que não aceitara sua corte, mas conseguira fazer com que o crime parecesse um latrocínio. Nutrira a esperança de que a vida familiar o ajudaria a esquecer o passado, mas a presença da esposa e dos filhos só tornou a lembrança de seu crime mais opressiva e dolorosa, e ele ficou obcecado com a ideia de acabar com seus tormentos com uma confissão completa.

Tal como Ivan, o visitante estava preocupado com a situação moral geral da sociedade e da vida humana. Ele reitera uma das ideias favoritas expressas no *Diário*, de que o mundo moderno está passando por um período de "isolamento" no qual a solidariedade entre os seres humanos foi substituída pela separação e divisão. Uma mudança "acontecerá sem dúvida, [...] só que não agora, [...]. É uma questão espiritual, psicológica. [...] A fraternidade não chegará antes que o senhor se torne irmão de fato de toda e qualquer pessoa. Nunca os homens, levados por nenhuma ciência e nenhuma vantagem, serão capazes de dividir pacificamente suas propriedades e seus direitos com os outros". Mas "é inevitável que também chegue o momento desse isolamento terrível [...]. Então aparecerá nos céus o sinal do Filho do Homem", o sinal que presumivelmente anunciará o Segundo Advento de Cristo (v. 14, p. 274 [414-5]).

Apesar de todos os tormentos que o visitante sabe que virão, ele segue o conselho de Zinóvi e confessa o crime. Ninguém acredita na confissão desse cidadão-modelo, que levou uma vida tão exemplar (assim como não acreditarão em Ivan mais tarde, na cena do tribunal). E quando o visitante misterioso, ao apresentar provas do seu crime, é declarado insano, o paralelo com Ivan não poderia ser mais claro. Poucos dias depois, o assassino arrependido adoece e morre; antes da morte, admite a Zinóvi que, em sua última visita, voltara para matá-lo. Mas "Deus venceu o diabo em meu coração" e deteve sua mão (exatamente como ocorrerá com Dmítri) (v. 14, p. 283 [425]). Todas as três histórias são uma *mise en abyme*, ou seja, um elemento narrativo relativamente subordinado que reproduz *in nuce* o tema principal da obra, ou o apresenta como aqui, numa forma um pouco alterada, mas ainda reconhecível. A *jitió* de Zossima não é somente dele, mas também a dos três irmãos Karamázov. Cada uma delas indica os caminhos que todos (inclusive Ivan) tomarão no restante do livro para refutar sua Lenda do Grande Inquisidor.

Às narrativas de Zossima segue-se um capítulo de suas "palestras e sermões", no qual Dostoiévski, sem se preocupar com o didatismo, desenvolve algumas de suas ideias mais caras. Defende o monasticismo e os monges russos contra seus muitos críticos. Zossima responde em termos do messianismo religioso de Dostoiévski, que considera os monges russos aqueles que "guardam em seu isolamento a imagem de Cristo bela e genuína". Por outro lado, aquelas pessoas do mundo que criticam os monges "têm a ciência, e na ciência só aquilo que está sujeito aos sentidos. Já o mundo do espírito, a metade superior do ser humano, foi rejeitado inteiramente, expulso com certo triunfo, até com ódio". O mundo moderno "proclamou a liberdade" e a "multiplicação das necessidades", mas dessa existência desregrada resultaram para os ricos "o *isolamento* e o suicídio espiritual, para os pobres, a inveja e o assassinato; porquanto esses direitos foram concedidos, mas ainda não se indicaram os meios de satisfazer as necessidades" (v. 14, p. 284 [425-6]).

Zossima faz variações sobre esse contraste entre a vida dos mundanos, que sacrificam tudo aos seus desejos sempre crescentes, e o regime dos monges, que consiste em "obediência, jejum e oração". Para Dostoiévski, "liberdade" significava o domínio e a supressão dos desejos, não a liberação de todas as restrições à satisfação deles; para ele, uma vida de autocontrole era o único caminho "para a real e verdadeira liberdade". Mas o povo russo humilde e crente não era imune às novas forças desintegradoras que minavam a sociedade, e Zossima faz uma denúncia horrorizada do "fogo da corrupção" que se espalha pelo próprio campesinato, tocando nos problemas reais da sociedade russa, entre eles a embriaguez e o trabalho infantil (v. 14, p. 286 [427-8]). Mas o que acabará por salvar os russos, afirma Zossima, é a consciência da sua iniquidade — um dos eixos extremamente duvidosos da ideologia de Dostoiévski desde o início da década de 1860.

Zossima faz então um elogio do campesinato russo, e ele sonha com um futuro social feliz em que "até o mais depravado rico nosso acabará envergonhado de sua riqueza perante o pobre, e o pobre, ao notar essa humildade, compreenderá e lhe fará concessões com alegria, compensará com carinho a bela vergonha dele" (v. 14, p. 286 [429]). Aqui, sem dúvida, se trata do próprio sonho de Dostoiévski a respeito do futuro russo, expresso com toda a ingenuidade adequada a Zossima. Evidentemente, todas essas expectativas ingênuas serão recebidas com escárnio, mas Zossima pensa que, naqueles que confiam somente na razão para alcançar o mesmo objetivo de unidade e solidariedade (os socialistas), "há mais fantasia sonhadora neles que em nós. Pensam organizar-se de forma justa, mas, tendo renegado Cristo, acabarão por dar um banho de sangue no mundo". Com efeito, "se não fosse a promessa de Cristo, acabariam mesmo exterminando uns aos outros até que só restassem dois homens na Terra", e então, "o último exterminaria o penúltimo e depois a si mesmo" (v. 14, pp. 287-8 [431]).

Em sua pregação mais abertamente teológica, ele lhes diz para rezar todos os dias por todos aqueles cujas almas estavam aparecendo diante de Deus naquele momento. Essa oração é apenas uma expressão da universalidade do amor que é o leitmotiv das admoestações de Zossima: "Porque tudo é como um oceano, tudo corre e se toca, tu tocas em um ponto e teu toque repercute no outro extremo do mundo". Ele também insiste que é necessário "amar o homem também em seu pecado, porque isso é semelhante ao amor de Deus e é o ápice do amor na Terra. Amai toda a criação de Deus, no conjunto e em cada grão de areia. Amai cada folha, cada raio de Deus. Amai os animais, amai as plantas, amai todas as coisas" (v. 14, pp. 288-9 [433-4]).

Uma vez que o pecado é onipresente, é preciso muito esforço para alcançar o estado mental que o monge recomenda. Como remédio, há "uma única salvação: pegai e fazei de vós mesmos responsáveis por todo o pecado dos homens. [...] verás no ato que isso é realmente assim, e que és culpado por todos e por tudo". Assumir o peso da culpa universal torna-se assim o único antídoto para o desespero diante da existência do mal. Somente assumindo a responsabilidade por *todo* pecado não "acabarás te iniciando no orgulho de Satanás e te queixando de Deus" (como Ivan havia feito) (v. 14, p. 290 [434]). Até mesmo se a "própria lei tenha te constituído seu juiz, ainda assim procura criar dentro do espírito da lei até onde te for possível, pois ele [o criminoso] será liberado e se condenará ainda mais amargamente do que o faria teu julgamento". Essa seria a situação ideal, já mencionada por Zossima ao discutir o artigo de Ivan, em que o Estado se transformaria numa Igreja e a punição de um criminoso seria obra exclusiva de sua própria consciência moral. Porém, se o criminoso for embora sem ser redimido, "zombando de ti", isso significa "que a hora dele ainda não chegou, mas chegará oportunamente" (v. 14, p. 291 [435]). Nada do que aconteça pode, assim, abalar essa fé.

A fé não necessita de confirmação por meio de milagres, nem deve o fracasso na luta contra o mal levar ao desânimo. Zossima pede a seus ouvintes que subjuguem qualquer desejo de vingança contra os malfeitores buscando o sofrimento e culpando apenas a si mesmos. "Se os tivesses iluminado, com tua luz ainda haverias iluminado o caminho dos outros, e aquele que cometeu um crime talvez não o cometesse sob tua luz. E até se vieres a iluminar, mas vires que os homens não se salvam nem mesmo sob a tua luz, mantém a firmeza e não duvides da força da luz celestial; [...]. Os homens se salvam, e sempre, depois da morte do salvador" (v. 14, p. 292 [436]). Foi essa redenção futura que ocorreu no caso de Cristo, e vamos vê-la repetir-se também após a morte de Zossima.

Dostoiévski sabia muito bem que essas ordens são de difícil compreensão para a razão humana, e como último recurso Zossima volta ao mistério da própria vida humana. Na vida terrena da humanidade, muita coisa é oculta, e "ainda não conseguimos compreender muitos dos mais fortes sentimentos e movimentos de nossa natureza [...]. Em verdade, nós como que erramos pela Terra, e se não houvesse a preciosa imagem de Cristo diante de nós, morreríamos e nos perderíamos totalmente, como o gênero humano perante o dilúvio". Em seguida, Dostoiévski escreve as palavras muitas vezes citadas de Zossima sobre a ligação entre a vida terrena e outros mundos: "Deus pegou as sementes de outros mundos e as semeou aqui na Terra [...], mas o cultivado vive, e é animado apenas pela sensação de seu contato com os outros mundos misteriosos; se essa sensação enfraquece ou se destrói em ti [...] então te tornarás indiferente à vida e até a odiarás". Zossima retoma o tom franciscano de misticismo cósmico ao afirmar a beleza e a bondade de toda a criação de Deus: "Aprende a gostar de prosternar-se no chão e beijá-lo. Beija a terra e sem esmorecimento, ama insaciavelmente, ama a todos os homens, procura esse êxtase, esse frenesi. Umedece a terra com as lágrimas de tua alegria e ama estas lágrimas tuas" (v. 14, pp. 290-2 [434-7]).

Depois desse resumo extático, Zossima volta ao problema da condição humana. No inferno não há nenhum cenário de ganchos e ferros de pendurar, à maneira de Fiódor Pávlovitch. Ao contrário, de acordo com Zossima, o inferno é esse tormento eterno, "o sofrimento de não mais se poder amar". No que diz respeito ao "fogo material do inferno", ele declara que "não investigo esse mistério, tenho medo" (v. 14, p. 293 [437]). O inferno é um tormento puramente espiritual, para não ser descrito, apesar de Dante e Milton, em imagens físicas. Desse modo, Dostoiévski continua fiel à sua poética da subjetividade, transformando até mesmo o inferno num atributo da psique humana. Milton o precedera quando Satanás declara no *Paraíso perdido*: "A mente é seu próprio lugar, e em si mesma / pode fazer um Céu do Inferno, um Inferno do Céu",[4] mas em Milton isso não é acompanhado por uma rejeição das imagens tradicionais.[5]

Assim termina a versão de Aliócha da *jitió* de Zossima, e o fio da história é então retomado pelo narrador. Voltamos para a cela onde Zossima falava com seus amigos íntimos, "com ar tão bem-disposto e loquaz" que parecia ter experimentado uma recuperação temporária, mas ele morre nesse mesmo dia. Sua morte tranquila e solene se deu em plena consonância com a santidade de sua vida desde que se tornara padre, e com os ensinamentos que Aliócha havia registrado.

60. *Os irmãos Karamázov*: Livros 7-12

A Lenda de Ivan e a *jitió* de Zossima estabeleceram as polaridades do conflito entre razão e fé, e cada um dos personagens principais enfrentará uma crise que exigirá a escolha entre esses dois polos. A fé de algum tipo prevalecerá em todos esses momentos de clímax — não uma fé de forma especificamente moral e religiosa, como ocorrerá com Aliócha, mas uma fé que encarna algum aspecto da moral do amor e da transcendência do egoísmo representada e pregada por Zossima. Aliócha é o primeiro dos três irmãos cujas experiências de vida foram prenunciadas por aquelas de Zossima, e há um paralelo estrutural entre o desenrolar das situações de crise e a ordem da ligação dos irmãos com a vida de Zossima. É, portanto, com Aliócha que o primeiro conflito entre razão e fé é apresentado e resolvido.

O desacordo de Aliócha ocorre no plano moral e religioso e surge em consequência da morte de Zossima e da expectativa de toda a comunidade monástica e citadina de que Deus concederá alguma recompensa exterior pela santidade de sua vida. Os monges estavam cheios de excitação e expectativa, a tal ponto que o culto padre Paissi, versado na doutrina e na história da Igreja, a considerou "imprópria" e "uma indiscutível tentação". E assim era: uma versão da segunda tentação de Cristo, que se recusara a demonstrar sua imunidade às leis da natureza saltando ileso do pináculo do templo. No entanto, até mesmo Paissi, "em segredo, lá com seus botões, no fundo de sua alma, esperava a mesma coisa que esses alvoroçados, o que não podia deixar de reconhecer para si mesmo" (v. 14, p. 296[444]).

No mínimo, a santidade da vida de Zossima deveria ter garantido um adiamento das leis normais da decomposição terrena; assim, o inesperado "cheiro deletério" emitido pelo cadáver foi imediatamente interpretado pelos inimigos como sinal de desaprovação celestial, desencadeando um coro de críticas malévolas. "Quase sinto náusea quando recordo esse episódio", diz o narrador, e "o suprimiria totalmente de meu relato, [...] não fosse a enorme influência que de certo modo ele exerceu na alma e no coração do herói principal, *ainda que futuro*, de minha narrativa" (v. 14, p. 297 [446]). O ataque poderoso de Ivan a Deus por ter criado um mundo de sofrimento e injustiça continuara a minar a fé de Alióchá; e a morte de Zossima, junto com sua aparente desonra, desfechara um golpe assombroso na estabilidade tranquila das convicções de Alióchá. Mas sua fé ressurgirá reforçada a partir do julgamento e essa reafirmação já está prenunciada por seus encontros com Grúchenka, que se debate entre sentimentos de ressentimento e raiva contra o oficial polonês que a seduzira e abandonara e o desejo de perdoar.

O narrador insiste que "não era de milagres que ele [Alióchá] precisava, mas tão somente da 'suprema justiça' que, segundo crença sua, havia sido violada, e assim seu coração ficara tão cruel e inesperadamente ferido". Já que essa "suprema justiça" teria significado exibir uma certa imunidade às "leis implacáveis da natureza", todos os esforços escusatórios do narrador não conseguem esconder que, embora inspirado pela grandeza de seu amor, Alióchá cedera como os outros à segunda tentação do diabo. E nesse momento, de forma muito apropriada, Alióchá recorda também a "impressão vaga porém angustiante e má deixada pela lembrança da conversa da véspera com o irmão Ivan", que também julgara intolerável essa falta de "suprema justiça" numa criação que permitiu o sofrimento de crianças inocentes (v. 14, pp. 306-7 [458, 459-60]).

É provável que seja por isso que, pela primeira e única vez, o narrador se permita criticar o personagem que pusera sob sua proteção: "Aí é que são elas, porque todo o amor que seu coração jovem e puro [...] guardava 'por todos e por tudo', naquele momento e durante todo o ano anterior, vez por outra como que se concentrava, de modo completo e talvez até incorreto [...] em seu amado *stárietz* agora morto" (v. 14, p. 306 [458]). Em consequência, o choque do acontecimento o levou a negligenciar suas obrigações para com "todos e tudo" — por exemplo, seu irmão Dmítri, a quem lhe solicitaram vigiar, e a pobre família Snieguiriov, à qual ele deveria entregar duzentos rublos enviados por Catierina. A situação de Alióchá é semelhante à de Ivan, cuja "revolta" lhe permitiu sufocar qualquer resistência a um possível assassinato. O paralelo é claramente traçado em sua conversa com o cético e desiludido Rakítin, o qual, observando a desilusão de Alióchá, zomba de sua consternação: "Será possível que estás assim só porque o teu velho começou a feder?". E prossegue na zombaria: "Então estás agora zangado com teu Deus, te rebelaste como quem diz: não prestaram as devidas honras a ele [...]". A resposta de Alióchá — "Contra o meu Deus eu não me rebelo, apenas 'não aceito o seu mundo'" — repete as palavras de Ivan (v. 14, p. 308 [460-1]).

Uma característica da técnica madura de Dostoiévski é refratar um motivo temático através de uma série de personagens, cada qual exprimindo um aspecto diferente do seu significado. Assim, Rakítin, jovem inescrupuloso, é outra versão de Ivan, mas que carece completamente dos anseios morais e religiosos que Zossima havia detectado no jovem e controverso publicista. O narrador não demonstra nenhuma piedade por Rakítin, que agora aparece tentando o debilitado Alióchá em outro plano, conduzindo o inocente para Grúchenka, que pretendia obter vingança seduzindo o noviço religioso, que supostamente a desprezara. Mas, ao saber da morte de Zossima, tudo se transforma, e as lembranças de sua imaculada infância ressurgem quando ela conta a lenda da cebola, que ouviu há muito tempo de uma camponesa.

Essa fábula encarna a condenação de um egoísmo totalmente autocentrado que, segundo Dostoiévski, era típico da moral do personagem popular russo, e é narrado por Grúchenka num estilo que imita a poesia popular. Uma velha malvada, submersa no lago de fogo do inferno, outrora dera uma cebola a uma mendiga, e seu anjo da guarda se empenha em salvá-la graças a essa única boa ação. O anjo desce uma cebola para puxá-la para cima, mas quando outros pecadores se agarram a ela enquanto sobe, ela grita para eles: "A cebolinha é minha e não de vocês". Diante dessa expressão de egoísmo, a casca se rompe, ela cai de volta no inferno, e o anjo parte desolado (v. 14, p. 319 [475]).

Essa lembrança da infância provoca uma crise de consciência ainda mais forte em Grúchenka, e Alióchá fica tão comovido com sua confissão e arrependimento, bem como com a força de seu desejo de perdoar seu traidor polonês, que diz a Rakítin: "Ela é superior a nós pelo amor" (v. 14, p. 321 [478]). Quando o cínico contrariado pergunta o que Alióchá disse que mexe com Grúchenka de forma

tão profunda, ela se ajoelha diante do "querubim" e responde: "Passei a vida inteira esperando uma pessoa como tu, eu sabia que alguém assim iria aparecer e me
perdoar. Acreditava que alguém também me amaria, a mim, a esta torpe, não só
para me desonrar" (v. 14, p. 323 [480]). A cena lembra o primeiro encontro de
Míchkin e Nastácia Filíppovna em *O idiota*, quando o príncipe reconhece a pureza
do espírito dela, apesar de sua degradação no passado.

Assim como em *O idiota*, em que Nastácia pede a Míchkin que decida se ela
deve casar-se, Grúchenka pede a Alióchka que tome a decisão fatídica: ela deve
agora perdoar seu sedutor? Alióchka responde: "Ora, já o perdoaste". Depois de
esperar corromper Alióchka, Rakítin pergunta com maldade para sua pretensa vítima: "Desviaste a devassa para o caminho da verdade?". O sarcasmo de suas palavras amargas, no entanto, admite com relutância a verdade: "Eis onde se realiza-
ram aqueles milagres que ainda há pouco esperávamos!" (v. 14, p. 322 [482]). Os
verdadeiros milagres acontecem quando a fé consegue ajudar a moral do amor a
vencer o ressentimento egoísta, o ódio e a vingança.

O encontro de Alióchka com Grúchenka faz com que ele se reencontre consigo mesmo e revela as profundezas do amor altruísta escondido na consciência
humana. Homens e mulheres não são tão fracos e egoístas quanto o Grande Inquisidor de Ivan apregoara; eles são capazes de pôr em prática a moral do amor
que decorre da fé em Cristo. Desse modo, o encontro serve de transição para a
solução da crise de Alióchka, que começa quando retorna à célula onde Paissi,
mantendo vigília ao lado do cadáver de Zossima, está lendo em voz alta um trecho do Evangelho de São João. Seu estado de espírito mudara por completo, e
"nem a ideia do cheiro deletério [...] motivava agora aquela tristeza e aquela indignação". Em vez disso, "tinha doçura no coração [...] a alegria, a alegria lhe
resplandecia na mente e no coração" (v. 14, p. 325 [482-4]).

Essa alegria, um leitmotiv desse capítulo, indica o primeiro efeito de seu encontro com Grúchenka, e continua a dominar seu subconsciente. Depois de co-
chilar, seus pensamentos se fundem com o que entreouvia da leitura — o relato
da festa de casamento em "Caná da Galileia"; é o "primeiro milagre", diz a si
mesmo, o milagre em que Cristo transformou a água em vinho na festa de casamento de um casal pobre e humilde. A Mãe de Cristo estava presente à festa, e
Alióchka rumina que ela "sabia que ele não tinha vindo naquela ocasião apenas
para realizar seu grande e formidável feito", mas também para trazer alegria à
humanidade. Até dormindo e sonhando Alióchka vê Zossima de repente, não mais

deitado em seu caixão, mas andando entre os convidados; ele o convida a juntar-se à festa, explica sua presença na alegre ocasião e diz: "Eu estendi a cebolinha, e eis-me aqui também. E muitos dos que estão aqui estenderam apenas uma cebolinha, uma única e mínima cebolinha". Aliócha também soubera "estender hoje uma cebolinha a uma criatura muito faminta", e Zossima lhe diz: "Começa, meu querido, começa, meu dócil, a realizar o teu trabalho!". Desse modo, ele instrui Aliócha a continuar a "obra" que havia instintivamente começado com Grúchenka. Cristo, também presente entre os convidados, não é nomeado, mas aludido como "o nosso sol", e quando Aliócha se sente exausto demais até para lançar um olhar na direção de Cristo, Zossima o incita a fazê-lo. "Ele impõe medo por Sua grandeza diante de nós, é terrível pela altura em que Se encontra, mas Sua misericórdia é infinita, por amor iguala-Se a nós e Se alegra em nossa companhia." *Seu* Cristo não via a vida terrena apenas como "um vale de lágrimas", mas como o caminho para a felicidade e a alegria do amor e do perdão mútuos. Com essa imagem de Zossima ressuscitado ainda diante dos olhos da mente, "lágrimas de êxtase irromperam de sua alma", e Aliócha despertou (v. 14, pp. 325-7 [484-6]).

O despertar de Aliócha é o prelúdio da grande cena em que, simbolicamente, o espírito de Zossima reencarna no jovem noviço. Depois de olhar para o cadáver em câmara-ardente, cuja voz acabara de ouvir em seu sonho, Aliócha sai para a noite, onde "sobre sua cabeça desmaiava a abóbada celeste inalcançável à vista e coberta de estrelas serenas e cintilantes". Dostoiévski emprega toda a sua capacidade poética para evocar a beleza do espetáculo e infundir-lhe um sentimento de temor religioso. "As torres brancas e as cúpulas douradas da catedral resplandeciam contra um céu safira", e Aliócha, invadido por uma sensação de que "o mistério da terra tocava o mistério das estrelas", joga-se ao chão, seguindo as ordens de seu mestre, para abraçar a terra e regá-la com suas lágrimas. "Era como se os fios de todos os inúmeros mundos de Deus confluíssem de uma só vez em sua alma, e ela tremesse toda 'ao contato com esses mundos'." "Sentia vontade de perdoar a todos e por tudo e pedir perdão" (v. 14, p. 328 [488]). O clímax dessa cena é um trecho famoso e frequentemente citado:

Mas a cada instante, sentia de forma clara e como que palpável que algo firme e inabalável qual essa abóbada celeste lhe penetrava na alma. Um quê de ideia começava a reinar em sua mente — e já para o resto da vida e pelos séculos dos séculos. Caíra por terra um jovem fraco e levantara-se um combatente firme para o resto da vida. [...] "Alguém me visitou a alma naquela hora" — dizia mais tarde com uma fé inabalável em suas palavras. (v. 14, p. 328 [488])

Durante essas horas, Alióchka recuperou não tanto a fé em Deus, que nunca perdera, quanto uma fé na beleza e na bondade supremas do universo de Deus. A confluência do terreno e do celestial que Zossima proclamara não pode ser equivocada, e é reforçada pela decisão de Alióchka de deixar o mosteiro, três dias depois, obedecendo à ordem de Zossima de "residir no mundo".

No mesmo intervalo em que Alióchka passava por seu despertar espiritual, Dmítri estava numa vigia frenética para ver se Grúchenka visitaria seu pai e numa busca desesperada de meios de obter o dinheiro que lhe permitisse começar uma nova vida com ela. Esses episódios semicômicos culminam no momento fatídico em que "'Deus' — como o próprio Mítia diria mais tarde — [6] me vigiou naquele momento'" (v. 14, p. 355 [522]). Antes, Dmítri declarara que o ideal da Madona e o ideal de Sodoma estavam em luta no coração do homem, e seu personagem é a encarnação desse conflito. Apesar de suas paixões tumultuosas, o ideal da Madona, a misericordiosa Mãe de Deus, exercera seu poder novamente ao deter sua mão contra o pai. É esse mesmo ideal que agora influencia seus sentimentos por Grúchenka, e sua nova relação amorosa "normal" com ela eleva seu amor mútuo acima da sensualidade, para um estágio que Kierkegaard teria chamado de "ético".

Dmítri também passa por uma transformação moral decisiva, e sua "purificação espiritual" é feita durante as várias horas do inquérito preliminar que ocorrem no Livro 9. Os títulos dos capítulos (3, 4 e 5) dedicados ao interrogatório de Dmítri são "Tormento de uma alma em provações", e são enumeradas três dessas provações (*mitarstva*). O leitor russo reconheceria essa estrutura como uma alusão à crença ortodoxa de que a alma após a morte, enquanto ascende da terra para o céu, é submetida a julgamentos por vários espíritos malignos. Numa anotação de 1877, Dostoiévski menciona que deseja escrever sobre a *sorókovina* (cerimônia fúnebre realizada no quadragésimo dia após a morte) na forma de "um livro de peregrinações" que descreveria os julgamentos de uma alma. Essa ideia agora é secularizada e aplicada às "provações" que Dmítri experimenta à medida que, de fato, desnuda sua alma sob a pressão do interrogatório implacável. Mas as provações o levam a um exame de consciência muito mais severo do que já fizera antes e culminam não só num sentimento avassalador de compaixão pelo sofrimento humano como um todo, mas também num desejo de sofrer ele mesmo por todas as suas más ações do passado.

Dmítri dera um golpe quase fatal em Grigóri quando o fiel criado tentara impedi-lo de fugir do jardim de seu pai na noite em que o velho foi assassinado. Ao saber que o criado ainda está vivo, Dmítri fica radiante, e porque sabe que não matou seu pai, supõe de início que toda a questão pode ser resolvida com facilidade. Porém mais de uma vez admite ingenuamente todos os impulsos irresistíveis que poderiam tê-lo levado a cometer o assassinato e, sob o interrogatório calculado dos investigadores, acaba por incriminar-se sem perceber. Dmítri já começou esse processo de autoexame e autojulgamento que vai conduzir a sua metamorfose moral. "Eu mesmo não sou lá muito bonito", diz ele, "e por isso não tinha direito de achá-lo [seu pai] repugnante." Nenhuma dessas respostas é levada em conta, tampouco sua afirmação de que é "um homem que cometeu um horror de torpezas, mas sempre foi e se manteve uma criatura nobilíssima, como criatura, interiormente, em seu imo" (v. 14, p. 416 [611]).

À medida que se acumulam as provas circunstanciais contra Dmítri e a temeridade e a intemperança de suas declarações e ações anteriores contra o pai lhe são jogadas na cara, ele se vê, afinal, através dos olhos daqueles que chama de "toupeiras cegas e galhofeiras", e luta para definir-se contra a imagem que estão construindo (v. 14, pp. 437-8 [638]). No âmago de seu caráter existem compaixão e temor pelos outros — por Grúchenka, com certeza, mas também um terrível sentimento de remorso em relação a Grigóri. É essa percepção que se impõe agora, mesmo quando ele se inflama contra seus interrogadores e exibe toda a turbulência e irascibilidade de seu temperamento. O clímax dessa situação chega quando Dmítri é reduzido ao desespero e está no limite de sua considerável força física: "Seus olhos estavam fechando com fadiga". Mais uma vez havia declarado publicamente a Grúchenka que era inocente, e ela aceitara sua palavra depois de benzer-se diante do ícone. "Se for contra sua consciência ele nunca mentirá", ela afirma aos interrogadores. "Dirá francamente a verdade, e nisso podem acreditar" (v. 14, p. 455 [660]). Mas essas declarações de fé são inúteis, e Dmítri, por fim, mergulha num sono profundo sobre um baú que havia na sala. Como Alióchca, tem um sonho que cristaliza a conversão moral que ocorreu dentro dele em consequência de todas as suas "provações".

No sonho de Dmítri, "totalmente dissociado do lugar e do momento", ele caminha por uma espécie de estepe durante uma tempestade de neve. Ao longe, vê as ruínas de um povoado em chamas e, quando seu carro se aproxima, encontra uma fila de mulheres de pé ao longo da estrada, "todas magras, macilentas", e especialmente uma delas, "muito ossuda, alta", que parece muito mais velha do que de fato é e carrega um bebê chorando, e "seus seios devem estar muito ressecados, não têm uma gota sequer de leite". Dmítri pergunta ao cocheiro por que o bebê está chorando e o camponês supõe que ele se refira à situação imediata: "É porque são pobres, vítimas de incêndio, estão sem pão". Mas, na verdade, Dmítri está fazendo a mesma pergunta que Ivan fizera com tanta veemência e o levara a atacar Deus. Ele insiste: "Por que as pessoas são pobres, por que o bebê é pobre, por que a estepe é nua [...] por que não cantam canções alegres, por que a desgraça negra as deixou tão escuras, por que não alimentam o bebê?" (v. 14, pp. 455-6 [662-3]).

Nenhuma resposta é dada a essas perguntas, que o próprio Dmítri considerou irracionais e sem sentido, mas sua reação é um súbito surto de emoção que marca a conclusão de sua transformação moral e espiritual. "E sente ainda que em seu coração se agita um enternecimento que jamais o habitara, que tem vontade de chorar, que quer fazer algo em prol de todas as pessoas para que [...] a partir desse instante ninguém mais derrame lágrimas, e que isso seja feito agora, neste exato momento, sem demora e apesar dos pesares, com toda a impetuosidade dos Karamázov." Muito apropriadamente, ele também ouve "as palavras de Grúchenka, amáveis, repletas de sentimento", que dizem: "Mas eu estou contigo, doravante não te deixarei, te acompanharei pelo resto da vida". Ao acordar, ele descobre que alguém colocara um travesseiro sob sua cabeça e é tomado por "um sentimento de êxtase e gratidão" graças a esse pequeno gesto de cuidado (v. 14, pp. 456-7 [663-4]).

O sonho de Dmítri materializa a transformação ocorrida em sua consciência devido ao seu sofrimento, tornando-o consciente da desventura alheia. Um sofrimento humano semelhante, embora de natureza diferente, levara ao surto de revolta de Ivan contra Deus, mas, no caso de Dmítri, leva a um desejo apaixonado de empenhar-se em aliviar as misérias do mundo, em vez de, como fazia no passado, aumentá-las por dar rédea solta a todos os seus impulsos e apetites. Pouco antes de sair escoltado de volta para a cidade, ele descreve a nova compreensão a que chegou. "Todo santo dia de minha vida batia em meu peito prometendo a mim mesmo corrigir-me, e todo santo dia cometia as mesmas vilanias." Mas agora, sob os golpes do destino, sofreu uma mudança decisiva: "Aceito o suplício da acusação e minha desonra pública, quero sofrer e com o sofrimento purificar--me!". Mais uma vez, declara-se inocente do sangue de seu pai, mas acrescenta: "Aceito o suplício não por o haver matado, mas por ter querido matá-lo, e é possível que realmente viesse a matá-lo..." (v. 14, p. 458 [665]).

Assim, a investigação preliminar termina com Dmítri admitindo sua culpa moral, mas insistindo, no que diz respeito à culpa legal, que "hei de lutar com os senhores até o último limite, e aí Deus decide!" (v. 14, p. 458 [665]). Aliócha e Dmítri optaram por seguir a trilha do amor e da fé cristã de Zossima, cada um à sua maneira. Será a vez de Ivan seguir o mesmo caminho, mas que, em seu caso, leva a uma luta interior torturante e mais severa, brilhantemente narrada, e a um colapso mental total.

Dostoiévski interrompe o curso da narrativa do destino de Dmítri depois de sua prisão e muda para um motivo temático apresentado anteriormente, realizando uma de suas ambições literárias havia muito acalentadas — apresentar, numa tela maior do que em *O idiota*, a interação entre um personagem cristão idealista e um grupo de crianças. Aliócha se torna o guia espiritual dos meninos já introduzidos como os colegas de escola de Iliúcha Snieguiriov. Os capítulos do Livro 10 centram-se nas relações do gravemente enfermo Iliúcha, Aliócha e o grupo de meninos.

Kólia Krassótkin é o mais ousado e independente do grupo, um futuro líder, que no passado tomara Iliúcha sob sua proteção. Kólia é retratado como um jovem orgulhoso, que insiste altivamente em sua independência dos outros, inteligente e autoconfiante, pronto a assumir riscos incomuns para provar sua superioridade — deita-se entre os trilhos da ferrovia enquanto um trem passa sobre ele — e desdenhoso de "exageros de ternura". Sua pobre mãe viúva, que se dedicava a ele feito uma serva, "banhada em lágrimas histéricas" o acusava de "frieza", mas ele não era realmente insensível, apenas resistente a demonstrações de emoção que poderiam sugerir alguma fraqueza ou perda de autocontrole (v. 14, p. 463 [672]). Essa fachada assumida da força se dissolve quando sua mãe fica histérica ao tomar conhecimento do episódio do trem, e ele "se desfez em choro como um menininho de seis anos" (v. 14, p. 465 [676]).

Rakítin também se envolveu com as crianças da escola, em competição com

Aliócha, e é citado por Kólia como uma autoridade que o converteu num "socialista" (v. 14, p. 474 [685]). Há muito, os críticos reconheceram em Kólia um Ivan embrionário, por intermédio do qual Dostoiévski transpõe alguns dos motivos dominantes de seu livro para um registro de adolescente. Kólia, por exemplo, diz a Aliócha que "Deus é apenas uma hipótese" (exatamente a posição de Ivan) e que "se pode amar a humanidade mesmo sem crer em Deus" (como faz, em sua forma perversamente compassiva, o Grande Inquisidor de Ivan). Dostoiévski se diverte quando faz Kólia repetir o que aprendeu com Rakítin: "E se quer saber, não sou contra Cristo. Ele foi uma pessoa perfeitamente humana, vivesse ele em nossa época e se juntaria diretamente aos revolucionários e talvez desempenhasse um importante papel..." (v. 14, pp. 499-500 [720-2]). Quando indagado sobre a fonte dessa afirmação, Kólia só consegue responder que "dizem que o velho Bielínski também já dizia isso"; ora, o próprio Dostoiévski tornara pública essa declaração de Bielínski no *Diário de um Escritor*.

Dostoiévski usa Kólia não apenas para parodiar a imagem já familiar de Ivan, mas também para introduzir o drama prestes a ser encenado. Uma das travessuras de Kólia foi induzir um camponês, com "aquela cara tola, redonda, é um rapaz vinte anos", para ver o que ocorreria se uma carroça fosse movida no momento em que um ganso estivesse beliscando um saco de aveia com seu pescoço sob a roda. Um leve deslocamento da carroça quebra então o pescoço do ganso. Os dois são levados ao tribunal pelo dono enfurecido, e "o moço de recado" diz aos prantos que Kólia o havia instigado. Kólia explica a Aliócha: "Respondo com total sangue-frio que não o ensinei absolutamente, que eu só havia exprimido a ideia básica e falado apenas em termos de projeto" (v. 14, pp. 495-6 [715-6]). Ivan assumira o mesmo papel em relação a Smierdiakov, declarando a proposição geral de que "tudo era permitido" e, pelo menos naquele momento, se recusara como Kólia a aceitar qualquer responsabilidade pelo que pudesse ocorrer em consequência. O juiz de paz, divertido com o sofisma de Kólia, o libera apenas com uma advertência; mas a consciência de Ivan não lhe permitirá escapar assim tão fácil.

Nessa exibição em particular de brincadeira egoísta, Kólia não prejudicou ninguém, exceto o ganso, mas o mesmo não acontece com seu tratamento do pobre e sofredor Iliúcha. Embora soubesse que Iliúcha desejava vê-lo mais que aos outros, não conseguiu juntar-se aos meninos que foram visitar o colega adoentado. Sua necessidade de dominar os outros e de controlar todas as situações em que se envolve imita o objetivo da criação de Ivan, o Grande Inquisidor, de aliviar a humanidade do peso da liberdade. Na verdade, a relação de Kólia com Iliúcha no passado pode muito bem ser vista como um fac-símile imaturo da invenção poética de Ivan. Iliúcha "é altivo", diz Kólia a Aliócha, "porém servilmente dedicado a mim, [...] mas de repente os olhinhos brilham e não quer concordar comigo, discute, sobe nas paredes". Para Kólia, "não é que ele discordasse das ideias, [...] ele se rebelava pessoalmente contra mim, porque respondo às suas ternuras com sangue-frio" e "quanto mais ele revela ternura eu revelo ainda mais sangue-frio" (v. 14, pp. 480, 482 [696]). A aversão de Kólia aos "exageros de ternura" exclui qualquer reciprocidade de sentimento, assim como o racionalismo de Ivan exclui (ou reprime) qualquer emoção que venha de sua consciência moral. Mas quando Kólia se vê diante do rosto exangue e ardente de febre do moribundo Iliúcha, sua postura de dominante autocontrole cai por terra e ele dá vazão a seus sentimentos de piedade e compaixão.

Dostoiévski usa a família sofredora de Snieguiriov e o amor pungente entre Iliúcha e seu pai como contraponto para realçar os ódios exasperadores dos Karamázov. A situação da família melhorou porque o capitão aceitou a caridade de Catierina. Mas nada pode aliviar sua agonia quando vê o filho condenado a expirar diante de seus olhos. Kólia havia desdenhosamente chamado o capitão de "um bufo, um palhaço", mas a análise de Aliócha apresenta o entendimento do próprio Dostoiévski desse tipo particular de caráter. "Ah, não, há pessoas de sentimentos profundos, mas que são um tanto ressentidas. Entre elas, a bufonaria é uma espécie de ironia maldosa contra aqueles em cuja cara elas não se atrevem a dizer a verdade em virtude da longa e humilhante timidez experimentada diante delas. Acredite, Krassótkin, que às vezes essa bufonaria é extremamente trágica" (v. 14, p. 483 [698]). Por meio dessas observações, Aliócha transmite ao menino uma consciência de quanto seu orgulho o enganara em seu tratamento de Iliúcha e no desprezo pelo capitão.

Zossima enviara Aliócha ao mundo para lá fazer seu trabalho, e a cena com Kólia e os meninos é a primeira ilustração de como essa obra poderia ser realizada. Aliócha ouve com paciência toda a tagarelice de Kólia sobre "socialismo" e as várias outras ideias "subversivas" que recolhera de Rakítin a respeito de Voltaire, Deus e assim por diante, todas as quais arremedam Ivan. Aliócha lhe responde "com voz baixa, contida e absolutamente natural, como se conversasse com alguém de sua idade ou com uma pessoa mais velha" (v. 14, p. 500 [721]). Kólia sofre assim uma experiência de conversão em miniatura, semelhante à de Aliócha e de Dmítri, e confessa: "Oh, Karamázov, sou profundamente infeliz. Às vezes imagino [...] que riem de mim, o mundo inteiro, e então me sinto simplesmente disposto a destruir toda a ordem das coisas". Ele percebe agora que "não vim antes [ver Iliúcha] por amor-próprio, por um amor-próprio egoísta, e um torpe despotismo do qual não tenho conseguido me livrar em toda a minha vida, mesmo fazendo das tripas coração". Depois dessa confissão, ele pergunta a Aliócha se está sendo "muito ridículo", e Aliócha o admoesta a superar qualquer medo de confessar seus defeitos. Com efeito, esse amor-próprio é agora "quase uma loucura", declara Aliócha. "O diabo encarnou-se nesse amor-próprio e infiltrou-se em toda uma geração, precisamente o diabo — acrescentou Aliócha, absolutamente sem rir, como imaginaria Kólia, que tinha os olhos cravados nele" (v. 14, p. 503 [724-5]). Aliócha leva o diabo a sério, recusando-se divertidamente a descartar uma superstição tão antiquada. Em breve, Ivan se encontrará oscilando entre a incredulidade de Kólia e a gravidade de Aliócha, enquanto luta para determinar se o diabo que ele vê é (ou não é) uma alucinação.

O Livro 10 termina com uma variação sobre o motivo de Jó que aparece ao longo de todo o romance, e agora Dostoiévski não faz nenhum esforço para suavizar seu impacto emocional devastador. O capitão trai um desespero abjeto quando o médico da capital não dá nenhuma esperança e Iliúcha diz a seu pai: "Assim que eu morrer, pega um bom menino [...] e ama-o em meu lugar". Mas o pai aflito, ao sair do quarto, diz a Kólia e a Aliócha "com um murmúrio terrível": "Não quero um bom menino! Não quero outro menino! [...] Se eu te esquecer, Jerusalém, apegue-se-me…" — uma alusão bíblica que Kólia não entende e pede a Aliócha que explique (v. 14, p. 507 [731]).* Essa cena poderia muito bem ter sido piegas, mas pela pena de Dostoiévski transmite uma pureza e uma intensidade avassaladoras. A morte de seu filho Aleksei dois anos antes sem dúvida contribuiu com seu quinhão para o páthos comovente dessas páginas. E ele escrevera uma carta angustiada, em 1868, por ocasião da morte da filha Sofia, de dois meses de idade, que expressava uma dor inconsolável como a do capitão: "E agora eles me dizem, para me consolar, que terei outros filhos. Mas onde [...] está aquela pequena pessoa por quem, atrevo-me a dizer, eu teria aceitado a crucificação para que ela pudesse viver?".[1]

---

* Salmos 137,6: "Que me cole a língua ao paladar/ caso eu não me lembre de ti,/ caso eu não eleve Jerusalém/ ao topo da minha alegria!". (N. T.)

★ ★ ★

No Livro 11, o foco retorna para os personagens principais e ao que aconteceu nos dois meses decorridos desde a prisão de Dmítri. Quando Aliócha visita Grúchenka, ela conta que Ivan também foi ver Dmítri secretamente na prisão, e os dois parecem estar envolvidos em algum plano particular. O mistério do comportamento e da motivação de Ivan começa a avançar para o primeiro plano.

Dostoiévski, como sabemos, ao introduzir um tema sério, muitas vezes lhe dá a princípio uma forma cômica ou escandalosa. Quando deixa a casa de Grúchenka para visitar Liza Khokhlakova, Aliócha é, como de costume, atacado pela tagarelice de sua mãe, que divaga sobre o julgamento iminente, e a sátira se torna mais grave à medida que a dama matraqueia sobre a possibilidade de uma alegação de insanidade temporária, que Dmítri havia declarado que não aceitaria porque significava admitir sua culpa. Mas a sra. Khokhlakova está encantada com a ideia de que o crime poderia ser apenas uma "perturbação", pela qual Dmítri não é responsável de fato. "Foi só inaugurarem os novos tribunais, e logo se tomou conhecimento da perturbação", diz ela alegremente a Aliócha. "É um benefício dos novos tribunais." Com efeito, para ela, ninguém pode ser culpado de nada, porque "quem hoje não anda com perturbação; você, eu, todos estamos com perturbação, quantos não são os exemplos?" (v. 15, pp. 18-9 [751-2]). Essa moléstia universal torna-se assim uma inversão paródica da culpa universal de Zossima, em que cada indivíduo é responsável por todos os outros. A volubilidade irracional da sra. Khokhlakova também traz à baila o motivo de instabilidade mental e da loucura que em breve será ilustrado por Ivan.

O desequilíbrio mental, especificamente relacionado ao demônio, aparece no capítulo seguinte de forma tanto assustadora como patética. Ao visitar Liza, que agora voltou a andar, Aliócha percebe uma degeneração de seu estado mental. Ela começou a deleitar-se com fantasias sadomasoquistas de destruição tanto dos outros como de si mesma — e por isso se tornou o "demoniozinho" do título do capítulo. "Ah, eu quero desordem!", diz ela a Aliócha, afirmando seu desejo de "não deixar nada em lugar nenhum". Aliócha adverte-a de que "tu tomas o mal pelo bem", embora não possa simplesmente negar um de seus provocantes motejos: "Escuta, agora teu irmão vai ser julgado porque matou o pai, e todo mundo está gostando porque ele matou o pai". Em seguida, conta-lhe um sonho em que os demônios que a atacavam se retiram quando ela se benze, mas voltam quando ela começa a insultar Deus em voz alta. "É terrivelmente divertido, fico sem fôlego" (v. 15, pp. 22-3 [755-7]).

Liza também recebeu a visita de Ivan, que em vez de tentar combater suas inclinações sadomasoquistas, como Aliócha, as reforçara com sua cumplicidade. Quando ela lhe disse como seria "bom" comer compota de ananás (um luxo extremo) enquanto observava a longa agonia de uma criança crucificada, "ele deu uma súbita risada e disse que aquilo era realmente bom" (v. 15, p. 24 [758]). (É pena que Dostoiévski não tenha conseguido resistir à insinuação antissemita de que a criança fora crucificada por judeus fanáticos para obter sangue cristão, e Aliócha se recusa a negar essa possibilidade.) Ivan, como saberemos em breve, está ele mesmo sendo visitado por um demônio, e a sugestão é que ele trouxe consigo sua própria doença para agravar a de Liza. Mas ela ainda não está totalmente possuída pelo espírito maligno e apela a Aliócha, único que pode resgatá-la: "Aliócha, salva-me!". Liza ainda luta contra seus piores impulsos e, na conclusão dessa cena, põe um dedo na fenda do batente da porta, bate-a e mutila-se como forma de punição. "Torpe, torpe, torpe, torpe!", ela murmura depressa para si, reproduzindo a autoflagelação de Ivan ao se chamar de "canalha" após partir no dia do crime (v. 15, p. 25 [761]).

A próxima vez que Aliócha visita Dmítri na prisão, encontra o irmão aborrecido porque Rakítin estava tentando minar sua fé em Deus. O efeito revelador do sonho de Dmítri com a aldeia queimada e o bebê que chorava alterou para sempre seu caráter e sua noção de valores. Rakítin pretendia escrever um artigo sobre o crime para provar uma teoria, ou seja, que Dmítri "não poderia deixar de matar, é uma vítima do meio etc.". Numa recitação sério-cômica do determinismo fisiológico de Rakítin, Dmítri expressa sua consternação. "Fico com pena de Deus", diz ele. Deus foi substituído por "esses nervos (o diabo que os carregue!)... há uns rabinhos, esses nervos têm uns rabinhos, pois bem, é só eles começarem a tremer [...] e assim que começam a tremer aparece uma imagem [...] eis por que eu contemplo e depois penso, porque há os rabinhos, e nunca porque eu tenha uma alma e seja uma imagem qualquer e semelhança sei lá do quê" (isto é, de Deus) (v. 15, p. 28 [765]). Quando Dmítri fizera objeções a essa explicação, parafraseando a tese de Ivan de que "sem Deus e vida imortal todas as coisas são lícitas", Rakítin concordara rindo que "um homem inteligente pode tudo". Essa reiteração da doutrina de Ivan pelo inescrupuloso Rakítin estabelece a base para a futura descrição da luta de Ivan com *sua* consciência nos capítulos que vêm logo em seguida.

Ainda assim, como Dostoiévski deixa claro, o desprezível Rakítin e o atormentado Ivan não são comparáveis. "O irmão Ivan não é Rakítin", diz Dmítri explicitamente. "Ele esconde uma ideia" (v. 15, p. 29 [770]).

A fé de Dmítri permanece inabalada pelos ditos desdenhosos de Rakítin. Embora saiba que é inocente, Dmítri está pronto a ir para a Sibéria "por todos os 'bebês' [...] [e] porque todos são culpados por todos", repetindo mais uma vez a doutrina de Zossima e sugerindo a analogia com Cristo ("É por todos eles que eu vou") (v. 15, p. 30 [768]). Dostoiévski então se baseia decerto em lembranças de sua própria prisão quando Dmítri exclama: "Para um galé é impossível passar sem Deus, mais impossível ainda do que para quem não é galé! E então nós, homens do subterrâneo, cantaremos das entranhas da terra um trágico hino a Deus, em quem está a alegria. Viva Deus e Sua alegria! Eu O amo!". As afirmações arrebatadas de Dmítri atingem um clímax quando ele declara: "Parece que agora esta força é tamanha em mim que vencerei tudo, todos os sofrimentos, só para falar e dizer para mim mesmo a cada instante — eu existo! (v. 15, p. 31 [768]).

Os cinco capítulos restantes do Livro 11 enfocam Ivan, que foi constantemente aludido nos quatro anteriores. Ele finalmente aparece em pessoa durante a visita de Aliócha a Catierina. Ciente de sua crescente instabilidade mental, pois oscila entre estados de lucidez e o que ele teme ser alucinações (como a de ser visitado pelo demônio), pergunta a Aliócha se é possível saber se alguém está ficando louco.

Na superfície, Ivan se recusa a aceitar "a fábula sobre o idiota do epiléptico maluco [...] Smierdiakov" (v. 15, p. 39 [779]) ter cometido o crime. Não obstante, Aliócha possui o dom intuitivo de Zossima da penetração moral e psicológica, e percebe que Ivan esteve remoendo nos últimos dois meses sobre sua possível responsabilidade no crime. Quando Ivan chama Dmítri de "assassino" e "monstro", Aliócha contesta; e quando é desafiado a nomear outra pessoa, responde: "Só uma coisa eu sei. [...] Quem matou nosso pai *não foste tu*". Ivan fica tão surpreso diante dessa resposta que toca em todos os seus medos ocultos que pensa que Aliócha deve saber de suas conversas alucinatórias com o demônio sobre o mesmo assunto (v. 15, p. 40 [779-80]). O arrogante Ivan decide de repente visitar Smierdiakov — não pela primeira, mas pela terceira vez, tendo os dois encontros anteriores o levado à condição de demência em que o encontramos.

Quando Ivan atravessa ruas sem iluminação a caminho da cabana de Smierdiakov, irrompe uma nevasca violenta e ele tropeça num camponês bêbado que canta os dois primeiros versos de uma cantiga popular: "Ah, foi-se Vanka para Petersburgo / Não vou esperar por ele!". Essa canção faz Ivan lembrar sua partida para Moscou e o que ocorrera antes de *ele* voltar, e embora essa associação não seja feita de forma explícita, é por isso, sem dúvida, que Ivan sentiu "um terrível ódio dele [do camponês]" (v. 15, p. 57 [803]). Quando o camponês esbarra nele, Ivan o derruba e o deixa estendido na neve, embora atravesse sua mente o pensamento de que ele vai congelar até a morte.

Smierdiakov adoecera de novo, e cada um observa imediatamente o quanto o outro parece doentio; ambos estão sendo minados pela mesma angústia moral e psíquica. Smierdiakov, no entanto, agora está em vantagem. Ele compreendeu que Ivan teme que seu consentimento implícito para o crime venha a ser denunciado. Enojado com a relutância de Ivan em encarar a verdade, Smierdiakov admite sua culpa ao mesmo tempo que se recusa a assumi-la sozinho. "O senhor o matou", diz a Ivan, "o senhor é o principal assassino, enquanto eu fui apenas o seu cúmplice, o fiel criado [...] que, seguindo suas palavras, executou isso" (v. 15, p. 57 [806]). Sob o interrogatório persistente de Ivan — ele está ávido para saber todos os detalhes —, Smierdiakov explica como o crime foi cometido logo depois que Dmítri bateu em Grigóri e pulou a cerca, fugindo da casa do pai.

Há um aspecto desse diálogo que não deve ser negligenciado. Logo depois que Smierdiakov faz sua confissão e seu interlocutor é "todo ele [...] sacudido por um calafrio", Ivan murmura que "temo que sejas um sonho, que sejas um fantasma sentado à minha frente". Smierdiakov responde que "aqui não há nenhum fantasma, a não ser nós dois, além de um certo terceiro". E logo acrescenta: "Não há dúvida de que ele está aqui, esse terceiro encontra-se entre nós dois". Essa referência a "um terceiro" aterroriza Ivan, que a toma como uma menção ao demônio e olha ao redor, "procurando apressadamente com os olhos alguém pelos cantos". Smierdiakov, no entanto, explica que "esse terceiro é Deus, a própria Providência, ela está agora ao nosso lado, só que não a procure, não vai encontrá-la" (v. 15, p. 60 [806]). Enquanto o diabo andou aparecendo para a consciência atormentada e demente de Ivan, Smierdiakov aparentemente retornou às fontes da sua fé desde que perdeu o respeito pelas ideias de Ivan. Um pequeno detalhe indica que esteve em busca de conforto moral nesse retorno: cobre o dinheiro que conseguiu com o assassinato, e que agora exibe a Ivan, com um exemplar de *Palavras de nosso santo padre Isaac, o Sírio*, uma coletânea de textos religiosos populares escritos por um asceta do século VI. O padre Isaac substituiu a gramática francesa que Smierdiakov estava estudando no momento da segunda visita, e podemos lembrar que, mesmo no auge do seu fascínio por Ivan e suas ideias, esse filho da fétida Lizavieta continuava a aceitar de bom grado a existência de dois ou três eremitas no deserto que podiam mover montanhas.

Smierdiakov revela desprezo pela consternação de Ivan ao admitir sua própria parcela de culpa e sua luta para diminuí-la, tanto quanto possível. "Deus está vendo — Ivan ergueu as mãos — talvez eu também tenha culpa, talvez eu realmente tivesse um desejo secreto de que... meu pai morresse, mas te juro, não tinha tanta culpa quanto pensas e possivelmente não te incitei em hipótese nenhuma" (v. 15, pp. 66-7 [815-6]). Não obstante, assegura a Smierdiakov que vai revelar a verdade no julgamento no dia seguinte, inclusive sua própria parcela de responsabilidade, mas Smierdiakov se recusa a acreditar que ele terá coragem de fazer o que seria, de qualquer modo, um gesto inútil. Smierdiakov simplesmente negaria o testemunho de Ivan e argumentaria que ele estava tentando salvar seu irmão. O pior de tudo é que ele zomba da incoerência entre os sentimentos e as ideias de Ivan: "Naquela época, o senhor mesmo dizia que é permitido, mas agora, por que anda tão preocupado, o senhor mesmo?" (v. 15, p. 67 [817]). Smierdiakov, no entanto, está preso num conflito interior semelhante: nega que voltou a crer em Deus, mas não tem mais fé naquilo que para ele substituíra Deus, ou seja, as ideias de Ivan. Sua consciência camponesa o deixou doente, assim como o sentimento educado de culpa de Ivan o minou, e o suicídio de Smierdiakov coincidirá exatamente com o colapso mental de Ivan no capítulo seguinte.

A cena termina com Ivan tomando a firme decisão, enquanto caminha para a tempestade de neve, de enfrentar o desafio de Smierdiakov. Ao tropeçar no corpo inerte do camponês, Ivan agora o leva a uma delegacia de polícia, arranja-lhe um médico e salva sua vida. Esse é o primeiro efeito de sua nova determinação, que domina todo o desprezo pela humanidade errante e pecadora que antes demonstrara, e que talvez prenuncie seu papel no segundo volume nunca escrito. Embora seja agora capaz de um gesto tão espontâneo de solidariedade humana pessoal, é uma questão diferente quando pensa em procurar de imediato o promotor para denunciar Smierdiakov e revelar seu quinhão de responsabilidade no assassinato.

Decide adiar essa provação para a manhã seguinte e, portanto, sua determinação de agir de forma decisiva vacila; mais uma vez é preso nas malhas de seu dilema moral e psicológico — o dilema de pretender seguir os ditames de uma consciência cujos preceitos sua razão não consegue justificar. Ao entrar em seu quarto, quase pegou no sono, "mas, como estava intranquilo, levantou-se e caminhou pelo quarto para espantar o sono" (v. 15, p. 69 [820]). Esta última frase, que expressa a consciência do próprio Ivan, revela-se inteiramente ilusória; na verdade, está agora dormindo e sonhando que atravessou o quarto. "Ando tendo sonhos", Ivan diz a Aliócha no capítulo seguinte, "mas não são sonhos, são reais: eu ando, falo e vejo" (v. 15, p. 86 [844]). Ivan tornou-se incapaz de distinguir entre seus sonhos e o mundo objetivo, e quando olha inquieto para um sofá em seu quarto, observa alguém ali sentado que "ainda não estava no quarto quando Ivan entrara ao voltar da casa de Smierdiakov" (v. 15, p. 70 [822]).

Nenhuma cena atesta com tanta abundância o brilho e a força do talento satírico de Dostoiévski quanto o capítulo dedicado ao diálogo de Ivan e o diabo. Costuma-se aludir ao *Fausto*, de Goethe, como inspiração, e de fato há várias referências a essa obra na cena, assim como em outras partes do texto, mas a relação entre Ivan (que foi chamado de "Fausto russo") e seu demônio é muito diferente daquela entre Fausto e Mefistófeles. Em Goethe, não há dúvida sobre a realidade da existência de Mefistófeles ou do mundo sobrenatural de que provém. É exatamente esse, contudo, o problema que se apresenta a Ivan pela tagarelice insinuante e obsequiosa de seu amável visitante. Em nenhum lugar esse tema de Dostoiévski — o antagonismo entre razão e fé — é dramatizado com mais sutileza e elegância que nessas páginas zombeteiras que ilustram a capacidade extraordinária do romancista de brincar com suas convicções mais profundas.

O retrato do demônio, como observou Victor Terras, contém detalhes mais descritivos que o de qualquer outro personagem.[2] Dostoiévski esforça-se para apresentá-lo em termos inteiramente terrenos, como um tipo social russo. Uma vez que Ivan continua insistindo que o diabo é apenas um produto de sua imaginação, Dostoiévski lhe dá ironicamente uma materialização sólida. Ele aparece como um membro um tanto decadente da aristocracia rural, um cavalheiro que não consegue mais se sustentar porque a renda de sua propriedade desapareceu com a abolição da servidão, mas ainda exibe todas as graças sociais de sua antiga posição, tais como adornar sua conversa com expressões em francês. Suas roupas são boas, mas agora um pouco fora de moda: "Em suma, tinha boa aparência e minguados recursos no bolso" (v. 15, p. 70 [822]). Ele vive como o que os russos chamam de *prijiváltchik*, um parasita de parentes e amigos mais ricos, que continuam a oferecer-lhe hospitalidade porque ele é, afinal, um gentleman; suas maneiras são boas, pode ser apresentado na sociedade e é agradável, transigente e divertido. Essa imagem tem um significado simbólico. A própria religião, do ponto de vista de Dostoiévski, era agora um parasita na sociedade culta da Rússia, aceita como uma relíquia respeitável do passado, mas sem exercer seu poder e sua influência de outrora. Como o próprio diabo observa, "na sociedade costuma-se considerar como um axioma que sou um anjo caído. [...] Se o fui alguma vez, isso faz tanto tempo que nem é pecado esquecê-lo" (v. 15, p. 73 [827-8]).

O diálogo de Ivan com o diabo joga com a contínua oscilação entre os impulsos de sua consciência e as conclusões amoralmente niilistas que ele tirou de sua recusa em aceitar Deus e a imortalidade. O demônio apareceu pela primeira vez a Ivan quando ele começou a cismar sobre seu possível papel no assassinato e, nesse sentido, representa paradoxalmente (ao contrário de qualquer outro tratamento desse tópos que eu conheça) a voz da consciência de Ivan se revoltando contra sua razão. O diabo de Dostoiévski, no entanto, não prega sermões morais, mas ridiculariza a incoerência entre as dores de consciência de Ivan e as ideias que ele aceitou e expôs. "Tudo é permitido" para aqueles que não acreditam em Deus e na imortalidade, e Ivan rejeitou ambos. Por que, então, deveria ser atormentado por sentimentos de culpa moral que derivam desses princípios? O demônio chega para personificar a zombaria que Ivan faz de suas próprias contradições morais e psíquicas, que o levaram para o que Dostoiévski chamou de febre cerebral e que nós agora diagnosticamos como esquizofrenia. No fim, Ivan sofrerá um colapso mental completo — mas não antes que o diabo tenha exibido tanto seu anseio de fé quanto a dificuldade de alcançá-la para alguém que se recusa a aceitar qualquer mundo não euclidiano.

As involuções da conversa de Ivan com o diabo são tão intrincadas que é impossível fazer em poucas palavras um relato adequado de suas complexidades. Em essência, no entanto, seu objetivo é dramatizar as antinomias em que Ivan fica preso depois que sua consciência entra em oposição frontal àquelas convicções racionais que dão origem à sua revolta contra Deus e Cristo. Evidentemente, a suprema ironia é que será o diabo que irá conduzi-lo para o caminho da fé; e Ivan (que está naturalmente falando para si mesmo *por intermédio* do diabo) percebe toda a incongruência dessa situação. Como observa o demônio, "se está provada a existência do diabo, ainda não se sabe se está provada a existência de Deus". Ivan insiste durante todo o diálogo que o diabo é apenas a sua alucinação e não tem nenhuma realidade independente: "És uma mentira, és minha doença, és um fantasma. [...] És minha alucinação" (v. 15, pp. 71-2; 824). Enquanto acreditar nisso, Ivan não tem de aceitar que o diabo emana de algum mundo irracional, não euclidiano, da fé cristã; mas o surto de consciência moral de que começou a sofrer torna-lhe impossível descartar essa possibilidade por completo.

O próprio demônio afirma sua realidade ontológica, que Ivan nega com veemência, para depois ajudar Ivan a reforçar essa negação. Quando Ivan acusa o diabo de mentir (!), este concorda, solícito: "Isso mesmo. Mas as vacilações, e a inquietação, e o embate entre a crença e a descrença — tudo isso por vezes é tamanho tormento para uma pessoa conscienciosa como tu, que é melhor enforcar-se". Para o bem de Ivan, o diabo explica que está usando um "novo método", não mais o antigo, no qual crença e descrença eram apresentadas como opostos polares. Agora está empregando a medicina homeopática, em que pequenas doses de um remédio que aumenta a doença podem resultar na cura.[3] "Eu te conduzo alternadamente entre a crença e a descrença", diz o demônio, e "quando deixares definitivamente de crer em mim, começarás imediatamente a assegurar na minha cara que não sou um sonho, mas existo de fato". A razão pode impedir Ivan de acreditar, mas no momento em que se recusa, sua consciência moral o conduzirá para o polo oposto, apesar de todas as conclusões de sua lógica. Por meio desse método, o demônio semeará em Ivan "apenas uma minúscula semente de fé, e dela germinará um carvalho — e ainda por cima um tipo de carvalho que, sentado nele, desejarás estar entre os 'padres do deserto e esposas imaculadas' [uma citação de Púchkin], porque no fundo do coração queres muito, muito isso, comerás gafanhotos, te arrastarás para o deserto a fim de salvar a tua alma" (v. 15, p. 80 [834-6]). O demônio de Ivan o conhece muito bem: esse é exatamente o caminho que o Grande Inquisidor seguira antes de perder a fé.

O diabo faz jus à sua reputação de interlocutor amável e divertido, e várias histórias alegres e primorosas contêm essa combinação de ceticismo escarninho e um desejo saudoso de fé que caracteriza Ivan, embora ele fique enfurecido ao ser confrontado consigo mesmo nesse disfarce através das réplicas do demônio. Muitas das tiradas do diabo incluem paródias de uma ou outra ideia expressa antes por Ivan, quer no capítulo "A revolta", quer em sua Lenda do Grande Inquisidor, e elas são escritas com um talento satírico sem igual desde Swift.

Uma das mais expressivas dessas paródias decorre manifestamente da recusa indignada de Ivan de participar dos "hosanas" da harmonia universal, da conciliação final. Ela está contida em uma lenda que o diabo relata, embora esteja agora ultrapassada em *seu* mundo (que não quer que Ivan confunda com o mundo terreno, embora se apresse a acrescentar que não há diferença entre os dois). Essa lenda não poderia ser mais explícita em descrever o dilema de Ivan, e sua solução termina numa nota irônica que pode ser tomada como alusão autorreflexiva ao próprio Dostoiévski. Houve na Terra "um pensador e filósofo que 'negava tudo, as leis, a consciência, a fé' [uma citação de Griboiédov] e, principalmente — a vida futura". Indignado ao deparar-se vivendo uma vida futura após a morte, protestou e foi condenado a andar um quatrilhão de quilômetros antes de chegar às portas do céu e ser perdoado.

Combinando "a alma de um ateu russo ilustrado [...] com a alma do profeta Jonas, que passou três dias e três noites no ventre da baleia", ficou deitado por quase mil anos, mas por fim se levantou e começou a caminhar. Ivan interrompe então para dizer que o filósofo foi estúpido ao concordar em andar, porque, por um cálculo euclidiano, levaria 1 bilhão de anos para alcançar seu objetivo. Mas, na verdade, como o diabo explica, "ele já chegou faz muito tempo", porque todos esses cálculos matemáticos se referem à Terra de hoje, "só que a própria Terra de hoje talvez já se tenha repetido 1 bilhão de vezes [...] desintegrou-se em seus componentes iniciais, voltou a água, que ficou sobre a terra, depois voltaram os cometas, voltou o sol", e assim por diante. Dostoiévski apela aqui para a mesma ideia do eterno retorno, um lugar-comum na Antiguidade clássica, que Nietzsche retomaria para seus próprios propósitos, e, tal como o seu congênere alemão, Ivan também acha essa perspectiva cíclica "o mais indecente dos tédios". A mistura léxica da terminologia científica do período com referências bíblicas é típica do estilo narrativo do demônio e expressa o dilema em que Ivan está preso.

Alcançando finalmente sua meta, o filósofo, antes que se passassem dois segundos (embora o diabo duvide que ele ainda tivesse um relógio), "exclamou que por esses dois segundos seria capaz de percorrer não só 1 quatrilhão de quilômetros, mas 1 quatrilhão de quatrilhões, e ainda elevado a uma potência de quatrilhão". Com efeito, estava tão empolgado que "cantou seu Hosana, mas forçou tanto a nota que, num primeiro momento, alguns de lá, que pensavam com mais nobreza, até se negaram a lhe dar a mão: ele se empenhou demais em sua adesão aos conservadores. É a natureza russa" (v. 15, pp. 78-9 [832-5]). Não estaria Dostoiévski se referindo sarcasticamente às críticas que tantas vezes recebeu de ser um vira-casaca? E embora Ivan relembre em seguida ter escrito essa história para ridicularizar a religião quando ele ainda era um colegial, ela também revela, subjacente à brincadeira, seu anseio subliminar de fé, um anseio expresso também no desejo do diabo de sair do reino das "equações indefinidas" não euclidianas "e encarnar — mas que seja definitivamente, irreversivelmente — em alguma mulher de comerciante, gorda, que pese umas sete arrobas, e acreditar em tudo o que ela acredita" (v. 15, pp. 73-4 [827]). Esse anseio é revelado por Ivan de modo direto, quando, depois de afirmar que "nem [por] um minuto" acreditava na realidade do demônio, acrescenta "de súbito e estranhamente": "Aliás, eu gostaria de crer em ti" (v. 15, p. 19 [834]).

O sentido pleno das ideias de Ivan fica claro quando o diabo o lembra de uma de suas obras anteriores — não o "Grande Inquisidor", cuja menção faz Ivan ficar "vermelho de vergonha", mas uma obra chamada "A Revolução Geológica". O título se refere a um futuro em que os homens terão perdido toda a noção de Deus e a vida humana estará tão transformada que é como se a terra tivesse sofrido uma mutação geológica. Aqui Dostoiévski utiliza seu simbolismo familiar da Idade de Ouro; seria novamente um universo feuerbachiano, onde "o amor satisfará apenas um instante da vida, mas a simples consciência de sua fugacidade reforçará a chama desse amor tanto quanto ela antes se dissipava na esperança de um amor além-túmulo e infinito". Seria um mundo em que "o homem alcançará sua grandeza imbuindo-se do espírito de uma divina e titânica altivez, e surgirá o Homem-deus". E "vencendo, a cada hora, com sua vontade e ciência, uma natureza já sem limites, o homem sentirá assim e cada hora um gozo tão elevado que este lhe substituirá todas as antigas esperanças no gozo celestial" (v. 15, p. 83 [840]).

Fora essa a visão de Ivan, que se vale de imagens que lembram Kiríllov em *Os demônios*, bem como a da Idade de Ouro. Mas devido à "arraigada estupidez humana", da qual Ivan tem plena consciência, o diabo entende que pode demorar mil anos ou mais até que esse mundo possa existir; e talvez possa nunca surgir. Portanto, Ivan e aqueles que compartilham de suas ideias ficarão impacientes, como aqueles "eleitos" que enfim se unem ao Grande Inquisidor e decidem que "a qualquer um que já hoje tenha consciência da verdade é permitido organizar-se sobre novos princípios a seu absoluto critério. Nesse sentido, 'a ele tudo é permitido' [...] como Deus e a imortalidade todavia não existem, ao novo homem [...] será permitido tornar-se Homem-deus e [...] passar tranquilamente por cima de qualquer obstáculo moral imposto ao antigo homem-escravo, se isso for necessário". (O termo protonietzschiano "homem-escravo", *rab-tcheloviek*, é bastante literal.) Como o demônio comenta cinicamente, toda essa teorização "é muito encantador[a]; mas se alguém quiser usar de vigarice, [...] para que ainda servirá a sanção da verdade?" (v. 15, pp. 83-4 [840-1]). Os sonhos idealistas de uma humanidade transformada podem levar não só a trapacear mas também, como Ivan se dá conta agora, a uma justificativa do assassinato. Aqui, é impossível não voltar a pensar na posição sociopolítica real de Dostoiévski, na qual aqueles que ele estava disposto a aceitar como "idealistas" equivocados eram convencidos a assassinar o Tsar-Pai.

Durante todo esse capítulo, a violência da reação de Ivan às palavras do demônio se volta contra ele mesmo, pois, se ele não passa de uma alucinação, por que reagir com tanta fúria? Quando Ivan ameaça chutar o diabo, este lhe responde: "Em parte eu ficaria contente, porque teria atingido meu objetivo: se recorres a pontapés, quer dizer que crês no meu realismo, porque não se dá pontapés em fantasmas" (v. 15, p. 73 [825]). No clímax dessa cena, Ivan "pegou um copo sobre a mesa e o arremessou com força contra o orador", que pula do sofá, sacode os respingos do chá em sua roupa e comenta: "Lembrei-me do tinteiro de Lutero [que Lutero atirou no diabo]! Tu mesmo me consideras um sonho e atiras copos contra um sonho" (v. 15, p. 84 [841]). Desse modo, o demônio conseguiu convencer Ivan de que ele é "real", embora este último continue a insistir que a visitação é apenas uma parte de si próprio. Mas Ivan já não pode recusar-se a entender o que esteve dizendo a si mesmo através do diabo — que a razão não pode erradicar os tormentos de sua consciência moral.

Nesse ponto, o mundo exterior começa a invadir o sono de Ivan e, ao acordar, ele descobre que os eventos físicos com que sonhara nunca ocorreram. Não havia toalha molhada sobre sua testa febril, nenhum copo de chá mudara de lugar na mesa, tampouco havia algum visitante inoportuno sentado no sofá à sua frente. A primeira reação de Ivan é, então, afirmar a "realidade" do que antes insistira ser apenas uma aparição. "Não, aquilo não era um sonho!", gritou para si mesmo, tentando assim preservar sua sanidade. Quando ele abre a janela, Alióchá (que estava batendo na janela) informa que "uma hora atrás Smierdiakov enforcou-se" (v. 15, p. 85 [842]).

Ivan diz com ar meditativo: "Olha, eu já sabia que ele havia se enforcado", e afirma que "ainda agora *ele* [o diabo] estava me dizendo". Isso nem é literalmente verdade, mas o diabo havia de fato alertado Ivan de que o conflito entre a crença e a descrença era "tamanho tormento [...] que é melhor enforcar-se" (v. 15, p. 80

[834]). E no quadro mental desordenado de Ivan, essas palavras aplicadas a ele poderiam muito bem ter sido transferidas para Smierdiakov, atormentado pelas mesmas incertezas. A chegada de Aliócha faz com que o diabo desapareça da psique de Ivan, senão como lembrança, ao menos como presença, mas o debate interno de Ivan continua. Completamente desnorteado, ele insiste que o diabo havia estado em seus aposentos, mas, em seguida, reconhece que "*ele* é eu [...] tudo o que há de baixo em mim". Ainda assim, Ivan admite que "me disse muitas verdades a meu respeito. Coisas que eu nunca diria a mim mesmo" (v. 15, p. 87 [845]). Acima de tudo, o diabo compreendeu a fonte da mortificação de Ivan. "Irás cometer a proeza da virtude", ele dissera a Ivan, "mas não acreditas na virtude — eis o que te enfurece e atormenta, eis o que te faz tão vingativo." Agora que Smierdiakov está morto, desapareceu qualquer esperança de salvar Dmítri, e ainda assim, escarnece o demônio, Ivan comparecerá de qualquer maneira. "Se ao menos acreditasses na virtude, [...]. Mas acontece que és um porco como Fiódor Pávlovitch, que te importa a virtude?" (v. 15, pp. 87-8 [847]).

O diabo não tinha dúvida sobre como Ivan agiria: "Comparecerás porque não te atreverás a não comparecer", mas o motivo disso — "procura tu mesmo adivinhar, eis um enigma!" (v. 15, p. 88 [847]). Mas não é um enigma para Aliócha, que finalmente põe Ivan na cama quando ele entra em colapso. Aliócha "passara a compreender a doença de Ivan: 'os tormentos de uma decisão altiva, a consciência profunda!'. Deus, em quem ele não acreditava, e Sua verdade lhe venciam o coração". Aliócha imagina naturalmente que "Deus há de vencer", e logo veremos que Ivan irá, com efeito, ouvir a voz de sua consciência. Mas os temores de Aliócha também deixam em aberto a possibilidade, não resolvida no momento em que o romance termina, de que Ivan "sucumbirá no ódio, vingando-se de si mesmo e de todo mundo por ter servido àquilo em que não acredita" (v. 15, p. 89 [848]).

Com efeito, durante o julgamento de Dmítri pelo assassinato do pai, todo o desprezo de Ivan pela humanidade — o desprezo subjacente à Lenda do Grande Inquisidor, apesar de seu páthos humanitário — vem à tona quando ele se volta contra os juízes e todos os espectadores do julgamento, nenhum dos quais parece muito preocupado com questões morais. Quando o assustado presidente pergunta se Ivan está em seu juízo perfeito, ele responde: "O problema é que estou em meu perfeito juízo... e em meu torpe juízo, assim como o senhor, assim como todas essas... carrancas!". Agora ele se identifica com a humanidade: "Todos desejam a morte do pai. Um réptil devora outro réptil". Alióchta grita que Ivan está com "distúrbio mental", mas Ivan continua: "Fiquem tranquilos, não estou louco, apenas sou o assassino". Quando lhe pedem provas de sua acusação contra Smierdiakov, responde que não tem testemunhas — exceto, talvez, o diabo — e, em seguida, divaga, como se confidenciasse um segredo, num monólogo de fluxo de consciência composto de fragmentos retirados de cenas anteriores. "Vejam, ouçam-me; eu disse a ele: não quero calar, mas ele ficou falando da reviravolta geológica... bobagens! Vamos, ponham o monstro [Dmítri] em liberdade... Ele cantou seu hino, age assim é porque para ele é fácil! É o mesmo que um patife bêbado berrando 'Foi-se Vanka para Píter [Petersburgo]', enquanto eu daria um quatrilhão de quatrilhões por um segundo de alegria" (v. 15, pp. 117-8 [888-90]). A pungência dessas últimas palavras dispensa comentário.

A seção final do romance contém os extensos discursos dos advogados de acusação e defesa, e Dostoiévski os usa não somente para narrar o clímax apropriado à ação da trama que envolve Dmítri e Ivan, mas também como meio de fazer um comentário interno sobre o próprio romance. Os dois advogados discutem sobre um caso de assassinato, mas seus discursos também iluminam os problemas morais e espirituais (e, portanto, implicitamente sociais e políticos) mais vastos que o romance apresentou com majestosa amplitude.

De acordo com o advogado de acusação Hippolit Kiríllovitch, os russos não mais se horrorizavam com o crime de assassinato e, no contexto da época, sua acusação sem dúvida foi lida como uma condenação daqueles que, embora não simpatizassem com o terrorismo, se mantinham neutros e indiferentes a seus estragos. Ele argumenta que a família Karamázov apresenta uma imagem da Rússia instruída contemporânea e Fiódor Pávlovitch representa — na forma extremada e simbolicamente expressiva que só Dostoiévski sabia criar — a geração mais velha de russos cujos padrões morais e sociais estáveis haviam desaparecido por completo. Além disso, a perda da fé de Ivan e sua teoria, como diz Hippolit Kiríllovitch, de que "tudo [...] é permitido", que "doravante nada deve ser proibido", "enlouqueceu definitivamente Smierdiakov" (v. 15, pp. 126-7 [902]). Nesse ponto, Dostoiévski aventa a possibilidade de que o ateísmo da intelectualidade vai destruir o ainda devoto povo russo.

Dmítri é visto como um símbolo da própria Rússia. O promotor argumenta que "ele como que encarna a Rússia natural [...] aí está ela, a nossa Russiazinha, nossa mãe, com seu cheiro, fazendo ouvir sua voz. Oh, somos uns medíocres, somos o bem e o mal numa mistura surpreendente, somos adeptos da ilustração e de Schiller, e ao mesmo tempo andamos pelas tavernas fazendo arruaças e arrancando o cavanhaque de tipinhos bêbados" (v. 15, p. 128 [903]). Ambos fazem parte do caráter dos Karamázov, "capazes de encerrar todas as oposições possíveis e contemplar de uma vez ambos os abismos, [...] o abismo dos altos ideais, e [...] o abismo da queda mais vil e funesta" (v. 15, p. 129 [905]). Essas palavras reproduzem as de Dmítri sobre o conflito incessante entre o ideal de Sodoma e o da Madona, mas o livro inteiro mostrou sua luta para libertar-se das tentações de Sodoma e entregar-se à Mãe de Deus.

Em conclusão, o promotor retorna à imagem da *troika* russa que ficou famosa em *Almas mortas*, de Gógol, em que a Rússia é comparada com uma *troika* que galopa furiosamente para algum destino distante e diante da qual todas as outras nações abrem caminho. Ele diz aos jurados que eles são "defensores de nossa sagrada Rússia, de seus fundamentos, de sua família, de tudo o que ela tem de sagrado!". O país inteiro aguarda o veredicto deles, "nossa fatídica *troika* voa precipitadamente e, talvez, para a morte. E já faz muito tempo que em toda a Rússia estendem-se os braços e conclama-se a que se detenha a corrida louca e desregrada". Outros povos dão passagem, não "por nenhum respeito a ela [...] mas simplesmente por horror", e ele avisa que um dia eles podem postar-se "como uma muralha sólida diante da visão impetuosa e detenham [...] a arremetida louca de nossa libertinagem como uma forma de salvar a si mesmos, a ilustração e a civilização!". O júri, adverte Hippolit Kiríllovtich, não deve alimentar "seu ódio sempre com uma sentença que absolva o assassinato de um pai pelo próprio filho!" (v. 15, p. 150 [933]).

O famoso advogado de defesa Fietiukóvitch, a estrela dos tribunais de Petersburgo, oferece agora uma defesa magistral de Dmítri em termos que o leitor reconhece como precisos. Sua defesa não só desacredita as inferências psicológicas feitas por Hippolit Kiríllovitch, como também compreende que Dmítri poderia agir sob a influência do amor, da honra e da piedade, bem como por raiva e ciúme, os únicos motivos considerados pelo promotor. No entanto, a principal crítica à profissão de advogado feita pelo Dostoiévski jornalista havia sido que os advogados de defesa, empolgados com sua missão, muitas vezes perdiam de vista as implicações morais maiores de seus argumentos, e é isso o que ocorre aqui.

Fietiukóvitch vai longe demais, ultrapassa os limites do moralmente legítimo, leva-do pelo desejo de defender seu cliente (que, pelo menos nesse caso, era inocente).

Fietiukóvitch pisa em terreno perigoso quando levanta a questão de saber se seria possível condenar o assassinato de um pai tão repreensível quanto Fiódor Pávlovitch. Embora insista que Dmítri é inocente, argumenta que esse assassina-to poderia muito bem ser justificado, apresentando exemplos extraídos de um discurso do vilão Karl Moor em *Os bandoleiros*, de Schiller. O narrador indignado o rotula de "adúltero do pensamento" (título do capítulo); e é aqui que a alegação da defesa se cruza com os mais profundos motivos éticos e filosóficos do roman-ce. "O amor a um pai que não se justificou como pai é um absurdo e algo intole-rável", insiste Fietiukóvitch. "Não se pode criar o amor do nada, só Deus cria do nada" (v. 15, p. 169 [956]). Se os pais desejam ser amados por seus filhos, devem conquistar esse amor por seus atos. O amor por um pai deve repousar sobre uma base racional, responsável e estritamente humanitária; não deve derivar de um significado "místico que eu não entendo por meio da inteligência, mas só posso aceitar pela fé, ou melhor dizendo, *por* fé, como muita coisa que não compreendo, mas em que [...] a religião me ordena que creia" (v. 15, p. 170 [958-9]). Os especta-dores do tribunal, como o narrador observa com sarcasmo, vibraram com essa denúncia de um amor filial baseado tão somente na fé: "Até dignitários e uns ve-lhinhos, velhos com estrelas no peito, que estavam sentados atrás em cadeiras es-peciais, aplaudiam e agitavam lenços para o orador" (v. 15, p. 171 [960]). A amarga ironia desse comentário lembra por certo o que aconteceu no julgamento de Zassúlitch, quando altos funcionários do governo haviam irrompido em aplausos ante sua absolvição.

Fietiukóvitch recorre aqui ao mesmo argumento contra o amor filial incon-dicional, baseado apenas na fé, que Ivan utilizara contra um Deus-pai que permite incompreensivelmente o sofrimento imerecido de seus filhos. Mas o advogado vai ainda mais longe quando sugere que, mesmo que Dmítri tenha entrado na casa — o que negava ter feito — sem intenção de matar, poderia ter ferido Fiódor Pávlovitch *porque* "o simples fato de ver o pai, seu desafeto desde a infância, seu inimigo, seu ofensor e agora seu monstruoso rival, foi o bastante!". Seu sentimen-to de ódio teria se tornado tão forte que ele poderia tê-lo golpeado, "sem saber que mataria" e sem intenção de fazê-lo. Mas se ele o *tivesse* matado, "o matador de semelhante pai", Fietiukóvitch insiste, "não pode ser chamado de parricida [...] só pode ser qualificado de parricídio por preconceito!" (v. 15, p. 172 [960-1]).

No entanto, Fietiukóvitch enfraquece sua defesa ao levantar dúvidas sobre sua crença na inocência do cliente. E sabemos que os termos do argumento de Fietiukóvitch lembram aqueles que Ivan utilizara contra o Deus-pai. Mas, ao pedir ao leitor que aceite o ataque de Ivan a Deus e o ódio de Dmítri a Fiódor Pávlovitch como ataques igualmente ímpios ao sacrossanto princípio da paternidade, Dostoiévski estava assumindo um considerável risco artístico e ideológico. Com efeito, os intérpretes questionam se Dostoiévski conseguiu de fato atenuar a força da revolta de Ivan, mas uma dúvida ainda mais forte surge a respeito de seu esforço para fundir os níveis desse mesmo motivo temático. Deus, afinal, concedeu ao homem o imenso dom da liberdade, por mais que esse presente tenha sido desrespeitado e mal utilizado, e embora Ele possa ser considerado implicitamente responsável por todos os horrores que daí resultaram, eles aconteceram, como até mesmo Ivan admitiu em sua lenda, porque Ele se recusou a escravizar a dignidade da consciência humana.

Coisa inteiramente diversa, no entanto, é substituir Deus por Fiódor Pávlovitch e pedir aos leitores que aceitem a recusa de amá-*lo* incondicionalmente como uma violação equivalente do princípio sagrado da paternidade. O realismo gritante com que seu cinismo e sua devassidão são exibidos e sua completa falta de qualquer aspecto redentor prejudicam o paralelo que Dostoiévski tenta estabelecer. Nesse caso, é provável que os leitores concordem com a insistência de Fietiukóvitch em afirmar que o amor filial-paterno deveria envolver reciprocidade e responsabilidade mútua. Não obstante, assim como Dostoiévski não suavizara as asperezas do ataque de Ivan às falhas de Deus e de Cristo, aqui também ousa oferecer a proteção do sacrossanto princípio da paternidade, inatacável pela razão e justificado apenas pela fé, mesmo a um espécime tão odioso quanto Fiódor Pávlovitch. Não podemos deixar de perguntar se o caráter extremado desse esforço não era uma reação infeliz à situação exasperadora que toda a Rússia vivia na época, com os atentados se sucedendo contra a vida do Tsar-Pai.

Depois de apelar à razão para defender Dmítri de um crime que nem cometera, Fietiukóvitch conclui evocando um princípio totalmente oposto — o da misericórdia cristã. À medida que avançam, as palavras eloquentes de Fietiukóvitch continuam a pedir misericórdia de uma maneira que sugere a culpa de Dmítri. "Que imperem entre outros povos a letra e o castigo, mas entre nós imperam o espírito e o sentido, a salvação e o renascimento dos perdidos" (v. 15, p. 172 [962]). Desse modo, a defesa está eivada de contradições; é antes uma apologia do crime do que uma defesa clara da inocência de Dmítri.

Essas palavras de encerramento provocam o entusiasmo da plateia, que foi "incontido como uma tempestade". Todos choraram, e até mesmo "dois dignitários derramaram lágrimas" diante dessa combinação de racionalismo e apelo a um humanitarismo sentimental derivado de princípios cristãos. Quando Hippolit Kiríllovitch se levantou para protestar, "olharam-no com ódio". Em seus artigos, Dostoiévski criticara com frequência o uso abusivo dos Evangelhos pelos advogados de defesa, e Hippolit Kiríllovitch acusa Fietiukóvitch desse mau uso ao referir-se a Cristo como "'o amante crucificado dos homens' contrariando toda a Rússia ortodoxa que clama por ele: 'Tu és o nosso Deus...'". Hippolit Kiríllovitch exclama: "Corrigem-se o Evangelho e a religião: isso, alega-se, é tudo mística, ao passo que só entre nós existe o verdadeiro cristianismo, já provado pela análise da razão e dos conceitos racionais" (v. 15, pp. 173-5 [962-4]).

O júri se retira, e enquanto o tribunal aguarda sua decisão, o narrador registra fragmentos de conversas em meio ao público. Parece que todos estão convencidos da absolvição, apesar do peso das provas. Muitos acreditam que ele se safaria porque, como disse um funcionário, "vamos que ele tenha matado, mas há pais e pais!" (v. 15, p. 177 [967]). Essas vozes em coro parecem justificar a declaração inicial de Hippolit Kiríllovitch de que agora o assassinato é aceito como uma coisa natural na Rússia. Como o público, Fietiukóvitch também estava convencido de que ganhara a causa, mas após uma hora de deliberação, o júri retorna e declara Dmítri culpado de todas as acusações e, pior ainda, não faz nenhuma recomendação de misericórdia. Há um tumulto indescritível no tribunal e o narrador recorda ter ouvido uma exclamação: "É, os nossos mujiques se mantiveram firmes!" (v. 15, p. 178 [970]).

O auge dessa ação central da trama cria, assim, uma impressão mista, ao mesmo tempo negativa e positiva. Um óbvio "erro judiciário" (título do Livro 12) ocorreu no plano legal, embora Dmítri tenha interiormente aceitado a justiça de sofrer por seus impulsos parricidas. Mas "os mujiques se mantiveram firmes" contra a justificativa do assassinato de um pai por *alguma* razão, apoiando a santidade "mística" da lei moral e religiosa que Dmítri violara, se não em ato, ao menos em pensamento.

O epílogo é composto de dois episódios, um que detalha as relações entre Ivan, Catierina e Dmítri, o outro entre Aliócha e o grupo de meninos que se reuniram em torno da cabeceira do enfermo Iliúcha. O futuro de Ivan continua desconhecido, embora ele seja deixado aos cuidados de Catierina, e essa incerteza se destinava, sem dúvida, a manter o interesse pelo volume seguinte. Dmítri sucumbiu a uma "febre nervosa" e aguarda ser mandado para a Sibéria; se vai escapar ao longo do caminho, isso é deixado em aberto. Dmítri conclui que é fraco demais para suportar o fardo que, em um momento de êxtase, acreditou que poderia assumir: "Não estou em condições de aceitar. Queria cantar o 'hino', mas não posso suportar que os guardas me tratem por tu!". Aliócha concorda que "não estás preparado e nem essa cruz é para ti", isto é, a cruz de uma *imitatio Christi*, a aceitação da punição por um inocente como expiação pelos pecados e injustiças dos outros. "Querias com o suplício fazer renascer em ti outro homem", diz Aliócha a Dmítri; "a meu ver, deves lembrar-te disto sempre, por toda vida e para onde quer que fujas lembra-te desse outro homem — e basta para ti" (v. 15, p. 185 [982]). O discípulo de Zossima está preparado para infringir a letra da lei e ser conivente com a possível fuga de Dmítri a fim de evitar uma injustiça óbvia e uma tragédia humana.

O livro termina com o funeral do pequeno Iliúcha. Nenhum escritor, exceto Dickens, pode igualar a conhecida maneira "filantrópica" que Dostoiévski utiliza aqui ao retratar a angústia e o desespero do desolado capitão Snieguiriov e sua aflita família. Aos doze colegas de Iliúcha, reunidos em torno de seu ataúde, logo se junta Aliócha, e esse número simbólico dá uma aura cristológica ao páthos da cena. Kólia, à frente dos meninos como de costume, exclama sobre Dmítri: "Pois então ele vai sucumbir pela verdade como uma vítima inocente! [...] Mesmo que ele esteja liquidado, está feliz!". Espantado com essa reação, Aliócha retruca: "Mas não num caso como esse, com essa mesma desonra, não com esse mesmo horror!". Kólia concorda, mas depois continua: "Eu gostaria de morrer por toda a humanidade, e quanto à desonra, tudo dá no mesmo: que se finem nossos nomes. Respeito o seu irmão!" (v. 15, p. 190 [987-8]). Dostoiévski enfatizara esse desejo de "morrer pela humanidade", de sacrificar-se pela "verdade" como típico da nova geração da década de 1870, e talvez tenhamos aqui um vislumbre do que ele pretendia que o futuro reservasse para Kólia e Aliócha.

Os meninos passam pela pedra sob a qual Iliúcha manifestara o desejo de ser enterrado, e ali Aliócha, chamando-os de "senhores" e, depois, de "meus pombinhos", explica que em breve se separará deles. Mas pede-lhes que façam um pacto de nunca esquecer Iliúcha ou uns aos outros, "independentemente do que mais tarde venha a acontecer em nossas vidas". Exorta-os a não esquecer "como certa vez nos sentimos bem aqui, todos comungando, unidos por aquele sentimento tão bom e bonito". Em seguida, Aliócha proclama que "não há nada mais elevado, nem mais forte, nem mais saudável, nem doravante mais útil para a vida e bom para a vida que uma boa lembrança, sobretudo aquela trazida ainda da infância, da casa paterna" (v. 15, p. 195 [996]). Uma "lembrança maravilhosa, sagrada" desse tipo é a melhor proteção contra o mal que pode acontecer, e assim permanecerá, não importa o quanto alguns deles possam se extraviar.

As palavras de Aliócha apertam os corações de seus jovens ouvintes, e quando os meninos prometem lembrar, gritando ao mesmo tempo, "Karamázov, gostamos do senhor", Aliócha acrescenta: "E que descanse em paz o falecido menino!". A menção à vida eterna impele Kólia a perguntar se "será mesmo verdade o que diz a religião, que todos ressuscitaremos dos mortos, e tornaremos a viver, e tornaremos a ver uns aos outros, todos, até Iliúchetchka?". Aliócha responde, "meio sorridente, meio extasiado": "Inevitavelmente ressuscitaremos, inevitavelmente tornaremos a nos ver" (v. 15, p. 196 [999]). Desse modo, a tragédia dos Snieguiriov desaparece numa "lembrança sagrada" que irá proteger contra o mal no futuro; e a morte é superada pela esperança cristã da ressurreição — quando, como promete Aliócha, "contaremos alegremente uns aos outros tudo o que se passou" (v. 15, p. 197 [999]). O livro termina com essa nota juvenil de inocência e otimismo, proporcionando um alívio bem-vindo, semelhante aos epílogos de peças do século XVIII, a todas as tensões trágicas que aconteceram antes. E assim como esses exemplos anteriores apontavam para a moral da história, do mesmo modo Dostoiévski reafirma, de uma forma ingenuamente aceitável e tocante, as crenças básicas e as convicções morais e religiosas que procurou defender de modo tão incomparável ao longo de todo o seu maior romance.

61. Morte e transfiguração

Após trabalhar sob intensa pressão nos últimos três anos, Dostoiévski poderia ter sentido necessidade de relaxar, descansar e recuperar as forças. Mas agora que o primeiro volume de *Os irmãos Karamázov* fora concluído, lançou-se, com a assiduidade de costume, à tarefa de reunir material para o relançamento do *Diário de um Escritor*. Estava consciente do que isso significaria para sua saúde, que se deteriorava a olhos vistos, mas viu-se impelido pela necessidade econômica — suas outras fontes de renda eram muito insuficientes — e também pela missão que assumira de falar contra as forças que desintegravam a estrutura da sociedade russa.

Dois memorialistas retratam nessa época um Dostoiévski envelhecido, fraco e doente. I. I. Popov, estudante do Instituto Pedagógico e, mais tarde, membro da organização terrorista Vontade do Povo, morava perto da casa de Dostoiévski e via com frequência o escritor sentado no parque da igreja próxima, observando os filhos a brincar. "Encurvado, emaciado, pele amarelada, rosto encovado, olhos fundos. [...] Dava a impressão de uma pessoa gravemente doente."[1] Certa vez, Popov o viu caminhando com seu velho amigo e colega de letras Grigórovitch, andando com dificuldade e apoiando-se com força num guarda-chuva, e pensou que Grigórovitch certamente sobreviveria ao seu companheiro. Uma imagem semelhante é dada por Letkova-Sultánova, que viu Dostoiévski na casa do mar-

1073

quês Paulucci, onde ele participou de uma noite beneficente. Na sala de recepção imponente e feericamente iluminada, tomada pela sociedade vestida na última moda, ele estava com um traje de noite formal demasiado grande para seu corpo e parecia "ainda mais encolhido, mais emaciado, mais pálido do que nunca", e ela ficou impressionada com "seu aspecto sofrido".[2]

Fosse qual fosse seu estado de saúde física e, talvez, porque sabia que seus dias estavam contados, Dostoiévski sentia-se obrigado a falar em defesa de suas ideias, que agora estavam sob ataque ao mesmo tempo de liberais e radicais. Muitas anotações em seus cadernos rebatem K. D. Kaviélin, um importante liberal ocidentalista e professor universitário que fora orientado por Bielínski quando jovem estudante. Kaviélin atacara a crença de Dostoiévski de que o aperfeiçoamento pessoal e moral poderia proporcionar a base para uma sociedade melhor (na verdade, uma sociedade "ideal"). A sociedade, afirmava ele, só poderia ser mudada para melhor por uma ação sociopolítica, e não por aquele autoaperfeiçoamento cristão dos indivíduos defendido por Dostoiévski como remédio infalível para os males sociais da Rússia.

As anotações de Dostoiévski reafirmam, no último mês de sua vida, uma das crenças básicas que o sustentaram desde que saiu do campo de prisioneiros da Sibéria, em 1854. Naquela época, escrevera a famosa carta em que declarava que, "se alguém me provasse que Cristo está fora da verdade, e que, *na realidade*, a verdade está fora de Cristo, então eu preferiria permanecer com Cristo a ficar com a verdade".[3] O mesmo tipo de escolha é apresentado mais de vinte anos depois com referência ao mandamento cristão do amor abnegado: "Dê a outra face, ama mais do que a ti mesmo, e não porque é útil, mas porque é prazeroso, a ponto de um sentimento abrasador, a ponto da paixão. Cristo cometeu erros — isso foi provado! Esse sentimento abrasador diz: é melhor para mim ficar com um erro, com Cristo, do que contigo" (v. 27, p. 57). Outro trecho reformula a ideia da natureza *extremada* das exigências feitas por Cristo à personalidade humana e salienta sua oposição ao raciocínio utilitarista. "Todas as ideias de Cristo", escreve ele, "podem ser debatidas pela mente humana e parecem impossíveis de cumprir. Dar a outra face, amar mais do que a ti mesmo. Pelo amor de Deus, por que deveria ser assim? Estou aqui por um instante, não há imortalidade, viverei em minha [obscenidade]" (v. 27, p. 56).

O tom de autoconfiança professoral de Kaviélin também provocou em

Dostoiévski uma explosão extremamente rara de autoelogio: "O Inquisidor e o capítulo sobre as crianças", confidencia a seu caderno.

> Tendo em vista esses capítulos, você [Kaviélin] poderia me considerar de um ponto de vista científico; mas não com tanta arrogância quando diz respeito à filosofia, embora filosofia não seja minha especialidade. Mesmo na Europa, essa força de *expressão* ateia não existe, *nem nunca existiu*. Portanto, não é como uma criança que creio em Cristo e professo a fé nele, mas sim meu hosana veio através do grande *cadinho da dúvida*, como diz o demônio nesse mesmo romance meu. (v. 27, p. 86)

As críticas de Kaviélin incitaram Dostoiévski a sondar e esclarecer suas próprias convicções com cuidado, e é uma pena que a sua resposta continue apenas fragmentária.

Outra anotação retorna ao mesmo ponto.

> Os canalhas [seus críticos] provocam-me com uma fé *ignorante* e retrógrada em Deus. Esses asnos não poderiam sequer sonhar com uma negação tão poderosa de Deus como é narrada no Inquisidor e no capítulo anterior, aos quais todo o romance serve de resposta. Não é como tolo ou fanático que acredito em Deus. E querem me ensinar, e zombam de meu atraso. Sim, a estupidez deles não poderia sonhar com uma negação tão forte à que experimentei. Eles me ensinam! [...] Ivan Fiódorovitch é profundo, não é um dos ateus contemporâneos, que demonstram em sua descrença apenas a estreiteza mais desprezível de suas estúpidas capacidades. (v. 27, p. 48)

Em 3 de dezembro, Dostoiévski respondeu a uma carta que Ivan Aksákov enviara um mês antes. "A causa principal do atraso", escreve ele, é "minha saúde muito ruim [...] o meu enfisema piorou".[4] A carta é dedicada às questões culturais e ideológicas que para ambos estavam no primeiro plano, e Dostoiévski expressa agora uma hostilidade inqualificável ao legado histórico de Pedro, o Grande. Acha que Aksákov, ao escrever que Pedro "nos colocou dentro da Europa e nos deu a civilização europeia", não havia enfatizado como deveria as consequências infelizes desse feito supostamente benéfico. As reformas de Pedro, insiste Dostoiévski, dividiram a sociedade russa em estratos — "as autoridades, as massas escravizadas e os moradores da cidade, com catorze classes entre eles. Isso é obra de Pedro. Libertem o povo e parecerá que a obra de Pedro se desfez. Mas o cinturão, a zona entre as autoridades e as massas não vai recuar por nada e não vai desistir de seu privilégio de governar as grandes massas". A transformação social, iniciada com a libertação dos servos, havia estancado, e Aksákov deveria ter deixado claro que, em consequência da civilização europeia importada por Pedro, "o que de fato se encontra entre as autoridades e o povo como um cinturão fatal [é] composto pelas 'melhores pessoas' das catorze classes".[5]

Nessa época, suas anotações repetem o mesmo antagonismo a Pedro, o Grande. Diz uma delas: "O niilismo apareceu em nosso país, porque somos *todos niilistas*. [...]. (Todos somos Fiódor Pávlovitches até o último homem.)". Dostoiévski ridiculariza os "sábios" que se perguntam de onde vieram os niilistas: "Não, [...] não somos niilistas, simplesmente queremos salvar a Rússia, rejeitando-a (isto é, formar um *estrato* de aristocratas acima do povo, elevando o povo ao nosso próprio nada)" (v. 27, p. 54). No único número do *Diário* que Dostoiévski conseguiu concluir antes de sua morte, ele propõe que esse "cinturão fatal" seja eliminado por completo.

Em 9 de dezembro, estava pronta a edição em dois volumes de *Os irmãos Karamázov*. Dostoiévski começou a distribuir exemplares entre os amigos e familiares, e um deles foi enviado para Pobedonóstsev, que o aconselhou a presentear pessoalmente o livro ao tsarévitche Alexandre. O herdeiro do trono e sua consorte, Maria Fiódorovna, o receberam uma semana depois, no Palácio Anítchkov. O único relato que temos dessa apresentação foi deixado por Liubov Dostoiévskaia, então ainda uma criança, que provavelmente transmite o que foi dito a sua mãe por Pobedonóstsev. Seu pai comportou-se na presença da realeza exatamente "como estava acostumado a se comportar nos salões de seus amigos. Ele falou primeiro, levantou-se quando achou que a conversa tinha se alongado o suficiente e, ao despedir-se do tsarévitche e de sua esposa, deixou a sala como sempre fizera, virando as costas" aos seus anfitriões. Consta que o tsarévitche "não ficou ofendido por isso, e mais tarde falou de meu pai com estima".[6]

Um relato informativo sobre Dostoiévski nessa época foi legado por Dmítri Merejkóvski, um dos mais importantes romancistas e críticos russos do século xx (seu estudo em dois volumes, *Tolstói e Dostoiévski*, muito colaborou para formar a opinião crítica posterior sobre os dois escritores). Aos quinze anos, ele começara a escrever poesia, e seu pai, ao encontrar Dostoiévski por acaso no salão da condessa Sófia Tolstaia, aproveitou a oportunidade para obter uma opinião profissional acerca das composições adolescentes do filho. Merezjkóvski escreveu em um fragmento autobiográfico:

> Lembro-me do apartamento minúsculo na avenida Kusniétchni com seu teto baixo e sala de estar apertada, cheia de exemplares de *Os irmãos Karamázov*, e o escritório, quase tão estreito, em que Fiódor Mikháilovitch estava sentado corrigindo provas. Corando, empalidecendo, gaguejando, li meus versos infantis, sem valor. Ele ouviu em silêncio, com flagrante aborrecimento. Devíamos estar incomodando-o. "Fraco, ruim, não vale nada", disse ele, por fim. "Para escrever bem, é preciso sofrer, sofrer!" "Não", disse meu pai, "que não escreva melhor; só não quero que sofra." Lembro-me do olhar translúcido e penetrante dos olhos azuis quando Dostoiévski apertou minha mão. Nunca mais voltei a vê-lo, e pouco depois soube que tinha morrido.[7]

Em 27 de dezembro, Dostoiévski escreveu um bilhete para a condessa Anna Komaróvskaia, aceitando o convite para ir ao Palácio de Inverno às cinco da tarde de 30 de dezembro. Essa dama fazia parte do círculo íntimo da corte do qual ele se tornara conhecido e, a pedido dela, leu trechos de suas obras para os convidados que ela reunira. Entre eles estava a condessa Aleksandra Andréievna Tolstaia, parente distante do romancista, que passara a vida como dama de companhia de uma ou outra grã-duquesa, mas cujas cultura e inteligência eram tão valorizadas por Tolstói que ela se tornou uma de suas confidentes epistolares. Dostoiévski estava ansioso por encontrar e conversar com ela sobre o enigmático sábio de Iásnaia Poliana, e ela, em quem *Crime e castigo* causara uma impressão indelével ("nenhum outro romance me tocou tão fortemente"), estava impaciente para conhecê-lo. Assim que foram apresentados, ele disparou uma pergunta sobre Tolstói, por quem, observa a condessa, tinha "um interesse apaixonado". "A senhora pode explicar a nova tendência dele?", perguntou. A condessa admitiu que era "misteriosa" para ela também, mas prometeu mostrar a carta de Tolstói em que ele versava sobre tudo isso — com a condição de que ele fosse visitá-la para que pudesse entregá-la.[8]

Ele marcou a visita para 11 de janeiro, e agora teremos de abandonar um pouco a cronologia para dar conta desse episódio. "Essa noite encantadora e única permaneceu na minha memória para sempre", continua a condessa. "Ouvi Dostoiévski com reverência: ele falou, como um verdadeiro cristão, sobre o destino da Rússia e do mundo inteiro; seus olhos fulguravam, e senti nele um profeta." A condessa, cristã devota, prorrompera em lágrimas quando seu primo Liev lhe anunciara, em 1878, que já não aceitava a divindade de Cristo ou o considerava o Salvador, e a carta que ela leu para Dostoiévski continha sentimentos muito parecidos. "Posso ver Dostoiévski diante de mim agora quando sacudiu a cabeça e com voz desesperada repetiu: 'Isso não! Isso não!'. Não simpatizou com uma única ideia de Liev Nikoláievitch; apesar disso, recolheu todos os escritos que estavam em cima da mesa: o original e a cópia da carta de Liev. De algumas de suas palavras, concluí que pulsava dentro dele o desejo de contestar as falsas ideias de Liev Nikoláievitch."[9] A intuição da condessa Tolstaia era bastante precisa, e, embora ele não tenha sobrevivido para pôr em prática essa intenção, seu último caderno contém a anotação: "Até que ponto o homem *adorou* a si mesmo (Liev Tolstói)" (v. 27, p. 43).

O novo ano, 1881, encontrou Dostoiévski com estado de espírito animado, apesar das ocasionais previsões sombrias em suas cartas e conversas. A Grigórovitch, em algum momento do início de janeiro, disse achar que não sobreviveria aos meses de inverno,[10] mas Anna escreveu que "na primeira metade de janeiro Fiódor Mikháilovitch estava de excelente humor. Visitou os amigos e até concordou em participar de algumas representações teatrais particulares que a condessa S. A. Tolstaia pretendia encenar. Ele queria fazer o papel do recluso asceta da peça *A morte de Ivan, o Terrível*, de A. K. Tolstói, o falecido marido da condessa".[11] É provável que suas emoções oscilassem constantemente, dependendo do estado de ânimo; e uma vez que compreendia muito bem a importância da esperança para resistir ao desespero, teria lutado contra os ataques ocasionais de abatimento provocados por sua crescente debilidade física.

Pode-se ter um vislumbre de Dostoiévski nas memórias de sua antiga revisora de provas, Varvara Timoféieva, das quais já lançamos mão extensamente. Quando ela cruzou com ele na rua, no início de 1881, o romancista não conseguiu reconhecê-la, e ela era muito tímida para se aproximar dele; mas suas palavras indicam a mudança de sentimento de sua geração em relação ao romancista. "Eu queria muito me aproximar dele, ouvir sua voz de novo, dizer-lhe o *quanto* eu o entendia agora, e quanto de bom ele trouxera para mim. [...] Sentia-me sua discípula, em dívida com ele por meu mundo moral, minha liberdade espiritual."[12]

Emoções como essas não eram consequência somente do conhecimento pessoal, como se pode constatar pelas memórias de um escritor agora caído no esquecimento, A. V. Kruglov. "Eu estava andando pela avenida Niévski com um estudante de medicina. Dostoiévski passou por nós numa carruagem. O estudante de medicina rapidamente, antes que eu pudesse fazer o mesmo, tirou o chapéu. 'Por acaso você conhece Dostoiévski?', perguntei. 'Não, mas o que importa? Eu não fiz uma reverência a ele, mas descobri a cabeça como fiz em Moscou quando passei pela estátua de Púchkin.'"[13]

Ele se tornara uma figura simbólica, reverenciada, que estava acima da batalha impiedosa das ideologias. Suas obras tinham abordado todas as questões candentes do momento e as levara muito além dos limites de um partidarismo estreito. Enquanto Dostoiévski era ridicularizado pela imprensa liberal e radical, os estudantes presumivelmente de esquerda o recebiam de braços abertos; e a razão disso, conforme seu amigo Orest Miller escreveu no número de janeiro da revista populista eslavófila *A Semana*, era que ele sempre falava "franca e corajosamente em todas as direções, sem se preocupar com o que diriam a seu respeito. A juventude acolhia, com o discernimento do coração, tudo que não fosse evasivo e servil".[14]

Enquanto organizava as notas para o número de janeiro do *Diário*, outras se acumulavam para fevereiro e março. Vários artigos escritos por Suvórin logo após a morte de Dostoiévski fornecem informações sobre o que o *Diário* poderia trazer no futuro. Um comentário revela o surpreendente paradoxo de posição sociopolítica de Dostoiévski — o sonho de uma Rússia ideal que nasceria num Estado que encarnasse o exato oposto daquilo que esse sonho se esforçava por alcançar. "Em sua opinião", escreve Suvórin, "podemos alcançar uma completa liberdade, uma liberdade que não existe em nenhum outro lugar, e tudo isso sem nenhuma revolução, nenhuma restrição, nenhum controle."[15] Em uma conversa sobre a continuação de *Os irmãos Karamázov*, Suvórin ouviu do autor que "Aliócha Karamázov seria o herói da continuação do romance, um herói a partir do qual [Dostoiévski] queria criar um tipo de socialista russo, não o tipo habitual que conhecemos e que brotou totalmente do solo europeu".[16] O grão-duque Aleksandr Mikháilovitch lembra que Suvórin também citou estas palavras: "Você [ou seja, Suvórin] acha que no meu último romance, *Os irmãos Karamázov*, havia muita coisa que era profética. Mas espere pela continuação. Nela Aliócha sairá do mosteiro e se tornará anarquista. E meu puro Aliócha matará o tsar".[17] Se há algum engano no testemunho do grão-duque, seria na caracterização de Aliócha como "um anarquista", em vez de um muito mais plausível "socialista russo", termo que recebe algum respaldo do *Diário*.

Em 22 de janeiro, Anna registra em seu caderno que, ao falar de seus planos para o verão, eles haviam discutido uma ambição havia muito acalentada de comprar uma propriedade no campo: "À noite, falamos sobre aonde ir, e ele falou de seus sonhos".[18] Com o dinheiro que *O Mensageiro Russo* ainda lhe devia e as galopantes assinaturas do novo *Diário*, ele achava que isso seria possível. No dia 24, foi a um jantar da condessa Tolstaia e tomou emprestada uma cópia da peça de seu falecido marido sobre Ivan, o Terrível, a fim de se preparar para a encenação, e também fez as correções finais do *Diário*. No dia seguinte, 25 de janeiro, ele foi à gráfica com essas páginas e pediu que enviassem as provas no dia seguinte. Escreveu também à condessa Komaróvskaia, aceitando seu convite para ir ao Palácio de Inverno no primeiro dia que imaginava ter a agenda livre, 29 de janeiro.

Às vezes, nessas páginas para o *Diário*, Dostoiévski chega perigosamente perto não só de criticar a política do governo como também de impugnar a própria base dessa política. "Acredito, como uma questão de economia", escreve num trecho que bem poderia ser considerado subversivo, "que a terra é *possuída*, não por magnatas ferroviários, não pelos industriais, não pelos milionários, não pelos bancos e nem pelos judeus, mas somente por aqueles que a cultivam [...] os lavradores do solo são eles próprios o Estado, seu núcleo, seu cerne vital." Mas o financiamento das ferrovias, que foram construídas a uma velocidade muito maior que na Europa, fora feito "quando a terra mais necessitava [de capital]" (v. 27, p. 10). Não admira que estivesse tão preocupado em aprovar esse número do *Diário* na censura! Era-lhe impossível discorrer ainda mais sobre a questão da "posse" sem sugerir que não se devia obrigar os camponeses a comprar de volta suas próprias terras daqueles que não tinham direito à sua propriedade.

Naturalmente, o governo sempre se preocupara com os camponeses; criaram-se muitas comissões ao longo dos anos para estudar sua "saúde econômica" e todos os aspectos do seu modo de vida (v. 27, p. 13). Dostoiévski insiste, porém, que o povo se alienara totalmente de todas as instituições sociais da Rússia, porque os *ziémstva* e os tribunais estão todos sob o controle da burocracia. Até mesmo a *óbchtchina*, o bastião da democracia camponesa russa, "parece estar caminhando para tornar-se uma espécie de autoridade", porque suas eleições são agora supervisionadas por "um ou outro funcionário do governo" (v. 27, p. 17).

Com efeito, quanto mais as autoridades tentam ajudar o povo, pior fica a situação. Sua total incompreensão do povo deriva de uma incapacidade de compreender a importância da ortodoxia, que constitui a própria essência ontológica do povo. Dostoiévski escreve: "Não estou falando agora das edificações da Igreja nem de sermões; estou falando do nosso socialismo russo (e [...] estou tomando esta palavra, que é bem o oposto de tudo o que a Igreja representa, para explicar minha ideia)" (v. 27, p. 18). Ao ousar aplicar a expressão "socialismo russo" à sua própria esperança messiânica, ele emprega um termo cunhado por Herzen para prever que as instituições sociais cooperativas da Rússia baseadas no campo, como a *óbchtchina* e o *artiel*, se adiantariam à Europa na criação do mundo socialista do futuro. Dostoiévski salienta assim, como já fizera com Aliócha Karamázov, a semelhança entre os seus próprios objetivos fundamentais e aqueles dos radicais russos. Mas, para ele, esse objetivo se identificara agora com "o estabelecimento da Igreja universal na terra, na medida em que a terra for capaz de abrigá-la"; e acreditava que esse objetivo era compartilhado, mesmo que de modo apenas incipiente e inconsciente, pela imensa multidão de camponeses russos (v. 27, pp. 18-9).

O povo confia apenas em Deus e no tsar, e para Dostoiévski o primeiro passo para aliviar o mal-estar do povo é eliminar tudo o que está *entre* ele e seu reverenciado governante. "Convoquem os casacos camponeses cinzentos", ele adverte, "e perguntem-lhes o que lhes falta e do que precisam e eles dirão a verdade, e todos nós, talvez pela primeira vez, ouviremos a legítima verdade!" (v. 27, p. 21). Hoje, teríamos dificuldade de imaginar o quanto era ousada essa sugestão populista num Estado totalmente despótico, cujas políticas e decisões eram todas decididas em segredo pelo tsar e seus conselheiros, e no qual a noção democrática de consultar o povo era considerada nada menos do que um crime de lesa-majestade. Tampouco Dostoiévski sugeria o que os russos chamam de *ziémskii sobor*, uma assembleia de todas as classes do campo, que fora convocada no Tempo de Dificuldades e estabelecera a família Románov como casa reinante. Não, apenas o campesinato deveria ser consultado. "E nós, a 'intelligentsia do povo', deveremos ficar humildemente de lado por um momento e, a princípio, apenas olharmos enquanto eles falam e nós ouvimos" (v. 27, p. 24). Dostoiévski explica que está pedindo que a intelectualidade se afaste não por razões "políticas", mas pedagógicas. Essa imagem do povo foi rejeitada com escárnio, ou, de forma mais caridosa, considerada apenas mais um voo da imaginação artístico-poética do romancista.

Dostoiévski conclui esse número do *Diário* com reflexões sobre a política externa russa, motivadas pelo avanço de uma força expedicionária russa na Ásia Central. As revistas liberais de São Petersburgo criticaram fortemente essa aventura imperialista, sobretudo tendo em vista as dificuldades financeiras que o país enfrentava. Dostoiévski tomou a defesa da expedição, não só para louvar o vitorioso general Skóbielev e suas tropas, mas também para voltar a expor o leitmotiv temático desse primeiro número: a Rússia não era a Europa e, portanto, não devia decidir sua política externa tendo em mente as preocupações e os interesses europeus.

Para Dostoiévski, a propagação do poder russo na Ásia Central vai abalar o prestígio da Inglaterra e convencer todos os povos "até as fronteiras da Índia [...] da invencibilidade do tsar branco e da onipotência de sua espada" (v. 27, p. 32). O momento está maduro para a Rússia pensar na Ásia, que poderia desempenhar o mesmo papel para ela que a descoberta da América desempenhara para a Europa. Toda a Rússia seria rejuvenescida por essa aquisição, o país se libertaria de sua inércia e de seu sentimento de dependência da Europa, e um admirável mundo novo nasceria. "Na Europa, éramos dependentes e escravos, ao passo que na Ásia seremos senhores." Tal como outros defensores do imperialismo, Dostoiévski argumenta que a Rússia irá realizar "uma missão civilizadora" na Ásia, mas talvez seja mais sincero ao apontar para todas as riquezas que poderiam ser exploradas — "os metais, os minerais, os incontáveis campos de carvão". E a expansão asiática também revitalizaria os próprios russos. "Nossa missão elevará nossos espíritos, ajudará a nos dar a dignidade e consciência de nós mesmos" (v. 27, pp. 36-7).

Dostoiévski sempre se deleitara em prever a queda da civilização europeia, e agora acrescenta alguns novos toques à costumeira evocação da impiedosa luta de classes.

> O povo deve compreender que quando a Europa, devido somente à sua superpopulação, estabelecer o inevitável e humilhante comunismo, que ela mesma vai detestar, quando multidões inteiras de pessoas terão de se comprimir em torno de uma única lareira e, pouco a pouco, lares individuais serão destruídos e as famílias abandonarão suas casas e começarão a viver coletivamente em comunas, quando as crianças (três

quartos delas abandonadas) forem criadas em instituições, então — então ainda teremos amplas extensões, campos e florestas, e nossos filhos crescerão com seus próprios pais, não em prisões de pedra apertadas, mas entre os pomares e campos cultivados, vendo o puro céu azul acima deles. (v. 27, p. 38)

Ao que parece, a expansão asiática iria drenar o suficiente da população russa para evitar a "superpopulação", que sufocará a Europa. E assim conclui: "Vivam Skóbielev e seus bons rapazes, e memória eterna aos heróis que foram 'riscados das listas'" (v. 27, p. 40). Três dias depois de editar essa elegia celebratória, o nome do próprio Dostoiévski desapareceu da lista dos vivos.

É lamentável que as últimas palavras de sua pena glorificassem a conquista imperial, e talvez possamos aliviar seu efeito desalentador citando alguns outros textos, escritos mais ou menos na mesma época, que proporcionam um quadro mais adequado de todo o alcance de sua complexa e conflituosa personalidade. Em seus últimos cadernos, ele escreveu: "Com total realismo, encontrar o homem na humanidade. Essa é principalmente uma característica russa, e nesse sentido estou de fato na última análise do povo [naródien] (pois minha tendência flui das profundezas da alma cristã do povo) — embora eu seja desconhecido para o povo russo no momento, serei conhecido no futuro" (v. 27, p. 65). Esse é o Dostoiévski que se tornou parte importante do patrimônio da cultura mundial, não o patriota equivocado agitando a bandeira de dominação imperial, embora faça parte do mistério da personalidade humana com a qual ele lutou o fato de que ambos pudessem coexistir em seu peito.

Em 25 de janeiro, Dostoiévski recebeu a visita de dois de seus amigos mais antigos, Apollon Máikov e Nikolai Strákhov. A conversa girou em torno do número de janeiro do *Diário*, bem como de seus planos para o número de fevereiro, e então Orest Miller chegou. Miller tinha o seu próprio negócio a tratar relacionado com a noite em homenagem a Púchkin. Os cartazes do evento que indicavam a participação de Dostoiévski já estavam em exposição, mas o romancista decidiu mudar sua primeira escolha e quis ler alguns dos poemas mais curtos do homenageado. Miller, com razão, irritou-se. Além do problema dos cartazes, a alteração poderia levar a um interminável aborrecimento com a censura e outras autoridades cujo consentimento seria necessário para qualquer mudança. Por sua vez, o dissabor de Dostoiévski transformou-se em verdadeira raiva. A questão resolveu-se quando Miller concordou com a mudança, mas não há dúvida de que, na tarde de 25 de janeiro, Dostoiévski foi submetido a uma grave tensão nervosa.

Após a infeliz desavença, Dostoiévski foi à gráfica entregar as correções finais das últimas páginas do *Diário*. Voltou para casa às sete e meia, hora habitual do jantar da família, e juntou-se a Anna e aos filhos, que tinham ido ao teatro para ver uma peça adaptada de *As aventuras do sr. Pickwick*. "E durante todo o jantar", escreve Anna, "falamos do Clube Pickwick, recordando cada particularidade, falando-lhe deles, e então perguntei quem era aquele ator. 'Mr. Jingle', respondeu Fiódor Mikháilovitch."[19] Há algo de extremamente comovente nessa imagem de Dostoiévski, em um dos últimos dias de sua vida, jogando conversa fora sobre Dickens com a esposa e os filhos, autor que amava por sua alegria e sua compaixão cristã — uma compaixão muito menos torturada e atormentada do que a sua própria. Muito comovente, mas, como se revelou mais tarde, totalmente fictícia.

Numa carta escrita em 1883 a Strákhov, que dividiu com Miller a tarefa de escrever a primeira biografia do marido, Anna conta a verdade. "Durante o dia", escreveu ela, "aconteceu que [Dostoiévski] teve uma discussão inflamada e quase uma briga com sua irmã Vera Mikháilovna, que chegara de Moscou (é claro que isso não deve ser mencionado na imprensa)." A briga, de cujos detalhes tomamos conhecimento por intermédio de Liubov, dizia respeito ao espólio de Kumánina e ocorreu na mesa de jantar. A questão da propriedade surgiu porque, apesar de ter renunciado a suas reivindicações de uma parte em 1844, Dostoiévski conseguira reintegrar-se ao processo e agora devia dinheiro a suas irmãs. Vera Mikháilovna, falando também em nome da irmã Aleksandra, achava que a reintegração fora injusta. Os ânimos se exaltaram quando essas questões vieram à tona e Vera acabou aos prantos. "Dostoiévski perdeu a paciência", escreve sua filha, "e, para acabar de vez com essas recriminações dolorosas, levantou-se da mesa antes de terminar o jantar. Enquanto meu pai se trancava no quarto, minha mãe tentava deter a cunhada, que continuava a chorar e se preparava para voltar a sua casa o mais rápido possível." Sentando-se à escrivaninha, ele passou a mão na boca e no bigode e retirou-a assustado — estava coberta de sangue! Há algumas discrepâncias de detalhes nessas duas versões ("durante o dia"; "no jantar"), mas os principais fatos estão claros, e o relato de Liubov é mais extenso.[20]

Às seis da tarde, Anna mandou uma carta suplicante ao dr. Von Bretsall, que finalmente chegou. Depois que auscultou o paciente, começou um novo e forte fluxo de sangue que fez Dostoiévski perder a consciência por um breve período. O dr. Von Bretsall achou prudente mandar buscar um especialista, o professor Kochlákov, que não perturbou o paciente com outro exame. Uma vez que o fluxo de sangue diminuíra, ele especulou que talvez tivesse se formado um "coágulo" e que "o caso estava indo na direção da recuperação".[21] Depois de recomendar que Dostoiévski falasse e se movesse o mínimo possível, o especialista saiu, mas Von Bretsell foi menos otimista e aconselhou Anna a chamar um padre. Veio um sacerdote da igreja de Vladímirski, que ficava nas proximidades, para administrar a comunhão ao romancista e ouvir sua confissão.

Na noite do dia 25 — a mesma em que aconteceu a hemorragia nasal —, outros fatos momentosos ocorreram no próprio edifício onde o casal ocupava o apartamento 10. O apartamento 11 era, na verdade, uma pequena pensão que alugava quartos para solteiros. Em algum momento antes de meia-noite do dia 25, a polícia entrou naquele apartamento e realizou uma busca em um dos quartos, na presença de testemunhas. Seu morador, Aleksandr Baránnikov, fora preso em outro lugar mais cedo naquele dia, e, embora portasse um passaporte falso, havia uma suspeita bem fundamentada de que era membro da comissão executiva da organização terrorista Vontade do Povo. Baránnikov desfrutava da reputação de ser um dos mais perigosos de seus adversários, tendo se envolvido em todas as tentativas até então feitas para assassinar Alexandre II. Era mais conhecido junto à polícia como o cúmplice de Kravtchínski no assassinato do general Miézentsev que disparou um tiro para distrair a atenção do atentado e depois conduziu o carro em que ambos escaparam. O fato de Dostoiévski ter vivido, durante dois meses e meio, ao lado de um dos mais procurados terroristas do país foi notado por Viktor Chklóvski, que fez dessa vizinhança tema de um conto escrito em 1933 e, anos depois, também discutiu o incidente em seu livrinho sobre Dostoiévski.[22]

O nome do romancista não é mencionado em nenhum dos relatórios policiais, mas existe uma observação sugestiva nas memórias de outro revolucionário, M. F. Frolienko, um dos companheiros de Baránnikov. Ele se lembra da surpreendente calma deste último diante da possibilidade de captura, e atribui isso tanto à tranquilidade do bairro em que residia quanto ao fato de que vivia no "apartamento" de Dostoiévski (querendo talvez dizer "prédio").[23] Portanto, a presença do escritor estava longe de ser desconhecida de seu vizinho; e ele achava que isso era uma proteção adicional contra a suspeita e a descoberta. Se Dostoiévski, que gostava de conversar com pessoas na rua, em especial com os jovens, alguma vez trocou uma palavra com o bem-apessoado Baránnikov é uma questão que só pode permanecer no terreno da conjectura.

Como sabemos a partir dos incidentes desagradáveis de Bad Ems, Dostoiévski precisava de silêncio absoluto quando escrevia, e não hesitaria em tentar acabar com qualquer confusão que o perturbasse. Seria possível que, incomodado com os ruídos perturbadores no apartamento ao lado, ao sair para perguntar, tenha ficado terrivelmente transtornado quando descobriu o que estava acontecendo? Ou talvez a polícia, tentando estabelecer a identidade de seu prisioneiro, terá batido em seu apartamento para questioná-lo sobre o vizinho? Nenhuma dessas especulações está fora do campo da possibilidade, e se tivessem ocorrido de fato, poderiam ter contribuído para a doença fatal de Dostoiévski.

Na noite de 26 de janeiro, Dostoiévski tinha se confessado e recebido a comunhão do sacerdote da igreja próxima. Às duas da manhã de 27 de janeiro, Anna escreveu um bilhete para Miller, explicando que seu marido ficara "gravemente doente" na noite anterior e não podia cumprir sua obrigação de ler na noite de Púchkin. Anna também escreveu à condessa Komaróvskaia, explicando por que Dostoiévski não poderia ir ao Palácio de Inverno em 29 de janeiro.[24]

Na manhã do dia 27, depois de dormir a sono solto, Dostoiévski acordou sentindo-se "alegre e saudável". O fluxo de sangue havia cessado, e renasceu a esperança de que o pior houvesse passado. Suvórin diz que ele estava "jovial e calmo, brincando, falando do futuro, de sua obra, dos filhos, acalmando aqueles ao seu redor. 'Por que vocês estão lendo minhas exéquias? Vou sobreviver a todos vocês'".[25] Miller e Elena Chtakenchneider visitaram-no, e cartas e telegramas começaram a amontoar-se à medida que amigos e conhecidos repassavam a notícia de sua doença. Dostoiévski decidiu ditar um "boletim" sobre sua saúde para Anna, e o rascunho de um outro semelhante, dirigido à condessa Elizavieta Geyden, aparece como a última carta de sua correspondência. Nela Dostoiévski descreve objetivamente o que ocorreu e a melhora temporária de seu estado. "Mas, uma vez que a veia que se rompeu não foi curada, uma hemorragia pode começar de novo. E então, é claro, a morte é provável. Agora, porém, ele está plenamente consciente e vigoroso, mas com medo de que a artéria volte a estourar."[26] Com efeito, ele estava "plenamente consciente", e quando o tipógrafo chegou com as provas do *Diário* para a aprovação final, conseguiu participar de uma correção.

O professor Kochlákov, ao retornar por volta das sete da noite, encontrou o paciente muito melhor e previu que estaria de volta à vida normal em uma semana. Vera Mikháilovna e Pável Issáiev, o enteado de Dostoiévski, também apareceram, embora Anna não visse com bons olhos a presença dele. Dostoiévski dormiu profundamente durante a maior parte da noite, mas quando Anna acordou às sete e olhou para o marido, viu que ele a olhava fixamente. Falando num meio sussurro, disse: "Você sabe, Anna, estou acordado há três horas e estive pensando todo esse tempo, e só agora percebi com clareza que vou morrer hoje".[27]

Deixando de lado o que ela possa ter respondido precipitadamente, ele continuou: "Acenda uma vela, Anna, e traga-me o Novo Testamento". Tratava-se do volume que lhe fora dado pelas esposas dos decabristas na Sibéria e que em toda a sua vida nunca abandonara. Ao abrir suas páginas ao acaso, como fizera muitas vezes no passado para adivinhar o que o futuro lhe poderia trazer, pediu a Anna para ler o primeiro trecho com que se deparara. Era de são Mateus, capítulo 3, versículos 14-5, em que Jesus pede a João Batista que o batize e João responde: "Eu é que tenho necessidade de ser batizado por ti e tu vens a mim?". Em seguida, o texto russo, traduzido literalmente, diz: "Jesus, porém, respondeu-lhe: 'Deixa estar por enquanto, pois assim nos convém cumprir toda a justiça'". Enquanto Anna recitava esse trecho com voz trêmula e lágrimas nos olhos, ele disse: "Ouça — não demora — isso significa que vou morrer".[28]

Anna jamais esqueceu as horas seguintes durante as quais o marido tentou consolá-la, "proferindo palavras ternas e afetuosas, agradecendo-me pela vida feliz que tivera comigo. Confiou os filhos aos meus cuidados, disse que acreditava em mim e esperava que eu sempre os amaria e protegeria". Agradou-lhe sobretudo uma frase que, segundo ela, poucos maridos teriam proferido para suas esposas após catorze anos de casamento: "Lembre-se, Ánia, eu sempre a amei com paixão e nunca a traí uma única vez, nem mesmo em pensamento".[29] Segurando sua mão, ele adormeceu por volta das dez horas, mas acordou de repente às onze, encostou-se no travesseiro e o sangue voltou a correr. Recuperou-se um pouco desse ataque, mas, quando Anna tentou consolá-lo, "ele apenas sacudiu a cabeça com tristeza, como se estivesse plenamente convencido de que a previsão de sua morte naquele dia não seria contrariada".[30]

Em 28 de janeiro, *Novo Tempo* publicou a primeira notícia da doença de Dostoiévski, e uma onda de visitantes começou a assediar a aflita Anna. Somente Máikov, a pedido de Dostoiévski, teve permissão para entrar no quarto. A matéria do jornal dizia, numa mistura de sarcasmo e elogio: "Aquelas pessoas que, não faz muito tempo, o censuravam por buscar com muita frequência o aplauso em leituras públicas agora podem acalmar-se: o público não voltará a ouvi-lo tão cedo. Que seja preservada para o povo russo a vida preciosa do mais profundo de nossos escritores contemporâneos, o herdeiro direto de nossos gênios literários!".[31] Quando esse trecho foi lido para Dostoiévski, que estava curioso ("O que estão dizendo a meu respeito?"), pediu a Anna que o relesse. Assim, em suas últimas horas, teve a satisfação de ouvir seus inimigos serem objeto de zombaria e seu próprio gênio celebrado como continuador da tradição literária russa. É possível que tenha voltado a se confessar e comungar, e às cinco horas ditou o boletim já mencionado para a condessa Geyden.

Dostoiévski pediu, então, que os filhos fossem chamados, e eles o beijaram enquanto o pai lhes dava a bênção final, instando-os sempre a amar e obedecer à mãe. Pediu que seu exemplar do Novo Testamento fosse dado ao filho Fiédia e que a parábola do Filho Pródigo fosse lida para as crianças. Mais tarde, Liubov lembrou-se de ele ter dito que, se algum dia cometessem um crime (*prestupliénie*, que tem um sentido mais amplo do que um simples delito legal), confiassem em Deus como seu Pai, implorassem-lhe perdão e tivessem certeza de que Ele se regozijaria com seu arrependimento, assim como fizera o pai com a volta do Filho Pródigo. Era essa parábola da transgressão, arrependimento e perdão que queria deixar como última herança aos filhos; e podemos vê-la como seu próprio entendimento definitivo do sentido de sua vida e a mensagem de sua obra.

Por volta das seis e meia, deu-se uma nova hemorragia e ele entrou em coma, do qual nunca mais acordou. Durante os estertores finais, que duraram cerca de duas horas, permaneceu inconsciente. Anna e os filhos ficaram o tempo todo "ajoelhados e chorando", mas tentavam reprimir os soluços porque tinham sido informados de que o sentido da audição era o último a cessar e que qualquer som podia prolongar o sofrimento do moribundo. "Segurei a mão do meu marido na minha", escreve Anna, "e senti o pulso se tornar cada vez mais fraco."[32]

Máikov mandara buscar outro médico, e quando o escritor Boleslav Markiévitch chegou (fora enviado pela condessa Tolstaia para indagar sobre o estado de Dostoiévski), foi confundido com essa pessoa. Com um "grito dilacerante",

Liubov, que estava com onze anos, correu ao seu encontro, gritando: "Doutor, doutor, pelo amor de Deus, salve meu pai [papáchi], ele está arquejando". Foi o último estertor; quando o médico chegou pouco depois, não pôde fazer nada, apenas atestar a morte. Markiévitch, cujo estilo era conhecido por seus efeitos melodramáticos, descreve Anna e Liubov histéricas, com Anna exclamando: "Oh, quem eu perdi! Quem eu perdi!", enquanto afundava numa cadeira. "'Quem a Rússia perdeu', dissemos involuntariamente e ao mesmo tempo Máikov e eu."[33] Essa última frase não poderia expressar melhor o sentimento de toda a Rússia letrada.

O irmão de Anna chegou naquela noite, duas horas após a morte de Dostoiévski, e "graças a [ele] fui aliviada de todos os problemas práticos, e fui poupada de muita coisa difícil e desagradável nesses dias pesarosos".[34] Na manhã seguinte, dia 29, Suvórin chegou cedo ao apartamento e, num artigo publicado no dia seguinte, descreveu com um estremecimento como o corpo fora lavado e preparado para o enterro. Mandou um bilhete ao artista Kramskói, pedindo-lhe para vir imediatamente porque Anna havia falado em fazer "fotografias e máscaras".[35] Kramskói produziu um desenho famoso de Dostoiévski morto, com a cabeça deitada sobre um travesseiro e com o que parece ser o início de um débil sorriso no rosto. Todos os memorialistas confirmam que Kramskói captou a expressão incomum que eles mesmos tinham visto. O escultor Bernchtam, em vez de começar o planejado busto de Dostoiévski, fez o molde de gesso para uma máscara mortuária.

Os amigos de Dostoiévski em posições importantes começaram a fazer o que podiam em benefício da família. Pobedonóstsev informou Loris-Miélikov da morte e pediu que repassasse a informação a Alexandre II. Escreveu ainda ao tsarévitche solicitando sua ajuda para obter alguma ajuda financeira à família e pedindo-lhe também para falar com Loris-Miélikov. Um funcionário do Ministério do Interior logo chegou para informar a Anna que as despesas do funeral seriam pagas pelo governo, mas Anna alegou ter orgulhosamente recusado: "Considerei minha obrigação moral enterrar meu marido com o dinheiro que ele havia ganhado".[36] Essa recusa não é mencionada no relatório oficial, no qual consta que Anna expressou gratidão pela ajuda.

O primeiro serviço fúnebre (panikhida) começou à uma da tarde. Foi anunciado nos jornais, e Anna observou que "conhecidos e desconhecidos chegaram para rezar diante de seu caixão, e havia tantos que logo todos os cinco cômodos

30. *Dostoiévski em seu ataúde, por I. N. Kramskói.*

ficaram lotados com uma densa multidão, e quando o ofício dos mortos foi recitado, eu e as crianças tivemos dificuldade de abrir caminho e ficar perto do caixão".[37] Pobedonóstsev escreveu a Katkov no mesmo dia, solicitando que o dinheiro devido a Dostoiévski fosse enviado a Anna o mais rápido possível, junto com a autorização para recebê-lo em nome dela. "Hoje foi o primeiro *panikhida*", acrescentou. "É como se ele ainda estivesse vivo, com um rosto em repouso total, como nos melhores momentos de sua vida."[38] O irmão de Anna foi em seguida ao mosteiro Novodiévitchi, onde, por ocasião do funeral de Nekrássov, Dostoiévski manifestara o desejo de ser enterrado. Mas o preço exigido por um túmulo pareceu tão exorbitante que decidiram procurar outro lugar. Anna sugeriu o mosteiro de Okhtínski, onde se encontravam as sepulturas de seu filho Aliócha e do pai de Anna, e planejavam ir até lá na manhã seguinte para comprar um lote.

Nesse meio-tempo, no entanto, outras pessoas tinham ouvido falar das dificuldades dos Dostoiévski, e um importante editor, instigado pela esposa de um general, procurou o metropolita Isidor da *lavra* Aleksandr Niévski para sugerir que seria apropriado que Dostoiévski fosse enterrado gratuitamente no cemitério desse edifício religioso. Seu pedido foi recebido com uma recusa categórica: o digno e letrado metropolita disse que ele não passava de "um simples romancista, que nunca escreveu nada de sério", e que, além disso, seu funeral poderia causar um "tumulto indesejável dentro dos muros da *lavra*".[39] Pobedonóstsev, então o mais alto funcionário secular da Igreja russa, soube dessa resposta no *panikhida* da noite e reagiu: "Vamos alocar o dinheiro para o enterro de Dostoiévski". O metropolita Isidor recebeu, sem dúvida, um sermão completo a portas fechadas, e no dia seguinte os jornais noticiaram que o local de sepultamento seria a *lavra* Aleksandr Niévski.

No *panikhida* da noite, o apartamento apertado do casal ficou ainda mais cheio de gente; um correspondente de jornal escreveu que aqueles que chegaram às oito horas só conseguiram aproximar-se do caixão às dez. Saltikov-Schedrin estava lá, assim como a condessa Komaróvskaia, acompanhada pela baronesa Feleisen. Em carta ao grão-duque Konstantin Konstantínovitch, a condessa contou que as duas damas não conseguiram se aproximar do caixão durante todo o ofício — sem dúvida, uma experiência nova para aquelas diante de quem todo mundo abria caminho. Quando enfim viu Dostoiévski, a condessa também ficou impressionada com sua expressão: "Como se estivesse vivo, um rosto claro, pacífico [...] como um homem que cumpriu seu dever, suportou tudo, de modo algum amargurado". Os filhos estavam em volta do caixão, ocupados em acender velas que tinham apagado por falta de ar e "pediam aos visitantes que não beijassem a testa [do cadáver], mas o ícone".[40]

Desde seu retorno da Sibéria em 1860, Dostoiévski sonhara unir a sociedade russa num todo harmonioso ligado pela fé e pelo amor. O mais próximo que chegou de realizar essa quimera sublime foi durante os dias em que seu corpo jazia no ataúde. Todos — literalmente todos — os que compunham a vida política e cultural de São Petersburgo, o centro nervoso do Império Russo, vieram prestar-lhe homenagem. Saltikov-Schedrin disputou espaço com a condessa Komaróvskaia; Mikháilovski, que começara a escrever sob pseudônimo para o jornal clandestino da organização terrorista Vontade do Povo, viu-se na mesma sala com Pobedonóstsev e o grão-duque Dmítri, que estava lá, acompanhado por seu preceptor. Os próprios contemporâneos não puderam deixar de se encantar com a unanimidade do pesar e da reverência subitamente exibidos por todos os setores de uma sociedade de outro modo separada por incessante conflito — um conflito que, apenas um mês depois, culminaria no assassinato de Alexandre II. Anna comentou mais tarde que, se o marido não tivesse morrido em 28 de janeiro, teria tido apenas mais um mês de vida, pois a notícia sobre o atentado contra Alexandre por certo causaria uma ruptura arterial.

Não surpreende que aqueles que o conheceram pessoalmente, ou tomaram parte, a favor ou contra, nas polêmicas literárias da época se sentissem na obrigação de participar das cerimônias fúnebres. Ainda mais notável é a surpreendente reação generalizada que a notícia de sua morte provocou na comunidade, sobretudo entre os jovens estudantes. Kóni lembra que um de seus jovens advogados, a quem pediu que lesse em voz alta uma peça processual, hesitou e titubeou ao fazê-lo. Quando lhe perguntaram se estava doente, deixou escapar a notícia (que Kóni ainda não recebera) de que Dostoiévski estava morto, e depois se desfez em lágrimas.[41] Quando a notícia chegou aos colégios e escolas de ensino superior da capital, imediatamente se organizaram grupos, designaram-se delegados para comparecer ao *panikhida* e coletar fundos para comprar coroas de flores, de modo a poder participar em massa das cerimônias fúnebres.

A atração exercida por Dostoiévski sobre a juventude estudantil nunca foi mais visível do que nessa ocasião final. L. F. Tiumiénev, estudante da Academia de Belas-Artes, deixou um relato clássico do funeral e do cortejo em que ele e seus colegas tomaram parte. Observou que, se Turguêniev, Gontcharóv ou Ostróvski tivessem morrido, a perda não teria sido tão "dolorosa" quanto a de Dostoiévski, "que apenas começara a atrair a atenção da sociedade, apenas começara a interessar a todos com seus Karamázovs, e apenas se preparava para continuar a narrar o destino de Alióchca, este (de acordo com a sua intenção) novo socialista evangélico russo".[42] Tiumiénev simpatiza obviamente com o que denomina com precisão de "socialismo evangélico" de Alióchca, e também fala como se sua obra tivesse acabado de atrair a atenção do público e ganhado uma acolhida generalizada.

Embora longe de ser verdade, esse erro nos ajuda a entender por que uma nova geração se tornara tão receptiva à sua influência: tinham crescido absorvendo ideias populistas (não niilistas) e, portanto, não dariam as costas às implicações cristãs do ideal moral de Dostoiévski. O restante dessa nota descreve a decisão instantânea dos estudantes da academia de arrecadar fundos. Quando aqueles designados para a tarefa eram, às vezes, recebidos com a pergunta "e quem é este Dostoiévski?", não davam nenhuma resposta; alguns dos coletores chegaram a cuspir para mostrar seu desprezo por tamanha ignorância.

Na tarde de 30 de janeiro, o diretor da censura, N. S. Abazá, entregou a Anna uma carta do Ministério das Finanças lhe informando que o tsar se dignara a conceder-lhe uma pensão vitalícia de 2 mil rublos por ano "devido aos serviços prestados [por seu marido] à literatura russa".[43] Foi, ao que se sabe, a primeira pensão desse tipo concedida na Rússia a um escritor. (Aquelas dadas a Púchkin e Karamzin, que haviam ocupado cargos oficiais no governo como sinecuras, foram por serviços prestados ao Estado.) Reservaram-se também duas vagas para os filhos de Dostoiévski, uma no prestigioso Corpo de Pajens e outra no Instituto Smólni (uma escola para filhas da nobreza), e, embora Anna tenha aceitado todas essas ofertas com gratidão, mais tarde enviou os dois filhos para outras instituições de ensino.

Enquanto isso, na noite do mesmo dia, Grigórovitch fazia uma lista de todos os grupos que queriam participar do cortejo fúnebre e estabeleceu uma ordem dos lugares onde os delegados deveriam reunir-se. Aos representantes dos estudantes, pediu que ajudassem a manter a ordem; os amigos mais antigos de Dostoiévski também foram designados para supervisionar vários agrupamentos. O cortejo começaria às dez e meia da manhã seguinte (começou às onze) e seguiria do apartamento para a *lavra* Aleksandr Niévski pela avenida Niévski.

O dia 31 de janeiro, um sábado, amanheceu brilhante e claro. O *Diário de um Escritor* saiu naquele mesmo dia. Uma multidão incalculável se reuniu em torno do apartamento, na alameda Kuzniétchni, às nove horas da manhã, todos portando coroas e estandartes com os nomes inscritos de suas instituições e sociedades, inclusive de revistas e jornais. Uma contagem chegou a 67 desses grupos, com quinze coros que acompanharam o cortejo. Tiumiénev descreveu o momento em que o caixão saiu da casa e apareceu para a multidão. "Do campanário da igreja Vladímirski soou o sino, e logo após o primeiro impacto ressoou um solene 'Deus Santo'. [...] Ao primeiro som da oração, todas as cabeças se descobriram [...] e em muitos de nós, soluços subiram nas gargantas. Naquele momento, todos, fossem crentes ou não, sentiram algo como o sopro da divindade."[44] O cortejo abriu caminho serpenteando pelas ruas e as pessoas se alternavam para carregar o caixão; entre os primeiros estavam os companheiros petrachevistas ainda vivos de Dostoiévski, A. I. Palm e A. N. Pleschéiev. Eram seguidos por uma multidão que se estendia por mais de um quilômetro, com estandartes e coroas. "Pode-se dizer sem medo", escreveu Strákhov, "que, até então, nunca houvera na Rússia um funeral como aquele."[45]

Os observadores ficaram impressionados com a ordem da multidão. A polícia manteve distância, com exceção de um episódio não noticiado nos jornais, mas que aparece em duas memórias particulares. Uma delegação de mulheres estudantes, em vez de uma coroa de flores, exibiu um par de algemas de condenado que Dostoiévski usara e sobre o qual escrevera em *Recordações da casa dos mortos*. Quando a polícia chegou para tomá-las, foram entregues pacificamente, de modo a não perturbar a solenidade da ocasião. A prisão de Dostoiévski no passado era um de seus distintivos de honra, e quando um transeunte idoso perguntou a um membro da delegação quem estava recebendo um funeral tão majestoso, de pronto veio a resposta: "Um *katórzjnik*" (um preso exilado). A massa da população supunha que um cortejo tão imponente deveria ser de algum general importante.

O ataúde levou duas horas para atingir os portais da *lavra* Aleksandr Niévski, onde foi recebido no portão de entrada pelos estudantes do Seminário de Teologia e pelo clero em trajes cerimoniais. O clero foi conduzido pelo chefe da *lavra*, o arquimandrita Simeon, e pelo reitor do Seminário, o padre Iánichev, velho amigo de Dostoiévski. Depois que o caixão foi levado para a igreja do Espírito Santo dentro da *lavra*, as portas de entrada foram fechadas e apenas as delegações com coroas de flores foram admitidas. À multidão foi dito que a igreja comportava no máximo quinhentas pessoas, e o cortejo começou a se dispersar para voltar em torno das quatro horas do dia seguinte, quando aconteceria o enterro. Às oito daquela noite teve início o ofício dos mortos, com a presença de Anna e dos filhos (mais cedo, Liubov quase fora esmagada pela multidão que se aglomerava em torno dos portões). Descreve Anna: "A igreja estava cheia de pessoas que oravam; muitos eram [...] estudantes de várias instituições de ensino superior, da Academia de Teologia e *kursístki*. A maioria deles permaneceu na igreja a noite inteira, revezando-se na leitura dos salmos diante do caixão de Dostoiévski".[46]

Em 1º de fevereiro, o dia do enterro, foi publicada uma segunda edição do *Diário*, tendo na primeira página uma margem preta. Às dez horas, realizou-se uma missa na igreja, na presença de Pobedonóstsev e de outros altos funcionários do governo; a ela se seguiu o *otpevánie*, o serviço dos mortos. O padre Iánichev falou então algumas palavras sobre o amigo, cuja obra de romancista, disse com agudeza, era um eco do Sermão da Montanha de Cristo. O ataúde, que permaneceu fechado por ordem de Pobedonóstsev, para poupar Anna e os filhos, foi então levado para um túmulo no cemitério, ao lado da sepultura do poeta Jukóvski. Liubov soltou um grito dilacerante, que comoveu profundamente todos os presentes, ao exclamar: "Adeus [*proschai*, que também pode significar "perdoa"], querido, amável, bondoso papai, adeus".[47] Várias pessoas falaram diante da sepultura, e Popov, que subiu em uma árvore para ter uma visão melhor acima da multidão, relembrou "a figura apostólica de V. S. Soloviov [com os] cachos caindo na testa", "que falou com grande páthos e expressividade".[48]

Terminemos com algumas das palavras de Soloviov, ditas não junto à sepultura mas dias antes (30 de janeiro) nas palestras que estava dando na Universidade de São Petersburgo e nos Cursos Superiores Bestújev para Mulheres, cujas estudantes estavam entre os admiradores mais fervorosos de Dostoiévski. Aos primeiros, disse que "no ano passado, no festival Púchkin, Dostoiévski chamou Púchkin de profeta, mas o próprio Dostoiévski merece esse título num grau ainda maior". Para as mulheres estudantes, declarou:

> Assim como o mais alto poder do mundo de uma forma ou de outra se concentra numa única pessoa, que representa um Estado, da mesma forma o mais alto poder espiritual em cada época geralmente pertence em cada povo a um homem, que com mais clareza que todos capta os ideais espirituais da humanidade, mais conscientemente que todos se esforça para alcançá-los, com mais força que todos influencia os outros com suas pregações. Esse líder espiritual do povo russo, em tempos recentes, foi Dostoiévski.[49]

Nota da editora

Fiquei encantada quando Joseph Frank perguntou se eu faria a edição, em um volume, de sua monumental obra de cinco volumes sobre Dostoiévski. Ao relê-los a fim de formular alguns princípios para a edição, ficou claro que a riqueza de detalhes (de biografia, cultura literária, ideologia) é utilizada de uma maneira singular — a saber, para ressaltar todo o poder da obra de Dostoiévski. Desse modo, todos os contos, novelas e romances são analisados como textos literários, em capítulos separados e independentes. Frank não analisa a obra como uma janela para a vida e a época de Dostoiévski, muito pelo contrário; e o que ele realiza nesse processo é uma crítica literária que dá ao leitor a impressão mais intensa e mais clara possível da ficção.

Ao iniciar o trabalho de edição, meu objetivo foi manter esse equilíbrio brilhante entre biografia, crítica literária e história intelectual que Joseph Frank logrou e manter também o estilo de narrativa "romanesco" tão adequado à vida de Dostoiévski. O desafio era fazer isso ao mesmo tempo que cortava quase dois terços do material original. Por isso, fiz várias rodadas de edição cuidadosa, cortando mais e mais, resumindo cada vez mais, reorganizando ou reescrevendo trechos conforme necessário para a coesão narrativa. Com frequência, combinei em um único capítulo dois, três ou até quatro capítulos dos volumes originais. Para os romances principais de Dostoiévski, mantive um capítulo ou capítulos separados para a análise do texto literário, como nos volumes originais, embora condensando quando necessário. Porém, para algumas das primeiras obras menores, fui forçada a entrelaçar com a narrativa a análise do texto literário feita por Frank; e fiz isso cortando grande parte do resumo da trama e concentrando-me nas ideias-chave da obra e sua importância para o desenvolvimento de Dostoiévski como escritor, ou para o desenvolvimento de temas cruciais dos grandes romances de Dostoiévski. Apesar dos cortes, o material essencial do original foi preservado.

Meus mais sinceros agradecimentos a Robin Feuer Miller por confrontar o primeiro rascunho da condensação com o original e por suas sugestões para reintegrar textos; a Joseph Frank, pela revisão meticulosa em seus estágios finais; e a Hanne Winarsky, que teve a ideia de publicar esta edição, por seu apoio firme e generoso.

Notas

2. A FAMÍLIA [pp. 32-51]

1. *DW* (jan. 1877); ver também, para a comparação com Tolstói, F. M. Dostoevsky, *The Notebooks for* A Raw Youth. Org. de Edward Wasiolek. Trad. de Victor Terras. Chicago, 1969, pp. 425, 544-5.

2. *ZT*, p. 21.

3. A. M. Dostoiévski, *Vospominánia*. Leningrado, 1930, pp. 17-18.

4. *DVS*, v. 1, p. 44.

5. *DW* (1873, n. 1), p. 6.

6. *Pisma*, v. 2, p. 549, 16 ago. 1839.

7. V. S. Nietcháieva, *V semé i ussadbe Dostoiévskikh*. Moscou, 1939, p. 109.

8. Ibid., p. 5.

9. *DVS*, v. 1, p. 76.

10. Nietcháieva, *V semé*, p. 77.

11. *DVS*, v. 1, p. 87.

12. Nietcháieva, *V semé*, p. 81.

13. Ibid., p. 99.

14. Ibid., p. 106.

15. Ibid.

16. Ibid., p. 109.

17. Ibid., p. III.

18. *DVS*, 1, pp. 55, 57.

19. Ibid., p. 57.

20. *DJP*, p. 33.

21. *DVS*, v. 1, p. 64.

22. Nietcháieva, *V semé*, p. 83.

23. *DVS*, v. 1, p. 209. O segundo filho de Tolstói, Iliá, nascido em 1866, escreve em suas memórias: "O mundo estava dividido em duas partes, uma composta de nós e a outra, de todos os outros. Nós éramos pessoas especiais e os outros não eram iguais a nós. [...] Era principalmente *maman*, é claro, a culpada por nutrir essas noções, mas *papa* também evitava ciumentamente nosso contato com as crianças da aldeia. Ele foi responsável, em grau considerável, pela arrogância e autoestima sem fundamento que essa criação inculcou em nós, e das quais é tão difícil eu me libertar". Edward Crankshaw, *Tolstoy: The Making of a Novelist*. Nova York, 1974, p. 253.

24. *DW* (jul.-ago. 1877), p. 752.

25. *DVS*, v. 1, p. 72.

26. Ibid., p. 76.

27. Ibid.

28. Ibid., p. 75.

29. *DJP*, p. 26.

30. *DVS*, v. 1, p. 82.

31. Ibid., pp. 83-8.

32. Ibid., 84.

33. *Pisma*, v. 1, p. 52, 31 out. 1838.

34. *DVS*, v. 1, p. 59.

3. A FORMAÇÃO RELIGIOSA E CULTURAL [pp. 52-67]

1. Aleksandr Herzen, *My Past and Thoughts*. Trad. de Constance Garnett. Rev. de Humphrey Higgins. Nova York, 1968, v. 1, p. 42. 4 v.

2. Ibid., v. 1, p. 42.

3. Ibid., v. 1, p. 42.

4. *DW* (1873, n. 50), p. 152.

5. Miller, *Biográfia*, pp. 5-6.

6. *DVS*, v. 1, p. 75.

7. Ibid.

8. A. P. Stanley, *Lectures on the History of the Eastern Church*. Londres, 1924, p. 303.

9. *DW* (1873, n. 50), p. 152.

10. Théophile Gautier, *Voyage en Russie*. Paris, s. d., p. 276

11. Stanley, *Lectures*, p. 279.

12. Ibid., p. 319.

13. A. M. Dostoiévski, *Vospominánia*. Leningrado, 1930, pp. 48-9.

14. *DW* (jul.-ago. 1877), p. 803.

15. Ver George P. Fedotov, *The Russian Religious Mind*. Nova York, 1960, cap. 4.

16. A. Leroy-Beaulieu, *The Empire of the Tsars and the Russians*. Nova York, 1902, v. 3, p. 48. 3 v.

17. *DVS*, v. 1, pp. 42-3.

18. *DW* (abr. 1876), pp. 284-5.

19. *DVS*, v. 1, p. 61.

20. Ibid.

21. V. S. Nietcháieva, *V semé i ussadbe Dostoiévskikh*. Moscou, 1939, pp. 117-8, 2 fev. 1838.

22. Ibid., p. 73; 29 jun. 1832.

23. Ibid., 107, 2 jun. 1835.

24. *Pisma*, v. 3, p. 177, 10-22 jun. 1875.

25. Nessa entrevista, Kant também discorre sobre aquela busca humana de um ideal que Dostoiévski defenderia vigorosamente contra a tendência determinista e materialista de seu tempo: "A atividade é a sina do homem. Ele jamais pode estar completamente satisfeito com o que tem e está sempre se esforçando para obter algo mais. A morte surpreende-nos na estrada em direção a algo que ainda desejamos. Dê a um homem tudo o que ele deseja e mesmo naquele exato momento ele sentirá que esse *tudo* não é *tudo*. Incapazes de ver a finalidade ou o propósito de nossa busca nesta vida, supomos que há um futuro onde o nó deve ser desatado". M. Karamzin, *Letters of a Russian Traveller, 1789-1790*. Trad. e resumido por Florence Jonas. Nova York, 1957, pp. 40-1.

26. Marc Raeff, *Origins of the Russian Intelligentsia*. Nova York, 1966, p. 142.

27. *Pisma*, v. 4, p. 196, 18 ago. 1880.

28. Para um resumo útil do material, ver Edmund K. Kostka, *Schiller in Russian Literature*. Filadélfia, 1965; o capítulo 7 é dedicado a Dostoiévski. Ver também D. Tchijévski, "Schiller v Róssii" (*Nóvy Jurnal* 45 (1956), pp. 109-35), e o vigoroso estudo do germanista soviético N. Vilmont, "Dostoiévski i Schiller", em sua obra *Velíkie spútniki*. Moscou, 1966, pp. 7-316.

29. *DW* (jun. 1876), p. 343.

30. *Pisma*, v. 4, p. 196, 18 ago. 1880.

31. Leonid Grossman, *Biblioteka Dostoiévskovo*. Odessa, 1919, p. 70; para mais detalhes, ver A. L. Bem, *U istókov tvórtchestva Dostoiévskovo*. Praga, 1936, pp. 37-123. Outra boa análise é D. D. Blagoi, "Dostoiévski i Púchkin". In: *Dostoiévski: khudóznik i myslítel*. Moscou, 1972, pp. 344, 426.

4. A ACADEMIA DE ENGENHARIA MILITAR [pp. 68-81]

1. *DW* (jan. 1876), p. 184.

2. Ibid., p. 185.

3. Ibid, p. 184.

4. Incidentes desse tipo eram comuns na época de Dostoiévski. O marquês de Custine, em *A Rússia em 1839*, descreve uma cena semelhante. "Pouco mais adiante, vi um correio montado, um *feldjaeger* ou algum outro funcionário infame do governo, sair de sua carruagem, correr até um dos dois cocheiros educados e golpeá-lo brutalmente com seu chicote, com uma vara, com os punhos." Cit. em George F. Kennan, *The Marquis de Custine and His Russia in 1839*. Princeton, NJ, 1971, p. 28.

5. *DW* (jan. 1876), p. 186.

6. Fiódor Dostoiévski, *The Notebooks for Crime and Punishment*. Org. e trad. de Edward Wasiolek. Chicago, 1967, p. 64.

7. *DW* (jan. 1876), p. 186.

8. Ibid.

9. Benedetto Croce, *Storia d'Europa nel secolo decimonono*. Bari, 1953, p. 55.

10. *Pisma*, v. 4, p. 236; 4 fev. 1838.

11. Ibid., v. 4, p. 267.

12. Ibid., p. 235.

13. Ibid., v. 1, p. 46, 9 ago. 1838.

14. *DVS*, v. 1, p. 106.

15. Ibid., p. 127.

16. Ibid., p. 97.

17. Ibid., p. 99.

18. *Pisma*, v. 1, p. 57, 1º jan. 1840.

19. Para dar apenas mais um exemplo, *Memórias de um jovem* (1840), de Herzen, descreve sua amizade com Nikolai Ogariov com o mesmíssimo palpitar de emoção. "Por alguma força incompreensível, gravitamos um em direção ao outro; eu o pressentia como um irmão, um parente próximo de minha alma, e ele sentia o mesmo em relação a mim. [...] Estávamos apaixonados à la lettre, e a cada dia que passava, ficávamos cada vez mais apaixonados." Schiller era o ideal deles, e "nos apropriamos do caráter de todos os seus heróis. A vida se abria diante de nós triunfante, majestosa; prometemos sinceramente sacrificar nossas vidas pelo bem da humanidade" etc. Alexander Herzen, *My Past and Thoughts*. Trad. de Constance Garnett. Rev. de Humphrey Higgens. Nova York, 1968, v. 4, 1823.

20. Ver Joseph Frank, "Freud's Case History of Dostoevsky". In: *Dostoevsky: The Seeds of Revolt, 1821-1849*. Princeton, NJ, 1976, pp. 379-92.

21. *Pisma*, v. 1, p. 57, 1º jan. 1840.

22. Ibid., v. 4, p. 233, 3 dez. 1837.

23. Ibid., v. 1, p. 49, 31 out. 1838.

24. Ibid., p. 52, 10 maio 1839.

25. *DVS*, v. 1, p. 210.

26. V. S. Nietcháieva, *V semé i ussadbe Dostoiévskikh*. Moscou, 1939, p. 121.

27. De acordo com Andrei, uma semana depois da morte, com o dr. Dostoiévski já enterrado, sua sogra chegou para recolher as crianças mais novas e se encarregar das questões. Ela foi informada por vizinhos — o major reformado Khotiáintsev e sua esposa — que a morte não tinha sido natural, mas um assassinato; eles a aconselharam a esquecer o assunto para proteger os interesses da família. Essa foi a versão do fim do dr. Dostoiévski que ela levou para Moscou e foi aceita pela família.

Um pesquisador recente que examinou os arquivos do distrito descobriu fatos aparentemente desconhecidos da família. Um boato sobre um possível assassinato foi levado ao conhecimento das autoridades por outro vizinho, A. I. Leybrekhr, que, sob investigação do tribunal provincial, revelou que o major Khotiáintsev lhe *pedira* especificamente para alertar as autoridades sobre a possibilidade de assassinato. Khotiáintsev estava envolvido em uma ação judicial contra os Dostoiévski a respeito de demarcação de terras e era um rico proprietário com quinhentos servos. Se alguns dos camponeses de Dostoiévski fossem deportados para a Sibéria como assassinos, ele poderia abocanhar a propriedade adjacente por uma ninharia. Isso talvez explique por que ele queria espalhar o boato de assassinato, mas ao mesmo tempo aparentar ser um amigo da família preocupado com seus interesses.

O corpo do dr. Dostoiévski foi examinado em separado por dois médicos e ambos concordaram sobre a causa da morte: apoplexia. A investigação continuou por mais de um ano, levada a cabo por vários órgãos legais provinciais. Vários camponeses que poderiam ser os assassinos foram chamados para interrogatório, mas não se descobriu nenhuma prova de crime. Ao que parece, nenhum fato dessa investigação posterior chegou ao conhecimento dos filhos do dr. Dostoiévski, e a história contada à avó deles por Khotiáintsev, ao entrar na tradição familiar, ganhou crédito do próprio Dostoiévski, com consequências incalculáveis para o seu equilíbrio moral e emocional. *DVS*, v. 1, pp. 89-90; G. Fiódorov, "K biográfii F. M. Dostoiévskovo", *Literatúrnaia Gazieta* 25 (18 jun. 1975), p. 7.

28. *Pisma*, v. 2, p. 549, 16 ago. 1839.

29. Ibid., p. 550.

30. Ibid.

5. OS DOIS ROMANTISMOS [pp. 82-93]

1. *Pisma*, v. 4, p. 242, 5 maio 1839.

2. *DVS*, v. 2, p. 191.

3. *Pisma*, v. 1, p. 56, 1º jan. 1840.

4. Ibid.

5. Ibid, p. 51, 31 out. 1838.

6. Cit. em G. Prochorov, "Die Brüder Dosyojewski und Shidlovski", *Zeitschrift für Slavische Philologie* 7 (1930), p. 320.

7. Ibid.

8. Cit. em V. G. Bielínski, *Selected Philosophical Works*. Moscou, 1948, p. 14.

9. *Pisma*, v. 1, p. 56, 1º jan. 1840.

10. M. H. Abrams, *Natural Supernaturalism*. Nova York, 1971, p. 65.

11. Ibid., p. 66.

12. "Em Adam Smith ele buscou sua educação/ E não era um economista medíocre;/ Ou seja, era capaz de explicar/ Como os estados prosperam e permanecem saudáveis/ Sem o benefício de ouro,/ O segredo sendo que, tudo dito, são os *produtos básicos* que os tornam ricos./ Seu pai não conseguiu entender isso,/ E hipotecou a terra ancestral" (1.7). Trad. para o inglês de Walter Arndt. Nova York, 1963.

13. *Pisma*, v. 1, p. 47, 9 ago. 1838.

14. P. V. Annenkov, *The Extraordinary Decade*. Org. de Arthur P. Mendel. Trad. de Irwin R. Titunik. Ann Arbor, MI, 1968, p. 13.

15. *Pisma*, v. 1, p. 46, 9 ago. 1838.

16. Ibid., p. 50, 31 out. 1838.

17. Erich Auerbach, *Mimesis*. Trad. de Willard Trask. Princeton, NJ, 1968, p. 440.

18. Cit. em Benno von Wiese, *Friedrich Schiller*. Stuttgart, 1959, p. 448.

19. *Pisma*, v. 1, p. 47, 9 ago. 1838.

20. Ibid.

21. *The Gates of Horn*. Nova York, 1963, p. 191.

22. Cit. em David Owen Evans, *Social Romanticism in France, 1830-1848*. Oxford, 1951, p. 81.

23. "Em livro, com o drama, em prosa, em verso,/ Defendi a causa dos fracos e miseráveis;/ Suplicando aos felizes e implacáveis;/ Reabilitei o palhaço, o comediante,/ Todos os seres humanos

condenados, Triboulet, Marion, / O lacaio, o forçado e a prostituta." Victor Hugo, *Oeuvres complètes*. Paris, 1882, v. 6, p. 91.

24. *Pisma*, v. 1, p. 58, 1º jan. 1840.

25. Ver D. G. Charlton, *Social Religions in France, 1815-1870*. Londres, 1963, p. 84.

6. O PERÍODO GÓGOL [pp. 94-109]

1. *Pisma*, v. 1, p. 76, 24 mar. (fev.) 1845.

2. A. I. Riesenkampf, "Vospominánia o F. M. Dostoiévskom", *LN* 86, Moscou, 1973, p. 325.

3. Ibid., p. 330.

4. Ibid., p. 331.

5. Ibid.

6. *DVS*, v. 1, p. 95.

7. *Pisma*, v. 1, p. 65, 23 dez. 1841.

8. Ibid., v. 4, p. 450, 5 set. 1844.

9. É provável que Dostoiévski tenha conseguido seus mil rublos. Ele contou à comissão que investigava o caso Petrachévski que renunciara aos direitos à propriedade de seus pais em 1845 em troca do pagamento imediato de uma quantia de dinheiro. N. F. Biéltchikov, *Dostoiévski v protsiesse Petrachévtsev*. Moscou, 1971, p. 123.

10. Victor Brombert, *Stendhal: Fiction and the Themes of Freedom*. Nova York, p. 1968, p. 29.

11. "A equivalência entre amor e ódio, um incessantemente nascido do outro [...] está no centro da psicologia raciniana do amor." Paul Bénichou, *Morales du grand siècle*. Paris, 1967, p. 223.

12. *Pisma*, v. 1, pp. 58-9, 1º jan. 1840.

13. Ibid., p. 69; e meados de jan. 1844.

14. V. G. Bielínski, *Izbrannye filossófskie sotchiniénia*. Moscou, 1950, v. 1, p. 215. 2 v.

15. I. I. Panáiev, *Sobránie sotchiniénii*. Moscou, 1912, v. 6, p. 212. 6 v.

16. Cit. em Yu. Oksman, *Liétopis jizn i tvórtchestvo V. G. Bielínskovo*. Moscou, 1958, p. 195.

17. Panáiev, *SS*, v. 6, p. 273.

18. V. G. Bielínski, *Selected Philosophical Works*. Moscou, 1948, p. 159.

19. Ibid., pp. 164-5.

20. P. V. Ánnenkov, *The Extraordinary Decade*. Org. de Arthur P. Mendel. Trad. de Irwin R. Titunik. Ann Arbor, MI, 1968, p. 112.

21. Os nomes mais conhecidos da Plêiade eram o próprio Panáiev e K. D. Kaviélin. Entre 1843 e 1848, ela ampliou-se para incluir Nekrássov, Turguêniev, Dostoiévski, Gontcharóv e Saltikov--Schedrin. Herzen e Ogariov também participavam ocasionalmente quando iam a Petersburgo.

22. Ver *N. V. Gógol v Rússkoi krítike*. Moscou, 1953, p. 122.

23. Ánnenkov, *Decade*, p. 112.

24. Bielínski, *IFS*, v. 1, p. 432.

25. Uma citação de *Almas mortas*. Bielínski, *Works*, pp. 192-3.

26. *DVS*, v. 1, p. 129.

27. D. V. Grigoróvitch, *Pólnoie sobránie sotchiniénii*. São Petersburgo, 1896, v. 12, p. 266. 12 v.

28. *DVS*,1, p. 114.

29. Bielínski, *Works*, p. 323.

30. Harold March, *Frédéric Soulié*. New Haven, 1931, p. 177.

31. George Sand, *The Last of the Aldinis*. Trad. George Burnham Ives. Filadélfia, 1900, pp. 359-60.

32. *DW* (jun. 1876), p. 346.

33. Citado em M. Poliakov, *Vissárion Bielínski*. Moscou, 1960, p. 325.

34. Dostoiévski leu *L'Uscoque*, que foi publicado na *Revue des Deux Mondes* em 1838. *Spiridion* começou a sair na mesma publicação no mesmo ano, e a eminente e respeitável revista estava disponível na biblioteca francesa da qual Dostoiévski era assinante.

35. *DVS*, v. 1, pp. 112-3.

36. *DW* (jun. 1876), p. 349.

37. *Pisma*, v. 1, p. 73, 30 set. 1844.

38. Ibid., p. 76, 24 mar. (fev.) 1845.

39. Essa aproximação foi proposta por K. K. Istómin e A. L. Bem. Para um aprofundamento da discussão, ver o sugestivo artigo de Bem "Piérvye chágui Dostoiévskovo", *Slávia* 12 (1933-4), pp. 134-61.

40. Honoré de Balzac, "Eugénie Grandet", *La comédie humaine*. Org. de Marcel Bouteron. Paris, 1947, v. 3, p. 599.

7. *GENTE POBRE* [pp. 110-21]

1. *DW* (jan. 1877), 584.

2. *Pisma*, v. 1, p. 75, 24 mar. (fev.) 1845.

3. P. V. Ánnenkov, *The Extraordinary Decade*. Org. de Arthur P. Mendel. Trad. de Irwin R. Titunik. Ann Arbor, MI, 1968, p. 150.

4. *Pisma*, v. 1, p. 82, 8 out. 1845.

5. Ambos os nomes têm ecos alegóricos. Diévuchkin evoca *diévuchka*, que significa moça ou donzela. A incongruência desse nome é tocante e engraçada, mas transmite um pouco do caráter de Diévuchkin. Dobrossiélova é uma combinação das palavras russas que designam "bom" e "aldeia rural".

6. O artigo de Bielínski está reproduzido em *DRK*, p. 24.

7. V. V. Vinográdov, *Evoliútsia Rússkovo naturalizma*. Leningrado, 1929, pp. 311-38. Trata-se da segunda parte do estudo clássico de Vinográdov sobre *Gente pobre*.

8. Seu nome deriva da palavra russa para "cocô", *káki*.

9. Victor Terras, *The Young Dostoevsky. 1846-1849*. Haia, 1969, pp. 14-5; para discussões da paródia, ver Wido Hempel, "Parodie, travestie und pastiche", *Germanische-Romanische Monatsschrift*, v. 46 (abr.1965), pp. 150-75, e Iúri Tiniánov, "Dostoiévski i Gógol (K teórii paródii)". In: Jurij Striedter, *Texte der Russischen Formalisten*. Munique, 1969, v. 1, pp. 301-71.

10. Cit. em V. L Kulechov, *Naturálnaia chkola v literature XIX vieka*. Moscou, 1965, p. 256.

11. Vinográdov, *Evoliútsia*, p. 390.

8. DOSTOIÉVSKI E A PLÊIADE [pp. 122-30]

1. Citado em *DJP*, p. 121.
2. Ivan Turguêniev, *Literary Reminiscences*. Trad. de David Magarshack. Nova York, 1958, p. 148.
3. *Pisma*, v. 1, pp. 84-5, 16 nov. 1845.
4. Ibid.
5. Ibid., p. 84.
6. *DVS*, v. 1, p. 140.
7. Ibid., p. 141.
8. Ibid.
9. Ibid., p. 142.
10. Ibid., pp. 142-3.
11. *Pisma*, p. 1, p. 102, 26 nov. 1846.
12. Ibid., p. 90, 26 abr. 1846.
13. Ver *DVS*, v. 1, pp. 154-7.
14. *DVS*, v. 2, p. 191.
15. Está reproduzido em *DJP*, pp. 121-2.
16. *Pisma*, p. 1, pp. 107-8, jan.-fev. 1847.

9. BIELÍNSKI E DOSTOIÉVSKI: I [pp. 131-42]

1. *DW* (jan. 1877), pp. 587-8.
2. *Pisma*, v. 1, pp. 86-7, 8 out. 1845.
3. P. V. Ánnenkov, *The Extraordinary Decade*. Org. de Arthur P. Mendel. Trad. de Irwin R. Titunik. Ann Arbor, MI, 1968, p. 151.
4. Ibid.
5. *DRK*, p. 27.
6. Ibid., p. 28.
7. *Pisma*, v. 1, p. 89, 1º abr. 1846.
8. Ibid., p. 102, 26 nov. 1846.
9. V. G. Bielínski, *Selected Philosophical Works*. Moscou, 1948, p. 385.
10. *Pisma*, v. 1, p. 103, 26 nov. 1846.
11. Bielínski, *Works*, p. 385.
12. *Pisma*, v. 1, p. 100; fim out. 1846.
13. Bielínski, *Works*, p. 478.
14. *Pisma*, v. 1, p. 78, 4 maio 1845.
15. Cit. em A. L. Bem, *U istókov tvórtchestva Dostoiévskovo*. Praga, 1936, p. 143.
16. *Pisma*, v. 1, p. 81, 1º fev. 1846. Dostoiévski evoca essa ligação no subtítulo original, *As aventuras do sr. Golyádkin*, que lembra o subtítulo de *Almas mortas*, de Gógol: *As aventuras de Tchítchikov*. Assim como Gógol escrevera um relato falso-heroico das "aventuras" de Tchítchikov tentando subir na vida, Dostoiévski fazia o mesmo com o sr. Golyádkin.

1106

17. Esse argumento está bem desenvolvido em F. Evnin, "Ob odnói istóriko-lireratúrnoi leguéndy", *Russkaia Literatura* 2 (1965), pp. 3-26.

18. V. G. Bielínski, "Petersbúrgski sbórnik", em *DRK*, p. 27.

19. Id., *Izbrannye pisma*. Moscou, 1955, v. 2, p. 388. 2 v.

20. P. V. Ánnenkov, *Vospominánia i kritítcheskie otchérkie*. São Petersburgo, 1879, v. 2, p. 23. 3 v.

10. FOLHETINS E EXPERIMENTOS [pp. 143-59]

1. *Pisma*, v.1, p. 108, jan.-fev. 1847.

2. Cit. em V. S. Nietcháieva, *V. G. Bielínski*. Leningrado, 1949-67, v. 4, p. 298. 4 v.

3. Dostoiévski achou que o estilo fácil do folhetinista lhe cabia como uma luva, e jamais o veremos depois — mesmo quando, presumivelmente, expunha ideias — escrever qualquer coisa que possa ser considerada prosa expositiva comum. Sua postura é sempre pessoal e íntima; sua argumentação não é feita por persuasão lógica, mas através do esboço de tipos de personagens, da dramatização de atitudes, da narrativa de experiências e observações. O tom extravagante do folhetinista da década de 1840, sem ser abandonado por completo, é substituído pelo do observador social sério e, às vezes, colérico, mas seu uso da ironia e da chacota permanece o mesmo, assim como a identificação com o leitor, que se torna parceiro implícito em um diálogo. Desse ponto de vista, os exercícios preliminares de Dostoiévski da década de 1840 marcam a estreia de um aspecto essencial de sua carreira. Entre as características mais marcantes de *Memórias do subsolo* está sua singularidade artística; ela parece vir, do ponto de vista formal, do nada, mas provavelmente vem do folhetim. Essa origem seria responsável por todas as características formais originais da novela que, de outro modo, são tão desconcertantes: o narrador em primeira pessoa que nos conta seus segredos a ponto de nos constranger; a fala direta com o leitor, que é tratado como um interlocutor; a aparente casualidade e aleatoriedade da sequência narrativa; a mistura de ironia e páthos.

4. Cit. em A. G. Tseitlin, *I. A. Gontcharóv*. Moscou, 1950, p. 62.

5. V. G. Bielínski, *Selected Philosophical Works*. Moscou, 1948, p. 478.

6. Yu. M. Proskurina, "Povestvovatelrasskazchik v romane F. M. Dostoiévskovo *Biélye nótchi*", *Filologuítcheskie Náuki* 9 (1966), p. 133.

7. *Pisma*, v. 1, p. 103, 26 nov. 1846.

8. V. G. Bielínski, *Izbrannye pisma*. Moscou, 1955, v 2, pp. 369-70. 2 v.

9. Ibid., p. 388.

10. Ibid.

11. *Pisma*, v. 1, p. 104, 17 dez. 1846.

12. Ibid., p. 89, 1º abr. 1846.

13. Ibid., p. 104, 17 dez. 1846.

14. Cit. em *ZT*, p. 52.

11. BIELÍNSKI E DOSTOIÉVSKI: II [pp. 160-71]

1. *Pisma*, v. 2, 18-30 maio 1872.

2. Victor Considérant, *La Destinée sociale*. Paris, 1851, 2: 38.

3. V. G. Bielínski, *Selected Philosophical Works* (Moscou, 1948), pp. 165-6.

4. P. V. Ánnenkov, *The Extraordinary Decade*. Org. de Arthur P. Mendel. Trad. de Irwin R. Titunik. Ann Arbor, MI, 1968, p. 35.

5. Ivan Turguêniev, *Literary Reminiscences*. Trad. de David Magarshack. Nova York, 1958, p. 123.

6. V. G. Bielínski, *Izbrannye pisma*. Moscou, 1955, v. 2, p. 259. 2 v.

7. Ánnenkov, *Decade*, pp. 211-3.

8. Bielínski, *IP*, v. 2, p. 286.

9. Id., *Works*, p. 369.

10. V. Evguiêniev-Maksímov, *Sovremiénik v 40-50 godakh*. Leningrado, 1934, pp. 143-4.

11. Ánnenkov, *Decade*, p. 208.

12. Maxime Leroy, *Histoire des idées sociales en France*. Paris, 1946-54, v. 2, p. 442.

13. Bielínski, *IP*, v. 2, p. 389.

14. *DW* (n. 1, 1873), pp. 6-7.

15. Ibid., p. 148.

16. Ibid., p. 7

17. Ibid.

18. Ibid.

19. *Pisma*, v. 2, p. 364, 18-30 maio 1871.

20. *DW* (n. 1, 1873), p. 8.

21. Evguiêniev-Maksímov, *Sovremiénik*, p. 117.

22. *DW* (n. 1, 1873), p. 8.

23. Quando Arnold Ruge, o empresário editorial dos hegelianos de esquerda, chegou a Paris em agosto de 1843 a fim de recrutar colaboradores para o *Deutsch-Französische Jahrbücher*, o ateísmo dos hegelianos de esquerda se revelou um grande obstáculo. "Quase sem exceção, eles [os franceses] eram crentes e aferrados ao anátema de Robespierre contra uma filosofia sem Deus." David McLellan, *The Young Hegelians and Karl Marx*. Londres, 1969, pp. 37-8. Em maio de 1844, em carta a Feuerbach enviada de Paris, Ruge diz, desgostoso: "Todos os partidos se baseiam diretamente no cristianismo". Cit. em Werner Sombart, *Der proletarische Sozialismus*. Jena, 1924), v. 1, p. 119. 2 v.

24. *DW* (n. 1, 1873), p. 9.

25. Ver Henri de Lubac, *Le Drame de l'humanisme Athée*. Paris, 1950, esp. parte 3, e também as observações perspicazes, baseadas num amplo conhecimento das fontes, em Andrzej Walicki, *W kregu konserwatywnej utopi*. Varsóvia, 1964, cap. 14.

26. Karl Löwith, *From Hegel to Nietzsche*. Nova York, 1967, pp. 334-5.

12. OS CÍRCULOS DE BIÉKETOV E PETRACHÉVSKI [pp. 172-90]

1. *Pisma*, v. 1, p. 95, 17 set. 1846.

2. Ibid., 7 out. 1846.

3. Ibid., p. 103, 26 nov. 1846.

4. D. V. Grigoróvitch, *Pólnoe sobránie sotchiniénii*. São Petersburgo, 1896, v. 12, p. 277. 12 v.

5. Cit. a partir das memórias de Fleróvski, em *Sorókovye gódy XIX vieka*. Moscou, 1959, p. 191.

6. V. I. Kulechov, *Naturálnaia chkola v literature XIX vieka*. Moscou, 1965, p. 145.

7. A. N. Pleschéiev, *Pólnoe sobránie stikhotvorieni*. Leningrado, 1964, p. 83.

8. Valerian Máikov, *Kritítcheskie ópyty*. São Petersburgo, 1891, pp. 25-31.

9. Ibid., p. 325.

10. Ibid., p. 327.

11. Ibid., p. 342.

12. Ibid., p. 68.

13. Ibid., p. 295.

14. Ibid., p. 660.

15. Ibid., p. 640.

16. V. G. Bielínski, *Selected Philosophical Works*. Moscou, 1948, p. 371.

17. Ibid., pp. 359-60.

18. Ibid., p. 363.

19. Ibid., p. 375.

20. *Pisma*, v. 1, p. 106, jan.-fev. 1847.

21. Cit. em V. I. Semióvski, M. *V Butachévitch-Petrachévski i Petrachévtsy*. Moscou, 1922, p. 153.

22. N. F. Biéltchikov, *Dostoiévski v protsiesse Petrachévtsev*. Moscou, 1971, p. 153. Esse volume, publicado pela primeira vez em 1936, reproduz todos os documentos oficiais relacionados ao envolvimento de Dostoiévski no caso Petrachévski, acompanhados de excelentes comentários e esclarecimentos dos editores.

23. Semióvski, *Butachévitch- Petrachévski*, p. 108.

24. Ibid.

25. *DVS*, v. 1, p. 169.

26. Miller e Strákhov, *Biográfia*, p. 91.

27. Yu. Oksman, *Liétopis jizni i tvórtchestvo V. G. Bielínskovo*. Moscou, 1958, p. 501.

28. *DVS*, v. 1, p. 181.

29. P. S. Schegoliov (Org.), *Petrachévtsy*. Moscou-Leningrado, 1926-8, v. 1, p. 92.

30. V. R. Liéikina; E. A. Koroltchuk; V. A. Desnitski (Orgs.), *Dielo Petrachévtsev*. Moscou-Leningrado, 1937-51, v. 3, pp. 3-4. 3 v.

31. Biéltchikov, *Dostoiévski v protsiesse Petrachévtsev*, p. 106.

32. *DVS*, v. 1, p. 209.

33. Biéltchikov, *Dostoiévski v protsiesse Petrachévtsev*, p. 146.

34. Ibid., P. N. Sakúlin, *Russkaia literatura i sotsializm*. Moscou, 1922, pp. 174-5.

35. *DVS*, v. 1, p. 185.

36. Ver A. S. Dolínin, "Dostoiévski srédi Petrachévtsev," *Zvénia* 6, Moscou-Leningrado, 1936, pp. 528-9.

37. Franco Venturi, *Roots of Revolution*. Trad. de Frances Haskell. Nova York, 1960, p. 85.

38. *DVS*, p. 1, p. 211.

39. Ibid., p. 186.

13. DOSTOIÉVSKI E SPIÉCHNIEV [pp. 191-208]

1. P. S. Schegoliov (Org.), *Petrachévtsy*. Moscou-Leningrado, 1926-8, v. 1, p. 134. 3 v.

2. Ibid., p. 75.

3. Ibid., p. 135.

4. Karl Marx, *Frühe Schriften*. Org. de Hans-Joachim Lieber; Peter Furth. Darmstadt, 1971, v. 1, p. 828. 2 v.

5. V. I. Semióvski, M. *V. Butachévitch-Petrachévski i Petrachévtsy*. Moscou, 1922, p. 192.

6. V. I. Ievgrafova (Org.), *Proizvediénia Petrachévtsev*. Moscou, 1953, pp. 496-7.

7. Schegolióv, *Petrachévtsy*, v. 3, p. 60.

8. Semióvski, *Butachévitch-Petrachévski*, p. 194.

9. Schegoliov, *Petrachévtsy*, v. 3, p. 63.

10. N. F. Biéltchikov, *Dostoiévski v protsiesse Petrachévtsev*. Moscou, 1971, p. 265.

11. Ibid., pp. 271-4.

12. *Biográfia*, p. 90.

13. Ievgrafova, *Proizvediénia Petrachévtsev*, pp. 503-4.

14. *DVS*, v. 1, p. 172.

15. Ibid.

16. Cit. por A. S. Dolínin, "Dostoiévski srédi Petrachévtsev", *Zvénia* 6, Moscou-Leningrado, 1936, p. 533.

17. Biéltchikov, *Dostoiévski v protsiesse Petrachévtsev*, p. 129.

18. Schegoliov, *Petrachévtsy*, v. 3, p. 124.

19. "Conversa de um soldado" foi republicado em V. R. Liéikina; E. A. Koroltchuk; V. A. Desnítski (Orgs.), *Dielo Petrachévtsev*. Moscou-Leningrado, 1937-51, v. 3, pp. 233-7.

20. Ibid., p. 250.

21. Schegoliov, *Petrachévtsy*, v. 3, p. 200.

22. E. M. Fioktístov, *Vospominánia*. Leningrado, 1929, p. 164; cit. em V. R. Liéikina-Svírskaia, "Revoliútionaia práktika Petrachévtsev", *Istorítcheskie Zapíski*, v. 47, pp. 210-1, 1954. Fioktístov, mais tarde um poderoso burocrata, era um dos estudantes para os quais Pleschéiev falou.

23. Cit. em D. O. Evans, *Social Romanticism in France, 1830-1848*. Oxford, 1951, p. 39.

24. Biéltchikov, *Dostoiévski v protsiesse Petrachévtsev*, p. 141.

25. Schegoliov, *Petrachévtsy*, v. 3, p. 385. Para os documentos e outras referências relevantes, ver "Siedstviénnoie dielo M. M. Dostoiévskovo-Petrachévtsa". In: G. M. Fridlender (Org.), *Dostoiévski: materiáli i issliédovania*, v. 1, pp. 254-65.

26. Biéltchikov, *Dostoiévski v protsiesse Petrachévtsev*, p. 144.

27. *Biográfia*, p. 90.

28. Liéikina et al., *Dielo Petrachévtsev*, p. 426.

29. Ibid., p. 427.

30. Ibid., p. 435.

31. Schegoliov, *Petrachévtsy*, v. 3, p. 201.

32. Ambos estão citados em V. G. Bielínski, *Selected Philosophical Works*. Moscou, 1948, p. 529.

33. Ibid., p. 506.

34. Ibid., pp. 506-7.

35. Ibid., p. 504.

36. Liéikina et al., *Dielo Petrachévtsev*, v. 3, p. 435.

37. Ibid., p. 436.

38. Cit. em V. I. Tchechíkhin, *T. N. Granóvski i ego vrêmia*. São Petersburgo, 1905, p. 317.

39. *DVS*, v. 1, p. 193.

14. A FORTALEZA PEDRO E PAULO [pp. 211-35]

1. Cit. em P. S. Schegoliov (Org.), *Petrachévtsy*. Moscou-Leningrado, 1926-1928, v. 1, p. 127. 3 v.

2. Ibid.

3. *DVS*, v. 1, p. 193.

4. Ibid.

5. I. Pawlowski, *Russisch-Deutscbes Wörterbuch*. Leipzig, 1974, v. 2, p. 1766. 2 v.

6. A. M. Dostoiévski, *Vospominánia*. Leningrado, 1930, pp. 192-3.

7. Ibid., p. 196.

8. Ibid.

9. M. N. Gernet, *Istória tsárskoi tyúrmy*. Moscou, 1961, v. 2, p. 220. 5 v.

10. A. M. Dostoiévski, *Vospominánia*, p. 197.

11. Schegoliov, *Petrachévtsy*, v. 1, p. 149.

12. A. M. Dostoiévski, *Vospominánia*, p. 197.

13. Schegoliov, *Petrachévtsy*, v. 1, p. 149.

14. N. F. Biéltchikov, *Dostoiévski v protsiesse Petrachévtsev*. Moscou, 1971, p. 244.

15. *DVS*, v. 1, p. 191.

16. Schegoliov, *Petrachévtsy*, v. 1, pp. 160-1.

17. *Biográfia*, pp. 106-7.

18. *DVS*, v. 2, p. 199.

19. *Pisma*, v. 4, pp. 258-9, 20 jun.1849.

20. Ibid., v. 1, p. 124, 18 jul. 1849.

21. Ibid., p. 126, 27 ago. 1849.

22. Ibid., p. 127, 14 set. 1849.

23. P. V. Ánnenkov, *The Extraordinary Decade*. Org. de Arthur P. Mendel. Trad. de Irwin R. Titunik. Ann Arbor, MI, 1968, p. 243.

24. *Pisma*, v. 1, p. 124, 18 jul. 1849.

25. Ibid., p. 126, 27 ago. 1849.

26. Ibid., p. 178, 24 mar. 1856.

27. Biéltchikov, *Dostoiévski v protsiesse Petrachévtsev*, p. 98.

28. Ibid., p. 100.

29. Ibid., p. 101.

30. Ibid., p. 100.

31. Ibid., p. 101.

32. Ibid.

33. Ibid.

34. Ibid. Ánnenkov escreve sobre a década de 1840: "A literatura e nossas cabeças pensantes abandonaram há muito tempo a noção do povo como uma entidade humana destinada a viver direitos de cidadania e a servir somente aos interesses dos outros, mas não abandonaram a noção do povo como uma massa estúpida destituída de ideias e sem jamais ter um pensamento em sua cabeça". Ánnenkov, *Decade*, p. 134.

35. Biéltchikov, *Dostoiévski v protsiesse Petrachévtsev*, p. 105.

36. Ibid., pp. 105-6.

37. Ibid., p. 106.

38. Ibid., p. 109.

39. Ibid., pp. 111-2.

40. Ibid., p. 86.

41. Schegoliov, *Petrachévtsy*, v. 3, p. 164.

42. Biéltchikov, *Dostoiévski v protsiesse Petrachévtsev*, p. 176.

43. *PSS*, v. 11, pp. 189-90.

44. V. L. Semióvski, "Sliédstvie i sud po dielu Petrachévtsev", *Rússkie Zapíski* 9-11 (1916), v. 11, p. 31.

45. Miller, *Biográfia*, p. 115.

46. *DVS*, v. 1, p. 223.

47. *Biográfia*, p. 117.

48. *DVS*, v. 1, p. 226.

49. Ibid., pp. 226-7.

50. Ibid.

51. Ibid.

52. Ibid., p. 229.

53. Miller, *Biográfia*, p. 118.

54. *DVS*, v. 1, p. 229.

55. *DW*, p. 152.

56. F. N. Lvov, "Zapiska o diele Petrachévtsev", *LN* 63, Moscou, 1956, p. 188.

57. *Biográfia*, p.119.

58. Lvov, "Zapiska", p. 188.

59. *DVS*, v. 1, p. 230.

60. Ibid., p. 231.

61. *Pisma*, v. 1, p. 128, 22 dez. 1849.

62. Ibid., p. 130.

63. Ibid., p. 129.

64. Ibid., p. 131.

65. Anna Dostoiévskaia, *Reminiscences*. Trad. e org. de Beatrice Stillman. Nova York, 1975, p. 22.

66. *Pisma*, v. 1, p. 129, 22 dez. 1849.

67. Ibid., pp. 130-1.

68. Ibid., p. 129.

69. Ibid., p. 130.

70. A importância escatológica do supostamente breve "ínterim" entre o primeiro e o segundo Advento para a interpretação da ética de Jesus foi destacada por Albert Schweitzer em *A busca do Jesus histórico*. Para uma análise penetrante de sua tese, ver Reinhold Niebuhr, *The Nature and Destiny of Man*. Nova York, 1955, v. 2, pp. 47-52. 2 v. em 1.

71. *DVS*, v. 1, p. 191.

72. Ibid., p. 192.

73. V. R. Liéikina; E. A. Koroltchuk; Y. A. Desnítski (Orgs.), *Dielo Petrachévtsev*. Moscou-Leningrado, 1937-51, v. 1, pp. 84-5. 3 v.

74. Y. A. Tunimanov, *Tvórtchestvo Dostoiévskovo, 1854-1862*. Leningrado, 1980, pp. 149-50.

15. *KÁTORGA* [pp. 236-48]

1. *Pisma*, v. 1, p. 134, 22 fev. 1854.
2. Ibid., p. 135.
3. Miller, *Biográfia*, p. 126.
4. Ibid.
5. Ibid., pp. 126-7.
6. *DW* (1873), p. 9.
7. M. D. Frantsiéieva, "Vospominánia", *Istorítcheskie Viéstnik* 6 (1886), pp. 628-9.
8. *ZT*, p. 66.
9. *Pisma*, v. 1, pp. 135-7.
10. Ibid., pp. 138-9.
11. Ibid., p. 135.
12. Ibid.
13. P. K. Martíanov, "V perelome veika", *Istorítcheskie Viéstnik* 10-1 (1895), v. 11, p. 453.
14. Szymon Tokarzewski, *Siedem lat katorgui*. Varsóvia, 1907, p. 127.
15. *Pisma*, v. 1, p. 166, 13 jan. 1856.
16. A carta se encontra em um artigo de V. Liubimova-Dorotovskaia, "Dostoiévski v Sibérii", *Ogoniek* 46-7 (1946), pp. 27-8.

16. "MONSTROS EM SUA DESGRAÇA" [pp. 249-80]

1. *DW* (1873), p. 152.
2. Ibid.
3. V. G. Bielínski, *Selected Philosophical Works*, Moscou, 1948, p. 125.
4. P. K. Martíanov, "V perelome veka", *Istorítcheskie Viéstnik* 10-1 (1895), v. 11, p. 448.
5. Aleksandr Púchkin, *The Captains Daughter*. Trad. de Natalie Duddington, reed. em *The Poems, Prose and Plays of Pushkin*. Org. de Avrahm Yarmolinsky. Nova York, 1936, p. 741.
6. *Pisma*, v. 1. p. 143, 20 fev. 1854.
7. *PSS*, v. 7, pp. 315, 408.
8. Georg Brandes disse a Nietzsche que Dostoiévski representava a própria moral do escravo contra a qual o pensador alemão estava filosofando com um martelo. Nietzsche concordou e respondeu numa carta (20 nov. 1888): "De qualquer modo, eu o considero o mais valioso material psicológico que conheço — sou-lhe extremamente grato, por mais que ele sempre irrite meus instintos mais profundos". Cit. em Wolfgang Gesemann, "Nietzsche's Verhältnis zu Dostoevsky auf dem europäischen Hintergrund der 80er Jahre", *Die Welt der Slaven* 2 (jul. 1961), p. 142.
9. Wacław Lednicki, *Russia, Poland and the West*. Nova York, 1954, p. 275. O livro de Lednicki contém uma tradução da maior parte do capítulo que Tokarchévski dedica a Dostoiévski em sua obra *Siedem lat katórgui*. Varsóvia,1907.
10. Ibid., pp. 272-3.
11. *DW* (1876), p. 206.
12. Ibid.

13. Ibid.

14. Ibid.

15. Ibid., pp. 206-7.

16. Ibid., p. 207.

17. Ibid., p. 209.

18. Ibid., p. 210.

19. Ibid.

20. William James, *The Varieties of Religious Experience*. Nova York, 1929, p. 172.

21. *DW* (1876), p. 202.

22. *Pisma*, v. 1, p. 143, 20 fev. 1854.

23. Ibid., p. 142.

24. Walter Lowrie, *Kierkegaard*. Nova York, 1962, v. 2, p. 138. 2 v.

25. Cit. em Walter Ruttenbeck, *Søren Kierkegaard, der Christliche Denker und sein Werk*. Berlim, 1929, p. 225.

17. O SOLDADO DOSTOIÉVSKI [pp. 281-303]

1. *Pisma*, v. 1, p. 143, entre 20 fev. 1854 e o fim do mês.

2. Ibid., p. 138, 22 fev. 1854.

3. Ibid.

4. Ibid., p. 139.

5. A. E. Wrangel, *Vospominánia o F M. Dostoiévskom v Sibérii*. São Petersburgo, 1912, p. 66.

6. *Pisma*, v. 1, pp. 183-4, 13 abr. 1856.

7. Wrangel, *Vospominánia*, p. 34.

8. Ibid., p. 21.

9. Carl Gustav Carus, *Psyche zur Entwick-Lungsgeschichte der Seele*. Pforzheim, 1846, pp. 297-8.

10. Ibid., p. 1.

11. Ibid., p. 93.

12. *Pisma*, v. 1, p. 137, 22 fev. 1854.

13. Wrangel, *Vospominánia*, p. 15.

14. George Kennan, *Siberia and the Exile System*. Nova York, 1891, v. 1, p. 158. 2 v.

15. *Pisma*, v. 2, p. 560, 13 jan. 1856.

16. Wrangel, *Vospominánia*, p. 38.

17. *Pisma*, v. 1, p. 146, 30 jul. 1854.

18. Wrangel, *Vospominánia*, p. 39.

19. Ibid.

20. Ibid., p. 8.

21. Ibid., p. 17.

22. Ibid., p. 18.

23. *Pisma*, v. 2, p. 538, 13 jan. 1856.

24. Wrangel, *Vospominánia*, p. 25.

25. Ibid., p. 39.

26. Ibid., pp. 34-5.

27. Ibid., p. 43.

28. Ibid., p. 50.

29. Ibid., p. 51.

30. *Pisma*, v. 1, pp. 152-3, 4 jun. 1855.

31. Ibid., p. 153.

32 Wrangel, *Vospominánia*, p. 64.

33. *Pisma*, v. 1, pp. 168-76, 23 mar. 1856.

34. Ibid.

35. Ibid.

36. Ibid., p. 178, 24 mar. 1856.

37. Ibid., pp. 184-5, 13 abr. 1856.

38. Ibid., p. 183, 13 abr. 1856.

39. Ibid., p. 187, 23 maio 1856.

40. W. E. Mosse, *Alexander II and the Modernization of Russia*. Nova York, 1962, p. 42.

41. *Pisma*, v. 1, p. 188, 23 maio 1856.

42. Ibid., p. 189, 14 jul. 1856.

43. Ibid., p. 190.

44. Ibid., p. 191.

45. Ibid., p. 189.

46. Ibid., p. 192.

47. Ibid., p. 198, 9 nov. 1856.

48. Ibid., pp. 197-8.

49. Ibid., p. 198.

50. Ibid., v. 1, pp. 205-6, 21 dez. 1856.

51. Ibid., v. 2, pp. 579-80, 9 mar. 1857.

52. Ibid., p. 580.

53. Ibid.

54. Ibid.

55. Ibid., v. 1, p. 228, 30 nov. 1857.

56. Ibid., pp. 253-5, 22 set. 1859.

18. UM CORAÇÃO RUSSO [pp. 304-16]

1. Cit. em Leonid Grossman, "Grajdanskaia smert F. M. Dostoiévskovo", *LN* 22-4 (Moscou, 1935), pp. 688-9.

2. *Pisma*, v. 1, p. 165, 18 jan. 1856.

3. Ibid., p. 166.

4. Ibid.

5. Cit. em A. A. Kornílov, *Óbchtchestvennoie dvijénie pri Aleksandre II*. Moscou, 1909, p. 6.

6. Andrzej Walicki, *The Slavophile Controversy*. Londres, 1975, p. 587.

7. Ver Raoul Labry, *Alexandre Ivanovic Herzen, 1812-1870*. Paris, 1928, p. 356.

8. *Pisma*, v. 1, pp. 166-7.

9. Ibid., p.167.

10. Ibid.

11. I. I. Panáiev, *Sobránie sotchiniénii*. Moscou, 1912, v. 5, pp. 1-11. 6 v.

12. "Pisma A. N. Pleschéieva k F. M. Dostoiévskomu", em *DMI*.

13. No dicionário definitivo da linguagem literária russa, a primeira referência dessa palavra com o sentido de "escapulir sem ser notado, desaparecer" é uma citação de *O duplo*, de Dostoiévski. *Slovar sovremiénnovo Rússkovo literatúrnovo iaziká*. Moscou-Leningrado, 1950-65, v. 14, p. 1116. 17 v.

14. K. Tchukóvski, "Dostoiévski i Pleyada Bielínskovo". In: *N A. Nekrássov: státi i materiáli*. Leningrado, 1926, p. 352.

15. *Pisma*, v. 1, p. 159, 21 ago. 1855.

16. Abbott Gleason aplica a Tchernichévski e a Dobroliúbov os termos utilizados por Nikolai Berdiáiev para caracterizar o niilismo russo em geral. O niilismo, escreveu o filósofo, "cresceu no solo espiritual da ortodoxia, só podia ter aparecido numa alma moldada na ortodoxia. Era o ascetismo ortodoxo virado do avesso, e um ascetismo sem a graça divina. Na base do niilismo russo, quando compreendido em sua pureza e profundidade, estão a rejeição ortodoxa do mundo, sua percepção da verdade de que 'o mundo inteiro jaz na maldade', o reconhecimento do pecado de toda riqueza e todo luxo, de toda profusão criativa na arte e no pensamento. [...] O niilismo considera pecado de luxúria não somente a arte, a metafísica e os valores espirituais, mas também a religião". Ver Nikolai Berdiáiev, *The Origins of Russian Communism*. Ann Arbor, MI, 1960, p. 45, cit em Abbott Gleason, *Young Russia*. Nova York, 1980, p. 103.

17. N. G. Tchernichévski, *Selected Philosophical Essays*. Moscou, 1953, p. 318.

18. Cit. em V. Evguiêniev-Maxímov, Sovremiénnik *pri Tchernichévskom i Dobroliúbove*. Leningrado, 1936, p. 21.

19. *DMI*, pp. 440-1, 30 maio 1858.

20. Ibid., p. 439, 10 abr. 1858.

21. N. G. Tchernichévski, *Izbrannye filossófskie sotchiniénia*. Leningrado, 1950-1, v. 2, pp. 235-6.

22. P. V. Ánnenkov, *Vospominánia i kritítcheskie otchérki*. São Petersburgo, 1879, v. 2, pp. 164, 167.

23. *Pisma*, v. 1, p. 257, 1º out. 1859.

19. AS NOVELAS SIBERIANAS [pp. 317-37]

1. *Pisma*, v. 1, pp. 221-2, 1º jun. 1857.

2 Ibid., v. 2, pp. 585-6, 3 nov. 1857.

3. Ibid., v. 1, p. 236, 31 maio 858.

4. Ibid., v. 2, p. 593, 13 set. 1858.

5. Ibid., pp. 594-5, 13 dez. 1858.

6. Ibid., p. 594.

7. Ibid., p. 593.

8. Ibid., v. 1, p. 246.

9. Ibid., p. 251, 13 set. 1858.

10. Ibid., p. 252, 19 set. 1859.

11. *DVS*, v. 1, p. 323.

12. *Pisma*, v. 1, p. 264, 11 out. 1859.

13. "Pisma M. M. Dostoiévskovo k F. M. Dostoiévskomu", em *DMI*, p. 525, 21 out. 1859.

14. L. P. Grossman, "Derevnia Dostoiévskovo". In: F. M. Dostoiévski, *Seló Stepántchikovo i ego obitáteli*. Moscou, 1935, p. 28.

15. Cit. em *PSS*, v. 3, p. 505.

16. L. P. Grossman, "Dostoiévski–khudojnik". In: *Tvórtchestvo F M. Dostoiévskovo*. Moscou, 1959, pp. 344-8.

17. Traços da forma teatral original ainda são evidentes em *O sonho do titio*, em especial no início do terceiro capítulo, que descreve os personagens como parte do cenário. "Dez horas da manhã. Estamos na casa de Maria Alieksándrovna, na Bolcháya Úlitsa, naquele cômodo que a anfitriã chama de 'meu salão' [...] Esse *salão* tem o assoalho bem pintado e papéis de parede com desenhos sofríveis. No mobiliário, bastante desajeitado, predomina o vermelho. Há uma lareira, sobre ela um espelho, diante do espelho um relógio de bronze com um Cupido de muito mau gosto" (v. 2, p. 303 [22]). O que temos são provavelmente os remanescentes de uma versão intermediária a meio caminho entre indicações cênicas e narrativa. O capítulo começa no presente e depois muda, sem explicação, para o passado, como se Dostoiévski ainda estivesse em dúvida a respeito de como fazer a transição do presente dramático da forma teatral para a narrativa.

18. *Pisma*, v. 3, pp. 85-6, 14 set. 1873.

19. Ibid., v. 1, p. 246, 9 maio 859.

20. Ver Thomas Mann, "Dostoevsky — in Moderation", publicado como prefácio a *The Short Novels of Dostoevsky*. Trad. de Constance Garnett, Nova York, 1945, p. xvii. O original alemão encontra-se em Thomas Mann, *Neue Studien*. Estocolmo, 1948.

21. Ver "Neizdanny Dostoiévski", *LN* 83, Moscou, 1971, p. 607.

22. Além do homem do subsolo e do futuro idiota, dos quais vemos sinais no coronel Rostániev, encontramos também uma prefiguração de Raskólnikov em uma das tramas secundárias. Um jovem e ambicioso caçador de fortunas, variante culta, mas mais covarde de Fomá, persuade Tatiana Ivánovna a fugir com ele. Quando apanhado em flagrante e detido na hora H, o criminoso se revela um Raskólnikov *avant la lettre* que alega que não era inspirado por "motivos mercenários". "Eu empregaria o capital com bom proveito", ele balbucia. "Eu ajudaria os pobres. Também queria contribuir para o avanço da educação contemporânea e sonhava em instituir uma bolsa na universidade" (v. 2, p. 123 [243]).

23. Erich Auerbach, *Mimesis*. Trad. de Willard Trask, Princeton, NJ, 1968, p. 521.

20. A VOLTA AO LAR [pp. 338-44]

1. *Pisma*, v. 1, p. 270, 23 out. 1859.

2. Ibid., v. 2, p. 603.

3. Ibid., p. 605, 9 out. 1859.

4. A. A. Kornilov, *Óbchtchestvennoie dvijénie pri Aleksandre II*. Moscou, 1909, p. 31.

5. *Pisma*, v. 2, p. 593, 13 set. 1858.

6. Ibid., v. 1, p. 286, 12 nov. 1859.

7. Ver o fragmento da carta inédita de Ianóvski para A. G. Dostoiévski em *LN* 86 (1973), p. 377.

8. *DMI*, pp. 490-1.

9. Cit. em William F. Woehrlin, *Chernyshevskii: The Man and the Journalist*. Cambridge, MA, 1971, p. 193.

21. ENTRANDO NA BRIGA [pp. 347-64]

1. G. M. Fridlender, *F M. Dostoiévski — materiáli i issledovánia*. Leningrado, 1974-1983, v. 4, p. 243.

2. Strákhov, *Biográfia*, p. 204.

3. Ibid.

4. Sempre que possível, as referências aos cadernos de Dostoiévski serão feitas aos textos incluídos na edição da Academia de Ciências (*PSS*) de suas obras. As traduções para o inglês devem muito àquelas de *The Unpublished Dostoevsky*. Org. de Carl Proffer. Vários tradutores. Ann Arbor, MI, 1973-6. No entanto, não serão dadas referências a páginas individuais do texto em inglês.

5. A palavra *potchva*, cujo significado literal é "solo", também tem o sentido acessório de "fundação" ou "apoio".

6. Citado em A. S. Dolínin, "F. M. Dostoiévski i N. N. Strákhov". In: N. K. Piksánov; O. V. Tsekhnóvitser (Orgs.), *Chestidesiátie gódi*. Moscou 1940, p. 240.

7. *Biográfia*, pp. 225, 195.

8. Em B. F. Égorov, "Apollon Grigóriev — krítik", *Utchénie Zapíski Tartúskovo Gosudarstviénovo Universiteta* 98 (1960), p. 194.

9. Cit. em A. L. Volínski, *Rússkie krítiki*. São Petersburgo, 1896, p. 684.

10. V. G. Selitrénnikova; I. G. Yakúchkin, "Apollon Grigóriev i Mitya Karamázov", *Filologuit-chéskie Naúki* 1 (1969), pp. 13-24.

11. Apolon Grigóriev, *Sotchinénia*. Org. De N. N. Strákhov. São Petersburgo, 1876, p. 247.

12. Ibid., p. 618.

13. 9-21 jan. 1858; em Apollon Grigóriev, *Materiáli dlya biográfii*. Org. de Vlad Kniájnin. Petrogrado, 1917, p. 217.

14. W. Giusti, "Annotazioni su A. A. Grigorev", *Annali* (Istituto Universitario Orientale, Sezione Slava), 1 (1958), p. 66. Trata-se de uma avaliação extremamente perceptiva da obra e da personalidade de Grigóriev.

15. *Pisma*, v. 1, p. 165, 18 jan. 1856.

16. Cit. em V. V. Zenkovsky, *A History of Russian Philosophy*. Trad. de George L. Kline. Nova York, 1953, v. 1, p. 405. 2 v.

17. Ibid., p. 403.

18. *Biográfia*, p. 223.

19. Ibid., p. 224.

20. Ibid.

21. Ibid., p. 173.

22. Ibid., p. 172.

23. Ibid., p. 200.

24. V. S. Nietcháieva, *Jurnal M. M. i F. M. Dostoiévskikh, Vrêmia, 1861-1863*. Moscou, 1973, p. 65.

25. Ibid., p. 68.

26. Ibid., pp. 68-9.

27. *Biográfia*, p. 220.

28. N. A. Dobroliúbov, *Selected Philosophical Essays*. Trad. de J. Fineberg. Moscou, 1956, p. 199.

29. Aleksandr Herzen, *My Past and Thoughts*. Trad. de Constance Garnett. Rev. de Humphrey Higgens. Nova York, 1968, v. 4, p. 154. 4 v.

22. UMA ESTÉTICA DA TRANSCENDÊNCIA [pp. 365-86]

1. Para uma análise de "O senhor Prokhártchin", ver Joseph Frank, *Dostoevsky: The Seeds of Revolt, 1821-1849* (Princeton, NJ, 1976), 133-6 [Ed. brasileira: *As sementes da revolta, 1821-1849*. São Paulo: Edusp, 2008, pp. 407-10].

2. Jane Delaney Grossman, *Edgar Allan Poe in Russia*. Wurzberg, 1973, p. 34.

3. E. A. Poe, "The Black Cat". In: *Complete Works*. Org. de James A. Harrison. Nova York, 1902; reimpr. 1965, v. 4, p. 146. 17 v.

4. *PSS*, v. 18, pp. 280-1.

5. *Pisma*, v. 1, pp. 183-4, 13 abr. 1856.

6. N. G. Tchernichévski, *Selected Philosophical Essays*. Moscou, 1953, p. 376.

7. N. A. Dobroliúbov, *Selected Philosophical Essays*. Trad. de J. Fineberg. Moscou, 1956, p. 542.

8. Tchernichévski, *Essays*, pp. 317-8.

9. A leitura imaginativa que Dostoiévski faz desse poema recebe alguma confirmação indireta das observações de Roman Jakobson sobre o significado simbólico atribuído à escultura na tradição russa. "É importante ver que em seus poemas [os de Púchkin] a estátua é com frequência chamada de ídolo, algo que muito surpreendera o tsar Nicolau I em *O cavaleiro de bronze*. Quer se trate de Púchkin, o ateu, de Blok, o herege, ou da poesia antirreligiosa de Maiakóvski, os poetas russos foram educados no mundo dos costumes ortodoxos e a obra deles, intencionalmente ou não, está impregnada do *simbolismo da Igreja oriental*. É a tradição ortodoxa, que proibia veementemente a escultura, não a permitia dentro das igrejas e a considerava um pecado pagão ou diabólico (as duas noções eram o mesmo para a Igreja), que sugeriu a Púchkin *a ligação estreita que une estátuas e idolatria, diabolismo e magia*."

Jakobson cita então Gógol para provar que, "do ponto de vista russo, escultura e imagem do paganismo" são inseparáveis. "Ela [a escultura] nasceu no mesmo tempo que o mundo pagão finito", escrevera Gógol, "ela expressava [esse mundo] e morreu ao mesmo tempo. [...] Foi separada do cristianismo por uma fronteira, no mesmo grau que a crença pagã." O artigo de Jakobson, publicado originalmente em tcheco, é citado aqui a partir da tradução francesa de suas críticas selecionadas. Roman Jakobson, "La statue dans la symbolique de Pouchkine". In: *Questions de poétique*. Org. de Tzveran Todorov. Diversos tradutores. Paris, 1973, pp. 186-7.

10. Aqui Dostoiévski parafraseia um poema famoso de Púchkin, "O poeta e a multidão", no qual o poeta diz com desdém para a plebe ignorante: "O Apolo do Belvedere é para vocês um ídolo. / Nele, nenhuma utilidade — utilidade — vocês discernem". *PSS*, v. 18, p. 289.

11. *Pisma*, v. 1, p. 142, 20 fev. 1854.

12. Para mais informações sobre essas questões, ver V. S. Nietcháieva, *Jurnal M. M. i F M. Dostoiévskikh, Vrêmia, 1861-1863*. Moscou, 1973, pp. 155-210, esp. pp. 183, 188.

13. Matthew Arnold, *Poems*. Londres, 1888, p. 214.

14. Em seu prefácio a uma edição de *Humilhados e ofendidos*, L. M. Rosenblyum observa: "Embora na revelação das ideias de Valkóvski não seja visível nenhuma associação direta com o materialismo da [geração dos] anos 1860, pode-se, apesar disso, supor que ela contém, de forma encoberta, um ataque a *O princípio antropológico na filosofia*, obra de Tchernichévski em que são expostos os princípios éticos dos democratas radicais. Essa obra foi publicada um ano antes de *Humilhados e ofendidos*". Ver F. M. Dostoiévski, *Unijénie i oskorblénie*. Org. de L. M. Rosenblyum. Moscou, 1955, p. 25; *PSS*, v. 3, pp. 527-8.

15. Nikolai Strákhov, *lz istórii literatúrnovo niguilizma*. São Petersburgo, 1890; reimpr. Haia, 1967, p. 34.

23. *HUMILHADOS E OFENDIDOS* [pp. 387-401]

1. A. A. Biélkin (Org.), *F. M. Dostoiévski v Rússkoi krítike*. Moscou, 1956, p. 42.

2. I. I. Zamotin, *Dostoiévski v Rússkoi krítike*, 1848-1881. Varsóvia, 1913, pp. 36-7.

3. Cit. em *PSS*, v. 3, p. 529.

4. Biélkin, *Dostoiévski v Rússkoi krítike*, pp. 94-5.

5. K. Mochulsky, Dostoevsky: *His Life and Work*. Trad. de Michael A. Minihan. Princeton, NJ, 1967, p. 210.

6. Nietzsche leu *Humilhados e ofendidos* com grande apreço. Com efeito, de acordo com o relato feito por uma amiga, ele lhe disse que havia folheado o romance com "os olhos transbordando" de lágrimas. O temível Nietzsche se rendeu completamente aos esforços de Dostoiévski para provocar emoções em seus leitores. Como sugeriu Wolfgang Gesemann, o filósofo alemão pode também ter ficado intrigado com o ataque de Dostoiévski ao idealismo sentimental da *"schöne Seele"* [bela alma], bem como "a excitação do encontro com o refinamento criativamente genial do stirnerismo" do príncipe Valkóvski. Ver Gesemann, "Nietzsche's Verhältnnis zu Dostoevsky auf dem europäischen Hintergrund der 80er Jahre", *Die Welt der Slaven* 2 (jul. 1961), pp. 135, 147-50.

7. George Steiner, *Tolstoy or Dostoevsky*. Nova York, 1961, p. 197. [ed. brasileira: *Tolstói ou Dostoiévski*. São Paulo: Perspectiva, 2006].

24. A ERA DAS PROCLAMAÇÕES [pp. 402-14]

1. Franco Venturi, *The Roots of Revolution*. Trad. de Frances Haskel. Nova York, 1966, p. 218.

2. Ibid., p. 199.

3. *ZT*, p. 116.

4. Venturi, *Roots of Revolution*, p. 237.

5. N. V. Chelgunov, *Vospominánia*. Moscou, 1967, v. 1, pp. 333-4. 2 v.

6. Ibid., pp. 338-9.

7. Ibid., p. 336.

8. Strákhov, *Biográfia*, p. 232.

9. Chelgunov, *Vospominánia*, v. 1, p. 164.

10. Ibid., p. 186.

11. L. F. Panteléiev, *Vospominánia*, Org. de S. A. Reiser. Leningrado, 1958, p. 228.

12. Chelgunov, *Vospominánia*, v. 1, p. 187.

13. Esses detalhes foram extraídos do artigo de G. V Krasnov, "Vistupliénie N. G. Therni-chévskovo s vospominániami o N. A. Dobroliúbove 2 Marta 1862 g. kak obchtchestviénoie sóbitie". In: M. V. Netchkina (Org.), *Revoliútsionnoie situátsia v Róssii v 1858-1861*. Moscou, 1965, v. 4, p. 148.

14. *Biográfia*, pp. 232-3.

15. Ibid., pp. 233-4.

16. Cit. em Venturi, *Roots of Revolution*, p. 292.

17. Ibid.

18. B. P. Kozmin, *Iz istórii revoliútsionnoi mísli v Róssii*. Moscou, 1961, p. 252.

19. Venturi, *Roots of Revolution*, p. 293.

20. Ibid.

21. Ibid., pp. 295-6.

22. Cit. em N. G. Rosenblyum, "Peterbúrgskie pojáry 1862 g. i Dostoiévski", *LN* 86 (Moscou, 1973), p. 30.

23. Ibid.

24. Ibid., pp. 49-54.

25. ZT, p. 114.

25. RETRATO DE UM NIILISTA [pp. 415-34]

1. Cit. em *Istória Rússkoi literatúri XIX v.*. Org. de D. N. Ovsiániko-Kulikóvski. Moscou, 1915, v. 3, p. 45. 5 v.

2. B. Eikhenbaum, *Lev Tolstói*. Leningrado, 1928, pp. 223-4, v. 1.

3. I. S. Turguêniev, *Literary Reminiscences*. Trad. de David Magarshack. Nova York, 1958, p. 194.

4. Aleksandr Herzen, *My Past and Thoughts*. Trad. de Constance Garnett. Rev. de Humphrey Higgins. Nova York, 1968, v. 4, pp. 1574-84. 4 v.

5. Ibid.

6. I. S. Turguêniev, *Pisma*. Moscou-Leningrado, 1961, v. 4, p. 303. 13 v.

7. G. M. Fridlender et al., *Istória Rússkovo romana*. Moscou-Leningrado, 1962, v. 1, p. 501.

8. Ver, por exemplo, a observação feita por Píssariev no ensaio "O escolasticismo do século XIX" (1861), segundo a qual "o camponês russo talvez ainda não tenha adquirido suficiente estatura para realizar sua própria personalidade e elevar-se a um razoável egoísmo e respeito por sua própria individualidade" (ou, mais literalmente, seu próprio eu). Dmítri Píssariev, *Selected Philosophical, Social and Political Essays*. Moscou, 1958, p. 77.

9. Cit. em V. E. Evguiêniev-Maxímov, *Sovriémennik pri Tchernichévskom i Dobroliúbove*. Leningrado, 1936, p. 514.

10. P. V. Ánnenkov, *Literatúrnie vospominánia*. São Petersburgo, 1909, pp. 549-50.

11. Evguiêniev-Maxímov, *Sovriémennik*, p. 548.

12. D. I. Píssariev, *Sotchiniénia*. Moscou, 1955, v. 2, pp. 8-9, 10-1.

13. Ibid., pp. 11, 10.

14. Ibid., p. 15.

15. Turguêniev, *Pisma*, v. 4, pp. 358-9.

16. Ibid., p. 385.

17. Nikolai Strákhov, *Krititchéskia státi*. Kíev, 1902-8, v. 1, p. 201.

18. Ibid., p. 37.

19. *Biográfia*, p. 237.

20. *Pisma*, v. 1, p. 302, 31 jul. 1861.

21. *Biográfia*, p. 259.

22. *DMI*, p. 536.

23. Ibid., p. 310, 6 jun.-8 jul. 1862.

24. "O burguês", escreve Herzen, "chora no teatro, movido por sua própria virtude tal como retratada por Scribe, movido por seu heroísmo mercantil e pela poesia do lojista." Cit. em A. S. Dolínin, "Dostoiévski i Guértsen", *Posliédnie románi Dostoiévskovo*. Moscou-Leningrado, 1963, pp. 220-1.

25. A. I. Guértsen (Herzen), *Pólnoie sobránie sotchiniéni*. Moscou, 1954-66, v. 26, pp. 203-4.

26. Ibid., v. 27, p. 247.

27. G. F. Kogan, "Razyskánia o Dostoiévskom", *LN* 86 (Moscou, 1973), p. 596.

28. L. P. Grossman e Viatcheslav Polónski, *Spor o Bakúnine i Dostoiévskom*. Moscou, 1926. Para um resumo espirituoso dos argumentos contrários, que conclui que a tese de Grossman é um mito, ver Jacques Catreau, "Bakounine et Dostoevski", em *Bakounine: Combats et débats*. Paris, 1979, pp. 97-105.

29. Kogan, "Razyskánia", p. 596.

30. *Biográfia*, pp. 243-4.

31. L. P. Lánski (Org.), "N. N. Strákhov o Dostoiévskom", *LN* 86 (Moscou, 1973), p. 560.

32. Ibid.

33. Ibid., pp. 560-1.

34. Ibid., p. 562.

26. OS ÚLTIMOS MESES DE *O TEMPO* [pp. 435-50]

1. N. S. Nekrássov, *Pólnoie sobránie sotchiniéni i píssem*. Moscou, 1948-53, v. 10, pp. 479-80.

2. M. E. Saltikov-Schedrin, *Sobránie sotchiniéni*. Moscou, 1965-77, v. 6, p. 46.

3. *Pisma*, v. 1, pp. 317-8, 17 jun. 1863.

4. Ibid., p. 318.

5. Cit. em V. S. Nietcháieva, *Jurnal M. M. i F. M. Dostoiévskikh, Vrêmia, 1861-1863*. Moscou, 1973, p. 308.

6. *Pisma*, v. 2, p. 605, 9 out. 1859.

7. De acordo com sua intenção, os esboços de Dostoiévski foram geralmente aceitos como um relato confiável de valor documental, e pesquisas posteriores nos arquivos históricos centrais do Exército russo tenderam a confirmar essa avaliação instintiva, embora haja algumas discrepâncias entre os documentos e a versão de Dostoiévski. Notou-se uma tendência a tornar os crimes de seus

compatriotas mais graves do que os registros indicam, e houve quem sugerisse que fez isso para justificar implicitamente a extrema severidade das punições. Mas, uma vez que não tinha como saber quais eram os fatos verdadeiros, confiando apenas no que lhe era contado, ele não deve tê-los distorcido conscientemente. É possível que aquilo que Dostoiévski ouviu estivesse mais perto da verdade do que aquilo que as autoridades foram capazes de verificar a partir do testemunho de informantes camponeses hostis.

8. Víktor Chklóvski, *Za i protiv*. Moscou, 1957, p. 101.

9. Além disso, como escreveu V. A. Tunímanov, para o leitor "não é Goriántchikov que sai da prisão, mas o autor-narrador, isto é, Dostoiévski. A 'conclusão' do livro não é de forma alguma desesperadora e não se deveria, é claro, exagerar o pessimismo das *Recordações* [...]". Ver Tunímanov, *Tvórtchestvo Dostoiévskovo, 1854-1862*. Leningrado, 1980, p. 80.

10. Ibid., p. 75.

11. R. L. Jackson, "The Narrator in Dostoevsky's *Notes from the House of the Dead*". In: *Studies in Russian and Polish Literature, in Honor of Waclaw Lednicki*. Haia, 1962, p. 197.

12. K. Mochulsky, *Dostoevsky: His Life and Work*. Trad. de Michael A. Minihan. Princeton, NJ, 1967, p. 186.

13. Jacques Carteau, "De la structure de la *Maison des morts* de F. M. Dotoevskij". *Revue des Etudes Slaves* 54 (1982), pp. 63-72.

14. Chklóvski, *Za i protiv*, p. 107.

15. B. M. Eikhenbaum, *The Young Tolstoy*. Trad. de Gary Kern. Ann Arbor, MI, 1972, p. 77.

16. L. N. Tolstói, *Tales from Army Life*. Trad. Louise e Aylmer Maude. Londres, 1951, p. 105.

17. I. S. Turguêniev, *Pisma*. Moscou-Leningrado, 1961, v. 6, p. 66. 13 v.

18. Cit. em *PSS*, v. 4, p. 296.

19. Ibid., p. 297.

27. *NOTAS DE INVERNO SOBRE IMPRESSÕES DE VERÃO* [pp. 451-64]

1. Roman Jakobson, "Der Russische Frankreich-Mythus", *Slavische Rundschau* 3 (1931), pp. 636-42.

2. *Pisma*, v. 1, p. 310, 26 jun.-8 jul. 1862.

3. Walter Houghton observa que a Exposição Mundial de 1851 foi saudada geralmente pela "identificação do progresso com o espírito de Deus", e ele cita um trecho de Charles Kingsley, que escreveu que "foi às lágrimas; para ele [entrar no Palácio de Cristal] foi como entrar em um lugar sagrado". Poucos dias depois, Kingsley pregou um sermão em que viu tudo o que o Palácio simbolizava como "provas do Reino de Deus, a realização dos dons que Cristo recebeu para os homens, mais vasto do que tudo o que eles [nossos ancestrais] haviam sonhado". "Walter E. Houghton, *The Victorian Frame of Mind, 1830-1870*. New Haven, 1957, p. 43.

4. É impressionante observar a semelhança entre as observações de Dostoiévski sobre Londres e as de Friedrich Engels em *A condição da classe trabalhadora na Inglaterra*. "Centenas de milhares de pessoas de todas as classes e camadas da sociedade se amontoam umas sobre as outras [nas ruas]. [...] Enquanto isso, não ocorre a ninguém que os outros merecem sequer um olhar. A indiferença brutal, o isolamento insensível de cada indivíduo em seu interesse privado se tornam tanto mais

repulsivos e ofensivos quanto mais esses indivíduos são empurrados para um espaço minúsculo. Sabemos muito bem que esse isolamento do indivíduo, esse egoísmo tacanho, é em toda parte o princípio fundamental da sociedade moderna. [...] Disso decorre que a guerra social — a guerra de todos contra todos — foi declarada abertamente. Como em Stirner, os homens aqui consideram uns aos outros apenas objetos úteis." Cit. em Steven Marcus, *Engels, Manchester and the Working Class*. Nova York, 1975, p. 147. Geoffrey C. Kabat faz uma comparação detalhada entre essa obra de Engels e *Notas de inverno* em *Ideology and Imagination*. Nova York, 1978, pp. 74-91.

5. Herzen, *My Past and Thoughts*. Trad. de Constance Garnett. Rev. De Humphrey Higgins. Nova York, 1968, v. 4, pp. 1688-9. Minha tradução difere ligeiramente daquela proposta nesse texto.

6. *Pisma*, v. 1, p. 78, 4 maio 1845.

28. UMA MULHER EMANCIPADA, UM AMANTE ATORMENTADO [pp. 465-80]

1. *Pisma*, v. 1, p. 318, 17 jun. 1863.

2. *Biográfia*, p. 173.

3. F. M. Dostoiévski, *The Gambler, with Polina Suslova's Diary*. Trad. de Victor Terras. Org. de Edward Wasiolek. Chicago, 1972, p. 365. A fonte russa do diário e das cartas de Súslova é A. S. Dolínin, *Gódi blizósti s Dostoiévskim*. Moscou, 1928.

4. Ibid., p. 364.

5. L. P. Grossman, *Put Dostoiévskovo*. Leningrado, 1929, p. 154.

6. *The Gambler, with Polina Suslova's Diary*, p. 257.

7. *Pisma*, v. 1, pp. 323-6, 1º set. (novo estilo) 1863.

8. Ibid., p. 330, 8-20 set. 1863.

9. Ibid., p. 324, 1º set. (novo estilo) 1863.

10. Ibid.

11. *The Gambler, with Polina Suslova's Diary*, p. 202.

12. Ibid.

13. Ibid., p. 203.

14. Ibid., p. 206.

15. Ibid., p. 207.

16. Ibid., pp. 209-10.

17. Ibid., p. 211.

18. Ibid., pp. 211-2.

19. Ibid., p. 213.

20. Ibid., p. 214.

21. Ibid.

22. Ibid., p. 215.

23. *Pisma*, v. 1, p. 330, 8-20 set. 1863.

24. Ibid., p. 331.

25. *DMI*, p. 543.

26. *Pisma*, v. 1, pp. 329-31, 8-20 set. 1863.

27. Ibid., p. 335.

28. Ibid., p. 331.

29. Em um artigo que teve grande influência sobre a história do pensamento russo, Ivan Ki-reiévski declarou que "o mundo clássico do paganismo antigo, que a Rússia não teve em sua heran-ça, representava, em sua essência, um triunfo da razão humana formal", o que levou, entre outros desastres, "ao papa [tornar-se] chefe da Igreja, em vez de Jesus Cristo [...] a totalidade da fé foi sus-tentada pela escolástica silogística; a Inquisição, o jesuitismo, em uma palavra, todas as peculiarida-des do catolicismo desenvolvidas através do poder do mesmo processo formal de raciocínio, de modo que o próprio protestantismo, que os católicos acusam de racionalismo, se desenvolveu dire-tamente do racionalismo do catolicismo. Uma mente perspicaz poderia ver com antecedência, nesse triunfo final da razão formal sobre a fé e a tradição, todo o destino atual da Europa, como re-sultado de um princípio falacioso: Strauss e a nova filosofia em todos os seus aspectos; o industrialis-mo como mola mestra da vida social; a filantropia baseada num egoísmo calculado; o sistema de educação acelerado pelo poder da inveja despertada; Goethe, o coroamento da poesia alemã, o Talleyrand literário, que muda a sua beleza como os outros mudam seus governos; Napoleão, o herói de nosso tempo, o ideal do cálculo desalmado; a maioria numérica, fruto da política raciona-lista; e Luís Filipe, o mais recente resultado dessas esperanças e desses experimentos caros!". Essas palavras ilustram o alcance sugestivo do pensamento eslavófilo, que coincide com as ideias de Dos-toiévski. Ver Nicholas V. Riasanovsky, *Russia and the West in the Teaching of the Slavophils*. reimpr. Gloucester, MA, 1965, p. 96.

30. *The Gambler, with Polina Suslova's Diary*, pp. 218-20.

31. *Pisma*, v. 1, p. 333.

32. Ibid., p. 337, 18 out. 1863.

33. Ibid., p. 338.

34. Ibid.

35. Ibid., p. 339, 10 nov. 1863.

29. A PRISÃO DA UTOPIA [pp. 481-96]

1. *DMI*, p. 543.

2. *Pisma*, v. 1, p. 341, 19 nov. 1863.

3. "Os números de *O Contemporâneo* em que ele fora publicado", escreve Andrzej Walicki, "foram preservados com imensa devoção, como se fossem herança de família. Para muitos da nova geração, o romance tornou-se uma verdadeira 'enciclopédia de vida e conhecimento'. Plekhánov declarou que 'nenhuma obra impressa teve um sucesso tão grande na Rússia quanto *O que fazer?*, de Tchernichévski'." Andrzej Walicki, *A History of Russian Thought*. Trad. de Hilda Andrews-Rusiecka. Oxford, 1975, p. 190.

4. N. G. Tchernichévski, *Tchto diélat?*. Moscou, 1955, pp. 129, 135.

5. *Pisma*, v. 1, p. 345, 10 jan. 1864.

6. L. P. Lanski, "Dostoiévski v neizdánoi perepiske sovremiénikov (1837-1881)", *LN* 86 (Mos-cou, 1973), p. 393, jan. 1864.

7. *Pisma*, v. 1, p. 347, 9 fev. 1864.

8. Ibid., p. 349, 29 fev. 1864.

9. Na revista, uma nota de rodapé anexada ao título da obra anunciava que o primeiro fascículo "deveria ser considerado uma introdução ao livro todo, quase um prefácio". Essa frase foi eliminada na reimpressão. Ver o comentário e as variantes textuais em *PSS*, v. 5, pp. 375; 342.

10. *Pisma*, v. 2, p. 608, 9 out. 1859.

11. Ibid., p. 612, 20 mar. 1864.

12. Ibid.

13. Ibid., v. 2, p. 353, 26 mar. 1864.

14. Ibid., p. 355, 2 abr. 1864.

15. Ibid., p. 362, 13 abr. 1864.

16. Ibid., p. 365.

17. Ibid., v. 1, p. 142, 20 fev. 1854.

18. Ibid., p. 58, 1º jan. 1840.

19. Timothy Ware, *The Orthodox Church*. Baltimore, 1963, pp. 224-5.

30. *MEMÓRIAS DO SUBSOLO* [pp. 497-531]

1. N. K. Mikháilovski, "Jestóki talant". In: A. A. Biélkin (Org.), *F. M. Dostoiévski v Rússkoi krítike*. Moscou, 1956, pp. 306-84.

2. V. V. Rozanov, *Dostoevsky and the Legend of the Grand Inquisitor*. Trad. de Spencer E. Roberts. Ithaca, NY, 1972, p. 35.

3. V. L. Komaróvitch, "'Mirovaia garmónia', Dostoiévskovo". In: Donad Fanger (Org.), *O Dostoiévskom*. Providence, RI, 1966, pp. 119-49.

4. Publicado originalmente em periódico tcheco, o ensaio foi reimpresso em A. Skáftimov, *Nravstviénie iskánia Rússkikh píssatielei*. Moscou, 1972, pp. 70, 96.

5. A. I. Guértsen (Herzen), *Pólnoie sobránie sotchiniéni*. Moscou, 1954-66, v. 6, p. 36. 30 v.

6. Muito perto do fim de sua vida, Herzen escreveu uma carta reveladora a seu filho, Aleksandr, na qual deixou perfeitamente claro o que pensava. O jovem Herzen, então um fisiologista famoso, publicara um curso em que toda a atividade animal e humana era interpretada como função do sistema nervoso reflexo e concluía, tal como Tchernichévski, que o livre-arbítrio era uma ilusão. Seu pai replicou: "Em todas as épocas, o homem busca sua autonomia, sua liberdade, e, embora impelido por necessidade, *não quer agir, exceto de acordo com sua própria vontade*; ele não deseja ser um coveiro passivo do passado ou uma parteira inconsciente do futuro; considera a história sua obra livre e indispensável. Acredita em sua liberdade como acredita na existência do mundo externo como se apresenta a ele, porque confia em seus olhos e porque, sem essa confiança, não poderia dar um passo. A liberdade moral é, portanto, uma realidade psicológica ou, se você quiser, uma realidade antropológica". Não se poderia dar uma declaração mais expressiva da própria concepção existencial da liberdade e da liberdade moral de Dostoiévski. Ver A. I. Guértsen (Herzen), *Izbránie filosófskie proizvediénia*. Moscou, 1946, v. 2, p. 283.

7. *Pisma*, v. 1, p. 178, 24 mar. 1856.

8. O personagem principal de *Viagem a Icária*, de Cabet, um filantropo reformador, também derrota uma coalizão de reacionários coroados em Austerlitz. Dostoiévski já está sugerindo aqui a tendência de reformadores sociais radicais a identificar-se com Napoleão. Ver *PSS*, v. 5, p. 386.

9. *Pisma*, v. 1, p. 353, 26 mar. 1864.

31. O FIM DE *A ÉPOCA* [pp. 532-44]

1. *Pisma*, v. 1, p. 375, primeira semana jul. 1864.
2. Ibid., v. 4, pp. 272-3, 29 jul. 1864.
3. Ibid., v. 1, p. 399, 5 abr. 1865.
4. Ibid., p. 400, 14 abr. 1865.
5. Ibid., p. 401.
6. Ibid., p. 396, 31 mar. 1865.
7. Ibid., pp. 397-8.
8. Ibid., p. 398.
9. Ibid., 9 abr. 1865.
10. Ibid., p. 401, 14 abr. 1865.
11. Ibid., pp. 401-2.
12. As cartas de Martha Pánina foram publicadas por G. Prókhorov em "Nerazvernúvchiisia roman F. M. Dostoiévskovo", *Zviénia* 5 (1936), pp. 582-98; a cit. está na página 600.
13. Ibid.
14. S. V. Kovaliévskaia, *Vospominánia*. Moscou, 1974, p. 70.
15. Ibid., p. 73.
16. Ibid., p. 50.
17. Ibid., p. 77.
18. S. V. Bielov, "Z. A. Trubetskaia, Dostoiévski i A. P. Filósofova", *Rússkaia Literatura* 3 (Moscou, 1973), p. 117.
19. Kovaliévskaia, *Vospominánia*, p. 81.
20. Ibid., p. 88.

32. KHLESTAKOV EM WIESBADEN [pp. 547-64]

1. *PSS*, v. 28/Livro 2, pp. 121-2, 19 abr. 1865.
2. O que existe de informações sobre Súslova (1839-1918) vem de seu marido, V. V. Rozánov, figura de moral duvidosa que por vezes defendeu um antissemitismo feroz e escreveu ao mesmo tempo para jornais progressistas e reacionários sob diferentes pseudônimos. Rozánov e Súslova se casaram quando ele tinha vinte anos e ela, quarenta. Depois de seis anos, ela fugiu com um amante judeu de boa família e educação que trabalhava no comércio de livros. Rozánov recusou-se a dar-lhe uma separação legal na esperança de que ela voltasse; ela então se recusou a conceder-lhe o divórcio, mesmo quando mais tarde ele teve vários filhos com uma mulher com quem desejava se casar. Quando Rozánov apelou ao sogro, com quem ela morava na época, o velho respondeu que "o inimigo da raça humana se instalou comigo agora, e [se tornou] impossível para mim viver aqui". Um dos amigos de Rozánov, que foi pleitear junto a Súslova quando ela estava com mais de sessenta anos, mencionou a implacabilidade feroz de seu ódio.

Em carta escrita em 1902, Rozánov descreve o primeiro encontro deles quando ele tinha dezessete anos e ela, 37. Ela era, segundo ele, "sublime [...] Eu nunca tinha visto uma mulher russa como ela, e se é russa, então [...] uma Mãe de Deus dos flagelantes". (A Mãe de Deus da seita flagelante exercia um poder autocrático absoluto sobre os membros de seu grupo.) Ver Leonid Grossman, *Put Dostoiévskovo*. Moscou, 1928, pp. 134-7, e Anatole Leroy-Beaulieu, *L'Empire des tsars et les Russes*. Paris, 1990, p. 1197.

3. *PSS*, v. 28/Livro 2, p. 127, 8 jun. 1865.

4. Ibid., p. 128, 3-15 ago. 1865.

5. Ibid., p. 129, 20 ago. 1865.

6. Ibid., pp. 129-30, 10-22 ago. 1865.

7. Ibid.

8. Ibid., pp. 130-2, 12-24 ago. 1865.

9. Ibid.

10. Padre Gueórgui Floróvski, *Puti Rússkovo bogoslóvia*. Paris, 1983, p. 390.

11. N. N. Glubokóvski, *Rússkaia bogoslóvskia naúka v ieió istorítcheskom razvitii i noviéichem sostoiánii*. Varsóvia, 1928, p. 17.

12. *PSS*, v. 28/Livro 2, p. 259, 18 fev.-1º mar. 1868.

13. Ibid., pp. 136-8, 15-27 set. 1865.

14. Ibid., p. 150, 18 fev. 1866.

15. Ibid.

16. Ibid., p. 151.

17. Dostoiévski, *The Gambler, with Polina Suslova's Diary*. Trad. Victor Terras. Org. de Edward Wasiolek. Chicago, 1972, pp. 301-2.

18. Cit. em *PSS*, v. 7, p. 346.

19. Ibid., p. 349.

20. *PSS*, v. 28/Livro 2, p. 150, 18 fev. 1866.

21. Ibid., p. 151.

22. Ibid., p. 152.

23. O incidente é relatado nas memórias de Maria Ivánova, sobrinha de Dostoiévski. Ver *DVS*, v. 2, p. 48.

24. Ver as reminiscências de Z. K. Ralli, que conheceu o grupo Ichútin e o próprio Karakózov, e cita esse trecho de Weinberg em suas próprias memórias. "Iz vospominánia Z. K. Ralli". In: B. I. Góriev; B. P. Kozmin (Orgs.), *Revoliutsiónoie dvijénie 1860 godov*. Moscou, 1932, p. 143.

25. Cit. em A. A. Kornílov, *Obsbtchéstvenoie dvijénie pri Aleksandre II, 1835-1881*. Moscou, 1909, p. 175.

26. Cit. em Henri Granjard, *Ivan Tourguénev et les courants politiques et sociaux de son temps*. Paris, 1954, p. 336.

27. Cit. em Kornei Chukovsky, *The Poet and the Hangman*. Trad. de R. W Rotsel. Ann Arbor, MI, 1977, p. 40.

28. Ibid., pp. 40-1.

29. Ibid., pp. 18-9.

30. *PSS*, v. 28/Livro 2, p. 154, 25 abr. 1866.

31. Franco Venturi, *The Roots of Revolution*. Trad. Francis Haskell. Nova York, 1966, pp. 332-4.

32. O grupo de Ichútin preparou o caminho para Serguei Nietcháiev alguns anos mais tarde, e muitas das pessoas recrutadas por Nietcháiev foram iniciadas em atividades revolucionárias por Ichútin. Esse primeiro grupo estava organizado em duas seções: uma, chamada "Organização", se

dedicava à agitação e à propaganda; a segunda, chamada "Inferno", dedicava-se ao terrorismo contra as classes proprietárias de terras e contra o governo, e o objetivo final era o assassinato do tsar. "Um membro do 'Inferno'", de acordo com Ichútin, "deve viver com nome falso e romper todos os laços familiares; não deve casar-se; deve desistir de seus amigos; e, em geral, deve viver com um único e exclusivo objetivo: um amor e devoção infinitos a seu país e seu bem."

Ichútin e aqueles como ele eram implacavelmente contra a emancipação dos servos e qualquer tentativa de promover ou implementar reformas democráticas, porque isso impediria uma revolução mais profunda. Venturi observa que "essa violenta oposição às reformas coincidia inevitavelmente com a opinião dos nobres mais reacionários que sempre se opuseram à emancipação dos servos e que agora continuavam a criticá-la" (ibid., pp. 334-8). Veremos Dostoiévski fazendo a mesma identificação entre extrema esquerda e extrema direita em suas cartas e em *Os demônios*.

33. *PSS*, v. 28/Livro 2, pp. 154-5, 25 abr. 1866.

34. Ibid., p. 155.

35. Ibid., p. 156, 29 abr. 1866.

36. Ibid., p. 157, 9 maio 1866.

37. M. A. Ivánova, "Vospominánia", *DVS*, v. 2, p. 41.

38. *PSS*, v. 28/Livro 2, p. 160, 17 jun. 1866.

39. Ivánova, *DVS*, v. 2, p. 41.

40. N. Fon-Fokht, "K biográfia F. M. Dostoiévskovo", *DVS*, v. 2, p. 56.

41. *PSS*, v. 28/Livro 2, p. 166, 10-15 jul. 1866.

42. Ibid.

43. Cit. em *PSS*, v. 7, p. 326.

44. *PSS*, v. 28/Livro 2, p. 164, 8 jul. 1866.

45. Ibid., p. 167, 19 jul. 1866.

33. DE NOVELA A ROMANCE [pp. 565-76]

1. A questão permanece em aberto, embora a segunda hipótese me pareça mais plausível. É difícil imaginar Dostoiévski começando com um assassinato sem motivo. Gary Rosenshield, cuja análise perspicaz das técnicas de narração é um dos melhores estudos dedicados a *Crime e castigo*, escreve que "a preocupação do narrador com a sua memória atual do passado talvez indique que *Crime e castigo* fosse originalmente um estudo psicológico de um criminoso somente depois do assassinato". Ver Gary Rosenshield, *Crime and Punishment*. Lisse, 1978, pp. 15, 17.

É provável que o primeiro capítulo extraviado estivesse em um caderno que Dostoiévski perdeu. Há uma referência a esse caderno perdido em *PSS*, v. 28/Livro 2, p. 157, 9 maio 1866.

2. Ver *The Notebooks for Crime and Punishment*. Org. e trad. de Edward Wasiolek. Chicago, 1967, p. 101. Minhas citações dos cadernos foram extraídas dessa obra indispensável, com algumas pequenas alterações.

3. L. M. Rosenblyum acredita que Dostoiévski emprega o termo *tselomúdrenno* para ressaltar a impropriedade de um narrador em primeira pessoa que descreve o assassinato em toda a sua crueza naturalista repulsiva. Pode também, em sua opinião, aplicar-se à *rapidez* com que Raskólni-

kov, como inicialmente esboçado, resolve o problema moral causado pelo assassinato através de seu arrependimento. Ver Rosenblyum, *Tvórtcheskie dnievniki*. Moscou, 1981, pp. 272-3.

4. Para uma discussão dos pontos de vista de Bakhtin, ver meu ensaio "The Voices of Mikhail Bakhtin". In: *Through the Russian Prism*. Princeton, NJ, 1990, pp. 18-33.

5. Ver E.-M. de Vogüé, *Le Roman Russe*. Paris, 1910, p. 253.

34. *CRIME E CASTIGO* [pp. 577-608]

1. Mikhail Bakhtin, *Problems of Dostoevsky's Poetics*. Trad. e org. de Caryl Emerson. Minneapolis, MN, 1984, p. 258.

2. Ian Watt, *Conrad in the Nineteenth Century*. Berkeley; Los Angeles, 1979, p. 280.

3. Lord Byron, *Complete Poetical Works*. Cambridge, MA, 1905, p. 371.

4. Sônia, que estabelece o padrão moral do romance, jamais se culpa por ser uma prostituta, que é a sua única maneira de praticar o ágape em relação à sua família, mas lamenta-se amargamente por não ter dado a Katierina Ivánovna alguns punhos de manga que comprara para se enfeitar. Katierina os pediu de presente, mas Sônia se recusou com a fria pergunta utilitarista: "Para que a senhora quer isso, Katierina Ivánovna?". Ela nunca se perdoara por essa traição do ágape, essa oportunidade de dar à mulher moribunda um momento de felicidade (6: 245 [330]).

35. "UM PEQUENO DIAMANTE" [pp. 609-22]

1. As memórias de Anna Grigórievna, *Vospominánia*, não foram concluídas por ela, e uma seleção do manuscrito foi publicada pela primeira vez em 1925 por L. P. Grossman. Uma versão revisada veio a lume em 1971, organizada por S. V. Belov e V. A. Tunímanov, a qual foi traduzida para o inglês com o título de *Reminiscences*. Em 1973, um volume do anuário histórico-literário *Literatúrnoie Nasliédstvo* publicou uma parte até então não decifrada do diário taquigrafado de Anna do período de namoro. Esse relato preenche as lacunas, bem como às vezes diverge do que ela incluiu nas memórias escritas nos últimos anos de sua vida.

2. Anna Dostoévskaia, *Reminiscences*. Trad. e org. de Beatrice Stillman. Nova York, 1975, p. 10.

3. Ibid., p. 4.

4. Ibid., p. 15.

5. Ibid., p. 16.

6. Ibid., pp. 16-7.

7. Ibid., p. 18.

8. A. G. Dostoiévskaia, "Dnievniki i vospominánia", *LN 86* (Moscou, 1973), p. 222.

9. *Reminiscences*, p. 21.

10. Ibid., p. 19.

11. Ibid., p. 22.

12. Ibid., pp. 24-6.

13. Ibid., p. 26.

14. "Dnievniki", p. 225.

15. *Reminiscences*, p. 27.

16. Ibid., pp. 27, 28.

17. "Dnievnikí", p. 262.

18. *Reminiscences*, p. 30.

19. Ibid.

20. "Dnievniki", p. 243.

21. *Reminiscences*, p. 32.

22. Ibid.

23. "Dnievniki", p. 263.

24. *Reminiscences*, p. 36.

25. Ibid., p. 40.

26. Ibid., pp. 41-2.

27. Ibid., pp. 44-5.

28. Ibid., p. 46.

29. Mikhail Dostoiévski tivera uma amante chamada Praskóvia Petrovna Aníkieva, de quem tinha um filho, e Dostoiévski também contribuía para o sustento deles. Há uma referência a ela em A. G. Dostoiévskaia, *Dnievnik A. G. Dostoiévskoi 1867 g.* Moscou, 1923, p. 111.

30. *Reminiscences*, p. 65.

31. Ibid., p. 69.

32. Ibid. p. 76.

36. *O JOGADOR* [pp. 623-34]

1. *PSS*, v. 28/Livro 2, pp. 50-1.

37. FUGA E EXÍLIO [pp. 635-54]

1. Anna Dostoévskaia, *Reminiscences*. Trad. e org. de Beatrice Stillman. Nova York, 1975, pp. 6, 79.

2. Ibid., p. 80.

3. Ibid., p. 86.

4. Ibid., p. 91.

5. Ibid., p. 90.

6. Ibid., p. 92.

7. Ibid., p. 97.

8. Ibid., p. 100.

9. Ibid., p. 109.

10. Ibid., p. 110.

11. Ibid., p. 112.

12. Ibid., p. 114.

13. *Dnievnik A. G. Dostoiévskoi, 1867 g.* Moscou, 1923, pp. 173, 33-5, 59. Esta obra foi traduzida

para o inglês a partir de uma versão para o alemão, com o título *The Diary of Dostoevsky's Wife*. Org. de Rene Fülöp-Miller e dr. Fr. Eckstein. Trad. de Madge Pemberton. Nova York, 1928. Utilizei essa tradução como base para minhas citações do texto original.

14. Ibid., p. 35.

15. *PSS*, v. 28/Livro 2, p. 182.

16. *Dnievnik A. G. Dostoiévskoi*, p. 28.

17. Ibid., p. 48.

18. Ibid., p. 40.

19. *PSS*, v. 28/Livro 2, p. 204, 16-28 ago. 1867.

20. Ibid., pp. 184-5, 5-17 maio 1867.

21. Ibid., p. 186, 6-18 maio 1867.

22. Ibid., pp. 196-8, 12-24 maio 1867.

23. Ibid., p. 192, 9-21 maio 1867.

24. *Dnievnik A. G. Dostoiévskoi*, p. 116.

25. *Reminiscences*, pp. 127-8.

26. *Dnievnik A. G. Dostoiévskoi*, p.185.

27. Ibid., p. 184.

28. Ibid., p. 311.

29. Ibid., pp. 189, 186.

30. Ibid., p. 188.

31. *Reminiscences*, p. 132.

32. *Dnievnik A. G. Dostoiévskoi*, p. 322.

33. Ibid., pp. 223-4.

34. Ibid.

35. Ibid., pp. 269-70.

36. Ibid., p. 280.

37. Ibid., pp. 322-3, 326.

38. Ibid., pp. 339, 342.

39. Ibid., pp. 345-6.

40. Ibid., p. 352.

41. *PSSiP*, v. 9, p. 143.

42. *PSS*, v. 28/Livro 1, p. 244, 9 nov. 1856.

43. *Dnevnik A. G. Dostoevskoi*, p. 185.

44. Ibid., p. 223.

45. *PSSiP*, v. 5, p. 67.

46. Ibid., p. 628.

47. Ibid., pp. 232-3.

48. *PSS*, v. 28/Livro 2, p. 450, n. 31.

49. "Pisma Máikova k Dostoiévskomu", em *DSiM*, v. 2, pp. 338-9.

50. *PSS*, v. 28/Livro 2, p. 210, 16-28 ago. 1867.

51. Ibid., p. 211.

52. Ibid., pp. 203-4.

53. Ibid.

54. *Dnievnik A. G. Dostoiévskoi*, p. 214.

55. *PSS* v. 28/Livro 2, p. 211.

56. *PSSiP*, v. 7, pp. 17-8.

38. EM BUSCA DE UM ROMANCE [pp. 655-71]

1. *Dnievnik A. G. Dostoiévskoi, 1867 g.* Moscou, 1923, pp. 361-6.

2. *PSS*, v. 28/Livro 2, p. 207, 16-28 ago. de 1867.

3. Ibid., pp. 208, 214.

4. Ibid., p. 207.

5. Ibid., pp. 203, 204, 206.

6. Ibid., p. 206.

7. Aleksandr Herzen, *My Past and Thoughts*. Trad. de Constance Garnett. Rev. de Humphrey Higgins. Nova York, 1968, p. 169. 4 v.

8. Cit. nas notas de A. G. Dostoiévskaia, "Dnevniki i vospominánia", *LN* 86 (Moscou, 1973), p. 284, n. 26.

9. *PSS*, v. 28/Livro 2, p. 217, 3-15 set. 1867.

10. Ibid., pp. 224-5, 29 set.-11 out. 1867.

11. "Dnevniki", p. 197.

12. Ibid., p. 247.

13. Ibid., p. 227.

14. Ibid., p. 84.

15. *PSS*, v. 28/Livro 2, p. 235, 6-18 nov. 1867.

16. "Dnevniki", p. 276.

17. *PSS*, v. 28/Livro 2, p. 358, 1-13 nov. 1867.

18. Ibid., p. 239, n.10.

19. Ibid., p. 222, n.13.

20. Ibid., p. 228, 9-21 out. 1867.

21. *DSiM*, v. 2, p. 343, 3 nov. 1867.

22. *PSS*, v. 28/Livro 2, p. 259, n. 23.

23. *DSiM*, v. 2, p. 341, 20 set. 1867.

24. *PSS*, v. 28/Livro 2, p. 227, n. 8.

25. Ibid., p. 243, n. 14.

26. Para essa distinção, ver Reinhold Niebuhr, *The Nature and Destiny of Man*. Nova York, 1964, v. 2, pp. 15-34. 2 v. Essa profunda discussão enfatiza que o sonho messiânico está enraizado em todas as culturas que acreditam que o propósito de Deus será realizado na história e através dela. Niebuhr também ressalta que esses dois tipos estão inevitavelmente enlaçados.

27. *PSS*, v. 28/Livro 2, p. 254, 1-13 fev. 1868.

28. Fiódor Dostoiévski, *The Notebooks for* The Idiot. Trad. de Katherine Strelsky. Org. com intr. de Edward Wasiolek. Chicago, 1967, pp. 7-8. Minhas citações são extraídas dessa tradução.

29. *PSS*, v. 28/Livro 2, p. 240, 31 dez. 1867-12 jan. 1868.

30. Ibid., pp. 240-1.

31. Ibid., p. 251.

32. Ibid.

39. UM PAI INCONSOLÁVEL [pp. 672-86]

1. "Pisma Máikova", *DSiM*, v. 2, p. 343.

2. *PSS*, v. 28/Livro 2, p. 252, 1-13 jan. 1868.

3. Ibid., p. 258, 18 fev.-1º mar. 1868.

4. Ibid., p. 281, 21-22 mar.-2-3 abr. 1868. Compare-se esse trecho com o que um dos mais perspicazes analistas ocidentais da cultura russa, Anatole Leroy-Beaulieu, escreveu sobre a atitude do povo russo em relação ao tsar apenas dois anos depois da morte de Dostoiévski (1883). Ele estava falando sobre as relações entre a Igreja e o Estado no Império Russo: "Se o tsar continua a ser um leigo secular, e se, em assuntos religiosos, bem como em questões cívicas, o imperador age na sua qualidade de chefe de Estado, não é como chefe de um Estado secular no sentido moderno ou ocidental. O tsar, embora não tenha status eclesiástico, para a massa do povo tem status religioso. Ele é o ungido do Senhor, estabelecido pela mão divina para salvaguardar e conduzir o povo cristão. Sua unção sob a cúpula estreita da Catedral de Uspiénski o dotou da virtude do sagrado. Sua dignidade não tem igual debaixo do Céu. Seus súditos de todas as classes lhe fizeram, coletiva e individualmente, um juramento de fidelidade sobre o Evangelho". Anatole Leroy-Beaulieu, *L'Empire des tsars et les Russes*, Paris, 1990, p. 1033.

5. *PSS*, v. 28/Livro 2, p. 282, n. 12.

6. Anna Dostoiévskaia, *Reminiscences*. Trad. e org. de Beatrice Stillman. Nova York, 1975, p. 142.

7. *PSS*, v. 28/Livro 2, pp. 272-3, 2-14 mar. 1868.

8. *Reminiscences*, p. 146.

9. *PSS*, v. 28/Livro 2, pp. 277-8, n. 12; 21-22 mar.-2-3 abr. 1868.

10. "Pisma Máikova", *DSiM*, v. 2, p. 345.

11. *PSS*, v. 28/Livro 2, pp. 279-80, n. 12.

12. Ibid., p. 278.

13. Fiódor Dostoiévski, *The Notebooks for* The ldiot. Trad. de Katherine Strelsky. Org. com intr. de Edward Wasiolek. Chicago, 1967, p. 160.

14. Robin Feuer Miller, *Dostoevsky and* The Idiot. Cambridge, MA, 1981, p. 79.

15. Ibid., p. 81.

16. *PSS*, v. 28/Livro 2, p. 285, 23 mar.-4 abr. 1868.

17. Ibid., p. 286.

18. *Reminiscences*, p. 147.

19. *PSS*, v. 28/Livro 2, p. 297, 18-30 maio 1868.

20. Ibid., p. 298.

21. Ibid., p. 300, 9-21 jun. 1868.

22. Ibid., p. 298, 18-30 maio 1868.

23. Ibid., p. 302, 22 jun.-4 jul. 1868.

24. Ibid., p. 481, n. 3, fim ago.-início set. 1868.

25. Ibid., pp. 309-10, 21 jul.-2 ago. 1868.

26. "Pisma Máikova", *DSiM*, v. 2, p. 350.

27. *PSS*, 28/Livro 2, p. 482, n. 13.

28. Ibid., p. 310, n. 14.

29. Ibid., p. 321, 26 out.-7 nov. 1868.

30. A. N. Máikov, "Pisma k F. M. Dostoiévskomu", *Pámyatniki kultúri*. Org. de N. T. Achimbáieva. Leningrado, 1984, p. 70.

31. *PSS*, v. 28/Livro 2, p. 322, n. 21.

32. Ibid., p. 323-4, 26 out.-7 nov. 1868.

33. Katherine Strelsky, "Dostoevsky in Florence". *Russian Review* 23 (1964), pp. 149-63.

34. *PSS* 28/Livro 2, p. 333, 11-23 dez. 1868.

35. Ibid., pp. 327.

36. Máikov, "Pisma", p. 73.

37. *PSS*, v. 28/Livro 2, p. 329, 11-23 dez. 1868.

38. Ibid., p. 333, n. 37.

39. Aleksandr Herzen, *My Past and Thoughts*. Trad. de Constance Garnett. Rev. de Humphrey Higgins. Nova York, 1968, v. 2, p. 539.

40. *PSS*, v. 29/Livro 1, pp. 9-10, 25 jan.-6 fev. 1869.

40. *O IDIOTA* [pp. 687-701]

1. *PSS*, v. 29/Livro 2, p. 139, 14 fev. 1877.

2. Max Scheler, *The Nature of Sympathy*. Trad. de Peter Heath. Londres, 1954, cap. 2.

3. *Kenosis* (*cenose*) é um termo teológico, definido no *Webster's* como "a ação de Cristo de "esvaziar-se" ao tornar-se homem, humilhando-se até sofrer a morte". Um dos aspectos distintivos da tradição religiosa russa, conforme definido pelo seu maior historiador moderno, G. P. Fedótov, é a ênfase no Cristo sofredor e humilhado que está no cerne da espiritualidade russa. Escrevendo sobre os primeiros santos russos martirizados, os príncipes Boris e Gleb, Fedótov compara sua aceitação humilde do destino com os ensinamentos do monge Teodósio, o fundador da tradição cenótica russa. "Boris e Gleb, com suas mortes sacrificiais, seguiram Cristo — o clímax de Sua cenose — tal como Teodósio o fez em relação à Sua pobreza e Suas humilhações. [...] Visto de fora, isso deve dar a impressão de fraqueza, assim como a pobreza de Teodósio deve parecer loucura. Fraco e louco — assim é Cristo em sua cenose aos olhos de um Nietzsche, assim como era aos olhos do mundo pagão antigo." Ver G. P. Fedótov, *The Russian Religious Mind*. Nova York, 1946, v. 1, p. 130, e cap. 4 ("Russian Kenoticism"). Há uma boa razão para acreditar que Nietzsche conhecia *O idiota* e que o romance de Dostoiévski ajudou a definir toda a sua interpretação do cristianismo, Ver Ernst Benz, *Nietzsches Ideen zur Geschichte des Christentums und der Kirche*. Leiden, 1956, pp. 92-103.

4. O famoso livro de Albert Schweitzer, *Em busca do Jesus histórico* (1906), foi o primeiro a chamar a atenção para a importância dessas expectativas escatológicas como fonte da ética cristã do amor. Desde então, essa teoria foi submetida a uma enxurrada de críticas, sem ser abalada como base *psicológica* para compreender os aspectos mais extremados da doutrina cristã do amor (ou ágape).

41. O PANFLETO E O POEMA [pp. 702-14]

1. *PSS*, v. 29/Livro 1, p. 58, n. l, 29 ago.-10 set. 1869.
2. Ibid., p. 123, 7-19 maio 1870.
3. Ibid., p. 32, 18-30 mar. 1869.
4. Ibid.
5. Ibid.
6. Ibid., p. 43, 15-27 maio 1869.
7. Ibid., pp. 56-7, 29 ago.-10 set. 1869.
8. Ibid., p. 57, n. 37.
9. Ibid., pp. 49, n. 2, 51, 14-26 ago. 1869.
10. Ibid., p. 51.
11. Ibid., p. 63, 17-29 set. 1869.
12. Ibid., pp. 67, 69, 70, 16-28 out. 1869.
13. Ibid., pp. 71-3, 27 out.-8 nov. 1869.
14. Ibid., pp. 77-8, 23 nov.-5 dez. 1869.
15. Ibid., p. 81, 7-19 dez. 1869.
16. Ibid., p. 88, 14-26 dez. 1869.
17. N. N. Strákhov, *Krititcheskie statii*. Kíev, 1902-8, v. 2, p. 247. 2 v.
18. As relações entre Grigóriev e Dostoiévski são discutidas por I. Z. Siérman, "Dostoiévski i Grigóriev" em *Dostoiévski i ievo vriêmia*. Leningrado, 1971, pp.130-42. A polêmica entre Strákhov e Grigóriev em *O eterno marido* é analisada por Richard Paz, "*The Eternal Husband* and Literary Polemics". *Essays in Poetics* 3 (1978), pp. 22-49.
19. *PSS*, v. 29/Livro 1, p. 88, 14-26 dez. 1869.
20. Ibid., p. 11, 6 fev.-25 jan. 1869.
21. Ibid., p. 118, 25 mar.-6 abr. 1870.
22. Gueórgui Floróvski, *Puti Rússkovo bogoslóvia*. Paris, 1983, pp. 123-5.
23. Para as citações de obras de são Tíkhon, ver o comentário sobre *A vida de um grande pecador* em *PSS*, v. 9, pp. 511-4.
24. *PSS*, v. 29/Livro 1, p. 107, 12-24 fev. 1870.
25. Ibid.
26. Ibid., p. 117, 25 mar.-6 abr. 1870.
27. Ibid., p. 118.

42. PAIS, FILHOS E STAVRÓGUIN [pp. 715-31]

1. Ver o comentário sobre *Os demônios* em *PSS*, v. 12, p. 198. Devo muito, em geral, ao material contido nas pp. 192-218.
2. Ibid., p. 199.
3. Ver Philip Pomper, *Sergei Nechaev*. New Brunswick, NJ, 1979, p. 112.
4. Em 1840, Bakúnin espalhou o boato de que Katkov estava tendo um caso com a primeira esposa de Ogariov (a intelectualidade russa era um mundo muito pequeno). Depois de uma discus-

são furiosa no apartamento de Bielínski, na qual Katkov chamou Bakúnin de "eunuco" (parece que o agitador revolucionário era de fato impotente), Bakúnin o desafiou para um duelo. Mas nenhuma data foi definida, e Bakúnin logo partiu para a Europa, em junho de 1840. Ver Aileen Kelly, *Mikhail Bakunin*. New Haven, CT, 1947, pp. 64-5.

5. *PSS*, v. 12, p. 200.

6. *PSSiP*, v. 14, pp. 103, 100-2.

7. N. N. Strákhov, *Krítitcheskie statii*. Kíev, 1902-8, v. 1, p. 82. 2 v.

8. *Zariá* 7 (1869), p. 159; cit. em *PSS*, v. 12, pp. 170-1.

9. *PSS*, v. 12, p. 172.

10. *PSS*, v. 29/Livro 1, p. 111, 26 fev.-10 mar. 1870.

11. Ibid., p. 116, 25 mar,-16 abr. 1870.

12. Ibid., p. 151, 2-14 dez. 1870.

13. Em 7-19 jan. 1870, Dostoiévski registra: "N. B. Em geral, as consequências de um ataque, ou seja, nervosismo, enfraquecimento da memória, um estado de nebulosidade e uma espécie de melancolia — agora duram mais tempo do que nos anos anteriores. Antes, isso passava em três dias, agora, não antes de seis. À noite, especialmente, à luz de velas, uma tristeza doentia sem motivo, e é como se houvesse uma coloração vermelha, sangrenta (não um matiz) em tudo. Quase impossível trabalhar nesses dias". E. M. Kónchina, *Zapiznie tetrádi F M. Dostoiévskovo*. Moscou-Leningrado, 1935, pp. 83-4.

14. *PSS*, v. 29/Livro 1, pp. 139-40, 19 set.-1º out. 1870.

15. Ibid., pp. 141-2, 8-20 out. 1870.

16. Ibid., p. 145, 9-21 out. 1870.

17. Ibid.

18. Ibid., pp. 163-4, 6-18 jan. 1871.

19. Anna Dostoiévskaia, *Reminiscences*. Trad. e org. de Beatrice Stillman. Nova York, 1975, p. 164.

20. *PSS*, v. 29/Livro 1, p. 138, n. 14.

21. Ibid., p. 214, 18-30 maio 1871.

22. Ibid., p. 215.

23. Ibid.

24. Ibid., p. 115, 25 mar.-6 abr. 1870.

25. Ibid., p. 125, 28 maio-9 jun. 1870.

26. Ibid., p. 113, n. 28.

27. Ibid., pp. 127-9, 11-23 jun. 1870.

28. Ibid., p. 216, n. 21, 2-14 dez. 1870.

29. Ibid.

30. Ibid., p. 172, 18-30 jan. 1871.

31. Ibid., pp. 196-9, 16-28 abr. 1871.

32. Ibid., p. 199.

33. Ibid., p. 187.

34. Ibid., p. 198.

35. Ibid.

36. Ibid., p. 205, 21 abr.-3 maio 1871.

37. *Reminiscences*, p. 168.

43. RETORNO DO EXÍLIO [pp. 732-43]

1. *PSS*, v. 29/Livro 1, p. 218, 18 jul. 1871.

2. Ibid.

3. Anna Dostoiévskaia, *Reminiscences*. Trad. e org. de Beatrice Stillman. Nova York, 1975, p. 176.

4. Ibid, pp. 178-9.

5. *PSS*, v. 29, Livro 1, p. 226, 4 fev. 1872.

6. V. P Meschérski, *Moi vospominánia*. São Petersburgo, v. 2, p. 144.

7. Cit. em *PSS*, v. 12, p. 259.

8. Ibid., p. 235, 20 abr. 1872.

9. *Reminiscences*, p. 191.

10. *PSS*, 29/Livro 1, p. 240, 28 maio 1872.

11. Ibid., p. 242, 3 jun. 1872.

12. Ibid., p. 245, 5 jun. 1872.

13. Ibid., p. 250, 14 jun. 1872.

14. *Reminiscences*, p. 205.

15. *PSS*, v. 29/Livro 1, pp. 184-5, 2-14 de mar. 1871.

16. Ibid., p. 164, 6-18 jan. 1871.

17. Esta é a versão dos fatos apresentada em *Reminiscences*, pp. 378-9. Os editores do comentário ao romance a aceitam como correta, *PSS*, v. 12, p. 239.

18. Ibid., p. 29/Livro 1, p. 227, 4 fev. 1872.

19. Ibid., p. 232, fim março-início abr. 1872.

20. *Reminiscences*, p. 206.

44. HISTÓRIA E MITO EM *OS DEMÔNIOS* [pp. 744-71]

1. Essa carta foi traduzida em termos um pouco diferentes dos usados aqui em *Daughter of a Revolutionary*. Org. de Michael Confino. La Salle, IL, 1973, pp. 305-9.

2. Ibid., p. 323. Extraditado da Suíça para a Rússia em 1872 como criminoso comum acusado de assassinato, Nietcháiev foi julgado em janeiro do ano seguinte e condenado a vinte anos de trabalhos forçados e exílio perpétuo na Sibéria. Sua atitude no tribunal foi de desafio, e recusou-se a reconhecer a autoridade da corte. Alexandre II ordenou que fosse trancafiado para sempre na Fortaleza Pedro e Paulo, em segredo. Lá, sua atitude rebelde em confinamento solitário levou a novas punições, embora tenha recebido os livros que solicitou e, aparentemente, escrito uma série de obras que desapareceram. O mais notável de tudo é que conquistou aos poucos, para sua causa revolucionária, os soldados designados para sua guarda, os quais se tornaram seus solícitos mensageiros. Em 1879, ao saber, por intermédio de novos prisioneiros, da existência do grupo revolucionário clandestino Vontade do Povo [Naródnaia Vólia], enviou uma mensagem ao Comitê Executivo na qual mal puderam acreditar. Nietcháiev ainda estava vivo, e não na Sibéria, mas em Petersburgo! Foram feitos planos para organizar sua fuga da prisão, mas o assassinato de Alexander II, em 1º de março de 1880, pôs fim à esperança de escapar com ajuda externa, embora Nietcháiev tenha tenta-

do organizar uma fuga com a ajuda de seus aliados na guarnição da prisão. Mas alguém informou as autoridades de sua influência sobre os soldados e sua guarda foi substituída. Ele morreu de escorbuto em 21 de novembro de 1882. Ver Franco Venturi, *Roots of Revolution*. Nova York, 1966, cap. 15.

3. Iúri Steklov, *Mikhail Aleksándrovitch Bakúnin*. Moscou-Leningrado, 1926-7, v. 3, p. 489. 4 v.

4. Cito a tradução do *Catecismo de um revolucionário* que aparece em Confino (ver nota 1) por ser a mais recente e mais prontamente disponível. Ver *Daughter of a Revolutionary*, p. 226.

5. Ibid., p. 228.

6. Ibid., p. 227.

7. Ibid., p. 228.

8. Ibid.

9. Ibid., p. 229.

10. Steklov, *Bakúnin*, v. 3, pp. 455-6.

11. Ibid., pp. 464-5.

12. Karl Marx; Friedrich Engels, *Werke*. Berlim, 1959, v. 18, p. 426. 39 v.

13. Ver a citação de Tkatchov em Venturi, *Roots of Revolution*, p. 399; também B. P. Kozmin, *P. N. Tkatchov i revoliutsiónnie dvijenie 1860-kh godov*. Moscou, 1922, pp. 119-20.

14. Aleksandr Herzen, *My Past and Thoughts*. Trad. de Constance Garnett. Rev. de Humphrey Higgens. Nova York, 1968, v. 2, p. 586. 4 v.

15. N. A. Dobroliúbov. *Selected Philosophical Essays*. Trad. de J. Fineberg. Moscou, 1956, p. 156.

16. *PSS*, v. 29/Livro 1, p. 113, n. 28, 28 maio-9 jun. 1870.

17. Herzen, *My Past and Thoughts*, v. 4, pp. 1581, 1579.

18. Ibid., pp. 1581, 1583.

19. Cit. em Abbott Gleason, *Young Russia*. Nova York, 1980, pp. 132-3.

20. B. P. Kozmin, *Iz istórii revoliutsiónoi mysli v Rossii*. Moscou, 1961, p. 547.

21. A. I. Herzen, *Sotchiniénia*. Moscou, 1955-8, v. 8, p. 417. 10 v.

22. Ibid., pp. 405, 417.

23. A. S. Dolínin, "Turguêniev v Biéssakh". In: *Dostoiévski i druguie*. Moscou, 1989, p. 173.

24. *PSSiP*, v. 10, p. 9.

25. A carta está publicada em *Proizvediénia Petrachevtsev*. Org. de V. I. Evgráfova. Moscou, 1953, pp. 496-7.

26. *PSS*, v. 29/Livro 1, p. 214, 18-30 maio 1871.

27. Herzen, *My Past and Thoughts*, v. 2, p. 744.

45. O LIVRO DOS IMPOSTORES [pp. 772-90]

1. Lord Byron, *Complete Poetical Works*. Cambridge, MA, 1905.

2. Ludwig Feuerbach, *The Essence of Christianity*. Trad. de George Eliot. Nova York, 1957, pp. 270-1.

3. Andrzej Walicki cita um trecho de uma obra posterior de Feuerbach, *Preleções sobre a essência da religião*, em que o autor se refere "ao futuro homem imortal, diferenciado do homem tal como existe atualmente de carne e osso". Ver Andrzej Walicki, *A History of Russian Thought*. Stanford, 1979, p. 317.

4. Charles Baudelaire, *Oeuvres*. Org. Y-G. Le Dantec. Paris, 1954, p. 82.

5. Mario Praz, *The Romantic Agony*. Oxford, 1970, pp. 419-20.

46. *O CIDADÃO* [pp. 793-807]

1. Anna Dostoiévskaia, *Reminiscences*. Trad. e org. de Beatrice Stillman. Nova York, 1975, p. 220.

2. *DVS*, v. 2, p. 139.

3. Ibid., p. 141.

4. Ibid., p. 140.

5. Ibid., p. 142.

6. Ibid., pp. 163-4.

7. Ibid., p. 144.

8. Ibid.

9. Ibid., pp. 145-6.

10. O poema de Liérmontov é uma tradução de "Adeus", de Byron, publicado pela primeira vez em 1859. Ver *DVS*, v. 2, p. 517.

11. *DVS*, v. 2, pp. 184-5.

12. Ibid., pp. 179-80.

13. Ibid., pp. 180-1.

14. Ibid., pp. 161-2.

15. Ibid.

16. *Pisma*, v. 3, p. 229.

17. Cit. em *LN* 83 (Moscou, 1971), p. 331.

18. *Reminiscences*, p. 223.

19. *DVS*, v. 2, p. 512.

20. *PSS*, v. 29/Livro 1, pp. 258-9, 31 jan. 1873.

21. Ibid., pp. 281-2, 23 jul. 1873.

22. Ibid., p. 262, 26 fev. 1873.

23. Ibid., p. 282, 26 jul. 1873.

24. Ibid., p. 284.

25. Ibid., p. 307, 12 nov. 1873.

26. Ibid., p. 519.

27. *Reminiscences*, p. 226.

28. Ibid., p. 227.

29. *DVS*, v. 2, pp. 211-3.

30. Ibid.

31. Ibid., p. 213.

32. *PSS*, v. 29/Livro 1, p. 308, 12 nov. 1873.

33. Ibid., p. 262, 26 fev. 1873.

34. *DVS*, v. 2, p. 209.

35. Ibid.

47. *NARÓDNITCHESTVO*: O POPULISMO RUSSO [pp. 808-21]

1. Cit. em B. S. Itenberg, *Dvijiénie revoliutsiónnovo naródnitchestvo*. Moscou, 1965, p. 136.

2. Ibid., pp. 136-7.

3. Piotr Kropótkin, *Memoirs of a Revolutionist*. Garden City, NY, 1962, p. 201.

4. P. L. Lavrov, "The Cost of Progress". In: J. M. Edie; Jo P. Scanlan; M. B. Zeldin (Orgs.), Russian Philosophy. Chicago, 1964, v. 2, p. 141. 3 v.

5. Cit. em Itenberg, *Dvijiénie revoliutsiónnovo naródnitchestvo*, p. 830.

6. Cit. em V. V. Zenkovsky, *A History of Russian Philosophy*. Trad. de G. L. Kline, Londres, 1953, v. 1, p. 354.

7. Ibid., p. 369.

8. N. K. Mikhailóvski, *Pólnoie sobránie sotchiniénii*. São Petersburgo, 1909, v. 4, pp. 38-9. 10 v.

9. Cit. em James H. Billington, *Mikhailovsky and Russian Populism*. Oxford, 1958, pp. 131-2.

10. D. N. Ovsiániko-Kulikóvski, "Istória Rússkoi intelliguéntsii". In: *Sobránie sotchiniénii*. São Petersburgo, 1910-1, v. 8, parte 2, p. 197. 10 v.

11. Citado em Billington, *Mikhailovsky*, p. 132.

12. Ibid., pp. 67-8.

13. Ibid., p. 67.

14. Ibid., p. 66.

15. Kropótkin, *Memoirs*, p. 199.

16. Cit. em V. Bogutchárski, *Actívnoie naródnitchestvo semidesiátikh gódov*. Moscou, 1912, p. 179.

17. *Sotchiniénia N. K. Mikháilovskovo*. São Petersburgo, 1888, v. 2, pp. 272-3.

18. Ibid., p. 304.

19. Ibid., pp. 306-7.

20. Ibid.

21. Cit. em Itenberg, *Dvijiénie revoliutsiónnovo naródnitchestvo*, p. 346.

22. Ver *LN* 83 (Moscou, 1971), p. 290.

48. BAD EMS [pp. 822-33]

1. Anna Dostoiévskaia, *Reminiscences*. Trad. e org. de Beatrice Stillman. Nova York, 1975, p. 228.

2. *PSS*, v. 29/Livro 1, p. 319, 5 maio 1874.

3. Ibid., p. 321, 6 jun. 1874.

4. Ver ibid., p. 531.

5. Ibid., p. 322, 6 jun. 1874.

6. Ibid., pp. 323-4.

7. Ibid., p. 328.

8. Ibid., p. 331, 16-28 jun. 1874.

9. Ibid.

10. Ibid., p. 346, 5-17 jul. 1874.

11. Ibid., p. 344.

12. Ibid., p. 333, 16-24 jun. 1874.

13. Ibid., p. 338, 23 jun.-5 jul. 1874.

14. Ibid., p. 360.

15. Ibid., p. 338.

16. Ibid., p. 354, 14-26 jul. 1874.

17. Ibid., pp. 352, 353.

18. *Reminiscences*, pp. 233-4.

19. Ibid., p. 235.

20. *PSS*, v. 29/Livro 1, p. 361, 20 jul.-1º ago. 1874.

21. Andrzej Walicki, *A History of Russian Thought from the Enlightenment to Marxism*. Trad. de Hilda Andrews-Rusiecka. Stanford, 1979, p. 224.

22. *PSS*, v. 17, p. 302.

23. *PSS*, v. 29/Livro 1, p. 364, 4 nov. 1874.

24. Ibid., pp. 366-7, 11 dez. 1874.

25. Ibid., pp. 370-1, 20 dez. 1874.

26. Ibid., p. 370, 30 dez. 1874.

27. Ibid.

28. Idem, v. 2, p. 8, 6 fev. 1875. Ver também ibid., p. 194.

29. Ibid., p. 9, 4 fev. 1875.

30. Ibid., p. 11, 1º fev. 1875.

31. Ibid., p. 13, 9 fev. 1875.

32. *DVS*, v. 2, pp. 214-5.

33. *LN* 83 (Moscou, 1971), pp. 619-20.

34. É bem possível que Strákhov tenha se vingado de Dostoiévski na carta que enviou a Tolstói em 1883, na qual declarava que escreveu a biografia de Dostoiévski somente numa luta contra "a minha própria repulsa crescente, tentando reprimir esse sentimento repugnante em mim mesmo". Ele relata ter sido informado de que Dostoiévski "se gabava de ter [...] uma menina na casa de banhos, levada até ele por sua preceptora". Ver *Reminiscences*, pp. 371-82.

35. Cit. em *PSS*, v. 17, p. 346.

36. *PSS*, v. 29/Livro 2, p. 10, 7 fev. 1875.

37. Ibid., p. 20, 14 fev. 1875.

38. Ibid., p. 36, 4-16 jun. 1875.

39. Ibid., p. 43, 10-22 jun. 1875.

40. Ibid., p. 49, 15-27 jun. 1875.

41. Ibid., pp. 46-7, 13-25 jun. 1875.

42. Ibid., pp. 37-9, 5-17 jun. 1875.

43. Ibid., p. 58, 23 jun.-5 jul. 1875.

44. Ibid., p. 63, 6 jul. 1875.

49. *O ADOLESCENTE* [pp. 834-53]

1. As anotações do caderno de Dostoiévski relativas a esse mundo camponês são muito mais

amplas do que o quadro mais limitado que aparece na obra acabada. Em uma delas, demonstra sua familiaridade com a teologia dos Velhos Crentes. Outras notas contêm textos extensos sobre a "fétida Lizavieta", que é desenvolvida aqui com muito mais vivacidade do que em *Os irmãos Karamázov*. Não é apenas uma imbecil inarticulada, mas é consumida pelo fogo imolador de uma fé apaixonada. "Fétida Lizavieta. 'Não me mande, aquela fedorenta, para seu paraíso luminoso, mas me mande para as trevas totais, de modo que mesmo ali, no fogo e na dor, eu possa elevar minha voz a Ti: "Santo, santo és Tu" e não tenho nenhum outro amor'" (v. 16, p. 138).

2. *PSS*, v. 29/Livro 1, p. 216, n. 21, 2-14 dez. 1870.

3. Cit. em *PSS*, v. 17, p. 347.

50. UMA FIGURA PÚBLICA [pp. 854-69]

1. Anna Dostoiévskaia, *Reminiscences*. Trad. e org. de Beatrice Stillman. Nova York, 1975, p. 213.

2. Cit. em *DVS*, v. 2, pp. 364-5.

3. Ibid., p. 286.

4. Ibid., pp. 282-3.

5. Ibid., p. 285.

6. *PSS*, v. 29/Livro 2, pp. 66-7, 10 nov. 1875.

7. Ibid., pp. 75-6, 10 mar. 1876.

8. Ibid., p. 78, 9 abr. 1876.

9. *DVS*, v. 2, pp. 242-3.

10. Ibid.

11. Cit. no comentário à carta de Maslánnikov, o advogado que ofereceu ajuda, em *Dostoiévski i ego vriêmia*. Leningrado, 1971, p. 277.

12. *PSS*, v. 29/Livro 2, p. 79, 9 abr. 1876.

13. Ibid.

14. *DVS*, p. 337.

15. *PSS*, v. 29/Livro 2, pp. 95-8, 13-25 jul. 1876.

16. *Reminiscences*, p. 264.

17. *PSS*, v. 29/Livro 2, p. 105, 18-30 jul. 1876.

18. Ibid., p. 104, 21 jul.-2 ago. 1876.

19. Ibid., p. 117, 30 jul.-11 ago. 1876.

20. Ibid., p. 99-100, 15-27 jul. 1876.

21. Ibid., pp. 101-3, 16-28 jul. 1876.

22. Ibid., p. 271, 13 nov. 1876.

23. Ibid., pp. 132-3, 16 nov. 1876.

24. *Reminiscences*, p. 283.

25. *PSS*, v. 29/Livro 2, p. 163, 7 jul. 1877.

26. Ibid., p. 80, 15 abr. 1876.

27. Ibid., pp. 170-3, 17 jul. 1877.

28. Ibid., pp. 176-7, 7 dez. 1877.

29. Ibid., pp. 178-9; 17 dez. 1877.

30. Ibid.

31. *Reminiscences*, p. 288.

32. *PSS*, v. 26, pp. 112-3; 416.

33. Ver Franco Venturi, *The Roots of Revolution*. Nova York, 1966, p. 586.

34. D. N. Ovsiániko-Kulikóvski, "Istória Rússkoi intelliguéntsii". In: *Sobránie sotchiniénii*. São Petersburgo, 1910-1, v. 8, pp. 193-4. 10 v.

35. Cit. em V. Bogutchárskii, *Aktivnóie naródnitchestvo semidesiátikh gódov*. Moscou, 1912, p. 298.

51. *DIÁRIO DE UM ESCRITOR*, 1876-1877 [pp. 870-96]

1. O comentador da edição da Academia, em busca de alguma base para essa afirmação surpreendente de Dostoiévski, só conseguiu encontrar uma citação de uma carta de Púchkin escrita em 1824. Enquanto vivia no campo, o poeta descreve suas atividades e observa que, à noite, ouvia as histórias dos camponeses (*skázki*). "Com estas", diz ele, "compensei as deficiências da minha maldita educação" (v. 22, p. 380).

2. *PSS*, v. 28/Livro 2, p. 281, 21-22 março-2-3 abr. 1868.

3. Em um artigo especial do número de março de1877 dedicado à "questão judaica", Dostoiévski, em resposta aos protestos de um leitor judeu, nega o uso do termo ofensivo *jid* para indivíduos, reservando-o apenas "para denotar uma ideia bem conhecida: '*jid*', 'jidismo', 'o Reino dos *jids*' etc. Esses termos designam apenas um conceito bem conhecido, uma tendência, uma característica da época" (v. 25, p. 75). "Estamos falando", explica Dostoiévski, "do todo e da ideia; estamos falando de "jidismo" e sobre *a ideia* dos *jids*, que está se insinuando por todo o mundo, em lugar do 'malsucedido' cristianismo" (v. 25, p. 85). A essa altura, toda a realidade individual e histórica dissolveu-se no pesadelo fantasioso de Dostoiévski sobre o materialismo judaico-europeu que estava tomando conta do mundo, assim como toda a realidade nacional e política se dissolve quando ele prefigura as vistas enevoadas da "ideia cristã da salvação", sob a égide da Santa Rússia, que conduz a uma nova era da história mundial de amor fraterno e conciliação.

4. *PSS*, v. 24, p. 390.

5. *PSS*, v. 29/Livro 2, p. 72, 11 jan. 1876.

6. G. M. Fridlender, *Realizm Dostoiévskovo*. Moscou-Leningrado, 1964, pp. 290-308.

52. UM NOVO ROMANCE [pp. 897-918]

1. Uma indicação simbólica desse novo status foi sua eleição em 1878 para membro da Academia Imperial de Ciências, Divisão de Língua e Literatura Russas. Ele ficou satisfeito com esse reconhecimento oficial, embora tenha dito à esposa que, em comparação com alguns de seus contemporâneos, seus 33 anos de atividade literária tornavam a distinção bastante tardia. Ver Anna Dostoiévskaia, *Reminiscences*. Trad. e org. de Beatrice Stillman. Nova York, 1975, p. 297.

2. Uma introdução ao pensamento de Fiódorov pode ser encontrada em George M. Young Jr., *Nikolai Feodorov*. Belmont, MA, 1979.

3. *PSS*, v. 30/Livro 1, pp. 13-5, 24 mar. 1878.

4. *Reminiscences*, p. 297.

5. Ibid., p. 325.

6. Cit. em Samuel Kucherov, *Courts, Lawyers, and Trials under the Last Three Tsars*. Nova York, 1953, p. 217.

7. G. K. Gradóvski, *Itógui, 1862-1901*. Kíev, 1908.

8. *PSS*, v. 30/Livro 1, pp. 42-4, 29 ago. 1878.

9. *Liétopis jíjni i tvórtchestvo F. M. Dostoiévskovo*. Org. de N. F. Budánova; G. M. Fridlender. São Petersburgo, 1995, v. 3, pp. 243, 247. 3 v.

10. *PSS*, v. 30/Livro 1, pp. 21-5, 18 abr. 1878.

11. Ibid.

12. Ibid, pp. 40-1, 21 jul. 1878.

13. *Reminiscences*, pp. 297-8.

14. O grão-duque Konstantin, que tinha sérios interesses literários, publicou mais tarde, sob pseudônimo, poesias e peças de teatro, e vários de seus poemas foram musicados por Piotr Tchaikóvski.

15. *LN* 86 (Moscou, 1973), p. 135.

16. *Reminiscences*, p. 292.

17. *Liétopis*, v. 3, p. 273.

18. *Reminiscences*, pp. 292, 293.

19. Ibid., p. 294.

20. Cit. em John B. Dunlop, *Staretz Amvrosy*. Belmont, MA, 1972, pp. 60-1.

21. *Liétopis*, v. 3, p. 279.

22. Ibid.

23. *Reminiscences*, pp. 291-2.

24. V. S. Soloviov, *Sobránie sotchiniénii*. São Petersburgo, 1911-4, v. 3, p. 197. 10 v.

25. Ver Vladímir Soloviov, *Tchtiénia o bogotcheloviétchestve*. São Petersburgo, 1994, pp. 195-6.

26. Friedrich Schiller, *Sämtliche Werke*. Stuttgart, s.d., v. 3, p. 15. 16 v.

27. Ibid., p. 16.

28. Em tradução livre: "Receba de volta meu bilhete para a ventura / Devolvo-lhe sem abrir; / Eu nada sei de bem-aventurança".

29. V. L. Komarovich, "Dostojewski und George Sand". In: *Die Urgestalt des Brüder Karamasoff*. Munique, 1928, pp. 214-9.

30. Ver o excelente livro de Isabelle Haag Naginski, *George Sand*. New Brunswick, NJ, 1991, p. 260. O cap. 6 traz uma análise de *Spiridion*.

31. Ibid., p. 146.

32. Cit. em ibid., pp. 149-50.

33. Ibid., pp. 150, 143.

34. *Reminiscences*, p. 294.

35. *PSS*, v. 30/Livro 1, pp. 48-9, 9 nov. 1878.

53. O GRANDE DEBATE [pp. 919-29]

1. *DVS*, v. 2, pp. 444-5.
2. Ibid.
3. Ibid., p. 445.
4. Ibid., p. 446.
5. *Liétopis jíjni i tvórtchestvo F. M. Dostoiévskovo*. Org. de N. F. Budánova; G. M. Fridlender. São Petersburgo, 1995, v. 3, pp. 303-6.
6. *PSS*, v. 30/Livro 1, p. 247.
7. *DVS*, v. 2, p. 377.
8. Ibid., p. 553.
9. Ibid., pp. 377-8.
10. *Liétopis*, v. 3, p. 306.
11. *DVS*, v. 2, p. 178.
12. Ibid., pp. 192-3.
13. Ibid., p. 193.
14. Ibid., p. 378.
15. *PSS*, v. 25, p. 60.
16. I. Vólguin, *Posliédnie gódi Dostoiévskovo*. Moscou, 1986, pp. 75-6; e *Liétopis*, v. 3, p. 308.
17. E. M. de Vogüé, *Le Roman Russe*. Paris, 1910, p. 269.
18. Ibid., pp. 270-1.
19. *PSS*, v. 30/Livro 1, p. 59, 28 mar. 1879.
20. Franco Venturi, *Roots of Revolution*. Nova York, 1966, p. 633.
21. *DVS*, v. 2, p. 380.
22. *Liétopis*, v. 3, p. 312.
23. Ibid., p. 314.

54. A REBELIÃO E O GRANDE INQUISIDOR [pp. 930-46]

1. *PSS*, v. 30/Livro 1, p. 63, 10 maio 1879.
2. Ibid.
3. Ibid., p. 64.
4. *PSS*, v. 29/Livro 2, p. 43, 10-22 jun. 1875.
5. Os estudiosos russos também localizaram uma fonte mais contemporânea que pode ter exercido alguma influência sobre o texto de Dostoiévski. Em 1875, A. N. Pípin publicou uma biografia de Bielínski que incluía extensos resumos de suas cartas do início da década de 1840. Naquela época, Bielínski estava rompendo com uma interpretação equivocada de Hegel propagada por Bakúnin, segundo a qual o filósofo alemão defendia "uma conciliação com a realidade" (a terrível realidade da Rússia de Nicolau I!) porque apregoara que "o real é o racional". Julgando essa doutrina intolerável, Bielínski escreveu cartas em que denunciava, mais ou menos como faz Ivan, a apologia do mal contida na noção de que a imolação de alguns é necessária para a harmonia do todo. Dizia

ele: "Mesmo que eu alcançasse o verdadeiro topo da escada do desenvolvimento humano, nessa altura eu ainda deveria pedir satisfação [a Hegel] por todas as vítimas da vida e da história, todas as vítimas de acidentes e superstição, da Inquisição e de Filipe II, e assim por diante; caso contrário, me jogarei de cabeça para baixo" (cit. em *PSS*, v. 15, p. 470). Pode-se presumir que Dostoiévski tenha lido o livro de Pípin, e essa carta também foi citada num artigo de Mikhailóvski sobre "Proudhon e Bielínski" no número de novembro de 1875 de *Anais da Pátria*.

6. *PSS*, 30/Livro 1, p. 66, 19 maio 1879.

7. Ibid., p. 67.

8. Ibid., v. 2, pp. 45-6.

9. Ibid.

10. Ibid.

11. A frase em itálico é a tradução do rei Jaime do trecho do livro do Apocalipse que Dostoiévski cita. A versão russa do mesmo texto diz: "a boca orgulhosa e blasfema".

12. *PSS*, v. 30/Livro 1, p. 68, 11 jun. 1879.

13. Ibid.

14. Ibid., p. 70.

15. *The Notebooks for* The Brothers Karamazov. Org. e trad. de Edward Wasiolek. Chicago, 1971, p. 63.

16. Schiller, *Sämtliche Werke*, v. 4, p. 161.

17. *Liétopis jíjni i tvórtchestvo F. M. Dostoiévskovo*. Org. de N. F. Budánova; G. M. Fridlender. São Petersburgo, 1995, v. 3, p. 332. 3 v.

18. *PSS*, v. 30/Livro 1, p. 301, 11 jul. 1879.

19. Ibid., pp. 77-9.

20. Ibid., pp. 75-7, 8 jul. 1879.

21. Ibid., pp. 79-80, 19 jul. 1879.

22. Ibid., pp. 83-4, 24 jul.-5 ago. 1879.

23. Ibid., pp. 85-7, 25 jul.-6 ago. 1879.

24. Ibid., p. 91, 28 jul.-9 ago. 1879.

25. Ibid., pp. 90-1.

26. Ibid., pp. 104-5, 9-21 ago. 1879.

27. Ibid., pp. 120-2, 24 ago.-5 set. 1879.

28. Ibid.

29. Ibid., pp. 102-3, 7-19 ago. 1879.

30. Ibid.

31. *Die Urgestalt des Brüder Karamasoff*. Org. de V. L. Komarovich. Munique, 1928, pp. 127-8.

32. Ibid.

33. Gueórgui Floróvski, *Púti Rússkovo bogoslóviia*. Paris, 1983, pp. 123-5.

34. Citado em Komarovich, *Die Urgestalt*, p. 78.

35. Ibid., p. 107.

36. Cit. em ibid., p. 108.

37. Cit. em ibid., p. 114.

38. *LN* 15 (Moscou, 1934), p. 139.

39. *PSS*, v. 30/Livro 1, pp. 121-2, 24 ago.-5 set. 1879.

40. Ibid., pp. 125-6, 16 set. 1879.

41. Ibid., p. 127, 8 out. 1879.

42. Ibid., p. 129, 8 nov. 1879.

43. Ibid.

44. Anna Dostoiévskaia, *Reminiscences*. Trad. e org. de Beatrice Stillman. Nova York, 1975, p. 326.

45. *PSS*, v. 30/Livro 1, p. 130, 16 nov. 1879.

46. Ibid.

47. Ibid., p. 132; 8 dez.1879.

48. *Liétopis*, v. 3, p. 360.

49. *PSS*, v. 15, p. 198.

50. *PSS*, v. 30/Livro 1, p. 143, 21 mar. 1880.

55. TERROR E LEI MARCIAL [pp. 947-56]

1. Cit. em P. Zaiontchkóvski, *Krisis samoderjáavia na rubejé 1870-1880-x gódov*. Moscou, 1964, p. 148.

2. *Liétopis, jíjni i tvórtchestvo F. M Dostoiévskovo*. Org. de N. F. Budánova; G. M. Fridlender. São Petersburgo, 1995, v. 3, p. 379. 3 v.

3. Ibid., p. 379.

4. Ibid.

5. O texto desse discurso pode ser encontrado em *PSS*, v. 30/Livro 2, pp. 47-8.

6. *Biográfia*, p. 366; cit. em I. Vólguin, *Posliédnie gódi Dostoiévskovo*. Moscou, 1986, p. 84.

7. *Liétopis*, v. 3, p. 381.

8. Ibid.

9. Ibid., pp. 381-2.

10. Ibid.

11. Cit. a partir do *Diário* de S. A. Suvórin. In: Vólguin, *Posliédnie gódi Dostoiévskovo*, p. 141.

12. *Liétopis*, p. 384.

13. *LN* 86 (Moscou, 1973), p. 496.

14. Ibid.

15. *Liétopis*, v. 3, p. 384.

16. *PSS*, v. 30/Livro 1, pp. 147-9, 11 abr. 1880.

17. Ibid.

18. Ibid., p. 335. Um poema satírico sobre Dostoiévski, escrito em conjunto por Turguêniev e Nekrássov, circulou entre os membros da Plêiade de Bielínski, que reunia escritores jovens, em 1845-6. O poema continha uma referência jocosa a um conto seu que fora emoldurado "com bordas" e a anedota ressuscitada por Ánnenkov transforma a estocada jocosa em fato.

19. Ibid., p. 155, 14 maio 1880.

20. *PSS*, v. 27, p. 198.

21. Anna Dostoiévskaia, *Reminiscences*, trad. e ed. de Beatrice Stillman (Nova York, 1975), p. 330.

22. *PSS*, v. 30/Livro 1, p. 147, 9 abr. 1880.

23. Ibid., pp. 151-2, 29 abr. 1880.

24. *LN* 86 (Moscou, 1973), p. 509.

25. Ibid., pp. 153-4, 5 maio 1880.

26. *LN*, p. 137.

56. O FESTIVAL PÚCHKIN [pp. 957-81]

1. *PSS*, v. 26, p. 442.

2. Ibid., v. 30/Livro 1, pp. 153-4, 5 maio 1880.

3. Ibid., pp. 155-6, 19 maio 1880.

4. Cit. em Marcus C. Levitt, *Russian Literary Politics and the Pushkin Celebration of 1880*. Ithaca, NY, 1989, p. 62. Meu relato da celebração de Púchkin deve muito a esse excelente livro.

5. *PSS*, v. 30/Livro 1, pp. 158-9, 25 maio 1880.

6. Ibid., pp. 160-1, 26 maio 1880.

7. Ibid.

8. Ibid., p. 165, 27 maio 1880.

9. Ibid., p. 169, 28-29 maio 1880.

10. Ibid.

11. Ibid., p. 168, 27-28 maio 1880.

12. Ibid., p. 165, 27 maio 1880.

13. As cit. são de Levitt, *Russian Literary Politics*, p. 101.

14. *PSS*, v. 30/Livro 1, p. 168, 27-28 maio 1880.

15. Ibid., pp. 173-4, 31 maio 1880.

16. Ibid., pp. 175-6, 2-3 jun. 1880.

17. Ibid., p. 179, 3-4 jun. 1880.

18. Ibid., pp. 177-9, 3-4 jun. 1880.

19. Ibid.

20. Ibid.

21. *DVS*, v. 2, p. 396.

22 *PSS*, v. 30/Livro 1, p. 180, 5 jun. 1880.

23. Ibid., p. 182, 7 jun. 1880.

24. Levitt, *Russian Literary Politics*, pp. 83-5.

25. Ibid., p. 85.

26. Ibid., p. 86.

27. *Liétopis, jíjni i tvórtchestvo F. M Dostoiévskovo*. Org. de N. F. Budánova; G. M. Fridlender. São Petersburgo, 1995, v. 2, p. 429. 3 v.

28. *PSS*, v. 30/Livro 1, p. 182, 7 jun. 1880.

29. Ibid.

30. *PSSiP*, v. 15, p. 66.

31. Ibid., p. 68.

32. Ibid., p. 69

33. Ibid., pp. 69-70.

34. Ibid., p. 70.

35. Ibid., pp. 73-4.

36. Ibid.

37. *PSS*, v. 30/Livro 1, p. 182, 7 jun. 1880.

38. Cit. em *PSSiP*, v. 15, p. 827.

39. *PSS*, v. 30/Livro 1, p. 183, 7 jun. 1880. Ver também ibid., p. 354.

40. *Liétopis*, v. 3, p. 430.

41. *PSS*, v. 30/Livro 1, p. 183, 7 jun. 1880.

42. Levitt, *Russian Literary Politics*, p. 122.

43. *PSS*, v. 30/Livro 1, p. 184, 8 jun. 1880.

44. *DVS*, v. 2, p. 398.

45. Há uma exposição disso no comentário ao discurso que se encontra em *PSS*, v. 26, pp. 445-51.

46. Nesse trecho, mais do que citar Púchkin, Dostoiévski o reescreve. No poema, o ancião da tribo cigana apenas diz para Alieko após o assassinato: *"Ostav nac, górdi tcheloviék"* ("Deixe-nos, homem orgulhoso"). Não há nada sobre humilhar-se ou labutar no solo nativo. A. S. Púchkin, *Pólnoie sobránie sotchiniénii*. Moscou, 1949, v. 2, p. 240.

47. À referência a Liza seguiu-se outra a Natacha Rostova, de *Guerra e paz*, mas foi abafada pela tempestade de aplausos para Liza. Ver *PSS*, v. 26, p. 496.

48. *DVS*, v. 2, p. 418.

49. *PSS*, v. 30/Livro 1, pp. 184-5, 8 jun. 1880.

50. *DVS*, v. 2, p. 453.

51. *PSS*, v. 26, p. 461.

52. *PSS*, 30/Livro 1, p. 185, 8 jun. 1880.

53. Ibid.

54. Ibid., p. 358.

55. Anna Dostoiévskaia, *Reminiscences*. Trad. e org. de Beatrice Stillman. Nova York, 1975, p. 235.

56. Cit. em I. Vólguin, *Posliédnie gódi Dostoiévskovo*. Moscou, 1986, pp. 300-1.

57. *PSSiP*, v. 12/Livro 2, p. 272.

58. *PSS*, v. 30/Livro 1, p. 186, 10 jun. 1880.

57. CONTROVÉRSIAS E CONCLUSÕES [pp. 982-96]

1. *PSS*, v. 30/Livro 1, pp. 187-8, 13 jun. 1880.

2. Ibid.

3. Ibid., p. 191, 15 jun. 1880.

4. Ibid., p. 192.

5. Ibid., pp. 196-7, 6 jul. 1880.

6. Ibid., pp. 197-8, 17 jul. 1880.

7. *DVS*, v. 2, pp. 381-2.

8. Lucrezia Floriani, personagem principal de um romance de George Sand, tem vários filhos ilegítimos de vários amantes, enquanto procura um companheiro ideal.

9. *Liétopis, jíjni i tvórtchestvo F. M Dostoiévskovo*. Org. de N. F. Budánova; G. M. Fridlender. São Petersburgo, 1995, v. 2, p. 449. 3 v.

10. *PSS*, v. 26, p. 487.

11. *LN* 15 (Moscou, 1934), p. 145.

12. Para uma breve mas convincente introdução às ideias de Leóntiev, consultar Andrzej Walicki, *A History of Russian Thought from the Enlightenment to Marxism*. Trad. de Hilda Andrews-Rusiecka. Stanford, 1979, pp. 300-8.

13. Konstantin Leóntiev, *Sobránie sotchiniénii*. São Petersburgo, 1912, v. 8, pp. 188-9, 199.

14. Ibid., pp. 203, 207.

15. *PSS*, v. 30/Livro 1, p. 210, 16 ago. 1880.

16. Ibid., p. 205, 10 ago. 1880.

17. Ibid.

18. Ibid., pp. 206-7, 11 ago. 1880.

19. Ibid., pp. 216-8, 15 out. 1880.

20. Ibid.

21. *DVS*, v. 2, p. 360.

22. Ibid.

23. Ibid., p. 363.

24. Ibid.

25. *Liétopis*, v. 3, p. 478.

26. Ibid., p. 493.

27. *PSS*, v. 30/Livro 1, pp. 227-8, 8 nov. 1880.

58. OS IRMÃOS KARAMÁZOV, LIVROS 1-4 [pp. 997-1018]

1. Para uma impressionante leitura "poética" do romance, que tenta fazer justiça a essa densa teia de referências, paralelos e antevisões figurativas, ver Diane O. Thompson, *The Brothers Karamazov and the Poetics of Memory*. Cambridge, Reino Unido, 1991.

2. V. E. Viétlovskaia, *Poétika romana "Brátya Karamázovi"*. Leningrado, 1977, cap. 1.

3. Ibid.

4. Robin Feuer Miller, *The Brothers Karamazov*. Nova York, 1992, p. 23.

59. OS IRMÃOS KARAMÁZOV, LIVROS 5-6 [pp. 1019-41]

1. Václav Černý, *Essai sur le titanisme dans la poésie romantique occidentale entre 1815 et 1850*. Praga, 1935.

2. Roger L. Cox, *Between Earth and Heaven*. Nova York, 1969, p. 194.

3. Nenhuma parte da Lenda foi mais influente e importante do que essa previsão sobre o mundo do totalitarismo do século XX. A visão opressiva que Dostoiévski apresenta da renúncia à liberdade interior em troca da segurança imperturbável também foi uma antecessora do gênero literário da distopia, representado por obras como *Nós*, de Evguiéni Zamiátin, *Admirável mundo novo*, de Aldous Huxley, e *1984*, de George Orwell.

4. John Milton, *Paradise Lost*. Org. de Merritt Y. Hughes. Nova York, 1933, p. 235.

5. O retrato feito por Dostoiévski do meio monástico e da *jitió* de Zossima foi objeto da severa censura de Konstantin Leóntiev, que também informou que havia desagradado a comunidade de Optina Pústin. Ele concluiu que "um sentimento *místico genuíno* foi [...] expresso de forma um tanto fraca, mas o sentimento de *idealização humanitária* mesmo nos discursos dos monges foi expresso com muito ardor e extensamente" (*PSS*, v. 15, p. 497). Com efeito, na afirmação feita por Márkel de que está totalmente ao alcance da vontade do homem fazer o paraíso se tornar realidade, nada é dito sobre nenhuma cooperação do homem com Deus na realização dessa transformação e, portanto, parece tratar-se de um mero acontecimento secular que requer apenas — como os socialistas utópicos já haviam pregado — a aplicação incondicional da lei do amor cristão à vida terrena. Tampouco o misticismo cósmico característico da ortodoxia oriental, tal como Zossima o expressa, requer alguma graça sobrenatural para ser experimentado.

60. *OS IRMÃOS KARAMÁZOV*, LIVROS 7-12 [pp. 1042-72]

1. *PSS*, 28 / Livro 2, p. 297, 18/30 maio e 1868.
2. Victor Terras, *A Karamazov Companion*. Madison, WI, 1984, p. 385.
3. Agradeço a Robin Feuer Miller por sua análise do demônio como praticante de homeopatia metafísica. *The Brothers Karamazov: Worlds of the Novel*. New Haven, CT, 2008, pp. 123-5, e *Dostoevsky's Unfinished Journey*. New Haven, CT, 2008, pp. 150, 166-70.

61. MORTE E TRANSFIGURAÇÃO [pp. 1073-95]

1. *DVS*, v. 2, p. 475.
2. *Liétopis jijni i tvórtchestvo F. M. Dostoiévskovo*. Org. de N. F. Budánova; G. M. Fridlender. São Petersburgo, 1995, v. 3, p. 503. 3 v.
3. *PSS*, v. 28/Livro 1, p. 176, 20 fev. 1854.
4. Ibid., p. 30/Livro 1, p. 232, 3 dez. 1880.
5. Ibid., pp. 232-3.
6. *Liétopis*, v. 3, p. 513.
7. Cit. em G. M. Fridlender, "D. S. Merejkóvski i Dostoiévskii". In: *Dostoiévskii — materiáli i issledovánia*. São Petersburgo, 1992, v. 10, p. 4.
8. *DVS*, v. 2, pp. 363-4.
9. Ibid.
10. *Liétopis*, v. 3, p. 529.
11. Anna Dostoiévskaia, *Reminiscences*. Trad. e org. de Beatrice Stillman. Nova York, 1975, p. 341.
12. *DVS*, v. 2, p. 195.
13. Cit. em L Vólguin, *Posliédnie gódi Dostoiévskovo*. Moscou, 1986, p. 387.
14. *Liétopis*, v. 3, pp. 526-7.
15. *DVS*, v. 2, pp. 469-70.
16. *Liétopis*, v. 3, p. 536.
17. Ibid., v. 3, pp. 535-6; *DVS*, v. 2, p. 473.

18. *Liétopis*, v. 3, p. 539.

19. Vólguin, *Posliédnie gódi Dostoiévskovo*, p. 414. Meu capítulo sobre os últimos dias de Dostoiévski deve muito ao livro de Vólguin.

20. Ibid., pp. 416-8.

21. Ibid.

22. Ver Viktor Chklóvski, *Za i protiv*. Moscou, 1957, pp. 254-5. Embora os documentos oficiais deem o número do apartamento de Baránnikov como sendo o 11, Chklóvski continua a dizer, sem oferecer provas, que o número foi mudado nos documentos oficiais. .

23. Vólguin, *Posliédnie gódi Dostoevskogo*, p. 436.

24. *Liétopis*, v. 3, p. 543.

25. Vólguin, *Posliédnie gódi Dostoiévskovo*, p. 420.

26. *PSS*, 30/Livro 1: pp. 242-3, 28 jan. 1881.

27. *Reminiscences*, pp. 345-6.

28. Ibid.

29. Ibid., p. 346.

30. Vólguin, *Posliédnie gódi*, p. 422.

31. *Liétopis*, v. 3, pp. 545-6.

32. *Reminiscences*, p. 348.

33. Vólguin, *Posliédnie gódi*, pp. 429-30.

34. *Reminiscences*, p. 351.

35. *Liétopis*, v. 3, pp. 547-8.

36. *Reminiscences*, p. 352.

37. Ibid.

38. *Liétopis*, v. 3, p. 550.

39. Ibid., p. 551.

40. Ibid.

41. *DVS*, v. 2, p. 246.

42. Ibid., p. 479.

43. *Liétopis*, v. 3, p. 554.

44. *DVS*, v. 2, p. 480.

45. Cit. em Vólguin, *Posliédnie gódi*, p. 495.

46. *Reminiscences*, p. 359.

47. *Liétopis*, v. 3, p. 561.

48. *DVS*, v. 2, p. 478.

49. *Liétopis*, v. 3, pp. 548, 553.

Índice remissivo

Números de páginas em *itálico* referem-se a ilustrações. Menções a Fiódor Mikháilovitch Dostoiévski em subentradas são abreviadas FMD.

Abaza, Iúlia, 982-3

Abaza, N. S., 1093

abnegação: em *Crime e castigo*, 599, 813; em *O sonho do titio*, 325; em *Os demônios*, 777; em *Os irmãos Karamázov*, 1022, 1024, 1071; FMD e, 864, 878

Abrams, M. H., 85

Academia de Engenharia Militar, 47, 59, 67-8, 72, *73*, 82, 172, 294

Academia Imperial de Ciências, 1144n

Ácis e Galateia (Claude Lorrain), 644, 786

Acta Martyrum, 57

"acumulação primitiva", 18, 815; *ver também* capitalismo

Adolescente, O (Dostoiévski), 834-53; amor e ódio em, 839, 847; ateísmo, 838, 848; autoafirmação, 842; caos familiar, 998; confissão, 847; crianças, 845; cultura europeia, 848; escrita/publicação, 554, 807, 826, 828, 832, 834-5; fé, 841, 845, 846; fontes de/ conexões para, 109, 368, 710, 712, 826, 832, 839, 841; Idade de Ouro, 847; "ideias-sentimentos", 841, 846; imortalidade da alma, 841, 848; inocência, 839; irracionalismo, 841; populismo, 836; recepção, 829, 833, 851; suicídio, 841; técnica narrativa, 837; tensões geracionais, 836; vaidade/egoísmo, 839, 842

agitprop, literatura, 200

Agostinho, Santo, 279

Akhchárumov, D. D., 183, 215, 222, 224-7, 229-30

Aksákov, Ivan, 412, 465, 683, 866, 956, 959-60, 1075

Aksákov, Konstantin, 871

Aksákov, S. T., 440

Aldeia de Stepántchikovo, A (Dostoiévski), 319-20, 328-36; autodeificação, 333; autoengano/autoilusão, 392; compaixão, 336; egoísmo, 332; escrita/publicação de, 309, 319, 320; FMD sobre, 339; fontes de/conexões para, 320, 328, 516; humanitarismo social,

320, 330; inocência, 336; irracionalismo, 334; pais, 50; recepção de, 320-1, 328; responsabilidade moral, 331, 337; sátira em, 333; sofrimento psíquico, 333-4; técnica narrativa, 321, 330; temas sociais-culturais e, 321; vida de FMD em, 50

Aleksandr Mikháilovitch, grão-duque, 1079

Aleksándrov, Mikhail, 796, 855

Alemanha, 61, 162, 185, 193, 427, 453, 610, 747, 765, 822, 881, 939; romantismo alemão, 62, 87, 144

Alexandre, tsarévitche (depois Alexandre III), 734, 804; ajuda financeira para FMD, 1089; FMD o presenteia com o *Diário de um Escritor*, 863; FMD o presenteia com *Os irmãos Karamázov*, 1076

Alexandre I, tsar, 29, 31

Alexandre II, tsar: assassinato de, 809-8, 1092, 1138*n*; discurso de aniversário de FMD para, 949-50; e paz com a Turquia, 879; era das proclamações e, 402, 404; ideias de FMD sobre o tsarismo e, 673; libertação dos servos e, 186, 296, 386, 405, 802; Nietcháiev e, 1138*n*; *O Cidadão* e, 802; panfletos revolucionários e, 413; reformas de, 178, 386, 673; relação de FMD com a família real, 734, 863, 906, 922, 956, 1089; tentativas de assassinato de, 556-60, 760, 809, 919, 928, 947-9, 951, 1069, 1085

alfabetização, 363

Almanaque de Petersburgo (antologia), 122, 954

Altchévskaia, Kristina, 857-9

alter ego *ver* quase duplo, motivo do

ambiente, influência comportamental do, 448

Ambrósio, padre, 907-8

América do Norte, 509

amizades masculinas, 75

amor: cristão, 74, 107, 434, 599, 677-8, 685, 692-3, 698-9, 814, 821, 848, 892, 896, 941, 988, 991, 1005, 1007-8, 1022, 1024; desejo de, 129; em *O idiota*, 677, 685, 689, 698; ético, 1047; Idade de Ouro e, 848, 891-3, 896

amor e ódio, relações de, 129, 157, 421, 626, 839, 847, 887, 894

Anais da Pátria (periódico), 18, 98, 102, 104, 107, 110, 123-4, 133-4, 154, 159, 174-5, 216-7, 282, 314, 317, 320, 374, 383, 385, 435, 548, 807-8, 811, 817, 821-2, 826, 828-31, 834-5, 861, 880, 963

anedota burlesca (gênero), 119

Ánnenkov, P. V: *A década extraordinária*, 954, 987; como crítico, 141, 651; como cronista, 87, 101-3, 110, 133, 162-4, 516, 923, 987; Festival Púchkin e, 978; filosofia literária/estética de, 87, 315; "O homem fraco como tipo literário", 315; relação de FMD com, 833, 954;

Ánnenkova, sra., 239

Anticristo, 403-4, 798, 983

Antigo Testamento, 456, 773, 832, 1032

antissemitismo, 733, 867, 903, 921, 927, 938-9, 976, 983-4, 1055, 1127*n*, 1144*n*; *ver também* judeus

Antonelli, P. D., 186, 203-4, 206, 211, 215

Antónovitch, M. A., 423, 425, 436, 487; "O Asmodeu de nosso tempo", 423

Apocalipse, Livro do, 456-7, 696, 983, 1027, 1029, 1147*n*

Áristov, Pável, 263, 269; como modelo para o personagem de Svidrigailov, 259

Arnold, Matthew: "Estrofes da Grande Chartreuse", 384

Arquivos Russos (periódico), 654

Arséniev, D. S., 905, 922

arte: Apollon Grigóriev sobre, 356, 358; Bielínski sobre, 99, 373; Círculo de Miliukov sobre, 361; em *Cartas sobre a arte*, 283, 309, 314, 317, 373; em *Niétotchka Niezvánova*, 155; filosofia idealista e, 65, 87, 146, 313; FMD e, 153, 373-5, 377-80, 624; Tchernichévski sobre, 313, 373-5, 377, 381, 419; utilitarismo e, 314, 357, 374, 378; Valerian Máikov sobre, 174-5, 379

Assembleia Comum, A (revista), 660

ateísmo, 1108*n*; da geração da década de 1860,

17, 312; da geração da década de 1870, 18; em "A Sentença", 886; em *Ateísmo* (projeto), 702, 708; em *O adolescente*, 838, 848; em *O idiota*, 668, 698; em *Os demônios*, 770, 777; em *Os irmãos Karamázov*, 834, 1005, 1009, 1036, 1066; FMD e, 160, 166, 168, 295, 653, 659, 668, 877, 911, 942; humanismo ateu, 170, 770, 777, 779; niilismo e, 800; Primeira Internacional e, 819; socialismo e, 162, 166, 169, 819, 1005, 1039

Ateísmo (Dostoiévski), 702, 708

Auerbach, Erich, 90, 336, 966

Augier, Emile, 428

Aurora (periódico), 683, 703, 705-7, 717, 720, 725, 827

Austen, Jane, 576

Áustria, 367

autoafirmação, 46, 230, 408, 421, 490, 521, 595, 626, 842

autocracia *ver* tsarismo

autoengano/autoilusão, 392, 630, 643, 972

autoimagem, 34, 520, 888

autonomia, 159, 449, 512, 529, 775; *ver também* livre-arbítrio

Avante (periódico), 810

Bad Ems, balneário de (Alemanha), 822, 824, 826, 860, 937-8, 940, 943, 993, 1086

Bakhtin, Mikhail, 575, 579

Bakúnin, M. A., 99, 164, 191-2, 341, 427, 431, 437, 661, 715-7, 732, 745, 749-50, 752-3, 761, 763, 766, 816, 819, 986, 999

Bálcãs, 872-7; libertação dos eslavos balcânicos, 873-80

Balosoglo, A. P., 204

Balzac, Honoré de, 65, 82, 97, 106, 401, 1019; *Eugénie Grandet*, 90, 107-8; *História da grandeza e da decadência de César Birotteau*, 323; *Ilusões perdidas*, 757; *O ilustre Gaudissart*, 91; *O pai Goriot*, 90, 525

Baránnikov, Aleksandr, 1085-6

Bardini, Sophia, 869

Barruel, Augustin de, abade: *Memórias para*

servir à história do jacobinismo, da impiedade e da anarquia, 193

Baudelaire, Charles, 371, 507, 785

Bêbados, Os (Dostoiévski), 549, 568

Beethoven, Ludwig von, 407, 543

begúni (andarilhos), seita dos, 603

Belétski, A., 120

beleza, 84, 380, 771-4, 783, 1012; *ver também* arte

Bélgica, 427

Bélikhov, tenente-coronel, 285

Bentham, Jeremy, 17, 169, 350

Berdiáiev, Nikolai, 14, 1029

Berejétski, Ivan, 74-5, 89-90

Berlim, 162, 185, 427, 465, 639, 824, 937

Berlioz, Hector, 684

Bernard, Claude, 920

Bernchtam, Leopold, 1089

Bestújev-Riúmin, K. N., 906, 949

Beyle, Henri (Stendhal), 97, 684

Bezdná, levante de, 403-5, 415

Bíblia: Antigo Testamento, 456, 773, 832, 1032; Apocalipse, 456-7, 696, 983, 1027, 1029, 1147n; Epístolas de São Paulo a Timóteo, 988; Evangelho de São João, 599, 670, 916, 1021, 1045; Evangelho de São Lucas, 721-2, 789, 1026; Evangelho de São Marcos, 495, 1026; Evangelho de São Mateus, 699, 827, 1026, 1087; Evangelhos, 161, 308, 562-3, 582, 600, 742, 769, 799, 813, 868, 1070; Livro de Jó, 53, 59-60, 86, 169, 832, 932, 999, 1019, 1036, 1053; Novo Testamento, 162, 239, 283, 582, 599, 690, 773, 788, 935, 997, 1026-7, 1087-8; parábola do Filho Pródigo, 1088

Biblioteca de Leitura, A (periódico), 65, 135, 470, 549-50

Biéketov, Aleksei N., 74, 172

Biéketov, Círculo de, 74, 171, 173, 183-4

Biéli, Andrei, 136

Bielínski, V. G., *132*; autores promovidos/criticados por, 98, 102-5, 163, 177, 204-5, 966, 974; avaliações de FMD por, 94, 110, 116, 122, 131-5, 141, 147-8, 150, 153-5, 157-8, 177, 367; caráter nacional/nacionalidade e, 177-8,

180, 306; *Carta a Gógol*, 204, 205, 220; *Devaneios literários*, 84; filosofia literária/estética de, 84, 87, 98-100, 102-3, 111, 144-53, 373; filosofia moral/religiosa de, 84, 148, 161, 175, 206, 658, 717, 724; filosofia social/política de, 163, 169, 178, 180, 205, 220-2, 254, 306, 416, 723, 1146n; formação, 34; morte, 159; Plêiade, 102, 122-30, 184; relação de FMD com, 131-41, 154, 160-71, 180, 221; reputação, 131, 160; retrato dele em *Diário de um Escritor*, 131, 160, 165-7, 658, 717; sobre folhetins, 143; socialismo utópico e, 100, 161, 163-7, 180; *Uma visão da literatura russa de 1846*, 177

Biérvi-Fleróvski, V. V., 826-7; *A situação da classe operária na Rússia*, 827

Bíkov, P. V, 865

Blake, William, 1025

Blanc, Louis, 100, 106, 187; *História de dez anos*, 100, 187

Bogusławski, Józef, 261

Boris Godunov (Dostoiévski), 97

Boris Godunov, tsar, 237

Bótkin, V. P, 100, 153, 161

Brandes, Georg, 1113n

Brombert, Victor, 97

Brown, Martha, caso de FMD com, 537-9

Buckle, Henry Thomas, 508

Bursak (V. T. Nariéjni), 63

Butachévitch-Petrachévski, Mikhail V. *ver* Petrachévski, M. V.

Bútkov, Iákov, 141, 180

Buturlin, conde, 217

Byron, Lord, 327, 771, 776, 967, 971, 1019; *Caim*, 771; *Lara*, 597; *Manfredo*, 776

byronismo/figuras byrônicas, 85, 192, 356, 597, 615, 709, 766-70, 774, 776, 779

Cabeça do jovem Cristo, A (Agostino Carracci), 801

Cabet, Étienne, 102, 106, 164, 168, 187, 193, 273, 462, 753; *O verdadeiro cristianismo segundo J. Cristo*, 187; *Viagem a Icária*, 102

Cadernos da Sibéria (Dostoiévski), 246

camponeses/servos: animosidades de classes, 254-8, 412; em "Mujique Marei", 250, 262, 883; em *O adolescente*, 844; em *Os irmãos Karamázov*, 1039; emancipação dos, 18, 29, 186, 203-4, 206, 222, 296, 318, 321, 342, 349, 364, 386, 402, 405, 411, 661, 734, 752, 802, 875, 879, 925, 986-7, 1059, 1076; interações de FMD com, 44, 55, 251-3, 255-6, 260, 262; na literatura, 103-4; *óbchtchina* (propriedade comunal da terra), 188, 814, 1080-1; relações de Turguêniev com, 987; servos camponeses, 30, 37, 198, 362, 445, 467

caos familiar, 42; em *O adolescente*, 998; em *Os irmãos Karamázov*, 65, 912, 998, 1003

capitalismo, 18, 91, 176, 814, 827, 838

caráter nacional/nacionalidade, 624, 632, 642, 709, 961

Carlyle, Thomas, 356

Cartas sobre a arte (Dostoiévski), 283, 309, 314, 317, 373

Catarina I, a Grande, 29, 213, 454, 998

Catecismo de um revolucionário (Bakúnin e/ou Nietcháiev), 17, 732, 749

catolicismo romano, 307-8, 430, 667, 698, 911, 936, 1008, 1027

Catteau, Jacques, 444

cenoticismo, 57, 689

censura: *Crime e castigo*, 562, 564; *Diário de um Escritor*, 1080; *Época*, 481, 485-7, 489, 532-4; FMD e, 144, 958; liberdade de imprensa, 362; *Memórias do subsolo*, 488-9, 512, 514; *O Cidadão* e, 805; *O Contemporâneo*, 413, 435; *Os demônios*, 741; *Os irmãos Karamázov*, 930, 943-5; *Recordações da casa dos mortos*, 243, 252, 261, 351, 413, 442; *Tempo*, 412, 435-8, 465

Centelha, A (revista satírica), 407, 476

erný, Václav, 1019

Chálikova, princesa, 553

Chelgunov, N. V., 404-8; *À Nova Geração*, 404

Chestov, Liev, 14

Chidlóvski, Ivan Nikoláievitch, 83-7, 90, 92, 97, 100, 124, 169, 355, 801

Chirínski-Chikhmátov, príncipe, 207

Chklóvski, Viktor, 441, 444, 1085

Chojecki, Edmond, 194

Chopin, Frédéric, 766

Chtakenchneider, Elena, 855, 900, 920, 984, 994, 1086

Cidadão, O (periódico), 734, 793-6, 800, 802-3, 805, 807, 822-3, 826, 828, 833, 836, 854, 902, 924, 927, 938

"cinquenta", julgamento dos, 868

cismáticos religiosos *ver* Velhos Crentes; *Raskol; raskólniki*

Clarissa (Samuel Richardson), 117, 691

classes sociais, 118, 312, 315, 336, 391, 446; luta de classes, 91, 203, 1082

coletivismo, 308

compaixão, 37, 71, 74, 93, 109, 268, 336, 449, 688, 692

Comuna de Paris, 544, 811, 848, 853

comunismo, 273, 308, 1082; igualitarismo comunista, 187, 193, 195

Confissão, Uma (Dostoiévski), 487, 489

Congresso de Viena, 327

Conrad, Joseph, 576, 580; *Sob os olhos do Ocidente*, 903

consciência de si mesmo, 87, 95, 277, 971

consciência moral, 98, 139, 155, 284, 455, 507, 581, 584, 588-9, 600, 665, 693, 902, 1000, 1006, 1008, 1033, 1037, 1040, 1052, 1061, 1064

Considérant, Victor, 164, 182, 462; *O destino social*, 161

Conspiração de Babeuf, A (Philippe Buonarotti) 193

Constant, V. D. (cunhada de FMD), 470-1, 475

constitucionalismo *versus* tsarismo, debate, 919, 925-6, 950

Contemporâneo, O (periódico), 134; censura, 413, 435; colaboradores, 164, 188, 342, 349, 482; donos/editores, 134, 436; fechamento, 558; ideologia radical de, 164, 311, 362, 383, 385, 404, 421, 424, 571; publicação de obras de FMD em, 309, 320

conto (gênero), 466

conversão, experiências de, 266, 713; em *Os demônios*, 781; em *Os irmãos Karamázov*, 1048, 1053; regeneração das convicções de FMD como, 160-262, 266, 268-71

Corneille, Pierre, 82, 97-8, 378

cossacos, 146

Cournant, Joseph, 82, 90

crianças: em *Crime e castigo*, 600; em *Diário de um Escritor*, 857-9, 864, 866, 880-1, 883, 903; em *O adolescente*, 845; em *O idiota*, 690; em *Os demônios*, 778, 781; em *Os irmãos Karamázov*, 834, 917, 933, 1022, 1043, 1050; sofrimento de, 931, 1023, 1043, 1068; violação sexual de, 541-2

Crime e castigo (Dostoiévski), 577-608; abnegação, 599, 813; autodeificação, 607; autoengano/autoilusão, 571, 587, 593-5; cadernos de anotações para, 70, 566, 569-71, 573, 575; cenas da vida de FMD em, 268, 359; censura, 562, 564; como romance policial, 579; compaixão, 581-2, 593, 599; confissão, 568, 590, 601-3, 605; crianças, 600; culpa, 592; egoísmo, 583, 589, 591, 593-4, 597-8, 600-1, 607; escrita/explicação/publicação de, 553-4, 562-72, 609, 618, 722; fé/consciência moral *versus* razão, 471, 569, 582-601, 606-7, 609, 820; fontes de/conexões para, 112, 259, 292, 371, 528, 549, 571, 585, 717; formigueiro em, 601; humanitarismo social, 582; Idade de Ouro, 569; influências formativas, 70; inocência, 599, 604; irracionalismo, 81, 588; niilismo, 562-3; Palácio de Cristal, 429; personagem da prostituta, 569, 581, 592, 1130n; recepção de, 447, 554-5, 609, 611, 621, 804, 807; regeneração, 608; salvação, 598; sofrimento, 566-8, 600; suicídio, 604; técnica narrativa, 572-6; tédio, 785; tempo, 572, 576, 580, 587; personagem-tipo Cleópatra, 381

cristianismo/ideais cristãos, 51, 58, 820, 883, 1010; arte e, 283, 309, 314, 373, 380; compaixão e, 931; comunas russas e, 464; cristianismo ortodoxo, 52, 779, 800, 990-1; de FMD, 16,

74, 92, 157, 160, 169, 176, 228, 249-63, 267-71, 433, 490-4, 496, 644, 656, 667, 685, 710-1, 799, 803, 806, 858, 867, 990, 1074, 1084; doutrina do amor, 101, 157, 233, 263, 283, 350, 398, 434, 494, 525, 529, 552, 608, 668, 685, 687, 689, 867, 941, 991, 1047, 1074; esperança e, 148, 161, 276-7, 1000, 1072; fraternidade e, 101, 205; igualdade e, 91, 101, 205; igualitarismo comunista e, 187; imortalidade da alma e, 62, 229, 283, 490, 493-4, 668, 841, 848, 869, 885, 898, 942; populismo e, 813-4, 826, 836, 887, 905, 1003; realismo russo e, 336; romantismo e, 86, 93; salvação e, 157, 991, 1039; socialismo utópico e, 161-2, 166, 491, 991; *ver também* fé; ortodoxia russa

Cristo *ver* Jesus Cristo

Cristo morto (Hans Holbein, o Moço), 656, 668, 692, 694

Croce, Benedetto, 71

"Crocodilo, O" (Dostoiévski), 534

culpa, 50, 139; em *A senhoria*, 148; em *Crime e castigo*, 592; em *Memórias do subsolo*, 507; em *O duplo*, 142; em *Os irmãos Karamázov*, 1039, 1058; sentimento pessoal de culpa de FMD, 50, 76, 79-80, 256, 267, 633, 643, 646; *ver também* consciência moral; responsabilidade moral

cultura europeia, 305, 352, 451, 454, 519, 709, 768; *ver também* ocidentalistas

Custine, Astolphe, marquês de, 1101n

Daniliévski, N. G., 734, 770, 779, 780; *Rússia e Europa*, 734

Dante Alighieri, 19, 90, 447, 495, 946, 992, 994, 997, 1041

Darwin, Charles, 811

darwinismo, 584, 755, 766, 1030; social, 754, 755

Davídov, I. I., 65

De Grave, general, 244-6

decabristas, 30-1, 87, 213, 238-9, 247, 308, 402, 776, 957, 1087

Defoe, Daniel, 58

deificação de si mesmo, 170, 333, 607, 778; *ver também* egoísmo

Demônios, Os (Dostoiévski), 714, 744-90, 746; abnegação, 777; alienação da intelectualidade das raízes cristãs, 779-80; antiniilismo de, 725, 728, 735, 772; autodeificação, 777; beleza, 771-4, 783-4; caricatura de Turguêniev, 652, 757, 763-4, 766, 787; cenas da vida de FMD, 407-8, 415; censura de, 741; confissão de Stavróguin, 740, 742, 767, 785, 787, 847; conversão, 781; crianças, 778, 781; epígrafe de, 722; escrita/publicação de, 712, 717-9, 728, 732, 738, 740-2, 746; eslavofilismo, 770, 779-80; fé, 769, 779-80; figuras byrônicas, 767-9, 774, 776; filosofias revolucionárias, 750-5, 999; fonte de/conexões para, 163, 191, 194, 315, 431, 652, 662, 703, 717-20, 727, 735, 740, 744, 750-9, 761-72, 777, 786, 1063; história e mito em, 744-71; humanismo ateu, 770, 777; humildade, 776, 787; Idade de Ouro, 786; impostores, 67, 773; inspiração para cena da festa, 407-8; irracionalismo, 779; ortodoxia russa, 779; perdão, 776, 787; recepção de, 735, 742, 756, 793, 801, 817-8; retrato de Nietcháiev, 716-21, 725, 744, 756, 796; salvação, 774, 779; sátira, 755-6, 766, 772, 783; suicídio, 89, 778, 788-90, 841; técnica narrativa, 324, 1001; temas morais/religiosos em, 769-81, 784-5, 788-9, 820; tensões entre gerações, 749, 757-62, 768, 783, 799; tradição popular, 149, 756

despotismo esclarecido, 61; *ver também* tsarismo

determinismo: em *Memórias do subsolo*, 501-07; em *Os irmãos Karamázov*, 1055; fisiológico, 1055; material, 420, 450, 510, 512, 515; moral, 165

Deus *ver* cristianismo/ideais cristãos; teodiceia, problema da

Dézamy, Theodore, 193

Dia, O (periódico), 385, 438

Diário de um Escritor (Dostoiévski), 57, 64, 69, 835, 870-96; artigos políticos, 660, 1080-1,

1082; censura, 1080; contos, 880-96; escrita/ publicação de, 794, 797, 854-6, 860, 865-7, 939, 984, 989, 1073, 1079, 1083, 1087; esposas de decabristas, 239; fontes de/conexões para, 794, 870, 880, 911, 1051; imortalidade da alma, 885; jornalismo de, 870-80; judeus, 867, 877-9, 1144*n*; julgamentos criminais em, 858; nova geração/crianças e, 857-9, 864, 866, 880-1, 883, 903; pais, 866; questão feminina, 859; recepção de, 854, 858, 863, 903, 906, 921, 993; regeneração de convicções de FMD, 249, 262, 266; retrato de Bielínski, 131, 160, 165-7, 658, 717; suicídio, 885-6, 892; técnica narrativa, 859; xenofobia em, 879, 926

Diário de Varsóvia (jornal), 989

diário de viagem (gênero), 452

Dickens, Charles, 106, 112, 115, 156, 247, 317, 401, 456, 670, 763, 850, 881, 1071, 1084; *A casa soturna*, 156, 763; *As aventuras do sr. Pickwick*, 247-8, 670, 678, 1084; *David Copperfield*, 247

Disraeli, Benjamin, 878

distopia (gênero literário), 1151*n*

ditaduras revolucionárias, 204, 222, 410

Dmítri, grão-duque, 1092

Dobroliúbov, Nikolai: avaliações de FMD por, 387, 390; cartas a, 342; filosofia literária/estética de, 364, 373-5, 380; filosofia social/política de, 758; formação, 312; "Gente esquecida", 387; intelectualidade liberal da pequena nobreza e, 363, 410; "O que é o oblomovismo?", 363; Turguêniev e, 422; *ver também Contemporâneo, O*

"Dócil, A" (Dostoiévski), 880, 885, 888, 891

Dolgorúki, príncipe, 960, 963

Dolgorúkov, V. A., 215

Dolgúchin, grupo, 826

Dolínin, A. S., 764, 823

Dom Quixote, personagem-tipo, 348, 497, 670, 678, 697

Doppelgänger, motivo do (em *O duplo*), 147, 155

Dos Passos, John, 140

Dostoiévskaia, Aleksandra Mikháilovna (irmã de FMD), 42, 1084

Dostoiévskaia, Anna Grigórievna (Snítkina, segunda esposa de FMD), *611*; casamento com FMD, 621, 635-41, 646-7, 683, 824, 860, 1087; cria editora, 793, 827; ditado de *O jogador*, 564, 610-4; estenógrafa, 610, 793; formação, 609, 610; gravidezes/partos, 645, 657, 673-5, 704, 728, 730, 732; morte de filhos, 680-1, 705, 826, 906-7, 917; morte de FMD, 1087-8; namoro/noivado, 615-20; negocia dívidas, 733; pensão para, 1093; saúde de, 683, 704, 722, 738, 866

Dostoiévskaia, Emília Fiódorovna (cunhada de FMD), 617, 620, 638, 648, 662, 676, 683

Dostoiévskaia, Liubov Fiódorovna (filha de FMD), 705, 736, 827, 1076, 1084, 1088, 1094

Dostoiévskaia, Maria Dmítrievna Issáieva, (primeira esposa de FMD), *291*, 426, 470; casamento com FMD, 299-302, 466, 475, 535; como heroína de *Gente pobre*, 293; cortejada por FMD, 290-99, 309; FMD a conhece, 286; morte de, 488-90, 496, 532, 617; saúde de, 480, 486

Dostoiévskaia, Sofia (filha de FMD), 672, 674-6, 680-1, 683, 705, 826, 1053

Dostoiévskaia, Varvara Mikháilovna (irmã de FMD) *ver* Kariépina, Varvara Mikháilovna

Dostoiévskaia, Vera Mikháilovna (irmã de FMD) *ver* Ivánova, Vera Mikháilovna

Dostoiévski, Aleksei/Aliócha (filho de FMD), 854, 906, 917, 1053

Dostoiévski, Andrei Mikháilovitch (irmão de FMD): cartas de FMD para, 216, 426, 533; como cronista, 38, 40, 43, 47, 50, 53, 55, 61, 64, 68, 79, 213; educação, 46; formação religiosa, 58; interações com camponeses, 56; prisão e soltura de, 212-4; vida com FMD, 96; vida familiar e formação social, 34-5, 40, 43

Dostoiévski, Fiódor Mikháilovitch (abreviado FMD): antissemitismo de, 553, 733, 867, 903, 921, 927, 938-9, 976, 983, 1055, 1144*n*; aparência física, 124, 240, 247, 255, 561, 612, 795, 920, 926; aspirações literárias, 63, 69, 81, 83, 94, 152-3, 156, 281, 309, 343, 361, 366, 851-2, 862, 961; avaliação de si mesmo e de suas obras, 32, 78, 129, 155, 243, 249, 387, 515, 564, 657, 806, 937, 939, 1075, 1082; casos extraconjugais, 466; condenação/ execução simulada, 222-33, 287; discursos, 66, 906, 947-8, 969-79, 983-4, 989-91; editora de, 793, 827; educação, 39, 45-7, 60-2, 65, 68-9, 71-4, 76, 82, 94, 96; epilepsia, 38, 76, 80, 242, 244, 287, 301, 343, 428, 465, 554, 560, 613, 640, 646, 659, 663, 675, 720, 736, 738, 865, 993; exílio, 233, 236-48, 250-71; finanças de, 77, 96-7, 107, 134, 143, 154, 180, 199, 281, 299, 316-9, 338-40, 427, 439, 470, 476, 480, 489, 532-6, 548-53, 556, 621, 638-9, 642, 644-9, 657, 659-60, 662-3, 675, 680, 703-4, 706, 722, 731, 733-4, 793-4, 823, 825, 833, 854, 995, 1089, 1091; formação cultural, 60-7; formação religiosa, 51, 60, 66, 74, 86; fotografias/retratos, *127, 300, 360, 737*, 807, *860, 1089, 1090*; importância das leituras, 61-2, 108, 187, 216, 282, 364, 725; jogos de azar, 427, 470-1, 476, 480, 549, 633, 642-50, 663, 679, 728, 730; memórias de infância, 57; morte de filhos, 672, 680-1, 705, 826, 906, 917, 1053; morte e funeral, 1089-95; permissão para publicar, 300-1, 309, 317, 340; prisão na casa de guarda, 803, 805; prisão/interrogatório, 159, 160, 165, 207, 212, 214-5, 217-9, 221-2, 805; projetos de tradução, 96, 105-6, 282; retorno do "exílio" europeu, 730-2; retorno do exílio na Sibéria, 338-41; rumores de molestamento de criança, 1142n; saúde de, 38, 69, 95, 126-8, 133, 159, 172, 199, 216, 231, 238, 242, 244-5, 295, 299, 466, 479, 486, 488, 805, 823-5, 833, 856, 917, 937, 994, 1073, 1075; serviço militar, 47, 96, 223, 231-248, 285, 293, 296, 298, 302; status de figura cultuada, 897, 1078, 1092; superstições, 729; viagens à Europa, 414, 426-9, 431-3, 465, 470, 473, 549, 639, 822, 832, 860,

937; vida familiar e antecedentes sociais, 32-51, 77, 202; vigilância sobre, 340-1, 559, 682, 825, 922; xenofobia de, 95, 640, 879; OBRAS: *A aldeia de Stepántchikovo*, 50, 309, 319-20, 328-36, 339, 392, 516; "A dócil", 880, 885, 888, 891; *A senhoria*, 135, 143-50, 154-5, 158, 316, 324; "A sentença", 885, 892; *A vida de um grande pecador* (projeto), 492, 703, 708-9, 713, 716; artigo sobre Bielínski (perdido), 639, 643, 645, 658; *Ateísmo* (projeto), 702, 708; *Boris Godunov* (perdido), 97; *Cadernos da Sibéria*, 246; *Cartas sobre a arte* (perdido), 283, 309, 314, 317, 373; *Crime e castigo*, 70, 112, 259, 268, 286, 292, 359, 371, 381, 423, 447, 471, 528, 549, 553, 562, 565-608, 644, 717, 722, 785, 807, 813, 849, 945, 999; *Eugénie Grandet* (tradução), 107; *Filhos* (projeto), 969; *Gente pobre*, 44, 49, 99, 107, 110-22, 132-3, 135, 155, 158, 247, 292, 309, 366, 390, 430, 954; *Humilhados e ofendidos*, 128, 297, 382, 385, 387-401, 439, 534, 785; *Maria Stuart* (perdido), 97; *Memórias do subsolo*, 315, 320, 344, 371, 382, 401, 437, 449, 451-4, 464, 478, 486-7, 489-90, 496-530, 785, 891, 999; "Mujique Marei", 250, 262, 883; *Niétotchka Niezvânova*, 49, 64, 143, 154-9, 287, 329, 331; *Noites brancas*, 151-2; *Notas de inverno sobre impressões de verão*, 344, 425, 427, 451-64, 811; *O adolescente*, 109, 368, 554, 710, 712, 807, 826, 827-9, 832, 834-53; "O crocodilo" (conto inacabado), 534; *O duplo*, 34, 67, 133-41, 150, 155, 175, 316, 329, 367, 369, 478, 487; *O eterno marido*, 707-9; *O idiota*, 227-8, 368, 399, 495, 544, 564, 634, 653, 663-69, 672-81, 684-701, 703, 708, 713, 795, 823, 830, 1045; *O jogador*, 474-8, 555, 562, 564, 623-34, 641-2; *O judeu Yankel* (perdido), 98, 105; "O ladrão honesto", 253; "O senhor Prokhártchin", 134, 369; *O sonhador* (projeto), 887; "O sonho de um homem ridículo", 880, 892, 896; *O sonho do titio*, 309, 319, 321-3, 326, 328; "O sr. —bov e a questão da arte", 373; *Os bêbados* (projeto), 549, 568; *Os* demônios, *45, 67, 89, 149, 163, 191, 194, 315, 324, 384, 407, 415, 431, 542, 652, 662, 667, 693, 703, 712-3, 717-21, 727, 732, 735, 744-90, 799, 816-9, 841, 863, 931, 999, 1001, 1063*; Os irmãos Karamázov, *45, 56, 60, 64, 258, 324, 564, 693, 712, 832, 834-5, 839, 862, 869-71, 875, 887, 897, 900, 908-19, 927-37, 938-45, 952-3, 956, 966, 974, 984, 992, 996-1072, 1076, 1079, 1092*; Recordações da casa dos mortos, *243, 245, 247-62, 268-78, 322, 339, 351, 406-7, 430, 439-50, 493, 536, 828, 844, 902, 921, 995*; "Sobre a coroação e a celebração da paz", *309*; "Sobre o Primeiro de Julho de 1855", *293*; "Um menino na festa de Natal de Cristo", *880-1, 883*; "Um pequeno herói", *216, 217, 317*; Uma confissão (projeto), *487, 489*; "Visões de Petersburgo em verso e prosa", *108, 365, 395*; REVISTAS: Diário de um Escritor, *57, 64, 160, 165, 239, 249, 659, 661, 717, 794, 797, 854-8, 860, 863-7, 870-96, 906, 911, 921, 926, 939, 984, 989, 993, 1051, 1073, 1079, 1083, 1087*; Época, *352, 362, 479, 481, 487, 532-6, 539*; Tempo, *249, 365, 387, 426, 451, 768*

Dostoiévski, Fiódor/Fiédia (filho de FMD), *732, 828, 962, 1088*

Dostoiévski, Maria Fiódorovna (Nietcháieva, mãe de FMD), *34-5, 36, 37-8, 40, 42, 47, 55, 58-9, 68*

Dostoiévski, Mikhail Andréievitch (pai de FMD), *36*; devoção religiosa, *39, 48, 59*; importância da educação para, *39, 45, 47, 60*; morte/assassinato de, *75-80, 1102n, 1103n*; saúde e temperamento, *37-42, 45, 48, 50, 76*; vida familiar e antecedentes sociais, *35-43, 46-8, 50*

Dostoiévski, Mikhail Mikháilovitch (irmão de FMD), *130*; amante de, *1131n*; carreira, *281, 339, 349, 481*; defesa de A Nova Rússia, *412*; despedidas antes do exílio de FMD, *233*; educação, *45, 47, 59, 63, 68, 74*; filosofia literária, *88, 141*; formação cultural, *63, 66*; gêneros preferidos, *97*; morte da filha, *481*;

morte de, *533-5*; plano para criar irmãos, *80*; prisão e libertação, *216*; projetos de tradução, *105, 107*; sociedade secreta de Spiéchniev, *200-2*; vida familiar e antecedentes sociais, *33, 43*

Dostoiévski, Nikolai Mikháilovitch (irmão de FMD), *620, 823, 865*

Dr. Fausto (Christopher Marlowe), *471*

Dubelt, L. V., *215, 289*

Dudíchkin, S. S., *374, 384*

Duma de Moscou, *957, 960, 964, 979*

Dumas Filho, Alexandre, *428*; A dama das camélias, *691*

duplo, motivo do, *134-8, 141, 147, 155*; ver também quase duplo, motivo do

Duplo, O (Dostoiévski), *150*; consciência e imagem de si mesmo em, *139, 141*; culpa em, *142*; escrita/publicação, *133, 369*; fonte de/conexões para, *136*; motivo do duplo em, *134-8, 141, 147, 155*; personagem de Golyádkin em, *34, 137-8, 140-1, 148, 158, 316, 369, 478, 487*; posição social em, *34*; recepção de, *133-6, 140-1, 175, 367*; responsabilidade moral em, *329*; técnica narrativa, *140, 155, 576*; tema da impostura em, *67, 138*; temas sociais-psicológicos em, *138, 141, 316*

Dúrov, Serguei, *199, 245*; ver também Palm-Dúrov, Círculo de

Egito, *596, 801*

egoísmo, *163, 385, 449*; em A aldeia de Stepántchikovo, *332*; em A vida de um grande pecador, *711*; em Crime e castigo, *583, 589, 591, 593-4, 597-8, 600-1, 607*; em Humilhados e ofendidos, *394-7*; em Notas de inverno sobre impressões de verão, *607*; em O idiota, *690, 695, 698*; em "O sonho de um homem ridículo", *894*; FMD e, *129, 401, 492-4*; racional, *17, 350, 385, 397, 450, 464, 483-4, 498, 508, 810, 812*; romântico, *84, 86, 156, 518*; "sofrimento egoísta", *394, 399*; vitória sobre o, *283*; ver também vaidade

Eikhenbaum, B. M., 445

Elissiéiev, G. Z., 555, 558

Engels, Friedrich, 91, 193, 753; *A condição da classe trabalhadora na Inglaterra*, 382, 1123n

Época, A (revista de Dostoiévski), 352, 362, 479, 487, 532-6, 539

escola dominical, movimento da, 407

Escola Natural (naturalismo), 98-9, 104, 111, 121-2, 135, 143, 158, 335, 516, 521; cenários preferidos pela, 892; FMD e, 99, 135, 143, 149, 155, 157-8, 320, 330, 336, 516; humanitarismo da, 320, 336; naturalismo sentimental, 109, 121, 234, 370; "neve molhada" e, 516; temas sociais-psicológicos e, 158; *ver também* romantismo social francês; realismo russo

escreventes burocráticos, representação de (*tchinóvnik*), 118, 120-1, 139, 142, 144, 147, 319

eslavofilismo, 164, 178-9, 205, 307-8, 351-2, 383-4, 436, 477, 559, 651-2, 768, 770, 779-80, 812, 814, 851, 877, 966, 969, 976, 978, 980; em *Os demônios*, 770, 779-80

eslavos balcânicos, libertação dos, 873-80

Espanha, 325-6, 368, 376, 936, 1026

esperança, 148, 276-7, 1000, 1072

"esquete fisiológico" (gênero jornalístico), 98, 104, 111, 144, 322, 440

Estados Unidos, 204; Guerra Civil Americana, 509; materialismo americano, 371

estética *ver* beleza

Estrela Polar, A (almanaque de Herzen), 308

Eterno marido, O (Dostoiévski), 707-9

"ética provisória", 233

Evangelhos, 161, 308, 562-3, 582, 600, 742, 769, 799, 813, 868, 1070; João, 599, 670, 916, 1021, 1045; Lucas, 721, 722, 789, 1026; Marcos, 495, 1026; Mateus, 699, 827, 1026, 1087; parábola do Filho Pródigo, 1088

Evguiêniev-Maksímov, V. E., 164

Exército russo, 47, 82, 196, 223, 248, 258, 289, 310, 879, 1122n

família, sentimento de, 65

farsa dramática (gênero), 322

fé: em *Crime e castigo*, 599; em *Memórias do subsolo*, 513; em *O adolescente*, 841, 845-6; em *O idiota*, 692-3, 700; em *Os demônios*, 769, 779-80; em *Os irmãos Karamázov*, 910, 913, 992, 997-1000, 1005, 1024-5, 1033, 1042, 1059-60, 1069; FMD e, 170, 278-80, 988; internalização da, 685; razão e, 170, 279, 999, 1011, 1025, 1030, 1042; *ver também* cristianismo / ideais cristãos

Fedótov, G. P., 1135n

Festival Púchkin, 957, 961, 966, 982, 990, 994, 1095; *ver também* Púchkin, Aleksandr

Fet, A. A., 447; "Diana", 379

Feuerbach, Ludwig, 17, 162-3, 168, 170-1, 194, 312, 409, 492, 767, 770, 777-8, 1108n, 1139n; *A essência do cristianismo*, 162, 409, 767, 777

Figner, Vera, 809

filantropia, 166, 396; *ver também* humanitarismo social

Filhos (Dostoiévski), 969

Filíppov, Pável, 197, 200

Filosofia do inconsciente (Eduard Hartmann), 800

filosofia idealista, 86, 512

Filósofova, Anna, 907, 922-4, 928, 937

Fiódorov, Nikolai, 898

Flaubert, Gustav: *A educação sentimental*, 757; *A lenda de são Julião hospitaleiro*, 1022; *A tentação de santo Antão*, 1019; *Madame Bovary*, 692

Fleróvski, N., 173

Florença, 432, 434, 672, 683, 703-4

Floróvski, Gueórgui, 552, 710

fluxo de consciência, escritores do, 576

folhetim (gênero), 105, 143, 389; FMD escreve, 108, 143, 388, 390

Fonvízina, Natália, 239, 258, 273, 278, 281, 491

Força e matéria (Ludwig Büchner), 409, 419

"formigueiro" social, 457, 511, 601, 1030

Fortaleza Pedro e Paulo (São Petersburgo), 211-2, 213, 317, 406, 715, 806

Fourier, Charles, 102, 106, 173-4, 177, 182, 187, 219, 234, 273, 348, 485, 510, 735, 753, 899

fourierismo, 105, 173, 177, 181-2, 187, 197, 204, 221, 390, 770

França, 61-2, 92, 102, 106, 143, 187, 193, 200, 370, 410, 427, 437, 452, 470, 550, 723-4, 811, 877; franceses, 427-8; Revolução Francesa, 61-2, 87, 90, 101, 187, 193, 378, 459, 915-6; romantismo social francês, 86, 89, 93

Frantsiéieva, Marie, 239

fraternidade, 101, 205, 460-2

Freud, Sigmund, 50-1, 76, 80, 836

Fridlender, G. M., 881

Frolienko, M. F., 1085

Frolovna, Aliona, 57, 76

Fundo Literário, 347-8, 407-8, 922, 926, 946, 994-5; empréstimos a FMD, 470, 532, 548

Gagárin, P. P., 215

Gaideburov, P. A., 964-5

Garibaldi, Giuseppe, 367-9

Gasfort, F. X., 293, 298, 309

Gautier, Théophile, 54

Gazeta de Moscou (jornal), 438, 673, 715

Gazeta de São Petersburgo (jornal), 143, 304, 829

Genebra, 432, 479, 550, 649, 652, 655, 657, 659-61, 666, 672, 674, 681-2, 715, 745, 750, 826, 1022

gêneros literários; anedota burlesca, 119; conto, 466; diário de viagem, 452; distopia, 1151n; esquete, 440; farsa dramática, 322; hagiografia, 1001, 1034; memórias de prisão, 439; realismo fantástico, 684, 702, 744, 756; realismo tragicômico, 98; romance gótico, 61, 401, 530, 775; romance histórico, 62-3, 90, 98; sátira social, 98, 105, 137; tragédia, 97-8; *ver também* técnica narrativa; romance (gênero)

Gênova, 432, 476

Gente pobre (Dostoiévski), 110-21, 366; cenas da juventude de FMD, 44-5, 49; classes sociais em, 113-4, 116; comentário literário em, 120; epígrafe, 136; escrita/publicação de, 122; fontes de/conexões para, 107-8, 390; inocência, 112; pais, 48; recepção de, 99, 110, 116, 122, 132-3, 310, 430, 954; responsabilidade moral, 115; revolta contra a sabedo-ria divina, 117; saint-simonismo, 114; sátira, 121; técnica narrativa, 113, 118, 155; temas morais-psicológicos, 116; temas sociais-psicológicos, 157

Gesemann, Wolfgang, 1120n

Geyden, Elizavieta, condessa, 1086, 1088

Gide, André, 775

Giusti, Wolf, 358

Godwin, William, 482

Goethe, Johann Wolfgang von, 90-100, 117, 361, 967, 1011, 1019, 1059; *Fausto*, 87, 1059

Gógol, N. V: *Almas mortas*, 98, 102-5, 136-7, 1067; alusões a, 98, 366; avaliações de, 102, 175, 204, 385; "Avenida Niévski", 145-6; citado nos discursos do Festival Púchkin, 966, 968, 971; "Diário de um louco", 137, 368, 735; filosofia literária/estética, 373; filosofia religiosa e moral, 204; influência sobre FMD, 104-13, 119; *Noites em uma fazenda perto de Dikanka*, 146; "O capote", 98, 104, 108, 119-20, 136, 520; *O inspetor-geral*, 322, 348, 551, 721, 986; personagens de, 109, 137, 986; *Tarás Bulba*, 98; técnica narrativa, 119; *Testamento*, 333; *Trechos selecionados*, 204-5, 333; "Uma vingança terrível", 146

Golovínski, Y. A., 197, 203-4, 206, 211, 222

Gontcharóv, I. A., 136, 143, 145, 152, 154, 156, 340, 363, 650, 707, 851, 961, 993, 1092, 1104n; *Oblómov*, 624; *Uma história comum*, 136, 156

Górski, Piotr, 537, 538-9, 665

Gortchakov, governador-geral, 239, 247

Gradóvski, A. D., 984-6, 988, 990

Gradóvski, G. K., 794, 802, 902

Grande Russo, O (panfleto), 404-5, 410

Granóvski, T. N., 100, 163, 207, 416, 717-9, 724-5, 757-9, 767

Griboiédov, Aleksandr, 1062; *A desgraça de ter espírito*, 454, 960

Grigóriev, Apollon, 353, 355, 357, 359, 708; *Minhas andanças literárias e espirituais*, 534; "Os paradoxos da crítica orgânica", 709

Grigóriev, Leonid, 905

Grigóriev, N. P., 198, 211, 227; "Conversa de um soldado", 200, 223

Grigórovitch, D. V., 67, 72-4, 104-5, 107, 110, 124, 126, 136, 143, 172, 925, 961-3, 965, 1073, 1078, 1093; *A aldeia*, 136; *Anton Goriémika*, 136

Grossman, Leonid P., 14, 66, 90, 431

Guerra Civil Americana, 509

Guerra da Crimeia, 294, 304, 306, 723, 924

Guerra Franco-Prussiana, 723, 771, 811, 876

Guerra Russo-Turca, 867, 872, 905, 921, 948, 1022

Guieróglifov, A., 351

Gússeva, Pelagaia, 993

hagiografia (gênero), 1001, 1034

Hamlet (personagem): como arquétipo literário, 497; na cultura russa, 71, 88, 348, 385, 504

Hegel, G. W. F., 99, 102, 162, 178-9, 283, 313, 353, 361; filosofia hegeliana, 100; *História da filosofia*, 282

hegelianismo de esquerda, 162-3, 167-8, 170, 492, 767, 1108n

Heine, Heinrich, 684

Hereges, Os (N. V. Sokolov), 814

Herzegovina, 872

Herzen, Aleksandr I.: *A Estrela Polar* (periódico), 308; "A pega ladra", 156; avalia FMD, 430, 447; avaliações de, 725, 986; *Cartas a um velho camarada*, 761; *Cartas da França e da Itália*, 428; cartas para, 191; Círculo de Bielínski, 1104n; como crítico, 100; como cronista, 205; *Da outra margem*, 307, 430, 511, 876; *De quem é a culpa?*, 136; filosofia literária/estética, 87, 363, 416-7, 761; filosofia moral e religiosa, 52, 307; filosofia sociopolítica, 162, 307-8, 353, 404, 410, 430, 436, 511, 651, 659, 759-61; formação, 34, 61, 63, 72; "Fins e começos", 459, 651; Imprensa Russa Livre, 404, 651; intelligentsia liberal da pequena nobreza, 363; *Memórias de um jovem*, 1102n; *Meu passado e pensamentos*, 63,

660, 757; morte de, 725, 759; *O Sino* (periódico), 308, 410, 430, 437, 440, 557, 651, 660, 682, 760; *Os supérfluos e os biliosos*, 315, 417, 759, 763; relação de FMD com, 154, 430, 550, 674, 725; revitalização europeia, 307, 382, 811; revolta polonesa de 1863, 437; revoluções de 1848, 185, 307; *Sobre o desenvolvimento das ideias revolucionárias na Rússia*, 307, 430; suicídio da filha de, 885; tensões geracionais, 759-61; vigilância sobre, 431

Herzen, Elizavieta (Liza), 885

Hildebrand, Bruno, 382

Hoffmann, E. T. A., 83, 87-8, 90, 100, 134, 144, 150-1, 366, 372, 766, 992; *Kater Murr*, 87

"homens supérfluos", 348, 363-4, 390, 410, 454, 517, 759

Homero, 83, 92, 491; *Ilíada*, 92, 378, 380

Houghton, Walter, 1123n

Hugo, Victor, 65, 82, 90-2, 946, 968; *Notre-Dame de Paris*, 592; *O último dia de um condenado*, 229, 231; *Os miseráveis*, 432, 805

humanismo: ateu, 170, 770, 777, 779; egoísmo e, 490-2; feuerbachiano, 165; "pan-humanismo" russo, 352

humanitarismo social, 91; em *A aldeia de Stepántchikovo*, 320, 330; em *Crime e castigo*, 582; em *Humilhados e ofendidos*, 390, 392

humildade, 179, 942, 973; em *O idiota*, 695, 697; em *Os demônios*, 776, 787; em *Os irmãos Karamázov*, 1017, 1039

Humilhados e ofendidos (Dostoiévski), 387-401; autoengano/autoilusão, 392; cenas da vida de FMD em, 128, 297, 398; comentário literário em, 391; compaixão, 389; confissões, 395; egoísmo, 394-7; escrita/publicação de, 387; fontes de/conexões para, 391, 395; humanitarismo social, 390, 392; inocência, 389, 398; masoquismo, 393; perdão, 393, 400; personagem-tipo Cleópatra, 382; personagens fortes *versus* fracas, 390; recepção de, 387, 390-1, 439, 611, 1120n; sofrimento, 395, 399; técnica narrativa, 388; tédio, 785; temas morais e psicológicos, 394, 530; temas sociais e psicológicos e, 392

Iakubóvitch, P. F., 442
Iakúchkin, Evguiêni, 247, 304, 317-8
Iánichev, I. L., padre, 552-4, 560, 1094-5
Ianóvski, Stiepan, 43, 127-8, 159, 180, 184, 199, 341, 662-3, 867
Iastrjémbski , I. F., 204, 214-5, 237-8
Ichútin, grupo de, 1128n
Ichútin, Nikolai, 559
Idade de Ouro: em *Crime e castigo*, 569; em *O adolescente*, 847; em "O sonho de um homem ridículo", 892-4; em *Os demônios*, 786; em *Os irmãos Karamázov*, 1063
Idiota, O (Dostoiévski), 687-701; amor, 677, 685, 689, 698; ateísmo, 668, 698; catolicismo romano, 697; cenas da vida de FMD, 227-8, 687, 689; compaixão, 698; crianças, 690; egoísmo, 690, 695, 698; escrita/publicação, 663, 668, 672-7, 684; fé/consciência moral *versus* razão, 692-3, 700; felicidade, 689; figuras semelhantes a Cristo, 495, 644, 656, 678; fontes de/conexões para, 368, 544, 564, 634, 644, 653, 656, 664-6, 668, 831, 1045; humildade, 695, 697; imortalidade da alma, 668; inocência, 678, 692; irracionalismo, 693; motivo da morte, 688, 693; "mulher decaída", 690, 696; recepção, 684, 703, 708, 823; suicídio, 691; técnica narrativa, 678
Igreja ortodoxa *ver* ortodoxia russa
igualdade: como ideal cristão, 91, 101, 205; darwinismo social e, 755; em *Memórias do subsolo*, 520; em *Notas de inverno sobre impressões de verão*, 607; FMD e, 460
igualitarismo comunista, 187, 193, 195
Ilínski, D. I., 258-9, 448, 835
Iluminismo, 29, 52, 85, 769
imortalidade da alma, 18, 106, 163, 229, 668, 758, 845, 886, 898, 1006, 1010; em *Diário de um Escritor*, 885; em *O adolescente*, 841, 848; em *O idiota*, 668; em *Recordações da casa dos mortos*, 493; FMD e, 229, 942

Império Bizantino, 877
Império Otomano, 990; *ver também* Turquia
Império Romano, 998
Império Russo, 212, 240, 328, 404, 661, 1092
impostura, tema da: em *O duplo*, 67, 138; em *Os demônios*, 67, 782; na Lenda do Grande Inquisidor, 67
imprensa russa, 382, 437, 800, 802, 832, 862, 927, 939, 984
Imprensa Russa Livre (Herzen), 404, 651
inconsciente, o, 272, 284, 450, 865
individualismo, 65, 386, 421, 519, 809, 895, 899, 985
Inglaterra, 61, 405, 437, 536, 538, 581, 804, 878, 1082; *ver também* Londres
intelligentsia/intelectualidade: década de 1820, 30, 86; década de 1830, 87; década de 1840, 65, 106, 130, 305, 312, 512, 516, 717, 757, 923, 950; década de 1860, 153, 311, 349, 415-7, 450, 512, 559, 582, 762, 808, 955; década de 1870, 799, 836, 1005; fusão com o povo, 817; Guerra da Crimeia, 306; ideias eslavófilas, 307; isolamento da, 422; liberal da pequena nobreza russa, 312-3, 315, 348, 363, 385, 410, 416-8, 517; revoluções de 1848, 185, 812
Introdução ao estudo da ciência social (Amédée Félix Paget), 187
Irineu, santo, 495
Irmãos Karamázov, Os (Dostoiévski), 997-1012, *1013*, 1014-72, 1076; abnegação, 1022, 1024, 1071; ateísmo, 834, 1005, 1009, 1036, 1066; beleza, 1012; caos familiar, 65, 912, 998, 1003; cenas da vida de FMD em, 45, 56, 60, 908, 1054; compaixão, 931, 1025; confissão, 1029, 1037, 1044, 1053, 1057; crianças, 834, 917, 933, 1022, 1043, 1050; culpa, 1039, 1058; descrição de Satã, 992, 1060, 1064; determinismo, 1055; epígrafe de, 916; escrita/publicação de, 897, 911, 917, 919, 929-30, 933, 936, 938-9, 943-5, 954, 960, 992, 996, *1013*; experiências de conversão, 1048, 1053; fé/consciência moral *versus* razão, 910, 913,

992, 997-1000, 1005, 1024-5, 1033, 1042, 1059-60, 1069; fontes de/conexões para, 64, 258, 552, 712, 832, 834-5, 862, 869-71, 875, 900, 908-17, 919, 928, 932, 935, 940-1, 974, 993, 997-8, 1006, 1012, 1022, 1026, 1036, 1045, 1053, 1059, 1061, 1062, 1068; formigueiro, 1030; humildade, 1017, 1039; Idade de Ouro, 1063; inocência, 56, 1072; Lenda do Grande Inquisidor, 19, 67, 116, 910, 914, 930-1, 945, 953, 999, 1001, 1019, 1025, 1035, 1038, 1061, 1065, 1151n; liberdade/livre-arbítrio, 999, 1026-8, 1030; masoquismo, 1018, 1054; o tipo Cleópatra, 382; pais/paternidade, 899, 912, 1067-8; perdão, 1021, 1023, 1046; problema da teodiceia, 18, 932, 936, 999; recepção de, 928, 935, 945, 952, 956, 966, 1035, 1152n; responsabilidade moral, 900, 917, 942, 1040; sátira, 1007, 1054, 1059, 1061; sistema jurídico, 945, 1068; socialismo e, 930, 934; "socialismo evangélico", 1092; suicídio em, 1020, 1038, 1058; técnica narrativa, 323, 712, 941, 1001, 1006, 1025, 1035, 1043; tema da impostura, 67; tensões entre gerações, 836; tentações de Cristo em, 910, 935, 1026-8, 1042; tradição popular, 943, 1032, 1044

irracionalismo, 30, 88; de FMD, 88, 170, 279, 283, 418, 685; em *A aldeia de Stepántchikovo*, 334; em *Crime e castigo*, 588; em *O adolescente*, 841; em *O idiota*, 693; em *Os demônios*, 779; em *Recordações da casa dos mortos*, 272, 449; eslavófilos e, 779; *ver também* fé

Isidor, metropolita, 1091

Issáiev, Aleksandr Ivánovitch, 286, 290

Issáiev, Pacha/Pável (enteado de FMD), 286, 561, 672; cartas de FMD para, 532; colocação no Corpo de Cadetes, 298, 302, 338; e doença da mãe, 486; e finanças de FMD, 620, 662, 676, 681, 827; educação, 426; relação com a madrasta, 612, 636-7, 1087

Issáieva, Maria Dmítrievna *ver* Dostoiévskaia, Maria Dmítrievna

Itália, 326, 426, 432, 470, 472-4, 672, 681, 683; *ver também* Roma

Iúriev, Serguei, 929, 955-6, 958-9, 962-3, 980, 989

Ivánov, A. I., 246

Ivánov, A. P. (cunhado de FMD), 556, 561, 668

Ivánov, Konstantin, 245, 281

Ivánov, Viatcheslav, 14

Ivánova, Elena Pávlovna, 833

Ivánova, Maria Aleksándrovna (sobrinha de FMD), 561, 739

Ivánova, Sofia (sobrinha de FMD), 661, 664, 670, 673, 722, 732, 739, 741, 803, 833, 876

Ivánova, Vera Mikháilovna (irmã de FMD), 1084, 1087

Ivántchina-Píssarieva, Maria Serguéievna, 556

Jackson, R. L., 442

Jaclard, Charles Victor, 544

Jakobson, Roman, 452, 1119n

James, Henry, 451, 576, 624, 1009

Jesus Cristo, 1135n; como ideal positivo, 670; como revolucionário moral, 176; como tipo quixotesco, 348; identificação com o Ideal e com a Beleza, 358; imagem humana de, 267; natureza de, 92, 161-2, 166-7, 169, 490-1; representações icônicas de, 644, 655-6, 801; sofrimento de, 57; tentações de, 910, 916, 935-7, 997, 1026-7, 1042

Jó, Livro de, 53, 59-60, 86, 169, 832, 932, 999, 1019, 1036, 1053

João, Evangelho de, 599, 670, 916, 1021, 1045

João da Cruz, são, 710

João Damasceno, 495

Jogador, O (Dostoiévski), 623-34; autoengano/autoilusão em, 630; caráter nacional russo em, 624, 632; cenas da vida de FMD em, 474, 477, 555, 624, 633, 642; emoções de amor-ódio em, 555; escrita/publicação de, 476-8, 562, 564, 610, 612-4, 616-7; fontes de/conexões para, 633-4; personagem da "mulher decaída" em, 631; sátira em, 633; técnica narrativa em, 624

jornalismo, 13, 98, 103, 105, 309-10, 361, 511,

631, 755, 871; artigos/textos jornalísticos, 178, 344, 499, 817, 870, 880; "esquete fisiológico", 98, 104, 111, 144, 322, 440
Journal de Pétersbourg, 833
Joyce, James, 576; *Ulysses*, 140
Judeu Yankel, O (Dostoiévski), 98, 105
judeus, 98, 105, 643, 733, 861, 867, 878-9, 927, 939, 952, 983, 1055, 1080, 1127n, 1144n; *jids*, 879, 903, 938; *ver também* antissemitismo
Jukóvski, V. A., 62, 74, 99, 151, 914, 1095

Kachpírov (editor de *Aurora*), 706-7
"Kámarinskaia" (M. I. Glinka), 408
Kamiétskaia, M. V, 928
Kant, Immanuel, 64, 1101n; *Crítica da razão prática*, 62; *Crítica da razão pura*, 282
Karakózov, Dmítri: tentativa de assassinato de Alexandre II, 556, 559, 760
Karamzin, N. M., 61-3, 71, 91, 93, 108, 118, 121, 151, 1093; *Cartas de um viajante russo*, 61; *História do Estado russo*, 61; *Pobre Liza*, 108
Kariépin, Aleksandr (sobrinho de FMD), 561
Kariépin, Piotr (cunhado de FMD), 96
Kariépina, Varvara Mikháilovna (irmã de FMD), 34, 96, 866
Katkov, Mikhail: cartas de FMD para, 559; e tentativa de assassinato do tsar, 557; edição da obra de FMD, 562-3; Festival Púchkin, 958, 962, 964; finanças de FMD, 318-9, 554, 637, 657, 663, 675, 681, 703, 730, 733, 822, 1090; vigilância sobre, 682; *ver também Gazeta de Moscou; Notícias de Moscou; Mensageiro Russo, O*
Kaviélin, K. D., 340, 1074-5
Keats, John, 495
Khaltúrin, Stiepan: tentativa de assassinato de Alexandre II, 947
Khomiakov, Aleksei, 779
Kiélsiev, V. I., 666-7
Kierkegaard, Søren, 60, 170, 279-80, 357, 497, 700, 1000, 1017, 1047
Kingsley, Charles, 1123n
Kireiévski, Ivan, 685, 779

Kiriéiev, A. A., 922
Kocheliov, A. L, 355
Kochlákov, professor, 822, 1085, 1087
Koltsov, A. V., 82
Komaróvitch, V. L., 499-500
Komaróvskaia, Anna, condessa, 1077, 1080, 1086, 1091-2
Komissárov, Óssip, 556, 558
Kóni, A. F., 805, 857, 901, 1092
Konstantin Konstantínovitch, grão-duque, 906, 922, 948, 1091
Konstantin Nikoláievitch, grão-príncipe, 349, 922
Kornilova, Ekatierina, 858
Kórvin-Kriukóvskaia, Anna (esposa de Charles Victor Jaclard): cartas de FMD a, 560-1; e os *communards*, 723; FMD corteja, 539-44, 615; retratada em *O idiota*, 544
Kovalévski, E. P., 408, 962, 965
Kovaliévskaia, Sofia, 539
Kraiévski, A. A., 123, 134, 153-4, 159, 314, 320-1, 341, 348, 548-9, 867; *ver também Anais da Pátria*
Kramskói, I. N., 831, 1015, 1089
Kravtchínski, S. M., 816, 1085; *ver também* Stepniak-Kravtchínski, S. M.
Krêmlin, 54-5, 963
Krivtsov, major, 239, 243-7, 251, 256, 259, 282, 902
Kropótkin, Piotr, príncipe, 809, 815, 919
Kruglov, A. V., 1079
Kumánin, A. M. (tio de FMD), 35, 480
Kumánin, família, 35, 38, 72, 79-80, 216
Kumánina, Aleksandra Fiódorovna (tia de FMD), 35, 533, 823, 856, 918, 1084
Kúrotchkin, V. S., 407
Kuzmin, P. A., 214

Laclos, Choderlos de, 397
"Ladrão honesto, O" (Dostoiévski), 253
Lamartine, Alphonse Marie Louis de, 91, 100, 684
Lamennais, F. Robert de, 485; *Paroles d'um croyant*, 201

Laski, Harold, 201

Lavrov, Piotr L., 809-12; *Cartas históricas*, 809-10; *Estudos sobre a questão da filosofia prática*, 353

Léger, Louis, 966

Lenda do Grande Inquisidor, 19, 67, 116, 910, 914, 930-1, 945, 953, 999, 1001, 1019, 1025, 1035, 1038, 1061, 1065, 1151*n*

Lênin, V. I., 205, 482, 864, 902

Leóntiev, Konstantin, 908, 989-91, 1151*n*

Leopardi, Giacomo, 1019

Leroux, Pierre, 100-1, 164, 168, 193

Leroy, Máxime, 164

Leroy-Beaulieu, Anatole, 57, 1134*n*

Leskov, N. S.: *Com a faca na mão*, 728; *Lady Macbeth do distrito de Mtzensk*, 534

Letkova-Sultánova, E. P., 920, 978, 1073

Levin, Harry, 91

Levitt, Marcus, 970

liberdade, 81, 188, 350, 463; de expressão, 558, 560, 957; de imprensa, 362; em *A senhoria*, 148; Festival Púchkin como símbolo da, 957; moral, 176, 179, 463, 936; na Lenda do Grande Inquisidor, 999, 1026-8, 1030; para FMD, 537, 1038, 1079; *ver também* livre-arbítrio

Liébedev, K. N., 211, 223

Liérmontov, M. Yu., 32, 82, 363, 524, 768, 776, 798, 868, 966, 968; *Um herói do nosso tempo*, 384

Liga da Paz e da Liberdade, 661

Liprándi, L. P., 211, 215

Liszt, Franz, 96, 684

literatos da pequena nobreza russa, 312-3, 727, 850, 852

"literatura acusatória", 362, 374, 391

literatura *agitprop*, 200

Littré, Emile, 164, 167, 169, 178

Lituânia, 261, 437

Liubímov, D. A. e FMD no Festival Púchkin, 977

Liubímov, N. A.: censura de *Crime e castigo*, 562, 564; censura de *Os demônios*, 741; e comentário de FMD a *Os irmãos Karamázov*, 917,

930, 934, 940, 943-5, 954, 956, 960, 962, 984; *ver também Mensageiro Russo, O*

Livorno, 432, 476

livre-arbítrio, 16, 166, 168, 175-6, 350, 487, 490, 504, 508-9, 511-2, 529, 812, 999, 1026, 1030; *ver também* autonomia; liberdade

Londres, 308, 404, 417, 428-31, 455-7, 485, 538, 651, 660-1, 815, 903

Loris-Miélikov, Mikhail, conde, 948, 951-2, 958-9, 1089

"loucos sagrados" (*iuródivie*), 56, 599, 678, 690, 782

Löwith, Karl, 170

Lucas, Evangelho de, 721-2, 789, 1026

Luís XVI, rei da França, 61

luteranismo, 55, 667, 824

Lutero, Martinho, 279, 1064

Lvov, F. N., 227-8, 442

maçonaria, 52

Máikov, Apollon, 197, 246, 304, 309, 341, 357, 362, 486, 557, 642, *658*, 680-1, 1083; Círculo de Meschérski, 734; Círculo de Petrachévski, 180; como cronista, 552, 652, 654, 666, 672, 683; e as finanças de FMD, 657, 662, 675-6, 706-7; nacionalismo de, 304; relação de FMD com, 174, 805, 823, 829, 1083, 1088; sociedade secreta de Spiéchniev, 197; tradução de *O canto do exército de Ígor* por, 665

Máikov, Valerian, 127, 134, 139, 166, 173-4, 179, 181, 188, 379

mal de siècle, 785; *ver também* tédio

Malherbe, François de, 82

Mann, Thomas, 329

Marcos, Evangelho de, 495, 1026

Maria Aleksándrovna, tsarina (consorte de Alexandre II), 959

Maria Fiódorovna, tsarina (consorte de Alexandre III), 1076

Maria Nikoláievna, tsarevna (filha de Nicolau I), 283

Maria Stuart (Dostoiévski), 97

Markiévitch, B. M., 924, 1088-9

Márkovitch, Maria (pseudônimo Markó Vovtchok), 373; "Macha", 375
Marlínski (pseudônimo de A. A. Bestújev), 121, 150
Martiánov, P. K., 243
Marx, Karl, 91, 313, 460, 753, 810, 815; *A sagrada família*, 193; *O capital*, 18, 544
masoquismo, 230, 548; em *A senhoria*, 149, 158; em *Humilhados e ofendidos*, 393; em *Memórias do subsolo*, 505, 521; em *Os irmãos Karamázov*, 1018, 1054
materialismo: americano, 371; da Europa ocidental, 91, 456, 457; do século XVIII, 64; e a Primeira Internacional, 819; em "A sentença", 886; "jidismo" e, 983; mecanicista/fisiológico/científico, 164-5, 168
Mateus, Evangelho de, 699, 827, 1026, 1087
Mazzini, Giuseppe, 308
memórias de prisão (gênero), 439
Memórias do subsolo (Dostoiévski), 496-531; anotações para, 487; autoafirmação, 490, 520-1; autoengano/autoilusão, 518-21, 630; censura e, 488-9, 512, 514; confissões, 522, 526; consciência moral *versus* razão, 500, 505, 513, 999; culpa, 507; determinismo, 501-7; epígrafe de, 320; escrita/publicação de, 451, 486-7, 489-90, 496; figuras sonhadoras, 522, 524; fontes de/conexões para, 315, 371, 382, 437, 449, 453-4, 464, 478, 499, 505-6, 508-10, 517, 520, 524-6; formigueiro, 511; galinheiro, 512, 514-5; influência cultural europeia e, 500; masoquismo, 505, 521; Palácio de Cristal, 510-4; personagem da prostituta, 630, 891; recepção de, 497-9, 530; responsabilidade moral, 507; sátira em, 437, 501, 517; sofrimento, 400, 512, 528; técnica narrativa, 487, 1107*n*; tédio, 785; vaidade, 518-22, 524, 891
"Menino na festa de Natal de Cristo, Um" (Dostoiévski), 880-1, 883
Mensageiro Europeu, O (periódico), 726, 862, 954-5, 980
Mensageiro Russo, O (periódico), 318, 381, 383,

385, 416, 436, 482, 553-5, 562-3, 613, 621, 651, 657, 672, 677, 679, 703, 705, 707-9, 713, 728, 738, 740, 742, 796, 822, 851, 897, 907, 917, 955, 1080
Merejkóvski, Dmítri, 14, 1076
Mérimée, Prosper, 151
meschántsvo (pragmatismo burguês), 156
Meschérski, V. P., príncipe, 734-5, 794, 802-4, 900; *ver também Cidadão, O*
metafísica, 65, 87-8, 90, 144, 188, 207, 395, 493, 517, 765, 900; romantismo metafísico, 87-9, 93
metchtátelnost (sonho, devaneio), 144, 152
Miézentsev, general, 903, 919, 1085
Mikháilov, A. P., 211
Mikháilov, M. L., 404, 407
Mikhailóvski, N. K., 18, 72, 416, 498, 1092; *O que é o progresso?*, 811
Milão, 185, 672, 683
Miliukov, Aleksandr, 180, 185, 188, 233, 322, 341; *As novas revelações do metropolita Antônio*, 201; cartas de FMD para, 562
Miliukov, Círculo de, 361, 466
Miliukov, Pável, 904
Miliútin, Vladímir, 188, 198, 200
Miller, Orest, 198, 203, 216, 225, 228, 823, 1079, 1083
Miller, Robin Feuer, 678, 1009
Milton, John, 19, 495, 992, 997, 1025, 1027, 1041
Mináiev, D. D., 365
Mirecki, Alexander, 264, 266
misticismo, 30, 148, 552, 1041; "positivismo místico", 899
Mlodiétski, Ippolit, 952-3
Mochulsky, K., 393, 443
Molière, Jean Baptiste, 329, 967; *O Tartufo*, 329
Mombelli, Nikolai, 196-8, 200, 202, 204, 226-7
Monnier, Henri, 459
Montenegro, 872
Morte de Ivan, o Terrível, A (A. K. Tolstói), 1078, 1080
"Mujique Marei" (Dostoiévski), 250
mulheres: emancipação feminina, 136, 466, 700;

"mulher decaída", 517, 690, 696; "nova mulher", 859; questão feminina, 561, 740, 859

Muraviov, N. M., conde, 557

Muraviov, Nikolai, 341

Muraviova, sra., 239

Nabókov, I. A., 214-5

nacionalismo: de FMD, 261, 673; romântico, 62, 179; russo, 261, 437, 780, 877

Nadein, M. P., 823

Napoleão I, imperador francês, 29-30, 324, 508, 585, 596, 602, 696

Napoleão III, imperador francês, 459, 509, 811

Nápoles, 185, 434, 478-9, 798

Narichkin-Kiurákina, Elizavieta, 902

Naródnaia Vólia ver Vontade do Povo

naródnitchestvo ver populismo russo

narrativa ver técnica narrativa

Natal da criança órfã, O (Friedrich Rückert), 881

naturalismo ver Escola Natural

natureza, 66, 283, 313, 445

Nekrássov, N. A.: alusões a, 320, 516, 717, 968, 1011; avaliações de FMD feitas por, 110, 310, 320; Círculo de Bielínski, 107, 124, 1104n; e tentativa de assassinato do tsar, 558; Escola Natural e, 104; filosofia social/política de, 407, 436, 558; finanças de FMD, 320, 822; morte de, 867; "O Cavaleiro da Triste Figura", 129; "Quando da treva dos enganos", 320; relação de FMD com, 134, 614, 822, 830; "Vlas", 846; ver também Anais da Pátria; Almanaque de Petersburgo; Contemporâneo, O

Nicolau I, tsar, 30-1, 60, 72, 87, 144, 184, 193, 198, 219, 222-3, 238, 283, 287, 289, 306, 309, 318, 448, 957, 1119n

Niebuhr, Reinhold, 667

Nietcháiev, caso, 17, 716-7, 744-5, 756, 901

Nietcháiev, Serguei, 715, 721, 732, 744, 755, 808, 826, 923, 999; Programa de atividades revolucionárias, 755

Nietcháieva, V. S., 362

Niétotchka Niezvânova (Dostoiévski), 49, 64, 143, 154-9, 287, 329, 331

Nietzsche, Friedrich, 260, 971, 990, 1019, 1062, 1113n, 1120n, 1135n

niilismo: ateísmo niilista, 800; como asceticismo ortodoxo, 1116n; consciência moral e, 665; em Crime e castigo, 562-3; em Os demônios, 725, 727, 735, 772; FMD e, 362, 559, 1076; geração dos anos 1870, 801; Turguêniev e, 420, 482, 727, 764

Nikólski, V. V., 610

"noite escura da alma", 710

Noite misteriosa, Uma (N. N. Gue), 797

Noites brancas (Dostoiévski), 151-2

Notas de inverno sobre impressões de verão (Dostoiévski), 344, 425, 427, 451-64, 811

Notícias de Moscou (jornal), 938, 962, 980

Notícias de São Petersburgo (jornal), 796, 804

Nova Rússia, A (panfleto), 409-13, 416, 430

Novíkova, Olga, 927

Novo Tempo (jornal), 955, 1088

Novo Testamento, 162, 239, 283, 582, 599, 690, 773, 788, 935, 997, 1026-7, 1087-8; Apocalipse, 456-7, 696, 983, 1027, 1029, 1147n; Epístolas de São Paulo a Timóteo, 988; parábola do Filho Pródigo, 1088

óbchtchina (propriedade comunal da terra), 188, 814, 1080-1

Óbrutchev, V. A., 404, 407

ocidentalistas, 162-3, 178, 205, 254, 269, 306-7, 336, 352, 384, 674, 717-8, 725, 768, 770, 879, 940, 966, 978, 980; ver também cultura europeia

Ocidente, 54, 91, 219, 221, 356, 382, 451, 455, 457, 459-62, 495, 697, 771, 780, 798, 811, 851, 903, 945, 985, 1027

Odoiévski, V. F., 123, 132; Noites russas, 136

Ogariov, Nikolai P., 191, 409, 416, 431, 659-61, 663, 666-7, 674, 682, 715-6, 745, 749, 763, 797, 987

Oldenbúrgski, príncipe, 963

Opekúchin, A. M., 955

Opotchínin, Evguiêni, 980, 987

Optina Pústin, mosteiro de, 907-9, 990

Oriente, 615, 800

Orlov (prisioneiro), 260-1

Orlov, A. I., conde, 212

ortodoxia russa, 30, 205, 267, 284, 552, 850, 910, 958, 989, 991; cisma na, 351, 403; cultura europeia e, 308, 800; em *A senhoria*, 147; em *Os demônios*, 779; FMD e, 711, 857, 1081; imperfeição do homem segundo a, 495; niilismo e, 1116n; oposição à, 161; simbolismo/festivais da, 263, 267-9, 1119n

Ostróvski, A. N., 356, 736, 956, 963, 965, 969, 1092

Ovsiániko-Kulikóvski, D. N., 813, 868

Pahlen, conde, 816

pais: em *A aldeia de Stepántchikovo*, 50; em *A senhoria*, 146; em *Diário de um Escritor*, 889; em *Gente pobre*, 48; em *Os irmãos Karamázov*, 899, 912, 1067-8; tsares como, 65, 950, 952, 1064, 1069

Palácio de Cristal (Londres), 456, *458*, 464, 485, 510-4, 517, 521, 815, 1123n; em *Crime e castigo*, 429; em *Memórias do subsolo*, 510-4

Palavra Russa, A (periódico), 318-9, 351, 386, 413, 421, 423, 571, 754

Palm, Aleksandr, 199

Palm-Dúrov, Círculo de, 199-204, 218, 221

Panáiev, I. I., 99-100, 122, 124, 134, 143, 309-10; *ver também Contemporâneo, O*

Panáieva, Avdótia, 125-6

Pánov, M. M., 980

Panteléiev, L. F., 408

Parfiéni, monge, 940-1

Paris, 101-2, 193, 427-8, 452, 455, 466, 470, 475, 480, 530, 551, 596, 724-5, 911, 989; Comuna de, 544, 811, 848, 853

Pascal, Blaise, 82, 279, 493

Páscoa, cerimônias da, 263, 267

Pedro I, o Grande, tsar, 34, 68, 109, 178, 212, 220, 254, 351, 366, 403, 451, 500, 657, 1075-6

Pensamento Russo (periódico), 929, 955, 963, 989

pequena nobreza russa, 34-5, 37-8, 191, 314-5, 348, 362, 388, 412, 416-8, 421, 628, 751, 768;

intelligentsia liberal da, 312-3, 315, 348, 363, 385, 410, 416-8, 517; literatos da, 312-3, 727, 850, 852

"Pequeno herói, Um" (Dostoiévski), 216-7, 317

Perov, V. G., 736, *737*, 807

personagens-tipos: andarilho russo, 712, 832, 845, 848, 850, 971, 986-8; Cleópatra, 381, 396, 785; culpa e, 50, 139; de FMD, 108, 157, 170, 272, 318, 322, 366, 1024; Dom Quixote, 348, 497, 670, 678, 697; emoções de amor e ódio em, 129; escrevente burocrático (*tchinóvnik*), 118, 120-1, 142, 144, 147, 319; fraco, 315-6, 332, 391; "homem perfeitamente bom", 248, 331; manso/pacífico (*smiriénni*), 356, 708; misantropo, 888; patológicas, 141, 736, 756, 850, 931; "predador" (*khíschni*), 356, 708, 776; sólido/forte, 315; sonhador, 144, 149-52; usurário, 887; *ver também* técnica narrativa

personalidades divididas, 84, 141, 844; *ver também* quase duplo, motivo do

petrachevistas, 189, 198, 202, 212, 216, 222, 225-7, *228*, 234, 239, 245, 1094

Petrachévski, caso, 165, 224

Petrachévski, Círculo de, 180, 182, 186, 188-9, 195, 199, 204, 207, 215, 221, 273, 311, 317, *355*, 398, 442, 485, 516, 734, 766, 920, 970

Petrachévski, M. V., 16, 172, 174, 180, *181*, 182-91, 194-9, 203-4, 206-7, 211, 215, 218-9, 221, 223, 226-30, 234, 745, 766

Petrov (prisioneiro), 255

Pietrov, Anton (*raskólnik*), 403

Pípin, A. N., 1146n

Píssariev, Dmítri, 17, 386, 421, 423-6, 571-2, 585, 717, 744, 800, 809-10, 999; "O escolasticismo do século XIX", 1121n

Píssemski, A. E., 321, 348, 356, 482, 683, 833, 956, 965; *Mar agitado*, 482; *Mil almas*, 321; *Um destino amargo*, 321

Pláksin, V. T., 82

Plekhánov, G. V., 864, 868, 902

Pleschéiev, Aleksei N., 143, 152, 173-4, 177, 180,

1173

183, 201, 310, 314, 322, 338-9, 342, 362, 970, 1094; "Conselho amigo", 152

Pobedonóstsev, Konstantin, 734-5, 740, 804, 863, 900, 922, 931, 939, 943, 958, 989-91, 999, 1076, 1089-92, 1095

Podólia, 261

Poe, Edgar Allan, 88, 370-2; "O coração delator", 371; "O diabo no campanário", 371; "O gato preto", 371-2

Pogódin, Mikhail, 803, 806

Polevói, N. A., 83, 87, 90, 100; *História do povo russo*, 92

polícia secreta, 186, 207, 212, 408-9, 413, 422, 682, 817, 825, 903, 919, 922

Polinka Sachs (A. V. Drujínin), 136, 156

Polônia, 261, 437, 539; prisioneiros políticos poloneses em *Recordações da casa dos mortos*, 261; revolta polonesa (1863), 437, 465

Polónski, Iákov P., 355, 426, 920-1, 978

Popov, I. I., 1073, 1095

populismo, 178, 188-9, 383, 808, 815, 836, 967; populismo russo (*naródnitchestvo*), 178, 188-9, 808, 814-5, 836, 967

Poriétski, A. I., 534, 833

Poróchin, V. S., 181

"positivismo místico", 899

pótchviennitchestvo (retorno ao solo nativo), 284, 352-3, 465

Praz, Mario, 785

Primeira Internacional, 753, 819

Programa de atividades revolucionárias (P. N. Tkatchov e Serguei Nietcháiev), 755

progresso, 809-11, 815

Prometeu, mito de, 1027

Prometeu acorrentado (Ésquilo), 1019

prostituta: em *Crime e castigo*, 563, 569, 581, 592, 1130n; em *Memórias do subsolo*, 630, 891; em *O idiota*, 691-2; em *O jogador*, 631; tema da redenção de uma, 335, 401, 429, 499, 516-7

Proudhon, Pierre Joseph, 102, 164, 168, 187, 383, 814, 987; *Celebração do domingo*, 814; *Da propriedade*, 102; *Sistema das contradições econômicas*, 164

Prússia, 723, 798

psicologia, 174, 370

Psyche (Carl Gustav Carus), 283

Púchkin, Aleksandr: *A filha do capitão*, 257, 356; alusões a, 1061; "A dama de espadas", 66; avaliações de, 356, 966; como crítico, 61, 83; *Boris Godunov*, 67, 138; "Canções dos eslavos ocidentais", 66; *Evguiêni Oniéguin*, 67, 86, 314, 384, 768, 776, 973; Festival Púchkin, 957, 961, 966, 982, 990, 994, 1095; filosofia literária/estética, 373-4; impacto sobre FMD, 66-7, 71, 82, 109; interações com camponeses, 56; "Noites egípcias", 66, 381; "O cavaleiro cobiçoso", 66; "O cavaleiro de bronze", 66-7, 109, 516; "O cavaleiro pobre", 696-7; "O chefe da estação", 67, 108, 120-1; "O poeta e a multidão", 1119n; "O profeta", 5, 19, 798, 962, 964, 979, 994-5; "O tiro", 524; "Os ciganos", 971, 973

Pugatchov, revolta de, 220, 257, 404, 756, 816, 874

Putsikóvitch, Víktor, 826, 903, 935-6, 938

quase duplo, motivo do, 141, 330, 578; *ver também* personalidades divididas

questão feminina *ver* mulheres

quietismo, 99, 552

Racine, Jean, 82, 97-8, 378; *Fedra*, 98

racionalismo, 17, 85, 169, 284, 418, 776, 800, 912-3, 942, 1008, 1014, 1017, 1052, 1070

Radcliffe, Ann, 61, 426

radicalismo: assassinato do tsar, 557-60, 760, 808, 947-9, 952; de FMD, 70, 177, 189, 220, 257, 383, 407, 1081; ditaduras revolucionárias, 204, 222, 410; era das proclamações, 402-14; reações de FMD contra, 305, 373, 385, 397, 399, 401, 409, 411, 432, 451, 530, 716-8, 721; russo, 17, 116, 193, 814, 817; *ver também* intelligentsia/intelectualidade

Rafael (pintor), 684, 704, 944

Raskol (cisma na Igreja russa), 351, 404, 436

raskólniki (dissidentes religiosos), 147, 198, 201,

351, 403, 605, 733, 781, 813; *ver também*
Velhos Crentes
razão: consciência moral *versus*, 397, 418; em
Crime e castigo, 471, 569, 606-7, 609, 820; em
Memórias do subsolo, 500, 505, 513, 999; em
O idiota, 692-3; em *Os irmãos Karamázov*,
910, 913, 992, 997-1000, 1005, 1024-5, 1033,
1042, 1059-60, 1069; fé e, 170, 279, 999, 1011,
1025, 1030, 1042;
Rázin, A. E., 362
Rázin, Stienka, 220, 816
raznotchíntsi (homens sem cargo oficial), 312,
315, 416-8, 483, 758; *ver também* classes
sociais
realismo: fantástico, 684, 702, 744, 756; russo,
336; social, 86, 97, 104, 111, 530; tragicômico, 98
Recordações da casa dos mortos (Dostoiévski),
439-50; açoitamento, 251, 273, 447, 901;
"anticristos", 493; cena do banho, 447; cenas
da vida de FMD em, 243, 245, 247, 251, 439;
censura, 243, 252, 261, 351, 413, 442; classes
sociais, 446; compaixão, 449; escrita/publi-
cação de, 249, 339, 349, 351, 406, 536, 828;
imortalidade da alma, 493; irracionalismo,
272, 449; leitura pública, 407; recepção de,
260, 430, 439, 441, 446, 921-95; regeneração
das convicções de FMD e, 249-62, 268-72;
responsabilidade moral e, 449; técnica narrativa, 322, 439-45; tempo, 444, 448; vida
comunal, 272
regime autocrático *ver* tsarismo
Renascimento francês, 82
responsabilidade moral, 115, 149, 165-7, 175-6,
305, 330-1, 337, 449, 507, 529, 974, 990; em
Os irmãos Karamázov, 900, 917, 942, 1040;
em *Recordações da casa dos mortos*, 449
revolta polonesa (1863), 437, 465
Revolução Francesa, 61-2, 87, 90, 101, 187, 193,
378, 459, 915-6
revoluções de 1848, 185, 207, 307, 811
Revue Indépendante (periódico), 100, 193
Riesenkampf, Ígor, 95-7, 105

romance (gênero): antiniilista, 482; epistolar
sentimental, 117-9, 155; gótico, 61, 401, 530,
775; histórico, 62-3, 90, 98; realista social,
530; romance-folhetim *ver* folhetim; român-
tico, 121, 151, 388
romantismo: alemão, 62, 87, 144; de FMD, 153,
366, 370; "ingênuo", 328, 393, 396; metafísi-
co, 87-9, 93; russo, 83-5, 144, 153, 888; social
francês, 86, 89, 93
Ronsard, Pierre de, 82
Rosenblyum, L. M., 1120*n*, 1129*n*
Rosenshield, Gary, 1129*n*
Rostóvtsev, Iákov I., 215-6, 222
Rousseau, Jean-Jacques, 117, 141, 724; *Confissões*,
154, 395
Rozánov, V. V., 469, 498
Rubinstein, Anton, 407
Rubinstein, Nikolai, 960, 964
Ruge, Arnold, 1108*n*
Russánov, N. S., 810

Sade, Marquês de, 397
sadomasoquismo, 158-9, 1054-5
Saint-Simon, Claude-Henri, conde de, 87, 91,
106, 187-8; *O novo cristianismo*, 161
saint-simonismo, 114, 188
Saltikov-Schedrin, M. E., 106, 321, 323, 363,
436-7, 530, 808, 828, 830, 880, 891, 940,
1091-2, 1104*n*; *Cenas provincianas*, 321, 323,
363, 436
salvação, 157, 991, 1039; em *Crime e castigo*, 598;
em *Os demônios*, 774, 779
Samárin, Iúri, 412, 988
Sand, George, 65, 82, 99-103, 105-7, 151, 155,
168, 526, 914-5, 917, 974, 991, 1019; *A derradeira Aldini*, 105, 107; *Consuelo*, 155; *Mauprat*,
914-5; *Spiridion*, 100-1, 106-7, 915-6, 1019
Sardou, Victorien, 428
sátira, 98, 119; em *A aldeia de Stepántchikovo*,
333; em *Gente pobre*, 121; em *Memórias do
subsolo*, 437, 501, 517; em *Niétotchka
Niezvânova*, 49; em *Notas de inverno sobre
impressões de verão*, 459; em *O jogador*, 633;

em *O sonho do titio*, 327; em *Os demônios*, 755-6, 766, 772, 783; em *Os irmãos Karamázov*, 1007, 1054, 1059, 1061; FMD e, 321, 322, 850; social, 98, 105, 137

Savéliov, A. I., 74

Schápov, Afanássi Prokófievitch, 403-4; *A terra e o cisma*, 403

Scheler, Max, 688

Schelling, Friedrich, 65-6, 84, 88, 102, 136, 179, 283

Schiller, Friedrich von, 64, 71, 74-5, 83, 85, 88-90, 97-8, 100, 107, 144, 366, 395, 400, 911-4, 936, 975, 998, 1003, 1011-2, 1067-8; "À alegria", 914; *Don Carlos*, 75, 90, 107, 936; *Louise Millerin*, 90; "O festival eleusino", 914; *Os bandoleiros*, 64, 90, 107, 912-3, 1003, 1068; "Resignação", 914; "Saudade", 914

Schopenhauer, Arthur, 800

Schweitzer, Albert, 1112n, 1135n

Scott, Sir Walter, 62, 64-5, 90, 100, 121, 151, 219, 366, 401; *Ivanhoé*, 219

Scribe, Eugène, 428

sectários religiosos *ver* Velhos Crentes; *Raskol*; *raskólniki*

seitas evangélicas, 52

Semana, A (periódico), 823, 964, 1079

Semiónov, Piotr, conde, 44, 78, 187, 189, 301

Semióvski, V. I., 193

"Senhor Prokhártchin, O" (Dostoiévski), 134, 369

Senhoria, A (Dostoiévski), 135, 143-50, 154-5, 158, 316, 324

"Sentença, A" (Dostoiévski), 885, 892

sentimentos-ideias, 55, 396

Sérgio, são, 55-6, 851, 940

Serguei, grão-duque, 905, 922

Sérvia, 872, 878

servos *ver* camponeses/servos

Shakespeare, William, 19, 83, 85, 87, 96-8, 329, 426, 495, 601, 606, 745, 755, 760, 762, 967, 975, 988, 997

Sibéria, 16-7, 30, 80, 121, 128, 160, 165, 191, 196, 213, 217-8, 230, 232-3, 236, 238-9, 244, 246-7, 252, 261, 265, 270, 287, 289-90, 298, 300, 329,

334, 338, 341-2, 357, 367, 373, 376, 404, 406, 430-1, 441-2, 449, 524, 542, 561, 605, 611, 806, 835, 858, 905-6, 993, 1056, 1071, 1074, 1087, 1091

Sierno-Solovióvitch, Aleksandr, 722, 760, 769

Sierno-Solovióvitch, Nikolai, 414

Sino, O (revista de Herzen), 308, 410, 430, 437, 440, 557, 651, 660, 682, 760

Skáftimov, A., 499-500

Smith, Adam, 86

Snítkin, Ivan (cunhado de FMD), 715, 864

Snítkina, Anna Grigórievna *ver* Dostoiévskaia, Anna Grigórievna

"Sobre a coroação e a celebração da paz" (Dostoiévski), 309

"Sobre o Primeiro de Julho de 1855" (Dostoiévski), 293

socialismo: francês, 877; utópico, 16, 161, 164, 168-9, 175, 180, 187, 192, 249, 276, 430, 462, 464, 974

"socialismo russo", 308, 405, 431, 436, 760, 934, 1081

Sociedade de Amparo aos Literatos e Eruditos Necessitados *ver* Fundo Literário

Sociedade de Beneficência Eslava, 872, 947, 949-51, 956

Sociedade dos Amantes da Literatura Russa, 955-6, 958, 978

Sociedade dos Escritores, 900

sociedades secretas, 30, 190, 193, 196-8, 200, 202-3

sofrimento: cenoticismo, 57, 689; de crianças, 931, 1023, 1043, 1068; "egoísta", 394, 399; em *Crime e castigo*, 600; em *Humilhados e ofendidos*, 395, 399; em *Memórias do subsolo*, 400, 512, 528; em "O sonho de um homem ridículo", 895; FMD e, 400, 494, 820, 895, 931, 954; romantismo e, 85; *ver também* masoquismo; sadomasoquismo

Sollogub, F. L., 123, 132, 143

Soloviov, Aleksandr, 919

Soloviov, Vladímir, 800-1, *802*, 899, 907-10, 982,

1095; *A crise na filosofia ocidental*, 800; *Conferências sobre a humanidade divina*, 909-10

Soloviov, Vsiévolod, 128, 216, 799-800, 805, 807, 829, 863, 880

sonhador, figura do, 144, 152; em *A senhoria*, 149; em *Memórias do subsolo*, 522, 524; em *Noites brancas*, 150; FMD como, 47, 69

Sonhador, O (Dostoiévski), 887

"Sonho de um homem ridículo, O" (Dostoiévski), 880, 892, 896

Sonho do titio, O (Dostoiévski), 309, 319, 321-3, 326, 328

Souchard, Monsieur, 45, 60

Soulié, Frédéric, 105, 114, 144, 390; *Memórias do diabo*, 105

Souvestre, Émile, 105

Spencer, Herbert, 811

Spiéchniev, Nikolai, 184, 189-200, 202, 204, 220, 225-7, 229, 257, 341-2, 766-7; sociedade secreta de, 196, 200, 202-4

"Sr. —bov e a questão da arte, O" (Dostoiévski), 373

Stassiúlevitch, M. M., 980

Stássov, V. V., 989

Steiner, George, 401

Stellóvski, F. T., 549, 562-4, 613, 616-8, 722, 723

Stendhal (Marie-Henri Beyle), 97, 684

Stepniak-Kravtchínski, S. M., 868, 903; *ver também* Kravtchínski, S. M.

Stirner, Max, 163-4, 167-70, 194, 420, 767; *O único e sua propriedade*, 163

Stowe, Harriet Beecher, 482

Strákhov, Nikolai, 15, 160, 167, 353, 354, 355, 359, 361-2, 382, 385-6, 408-9, 421, 423, 425-8, 432-5, 438, 452, 465-6, 471, 476-8, 481, 490, 555, 623, 667, 683, 703, 708-09, 717-9, 723, 725-8, 734, 740, 759, 823, 830, 850, 900, 907-9, 961, 969, 978-9, 995, 1084, 1094; *Cartas sobre a vida*, 353; como biógrafo de FMD, 1142n; "Observações" (artigo inacabado), 432; relação de FMD com, 353-4, 432-3, 438, 726, 829-30, 909, 1083; *ver também Aurora*

Strauss, D. F., 167-8, 170, 819; *Vida de Jesus*, 162, 187

Stunden der Andacht, Die (Heinrich Zschokke), 74

Sue, Eugène, 82, 390; *Mathilde*, 105; *Os mistérios de Paris*, 105, 390

suecos, 55, 610, 638

Suíça, 61, 192, 432, 476, 550, 644, 747-8, 750, 867, 902

suicídio: em *Crime e castigo*, 604; em *Diário de um escritor*, 885-6, 892; em *O adolescente*, 841; em *O idiota*, 691; em "O sonho de um homem ridículo", 892; em *Os demônios*, 89, 778, 788-90, 841; em *Os irmãos Karamázov*, 1020, 1038, 1058

Súslova, Apollinária (Polina), 466-7, 468, 470, 472-3, 547-8, 550, 555, 623

Súslova, Nadiéjda, 467, 547

Suvórin, Aleksei, 948, 951-2, 955, 963, 1079, 1086, 1089

Tchaikóvski, grupo, 809

Tchernichévski, N. G.: alusões a, 419, 422, 448-9; *A relação estética da arte com a realidade*, 373; círculo em torno de, 404; como crítico, 311, 353, 390; e a questão feminina, 561; e evento do Fundo Literário, 407; e intelectualidade liberal da pequena nobreza, 312-3, 315, 410; filosofia literária/estética de, 312-3, 373-5, 377, 381, 390, 416; filosofia moral de, 504, 512, 584, 1116n; filosofia social/política de, 342, 349, 397, 482-5, 498, 506, 508-10, 512, 758, 760, 812, 999; formação de, 311; *O princípio antropológico na filosofia*, 349, 353; *O que fazer?*, 315, 482, 487, 499, 514, 517, 520, 561, 761; "O russo no rendez-vous", 314; prisão de, 413, 431, 435, 482; relação de FMD com, 350; tensões entre gerações e, 758, 760; *ver também Contemporâneo, O*

Tchernosvítov, Rafael, 195-6, 198

tchinóvnik ver escreventes burocráticos, representação de

técnica narrativa: de FMD, 133, 155, 530; de
Gógol, 119; em *A aldeia de Stepántchikovo*,
321, 330; em *A senhoria*, 155; em *A vida de um
grande pecador*, 713; em *Crime e castigo*, 572-
76; em *Diário de um Escritor*, 859; em *Gente
pobre*, 113, 118, 155; em *Humilhados e ofendidos*, 388; em *Memórias do subsolo*, 487, 1107n;
em *Notas de inverno sobre impressões de verão*,
452; em *O adolescente*, 837; em *O duplo*, 140,
155, 576; em *O idiota*, 678; em *O jogador*,
624; em *O sonho do titio*, 322; em *Os demônios*, 324, 1001; em *Os irmãos Karamázov*,
323, 712, 941, 1001, 1006, 1025, 1035, 1043;
em *Recordações da casa dos mortos*, 322, 439-
45; século XVIII, 61, 397; século XIX, 322
tédio, 396, 776, 785
Telégrafo de Moscou, O (jornal), 87
Tempo (revista de Dostoiévski), 351-3, 355, 359,
360, 362-3, 367, 370-1, 373-4, 382-6, 404, 406,
412-3, 425-7, 434-9, 452, 465-7, 476, 481-2,
487, 500, 517, 534, 611, 755, 768, 941; censura e, 412, 435-8, 465; publicação de obras de
FMD em, 249, 365, 387, 426, 451, 768
teodiceia, problema da, 60, 799; em *Os irmãos
Karamázov*, 18, 932, 936, 999
Terra e Liberdade (Zemliá i Vólia, organização
revolucionária), 414, 864, 919
Terras, Victor, 1059
"terror místico", 128, 170, 228
Tertuliano, 279
Thierry, Augustin, 92, 219, 282
Thiers, Adolphe, 187, 282; *História da revolução
de 1789*, 100
Tíkhon-Zadónski, são, 710-1, 713, 941, 1035
Timoféieva, Varvara, 795-800, 805, 807, 861,
924-5, 1078
Timóteo, Epístolas de São Paulo a (Bíblia), 988
Tiumiénev, L. E, 1092-3
Tiútchev, Fiódor, 734, 976
Tkatchov, P. N., 362, 755, 833, 923; *Programa de
atividades revolucionárias*, 755
Tocha, A (periódico), 353
Tokarzewski, Szymon, 244-5, 261-2

Tolstaia, condessa A. I., 953
Tolstaia, condessa Aleksandra Andréievna (parente de Liev Tolstói), 1077
Tolstaia, condessa Sófia Andréievna (viúva de
A. K. Tolstói), 901, 944, 982, 1077, 1080,
1088
Tolstói, Iliá, 1100n
Tolstói, Liev, *831*; *A família contaminada*, 315;
Anna Kariênina, 828-9, 833, 851-2, 873, 875;
ateísmo de, 1078; avaliações de FMD feitas
por, 446-7, 995; *Contos de Sebastopol*, 321,
440, 445; e *Aurora*, 683; Festival Púchkin,
961; filosofia literária/estética de, 32; filosofia moral/religiosa de, 899, 907, 1078;
filosofia social/política de, 416; formação,
53, 63; *Guerra e paz*, 32, 63, 624, 705, 709,
713, 845, 851-2, 961; *Infância, adolescência,
juventude*, 32, 63, 321, 710, 853; *O que é
arte?*, 447; *Os cossacos*, 624; reação artística
e rivalidade de FMD com, 32, 708-9, 713,
829-30, 833, 845, 850-3, 909, 961, 995, 1077;
visita de Turguêniev a, 961
totalitarismo, 1151n
Totleben, E. I., 94, 294-5, 516
tradição popular: em *A senhoria*, 146-8; em *Os
demônios*, 149, 756; em *Os irmãos Karamázov*,
943, 1032, 1044; formação de FMD e, 56
tragédia (gênero), 97-8
Tretiakov, Pável, 736
Triunfo da morte, O (Vladímir Petchórin), 773
Tróitski, dr., 245
tsarismo, 196, 405, 673, 864, 878, 919, 923;
constitucionalismo *versus*, 919, 925-6, 950;
sino de Úglitch e, 237; "Tsar-Pai", 65, 950,
952, 1064, 1069
Tur, Evguiênia (pseudônimo de Elizavieta
Vassílievna Salhias de Tournemir), 391,
530
Turguêniev, Ivan, *419*; "A execução de
Troppmann", 726; avaliações de *Crime e
castigo* e *Recordações da casa dos mortos* feitas
por, 447; *A véspera*, 315; "Andrei Kolóssov",
124; "Ássia", 314; *Basta!*, 765; camponeses e,

987; caricaturas de, 652, 757, 763-4, 766, 787; carreira, 143; cartas de FMD para, 438, 465, 479, 549; Círculo de Bielínski, 1104n; como cronista, 122, 412; debate tsarismo *versus* constitucionalismo, 919, 925; "Diário de um homem supérfluo", 504; e tentativa de assassinato do tsar, 557; encontro com Tolstói, 961; Festival Púchkin, 956, 958, 962, 965, 967-9, 978-80; filosofia literária/estética, 313, 967-9, 980; filosofia moral/religiosa, 162, 348; filosofia social/política, 650, 717, 726, 763, 922, 968; formação, 53, 63; *Fumaça*, 614, 650-2, 763, 923; "Hamlet do distrito de Schigróvski", 504; "Hamlet e Dom Quixote", 347; niilismo, 420, 482, 727, 764; *Ninho de fidalgos*, 339, 973; "O Cavaleiro da Triste Figura", 129; "O oficial de justiça", 924; *Os fantasmas*, 476, 479, 486, 534, 764-5; *Pais e filhos*, 315, 416, 418, 421-2, 424, 476, 479, 482-3, 612, 650-1, 717-8, 739, 757, 810, 835, 923, 925, 1007; *raznotchíntsi*, 416-8; relação de FMD com, 124-5, 339, 424-5, 475, 549, 614, 650-1, 653-4, 658, 713, 717, 763, 925, 954, 958, 963, 965-6, 978-80, 986, 989; *Relatos de um caçador*, 136; retorno à Rússia, 922-4; *Rúdin*, 717, 757, 763, 986; *Solo virgem*, 823, 923

Turim, 432, 476, 479

Turquia, 289, 308, 864, 872-3, 878; *ver também* Império Otomano

Ucrânia, 261, 437

Úglitch, sino de (Tobolsk), 237

União Soviética, 565

Uspiénski, Gleb, 963, 970-2

utilitarismo, 17, 169, 193, 314, 350, 358, 378, 397, 450, 461, 464, 485, 488, 499, 570, 578, 581, 584, 589, 591-3, 599-600, 820, 999-1000, 1074, 1130

vaidade, 129, 518-22, 524, 839, 842, 887, 891; *ver também* egoísmo

Variedades da experiência religiosa, As (William James), 266

Velhos Crentes, 351, 356, 403, 660, 666, 733, 857, 1143n; *ver também Raskol; raskólniki*

Veneza, 69, 185, 704

Venturi, Franco, 189, 403, 559

Vergunov, Nikolai, 297-8, 301

Viagem de São Petersburgo a Moscou (Aleksandr Radíschev), 213

Viagem do peregrino, A (John Bunyan), 994

vida após a morte *ver* imortalidade da alma

Vida de um grande pecador, A (Dostoiévski), 492, 703, 708-9, 713, 716

Vielgórski, conde, 129

Viéltman, Aleksandr: *Coração e pensamento*, 63; *Iemeliá*, 135

Viena, 185, 327

Viétlovskaia, V. E., 1001

Vinográdov, V. V., 118

Vischer, F. T., 313

"Visões de Petersburgo em verso e prosa" (Dostoiévski), 108, 365, 395

Vladislávlev, M. S., 734, 736

Vogüé, E.-M. de, 576, 926-7

Volínia, 261

Volkónski, M. S., príncipe, 946

Voltaire, 52-3, 164, 967, 998, 1052; *La Henríada*, 60; *Micrômegas*, 892

Vontade do Povo (organização terrorista), 809, 947-8, 1073, 1085, 1092

Von-Voght, N., 561

Vovtchok, Markó (pseudônimo) *ver* Márkovitch, Maria

Voz, A (jornal), 673, 796, 867, 927, 964, 984

Walicki, Andrzej, 308, 827

Wallace, David Foster, 14

Wasiolek, Edward, 572, 669, 677, 935

Watt, Ian, 580

Weinberg, Peter, 349, 557

Wieniawski, Henryk, 407

Woolf, Virginia, 576

Wordsworth, William, 577

Wrangel, Aleksandr Iegórovitch: cartas de FMD para, 294-6, 298-9, 302, 309, 533-6, 554-5; como cronista, 282-6, 290, 292; defesa de FMD por, 292-5, 298, 304; formação, 287; relação de FMD com, 299-301, 554

Yungue, Ekatierina, 953-4

Zaitchniévski, P. G., 409-10
Záitsev, V. A., 571, 744, 754-5
Zassúlitch, Vera, 901-2, 1068
Zemliá i Vólia (organização revolucionária) *ver* Terra e Liberdade
Zola, Émile, 862, 920, 953; *L'Assomoir*, 920; *O ventre de Paris*, 862

Sobre o autor

JOSEPH FRANK nasceu em 1918, em Nova York. Frequentou aulas nas universidades de Nova York e de Wisconsin-Madison, mas nunca se formou oficialmente. Começou a escrever sobre literatura aos dezessete anos e, em 1945, alavancou sua carreira como crítico literário com o pioneiro ensaio "Spatial Form in Modern Literature", que lhe garantiu uma bolsa de estudos Fulbright na Universidade de Paris, onde conheceu sua esposa, a matemática Marguerite Straus. Em 1954, Frank se tornou ph.D. pela Universidade de Chicago com uma dissertação sobre o niilismo russo em *Memórias do subsolo*, de Dostoiévski. O crescente interesse pela obra do autor e a insatisfação com as biografias existentes levaram-no a escrever seu próprio estudo em cinco volumes, publicados entre 1976 e 2002 e condensados em um único volume em 2009. Lecionou nas universidades de Minnesota e Rutgers antes de ingressar como professor titular de literatura comparada em Princeton, onde permaneceu de 1966 a 1985. Encerrou sua vida acadêmica na Universidade Stanford, ministrando aulas de teoria literária e estudos eslavos. Morreu em 2013, aos 94 anos, em Palo Alto, Califórnia.

1ª EDIÇÃO [2018] 2 reimpressões

ESTA OBRA FOI COMPOSTA PELA SPRESS EM DANTE E IMPRESSA
EM OFSETE PELA GRÁFICA SANTA MARTA SOBRE PAPEL PÓLEN DA
SUZANO S.A. PARA A EDITORA SCHWARCZ EM JUNHO DE 2024

A marca FSC® é a garantia de que a madeira utilizada na fabricação do papel deste livro provém de florestas que foram gerenciadas de maneira ambientalmente correta, socialmente justa e economicamente viável, além de outras fontes de origem controlada.